国家出版基金项目
NATIONAL PUBLICATION FOUNDATION

中国农业文物宝典

● 胡泽学 主编

中国农业出版社

图书在版编目（CIP）数据

中国农业文物宝典 / 胡泽学主编. — 北京：中国
农业出版社，2013.12
　ISBN 978-7-109-18357-5

　I.①中…II.①胡… III.①农业生产资料—出土文
物—索引—中国 IV.①Z89：K875.1

中国版本图书馆CIP数据核字（2013）第220419号

中国农业出版社出版
（北京市朝阳区农展馆北路2号）
（邮政编码100125）
责任编辑　穆祥桐　姚红

北京中科印刷有限公司印刷　　新华书店北京发行所发行
2013年12月第1版　　2013年12月北京第1次印刷

开本：880mm×1230mm　1/16　印张：40.5
字数：960千字　印数：1～1000 册
定价：180.00 元

（凡本版图书出现印刷、装订错误，请向出版社发行部调换）

《中国农业文物宝典》编委会名单

主　　任：沈镇昭　隋　斌
专家顾问：李根蟠　曹幸穗　穆祥桐

主　　编：胡泽学
副 主 编：李三谋　范荣静　宿小妹
编写人员：（按姓氏笔划为序）
　　　　　王　琳　宁　刚　苏天旺　李双江　李琦珂
　　　　　张　苏　张　迪　张　萌　张　蜜　张鸿宾
　　　　　陈　影　钱文忠

《中国农业文物宝典》序

沈镇昭

　　博物馆是人类文明进步的重要标志，是一个国家、一个民族、一个地区的历史文化和现代文明的形象体现。博物馆的一项最基本的职能，就是广泛、全面地收集和保存人类活动和自然遗产的文物标本，以及与之相关的历史文化和自然环境的信息。

　　为此，中国农业博物馆坚持开展以收藏、研究、展示和传播中华民族悠久的农业文化为核心，以宣传普及当代农业技术成果为重点，广泛征集中华农业文明进程中具有代表性、记忆性的历史见证物和图文资料，为弘扬先进文化，倡导科学精神，传播科学知识作出应有的贡献。努力将中国农业博物馆建设成为一座与我国的农业文明和辉煌成就相适应的，与农业、农村和农民问题紧密结合的，具有高度专业化水平和综合实力的专业性博物馆。

　　在建馆实践中，我们深切感到，我国是农业文明圣地，绵延发展超过一万年，农业文明成果彪炳世界。近年来，农业考古逐渐发展成为一门"显学"，农业文物身价也在与日俱增。可是，有关农业文物的书籍却落后于时代需要。为此，中国农业博物馆动员全馆在学术、文物、研究等领域方面的人才优势和藏品资源，组织编写了这部《中国农业文物宝典》。课题组在书稿草成之后，送我审阅。我觉得这部书具有几个特点，基本达到了课题立项时所提出的学术要求。

　　一是构建了完整的农业文物检索体系。新中国成立后，国家相继成立了一批农业史研究机构，着手编研农业文献和农业文物目录。但是由于半个多世纪以来，高校和机构的撤并重组，专家队伍的更替变动，许多学术性的基础资料积累时断时续，农业文物的登录考证也未能延续。课题组的同志们不避寒暑，力耕数载，终于将我国分散各地收藏单位和散见于各类报刊上的"农业文物目录"雕成完璧。这部书称为"宝典"，良非溢美虚语。因为它不仅告慰了在这个领域孜孜耕耘、默默奉献的先辈前贤，也为后世传承了学术文脉，可谓是一项功德无量的善举。

　　二是学科分类符合现代学术规范，便于读者检索。参加这个课题的主要成员，大多都是长期在农业文博部门工作的专家学者，具有较高的农业文物学养，能够将农业学科的专业分类与农业文物的型制结合起来，进行了文物目录学和索引学意义上的编撰编排，既遵循了文物登录的科学性，又兼顾了读者检索的方便性。

本书内容涉及生产工具、作物及其他植物、畜禽及其他动物、农田水利、农业图像及农业文书等六个部分的农业文物的相关目录信息，是研究我国农业文物的重要检索工具书。

三是广泛搜集，巨细咸集，收录了几乎全部的涉农文物。课题组的同志们利用在农业博物馆工作的职业优势，长期关注农业文物考古出土和出版信息。有志者，事竟成。课题组收录了我国各地众多考古学专业杂志上的涉农文物。这些农业文物共同组成农业宝典的主要内容，在今后几年陆续出版。《中国农业文物宝典》将会成为迄今收录最全的农业文物专志，成为名符其实的集大成的"农业文物宝典"。

总的看起来，这部篇幅浩繁、内容宏富的农业文物检索工具书，虽然存在一些需要订正完善的问题，但是它称得上一部可圈可点的好书，是一部抛砖引玉、探路求索的好书。

（作者系中国农业博物馆党委书记）

考古文物与农史研究关系之我见

——序《中国农业文物宝典》

李根蟠

研究历史，掌握充足的材料和正确的方法是必不可缺的。考古文物之引入史的研究，既是研究材料的拓展，也是研究方法的创新。

被郭沫若誉为"新史学的开山"的王国维，在自己成功实践的基础上，1925年正式提出了用"地下发现之新材料"与"纸上之材料"互相参证来研究古史的"二重证据法"。这种方法，陈寅恪称之为"足以转移一时的风气，而示来者以轨则"。王国维所利用主要是当时新出土的甲骨文和汉简，以后，随着以田野发掘、调查为特点的近代考古学在中国的形成和开展，可供利用的"地下发现之新材料"日益增多，遂涵盖了所有简帛文字和出土文物。在整个 20 世纪，"二重证据法"是中国史学应用最广的研究方法之一，它成为中国史学科学化进程的重要界标。

20 世纪初期，农史学科尚处于萌芽状态，还没有形成自己的专业队伍和专门的研究阵地。但已有个别历史学家和考古学者利用甲骨文和出土文物研究农业历史上的某些问题。20 世纪 50 年代，新生的人民政权为了促进农业的发展十分重视农史的研究，中国农史学科在党和政府的关怀和指导下形成了。在一个相当长的时期内，农史学科是在"整理祖国农业遗产"的旗帜下进行的。当时农史界集中力量收集整理古代农书和有关农业文献资料。农史界的前辈学者虽然也认识到考古材料和民族志材料对农史研究的意义，也有个别学者把考古文物引入自己的研究，但总的说来，农史界尚无暇系统收集有关资料和开展研究。在农史界埋头整理古代农书和农业文献的时候，中国考古学随着祖国社会主义建设事业的发展而逐步进入了持续的黄金时代，即使"文革"期间考古发掘和研究也没有中止。琳琅满目的考古新发现，使改革开放以后研究热情被重新激发起来的农史工作者惊喜不已，系统收集整理考古资料并开展相关研究被提到议事日程上来了。20世纪 80 年代陈文华创办了《农业考古》杂志，农业考古有了自己的专门的园地，并发展为考古学的一个分支学科，利用考古文物研究农业历史从此蔚然成风。

利用考古文物与传世文献相互参证，对于农业史研究具有特别重要的意义。

中国数千年文明史所积累的文化典籍，汗牛充栋不足以喻其多，其中包含了卷帙浩繁农书和农业文献，其内容之丰富、覆盖面之广世无其匹。这些农书、农业文献和散在于经史子集中的有关记载为农史研究提供了丰富而珍贵的资料。但是传世文献也有其局限性。中国的历史如果从元谋人算起已有170万年，农业起源也可以追溯到1万年以前，而流行到后世的典籍被编定的时间应该从周代算起，传世的农书和农业文献也始见战国，距今只有两千多年；这就是说，中国人的历史、中国人的农业历史绝大多数时段里没有相应的传世文献。在有了传世文献的时代，由于各种原因，并非所有事情（包括一些重大事情）都能被记录下来；已经被记录下来的，也可能在历史的长河中流失。被记录并流传下来的典籍，由于受到记录者立场、观点、学识、经历等主观因素的影响和各种客观条件的制约，也会出现某种片面性以致偏离真实的现象，需要鉴别和校正。就有关农业的文献而言，农业生产主要的承担者是农民，但农民处于社会的底层，缺少文化，不可能把他们生产、生活的经历和经验记录下来。农书是以农民生产实践经验为基础的，但一般要靠地主阶级知识分子来总结和创作。农书的作者，无论是官吏或地主，他们虽然有指导农业生产或组织农业生产的经验，但毕竟不是农业生产过程的实际操作者，而且他们的学识和经历各不相同，又受到各种条件的局限。如有些作者比较重视实际经验，有些作者则比较喜欢抄书；即使重视实际经验的作者，他所能够接触的范围也是有限的。所以，农书记载较之历史实际，就可能有这样或那样的疏漏或背离。至于在庙堂上发表关于农业和农民问题议论以及制定有关政策法规的衮衮诸公，一般只是从政权"维稳"的角度出发，甚少具体记录农业和农民的实况。

传世农业文献这种状况，使得考古文物在农史研究中有着广阔的"用武之地"。考古文物对于农史研究的作用，可以概括为两个方面：一是填补空白，二是补充和校正文献的记载。

填补空白的作用在没有传世文献的时代表现得最为突出。中国原始农业时代没有文字记载，后世文献保留了若干关于农业起源的传说，这些传说包含了真实的历史内核，但已神话化，而且过于简略，难以反映原始农业的具体面貌。在这种情况下，原始农业的研究不能不以考古材料为主干。正是由于不断更新和不断丰富的考古发现，中国各地原始农业起源和发展的基本线索和面貌才得以日益清晰地展现在我们面前。进入文明时代后的虞、夏、商农业属于传统农业的早期。《尚书》中有"虞书"、"夏书"和"商书"，各篇内容真伪和成篇早晚不一，总的说来编定较晚，但内容保留了虞、夏、商的若干史实或史影，其中有涉及农业者，但很有限，故这一时期农业历史的研究仍然主要依靠考古资料的支撑。例如商代农业主要就是利用甲骨文来复原的。

进入西周以后，有了可供征信的传世文献，农书和农业文献也陆续出现并越来越多，这时考古文物的作用，主要表现为对有关文献记载的补充和校正。在这一时期，虽然文献材料日益成为农史研究的主干，考古文物的作用仍然是传世文献不可替代的。考古文物可以区分为出土的文献和出土的实物两类。出土文献如甲金文字和简帛文书等等，它们虽然也不免作者主观因素的局限，但比之传世文献是更具原始性的第一手资料，又可免除长期流传中产生的讹误。出土实物包括实用器、墓葬中的明器（随葬的实物模型）和画像等等，实用器的真实性固然无可置疑，墓葬中的明器和画像也是对当时实用器具和真实生产生活的模仿和再现，它们给人们展示了直观形象的历史场景。考古文物的这种原始性、真实性、形象性和由此而来的权威性是文献记载无法比拟的。这种特性正好弥补了文献记载的某些不足，并特别适合农史研究的需要。

农业虽然涉及自然、社会、经济、文化等诸多方面，但它首先是一种物质生产活动。作为物质生产活动，培育什么作物和畜禽、使用什么工具和设施，它们是什么样的形制，如何操作，都是不能不搞清楚的问题。主要表现为实物遗存的考古文物在这些方面可以为我们提供许多在传世文献中得不到的知识。比如农具，在宋元"农器图谱"出现以前，只能在字书和汉魏学者的经典注释中找到一鳞半爪的简单而粗略的资料，有些训释甚至让人摸不着头脑。赖有出土的实物和图像，才使我们对这些工具及其使用方法有了真切的了解。例如中国农业史上十分重要的"耦犁"，它的形制和操作，文献上只有"二牛三人"4个字的记载，引发学者间理解的分歧和争议。后来人们从云南白族近世"二牛抬杠"的习俗中找到它的合理解释，近年又在山东发现了"二牛三人"的画像石。在汉代墓葬的画像和模型中，不但有三人操作的"二牛抬杠"图像，而且有二人、一人操作的"二牛抬杠"图像，还有一人一牛犁田的图像，以及相应的框形犁的不同图像。这就不但证实而且充实了文献的有关记载，厘清了"耦犁"的正确含义，填补了文献失载的缺环，展现了耦犁演进的路径和方向，使我们对耦犁及其发展有一个比较全面和真切的认识。这种认识单靠文献记载无论如何是不能获得的。考古文物不但研究历史上的农业生产力不可或缺，对历史上农业生产关系的研究同样大有裨益。例如，租佃制是我国封建地主经济的主要经营方式，但它的主导地位是什么时候确立的，史学界历来有争议。有的学者认为，西汉晚期以来逐渐形成的地主田庄（或称"庄园"）是以集中经营为主的，分散经营的租佃制只是辅助形式。这是对有关文献记载的不同理解所致，也与秦汉魏晋南北朝有关租佃制的明确记载较少有关。考古文物可以帮助我们解决这一问题。汉代河南、山东、四川等地的地主墓葬中出土不少表现地主收取租谷的画像砖石和粮仓模型，这些画像和模型中的形象，有地主、地主管家和仆役、交租农民、运粮车、仓库、粮堆、量器等等，这是只有实行分散出租的租佃制才会出现场面。尤其值得注意的是，上述这些"角色"在画像或模型中可以全都出场，也可以部分缺席，唯一不能缺席的"角色"就是粮仓。有的收租图像直接彩绘在作为明器的陶仓楼上，有的陶仓楼在仓门外塑有背负粮袋交租的陶俑；而所有画像砖石上的收租图，毫无例外都绘画了粮仓，交租纳粮的活动就在粮仓前进行。用粮仓模型随葬，是随着地主经济的形成和发展而逐步兴盛起来的，粮仓模型是汉代出土最多的随葬明器。地主之所以普遍用它随葬，是作为自己拥有土地和财富的象征。与粮仓如此密切相连的收租图，明白无误地告诉我们，地主仓库中的粮食，主要来源于土地出租收取的租谷。这也说明，这些出土的包含地主收租内容的图像和模型，不是单纯孤立的个例，而是蕴含着普遍性意义。它们与有关文献记载相互参证，雄辩地说明租佃制在汉代地主经济中的主导地位业已确立。以上只是两个实例，类似的例子实际上是不胜枚举的。

还应该指出，传世文献的数量已经大致恒定，考古发掘却处于持续的"进行时"。考古新发现不断给研究者带来新的惊喜，不断给研究者提出新的研究课题，因而也就不断给研究增添新的动力和活力。

考古材料也有其局限。历史的主导者是人，史学是研究历史上人的活动，包括物质文化活动和精神文化活动。传世文献是人写的，是人们对他们的活动和见闻的记述，虽然难免受记述者主观因素的制约，但研究者毕竟可以从中直接看到人的活动。考古文物则是一堆不会说话的物，它不会自行讲述人类施加于它的活动，不会讲述它与其他的人与物的关系及其发展演变，隐藏在它们身上的人类活动的痕迹以及相关的历史信息，需要研究者通过与相关器物和相关资料的比对间接剔发出来。再者，古物的出土带有偶然性，历史上重要的遗物能够被发掘出来的永远只是一小部分，由于埋藏在地下，有些器物（如容易腐烂的木器）丧失了重见天日的机会。所以从某种意义上说，考古文物总是"残缺不全"的。以致西方考古学者认为，考古学的理论和实践是要从残缺不全的材料中，用间接方法去发现无法观察到的人类行为。因此，考古文物之引入史的研究，虽然打破了单纯靠文献治史的局面，但考古文物却无法单独承担研究历史的任务，它必须与其他资料配合，取长补短，相互参证，才能发挥其作用。即使是研究没有传世文献的原始农业时代，考古材料也不可能包打天下。

要克服考古文物的这种局限性，使"死"的文物变"活"，就不能把文物孤立起来，而应该把它和相关的文物联系起来，和相关的文献记载联系起来研究，要把出土文物放在遗址的小环境和时代的大环境中全面予以考察。这样做当然离不开相关的传世文献。要揭开考古文物的历史尘封，把隐藏其中的真实历史信息提取出来，有时还需要利用文化人类学、民俗学等的活材料进行比照和参证。上文谈到利用近世白族"二牛抬杠"的习俗复原汉代的"耦犁",就是这样做的。传世文献和考古文物都是历史的遗产,它们是已经固化了的。仍然在现实社会的生产和生活中存在和发展着的与传统有关的因素和事物则是"活"的历史遗产。它们或者是传统的传承,或者是传统的发展,或者是传统的变异,或者是传统的残片;它们有的表现为实物形态,有的表现为习俗、技艺、谣谚、信仰等。根据马克思主义历史无限延续,古今相续相涵的观点,它们也可以与传世文献、考古文物相互参证,成为研究历史别开生面的有用资料。这比"二重证据法"更进了一步。把文献、文物、固态、活态的遗产结合起来,互补互证。可以更加充分地发挥考古文物的作用,而克服其不足。这样,我们就可以写出更加完整、更加真实、更加形象、更加生动、更加丰满的农业历史来。当然,考古材料的利用、文献、文物、固态、活态相结合的方法,其意义是超越农史研究范围的。

把考古文物资料引入农史研究,其意义之重大已如上述。随着考古事业的持续发展,出土的农业文物也越来越多。过去我们用"浩如烟海"形容传世文献,现在我们也完全可以用它来形容出土的农业文物。对农业文物的发掘和利用,农史界和史学界过去已经做了许多工作,取得可喜的成绩,但与出土文物的数量和学科发展的需要相比,应该说还是很不够的。原因之一是迄今还没有一部系统全面收录、整理有关资料信息的工具书,为研究者提供进入农业文物图像资料宝库殿堂的阶梯。由中国农业博物馆编纂的《中国农业文物宝典》将弥补这一空白。中国农业博物馆是在改革开放以后农业考古学科孕育诞生之际成立的,她以收集整理和研究有关农业文物为其重要任务。他们组织编纂这部工具书,可谓金针度人、功德无量。该书以农业文物实物和图像资料的信息为对象,收录了数万多有关数据,其中有上万件文物信息来自于国家贵重文物档案库中的一级档案资料,弥足珍贵。该书的出版,将有利于推动农史学科和史学研究的进一步发展。

该书即将出版之际,中国农业博物馆研究所的负责人、该书的主要编纂者胡泽学同志问序于我。我对农业文物了解不多,只能谈谈我对考古文物与农史研究关系的一些思考,并以此寄托我对农业文物研究和农史学科发展的祝愿。

(作者系中国社会科学院经济研究所研究员、博士生导师)

编　纂　说　明

　　《中国农业文物宝典》，是经国家出版基金管理委员会批准、确定为"2013 年度国家出版基金资助出版项目"的重要图书之一，同时，也是中国农业博物馆 2013 年度综合性研究课题项目"中国农业文物资料整理研究"的成果之一，是一本有关农业文物的检索用工具书。《中国农业文物宝典》的编纂，是历史研究的一项基础性工作，极大地方便了历史学者、考古学者特别是农业史工作者，查询农业文物相关资料，开展历史研究，提供有力的历史实证资料和线索。

一、"文物"和"农业文物"

　　"文物"，是指人类社会历史发展进程中遗留下来的、由人类创造或者与人类活动有关的一切有价值的物质遗存的总称。《辞海》中"文物"条目的解释是：遗存在社会上或埋藏在地下的历史文化遗物，一般包括：与重大历史事件、革命运动和重要人物有关的、具有纪念意义和历史价值的建筑物、遗址、纪念物等；具有历史、艺术、科学价值的古文化遗址、古墓葬、古建筑、石窟寺、石刻等；各时代有价值的艺术品、工艺美术品；革命文献资料以及具有历史、艺术和科学价值的古旧图书资料；反映各时代社会制度、社会生产、社会生活的代表性实物[1]。《辞源》中"文物"条目的解释是："旧指礼乐典章制度；具有历史、艺术价值的古代遗物。"[2]《现代汉语词典》（修订本）中"文物"条目的解释是："历代遗留下来的在文化发展史上有价值的东西，如建筑、碑刻、工具、武器、生活器皿和各种艺术品等。"[3]

　　文物是人类在历史发展过程中遗留下来的遗物、遗迹，对研究社会政治、经济、文化有着重要的历史价值和学术价值。各类文物从不同的侧面反映了各个历史时期人类的社会活动、社会关系、意识形态以及利用自然、改造自然和当时生态环境的状况，是人类宝贵的历史文化遗产。文物的保护管理和科学研究，对于人们认识历史，揭示人类社会发展的客观规律，促进当代和未来社会的发展，具有重要的意义。

　　文物的基本特征是：第一，必须是由人类创造的，或者是与人类活动有关的；第二，必须是已经成为历史的、过去的，不可能再重新创造的。

　　"农业文物"，在这里特指在遗址中出土或传世的农业遗物、遗迹，或者是涉及农业内容的遗物、遗迹，包括生产工具、作物及其他植物（包含某些植物的制品）、畜禽及其他动物（包含某些动物制品）、农田水利、农业图像、农业文书等。

二、编排原则

---

[1]《辞海》编辑委员会编：《辞海》，上海辞书出版社，1989 年，4024 页。
[2] 商务印书馆编辑部编：《辞源》（修订本），商务印书馆，1988 年，735 页。
[3] 中国社会科学院语言研究所词典编辑室编：《现代汉语词典》（修订本），商务印书馆，2000 年，1319 页。

（1）《中国农业文物宝典》中收录的农业文物，主要摘自考古专业学术性资料性刊物《考古》（中国社会科学院考古研究所主办）上的"野外考古发掘调查简报"等学术文章中发表的农业和与农业有关的文物。

（2）《中国农业文物宝典》收录的出土农业文物的时间界定：从新石器时代至清代，其他时代的农业文物不在收录之列。

（3）《中国农业文物宝典》的内容大致按照现代学科分类和文物用途来编纂，按照生产工具、作物及其他植物、畜禽及其他动物、农田水利、农业图像、农业文书的次序，编排内容的先后顺序。

（4）"生产工具"中的"农具与设施"、"农业图像"中"农作图"，按照农业生产工序的顺序编排；"畜禽及其他动物"中的"其他动物"部分，按照昆虫、软体动物类、鱼类、两栖爬行类、鸟类、哺乳动物类的顺序编排。除此之外，其他部分和单元则没有特定的编排顺序。

（5）文物年代编排顺序：按照历史先后顺序，即：新石器、夏、商、西周、春秋、战国、秦、汉、三国、晋、南北朝、隋、唐、五代、宋、元、明、清。

（6）每个词条的编排内容包括"文物名称"、"文物数量"、"文物年代"、"出土地点"、"资料来源"、"是否有图片"6个部分。

（7）同一种文物的编排顺序：

同一种文物，首先按质地排列，质地顺序大致为石、木、骨（牙、角）、蚌、玉、陶、瓷、铜、铁、其他；其次，同一质地文物按出现年代早的排在前面，出现年代晚的排在后面，按照"（5）"的排列顺序排列；第三，质地和年代相同，按出土地点的汉语拼音字母的先后顺序排列；第四，质地、年代和出土地点相同的，则按照文物资料在《考古》杂志上发表时间的先后顺序排列。

由于同一遗址进行多次发掘，则同一年代、同一个出土地点的文物，分别列出，并按发掘时间的先后进行排列。

三、编纂内容

编纂内容，主要按生产工具、作物及其他植物、畜禽及其他动物、农田水利、农业图像、农业文书六大类编排。

（一）生产工具

1. 农具与设施：耕种工具、灌溉工具、收获工具、脱粒加工工具、储藏设施、量具（器）、运输工具。

2. 畜禽养殖工具及设施：马具及设施、养牛设施、养羊设施、养猪设施、养狗设施、养鸡用具及设施、养鸭用具及设施、养鹅用具及设施、其他畜禽器具。

3. 渔猎狩猎工具：渔猎工具、狩猎工具。

4. 纺织工具。

（二）作物及其他植物

1. **农作物**：粮食作物及相关食品、豆类及油料作物。

2. **蔬菜**：叶茎根类、果菜类、辛香类。

3. **果树**：热带水果、非热带水果。

4. **蚕桑、纤维植物及产品**：蚕桑及丝织品、麻及麻织品、棉及棉织品、竹制品、草编织品、其他纤维织物、不明质地织物。

5. **其他植物**：食用类、用材类、药用类、其他等。

（三）畜禽及其他动物

1. **畜禽（主要是指家养的牲畜和家禽）**：马、牛、羊、猪、狗、骆驼、鸡、鸭、鹅。

2. **其他动物**：昆虫、软体动物类、鱼类、两栖爬行类、鸟类、哺乳动物类。

3. **动物制品**：肉制品、皮制品、毛制品。

（四）农田水利

1. **农田设施**：农田遗迹、水田模型。

2. **水利设施**：水塘模型、水井、水渠、其他水利设施。

（五）农业图像

1. **农事图**：农作模型、农作图、耕织图、桑织图。

2. **畜牧图**：饲养放牧图、畜力运输图、狩猎图。

3. **渔猎图**：养鱼图、捕鱼图、龟图、水禽图。

4. **昆虫图**：蝉图、蝴蝶图、其他昆虫图。

5. **农村生活图**：食品加工图、牲畜屠宰图、宴饮图、其他农村生活图。

（六）文书印章

1. **卜骨卜甲**：卜骨、卜甲。

2. **文书票证**：作物文书、土地文书、畜牧文书、林业文物、农事杂项文书。

（七）几点说明

（1）文物名称，以《考古》杂志中的野外发掘报告里的名称，作为本书中的文物名称。

（2）为了全书的同一性，本书统一了同一种文物不同叫法，例如："镬"和"锸"统称为"锸"，"碪"和"锛"统称为"锛"，"马蹬"和"马镫"统称为"马镫"，"狗"和"犬"统称为"狗"，等等。通假字也进行统一编排。如："麃"和"狍"统一编为"狍"，等等。

（3）"骑马俑"、"骑牛俑"、"牛"和"骑骆驼俑"作为农业文物，本书只是因为有"马"和"骆驼"，因而把此类文物归类为相应的"马"、"牛"和"骆驼"的内容。

（4）文物名称后的数字是该文物在该遗址中出土的数量：文物名称后的数字是指同一个遗址里、同一个文化层，一个或几个墓葬中该文物出土数量之和。

无数字，说明考古工作者在"考古发掘简报"中没有说明该文物出土的数量，或者含糊不清，所以本书无法准确地表达该文物的数量。

（5）文物删减：

没有明确时代的文物："考古发掘简报"中，没有判定时代的，没有收录；

有些文物，由于质地的变化，其用途也发生了根本的变化，如石器："石刀"、"石矛"、"石钺"、"石镞"等，金属工具出现以后，其逐渐演变为兵器，如"铜刀"、"铜矛"、"铜钺"、"铜镞"等，因而，非金属工具收为农业文物，其对应的金属工具则没被收录。

四、文物年代的判定和排序

文物年代，是指该文物产生或出现的时代，而不是该文物所在遗址发掘的时间。文物年代的确定，严格遵循《考古》杂志中"考古发掘简报"里对该文物所处年代的表述，可能是一个准确的年代，如"新石器（仰韶文化）"、"商"、"战国"、"西汉"、"唐"等，也有可能是一个年代范围，如"新石器－商"、"先商"、"商周"、"东周"、"战国－东汉"等，由于一个遗址的年代确定，需要较长的时间，最初的"考古发掘简报"只是一个初步的判断，经过遗址发掘后的深入研究，才能得出该遗址准确的年代结论。由于这个过程时长的不确定性，本书只记录最初"考古发掘简报"中作者所做出的时代判断，为了避免混乱，本书并没有根据新的研究成果对最初的年代进行修正，更没有加入新的自己的判断。

（一）有关"新石器时代"的排列顺序

新石器时代的排列顺序总的原则：年代早的排在前面，年代晚的排在后面；有明确"文化类型"和明确"年限"的排在前面，反之，排在后面；没有年代跨度的排在前面，有年代跨度的排在后面。

（1）有明确"文化类型"和明确"年限"的，排在前面，而只表述"新石器"的，排在后面，有时间跨度范围的，则排在最后，如："新石器（距今6900年）"、"新石器（仰韶文化）"、"新石器（龙山文化）－商"、"新石器晚期"，其排列顺序为"新石器（仰韶文化）"、"新石器（距今6900年）"、"新石器晚期"、"新石器（龙山文化）－商"。

（2）有明确"文化类型"的，按照距今时间的早晚排列，距今时间早的排在前面，晚的则排在后面，如："新石器（城背溪文化）"、"新石器（屈家岭文化）"、"新石器（石家河文化）"。

（3）每个有明确"文化类型"的遗址，其文化年代是一个范围值，先比较距今时间上限，早的排在前面，晚的排在后面；如果上限的时间相同，则比较距今时间下限，早的排在前面，晚的排在后面。如："新石器（裴李岗文化，距今8000～7000年）"、"新石器（磁山文化，距今7950～7350年）"、"新石器（李家村文化，距今7950～6950年）"。

（4）有的遗址没有明确的文化类型，但有明确的年限，则与相应的有明确"文化类型"的混排在一起，距今时间长的排在前面，晚的则排在后面，如有4个遗址的年代分别为"新石器（仰韶文化）"、"新石器（赵宝沟文化）"、"新石器（距今6900年）"、"新石器（距今6800年）"，则其排列顺序为："新石器（仰韶文化）"、"新石器（距今6900年）"、"新石器（赵宝沟文化）"、"新石器（距今6800年）"。

（二）除新石器时代外，同一个时代的排列顺序：先按同时代的早晚排列，再按跨时代下限的早晚排列，如：汉、西汉、新莽、东汉、汉魏、汉－西晋、汉晋、东汉－六朝、东汉－北朝、东汉－明，等等。

（三）在我国古代，有些朝代是中央集权与周围王朝并存。在时代排列时，先排中央集权，再排周围王朝。如：唐、高昌（公元 7 世纪）、高句丽（公元 7 世纪）、渤海国时期、吐蕃时期，等等。

五、其他说明

（一）出土地点

出土地点是指《中国农业文物宝典》中文物出土遗址的地点。一般由省（自治区、直辖市）、市（县）、乡或村，以及具体的遗址地点组成。为了简洁明了，除内蒙古的县（旗）注明"内蒙古某某旗"，"吉林省吉林市"，"江西南昌市"、"江西南昌县"，还有单字县保留"县"字外，其他的都省略"省"、"市"、"县"字样。如：江苏连云港海州小礁山、河南安阳后岗高楼庄、内蒙古巴林左旗富河沟门、吉林省吉林市长蛇山、江西南昌市青云谱砖瓦窑、江西南昌县莲塘春新山、河北磁县界段营，等等。

由于资料收集的年限为 1955－2010 年，时间跨度长，一些省（自治区、直辖市）、市、县的名称发生变化，为了不引起读者查询的混乱，我们还是按照"考古发掘简报"发表时的地名为准，不作新的变化。如："辽宁省旅大市"、"湖北省随县"，没有分别改变为现行的"辽宁省大连市"、"湖北省随州市"。

同时，由于在 1955－2010 年期间，行政区域有一些变化，如海南岛、重庆的单独成为省级单位海南省、重庆市；赤峰市在此期间，先是由辽宁省管辖，后来转为内蒙古自治区管辖，为了不引起读者查询的混乱，我们还是按照"考古发掘简报"发表时的地名为准，不作新变化。

（二）资料来源

《中国农业文物宝典》中的资料来源，主要收录考古学杂志《考古》（1959－2010 年）、《考古通讯》（1955－1958 年）中"考古发掘简报"中的农业文物和涉农文物。为了方便排版，将原杂志中的中文年号、期号，统一为阿拉伯数字，如："一九五九年第二期"，统一改为"1959 年 2 期"。

（三）是否有图

《中国农业文物宝典》第 6 栏中，有留白和"有"字两项。留白代表《考古》中"考古发掘简报"里，只有该文物的文字描述，没有相应的图片；"有"字代表《考古》中"考古发掘简报"里，不仅有该文物的文字描述，而且还有该文物相应的图片。

最后，特别需要说明的是，由于我们学术水平和专业素养的局限，加之时间仓促，书中出现不足和差错，在所难免，为了今后编纂好其他有关考古学杂志中的农业文物资料，尚望读者批评指正。同时，要感谢本书的责任编辑穆祥桐和姚红同志，由于他们卓有成效的工作，使得本书的编纂质量大为提高，并如期出版。

《中国农业文物宝典》编委会

2013 年 11 月

目　　录

《中国农业文物宝典》序……………………………………………………………………………沈镇昭
考古文物与农史研究关系之我见
　　——序《中国农业文物宝典》…………………………………………………………………李根蟠
编纂说明……………………………………………………………………《中国农业文物宝典》编委会

第一篇　生产工具

一、农具与设施……………………1

（一）耕种工具……………………1

耒……………………1
耜……………………1
耒耜……………………2
犁……………………2
犁范……………………6
犁壁……………………6
铁鐴头……………………7
耙（bà）……………………7
耱……………………7
锸……………………7
镢……………………9
锄……………………13
锹……………………21
锨……………………21
镐……………………21
楔……………………22
锛……………………23
耙（pá）……………………57
斧……………………57
斤……………………112
钺……………………112
锤……………………115
凿……………………121
铲……………………145
耨……………………167
耧铧……………………167

马桶……………………167
运粪箕……………………167
石耘田器……………………167

（二）灌溉工具……………………168

戽斗……………………168
辘轳……………………168
水桶……………………168
汲水罐……………………169
汲水瓶……………………169

（三）收获工具……………………170

铚……………………170
刀……………………170
镰……………………207
钐镰……………………220
铡刀……………………221
锯……………………221

（四）脱粒加工工具……………………223

垛叉……………………223
禄俦……………………223
木锨……………………223
摄箕……………………223
簸箕……………………223
筛……………………223
笸箩……………………223
磨……………………223
碾……………………238

碓⋯⋯⋯⋯⋯⋯⋯⋯238
舂米器具⋯⋯⋯⋯240
杵⋯⋯⋯⋯⋯⋯⋯⋯241
臼⋯⋯⋯⋯⋯⋯⋯⋯246
杵臼⋯⋯⋯⋯⋯⋯⋯249

（五）储藏设施⋯⋯⋯⋯250
仓⋯⋯⋯⋯⋯⋯⋯⋯250
粮仓⋯⋯⋯⋯⋯⋯⋯258
粮窖⋯⋯⋯⋯⋯⋯⋯258
囷⋯⋯⋯⋯⋯⋯⋯⋯258
囤⋯⋯⋯⋯⋯⋯⋯⋯259
廪⋯⋯⋯⋯⋯⋯⋯⋯259
谷仓罐⋯⋯⋯⋯⋯⋯259

（六）量具（器）⋯⋯⋯259
升⋯⋯⋯⋯⋯⋯⋯⋯259
斗⋯⋯⋯⋯⋯⋯⋯⋯259
斛⋯⋯⋯⋯⋯⋯⋯⋯259
秤⋯⋯⋯⋯⋯⋯⋯⋯259
权⋯⋯⋯⋯⋯⋯⋯⋯259
天平⋯⋯⋯⋯⋯⋯⋯262
量⋯⋯⋯⋯⋯⋯⋯⋯262
其他量具⋯⋯⋯⋯⋯262

（七）运输工具⋯⋯⋯⋯263
扁担⋯⋯⋯⋯⋯⋯⋯263
箩筐⋯⋯⋯⋯⋯⋯⋯263
竹筐⋯⋯⋯⋯⋯⋯⋯263
篮⋯⋯⋯⋯⋯⋯⋯⋯263
牛车⋯⋯⋯⋯⋯⋯⋯263
车⋯⋯⋯⋯⋯⋯⋯⋯264
船⋯⋯⋯⋯⋯⋯⋯⋯265
木桨⋯⋯⋯⋯⋯⋯⋯266

二、畜禽养殖工具及设施⋯⋯⋯⋯266
（一）马具及设施⋯⋯⋯266
马鞍⋯⋯⋯⋯⋯⋯⋯266
马镫⋯⋯⋯⋯⋯⋯⋯266
马镳⋯⋯⋯⋯⋯⋯⋯268
马衔⋯⋯⋯⋯⋯⋯⋯270
衔镳⋯⋯⋯⋯⋯⋯⋯274

马铃⋯⋯⋯⋯⋯⋯⋯274
马厩⋯⋯⋯⋯⋯⋯⋯279
马槽⋯⋯⋯⋯⋯⋯⋯279

（二）养牛设施⋯⋯⋯⋯279
牛圈⋯⋯⋯⋯⋯⋯⋯279
牛厩⋯⋯⋯⋯⋯⋯⋯279

（三）养羊设施⋯⋯⋯⋯279
羊圈⋯⋯⋯⋯⋯⋯⋯279
羊舍⋯⋯⋯⋯⋯⋯⋯279

（四）养猪设施⋯⋯⋯⋯279
猪圈⋯⋯⋯⋯⋯⋯⋯279
猪栏⋯⋯⋯⋯⋯⋯⋯283
猪舍⋯⋯⋯⋯⋯⋯⋯283
猪槽⋯⋯⋯⋯⋯⋯⋯283

（五）养狗设施⋯⋯⋯⋯283
狗圈⋯⋯⋯⋯⋯⋯⋯283
狗窝⋯⋯⋯⋯⋯⋯⋯284

（六）养鸡设施⋯⋯⋯⋯284
鸡笼⋯⋯⋯⋯⋯⋯⋯284
鸡圈⋯⋯⋯⋯⋯⋯⋯284
鸡舍⋯⋯⋯⋯⋯⋯⋯284
鸡埘⋯⋯⋯⋯⋯⋯⋯285
鸡房⋯⋯⋯⋯⋯⋯⋯285

（七）养鸭设施⋯⋯⋯⋯285
鸭笼⋯⋯⋯⋯⋯⋯⋯285
鸭圈⋯⋯⋯⋯⋯⋯⋯285
鸭舍⋯⋯⋯⋯⋯⋯⋯285

（八）养鹅设施⋯⋯⋯⋯285
鹅笼⋯⋯⋯⋯⋯⋯⋯285
鹅圈⋯⋯⋯⋯⋯⋯⋯285

（九）其他畜禽器具⋯⋯285
禽舍⋯⋯⋯⋯⋯⋯⋯285
畜槽⋯⋯⋯⋯⋯⋯⋯286
畜圈⋯⋯⋯⋯⋯⋯⋯286
畜舍⋯⋯⋯⋯⋯⋯⋯286

其他畜禽器具……………286

三、渔猎狩猎工具……………**287**

（一）渔猎工具……………287

鱼叉……………287
鱼卡……………287
鱼镖……………288
鱼钩……………289
网梭……………290
网坠……………291
渔网……………304

（二）狩猎工具……………304

弓……………304
弓弦……………305
弓囊……………305
弩……………305

标枪……………305
箭头……………305
箭……………306
匕……………306
镞……………312
石核……………344
矛……………347
弹丸……………352
石球……………354
陶球……………359
其他狩猎工具……………361

四、纺织工具……………**361**

纺轮……………361
锥……………395
针……………416
其他纺织工具……………423

第二篇　作物及其他植物

一、农作物……………**425**

（一）粮食作物及相关食品……………425

粮食……………425
粟……………425
稻……………428
麦……………430
小麦……………431
大麦……………432
黍……………432
穈……………432
稷……………432
黑麦……………433
青稞……………433
高粱……………433
荞麦……………433
裸燕麦……………433

（二）豆类及油料植物……………433

豆类……………433
大豆……………433

野大豆……………434
黑豆……………434
豌豆……………434
芝麻……………434
胡麻……………434
大麻……………434
花生……………434

二、蔬菜……………**434**

（一）叶茎根类……………434

菜籽……………434
芥菜……………434
萝卜……………434

（二）果菜类……………434

瓜……………434
葫芦……………435
瓠……………435
甜瓜……………435
西瓜……………435

（三）辛香类……………435

大蒜·······435
花椒·······435
生姜·······435
芫荽·······436

三、果树·······436

（一）热带水果·······436

橄榄·······436
荔枝·······436
龙眼·······436

（二）非热带水果·······436

板栗·······436
粗榧·······436
核桃·······436
胡桃·······437
梨·······437
李·······437
梅·······437
葡萄·······437
人参果·······438
山楂·······438
酸枣·······438
桃·······438
无花果·······438
杏·······438
杨梅·······438
樱桃·······439
郁李·······439
枣·······439
榛·······439

四、蚕桑、纤维植物及其产品·······439

（一）蚕桑·······439

桑·······439
蚕·······439
丝织物·······440

（二）麻·······445

麻·······445
苎麻·······446
苘麻·······446

麻织品·······446

（三）棉·······447

棉·······447
棉织物·······448
其他棉织品·······448

（四）竹·······448

竹帘·······448
竹席·······448
竹笥·······449
竹篓·······449
竹绳·······450
其他竹制品·······450

（五）草编织物·······450

苇编织物·······450
藤编织物·······451
草编织物·······451

（六）其他纤维织物·······452

柳编器·······452
棕绳·······452

（七）不明质地织物·······452

五、其他植物·······453

（一）食用类·······453

藕·······453
菱角·······453
薏苡·······453

（二）用材类·······453

胡桃楸·······453
麻栎·······453
楝树·······453
松·······453
橡子·······453

（三）药用类·······454

苍耳·······454
冬葵·······454
栝楼·······454

广木香 …………………… 454
桂皮 ……………………… 454
佩兰 ……………………… 454
蒿本 ……………………… 454

（四）其他 ………………… 454

芙蓉 ……………………… 454
稗 ………………………… 454
植物种子 ………………… 454
果核 ……………………… 455

第三篇　畜禽及其他动物

一、畜禽 …………………………… 456

（一）马 …………………………… 456

马皮 ……………………… 456
马骨 ……………………… 456
马牙 ……………………… 459
马 ………………………… 459

（二）牛 …………………………… 466

牛骨 ……………………… 466
牛角 ……………………… 471
牛牙 ……………………… 472
牛 ………………………… 472

（三）羊 …………………………… 476

羊骨 ……………………… 476
羊角 ……………………… 479
羊牙 ……………………… 480
羊毛 ……………………… 480
羊皮 ……………………… 480
羊 ………………………… 480

（四）猪 …………………………… 483

猪骨 ……………………… 483
猪牙 ……………………… 489
猪 ………………………… 490

（五）狗 …………………………… 499

狗骨 ……………………… 499
狗 ………………………… 504

（六）骆驼 ………………………… 511

骆驼骨 …………………… 511

骆驼 ……………………… 511

（七）鸡 …………………………… 513

鸡骨 ……………………… 513
鸡 ………………………… 514
鸡蛋 ……………………… 520

（八）鸭 …………………………… 521

鸭骨 ……………………… 521
鸭 ………………………… 521
鸭蛋 ……………………… 523

（九）鹅 …………………………… 523

鹅骨 ……………………… 523
鹅 ………………………… 524

二、其他动物 ……………………… 524

（一）昆虫 ………………………… 524

蝉 ………………………… 524
蝶 ………………………… 525
蝈蝈 ……………………… 526

（二）软体动物类 ………………… 526

蚌壳 ……………………… 526
海蚌壳 …………………… 529
河蚌壳 …………………… 529
丽蚌壳 …………………… 530
无齿蚌壳 ………………… 530
楔蚌壳 …………………… 530
猪耳蚌壳 ………………… 530
鲍鱼壳 …………………… 530
贝壳 ……………………… 530

蛏壳 ⋯⋯⋯⋯⋯⋯⋯⋯⋯533
蛤蜊壳 ⋯⋯⋯⋯⋯⋯⋯533
魁蛤壳 ⋯⋯⋯⋯⋯⋯⋯535
青蛤壳 ⋯⋯⋯⋯⋯⋯⋯535
文蛤壳 ⋯⋯⋯⋯⋯⋯⋯535
海胆壳 ⋯⋯⋯⋯⋯⋯⋯535
毛蚶壳 ⋯⋯⋯⋯⋯⋯⋯535
泥蚶壳 ⋯⋯⋯⋯⋯⋯⋯536
螺 ⋯⋯⋯⋯⋯⋯⋯⋯⋯⋯536
玉螺 ⋯⋯⋯⋯⋯⋯⋯⋯⋯538
榧螺壳 ⋯⋯⋯⋯⋯⋯⋯538
海螺壳 ⋯⋯⋯⋯⋯⋯⋯538
旱螺壳 ⋯⋯⋯⋯⋯⋯⋯538
蝾螺壳 ⋯⋯⋯⋯⋯⋯⋯538
滩栖螺壳 ⋯⋯⋯⋯⋯⋯538
乌螺壳 ⋯⋯⋯⋯⋯⋯⋯538
田螺壳 ⋯⋯⋯⋯⋯⋯⋯538
牡蛎壳 ⋯⋯⋯⋯⋯⋯⋯539
珊瑚 ⋯⋯⋯⋯⋯⋯⋯⋯⋯539
蜗牛壳 ⋯⋯⋯⋯⋯⋯⋯539
蚬壳 ⋯⋯⋯⋯⋯⋯⋯⋯⋯539
螃蟹壳 ⋯⋯⋯⋯⋯⋯⋯540
珍珠 ⋯⋯⋯⋯⋯⋯⋯⋯⋯540

（三）鱼类 ⋯⋯⋯⋯⋯⋯540

鱼 ⋯⋯⋯⋯⋯⋯⋯⋯⋯⋯540
鲌鱼 ⋯⋯⋯⋯⋯⋯⋯⋯⋯545
草鱼 ⋯⋯⋯⋯⋯⋯⋯⋯⋯545
鲀鱼 ⋯⋯⋯⋯⋯⋯⋯⋯⋯545
鳜鱼 ⋯⋯⋯⋯⋯⋯⋯⋯⋯545
鲷鱼 ⋯⋯⋯⋯⋯⋯⋯⋯⋯545
黄桑鱼 ⋯⋯⋯⋯⋯⋯⋯546
鲫鱼 ⋯⋯⋯⋯⋯⋯⋯⋯⋯546
鲤鱼 ⋯⋯⋯⋯⋯⋯⋯⋯⋯546
鲢鱼 ⋯⋯⋯⋯⋯⋯⋯⋯⋯546
鲈鱼 ⋯⋯⋯⋯⋯⋯⋯⋯⋯546
马口鱼 ⋯⋯⋯⋯⋯⋯⋯546
鲇鱼 ⋯⋯⋯⋯⋯⋯⋯⋯⋯546
青鱼 ⋯⋯⋯⋯⋯⋯⋯⋯⋯546
鲨鱼 ⋯⋯⋯⋯⋯⋯⋯⋯⋯547
乌鳢 ⋯⋯⋯⋯⋯⋯⋯⋯⋯547
鲟鱼 ⋯⋯⋯⋯⋯⋯⋯⋯⋯547
黄鳝 ⋯⋯⋯⋯⋯⋯⋯⋯⋯547

泥鳅 ⋯⋯⋯⋯⋯⋯⋯⋯⋯547

（四）两栖、爬行类 ⋯⋯⋯547

蛙 ⋯⋯⋯⋯⋯⋯⋯⋯⋯⋯547
蟾蜍 ⋯⋯⋯⋯⋯⋯⋯⋯⋯547
大鲵 ⋯⋯⋯⋯⋯⋯⋯⋯⋯547
鳖 ⋯⋯⋯⋯⋯⋯⋯⋯⋯⋯547
龟 ⋯⋯⋯⋯⋯⋯⋯⋯⋯⋯548
鼋 ⋯⋯⋯⋯⋯⋯⋯⋯⋯⋯550
蛇 ⋯⋯⋯⋯⋯⋯⋯⋯⋯⋯551

（五）鸟类 ⋯⋯⋯⋯⋯⋯⋯551

鸟 ⋯⋯⋯⋯⋯⋯⋯⋯⋯⋯551
鸥鹗 ⋯⋯⋯⋯⋯⋯⋯⋯⋯553
鸬鹚 ⋯⋯⋯⋯⋯⋯⋯⋯⋯553
鸽 ⋯⋯⋯⋯⋯⋯⋯⋯⋯⋯553
鹤 ⋯⋯⋯⋯⋯⋯⋯⋯⋯⋯554
麻雀 ⋯⋯⋯⋯⋯⋯⋯⋯⋯554
鸵鸟 ⋯⋯⋯⋯⋯⋯⋯⋯⋯554
鸮 ⋯⋯⋯⋯⋯⋯⋯⋯⋯⋯554
雁 ⋯⋯⋯⋯⋯⋯⋯⋯⋯⋯554
燕 ⋯⋯⋯⋯⋯⋯⋯⋯⋯⋯554
鹦鹉 ⋯⋯⋯⋯⋯⋯⋯⋯⋯554
鹰 ⋯⋯⋯⋯⋯⋯⋯⋯⋯⋯554
鸳鸯 ⋯⋯⋯⋯⋯⋯⋯⋯⋯554
雉 ⋯⋯⋯⋯⋯⋯⋯⋯⋯⋯554

（六）哺乳动物类 ⋯⋯⋯⋯554

兽 ⋯⋯⋯⋯⋯⋯⋯⋯⋯⋯554
豹 ⋯⋯⋯⋯⋯⋯⋯⋯⋯⋯555
蝙蝠 ⋯⋯⋯⋯⋯⋯⋯⋯⋯555
穿山甲 ⋯⋯⋯⋯⋯⋯⋯555
刺猬 ⋯⋯⋯⋯⋯⋯⋯⋯⋯556
猴 ⋯⋯⋯⋯⋯⋯⋯⋯⋯⋯556
猕猴 ⋯⋯⋯⋯⋯⋯⋯⋯⋯556
狐狸 ⋯⋯⋯⋯⋯⋯⋯⋯⋯556
河狸 ⋯⋯⋯⋯⋯⋯⋯⋯⋯556
虎 ⋯⋯⋯⋯⋯⋯⋯⋯⋯⋯557
玃 ⋯⋯⋯⋯⋯⋯⋯⋯⋯⋯557
鲸 ⋯⋯⋯⋯⋯⋯⋯⋯⋯⋯558
狼 ⋯⋯⋯⋯⋯⋯⋯⋯⋯⋯558
鹿 ⋯⋯⋯⋯⋯⋯⋯⋯⋯⋯558
斑鹿 ⋯⋯⋯⋯⋯⋯⋯⋯⋯565

麂 ……………………………………………… 565
马鹿 ……………………………………………… 566
梅花鹿 …………………………………………… 566
麋鹿 ……………………………………………… 566
麝 ………………………………………………… 566
水鹿 ……………………………………………… 567
麖 ………………………………………………… 567
驴 ………………………………………………… 567
猫 ………………………………………………… 567
豹猫 ……………………………………………… 567
斑猫 ……………………………………………… 567
貉 ………………………………………………… 567
狍 ………………………………………………… 568
犀牛 ……………………………………………… 568
牦牛 ……………………………………………… 568
野牛 ……………………………………………… 568
狮 ………………………………………………… 569
鼠 ………………………………………………… 569
竹鼠 ……………………………………………… 570
松鼠 ……………………………………………… 570
鼢鼠 ……………………………………………… 570
苍鼠 ……………………………………………… 570
水獭 ……………………………………………… 570
兔 ………………………………………………… 570
野兔 ……………………………………………… 571
象 ………………………………………………… 571
熊 ………………………………………………… 571
棕熊 ……………………………………………… 572

黄羊 ……………………………………………… 572
羚羊 ……………………………………………… 572
岩羊 ……………………………………………… 572
獐 ………………………………………………… 572
豪猪 ……………………………………………… 572
野猪 ……………………………………………… 573
三、动物制品 …………………………………… 574
（一）皮制品 …………………………………… 574
皮带 ……………………………………………… 574
皮革 ……………………………………………… 574
皮囊 ……………………………………………… 574
皮鞋 ……………………………………………… 574
皮衣 ……………………………………………… 575
其他皮制品 ……………………………………… 575
（二）毛制品 …………………………………… 575
毛布 ……………………………………………… 575
毛带 ……………………………………………… 576
毛裤 ……………………………………………… 576
毛帽 ……………………………………………… 576
毛绳 ……………………………………………… 576
毛毯 ……………………………………………… 576
毛衣 ……………………………………………… 576
毛毡 ……………………………………………… 576
罽 ………………………………………………… 577
其他毛制品 ……………………………………… 577

第四篇　农田水利

一、农田设施 …………………………………… 578
（一）农田遗迹 ………………………………… 578
（二）水田模型 ………………………………… 578
二、水利设施 …………………………………… 578
（一）水塘模型 ………………………………… 578

（二）水井 ……………………………………… 579
水井遗址 ………………………………………… 579
水井 ……………………………………………… 579
（三）水渠 ……………………………………… 591
（四）其他水利设施 …………………………… 591

第五篇　农业图像

一、农事图·····················592

（一）农作模型·················592

耕作模型·····················592
收获模型·····················592
脱粒加工模型·················592

（二）农作图···················593

耕地图·······················593
播种图·······················593
耧播图·······················593
中耕图·······················593
收获图·······················593
脱粒图·······················594
加工图·······················594
入仓图·······················594
运输图·······················594
纺织图·······················594
其他农作图···················595

（三）桑织图···················595

采桑图·······················595
其他桑织图···················595

二、畜牧图·····················595

（一）饲养放牧图···············595

养马图·······················595
养牛图·······················595
养羊图·······················596
养猪图·······················596
养狗图·······················596
养鸡图·······················596
养骆驼图·····················596
养鹿图·······················596

多动物图·····················597
其他动物图···················598
放牧图·······················598

（二）畜力运输图···············598

牛车图·······················598
驼车图·······················599

（三）狩猎图···················599

捕牛图·······················599
捕猪图·······················599
捕鹿图·······················599
狩猎图·······················599

三、渔猎图·····················600

（一）养鱼图···················600
（二）捕鱼图···················600
（三）龟图·····················601
（四）水禽图···················601

四、昆虫图·····················601

（一）蝉图·····················601
（二）蝴蝶图···················602
（三）其他昆虫图···············602

五、农村生活图·················602

（一）食品加工图···············602

庖厨图·······················602
汲水图·······················603

（二）宴饮图···················603

宴饮图·······················603
酒事图·······················603

（三）其他农村生活图···········604

第六篇　文书印章

一、卜骨卜甲···················605

（一）卜骨·····················605

卜骨……………………………………605
卜骨（牛）……………………………606
卜骨（羊）……………………………607
卜骨（猪）……………………………608
卜骨（鹿）……………………………608

（二）卜甲………………………………609

卜甲……………………………………609
卜甲（龟）……………………………609

二、文书票证………………………610

（一）作物文书（汉文）………………610

粟文书…………………………………610
粮食文书………………………………610

油料文书………………………………610

（二）土地文书（汉文）………………610

买地券…………………………………610
买地券砖………………………………611
买地券石………………………………611
买地券瓦………………………………612
木质买地券……………………………612
陶质买地券……………………………613
铁质买地券……………………………613
铅质买地券……………………………613
租地文书………………………………613

（三）畜牧文书（汉文）………………613

（四）林业文书…………………………614

附录 中国朝代历史年表………………………………………………………………615

第一篇　生产工具

一、农具与设施

（一）耕种工具

耒

木耒痕迹		新石器（仰韶文化）	陕西临潼姜寨	《考古》1975年5期	
木耒痕迹		夏（二里头文化）	河南偃师二里头	《考古》1965年5期	
木耒痕迹		商	河南安阳殷墟	《考古》1961年2期	有
角耒	1	商	河北沧县倪杨屯	《考古》1993年2期	有

耜

石耜	3	新石器（兴隆洼文化）	河北滦平药王庙梁	《考古》1998年2期	有
石耜		新石器（兴隆洼文化）	内蒙古林西井沟子西梁	《考古》2006年2期	有
石耜		新石器（距今8000年）	河北易县北福地	《考古》2005年7期	
石耜		新石器（仰韶文化）	河南灵宝北阳平	《考古》1999年12期	有
石耜		新石器（仰韶文化）	河南淅川沟湾	《考古》2010年6期	有
石耜	1	新石器（仰韶文化）	山西夏县辕村	《考古》2009年11期	有
石耜		新石器（距今6870±85年）	内蒙古敖汉旗赵宝沟	《考古》1988年1期	有
石耜		新石器（赵宝沟文化）	内蒙古敖汉旗蚌河艮兑营子	《考古》2005年3期	有
石耜	2	新石器（赵宝沟文化）	内蒙古林西白音长汗	《考古》1993年7期	有
石耜	5	新石器（赵宝沟文化）	内蒙古林西水泉	《考古》2005年11期	有
石耜	1	新石器（距今6700年）	内蒙古敖汉旗小山	《考古》1987年6期	有
石耜		新石器（红山文化）	河北玉田东蒙各庄	《考古》1983年5期	
石耜	2	新石器（红山文化）	内蒙古巴林右旗查日斯台嘎查	《考古》2002年8期	有
石耜		新石器（红山文化）	内蒙古巴林右旗那斯台	《考古》1987年6期	有
石耜	1	新石器（红山文化）	内蒙古哲里木盟科左中旗新艾力	《考古》1965年5期	有
石耜	1	新石器（距今6000年）	湖北枣阳雕龙碑	《考古》2000年3期	有
石耜		新石器（龙山文化）	山西襄汾丁村	《考古》1991年10期	有
石耜	1	新石器（距今4000年）	重庆巴县干溪沟	《考古》1992年12期	有
石耜	1	新石器（距今4000年）	重庆长寿杨家湾	《考古》1992年12期	
石耜	2	新石器（距今4000年）	重庆江北水文站	《考古》1992年12期	
石耜	1	新石器（距今4000年）	重庆江北羊坝滩	《考古》1992年12期	
石耜	3	新石器（距今4000年）	重庆江津王爷庙	《考古》1992年12期	有

石耜	2	新石器	河北三河孟各庄	《考古》1983年5期	有
石耜	1	新石器	黑龙江新巴尔虎左旗	《考古》1972年4期	
石耜	1	新石器	陕西安康柳家河	《考古》1983年6期	有
石耜		新石器	四川南充明家嘴	《考古》1983年6期	有
石耜		青铜时代	吉林乾安大布苏泡	《考古》1984年5期	有
石耜	4	西周	广东平远寨顶上山	《考古》1991年2期	有
木耜		新石器（河姆渡文化）	浙江余姚鲻山	《考古》2001年10期	有
木耜		青铜时代（距今3800年）	云南剑川海门口	《考古》2009年7期	
木耜	2	商周	云南剑川海门口	《考古》1995年9期	有
骨耜		新石器（河姆渡文化）	浙江余姚河姆渡	《考古》1977年2期	
骨耜	3	新石器（河姆渡文化）	浙江余姚鲻山	《考古》2001年10期	有
骨耜		新石器早期	河南舞阳贾湖	《考古》2009年8期	
骨耜	1	商	山东济宁张山洼	《考古》2007年9期	有
贝耜	1	新石器（距今6000年）	福建平潭壳坵头	《考古》1991年7期	有

耒耜

铁耒耜	2	西汉	山东微山微山岛	《考古》1998年3期	有

犁

三角形石器	6	新石器（良渚文化）	上海松江广富林	《考古》1962年9期	有
石犁	4	新石器（仰韶文化）	河南临汝大张村	《考古》1960年6期	有
石犁	数量多	新石器（仰韶文化）	山西闻喜汀店	《考古》1961年5期	有
石犁	2	新石器（仰韶文化）	陕西临潼井深沟	《考古》1996年12期	有
石犁	4	新石器（距今6000年）	湖北枣阳雕龙碑	《考古》2000年3期	有
石犁	1	新石器（崧泽文化）	上海松江汤庙村	《考古》1985年7期	有
石犁	5	新石器（良渚文化）	上海金山亭林	《考古》2002年10期	有
石犁		新石器（良渚文化）	上海松江广富林	《考古》2002年10期	有
石犁		新石器（良渚文化）	浙江平湖庄桥坟	《考古》2005年7期	有
石犁	1	新石器（良渚文化）	浙江余姚鲞架山	《考古》1997年1期	有
石犁状器		新石器（龙山文化早期）	山西襄汾陶寺	《考古》1980年1期	有
石犁	2	新石器（距今4585±160年）	广西钦州独料	《考古》1982年1期	有
石犁	1	新石器	广东宝安蚌地山	《考古通讯》1957年6期	
石犁	1	新石器	河南上蔡县黄泥庄	《考古通讯》1956年5期	
石犁	3	新石器	河南镇平赵湾	《考古》1962年1期	有
石犁	1	新石器	吉林长春郊区新立城	《考古》1960年4期	

石犁	4	新石器	吉林洮安双塔屯	《考古》1983年12期	有
石犁		新石器	吉林哲盟科左中旗	《考古》1983年12期	
石犁	1	新石器	江苏吴县虎山	《考古》1961年3期	有
石犁	1	新石器	江苏吴兴邱城	《考古》1959年9期	
石犁头		新石器	内蒙古阿鲁科尔沁旗德博勒庙	《考古通讯》1955年5期	
石犁		新石器	内蒙古林西	《考古通讯》1957年2期	
石犁		新石器	四川忠县	《考古通讯》1958年5期	
石犁		新石器	云南西双版纳勐腊	《考古》1963年6期	
石犁（破土器）	2	新石器	浙江定海唐家墩	《考古》1984年1期	有
石犁	1	新石器	浙江定海五一茂盛	《考古》1984年1期	有
石犁（破土器）	3	新石器	浙江乐清白石	《考古》1992年9期	有
石犁形器	1	新石器	浙江舟山孙家山	《考古》1983年1期	有
石犁	1	新石器晚期	河北承德娘娘庙	《考古》1992年6期	有
石犁头	1	新石器晚期	江西清江营盘里	《考古》1962年4期	
石犁	1	青铜时代（马桥文化）	上海奉贤江海	《考古》2002年11期	有
石犁	1	青铜时代（湖熟文化）	江苏南京西善桥	《考古》1962年3期	有
石犁		青铜时代（广富林文化）	上海松江广富林	《考古》2008年8期	有
石犁	3	商周	江西赣州竹园下	《考古》2000年12期	有
石犁	1	西周	广东揭西赤岭埔	《考古》1999年7期	有
石犁形器	1	西周—春秋	江苏丹阳墩头山	《考古》1993年8期	有
石犁	1	西周—春秋	江苏苏州越城	《考古》1982年5期	有
石犁	4	西周—战国	浙江玉环三合潭	《考古》1996年5期	有
石犁	1	东周	山西芮城南礼教村	《考古》1964年6期	有
石犁	1	战国	陕西凤翔杨家湾	《考古》1962年9期	有
石犁	2	汉	浙江余姚上林湖	《考古通讯》1958年9期	有
铜犁	2	汉	云南安宁太极山	《考古》1905年9期	有
铜犁	1	汉	云南大理大墓坪	《考古》1966年4期	有
铜犁	1	汉	云南大理鹿鹅山	《考古》1966年4期	有
铜犁		汉	云南晋宁石寨山	《考古》1959年9期	
铜犁	1	汉	云南昆明呈贡石碑	《考古》1984年3期	有
小铜犁头	2	汉	云南祥云大波那村	《考古》1964年7期	
铁犁	1	战国	山东临淄故城	《考古》1961年6期	有

铁犁		战国	山西盂县北村	《考古》1991年9期 有
铁犁		汉	安徽合肥	《考古》1959年3期
铁犁		汉	安徽合肥建华窑厂	《考古》1959年3期
铁犁	1	汉	福建崇安城村汉城	《考古》1960年10期 有
铁犁尖		汉	河北邯郸涧沟	《考古》1959年10期
铁犁		汉	江苏盐城麻瓦坟	《考古》1964年1期
铁犁		西汉	陕西西安南郊杜陵五号	《考古》1991年12期
铁犁形器	1	西汉	新疆吐鲁番交河故城沟西	《考古》1997年9期 有
铁犁	2	东汉	安徽固镇垓下	《考古》1993年1期 有
铁犁		东汉	河南洛阳西郊	《考古通讯》1956年1期
铁犁		东汉	河南陕县刘家渠	《考古通讯》1957年4期
铁犁	1	东汉	江苏高邮邵家沟	《考古》1960年10期
铁犁	1	东汉	山东济南青龙山	《考古》1989年11期 有
铁犁	1	东汉	山西孝义	《考古》1960年7期
铁犁		东汉	陕西长安沣西张家坡	《考古》1959年10期
铁犁		隋	河南陕县刘家渠	《考古通讯》1957年4期
铁犁头		北宋	陕西蓝田五里头家庙	《考古》2010年8期
铁犁		辽金	内蒙古突泉新立屯	《考古》1987年1期
铁犁		辽金	内蒙古突泉周家屯	《考古》1987年1期
铁犁		金	吉林省吉林市前郭他虎城	《考古》1964年1期 有
铁犁牵引	1	金元	辽宁绥中城后村	《考古》1960年2期 有
铁犁	10	明	甘肃兰州上西园	《考古》1960年3期
铜犁铧		东周	浙江绍兴张家坟	《考古》1979年5期
铁犁铧		战国	河北易县燕下都	《考古》1962年1期 有
铁犁铧		汉	河北平泉三十家子和北五十家子	《考古》1989年5期
铁犁铧		汉	河南巩县铁生沟	《考古》1960年5期
铁犁铧	4	汉	河南鹤壁鹿楼村	《考古》1963年10期 有
铁犁铧		汉	江苏扬州古运河	《考古通讯》1957年4期
铁犁铧		汉	辽宁建平扎寨营子	《考古》1987年2期
铁犁铧	2	汉	山东沂水黄挨头	《考古》1989年11期 有
铁犁铧		汉	山西襄汾	《考古》1978年2期
铁犁铧	13	汉	山西襄汾赵康	《考古》1978年2期 有

铁犁铧	1	汉	四川平武水牛家寨	《考古》2006年10期 有
铁犁铧	1	西汉	贵州赫章M153	《考古》1992年3期 有
铁犁铧	4	西汉	河北平泉下店	《考古》1989年5期 有
铁犁铧	2	西汉	河北石家庄赵陵铺镇	《考古》1959年7期 有
铁犁铧	1	西汉	陕西凤翔长青	《考古》2005年7期 有
铁犁铧	1	东汉	甘肃武威磨咀子	《考古》1960年9期 有
铁犁铧	1	东汉	河南偃师吴家湾	《考古》2010年9期 有
铁犁铧	5	东汉	山东乳山大浩口	《考古》1997年8期 有
铁犁铧	3	东汉	山东沂水何家庄	《考古》1988年6期 有
铁犁铧	2	高句丽	辽宁抚顺高尔山古城	《考古》1964年12期 有
铁犁铧	1	魏晋	黑龙江双鸭山保安	《考古》2003年2期 有
铁犁铧	1	东晋	山东牟平石门里	《考古》1994年2期
铁犁铧		北朝	河南洛阳王湾	《考古》1961年4期 有
铁犁铧	1	北魏	内蒙古固阳白灵淖	《考古》1984年2期 有
铁犁铧	1	唐	河南扶沟马村	《考古》1965年8期
铁犁铧		唐	河南偃师杏园村	《考古》1984年10期
铁犁铧	1	唐	河南偃师杏园村	《考古》1992年11期
铁犁铧		唐	内蒙古察右中旗园山子	《考古》1962年11期
铁犁铧		唐	新疆焉耆唐王城	《考古》1959年2期
铁犁铧	1	高句丽（公元7世纪）	吉林辽源龙首山	《考古》1994年3期
铁犁铧		宋	河北石家庄	《考古》1959年7期 有
铁犁铧	3	宋	河南洛阳涧西	《考古通讯》1957年3期
残铁犁铧		宋	山西太原小井峪	《考古》1963年5期
铁犁铧		辽	内蒙古科右前旗白辛屯	《考古》1965年7期
铁犁铧		辽	内蒙古宁城大名乡西城外	《考古》1959年7期
铁犁铧	1	辽	内蒙古宁城大名乡中京	《考古》1959年7期
铁犁铧	7	辽金	北京房山焦庄村	《考古》1963年3期 有
铁犁铧	3	辽金	北京顺义大固现村	《考古》1963年3期 有
铁犁铧		辽金	河北隆化	《考古》1981年4期
铁犁铧		辽金	黑龙江肇东八里城	《考古》1960年2期 有
铁犁铧		辽金	吉林德惠七家子	《考古》1961年1期
铁犁铧		辽金	辽宁岫岩长兴	《考古》1999年6期 有
铁犁铧		辽金	内蒙古呼和浩特毛不浪	《考古》1962年11期
铁犁铧		辽金	内蒙古科右前旗	《考古》1987年1期
铁犁铧		西夏	内蒙古伊金霍洛旗布尔台格	《考古》1987年12期 有
铁犁铧	2	西夏	内蒙古伊金霍洛旗牛其	《考古》1987年12期 有

圪台

铁犁铧	4	西夏	内蒙古伊金霍洛旗陶家圪楞	《考古》1987年12期 有
铁犁铧	1	西夏	内蒙古伊金霍洛旗瓦尔吐沟	《考古》1987年12期 有
铁犁铧	3	西夏	宁夏中卫四眼井	《考古》1994年8期 有
铁犁铧	6	金	河北隆化八达营	《考古》1981年4期 有
铁犁铧尖	3	金	黑龙江克东古城	《考古》1987年2期
铁犁铧	数件	金	黑龙江兰西双榆树屯	《考古》1962年1期
铁犁铧	2	金	黑龙江麒麟河边堡	《考古》1961年5期
铁犁铧	1	金	吉林德惠后城子	《考古》1993年8期 有
铁犁铧	1	金	吉林敦化敖东城	《考古》2006年9期 有
铁犁铧	5	金	辽宁新民前当铺	《考古》1960年2期 有
铁犁铧	2	金	内蒙古哲里木盟霍林河	《考古》1984年2期 有
铁犁铧	1	金元	辽宁旅大金县山后村	《考古》1966年2期 有
铁犁铧	1	金元	辽宁绥中城后村	《考古》1960年2期 有
铁犁铧	2	元	北京元大都遗址	《考古》1990年7期
铁犁铧	2	元	山东昌乐东山王村	《考古》1995年9期
铁犁冠		西汉	陕西西安南郊杜陵五号	《考古》1991年12期
铁犁冠		西汉	陕西西安未央宫卢家口	《考古》1989年1期
铁犁冠	1	东汉	山东枣庄桥上	《考古》2004年6期
铁犁冠		唐	河南禹县白沙	《考古通讯》1955年 有 1期
铁犁碗	1	宋	辽宁绥中城后村	《考古》1960年2期 有
铁犁碗		辽金	黑龙江肇东八里城	《考古》1960年2期 有

犁范

陶犁范		西汉	山西夏县禹王城	《考古》1994年8期 有
铜犁范	1	辽	辽宁北镇东沟	《考古》1984年11期 有
铜犁范		金	河北隆化鲍家营	《考古》1981年4期 有
铜犁铧范	1	金元	辽宁旅大金县东田村	《考古》1966年2期 有
铜犁铧范	3	元	北京延庆千家店	《考古》1989年2期 有
铁犁铧范		汉	山东滕县薛城	《考古》1965年12期
铁犁范		东汉	山东滕县官桥车站旁	《考古》1960年7期

犁壁

石犁壁	6	西周—战国	浙江玉环三合潭	《考古》1996年5期 有
铁犁镜	2	汉	河南鹤壁鹿楼村	《考古》1963年10期 有
铁犁壁	2	东汉	安徽固镇垓下	《考古》1993年1期 有
铁犁镜	2	东汉	山东乳山大浩口	《考古》1997年8期 有

铁犁镜	2	高句丽	辽宁抚顺高尔山古城	《考古》1964年12期	有
铁犁镜	1	辽金	北京房山焦庄村	《考古》1963年3期	有
铁犁镜	1	辽金	北京顺义大固现村	《考古》1963年3期	有
铁犁镜		辽金	河北隆化	《考古》1981年4期	
铁犁镜		辽金	内蒙古科右前旗	《考古》1987年1期	
铁犁镜	1	金	内蒙古哲里木盟霍林河	《考古》1984年2期	有
铜犁镜范	1	金元	辽宁旅大金县东田村	《考古》1966年2期	有
铜犁镜范	1	元	内蒙古包头市郊麻池	《考古》1965年5期	有

铁鐯头

铁鐯头		辽金	黑龙江肇东八里城	《考古》1960年2期	有
铁鐯头	1	金	吉林梨树偏脸古城	《考古》1963年11期	有
铜鐯头范	2	金元	辽宁旅大金县东田村	《考古》1966年2期	有
铁鐯头	1	金元	辽宁旅大金县山后村	《考古》1966年2期	有
铁鐯头	1	金元	辽宁绥中城后村	《考古》1960年2期	有

耙（bà）

| 铁耙（bà）齿 | | 清 | 重庆云阳李家坝 | 《考古》2001年11期 | 有 |

耱

| 铁耢 | 1 | 辽金 | 北京通州东门外 | 《考古》1963年3期 | 有 |

锸

木锸	2	东周	江苏苏州新庄	《考古》1987年4期	有
铜锸	1	西周	湖北孝感	《考古》1988年4期	有
铜锸	1	西周—战国	浙江玉环三合潭	《考古》1996年5期	有
铜锸	17	东周	安徽涡阳盛双楼	《考古》2006年9期	有
铜锸		东周	浙江上虞银山	《考古》1993年3期	有
铜锸		春秋	江西广昌头陂	《考古》1988年6期	有
铜锸	1	战国	贵州兴义安顺	《考古》1989年10期	有
铜锸	1	西汉	云南澂江黑泥湾	《考古》1977年2期	
铁锸		东周	湖北江陵雨台山	《考古》1980年5期	
铁锸	1	春秋	甘肃永昌三角城	《考古》1984年7期	有
铁锸		春秋	湖北宜昌卜磨垴	《考古》2000年8期	有
铁锸		战国	广东乐昌对面山	《考古》2000年6期	有
铁锸	1	战国	河南洛阳西郊	《考古》1959年12期	
铁锸	4	战国	湖北巴东汪家河	《考古》2003年11期	有
铁锸	1	战国	湖北丹江口吉家院	《考古》2000年8期	
铁锸		战国	湖北宜都红花套	《考古》1980年3期	
铁锸	1	战国	湖南沅陵木马岭	《考古》1994年8期	
铁锸	1	战国	江苏淮安运河村	《考古》2009年10期	有

铁锸	11	战国	山东临淄故城	《考古》1961年6期	
铁锸	2	战国	四川犍为	《考古》1983年9期	有
铁锸	1	战国－西汉	黑龙江宾县庆华	《考古》1988年7期	有
铁锸	1	秦	重庆万州包上	《考古》2008年1期	有
铁锸	13	汉	甘肃敦煌甜水井	《考古》1975年2期	有
铁锸		汉	河北唐山陡河水库	《考古通讯》1958年 3期	有
铁锸	1	汉	山东微山微山岛	《考古》2009年10期	有
铁锸	1	汉	四川平武水牛家寨	《考古》2006年10期	有
铁锸	2	汉	浙江长兴杨湾村	《考古》1983年1期	有
铁锸	1	汉	重庆云阳李家坝	《考古》2004年6期	有
铁锸	1	西汉	甘肃临夏大何庄	《考古》1961年3期	
凹口铁锸		西汉	广东广州象岗南越王墓	《考古》1996年3期	有
铁锸		西汉	广东乐昌对面山	《考古》2000年6期	有
铁锸	4	西汉	广西合浦凸鬼岭	《考古》1986年9期	有
铁锸	13	西汉	贵州赫章可乐	《考古》1992年3期	有
铁锸	5	西汉	河北阳原北关	《考古》1990年4期	有
铁锸	1	西汉	河南新乡北站	《考古》2006年3期	有
铁锸	1	西汉	湖北宜昌前坪	《考古》1985年5期	有
铁锸		西汉	江苏六合李岗南木塘	《考古》1978年3期	有
铁锸	2	西汉	江苏铜山荆山	《考古》1992年12期	有
铁锸		西汉	江苏徐州翠屏山	《考古》2008年9期	
铁锸		西汉	江苏徐州汉代采石遗址	《考古》2010年11期	有
铁锸	1	西汉	江苏徐州九里山	《考古》1994年12期	
铁锸	1	西汉	江苏徐州陶楼	《考古》1993年1期	有
铁锸	1	西汉	辽宁大连大潘家	《考古》1995年7期	有
铁锸	2	西汉	山东昌乐谢家埠	《考古》2005年5期	有
铁锸		西汉	山东长清双乳山	《考古》1997年3期	
铁锸	3	西汉	山东青州戴家楼	《考古》1995年12期	有
铁锸	1	西汉	山东微山微山岛	《考古》1998年3期	
铁锸		西汉	山西朔县平朔煤矿	《考古》1988年5期	有
铁锸	1	西汉	山西朔县赵十八庄	《考古》1988年5期	有
铁锸	3	西汉	山西夏县禹王城	《考古》1994年8期	
铁锸	1	西汉	陕西凤翔长青	《考古》2005年7期	有
铁锸	1	西汉	陕西汉长安城桂宫	《考古》1999年1期	有
铁锸	1	西汉	陕西西安汉长安城西北角	《考古》2006年10期	
铁锸		西汉	陕西西安南郊杜陵五号	《考古》1991年12期	
铁锸		西汉	陕西西安未央宫柯家寨	《考古》1993年11期	

铁锸	2	西汉		陕西西安未央宫卢家口	《考古》1989年1期	
铁锸	1	西汉		陕西西安未央宫西南角楼	《考古》1996年3期	有
铁锸		西汉		上海金山戚家墩	《考古》1973年1期	
铁锸	1	西汉		香港大屿山白芒	《考古》1997年6期	有
铁锸		西汉		云南江川李家山	《考古》2001年12期	
铁锸	1	西汉		云南昆明双龙坝	《考古》1977年2期	有
铁锸	4	新莽		江西修水古市	《考古》1965年6期	有
铁锸		东汉		广东乐昌对面山	《考古》2000年6期	有
铁锸	3	东汉		广西钟山张屋	《考古》1998年11期	有
铁锸	3	东汉		河南长葛石固	《考古》1982年3期	有
铁锸		东汉		河南陕县刘家渠	《考古通讯》1957年4期	
铁锸	1	东汉		山东乳山大浩口	《考古》1997年8期	
铁锸	2	东汉		山东沂水何家庄	《考古》1988年6期	有
铁锸	1	东汉		四川乐山大湾嘴	《考古》1991年1期	有
铁锸	1	东汉		四川西昌东坪	《考古》1990年12期	有
铁锸	1	高句丽（南北朝）		吉林辑安	《考古》1961年1期	有
铁锸		唐		陕西西安大明宫太液池	《考古》2005年12期	
铁锸	2	元		河北磁县南开河村	《考古》1978年6期	有

锸

石锸形器		新石器（红山文化）		内蒙古巴林右旗那斯台	《考古》1987年6期	有
石锸形器	1	新石器（龙山文化）		山东日照尧王城	《考古》1986年8期	有
石锸形器	3	新石器（龙山文化）		山东沂水杨庄	《考古》1993年11期	有
石锸	2	新石器（岳石文化）		山东桓台史家	《考古》1997年11期	有
石锸	2	新石器		河南洛阳笃忠村	《考古通讯》1956年3期	
石锸	1	新石器		陕西安康奠安	《考古》1983年6期	有
石锸	1	新石器		四川广元张家坡	《考古》1991年9期	有
木锸	12	高昌		新疆吐鲁番阿斯塔那	《考古》1992年2期	
骨锸	1	商周		河北邢台东先贤村	《考古》2002年3期	有
蚌锸	2	商		河南安阳殷墟妇好墓	《考古》1976年4期	有
铜锸	1	商		河南安阳三家庄	《考古》1991年10期	有
铜锸		商		河南睢县周龙岗	《考古》1981年5期	
铜锸		商		湖北黄陂盘龙城	《考古》1964年8期	
铜锸	1	商		山东济南大辛庄	《考古》2010年10期	
青铜锸		西周		湖北孝感自古墩	《考古》1994年9期	有
铜锸	8	东周		安徽涡阳盛双楼	《考古》2006年9期	有
铜锸	2	东周		宁夏固原	《考古》1990年5期	有

铜镬	1	东周		陕西凤翔八旗屯	《考古》1986年4期	有
铜镬		东周		浙江乐清白石	《考古》1992年9期	
铜镬		东周		浙江上虞银山	《考古》1993年3期	有
铜镬		东周		浙江绍兴西施山	《考古》1979年5期	有
铜镬	1	春秋		甘肃灵台景家庄	《考古》1981年4期	有
铜镬	1	战国		安徽淮南蔡家岗	《考古》1963年4期	有
铜镬		战国		贵州盘县沙陀乡	《考古》1989年10期	有
铜镬		战国		贵州兴义安顺	《考古》1989年10期	有
铜镬		战国		山西侯马牛村	《考古》1988年10期	有
铜镬	56	西汉		云南昆明滇池地区	《考古》1977年2期	有
铜镬	2	东汉		湖南汝城东正村	《考古》1992年8期	有
铁镬		周—汉		河南舞阳北舞渡镇	《考古通讯》1958年 2期	
铁镬	6	西周—汉		吉林东丰大架山	《考古》1987年6期	有
铁镬		西周—汉		吉林东丰税局后山	《考古》1987年6期	
铁镬	1	东周		河北易县燕下都	《考古》1987年5期	有
铁镬	1	东周		河南淅川马川	《考古》2010年6期	有
铁镬		东周		湖北孝感大家园	《考古》1994年9期	
铁镬		东周		浙江绍兴西施山	《考古》1979年5期	
铁镬	1	春秋		河北邯郸赵王陵	《考古》1982年6期	有
铁镬	1	春秋		江苏邳州九女墩	《考古》2003年9期	有
铁镬		战国		安徽寿县朱家集	《考古》1980年3期	
铁镬	4	战国		北京窦店古城	《考古》1992年8期	有
铁镬	1	战国		河北沧县肖家楼	《考古》1973年1期	
铁镬		战国		河北邯郸赵王陵	《考古》1982年6期	有
铁镬	1	战国		河北临城中羊泉	《考古》1990年8期	有
铁镬		战国		河北易县燕下都	《考古》1962年1期	有
铁镬	6	战国		河北易县燕下都	《考古》1965年11期	
铁镬	4	战国		河北易县燕下都44号墓	《考古》1975年4期	有
铁镬头		战国		河南洛阳涧西	《考古通讯》1957年 3期	
铁镬	1	战国		河南洛阳中州路南	《考古通讯》1957年 6期	
铁镬	4	战国		湖南长沙、衡阳	《考古通讯》1956年 1期	有
铁镬	2	战国		湖南常德德山	《考古》1963年9期	
铁镬	17	战国		辽宁敖汉旗老虎山	《考古》1976年5期	有
铁镬	2	战国		辽宁建平喀喇沁	《考古》1983年11期	有
铁镬头	1	战国		辽宁锦西乌金塘	《考古》1960年5期	

铁镢	11	战国	辽宁铁岭邱台	《考古》1996年2期	有
铁镢	1	战国	内蒙古敖汉旗四道湾子	《考古》1989年4期	有
铁镢	4	战国	山东济南天桥	《考古》1997年8期	有
铁镢	2	战国	山东临淄故城	《考古》1961年6期	有
铁镢	8	战国	山西长治北郊分水岭	《考古》1964年3期	有
铁镢	2	战国	天津北仓	《考古》1982年2期	有
铁镢	1	战国	天津南郊巨葛庄	《考古》1965年1期	有
铁镢		战国—秦	内蒙古赤峰三眼井	《考古》1983年1期	
铁镢		战国—汉	河北邯郸大北城	《考古》1980年2期	
铁镢		战国—西汉	吉林梨树二龙湖	《考古》1988年6期	
铁镢	5	战国—西汉	辽宁昌图翟家村	《考古》1989年4期	有
铁镢	60	战国—西汉	辽宁抚顺莲花堡	《考古》1964年6期	有
铁镢	2	战国—西汉	四川巴县冬笋坝	《考古通讯》1958年1期	有
铁镢		汉	北京清河朱房	《考古》1959年3期	
铁镢	1	汉	福建崇安城村汉城	《考古》1960年10期	有
铁镢		汉	河北平泉三十家子和北五十家子	《考古》1989年5期	
铁镢		汉	河南巩县铁生沟	《考古》1960年5期	
铁镢	3	汉	河南鹤壁鹿楼村	《考古》1963年10期	有
铁镢		汉	山东威海黑石屯	《考古》1997年5期	有
铁镢	1	汉	山西襄汾赵康	《考古》1978年2期	有
铁镢	1	汉	四川成都东乡青杠包	《考古通讯》1956年1期	有
铁镢		西汉	北京北郊清河朱房	《考古》1959年3期	
铁镢		西汉	北京窦店古城	《考古》1992年8期	有
铁镢		西汉	广东广州象岗南越王墓	《考古》1996年3期	有
铁镢	1	西汉	贵州赫章156号墓	《考古》1992年3期	有
铁镢		西汉	河北满城陵山	《考古》1972年1期	
铁镢	1	西汉	河南桐柏万岗	《考古》1964年8期	
铁镢	1	西汉	吉林长白干沟子	《考古》2003年8期	有
铁镢		西汉	吉林东丰大架子山	《考古》1988年7期	有
铁镢	1	西汉	吉林省吉林市泡子沿前山	《考古》1985年6期	有
铁镢	5	西汉	吉林永吉学古东山	《考古》1981年6期	有
铁镢	1	西汉	江苏铜山李屯	《考古》1995年3期	有
铁镢	1	西汉	江苏徐州大孤山	《考古》2009年4期	有
铁镢	2	西汉	江苏徐州后楼山	《考古》2006年4期	有
铁镢	1	西汉	江苏徐州米山	《考古》1996年4期	有

铁镢	1	西汉	辽宁大连大潘家	《考古》1995年7期	有
铁镢	1	西汉	辽宁新金后元台	《考古》1980年5期	
铁镢	1	西汉	山东青岛平度界山	《考古》2005年6期	有
铁镢	1	西汉	山东阳谷吴楼	《考古》1999年11期	有
铁镢		西汉	山西朔县平朔煤矿	《考古》1988年5期	有
铁镢	1	西汉	山西朔县赵十八庄	《考古》1988年5期	有
铁镢	1	西汉	山西孝义	《考古》1960年7	
铁镢		西汉	陕西宝鸡	《考古》1960年2期	
铁镢	1	西汉	陕西澄城坡头村	《考古》1982年1期	有
铁镢	13	新莽	江西修水古市	《考古》1965年6期	有
铁镢	1	东汉	河北易县燕下都	《考古》1965年11期	有
铁镢	1	东汉	湖北武汉江夏区庙山	《考古》2006年5期	
铁镢	1	东汉	辽宁锦州小凌河	《考古》1990年8期	有
铁镢	1	东汉	山东青州马家冢子	《考古》2007年6期	有
铁镢	3	东汉	山东乳山大浩口	《考古》1997年8期	有
铁镢	3	东汉	山东沂水何家庄	《考古》1988年6期	有
铁镢	1	东汉	山东淄博张庄	《考古》1986年8期	有
铁镢	2	东汉	四川成都牧马山灌溉渠	《考古》1959年8期	有
铁镢		魏晋	黑龙江友谊凤林	《考古》2000年11期	有
铁镢	1	六朝早期	湖北均县"双塚"	《考古》1965年12期	有
铁镢	1	十六国（前秦）	陕西咸阳文林小区	《考古》2005年4期	有
铁镢		高句丽（公元5世纪）	吉林集安东大坡	《考古》1991年7期	有
铁镢		北朝	河南洛阳王湾	《考古》1961年4期	
铁镢		北魏	河南洛阳汉魏故城	《考古》2010年6期	
铁镢	1	东魏	河北赞皇南邢郭村	《考古》1977年6期	有
铁镢头		唐	河南洛阳涧西	《考古通讯》1957年3期	
铁镢		辽金	黑龙江肇东八里城	《考古》1960年2期	有
铁镢		辽金	内蒙古科右前旗	《考古》1987年1期	
铁镢		金	北京丰台大葆台	《考古》1980年5期	有
铁镢	1	金	吉林辑安钟家村	《考古》1963年11期	有
铁镢	4	金	辽宁新民前当铺	《考古》1960年2期	有
铁镢	1	元	河北磁县南开河村	《考古》1978年6期	有
陶镢范		东周	山西侯马牛村	《考古》1962年2期	
镢范	3	战国	河北兴隆	《考古通讯》1956年1期	有
铁镢范	1	战国	河南新郑仓城	《考古》1962年3期	有
陶镢范	12	战国	山西侯马牛村	《考古》1988年10期	
镢范		汉	河南鹤壁鹿楼村	《考古》1963年10期	有

锄

石锄	1	新石器（距今10000年）	湖南新晃姑召溪	《考古》1992年3期	
石锄	4	新石器（兴隆洼文化）	河北承德岔沟门	《考古》1992年6期	有
石锄形器	2	新石器（兴隆洼文化）	河北滦平药王庙梁	《考古》1998年2期	有
石锄形器	92	新石器（兴隆洼文化）	内蒙古敖汉旗兴隆沟	《考古》2000年9期	有
石锄		新石器（兴隆洼文化）	内蒙古敖汉旗兴隆洼	《考古》1985年10期	有
石锄形器	7	新石器（兴隆洼文化）	内蒙古敖汉旗兴隆洼	《考古》1997年1期	有
石锄形器		新石器（兴隆洼文化）	内蒙古林西井沟子西梁	《考古》2006年2期	有
石锄	1	新石器（青莲岗文化）	江苏常州圩墩	《考古》1978年4期	有
石锄		新石器（城背溪文化）	湖北巴东楠木园	《考古》2005年6期	有
石锄		新石器（城背溪文化）	湖北秭归柳林溪	《考古》2000年8期	有
石锄	1	新石器（仰韶文化）	陕西城固莲花池	《考古》1977年5期	有
石锄		新石器（仰韶文化）	陕西临潼姜寨	《考古》1975年5期	
石锄	1	新石器（仰韶文化）	陕西旬阳新天铺	《考古》1994年6期	有
石锄		新石器（大溪文化）	湖北枝江关庙山	《考古》1983年1期	有
石锄	5	新石器（大汶口文化）	山东肥城北坦	《考古》2006年4期	有
穿孔石锄		新石器（大汶口文化）	山东临沂	《考古》1961年11期	有
石锄形器	1	新石器（红山文化）	内蒙古巴林右旗查日斯台嘎查	《考古》2002年8期	有
石锄形器		新石器（红山文化）	内蒙古巴林右旗那斯台	《考古》1987年6期	有
石锄	2	新石器（北阴阳营文化）	江苏高淳薛城	《考古》2000年5期	有
石锄	3	新石器（距今6000年）	湖北枣阳雕龙碑	《考古》2000年3期	有
石锄	2	新石器（良渚文化）	江苏吴江梅堰	《考古》1963年6期	有
石锄	1	新石器（仰韶－龙山）	河南偃师苗湾	《考古》1964年11期	有
石锄		新石器（屈家岭文化）	湖北洪湖圆山	《考古》1989年5期	有
石锄	19	新石器（屈家岭文化）	湖北宜昌中堡岛	《考古》1996年9期	有
凹腰石锄		新石器（屈家岭文化）	湖北郧县大寺	《考古》1961年10期	
凹腰石锄		新石器（屈家岭文化）	湖北郧县青龙泉	《考古》1961年10期	有
石锄		新石器（龙山文化）	河南偃师酒流沟	《考古》1964年11期	有
凹腰石锄		新石器（龙山文化）	湖北郧县大寺	《考古》1961年10期	
石锄	5	新石器（龙山文化）	湖南沪溪浦市二中	《考古》1980年1期	
石锄	3	新石器（龙山文化）	辽宁北票丰下	《考古》1976年3期	有
石锄	1	新石器（龙山文化）	山东禹城姚高	《考古》1996年4期	有
石锄	1	新石器（龙山文化）	陕西临潼姜寨	《考古》1975年5期	
石锄	1	新石器（距今4600年）	重庆巫山锁龙	《考古》2006年3期	有
石锄	14	新石器（距今4585±160年）	广西钦州独料	《考古》1982年1期	有

石锄	3	新石器（距今4500年）	辽宁岫岩北沟西山	《考古》1992年5期	有
石锄		新石器（凤鼻头文化）	台湾高雄凤鼻头	《考古》1979年3期	
石锄	1	新石器（距今4400年）	辽宁东沟石佛山	《考古》1990年8期	有
石锄	1	新石器（齐家文化）	甘肃积石山新庄坪	《考古》1996年11期	有
石锄		新石器（齐家文化）	甘肃武山傅家门	《考古》1995年4期	
石锄	1	新石器（距今4000年）	重庆巴县白沙沱	《考古》1992年12期	
石锄	10	新石器（距今4000年）	重庆巴县飞机场	《考古》1992年12期	
石锄	5	新石器（距今4000年）	重庆巴县干溪沟	《考古》1992年12期	有
石锄	2	新石器（距今4000年）	重庆巴县团结河咀	《考古》1992年12期	
石锄	1	新石器（距今4000年）	重庆巴县薛家溪	《考古》1992年12期	
石锄	1	新石器（距今4000年）	重庆长寿陈家湾	《考古》1992年12期	
石锄	2	新石器（距今4000年）	重庆长寿渡口礁石湾	《考古》1992年12期	
石锄	1	新石器（距今4000年）	重庆长寿杨家湾	《考古》1992年12期	
石锄	1	新石器（距今4000年）	重庆涪陵安河咀	《考古》1992年12期	有
石锄	2	新石器（距今4000年）	重庆涪陵东场口	《考古》1992年12期	有
石锄	1	新石器（距今4000年）	重庆涪陵石沱河咀	《考古》1992年12期	
石锄	1	新石器（距今4000年）	重庆江北朝阳村	《考古》1992年12期	
石锄	2	新石器（距今4000年）	重庆江北朝阳河	《考古》1992年12期	
石锄	2	新石器（距今4000年）	重庆江北水文站	《考古》1992年12期	
石锄	1	新石器（距今4000年）	重庆江北唐家沱	《考古》1992年12期	
石锄	2	新石器（距今4000年）	重庆江北文家湾	《考古》1992年12期	有
石锄	2	新石器（距今4000年）	重庆江北羊坝滩	《考古》1992年12期	有
石锄	5	新石器（距今4000年）	重庆江津王爷庙	《考古》1992年12期	有
石锄	1	新石器（距今4000年）	重庆江南岸大沙溪	《考古》1992年12期	
石锄	3	新石器（距今4000年）	重庆南岸鸡冠石	《考古》1992年12期	
石锄	1	新石器（距今2400年）	云南澜沧	《考古》1993年9期	有
石锄		新石器	福建莆田仙游、南安	《考古通讯》1958年1期	有
石锄		新石器	甘肃安西兔葫芦	《考古》1987年1期	有
石锄		新石器	黑龙江宁安莺歌岭	《考古》1981年6期	有
石锄形器	1	新石器	湖南益阳鹿角山	《考古》1965年10期	有
石锄	1	新石器	吉林长春黑咀子山	《考古通讯》1957年1期	有
石锄		新石器	吉林长春红石磴子	《考古通讯》1957年1期	
石锄		新石器	吉林长春石碑内岭	《考古通讯》1957年1期	有
石锄		新石器	吉林长春杨家沟	《考古通讯》1957年1期	有

亚腰形石锄	1	新石器	吉林长春张家粉房	《考古通讯》1957年 有 1期
石锄	1	新石器	吉林集安大朱仙沟	《考古》1977年6期　有
石锄	3	新石器	吉林通化下龙头村	《考古通讯》1956年 6期
石锄	1	新石器	江苏昆山陈墓镇	《考古》1959年9期　有
石锄	1	新石器	江西修水山背	《考古》1962年7期　有
石锄		新石器	内蒙古巴林左旗富河沟门	《考古》1964年1期　有
石锄	3	新石器	内蒙古赤峰东山咀	《考古》1983年5期　有
石锄	3	新石器	内蒙古克什克腾旗瓦盆窑村	《考古通讯》1955年 有 5期
石锄	3	新石器	陕西安康张家坝	《考古》1983年6期　有
石锄		新石器	陕西旬阳黎家坪	《考古》1994年6期　有
石锄	3	新石器	上海松江汤庙村	《考古》1985年7期　有
石锄		新石器	四川川东长江沿岸	《考古》1959年8期　有
石锄		新石器	四川南充淄佛寺	《考古》1983年6期
石锄		新石器	四川巫山火爆溪	《考古》1959年8期
石锄		新石器	四川忠县	《考古通讯》1958年 5期
石锄	3	新石器	四川忠县	《考古》1959年8期　有
石锄	1	新石器	四川资阳沙嘴	《考古》1983年6期　有
石锄		新石器	台湾台北圆山	《考古》1979年3期
石锄形器	1	新石器	新疆伊吾县卡尔桑	《考古》1964年7期　有
石锄	1	新石器	云南景洪曼景兰和曼听	《考古》1965年11期
石锄	4	新石器中期	广西横县江口	《考古》2000年1期　有
石锄	2	新石器晚期	河北承德白河南	《考古》1992年6期　有
石锄	2	新石器晚期	辽宁宽甸大台子	《考古》1986年10期　有
石锄	1	新石器晚期	辽宁宽甸老地沟	《考古》1986年10期　有
石锄	2	新石器晚期	辽宁宽甸刘家街	《考古》1986年10期　有
石锄		新石器－商周	河北承德地区	《考古》1962年12期　有
石锄	1	新石器（西团山文化）－战国	吉林永吉星星哨水库	《考古》1978年3期　有
石锄		青铜时代	吉林辽源龙首山	《考古》1997年2期　有
石锄		青铜时代（夏家店下层文化）	辽宁敖汉旗大甸子	《考古》1975年2期
石锄		青铜时代（夏家店下层文化）	辽宁北票康家屯	《考古》2001年8期　有
石锄	2	青铜时代（夏家店下层	辽宁建平喀喇沁	《考古》1983年11期

		文化）			
石锄	2	青铜时代（夏家店下层文化）	辽宁凌源城子山	《考古》1986年6期	有
石锄		青铜时代（夏家店下层文化）	内蒙古赤峰药王庙	《考古》1961年2期	
石锄	3	夏商	湖南浏阳樟树塘	《考古》1994年11期	
石锄		商	河北邯郸龟台	《考古》1959年10期	
石锄	41	商	河北邯郸涧沟	《考古》1961年4期	有
石锄形器	9	青铜时代（距今3500年）	吉林长春腰红嘴子	《考古》2003年8期	有
石锄	6	青铜时代（寺洼文化）	甘肃卓尼芭儿	《考古》1994年1期	有
石锄	2	商中期	湖南辰溪潭湾	《考古》1980年1期	有
有肩石锄		商周	黑龙江宁安莺歌岭	《考古》1981年6期	有
石锄	1	西周	吉林东丰宝山龙头山	《考古》1987年6期	有
石锄		西周	吉林东丰石大旺	《考古》1987年6期	有
石锄		西周	陕西长安沣西客省庄	《考古》1959年10期	
石锄形器	1	青铜时代（夏家店上层文化）	辽宁锦州山河营子	《考古》1986年10期	有
石锄		西周－战国	新疆木垒四道沟	《考古》1982年2期	有
石锄	1	青铜时代（距今2875±130年）	辽宁铁岭邱台	《考古》1996年2期	有
石锄	1	东周	吉林汪清金城	《考古》1986年2期	有
石锄		东周	山东曲阜东郭村	《考古》1964年12期	有
石锄	4	春秋	吉林江北土城子	《考古通讯》1955年1期	有
石锄	1	春秋	吉林磐石小西山	《考古》1984年1期	有
石锄	2	战国	吉林长白干沟子	《考古》2003年8期	有
石锄	1	战国	吉林珲春河西北山	《考古》1994年5期	有
石锄	1	战国	吉林省吉林市长蛇山	《考古》1980年2期	有
石锄		战国	陕西长安沣西客省庄	《考古》1959年10期	
石锄	1	西汉	新疆巴里坤县东黑沟	《考古》2009年1期	有
鹿角锄		新石器（仰韶文化）	河南鹿邑武庄	《考古》2002年3期	有
鹿角锄	1	新石器（仰韶文化）	山西垣曲小赵	《考古》1998年4期	有
鹿角锄	1	新石器（大汶口文化）	安徽宿州安郎寺	《考古》1996年9期	有
鹿角锄	1	新石器（大汶口文化）	山东章丘焦家	《考古》1998年6期	有
鹿角锄		新石器（龙山文化）	河南濮阳程庄	《考古》1995年12期	有
鹿角锄		新石器（龙山文化）	河南杞县鹿台岗	《考古》1994年8期	
鹿角锄		新石器	黑龙江宁安莺歌岭	《考古》1981年6期	有
鹿角锄		新石器	山东胶县三里河	《考古》1977年4期	

鹿角锄		先商	河南杞县鹿台岗	《考古》1994年8期	
鹿角锄	1	西周	陕西凤翔和兴平	《考古》1960年3期	有
角器		新石器（河姆渡文化）	浙江余姚鲻山	《考古》2001年10期	有
角器	1	新石器（仰韶文化）	河南郑州大河村	《考古》1995年6期	有
角器	1	新石器（贝丘遗址）	辽宁长海广鹿岛	《考古》1961年12期	
角器	1	新石器（贝丘遗址）	辽宁大连长海小长山岛	《考古》1962年7期	有
角器		新石器（龙山文化）	陕西华阴横阵	《考古》1960年9期	
角器	1	新石器	辽宁旅大金县	《考古》1960年2期	
角器	1	东汉	宁夏固原北塬	《考古》2008年12期	有
鹿角器		新石器（裴李岗文化）	河南新郑裴李岗渠东	《考古》1979年3期	
鹿角器	5	新石器（青莲岗文化）	江苏常州圩墩	《考古》1978年4期	有
鹿角器	1	新石器（北辛文化）	山东济宁张山	《考古》1996年4期	有
鹿角器	1	新石器（仰韶文化）	河南焦作隗城寨	《考古》1996年11期	有
鹿角器		新石器（仰韶文化）	河南灵宝乔营	《考古》1999年12期	有
鹿角器		新石器（仰韶文化）	宁夏隆德页河子	《考古》1990年4期	
鹿角器	4	新石器（大汶口文化）	山东栖霞古镇都	《考古》2008年2期	有
鹿角器		新石器（马家窑文化）	青海循化红土坡嘴子	《考古》1991年4期	
鹿角器	1	新石器（良渚文化）	浙江海盐龙潭港	《考古》2001年10期	有
鹿角器	1	新石器（距今5000年）	四川汶川姜维城	《考古》2006年11期	有
鹿角器		新石器（龙山文化）	河北涞水北封村	《考古》1992年10期	
鹿角器	1	新石器（龙山文化）	河南焦作金城	《考古》1996年11期	有
鹿角器	3	新石器（龙山文化）	河南商丘坞墙	《考古》1983年2期	有
鹿角器	1	新石器（龙山文化）	河南渑池不召寨	《考古》1964年9期	
鹿角器		新石器（龙山文化）	河南永城王油坊	《考古》1978年1期	
鹿角器		新石器（龙山文化）	山东阳谷景阳岗	《考古》1997年5期	有
鹿角器	1	新石器（龙山文化）	山东禹城邢寨汪	《考古》1983年11期	
鹿角器		新石器（龙山文化）	山东枣庄二疏城	《考古》1984年4期	有
鹿角器	3	新石器	江苏常州圩墩	《考古》1974年2期	有
鹿角器	1	新石器	新疆伊吾县卡尔桑	《考古》1964年7期	有
鹿角器		青铜时代（夏家店下层文化）	天津蓟县张家园	《考古》1993年4期	有
鹿角器		青铜时代（距今3800年）	云南剑川海门口	《考古》2009年7期	
鹿角器		先商	河北容城上坡	《考古》1999年7期	
鹿角器		商	河北邢台葛家庄	《考古》2000年11期	有
鹿角器		商	河北邢台葛家庄	《考古》2005年2期	有
鹿角器	3	西周	陕西长安沣西张家坡	《考古》1964年9期	有
鹿角器	1	西周	陕西扶风柿坡	《考古》1996年7期	有
鹿角器	1	周	山东曲阜东关	《考古》1965年6期	有

鹿角器	1	西周—春秋	山东临沂中洽沟	《考古》1987年8期	
鹿角器		东周	山东滕县薛城	《考古》1965年12期	有
鹿角器	4	春秋	湖北郧县乔家院	《考古》2008年4期	有
鹿角器	1	战国—西汉	黑龙江宾县庆华	《考古》1988年7期	
鹿角器	7	渤海国时期	黑龙江东宁小地营	《考古》2003年3期	有
鹿角器	2	渤海国时期	吉林舒兰珠山	《考古》1985年4期	
鹿角器	1	辽金	黑龙江肇东八里城	《考古》1960年2期	有
铜锄		商周	浙江海盐立峰	《考古》1981年1期	
铜锄	1	东周	湖北大冶铜绿山	《考古》1974年4期	有
铜锄		东周	浙江上虞银山	《考古》1993年3期	有
铜锄		东周	浙江绍兴西施山	《考古》1979年5期	
铜锄	1	春秋	江苏六合程桥2号墓	《考古》1974年2期	有
铜锄	3	春秋	江苏邳州九女墩3号	《考古》2002年5期	
铜锄	1	战国	云南宣威朱屯村	《考古》1996年5期	有
铜锄	1	战国—西汉	贵州贵阳	《考古》1989年10期	有
铜锄	1	战国—西汉	云南祥云检村	《考古》1984年12期	有
铜锄	18	战国—西汉	云南永平仁德	《考古》2006年1期	有
铜锄	1	汉	云南昆明呈贡石碑	《考古》1984年3期	
铜锄	8	汉	云南祥云大波那村	《考古》1964年12期	有
铜锄		西汉	云南江川李家山	《考古》2001年12期	有
半圆筒形铜锄	5	西汉	云南昆明滇池地区	《考古》1977年2期	有
铜锄	31	西汉	云南昆明滇池地区	《考古》1977年2期	有
铁锄	1	东周	湖北大冶铜绿山	《考古》1974年4期	有
铁锄头		东周	湖北鄂城大冶	《考古》1959年11期	
铁锄		东周	浙江绍兴西施山	《考古》1979年5期	
铁口锄	1	战国	广东始兴白石坪山	《考古》1963年4期	有
铁锄	1	战国	广东始兴白石坪山	《考古》1996年9期	有
铁口锄	1	战国	广东增城西瓜岭	《考古》1964年3期	有
铁锄	1	战国	河北兴隆西沟	《考古》1995年7期	有
五齿铁锄	1	战国	河北易县燕下都	《考古》1965年11期	有
铁锄	1	战国	河北易县燕下都44号墓	《考古》1975年4期	有
铁锄	1	战国	河南洛阳中州路南	《考古通讯》1957年6期	
凹形铁口锄		战国	湖北江陵纪南城	《考古》1980年3期	
凹形铁口锄		战国	湖北宜都红花套	《考古》1980年3期	
铁锄	1	战国	湖南长沙、衡阳	《考古通讯》1956年1期	有
铁锄	9	战国	辽宁敖汉旗老虎山	《考古》1976年5期	有

铁锄	2	战国	辽宁铁岭邱台	《考古》1996年2期	
铁锄	2	战国	山东临淄故城	《考古》1961年6期	有
铁锄	1	战国	山东淄博南韩村	《考古》1988年5期	有
铁锄	2	战国	陕西咸阳故城长陵车站	《考古》1962年6期	
铁锄	1	战国	天津南郊巨葛庄	《考古》1965年1期	有
铁锄		战国—秦	内蒙古赤峰三眼井	《考古》1983年1期	
铁口锄	1	战国—汉	内蒙古敖汉旗喇嘛沟	《考古》1963年10期	
铁锄	2	战国—西汉	辽宁抚顺莲花堡	《考古》1964年6期	有
铁口锄	2	秦	湖南长沙左家塘	《考古》1959年9期	有
铁锄	1	汉	北京昌平史家桥	《考古》1963年3期	
铁锄		汉	北京清河朱房	《考古》1959年3期	
铁锄	6	汉	福建崇安城村汉城	《考古》1960年10期	有
铁锄		汉	福建邵武	《考古》1959年11期	
铁锄	2	汉	甘肃敦煌甜水井	《考古》1975年2期	有
铁锄	1	汉	贵州清镇平坝	《考古》1961年4期	
铁锄		汉	河南巩县铁生沟	《考古》1960年5期	
铁锄	1	汉	河南郑州岔河	《考古》1988年5期	有
铁锄		汉	江苏扬州古运河	《考古通讯》1957年4期	
铁锄	1	汉	山西襄汾赵康	《考古》1978年2期	有
铁锄	2	汉	浙江长兴杨湾村	《考古》1983年1期	有
铁锄	1	西汉	安徽铜陵金牛洞	《考古》1989年10期	有
铁锄		西汉	北京北郊清河朱房	《考古》1959年3期	
铁锄		西汉	广西兴安秦城遗址	《考古》1998年11期	有
铁锄	3	西汉	河南杞县许村岗	《考古》2000年1期	有
铁锄	1	西汉	湖北宜昌前坪	《考古》1985年5期	有
铁锄		西汉	湖南长沙北郊纸圆冲	《考古通讯》1957年5期	
铁锄		西汉	陕西西安南郊杜陵五号	《考古》1991年12期	
铁锄	3	西汉	四川成都北郊洪家包	《考古通讯》1957年2期	有
铁锄	2	西汉	四川成都天回山	《考古》1959年8期	
铁锄		西汉	四川西昌礼州	《考古》1980年5期	
铁口锄		新莽	湖南零陵李家园	《考古》1964年9期	
铁锄	1	新莽	江西修水古市	《考古》1965年6期	有
铁锄	3	东汉	贵州清镇	《考古》1992年3期	有
铁锄		东汉	河北石家庄赵陵铺镇	《考古》1959年7期	
铁锄	1	东汉	河南巩县石家庄	《考古》1963年2期	有
铁锄		东汉	河南洛阳西郊	《考古通讯》1956年	

名称	数量	时代	出土地点	出处	图
				1期	
铁锄		东汉	河南陕县刘家渠	《考古通讯》1957年4期	
铁锄刀	1	东汉	江苏徐州利国	《考古》1964年10期	有
铁锄	1	东汉	山东济南大觉寺	《考古》2004年8期	有
铁锄钩	1	东汉	山东乳山大浩口	《考古》1997年8期	
铁锄	1	东汉	山东微山夏镇王庄	《考古》1990年10期	有
铁锄		东汉	陕西长安沣西张家坡	《考古》1959年10期	
铁锄	1	东汉	天津武清兰城	《考古》2001年9期	有
铁锄	1	高句丽	辽宁抚顺高尔山古城	《考古》1964年12期	有
铁口锄	1	西晋	湖南长沙左家塘	《考古》1963年2期	有
铁锄	2	十六国（成汉）	四川什邡虎头山	《考古》2007年10期	有
铁锄		隋	河南陕县刘家渠	《考古通讯》1957年4期	
铁锄	3	隋	陕西麟游隋唐37号殿址	《考古》1995年12期	有
铁锄		唐	河南禹县白沙	《考古通讯》1955年1期	
铁锄		唐宋	山东莱芜宜山	《考古》1989年2期	有
铁锄钩		辽	内蒙古科右前旗白辛屯	《考古》1965年7期	
铁钩锄		辽	内蒙古宁城大名乡西城外	《考古》1959年7期	
铁锄		南宋	甘肃灵台野狐湾	《考古》1987年4期	
铁锄	1	南宋	四川温江	《考古》1977年4期	有
铁锄	8	辽金	北京房山焦庄村	《考古》1963年3期	有
铁耘锄	2	辽金	北京房山焦庄村	《考古》1963年3期	有
铁耘锄	1	辽金	北京顺义大固现村	《考古》1963年3期	有
铁锄		辽金	河北隆化	《考古》1981年4期	
铁锄		辽金	黑龙江肇东八里城	《考古》1960年2期	有
铁锄刀	2	辽金	吉林扶余傅康屯	《考古》1961年1期	
铁锄	5	西夏	内蒙古伊金霍洛旗牛其圪台	《考古》1987年12期	有
铁锄钩	1	金	河南新安赵峪村	《考古》1965年1期	有
铁锄	2	金元	辽宁绥中城后村	《考古》1960年2期	有
曲颈铁锄	1	金元	山东茌平郝屯	《考古》1986年8期	有
铁锄	7	元	北京延庆大关头村	《考古》1989年2期	
铁锄	4	元	河北磁县南开河村	《考古》1978年6期	有
铜鹤嘴锄		西周	江苏南京江宁	《考古》1960年6期	
骨锄		商周	河北邢台东先贤村	《考古》2002年3期	有
木锄模型	1	唐	陕西西安李静训墓	《考古》1959年9期	

锄范	47	战国	河北兴隆	《考古通讯》1956年　有1期

锹

石锹	10	新石器	内蒙古克什克腾旗瓦盆窑村	《考古通讯》1955年　有5期
木锹	1	东周	湖北大冶铜绿山	《考古》1974年4期　有
铁锹		辽金	黑龙江肇东八里城	《考古》1960年2期　有
铁锹		辽金	内蒙古突泉新立屯	《考古》1987年1期
铁锹	5	金	吉林德惠后城子	《考古》1993年8期　有
铁锹	10	金	吉林辑安钟家村	《考古》1963年11期　有
铁锹	1	金	吉林梨树偏脸古城	《考古》1963年11期
铁锹	2	金	辽宁新民前当铺	《考古》1960年2期　有
铁锹	2	金元	辽宁旅大金县于家洼	《考古》1966年2期　有
铁锹	1	明	广东四会大旺	《考古》1994年2期　有

锨

铁锨	2	东汉	山东乳山大浩口	《考古》1997年8期　有

镐

石镐	2	新石器（新乐文化）	辽宁沈阳新乐	《考古》1990年11期　有
石镐	1	新石器（良渚文化）	江苏苏州越城	《考古》1982年5期　有
石镐		新石器	吉林长春郊区新立城	《考古》1960年4期　有
石镐	1	新石器	吉林怀德神仙洞	《考古》1984年8期　有
石镐	1	新石器	吉林辑安梨树沟	《考古》1965年1期　有
石镐	1	新石器	吉林靖宇松家屯	《考古通讯》1958年　有9期
石镐		新石器	吉林通化江口	《考古》1960年7期
石镐		新石器	吉林通化江沿村	《考古通讯》1956年6期
石镐		新石器	吉林通化王八脖子村	《考古通讯》1956年6期
石镐	1	新石器	吉林通化下龙头村	《考古通讯》1956年6期
石镐		新石器	吉林永吉西官山	《考古》1960年7期
石镐	1	新石器	辽宁海城二轻山	《考古通讯》1958年　有1期
石镐	7	新石器	内蒙古克什克腾旗瓦盆窑村	《考古通讯》1955年　有5期
石镐		青铜时代	吉林辽源龙首山	《考古》1997年2期　有
石镐		辽金	内蒙古科右前旗	《考古》1987年1期
铜镐	1	东周	甘肃镇原红岩村	《考古》1988年5期　有

铜镐	1	东周	甘肃镇原庙渠村	《考古》1988年5期	有
铜镐	1	春秋	湖南江华蒙家寨	《考古》1997年4期	有
铜镐		战国	安徽寿县朱家集	《考古通讯》1955年2期	
铜镐	1	汉	陕西西安环城马路	《考古通讯》1958年7期	
铁鹤嘴镐	1	战国—汉	内蒙古准格尔旗玉隆太村	《考古》1977年2期	有
铁镐	1	战国—西汉	辽宁抚顺莲花堡	《考古》1964年6期	有
双齿铁镐	1	东汉	天津武清兰城	《考古》2001年9期	有
铁镐	2	高句丽	辽宁抚顺高尔山古城	《考古》1964年12期	有
铁镐	2	宋	山东莱芜矿山	《考古》1989年2期	有
铁镐	1	辽	内蒙古林西饶州古城	《考古》1980年6期	有
铁镐头		南宋	江苏扬州宋大城北门水门	《考古》2005年12期	
铁镐		辽金	北京房山焦庄村	《考古》1963年3期	有
铁镐		辽金	河北隆化	《考古》1981年4期	
铁镐	2	金	吉林德惠后城子	《考古》1993年8期	有
铁镐	1	金元	辽宁绥中城后村	《考古》1960年2期	有
铁镐残件	1	元	江苏苏州吴门桥南	《考古》1965年6期	
鹿角镐		商	江苏铜山丘湾	《考古》1973年2期	有

楔

石楔	2	新石器（赵宝沟文化）	内蒙古林西水泉	《考古》2005年11期	有
石楔		新石器（大汶口文化）	安徽蒙城尉迟寺	《考古》2005年10期	有
石楔	8	新石器（龙山文化）	河南汝州李楼	《考古》1998年3期	有
石楔		新石器（龙山文化）	河南驻马店杨庄	《考古》1995年10期	有
石楔	1	新石器（龙山文化陶寺型）	山西襄汾陶寺	《考古》2003年3期	有
石楔	2	新石器	广西灵山马鞍山	《考古》1993年12期	有
石楔	4	新石器	广西灵山元屋岭	《考古》1993年12期	有
石楔		新石器	四川汉源大树狮子山	《考古》1991年5期	有
石楔		先商	河北邢台葛家庄	《考古》2000年11期	有
石楔		商	河北邢台葛家庄	《考古》2005年2期	有
石楔	2	商	湖北巴东雷家坪	《考古》2005年8期	有
石楔	1	西周	湖北罗田庙山岗	《考古》1994年9期	有
石楔	3	西周	辽宁阜新平项山石城址	《考古》1992年5期	有
石楔	1	六朝	重庆云阳乔家院子	《考古》2006年5期	有
木楔	5	西周—春秋	湖北阳新港下村	《考古》1988年1期	有
木楔	2	汉	贵州安顺龙泉寺	《考古》2004年6期	有

木楔	1	西汉		安徽铜陵金牛洞	《考古》1989年10期 有
铁楔		西汉		山东长清双乳山	《考古》1997年3期 有
铁楔	6	明		湖北江陵八岭山	《考古》1995年8期 有

锛

石锛		新石器（距今11000年）	北京门头沟东胡林	《考古》2006年7期
石锛		新石器（距今10000年）	浙江浦江上山	《考古》2007年9期 有
石锛		新石器（后李文化）	山东章丘西河	《考古》2000年10期 有
石锛	1	新石器（兴隆洼文化）	河北承德岔沟门	《考古》1992年6期 有
石锛		新石器（兴隆洼文化）	内蒙古敖汉旗兴隆洼	《考古》1985年10期 有
石锛		新石器（兴隆洼文化）	内蒙古林西白音长汗	《考古》1993年7期 有
石锛	2	新石器（昂昂溪文化）	黑龙江齐齐哈尔昂昂溪	《考古》1974年2期 有
石锛形器	4	新石器（昂昂溪文化）	黑龙江齐齐哈尔昂昂溪	《考古》1974年2期 有
石锛	1	新石器（距今8000年）	安徽宿县小山口	《考古》1993年12期 有
石锛	55	新石器（距今8000年）	广西南宁豹子头	《考古》2003年10期 有
石锛	22	新石器（距今8000年）	广西邕宁顶蛳山	《考古》1998年11期 有
石锛	24	新石器（裴李岗文化）	河南郏县水泉	《考古》1992年10期 有
石锛		新石器（大地湾文化）	陕西临潼白家村	《考古》1984年11期 有
石锛	1	新石器（磁山文化）	河北武安牛洼堡	《考古》1984年1期 有
石锛	3	新石器（李家村文化）	陕西西乡李家村	《考古》1962年6期 有
石锛	20	新石器（青莲岗文化）	江苏常州圩墩	《考古》1978年4期 有
石锛	6	新石器（青莲岗文化）	江苏连云港二涧村	《考古》1962年3期 有
石锛		新石器（青莲岗文化）	江苏泗洪南山头	《考古》1964年5期 有
石锛	2	新石器（北辛文化）	山东汶上贾柏村	《考古》1993年6期 有
石锛		新石器（城背溪文化）	湖北巴东楠木园	《考古》2005年6期 有
石锛		新石器（城背溪文化）	湖北秭归柳林溪	《考古》2000年8期 有
石锛	1	新石器（皂市下层文化）	湖南澧县黄家岗	《考古》1989年10期
石锛	4	新石器（皂市下层文化）	湖南石门皂市	《考古》1986年1期 有
石锛	11	新石器（马家浜文化）	江苏金坛北渚荡	《考古》1985年8期 有
石锛		新石器（马家浜文化）	江苏宜兴骆驼墩	《考古》2003年7期
石锛	3	新石器（马家浜文化）	浙江嘉兴马家浜	《考古》1961年7期
石锛	1	新石器（白石文化一期）	山东烟台白石村	《考古》1992年7期 有
石锛	2	新石器（距今7000年）	吉林长岭腰井子	《考古》1992年8期 有
石锛	2	新石器（距今7000年）	江苏丹阳墩头山	《考古》1993年8期 有
石锛		新石器（河姆渡文化）	浙江宁波八字桥	《考古》1979年6期 有

有段石锛	1	新石器（河姆渡文化）	浙江余姚鲞架山	《考古》1997年1期	有
石锛		新石器（河姆渡文化）	浙江余姚鲻山	《考古》2001年10期	
石锛	2	新石器（仰韶文化）	甘肃崇信梁坡	《考古》1995年1期	有
石锛	1	新石器（仰韶文化）	甘肃宁县阳坬	《考古》1983年10期	有
石锛	1	新石器（仰韶文化）	甘肃秦安大地湾	《考古》2003年6期	有
石锛		新石器（仰韶文化）	甘肃渭河上游	《考古通讯》1958年7期	
石锛	2	新石器（仰韶文化）	河南安阳大正集老磨岗	《考古》1965年7期	有
石锛	3	新石器（仰韶文化）	河南安阳后岗	《考古》1982年6期	有
石锛	1	新石器（仰韶文化）	河南安阳后岗高楼庄	《考古》1972年5期	有
石锛		新石器（仰韶文化）	河南登封东岗岭	《考古》1979年3期	有
石锛		新石器（仰韶文化）	河南登封石羊关	《考古》1978年1期	有
石锛		新石器（仰韶文化）	河南登封杨村	《考古》1995年6期	
石锛		新石器（仰韶文化）	河南登封颍阳	《考古》1995年6期	
石锛		新石器（仰韶文化）	河南登封袁村	《考古》1995年6期	
石锛		新石器（仰韶文化）	河南黄河三门峡水库	《考古通讯》1956年5期	
石锛		新石器（仰韶文化）	河南浚县西北部	《考古通讯》1957年1期	
石锛	1	新石器（仰韶文化）	河南临汝中山寨	《考古》1986年6期	有
石锛		新石器（仰韶文化）	河南灵宝南万村	《考古》1960年7期	有
石锛		新石器（仰韶文化）	河南鹿邑武庄	《考古》2002年3期	有
石锛		新石器（仰韶文化）	河南洛阳涧滨	《考古》1960年10期	
石锛		新石器（仰韶文化）	河南洛阳王湾一期	《考古》1961年4期	
石锛		新石器（仰韶文化）	河南洛阳西郊	《考古通讯》1956年1期	
石锛		新石器（仰韶文化）	河南陕县庙底沟	《考古通讯》1957年4期	
石锛		新石器（仰韶文化）	河南嵩县上瑶店	《考古》1961年1期	
石锛	1	新石器（仰韶文化）	河南武涉东石寺	《考古》1990年3期	有
石锛		新石器（仰韶文化）	河南淅川沟湾	《考古》2010年6期	有
石锛		新石器（仰韶文化）	河南新郑唐户	《考古》1984年3期	
石锛	1	新石器（仰韶文化）	河南荥阳楚湾	《考古》1995年6期	有
石锛		新石器（仰韶文化）	河南禹县谷水河	《考古》1978年1期	有
石锛	1	新石器（仰韶文化）	河南郑州大河村	《考古》1995年6期	有
石锛		新石器（仰韶文化）	湖北均县乱石滩	《考古》1961年10期	
石锛	2	新石器（仰韶文化）	湖北均县乱石滩	《考古》1986年7期	有
石锛		新石器（仰韶文化）	湖北均县朱家台	《考古》1961年10期	
石锛		新石器（仰韶文化）	湖北郧县大寺	《考古》1961年10期	

石锛		新石器（仰韶文化）	湖北郧县青龙泉	《考古》1961年10期	
石锛		新石器（仰韶文化）	内蒙古凉城王墓山	《考古》1997年4期	有
石锛	1	新石器（仰韶文化）	内蒙古托克托	《考古》1991年9期	有
石锛		新石器（仰韶文化）	内蒙古中南部	《考古》1962年2期	
石锛		新石器（仰韶文化）	山东平阴于家林	《考古》1959年6期	有
石锛		新石器（仰韶文化）	山西洪洞耿壁	《考古》1986年5期	
石锛		新石器（仰韶文化）	山西芮城东庄村	《考古》1962年9期	
石锛		新石器（仰韶文化）	山西芮城西王村	《考古》1962年9期	
石锛	2	新石器（仰韶文化）	山西垣曲小赵	《考古》1998年4期	有
石锛		新石器（仰韶文化）	陕西宝鸡	《考古》1960年2期	
石锛	1	新石器（仰韶文化）	陕西宝鸡北首岭	《考古》1979年2期	
石锛		新石器（仰韶文化）	陕西宝鸡高家村	《考古》1998年4期	
石锛		新石器（仰韶文化）	陕西宝鸡金陵河西岸	《考古》1959年5期	
石锛		新石器（仰韶文化）	陕西邠县下孟村	《考古》1960年1期	
石锛		新石器（仰韶文化）	陕西浐灞两河沿岸	《考古》1961年11期	有
石锛		新石器（仰韶文化）	陕西长安鄠县	《考古》1962年6期	
石锛	1	新石器（仰韶文化）	陕西凤翔董家沟	《考古》1991年11期	有
石锛		新石器（仰韶文化）	陕西华县柳子镇	《考古》1959年2期	
石锛		新石器（仰韶文化）	陕西华阴横阵	《考古》1960年9期	
石锛	1	新石器（仰韶文化）	陕西华阴南城子	《考古》1984年6期	有
石锛		新石器（仰韶文化）	陕西蓝田泄湖	《考古》1989年6期	有
石锛	4	新石器（仰韶文化）	陕西临潼姜寨	《考古》1973年3期	有
石锛		新石器（仰韶文化）	陕西临潼姜寨	《考古》1975年5期	
石锛		新石器（仰韶文化）	陕西渭水流域	《考古》1959年11期	
石锛		新石器（仰韶文化）	陕西武功游凤	《考古》1975年2期	
石锛	1	新石器（仰韶文化）	陕西西安半坡	《考古》1973年3期	
石锛	1	新石器（仰韶文化）	陕西旬阳崔家河	《考古》1991年11期	有
石锛	1	新石器（赵宝沟文化）	河北迁西西寨	《考古》1993年1期	有
石锛	1	新石器（赵宝沟文化）	内蒙古林西水泉	《考古》2005年11期	有
石锛	15	新石器（距今6500年）	广西资源晓锦	《考古》2004年3期	有
石锛	1	新石器（仰韶文化晚期）	陕西商州庾原	《考古》1995年10期	有
石锛		新石器（大溪文化）	湖北长阳西寺坪	《考古》1988年6期	有
石锛	1	新石器（大溪文化）	湖北荆门	《考古》1992年6期	有
石锛	3	新石器（大溪文化）	湖北石首走马岭	《考古》1998年4期	有
石锛		新石器（大溪文化）	湖北松滋桂花树	《考古》1976年3期	有
石锛		新石器（大溪文化）	湖北武汉黄陂程家墩河李塆	《考古》1996年12期	有
石锛		新石器（大溪文化）	湖北枝江关庙山	《考古》1981年4期	有

石锛		新石器（大溪文化）	湖北枝江关庙山	《考古》1983年1期	有
石锛		新石器（大溪文化）	湖南安乡划城岗	《考古》2001年4期	有
石锛	5	新石器（大溪文化）	湖南安乡汤家岗	《考古》1982年4期	
石锛	16	新石器（大溪文化）	湖南津市青龙咀	《考古》1990年1期	有
石锛	1	新石器（大溪文化）	湖南新晃大洞坪	《考古》1992年3期	有
石锛	2	新石器（大汶口文化早期）	山东烟台白石村	《考古》1981年2期	有
石锛	2	新石器（大汶口文化）	安徽淮北地区	《考古》1993年11期	有
石锛		新石器（大汶口文化）	安徽蒙城尉迟寺	《考古》1994年1期	有
石锛		新石器（大汶口文化）	安徽蒙城尉迟寺	《考古》2005年10期	有
石锛	1	新石器（大汶口文化）	安徽宿县古台寺	《考古》1993年12期	有
石锛	11	新石器（大汶口文化）	山东肥城北坦	《考古》2006年4期	有
石锛	1	新石器（大汶口文化）	山东即墨东寅堤村	《考古》1981年1期	
石锛		新石器（大汶口文化）	山东即墨南坦	《考古》1981年1期	有
石锛	1	新石器（大汶口文化）	山东莒县杭头	《考古》1988年12期	有
石锛	2	新石器（大汶口文化）	山东临沂王家三岗	《考古》1988年8期	有
石锛	16	新石器（大汶口文化）	山东栖霞古镇都	《考古》2008年2期	有
石锛	7	新石器（大汶口文化）	山东曲阜东魏庄	《考古》1965年12期	有
石锛	3	新石器（大汶口文化）	山东曲阜南兴埠	《考古》1984年12期	有
石锛	1	新石器（大汶口文化）	山东乳山北斜山	《考古》1990年12期	有
石锛	1	新石器（大汶口文化）	山东乳山翁家埠	《考古》1990年12期	有
石锛		新石器（大汶口文化）	山东滕县	《考古》1980年1期	有
石锛		新石器（大汶口文化）	山东滕州西公桥	《考古》2000年10期	有
石锛	1	新石器（大汶口文化）	山东潍县狮子行	《考古》1984年8期	
石锛		新石器（大汶口文化）	山东兖州王因	《考古》1979年1期	
石锛		新石器（大汶口文化）	山东枣庄红土埠	《考古》1984年4期	有
石锛		新石器（大汶口文化）	山东枣庄建新	《考古》1995年1期	有
石锛	14	新石器（大汶口文化）	山东章丘焦家	《考古》1998年6期	有
石锛	15	新石器（红山文化）	吉林奈曼旗大沁他拉	《考古》1979年3期	有
石锛	5	新石器（红山文化）	辽宁凌源牛河梁	《考古》2001年8期	有
石锛	2	新石器（红山文化）	内蒙古巴林右旗查日斯台嘎查	《考古》2002年8期	有
石锛		新石器（红山文化）	内蒙古巴林右旗那斯台	《考古》1987年6期	有
石锛	90	新石器（北阴阳营文化）	江苏高淳薛城	《考古》2000年5期	有
石锛	8	新石器（北阴阳营文化）	江苏镇江左湖	《考古》2000年4期	有
石锛	43	新石器（距今6000年）	福建平潭壳坵头	《考古》1991年7期	有
梯形石锛	66	新石器（距今6000年）	福建平潭壳坵头	《考古》1991年7期	有

石锛	4	新石器（距今6000年）	广西邕宁顶蛳山	《考古》1998年11期	有
石锛	32	新石器（距今6000年）	广西资源晓锦	《考古》2004年3期	有
石锛		新石器（距今6000年）	湖北枣阳雕龙碑	《考古》1992年7期	有
石锛	4	新石器（距今6000年）	湖北枣阳雕龙碑	《考古》2000年3期	有
石锛		新石器（距今6000年）	山东长岛北庄	《考古》1987年5期	
石锛	5	新石器（白石文化二期）	山东烟台白石村	《考古》1992年7期	有
石锛		新石器（崧泽文化）	江苏沙洲蔡墩	《考古》1987年10期	有
石锛	2	新石器（崧泽文化）	江苏沙洲凤凰山	《考古》1987年10期	有
石锛	8	新石器（崧泽文化）	江苏沙洲徐湾	《考古》1987年10期	有
石锛		新石器（崧泽文化）	江苏吴县	《考古》1990年10期	有
石锛	4	新石器（崧泽文化）	江苏武进潘家塘	《考古》1979年5期	
石锛		新石器（崧泽文化）	江苏张家港东山村	《考古》2010年8期	
石锛	3	新石器（崧泽文化）	江苏张家港许庄	《考古》1990年5期	有
石锛	1	新石器（崧泽文化）	上海青浦金山汶	《考古》1989年7期	有
石锛		新石器（崧泽文化）	上海青浦寺前	《考古》2002年10期	有
石锛		新石器（崧泽文化）	上海松江姚家圈	《考古》2001年9期	
石锛		新石器（崧泽文化晚期）	安徽含山凌家滩	《考古》1999年11期	有
石锛		新石器（后岗一期文化）	内蒙古乌兰察布石虎山	《考古》1998年12期	有
石锛	1	新石器（距今5500年）	吉林长春腰红嘴子	《考古》2003年8期	有
石锛	6	新石器（薛家岗文化）	安徽安庆夫子城	《考古》2002年2期	有
石锛	2	新石器（薛家岗文化）	安徽望江汪家山	《考古》1992年10期	有
石锛	2	新石器（薛家岗文化）	湖北黄梅钓鱼嘴	《考古》1994年6期	有
石锛	2	新石器（薛家岗文化）	湖北黄梅陆墩	《考古》1991年6期	有
有段石锛	1	新石器（薛家岗文化）	湖北黄梅陆墩	《考古》1991年6期	有
石锛		新石器（薛家岗文化）	湖北黄梅杨家垅	《考古》1994年6期	有
石锛		新石器（距今5300年）	安徽含山凌家滩	《考古》2008年3期	有
石锛	6	新石器（距今5300年）	青海同德宗日	《考古》1998年5期	有
石锛		新石器（马家窑文化早期）	青海民和胡李家	《考古》2001年1期	有
石锛	1	新石器（马家窑文化）	甘肃大水水沟口	《考古》1983年12期	
石锛	1	新石器（马家窑文化）	甘肃天水西和凤山	《考古》1983年12期	
小石锛	1	新石器（马家窑文化）	甘肃天水西峪坪	《考古》1983年12期	有
石锛		新石器（马家窑文化）	甘肃武山傅家门	《考古》1995年4期	
石锛	1	新石器（马家窑文化）	青海化隆中滩	《考古》1991年4期	
石锛	1	新石器（马家窑文化）	青海民和坡古拉坡	《考古》1993年3期	有
石锛		新石器（马家窑文化）	青海民和阳洼坡	《考古》1984年1期	有

石锛	5	新石器（良渚文化）	江苏常州武进寺墩	《考古》1984年2期	有
有段石锛	3	新石器（良渚文化）	江苏常州武进寺墩	《考古》1984年2期	有
有段石锛	1	新石器（良渚文化）	江苏丹阳王家山	《考古》1985年5期	有
石锛	3	新石器（良渚文化）	江苏丹阳西沟居	《考古》1994年5期	有
石锛	1	新石器（良渚文化）	江苏昆山少卿山	《考古》2000年4期	有
石锛	14	新石器（良渚文化）	江苏苏州越城	《考古》1982年5期	有
石锛	117	新石器（良渚文化）	江苏吴江梅堰	《考古》1963年6期	有
石锛	4	新石器（良渚文化）	江苏张家港许庄	《考古》1990年5期	有
有段石锛	1	新石器（良渚文化）	江苏张家港许庄	《考古》1990年5期	有
石锛	12	新石器（良渚文化）	上海奉贤江海	《考古》2002年11期	有
石锛	6	新石器（良渚文化）	上海金山亭林	《考古》2002年10期	有
石锛		新石器（良渚文化）	上海青浦千步村	《考古》1963年3期	有
石锛		新石器（良渚文化）	上海青浦寺前	《考古》2002年10期	有
石锛	5	新石器（良渚文化）	上海松江广富林	《考古》1962年9期	有
石锛		新石器（良渚文化）	上海松江广富林	《考古》2002年10期	有
石锛		新石器（良渚文化）	上海松江广富林	《考古》2008年8期	有
石锛	1	新石器（良渚文化）	浙江定海唐家墩	《考古》1983年1期	有
石锛	2	新石器（良渚文化）	浙江海盐龙潭港	《考古》2001年10期	
石锛	2	新石器（良渚文化）	浙江建德久湖	《考古》2006年5期	有
有段石锛	9	新石器（良渚文化）	浙江建德久湖	《考古》2006年5期	有
石锛		新石器（良渚文化）	浙江平湖庄桥坟	《考古》2005年7期	
石锛	1	新石器（良渚文化）	浙江余姚鲞架山	《考古》1997年1期	有
石锛	9	新石器（良渚文化早期）	江苏阜宁东园	《考古》2004年6期	有
石锛	15	新石器（距今5000年）	福建东山大帽山	《考古》2003年12期	有
石锛	15	新石器（距今5000年）	江西萍乡禁山下	《考古》2000年12期	有
石锛	2	新石器（距今5000年）	辽宁大连大潘家	《考古》1994年4期	有
石锛	10	新石器（距今5000年）	辽宁大连大潘家	《考古》1994年10期	有
石锛	2	新石器（距今5000年）	辽宁大连王家屯	《考古》1994年4期	有
石锛		新石器（距今5000年）	辽宁大连文家屯	《考古》1994年4期	有
石锛	2	新石器（距今5000年）	辽宁瓦房店三堂村	《考古》1992年2期	有
石锛		新石器（距今5000年）	四川汉源麦坪	《考古》2008年7期	有
石锛	2	新石器（距今5000年）	四川汶川姜维城	《考古》2006年11期	有
石锛	量多	新石器（距今5000年）	云南大理海东银梭岛	《考古》2009年8期	有
石锛		新石器（屈家岭文化）	湖北洪湖圆山	《考古》1989年5期	有
石锛	4	新石器（屈家岭文化）	湖北荆州阴湘城	《考古》1998年1期	有
石锛	3	新石器（屈家岭文化）	湖北石首走马岭	《考古》1998年4期	有
石锛	20	新石器（屈家岭文化）	湖北宜昌中堡岛	《考古》1996年9期	有
石锛	2	新石器（屈家岭文化）	湖北云梦斋神堡	《考古》1987年2期	有

石锛		新石器（屈家岭文化）	湖北郧县青龙泉	《考古》1961年10期
石锛		新石器（屈家岭文化）	湖北枝江关庙山	《考古》1981年4期
石锛	1	新石器（屈家岭文化）	湖南安乡划城岗	《考古》2001年4期 有
石锛		新石器（屈家岭文化）	陕西西乡李家村	《考古》1961年7期
石锛	1	新石器（屈家岭文化晚期）	湖北安陆王古溜	《考古》1990年11期 有
石锛		新石器（卡若文化）	西藏拉萨曲贡村	《考古》1991年10期 有
石锛	1	新石器（卡若文化）	西藏林芝多布村	《考古》1994年7期 有
石锛	128	新石器（昙石山文化）	福建闽侯昙石山	《考古》1961年12期 有
石锛	11	新石器（昙石山文化）	福建闽侯昙石山	《考古》1983年12期 有
石锛	15	新石器（昙石山文化）	福建闽侯溪头	《考古》1980年4期 有
石锛	7	新石器（昙石山文化）	浙江洞头岛九亩风门村	《考古》1991年9期 有
石锛	3	新石器（昙石山文化）	浙江泰顺下湖墩	《考古》1993年7期 有
石锛	3	新石器（贝丘遗址）	福建东山大帽山	《考古》1988年2期
石锛	3	新石器（贝丘遗址）	广东潮安陈桥村	《考古》1961年11期 有
石锛		新石器（贝丘遗址）	广东潮安海角山	《考古》1961年11期 有
石锛		新石器（贝丘遗址）	广东潮安梅林湖	《考古》1961年11期 有
梯形石锛	2	新石器（贝丘遗址）	广东南海西樵山镇头	《考古》1983年12期
石锛	31	新石器（贝丘遗址）	广东南海灶岗	《考古》1984年3期 有
石锛	1	新石器（贝丘遗址）	广西桂平牛骨坑	《考古》1987年11期
石锛		新石器（贝丘遗址）	广西南宁	《考古》1975年5期 有
石锛	2	新石器（贝丘遗址）	辽宁大连长海广鹿岛	《考古》1962年7期 有
石锛	1	新石器（贝丘遗址）	辽宁旅大烈士山	《考古》1962年2期 有
石锛	6	新石器（小河沿文化）	内蒙古赤峰哈啦海沟	《考古》2010年2期 有
石锛		新石器（距今4930±180年）	甘肃镇原常山	《考古》1981年3期 有
石锛	2	新石器（距今4900年）	四川新津宝墩	《考古》1997年1期 有
石锛	1	新石器（庙底沟二期文化）	甘肃天水郑家磨	《考古》1983年12期 有
石锛	1	新石器（庙底沟二期文化）	河南渑池仰韶村	《考古》1964年9期
石锛	2	新石器（庙底沟二期文化）	河南新安西沃	《考古》1999年8期 有
石锛	3	新石器（庙底沟二期文化）	山西侯马东呈王	《考古》1991年2期 有
石锛		新石器（庙底沟二期文化）	山西垣曲龙王崖	《考古》1986年2期 有
石锛	3	新石器（马家窑文化半山型）	宁夏固原红圈子	《考古》1993年2期 有
石锛	1	新石器（马家窑文化半	青海平安西村	《考古》1990年9期 有

山型）

石锛	1	新石器（龙山文化）	安徽宿县芦城子	《考古》1986年4期	有
石锛		新石器（龙山文化）	河北磁县讲武城	《考古》1959年7期	
石锛		新石器（龙山文化）	河北邯郸涧沟	《考古》1959年10期	
石锛	1	新石器（龙山文化）	河北怀来马站	《考古》1988年8期	有
石锛	1	新石器（龙山文化）	河北怀来小古城	《考古》1987年12期	
石锛	1	新石器（龙山文化）	河北永年台口村	《考古》1962年12期	
石锛		新石器（龙山文化）	河南安阳大寒村南岗	《考古》1965年7期	有
石锛	1	新石器（龙山文化）	河南安阳后岗	《考古》1982年6期	有
石锛	1	新石器（龙山文化）	河南安阳后岗高楼庄	《考古》1972年5期	有
石锛		新石器（龙山文化）	河南辉县孟庄	《考古》2000年3期	有
石锛		新石器（龙山文化）	河南临汝柏树圪垯	《考古》1978年1期	有
石锛		新石器（龙山文化）	河南临汝大张村	《考古》1960年6期	
石锛	2	新石器（龙山文化）	河南洛阳矬李	《考古》1978年1期	有
石锛	1	新石器（龙山文化）	河南洛阳东杨村	《考古》1983年2期	有
石锛		新石器（龙山文化）	河南洛阳王湾三期	《考古》1961年4期	
石锛		新石器（龙山文化）	河南密县新砦	《考古》1981年5期	有
石锛	2	新石器（龙山文化）	河南淇县王庄	《考古》1999年5期	有
石锛	1	新石器（龙山文化）	河南汝州李楼	《考古》1998年3期	有
有段石锛	1	新石器（龙山文化）	河南商丘坞墙	《考古》1983年2期	有
石锛		新石器（龙山文化）	河南汤阴白营	《考古》1980年3期	
石锛	2	新石器（龙山文化）	河南卫辉倪湾	《考古》2007年5期	有
石锛		新石器（龙山文化）	河南夏邑清凉山	《考古》1997年11期	有
石锛	1	新石器（龙山文化）	河南许昌县丁庄	《考古》1986年3期	有
石锛		新石器（龙山文化）	河南偃师二里头	《考古》1982年5期	有
石锛		新石器（龙山文化）	河南荥阳河王村	《考古》1961年2期	有
石锛		新石器（龙山文化）	河南永城黑固堆	《考古》1981年5期	有
石锛		新石器（龙山文化）	河南禹县谷水河	《考古》1978年1期	
石锛	1	新石器（龙山文化）	河南禹州瓦店	《考古》2000年2期	有
石锛	4	新石器（龙山文化）	河南中牟业王村	《考古》1979年3期	
石锛		新石器（龙山文化）	河南驻马店杨庄	《考古》1995年10期	
石锛	4	新石器（龙山文化）	湖北巴东雷家坪	《考古》2005年8期	有
石锛	8	新石器（龙山文化）	湖北洪湖乌林矶	《考古》1987年5期	有
石锛	1	新石器（龙山文化）	湖北黄陂程家墩	《考古》1986年7期	有
石锛		新石器（龙山文化）	湖北荆门	《考古》1992年6期	
石锛		新石器（龙山文化）	湖北均县乱石滩	《考古》1961年10期	
石锛	3	新石器（龙山文化）	湖北蕲春坳上湾	《考古》1992年7期	有
石锛		新石器（龙山文化）	湖北松滋桂花树	《考古》1976年3期	
石锛	1	新石器（龙山文化）	湖北孝感徐家坟	《考古》2001年3期	有

石锛	6	新石器（龙山文化）	湖北宜都石板巷子	《考古》1985年11期	有
石锛		新石器（龙山文化）	湖北郧县大寺	《考古》1961年10期	
石锛		新石器（龙山文化）	湖北郧县青龙泉	《考古》1961年10期	
石锛	1	新石器（龙山文化）	湖南沪溪浦市二中	《考古》1980年1期	有
石锛	3	新石器（龙山文化）	湖南津市范家咀	《考古》1990年1期	有
石锛		新石器（龙山文化）	湖南临澧	《考古》1988年3期	有
石锛	1	新石器（龙山文化）	湖南沅陵朝瓦溪	《考古》1980年1期	
石锛		新石器（龙山文化）	江苏赣榆下庙墩	《考古》1962年3期	有
石锛	1	新石器（龙山文化）	江苏连云港二涧村	《考古》1962年3期	
石锛	2	新石器（龙山文化）	江苏铜山丘湾	《考古》1973年2期	
石锛	6	新石器（龙山文化）	辽宁北票丰下	《考古》1976年3期	有
石锛	1	新石器（龙山文化）	辽宁旅顺老铁山	《考古》1978年2期	
石锛		新石器（龙山文化）	内蒙古中南部	《考古》1962年2期	有
石锛		新石器（龙山文化）	内蒙古中南部黄河河谷	《考古》1965年10期	有
石锛		新石器（龙山文化）	宁夏隆德页河子	《考古》1990年4期	
石锛	2	新石器（龙山文化）	山东安丘峒峪村	《考古》1963年10期	有
石锛	1	新石器（龙山文化）	山东安丘胡峪村	《考古》1963年10期	有
石锛	3	新石器（龙山文化）	山东昌乐秦家淳于村	《考古》1987年7期	有
石锛		新石器（龙山文化）	山东昌乐邹家庄	《考古》1987年5期	
石锛	3	新石器（龙山文化）	山东费县防故城遗址	《考古》2005年10期	有
石锛	2	新石器（龙山文化）	山东海阳司马台	《考古》1985年12期	有
石锛		新石器（龙山文化）	山东海阳台子	《考古》1983年3期	
石锛	3	新石器（龙山文化）	山东即墨北阁	《考古通讯》1958年4期	有
石锛	1	新石器（龙山文化）	山东即墨丁戈庄	《考古》1989年8期	
石锛	1	新石器（龙山文化）	山东即墨东王圈	《考古》1989年8期	
石锛	1	新石器（龙山文化）	山东即墨丰城河东	《考古》1989年8期	
石锛		新石器（龙山文化）	山东即墨姜家马坪村	《考古》1989年8期	
石锛		新石器（龙山文化）	山东即墨石崖	《考古》1981年1期	有
石锛	1	新石器（龙山文化）	山东即墨张戈庄三里村	《考古》1989年8期	
石锛		新石器（龙山文化）	山东济宁义合	《考古》1983年6期	
石锛	2	新石器（龙山文化）	山东莒南化家村	《考古》1989年5期	有
石锛	2	新石器（龙山文化）	山东临沂后新庄	《考古》1992年10期	
石锛	2	新石器（龙山文化）	山东临沂土城子	《考古》1961年11期	
石锛	1	新石器（龙山文化）	山东临沂重沟	《考古》1961年11期	有
石锛	1	新石器（龙山文化）	山东平度东岳石村	《考古》1962年10期	有
石锛	1	新石器（龙山文化）	山东青岛城阳	《考古》1964年11期	
石锛	1	新石器（龙山文化）	山东青岛傅家埠	《考古》1964年11期	有
石锛	5	新石器（龙山文化）	山东青岛石院	《考古》1964年11期	有

石锛	1	新石器（龙山文化）	山东青岛市郊赵村	《考古》1965年9期	有
石锛	1	新石器（龙山文化）	山东日照大桃园	《考古》1986年8期	有
石锛	2	新石器（龙山文化）	山东日照凤凰城	《考古》1986年8期	有
石锛	1	新石器（龙山文化）	山东日照两城镇	《考古》1972年4期	有
石锛	3	新石器（龙山文化）	山东日照两城镇	《考古》1986年8期	有
石锛		新石器（龙山文化）	山东日照两城镇	《考古》1997年4期	有
石锛	1	新石器（龙山文化）	山东日照南塔岭	《考古》1986年8期	有
石锛	1	新石器（龙山文化）	山东日照苏家村	《考古》1986年8期	有
石锛	3	新石器（龙山文化）	山东日照西林子头	《考古》1986年8期	有
石锛	1	新石器（龙山文化）	山东日照尧王城	《考古》1986年8期	有
石锛	1	新石器（龙山文化）	山东乳山泮家庄	《考古》1990年12期	有
石锛	2	新石器（龙山文化）	山东乳山小管村	《考古》1990年12期	有
石锛	1	新石器（龙山文化）	山东泗水尹家城	《考古》1965年1期	有
石锛	2	新石器（龙山文化）	山东泗水尹家城	《考古》2008年5期	有
石锛	1	新石器（龙山文化）	山东郯城南沟崖	《考古》1995年8期	有
石锛		新石器（龙山文化）	山东滕县	《考古》1980年1期	
石锛	9	新石器（龙山文化）	山东滕县岗上村	《考古》1963年7期	有
石锛	1	新石器（龙山文化）	山东潍坊范家庄	《考古》1989年9期	有
石锛		新石器（龙山文化）	山东潍坊姚官庄	《考古》1963年7期	
石锛	4	新石器（龙山文化）	山东潍县狮子行	《考古》1984年8期	有
石锛	15	新石器（龙山文化）	山东五莲丹士村	《考古通讯》1958年4期	有
石锛	1	新石器（龙山文化）	山东兖州龙湾店	《考古》2005年8期	有
石锛	7	新石器（龙山文化）	山东沂南罗圈峪	《考古》1998年3期	有
石锛	1	新石器（龙山文化）	山东沂水凤台	《考古》1991年6期	
石锛	2	新石器（龙山文化）	山东沂水抬头	《考古》1991年6期	有
石锛	4	新石器（龙山文化）	山东沂水小沂河北岸	《考古》2002年1期	有
石锛	6	新石器（龙山文化）	山东沂水杨庄	《考古》1993年11期	有
石锛	1	新石器（龙山文化）	山东禹城邢寨汪	《考古》1983年11期	
石锛		新石器（龙山文化）	山东枣庄二疏城	《考古》1984年4期	有
石锛		新石器（龙山文化）	山西平陆西侯	《考古》1990年3期	
石锛		新石器（龙山文化）	山西芮城	《考古》1962年9期	
石锛	2	新石器（龙山文化）	山西芮城南礼教村	《考古》1964年6期	有
石锛		新石器（龙山文化）	山西五台阳白	《考古》1997年4期	有
石锛		新石器（龙山文化）	山西襄汾丁村	《考古》1991年10期	有
石锛		新石器（龙山文化）	山西襄汾陶寺	《考古》1983年1期	有
石锛		新石器（龙山文化）	山西忻州游邀	《考古》1989年4期	有
石锛	8	新石器（龙山文化）	山西垣曲龙王崖	《考古》1986年2期	有
石锛		新石器（龙山文化）	陕西华阴横阵	《考古》1960年9期	

石锛	10	新石器（龙山文化）	陕西商洛东	《考古》2009年12期	有
石锛		新石器（龙山文化）	陕西渭水流域	《考古》1959年11期	
石锛	1	新石器（龙山文化）	陕西子长栾家坪	《考古》1991年9期	有
石锛		新石器（龙山文化早期）	河南汤阴白营	《考古》1980年3期	
石锛		新石器（龙山文化早期）	山西襄汾陶寺	《考古》1980年1期	有
石锛	2	新石器（龙山文化晚期）	湖北罗田庙山岗	《考古》1994年9期	有
石锛	6	新石器（龙山文化晚期）	湖北宜昌下岸	《考古》1999年1期	有
石锛		新石器（龙山文化晚期）	内蒙古清水河白泥窑子	《考古》1988年2期	
石锛		新石器（龙山文化晚期）	山西襄汾陶寺	《考古》1980年1期	有
石锛	3	新石器（距今4810±145年）	江西清江筑卫城	《考古》1982年2期	有
石锛		新石器（距今4700年）	广西那坡感驮岩	《考古》2003年10期	有
石锛	7	新石器（距今4700年）	四川巫山魏家梁子	《考古》1996年8期	有
石锛	24	新石器（距今4600年）	重庆巫山锁龙	《考古》2006年3期	有
石锛	2	新石器（石家河文化）	湖北荆州阴湘城	《考古》1998年1期	有
石锛	1	新石器（石家河文化）	湖北随州黄土岗	《考古》2008年11期	
石锛	1	新石器（石家河文化）	湖南安乡划城岗	《考古》2001年4期	有
石锛		新石器（石家河文化早期）	湖北秭归庙坪	《考古》1999年1期	有
石锛	10	新石器（距今4585±160年）	广西钦州独料	《考古》1982年1期	有
石锛	2	新石器（宝墩文化）	四川崇州双河	《考古》2002年11期	有
石锛	8	新石器（宝墩文化）	四川新津宝墩	《考古》1998年1期	有
石锛	2	新石器（距今4500年）	辽宁岫岩北沟西山	《考古》1992年5期	有
石锛		新石器（龙山文化陶寺型）	山西曲沃方城	《考古》1988年4期	有
石锛		新石器（龙山文化陶寺型）	山西襄汾丁村曲舌头	《考古》2002年4期	有
石锛	2	新石器（龙山文化陶寺型）	山西襄汾陶寺	《考古》2003年3期	有
石锛		新石器（龙山文化陶寺型）	山西襄汾陶寺	《考古》2007年4期	
石锛		新石器（凤鼻头文化）	台湾高雄凤鼻头	《考古》1979年3期	
石锛		新石器（客省庄二期文	陕西长安沣西客省庄	《考古》1959年10期	

化）

石锛		新石器（客省庄二期文化）	陕西长安鄠县	《考古》1962年6期	
石锛		新石器（客省庄二期文化）	陕西扶风案板	《考古》1987年10期	有
石锛		新石器（客省庄二期文化）	陕西蓝田泄湖	《考古》1989年6期	有
石锛		新石器（齐家文化）	甘肃渭河上游	《考古通讯》1958年7期	
石锛		新石器（齐家文化）	甘肃渭河支流	《考古》1959年7期	
石锛		新石器（齐家文化）	甘肃卓尼纳浪寺坪	《考古》1994年7期	
石锛	1	新石器（齐家文化）	宁夏固原店河村	《考古》1987年8期	有
石锛	1	新石器（齐家文化）	宁夏西吉兴隆镇	《考古》1964年5期	
石锛	10	新石器（距今4200年）	湖北均县乱石滩	《考古》1986年7期	有
石锛	17	新石器（距今4200年）	香港马湾岛东湾仔北	《考古》1999年6期	有
有肩石锛	2	新石器（距今4200年）	香港马湾岛东湾仔北	《考古》1999年6期	有
石锛	38	新石器（距今4100年）	贵州毕节青场	《考古》1987年9期	有
石锛		新石器（青龙泉三期文化）	湖北宜昌县白庙	《考古》1986年1期	有
石锛	5	新石器（距今4000年）	福建漳州大帽山	《考古》1995年9期	有
石锛	53	新石器（距今4000年）	广东始兴大背岭	《考古》1987年2期	
石锛	11	新石器（距今4000年）	广东珠海拱北	《考古》1985年8期	有
石锛	16	新石器（距今4000年）	广西资源晓锦	《考古》2004年3期	有
石锛	3	新石器（距今4000年）	江西清江筑卫城	《考古》1982年2期	有
石锛	2	新石器（距今4000年）	辽宁大连新金乔东1号	《考古》1983年2期	有
石锛	1	新石器（距今4000年）	青海民和喇家	《考古》2002年12期	有
石锛	2	新石器（距今4000年）	香港元朗下白泥	《考古》1999年6期	有
石锛	1	新石器（距今4000年）	重庆巴县白沙沱	《考古》1992年12期	
石锛	2	新石器（距今4000年）	重庆巴县干溪沟	《考古》1992年12期	有
石锛	3	新石器（距今4000年）	重庆巴县新房后湾	《考古》1992年12期	
石锛	2	新石器（距今4000年）	重庆巴县薛家溪	《考古》1992年12期	
石锛	1	新石器（距今4000年）	重庆长寿杨家湾	《考古》1992年12期	
石锛	1	新石器（距今4000年）	重庆涪陵东场口	《考古》1992年12期	有
石锛	4	新石器（距今4000年）	重庆涪陵石沱河咀	《考古》1992年12期	
石锛	2	新石器（距今4000年）	重庆江北观音阁	《考古》1992年12期	
石锛	2	新石器（距今4000年）	重庆江北水文站	《考古》1992年12期	
石锛	3	新石器（距今4000年）	重庆江北唐家沱	《考古》1992年12期	
石锛	1	新石器（距今4000年）	重庆江北文家湾	《考古》1992年12期	有
石锛	1	新石器（距今4000年）	重庆江北羊坝滩	《考古》1992年12期	有

石锛	3	新石器（距今4000年）	重庆江北赵家溪	《考古》1992年12期	
石锛	5	新石器（距今4000年）	重庆江津王爷庙	《考古》1992年12期	有
石锛	2	新石器（距今4000年）	重庆江南岸大沙溪	《考古》1992年12期	
石锛	1	新石器（距今4000年）	重庆南岸鸡冠石	《考古》1992年12期	
石锛		新石器（岳石文化）	山东泗水尹家城	《考古》1985年7期	
石锛	4	新石器（岳石文化）	山东沂源姑子坪	《考古》2003年1期	有
石锛	4	新石器（距今3700年）	四川都江堰芒城	《考古》1999年7期	有
石锛	24	新石器（距今3600年）	广东曲江马蹄坪	《考古》1964年7期	有
石锛	35	新石器（距今3600年）	广东曲江鲶鱼转	《考古》1964年7期	有
石锛	50	新石器（距今3600年）	广东韶关走马冈	《考古》1964年7期	有
石锛	6	新石器（距今3210±90年）	云南永仁菜园子	《考古》1985年11期	有
石锛	5	新石器（距今3200年）	吉林珲春迎花南山	《考古》1993年8期	有
石锛	1	新石器（西团山文化）	吉林德惠大青嘴	《考古》1986年9期	有
石锛	3	新石器（西团山文化）	吉林省吉林市泡子沿前山	《考古》1985年6期	有
石锛	1	新石器（西团山文化）	吉林舒兰珠山	《考古》1985年4期	有
石锛	1	新石器（西团山文化）	吉林双阳五家子	《考古》1986年9期	有
石锛	1	新石器（距今2100±85年）	黑龙江东宁大城子	《考古》1979年1期	有
石锛	4	新石器	安徽潜山天宁寨	《考古》1987年11期	有
石锛	6	新石器	安徽青阳中平	《考古》1997年11期	有
石锛		新石器	安徽望江戴家墩	《考古》1988年6期	
石锛		新石器	安徽望江狗尾山	《考古》1988年6期	有
石锛		新石器	安徽望江麻冲	《考古》1988年6期	
有段石锛		新石器	安徽望江七星墩	《考古》1988年6期	有
石锛		新石器	安徽望江双墩	《考古》1988年6期	有
石锛	32	新石器	安徽芜湖蒋公山	《考古》1959年9期	
石锛		新石器	安徽五河濠城	《考古》1959年7期	有
石锛		新石器	北京昌平宝山	《考古》1959年3期	
石锛		新石器	福建安溪	《考古》1961年5期	
石锛	49	新石器	福建崇安	《考古》1959年11期	
石锛	1	新石器	福建德化	《考古》1961年5期	
石锛	20	新石器	福建东山坑北	《考古》1965年1期	有
石锛	8	新石器	福建丰州	《考古》1961年4期	
石锛	703	新石器	福建福清东张	《考古》1965年2期	有
石锛		新石器	福建光泽大古庵	《考古通讯》1955年2期	
石锛		新石器	福建光泽官屯	《考古通讯》1955年	有

				6期
石锛	2	新石器	福建惠安涂岭	《考古》1990年2期
石锛	286	新石器	福建建瓯和建阳	《考古》1961年4期 有
石锛	22	新石器	福建晋江流域柯厝山	《考古》1961年4期
石锛	50	新石器	福建龙溪云岩洞	《考古》1961年5期
石锛	23	新石器	福建闽侯庄边山	《考古》1961年1期 有
石锛		新石器	福建闽江上游	《考古》1959年11期
石锛	2	新石器	福建闽清永泰阪东	《考古》1965年2期 有
石锛	23	新石器	福建南安	《考古》1961年5期
有段石锛		新石器	福建莆田仙游、南安	《考古通讯》1958年 有 1期
石锛		新石器	福建莆田仙游、南安	《考古通讯》1958年 有 1期
石锛	1	新石器	福建邵武北石岐山	《考古通讯》1957年 3期
石锛	6	新石器	福建邵武册前	《考古通讯》1957年 3期
石锛	3	新石器	福建邵武红岭	《考古通讯》1957年 有 3期
石锛	6	新石器	福建邵武桥头湾	《考古通讯》1957年 3期
石锛		新石器	福建同安	《考古》1961年5期
石锛	196	新石器	福建武平	《考古》1961年4期 有
石锛		新石器	福建仙游	《考古》1961年5期
石锛		新石器	福建仙游走马山	《考古通讯》1957年 3期
石锛	4	新石器	福建永春	《考古》1961年5期
石锛	19	新石器	福建漳浦下宫石路采集	《考古》1959年6期
石锛	7	新石器	福建漳浦下宫石路墓葬	《考古》1959年6期
石锛	3	新石器	福建漳浦徐坎岱嵩村	《考古通讯》1958年 有 4期
石锛		新石器	甘肃兰州西瓜坡岘	《考古》1960年9期 有
石锛	1	新石器	甘肃秦安杨家沟口	《考古通讯》1958年 有 5期
石锛	77	新石器	广东宝安蚌地山	《考古通讯》1957年 有 6期
石锛	1	新石器	广东宝安黄策捕鱼山	《考古通讯》1957年 6期
梯形石锛	6	新石器	广东宝安金坑山	《考古通讯》1957年 有 6期

石锛	4	新石器	广东宝安三角山	《考古通讯》1957年 6期	
石锛	154	新石器	广东北部山地区	《考古》1961年11期	有
石锛	6	新石器	广东潮安梅林湖西岸	《考古》1965年2期	
石锛	8	新石器	广东潮阳葫芦山	《考古通讯》1956年 4期	有
石锛	3	新石器	广东潮阳九斗尾山	《考古通讯》1956年 4期	
有段石锛	1	新石器	广东潮阳走水岭山	《考古通讯》1956年 4期	有
有段石锛		新石器	广东从化猪牯岭	《考古》1961年8期	
石锛	422	新石器	广东东部地区	《考古》1961年12期	有
石锛	3	新石器	广东广州飞鹅岭	《考古通讯》1957年 5期	
有段石锛	1	新石器	广东揭西赤岭埔	《考古》1999年7期	有
石锛	49	新石器	广东梅县大埔县	《考古》1965年4期	有
石锛		新石器	广东南海西樵山	《考古》1979年4期	有
石锛	9	新石器	广东南海西樵山佛子庙	《考古》1999年7期	有
石锛	92	新石器	广东南路地区	《考古》1961年11期	有
石锛	2	新石器	广东翁源青塘	《考古》1961年11期	有
石锛		新石器	广东新丰	《考古》1960年7期	有
石锛	14	新石器	广东紫金在光顶	《考古》1964年5期	有
石锛	13	新石器	广西桂林甑皮岩	《考古》1976年3期	有
石锛	4	新石器	广西桂平长冲根	《考古》1987年11期	有
石锛	6	新石器	广西桂平大塘城	《考古》1987年11期	有
石锛	2	新石器	广西桂平大塘城	《考古》1997年10期	有
石锛	4	新石器	广西桂平上塔	《考古》1997年10期	有
石锛	22	新石器	广西桂平上塔村	《考古》1987年11期	有
石锛	1	新石器	广西桂平石咀	《考古》1997年10期	有
石锛	10	新石器	广西灵山翠壁峰	《考古》1993年12期	有
石锛	11	新石器	广西灵山马鞍山	《考古》1993年12期	有
石锛	12	新石器	广西灵山元屋岭	《考古》1993年12期	有
有肩石锛	1	新石器	广西柳城长槽村	《考古》1964年11期	有
有肩石锛	1	新石器	广西柳江	《考古》1965年6期	有
石锛	1	新石器	广西柳江梨乡屯	《考古》1965年6期	有
石锛	1	新石器	广西柳江莲塘村	《考古》1965年6期	有
石锛	46	新石器	广西柳州兰家村	《考古》1983年7期	有
石锛	3	新石器	广西柳州鲤里嘴	《考古》1983年9期	有
石锛		新石器	广西柳州鹿谷岭	《考古》1983年7期	有

石锛	3	新石器	广西柳州响水	《考古》1983年7期 有
石锛	1	新石器	广西柳州曾家村	《考古》1983年7期 有
石锛	3	新石器	广西象州南沙湾	《考古》1997年10期 有
石锛	6	新石器	广西象州山猪笼	《考古》1997年10期 有
石锛	12	新石器	贵州毕节专区	《考古通讯》1956年 有 3期
石锛	2	新石器	贵州清镇和平壩	《考古》1965年4期 有
有段石锛	2	新石器	贵州水城双戛	《考古》1988年1期 有
有段石锛	2	新石器	贵州威宁草海湖	《考古》1988年1期 有
有段石锛	1	新石器	贵州威宁麻乍	《考古》1988年1期 有
有肩有段石锛	1	新石器	贵州威宁麻乍	《考古》1988年1期 有
有段石锛	1	新石器	贵州威宁吴家大坪	《考古》1988年1期 有
石锛	2	新石器	海南黎族区	《考古通讯》1956年 2期
石锛	1	新石器	海南西沙群岛甘泉岛	《考古》1992年9期 有
石锛	1	新石器	河北阳原姜家梁	《考古》2001年2期 有
石锛	1	新石器	河北张家口尚义大苏计	《考古》1959年7期
石锛		新石器	河南登封告成八方间	《考古》1959年11期
石锛		新石器	河南登封石羊关	《考古》1959年11期
石锛	1	新石器	河南方城大张庄	《考古》1983年5期 有
石锛		新石器	河南淮滨肖营	《考古》1981年1期
石锛		新石器	河南鲁山邱公城	《考古》1962年11期 有
石锛	4	新石器	河南泌阳板桥荆树坟	《考古》1965年9期 有
石锛	15	新石器	河南泌阳板桥三所楼	《考古》1965年9期 有
穿孔石锛	1	新石器	河南渑池寺沟	《考古》1964年9期
石锛	2	新石器	河南唐河茅草寺	《考古》1965年1期 有
石锛	2	新石器	河南唐河寨茨岗	《考古》1963年12期 有
石锛		新石器	河南舞阳峨岗寺	《考古》1965年5期
石锛	1	新石器	河南舞阳铁山庙	《考古》1965年5期
石锛	2	新石器	河南偃师汤泉沟	《考古》1962年11期 有
石锛	1	新石器	黑龙江海浪河下游龙头山	《考古》1965年1期
石锛	2	新石器	黑龙江宁安大牡丹屯	《考古》1961年10期
石锛	15	新石器	黑龙江宁安东康	《考古》1975年3期 有
石锛		新石器	黑龙江齐齐哈尔昂昂溪	《考古通讯》1957年 2期
石锛		新石器	湖北长阳外村里	《考古》1988年6期
石锛	1	新石器	湖北长阳榨洞	《考古》1988年6期

石锛	5	新石器	湖北红安金盆	《考古》1960年4期	
石锛	1	新石器	湖北黄陂杨家湾	《考古通讯》1958年1期	
石锛	1	新石器	湖北黄冈丁家坳	《考古》1995年10期	有
石锛	1	新石器	湖北黄冈九资河	《考古》1995年10期	有
石锛	1	新石器	湖北黄冈笼子山	《考古》1995年10期	有
石锛	1	新石器	湖北黄冈寨山	《考古》1995年10期	有
石锛	3	新石器	湖北京山朱家咀	《考古》1964年5期	有
石锛		新石器	湖北荆州阴湘城	《考古》1997年5期	有
石锛		新石器	湖北蕲春潘家畈	《考古通讯》1956年4期	有
石锛	1	新石器	湖北蕲春易家山	《考古通讯》1956年3期	
石锛	65	新石器	湖北蕲春易家山	《考古》1960年5期	有
石锛	3	新石器	湖北宜昌三斗坪	《考古》1961年5期	
石锛	2	新石器	湖北宜昌杨家湾	《考古》1961年5期	
石锛		新石器	湖北枝江马家溪	《考古》1992年2期	有
石锛		新石器	湖北枝江施家坡	《考古》1992年2期	有
石锛	3	新石器	湖北枝江新庙子	《考古》1992年2期	
石锛	3	新石器	湖北秭归柳林溪	《考古》1961年5期	
石锛	6	新石器	湖南安仁安坪司	《考古》1960年6期	
石锛	5	新石器	湖南安仁南坪何古山	《考古》1960年6期	有
石锛		新石器	湖南安仁太平山	《考古》1993年11期	
石锛		新石器	湖南安仁细肖古	《考古》1993年11期	有
石锛		新石器	湖南安仁鸭公脑	《考古》1993年11期	有
石锛		新石器	湖南长沙烟墩冲	《考古通讯》1956年5期	有
石锛	2	新石器	湖南辰溪溪口	《考古》1980年1期	
石锛		新石器	湖南桂东堆脑	《考古》1993年11期	有
石锛	2	新石器	湖南浏阳樟树潭	《考古》1965年7期	有
石锛	2	新石器	湖南南岳彭家岭	《考古》1966年4期	有
石锛	1	新石器	湖南桃江灰山港	《考古通讯》1957年6期	有
石锛	5	新石器	湖南新宁白面寨	《考古》1991年10期	有
石锛	3	新石器	湖南新宁周家山	《考古》1991年10期	有
石锛	4	新石器	湖南益阳鹿角山	《考古》1965年10期	有
石锛		新石器	吉林长春红石磖子	《考古通讯》1957年1期	
石锛		新石器	吉林长春张家店	《考古通讯》1957年	有

				1期
石锛		新石器	吉林第六区两半山	《考古通讯》1955年4期
石锛	1	新石器	吉林蛟河山头屯	《考古》1964年2期 有
石锛	2	新石器	吉林蛟河小南沟	《考古》1964年2期 有
石锛	1	新石器	吉林科右中旗贝子府	《考古》1977年3期 有
石锛	1	新石器	吉林汪清天桥岭	《考古通讯》1956年6期
石锛	1	新石器	吉林西团山子	《考古》1960年4期
石锛	1	新石器	吉林延吉柳庭洞	《考古》1983年10期 有
石锛		新石器	吉林永吉西官山	《考古》1960年7期 有
石锛		新石器	江苏常州圩墩	《考古》1974年2期
石锛		新石器	江苏丹徒葛村	《考古通讯》1957年5期 有
石锛		新石器	江苏丹徒华山	《考古通讯》1957年2期
石锛		新石器	江苏丹徒癞龟墩	《考古通讯》1956年6期
石锛	1	新石器	江苏丹徒文昌阁	《考古通讯》1957年5期
石锛	1	新石器	江苏海州东门外	《考古通讯》1957年3期
石锛	3	新石器	江苏句容城头山	《考古》1985年4期 有
石锛		新石器	江苏昆山荣庄	《考古》1960年6期 有
石锛		新石器	江苏南京安怀村柴山	《考古通讯》1957年5期 有
石锛	1	新石器	江苏苏州越城	《考古》1961年3期 有
石锛		新石器	江苏吴县华山	《考古》1961年3期 有
石锛		新石器	江苏吴兴邱城	《考古》1959年9期
石锛	7	新石器	江苏武进寺墩	《考古》1981年3期 有
石锛	1	新石器	江苏新海连市大村	《考古》1961年6期 有
石锛	6	新石器	江西南昌市青云谱车站	《考古》1961年10期
石锛	7	新石器	江西南昌市青云谱砖瓦窑	《考古》1961年10期
石锛	74	新石器	江西南昌县莲塘春新山	《考古》1963年1期 有
石锛	13	新石器	江西南昌县莲塘上山西	《考古》1963年1期
石锛	6	新石器	江西南昌县莲塘象尾山	《考古》1963年1期
石锛	3	新石器	江西清江马家寨	《考古》1959年12期
石锛	4	新石器	江西清江小洋村	《考古》1959年12期
石锛	9	新石器	江西清江筑卫城	《考古》1976年6期 有

石锛	5	新石器	江西万年	《考古》1960年10期	
石锛	7	新石器	江西万年猛山	《考古》1962年4期	
石锛	34	新石器	江西修水跑马岭	《考古》1962年7期	有
石锛	39	新石器	江西修水山背	《考古》1962年7期	有
有段石锛	14	新石器	江西修水山背	《考古》1962年7期	有
石锛		新石器	辽宁大连大台山	《考古》1959年11期	
石锛	3	新石器	辽宁东沟蚊子山	《考古》1984年1期	有
石锛		新石器	辽宁桓仁	《考古》1960年1期	
石锛	1	新石器	辽宁锦州山河营子	《考古》1986年10期	有
石锛	3	新石器	辽宁旅大金县	《考古》1960年2期	
石锛		新石器	辽宁旅大南山	《考古》1959年11期	
石锛	1	新石器	辽宁新民偏堡沙岗	《考古通讯》1958年1期	有
石锛		新石器	内蒙古巴林左旗富河沟门	《考古》1964年1期	有
石锛		新石器	内蒙古包头阿善	《考古》1984年2期	
石锛	1	新石器	内蒙古赤峰东山咀	《考古》1983年5期	有
石锛	1	新石器	内蒙古托克托海生不浪	《考古》1978年6期	有
石锛	1	新石器	内蒙古伊克昭盟杭锦旗锡尼镇	《考古》1983年12期	有
石锛	1	新石器	宁夏陶乐高仁	《考古》1964年5期	有
石锛		新石器	宁夏中卫	《考古》1959年7期	
石锛		新石器	青海乐都柳湾	《考古》1976年6期	有
石锛	1	新石器	山东安丘老峒峪	《考古》1992年9期	有
石锛	1	新石器	山东长岛大口	《考古》1985年12期	
石锛	2	新石器	山东济宁琵琶山	《考古》1960年6期	
石锛		新石器	山东胶县三里河	《考古》1977年4期	
石锛	1	新石器	山东临沂前城子	《考古》1992年10期	有
石锛	3	新石器	山东曲阜尼山	《考古》1963年7期	有
石锛	1	新石器	山东曲阜尼山	《考古》1965年12期	有
石锛		新石器	山东曲阜西白村	《考古》1965年12期	有
石锛	2	新石器	山东曲阜西夏侯村	《考古》1965年12期	有
石锛		新石器	山东曲阜中王庄	《考古》1965年12期	有
石锛		新石器	山东日照两城镇	《考古》1960年9期	有
石锛		新石器	山东日照县东海峪	《考古》1976年6期	有
石锛	5	新石器	山东泗水尹家城	《考古》1980年1期	有
石锛	1	新石器	山东烟台邱家庄	《考古》1963年7期	有
石锛	8	新石器	陕西安康柏树岭	《考古》1983年6期	
石锛	1	新石器	陕西安康奠安	《考古》1983年6期	有

石锛	1	新石器	陕西安康岚皋冉家坝	《考古》1960年3期	
石锛	1	新石器	陕西安康王家碥	《考古》1983年6期	有
石锛	5	新石器	陕西汉中何家湾	《考古》1962年6期	有
石锛		新石器	陕西西安半坡	《考古通讯》1955年2期	有
石锛		新石器	陕西西安半坡	《考古通讯》1956年2期	
石锛	1	新石器	陕西旬阳黎家坪	《考古》1994年6期	有
石锛	1	新石器	上海闵行马桥俞塘	《考古》1960年3期	
石锛	3	新石器	上海青浦淀山湖	《考古》1959年6期	有
石锛	1	新石器	上海松江汤庙村	《考古》1963年1期	有
石锛	4	新石器	上海松江汤庙村	《考古》1985年7期	有
石锛		新石器	四川川东长江沿岸	《考古》1959年8期	有
石锛	2	新石器	四川广元邓家坪	《考古》1997年5期	有
石锛	18	新石器	四川广元张家坡	《考古》1991年9期	有
石锛	2	新石器	四川洪雅王华村	《考古》1988年1期	有
石锛		新石器	四川阆中蓝家坝	《考古》1983年6期	
石锛	2	新石器	四川理县建山寨	《考古》1965年12期	有
石锛	1	新石器	四川理县龙袍寨	《考古》1965年12期	有
石锛		新石器	四川南部涌泉坝	《考古》1983年6期	有
石锛		新石器	四川南充淄佛寺	《考古》1983年6期	有
石锛	2	新石器	四川普格瓦打洛	《考古》1983年6期	有
石锛	1	新石器	四川万县太公沱	《考古》1990年4期	有
石锛	1	新石器	四川巫山大昌坝	《考古》1959年8期	有
石锛		新石器	四川巫山火爆溪	《考古》1959年8期	
石锛	5	新石器	四川西昌横栏山	《考古》1998年2期	有
残石锛	2	新石器	四川喜德瓦木	《考古》1979年1期	有
石锛		新石器	四川喜德新村	《考古》1979年1期	有
石锛	4	新石器	四川盐源轿顶山	《考古》1984年9期	有
石锛		新石器	四川忠县	《考古通讯》1958年5期	
石锛	2	新石器	四川忠县	《考古》1959年8期	有
石锛	1	新石器	四川资阳沙嘴	《考古》1983年6期	有
石锛		新石器	台湾台北大坌坑	《考古》1979年3期	
石锛		新石器	台湾台北圆山	《考古》1979年3期	
石锛	6	新石器	西藏墨脱墨脱村	《考古》1978年2期	
石锛	3	新石器	新疆东部阿斯塔那	《考古》1964年7期	有
石锛	1	新石器	新疆东部木垒河	《考古》1964年7期	有
石锛	1	新石器	新疆伊吾县卡尔桑	《考古》1964年7期	有

石锛	17	新石器	云南保山二台坡	《考古》1992年9期	有
石锛	1	新石器	云南剑川	《考古》1959年9期	
石锛		新石器	云南剑川海门口	《考古通讯》1958年6期	
石锛	1	新石器	云南景洪曼景兰和曼听	《考古》1965年11期	有
石锛	1	新石器	云南昆明滇池	《考古》1961年1期	
梯形石锛		新石器	云南龙陵豆地坪	《考古》1992年4期	有
梯形石锛		新石器	云南龙陵马鞍山	《考古》1992年4期	有
石锛		新石器	云南龙陵烧炭田坡	《考古》1992年4期	有
石锛	2	新石器	云南禄丰北厂麻坡	《考古》1983年7期	有
有段石锛	1	新石器	云南禄丰北厂麻坡	《考古》1983年7期	有
石锛		新石器	云南禄丰黑井	《考古》1983年7期	有
有段石锛	7	新石器	云南禄丰秀良村	《考古》1983年7期	有
石锛	4	新石器	云南禄丰赵家村	《考古》1983年7期	有
石锛	14	新石器	云南禄劝营盘山	《考古》1993年3期	有
石锛	5	新石器	云南麻栗坡小洞洞	《考古》1983年12期	有
石锛	6	新石器	云南宣威尖角洞	《考古》1986年1期	有
石锛	2	新石器	云南昭通马厂	《考古》1962年10期	
石锛	2	新石器	云南昭通闸心场	《考古》1962年10期	
石锛	11	新石器	浙江崇德蔡家坟	《考古通讯》1957年4期	有
石锛	1	新石器	浙江崇德罗家谷	《考古通讯》1957年4期	有
石锛	3	新石器	浙江定海唐家墩	《考古》1984年1期	有
有段石锛	1	新石器	浙江湖州长生庵	《考古通讯》1958年8期	有
石锛	32	新石器	浙江乐清白石	《考古》1992年9期	有
有段石锛	8	新石器	浙江舟山白泉	《考古》1983年1期	有
石锛	20	新石器	浙江舟山孙家山	《考古》1983年1期	有
石锛	6	新石器早期	广西灵山龙武山	《考古》1993年12期	有
石锛	3	新石器早期	广西灵山三海岩	《考古》1993年12期	有
石锛	6	新石器中期	广西横县江口	《考古》2000年1期	有
石锛	6	新石器中晚期	安徽黄山蒋家山	《考古》1995年2期	有
有段石锛	3	新石器晚期	安徽安庆张四墩	《考古》2004年1期	有
石锛	4	新石器晚期	安徽安庆张四墩	《考古》2004年1期	有
石锛	8	新石器晚期	福建南安狮子山	《考古》1961年4期	有
石锛	2	新石器晚期	福建浦城石排下	《考古》1986年12期	有
石锛		新石器晚期	福建云霄尖子山	《考古》1990年6期	有
石锛	1	新石器晚期	福建漳州覆船山	《考古》1995年9期	有

石锛	数量多	新石器晚期	福建漳州腊洲山	《考古》1995年9期	有
石锛	1	新石器晚期	广东东莞蚝岗	《考古》1998年6期	有
双肩石锛	21	新石器晚期	广东和平卢屋嘴	《考古》1991年3期	有
梯形石锛	28	新石器晚期	广东和平卢屋嘴	《考古》1991年3期	有
有段石锛		新石器晚期	广东和平社径山	《考古》1991年3期	有
梯形石锛		新石器晚期	广东和平社径山	《考古》1991年3期	有
石锛	3	新石器晚期	广东连平黄潭寺	《考古》1992年2期	有
石锛	10	新石器晚期	广东西江两岸	《考古》1965年9期	有
石锛		新石器晚期	广西百色革新桥	《考古》2003年12期	有
石锛	1	新石器晚期	广西隆林岩洞坡	《考古》1986年7期	有
石锛		新石器晚期	湖北宜昌白庙	《考古》1983年5期	有
石锛	7	新石器晚期	湖南华容时家岗	《考古》1961年11期	有
石锛	1	新石器晚期	湖南宁乡横市	《考古》1959年12期	
石锛	88	新石器晚期	江西临川	《考古》1964年4期	有
石锛	75	新石器晚期	江西清江营盘里	《考古》1962年4期	
石锛	1	新石器晚期	江西瑞昌大路口	《考古》1993年7期	有
石锛		新石器晚期	江西瑞昌良田寺	《考古》1987年1期	有
石锛		新石器晚期	内蒙古包头西园	《考古》1990年4期	有
穿孔石锛		新石器晚期	香港新界涌浪	《考古》1997年6期	有
有肩石锛		新石器晚期	香港新界涌浪	《考古》1997年6期	有
石锛		新石器晚期	香港新界涌浪	《考古》1997年6期	有
梯形石锛		新石器晚期	香港新界涌浪	《考古》1997年6期	有
石锛		新石器晚期	云南禄丰背阴洼	《考古》1991年3期	
有段石锛	3	新石器晚期	云南禄丰长地青	《考古》1991年3期	有
石锛	1	新石器晚期	云南禄丰方家洼	《考古》1991年3期	有
有肩有段石锛	2	新石器晚期	云南禄丰毛草洼	《考古》1991年3期	有
有段石锛	1	新石器晚期	云南禄丰仁兴西村	《考古》1991年3期	有
有肩有段石锛	1	新石器晚期	云南禄丰仁兴西村	《考古》1991年3期	有
有肩石锛	3	新石器晚期	云南禄丰杉老棵	《考古》1991年3期	有
有肩有段石锛	2	新石器晚期	云南禄丰杉老棵	《考古》1991年3期	有
有段石锛	1	新石器晚期	云南禄丰石子坡	《考古》1991年3期	有
有段石锛	1	新石器晚期	云南禄丰小北冲	《考古》1991年3期	有
石锛	31	新石器晚期	浙江仙居下汤	《考古》1987年12期	有
石锛	15	新石器（石峡文化）—夏商	广东南海鱿鱼岗	《考古》1997年6期	有

石锛		新石器（龙山文化）－商	河南偃师二里头	《考古》1961年2期　有
石锛	3	新石器（客省庄二期文化）－商早期	内蒙古准格尔旗大口	《考古》1979年4期
石锛	4	新石器（西团山文化）－战国	吉林永吉星星哨水库	《考古》1978年3期　有
石锛	22	新石器－商	广东东莞圆洲	《考古》2000年6期　有
石锛		新石器－商	广东三水银洲	《考古》2000年6期　有
石锛		新石器－商周	广东封开德庆	《考古》1983年9期
石锛		新石器－商周	河北承德地区	《考古》1962年12期　有
石锛	8	新石器－商周	江西丰县太平岗	《考古》1983年12期　有
石锛	40	新石器－青铜时代	辽宁本溪庙后山	《考古》1985年6期　有
石锛	108	新石器－东周	江西波阳王家咀	《考古》1962年4期　有
石锛	1	夏（二里头文化）	河南方城八里桥	《考古》1999年12期　有
石锛		夏（二里头文化）	河南密县新砦	《考古》1981年5期　有
石锛		夏（二里头文化）	河南偃师二里头	《考古》1965年5期　有
石锛	1	夏（二里头文化）	河南驻马店党楼	《考古》1996年5期　有
石锛		夏（二里头文化）	河南驻马店杨庄	《考古》1995年10期
石锛	1	夏	安徽含山大城墩	《考古》1989年2期　有
石锛		夏	甘肃民乐东灰山	《考古》1995年12期
石锛		夏	湖北秭归柳林溪	《考古》2000年8期　有
石锛		夏	山西忻州游邀	《考古》1989年4期　有
石锛	25	青铜时代	广东连平黄潭寺	《考古》1992年2期　有
石锛	11	青铜时代	广东南海西樵山佛子庙	《考古》1999年7期　有
石锛形器	2	青铜时代	吉林洮安双塔屯	《考古》1983年12期　有
石锛	1	青铜时代	吉林汪清水北	《考古》2005年1期　有
石锛	4	青铜时代	江苏江宁元山镇	《考古》1959年6期
石锛	1	青铜时代	辽宁桓仁狍圈沟	《考古》1992年6期　有
石锛	3	青铜时代	四川忠县㽏井沟	《考古》1962年8期
石锛	1	青铜时代	云南个旧石榴坎	《考古》1992年2期　有
石锛		青铜时代（马桥文化）	上海青浦崧泽	《考古》1992年3期
石锛		青铜时代（距今4000年）	辽宁大连大嘴子	《考古》1996年2期　有
石锛	5	青铜时代（距今4000年）	辽宁大连小黑石砬子	《考古》1994年4期　有
石锛		青铜时代（夏家店下层文化）	辽宁北票康家屯	《考古》2001年8期　有
石锛		青铜时代（夏家店下层文化）	内蒙古赤峰二道井子	《考古》2010年8期　有

石锛	3	青铜时代（夏家店下层文化）	内蒙古赤峰康家湾	《考古》2008年11期	有
石锛		青铜时代（夏家店下层文化）	内蒙古赤峰药王庙	《考古》1961年2期	
石锛		青铜时代（夏家店下层文化）	内蒙古喀喇沁旗大山前	《考古》1998年9期	
石锛	6	青铜时代（湖熟文化）	江苏金坛新浮	《考古》2008年10期	有
石锛	87	青铜时代（湖熟文化）	江苏南京西善桥	《考古》1962年3期	有
石锛		青铜时代（湖熟文化）	江苏仪六地区护国庵	《考古》1962年3期	
石锛		青铜时代（湖熟文化）	江苏仪六地区朱勤大山	《考古》1962年3期	
石锛	1	青铜时代（湖熟文化）	江苏镇江左湖	《考古》2000年4期	有
石锛		青铜时代（广富林文化）	上海松江广富林	《考古》2002年10期	有
石锛		青铜时代（广富林文化）	上海松江广富林	《考古》2008年8期	有
石锛		青铜时代（距今3800年）	广西那坡感驮岩	《考古》2003年10期	有
石锛	166	青铜时代（距今3800年）	云南剑川海门口	《考古》2009年8期	有
石锛	1	夏商	福建平潭岛半山	《考古》1995年7期	有
梯形石锛		夏商	广东东莞村头	《考古》1991年3期	有
单肩有段石锛		夏商	广东东莞村头	《考古》1991年3期	有
石锛		夏商	广东东莞村头	《考古》1991年3期	有
双肩石锛		夏商	广东东莞村头	《考古》1991年3期	有
双肩有段石锛		夏商	广东东莞村头	《考古》1991年3期	有
梯形石锛		夏商	广东东莞龙眼岗	《考古》1991年3期	
双肩石锛		夏商	广东东莞龙眼岗	《考古》1991年3期	有
石锛		夏商	广东珠海淇澳岛东澳湾	《考古》1990年9期	有
有段石锛		夏商	广东珠海淇澳岛东澳湾	《考古》1990年9期	有
有肩石锛		夏商	广东珠海淇澳岛东澳湾	《考古》1990年9期	有
石锛		夏商	河北宣化李大人庄	《考古》1990年5期	有
石锛		夏商	湖北江陵荆南寺	《考古》1989年8期	有
石锛	2	夏商	湖南浏阳樟树塘	《考古》1994年11期	
有段石锛	3	夏商	湖南浏阳樟树塘	《考古》1994年11期	
石锛	4	夏商	江西萍乡禁山下	《考古》2000年12期	有
石锛	1	夏商	四川奉节新浦	《考古》1999年1期	有
石锛	3	先商	河北邯郸北羊台	《考古》2001年2期	有
石锛	1	先商	河北容城上坡	《考古》1999年7期	有

石锛		商早期	河南伊川白元	《考古》1961年1期	
石锛		商早期	河南伊川南砦	《考古》1961年1期	
石锛	1	商早期	陕西洛南龙头梁	《考古》1983年1期	有
石锛	1	商	安徽含山大城墩	《考古》1989年2期	有
石锛	2	商	安徽含山孙家岗	《考古》1977年3期	有
石锛	4	商	福建光泽马岭	《考古》1985年12期	
石锛	1	商	福建光泽香炉山	《考古》1985年12期	
石锛	175	商	福建漳州虎林山	《考古》2003年12期	有
石锛	1	商	广东揭西虎尾崀	《考古》1999年7期	有
石锛	1	商	广东揭西石牛埔	《考古》1999年7期	
石锛		商	广东揭阳蜈蚣山	《考古》1988年5期	有
石锛	2	商	广东揭阳柚柑山	《考古》1988年5期	有
石锛	3	商	广东揭阳云路	《考古》1985年8期	
石锛	33	商	广东深圳向南村	《考古》1997年6期	有
石锛		商	广东深圳盐田黄竹园	《考古》2008年10期	有
石锛	2	商	广东五华仰天狮山	《考古》1998年7期	有
石锛		商	广东珠海淇澳岛沙丘	《考古》1990年6期	
有段石锛		商	广东珠海淇澳岛沙丘	《考古》1990年6期	
石锛	3	商	河北唐山古冶	《考古》1984年9期	有
石锛		商	河北邢台葛家庄	《考古》2005年2期	有
石锛	1	商	河南安阳郭家庄	《考古》1988年10期	有
石锛	1	商	河南安阳洹北	《考古》2010年1期	有
石锛		商	河南安阳殷墟	《考古》1961年2期	
石锛	1	商	河南安阳殷墟妇好墓	《考古》1976年4期	
石锛	1	商	河南辉县丰城村	《考古》1989年3期	有
石锛	2	商	河南洛阳涧滨	《考古》1960年10期	有
石锛		商	河南南阳十里庙	《考古》1959年7期	
石锛	3	商	河南渑池鹿寺	《考古》1964年9期	有
石锛		商	河南偃师二里头	《考古》1974年4期	有
石锛	1	商	河南偃师灰嘴村	《考古》1961年2期	有
石锛	8	商	河南郑州上街	《考古》1966年1期	有
石锛	1	商	湖北巴东雷家坪	《考古》1999年1期	有
石锛		商	湖北巴东雷家坪	《考古》2005年8期	有
石锛	23	商	湖北秭归茅坪长府沱	《考古》2004年5期	有
石锛		商	湖南安仁罗子岭	《考古》1993年11期	
石锛		商	湖南安仁牛形山	《考古》1993年11期	
石锛		商	湖南桂东寺背	《考古》1993年11期	
石锛		商	湖南嘉禾圆岭	《考古》1993年11期	
石锛		商	湖南汝城牛岭头	《考古》1993年11期	

有段石锛	1	商	湖南石门皂市	《考古》1962年3期	有
石锛		商	湖南宜章后背山	《考古》1993年11期	
石锛		商	湖南宜章挢背山	《考古》1993年11期	
石锛		商	湖南宜章廖家岭	《考古》1993年11期	
石锛		商	湖南永兴玛瑙江	《考古》1993年11期	
石锛		商	湖南岳阳铜鼓山	《考古》2006年7期	
石锛	3	商	江苏句容城头山	《考古》1985年4期	有
石锛	1	商	江苏连云港九龙口	《考古》1962年3期	有
石锛		商	江苏铜山丘湾	《考古》1973年2期	有
石锛		商	江苏徐州丘湾	《考古》1960年3期	
石锛	3	商	江西清江筑卫城	《考古》1982年2期	有
石锛	1	商	山东济南大辛庄	《考古》1973年5期	有
石锛	1	商	山东平阴朱家桥	《考古》1961年2期	有
石锛		商	山东微山鲍楼	《考古》1995年4期	
石锛	1	商	上海青浦金山坟	《考古》1989年7期	有
石锛	1	商	上海青浦崧泽	《考古》1992年3期	有
石锛	6	商	四川石棉宰羊溪	《考古》1982年2期	有
石锛	3	商	天津蓟县围坊	《考古》1983年10期	有
石锛	3	商	浙江苍南柯岭脚村	《考古》1992年6期	有
石锛	8	青铜时代（距今3600年）	辽宁大连大嘴子	《考古》1996年2期	有
石锛	6	青铜时代（距今3500年）	广东普宁池尾后山	《考古》1998年7期	有
石锛	9	青铜时代（距今3500年）	吉林长春腰红嘴子	《考古》2003年8期	有
石锛		青铜时代（距今3500年）	云南大理海东银梭岛	《考古》2009年8期	有
石锛	1	青铜时代（昙石山文化上层）	浙江泰顺锦边山	《考古》1993年7期	
石锛	2	青铜时代（昙石山文化上层）	浙江泰顺狮子岗	《考古》1993年7期	有
石锛		商晚期	河南荥阳关帝庙	《考古》2008年7期	有
石锛		商晚期	辽宁康平镇郊	《考古》1981年2期	有
石锛		商—西周	四川成都金沙遗址	《考古》2002年7期	
有段石锛	1	商周	安徽郎溪欧墩	《考古》1989年3期	有
有肩石锛	4	商周	安徽郎溪欧墩	《考古》1989年3期	有
有段石锛	2	商周	福建光泽浔江	《考古》1985年12期	
石锛	1	商周	福建平潭岛湖东山	《考古》1995年7期	有
石锛	1	商周	福建平潭岛君山顶	《考古》1995年7期	有

石锛	3	商周	福建浦城汉阳城	《考古》1993年2期	有
有段石锛	1	商周	福建浦城汉阳城	《考古》1993年2期	有
石锛	1	商周	福建尤溪虎路仑	《考古》1993年7期	有
石锛	3	商周	福建尤溪黄土山	《考古》1993年7期	有
石锛	3	商周	福建尤溪米斗山	《考古》1993年7期	有
石锛	2	商周	福建尤溪水尾墩	《考古》1993年7期	有
石锛	7	商周	广东普宁牛伯公山	《考古》1998年7期	有
石锛	9	商周	贵州毕节青场瓦窑	《考古》1987年4期	有
石锛		商周	黑龙江宁安莺歌岭	《考古》1981年6期	有
石锛		商周	湖北黄梅意生寺	《考古》1994年6期	有
石锛		商周	湖南安仁庵寺山	《考古》1993年11期	
石锛		商周	湖南安仁花猫档	《考古》1993年11期	
石锛		商周	湖南安仁灰老山	《考古》1993年11期	
石锛		商周	湖南安仁老君观	《考古》1993年11期	
石锛		商周	湖南安仁罗古坳	《考古》1993年11期	
石锛		商周	湖南安仁庙老山	《考古》1993年11期	
石锛		商周	湖南安仁牛头崖	《考古》1993年11期	
石锛		商周	湖南安仁潭辉岭	《考古》1993年11期	
石锛		商周	湖南安仁云仝山	《考古》1993年11期	
石锛		商周	湖南安仁珠子坳	《考古》1993年11期	
石锛		商周	湖南桂东圆下山	《考古》1993年11期	
石锛		商周	湖南桂东寨仔	《考古》1993年11期	
石锛		商周	湖南汝城百园	《考古》1993年11期	
石锛		商周	湖南汝城神仙带	《考古》1993年11期	
石锛		商周	湖南望城高砂脊	《考古》2001年4期	有
石锛		商周	湖南宜章称砣岭	《考古》1993年11期	有
石锛	5	商周	江苏丹阳王家山	《考古》1985年5期	有
石锛	8	商周	江西赣州竹园下	《考古》2000年12期	有
石锛	2	商周	江西湖口下石钟山	《考古》1987年12期	
石锛	3	商周	山东青岛市郊云头崮	《考古》1965年9期	有
石锛	2	商周	四川新凡水观音	《考古》1959年8期	有
石锛		商周	香港屯门扫管笏	《考古》2010年7期	有
石锛	49	商周	云南剑川海门口	《考古》1995年9期	有
石锛		商周	浙江海盐立峰	《考古》1981年1期	
石锛	4	商周	浙江衢州茶叶山	《考古》1987年1期	有
石锛	2	商周	浙江衢州黄甲山	《考古》1987年1期	有
石锛	1	商周	浙江衢州乌柱山	《考古》1987年1期	有
石锛	10	商周	浙江衢州柘川	《考古》1987年1期	有
石锛	3	商周	浙江泰顺柴林岗	《考古》1993年7期	

石锛	1	商周	浙江泰顺宫头垟	《考古》1993年7期	
石锛	3	商周	重庆云阳李家坝	《考古》2004年6期	有
双肩石锛		商周（距今3300年）	贵州威宁鸡公山	《考古》2006年8期	
石锛	17	商周（距今3300年）	贵州威宁吴家大坪	《考古》2006年8期	有
石锛	2	商—春秋	福建建阳山林仔	《考古》2002年3期	有
石锛	6	青铜时代（距今3300年）	云南鲁甸野石山	《考古》2009年8期	有
石锛	1	青铜时代（距今3200年）	辽宁大连王宝山	《考古》1996年3期	有
有段石锛	2	西周	安徽安庆张四墩	《考古》2004年1期	有
石锛	3	西周	安徽安庆张四墩	《考古》2004年1期	有
石锛	35	西周	安徽六安堰墩	《考古》2002年2期	有
石锛	1	西周	安徽南陵江木冲	《考古》2002年2期	有
石锛		西周	北京昌平宝山	《考古》1959年3期	
石锛		西周	北京昌平龙母庄	《考古》1959年3期	
石锛	2	西周	福建浦城管九村	《考古》2007年7期	
石锛	1	西周	广东平远寨顶上山	《考古》1991年2期	有
有段石锛	2	西周	广东平远寨顶上山	《考古》1991年2期	有
石锛	1	西周	黑龙江肇源白金宝	《考古》1980年4期	有
石锛	18	西周	湖北罗田庙山岗	《考古》1994年9期	有
石锛		西周	湖南安仁何古山	《考古》1993年11期	
石锛		西周	湖南安仁麻土湾	《考古》1993年11期	
石锛		西周	湖南安仁铁钉寨	《考古》1993年11期	
石锛		西周	湖南桂阳石下山	《考古》1993年11期	有
石锛		西周	湖南嘉禾水溪岭	《考古》1993年11期	
石锛		西周	湖南永兴羊角山	《考古》1993年11期	
石锛		西周	湖南资兴碑记岭	《考古》1993年11期	
石锛		西周	江苏泗洪莽牛墩	《考古》1964年5期	有
石锛	4	西周	江苏新沂三里墩	《考古》1960年7期	
石锛	20	西周	江西进贤寨子峡	《考古》1986年2期	有
石锛	35	西周	江西南昌青山湖	《考古》1985年8期	有
石锛	8	西周	江西萍乡禁山下	《考古》2000年12期	有
石锛		西周	陕西长安沣西客省庄	《考古》1959年10期	
石锛		西周	陕西长安沣西张家坡	《考古》1959年10期	
石锛		西周	陕西长安鄠县	《考古》1962年6期	有
石锛		西周	陕西凤翔和兴平	《考古》1960年3期	有
石锛	1	西周	陕西扶风柿坡	《考古》1996年7期	有
石锛		西周	陕西渭水流域	《考古》1959年11期	
石锛	47	青铜时代（距今3100	云南剑川海门口	《考古》2009年8期	有

		年）		
石锛		青铜时代（辛店文化）	甘肃临夏姬家川	《考古》1962年2期
石锛	1	青铜时代（辛店文化）	甘肃永靖莲花台黑头咀	《考古》1980年4期　有
石锛	2	青铜时代（辛店文化）	甘肃永靖莲花台瓦渣咀	《考古》1980年4期　有
石锛	2	周	安徽含山大城墩	《考古》1989年2期　有
有段石锛	1	周	福建光泽杨山	《考古》1985年12期
石锛	3	周	湖北红安金盆	《考古》1960年4期
石锛	2	周	湖南长沙东郊	《考古》1965年3期
石锛	2	周	陕西长安王曲藏驾庄	《考古》1981年1期
石锛		青铜时代（距今3000年）	辽宁大连大砣子	《考古》1994年4期　有
石锛	1	青铜时代（距今3000年）	辽宁盖县伙家窝堡	《考古》1993年9期　有
石锛	2	青铜时代（距今3000年）	辽宁瓦房店八岔沟	《考古》1997年12期　有
石锛	1	青铜时代（距今3000年）	辽宁瓦房店药王庙	《考古》1997年12期　有
石锛		青铜时代（距今3000年）	辽宁彰武	《考古》1991年8期　有
石锛	1	西周—春秋	福建浦城石排下	《考古》1986年12期　有
石锛	1	西周—春秋	广东揭阳蜈蚣山	《考古》1988年5期　有
石锛	1	西周—春秋	广东五华仰天狮山	《考古》1998年7期　有
石锛	8	西周—春秋	江苏丹阳墩头山	《考古》1993年8期　有
石锛	3	西周—春秋	江苏苏州越城	《考古》1982年5期
石锛	1	西周—战国	新疆木垒四道沟	《考古》1982年2期　有
石锛	5	西周—战国	浙江玉环三合潭	《考古》1996年5期　有
石锛	1	青铜时代（距今2875±130年）	辽宁铁岭邱台	《考古》1996年2期　有
石锛	1	青铜时代（距今2800年）	吉林长白民主	《考古》1995年8期　有
石锛	1	东周	福建尤溪大坪山	《考古》1993年7期　有
梯形石锛		东周	广东和平周屋山	《考古》1991年3期
有段石锛		东周	广东和平周屋山	《考古》1991年3期　有
石锛		东周	河南洛阳东乾沟	《考古》1959年10期
石锛		东周	湖南安仁腰当山	《考古》1993年11期
石锛		东周	湖南汝城灯心园	《考古》1993年11期
石锛	1	东周	吉林通化万发拨子	《考古》2003年8期　有
石锛	5	东周	吉林汪清金城	《考古》1986年2期　有
石锛	3	东周	江西清江筑卫城	《考古》1976年6期　有

石锛	1	东周	陕西丹凤秦商邑	《考古》2006年3期	有
石锛		东周	香港屯门扫管笏	《考古》2010年7期	有
石锛	2	东周	重庆云阳李家坝	《考古》2004年6期	有
石锛		春秋	广东深圳盐田黄竹园	《考古》2008年10期	有
石锛	2	春秋	海南东方荣村	《考古》2003年4期	有
石锛	11	春秋	湖北罗田庙山岗	《考古》1994年9期	有
石锛	7	春秋	湖北随县泰山庙	《考古》1959年11期	有
石锛		春秋	湖北宜昌上磨垴	《考古》2000年8期	有
石锛	2	春秋	江西瑞昌檀树咀	《考古》2000年12期	有
石锛	1	春秋	山东沂源姑子坪	《考古》2003年1期	有
石锛	1	战国	广东始兴白石坪山	《考古》1996年9期	有
石锛	2	战国	湖北巴东汪家河	《考古》2003年11期	有
石锛	3	战国	吉林珲春河西北山	《考古》1994年5期	有
石锛	23	战国	吉林省吉林市长蛇山	《考古》1980年2期	有
石锛	6	战国	吉林省吉林市猴石山	《考古》1980年2期	有
石锛	5	战国	吉林省吉林市泡子沿前山	《考古》1985年6期	有
石锛	5	战国	吉林省吉林市骚达沟	《考古》1985年10期	有
石锛	11	战国	吉林汪清水北	《考古》2005年1期	有
石锛	1	战国	辽宁新宾汤图河西村	《考古》1989年2期	有
石锛		战国	陕西长安沣西客省庄	《考古》1959年10期	
石锛形器	1	战国	四川荥经同心村	《考古》1988年1期	有
石锛	1	战国	云南晋宁小平山	《考古》2009年8期	有
石锛	1	战国—汉	内蒙古敖汉旗喇嘛沟	《考古》1963年10期	
石锛		汉	江苏扬州古运河	《考古通讯》1957年4期	
石锛	1	汉	云南大理鹿鹅山	《考古》1966年4期	
石锛	1	西汉	广东广州磨刀坑永泰	《考古》1961年5期	有
石锛	1	西汉	陕西凤翔长青	《考古》2005年7期	有
石锛	2	西汉	新疆巴里坤县东黑沟	《考古》2009年1期	有
石锛	1	东汉	浙江宁波马岭山	《考古》2008年3期	有
石锛		东汉—北朝	黑龙江海林河口	《考古》1996年2期	有
石锛	2	渤海国时期	辽宁沈阳石台子	《考古》2001年3期	有
石锛	3	辽	广西南县石脚山	《考古》2003年1期	有
石锛	1	辽金	黑龙江肇东八里城	《考古》1960年2期	有
骨锛	6	新石器（距今8000年）	广西邕宁顶蛳山	《考古》1998年11期	有
骨锛	6	新石器（距今6000年）	广西邕宁顶蛳山	《考古》1998年11期	有
骨锛		新石器（贝丘遗址）	广西南宁	《考古》1975年5期	有
骨锛		新石器（龙山文化）	河南密县新砦	《考古》1981年5期	有

骨镞		新石器（距今4700年）	广西那坡感驮岩	《考古》2003年10期	有
骨镞	2	新石器	广东东部地区	《考古》1961年12期	有
骨镞	2	新石器	广西灵山翠壁峰	《考古》1993年12期	有
骨镞	1	新石器早期	广西灵山三海岩	《考古》1993年12期	有
骨镞		青铜时代（距今3800年）	广西那坡感驮岩	《考古》2003年10期	有
骨镞	1	青铜时代（寺洼文化）	甘肃卓尼芭儿	《考古》1994年1期	有
角镞	5	新石器（龙山文化）	河北邯郸涧沟	《考古》1961年4期	
玉镞	1	新石器（昂昂溪文化）	黑龙江齐齐哈尔昂昂溪	《考古》1974年2期	
玉镞	1	新石器（大汶口文化）	山东章丘焦家	《考古》1998年6期	有
玉镞	1	新石器（距今6000年）	内蒙古海拉尔团结	《考古》2001年5期	有
玉镞	1	新石器（良渚文化）	江苏常州武进寺墩	《考古》1984年2期	有
玉镞	1	新石器（龙山文化）	山东沂南罗圈峪	《考古》1998年3期	有
玉镞	1	新石器（齐家文化）	青海民和喇家	《考古》2002年12期	有
玉镞	1	新石器（齐家文化）	青海民和喇家	《考古》2004年6期	有
玉镞		夏（二里头文化）	河南密县新砦	《考古》1981年5期	有
陶镞	1	新石器（仰韶文化）	山东平阴于家林	《考古》1959年6期	
陶镞		新石器（龙山文化）	河南禹州瓦店	《考古》2000年2期	
铜镞		夏（二里头文化）	河南偃师二里头	《考古》1975年5期	有
铜镞	5	青铜时代	云南个旧石榴坎	《考古》1992年2期	有
铜镞		青铜时代	云南昆明西山区王家墩	《考古》1983年5期	有
铜镞	2	商	福建光泽油家垅	《考古通讯》1955年6期	有
铜镞	4	商	河南安阳大司空村	《考古》1992年6期	有
铜镞	3	商	河南安阳范家庄东北地	《考古》2009年9期	有
铜镞	3	商	河南安阳郭家庄	《考古》1998年10期	有
铜镞		商	河南安阳郭家庄M160	《考古》1991年5期	
铜镞	3	商	河南安阳郭家庄M5	《考古》2008年8期	有
铜镞	1	商	河南安阳后岗	《考古》1993年10期	有
铜镞		商	河南安阳花园庄	《考古》2004年1期	
铜镞	3	商	河南安阳刘家庄北地	《考古》2005年1期	有
铜镞	2	商	河南安阳刘家庄北地	《考古》2009年7期	有
铜镞	2	商	河南安阳梅园庄	《考古》1998年10期	有
铜镞	1	商	河南安阳梅园庄南地	《考古》1991年2期	有
铜镞	3	商	河南安阳榕树湾	《考古》2009年5期	有
铜镞	1	商	河南安阳武官村北	《考古》1979年3期	有
铜镞	1	商	河南安阳小屯西地	《考古》2009年9期	有
铜镞	1	商	河南安阳孝民屯	《考古》2007年1期	有
铜镞	2	商	河南安阳孝民屯东南地	《考古》2009年9期	有

铜锛		商	河南安阳殷墟	《考古》1961年2期	
铜锛	1	商	河南安阳殷墟1713号墓	《考古》1986年8期	有
铜锛		商	河南灵宝王家湾	《考古》1979年1期	有
铜锛	8	商	河南罗山蟒张	《考古》1981年2期	
铜锛	4	商	江西都昌云山	《考古》1976年4期	有
铜锛		商	山东惠民麻店	《考古》1974年3期	有
铜锛	1	商	山西石楼义牒村	《考古》1972年4期	
铜锛	1	商	陕西清涧解家沟	《考古》1984年8期	有
铜锛	1	商	陕西绥德莆家渠村	《考古》1988年10期	有
铜锛	1	商	陕西绥德周家沟	《考古》1988年10期	有
铜锛	1	商晚期	山东青州苏埠屯	《考古》1996年5期	有
铜锛		商周	安徽颖上郑家湾	《考古》1984年12期	有
铜锛		商周	河南安阳大司空村	《考古通讯》1958年10期	有
铜锛	3	商周	河南临汝虎头村	《考古》1985年7期	有
铜锛	1	商周	云南剑川海门口	《考古》1995年9期	有
铜锛	1	青铜时代（距今3300年）	云南鲁甸野石山	《考古》2009年8期	有
铜锛	1	西周	安徽六安堰墩	《考古》2002年2期	有
铜锛	2	西周	北京昌平白浮	《考古》1976年4期	有
铜锛	1	西周	北京房山琉璃河	《考古》1974年5期	有
铜锛	1	西周	北京琉璃河1193墓	《考古》1990年1期	有
铜锛		西周	福建浦城管九村	《考古》2007年7期	
铜锛	2	西周	河南鹿邑太清宫	《考古》2000年9期	有
铜锛	1	西周	河南洛阳北瑶	《考古》1972年2期	
铜锛	1	西周	湖北蕲春毛家嘴	《考古》1962年1期	
铜锛	1	西周	湖北孝感	《考古》1988年4期	有
铜锛	3	西周	宁夏中卫狼窝子坑	《考古》1989年11期	有
铜锛	1	西周	山东临淄齐国故城	《考古》1988年1期	有
铜锛	1	西周	山东栖霞吕家埠	《考古》1988年9期	有
铜锛	1	西周	陕西宝鸡竹园沟1号墓	《考古》1978年5期	有
铜锛	1	西周	陕西长安沣西大原村	《考古》2004年9期	有
铜锛		西周	陕西长安沣西张家坡	《考古》1959年10期	
铜锛	1	西周	陕西华县良侯	《考古》1965年3期	有
铜锛	2	西周	陕西岐山贺家村	《考古》1976年1期	有
铜锛	1	周	湖北红安金盆	《考古》1960年4期	
铜锛	2	周	辽宁建平	《考古》1983年8期	有
铜锛	2	西周—春秋	北京延庆西拨子	《考古》1979年3期	有
铜锛	2	西周—春秋	福建南安大盈	《考古》1977年3期	有

铜锛	1	西周—春秋	广西贺州马东	《考古》2001年11期	有
铜锛	1	西周—春秋	湖北随县贯庄	《考古》1982年2期	
铜锛	3	西周—春秋	湖北阳新港下村	《考古》1988年1期	有
铜锛	1	西周—春秋	内蒙古宁城南山根102号墓	《考古》1981年4期	有
铜锛	2	东周	安徽涡阳盛双楼	《考古》2006年9期	有
铜锛	1	东周	甘肃镇原庙渠村	《考古》1988年5期	有
铜锛	1	东周	甘肃正宁后庄村	《考古》1988年5期	有
铜锛	1	东周	贵州威宁红营盘	《考古》2007年2期	有
铜锛	1	东周	河北邢台葛家庄	《考古》2001年2期	有
铜锛	3	东周	湖北大冶铜绿山	《考古》1974年4期	有
铜锛	1	东周	湖北松滋大岩嘴	《考古》1966年3期	有
铜锛	22	东周	宁夏固原彭堡	《考古》1990年5期	有
铜锛	1	东周	宁夏彭阳刘塬米塬村	《考古》1999年12期	有
铜锛		东周	陕西凤翔城关镇北街	《考古》1986年4期	有
铜锛		东周	陕西凤翔故雍城	《考古》1986年4期	有
铜锛	4	东周	浙江乐清白石	《考古》1992年9期	
铜锛		东周	浙江上虞银山	《考古》1993年3期	
铜锛	1	春秋	安徽蚌埠双墩	《考古》2009年7期	
铜锛		春秋	安徽广德甘溪上阳村	《考古》1996年11期	有
铜锛	1	春秋	安徽青阳龙岗	《考古》1998年2期	有
铜锛	1	春秋	甘肃灵台景家庄	《考古》1981年4期	有
铜锛	1	春秋	河南光山砖瓦厂	《考古》1989年1期	有
铜锛	1	春秋	江苏六合程桥	《考古》1965年3期	有
铜锛	1	春秋	江苏六合程桥2号墓	《考古》1974年2期	有
铜锛		春秋	江苏邳州九女墩	《考古》1999年11期	
铜锛		春秋	江苏邳州九女墩	《考古》2003年9期	
铜锛	4	春秋	江苏邳州九女墩3号	《考古》2002年5期	
铜锛	1	春秋	山东长清仙人台	《考古》1998年9期	有
铜锛	3	春秋	山西侯马上马村	《考古》1963年5期	有
铜锛		春秋	山西临猗程村	《考古》1991年11期	有
铜锛	1	战国	甘肃庄浪石嘴村	《考古》2005年5期	
铜锛	4	战国	广东广宁龙嘴岗	《考古》1998年7期	有
铜锛	1	战国	湖北江陵溪峨山	《考古》1984年6期	有
铜锛	1	战国	宁夏彭阳草庙张街	《考古》1999年12期	有
铜锛	1	战国	宁夏彭阳交岔苋麻村	《考古》1999年12期	有
铜锛	2	战国	山东剡城二中校园	《考古》1996年3期	有
铜锛		战国	陕西凤翔杨家湾	《考古》1962年9期	有
铜锛	1	战国—汉	内蒙古准格尔旗玉隆太	《考古》1977年2期	有

			村	
铜锛		战国－汉	四川甘孜	《考古通讯》1958年 有 1期
铜锛	1	汉	云南祥云大波那村	《考古》1964年12期 有
铜锛		西汉	云南江川李家山	《考古》2001年12期 有
铜锛	1	晋	福建南安	《考古》1961年5期
铁锛	3	东周	河北易县燕下都	《考古》1987年5期 有
铁锛		春秋	湖北宜昌上磨垴	《考古》2000年8期 有
铁锛		战国	河北易县燕下都	《考古》1962年1期 有
铁锛	1	战国	河南洛阳中州路南	《考古通讯》1957年 6期
铁锛	1	战国	河南新郑仓城	《考古》1962年3期
铁锛		战国	湖北江陵九店	《考古》1995年7期
铁锛	5	战国	山东临淄故城	《考古》1961年6期 有
铁锛	1	汉	甘肃敦煌甜水井	《考古》1975年2期 有
铁锛	3	汉	河南鹤壁鹿楼村	《考古》1963年10期 有
铁锛	2	汉	山东福山东留公村	《考古通讯》1956年 5期
铁锛	1	西汉	河北石家庄北郊小沿村	《考古》1980年1期
铁锛	2	西汉	河南禹州新峰	《考古》2010年9期 有
铁锛	1	西汉	吉林省吉林市泡子沿前山	《考古》1985年6期 有
铁锛	3	西汉	吉林永吉学古东山	《考古》1981年6期 有
铁锛		西汉	江苏六合李岗南木塘	《考古》1978年3期 有
铁锛	1	西汉	山东滕州羊庄对山	《考古》2003年2期 有
铁锛		西汉	陕西西安大刘寨村武库遗址	《考古》1978年4期
铁锛		西汉	陕西西安南郊杜陵五号	《考古》1991年12期
铁锛		西汉	陕西西安未央宫柯家寨	《考古》1993年11期
铁锛		西汉	陕西西安未央宫刘寨村	《考古》1992年8期
铁锛	2	西汉	陕西西安未央宫卢家口	《考古》1989年1期
铁锛	4	西汉	四川成都北郊洪家包	《考古通讯》1957年 有 2期
铁锛	3	东汉	安徽固镇垓下	《考古》1993年1期 有
铁锛		东汉	河南洛阳西郊	《考古通讯》1956年 1期
铁锛	2	东汉	山东青州马家冢子	《考古》2007年6期 有
铁锛	1	东汉	山东乳山大浩口	《考古》1997年8期 有
铁锛	1	高句丽（公元3世纪）	吉林集安禹山	《考古》1983年4期 有

铁锛		隋唐	河南洛阳隋唐东都城址	《考古》1978年6期	
铁锛	2	唐	河南洛阳龙门	《考古》2007年12期	有
铁锛		辽	内蒙古巴林右旗罕山	《考古》1988年11期	有
铁锛形器	1	辽	内蒙古科右前旗白辛屯	《考古》1965年7期	
铁锛	1	辽金	黑龙江宁安大牡丹屯	《考古》1961年10期	
铁锛		辽金	黑龙江肇东八里城	《考古》1960年2期	有
铁锛	2	金	吉林辑安钟家村	《考古》1963年11期	有
陶锛范		东周	山西侯马牛村	《考古》1962年2期	
锛范	3	汉	河南鹤壁鹿楼村	《考古》1963年10期	有
蚌锛形器	3	新石器	黑龙江宁安东康	《考古》1975年3期	

耙（pá）

木耙（pá）		青铜时代（距今3800年）	云南剑川海门口	《考古》2009年7期	
陶耙（pá）形器		六朝	湖北谷城肖家营	《考古》2006年11期	有
铁耙（pá）	1	东周	湖北大冶铜绿山	《考古》1974年4期	有
铁耙（pá）		西晋	江苏宜兴	《考古》1977年2期	
铁耙（pá）		辽金	河北隆化	《考古》1981年4期	
铁耙（pá）	1	辽元	天津宝坻哈喇庄	《考古》2005年5期	有
铁耙（pá）	1	金	吉林德惠后城子	《考古》1993年8期	有
铁耙（pá）	1	元	北京元大都遗址	《考古》1990年7期	

斧

石斧		新石器（距今11000年）	北京门头沟东胡林	《考古》2006年7期	
石斧		新石器（彭头山文化）	湖南澧县彭头山	《考古》1989年10期	
石斧		新石器（后李文化）	山东临淄后李	《考古》1994年2期	
石斧		新石器（后李文化）	山东章丘西河	《考古》2000年10期	有
石斧	50	新石器（兴隆洼文化）	河北承德岔沟门	《考古》1992年6期	有
石斧	4	新石器（兴隆洼文化）	河北滦平药王庙梁	《考古》1998年2期	有
石斧	2	新石器（兴隆洼文化）	内蒙古敖汉旗兴隆沟	《考古》2000年9期	有
石斧		新石器（兴隆洼文化）	内蒙古敖汉旗兴隆洼	《考古》1985年10期	有
石斧	2	新石器（兴隆洼文化）	内蒙古敖汉旗兴隆洼	《考古》1997年1期	有
石斧		新石器（兴隆洼文化）	内蒙古林西白音长汗	《考古》1993年7期	有
石斧		新石器（兴隆洼文化）	内蒙古林西井沟子西梁	《考古》2006年2期	有
石斧	1	新石器（昂昂溪文化）	黑龙江安达青肯泡	《考古》1962年2期	有
石斧	1	新石器（昂昂溪文化）	吉林镇赉黄家围子	《考古》1988年2期	有
石斧	1	新石器（距今8000年）	安徽宿县小山口	《考古》1993年12期	有
石斧	111	新石器（距今8000年）	广西南宁豹子头	《考古》2003年10期	有

石斧	35	新石器（距今8000年）	广西邕宁顶蛳山	《考古》1998年11期 有
石斧	2	新石器（裴李岗文化）	河南巩县下西坡	《考古》1986年3期 有
石斧	51	新石器（裴李岗文化）	河南郏县水泉	《考古》1992年10期 有
石斧	3	新石器（裴李岗文化）	河南临汝中山寨	《考古》1986年7期 有
石斧	2	新石器（裴李岗文化）	河南密县马良沟	《考古》1981年3期 有
石斧	4	新石器（裴李岗文化）	河南陕县水泉	《考古》1979年6期 有
石斧	10	新石器（裴李岗文化）	河南新郑裴李岗	《考古》1978年2期 有
石斧		新石器（裴李岗文化）	河南新郑裴李岗	《考古》1982年4期 有
石斧	3	新石器（裴李岗文化）	河南新郑裴李岗渠西	《考古》1979年3期 有
小石斧	1	新石器（裴李岗文化）	河南新郑沙窝李	《考古》1983年12期 有
石斧	14	新石器（裴李岗文化）	河南新郑沙窝李	《考古》1983年12期 有
石斧		新石器（裴李岗文化）	河南新郑唐户	《考古》1984年3期
石斧	1	新石器（裴李岗文化）	河南新郑唐户	《考古》2008年5期
石斧	1	新石器（裴李岗文化）	河南许昌县丁庄	《考古》1986年3期 有
石斧形器		新石器（大地湾文化）	甘肃天水西山坪	《考古》1988年5期 有
石斧		新石器（大地湾文化）	陕西临潼白家村	《考古》1984年11期 有
石斧	9	新石器（磁山文化）	河北容城上坡	《考古》1999年7期 有
石斧	154	新石器（磁山文化）	河北武安磁山	《考古》1977年6期 有
石斧		新石器（磁山文化）	河北武安牛洼堡	《考古》1984年1期 有
石斧		新石器（磁山文化）	河北武安西万年	《考古》1984年1期
石斧	29	新石器（李家村文化）	陕西西乡李家村	《考古》1962年6期 有
石斧		新石器（距今7800年）	甘肃天水西山坪	《考古》1988年6期 有
穿孔石斧	12	新石器（青莲岗文化）	江苏常州圩墩	《考古》1978年4期 有
石斧	10	新石器（青莲岗文化）	江苏连云港二涧村	《考古》1962年3期 有
穿孔扁石斧		新石器（青莲岗文化）	江苏泗洪东山头	《考古》1964年5期 有
石斧	3	新石器（新乐文化）	吉林九台偏脸城	《考古》1986年9期 有
石斧	1	新石器（新乐文化）	吉林双阳东山头	《考古》1986年9期
石斧	6	新石器（新乐文化）	辽宁沈阳新乐	《考古》1990年11期 有
石斧	2	新石器（北辛文化）	山东济宁张山	《考古》1996年4期 有
石斧	18	新石器（北辛文化）	山东汶上贾柏村	《考古》1993年6期 有
石斧	2	新石器（北辛文化）	山东邹平苑城	《考古》1989年6期 有
石斧		新石器（距今7130±120年）	河南淇县花窝	《考古》1981年3期 有
石斧		新石器（城背溪文化）	湖北巴东楠木园	《考古》2005年6期 有
石斧		新石器（城背溪文化）	湖北秭归柳林溪	《考古》2000年8期 有
石斧	1	新石器（皂市下层文化）	湖南澧县东坡	《考古》1989年10期
石斧	1	新石器（皂市下层文化）	湖南澧县黄家岗	《考古》1989年10期

石斧	9	新石器（皂市下层文化）	湖南石门皂市	《考古》1986年1期　有
石斧	1	新石器（马家浜文化）	江苏东台开庄	《考古》2005年4期　有
石斧	1	新石器（马家浜文化）	江苏高淳薛城	《考古》2000年5期　有
石斧	1	新石器（马家浜文化）	江苏金坛北渚荡	《考古》1985年8期　有
穿孔石斧		新石器（马家浜文化）	江苏宜兴骆驼墩	《考古》2003年7期
石斧	2	新石器（马家浜文化）	浙江嘉兴马家浜	《考古》1961年7期
石斧	6	新石器（白石文化一期）	山东烟台白石村	《考古》1992年7期　有
石斧		新石器（距今7000年）	湖北巴东楠木园	《考古》2005年6期　有
石斧	4	新石器（距今7000年）	吉林长岭腰井子	《考古》1992年8期　有
石斧	3	新石器（距今7000年）	辽宁宽甸臭梨隈子	《考古》1986年10期 有
石斧		新石器（邱家庄文化）	山东蓬莱大仲家	《考古》1997年5期　有
石斧		新石器（邱家庄文化）	山东荣成北兰格	《考古》1997年5期　有
石斧		新石器（邱家庄文化）	山东荣成东初	《考古》1997年5期　有
石斧	1	新石器（邱家庄文化）	山东荣成河口	《考古》1997年5期　有
石斧	3	新石器（邱家庄文化）	山东荣成乔家	《考古》1997年5期　有
石斧		新石器（邱家庄文化）	山东威海义和	《考古》1997年5期　有
石斧		新石器（邱家庄文化）	山东烟台蛎碴堌	《考古》1997年5期　有
石斧		新石器（邱家庄文化）	山东烟台邱家庄	《考古》1997年5期　有
石斧		新石器（河姆渡文化）	浙江宁波八字桥	《考古》1979年6期　有
石斧		新石器（河姆渡文化）	浙江余姚鲻山	《考古》2001年10期 有
石斧	1	新石器（仰韶文化）	甘肃崇信梁坡	《考古》1995年1期　有
石斧		新石器（仰韶文化）	甘肃崇信西台	《考古》1995年1期
石斧	2	新石器（仰韶文化）	甘肃景泰张家台	《考古》1976年3期
石斧		新石器（仰韶文化）	甘肃静宁番子坪	《考古》1992年11期
石斧	1	新石器（仰韶文化）	甘肃兰州东岗镇	《考古》1959年7期
石斧		新石器（仰韶文化）	甘肃兰州门墩小坪和西柳沟大坪	《考古》1959年7期
石斧		新石器（仰韶文化）	甘肃临洮临夏两县	《考古通讯》1958年9期
石斧	2	新石器（仰韶文化）	甘肃临夏范家村	《考古》1961年5期
石斧	3	新石器（仰韶文化）	甘肃秦安大地湾	《考古》2003年6期　有
石斧	2	新石器（仰韶文化）	甘肃天水樊家城	《考古》1992年11期
石斧		新石器（仰韶文化）	甘肃渭河上游	《考古通讯》1958年7期
石斧		新石器（仰韶文化）	甘肃渭河支流	《考古》1959年7期
石斧	1	新石器（仰韶文化）	甘肃武威磨咀子	《考古》1959年11期
石斧		新石器（仰韶文化）	甘肃西汉水流域	《考古》1959年3期

石斧	1	新石器（仰韶文化）	甘肃永昌鸳鸯池	《考古》1974年5期	有
石斧	3	新石器（仰韶文化）	甘肃张家川堡山	《考古》1991年12期	有
石斧		新石器（仰韶文化）	甘肃张家川店子	《考古》1991年12期	
石斧		新石器（仰韶文化）	甘肃张家川苗圃园	《考古》1991年12期	
石斧		新石器（仰韶文化）	甘肃张家川坪洮塬	《考古》1991年12期	
石斧	2	新石器（仰韶文化）	河北安新梁庄	《考古》1990年6期	
石斧	4	新石器（仰韶文化）	河北磁县界段营	《考古》1974年6期	
石斧		新石器（仰韶文化）	河北迁西西寨	《考古》1990年8期	有
石斧		新石器（仰韶文化）	河北蔚县三关	《考古》1981年2期	
石斧		新石器（仰韶文化）	河北武安西万年	《考古》1984年1期	有
石斧	1	新石器（仰韶文化）	河北正定城北	《考古通讯》1957年1期	
石斧	4	新石器（仰韶文化）	河南安阳大正集老磨岗	《考古》1965年7期	有
石斧	1	新石器（仰韶文化）	河南安阳后岗	《考古》1972年3期	有
石斧	6	新石器（仰韶文化）	河南安阳后岗	《考古》1982年6期	有
石斧	9	新石器（仰韶文化）	河南安阳后岗高楼庄	《考古》1972年5期	有
石斧	1	新石器（仰韶文化）	河南安阳孝民屯	《考古》2007年10期	有
石斧		新石器（仰韶文化）	河南登封东岗岭	《考古》1979年3期	
石斧		新石器（仰韶文化）	河南登封石羊关	《考古》1978年1期	有
石斧		新石器（仰韶文化）	河南登封杨村	《考古》1995年6期	
石斧		新石器（仰韶文化）	河南登封颍阳	《考古》1995年6期	
石斧	2	新石器（仰韶文化）	河南登封袁村	《考古》1995年6期	有
石斧		新石器（仰韶文化）	河南巩县水地河	《考古》1990年11期	
石斧		新石器（仰韶文化）	河南黄河三门峡水库	《考古通讯》1956年5期	
石斧	3	新石器（仰韶文化）	河南焦作圪垱坡	《考古》1996年11期	有
石斧	1	新石器（仰韶文化）	河南焦作郭范街	《考古》1996年11期	有
石斧		新石器（仰韶文化）	河南浚县西北部	《考古通讯》1957年1期	
石斧		新石器（仰韶文化）	河南临汝大张	《考古》1961年1期	
石斧	2	新石器（仰韶文化）	河南临汝大张村	《考古》1960年6期	
石斧	1	新石器（仰韶文化）	河南临汝中山寨	《考古》1978年2期	有
石斧	15	新石器（仰韶文化）	河南临汝中山寨	《考古》1986年6期	有
石斧		新石器（仰韶文化）	河南灵宝北阳平	《考古》1999年12期	有
石斧	6	新石器（仰韶文化）	河南灵宝北阳平	《考古》2001年7期	有
石斧		新石器（仰韶文化）	河南灵宝南万村	《考古》1960年7期	有
石斧		新石器（仰韶文化）	河南灵宝乔营	《考古》1999年12期	有
石斧	2	新石器（仰韶文化）	河南灵宝西坡	《考古》2001年11期	有
石斧		新石器（仰韶文化）	河南鹿邑武庄	《考古》2002年3期	有

石斧		新石器（仰韶文化）	河南洛阳涧滨	《考古》1960年10期　有
石斧		新石器（仰韶文化）	河南洛阳王湾一期	《考古》1961年4期
石斧		新石器（仰韶文化）	河南洛阳西郊	《考古通讯》1956年1期
石斧		新石器（仰韶文化）	河南濮阳西水坡	《考古》1989年12期
石斧		新石器（仰韶文化）	河南汝阳上店	《考古》1961年1期
石斧		新石器（仰韶文化）	河南陕县庙底沟	《考古通讯》1957年4期
石斧		新石器（仰韶文化）	河南嵩县上瑶店	《考古》1961年1期
石斧	8	新石器（仰韶文化）	河南武涉东石寺	《考古》1990年3期　有
石斧		新石器（仰韶文化）	河南淅川沟湾	《考古》2010年6期　有
石斧		新石器（仰韶文化）	河南新郑唐户	《考古》1984年3期
石斧	11	新石器（仰韶文化）	河南信阳南山咀	《考古》1990年5期　有
扁平石斧	1	新石器（仰韶文化）	河南偃师	《考古》1964年3期　有
石斧		新石器（仰韶文化）	河南偃师灰嘴村	《考古》2010年4期　有
石斧		新石器（仰韶文化）	河南伊川古城村	《考古》1961年1期
石斧	3	新石器（仰韶文化）	河南伊川伊阙城	《考古》1997年12期　有
石斧		新石器（仰韶文化）	河南伊河下游赵城村	《考古》1964年1期
石斧	2	新石器（仰韶文化）	河南伊阳古严庄	《考古通讯》1958年1期
石斧	47	新石器（仰韶文化）	河南伊阳上店	《考古通讯》1958年1期
石斧		新石器（仰韶文化）	河南宜阳水沟庙	《考古》1961年1期
石斧	2	新石器（仰韶文化）	河南荥阳楚湾	《考古》1995年6期　有
石斧		新石器（仰韶文化）	河南禹县谷水河	《考古》1978年1期　有
石斧	7	新石器（仰韶文化）	河南禹县谷水河	《考古》1979年4期
石斧	7	新石器（仰韶文化）	河南郑州大河村	《考古》1995年6期　有
石斧		新石器（仰韶文化）	湖北均县乱石滩	《考古》1961年10期
石斧	6	新石器（仰韶文化）	湖北均县乱石滩	《考古》1986年7期　有
石斧		新石器（仰韶文化）	湖北均县朱家台	《考古》1961年10期
石斧	2	新石器（仰韶文化）	湖北孝感龙头岗	《考古》1990年11期　有
石斧		新石器（仰韶文化）	湖北郧县大寺	《考古》1961年10期
石斧	1	新石器（仰韶文化）	湖北郧县大寺	《考古》2008年4期
石斧		新石器（仰韶文化）	湖北郧县青龙泉	《考古》1961年10期
石斧		新石器（仰韶文化）	内蒙古包头西园	《考古》1990年4期　有
石斧		新石器（仰韶文化）	内蒙古凉城大坡	《考古》1989年2期　有
石斧		新石器（仰韶文化）	内蒙古凉城王墓山	《考古》1989年2期
石斧		新石器（仰韶文化）	内蒙古凉城王墓山	《考古》1997年4期　有
石斧		新石器（仰韶文化）	内蒙古清水河白泥窑子	《考古》1966年3期　有

石斧		新石器（仰韶文化）	内蒙古商都达营山	《考古》1992年12期
石斧		新石器（仰韶文化）	内蒙古商都二吉淖	《考古》1992年12期
石斧		新石器（仰韶文化）	内蒙古商都风旋卜子	《考古》1992年12期 有
石斧	2	新石器（仰韶文化）	内蒙古托克托	《考古》1991年9期 有
石斧		新石器（仰韶文化）	内蒙古乌兰察布风旋卜子	《考古》1996年2期 有
石斧		新石器（仰韶文化）	内蒙古中南部	《考古》1962年2期
石斧	1	新石器（仰韶文化）	内蒙古中南部岔河口	《考古》1965年10期 有
石斧		新石器（仰韶文化）	内蒙古中南部海生不浪东	《考古》1965年10期 有
石斧		新石器（仰韶文化）	山东平阴于家林	《考古》1959年6期 有
石斧		新石器（仰韶文化）	山西洪洞耿壁	《考古》1986年5期
石斧		新石器（仰韶文化）	山西平陆葛赵村	《考古》1960年8期
石斧		新石器（仰韶文化）	山西祁县梁村	《考古通讯》1956年2期
石斧		新石器（仰韶文化）	山西芮城东庄村	《考古》1962年9期
石斧		新石器（仰韶文化）	山西芮城西王村	《考古》1962年9期
石斧	1	新石器（仰韶文化）	山西闻喜冯家庄	《考古》1990年3期
石斧	1	新石器（仰韶文化）	山西闻喜汀店	《考古》1961年5期 有
石斧		新石器（仰韶文化）	山西五台阳白	《考古》1997年4期 有
石斧	1	新石器（仰韶文化）	山西夏县辕村	《考古》2009年11期 有
石斧	3	新石器（仰韶文化）	山西垣曲小赵	《考古》1998年4期 有
石斧		新石器（仰韶文化）	陕西宝鸡	《考古》1960年2期
穿孔石斧	2	新石器（仰韶文化）	陕西宝鸡北首岭	《考古》1979年2期 有
石斧		新石器（仰韶文化）	陕西宝鸡福临堡	《考古》1992年8期 有
石斧		新石器（仰韶文化）	陕西宝鸡金陵河西岸	《考古》1959年5期
石斧	1	新石器（仰韶文化）	陕西邠县水铺	《考古》1991年11期 有
石斧		新石器（仰韶文化）	陕西邠县下孟村	《考古》1960年1期
石斧		新石器（仰韶文化）	陕西浐灞两河沿岸	《考古》1961年11期 有
石斧		新石器（仰韶文化）	陕西长安鄠县	《考古》1962年6期
石斧	1	新石器（仰韶文化）	陕西长安王曲北堡寨	《考古》1981年1期 有
石斧	8	新石器（仰韶文化）	陕西城固莲花池	《考古》1977年5期 有
石斧		新石器（仰韶文化）	陕西凤翔和兴平	《考古》1960年3期
石斧	1	新石器（仰韶文化）	陕西汉中桑园东	《考古》1962年6期
石斧		新石器（仰韶文化）	陕西华县柳子镇	《考古》1959年2期
石斧		新石器（仰韶文化）	陕西华县柳子镇	《考古》1959年11期
石斧		新石器（仰韶文化）	陕西华阴横阵	《考古》1960年9期
石斧	7	新石器（仰韶文化）	陕西华阴南城子	《考古》1984年6期 有
石斧		新石器（仰韶文化）	陕西蓝田泄湖	《考古》1989年6期 有

石斧	3	新石器（仰韶文化）	陕西临潼姜寨	《考古》1973年3期	有
石斧		新石器（仰韶文化）	陕西临潼姜寨	《考古》1975年5期	
石斧	1	新石器（仰韶文化）	陕西临潼龙崖	《考古》1984年1期	有
石斧	2	新石器（仰韶文化）	陕西临潼马陵	《考古》1984年1期	有
石斧	1	新石器（仰韶文化）	陕西临潼马斜	《考古》1996年12期	有
石斧	2	新石器（仰韶文化）	陕西眉县上第二坡	《考古》1991年11期	有
石斧	1	新石器（仰韶文化）	陕西石泉马岭坝	《考古》1994年6期	有
石斧	5	新石器（仰韶文化）	陕西渭南史家	《考古》1978年1期	有
石斧		新石器（仰韶文化）	陕西渭水流域	《考古》1959年11期	
石斧	2	新石器（仰韶文化）	陕西武功圪塔庙	《考古》1983年5期	有
石斧		新石器（仰韶文化）	陕西武功游凤	《考古》1975年2期	
石斧	1	新石器（仰韶文化）	陕西咸阳尹家村	《考古》1991年11期	有
石斧	1	新石器（仰韶文化）	陕西旬阳红号	《考古》1994年6期	有
石斧	3	新石器（距今6900年）	安徽濉溪石山子	《考古》1992年3期	有
石斧		新石器（距今6870±85年）	内蒙古敖汉旗赵宝沟	《考古》1988年1期	有
石斧	14	新石器（赵宝沟文化）	河北迁西西寨	《考古》1993年1期	有
石斧	1	新石器（赵宝沟文化）	内蒙古林西白音长汗	《考古》1993年7期	有
石斧	6	新石器（赵宝沟文化）	内蒙古林西水泉	《考古》2005年11期	有
石斧	7	新石器（距今6800年）	吉林东丰西断梁山	《考古》1991年4期	有
石斧	11	新石器（距今6700年）	内蒙古敖汉旗小山	《考古》1987年6期	有
石斧	8	新石器（距今6500年）	广西资源晓锦	《考古》2004年3期	有
石斧	1	新石器（仰韶文化后岗类型）	河北三河刘白塔	《考古》1995年8期	有
石斧		新石器（仰韶文化中期）	陕西高陵杨官寨	《考古》2009年7期	
石斧	21	新石器（仰韶文化晚期）	河北平山中贾壁	《考古》1993年4期	有
石斧		新石器（大溪文化）	湖北长阳西寺坪	《考古》1988年6期	有
石斧		新石器（大溪文化）	湖北江陵荆南寺	《考古》1989年8期	
石斧	数量多	新石器（大溪文化）	湖北江陵毛家山	《考古》1977年3期	有
石斧	2	新石器（大溪文化）	湖北京山油子岭	《考古》1994年10期	有
石斧		新石器（大溪文化）	湖北荆门	《考古》1992年6期	有
石斧	7	新石器（大溪文化）	湖北荆州阴湘城	《考古》1998年1期	有
石斧		新石器（大溪文化）	湖北松滋桂花树	《考古》1976年3期	有
石斧		新石器（大溪文化）	湖北武汉黄陂程家墩河李垱	《考古》1996年12期	有
石斧	1	新石器（大溪文化）	湖北云梦胡家岗	《考古》1987年2期	有

石斧	1	新石器（大溪文化）	湖北枝江独家山子	《考古》1992年2期 有
石斧		新石器（大溪文化）	湖北枝江关庙山	《考古》1981年4期 有
石斧		新石器（大溪文化）	湖北枝江关庙山	《考古》1983年1期 有
石斧		新石器（大溪文化）	湖北枝江红岩子山	《考古》1992年2期 有
石斧		新石器（大溪文化）	湖南安乡划城岗	《考古》2001年4期 有
石斧	33	新石器（大溪文化）	湖南安乡汤家岗	《考古》1982年4期 有
石斧		新石器（大溪文化）	湖南洪江高庙	《考古》2006年7期
石斧	1	新石器（大溪文化）	湖南津市吉安湾	《考古》1990年1期 有
石斧	23	新石器（大溪文化）	湖南津市青龙咀	《考古》1990年1期 有
石斧	6	新石器（大溪文化）	湖南湘潭堆子岭	《考古》2000年1期 有
石斧	1	新石器（大溪文化）	湖南新晃大洞坪	《考古》1992年3期 有
石斧	6	新石器（大汶口文化早期）	山东烟台白石村	《考古》1981年2期 有
石斧	1	新石器（大汶口文化）	安徽肥西古埂	《考古》1985年7期
石斧	1	新石器（大汶口文化）	安徽含山大城墩	《考古》1989年2期 有
石斧	3	新石器（大汶口文化）	安徽淮北地区	《考古》1993年11期 有
石斧		新石器（大汶口文化）	安徽蒙城尉迟寺	《考古》2005年10期 有
石斧	2	新石器（大汶口文化）	安徽宿县古台寺	《考古》1993年12期 有
石斧	5	新石器（大汶口文化）	山东肥城北坦	《考古》2006年4期 有
石斧	2	新石器（大汶口文化）	山东费县兴富庄	《考古》1986年11期 有
石斧	1	新石器（大汶口文化）	山东广饶傅家	《考古》1985年9期 有
石斧	1	新石器（大汶口文化）	山东广饶寨村	《考古》1985年9期 有
石斧	2	新石器（大汶口文化）	山东即墨北阡	《考古》1981年1期
石斧	3	新石器（大汶口文化）	山东即墨南阡	《考古》1981年1期 有
石斧		新石器（大汶口文化）	山东即墨南坦	《考古》1981年1期 有
石斧		新石器（大汶口文化）	山东济宁玉皇顶	《考古》1983年6期 有
石斧		新石器（大汶口文化）	山东临沂	《考古》1961年11期 有
石斧	1	新石器（大汶口文化）	山东临沂后黄土堰	《考古》1992年10期 有
石斧	1	新石器（大汶口文化）	山东临沂孙家岑石	《考古》1992年10期 有
石斧	4	新石器（大汶口文化）	山东临沂王家三岗	《考古》1988年8期 有
石斧	2	新石器（大汶口文化）	山东临沂中洽沟	《考古》1992年10期 有
石斧	1	新石器（大汶口文化）	山东蓬莱紫荆山	《考古》1973年1期
石斧	17	新石器（大汶口文化）	山东栖霞古镇都	《考古》2008年2期 有
石斧	9	新石器（大汶口文化）	山东曲阜东魏庄	《考古》1965年12期 有
石斧	1	新石器（大汶口文化）	山东曲阜南兴埠	《考古》1984年12期 有
石斧	4	新石器（大汶口文化）	山东乳山北斜山	《考古》1990年12期 有
石斧	6	新石器（大汶口文化）	山东乳山翁家埠	《考古》1990年12期 有
石斧	2	新石器（大汶口文化）	山东乳山小瞳	《考古》1990年12期 有
石斧		新石器（大汶口文化）	山东滕县	《考古》1980年1期 有

石斧		新石器（大汶口文化）	山东滕州西公桥	《考古》2000年10期	有
石斧	2	新石器（大汶口文化）	山东滕州西康留	《考古》1995年3期	有
石斧	2	新石器（大汶口文化）	山东微山尹洼	《考古》1995年4期	有
石斧	1	新石器（大汶口文化）	山东兖州苏家户	《考古》1965年1期	有
石斧		新石器（大汶口文化）	山东兖州王因	《考古》1979年1期	
石斧		新石器（大汶口文化）	山东枣庄红土埠	《考古》1984年4期	有
石斧		新石器（大汶口文化）	山东枣庄建新	《考古》1995年1期	有
石斧	1	新石器（大汶口文化）	山东章丘董东	《考古》2002年7期	有
石斧	19	新石器（大汶口文化）	山东章丘焦家	《考古》1998年6期	有
石斧	2	新石器（距今6140±175年）	吉林农安元宝沟	《考古》1989年12期	有
石斧	231	新石器（红山文化）	河北承德白河口	《考古》1998年1期	有
石斧	2	新石器（红山文化）	吉林奈曼旗大沁他拉	《考古》1979年3期	有
石斧		新石器（红山文化）	辽宁康平赵家店白沙沟	《考古》1992年1期	
石斧		新石器（红山文化）	辽宁康平赵家店苇塘	《考古》1992年1期	
石斧		新石器（红山文化）	辽宁克什克腾旗天宝同	《考古》1977年5期	
石斧	2	新石器（红山文化）	辽宁凌源城子山	《考古》1986年6期	有
石斧	4	新石器（红山文化）	辽宁凌源牛河梁	《考古》2001年8期	有
石斧	5	新石器（红山文化）	内蒙古巴林右旗查日斯台嘎查	《考古》2002年8期	有
石板斧	2	新石器（红山文化）	内蒙古巴林右旗那斯台	《考古》1987年6期	有
石斧	2	新石器（红山文化）	内蒙古林西水泉	《考古》2005年11期	有
石斧	9	新石器（北阴阳营文化）	江苏高淳薛城	《考古》2000年5期	有
穿孔石斧	24	新石器（北阴阳营文化）	江苏高淳薛城	《考古》2000年5期	有
石斧	3	新石器（北阴阳营文化）	江苏镇江左湖	《考古》2000年4期	有
石斧	2	新石器（距今6000年）	福建平潭壳坵头	《考古》1991年7期	有
石斧	3	新石器（距今6000年）	广西邕宁顶蛳山	《考古》1998年11期	有
石斧	15	新石器（距今6000年）	广西资源晓锦	《考古》2004年3期	有
石斧		新石器（距今6000年）	湖北枣阳雕龙碑	《考古》1992年7期	
石斧	8	新石器（距今6000年）	湖北枣阳雕龙碑	《考古》2000年3期	有
石斧	2	新石器（距今6000年）	内蒙古海拉尔团结	《考古》2001年5期	有
石斧		新石器（距今6000年）	山东长岛北庄	《考古》1987年5期	
石斧	22	新石器（白石文化二期）	山东烟台白石村	《考古》1992年7期	有
石斧		新石器（崧泽文化）	江苏沙洲蔡墩	《考古》1987年10期	有
穿孔石斧		新石器（崧泽文化）	江苏武进潘家塘	《考古》1979年5期	有

石斧		新石器（崧泽文化）	江苏武进潘家塘	《考古》1979年5期	有
石斧		新石器（崧泽文化）	江苏张家港东山村	《考古》2010年8期	有
石斧	1	新石器（崧泽文化）	江苏张家港许庄	《考古》1990年5期	有
石斧	3	新石器（崧泽文化）	上海松江汤庙村	《考古》1985年7期	有
石斧		新石器（后岗一期文化）	内蒙古乌兰察布石虎山	《考古》1998年12期	有
石斧	2	新石器（薛家岗文化）	安徽安庆夫子城	《考古》2002年2期	有
石斧	4	新石器（薛家岗文化）	安徽望江汪家山	《考古》1992年10期	有
穿孔石斧	3	新石器（薛家岗文化）	湖北黄梅陆墩	《考古》1991年6期	有
石斧	2	新石器（薛家岗文化）	湖北黄梅陆墩	《考古》1991年6期	有
石斧		新石器（距今5400年）	内蒙古清水河白泥窑子	《考古》1988年2期	有
石斧	9	新石器（距今5300年）	青海同德宗日	《考古》1998年5期	有
石斧		新石器（马家窑文化早期）	青海民和胡李家	《考古》2001年1期	有
残石斧	1	新石器（马家窑文化）	甘肃天水微甘沟	《考古》1983年12期	有
石斧	2	新石器（马家窑文化）	甘肃天水西和凤山	《考古》1983年12期	
石斧		新石器（马家窑文化）	甘肃武山傅家门	《考古》1995年4期	
石斧	1	新石器（马家窑文化）	宁夏海原曹洼	《考古》1990年3期	
石斧	1	新石器（马家窑文化）	青海化隆中滩	《考古》1991年4期	
石斧	4	新石器（马家窑文化）	青海民和拱巴垣	《考古》1993年3期	有
石斧	2	新石器（马家窑文化）	青海民和坡古拉坡	《考古》1993年3期	有
石斧	1	新石器（马家窑文化）	青海民和崖家坪	《考古》1993年3期	有
石斧		新石器（马家窑文化）	青海民和阳洼坡	《考古》1984年1期	有
石斧	2	新石器（马家窑文化）	青海民和阴山	《考古》1993年3期	有
石斧		新石器（马家窑文化）	青海循化红土坡嘴子	《考古》1991年4期	
石斧	4	新石器（良渚文化）	江苏常州武进寺墩	《考古》1984年2期	有
穿孔石斧	1	新石器（良渚文化）	江苏丹阳西沟居	《考古》1994年5期	有
石斧	3	新石器（良渚文化）	江苏昆山少卿山	《考古》2000年4期	有
石斧	8	新石器（良渚文化）	江苏苏州越城	《考古》1982年5期	有
石斧	24	新石器（良渚文化）	江苏吴江梅堰	《考古》1963年6期	
单孔石斧	2	新石器（良渚文化）	江苏吴县徐港	《考古》1990年10期	有
双孔石斧	1	新石器（良渚文化）	江苏吴县徐港	《考古》1990年10期	有
石斧	6	新石器（良渚文化）	江苏张家港许庄	《考古》1990年5期	有
石斧	2	新石器（良渚文化）	上海奉贤江海	《考古》2002年11期	有
石斧	28	新石器（良渚文化）	上海金山亭林	《考古》2002年10期	有
石斧	1	新石器（良渚文化）	上海青浦金山汶	《考古》1989年7期	有
石斧		新石器（良渚文化）	上海青浦寺前	《考古》2002年10期	有
石斧	1	新石器（良渚文化）	上海松江广富林	《考古》1962年9期	有
石斧	1	新石器（良渚文化）	浙江嘉兴雀幕桥	《考古》1986年9期	

石斧	16	新石器（良渚文化早期）	江苏阜宁东园	《考古》2004年6期　有
石斧	4	新石器（距今5175±130年）	吉林白城靶山	《考古》1988年12期
石斧	3	新石器（仰韶—龙山）	河南偃师苗湾	《考古》1964年11期　有
石斧	4	新石器（距今5000年）	吉林东丰西断梁山	《考古》1988年7期　有
石斧	14	新石器（距今5000年）	吉林东丰西断梁山	《考古》1991年4期　有
石斧	3	新石器（距今5000年）	江西萍乡禁山下	《考古》2000年12期　有
石斧	15	新石器（距今5000年）	辽宁大连大潘家	《考古》1994年10期　有
石斧	2	新石器（距今5000年）	辽宁大连王家屯	《考古》1994年4期　有
石斧	4	新石器（距今5000年）	辽宁大连文家屯	《考古》1994年4期　有
石斧	5	新石器（距今5000年）	辽宁瓦房店三堂村	《考古》1992年2期　有
石斧		新石器（距今5000年）	内蒙古扎鲁特南宝力皋吐	《考古》2008年7期　有
石斧		新石器（距今5000年）	四川汉源麦坪	《考古》2008年7期　有
石斧	3	新石器（距今5000年）	四川汶川姜维城	《考古》2006年11期　有
石斧	1	新石器（距今5000年）	香港元朗下白泥	《考古》1999年6期　有
石斧	11	新石器（距今5000年）	云南剑川海门口	《考古》2009年8期　有
石斧	1	新石器（屈家岭文化）	湖北安陆胡家山	《考古》1986年7期　有
石斧	2	新石器（屈家岭文化）	湖北安陆余家岗	《考古》1986年7期　有
石斧		新石器（屈家岭文化）	湖北洪湖圆山	《考古》1989年5期　有
石斧		新石器（屈家岭文化）	湖北京山屈家岭	《考古通讯》1956年3期
石斧	2	新石器（屈家岭文化）	湖北荆门	《考古》1992年6期　有
石斧	3	新石器（屈家岭文化）	湖北荆州阴湘城	《考古》1998年1期　有
石斧	25	新石器（屈家岭文化）	湖北宜昌中堡岛	《考古》1996年9期　有
石斧	1	新石器（屈家岭文化）	湖北云梦好石桥	《考古》1987年2期　有
石斧	4	新石器（屈家岭文化）	湖北云梦斋神堡	《考古》1987年2期　有
石斧		新石器（屈家岭文化）	湖北郧县大寺	《考古》1961年10期
石斧		新石器（屈家岭文化）	湖北郧县青龙泉	《考古》1961年10期
石斧		新石器（屈家岭文化）	湖北枝江关庙山	《考古》1981年4期
有肩石斧		新石器（屈家岭文化）	陕西西乡李家村	《考古》1961年7期
石斧	2	新石器（屈家岭文化）	陕西旬阳张家庄	《考古》1994年6期　有
石斧	1	新石器（屈家岭文化晚期）	湖北安陆王古溜	《考古》1990年11期　有
石斧	2	新石器（屈家岭文化晚期）	湖北大悟北门岗	《考古》1990年11期　有
石斧	1	新石器（卡若文化）	西藏林芝多布村	《考古》1994年7期　有
石斧	2	新石器（昙石山文化）	福建闽侯县石山	《考古》1961年12期

石斧	13	新石器（昙石山文化）	福建闽侯溪头	《考古》1980年4期 有
石斧	2	新石器（昙石山文化）	浙江泰顺下湖墩	《考古》1993年7期 有
手斧状石器		新石器（贝丘遗址）	广东潮安陈桥村	《考古》1961年11期 有
石斧		新石器（贝丘遗址）	广东潮安梅林湖	《考古》1961年11期 有
手斧状石器		新石器（贝丘遗址）	广东潮安石尾山	《考古》1961年11期 有
石斧	31	新石器（贝丘遗址）	广东南海西樵山镇头	《考古》1983年12期 有
双肩石斧	80	新石器（贝丘遗址）	广东南海西樵山镇头	《考古》1983年12期 有
石斧	1	新石器（贝丘遗址）	广东南海灶岗	《考古》1984年3期 有
石斧	2	新石器（贝丘遗址）	广西桂平牛骨坑	《考古》1987年11期
双肩石斧	1	新石器（贝丘遗址）	广西桂平牛尾岩	《考古》1987年11期
石斧		新石器（贝丘遗址）	广西南宁	《考古》1975年5期 有
石斧	2	新石器（贝丘遗址）	辽宁长海广鹿岛	《考古》1961年12期
石斧	1	新石器（贝丘遗址）	辽宁长海英杰村	《考古》1961年12期
石斧	1	新石器（贝丘遗址）	辽宁大连长海大长山岛	《考古》1962年7期 有
石斧	9	新石器（贝丘遗址）	辽宁大连长海广鹿岛	《考古》1962年7期 有
石斧	2	新石器（贝丘遗址）	辽宁大连长海小长山岛	《考古》1962年7期 有
石斧	1	新石器（贝丘遗址）	辽宁大连长海獐子岛	《考古》1962年7期 有
石斧	3	新石器（贝丘遗址）	辽宁旅大烈士山	《考古》1962年2期 有
石斧	1	新石器（贝丘遗址）	辽宁旅大小磨盘山	《考古》1962年2期 有
石斧	7	新石器（小河沿文化）	内蒙古赤峰哈啦海沟	《考古》2010年2期 有
石斧		新石器（距今4930±180年）	甘肃镇原常山	《考古》1981年3期 有
石斧	3	新石器（距今4900年）	四川新津宝墩	《考古》1997年1期 有
石斧	1	新石器（庙底沟二期文化）	甘肃天水高寺头	《考古》1983年12期 有
石斧	1	新石器（庙底沟二期文化）	甘肃天水郑家磨	《考古》1983年12期 有
石斧	3	新石器（庙底沟二期文化）	河南渑池仰韶村	《考古》1964年9期
石斧	4	新石器（庙底沟二期文化）	河南新安西沃	《考古》1999年8期 有
石斧	2	新石器（庙底沟二期文化）	山西侯马东呈王	《考古》1991年2期
石斧		新石器（庙底沟二期文化）	山西襄汾陶寺	《考古》1986年9期 有
石斧	2	新石器（庙底沟二期文化）	陕西扶风太子藏	《考古》1992年12期 有
石斧		新石器（庙底沟二期文化）	陕西武功浒西庄	《考古》1983年5期
石斧	3	新石器（庙底沟二期文化）	陕西兴平田福村	《考古》1992年12期 有

化）

石斧	2	新石器（马家窑文化半山型）	甘肃兰州青岗岔	《考古》1972年3期	有
石斧	2	新石器（马家窑文化半山型）	宁夏固原红圈子	《考古》1993年2期	有
石斧	1	新石器（龙山文化）	安徽宿县芦城子	《考古》1986年4期	有
穿孔石斧		新石器（龙山文化）	安徽萧县花家寺	《考古》1966年2期	有
扁平石斧		新石器（龙山文化）	安徽萧县花家寺	《考古》1966年2期	有
石斧	9	新石器（龙山文化）	河北崇礼石嘴子	《考古》1992年2期	有
石斧		新石器（龙山文化）	河北磁县讲武城	《考古》1959年7期	
石斧		新石器（龙山文化）	河北邯郸龟台	《考古》1959年10期	
石斧		新石器（龙山文化）	河北邯郸涧沟	《考古》1959年10期	
石斧	73	新石器（龙山文化）	河北邯郸涧沟	《考古》1961年4期	
石斧	1	新石器（龙山文化）	河北怀来马站	《考古》1988年8期	有
石斧	2	新石器（龙山文化）	河北怀来彭大崖	《考古》1988年8期	有
石斧	2	新石器（龙山文化）	河北怀来小古城	《考古》1987年12期	有
石斧		新石器（龙山文化）	河北怀来珠窝园	《考古》1988年8期	有
石斧		新石器（龙山文化）	河北蔚县筛子绫罗	《考古》1981年2期	有
石斧	1	新石器（龙山文化）	河北邢台柴庄	《考古》1964年6期	有
石斧		新石器（龙山文化）	河北永年台口村	《考古》1962年12期	
石斧	1	新石器（龙山文化）	河北张家口蔚县南方城	《考古》1959年7期	
石斧		新石器（龙山文化）	河北张家口蔚县庄窠村	《考古》1959年7期	
石斧		新石器（龙山文化）	河北张家口涿鹿龙王塘	《考古》1959年7期	
石斧	3	新石器（龙山文化）	河北张家口涿鹿西湘广	《考古》1959年7期	
石斧		新石器（龙山文化）	河南博爱西金城	《考古》2010年6期	有
石斧	1	新石器（龙山文化）	河南巩义里沟	《考古》1995年6期	有
石斧		新石器（龙山文化）	河南黄河三门峡水库	《考古通讯》1956年5期	
石斧	2	新石器（龙山文化）	河南辉县丰城村	《考古》1989年3期	有
石斧		新石器（龙山文化）	河南辉县孟庄	《考古》2000年3期	有
石斧	1	新石器（龙山文化）	河南获嘉三位营	《考古通讯》1957年2期	
石斧	3	新石器（龙山文化）	河南焦作大司马	《考古》1996年11期	有
石斧		新石器（龙山文化）	河南浚县西北部	《考古通讯》1957年1期	
石斧		新石器（龙山文化）	河南临汝柏树圪垯	《考古》1978年1期	有
石斧	1	新石器（龙山文化）	河南临汝柏树圪垯	《考古》1985年3期	有
石斧	7	新石器（龙山文化）	河南临汝大张村	《考古》1960年6期	有
石斧		新石器（龙山文化）	河南灵宝城东寨	《考古》1960年7期	

石斧	2	新石器（龙山文化）	河南洛阳矬李	《考古》1978年1期	有
石斧	5	新石器（龙山文化）	河南洛阳东杨村	《考古》1983年2期	有
石斧		新石器（龙山文化）	河南洛阳王湾三期	《考古》1961年4期	
石斧	11	新石器（龙山文化）	河南孟津小潘沟	《考古》1978年4期	有
石斧	1	新石器（龙山文化）	河南孟县许村	《考古》1999年2期	有
石斧		新石器（龙山文化）	河南密县新砦	《考古》1981年5期	有
石斧	2	新石器（龙山文化）	河南淇县王庄	《考古》1999年5期	有
石斧		新石器（龙山文化）	河南杞县鹿台岗	《考古》1994年8期	
石斧	30	新石器（龙山文化）	河南汝州李楼	《考古》1998年3期	有
石斧	2	新石器（龙山文化）	河南陕县七里铺村	《考古》1959年4期	有
石斧	2	新石器（龙山文化）	河南渑池不召寨	《考古》1964年9期	
细腰石斧	1	新石器（龙山文化）	河南渑池笃忠	《考古》1964年9期	
石斧	1	新石器（龙山文化）	河南渑池杨河	《考古》1964年9期	
石斧		新石器（龙山文化）	河南汤阴白营	《考古》1980年3期	有
石斧	1	新石器（龙山文化）	河南卫辉倪湾	《考古》2007年5期	有
石斧	1	新石器（龙山文化）	河南武陟大司马	《考古》1994年4期	有
石斧	2	新石器（龙山文化）	河南襄城太平庄	《考古》1965年1期	
石斧	3	新石器（龙山文化）	河南新乡刘庄营	《考古》1966年3期	
石斧	12	新石器（龙山文化）	河南新乡鲁堡村	《考古》1959年9期	
石斧		新石器（龙山文化）	河南偃师二里头	《考古》1982年5期	有
石斧		新石器（龙山文化）	河南偃师酒流沟	《考古》1964年11期	有
石斧	3	新石器（龙山文化）	河南伊川马回营	《考古》1983年11期	有
石斧	2	新石器（龙山文化）	河南伊阳城东村	《考古通讯》1958年1期	
扁平石斧		新石器（龙山文化）	河南伊阳古严庄	《考古通讯》1958年1期	
石斧		新石器（龙山文化）	河南宜阳仁厚	《考古》1961年1期	
石斧		新石器（龙山文化）	河南荥阳河王村	《考古》1961年2期	有
石斧		新石器（龙山文化）	河南永城黑固堆	《考古》1981年5期	有
石斧	3	新石器（龙山文化）	河南禹县崔庄	《考古》1991年2期	有
石斧	2	新石器（龙山文化）	河南禹县董庄	《考古》1991年2期	
石斧		新石器（龙山文化）	河南禹县谷水河	《考古》1978年1期	
石斧	1	新石器（龙山文化）	河南禹县冀寨	《考古》1991年2期	
石斧		新石器（龙山文化）	河南禹县谭陈	《考古》1991年2期	
石斧	1	新石器（龙山文化）	河南禹县瓦店	《考古》1991年2期	
石斧	1	新石器（龙山文化）	河南禹县下册	《考古》1991年2期	
石斧	3	新石器（龙山文化）	河南禹州瓦店	《考古》2000年2期	有
石斧		新石器（龙山文化）	河南驻马店杨庄	《考古》1995年10期	
石斧	2	新石器（龙山文化）	湖北巴东雷家坪	《考古》1999年1期	有

石斧	7	新石器（龙山文化）	湖北巴东雷家坪	《考古》2005年8期	有
石斧	3	新石器（龙山文化）	湖北大悟土城	《考古》1986年7期	有
石斧	5	新石器（龙山文化）	湖北洪湖乌林矶	《考古》1987年5期	有
石斧	1	新石器（龙山文化）	湖北黄陂程家墩	《考古》1986年7期	有
石斧	1	新石器（龙山文化）	湖北黄陂面前畈	《考古》1986年7期	有
石斧		新石器（龙山文化）	湖北江陵荆南寺	《考古》1989年8期	
石斧		新石器（龙山文化）	湖北荆门	《考古》1992年6期	有
石斧		新石器（龙山文化）	湖北均县乱石滩	《考古》1961年10期	
石斧	1	新石器（龙山文化）	湖北蕲春坳上湾	《考古》1992年7期	有
石斧		新石器（龙山文化）	湖北松滋桂花树	《考古》1976年3期	
石斧	2	新石器（龙山文化）	湖北孝感徐家坟	《考古》2001年3期	有
石斧	8	新石器（龙山文化）	湖北宜都石板巷子	《考古》1985年11期	有
石斧		新石器（龙山文化）	湖北郧县大寺	《考古》1961年10期	
石斧		新石器（龙山文化）	湖北郧县青龙泉	《考古》1961年10期	
石斧	27	新石器（龙山文化）	湖南沪溪浦市二中	《考古》1980年1期	有
石斧	1	新石器（龙山文化）	湖南津市打鼓台	《考古》1990年1期	有
石斧		新石器（龙山文化）	湖南临澧	《考古》1988年3期	有
石斧	1	新石器（龙山文化）	江苏连云港二涧村	《考古》1962年3期	
石斧	2	新石器（龙山文化）	江苏铜山丘湾	《考古》1973年2期	
石斧	2	新石器（龙山文化）	江苏徐州花家寺	《考古》1960年3期	
石斧	29	新石器（龙山文化）	辽宁北票丰下	《考古》1976年3期	有
石斧		新石器（龙山文化）	内蒙古凉城板城西山	《考古》1989年2期	有
石斧		新石器（龙山文化）	内蒙古凉城大庙坡	《考古》1989年2期	有
石斧		新石器（龙山文化）	内蒙古清水河白泥窑子	《考古》1966年3期	有
石斧		新石器（龙山文化）	内蒙古清水河柳青	《考古》1992年7期	有
石斧		新石器（龙山文化）	内蒙古中南部黄河河谷	《考古》1965年10期	有
石斧		新石器（龙山文化）	内蒙古准格尔寨子上	《考古》1992年7期	有
石斧		新石器（龙山文化）	宁夏隆德页河子	《考古》1990年4期	
石斧	11	新石器（龙山文化）	山东安丘峒峪村	《考古》1963年10期	有
石斧	1	新石器（龙山文化）	山东安丘胡峪村	《考古》1963年10期	有
石斧	2	新石器（龙山文化）	山东昌乐秦家淳于村	《考古》1987年7期	有
石斧		新石器（龙山文化）	山东昌乐邹家庄	《考古》1987年5期	
石斧	1	新石器（龙山文化）	山东荏平南陈庄	《考古》1985年4期	有
石斧	1	新石器（龙山文化）	山东费县防故城遗址	《考古》2005年10期	有
石斧	5	新石器（龙山文化）	山东费县崮子	《考古》1986年11期	有
石斧		新石器（龙山文化）	山东费县西西蒋	《考古》1986年11期	
石斧	12	新石器（龙山文化）	山东海阳城子顶	《考古》1985年12期	有
石斧	1	新石器（龙山文化）	山东海阳大榆树	《考古》1985年12期	有
石斧	5	新石器（龙山文化）	山东海阳蜊岔埠	《考古》1985年12期	有

石斧	8	新石器（龙山文化）	山东海阳庙埠	《考古》1985年12期 有
石斧	6	新石器（龙山文化）	山东海阳司马台	《考古》1985年12期 有
石斧		新石器（龙山文化）	山东海阳台子	《考古》1983年3期
石斧	2	新石器（龙山文化）	山东海阳羊角园	《考古》1985年12期 有
石斧	2	新石器（龙山文化）	山东即墨北阁	《考古通讯》1958年 有 4期
石斧	1	新石器（龙山文化）	山东即墨丁戈庄	《考古》1989年8期
石斧	1	新石器（龙山文化）	山东即墨东王圈	《考古》1989年8期
石斧	1	新石器（龙山文化）	山东即墨丰城河东	《考古》1989年8期
石斧	2	新石器（龙山文化）	山东即墨石原	《考古》1981年1期 有
石斧	1	新石器（龙山文化）	山东即墨张戈庄三里村	《考古》1989年8期
石斧	1	新石器（龙山文化）	山东济南大辛庄	《考古》1985年8期
石斧	2	新石器（龙山文化）	山东莱阳丁家店	《考古》1963年7期 有
石斧	5	新石器（龙山文化）	山东梁山青堌堆	《考古》1962年1期 有
石斧	3	新石器（龙山文化）	山东临沭北沟头	《考古》1990年6期 有
石斧		新石器（龙山文化）	山东临沂大刘家寨子	《考古》1992年10期
石斧		新石器（龙山文化）	山东临沂大张家五湖	《考古》1992年10期
石斧		新石器（龙山文化）	山东临沂店子	《考古》1992年10期
石斧		新石器（龙山文化）	山东临沂东石埠	《考古》1992年10期
石斧		新石器（龙山文化）	山东临沂杜家岑石	《考古》1992年10期
石斧		新石器（龙山文化）	山东临沂花黄家屯	《考古》1992年10期
石斧		新石器（龙山文化）	山东临沂化沂庄	《考古》1992年10期
石斧		新石器（龙山文化）	山东临沂潘庄	《考古》1992年10期
石斧	1	新石器（龙山文化）	山东临沂石埠	《考古》1961年11期 有
石斧		新石器（龙山文化）	山东临沂土城子	《考古》1961年11期 有
石斧	1	新石器（龙山文化）	山东临沂王家五湖	《考古》1992年10期 有
石斧		新石器（龙山文化）	山东临沂小河口	《考古》1992年10期
石斧	1	新石器（龙山文化）	山东临沂薛家庄	《考古》1961年11期 有
石斧		新石器（龙山文化）	山东临沂义合官庄	《考古》1992年10期
带孔石斧	1	新石器（龙山文化）	山东临沂援驾墩	《考古》1961年11期 有
石斧		新石器（龙山文化）	山东临沂郑家寨子	《考古》1992年10期
石斧	1	新石器（龙山文化）	山东临沂重沟	《考古》1961年11期 有
石斧	1	新石器（龙山文化）	山东蓬莱紫荆山	《考古》1973年1期 有
石斧	3	新石器（龙山文化）	山东平度东岳石村	《考古》1962年10期 有
石斧	4	新石器（龙山文化）	山东青岛城阳	《考古》1964年11期 有
石斧	3	新石器（龙山文化）	山东青岛傅家埠	《考古》1964年11期 有
石斧	6	新石器（龙山文化）	山东青岛石院	《考古》1964年11期 有
石斧	1	新石器（龙山文化）	山东青岛市郊赵村	《考古》1965年9期 有
石斧	1	新石器（龙山文化）	山东日照大桃园	《考古》1986年8期 有

石斧	3	新石器（龙山文化）	山东日照东海峪	《考古》1986年8期	有
石斧	1	新石器（龙山文化）	山东日照凤凰城	《考古》1986年8期	有
石斧	4	新石器（龙山文化）	山东日照两城镇	《考古》1986年8期	有
石斧		新石器（龙山文化）	山东日照两城镇	《考古》1997年4期	有
石斧	1	新石器（龙山文化）	山东日照苏家村	《考古》1986年8期	有
石斧	2	新石器（龙山文化）	山东日照西林子头	《考古》1986年8期	有
石斧	2	新石器（龙山文化）	山东日照尧王城	《考古》1986年8期	有
石斧	4	新石器（龙山文化）	山东乳山小管村	《考古》1990年12期	有
石斧	5	新石器（龙山文化）	山东泗水尹家城	《考古》1965年1期	有
石斧		新石器（龙山文化）	山东滕县	《考古》1980年1期	
石斧	6	新石器（龙山文化）	山东滕县岗上村	《考古》1963年7期	有
石斧		新石器（龙山文化）	山东潍坊范家庄	《考古》1989年9期	
石斧		新石器（龙山文化）	山东潍坊姚官庄	《考古》1963年7期	
石斧	7	新石器（龙山文化）	山东五莲丹士村	《考古通讯》1958年4期	有
石斧	3	新石器（龙山文化）	山东兖州龙湾店	《考古》2005年8期	有
石斧		新石器（龙山文化）	山东阳谷景阳岗	《考古》1997年5期	有
石斧	1	新石器（龙山文化）	山东沂水凤台	《考古》1991年6期	有
石斧	2	新石器（龙山文化）	山东沂水抬头	《考古》1991年6期	有
石斧	10	新石器（龙山文化）	山东沂水小沂河北岸	《考古》2002年1期	有
石斧	8	新石器（龙山文化）	山东沂水杨庄	《考古》1993年11期	有
石斧	2	新石器（龙山文化）	山东禹城姚高	《考古》1996年4期	有
石斧	3	新石器（龙山文化）	山东禹城周尹	《考古》1996年4期	有
石斧		新石器（龙山文化）	山东枣庄晒米城	《考古》1984年4期	
石斧		新石器（龙山文化）	山东章丘西河	《考古》2000年10期	有
石斧	10	新石器（龙山文化）	山东邹平	《考古》1989年6期	有
石斧		新石器（龙山文化）	山西长治小常乡小神村	《考古》1988年7期	有
石斧	12	新石器（龙山文化）	山西定襄西社	《考古》1987年11期	有
石斧		新石器（龙山文化）	山西汾阳峪道河	《考古》1983年11期	有
石斧		新石器（龙山文化）	山西平陆盘南村	《考古》1960年8期	
石斧	2	新石器（龙山文化）	山西平陆西侯	《考古》1990年3期	
石斧		新石器（龙山文化）	山西芮城	《考古》1962年9期	
石斧	2	新石器（龙山文化）	山西芮城南礼教村	《考古》1964年6期	有
石斧		新石器（龙山文化）	山西五台阳白	《考古》1997年4期	有
石斧		新石器（龙山文化）	山西襄汾丁村	《考古》1991年10期	有
石斧		新石器（龙山文化）	山西襄汾陶寺	《考古》1983年1期	有
石斧		新石器（龙山文化）	山西忻州游邀	《考古》1989年4期	有
石斧	3	新石器（龙山文化）	山西垣曲龙王崖	《考古》1986年2期	有
石斧		新石器（龙山文化）	陕西长安王曲南堡寨	《考古》1981年1期	有

石斧		新石器（龙山文化）	陕西凤翔和兴平双庵	《考古》1960年3期	
石斧	3	新石器（龙山文化）	陕西横山木浴沟	《考古》1994年2期	有
石斧		新石器（龙山文化）	陕西华县柳子镇	《考古》1959年11期	
石斧		新石器（龙山文化）	陕西华阴横阵	《考古》1960年9期	
石斧	1	新石器（龙山文化）	陕西临潼姜寨	《考古》1975年5期	
石斧	9	新石器（龙山文化）	陕西商洛东	《考古》2009年12期	有
石斧	1	新石器（龙山文化）	陕西神木石峁	《考古》1977年3期	有
石斧		新石器（龙山文化）	陕西渭水流域	《考古》1959年11期	
石斧形器	2	新石器（龙山文化）	四川绵阳边堆山	《考古》1990年4期	有
石斧		新石器（龙山文化早期）	河南汤阴白营	《考古》1980年3期	
石斧		新石器（龙山文化早期）	山西襄汾陶寺	《考古》1980年1期	有
石斧	11	新石器（龙山文化晚期）	湖北罗田庙山岗	《考古》1994年9期	有
石斧	8	新石器（龙山文化晚期）	湖北宜昌下岸	《考古》1999年1期	有
石斧		新石器（龙山文化晚期）	内蒙古清水河白泥窑子	《考古》1988年2期	有
石斧	3	新石器（距今4810±145年）	江西清江筑卫城	《考古》1982年2期	有
石斧	7	新石器（距今4800年）	黑龙江饶河小南山	《考古》1996年2期	有
有肩有段石斧		新石器（距今4700年）	广西那坡感驮岩	《考古》2003年10期	有
石斧	7	新石器（距今4700年）	四川巫山魏家梁子	《考古》1996年8期	有
石斧	46	新石器（距今4600年）	重庆巫山锁龙	《考古》2006年3期	有
石斧	2	新石器（石家河文化）	湖北大悟沈家城	《考古》1990年11期	有
石斧	1	新石器（石家河文化）	湖北汉川霍城	《考古》1993年8期	
石斧	4	新石器（石家河文化）	湖北荆州阴湘城	《考古》1998年1期	有
石斧		新石器（石家河文化）	湖北石首走马岭	《考古》1998年4期	有
石斧		新石器（石家河文化）	湖北随州黄土岗	《考古》2008年11期	
石斧		新石器（石家河文化）	湖南安乡划城岗	《考古》2001年4期	有
石斧		新石器（石家河文化早期）	湖北秭归庙坪	《考古》1999年1期	有
石斧	317	新石器（距今4585±160年）	广西钦州独料	《考古》1982年1期	有
石斧	7	新石器（宝墩文化）	四川崇州双河	《考古》2002年11期	有
石斧	9	新石器（宝墩文化）	四川新津宝墩	《考古》1998年1期	有
石斧	2	新石器（距今4500年）	辽宁大连石灰窑	《考古》1994年4期	有
石斧	5	新石器（距今4500年）	辽宁岫岩北沟西山	《考古》1992年5期	有

石斧		新石器（距今4500年）	内蒙古伊金霍洛旗朱开沟	《考古》1988年6期　有
石斧		新石器（龙山文化陶寺型）	山西襄汾丁村曲舌头	《考古》2002年4期　有
石斧		新石器（龙山文化陶寺型）	山西襄汾陶寺	《考古》1986年9期　有
石斧	1	新石器（龙山文化陶寺型）	山西襄汾陶寺	《考古》2003年3期　有
石斧		新石器（龙山文化陶寺型）	山西襄汾陶寺	《考古》2007年4期　有
石斧		新石器（凤鼻头文化）	台湾高雄凤鼻头	《考古》1979年3期
石斧		新石器（马家窑文化马厂型）	甘肃临夏马家湾	《考古》1961年11期
石斧	2	新石器（马家窑文化马厂型）	宁夏隆德李世选村	《考古》1964年9期　有
石斧	1	新石器（马家窑文化马厂型）	青海化隆瓦巴西	《考古》1991年4期　有
石斧		新石器（客省庄二期文化）	陕西长安沣西客省庄	《考古》1959年10期　有
石斧		新石器（客省庄二期文化）	陕西长安鄠县	《考古》1962年6期
石斧	1	新石器（客省庄二期文化）	陕西长武将台山	《考古》1992年12期　有
石斧		新石器（客省庄二期文化）	陕西扶风案板	《考古》1987年10期　有
石斧		新石器（客省庄二期文化）	陕西蓝田泄湖	《考古》1989年6期　有
石斧	1	新石器（客省庄二期文化）	陕西岐山北祈家	《考古》1992年12期　有
石斧	2	新石器（客省庄二期文化）	陕西岐山樊家塬	《考古》1992年12期　有
石斧	1	新石器（齐家文化）	甘肃积石山新庄坪	《考古》1996年11期　有
石斧		新石器（齐家文化）	甘肃兰州	《考古》1959年7期
石斧		新石器（齐家文化）	甘肃临潭磨沟	《考古》2009年7期
石斧		新石器（齐家文化）	甘肃临夏大何庄	《考古》1960年3期
石斧	1	新石器（齐家文化）	甘肃临夏郭家村	《考古》1960年3期
石斧		新石器（齐家文化）	甘肃临夏秦魏家	《考古》1960年3期
石斧	6	新石器（齐家文化）	甘肃岷县杏林	《考古》1985年11期　有
石斧		新石器（齐家文化）	甘肃渭河上游	《考古通讯》1958年7期
石斧		新石器（齐家文化）	甘肃渭河支流	《考古》1959年7期

石斧		新石器（齐家文化）	甘肃武山傅家门	《考古》1995年4期	
石斧		新石器（齐家文化）	甘肃西汉水流域	《考古》1959年3期	
石斧	3	新石器（齐家文化）	甘肃张家川上川	《考古》1991年12期	有
石斧	1	新石器（齐家文化）	甘肃卓尼纳浪大族坪	《考古》1994年7期	有
石斧		新石器（齐家文化）	甘肃卓尼纳浪寺坪	《考古》1994年7期	
石斧	1	新石器（齐家文化）	宁夏固原店河村	《考古》1987年8期	
石斧	10	新石器（齐家文化）	宁夏西吉兴隆镇	《考古》1964年5期	有
石斧	2	新石器（齐家文化）	青海互助总寨	《考古》1986年4期	有
石斧	1	新石器（齐家文化）	青海化隆梅加	《考古》1991年4期	有
石斧	7	新石器（齐家文化）	青海民和罗巴垣	《考古》1993年3期	有
石斧	11	新石器（距今4200年）	湖北均县乱石滩	《考古》1986年7期	有
石斧	5	新石器（距今4150±100年）	甘肃永靖马家湾	《考古》1975年2期	有
石斧	9	新石器（距今4100年）	贵州毕节青场	《考古》1987年9期	有
石斧		新石器（青龙泉三期文化）	湖北宜昌县白庙	《考古》1986年1期	
石斧	41	新石器（距今4000年）	广东始兴大背岭	《考古》1987年2期	
石斧	4	新石器（距今4000年）	广东珠海拱北	《考古》1985年8期	有
石斧	6	新石器（距今4000年）	广西资源晓锦	《考古》2004年3期	有
石斧	1	新石器（距今4000年）	江西清江筑卫城	《考古》1982年2期	有
石斧	4	新石器（距今4000年）	辽宁大连新金乔东1号	《考古》1983年2期	有
石斧	2	新石器（距今4000年）	青海民和喇家	《考古》2002年12期	有
石斧	2	新石器（距今4000年）	香港元朗下白泥	《考古》1999年6期	有
有肩石斧	377	新石器（距今4000年）	云南云县曼干遗址	《考古》2004年8期	有
石斧	10	新石器（距今4000年）	云南云县曼干遗址	《考古》2004年8期	有
石斧	7	新石器（距今4000年）	重庆巴县白沙沱	《考古》1992年12期	
石斧	7	新石器（距今4000年）	重庆巴县干溪沟	《考古》1992年12期	有
石斧	2	新石器（距今4000年）	重庆巴县团结河咀	《考古》1992年12期	
石斧	6	新石器（距今4000年）	重庆巴县新房后湾	《考古》1992年12期	
石斧	2	新石器（距今4000年）	重庆巴县薛家溪	《考古》1992年12期	
石斧	1	新石器（距今4000年）	重庆长寿陈家湾	《考古》1992年12期	
石斧	2	新石器（距今4000年）	重庆长寿渡口礁石湾	《考古》1992年12期	
石斧	5	新石器（距今4000年）	重庆长寿杨家湾	《考古》1992年12期	
石斧	2	新石器（距今4000年）	重庆涪陵安河咀	《考古》1992年12期	有
石斧	2	新石器（距今4000年）	重庆涪陵东场口	《考古》1992年12期	有
石斧	6	新石器（距今4000年）	重庆涪陵石沱河咀	《考古》1992年12期	
石斧	3	新石器（距今4000年）	重庆江北朝阳村	《考古》1992年12期	
石斧	7	新石器（距今4000年）	重庆江北朝阳河	《考古》1992年12期	
石斧	2	新石器（距今4000年）	重庆江北观音阁	《考古》1992年12期	

石斧	4	新石器（距今4000年）	重庆江北水文站	《考古》1992年12期	
石斧	13	新石器（距今4000年）	重庆江北唐草湾	《考古》1992年12期	
石斧	13	新石器（距今4000年）	重庆江北唐家沱	《考古》1992年12期	
石斧	10	新石器（距今4000年）	重庆江北羊坝滩	《考古》1992年12期	有
石斧	4	新石器（距今4000年）	重庆江北赵家溪	《考古》1992年12期	
石斧	42	新石器（距今4000年）	重庆江津王爷庙	《考古》1992年12期	有
石斧	1	新石器（距今4000年）	重庆江南岸大沙溪	《考古》1992年12期	
石斧	6	新石器（距今4000年）	重庆江南岸老君坡	《考古》1992年12期	
石斧	4	新石器（距今4000年）	重庆南岸鸡冠石	《考古》1992年12期	
穿孔石斧		新石器（岳石文化）	河南杞县鹿台岗	《考古》1994年8期	
石斧	量多	新石器（岳石文化）	山东安丘老峒峪	《考古》1992年9期	有
石斧	1	新石器（岳石文化）	山东海阳司马台	《考古》1983年3期	有
石斧	1	新石器（岳石文化）	山东乳山鲁济	《考古》1990年12期	有
石斧	2	新石器（岳石文化）	山东沂源姑子坪	《考古》2003年1期	有
石斧	10	新石器（距今3700年）	四川都江堰芒城	《考古》1999年7期	有
石斧	7	新石器（距今3600年）	广东曲江鲶鱼转	《考古》1964年7期	有
石斧	7	新石器（距今3600年）	广东韶关走马冈	《考古》1964年7期	
石斧	13	新石器（距今3210±90年）	云南永仁菜园子	《考古》1985年11期	有
石斧	11	新石器（距今3200年）	吉林珲春迎花南山	《考古》1993年8期	有
石斧	5	新石器（距今3200年）	云南景东	《考古》1993年9期	有
石斧	31	新石器（距今3200年）	云南景谷	《考古》1993年9期	有
石斧	11	新石器（距今3200年）	云南镇沅	《考古》1993年9期	有
石斧	1	新石器（距今3000年）	辽宁大连新金乔东1号	《考古》1983年2期	有
石斧形器	2	新石器（距今3000年）	西藏贡嘎昌果沟	《考古》1999年4期	
石斧	3	新石器（西团山文化）	吉林德惠大青嘴	《考古》1986年9期	有
石斧	3	新石器（西团山文化）	吉林九台石砬山	《考古》1991年4期	有
石斧	7	新石器（西团山文化）	吉林省吉林市泡子沿前山	《考古》1985年6期	有
石斧	10	新石器（西团山文化）	吉林舒兰珠山	《考古》1985年4期	有
石斧	1	新石器（西团山文化）	吉林双阳南山墓群	《考古》1986年9期	有
石斧	3	新石器（西团山文化）	吉林双阳五家子	《考古》1986年9期	有
石斧		新石器（西团山文化）	吉林永吉学古东山	《考古》1981年6期	有
石斧	2	新石器（距今2400年）	云南江城	《考古》1993年9期	有
石斧	215	新石器（距今2400年）	云南澜沧	《考古》1993年9期	有
石斧	99	新石器（距今2400年）	云南思茅	《考古》1993年9期	有
石斧	1	新石器（距今2100±85年）	黑龙江东宁大城子	《考古》1979年1期	有
石斧		新石器	安徽灵璧蒋庙村	《考古通讯》1955年	有

				5期
石斧	3	新石器	安徽青阳中平	《考古》1997年11期 有
石斧		新石器	安徽望江戴家墩	《考古》1988年6期 有
石斧		新石器	安徽望江枫岭墩	《考古》1988年6期
石斧		新石器	安徽望江狗尾山	《考古》1988年6期 有
石斧		新石器	安徽望江麻冲	《考古》1988年6期 有
石斧		新石器	安徽望江七星墩	《考古》1988年6期
石斧		新石器	安徽望江双墩	《考古》1988年6期 有
穿孔石斧	4	新石器	安徽芜湖蒋公山	《考古》1959年9期 有
石斧		新石器	安徽五河濠城	《考古》1959年7期 有
石斧		新石器	北京昌平宝山	《考古》1959年3期
石斧	2	新石器	北京海淀清河	《考古通讯》1955年 1期
石斧	49	新石器	福建崇安	《考古》1959年11期
石斧	31	新石器	福建福清东张	《考古》1965年2期 有
石斧		新石器	福建光泽官屯	《考古通讯》1955年 有 6期
石斧	104	新石器	福建建瓯和建阳	《考古》1961年4期 有
石斧	1	新石器	福建龙溪云岩洞	《考古》1961年5期
石斧	1	新石器	福建闽侯庄边山	《考古》1961年1期 有
石斧		新石器	福建闽江上游	《考古》1959年11期
石斧	2	新石器	福建南安	《考古》1961年5期
石斧		新石器	福建莆田仙游、南安	《考古通讯》1958年 1期
石斧	1	新石器	福建邵武红岭	《考古通讯》1957年 有 3期
石斧	4	新石器	福建邵武桥头湾	《考古通讯》1957年 3期
石斧	21	新石器	福建武平	《考古》1961年4期 有
有肩石斧		新石器	福建漳浦徐坎岱嵩村	《考古通讯》1958年 有 4期
石斧		新石器	甘肃兰州西瓜坡𪨶	《考古》1960年9期 有
石斧		新石器	甘肃临洮临夏两县	《考古通讯》1958年 9期
石斧	2	新石器	甘肃武山灰地儿	《考古》1961年7期
石斧	5	新石器	广东宝安蚌地山	《考古通讯》1957年 有 6期
石斧	1	新石器	广东宝安黄策捕鱼山	《考古通讯》1957年 6期
扁平石斧	3	新石器	广东宝安金坑山	《考古通讯》1957年

				6期	
石斧	33	新石器	广东北部山地区	《考古》1961年11期	有
石斧	1	新石器	广东潮安梅林湖西岸	《考古》1965年2期	
石斧	1	新石器	广东潮阳冀箕坑山	《考古通讯》1956年	有
				4期	
石斧	3	新石器	广东潮阳葫芦山	《考古通讯》1956年	有
				4期	
石斧	97	新石器	广东东部地区	《考古》1961年12期	有
石斧	48	新石器	广东广州飞鹅岭	《考古通讯》1957年	
				5期	
石斧	5	新石器	广东梅县大埔县	《考古》1965年4期	有
石斧		新石器	广东南海西樵山	《考古》1979年4期	有
石斧	165	新石器	广东南海西樵山佛子庙	《考古》1999年7期	有
双肩石斧	1	新石器	广东南海西樵山锦岩	《考古》1983年12期	有
石斧	2	新石器	广东南海西樵山锦岩	《考古》1983年12期	有
石斧	83	新石器	广东南路地区	《考古》1961年11期	有
石斧	1	新石器	广东翁源青塘	《考古》1961年11期	有
石斧		新石器	广东新丰	《考古》1960年7期	有
石斧	10	新石器	广西桂林甑皮岩	《考古》1976年3期	有
石斧	1	新石器	广西桂平大塘城	《考古》1997年10期	有
石斧	2	新石器	广西桂平庙前冲	《考古》1987年11期	有
石斧	3	新石器	广西桂平上塔	《考古》1997年10期	有
石斧	2	新石器	广西桂平上塔村	《考古》1987年11期	有
石斧	1	新石器	广西灵山翠壁峰	《考古》1993年12期	有
石斧	2	新石器	广西柳城长槽村	《考古》1964年11期	有
石斧	23	新石器	广西柳州兰家村	《考古》1983年7期	有
石斧	3	新石器	广西柳州鲤里嘴	《考古》1983年9期	有
石斧		新石器	广西柳州鹿谷岭	《考古》1983年7期	有
石斧	4	新石器	广西柳州响水	《考古》1983年7期	有
石斧	3	新石器	广西柳州曾家村	《考古》1983年7期	有
石斧	1	新石器	广西平南石脚山	《考古》1997年10期	
石斧	2	新石器	广西象州南沙湾	《考古》1997年10期	有
石斧	3	新石器	广西象州山猪笼	《考古》1997年10期	有
石斧	6	新石器	广西邕宁顶蛳山	《考古》1997年10期	有
石斧	9	新石器	贵州毕节专区	《考古通讯》1956年	有
				3期	
有段石斧	1	新石器	贵州赫章小河村	《考古》1988年1期	有
有肩石斧	1	新石器	贵州盘县沙陀	《考古》1988年1期	有
石斧	8	新石器	贵州清镇和平壩	《考古》1965年4期	有

有肩有段石斧	1	新石器	贵州威宁恰西	《考古》1988年1期	有
石斧	21	新石器	海南保亭	《考古通讯》1957年4期	有
带肩石斧	18	新石器	海南保亭	《考古通讯》1957年4期	有
石斧	21	新石器	海南黎族区	《考古通讯》1956年2期	有
带肩石斧	51	新石器	海南黎族区	《考古通讯》1956年2期	有
石斧	1	新石器	海南西沙群岛甘泉岛	《考古》1992年9期	有
石斧		新石器	河北承德白河南	《考古》1959年7期	
石斧		新石器	河北承德馒头山	《考古》1959年7期	
石斧		新石器	河北承德平泉	《考古》1959年7期	
石斧		新石器	河北承德上板城	《考古》1959年7期	
石斧	1	新石器	河北乐亭黄坨	《考古》1990年8期	有
石斧		新石器	河北迁安白蟒山	《考古》1990年8期	
石斧		新石器	河北迁安杨家坡	《考古》1990年8期	有
石斧		新石器	河北迁西西寨	《考古》1990年8期	有
石斧		新石器	河北曲阳钓鱼台	《考古通讯》1955年1期	
石斧	3	新石器	河北三河孟各庄	《考古》1983年5期	有
石斧	2	新石器	河北武安城二庄	《考古》1984年1期	有
石斧	8	新石器	河北阳原姜家梁	《考古》2001年2期	有
石斧		新石器	河南登封告成八方间	《考古》1959年11期	
石斧		新石器	河南登封石羊关	《考古》1959年11期	
石斧	1	新石器	河南方城大张庄	《考古》1983年5期	有
石斧		新石器	河南淮滨肖营	《考古》1981年1期	
石斧		新石器	河南辉县丰城村	《考古通讯》1957年5期	
石斧		新石器	河南鲁山邱公城	《考古》1962年11期	有
石斧		新石器	河南洛阳大东店	《考古通讯》1956年3期	
石斧	2	新石器	河南洛阳笃忠村	《考古通讯》1956年3期	
石斧		新石器	河南洛阳高平砦	《考古通讯》1956年3期	
石斧		新石器	河南洛阳南岗村	《考古通讯》1956年3期	
石斧	2	新石器	河南洛阳暖泉沟	《考古通讯》1956年	

				3期	
石斧		新石器	河南漯河澧河	《考古通讯》1957年3期	
石斧	5	新石器	河南泌阳板桥荆树坟	《考古》1965年9期	有
石斧	24	新石器	河南泌阳板桥三所楼	《考古》1965年9期	有
石斧	3	新石器	河南渑池丁村	《考古》1964年9期	
石斧	1	新石器	河南渑池寺沟	《考古》1964年9期	
石斧	13	新石器	河南唐河茅草寺	《考古》1965年1期	有
石斧	17	新石器	河南唐河寨茨岗	《考古》1963年12期	有
石斧		新石器	河南舞阳峨岗寺	《考古》1965年5期	
石斧		新石器	河南舞阳寺圪墚	《考古》1965年5期	有
石斧	3	新石器	河南舞阳铁山庙	《考古》1965年5期	有
石斧		新石器	河南淅川	《考古通讯》1958年3期	
石斧		新石器	河南偃师酒流沟	《考古》1965年1期	有
石斧	2	新石器	河南偃师汤泉沟	《考古》1962年11期	有
石斧		新石器	河南禹县阎砦	《考古》1959年11期	
石斧	30	新石器	河南镇平赵湾	《考古》1962年1期	
石斧	1	新石器	黑龙江海浪河下游发河	《考古》1965年1期	
石斧	2	新石器	黑龙江海浪河下游黄岗	《考古》1965年1期	有
石斧	8	新石器	黑龙江拉林河右岸南土	《考古》1964年12期	有
石斧	1	新石器	黑龙江林口边安屯	《考古》1960年4期	
石斧	1	新石器	黑龙江林口佛塔密屯	《考古》1960年4期	
石斧	1	新石器	黑龙江林口窟窿别屯	《考古》1960年4期	
石斧	3	新石器	黑龙江牡丹江中下游敖东	《考古》1960年4期	
石斧		新石器	黑龙江牡丹江中下游马莲河	《考古》1960年4期	
石斧	45	新石器	黑龙江宁安大牡丹屯	《考古》1961年10期	
石斧	86	新石器	黑龙江宁安东康	《考古》1975年3期	有
石斧	5	新石器	黑龙江宁安东昇	《考古》1977年3期	有
石斧	5	新石器	黑龙江宁安牛场	《考古》1960年4期	有
石斧	5	新石器	黑龙江宁安上京龙泉府	《考古》1960年6期	
石斧		新石器	黑龙江宁安莺歌岭	《考古》1981年6期	有
石斧		新石器	黑龙江齐齐哈尔昂昂溪	《考古通讯》1957年2期	
石斧		新石器	黑龙江饶河小南山	《考古》1972年2期	
石斧	2	新石器	黑龙江五常	《考古》1964年12期	有
石斧	1	新石器	黑龙江新巴尔虎左旗	《考古》1972年4期	

石斧	3	新石器	湖北长阳南岸坪	《考古》1988年6期	有
石斧	1	新石器	湖北长阳水嘴	《考古》1988年6期	有
石斧		新石器	湖北长阳外村里	《考古》1988年6期	有
石斧	8	新石器	湖北长阳桅杆坪	《考古》1988年6期	有
有肩石斧	2	新石器	湖北长阳桅杆坪	《考古》1988年6期	有
石斧	1	新石器	湖北长阳榨洞	《考古》1988年6期	有
石斧	13	新石器	湖北红安金盆	《考古》1960年4期	有
石斧	3	新石器	湖北黄陂杨家湾	《考古通讯》1958年1期	
石斧	1	新石器	湖北黄冈丁家坳	《考古》1995年10期	有
石斧	1	新石器	湖北黄冈九资河	《考古》1995年10期	有
石斧	1	新石器	湖北黄冈螺蛳山	《考古》1962年7期	
石斧	1	新石器	湖北黄冈寨山	《考古》1995年10期	有
石斧	1	新石器	湖北黄冈寨上	《考古》1995年10期	有
石斧	29	新石器	湖北京山朱家咀	《考古》1964年5期	有
石斧		新石器	湖北荆州阴湘城	《考古》1997年5期	有
石斧	2	新石器	湖北蕲春洪家岗	《考古通讯》1956年4期	
石斧		新石器	湖北蕲春潘家畈	《考古通讯》1956年4期	有
石斧	5	新石器	湖北蕲春易家山	《考古通讯》1956年3期	有
石斧	89	新石器	湖北蕲春易家山	《考古》1960年5期	有
石斧	1	新石器	湖北武汉武昌洪山	《考古通讯》1956年1期	
石斧		新石器	湖北宜昌李家河	《考古通讯》1957年3期	有
石斧	2	新石器	湖北宜昌三斗坪	《考古》1961年5期	
石斧	21	新石器	湖北宜昌杨家湾	《考古》1961年5期	
石斧		新石器	湖北枝江马家溪	《考古》1992年2期	有
石斧		新石器	湖北枝江施家坡	《考古》1992年2期	有
梯形石斧	2	新石器	湖北枝江新庙子	《考古》1992年2期	
石斧	2	新石器	湖北秭归鲢鱼山	《考古》1961年5期	
石斧	3	新石器	湖北秭归柳林溪	《考古》1961年5期	
石斧	8	新石器	湖南安仁南坪何古山	《考古》1960年6期	有
石斧		新石器	湖南安仁蜈蚣形	《考古》1993年11期	
石斧		新石器	湖南安仁细肖古	《考古》1993年11期	有
石斧	6	新石器	湖南保靖押马坪	《考古》1993年10期	有
石斧		新石器	湖南长沙烟墩冲	《考古通讯》1956年	有

				5期
石斧	1	新石器	湖南辰溪溪口	《考古》1980年1期
石斧		新石器	湖南桂东堆脑	《考古》1993年11期 有
石斧		新石器	湖南临澧县太山庙	《考古》1989年10期 有
石斧	39	新石器	湖南浏阳樟树潭	《考古》1965年7期 有
石斧	2	新石器	湖南南岳彭家岭	《考古》1966年4期 有
石斧	1	新石器	湖南石门维新古城	《考古》1959年12期
石斧	5	新石器	湖南桃江灰山港	《考古通讯》1957年 有 6期
石斧	4	新石器	湖南新宁白面寨	《考古》1991年10期 有
石斧	7	新石器	湖南新宁周家山	《考古》1991年10期 有
石斧		新石器	湖南宜章狗北岭	《考古》1993年11期
石斧	12	新石器	湖南益阳鹿角山	《考古》1965年10期 有
石斧	1	新石器	湖南沅江漉湖石君山	《考古》1984年9期 有
石斧	4	新石器	湖南沅陵小龙溪口	《考古》1980年1期
石斧		新石器	湖南资兴唐家岭	《考古》1993年11期
石斧	1	新石器	吉林长春黑咀子山	《考古通讯》1957年 有 1期
石斧		新石器	吉林长春红石磖子	《考古通讯》1957年 1期
石斧		新石器	吉林长春红嘴子	《考古通讯》1957年 1期
石斧		新石器	吉林长春石碑内岭	《考古通讯》1957年 1期
石斧	1	新石器	吉林长春四门李	《考古通讯》1957年 有 1期
石斧		新石器	吉林长春台山子	《考古通讯》1957年 1期
石斧		新石器	古林长春杨家沟	《考古通讯》1957年 有 1期
石斧		新石器	吉林长春张家店	《考古通讯》1957年 有 1期
石斧	1	新石器	吉林人安后商家	《考古》1984年8期 有
石斧	2	新石器	吉林大安民众	《考古》1984年8期 有
石斧		新石器	吉林第六区两半山	《考古通讯》1955年 4期
石斧		新石器	吉林抚松万良兴葰屯	《考古通讯》1958年 有 9期
石斧		新石器	吉林抚松向阳头道岔子屯	《考古通讯》1958年 有 9期

石斧	4	新石器	吉林怀德神仙洞	《考古》1984年8期	有
石斧	3	新石器	吉林集安大朱仙沟新石器时代遗址	《考古》1977年6期	有
石斧	3	新石器	吉林辑安沟门南台村	《考古》1965年1期	有
石斧	2	新石器	吉林辑安梨树沟	《考古》1965年1期	
石斧	3	新石器	吉林蛟河山头屯	《考古》1964年2期	有
石斧	11	新石器	吉林蛟河小南沟	《考古》1964年2期	有
石斧		新石器	吉林靖宇肖家营屯	《考古通讯》1958年9期	有
石斧		新石器	吉林九台石羊岭	《考古》1961年3期	
石斧	1	新石器	吉林科右中旗贝子府	《考古》1977年3期	有
石斧	4	新石器	吉林省吉林市东郊两半山	《考古》1964年1期	有
石斧		新石器	吉林省吉林市近郊	《考古通讯》1956年4期	
石斧	3	新石器	吉林通化江口	《考古》1960年7期	
石斧		新石器	吉林通化王八脖子村	《考古通讯》1956年6期	有
石斧	8	新石器	吉林汪清天桥岭	《考古通讯》1956年6期	
石斧	6	新石器	吉林汪清西崴子嘎呀河	《考古通讯》1958年5期	
石斧		新石器	吉林西团山	《考古通讯》1955年2期	有
石斧	1	新石器	吉林西团山子	《考古》1960年4期	
石斧	1	新石器	吉林延吉柳庭洞	《考古》1983年10期	有
石斧	1	新石器	吉林延吉龙井	《考古通讯》1957年1期	有
石斧		新石器	吉林永吉西官山	《考古》1960年7期	有
石斧	2	新石器	吉林镇赉马场北山	《考古》1996年3期	有
石斧		新石器	江苏常州圩墩	《考古》1974年2期	
石斧		新石器	江苏丹徒葛村	《考古通讯》1957年5期	
石斧		新石器	江苏丹徒华山	《考古通讯》1957年2期	
石斧		新石器	江苏丹徒癞龟墩	《考古通讯》1956年6期	
石斧	1	新石器	江苏阜宁梨园	《考古》1964年1期	有
石斧	1	新石器	江苏海州东门外	《考古通讯》1957年3期	

石斧	10	新石器	江苏昆山陈墓镇	《考古》1959年9期　有
石斧		新石器	江苏南京安怀村柴山	《考古通讯》1957年　有5期
石斧		新石器	江苏南京锁金村	《考古通讯》1956年4期
石斧		新石器	江苏南京中央门外	《考古通讯》1957年1期
穿孔扁平石斧		新石器	江苏邳海大墩子	《考古》1964年1期　有
石斧	2	新石器	江苏无锡许巷村	《考古》1961年8期　有
石斧		新石器	江苏吴县高景山	《考古》1986年7期
石斧		新石器	江苏吴兴邱城	《考古》1959年9期
石斧	2	新石器	江苏武进寺墩	《考古》1981年3期　有
石斧	8	新石器	江苏新海连市大村	《考古》1961年6期　有
石斧		新石器	江苏徐州曹庄	《考古》1960年3期
石斧	2	新石器	江西定南夏冈	《考古通讯》1955年4期
石斧	2	新石器	江西南昌市青云谱车站	《考古》1961年10期
石斧	14	新石器	江西南昌市青云谱砖瓦窑	《考古》1961年10期
石斧	8	新石器	江西南昌县莲塘春新山	《考古》1963年1期
石斧	1	新石器	江西南昌县莲塘象尾山	《考古》1963年1期
石斧	3	新石器	江西清江临江	《考古通讯》1957年　有4期
石斧	2	新石器	江西清江马家寨	《考古》1959年12期
石斧	1	新石器	江西清江小洋村	《考古》1959年12期
石斧	13	新石器	江西清江筑卫城	《考古》1976年6期
石斧	2	新石器	江西万年	《考古》1960年10期　有
石斧	1	新石器	江西万年猛山	《考古》1962年4期
石斧	10	新石器	江西修水跑马岭	《考古》1962年7期　有
石斧	73	新石器	江西修水山背	《考古》1962年7期　有
石斧		新石器	辽宁长海小珠山	《考古》2009年5期
石斧	6	新石器	辽宁朝阳烧户营子村西山	《考古通讯》1956年6期
石斧		新石器	辽宁大连大台山	《考古》1959年11期
石斧		新石器	辽宁东沟大顶子山	《考古》1984年1期　有
石斧		新石器	辽宁东沟光秃山	《考古》1984年1期　有
石斧		新石器	辽宁东沟后狙洞	《考古》1984年1期　有
石斧	2	新石器	辽宁东沟后洼	《考古》1984年1期　有
石斧		新石器	辽宁东沟老石山	《考古》1984年1期　有

石斧	1	新石器	辽宁东沟蜊蚁坨子	《考古》1984年1期	有
石斧	1	新石器	辽宁东沟庙山	《考古》1984年1期	
石斧		新石器	辽宁东沟蚊子山	《考古》1984年1期	有
有肩石斧	1	新石器	辽宁东沟徐卜	《考古》1984年1期	有
石斧		新石器	辽宁东沟苑屯	《考古》1984年1期	
石斧	1	新石器	辽宁东沟赵坨子	《考古》1984年1期	有
石斧		新石器	辽宁桓仁	《考古》1960年1期	
石斧	3	新石器	辽宁锦州山河营子	《考古》1986年10期	有
石斧	10	新石器	辽宁旅大金县	《考古》1960年2期	
石斧		新石器	辽宁旅大南山	《考古》1959年11期	
石斧		新石器	辽宁旅大王官寨	《考古》1959年11期	
石斧	1	新石器	辽宁沈阳新民高台山	《考古》1982年2期	有
石斧		新石器	辽宁义县亮甲山	《考古》1964年6期	有
石斧		新石器	内蒙古巴林左旗富河沟门	《考古》1964年1期	有
石斧		新石器	内蒙古包头阿善	《考古》1984年2期	有
石斧	3	新石器	内蒙古包头韩庆坝	《考古通讯》1956年4期	
石斧		新石器	内蒙古包头黑麻板	《考古》1986年6期	有
石斧		新石器	内蒙古包头纳太	《考古》1986年6期	有
石斧		新石器	内蒙古包头莎木佳	《考古》1986年6期	有
石斧		新石器	内蒙古包头西园	《考古》1986年6期	有
石斧		新石器	内蒙古赤峰东八家石城	《考古通讯》1957年6期	
有孔石斧		新石器	内蒙古赤峰东八家石城	《考古通讯》1957年6期	
石斧	5	新石器	内蒙古赤峰东山咀	《考古》1983年5期	有
石斧	30	新石器	内蒙古克什克腾旗瓦盆窑村	《考古通讯》1955年5期	有
石斧		新石器	内蒙古林西	《考古通讯》1957年2期	
石斧	4	新石器	内蒙古林西樱桃沟	《考古通讯》1955年5期	有
石斧	1	新石器	内蒙古苏尼特右旗吉日嘎郎图	《考古》1982年1期	有
石斧	5	新石器	内蒙古托克托海生不浪	《考古》1978年6期	
石斧		新石器	内蒙古托克托章盖营子	《考古》1978年6期	
石斧	1	新石器	内蒙古昭乌达盟石羊石虎山	《考古》1963年10期	
石斧	3	新石器	宁夏青铜峡广武新田北	《考古》1962年4期	有

石斧	7	新石器	宁夏陶乐察罕埻	《考古》1964年5期	有
石斧	1	新石器	宁夏陶乐程家湾	《考古》1964年5期	
石斧	4	新石器	宁夏陶乐高仁	《考古》1964年5期	有
石斧		新石器	宁夏中卫	《考古》1959年7期	
石斧		新石器	青海乐都柳湾	《考古》1976年6期	有
石斧		新石器	青海民和阳山	《考古》1984年5期	有
石斧	2	新石器	山东济宁琵琶山	《考古》1960年6期	
石斧		新石器	山东胶县三里河	《考古》1977年4期	
石斧		新石器	山东莱阳泉水头	《考古》1983年3期	
石斧	1	新石器	山东莱阳石羊	《考古》1963年7期	有
石斧	5	新石器	山东莱阳于家店	《考古》1963年7期	有
石斧	4	新石器	山东临沂前城子	《考古》1992年10期	有
石斧		新石器	山东临沂小庄	《考古》1992年10期	
石斧	1	新石器	山东临沂晏驾墩	《考古》1992年10期	有
石斧	7	新石器	山东栖霞下渔稼沟	《考古》1966年3期	有
石斧	5	新石器	山东曲阜白村	《考古》1963年7期	有
石斧	7	新石器	山东曲阜店北头	《考古》1965年12期	有
石斧	1	新石器	山东曲阜东魏庄	《考古》1963年7期	
石斧	6	新石器	山东曲阜尼山	《考古》1963年7期	有
石斧	22	新石器	山东曲阜尼山	《考古》1965年12期	有
石斧		新石器	山东曲阜西白村	《考古》1965年12期	有
石斧	2	新石器	山东曲阜西夏侯村	《考古》1965年12期	有
石斧		新石器	山东曲阜中王庄	《考古》1965年12期	有
石斧		新石器	山东日照两城镇	《考古》1960年9期	有
石斧	4	新石器	山东泗水尹家城	《考古》1980年1期	有
石斧		新石器	山东烟台郊区芝水村	《考古》1965年10期	有
石斧		新石器	山东烟台邱家庄	《考古》1963年7期	有
石斧	1	新石器	山东兖州堌城村	《考古》1965年1期	
石斧	3	新石器	山西襄汾北高村	《考古》1959年2期	
石斧		新石器	山西左云	《考古》1959年2期	
石斧	1	新石器	陕西安康奠安	《考古》1983年6期	有
石斧	2	新石器	陕西安康岚皋冉家坝	《考古》1960年3期	有
石斧	25	新石器	陕西安康岚皋肖家坝	《考古》1960年3期	有
石斧	8	新石器	陕西安康柳家河	《考古》1983年6期	有
石斧	9	新石器	陕西汉阴阮家坝	《考古》1983年6期	有
石斧		新石器	陕西汉中何家湾	《考古》1962年6期	
石斧	1	新石器	陕西汉中河东店	《考古》1962年6期	
石斧	4	新石器	陕西汉中龙岗寺	《考古》1962年6期	
石斧		新石器	陕西临潼白家村	《考古》1983年3期	

石斧	1	新石器	陕西洛南焦村	《考古》1983年1期	有
石斧		新石器	陕西西安半坡	《考古通讯》1955年 2期	有
石斧		新石器	陕西西安半坡	《考古通讯》1956年 2期	
石斧	3	新石器	陕西西安米家崖	《考古通讯》1956年 6期	
石斧	1	新石器	陕西旬阳陈家坎	《考古》1983年6期	有
石斧	5	新石器	陕西旬阳李家那	《考古》1983年6期	有
石斧	2	新石器	上海闵行马桥俞塘	《考古》1960年3期	有
石斧	2	新石器	上海松江汤庙村	《考古》1963年1期	有
有肩石斧		新石器	四川川东长江沿岸	《考古》1959年8期	有
石斧		新石器	四川川东长江沿岸	《考古》1959年8期	有
石斧		新石器	四川广汉中兴横梁子	《考古通讯》1958年 8期	
石斧	3	新石器	四川广元碑窝窝	《考古》1997年5期	有
石斧	2	新石器	四川广元邓家坪	《考古》1997年5期	有
石斧	1	新石器	四川广元东坝万元村	《考古》1997年5期	有
石斧	1	新石器	四川广元汽车站	《考古》1997年5期	有
石斧	23	新石器	四川广元张家坡	《考古》1991年9期	有
石斧		新石器	四川汉源大树狮子山	《考古》1991年5期	
石斧	3	新石器	四川洪雅王华村	《考古》1988年1期	有
石斧	1	新石器	四川夹江工农村	《考古》1988年1期	有
石斧	1	新石器	四川夹江双龙村	《考古》1988年1期	有
石斧		新石器	四川阆中蓝家坝	《考古》1983年6期	有
石斧	4	新石器	四川乐山陈黄村	《考古》1988年1期	有
石斧	1	新石器	四川理县大岐寨	《考古》1965年12期	有
石斧	2	新石器	四川理县建山寨	《考古》1965年12期	有
石斧	2	新石器	四川理县朴头乡	《考古》1965年12期	有
石斧	1	新石器	四川理县小岐寨	《考古》1965年12期	有
石斧	2	新石器	四川理县子达寨	《考古》1965年12期	有
石斧	5	新石器	四川茂汶	《考古》1959年9期	有
石斧		新石器	四川南部涌泉坝	《考古》1983年6期	有
石斧		新石器	四川南充明家嘴	《考古》1983年6期	
石斧		新石器	四川南充淄佛寺	《考古》1983年6期	有
石斧	6	新石器	四川普格瓦打洛	《考古》1983年6期	有
石斧	1	新石器	四川万县麻柳沱	《考古》1990年4期	有
石斧	2	新石器	四川万县中坝子	《考古》1990年4期	有
石斧		新石器	四川巫山火爆溪	《考古》1959年8期	

石斧	21	新石器	四川西昌横栏山	《考古》1998年2期	有
石斧		新石器	四川喜德四合村	《考古》1979年1期	有
石斧	1	新石器	四川喜德瓦木	《考古》1979年1期	有
石斧	1	新石器	四川喜德新村	《考古》1979年1期	
石斧	1	新石器	四川盐源轿顶山	《考古》1984年9期	有
石斧		新石器	四川忠县	《考古通讯》1958年5期	
石斧	17	新石器	四川忠县	《考古》1959年8期	有
石斧	5	新石器	四川资阳石虾子	《考古》1983年6期	有
石斧		新石器	台湾台北大坌坑	《考古》1979年3期	
有段石斧		新石器	台湾台北圆山	《考古》1979年3期	
石斧	1	新石器	天津宝坻北里自沽	《考古》1976年4期	有
石斧	2	新石器	天津北郊刘家码头	《考古》1976年4期	
石斧	1	新石器	天津蓟县围坊	《考古》1983年10期	有
石斧	3	新石器	西藏墨脱地东村	《考古》1978年2期	有
石斧	2	新石器	西藏墨脱墨脱村	《考古》1978年2期	有
石斧	1	新石器	西藏墨脱西让村	《考古》1978年2期	有
石斧	2	新石器	新疆奇台半截沟	《考古》1981年6期	有
石斧	1	新石器	新疆疏附库鲁克塔拉	《考古》1977年2期	有
石斧	4	新石器	云南保山二台坡	《考古》1992年9期	
石斧		新石器	云南剑川海门口	《考古通讯》1958年6期	
石斧		新石器	云南景洪曼蚌囡	《考古》1965年11期	有
石斧	4	新石器	云南景洪曼景兰和曼听	《考古》1965年11期	
石斧		新石器	云南昆明滇池东岸	《考古》1959年4期	有
石斧	2	新石器	云南龙陵船口坝	《考古》1991年6期	有
双肩石斧	81	新石器	云南龙陵船口坝	《考古》1991年6期	有
有肩石斧		新石器	云南龙陵船口坝	《考古》1992年4期	有
靴形石斧		新石器	云南龙陵船口坝	《考古》1992年4期	有
双肩石斧	43	新石器	云南龙陵大花石	《考古》1991年6期	
梯形石斧	1	新石器	云南龙陵大花石	《考古》1991年6期	有
梯形石斧		新石器	云南龙陵大花石	《考古》1992年4期	有
有肩石斧		新石器	云南龙陵大花石	《考古》1992年4期	有
双肩石斧	2	新石器	云南龙陵大窝坑	《考古》1991年6期	
石斧		新石器	云南龙陵豆地坪	《考古》1992年4期	有
石斧	136	新石器	云南龙陵马鞍山	《考古》1991年6期	有
石斧	11	新石器	云南龙陵怒江北岸	《考古》1991年6期	
石斧	12	新石器	云南龙陵怒江西岸	《考古》1991年6期	
双肩石斧	18	新石器	云南龙陵三江口	《考古》1991年6期	

石斧		新石器	云南龙陵烧炭田坡	《考古》1992年4期 有
双肩石斧	36	新石器	云南龙陵苏帕河下游	《考古》1991年6期
双肩石斧	3	新石器	云南龙陵围笼洼	《考古》1991年6期
石斧		新石器	云南禄丰黑井	《考古》1983年7期 有
石斧	7	新石器	云南禄劝营盘山	《考古》1993年3期 有
石斧	3	新石器	云南麻栗坡小洞洞	《考古》1983年12期 有
石斧	2	新石器	云南孟连老鹰山	《考古》1963年10期 有
石斧	1	新石器	云南墨江	《考古》1993年9期 有
石斧	2	新石器	云南普洱	《考古》1993年9期 有
石斧	8	新石器	云南西盟	《考古》1993年9期 有
石斧	2	新石器	云南西双版纳勐腊	《考古》1963年6期 有
石斧	3	新石器	云南宣威尖角洞	《考古》1986年1期 有
有肩石斧	158	新石器	云南云县忙怀	《考古》1977年3期 有
石斧	2	新石器	云南昭通闸心场	《考古》1960年5期 有
石斧	1	新石器	云南昭通闸心场	《考古》1962年10期
石斧	5	新石器	浙江崇德蔡家坟	《考古通讯》1957年 有 4期
石斧	2	新石器	浙江定海唐家墩	《考古》1984年1期 有
石斧	2	新石器	浙江定海五一茂盛	《考古》1984年1期 有
有孔石斧		新石器	浙江嘉兴双桥	《考古通讯》1955年 有 5期
石斧	7	新石器	浙江乐清白石	《考古》1992年9期 有
有段石斧		新石器	浙江温州	《考古通讯》1956年 有 6期
有孔石斧		新石器	浙江温州	《考古通讯》1956年 6期
有孔石斧	1	新石器	浙江新登新建	《考古通讯》1957年 有 1期
石斧	1	新石器	浙江舟山白泉	《考古》1983年1期 有
石斧	10	新石器	浙江舟山孙家山	《考古》1983年1期 有
石斧	1	新石器早期	安徽宿县古台寺	《考古》1993年11期 有
石斧	1	新石器早期	广东封开黄岩洞	《考古》1983年1期 有
石斧	4	新石器早期	山东章丘小荆山	《考古》1994年6期 有
石斧	68	新石器中期	广西横县江口	《考古》2000年1期 有
石斧	2	新石器中晚期	安徽黄山蒋家山	《考古》1995年2期 有
石斧	16	新石器中晚期	云南个旧倘甸	《考古》1996年5期 有
石斧	1	新石器晚期	安徽安庆张四墩	《考古》2004年1期 有
石斧	1	新石器晚期	北京西直门内后英房	《考古》1972年6期 有
石斧	3	新石器晚期	福建南安狮子山	《考古》1961年4期

石斧	1	新石器晚期	福建漳州腊洲山	《考古》1995年9期	有
石斧	2	新石器晚期	广东高要蚬壳洲	《考古》1990年6期	有
石斧	5	新石器晚期	广东西江两岸	《考古》1965年9期	有
石斧	1	新石器晚期	广西百色百维	《考古》1986年7期	有
石斧		新石器晚期	广西百色革新桥	《考古》2003年12期	有
石斧	1	新石器晚期	广西德保岜考岩	《考古》1986年7期	
双肩石斧		新石器晚期	广西田阳台地	《考古》1986年7期	
石斧	28	新石器晚期	河北承德白河南	《考古》1992年6期	有
石斧	6	新石器晚期	河北承德化子沟	《考古》1992年6期	有
石斧	9	新石器晚期	河北承德娘娘庙	《考古》1992年6期	有
石斧	4	新石器晚期	河北承德上碰子	《考古》1992年6期	有
石斧	6	新石器晚期	河北承德石坡梁	《考古》1992年6期	有
石斧	6	新石器晚期	河北承德小坪园	《考古》1992年6期	
石斧	4	新石器晚期	河北承德榆树沟	《考古》1992年6期	有
石斧	2	新石器晚期	湖北蒲圻赤壁山	《考古》1995年2期	有
石斧	11	新石器晚期	湖北宜昌白庙	《考古》1983年5期	有
石斧		新石器晚期	湖北宜都甘家河	《考古》1965年1期	
石斧	9	新石器晚期	湖南华容时家岗	《考古》1961年11期	有
石斧	1	新石器晚期	湖南宁乡横市	《考古》1959年12期	
石斧	26	新石器晚期	江西临川	《考古》1964年4期	有
石斧	13	新石器晚期	江西清江营盘里	《考古》1962年4期	有
石斧	1	新石器晚期	江西瑞昌大路口	《考古》1993年7期	有
石斧	1	新石器晚期	辽宁宽甸夹芯子	《考古》1986年10期	有
石斧	1	新石器晚期	辽宁宽甸老地沟	《考古》1986年10期	有
石斧	1	新石器晚期	辽宁宽甸刘家街	《考古》1986年10期	有
石斧	1	新石器晚期	辽宁宽甸下金坑	《考古》1986年10期	
石斧		新石器晚期	内蒙古包头西园	《考古》1990年4期	有
石斧	1	新石器晚期	山西太原义井村	《考古》1961年4期	
石斧	13	新石器晚期	香港大屿山白芒	《考古》1997年6期	有
石斧		新石器晚期	香港新界涌浪	《考古》1997年6期	有
穿孔石斧		新石器晚期	新疆巴里坤县石人子乡	《考古》1959年3期	
石斧		新石器晚期	云南禄丰背阴洼	《考古》1991年3期	
石斧	1	新石器晚期	云南禄丰毛草洼	《考古》1991年3期	有
石斧	1	新石器晚期	云南禄劝营盘包	《考古》2007年11期	有
穿孔石斧	1	新石器晚期	浙江仙居下汤	《考古》1987年12期	有
石斧	15	新石器晚期	浙江仙居下汤	《考古》1987年12期	有
石斧	7	新石器（石峡文化）—夏商	广东南海鱿鱼岗	《考古》1997年6期	有
石斧		新石器（龙山文化）—	河南偃师二里头	《考古》1961年2期	有

商

石斧	6	新石器（客省庄二期文化）－商早期	内蒙古准格尔旗大口	《考古》1979年4期	
石斧	12	新石器（西团山文化）－战国	吉林永吉星星哨水库	《考古》1978年3期	有
有肩石斧		新石器－商周	广东封开德庆	《考古》1983年9期	
穿孔石斧		新石器－商周	河北承德地区	《考古》1962年12期	有
石斧		新石器－商周	河北承德地区	《考古》1962年12期	有
石斧	4	新石器－商周	江西丰县太平岗	《考古》1983年12期	有
石斧	85	新石器－青铜时代	辽宁本溪庙后山	《考古》1985年6期	有
石斧	1	新石器－东周	湖北宜城楚皇城	《考古》1980年2期	
石斧	7	新石器－东周	江西波阳王家咀	《考古》1962年4期	有
石斧		夏（二里头文化）	河北曲阳董家马西	《考古》1994年4期	有
石斧	8	夏（二里头文化）	河南方城八里桥	《考古》1999年12期	有
石斧	1	夏（二里头文化）	河南焦作小尚	《考古》1996年11期	有
石斧	1	夏（二里头文化）	河南临汝煤山	《考古》1975年5期	有
石斧	2	夏（二里头文化）	河南洛阳矬李	《考古》1978年1期	
石斧	2	夏（二里头文化）	河南洛阳东杨村	《考古》1983年2期	
石斧	5	夏（二里头文化）	河南西平上坡	《考古》2004年4期	有
石斧		夏（二里头文化）	河南新密新砦大型建筑基址	《考古》2009年2期	有
石斧		夏（二里头文化）	河南偃师二里头	《考古》1965年5期	有
石斧		夏（二里头文化）	河南偃师二里头	《考古》1975年5期	有
石斧		夏（二里头文化）	河南偃师灰嘴村	《考古》2010年2期	有
石斧	2	夏（二里头文化）	河南驻马店党楼	《考古》1996年5期	
石斧		夏（二里头文化）	河南驻马店杨庄	《考古》1995年10期	有
石斧	1	夏（二里头文化）	山西夏县辕村	《考古》2009年11期	有
石斧	1	夏（二里头文化）	山西永济东马铺头	《考古》1980年3期	
石斧		夏（二里头文化）	山西垣曲古城南关	《考古》2005年11期	
石斧	1	夏（二里头文化）	陕西洛南焦村	《考古》1983年1期	有
石斧		夏	甘肃民乐东灰山	《考古》1995年12期	有
石斧		夏	湖北秭归柳林溪	《考古》2000年8期	有
石斧		夏	山西夏县东下冯	《考古》1980年2期	有
石斧		夏	山西忻州游邀	《考古》1989年4期	有
石斧		夏早期	河南巩义花地嘴	《考古》2005年6期	
石斧	111	青铜时代	广东南海西樵山佛子庙	《考古》1999年7期	有
石斧	1	青铜时代	吉林东丰德胜石大望	《考古》1994年6期	有
石斧	1	青铜时代	吉林海龙大湾桦树	《考古》1994年6期	有
石斧	1	青铜时代	吉林辽源龙首山	《考古》1997年2期	有

石斧		青铜时代	吉林乾安大布苏泡	《考古》1984年5期　有
石斧	2	青铜时代	吉林汪清水北	《考古》2005年1期　有
石斧	2	青铜时代	辽宁丹东振安区小娘娘城山	《考古》1986年10期 有
石斧		青铜时代	辽宁桓仁狍圈沟	《考古》1992年6期　有
石斧	1	青铜时代	辽宁宽甸通江村	《考古》1986年10期 有
石斧	2	青铜时代	四川汉源大树麻家山	《考古》1991年5期　有
石斧	7	青铜时代	四川忠县㽏井沟	《考古》1962年8期　有
石斧		青铜时代	云南昆明西山区王家墩	《考古》1983年5期
石斧	1	青铜时代（距今4000年）	辽宁大连大嘴子	《考古》1996年2期　有
石斧	29	青铜时代（距今4000年）	辽宁大连小黑石砬子	《考古》1994年4期　有
石斧	1	青铜时代（夏家店下层文化）	河北大厂大坨头	《考古》1966年1期　有
石斧		青铜时代（夏家店下层文化）	河北玉田东蒙各庄	《考古》1983年5期
石斧		青铜时代（夏家店下层文化）	辽宁敖汉旗大甸子	《考古》1975年2期
石斧		青铜时代（夏家店下层文化）	辽宁北票康家屯	《考古》2001年8期　有
石斧	1	青铜时代（夏家店下层文化）	辽宁阜新平项山石城址	《考古》1992年5期　有
石斧	1	青铜时代（夏家店下层文化）	辽宁建平喀喇沁	《考古》1983年11期 有
石斧	5	青铜时代（夏家店下层文化）	辽宁凌源城子山	《考古》1986年6期　有
石斧	1	青铜时代（夏家店下层文化）	内蒙古敖汉旗城子山	《考古》1963年10期
石斧	2	青铜时代（夏家店下层文化）	内蒙古敖汉旗石羊石虎山	《考古》1963年10期
石斧	1	青铜时代（夏家店下层文化）	内蒙古敖汉旗王献沟	《考古》1963年10期
石斧		青铜时代（夏家店下层文化）	内蒙古赤峰半支箭河中游	《考古》1998年9期
石斧		青铜时代（夏家店下层文化）	内蒙古赤峰二道井子	《考古》2010年8期　有
石斧	5	青铜时代（夏家店下层文化）	内蒙古赤峰康家湾	《考古》2008年11期 有
石斧		青铜时代（夏家店下层文化）	内蒙古赤峰三座店	《考古》2007年7期　有

		文化）		
石斧		青铜时代（夏家店下层文化）	内蒙古赤峰药王庙	《考古》1961年2期
石斧		青铜时代（夏家店下层文化）	内蒙古喀喇沁旗大山前	《考古》1998年9期
石斧	2	青铜时代（夏家店下层文化）	天津蓟县张家园	《考古》1984年8期 有
石斧	5	青铜时代（夏家店下层文化）	天津蓟县张家园	《考古》1993年4期 有
石斧	25	青铜时代（湖熟文化）	江苏南京西善桥	《考古》1962年3期 有
石斧	1	青铜时代（湖熟文化）	江苏镇江左湖	《考古》2000年4期 有
石斧		青铜时代（广富林文化）	上海松江广富林	《考古》2002年10期 有
石斧		青铜时代（广富林文化）	上海松江广富林	《考古》2008年8期 有
石斧		青铜时代（距今3800年）	广西那坡感驮岩	《考古》2003年10期 有
梯形石斧		青铜时代（距今3800年）	广西那坡感驮岩	《考古》2003年10期 有
有肩石斧		青铜时代（距今3800年）	广西那坡感驮岩	《考古》2003年10期 有
石斧	1	青铜时代（距今3800年）	辽宁大连大嘴子	《考古》1996年2期 有
石斧	79	青铜时代（距今3800年）	云南剑川海门口	《考古》2009年8期 有
石斧	1	夏商	福建平潭岛半山	《考古》1995年7期 有
双肩石斧		夏商	广东珠海淇澳岛东澳湾	《考古》1990年9期 有
石斧		夏商	河北宣化李大人庄	《考古》1990年5期 有
石斧		夏商	湖北江陵荆南寺	《考古》1989年8期 有
有肩石斧		夏商	湖北江陵荆南寺	《考古》1989年8期 有
石斧		夏商	湖南浏阳樟树塘	《考古》1994年11期 有
石斧		夏商	内蒙古准格尔青草塔	《考古》1990年1期
石斧	1	夏商	山西襄汾大柴	《考古》1987年7期 有
石斧	2	先商	河北邯郸北羊台	《考古》2001年2期 有
石斧	6	先商	河北容城上坡	《考古》1999年7期 有
石斧		先商	河南杞县鹿台岗	《考古》1994年8期
石斧	2	商早期	河南偃师高崖东台地	《考古》1964年11期 有
石斧		商早期	河南伊川白元	《考古》1961年1期
石斧		商早期	河南伊川南砦	《考古》1961年1期
石斧	1	商早期	陕西洛南龙头梁	《考古》1983年1期 有

石斧	3	商	安徽含山孙家岗	《考古》1977年3期	有
石斧	3	商	福建光泽马岭	《考古》1985年12期	
扁平单孔石斧	1	商	河北藁城台西村	《考古》1973年1期	有
石斧	2	商	河北藁城台西村	《考古》1973年5期	有
石斧		商	河北邯郸涧沟	《考古》1959年10期	
石斧	7	商	河北邯郸涧沟	《考古》1961年4期	有
石斧	3	商	河北灵寿北宅村	《考古》1966年2期	有
石斧	10	商	河北滦南东庄店	《考古》1983年9期	有
石斧	14	商	河北唐山古冶	《考古》1984年9期	有
石斧	1	商	河北邢台东先贤村	《考古》1959年2期	
石斧		商	河北邢台东先贤村	《考古》1959年10期	
石斧	1	商	河南安阳高楼庄	《考古》1963年4期	
石斧	1	商	河南安阳后岗	《考古》1993年10期	有
石斧	1	商	河南安阳洹北花园庄	《考古》1998年10期	有
石斧		商	河南安阳殷墟	《考古》1961年2期	
石斧	1	商	河南安阳殷墟1713号墓	《考古》1986年8期	有
石斧	4	商	河南辉县丰城村	《考古》1989年3期	有
石斧		商	河南洛阳东乾沟	《考古》1959年10期	
石斧		商	河南南阳十里庙	《考古》1959年7期	
石斧		商	河南杞县鹿台岗	《考古》1994年8期	
石斧	4	商	河南渑池鹿寺	《考古》1964年9期	有
石斧		商	河南夏邑清凉山	《考古》1997年11期	有
石斧		商	河南新安雨门	《考古通讯》1955年1期	
石斧		商	河南新郑望京楼	《考古》1981年6期	
石斧		商	河南偃师二里头	《考古》1974年4期	有
石斧	10	商	河南偃师灰嘴村	《考古》1961年2期	有
石斧	1	商	河南偃师尸乡沟	《考古》1985年4期	有
石斧	2	商	河南偃师尸乡沟	《考古》1988年2期	有
石斧		商	河南偃师夏后寺	《考古》1964年3期	有
石斧	1	商	河南郑州铭功路东	《考古》2002年9期	有
石斧		商	河南郑州上街	《考古》1960年6期	
石斧	10	商	河南郑州上街	《考古》1966年1期	有
石斧		商	湖北巴东雷家坪	《考古》2005年8期	有
石斧		商	湖北沙市周梁玉桥	《考古》2004年9期	有
石斧	1	商	湖北宜昌下岸	《考古》1999年1期	有
石斧	27	商	湖北秭归茅坪长府沱	《考古》2004年5期	有
石斧		商	湖南安仁罗子岭	《考古》1993年11期	

石斧		商	湖南安仁牛形山	《考古》1993年11期
石斧		商	湖南安仁太平坳	《考古》1993年11期
石斧	5	商	湖南保靖柳树坪	《考古》1993年10期 有
石斧	1	商	湖南保靖瓦场	《考古》1993年10期 有
石斧		商	湖南桂东寺背	《考古》1993年11期
石斧		商	湖南嘉禾圆岭	《考古》1993年11期
石斧		商	湖南汝城牛岭头	《考古》1993年11期
石斧	3	商	湖南石门皂市	《考古》1962年3期 有
石斧		商	湖南宜章挤背山	《考古》1993年11期
石斧		商	湖南宜章廖家岭	《考古》1993年11期
石斧		商	湖南永兴河边堆	《考古》1993年11期
石斧		商	江苏铜山丘湾	《考古》1973年2期 有
石斧		商	江苏徐州花家寺	《考古》1960年3期
石斧		商	江苏徐州丘湾	《考古》1960年3期
石斧	1	商	江西清江筑卫城	《考古》1982年2期 有
石斧	7	商	辽宁法库湾柳	《考古》1989年12期 有
石斧		商	山东惠民麻店	《考古》1974年3期 有
石斧	1	商	山东济南大辛庄	《考古》1973年5期 有
石斧	1	商	山东济南西郊田家庄	《考古》1981年1期
石斧	1	商	山东济宁张山洼	《考古》2007年9期 有
石斧	1	商	山东梁山青堌堆	《考古》1962年1期
石斧	1	商	山东平阴朱家桥	《考古》1961年2期 有
石斧		商	山东微山鲍楼	《考古》1995年4期
石斧	2	商	山东邹平	《考古》1989年6期 有
石斧	1	商	山西太原南郊许坦村	《考古》1962年9期
石斧	3	商	山西盂县北村	《考古》1991年9期 有
石斧	2	商	陕西洛南焦村	《考古》1983年1期 有
石斧	1	商	上海青浦金山坟	《考古》1989年7期 有
石斧	1	商	四川石棉宰羊溪	《考古》1982年2期 有
石斧	5	商	天津蓟县围坊	《考古》1983年10期 有
石斧	19	青铜时代（距今3600年）	辽宁大连大嘴子	《考古》1996年2期 有
石斧	26	青铜时代（距今3500年）	吉林长春腰红嘴子	《考古》2003年8期 有
石斧	1	青铜时代（距今3500年）	新疆和硕新塔那	《考古》1988年5期 有
石斧		青铜时代（距今3500年）	云南大理海东银梭岛	《考古》2009年8期 有
石斧	1	青铜时代（昙石山文化	浙江泰顺龙珠山	《考古》1993年7期

		上层）		
石斧	1	青铜时代（昙石山文化 上层）	浙江泰顺牛角岙	《考古》1993年7期
石斧	3	青铜时代（昙石山文化 上层）	浙江泰顺狮子岗	《考古》1993年7期　有
有孔石斧	2	青铜时代（昙石山文化 上层）	浙江泰顺狮子岗	《考古》1993年7期　有
石斧	8	青铜时代（寺洼文化）	甘肃卓尼芭儿	《考古》1994年1期　有
石斧		商中期	湖南辰溪潭湾	《考古》1980年1期　有
石斧	7	商晚期	河北容城上坡	《考古》1999年7期　有
石斧		商晚期	河南荥阳关帝庙	《考古》2008年7期　有
石斧		商晚期	辽宁康平镇郊	《考古》1981年2期
石斧		商—西周	四川成都金沙遗址	《考古》2002年7期
石斧	2	商周	安徽郎溪欧墩	《考古》1989年3期　有
石斧		商周	北京房山丁家洼	《考古》1963年3期　有
石斧	2	商周	福建浦城汉阳城	《考古》1993年2期　有
石斧	1	商周	福建浦城金鸡山	《考古》1993年2期
石斧	3	商周	福建尤溪虎路仑	《考古》1993年7期　有
石斧	1	商周	福建尤溪米斗山	《考古》1993年7期　有
石斧	1	商周	贵州毕节青场瓦窑	《考古》1987年4期　有
石斧		商周	河北曲阳冯家岸	《考古通讯》1955年 有 1期
石斧	2	商周	河北邢台东先贤村	《考古》2002年3期　有
石斧		商周	黑龙江宁安莺歌岭	《考古》1981年6期　有
石斧		商周	湖南安仁庵寺山	《考古》1993年11期
石斧		商周	湖南安仁花猫档	《考古》1993年11期
石斧		商周	湖南安仁灰老山	《考古》1993年11期
石斧		商周	湖南安仁罗古坳	《考古》1993年11期
石斧		商周	湖南安仁麻田湾	《考古》1993年11期
石斧		商周	湖南安仁牛头崖	《考古》1993年11期
石斧		商周	湖南安仁牛形岭	《考古》1993年11期
石斧		商周	湖南安仁云个山	《考古》1993年11期
石斧		商周	湖南安仁珠子坳	《考古》1993年11期
石斧		商周	湖南桂东圆下山	《考古》1993年11期
石斧	1	商周	湖南零陵菱角塘	《考古》1965年9期　有
石斧	3	商周	湖南龙山溪口	《考古》1993年10期　有
石斧		商周	湖南汝城神仙带	《考古》1993年11期
石斧		商周	湖南宜章称砣岭	《考古》1993年11期　有
石斧		商周	湖南资兴阮家岭	《考古》1993年11期

石斧		商周	湖南资兴月光岭	《考古》1993年11期	
石斧	1	商周	江苏丹阳王家山	《考古》1985年5期	有
石斧	1	商周	江苏吴县	《考古》1990年10期	有
石斧	1	商周	江西湖口下石钟山	《考古》1987年12期	有
石斧	1	商周	江西铅山曹家墩	《考古》1983年2期	
石斧		商周	内蒙古宁城小榆树林子	《考古》1965年12期	有
石斧	1	商周	山东茌平南陈庄	《考古》1985年4期	有
石斧	1	商周	山东青岛市郊云头岚	《考古》1965年9期	有
石斧	10	商周	四川新凡水观音	《考古》1959年8期	有
石斧	2	商周	天津宝坻牛道口	《考古》1991年7期	有
石斧	6	商周	天津蓟县围坊	《考古》1983年10期	有
石斧	51	商周	云南剑川海门口	《考古》1995年9期	有
石斧	4	商周	浙江衢州茶叶山	《考古》1987年1期	有
石斧	1	商周	浙江衢州鸟柱山	《考古》1987年1期	有
石斧	2	商周	浙江衢州柘川	《考古》1987年1期	有
石斧	3	商周	重庆云阳李家坝	《考古》2004年6期	有
石斧		商周（距今3300年）	贵州威宁鸡公山	《考古》2006年8期	
石斧	4	商周（距今3300年）	贵州威宁吴家大坪	《考古》2006年8期	有
石斧	2	青铜时代（距今3300年）	云南鲁甸野石山	《考古》2009年8期	有
石斧	7	西周	安徽六安堰墩	《考古》2002年2期	有
石斧	3	西周	安徽宁国官山	《考古》2000年11期	有
石斧		西周	北京昌平宝山	《考古》1959年3期	
双孔石斧		西周	北京昌平龙母庄	《考古》1959年3期	
石斧		西周	北京昌平龙母庄	《考古》1959年3期	
石斧		西周	河南安阳黄张村	《考古》2009年4期	有
石斧	1	西周	河南鹿邑太清宫	《考古》2000年9期	
石斧		西周	河南洛阳北窑	《考古》1983年5期	
石斧	2	西周	黑龙江肇源白金宝	《考古》1980年4期	有
石斧		西周	湖北安陆花台	《考古》1993年6期	有
石斧	11	西周	湖北罗田庙山岗	《考古》1994年9期	有
石斧	1	西周	湖北蕲春毛家嘴	《考古》1962年1期	有
石斧		西周	湖南安仁何古山	《考古》1993年11期	
石斧		西周	湖南安仁麻土湾	《考古》1993年11期	
石斧		西周	湖南桂阳石下山	《考古》1993年11期	有
石斧		西周	湖南永兴羊角山	《考古》1993年11期	
石斧		西周	湖南永兴寨上	《考古》1993年11期	
石斧		西周	湖南资兴碑记岭	《考古》1993年11期	
石斧	2	西周	吉林东丰把蒿砬子	《考古》1987年6期	有

石斧	1	西周	吉林东丰大阳西山头	《考古》1987年6期	有
石斧	1	西周	江苏东海庙墩	《考古》1986年12期	有
穿孔扁石斧		西周	江苏邳海西滩子	《考古》1964年1期	
石斧	2	西周	江苏新沂三里墩	《考古》1960年7期	
石斧	2	西周	江西进贤寨子峡	《考古》1986年2期	有
石斧	10	西周	江西南昌青山湖	《考古》1985年8期	有
石斧	13	西周	辽宁阜新平项山石城址	《考古》1992年5期	有
石斧		西周	辽宁新金碧流河	《考古》1984年8期	有
穿孔石斧		西周	山东滕县	《考古》1980年1期	
石斧	1	西周	山东邹县七家峪	《考古》1965年11期	
石斧	1	西周	陕西邠县下孟村	《考古》1960年1期	
石斧		西周	陕西浐灞两河沿岸	《考古》1961年11期	
石斧		西周	陕西长安沣东白家庄北	《考古》1963年8期	
石斧		西周	陕西长安沣东洛水村西	《考古》1963年8期	
石斧		西周	陕西长安沣西客省庄	《考古》1959年10期	
石斧		西周	陕西长安沣西张家坡	《考古》1959年10期	
石斧	1	西周	陕西长安沣西张家坡	《考古》1964年9期	有
石斧		西周	陕西长安鄠县	《考古》1962年6期	有
石斧		西周	陕西凤翔和兴平	《考古》1960年3期	有
石斧		西周	陕西扶风齐家村	《考古》1980年1期	有
石斧	2	西周	陕西泾水上游	《考古》1962年6期	
石斧	1	西周	陕西铜川炭窠沟	《考古》1986年5期	有
石斧		西周	陕西渭水流域	《考古》1959年11期	
石斧	1	西周	陕西武功柴家咀	《考古》1996年7期	有
石斧	1	西周	陕西武功黄家河	《考古》1988年7期	有
石斧	1	西周	陕西西安张家坡	《考古》1994年10期	有
石斧	1	西周	四川西昌经久大洋堆	《考古》2004年10期	有
石斧	3	西周	天津蓟县张家园	《考古》1993年4期	有
石斧	36	青铜时代（距今3100年）	云南剑川海门口	《考古》2009年8期	有
石斧		青铜时代（辛店文化）	甘肃临夏姬家川	《考古》1962年2期	
石斧	3	青铜时代（辛店文化）	甘肃永靖莲花台黑头咀	《考古》1980年4期	有
石斧	3	青铜时代（辛店文化）	甘肃永靖莲花台瓦渣咀	《考古》1980年4期	有
石斧		青铜时代（辛店文化）	甘肃永靖张家咀	《考古》1959年4期	
石斧	1	周	安徽屯溪西郊奕棋	《考古》1990年3期	
石斧	1	周	福建光泽杨山	《考古》1985年12期	
石斧		周	甘肃渭河上游	《考古通讯》1958年7期	
双肩石斧		周	甘肃西汉水流域	《考古》1959年3期	

单肩石斧		周	甘肃西汉水流域	《考古》1959年3期	
石斧	39	周	河北徐水解村	《考古》1965年10期	有
石斧	1	周	河南陕县七里铺村	《考古》1959年4期	有
石斧	3	周	湖北巴东雷家坪	《考古》1999年1期	有
石斧	1	周	湖北红安金盆	《考古》1960年4期	
石斧	2	周	湖南长沙东郊	《考古》1965年3期	
石斧	1	周	陕西安康平利南门外	《考古》1960年3期	
石斧	1	周	陕西扶风和岐山	《考古》1963年12期	
石斧	1	青铜时代（距今3000年）	吉林长春北红嘴子	《考古》2003年8期	有
石斧	17	青铜时代（距今3000年）	辽宁大连大砣子	《考古》1994年4期	有
石斧	1	青铜时代（距今3000年）	辽宁大连土龙子	《考古》2008年9期	有
石斧	4	青铜时代（距今3000年）	辽宁盖县伙家窝堡	《考古》1993年9期	有
石斧	8	青铜时代（距今3000年）	辽宁瓦房店八岔沟	《考古》1997年12期	有
石斧	3	青铜时代（距今3000年）	辽宁瓦房店茶山	《考古》1997年12期	有
石斧	7	青铜时代（距今3000年）	辽宁瓦房店窟窿山	《考古》1997年12期	有
石斧	6	青铜时代（距今3000年）	辽宁瓦房店药王庙	《考古》1997年12期	有
石斧		青铜时代（距今3000年）	辽宁彰武	《考古》1991年8期	有
石斧		青铜时代（距今3000年）	新疆民丰尼雅	《考古》1999年4期	
石斧	1	青铜时代（夏家店上层文化）	辽宁建平喀喇沁	《考古》1983年11期	
石斧	10	青铜时代（夏家店上层文化）	辽宁锦州山河营子	《考古》1986年10期	有
石斧		青铜时代（夏家店上层文化）	内蒙古赤峰上机房营子	《考古》2008年1期	
石斧		青铜时代（夏家店上层文化）	内蒙古赤峰夏家店上层	《考古》1961年2期	
石斧	1	青铜时代（卡约文化）	青海大通东峡宝库	《考古》1964年9期	
石斧		青铜时代（卡约文化）	青海化隆半主洼	《考古》1996年8期	有
石斧	3	青铜时代（卡约文化）	青海化隆上半主洼	《考古》1998年1期	有
石斧	1	青铜时代（卡约文化）	青海平安东哈家	《考古》1990年9期	有

石斧	1	青铜时代（卡约文化）	青海平安董家	《考古》1990年9期	有
石斧	5	西周—春秋	江苏丹阳墩头山	《考古》1993年8期	有
石斧	2	西周—春秋	辽宁本溪新城子	《考古》2010年9期	有
石斧		西周—春秋	辽宁克什克腾旗天宝同	《考古》1977年5期	
石斧	1	西周—春秋	内蒙古宁城南山根102号墓	《考古》1981年4期	有
石斧	22	西周—春秋	香港大屿山白芒	《考古》1997年6期	有
石斧	4	西周—战国	辽宁抚顺大伙房水库	《考古》1989年2期	有
石斧	1	西周—战国	浙江玉环三合潭	《考古》1996年5期	有
石斧	11	青铜时代（距今2875±130年）	辽宁铁岭邱台	《考古》1996年2期	有
石斧		青铜时代（距今2800年）	吉林长白民主	《考古》1995年8期	有
石斧	数量多	青铜时代—东汉	吉林汪清新华闾	《考古》1961年8期	
石斧	1	东周	福建浦城越王山	《考古》1993年2期	有
石斧		东周	湖南安仁腰当山	《考古》1993年11期	
石斧		东周	吉林东丰龙头山	《考古》1988年7期	有
石斧	7	东周	吉林通化万发拨子	《考古》2003年8期	有
石斧	21	东周	吉林汪清金城	《考古》1986年2期	有
石斧	4	东周	吉林延吉新光	《考古》1992年7期	有
石斧	1	东周	江苏苏州新庄	《考古》1987年4期	有
石斧	1	东周	辽宁喀左南洞沟	《考古》1977年6期	有
石斧		东周	内蒙古宁城南山根	《考古》1959年6期	
石斧	1	东周	山东青岛崂山东古镇村	《考古》1959年3期	有
石斧	4	东周	山西芮城南礼教村	《考古》1964年6期	
石斧		东周	香港屯门扫管笏	《考古》2010年7期	有
石斧	2	东周	重庆云阳李家坝	《考古》2004年6期	有
石斧	2	春秋	海南东方荣村	《考古》2003年4期	有
石斧		春秋	河南安阳黄张村	《考古》2009年4期	有
石斧	8	春秋	湖北罗田庙山岗	《考古》1994年9期	有
石斧	1	春秋	湖北随县城北关	《考古》1959年11期	有
石斧	2	春秋	湖北随县泰山庙	《考古》1959年11期	有
石斧	6	春秋	吉林江北土城子	《考古通讯》1955年1期	有
石斧	5	春秋	吉林磐石小西山	《考古》1984年1期	有
石斧		春秋	辽宁沈阳郑家洼子	《考古》1989年10期	
石斧	1	春秋	辽宁西丰猴石山东南坡	《考古》1995年2期	有
石斧		春秋	山东长清仙人台	《考古》1998年9期	有

石斧	1	春秋	山东沂水时密山	《考古》1991年8期	有
石斧	1	春秋	四川会理雷家山	《考古》2010年4期	有
石斧	4	战国	广东始兴白石坪山	《考古》1996年9期	有
石斧	2	战国	河北正定曹村	《考古》2007年11期	有
石斧	3	战国	湖北巴东汪家河	《考古》2003年11期	有
石斧		战国	吉林扶余北长岗子	《考古》1979年2期	
石斧	量多	战国	吉林珲春河西北山	《考古》1994年5期	有
石斧	60	战国	吉林省吉林市长蛇山	《考古》1980年2期	有
石斧	24	战国	吉林省吉林市猴石山	《考古》1980年2期	有
石斧	8	战国	吉林省吉林市泡子沿前山	《考古》1985年6期	有
石斧	11	战国	吉林省吉林市骚达沟	《考古》1985年10期	有
石斧	9	战国	吉林汪清水北	《考古》2005年1期	有
石斧	1	战国	辽宁抚顺大伙房	《考古》1964年6期	有
石斧	2	战国	辽宁清原斗虎屯	《考古》1989年2期	有
石斧	1	战国	辽宁清原甘井子大庙村	《考古》1989年2期	有
石斧	1	战国	辽宁新宾汤图河西村	《考古》1989年2期	有
石斧	2	战国	山东临淄故城	《考古》1961年6期	
石斧	2	战国	山西侯马牛村	《考古》1988年10期	
石斧		战国	陕西长安沣西客省庄	《考古》1959年10期	
石斧形器	1	战国	四川荥经同心村	《考古》1988年1期	有
石斧	1	铁器时代（距今2500年）	新疆鄯善苏贝希	《考古》2002年6期	有
石斧	2	扶余族时期	吉林农安田家坨子	《考古》1979年2期	
石斧		战国－汉	河南洛阳东乾沟	《考古》1959年10期	
石斧		战国－汉	辽宁法库叶茂台	《考古》1981年2期	有
石斧	1	战国－汉	辽宁清原任家堡西山头	《考古》1989年2期	有
石斧	2	战国－汉	辽宁西丰肇兴村	《考古》1981年2期	有
石斧	2	战国－汉	辽宁新宾红山	《考古》1989年2期	有
石斧	2	战国－西汉	辽宁抚顺莲花堡	《考古》1964年6期	有
石斧	1	秦汉	山西盂县北村	《考古》1991年9期	
石斧	1	秦汉	陕西安康中渡台	《考古》1960年3期	
石斧	1	汉	黑龙江海林东兴	《考古》1996年10期	有
石斧		汉	黑龙江海林河口	《考古》1996年2期	
石斧	1	汉	黑龙江海林兴农	《考古》2005年3期	有
石斧	2	汉	黑龙江鸡西永台	《考古》1982年1期	有
石斧	1	汉	内蒙古乌兰布和	《考古》1973年2期	有
石斧	3	汉	四川平武水牛家寨	《考古》2006年10期	有
石斧	1	汉	云南大理鹿鹅山	《考古》1966年4期	

有肩石斧	1	汉	云南晋宁石寨山	《考古》1959年9期	
有肩石斧	1	西汉	广东广州磨刀坑永泰	《考古》1961年5期	有
石斧	1	汉魏	黑龙江桦南小八浪	《考古》2002年7期	有
石斧		东汉—北朝	黑龙江海林河口	《考古》1996年2期	有
石斧	1	魏晋	黑龙江友谊凤林古城址	《考古》2004年12期	有
石斧	1	东晋—北宋	湖北巴东汪家河	《考古》2006年1期	有
石斧	1	隋	河南洛阳东北郊小李村西	《考古》2007年12期	有
石斧	2	高句丽（公元7世纪）	辽宁沈阳石台子拦水坝	《考古》2010年12期	有
石斧		渤海国时期	吉林敦化牡丹江上游	《考古》1962年11期	
石斧	4	辽	广西南县石脚山	《考古》2003年1期	有
石斧	2	辽金	吉林双辽电厂贮灰场	《考古》1995年4期	有
木斧	1	战国	湖南长沙北郊丝茅冲	《考古通讯》1957年5期	有
骨斧	2	新石器（距今8000年）	广西邕宁顶蛳山	《考古》1998年11期	有
骨斧	3	新石器（距今6000年）	广西邕宁顶蛳山	《考古》1998年11期	有
骨斧		新石器（贝丘遗址）	广东潮安陈桥村	《考古》1961年11期	有
骨斧		新石器（龙山文化）	河北邯郸涧沟	《考古》1959年10期	
骨斧		青铜时代（夏家店下层文化）	内蒙古赤峰药王庙	《考古》1961年2期	有
角斧		新石器（仰韶文化）	河南陕县庙底沟	《考古通讯》1957年4期	
角斧	1	新石器（龙山文化）	河北邯郸涧沟	《考古》1961年4期	
鹿角斧	2	东周—汉	河北容城南阳	《考古》1993年3期	有
玉斧	1	新石器（大汶口文化）	山东章丘焦家	《考古》1998年6期	有
玉斧	6	新石器（红山文化）	吉林镇赉聚宝山	《考古》1998年6期	有
玉斧	2	新石器（红山文化）	内蒙古巴林右旗那斯台	《考古》1987年6期	有
玉斧	2	新石器（距今6000年）	内蒙古海拉尔团结	《考古》2001年5期	有
玉斧		新石器（崧泽文化晚期）	安徽含山凌家滩	《考古》1999年11期	有
玉斧		新石器（距今5300年）	安徽含山凌家滩	《考古》2008年3期	有
玉斧	3	新石器（良渚文化）	江苏常州武进寺墩	《考古》1984年2期	有
玉斧		新石器（良渚文化）	江苏吴县徐港	《考古》1990年10期	有
玉斧	16	新石器（龙山文化）	河北永年台口村	《考古》1962年12期	
穿孔玉斧		新石器（龙山文化）	山东日照两城镇	《考古》1988年2期	有
玉斧	1	新石器（距今4800年）	黑龙江饶河小南山	《考古》1996年2期	有
玉斧	2	新石器（齐家文化）	青海民和喇家	《考古》2002年12期	有
玉斧	2	新石器	辽宁长海小珠山	《考古》2009年5期	有
玉斧	1	新石器	辽宁东沟蜊蚁坨子	《考古》1984年1期	有

玉斧		青铜时代	吉林乾安大布苏泡	《考古》1984年5期	有
玉斧	1	青铜时代（夏家店下层文化）	内蒙古敖汉旗大甸乡	《考古》1997年11期	有
玉斧		青铜时代（夏家店下层文化）	内蒙古赤峰二道井子	《考古》2010年8期	有
玉斧	1	商	河北藁城台西村	《考古》1973年5期	有
玉斧	4	商	四川广汉三星堆仁胜村	《考古》2004年10期	有
玉斧	1	西周	甘肃灵台郑家洼	《考古》1981年6期	
玉斧		西周	辽宁新金碧流河	《考古》1984年8期	有
玉斧		西周	陕西长安沣西大原村	《考古》1986年11期	
玉斧	1	周	辽宁西丰诚信	《考古》1995年2期	有
玉斧		周	陕西扶风和岐山	《考古》1963年12期	有
玉斧	1	战国	吉林省吉林市骚达沟	《考古》1985年10期	有
玉斧	1	西汉	陕西咸阳马泉	《考古》1979年2期	
陶斧	1	唐	福建惠安上村	《考古》2004年4期	有
红铜斧	1	新石器（齐家文化）	甘肃岷县杏林	《考古》1985年11期	有
铜斧	2	新石器	广东东部地区	《考古》1961年12期	有
铜斧	2	新石器	湖北蕲春易家山	《考古》1960年5期	
铜斧		新石器	四川新繁水观音	《考古通讯》1958年8期	
铜斧		新石器	云南剑川海门口	《考古通讯》1958年6期	
铜斧	1	新石器	云南景洪	《考古》1965年11期	有
铜斧	5	青铜时代	云南个旧石榴坎	《考古》1992年2期	有
铜斧	1	商	河北滦县陈山头村	《考古》1994年4期	有
铜銎斧	1	商	河南安阳大司空村	《考古》1992年6期	有
铜斧	1	商	河南安阳郭家庄M160	《考古》1991年5期	
铜斧	2	商	河南安阳后岗	《考古》1972年3期	
铜斧	1	商	河南安阳花园庄东地	《考古》2006年1期	有
铜斧		商	河南安阳殷墟	《考古》1983年2期	
铜斧	224	商	湖南宁乡	《考古》1963年12期	
铜斧		商	湖南宁乡横市	《考古》1999年11期	
铜斧	5	商	江西都昌云山	《考古》1976年4期	有
铜斧	2	商	辽宁法库湾柳	《考古》1989年12期	有
铜斧	1	商	山东平阴朱家桥	《考古》1961年2期	有
铜斧	1	商	山西吉县上东村	《考古》1985年9期	有
铜斧		商	山西柳林高红	《考古》1981年3期	有
铜斧	2	商	陕西城固五郎庙村	《考古》1980年3期	有
铜斧	1	青铜时代（距今3500	新疆和硕新塔那	《考古》1988年5期	有

		年)			
铜斧	1	商周	安徽郎溪欧墩	《考古》1989年3期	有
铜斧	1	商周	湖南望城高砂脊	《考古》2001年4期	有
铜斧		商周	内蒙古克什克腾旗龙头山	《考古》1991年8期	有
铜斧	1	商周	四川新凡水观音	《考古》1959年8期	有
铜斧	1	商周	云南剑川海门口	《考古》1995年9期	有
铜斧	1	商—战国	江西清江营盘里	《考古》1962年4期	
铜斧	2	西周	北京昌平白浮	《考古》1976年4期	有
铜斧	1	西周	北京琉璃河1193墓	《考古》1990年1期	有
铜斧	2	西周	广东揭西赤岭埔	《考古》1999年7期	有
铜斧	1	西周	广东揭阳关爷坑	《考古》1985年8期	有
铜斧	4	西周	河北迁安小山东庄	《考古》1997年4期	有
铜斧	2	西周	河南鹿邑太清宫	《考古》2000年9期	
铜斧	1	西周	河南洛阳东郊	《考古》1959年4期	有
铜斧	1	西周	湖北蕲春毛家嘴	《考古》1962年1期	
铜斧	1	西周	湖北孝感	《考古》1988年4期	有
铜斧		西周	吉林东丰山里七队	《考古》1987年6期	有
铜斧		西周	江苏南京江宁	《考古》1960年6期	
铜斧	1	西周	辽宁建平水泉城子	《考古》1983年8期	有
铜斧	3	西周	宁夏中卫狼窝子坑	《考古》1989年11期	有
铜斧		西周	陕西长安沣西张家坡	《考古》1959年10期	
铜斧	1	西周	陕西岐山贺家村	《考古》1976年1期	有
铜斧	1	青铜时代（辛店文化）	青海民和簸箕掌	《考古》1993年3期	有
铜斧		周	安徽屯溪西郊奕棋	《考古》1990年3期	
铜斧	6	周	辽宁建平	《考古》1983年8期	有
铜斧		青铜时代（距今3000年）	新疆鄯善洋海	《考古》2004年5期	有
铜斧	1	青铜时代（夏家店上层文化）	辽宁建平喀喇沁	《考古》1983年11期	
铜斧	7	西周—春秋	北京延庆西拨子	《考古》1979年3期	有
铜斧	1	西周—春秋	辽宁建平大拉罕沟	《考古》1983年8期	有
铜斧	1	西周—春秋	香港大屿山白芒	《考古》1997年6期	有
铜斧	2	西周—战国	辽宁抚顺大伙房水库	《考古》1989年2期	有
铜斧	1	西周—战国	浙江玉环三合潭	《考古》1996年5期	有
铜斧	2	东周	安徽涡阳盛双楼	《考古》2006年9期	有
铜斧	2	东周	福建建阳	《考古》1983年11期	有
铜斧	1	东周	福建武夷山郊区	《考古》1996年5期	有
铜斧	1	东周	甘肃庆阳冯堡	《考古》1988年5期	有

铜斧	9	东周	广东	《考古》1961年11期	有
铜斧	1	东周	广东和平杨村坳	《考古》1991年3期	有
铜斧	2	东周	广东清远马头岗	《考古》1964年3期	有
铜斧	1	东周	广东翁源江头山	《考古》1961年11期	有
铜斧	4	东周	广西恭城秧家	《考古》1973年1期	有
铜斧	1	东周	河北邢台葛家庄	《考古》2001年2期	有
铜斧		东周	河南陕县后川	《考古通讯》1958年11期	
大型铜斧	11	东周	湖北大冶铜绿山	《考古》1974年4期	有
小型铜斧	2	东周	湖北大冶铜绿山	《考古》1974年4期	有
铜斧		东周	吉林骚达沟	《考古通讯》1955年2期	
铜斧	1	东周	江苏六合和仁	《考古》1977年5期	有
铜斧	1	东周	辽宁清原门脸	《考古》1981年2期	有
铜斧	4	东周	内蒙古宁城南山根	《考古》1959年6期	
铜斧	1	东周	宁夏彭阳张街	《考古》2002年8期	有
铜板斧	1	东周	陕西凤翔故雍城	《考古》1986年4期	有
铜斧		东周	陕西凤翔故雍城	《考古》1986年4期	有
铜斧	2	东周	四川芦山芦阳镇	《考古》1991年10期	有
铜斧	2	东周	云南昆明大团山	《考古》1983年9期	有
铜斧	7	东周	云南昆明上马村	《考古》1984年3期	有
铜斧	2	东周	浙江乐清白石	《考古》1992年9期	
铜斧		东周	浙江上虞银山	《考古》1993年3期	
铜斧	2	春秋	广东怀集拦马山	《考古》1985年4期	有
铜斧	1	春秋	广东始兴旱头岭	《考古》1988年6期	有
铜斧	1	春秋	广东珠海拱北	《考古》1985年8期	有
铜斧	1	春秋	湖南衡南保和圩农场	《考古》1978年5期	有
铜斧	3	春秋	湖南衡阳赤石	《考古》1998年6期	有
铜斧	1	春秋	湖南衡阳苗圃	《考古》1984年10期	有
铜斧	1	春秋	湖南湘潭古唐桥	《考古》1978年5期	有
铜斧	1	春秋	吉林磐石小西山	《考古》1984年1期	有
铜斧	2	春秋	江苏邳州九女墩	《考古》1999年11期	有
铜斧	1	春秋	江苏无锡北周巷	《考古》1981年4期	有
铜斧		春秋	江西广昌头陂	《考古》1988年6期	有
铜斧		春秋	山西临猗程村	《考古》1991年11期	有
铜斧	1	战国	安徽六安城西窑厂	《考古》1995年2期	有
铜斧	30	战国	广东广宁龙嘴岗	《考古》1998年7期	有
铜斧		战国	广东乐昌对面山	《考古》2000年6期	有
铜斧	1	战国	广东龙川丰稔佐拔村	《考古》1994年3期	有

铜斧	1	战国	广东龙门黄岗岭	《考古》1985年4期	
铜斧	4	战国	广东罗定背夫山	《考古》1986年3期	有
铜斧	1	战国	广东罗定太平	《考古》1983年1期	有
铜斧	1	战国	广东四会高地园	《考古》1985年4期	有
铜斧	3	战国	广东四会鸟旦山	《考古》1975年2期	有
铜斧	3	战国	广西宾阳韦坡村	《考古》1983年2期	有
铜斧	1	战国	广西德保	《考古》1984年9期	有
铜斧	13	战国	广西贺县贺江边	《考古》1984年9期	有
铜斧	4	战国	广西田东甘莲	《考古》1979年6期	有
铜斧	1	战国	广西兴安	《考古》1984年9期	有
铜斧（戚）	1	战国	河北青龙抄道沟	《考古》1962年12期	有
铜斧	1	战国	湖北襄樊蔡坡	《考古》2005年11期	有
铜斧	1	战国	湖北襄阳团山	《考古》1991年9期	有
铜斧		战国	湖北阳新蔡家祠	《考古》1994年3期	有
铜斧	1	战国	吉林集安五道岭沟门	《考古》1981年5期	有
铜斧	1	战国	吉林省吉林市长蛇山	《考古》1980年2期	有
铜斧	10	战国	江西清江	《考古》1962年7期	有
铜斧	1	战国	辽宁抚顺大伙房	《考古》1964年6期	有
铜斧	3	战国	辽宁锦西乌金塘	《考古》1960年5期	
铜斧	1	战国	辽宁辽阳二道河子	《考古》1977年5期	有
铜斧	2	战国	辽宁凌源三官甸	《考古》1985年2期	有
铜斧	2	战国	辽宁旅大旅顺口区后牧城驿	《考古》1960年8期	有
铜斧	4	战国	宁夏中宁倪丁村	《考古》1987年9期	有
铜斧		战国	四川巴县冬笋坝	《考古通讯》1958年1期	有
铜斧	2	战国	四川成都南郊	《考古》1959年8期	
铜斧	1	战国	四川成都天回山	《考古》1959年8期	
铜斧	24	战国	四川峨嵋柏香林	《考古》1986年11期	有
铜斧	2	战国	四川开县余家坝	《考古》1999年1期	有
铜斧	1	战国	四川荥经同心村	《考古》1988年1期	有
铜斧	1	战国	四川荥经同心村	《考古》1996年7期	有
铜斧		战国	新疆巴里坤县	《考古》1986年10期	
铜斧	3	战国	云南宁蒗大兴	《考古》1983年3期	有
铜斧		秦	陕西咸阳长陵车站	《考古》1974年1期	
铜斧	1	秦汉	四川巴县冬笋坝	《考古通讯》1958年1期	
铜斧	3	汉	云南安宁太极山	《考古》1965年9期	有
铜斧	1	汉	云南德钦永芝	《考古》1975年4期	有

铜斧		汉	云南晋宁石寨山	《考古》1959年9期	
铜斧	16	汉	云南晋宁石寨山	《考古》1963年9期	有
铜斧	32	汉	云南昆明呈贡石碑	《考古》1984年3期	有
铜斧		西汉	广东乐昌对面山	《考古》2000年6期	有
铜斧		西汉	四川茂汶佳山寨	《考古》1959年9期	
铜斧		西汉	云南江川李家山	《考古》2001年12期	有
铜斧		西汉	云南昆明双龙坝	《考古》1977年2期	
铜斧	2	新莽	江西南昌市京家山	《考古》1989年8期	有
铁斧		商	河南偃师商城IV区	《考古》1999年2期	有
铁斧		商—战国	江西清江营盘里	《考古》1962年4期	
铁斧		周—汉	河南舞阳北舞渡镇	《考古通讯》1958年2期	
铁斧	1	东周	湖北大冶铜绿山	《考古》1974年4期	有
铁斧		东周	湖北江陵雨台山	《考古》1980年5期	有
铁斧	1	东周	重庆云阳李家坝	《考古》2004年6期	有
铁斧	1	战国	安徽寿县牛尾岗	《考古》1959年7期	
铁斧		战国	广东乐昌对面山	《考古》2000年6期	有
铁斧	1	战国	广东始兴白石坪山	《考古》1963年4期	有
铁斧	4	战国	广东始兴白石坪山	《考古》1996年9期	有
铁斧	1	战国	广东增城西瓜岭	《考古》1964年3期	有
铁斧	1	战国	河北临城中羊泉	《考古》1990年8期	有
铁斧	1	战国	河北兴隆西沟	《考古》1995年7期	有
铁斧	7	战国	河北易县燕下都	《考古》1965年11期	有
铁斧		战国	湖北安陆新河村古城	《考古》1993年6期	有
铁斧	1	战国	湖南常德德山	《考古》1959年12期	
铁斧	1	战国	辽宁建平喀喇沁	《考古》1983年11期	有
铁斧	4	战国	山东临淄故城	《考古》1961年6期	有
铁斧	1	战国	山东淄博临淄南马坊	《考古》1999年2期	有
铁斧		战国	陕西宝鸡李家崖	《考古通讯》1955年2期	
铁斧	2	战国	陕西咸阳故城长陵车站	《考古》1962年6期	
铁斧	1	战国	四川巴县冬笋坝	《考古通讯》1958年1期	
铁斧	1	战国	四川成都北二环路	《考古》2001年5期	有
铁斧	1	战国	四川荥经曾家沟	《考古》1984年12期	有
铁斧	1	战国	天津北仓	《考古》1982年2期	有
铁斧	1	战国—西汉	辽宁抚顺莲花堡	《考古》1964年6期	有
铁斧	3	战国—西汉	四川巴县冬笋坝	《考古通讯》1958年1期	有

铁斧	2	秦	四川大邑五龙乡	《考古》1987年7期 有
铁斧	4	汉	安徽合肥建华窑厂	《考古》1959年3期
铁斧	5	汉	福建崇安城村汉城	《考古》1960年10期 有
铁斧	1	汉	河南鹤壁鹿楼村	《考古》1963年10期 有
铁斧	1	汉	湖南长沙黄泥坑	《考古通讯》1956年6期
铁斧	1	汉	江苏连云港二涧村	《考古》1962年3期
铁斧		汉	江苏盐城麻瓦坟	《考古》1964年1期
铁斧	2	汉	江西南昌市老福山	《考古》1964年2期 有
铁斧	1	汉	山东沂水黄埃头	《考古》1989年11期 有
铁斧	1	汉	香港屯门扫管笏	《考古》2010年7期 有
铁斧	2	汉	云南昆明呈贡石碑	《考古》1984年3期 有
铁斧	3	汉	重庆云阳李家坝	《考古》2004年6期 有
铁斧	1	西汉	安徽铜陵金牛洞	《考古》1989年10期 有
铁斧		西汉	广东乐昌对面山	《考古》2000年6期 有
铁斧	1	西汉	广西贵县罗泊湾	《考古》1982年4期
铁斧	2	西汉	广西兴安秦城遗址	《考古》1998年11期 有
铁斧		西汉	湖北荆沙瓦坟园	《考古》1995年11期
铁斧	1	西汉	湖北宜昌前坪	《考古》1985年5期 有
铁斧	1	西汉	湖南保靖粟家坨	《考古》1985年9期 有
铁斧		西汉	江苏六合李岗南木塘	《考古》1978年3期 有
铁斧	1	西汉	江苏徐州小山子	《考古》1964年10期 有
铁斧	2	西汉	陕西凤翔长青	《考古》2005年7期 有
铁斧		西汉	陕西西安大刘寨村武库遗址	《考古》1978年4期
铁斧	2	西汉	陕西西安汉长安城桂宫4号	《考古》2002年1期
铁斧	1	西汉	陕西西安汉长安城西北角	《考古》2006年10期
铁斧	1	西汉	陕西西安六堡村汉长安城	《考古》1994年11期
铁斧		西汉	陕西西安三兆（杜陵）	《考古》1984年10期
铁斧		西汉	陕西西安未央宫刘寨村	《考古》1992年8期
铁斧		西汉	陕西西安未央宫卢家口	《考古》1989年1期
铁斧		西汉	四川成都北郊大湾村	《考古通讯》1956年6期
铁斧	1	西汉	四川成都北郊洪家包	《考古通讯》1957年2期 有
铁斧	2	西汉	四川成都东北郊	《考古通讯》1958年 有

				2期	
铁斧	1	西汉	四川成都天回山	《考古》1959年8期	
铁斧	2	西汉	四川涪陵黄溪	《考古》1984年4期	有
铁斧	1	西汉	四川绵阳涪江大桥北侧	《考古》1983年4期	有
铁斧	1	西汉	四川绵竹清道	《考古》1983年4期	有
铁斧	2	西汉	四川西昌礼州	《考古》1980年5期	
铁斧		西汉	香港大屿山白芒	《考古》1997年6期	
铁斧		西汉	云南江川李家山	《考古》2001年12期	有
铁斧	2	西汉	云南宣威苏家坡村	《考古》1996年5期	有
铁斧	1	新莽	江西修水古市	《考古》1965年6期	有
铁斧	2	东汉	安徽定远谷堆王	《考古》1985年5期	
铁斧	1	东汉	安徽固镇垓下	《考古》1993年1期	有
铁斧	1	东汉	安徽淮北李楼	《考古》2007年8期	有
铁斧	5	东汉	广东徐闻红坎村	《考古》1977年4期	有
铁斧	1	东汉	广西钟山张屋	《考古》1998年11期	有
铁斧	1	东汉	贵州赤水复兴马鞍山	《考古》2005年9期	有
铁斧	1	东汉	河南长葛石固	《考古》1982年3期	有
铁斧	1	东汉	江苏南京栖霞山	《考古》1959年1期	
铁斧	1	东汉	江西南昌市郊招贤	《考古》1981年5期	有
铁斧	1	东汉	山东济南大觉寺	《考古》2004年8期	有
铁斧	1	东汉	山东青州马家冢子	《考古》2007年6期	有
铁斧	9	东汉	山东乳山大浩口	《考古》1997年8期	有
铁斧	1	东汉	山东潍坊健康中路北侧	《考古》1995年11期	
铁斧	1	东汉	山东淄博张庄	《考古》1986年8期	有
铁斧	2	东汉	四川成都牧马山灌溉渠	《考古》1959年8期	有
铁斧	1	东汉	四川西昌东坪	《考古》1990年12期	有
铁斧	1	东汉	云南昭通鸡窝院子	《考古》1986年11期	
铁斧		东汉－六朝	湖南长沙南塘冲	《考古通讯》1958年3期	
铁斧		高句丽	吉林集安洞沟	《考古》1984年1期	
铁斧	1	高句丽	辽宁抚顺高尔山古城	《考古》1964年12期	有
铁斧	2	三国	安徽合肥三国新城	《考古》2008年12期	有
铁斧	1	六朝早期	湖北均县"双塚"	《考古》1965年12期	有
铁斧	1	六朝	湖南长沙白蚁塘	《考古通讯》1958年2期	
铁斧	1	六朝	重庆云阳乔家院子	《考古》2006年5期	有
铁斧	1	晋	广东广州下塘狮带岗	《考古》1996年1期	有
铁斧	1	西晋	湖北老河口李楼	《考古》1998年2期	有
铁斧		西晋	江苏南京中华门外	《考古》1961年6期	

铁斧	2	东晋	河南洛阳凯旋路	《考古》1996年9期　有
铁斧	1	东晋	江苏南京郊区娘娘山	《考古》1983年4期　有
铁斧	2	东晋	山东牟平石门里	《考古》1994年2期　有
铁斧	1	十六国（成汉）	四川什邡虎头山	《考古》2007年10期　有
铁斧	1	高句丽（南北朝）	吉林辑安	《考古》1961年1期
铁斧	1	隋	陕西麟游隋唐37号殿址	《考古》1995年12期　有
铁斧	1	隋唐	贵州赤水复兴马鞍山	《考古》2005年9期　有
铁斧		隋唐	河南洛阳隋唐东都城址	《考古》1978年6期
铁斧	1	唐	河南洛阳东都履道坊	《考古》1994年8期　有
铁斧	1	唐	江苏高邮车逻北福庄	《考古通讯》1958年5期
铁斧		唐	陕西铜川玉华	《考古》1978年6期　有
铁斧		唐	陕西西安大明宫太液池	《考古》2005年12期
铁斧		唐	浙江温州西山猫儿岭	《考古》1990年12期
铁斧	1	渤海国时期	辽宁沈阳石台子	《考古》2001年3期　有
铁斧		宋	河北邢台朱庄	《考古》1959年7期
铁斧	1	宋	山东莱芜矿山	《考古》1989年2期　有
铁斧	1	宋	四川东山灌溉渠	《考古》1959年8期　有
铁斧		辽	辽宁北镇东沟	《考古》1984年11期
铁斧	1	辽	辽宁阜新白玉都	《考古》1985年10期
铁斧	1	辽	辽宁阜新七家子	《考古》1995年11期
铁斧	1	辽	辽宁建平张家营子	《考古》1960年2期
铁斧	3	辽	辽宁锦州张扛村	《考古》1984年11期
铁斧	1	辽	辽宁康平后刘东屯	《考古》1986年10期
铁斧	2	辽	内蒙古敖汉旗大横沟	《考古》1987年10期　有
铁斧	1	辽	内蒙古敖汉旗沙子沟	《考古》1987年10期　有
铁斧		辽	内蒙古巴林右旗罕山	《考古》1988年11期　有
铁斧		辽	内蒙古库伦旗黑城子	《考古》1991年6期　有
铁斧	2	南宋	甘肃灵台野狐湾	《考古》1987年4期
铁斧		南宋	江苏扬州宋大城北门水门	《考古》2005年12期
铁斧	1	南宋	四川温江	《考古》1977年4期
铁斧	2	宋元	江苏扬州毛纺织厂	《考古》1992年1期　有
铁斧	2	辽金	北京房山焦庄村	《考古》1963年3期　有
铁斧		辽金	黑龙江肇东八里城	《考古》1960年2期　有
铁斧	1	辽金	吉林扶余西山屯	《考古》1963年11期
铁斧	1	金	河北宽城东川村	《考古》1987年12期
铁斧	1	金	河北宣化北大寺村	《考古》1987年12期　有
铁斧	1	金	黑龙江双城车家城子	《考古》2003年2期　有

铁斧	1	金	吉林德惠后城子	《考古》1993年8期 有
铁斧	3	金	吉林辑安钟家村	《考古》1963年11期 有
铁斧	1	金	辽宁新民前当铺	《考古》1960年2期 有
铁斧	2	金元	辽宁绥中城后村	《考古》1960年2期 有
铁斧	1	金元	山东茌平郇屯	《考古》1986年8期 有
铁斧	3	元	北京元大都遗址	《考古》1990年7期
铁斧	1	清	重庆云阳李家坝	《考古》2001年11期 有
铜斧范		新石器	江苏新沂三里墩	《考古通讯》1958年 有 1期
铜斧范		商	河南郑州南关外	《考古通讯》1955年 有 3期
石斧范	1	周	辽宁西丰诚信	《考古》1995年2期 有
陶斧范		东周	山西侯马牛村	《考古》1962年2期 有
斧范	30	战国	河北兴隆	《考古通讯》1956年 有 1期
石斧范	2	战国	辽宁凌源三官甸	《考古》1985年2期 有
斧范		东汉	山东滕县官桥车站旁	《考古》1960年7期
铜鹤嘴斧	1	西周	宁夏中卫狼窝子坑	《考古》1989年11期 有
铜鹤嘴斧	3	东周	宁夏固原彭堡	《考古》1990年5期 有
铜鹤嘴斧	1	东周	宁夏彭阳川口郑庄村	《考古》1999年12期 有
铜鹤嘴斧	1	战国	宁夏彭阳草庙张街	《考古》1999年12期 有
铜鹤嘴斧	1	战国	宁夏彭阳沟口白草洼村	《考古》1999年12期 有
铜鹤嘴斧	1	战国	宁夏彭阳交岔苋麻村	《考古》1999年12期 有

斤

铜斤	1	西周—战国	浙江玉环三合潭	《考古》1996年5期 有
铜斤	1	春秋	山东蓬莱柳格庄	《考古》1990年9期 有
铜斤	1	战国	四川成都罗家碾	《考古》1993年2期 有
曲头铜斤	2	战国	四川峨嵋柏香林	《考古》1986年11期 有
铜斤	3	战国	四川峨嵋柏香林	《考古》1986年11期 有
铜斤	2	战国	四川荥经同心村	《考古》1988年1期 有
铜斤		战国—西汉	四川巴县冬笋坝	《考古通讯》1958年 有 1期
铁斤	1	战国	河南洛阳西郊	《考古》1959年12期
铁斤	1	西汉	贵州赫章可乐	《考古》1992年3期 有
铁斤	1	西汉	四川成都凤凰山	《考古》1991年5期

钺

石钺	2	新石器（仰韶文化）	河南焦作圪垱坡	《考古》1996年11期 有
石钺		新石器（仰韶文化）	山西五台阳白	《考古》1997年4期 有
石钺		新石器（大汶口文化）	安徽蒙城尉迟寺	《考古》2005年10期 有

石钺	18	新石器（大汶口文化）	山东肥城北坦	《考古》2006年4期	有
石钺		新石器（大汶口文化）	山东枣庄建新	《考古》1995年1期	有
石钺形器		新石器（红山文化）	内蒙古巴林右旗那斯台	《考古》1987年6期	有
石钺	2	新石器（距今6000年）	广西资源晓锦	《考古》2004年3期	有
石钺	2	新石器（崧泽文化）	江苏沙洲蔡墩	《考古》1987年10期	有
石钺		新石器（崧泽文化）	江苏沙洲西张	《考古》1987年10期	有
石钺		新石器（崧泽文化）	江苏张家港东山村	《考古》2010年8期	有
石钺		新石器（崧泽文化晚期）	安徽含山凌家滩	《考古》1999年11期	有
石钺		新石器（薛家岗文化）	湖北黄梅金城寨	《考古》1994年6期	有
石钺	3	新石器（薛家岗文化）	湖北黄梅陆墩	《考古》1991年6期	有
石钺		新石器（薛家岗文化）	湖北黄梅张山	《考古》1994年6期	有
石钺		新石器（距今5300年）	安徽含山凌家滩	《考古》2008年3期	有
石钺	1	新石器（良渚文化）	江苏丹阳西沟居	《考古》1994年5期	有
石钺	6	新石器（良渚文化）	江苏昆山少卿山	《考古》2000年4期	有
石钺	3	新石器（良渚文化）	江苏吴江梅堰	《考古》1963年6期	有
石钺	5	新石器（良渚文化）	上海金山亭林	《考古》2002年10期	有
石钺		新石器（良渚文化）	上海松江广富林	《考古》2002年10期	有
石钺	26	新石器（良渚文化）	浙江海盐龙潭港	《考古》2001年10期	有
石钺	2	新石器（良渚文化）	浙江建德久湖	《考古》2006年5期	有
石钺		新石器（良渚文化）	浙江平湖庄桥坟	《考古》2005年7期	有
石钺		新石器（龙山文化）	河南博爱西金城	《考古》2010年6期	有
石钺	2	新石器（龙山文化）	河南焦作大司马	《考古》1996年11期	有
石钺	12	新石器（龙山文化）	湖北蕲春坳上湾	《考古》1992年7期	有
石钺	4	新石器（龙山文化）	湖北宜都石板巷子	《考古》1985年11期	有
石钺		新石器（龙山文化）	山东日照两城镇	《考古》1997年4期	有
石钺	4	新石器（龙山文化）	山东泗水尹家城	《考古》2008年5期	有
石钺		新石器（龙山文化）	山西襄汾陶寺	《考古》1983年1期	有
石钺	1	新石器（龙山文化）	陕西神木石峁	《考古》1977年3期	有
石钺	1	新石器（宝墩文化）	四川崇州双河	《考古》2002年11期	有
石钺		新石器（龙山文化陶寺型）	山西襄汾陶寺	《考古》2003年9期	有
石钺		新石器（龙山文化陶寺型）	山西襄汾陶寺	《考古》2007年4期	有
石钺	1	新石器（岳石文化）	山东桓台史家	《考古》1997年11期	有
石钺	1	新石器	安徽潜山天宁寨	《考古》1987年11期	有
石钺		新石器	江苏常州圩墩	《考古》1974年2期	有
石钺		新石器	江苏昆山荣庄	《考古》1960年6期	有
石钺	1	新石器	江苏无锡许巷村	《考古》1961年8期	有

石钺		新石器	山东胶县三里河	《考古》1977年4期	
石钺	1	新石器	上海松江汤庙村	《考古》1985年7期	有
石钺		新石器	浙江杭州老和山	《考古通讯》1955年6期	有
石钺		新石器	浙江杭州良渚	《考古通讯》1955年6期	有
石钺	3	新石器	浙江乐清白石	《考古》1992年9期	有
石钺	2	新石器中晚期	安徽黄山蒋家山	《考古》1995年2期	有
石钺	1	新石器晚期	江西瑞昌大路口	《考古》1993年7期	有
石钺		新石器晚期	香港新界涌浪	《考古》1997年6期	有
石钺	3	新石器晚期	浙江仙居下汤	《考古》1987年12期	有
石钺	1	夏（二里头文化）	河南方城八里桥	《考古》1999年12期	有
石钺		夏（二里头文化）	河南伊川南寨	《考古》1996年12期	
石钺		青铜时代（距今4000年）	辽宁大连小黑石砣子	《考古》1994年4期	有
石钺		青铜时代（夏家店下层文化）	内蒙古赤峰二道井子	《考古》2010年8期	有
石钺		青铜时代（夏家店下层文化）	内蒙古赤峰康家湾	《考古》2008年11期	有
石钺		青铜时代（夏家店下层文化）	内蒙古喀喇沁旗大山前	《考古》1998年9期	有
石钺	2	青铜时代（湖熟文化）	江苏南京西善桥	《考古》1962年3期	有
石钺	1	商	河南安阳孝民屯	《考古》2007年1期	有
石钺	1	商	河南安阳殷墟	《考古》1977年1期	有
石钺	2	商	湖北秭归茅坪长府沱	《考古》2004年5期	有
石钺		商	山东阳信李屋	《考古》2010年3期	
石钺	1	商	四川石棉宰羊溪	《考古》1982年2期	有
石钺	1	青铜时代（距今3600年）	辽宁大连大嘴子	《考古》1996年2期	有
石钺		商—西周	四川成都金沙遗址	《考古》2002年7期	
石钺		商周	湖北黄梅意生寺	《考古》1994年6期	有
石钺范	2	商周	云南剑川海门口	《考古》1995年9期	有
石钺	2	西周	江西萍乡禁山下	《考古》2000年12期	有
石钺	1	西周	辽宁建平水泉城子	《考古》1983年8期	有
石钺	2	青铜时代（距今3000年）	辽宁瓦房店药王庙	《考古》1997年12期	有
石钺		青铜时代（距今3000年）	辽宁彰武	《考古》1991年8期	有
石钺	1	西周—春秋	江苏苏州越城	《考古》1982年5期	
石钺	3	西周—战国	浙江玉环三合潭	《考古》1996年5期	有

石钺	1	春秋	山东沂源姑子坪	《考古》2003年1期	有
石钺	1	战国	广东始兴白石坪山	《考古》1996年9期	有
石钺	2	汉	黑龙江庆安莲花泡	《考古》1993年4期	有
玉钺	4	新石器（仰韶文化）	河南灵宝西坡	《考古》2008年1期	有
玉钺	1	新石器（大溪文化）	湖南洪江高庙	《考古》2006年7期	有
玉钺	2	新石器（红山文化）	辽宁凌源城子山	《考古》1986年6期	有
玉钺		新石器（崧泽文化）	江苏张家港东山村	《考古》2010年8期	有
玉钺		新石器（崧泽文化晚期）	安徽含山凌家滩	《考古》1999年11期	有
玉钺		新石器（距今5300年）	安徽含山凌家滩	《考古》2008年3期	有
玉钺	1	新石器（良渚文化）	浙江海盐龙潭港	《考古》2001年10期	有
玉钺		新石器（良渚文化）	浙江平湖庄桥坟	《考古》2005年7期	
玉钺	1	新石器（龙山文化）	山东海阳司马台	《考古》1985年12期	有
玉钺	5	新石器（龙山文化）	山东临朐朱封村	《考古》1990年7期	有
玉钺		新石器（龙山文化）	山西襄汾陶寺	《考古》1983年1期	有
玉钺		新石器（龙山文化陶寺型）	山西襄汾陶寺	《考古》2003年9期	有
玉钺	2	夏（二里头文化）	河南偃师二里头	《考古》1976年4期	有
玉钺	1	夏（二里头文化）	河南偃师二里头	《考古》1983年3期	有
玉钺	1	夏（二里头文化）	河南偃师二里头	《考古》1984年1期	有
玉钺		夏（二里头文化）	河南偃师二里头九区	《考古》1985年12期	
玉钺	1	夏（二里头文化）	河南偃师四角楼	《考古》1978年4期	有
玉钺		夏早期	河南巩义花地嘴	《考古》2005年6期	
玉钺	1	商	河南安阳范家庄东北地	《考古》2009年9期	有
玉钺	4	商	河南安阳郭家庄M160	《考古》1991年5期	
玉钺	2	商	河南安阳花园庄	《考古》2004年1期	有
玉钺	1	商	河南郑州铭功路东	《考古》2002年9期	有
玉钺		商	山东阳信李屋	《考古》2010年3期	
玉钺		商—西周	四川成都金沙遗址	《考古》2002年7期	
玉钺	1	西周	陕西长安沣西张家坡	《考古》1989年6期	有
玉钺		春秋	河南光山砖瓦厂	《考古》1989年1期	有
陶钺	1	新石器	江西万年猛山	《考古》1962年4期	

锤

石锤		新石器（后李文化）	山东章丘西河	《考古》2000年10期	有
石锤	1	新石器（距今8000年）	广西南宁豹子头	《考古》2003年10期	有
石锤	6	新石器（距今8000年）	广西邕宁顶蛳山	《考古》1998年11期	有
石锤	1	新石器（裴李岗文化）	河南新郑沙窝李	《考古》1983年12期	有
石锤		新石器（磁山文化）	河北武安磁山	《考古》1977年6期	有
石锤	1	新石器（磁山文化）	河北武安牛洼堡	《考古》1984年1期	有

石锤	3	新石器（北辛文化）	山东邹平苑城	《考古》1989年6期	
石锤		新石器（邱家庄文化）	山东荣成东初	《考古》1997年5期	有
石锤	2	新石器（邱家庄文化）	山东荣成河口	《考古》1997年5期	有
石锤	1	新石器（邱家庄文化）	山东荣成乔家	《考古》1997年5期	有
石锤	1	新石器（邱家庄文化）	山东烟台蛤堆顶	《考古》1997年5期	有
石锤		新石器（邱家庄文化）	山东烟台蛎碴堁	《考古》1997年5期	
石锤		新石器（河姆渡文化）	浙江余姚鲻山	《考古》2001年10期	有
石锤	1	新石器（仰韶文化）	河南安阳孝民屯	《考古》2007年10期	有
石锤		新石器（仰韶文化）	河南灵宝乔营	《考古》1999年12期	有
石锤		新石器（仰韶文化）	内蒙古凉城王墓山	《考古》1989年2期	有
石锤		新石器（仰韶文化）	陕西武功游凤	《考古》1975年2期	
石锤	1	新石器（仰韶文化）	陕西西安半坡	《考古》1973年3期	
石锤	1	新石器（距今6500年）	广西资源晓锦	《考古》2004年3期	有
石锤		新石器（大溪文化）	湖北长阳西寺坪	《考古》1988年6期	有
石锤		新石器（大溪文化）	湖北枝江关庙山	《考古》1983年1期	有
石锤	1	新石器（大汶口文化）	山东费县兴富庄	《考古》1986年11期	有
石锤	2	新石器（大汶口文化）	山东广饶寨村	《考古》1985年9期	有
石锤	2	新石器（大汶口文化）	山东济宁玉皇顶	《考古》2005年4期	有
石锤	3	新石器（大汶口文化）	山东栖霞古镇都	《考古》2008年2期	有
石锤	5	新石器（大汶口文化）	山东乳山翁家埠	《考古》1990年12期	有
石锤	1	新石器（大汶口文化）	山东乳山小疃	《考古》1990年12期	有
石锤	2	新石器（红山文化）	吉林奈曼旗大沁他拉	《考古》1979年3期	有
石锤	1	新石器（距今6000年）	广西资源晓锦	《考古》2004年3期	有
石锤	13	新石器（白石文化二期）	山东烟台白石村	《考古》1992年7期	有
有孔石锤	2	新石器（距今5175±130年）	吉林白城靶山	《考古》1988年12期	
石锤		新石器（屈家岭文化）	陕西西乡李家村	《考古》1961年7期	
石锤	2	新石器（贝丘遗址）	广东南海灶岗	《考古》1984年3期	
石锤		新石器（贝丘遗址）	广西南宁	《考古》1975年5期	
石锤	1	新石器（贝丘遗址）	辽宁大连长海大长山岛	《考古》1962年7期	有
石锤	1	新石器（龙山文化）	河南焦作郇村	《考古》1996年11期	有
石锤	5	新石器（龙山文化）	河南汝州李楼	《考古》1998年3期	有
石锤	1	新石器（龙山文化）	河南新乡鲁堡村	《考古》1959年9期	
石锤	1	新石器（龙山文化）	江苏徐州花家寺	《考古》1960年3期	
石锤		新石器（龙山文化）	内蒙古准格尔西麻青	《考古》1992年7期	
石锤	1	新石器（龙山文化）	山东海阳司马台	《考古》1985年12期	有
石锤	2	新石器（龙山文化）	山东海阳羊角园	《考古》1985年12期	有
石锤	1	新石器（龙山文化）	山东日照两城镇	《考古》1997年4期	有

石锤	1	新石器（龙山文化）	山东乳山泮家庄	《考古》1990年12期	有
石锤	11	新石器（龙山文化）	山东乳山小管村	《考古》1990年12期	有
石锤	1	新石器（龙山文化）	山东滕县岗上村	《考古》1963年7期	有
石锤	1	新石器（龙山文化）	山东沂水抬头	《考古》1991年6期	
石锤	2	新石器（龙山文化）	山东沂水杨庄	《考古》1993年11期	有
石锤	1	新石器（龙山文化）	山东禹城姚高	《考古》1996年4期	有
石锤		新石器（龙山文化）	山东枣庄晒米城	《考古》1984年4期	有
石锤		新石器（龙山文化）	山东章丘西河	《考古》2000年10期	有
石锤	1	新石器（龙山文化晚期）	湖北罗田庙山岗	《考古》1994年9期	有
石锤	1	新石器（距今4585±160年）	广西钦州独料	《考古》1982年1期	有
石锤		新石器（龙山文化陶寺型）	山西襄汾丁村曲舌头	《考古》2002年4期	有
石锤		新石器（客省庄二期文化）	陕西长安沣西客省庄	《考古》1959年10期	
石锤	量多	新石器（距今4000年）	福建漳州大帽山	《考古》1995年9期	有
石锤	1	新石器（距今4000年）	香港元朗下白泥	《考古》1999年6期	有
石锤	3	新石器（距今4000年）	云南云县曼干遗址	《考古》2004年8期	有
石锤	1	新石器（距今4000年）	重庆江北羊坝滩	《考古》1992年12期	有
石锤	2	新石器（岳石文化）	山东乳山鲁济	《考古》1990年12期	有
石锤	1	新石器（距今3700年）	四川都江堰芒城	《考古》1999年7期	有
石锤	1	新石器（距今3210±90年）	云南永仁菜园子	《考古》1985年11期	有
石锤		新石器	安徽五河濠城	《考古》1959年7期	
石锤	253	新石器	广东南海西樵山佛子庙	《考古》1999年7期	有
石锤	14	新石器	广东阳春独石仔	《考古》1982年5期	有
石锤	1	新石器	广西桂平长冲根	《考古》1987年11期	
石锤	1	新石器	广西桂平上塔村	《考古》1987年11期	有
石锤	2	新石器	广西柳州兰家村	《考古》1983年7期	
石锤		新石器	海南黎族区	《考古通讯》1956年2期	有
石锤		新石器	河北承德馒头山	《考古》1959年7期	
石锤	5	新石器	河北三河孟各庄	《考古》1983年5期	有
石锤状器	4	新石器	河北张家口尚义大苏计	《考古》1959年7期	
石锤		新石器	河南漯河澧河	《考古通讯》1957年3期	
石锤	1	新石器	黑龙江新巴尔虎左旗	《考古》1972年4期	有
石锤	1	新石器	湖北宜昌三斗坪	《考古》1961年5期	

石锤	1	新石器	湖南安仁南坪何古山	《考古》1960年6期	
石锤		新石器	辽宁长海小珠山	《考古》2009年5期	
石锤	1	新石器	辽宁东沟后洼	《考古》1984年1期	有
石锤		新石器	辽宁桓仁	《考古》1960年1期	
石锤		新石器	辽宁旅大王官寨	《考古》1959年11期	
石锤		新石器	内蒙古克什克腾旗大耗力村	《考古通讯》1955年5期	有
石锤		新石器	内蒙古林西	《考古通讯》1957年2期	
石锤	1	新石器	山东安丘老峒峪	《考古》1992年9期	有
石锤		新石器	山东临沂小庄	《考古》1992年10期	
石锤	1	新石器	山东曲阜尼山	《考古》1963年7期	有
石锤		新石器	陕西西安半坡	《考古通讯》1955年2期	有
石锤	3	新石器	新疆奇台半截沟	《考古》1981年6期	有
石锤		新石器	云南昆明滇池东岸	《考古》1959年4期	有
石锤	3	新石器	云南龙陵船口坝	《考古》1991年6期	有
石锤	4	新石器	云南龙陵大窝坑	《考古》1991年6期	
石锤	5	新石器	云南龙陵马鞍山	《考古》1991年6期	有
石锤	1	新石器	云南龙陵怒江北岸	《考古》1991年6期	
石锤	1	新石器	云南龙陵围笼洼	《考古》1991年6期	
石锤	1	新石器	浙江建德安仁后山	《考古通讯》1957年1期	
石锤	16	新石器早期	广东封开黄岩洞	《考古》1983年1期	有
石锤	1	新石器早期	山东章丘小荆山	《考古》1994年6期	有
石锤	6	新石器中期	广西横县江口	《考古》2000年1期	有
石锤		新石器晚期	广西百色革新桥	《考古》2003年12期	有
石锤	1	新石器晚期	广西田阳台地	《考古》1986年7期	
石锤	3	新石器晚期	山西太原义井村	《考古》1961年4期	
石锤	6	新石器晚期	香港大屿山白芒	《考古》1997年6期	有
石锤		青铜时代	辽宁桓仁狍圈沟	《考古》1992年6期	有
石锤	4	青铜时代	香港南丫岛沙埔新村	《考古》2007年6期	有
石锤		青铜时代（夏家店下层文化）	天津蓟县张家园	《考古》1993年4期	有
石锤	1	夏商	四川奉节新浦	《考古》1999年1期	有
石锤	1	商	河北唐山古冶	《考古》1984年9期	有
石锤	2	商	河南安阳梅园庄	《考古》1998年10期	有
石锤	1	商	河南安阳殷墟妇好墓	《考古》1976年4期	有
石锤		商	江苏铜山丘湾	《考古》1973年2期	有

石锤		商	山东邹平	《考古》1989年6期	有
石锤	1	青铜时代（距今3500年）	广东普宁池尾后山	《考古》1998年7期	有
石锤	3	青铜时代（距今3500年）	新疆和硕新塔那	《考古》1988年5期	有
石锤	3	商周	广东普宁牛伯公山	《考古》1998年7期	有
石锤	1	商周	贵州毕节青场瓦窑	《考古》1987年4期	有
石锤	2	商周	贵州仁怀云仙洞	《考古》1998年9期	有
石锤	1	西周	北京昌平白浮	《考古》1976年4期	有
石锤	2	西周	辽宁阜新平项山石城址	《考古》1992年5期	有
石锤		西周	陕西长安沣东白家庄北	《考古》1963年8期	
石锤		西周	陕西长安沣西客省庄	《考古》1959年10期	
石锤		西周	陕西长安沣西张家坡	《考古》1959年10期	
石锤	1	西周	陕西长安沣西张家坡	《考古》1964年9期	有
石锤	1	西周	陕西长安普渡村	《考古》1986年3期	
石锤		西周	陕西渭水流域	《考古》1959年11期	
石锤斧	1	青铜时代（夏家店上层文化）	辽宁锦州山河营子	《考古》1986年10期	
石锤	1	青铜时代（卡约文化）	青海化隆半主洼	《考古》1996年8期	有
石锤斧	1	西周－春秋	吉林双辽后太平	《考古》2009年5期	有
石锤	52	西周－春秋	香港大屿山白芒	《考古》1997年6期	有
石锤		青铜时代－东汉	吉林汪清新安闾	《考古》1961年8期	
石锤	1	东周	吉林延吉新光	《考古》1992年7期	有
石锤		春秋	湖北宜昌上磨垴	《考古》2000年8期	有
石锤	1	战国	吉林省吉林市长蛇山	《考古》1980年2期	有
石锤	1	战国	吉林省吉林市猴石山	《考古》1980年2期	有
石锤		战国	陕西长安沣西客省庄	《考古》1959年10期	
石锤	14	铁器时代（距今2500年）	新疆鄯善苏贝希	《考古》2002年6期	有
石锤	1	宋	重庆涂山瓷窑	《考古》1986年10期	
石锤	4	金	内蒙古哲里木盟霍林河	《考古》1984年2期	有
木锤		新石器（河姆渡文化）	浙江余姚鲻山	《考古》2001年10期	有
木锤	多件	东周	湖北大冶铜绿山	《考古》1974年4期	有
木锤		春秋	湖北大冶铜绿山	《考古》1981年1期	
角锤	14	新石器（良渚文化）	江苏吴江梅堰	《考古》1963年6期	有
角锤	1	新石器（龙山文化）	河北邯郸涧沟	《考古》1961年4期	
角锤		新石器（龙山文化）	河北蔚县筛子绫罗	《考古》1981年2期	
角锤	1	西周	黑龙江肇源白金宝	《考古》1980年4期	有
角锤		东周	山西侯马牛村	《考古》1962年2期	

陶锤	3	西周	陕西长安沣西客省庄	《考古》1987年8期	有
陶锤		西周	陕西长安沣西张家坡	《考古》1959年10期	
铜锤	2	汉	四川西昌石嘉	《考古》1977年4期	有
铁锤	1	东周	湖北大冶铜绿山	《考古》1974年4期	有
铁锤	1	战国	河北易县燕下都	《考古》1965年11期	有
铁锤	1	战国	河南洛阳中州路南	《考古通讯》1957年6期	
铁锤		汉	安徽铜陵采矿遗址	《考古》1993年6期	有
铁锤		汉	安徽铜陵凤凰山	《考古》1993年6期	有
铁锤		汉	河南巩县铁生沟	《考古》1960年5期	
铁锤		汉	江苏扬州古运河	《考古通讯》1957年4期	
铁锤	1	汉	江西南昌市老福山	《考古》1964年2期	有
铁锤	1	汉	山东微山微山岛	《考古》2009年10期	有
铁锤	2	汉	云南晋宁石寨山	《考古》1963年9期	
铁锤	1	西汉	安徽舒城秦家桥	《考古》1996年10期	有
铁锤	1	西汉	贵州赫章可乐	《考古》1992年3期	有
铁锤		西汉	河北满城陵山	《考古》1972年1期	有
铁锤		西汉	陕西西安大刘寨村武库遗址	《考古》1978年4期	
铁锤	1	西汉	陕西咸阳北二道原	《考古》1982年3期	有
铁锤	1	西汉	四川成都东北郊	《考古通讯》1958年2期	有
铁锤	1	西汉	四川西昌礼州	《考古》1980年5期	有
铁锤	1	西汉	浙江龙游东华山	《考古》1993年4期	有
铁锤	2	东汉	安徽固镇垓下	《考古》1993年1期	有
铁锤	1	东汉	河南长葛石固	《考古》1982年3期	
铁锤	6	东汉	河南镇平尧庄	《考古》1982年3期	有
铁锤	1	东汉	江苏高邮邵家沟	《考古》1960年10期	
铁锤	2	东晋	河南洛阳凯旋路	《考古》1996年9期	有
铁锤	1	北魏	河南洛阳冢头村宣武帝景陵	《考古》1994年9期	有
铁锤	7	高句丽（公元7世纪）	辽宁沈阳石台子拦水坝	《考古》2010年12期	有
铁锤	2	宋	山东莱芜矿山	《考古》1989年2期	有
铁锤	1	南宋	甘肃灵台野狐湾	《考古》1987年4期	有
铁锤	1	辽金	吉林扶余西山屯	《考古》1963年11期	有
铁锤	1	西夏	宁夏中卫四眼井	《考古》1994年8期	有
铁锤		金	黑龙江阿城五道岭	《考古》1965年3期	
铁锤	3	金	吉林德惠后城子	《考古》1993年8期	有

铁锤	1	金元	辽宁旅大金县于家洼	《考古》1966年2期	有

凿

石凿		新石器（距今10000年）	浙江浦江上山	《考古》2007年9期	有
石凿	2	新石器（兴隆洼文化）	河北承德岔沟门	《考古》1992年6期	有
石凿		新石器（兴隆洼文化）	内蒙古敖汉旗兴隆洼	《考古》1985年10期	
石凿	1	新石器（兴隆洼文化）	内蒙古敖汉旗兴隆洼	《考古》1997年1期	有
石凿		新石器（兴隆洼文化）	内蒙古林西白音长汗	《考古》1993年7期	有
石凿	1	新石器（昂昂溪文化）	黑龙江安达青肯泡	《考古》1962年2期	有
石凿	7	新石器（昂昂溪文化）	黑龙江齐齐哈尔昂昂溪	《考古》1974年2期	
石凿		新石器（距今8000年）	安徽宿县小山口	《考古》1993年12期	
石凿	1	新石器（裴李岗文化）	河南巩义瓦窑嘴	《考古》1996年7期	有
石凿	8	新石器（裴李岗文化）	河南郏县水泉	《考古》1992年10期	有
石凿	1	新石器（裴李岗文化）	河南陕县水泉	《考古》1979年6期	有
石凿	6	新石器（裴李岗文化）	河南新郑沙窝李	《考古》1983年12期	有
石凿	1	新石器（裴李岗文化）	河南新郑唐户	《考古》2008年5期	有
石凿	2	新石器（裴李岗文化）	河南新郑唐户	《考古》2010年5期	有
石凿		新石器（磁山文化）	河北武安磁山	《考古》1977年6期	有
石凿	14	新石器（青莲岗文化）	江苏常州圩墩	《考古》1978年4期	有
石凿		新石器（距今7130±120年）	河南淇县花窝	《考古》1981年3期	
石凿		新石器（距今7100年）	甘肃天水西山坪	《考古》1988年5期	有
石凿	5	新石器（皂市下层文化）	湖南石门皂市	《考古》1986年1期	有
石凿	5	新石器（马家浜文化）	江苏金坛北渚荡	《考古》1985年8期	有
石凿	1	新石器（距今7000年）	吉林长岭腰井子	《考古》1992年8期	有
石凿		新石器（河姆渡文化）	浙江余姚鲻山	《考古》2001年10期	
石凿	1	新石器（仰韶文化）	甘肃兰州门墩小坪和西柳沟大坪	《考古》1959年7期	
石凿		新石器（仰韶文化）	甘肃临洮临夏两县	《考古通讯》1958年9期	
石凿		新石器（仰韶文化）	甘肃渭河上游	《考古通讯》1958年7期	
石凿	2	新石器（仰韶文化）	甘肃张家川堡山	《考古》1991年12期	有
石凿		新石器（仰韶文化）	河北蔚县三关	《考古》1981年2期	
石凿	1	新石器（仰韶文化）	河南巩义里沟	《考古》1995年6期	有
石凿	4	新石器（仰韶文化）	河南临汝中山寨	《考古》1986年6期	有
石凿		新石器（仰韶文化）	河南灵宝南万村	《考古》1960年7期	有
石凿	1	新石器（仰韶文化）	河南洛阳矬李	《考古》1978年1期	

石凿		新石器（仰韶文化）	河南濮阳西水坡	《考古》1989年12期	
石凿		新石器（仰韶文化）	河南陕县庙底沟	《考古通讯》1957年 4期	
石凿	1	新石器（仰韶文化）	河南武涉东石寺	《考古》1990年3期	
石凿		新石器（仰韶文化）	河南淅川沟湾	《考古》2010年6期	有
石凿		新石器（仰韶文化）	河南新郑唐户	《考古》1984年3期	
石凿	4	新石器（仰韶文化）	河南信阳南山咀	《考古》1990年5期	有
石凿		新石器（仰韶文化）	河南偃师灰嘴村	《考古》2010年4期	有
石凿	5	新石器（仰韶文化）	河南禹县谷水河	《考古》1979年4期	
石凿	3	新石器（仰韶文化）	河南郑州大河村	《考古》1995年6期	有
石凿	1	新石器（仰韶文化）	河南郑州西郊	《考古通讯》1958年 2期	
石凿		新石器（仰韶文化）	湖北均县乱石滩	《考古》1961年10期	
石凿	2	新石器（仰韶文化）	湖北均县乱石滩	《考古》1986年7期	有
石凿		新石器（仰韶文化）	湖北均县朱家台	《考古》1961年10期	
石凿		新石器（仰韶文化）	湖北郧县大寺	《考古》1961年10期	
石凿		新石器（仰韶文化）	湖北郧县青龙泉	《考古》1961年10期	
石凿		新石器（仰韶文化）	内蒙古凉城王墓山	《考古》1989年2期	
石凿		新石器（仰韶文化）	内蒙古凉城王墓山	《考古》1997年4期	有
石凿	1	新石器（仰韶文化）	内蒙古托克托	《考古》1991年9期	有
石凿		新石器（仰韶文化）	山西芮城东庄村	《考古》1962年9期	
石凿		新石器（仰韶文化）	陕西宝鸡	《考古》1960年2期	
石凿		新石器（仰韶文化）	陕西宝鸡金陵河西岸	《考古》1959年5期	
石凿	1	新石器（仰韶文化）	陕西邠县水铺	《考古》1991年11期	有
石凿		新石器（仰韶文化）	陕西邠县下孟村	《考古》1960年1期	
石凿	2	新石器（仰韶文化）	陕西城固莲花池	《考古》1977年5期	有
石凿		新石器（仰韶文化）	陕西凤翔和兴平	《考古》1960年3期	
石凿		新石器（仰韶文化）	陕西华县柳子镇	《考古》1959年2期	
石凿		新石器（仰韶文化）	陕西华阴横阵	《考古》1960年9期	
石凿	1	新石器（仰韶文化）	陕西华阴南城子	《考古》1984年6期	有
石凿	1	新石器（仰韶文化）	陕西临潼姜寨	《考古》1973年3期	有
石凿	1	新石器（仰韶文化）	陕西眉县清秋	《考古》1991年11期	有
石凿		新石器（仰韶文化）	陕西渭水流域	《考古》1959年11期	
石凿	1	新石器（仰韶文化）	陕西旬阳崔家河	《考古》1991年11期	有
石凿	1	新石器（距今6900年）	安徽濉溪石山子	《考古》1992年3期	有
石凿	1	新石器（赵宝沟文化）	内蒙古林西水泉	《考古》2005年11期	有
石凿	1	新石器（距今6700年）	内蒙古敖汉旗小山	《考古》1987年6期	有
石凿	1	新石器（距今6500年）	广西资源晓锦	《考古》2004年3期	有
石凿	1	新石器（仰韶文化晚	河北平山中贾壁	《考古》1993年4期	有

期）

石凿		新石器（大溪文化）	湖北长阳西寺坪	《考古》1988年6期	有
石凿	1	新石器（大溪文化）	湖北江陵毛家山	《考古》1977年3期	有
石凿	2	新石器（大溪文化）	湖北京山油子岭	《考古》1994年10期	有
石凿		新石器（大溪文化）	湖北松滋桂花树	《考古》1976年3期	有
石凿	1	新石器（大溪文化）	湖北云梦胡家岗	《考古》1987年2期	有
石凿		新石器（大溪文化）	湖北枝江关庙山	《考古》1981年4期	有
石凿		新石器（大溪文化）	湖北枝江关庙山	《考古》1983年1期	有
石凿		新石器（大溪文化）	湖南安乡划城岗	《考古》2001年4期	有
石凿	3	新石器（大溪文化）	湖南安乡汤家岗	《考古》1982年4期	有
石凿		新石器（大溪文化）	湖南洪江高庙	《考古》2006年7期	
石凿	2	新石器（大溪文化）	湖南津市青龙咀	《考古》1990年1期	有
石凿	2	新石器（大溪文化）	湖南湘潭堆子岭	《考古》2000年1期	有
石凿	1	新石器（大汶口文化）	山东苍山小郭村	《考古》1989年12期	有
石凿	3	新石器（大汶口文化）	山东栖霞古镇都	《考古》2008年2期	有
石凿	2	新石器（大汶口文化）	山东曲阜南兴埠	《考古》1984年12期	有
石凿	1	新石器（大汶口文化）	山东乳山北斜山	《考古》1990年12期	有
石凿		新石器（大汶口文化）	山东滕州西公桥	《考古》2000年10期	有
石凿	1	新石器（大汶口文化）	山东滕州西康留	《考古》1995年3期	有
石凿		新石器（大汶口文化）	山东兖州王因	《考古》1979年1期	
石凿		新石器（大汶口文化）	山东枣庄红土埠	《考古》1984年4期	有
石凿	1	新石器（大汶口文化）	山东章丘董东	《考古》2002年7期	有
石凿	6	新石器（红山文化）	吉林奈曼旗大沁他拉	《考古》1979年3期	有
石凿		新石器（红山文化）	内蒙古巴林右旗那斯台	《考古》1987年6期	有
石凿	7	新石器（北阴阳营文化）	江苏高淳薛城	《考古》2000年5期	有
石凿	2	新石器（距今6000年）	广西资源晓锦	《考古》2004年3期	有
石凿		新石器（距今6000年）	湖北枣阳雕龙碑	《考古》1992年7期	有
石凿	3	新石器（距今6000年）	湖北枣阳雕龙碑	《考古》2000年3期	有
石凿	2	新石器（距今6000年）	辽宁东沟大岗	《考古》1986年4期	有
石凿		新石器（距今6000年）	山东长岛北庄	《考古》1987年5期	
石凿	2	新石器（白石文化二期）	山东烟台白石村	《考古》1992年7期	有
石凿	1	新石器（崧泽文化）	江苏沙洲徐湾	《考古》1987年10期	有
石凿		新石器（崧泽文化）	江苏吴县	《考古》1990年10期	有
石凿		新石器（崧泽文化）	江苏武进潘家塘	《考古》1979年5期	
石凿		新石器（崧泽文化）	江苏张家港东山村	《考古》2010年8期	
石凿	3	新石器（崧泽文化）	江苏张家港许庄	《考古》1990年5期	有
石凿		新石器（崧泽文化）	上海松江姚家圈	《考古》2001年9期	

石凿		新石器（崧泽文化晚期）	安徽含山凌家滩	《考古》1999年11期	
石凿		新石器（后岗一期文化）	内蒙古乌兰察布石虎山	《考古》1998年12期	
石凿	1	新石器（距今5500年）	吉林长春北红嘴子	《考古》2003年8期	有
石凿	1	新石器（薛家岗文化）	安徽望江汪家山	《考古》1992年10期	有
石凿	9	新石器（距今5300年）	青海同德宗日	《考古》1998年5期	有
石凿		新石器（马家窑文化早期）	青海民和胡李家	《考古》2001年1期	有
石凿	1	新石器（马家窑文化）	甘肃兰州曹家咀	《考古》1973年3期	
石凿		新石器（马家窑文化）	甘肃武山傅家门	《考古》1995年4期	
石凿	1	新石器（马家窑文化）	青海民和坡古拉坡	《考古》1993年3期	有
石凿		新石器（马家窑文化）	青海民和阳洼坡	《考古》1984年1期	有
石凿	5	新石器（良渚文化）	江苏苏州越城	《考古》1982年5期	有
石凿	31	新石器（良渚文化）	江苏吴江梅堰	《考古》1963年6期	
石凿	5	新石器（良渚文化）	江苏张家港许庄	《考古》1990年5期	有
石凿	7	新石器（良渚文化）	上海奉贤江海	《考古》2002年11期	有
石凿		新石器（良渚文化）	上海青浦寺前	《考古》2002年10期	有
石凿	2	新石器（良渚文化）	上海松江广富林	《考古》1962年9期	有
石凿	8	新石器（良渚文化早期）	江苏阜宁东园	《考古》2004年6期	有
石凿	1	新石器（距今5000年）	辽宁大连大潘家	《考古》1994年10期	有
石凿	1	新石器（距今5000年）	辽宁瓦房店三堂村	《考古》1992年2期	有
石凿		新石器（距今5000年）	内蒙古扎鲁特南宝力皋吐	《考古》2008年7期	
石凿		新石器（距今5000年）	四川汉源麦坪	《考古》2008年7期	有
石凿	2	新石器（距今5000年）	四川汶川姜维城	《考古》2006年11期	有
石凿	5	新石器（距今5000年）	云南剑川海门口	《考古》2009年8期	有
石凿	1	新石器（屈家岭文化）	河南驻马店党楼	《考古》1996年5期	有
石凿	1	新石器（屈家岭文化）	湖北安陆胡家山	《考古》1986年7期	有
石凿	1	新石器（屈家岭文化）	湖北洪湖圆山	《考古》1989年5期	有
石凿	12	新石器（屈家岭文化）	湖北宜昌中堡岛	《考古》1996年9期	有
石凿		新石器（屈家岭文化）	湖北郧县大寺	《考古》1961年10期	
石凿		新石器（屈家岭文化）	湖北郧县青龙泉	《考古》1961年10期	
石凿		新石器（屈家岭文化）	湖北枝江关庙山	《考古》1981年4期	
石凿		新石器（屈家岭文化）	陕西西乡李家村	《考古》1961年7期	
石凿	1	新石器（屈家岭文化晚期）	湖北大悟北门岗	《考古》1990年11期	有
石凿	5	新石器（昙石山文化）	福建闽侯昙石山	《考古》1961年12期	

石凿	1	新石器（昙石山文化）	福建闽侯昙石山	《考古》1983年12期	
石凿	1	新石器（昙石山文化）	浙江洞头岛九亩风门村	《考古》1991年9期	有
石凿	2	新石器（贝丘遗址）	广东南海西樵山镇头	《考古》1983年12期	有
石凿	1	新石器（贝丘遗址）	广西桂平牛骨坑	《考古》1987年11期	有
石凿		新石器（贝丘遗址）	广西南宁	《考古》1975年5期	有
石凿	1	新石器（贝丘遗址）	辽宁旅大烈士山	《考古》1962年2期	有
石凿	1	新石器（贝丘遗址）	辽宁旅大小磨盘山	《考古》1962年2期	有
石凿	1	新石器（小河沿文化）	内蒙古赤峰哈啦海沟	《考古》2010年2期	有
石凿	1	新石器（距今4900年）	四川新津宝墩	《考古》1997年1期	有
石凿	1	新石器（庙底沟二期文化）	河南渑池仰韶村	《考古》1964年9期	
石凿	3	新石器（庙底沟二期文化）	山西侯马东呈王	《考古》1991年2期	有
石凿		新石器（庙底沟二期文化）	山西襄汾陶寺	《考古》1986年9期	有
石凿	1	新石器（庙底沟二期文化）	陕西扶风太子藏	《考古》1992年12期	有
石凿	1	新石器（马家窑文化半山型）	甘肃兰州青岗岔	《考古》1972年3期	有
石凿	1	新石器（马家窑文化半山型）	宁夏固原红圈子	《考古》1993年2期	有
石凿		新石器（龙山文化）	安徽蒙城尉迟寺	《考古》1994年1期	有
石凿	1	新石器（龙山文化）	河北崇礼石嘴子	《考古》1992年2期	有
石凿		新石器（龙山文化）	河北邯郸龟台	《考古》1959年10期	
石凿		新石器（龙山文化）	河北邯郸涧沟	《考古》1959年10期	
石凿	33	新石器（龙山文化）	河北邯郸涧沟	《考古》1961年4期	有
石凿	1	新石器（龙山文化）	河北怀来马站	《考古》1988年8期	有
石凿		新石器（龙山文化）	河北蔚县筛子绫罗	《考古》1981年2期	有
石凿	4	新石器（龙山文化）	河北永年台口村	《考古》1962年12期	
石凿	1	新石器（龙山文化）	河北张家口蔚县南方城	《考古》1959年7期	
石凿	1	新石器（龙山文化）	河北张家口涿鹿西湘广	《考古》1959年7期	
石凿	1	新石器（龙山文化）	河南登封王城岗	《考古》2006年9期	有
石凿	3	新石器（龙山文化）	河南巩义里沟	《考古》1995年6期	有
石凿		新石器（龙山文化）	河南辉县孟庄	《考古》2000年3期	有
石凿	1	新石器（龙山文化）	河南洛阳矬李	《考古》1978年1期	
石凿	3	新石器（龙山文化）	河南洛阳东杨村	《考古》1983年2期	有
石凿		新石器（龙山文化）	河南洛阳王湾三期	《考古》1961年4期	
石凿	2	新石器（龙山文化）	河南孟津小潘沟	《考古》1978年4期	有
石凿	3	新石器（龙山文化）	河南淇县王庄	《考古》1999年5期	有

石凿		新石器（龙山文化）	河南杞县鹿台岗	《考古》1994年8期	
石凿	4	新石器（龙山文化）	河南汝州李楼	《考古》1998年3期	有
石凿		新石器（龙山文化）	河南陕县庙底沟	《考古通讯》1957年4期	
石凿	1	新石器（龙山文化）	河南陕县七里铺村	《考古》1959年4期	有
石凿	1	新石器（龙山文化）	河南渑池不召寨	《考古》1964年9期	
石凿		新石器（龙山文化）	河南睢县周龙岗	《考古》1981年5期	有
石凿		新石器（龙山文化）	河南汤阴白营	《考古》1980年3期	
石凿	2	新石器（龙山文化）	河南西平上坡	《考古》2004年4期	有
石凿	1	新石器（龙山文化）	河南襄城太平庄	《考古》1965年1期	有
石凿		新石器（龙山文化）	河南新密新砦	《考古》2009年2期	有
石凿	1	新石器（龙山文化）	河南新乡鲁堡村	《考古》1959年9期	
石凿	1	新石器（龙山文化）	河南伊川马回营	《考古》1983年11期	有
石凿	1	新石器（龙山文化）	河南禹县崔庄	《考古》1991年2期	
石凿	1	新石器（龙山文化）	河南禹县董庄	《考古》1991年2期	有
石凿	4	新石器（龙山文化）	河南禹州瓦店	《考古》2000年2期	有
石凿	2	新石器（龙山文化）	河南中牟业王村	《考古》1979年3期	
石凿		新石器（龙山文化）	河南驻马店杨庄	《考古》1995年10期	
石凿	5	新石器（龙山文化）	湖北巴东雷家坪	《考古》2005年8期	有
石凿	4	新石器（龙山文化）	湖北大悟土城	《考古》1986年7期	有
石凿		新石器（龙山文化）	湖北均县乱石滩	《考古》1961年10期	
石凿		新石器（龙山文化）	湖北松滋桂花树	《考古》1976年3期	
石凿	1	新石器（龙山文化）	湖北孝感徐家坟	《考古》2001年3期	有
石凿	7	新石器（龙山文化）	湖北宜都石板巷子	《考古》1985年11期	有
石凿		新石器（龙山文化）	湖北郧县大寺	《考古》1961年10期	
石凿		新石器（龙山文化）	湖北郧县青龙泉	《考古》1961年10期	
石凿		新石器（龙山文化）	湖南临澧	《考古》1988年3期	有
石凿	1	新石器（龙山文化）	辽宁旅顺老铁山	《考古》1978年2期	
石凿		新石器（龙山文化）	内蒙古凉城大庙坡	《考古》1989年2期	有
石凿		新石器（龙山文化）	内蒙古中南部黄河河谷	《考古》1965年10期	有
石凿		新石器（龙山文化）	宁夏隆德页河子	《考古》1990年4期	
石凿	4	新石器（龙山文化）	山东安丘峒峪村	《考古》1963年10期	有
石凿		新石器（龙山文化）	山东昌乐邹家庄	《考古》1987年5期	
石凿		新石器（龙山文化）	山东茌平教场铺	《考古》2005年1期	
石凿		新石器（龙山文化）	山东茌平南陈庄	《考古》1985年4期	有
石凿	3	新石器（龙山文化）	山东费县崮子	《考古》1986年11期	有
石凿	3	新石器（龙山文化）	山东广饶营子	《考古》1985年9期	有
石凿	15	新石器（龙山文化）	山东海阳城子顶	《考古》1985年12期	有
石凿	3	新石器（龙山文化）	山东海阳大榆树	《考古》1985年12期	有

石凿	1	新石器（龙山文化）	山东海阳庙埠	《考古》1985年12期	有
石凿	2	新石器（龙山文化）	山东海阳司马台	《考古》1985年12期	有
石凿	7	新石器（龙山文化）	山东即墨北阁	《考古通讯》1958年4期	
石凿	3	新石器（龙山文化）	山东临沭北沟头	《考古》1990年6期	有
石凿		新石器（龙山文化）	山东临沂大徐家五湖	《考古》1992年10期	
石凿		新石器（龙山文化）	山东临沂店子	《考古》1992年10期	
石凿		新石器（龙山文化）	山东临沂后盛庄	《考古》1992年10期	
石凿	2	新石器（龙山文化）	山东临沂土城子	《考古》1961年11期	
石凿	1	新石器（龙山文化）	山东临沂援驾墩	《考古》1961年11期	
石凿	1	新石器（龙山文化）	山东蓬莱紫荆山	《考古》1973年1期	有
石凿	4	新石器（龙山文化）	山东平度东岳石村	《考古》1962年10期	有
石凿	1	新石器（龙山文化）	山东青岛城阳	《考古》1964年11期	有
石凿	5	新石器（龙山文化）	山东青岛傅家埠	《考古》1964年11期	有
石凿	4	新石器（龙山文化）	山东青岛石院	《考古》1964年11期	
石凿	1	新石器（龙山文化）	山东日照东海峪	《考古》1986年8期	有
石凿	1	新石器（龙山文化）	山东日照冯家沟	《考古》1986年8期	有
石凿	2	新石器（龙山文化）	山东日照两城镇	《考古》1986年8期	有
石凿		新石器（龙山文化）	山东日照两城镇	《考古》1997年4期	有
石凿	3	新石器（龙山文化）	山东日照尧王城	《考古》1986年8期	有
石凿	5	新石器（龙山文化）	山东乳山小管村	《考古》1990年12期	有
石凿	1	新石器（龙山文化）	山东泗水尹家城	《考古》2008年5期	有
石凿	1	新石器（龙山文化）	山东郯城南沟崖	《考古》1995年8期	有
石凿	6	新石器（龙山文化）	山东滕县岗上村	《考古》1963年7期	有
石凿		新石器（龙山文化）	山东潍坊姚官庄	《考古》1963年7期	
石凿		新石器（龙山文化）	山东五莲丹士村	《考古通讯》1958年4期	有
石凿	1	新石器（龙山文化）	山东沂南罗圈峪	《考古》1998年3期	有
石凿	2	新石器（龙山文化）	山东沂水小沂河北岸	《考古》2002年1期	有
石凿	1	新石器（龙山文化）	山东沂水杨庄	《考古》1993年11期	有
石凿		新石器（龙山文化）	山东章丘西河	《考古》2000年10期	有
石凿		新石器（龙山文化）	山西芮城	《考古》1962年9期	
石凿	1	新石器（龙山文化）	山西芮城南礼教村	《考古》1964年6期	有
石凿		新石器（龙山文化）	山西忻州游邀	《考古》1989年4期	有
石凿	2	新石器（龙山文化）	山西垣曲龙王崖	《考古》1986年2期	有
石凿	2	新石器（龙山文化）	陕西长安王曲南堡寨	《考古》1981年1期	有
石凿	1	新石器（龙山文化）	陕西泾水上游	《考古》1962年6期	
石凿	4	新石器（龙山文化）	陕西商洛东	《考古》2009年12期	有
石凿		新石器（龙山文化）	陕西渭水流域	《考古》1959年11期	

石凿	2	新石器（龙山文化）	四川绵阳边堆山	《考古》1990年4期	有
石凿		新石器（龙山文化早期）	河南汤阴白营	《考古》1980年3期	有
石凿	2	新石器（龙山文化晚期）	湖北罗田庙山岗	《考古》1994年9期	有
石凿	1	新石器（龙山文化晚期）	湖北宜昌下岸	《考古》1999年1期	有
石凿	4	新石器（距今4800年）	黑龙江饶河小南山	《考古》1996年2期	有
石凿	2	新石器（距今4700年）	四川巫山魏家梁子	《考古》1996年8期	有
石凿	6	新石器（距今4600年）	重庆巫山锁龙	《考古》2006年3期	有
石凿	1	新石器（石家河文化）	湖南安乡划城岗	《考古》2001年4期	有
石凿	8	新石器（距今4585±160年）	广西钦州独料	《考古》1982年1期	有
石凿	1	新石器（宝墩文化）	四川崇州双河	《考古》2002年11期	有
石凿	9	新石器（宝墩文化）	四川新津宝墩	《考古》1998年1期	有
石凿	7	新石器（距今4500年）	辽宁岫岩北沟西山	《考古》1992年5期	有
石凿		新石器（龙山文化陶寺型）	山西曲沃方城	《考古》1988年4期	有
石凿		新石器（龙山文化陶寺型）	山西襄汾丁村曲舌头	《考古》2002年4期	有
石凿		新石器（龙山文化陶寺型）	山西襄汾陶寺	《考古》2007年4期	
石凿		新石器（凤鼻头文化）	台湾高雄凤鼻头	《考古》1979年3期	
石凿	1	新石器（距今4400年）	辽宁东沟石佛山	《考古》1990年8期	有
石凿		新石器（马家窑文化马厂型）	甘肃临夏马家湾	《考古》1961年11期	
石凿		新石器（客省庄二期文化）	陕西长安沣西客省庄	《考古》1959年10期	
石凿	1	新石器（客省庄二期文化）	陕西长武将台山	《考古》1992年12期	有
石凿		新石器（客省庄二期文化）	陕西扶风案板	《考古》1987年10期	有
石凿	1	新石器（客省庄二期文化）	陕西岐山北祈家	《考古》1992年12期	有
石凿	1	新石器（客省庄二期文化）	陕西岐山樊家塬	《考古》1992年12期	有
石凿	2	新石器（齐家文化）	甘肃积石山新庄坪	《考古》1996年11期	有
石凿		新石器（齐家文化）	甘肃临潭磨沟	《考古》2009年7期	
石凿		新石器（齐家文化）	甘肃临夏秦魏家	《考古》1960年3期	
石凿		新石器（齐家文化）	甘肃临夏秦魏家	《考古》1964年6期	

石凿		新石器（齐家文化）	甘肃渭河上游	《考古通讯》1958年7期	
石凿		新石器（齐家文化）	甘肃卓尼纳浪寺坪	《考古》1994年7期	
石凿	1	新石器（齐家文化）	青海平安东村	《考古》1990年9期	有
石凿	4	新石器（距今4200年）	湖北均县乱石滩	《考古》1986年7期	有
石凿	1	新石器（距今4150±100年）	甘肃永靖马家湾	《考古》1975年2期	有
石凿	4	新石器（距今4100年）	贵州毕节青场	《考古》1987年9期	有
石凿	4	新石器（距今4000年）	广西资源晓锦	《考古》2004年3期	有
石凿	2	新石器（距今4000年）	青海民和喇家	《考古》2002年12期	有
石凿	1	新石器（距今4000年）	重庆巴县飞机场	《考古》1992年12期	
石凿	1	新石器（距今4000年）	重庆长寿陈家湾	《考古》1992年12期	
石凿	2	新石器（距今4000年）	重庆江北观音阁	《考古》1992年12期	
石凿	1	新石器（距今4000年）	重庆江北文家湾	《考古》1992年12期	有
石凿	1	新石器（距今4000年）	重庆江北赵家溪	《考古》1992年12期	
石凿	2	新石器（岳石文化）	山东沂源姑子坪	《考古》2003年1期	有
石凿	3	新石器（距今3700年）	四川都江堰芒城	《考古》1999年7期	有
石凿	8	新石器（距今3600年）	广东曲江马蹄坪	《考古》1964年7期	有
石凿	32	新石器（距今3600年）	广东曲江鲶鱼转	《考古》1964年7期	有
石凿	18	新石器（距今3600年）	广东韶关走马冈	《考古》1964年7期	
石凿	3	新石器（距今3210±90年）	云南永仁菜园子	《考古》1985年11期	有
石凿	3	新石器（距今3200年）	吉林珲春迎花南山	《考古》1993年8期	有
石凿	1	新石器（西团山文化）	吉林舒兰珠山	《考古》1985年4期	有
石凿	1	新石器（西团山文化）	吉林双阳五家子	《考古》1986年9期	有
石凿		新石器	安徽望江枫岭墩	《考古》1988年6期	
石凿		新石器	安徽望江狗尾山	《考古》1988年6期	
石凿		新石器	安徽望江麻冲	《考古》1988年6期	有
石凿		新石器	安徽望江七星墩	《考古》1988年6期	
石凿		新石器	安徽望江双墩	《考古》1988年6期	
石凿	1	新石器	福建崇安	《考古》1959年11期	
石凿	10	新石器	福建福清东张	《考古》1965年2期	有
石凿	9	新石器	福建建瓯和建阳	《考古》1961年4期	有
石凿	1	新石器	福建闽清永泰长庆	《考古》1965年2期	有
石凿	16	新石器	福建武平	《考古》1961年4期	有
石凿		新石器	甘肃兰州西瓜坡岘	《考古》1960年9期	
石凿	12	新石器	广东宝安蚌地山	《考古通讯》1957年6期	有
石凿	1	新石器	广东宝安黄策捕鱼山	《考古通讯》1957年	

				6期
石凿	94	新石器	广东东部地区	《考古》1961年12期 有
石凿	7	新石器	广东广州飞鹅岭	《考古通讯》1957年
				5期
石凿	3	新石器	广东梅县大埔县	《考古》1965年4期 有
石凿	10	新石器	广东南路地区	《考古》1961年11期 有
石凿		新石器	广东新丰	《考古》1960年7期 有
石凿	4	新石器	广东紫金在光顶	《考古》1964年5期 有
石凿	4	新石器	广西柳州兰家村	《考古》1983年7期 有
双肩石凿	1	新石器	广西隆安大龙潭	《考古》1982年1期 有
石凿	2	新石器	贵州清镇和平壩	《考古》1965年4期 有
石凿	2	新石器	河北三河孟各庄	《考古》1983年5期 有
石凿		新石器	河南登封石羊关	《考古》1959年11期
石凿		新石器	河南鲁山邱公城	《考古》1962年11期
石凿	2	新石器	河南唐河茅草寺	《考古》1965年1期 有
石凿	7	新石器	河南唐河寨茨岗	《考古》1963年12期
石凿	1	新石器	河南舞阳峨岗寺	《考古》1965年5期 有
石凿		新石器	河南舞阳寺圪垱	《考古》1965年5期
石凿		新石器	河南淅川	《考古通讯》1958年
				3期
石凿		新石器	黑龙江牡丹江中下游马莲河	《考古》1960年4期
石凿	1	新石器	黑龙江嫩江下游官地村	《考古》1960年4期
石凿	7	新石器	黑龙江宁安大牡丹屯	《考古》1961年10期
石凿	1	新石器	黑龙江宁安东康	《考古》1975年3期
石凿	4	新石器	黑龙江宁安东昇	《考古》1977年3期
石凿	1	新石器	黑龙江宁安牛场	《考古》1960年4期 有
石凿	9	新石器	湖北红安金盆	《考古》1960年4期
石凿	2	新石器	湖北黄陂杨家湾	《考古通讯》1958年
				1期
石凿	1	新石器	湖北黄冈丁家坳	《考古》1995年10期 有
石凿		新石器	湖北黄冈笼子山	《考古》1995年10期
石凿	1	新石器	湖北黄冈寨山	《考古》1995年10期 有
石凿	10	新石器	湖北京山朱家咀	《考古》1964年5期 有
石凿	7	新石器	湖北蕲春易家山	《考古》1960年5期 有
石凿		新石器	湖北枝江施家坡	《考古》1992年2期 有
石凿	1	新石器	湖南安仁安坪司	《考古》1960年6期
石凿	5	新石器	湖南安仁南坪何古山	《考古》1960年6期 有
石凿	3	新石器	湖南浏阳樟树潭	《考古》1965年7期 有

石凿	1	新石器	湖南桃江灰山港	《考古通讯》1957年 有 6期
石凿	2	新石器	湖南新宁周家山	《考古》1991年10期 有
石凿		新石器	湖南宜章狗北岭	《考古》1993年11期
石凿	4	新石器	湖南益阳鹿角山	《考古》1965年10期 有
石凿	1	新石器	吉林蛟河小南沟	《考古》1964年2期 有
石凿	1	新石器	吉林汪清西崴子嘎呀河	《考古通讯》1958年 5期
石凿		新石器	吉林永吉西官山	《考古》1960年7期 有
石凿	1	新石器	吉林镇赉马场北山	《考古》1996年3期 有
石凿		新石器	江苏昆山荣庄	《考古》1960年6期
石凿		新石器	江苏南京中央门外	《考古通讯》1957年 1期
石凿		新石器	江苏吴县华山	《考古》1961年3期 有
石凿	1	新石器	江苏吴县夷陵山与草鞋山	《考古》1961年3期 有
石凿		新石器	江苏吴兴邱城	《考古》1959年9期
石凿	1	新石器	江苏武进寺墩	《考古》1981年3期 有
石凿	1	新石器	江西南昌市青云谱车站	《考古》1961年10期
石凿	3	新石器	江西南昌市青云谱砖瓦窑	《考古》1961年10期
石凿	2	新石器	江西南昌县莲塘春新山	《考古》1963年1期
石凿	1	新石器	江西清江筑卫城	《考古》1976年6期 有
石凿	13	新石器	江西修水山背	《考古》1962年7期 有
石凿		新石器	辽宁东沟石灰窑	《考古》1984年1期 有
石凿	1	新石器	辽宁东沟阎坨子	《考古》1984年1期 有
石凿		新石器	辽宁桓仁	《考古》1960年1期
石凿	2	新石器	辽宁锦州山河营子	《考古》1986年10期 有
石凿		新石器	辽宁旅大王官寨	《考古》1959年11期
石凿形器		新石器	内蒙古巴林左旗富河沟门	《考古》1964年1期
石凿	1	新石器	内蒙古赤峰东山咀	《考古》1983年5期 有
石凿		新石器	青海乐都柳湾	《考古》1976年6期 有
石凿		新石器	青海民和阳山	《考古》1984年5期 有
石凿	2	新石器	山东安丘老峒峪	《考古》1992年9期 有
石凿		新石器	山东胶县三里河	《考古》1977年4期
石凿	1	新石器	山东临沂前城子	《考古》1992年10期 有
石凿	1	新石器	山东临沂晏驾墩	《考古》1992年10期 有
石凿	1	新石器	山东曲阜东魏庄	《考古》1963年7期

石凿	2	新石器	山东曲阜尼山	《考古》1963年7期	有
石凿	4	新石器	山东曲阜尼山	《考古》1965年12期	有
石凿		新石器	山东日照两城镇	《考古》1960年9期	有
石凿		新石器	山东日照县东海峪	《考古》1976年6期	有
石凿	1	新石器	山东泗水尹家城	《考古》1980年1期	有
石凿		新石器	陕西西安半坡	《考古通讯》1955年2期	有
石凿		新石器	上海松江机山	《考古》1961年9期	
石凿	1	新石器	四川广元汽车站	《考古》1997年5期	有
石凿	4	新石器	四川广元张家坡	《考古》1991年9期	有
石凿	5	新石器	四川理县建山寨	《考古》1965年12期	有
石凿	1	新石器	四川理县小岐寨	《考古》1965年12期	有
石凿	2	新石器	四川理县子达寨	《考古》1965年12期	有
石凿	2	新石器	四川茂汶	《考古》1959年9期	有
石凿	4	新石器	四川西昌横栏山	《考古》1998年2期	有
石凿	2	新石器	四川盐源轿顶山	《考古》1984年9期	有
石凿		新石器	四川忠县	《考古通讯》1958年5期	
石凿	3	新石器	四川忠县	《考古》1959年8期	有
石凿		新石器	台湾台北圆山	《考古》1979年3期	
石凿	1	新石器	西藏林芝居木	《考古》1975年5期	有
石凿	1	新石器	西藏林芝云星	《考古》1975年5期	有
石凿	1	新石器	西藏墨脱墨脱村	《考古》1978年2期	有
石凿	1	新石器	西藏墨脱西让村	《考古》1978年2期	有
石凿	1	新石器	云南剑川	《考古》1959年9期	
石凿		新石器	云南剑川海门口	《考古通讯》1958年6期	
石凿		新石器	云南龙陵豆地坪	《考古》1992年4期	有
石凿		新石器	云南禄丰黑井	《考古》1983年7期	有
石凿		新石器	浙江嘉兴双桥	《考古通讯》1955年5期	有
石凿	2	新石器	浙江建德安仁后山	《考古通讯》1957年1期	
石凿	2	新石器	浙江乐清白石	《考古》1992年9期	有
石凿	5	新石器	浙江舟山孙家山	《考古》1983年1期	有
石凿	1	新石器早期	广西灵山龙武山	《考古》1993年12期	有
石凿	1	新石器中期	广西横县江口	《考古》2000年1期	有
石凿	1	新石器晚期	安徽安庆张四墩	《考古》2004年1期	有
石凿	1	新石器晚期	福建浦城石排下	《考古》1986年12期	有

石凿	15	新石器晚期	广东和平卢屋嘴	《考古》1991年3期	有
石凿	5	新石器晚期	广东西江两岸	《考古》1965年9期	有
石凿		新石器晚期	广西百色革新桥	《考古》2003年12期	有
石凿	3	新石器晚期	湖北宜昌白庙	《考古》1983年5期	有
石凿	1	新石器晚期	江西临川	《考古》1964年4期	有
石凿	14	新石器晚期	江西清江营盘里	《考古》1962年4期	有
石凿	1	新石器晚期	江西瑞昌大路口	《考古》1993年7期	有
石凿		新石器晚期	香港新界涌浪	《考古》1997年6期	有
石凿	1	新石器晚期	云南禄丰长地青	《考古》1991年3期	
石凿	8	新石器晚期	浙江仙居下汤	《考古》1987年12期	有
石凿	1	新石器（石峡文化）－夏商	广东南海鱿鱼岗	《考古》1997年6期	有
石凿	3	新石器（西团山文化）－战国	吉林永吉星星哨水库	《考古》1978年3期	有
石凿	1	新石器－商	广东东莞圆洲	《考古》2000年6期	有
石凿		新石器－商	广东三水银洲	《考古》2000年6期	有
石凿		新石器－商周	河北承德地区	《考古》1962年12期	有
石凿	23	新石器－青铜时代	辽宁本溪庙后山	《考古》1985年6期	有
石凿		夏（新砦期文化）	河南新密新砦	《考古》2009年2期	
石凿	1	夏（二里头文化）	河南临汝煤山	《考古》1975年5期	有
石凿	1	夏（二里头文化）	河南洛阳矬李	《考古》1978年1期	
石凿	6	夏（二里头文化）	河南西平上坡	《考古》2004年4期	有
石凿		夏（二里头文化）	河南新密新砦大型建筑基址	《考古》2009年2期	有
石凿		夏（二里头文化）	河南偃师二里头	《考古》1965年5期	有
石凿		夏（二里头文化）	河南偃师灰嘴村	《考古》2010年2期	有
石凿	1	夏（二里头文化）	河南郑州岔河	《考古》2005年6期	有
石凿		夏（二里头文化）	河南驻马店杨庄	《考古》1995年10期	
石凿		夏（二里头文化）	山西垣曲古城南关	《考古》2005年11期	
石凿		夏	甘肃民乐东灰山	《考古》1995年12期	
石凿		夏	湖北秭归柳林溪	《考古》2000年8期	有
石凿		夏	山西夏县东下冯	《考古》1980年2期	有
石凿		夏早期	河南巩义花地嘴	《考古》2005年6期	
石凿	1	青铜时代	广东连平黄潭寺	《考古》1992年2期	有
石凿	1	青铜时代	吉林海龙大湾桦树	《考古》1994年6期	有
石凿	2	青铜时代	四川忠县瓦井沟	《考古》1962年8期	
石凿		青铜时代（马桥文化）	浙江嘉兴雀幕桥	《考古》1986年9期	
石凿	1	青铜时代（距今4000年）	辽宁大连大嘴子	《考古》1996年2期	有

石凿	2	青铜时代（距今4000年）	辽宁大连小黑石砣子	《考古》1994年4期	有
石凿	1	青铜时代（夏家店下层文化）	河北大厂大坨头	《考古》1966年1期	有
石凿		青铜时代（夏家店下层文化）	辽宁北票康家屯	《考古》2001年8期	有
石凿		青铜时代（夏家店下层文化）	内蒙古赤峰二道井子	《考古》2010年8期	有
石凿	5	青铜时代（夏家店下层文化）	内蒙古赤峰康家湾	《考古》2008年11期	有
石凿		青铜时代（夏家店下层文化）	内蒙古喀喇沁旗大山前	《考古》1998年9期	
石凿		青铜时代（夏家店下层文化）	天津蓟县张家园	《考古》1993年4期	有
石凿	10	青铜时代（湖熟文化）	江苏南京西善桥	《考古》1962年3期	有
石凿		青铜时代（湖熟文化）	江苏仪六地区朱勤大山	《考古》1962年3期	
石凿		青铜时代（广富林文化）	上海松江广富林	《考古》2002年10期	有
石凿		青铜时代（距今3800年）	广西那坡感驮岩	《考古》2003年10期	有
石凿	22	青铜时代（距今3800年）	云南剑川海门口	《考古》2009年8期	有
石凿		夏商	广东珠海淇澳岛东澳湾	《考古》1990年9期	有
石凿		夏商	湖南浏阳樟树塘	《考古》1994年11期	有
石凿		先商	河北邢台葛家庄	《考古》2005年2期	有
石凿形器	2	商早期	河南郑州岔河	《考古》2005年6期	有
石凿	1	商	安徽含山孙家岗	《考古》1977年3期	
石凿		商	广东揭阳蜈蚣山	《考古》1988年5期	有
石凿	1	商	广东揭阳云路	《考古》1985年8期	
石凿		商	河北邯郸涧沟	《考古》1959年10期	
石凿	1	商	河北邯郸涧沟	《考古》1961年4期	
石凿	1	商	河北滦南东庄店	《考古》1983年9期	
石凿	2	商	河北唐山古冶	《考古》1984年9期	有
石凿	1	商	河南辉县丰城村	《考古》1989年3期	有
石凿		商	河南南阳十里庙	《考古》1959年7期	
石凿		商	河南夏邑清凉山	《考古》1997年11期	有
石凿		商	河南偃师二里头	《考古》1974年4期	有
石凿	19	商	河南偃师灰嘴村	《考古》1961年2期	有
石凿	1	商	河南偃师尸乡沟	《考古》1985年4期	有
石凿	1	商	河南郑州岔河	《考古》1988年5期	有

石凿	1	商	河南郑州经五路	《考古》1986年4期　有
石凿	1	商	河南郑州铭功路东	《考古》2002年9期　有
石凿		商	河南郑州商城宫殿区	《考古》2000年2期　有
石凿		商	河南郑州上街	《考古》1960年6期
石凿	3	商	河南郑州上街	《考古》1966年1期　有
石凿		商	湖北巴东雷家坪	《考古》2005年8期　有
石凿	2	商	湖北秭归茅坪长府沱	《考古》2004年5期　有
石凿		商	湖南宜章廖家岭	《考古》1993年11期
石凿		商	湖南永兴河边堆	《考古》1993年11期
石凿		商	江苏徐州丘湾	《考古》1960年3期
石凿	1	商	山东济南大辛庄	《考古》1959年4期
石凿	1	商	山东济宁玉皇顶	《考古》2005年4期　有
石凿	1	商	山西盂县北村	《考古》1991年9期　有
石凿	1	商	天津蓟县围坊	《考古》1983年10期　有
石凿	4	青铜时代（距今3500年）	吉林长春腰红嘴子	《考古》2003年8期　有
石凿	6	商中期	湖南辰溪潭湾	《考古》1980年1期　有
石凿		商晚期	辽宁康平镇郊	《考古》1981年2期
石凿		商—西周	四川成都金沙遗址	《考古》2002年7期
石凿	3	商周	广东普宁牛伯公山	《考古》1998年7期　有
石凿		商周	黑龙江宁安莺歌岭	《考古》1981年6期　有
石凿		商周	湖南安仁罗古坳	《考古》1993年11期
石凿	1	商周	湖南零陵菱角塘	《考古》1965年9期　有
石凿		商周	湖南资兴房家岭	《考古》1993年11期
石凿	2	商周	江苏吴县	《考古》1990年10期　有
石凿	3	商周	四川新凡水观音	《考古》1959年8期　有
石凿	4	商周	云南剑川海门口	《考古》1995年9期　有
石凿	2	商周	重庆云阳李家坝	《考古》2004年6期　有
石凿	2	西周	安徽安庆张四墩	《考古》2004年1期　有
石凿	5	西周	安徽六安堰墩	《考古》2002年2期　有
石凿	1	西周	湖北黄冈榨山	《考古》1995年10期　有
石凿	1	西周	湖北罗田庙山岗	《考古》1994年9期　有
石凿	4	西周	辽宁阜新平项山石城址	《考古》1992年5期　有
石凿	1	西周	山东邹县七家峪	《考古》1965年11期
石凿		西周	陕西长安沣西客省庄	《考古》1959年10期
石凿		西周	陕西长安普渡村	《考古》1988年9期　有
石凿	8	青铜时代（距今3100年）	云南剑川海门口	《考古》2009年8期　有
石凿		青铜时代（辛店文化）	甘肃临夏姬家川	《考古》1962年2期

石凿	1	青铜时代（辛店文化）	甘肃永靖莲花台黑头咀	《考古》1980年4期 有
石凿	1	周	安徽含山大城墩	《考古》1989年2期 有
石凿	1	周	河北徐水解村	《考古》1965年10期 有
石凿	1	周	湖北巴东雷家坪	《考古》1999年1期 有
石凿		周	湖北红安金盆	《考古》1960年4期 有
石凿	1	周	陕西扶风上康村1号墓	《考古》1960年8期
石凿	3	青铜时代（距今3000年）	辽宁盖县伙家窝堡	《考古》1993年9期 有
石凿	1	青铜时代（夏家店上层文化）	辽宁锦州山河营子	《考古》1986年10期
石凿	1	西周－春秋	江苏丹阳墩头山	《考古》1993年8期 有
石凿	1	西周－春秋	江苏苏州越城	《考古》1982年5期
石凿	3	西周－战国	浙江玉环三合潭	《考古》1996年5期 有
石凿	6	青铜时代－东汉	吉林汪清新华闾	《考古》1961年8期
石凿	2	东周	山东青岛崂山东古镇村	《考古》1959年3期
石凿		春秋	河南安阳黄张村	《考古》2009年4期 有
石凿	6	春秋	湖北随县泰山庙	《考古》1959年11期 有
石凿	1	春秋	湖北郧县乔家院	《考古》2008年4期 有
石凿	1	春秋	吉林磐石小西山	《考古》1984年1期 有
石凿	1	战国	广东罗定背夫山	《考古》1986年3期 有
石凿	1	战国	广东始兴白石坪山	《考古》1996年9期 有
石凿	1	战国	吉林珲春河西北山	《考古》1994年5期 有
石凿	15	战国	吉林省吉林市长蛇山	《考古》1980年2期 有
石凿	3	战国	吉林省吉林市猴石山	《考古》1980年2期 有
石凿	3	战国	吉林省吉林市泡子沿前山	《考古》1985年6期 有
石凿	6	战国	吉林省吉林市骚达沟	《考古》1985年10期 有
石凿	1	战国	吉林汪清水北	《考古》2005年1期 有
石凿	1	战国	辽宁抚顺大伙房	《考古》1964年6期 有
石凿	2	战国	辽宁清原斗虎屯	《考古》1989年2期 有
石凿	3	战国	辽宁清原甘井子大庙村	《考古》1989年2期 有
石凿	1	战国	辽宁新宾汤图河西村	《考古》1989年2期 有
石凿	1	战国	山东临淄故城	《考古》1961年6期 有
石凿		战国	陕西长安沣西客省庄	《考古》1959年10期
石凿	2	汉	黑龙江鸡西永台	《考古》1982年1期 有
石凿	1	西汉	四川凉山喜德拉克	《考古》1978年2期 有
石凿	1	西汉	四川西昌河西	《考古》1978年2期 有
石凿		东汉－北朝	黑龙江海林河口	《考古》1996年2期 有
石凿	1	渤海国时期	黑龙江海林兴农	《考古》2005年3期 有

骨凿		新石器（兴隆洼文化）	内蒙古林西井沟子西梁	《考古》2006年2期	有
骨凿		新石器（大地湾文化）	甘肃天水西山坪	《考古》1988年5期	有
骨凿		新石器（磁山文化）	河北武安磁山	《考古》1977年6期	有
骨凿	1	新石器（青莲岗文化）	江苏常州圩墩	《考古》1978年4期	
骨凿		新石器（北辛文化）	山东临淄后李	《考古》1992年11期	有
骨凿	5	新石器（马家浜文化）	浙江嘉兴马家浜	《考古》1961年7期	
骨凿	1	新石器（距今7000年）	吉林长岭腰井子	《考古》1992年8期	有
骨凿		新石器（河姆渡文化）	浙江余姚鲻山	《考古》2001年10期	有
骨凿	2	新石器（仰韶文化）	河南安阳后岗	《考古》1982年6期	有
骨凿		新石器（仰韶文化）	河南陕县庙底沟	《考古通讯》1957年4期	
骨凿		新石器（仰韶文化）	河南渑池西河庵村	《考古》1965年10期	
骨凿		新石器（仰韶文化）	陕西宝鸡	《考古》1960年2期	
骨凿		新石器（仰韶文化）	陕西宝鸡金陵河西岸	《考古》1959年5期	
骨凿	1	新石器（仰韶文化）	陕西华阴南城子	《考古》1984年6期	有
骨凿		新石器（仰韶文化）	陕西临潼姜寨	《考古》1975年5期	
骨凿	1	新石器（大汶口文化）	山东济宁玉皇顶	《考古》2005年4期	有
骨凿	10	新石器（距今6000年）	福建平潭壳坵头	《考古》1991年7期	有
骨凿		新石器（后岗一期文化）	内蒙古乌兰察布石虎山	《考古》1998年12期	有
骨凿		新石器（马家窑文化早期）	青海民和胡李家	《考古》2001年1期	有
骨凿		新石器（马家窑文化）	甘肃武山傅家门	《考古》1995年4期	
骨凿	55	新石器（良渚文化）	江苏吴江梅堰	《考古》1963年6期	有
骨凿	1	新石器（距今5000年）	辽宁大连大潘家	《考古》1994年10期	有
骨凿		新石器（距今5000年）	内蒙古扎鲁特南宝力皋吐	《考古》2008年7期	有
骨凿		新石器（昙石山文化）	福建闽侯县石山	《考古》1964年12期	
骨凿	2	新石器（贝丘遗址）	广东南海灶岗	《考古》1984年3期	
骨凿		新石器（贝丘遗址）	广西南宁	《考古》1975年5期	
骨凿		新石器（龙山文化）	安徽蒙城尉迟寺	《考古》1994年1期	有
骨凿		新石器（龙山文化）	河北邯郸龟台	《考古》1959年10期	
骨凿		新石器（龙山文化）	河北邯郸涧沟	《考古》1959年10期	
骨凿	19	新石器（龙山文化）	河北邯郸涧沟	《考古》1961年4期	
骨凿		新石器（龙山文化）	河北邢台葛家庄	《考古》2005年2期	有
骨凿	1	新石器（龙山文化）	河北永年台口村	《考古》1962年12期	
骨凿	1	新石器（龙山文化）	河南安阳后岗	《考古》1982年6期	有
骨凿	1	新石器（龙山文化）	河南安阳后岗高楼庄	《考古》1972年5期	有
骨凿		新石器（龙山文化）	河南辉县孟庄	《考古》2000年3期	有

骨凿		新石器（龙山文化）	河南临汝大张村	《考古》1960年6期	
骨凿	3	新石器（龙山文化）	河南洛阳东杨村	《考古》1983年2期	有
骨凿		新石器（龙山文化）	河南杞县鹿台岗	《考古》1994年8期	
骨凿	1	新石器（龙山文化）	河南商丘坞墙	《考古》1983年2期	有
骨凿		新石器（龙山文化）	河南汤阴白营	《考古》1980年3期	
骨凿	2	新石器（龙山文化）	河南伊川马回营	《考古》1983年11期	有
骨凿		新石器（龙山文化）	河南永城黑固堆	《考古》1981年5期	有
骨凿		新石器（龙山文化）	河南永城王油坊	《考古》1978年1期	
骨凿	3	新石器（龙山文化）	河南禹州瓦店	《考古》2000年2期	有
骨凿	1	新石器（龙山文化）	辽宁北票丰下	《考古》1976年3期	有
骨凿	2	新石器（龙山文化）	山东曹县莘冢集	《考古》1980年5期	有
骨凿	2	新石器（龙山文化）	山东茌平南陈庄	《考古》1985年4期	有
骨凿	1	新石器（龙山文化）	山东梁山青堌堆	《考古》1962年1期	有
骨凿		新石器（龙山文化）	山东日照两城镇	《考古》1997年4期	有
骨凿		新石器（龙山文化）	山东阳谷景阳岗	《考古》1997年5期	有
骨凿		新石器（龙山文化）	山东枣庄二疏城	《考古》1984年4期	
骨凿	1	新石器（龙山文化）	山西芮城南礼教村	《考古》1964年6期	有
骨凿		新石器（龙山文化）	山西五台阳白	《考古》1997年4期	有
骨凿		新石器（龙山文化）	山西襄汾丁村	《考古》1991年10期	有
骨凿		新石器（龙山文化）	山西垣曲龙王崖	《考古》1986年2期	有
骨凿	1	新石器（龙山文化）	陕西商洛东	《考古》2009年12期	有
骨凿		新石器（龙山文化晚期）	山西襄汾陶寺	《考古》1980年1期	有
骨凿	1	新石器（距今4800年）	黑龙江饶河小南山	《考古》1996年2期	有
骨凿		新石器（齐家文化）	甘肃临潭磨沟	《考古》2009年7期	
骨凿		新石器（齐家文化）	甘肃临夏大何庄	《考古》1960年3期	
骨凿	1	新石器（齐家文化）	青海大通黄家寨	《考古》1994年3期	有
骨凿		新石器（岳石文化）	河南杞县鹿台岗	《考古》1994年8期	
骨凿	2	新石器	广西灵山翠壁峰	《考古》1993年12期	有
骨凿	2	新石器	广西邕宁顶蛳山	《考古》1997年10期	有
骨凿		新石器	河南鲁山邱公城	《考古》1962年11期	有
骨凿	2	新石器	黑龙江宁安大牡丹屯	《考古》1961年10期	
骨凿	1	新石器	黑龙江宁安东康	《考古》1975年3期	
骨凿	1	新石器	黑龙江宁安牛场	《考古》1960年4期	
骨凿	1	新石器	江苏常州圩墩	《考古》1974年2期	有
骨凿		新石器	内蒙古包头阿善	《考古》1984年2期	
骨凿		新石器	青海乐都柳湾	《考古》1976年6期	有
骨凿	1	新石器	云南景洪曼运	《考古》1965年11期	
骨凿	2	新石器早期	广西灵山三海岩	《考古》1993年12期	有

骨凿		新石器晚期	内蒙古包头西园	《考古》1990年4期	有
骨凿	1	新石器（石峡文化）－夏商	广东南海鱿鱼岗	《考古》1997年6期	有
骨凿		新石器（龙山文化）－商	河南偃师二里头	《考古》1961年2期	有
骨凿	3	新石器（客省庄二期文化）－商早期	内蒙古准格尔旗大口	《考古》1979年4期	有
骨凿		夏（新砦期文化）	河南新密新砦	《考古》2009年2期	有
骨凿		夏	甘肃民乐东灰山	《考古》1995年12期	有
骨凿	1	先商	河北邯郸北羊台	《考古》2001年2期	有
骨凿	1	商	河北灵寿北宅村	《考古》1966年2期	有
骨凿		商	河南安阳殷墟	《考古》1961年2期	
骨凿		商	河南洛阳东乾沟	《考古》1959年10期	
骨凿	1	商	河南郑州上街	《考古》1966年1期	有
骨凿	3	青铜时代（寺洼文化）	甘肃卓尼芭儿	《考古》1994年1期	有
骨凿	1	商周	河北邢台东先贤村	《考古》2002年3期	有
骨凿		商周	黑龙江宁安莺歌岭	《考古》1981年6期	有
骨凿形器		西周	河南洛阳北窑	《考古》1983年5期	有
骨凿	5	西周	黑龙江肇源白金宝	《考古》1980年4期	有
骨凿	1	西周	陕西浐灞两河沿岸	《考古》1961年11期	
骨凿		西周	陕西长安沣西张家坡	《考古》1959年10期	
骨凿	2	西周	陕西长安沣西张家坡	《考古》1964年9期	有
骨凿		西周	陕西扶风齐家村	《考古》1980年1期	
骨凿	3	青铜时代（辛店文化）	甘肃永靖莲花台黑头咀	《考古》1980年4期	有
骨凿	4	青铜时代（辛店文化）	甘肃永靖莲花台瓦渣咀	《考古》1980年4期	有
骨凿	1	青铜时代（夏家店上层文化）	辽宁锦州山河营子	《考古》1986年10期	
骨凿	1	青铜时代（卡约文化）	青海平安马家庄	《考古》1990年9期	有
骨凿	5	西周－春秋	吉林双辽后太平	《考古》2009年5期	有
骨凿	2	青铜时代－东汉	吉林汪清新安闾	《考古》1961年8期	
骨凿	3	东周	吉林通化万发拨子	《考古》2003年8期	有
骨凿	3	春秋	海南东方荣村	《考古》2003年4期	有
骨凿	1	战国	吉林省吉林市骚达沟	《考古》1985年10期	有
骨凿	1	汉－六朝	云南澄江学山	《考古》2010年10期	有
骨凿		魏晋	黑龙江友谊凤林	《考古》2000年11期	
骨凿	2	魏晋	黑龙江友谊凤林古城址	《考古》2004年12期	
骨凿	1	渤海国时期	黑龙江海林兴农	《考古》2005年3期	
角凿		新石器（兴隆洼文化）	内蒙古林西井沟子西梁	《考古》2006年2期	有
角凿		新石器（仰韶文化）	内蒙古凉城王墓山	《考古》1997年4期	

角凿	1	新石器（仰韶文化晚期）	河北平山中贾壁	《考古》1993年4期	
角凿	1	新石器（大汶口文化）	山东蓬莱紫荆山	《考古》1973年1期	
角凿	1	新石器（良渚文化）	江苏吴江梅堰	《考古》1963年6期	有
角凿	1	新石器（龙山文化）	安徽宿县小山口	《考古》1993年12期	有
角凿	1	新石器（龙山文化）	河南许昌县丁庄	《考古》1986年3期	有
角凿		新石器（龙山文化）	河南永城黑固堆	《考古》1981年5期	
角凿		新石器	安徽灵璧蒋庙村	《考古通讯》1955年5期	有
角凿	1	新石器	广西象州山猪笼	《考古》1997年10期	有
角凿	1	新石器	黑龙江宁安东康	《考古》1975年3期	
角凿	1	新石器	黑龙江宁安东昇	《考古》1977年3期	有
牙凿	1	商	湖北巴东雷家坪	《考古》2005年8期	有
蚌凿		新石器（龙山文化）	河北邯郸涧沟	《考古》1959年10期	
玉凿	1	新石器（马家浜文化）	江苏东台开庄	《考古》2005年4期	有
玉凿	1	新石器（红山文化）	吉林镇赉聚宝山	《考古》1998年6期	有
玉凿	1	新石器（龙山文化）	河南洛阳东杨村	《考古》1983年2期	有
玉凿	1	新石器	辽宁长海小珠山	《考古》2009年5期	
玉凿	1	夏（二里头文化）	河南西平上坡	《考古》2004年4期	有
玉凿		青铜时代（夏家店下层文化）	内蒙古赤峰二道井子	《考古》2010年8期	有
玉凿	1	青铜时代（湖熟文化）	江苏南京西善桥	《考古》1962年3期	
玉凿	2	商	河南辉县丰城村	《考古》1989年3期	有
玉凿	1	商	河南郑州经五路	《考古》1986年4期	有
玉凿	1	商	四川广汉三星堆仁胜村	《考古》2004年10期	有
玉凿		商—西周	四川成都金沙遗址	《考古》2002年7期	
玉凿	1	东周	河南洛阳润阳广场	《考古》2009年12期	有
玉凿	2	东周	陕西宝鸡阳平秦家沟	《考古》1965年7期	有
玉凿	1	战国	四川荥经曾家沟	《考古》1984年12期	
陶凿		新石器（仰韶文化）	陕西华阴横阵	《考古》1960年9期	
陶凿	2	新石器（仰韶文化）	陕西华阴南城子	《考古》1984年6期	有
陶凿	1	新石器（大汶口文化）	山东栖霞古镇都	《考古》2008年2期	有
陶凿		新石器（马家窑文化早期）	青海民和胡李家	《考古》2001年1期	有
陶凿	1	新石器（龙山文化）	河南洛阳东杨村	《考古》1983年2期	有
陶凿	1	唐	福建惠安上村	《考古》2004年4期	
铜凿		新石器	云南剑川海门口	《考古通讯》1958年6期	
铜凿		夏（二里头文化）	河南偃师二里头	《考古》1975年5期	有

铜凿	1	夏（二里头文化）	河南驻马店杨庄	《考古》1995年10期	
铜凿		夏	山西夏县东下冯	《考古》1980年2期	有
铜凿	4	青铜时代	云南个旧石榴坎	《考古》1992年2期	
铜凿	1	青铜时代（距今3800年）	云南剑川海门口	《考古》2009年8期	有
铜凿	2	商	河北藁城台西村	《考古》1973年1期	有
铜凿	1	商	河南安阳范家庄东北地	《考古》2009年9期	有
铜凿		商	河南安阳高楼庄	《考古》1963年4期	
铜凿	1	商	河南安阳郭家庄	《考古》1998年10期	有
铜凿		商	河南安阳郭家庄M160	《考古》1991年5期	
铜凿	1	商	河南安阳郭家庄M5	《考古》2008年8期	有
铜凿	1	商	河南安阳后岗	《考古》1972年3期	
铜凿		商	河南安阳花园庄	《考古》2004年1期	
铜凿	2	商	河南安阳刘家庄北地	《考古》2005年1期	有
铜凿	1	商	河南安阳刘家庄北地	《考古》2009年7期	有
铜凿	1	商	河南安阳梅园庄	《考古》1998年10期	有
铜凿	1	商	河南安阳榕树湾	《考古》2009年5期	有
铜凿	1	商	河南安阳孝民屯东南地	《考古》2009年9期	有
铜凿		商	河南安阳殷墟	《考古》1961年2期	
铜凿	2	商	河南安阳殷墟1713号墓	《考古》1986年8期	有
铜凿	1	商	河南罗山蟒张	《考古》1981年2期	
铜凿	1	商	河南孟县涧溪	《考古》1961年1期	有
铜凿		商	河南偃师二里头	《考古》1974年4期	有
铜凿	1	商	河南偃师商城Ⅳ区	《考古》1999年2期	有
铜凿		商	江苏铜山丘湾	《考古》1973年2期	
铜凿	1	商	山西石楼义牒村	《考古》1972年4期	
铜凿		商周	河南安阳大司空村	《考古通讯》1958年10期	
铜凿	10	商周	河南临汝榆树陈村	《考古》1985年7期	有
铜凿		商周	内蒙古克什克腾旗龙头山	《考古》1991年8期	有
铜凿形器	1	商周	天津蓟县围坊	《考古》1983年10期	有
铜凿	1	商周	云南剑川海门口	《考古》1995年9期	有
铜凿	1	西周	安徽南陵江木冲	《考古》2002年2期	有
铜凿	3	西周	北京昌平白浮	《考古》1976年4期	有
铜凿	3	西周	北京房山琉璃河	《考古》1974年5期	有
铜凿	3	西周	北京琉璃河1193墓	《考古》1990年1期	有
铜凿	1	西周	河南鹿邑太清宫	《考古》2000年9期	
铜凿	1	西周	江苏东海庙墩	《考古》1986年12期	有

铜凿	1	西周	江苏灌云任庄村	《考古》1993年10期	有
铜凿	1	西周	辽宁建平水泉城子	《考古》1983年8期	有
铜凿	5	西周	宁夏中卫狼窝子坑	《考古》1989年11期	有
铜凿	1	西周	山东栖霞吕家埠	《考古》1988年9期	有
铜凿	1	西周	陕西长安沣西新旺村	《考古》1992年11期	有
铜凿		西周	陕西扶风云塘村	《考古》2002年9期	有
铜凿	1	西周	陕西华县良侯	《考古》1965年3期	有
铜凿	4	西周	陕西岐山贺家村	《考古》1976年1期	有
铜凿	1	青铜时代（距今3100年）	云南剑川海门口	《考古》2009年8期	有
铜凿	1	青铜时代（夏家店上层文化）	辽宁建平喀喇沁	《考古》1983年11期	
铜凿	1	青铜时代（卡约文化）	青海化隆半主洼	《考古》1996年8期	有
铜凿	4	西周—春秋	北京延庆西拨子	《考古》1979年3期	有
铜凿	1	西周—春秋	辽宁建平大拉罕沟	《考古》1983年8期	有
铜凿	1	西周—春秋	内蒙古宁城南山根102号墓	《考古》1981年4期	有
铜凿	3	西周—春秋	香港大屿山白芒	《考古》1997年6期	有
铜凿	2	西周—战国	浙江玉环三合潭	《考古》1996年5期	有
铜凿	1	东周	甘肃镇原红岩村	《考古》1988年5期	有
铜凿	1	东周	甘肃镇原庙渠村	《考古》1988年5期	有
铜凿	3	东周	广西恭城秧家	《考古》1973年1期	有
铜凿		东周	河南陕县后川	《考古通讯》1958年11期	
铜凿	1	东周	湖北大冶铜绿山	《考古》1974年4期	有
铜凿	1	东周	宁夏固原彭堡	《考古》1990年5期	有
铜凿	2	东周	宁夏彭阳张街	《考古》2002年8期	有
铜凿	2	东周	陕西凤翔城关镇北街	《考古》1986年4期	有
铜凿		东周	陕西凤翔故雍城	《考古》1986年4期	有
铜凿	2	东周	云南昆明上马村	《考古》1984年3期	有
铜凿	1	东周—汉	河北容城南阳	《考古》1993年3期	有
铜凿	1	春秋	江苏六合程桥	《考古》1965年3期	有
铜凿	1	春秋	江苏六合程桥2号墓	《考古》1974年2期	有
铜凿		春秋	江苏邳州九女墩	《考古》2003年9期	
铜凿	1	春秋	江苏邳州九女墩3号	《考古》2002年5期	
铜凿		春秋	江西靖安李洲坳	《考古》2008年7期	
铜凿	2	春秋	山西侯马上马村	《考古》1963年5期	有
铜凿		春秋	山西临猗程村	《考古》1991年11期	有
铜凿	1	战国	安徽六安城西窑厂	《考古》1995年2期	有

铜凿	3	战国	广东广宁龙嘴岗	《考古》1998年7期　有
铜凿	1	战国	广东罗定背夫山	《考古》1986年3期　有
铜凿	1	战国	广东四会鸟旦山	《考古》1975年2期　有
铜凿		战国	湖北江陵九店	《考古》1995年7期
铜凿	3	战国	辽宁锦西乌金塘	《考古》1960年5期
铜凿	1	战国	辽宁辽阳二道河子	《考古》1977年5期　有
铜凿	2	战国	辽宁凌源三官甸	《考古》1985年2期　有
铜凿	2	战国	辽宁旅大旅顺口区后牧城驿	《考古》1960年8期　有
铜凿	1	战国	山东剡城二中校园	《考古》1996年3期　有
铜凿	1	战国	山西长治北郊分水岭	《考古》1964年3期
铜凿		战国	陕西长安沣西客省庄	《考古》1959年10期
铜凿	1	战国	四川成都罗家碾	《考古》1993年2期　有
铜凿	2	战国	四川成都南郊	《考古》1959年8期
铜凿	7	战国	四川峨嵋柏香林	《考古》1986年11期　有
铜凿	1	战国	四川荥经同心村	《考古》1988年1期　有
铜凿		汉	陕西渭水流域	《考古》1959年11期
铜凿	4	汉	云南昆明呈贡石碑	《考古》1984年3期　有
铜凿	2	西汉	安徽铜陵金牛洞	《考古》1989年10期　有
铜凿		西汉	云南昆明双龙坝	《考古》1977年2期
铜凿	1	三国	安徽合肥三国新城	《考古》2008年12期　有
铜凿	1	晋—唐	安徽南陵寺冲岭	《考古》2002年2期　有
铁凿		战国	河北易县燕下都	《考古》1962年1期　有
铁凿	1	战国	河南洛阳西郊	《考古》1959年12期
铁凿	1	战国	河南洛阳中州路南	《考古通讯》1957年6期
铁凿		战国	湖南长沙陈家大山	《考古》1959年4期
铁凿	1	战国	湖南衡阳	《考古》1984年10期
铁凿	1	战国	辽宁敖汉旗老虎山	《考古》1976年5期　有
铁凿	1	战国	山东临淄故城	《考古》1961年6期　有
铁凿	2	战国	天津南郊巨葛庄	《考古》1965年1期　有
铁凿	2	战国—西汉	辽宁抚顺莲花堡	《考古》1964年6期　有
铁凿	1	秦	陕西临潼秦始皇陵园	《考古》2001年1期　有
铁凿	1	汉	河南郑州岔河	《考古》1988年5期　有
铁凿	1	汉	黑龙江海林东兴	《考古》1996年10期　有
铁凿	2	西汉	贵州赫章可乐	《考古》1992年3期　有
铁凿		西汉	河北满城陵山	《考古》1972年1期
铁凿		西汉	江苏徐州汉代采石遗址	《考古》2010年11期　有
铁凿		西汉	山东长清双乳山	《考古》1997年3期　有

铁凿	1	西汉	陕西凤翔长青	《考古》2005年7期	有
铁凿		西汉	陕西西安大刘寨村武库遗址	《考古》1978年4期	
铁凿		西汉	陕西西安南郊杜陵五号	《考古》1991年12期	
铁凿	2	西汉	陕西西安未央宫西南角楼	《考古》1996年3期	有
铁凿	2	西汉	四川成都北郊洪家包	《考古通讯》1957年2期	
铁凿	1	西汉	四川成都东北郊	《考古通讯》1958年2期	有
铁凿	4	西汉	四川西昌礼州	《考古》1980年5期	
铁凿		西汉	云南江川李家山	《考古》2001年12期	
铁凿	5	东汉	安徽固镇垓下	《考古》1993年1期	有
铁凿	2	东汉	广东徐闻红坎村	《考古》1977年4期	有
铁凿	1	东汉	广西北海盘子岭	《考古》1998年11期	有
铁凿	1	东汉	广西恭城牛路头	《考古》1998年1期	有
铁凿	1	东汉	山东乳山大浩口	《考古》1997年8期	有
铁凿	1	东汉	四川成都牧马山灌溉渠	《考古》1959年8期	有
铁凿	1	东汉	四川西昌东坪	《考古》1990年12期	有
铁凿		东汉—北朝	黑龙江海林河口	《考古》1996年2期	
铁凿	1	晋	广东广州下塘狮带岗	《考古》1996年1期	
铁凿	1	东晋	山东牟平石门里	《考古》1994年2期	
铁凿	1	隋	陕西麟游隋唐37号殿址	《考古》1995年12期	有
铁凿		唐	浙江温州西山猫儿岭	《考古》1990年12期	
铁凿	3	高句丽（公元7世纪）	辽宁沈阳石台子拦水坝	《考古》2010年12期	有
铁凿	5	渤海国时期	黑龙江海林兴农	《考古》2005年3期	有
铁凿		辽	辽宁锦州张扛村	《考古》1984年11期	有
铁凿	1	辽	辽宁康平后刘东屯	《考古》1986年10期	有
铁凿	2	辽	辽宁康平后刘东屯	《考古》1988年9期	有
铁凿		辽	内蒙古巴林右旗罕山	《考古》1988年11期	有
铁凿	1	辽	内蒙古科右前旗白辛屯	《考古》1965年7期	
铁凿	3	南宋	甘肃灵台野狐湾	《考古》1987年4期	有
铁凿	2	宋元	江苏扬州毛纺织厂	《考古》1992年1期	有
铁凿	3	辽金	北京房山焦庄村	《考古》1963年3期	有
铁凿		辽金	黑龙江肇东八里城	《考古》1960年2期	有
铁凿	1	辽金	吉林扶余西山屯	《考古》1963年11期	有
铁凿	1	西夏	内蒙古伊金霍洛旗牛其圪台	《考古》1987年12期	有
铁凿	1	金	河北宣化北大寺村	《考古》1987年12期	有

铁凿	1	金	河南新安赵峪村	《考古》1965年1期 有
铁凿	3	金	吉林德惠后城子	《考古》1993年8期 有
铁凿		金	吉林德惠揽头窝堡	《考古》2003年8期 有
铁凿	1	金	吉林辑安钟家村	《考古》1963年11期 有
铁凿	1	金	辽宁新民前当铺	《考古》1960年2期 有
铁凿	2	金元	辽宁绥中城后村	《考古》1960年2期 有
铁凿	1	元	北京元大都遗址	《考古》1990年7期
铁凿	2	元	河北磁县南开河村	《考古》1978年6期 有
铁凿	3	明	江苏南京唐家凹	《考古》1999年10期 有

铲

石铲		新石器（后李文化）	山东临淄后李	《考古》1994年2期
石铲	2	新石器（兴隆洼文化）	河北滦平药王庙梁	《考古》1998年2期 有
石铲		新石器（兴隆洼文化）	内蒙古敖汉旗兴隆洼	《考古》1985年10期 有
石铲形器	1	新石器（兴隆洼文化）	内蒙古敖汉旗兴隆洼	《考古》1997年1期 有
石铲	数量多	新石器（兴隆洼文化）	内蒙古林西白音长汗	《考古》1993年7期 有
石铲	5	新石器（裴李岗文化）	河南巩县下西坡	《考古》1986年3期 有
石铲	1	新石器（裴李岗文化）	河南巩义瓦窑嘴	《考古》1996年7期 有
石铲	1	新石器（裴李岗文化）	河南巩义瓦窑嘴	《考古》1999年11期 有
石铲	43	新石器（裴李岗文化）	河南郏县水泉	《考古》1992年10期 有
石铲	4	新石器（裴李岗文化）	河南临汝中山寨	《考古》1986年6期 有
石铲	1	新石器（裴李岗文化）	河南临汝中山寨	《考古》1986年7期 有
石铲	2	新石器（裴李岗文化）	河南密县东关	《考古》1979年3期 有
石铲		新石器（裴李岗文化）	河南密县莪沟	《考古》1979年3期
石铲	2	新石器（裴李岗文化）	河南密县马良沟	《考古》1981年3期 有
石铲	1	新石器（裴李岗文化）	河南密县王咀	《考古》1979年3期 有
石铲	1	新石器（裴李岗文化）	河南密县张湾	《考古》1979年3期 有
石铲	5	新石器（裴李岗文化）	河南陕县水泉	《考古》1979年6期 有
石铲	35	新石器（裴李岗文化）	河南新郑裴李岗	《考古》1978年2期 有
石铲		新石器（裴李岗文化）	河南新郑裴李岗	《考古》1982年4期 有
石铲	9	新石器（裴李岗文化）	河南新郑裴李岗渠西	《考古》1979年3期 有
石铲	17	新石器（裴李岗文化）	河南新郑沙窝李	《考古》1983年12期 有
石铲	1	新石器（裴李岗文化）	河南新郑唐户	《考古》1979年3期 有
石铲		新石器（裴李岗文化）	河南新郑唐户	《考古》1984年3期
石铲	4	新石器（裴李岗文化）	河南新郑唐户	《考古》2008年5期 有
石铲	7	新石器（裴李岗文化）	河南新郑唐户	《考古》2010年5期 有
石铲	3	新石器（裴李岗文化）	河南中牟冯庄	《考古》1979年3期 有
石铲		新石器（大地湾文化）	甘肃天水西山坪	《考古》1988年5期 有
石铲		新石器（大地湾文化）	陕西临潼白家村	《考古》1984年11期 有

石铲	6	新石器（磁山文化）	河北容城上坡	《考古》1999年7期	有
石铲	31	新石器（磁山文化）	河北武安磁山	《考古》1977年6期	有
石铲		新石器（距今7800年）	甘肃天水西山坪	《考古》1988年6期	有
石铲	2	新石器（新乐文化）	吉林九台偏脸城	《考古》1986年9期	有
石铲	2	新石器（北辛文化）	山东滕县	《考古》1980年1期	有
石铲	2	新石器（北辛文化）	山东汶上贾柏村	《考古》1993年6期	有
石铲		新石器（北辛文化）	山东邹平苑城	《考古》1989年6期	有
石铲		新石器（距今7130±120年）	河南淇县花窝	《考古》1981年3期	有
石铲	1	新石器（马家浜文化）	江苏东台开庄	《考古》2005年4期	有
石铲	6	新石器（白石文化一期）	山东烟台白石村	《考古》1992年7期	有
石铲	1	新石器（距今7000年）	江苏丹阳墩头山	《考古》1993年8期	
石铲	2	新石器（仰韶文化）	甘肃崇信梁坡	《考古》1995年1期	有
石铲		新石器（仰韶文化）	甘肃天水樊家城	《考古》1992年11期	
石铲	1	新石器（仰韶文化）	甘肃张家川堡山	《考古》1991年12期	有
石铲	2	新石器（仰韶文化）	河北磁县界段营	《考古》1974年6期	
石铲		新石器（仰韶文化）	河北武安西万年	《考古》1984年1期	有
残石铲	3	新石器（仰韶文化）	河北张家口蔚县四十里坡	《考古》1959年7期	
石铲	19	新石器（仰韶文化）	河南安阳后岗	《考古》1972年3期	有
石铲	11	新石器（仰韶文化）	河南安阳后岗	《考古》1982年6期	有
石铲	多件	新石器（仰韶文化）	河南安阳后岗高楼庄	《考古》1972年5期	有
石铲	1	新石器（仰韶文化）	河南安阳孝民屯	《考古》2007年10期	有
石铲		新石器（仰韶文化）	河南登封东岗岭	《考古》1979年3期	
石铲		新石器（仰韶文化）	河南登封石羊关	《考古》1978年1期	有
石铲		新石器（仰韶文化）	河南登封杨村	《考古》1995年6期	
石铲		新石器（仰韶文化）	河南登封颍阳	《考古》1995年6期	
石铲		新石器（仰韶文化）	河南登封袁村	《考古》1995年6期	
石铲		新石器（仰韶文化）	河南巩县水地河	《考古》1990年11期	
石铲	1	新石器（仰韶文化）	河南巩义里沟	《考古》1995年6期	有
石铲		新石器（仰韶文化）	河南巩义塌坡	《考古》1997年11期	有
石铲	1	新石器（仰韶文化）	河南临汝大张村	《考古》1960年6期	有
石铲	1	新石器（仰韶文化）	河南临汝中山寨	《考古》1978年2期	有
石铲	1	新石器（仰韶文化）	河南临汝中山寨	《考古》1986年6期	有
石铲	1	新石器（仰韶文化）	河南临汝中山寨	《考古》1986年7期	有
石铲		新石器（仰韶文化）	河南灵宝北阳平	《考古》1999年12期	
石铲	1	新石器（仰韶文化）	河南灵宝西坡	《考古》2001年11期	有
石铲		新石器（仰韶文化）	河南灵宝西坡	《考古》2008年1期	

石铲		新石器（仰韶文化）	河南鹿邑武庄	《考古》2002年3期 有
石铲		新石器（仰韶文化）	河南洛阳王湾一期	《考古》1961年4期
石铲		新石器（仰韶文化）	河南濮阳西水坡	《考古》1989年12期
石铲		新石器（仰韶文化）	河南陕县庙底沟	《考古通讯》1958年 11期
石铲	7	新石器（仰韶文化）	河南武陟东石寺	《考古》1990年3期 有
石铲		新石器（仰韶文化）	河南淅川沟湾	《考古》2010年6期 有
石铲	2	新石器（仰韶文化）	河南新乡洛丝潭	《考古》1985年2期 有
石铲		新石器（仰韶文化）	河南新郑唐户	《考古》1984年3期
石铲	1	新石器（仰韶文化）	河南伊川伊阙城	《考古》1997年12期 有
石铲	1	新石器（仰韶文化）	河南伊阳古严庄	《考古通讯》1958年 1期
石铲	1	新石器（仰韶文化）	河南伊阳上店	《考古通讯》1958年 1期
石铲	5	新石器（仰韶文化）	河南荥阳楚湾	《考古》1995年6期 有
石铲		新石器（仰韶文化）	河南禹县谷水河	《考古》1978年1期 有
石铲	3	新石器（仰韶文化）	河南禹县谷水河	《考古》1979年4期 有
有肩石铲	1	新石器（仰韶文化）	河南禹县谷水河	《考古》1979年4期
石铲	2	新石器（仰韶文化）	河南禹县胡楼	《考古》1991年2期
石铲	2	新石器（仰韶文化）	河南郑州大河村	《考古》1995年6期 有
石铲	1	新石器（仰韶文化）	河南郑州西郊	《考古通讯》1958年 有 2期
石铲		新石器（仰韶文化）	内蒙古商都达营山	《考古》1992年12期
石铲	4	新石器（仰韶文化）	内蒙古托克托	《考古》1991年9期 有
石铲	1	新石器（仰韶文化）	内蒙古中南部岔河口	《考古》1965年10期 有
石铲	1	新石器（仰韶文化）	山西平陆西侯	《考古》1990年3期
石铲		新石器（仰韶文化）	山西芮城西王村	《考古》1962年9期
石铲	1	新石器（仰韶文化）	山西闻喜汀店	《考古》1961年5期 有
石铲		新石器（仰韶文化）	山西五台阳白	《考古》1997年4期 有
石铲	数量 多	新石器（仰韶文化）	山西夏县辕村	《考古》2009年11期 有
石铲	13	新石器（仰韶文化）	山西垣曲小赵	《考古》1998年4期 有
石铲	1	新石器（仰韶文化）	陕西宝鸡北首岭	《考古》1979年2期 有
石铲		新石器（仰韶文化）	陕西宝鸡福临堡	《考古》1992年8期 有
石铲		新石器（仰韶文化）	陕西宝鸡金陵河西岸	《考古》1959年5期
扁平石铲		新石器（仰韶文化）	陕西华县柳子镇	《考古》1959年2期
石铲		新石器（仰韶文化）	陕西华县柳子镇	《考古》1959年11期
石铲	6	新石器（仰韶文化）	陕西临潼姜寨	《考古》1973年3期 有
石铲	1	新石器（仰韶文化）	陕西眉县上第二坡	《考古》1991年11期 有

石铲	7	新石器（仰韶文化）	陕西渭南史家	《考古》1978年1期	有
石铲	1	新石器（距今6900年）	安徽濉溪石山子	《考古》1992年3期	有
石铲	2	新石器（仰韶文化后岗类型）	河北三河刘白塔	《考古》1995年8期	有
石铲	3	新石器（大溪文化）	湖北长阳西寺坪	《考古》1988年6期	有
石铲	1	新石器（大溪文化）	湖北江陵毛家山	《考古》1977年3期	有
石铲		新石器（大溪文化）	湖北荆门	《考古》1992年6期	有
石铲	1	新石器（大溪文化）	湖北荆州阴湘城	《考古》1998年1期	有
石铲		新石器（大溪文化）	湖北石首走马岭	《考古》1998年4期	有
石铲		新石器（大溪文化）	湖北松滋桂花树	《考古》1976年3期	有
石铲		新石器（大溪文化）	湖北武汉黄陂程家墩河李塆	《考古》1996年12期	有
石铲		新石器（大溪文化）	湖北枝江关庙山	《考古》1983年1期	有
石铲		新石器（大溪文化）	湖南安乡划城岗	《考古》2001年4期	有
石铲	2	新石器（大溪文化）	湖南安乡汤家岗	《考古》1982年4期	
石铲		新石器（大溪文化）	湖南洪江高庙	《考古》2006年7期	
石铲	3	新石器（大溪文化）	湖南津市青龙咀	《考古》1990年1期	有
石铲	3	新石器（大溪文化）	湖南湘潭堆子岭	《考古》2000年1期	有
石铲	1	新石器（大汶口文化）	安徽淮北地区	《考古》1993年11期	有
石铲		新石器（大汶口文化）	安徽蒙城尉迟寺	《考古》2005年10期	有
穿孔石铲	1	新石器（大汶口文化）	山东苍山小郭村	《考古》1989年12期	有
石铲	1	新石器（大汶口文化）	山东昌乐杨徐村	《考古》1987年7期	有
石铲	17	新石器（大汶口文化）	山东肥城北坦	《考古》2006年4期	有
石铲	1	新石器（大汶口文化）	山东费县兴富庄	《考古》1986年11期	有
石铲	1	新石器（大汶口文化）	山东费县翟家村	《考古》1986年11期	有
石铲	1	新石器（大汶口文化）	山东广饶傅家	《考古》2002年9期	有
石铲	1	新石器（大汶口文化）	山东即墨东寅堤村	《考古》1981年1期	有
石铲	1	新石器（大汶口文化）	山东即墨南阡	《考古》1981年1期	有
石铲	1	新石器（大汶口文化）	山东济南柳埠	《考古》1965年10期	有
石铲	2	新石器（大汶口文化）	山东济宁玉皇顶	《考古》2005年4期	有
石铲	2	新石器（大汶口文化）	山东莒县杭头	《考古》1988年12期	有
石铲	6	新石器（大汶口文化）	山东临沂大范庄	《考古》1975年1期	有
石铲	3	新石器（大汶口文化）	山东临沂王家三岗	《考古》1988年8期	有
石铲	7	新石器（大汶口文化）	山东临沂中洽沟	《考古》1992年10期	有
石铲	5	新石器（大汶口文化）	山东栖霞古镇都	《考古》2008年2期	有
石铲	1	新石器（大汶口文化）	山东曲阜南兴埠	《考古》1984年12期	有
石铲	1	新石器（大汶口文化）	山东寿光后胡营	《考古》2005年9期	有
石铲	1	新石器（大汶口文化）	山东泗水尹家城	《考古》1987年4期	有
石铲		新石器（大汶口文化）	山东滕州西公桥	《考古》2000年10期	有

穿孔石铲		新石器（大汶口文化）	山东兖州王因	《考古》1979年1期	
石铲	2	新石器（大汶口文化）	山东章丘董东	《考古》2002年7期	有
石铲	9	新石器（大汶口文化）	山东章丘焦家	《考古》1998年6期	有
石铲	3	新石器（红山文化）	吉林奈曼旗大沁他拉	《考古》1979年3期	有
石铲		新石器（距今6000年）	湖北枣阳雕龙碑	《考古》1992年7期	有
石铲	3	新石器（距今6000年）	湖北枣阳雕龙碑	《考古》2000年3期	有
石铲	1	新石器（距今6000年）	内蒙古海拉尔团结	《考古》2001年5期	有
石铲	7	新石器（白石文化二期）	山东烟台白石村	《考古》1992年7期	有
穿孔石铲		新石器（崧泽文化）	江苏沙洲蔡墩	《考古》1987年10期	有
石铲	7	新石器（崧泽文化）	江苏沙洲西张	《考古》1987年10期	有
石铲	6	新石器（崧泽文化）	江苏沙洲徐湾	《考古》1987年10期	有
石铲		新石器（崧泽文化晚期）	安徽含山凌家滩	《考古》1999年11期	
石铲		新石器（后岗一期文化）	内蒙古乌兰察布石虎山	《考古》1998年12期	
石铲	1	新石器（距今5500年）	重庆奉节老关庙	《考古》2006年8期	有
石铲	5	新石器（薛家岗文化）	安徽安庆夫子城	《考古》2002年2期	有
石铲	1	新石器（薛家岗文化）	安徽望江汪家山	《考古》1992年10期	有
石铲		新石器（距今5400年）	内蒙古清水河白泥窑子	《考古》1988年2期	有
石铲		新石器（马家窑文化早期）	青海民和胡李家	《考古》2001年1期	有
石铲	5	新石器（良渚文化）	江苏丹阳王家山	《考古》1985年5期	有
石铲	1	新石器（良渚文化）	江苏张家港许庄	《考古》1990年5期	有
石铲	1	新石器（良渚文化）	上海金山亭林	《考古》2002年10期	有
石铲	1	新石器（良渚文化）	上海松江广富林	《考古》1962年9期	有
石铲形器	1	新石器（良渚文化）	浙江余姚鲞架山	《考古》1997年1期	有
石铲		新石器（仰韶—龙山）	河南洛阳王湾二期	《考古》1961年4期	
石铲	1	新石器（距今5000年）	吉林东丰西断梁山	《考古》1988年7期	有
石铲	5	新石器（距今5000年）	吉林东丰西断梁山	《考古》1991年4期	有
石铲		新石器（距今5000年）	内蒙古扎鲁特南宝力皋吐	《考古》2008年7期	有
石铲	1	新石器（屈家岭文化）	湖北洪湖圆山	《考古》1989年5期	有
石铲	5	新石器（屈家岭文化）	湖北石首走马岭	《考古》1998年4期	有
石铲	17	新石器（屈家岭文化）	湖北宜昌中堡岛	《考古》1996年9期	有
石铲	1	新石器（屈家岭文化）	湖北云梦好石桥	《考古》1987年2期	有
石铲		新石器（屈家岭文化）	陕西西乡李家村	《考古》1961年7期	
石铲	1	新石器（昙石山文化）	福建闽侯昙石山	《考古》1983年12期	有
石铲	2	新石器（贝丘遗址）	广东南海灶岗	《考古》1984年3期	有

石铲	2	新石器（庙底沟二期文化）	河南孟县许村	《考古》1999年2期	有
石铲	1	新石器（庙底沟二期文化）	河南渑池仰韶村	《考古》1964年9期	
石铲	6	新石器（庙底沟二期文化）	河南新安西沃	《考古》1999年8期	有
石铲	5	新石器（庙底沟二期文化）	山西侯马东呈王	《考古》1991年2期	有
石铲		新石器（庙底沟二期文化）	山西襄汾陶寺	《考古》1986年9期	有
石铲	2	新石器（龙山文化）	安徽淮北地区	《考古》1993年11期	有
石铲	3	新石器（龙山文化）	河北崇礼石嘴子	《考古》1992年2期	有
石铲	2	新石器（龙山文化）	河北张家口蔚县庄窠村	《考古》1959年7期	
石铲		新石器（龙山文化）	河南博爱西金城	《考古》2010年6期	有
石铲	8	新石器（龙山文化）	河南登封王城岗	《考古》2006年9期	有
石铲		新石器（龙山文化）	河南巩县水地河	《考古》1990年11期	有
石铲	6	新石器（龙山文化）	河南巩义里沟	《考古》1995年6期	有
石铲	2	新石器（龙山文化）	河南辉县丰城村	《考古》1989年3期	有
石铲		新石器（龙山文化）	河南辉县孟庄	《考古》2000年3期	有
石铲	1	新石器（龙山文化）	河南获嘉三位营	《考古通讯》1957年2期	
石铲		新石器（龙山文化）	河南浚县西北部	《考古通讯》1957年1期	
石铲		新石器（龙山文化）	河南临汝柏树圪垯	《考古》1978年1期	有
石铲	3	新石器（龙山文化）	河南临汝大张村	《考古》1960年6期	有
石铲	1	新石器（龙山文化）	河南栾川合峪	《考古》1964年3期	有
石铲	3	新石器（龙山文化）	河南洛阳矬李	《考古》1978年1期	有
石铲形器	1	新石器（龙山文化）	河南洛阳矬李	《考古》1978年1期	
石铲	2	新石器（龙山文化）	河南洛阳东杨村	《考古》1983年2期	有
石铲		新石器（龙山文化）	河南洛阳王湾三期	《考古》1961年4期	
石铲	18	新石器（龙山文化）	河南孟津小潘沟	《考古》1978年4期	有
石铲		新石器（龙山文化）	河南密县新砦	《考古》1981年5期	有
石铲		新石器（龙山文化）	河南杞县鹿台岗	《考古》1994年8期	
穿孔石铲	1	新石器（龙山文化）	河南渑池不召寨	《考古》1964年9期	
石铲		新石器（龙山文化）	河南汤阴白营	《考古》1980年3期	有
石铲	1	新石器（龙山文化）	河南卫辉倪湾	《考古》2007年5期	有
石铲	7	新石器（龙山文化）	河南武涉大司马	《考古》1994年4期	有
石铲	1	新石器（龙山文化）	河南西平上坡	《考古》2004年4期	有
石铲		新石器（龙山文化）	河南夏邑清凉山	《考古》1997年11期	有

石铲	2	新石器（龙山文化）	河南襄城太平庄	《考古》1965年1期	有
石铲		新石器（龙山文化）	河南新密新砦	《考古》2009年2期	有
石铲	3	新石器（龙山文化）	河南新乡刘庄营	《考古》1966年3期	
石铲	1	新石器（龙山文化）	河南信阳南山咀	《考古》1990年5期	有
石铲	1	新石器（龙山文化）	河南伊阳城东村	《考古通讯》1958年1期	
石铲		新石器（龙山文化）	河南荥阳河王村	《考古》1961年2期	有
石铲		新石器（龙山文化）	河南永城王油坊	《考古》1978年1期	有
石铲	1	新石器（龙山文化）	河南禹县董庄	《考古》1991年2期	有
石铲		新石器（龙山文化）	河南禹县谷水河	《考古》1978年1期	
石铲	2	新石器（龙山文化）	河南禹县冀寨	《考古》1991年2期	
石铲	10	新石器（龙山文化）	河南禹州瓦店	《考古》2000年2期	有
石铲	10	新石器（龙山文化）	河南中牟业王村	《考古》1979年3期	有
石铲		新石器（龙山文化）	河南驻马店杨庄	《考古》1995年10期	
石铲	4	新石器（龙山文化）	湖北巴东雷家坪	《考古》2005年8期	有
石铲	1	新石器（龙山文化）	湖北大悟土城	《考古》1986年7期	有
石铲	1	新石器（龙山文化）	湖北汉川蓼湖	《考古》1990年11期	有
石铲	2	新石器（龙山文化）	湖北洪湖乌林矶	《考古》1987年5期	有
石铲	1	新石器（龙山文化）	湖北黄陂面前畈	《考古》1986年7期	有
石铲		新石器（龙山文化）	湖北荆门	《考古》1992年6期	
石铲		新石器（龙山文化）	湖南临澧	《考古》1988年3期	有
有肩石铲	55	新石器（龙山文化）	辽宁北票丰下	《考古》1976年3期	有
石铲		新石器（龙山文化）	内蒙古清水河白泥窑子	《考古》1966年3期	
石铲		新石器（龙山文化）	内蒙古清水河柳青	《考古》1992年7期	
石铲		新石器（龙山文化）	内蒙古中南部黄河河谷	《考古》1965年10期	有
石铲		新石器（龙山文化）	内蒙古准格尔寨子上	《考古》1992年7期	有
石铲	14	新石器（龙山文化）	山东安丘峒峪村	《考古》1963年10期	有
石铲	1	新石器（龙山文化）	山东曹县莘冢集	《考古》1980年5期	有
石铲	1	新石器（龙山文化）	山东昌乐秦家淳于村	《考古》1987年7期	
石铲		新石器（龙山文化）	山东昌乐邹家庄	《考古》1987年5期	
石铲	5	新石器（龙山文化）	山东费县崮子	《考古》1986年11期	有
石铲	1	新石器（龙山文化）	山东海阳城子顶	《考古》1985年12期	有
石铲形器	1	新石器（龙山文化）	山东济宁义合	《考古》1983年6期	有
石铲		新石器（龙山文化）	山东济阳邝塚	《考古》1990年6期	
石铲	2	新石器（龙山文化）	山东莒南化家村	《考古》1989年5期	有
石铲	1	新石器（龙山文化）	山东莒县杭头	《考古》1988年12期	有
石铲		新石器（龙山文化）	山东莱阳丁家店	《考古》1963年7期	有
石铲	1	新石器（龙山文化）	山东临沭北沟头	《考古》1990年6期	有
石铲		新石器（龙山文化）	山东临沂埠前店	《考古》1992年10期	

石铲		新石器（龙山文化）	山东临沂店子	《考古》1992年10期	
石铲		新石器（龙山文化）	山东临沂乔家湖	《考古》1992年10期	
石铲		新石器（龙山文化）	山东临沂赵庄	《考古》1992年10期	
石铲	1	新石器（龙山文化）	山东临沂朱保	《考古》1992年10期	有
石铲	2	新石器（龙山文化）	山东平度东岳石村	《考古》1962年10期	有
石铲	1	新石器（龙山文化）	山东青岛城阳	《考古》1964年11期	有
石铲	1	新石器（龙山文化）	山东日照东海峪	《考古》1986年8期	有
石铲	1	新石器（龙山文化）	山东日照两城镇	《考古》1972年4期	有
石铲	4	新石器（龙山文化）	山东日照两城镇	《考古》1986年8期	有
石铲		新石器（龙山文化）	山东日照两城镇	《考古》1997年4期	有
石铲	1	新石器（龙山文化）	山东日照西林子头	《考古》1986年8期	有
石铲	1	新石器（龙山文化）	山东日照尧王城	《考古》1986年8期	有
穿孔石铲	2	新石器（龙山文化）	山东滕县岗上村	《考古》1963年7期	有
石铲	3	新石器（龙山文化）	山东滕县岗上村	《考古》1963年7期	有
石铲		新石器（龙山文化）	山东潍坊姚官庄	《考古》1963年7期	
石铲	2	新石器（龙山文化）	山东潍县狮子行	《考古》1984年8期	有
石铲	5	新石器（龙山文化）	山东五莲丹士村	《考古通讯》1958年4期	有
石铲	1	新石器（龙山文化）	山东沂南罗圈峪	《考古》1998年3期	有
石铲	1	新石器（龙山文化）	山东沂水凤台	《考古》1991年6期	
石铲	2	新石器（龙山文化）	山东沂水抬头	《考古》1991年6期	有
石铲	3	新石器（龙山文化）	山东沂水小沂河北岸	《考古》2002年1期	有
石铲	4	新石器（龙山文化）	山东沂水杨庄	《考古》1993年11期	有
石铲	3	新石器（龙山文化）	山东禹城邢寨汪	《考古》1983年11期	有
石铲	2	新石器（龙山文化）	山东禹城姚高	《考古》1996年4期	有
石铲	1	新石器（龙山文化）	山东禹城周尹	《考古》1996年4期	有
石铲		新石器（龙山文化）	山东枣庄二疏城	《考古》1984年4期	有
石铲		新石器（龙山文化）	山西长治小常乡小神村	《考古》1988年7期	有
石铲		新石器（龙山文化）	山西五台阳白	《考古》1997年4期	有
石铲		新石器（龙山文化）	山西襄汾丁村	《考古》1991年10期	有
有肩石铲		新石器（龙山文化）	山西垣曲龙王崖	《考古》1986年2期	有
长方形石铲	5	新石器（龙山文化）	山西垣曲龙王崖	《考古》1986年2期	有
石铲		新石器（龙山文化）	陕西临潼姜寨	《考古》1975年5期	
石铲	2	新石器（龙山文化）	陕西神木石峁	《考古》1977年3期	有
石铲		新石器（龙山文化早期）	河南汤阴白营	《考古》1980年3期	有
石铲		新石器（龙山文化早期）	山西襄汾陶寺	《考古》1980年1期	有
石铲		新石器（龙山文化晚	内蒙古清水河白泥窑子	《考古》1988年2期	

期）

石铲		新石器（龙山文化晚期）	山西襄汾陶寺	《考古》1980年1期	有
有肩石铲		新石器（龙山文化晚期）	山西襄汾陶寺	《考古》1980年1期	有
石铲	2	新石器（距今4600年）	重庆巫山锁龙	《考古》2006年3期	有
石铲	1	新石器（石家河文化）	湖南安乡划城岗	《考古》2001年4期	有
石铲	6	新石器（距今4585±160年）	广西钦州独料	《考古》1982年1期	有
石铲	1	新石器（宝墩文化）	四川新津宝墩	《考古》1998年1期	有
石铲		新石器（龙山文化陶寺型）	山西襄汾丁村曲舌头	《考古》2002年4期	有
石铲	2	新石器（龙山文化陶寺型）	山西襄汾陶寺	《考古》2003年3期	有
石铲		新石器（客省庄二期文化）	陕西长安沣西客省庄	《考古》1959年10期	
有孔石铲		新石器（客省庄二期文化）	陕西扶风案板	《考古》1987年10期	有
石铲	3	新石器（齐家文化）	甘肃积石山新庄坪	《考古》1996年11期	有
石铲		新石器（齐家文化）	甘肃临夏大何庄	《考古》1960年3期	
石铲		新石器（齐家文化）	甘肃临夏秦魏家	《考古》1960年3期	
石铲	1	新石器（齐家文化）	甘肃张家川上川	《考古》1991年12期	有
石铲	2	新石器（距今4100年）	贵州毕节青场	《考古》1987年9期	有
石铲		新石器（青龙泉三期文化）	湖北宜昌县白庙	《考古》1986年1期	
石铲（锄）	38	新石器（距今4000年）	广东始兴大背岭	《考古》1987年2期	
石铲	1	新石器（距今4000年）	重庆江津王爷庙	《考古》1992年12期	有
穿孔石铲		新石器（岳石文化）	河南杞县鹿台岗	《考古》1994年8期	
梯形石铲		新石器（岳石文化）	河南杞县鹿台岗	《考古》1994年8期	
石铲	数量多	新石器（岳石文化）	山东安丘老峒峪	《考古》1992年9期	有
石铲	1	新石器（岳石文化）	山东昌乐大杨	《考古》1987年7期	
石铲	1	新石器（岳石文化）	山东昌乐东埠郭	《考古》1987年7期	有
石铲		新石器（岳石文化）	山东长清仙人台	《考古》1998年9期	有
石铲	3	新石器（岳石文化）	山东桓台史家	《考古》1997年11期	有
石铲		新石器（岳石文化）	山东泗水尹家城	《考古》1985年7期	
石铲	3	新石器（岳石文化）	山东沂源姑子坪	《考古》2003年1期	有
石铲	4	新石器（西团山文化）	吉林德惠大青嘴	《考古》1986年9期	有
石铲	1	新石器	安徽潜山天宁寨	《考古》1987年11期	有
石铲		新石器	安徽望江戴家墩	《考古》1988年6期	有

单孔石铲		新石器	安徽望江枫岭墩	《考古》1988年6期	有
石铲		新石器	安徽望江枫岭墩	《考古》1988年6期	有
石铲		新石器	安徽望江狗尾山	《考古》1988年6期	有
石铲		新石器	安徽望江七星墩	《考古》1988年6期	有
石铲		新石器	安徽望江双墩	《考古》1988年6期	
石铲		新石器	北京昌平宝山	《考古》1959年3期	
石铲	4	新石器	福建武平	《考古》1961年4期	有
石铲		新石器	甘肃兰州西瓜坡岘	《考古》1960年9期	有
石铲		新石器	广东从化猪牯岭	《考古》1961年8期	
石铲	21	新石器	广东东部地区	《考古》1961年12期	有
石铲	3	新石器	广东南路地区	《考古》1961年11期	有
石铲		新石器	广西合浦清水	《考古》1961年11期	有
石铲	231	新石器	广西隆安大龙潭	《考古》1982年1期	有
石铲	1	新石器	海南黎族区	《考古通讯》1956年2期	
石铲		新石器	河北承德兴隆	《考古》1959年7期	
石铲	1	新石器	河南方城大张庄	《考古》1983年5期	有
石铲形器	2	新石器	河南方城大张庄	《考古》1983年5期	有
石铲		新石器	河南辉县丰城村	《考古通讯》1957年5期	
石铲		新石器	河南鲁山邱公城	《考古》1962年11期	有
石铲	1	新石器	河南洛阳笃忠村	《考古通讯》1956年3期	
石铲	2	新石器	河南泌阳板桥三所楼	《考古》1965年9期	有
石铲	1	新石器	河南唐河茅草寺	《考古》1965年1期	有
石铲	6	新石器	河南唐河寨茨岗	《考古》1963年12期	有
石铲		新石器	河南偃师酒流沟	《考古》1965年1期	有
石铲	27	新石器	河南偃师汤泉沟	《考古》1962年11期	有
石铲	1	新石器	黑龙江宁安东康	《考古》1975年3期	有
石铲	1	新石器	黑龙江宁安东昇	《考古》1977年3期	有
石铲		新石器	湖北黄冈黄山	《考古》1995年10期	
石铲		新石器	湖北黄冈寨山	《考古》1995年10期	
石铲	2	新石器	湖北京山朱家咀	《考古》1964年5期	有
石铲		新石器	湖北荆州阴湘城	《考古》1997年5期	有
有孔石铲	2	新石器	湖北蕲春易家山	《考古通讯》1956年3期	有
石铲	2	新石器	湖北蕲春易家山	《考古》1960年5期	有
石铲	2	新石器	湖北宜昌杨家湾	《考古》1961年5期	
石铲		新石器	吉林长春郊区新立城	《考古》1960年4期	

石铲	1	新石器	江西南昌市青云谱车站	《考古》1961年10期
石铲	2	新石器	江西南昌市青云谱砖瓦窑	《考古》1961年10期
石铲	7	新石器	江西南昌县莲塘春新山	《考古》1963年1期
石铲	1	新石器	江西清江筑卫城	《考古》1976年6期
石铲	1	新石器	江西万年猛山	《考古》1962年4期
石铲	1	新石器	江西修水跑马岭	《考古》1962年7期　有
石铲	13	新石器	江西修水山背	《考古》1962年7期　有
石铲		新石器	辽宁长海小珠山	《考古》2009年5期
石铲	2	新石器	辽宁朝阳烧户营子村西山	《考古通讯》1956年6期
石铲	1	新石器	辽宁东沟黄土坎水泥厂	《考古》1984年1期　有
石铲		新石器	辽宁东沟老石山	《考古》1984年1期
石铲	2	新石器	辽宁东沟阎坨子	《考古》1984年1期　有
石铲		新石器	辽宁东沟苑屯	《考古》1984年1期　有
石铲		新石器	内蒙古包头阿善	《考古》1984年2期　有
石铲		新石器	内蒙古包头纳太	《考古》1986年6期　有
石铲	4	新石器	内蒙古赤峰东山咀	《考古》1983年5期　有
石铲	4	新石器	内蒙古克什克腾旗瓦盆窑村	《考古通讯》1955年5期　有
石铲	1	新石器	宁夏陶乐察罕埂	《考古》1964年5期　有
石铲	1	新石器	山东嘉祥大山头	《考古》1993年2期　有
石扁铲		新石器	山东胶县三里河	《考古》1977年4期
石铲		新石器	山东临沂大范庄	《考古》1992年10期
石铲		新石器	山东临沂东孝友	《考古》1992年10期
石铲	2	新石器	山东临沂晏驾墩	《考古》1992年10期　有
石铲		新石器	山东临沂堰西	《考古》1992年10期
石铲	1	新石器	山东曲阜店北头	《考古》1965年12期
石铲	9	新石器	山东曲阜尼山	《考古》1963年7期　有
石铲	2	新石器	山东曲阜尼山	《考古》1965年12期　有
石铲		新石器	山东日照县东海峪	《考古》1976年6期　有
石铲	2	新石器	山东泗水尹家城	《考古》1980年1期　有
石铲		新石器	山东烟台郊区芝水村	《考古》1965年10期　有
石铲		新石器	山东烟台邱家庄	《考古》1963年7期　有
石铲		新石器	陕西临潼白家村	《考古》1983年3期　有
石铲		新石器	陕西西安半坡	《考古通讯》1956年2期
双肩石铲	19	新石器	四川洪雅王华村	《考古》1988年1期　有
双肩石铲	1	新石器	四川夹江工农村	《考古》1988年1期　有

石铲	2	新石器	四川阆中蓝家坝	《考古》1983年6期	有
石铲		新石器	四川南充淄佛寺	《考古》1983年6期	有
石铲		新石器	台湾台北圆山	《考古》1979年3期	
石铲	1	新石器	天津宝坻北里自沽	《考古》1976年4期	
双肩石铲		新石器	云南龙陵船口坝	《考古》1992年4期	有
双肩石铲		新石器	云南龙陵马鞍山	《考古》1992年4期	有
梯形石铲		新石器	云南龙陵马鞍山	《考古》1992年4期	有
石铲	1	新石器	云南禄劝营盘山	《考古》1993年3期	有
石铲		新石器	浙江定海唐家墩	《考古》1984年1期	有
石铲	1	新石器	浙江定海五一茂盛	《考古》1984年1期	有
石铲		新石器早期	河南舞阳贾湖	《考古》2009年8期	
石铲	3	新石器早期	山东章丘小荆山	《考古》1994年6期	有
石铲	1	新石器中晚期	安徽黄山蒋家山	《考古》1995年2期	有
石铲		新石器晚期	安徽安庆张四墩	《考古》2004年1期	有
石铲	1	新石器晚期	广东西江两岸	《考古》1965年9期	有
石铲	4	新石器晚期	广西田阳新洞	《考古》1996年8期	有
石铲	13	新石器晚期	河北承德白河南	《考古》1992年6期	有
石铲	1	新石器晚期	河北承德化子沟	《考古》1992年6期	有
石铲	2	新石器晚期	河北承德娘娘庙	《考古》1992年6期	有
有孔石铲	1	新石器晚期	湖北蒲圻赤壁山	《考古》1995年2期	
石铲	8	新石器晚期	江西临川	《考古》1964年4期	有
石铲	15	新石器晚期	江西清江营盘里	《考古》1962年4期	
石铲	2	新石器晚期	江西瑞昌大路口	《考古》1993年7期	有
石铲		新石器晚期	江西瑞昌良田寺	《考古》1987年1期	有
石铲		新石器晚期	香港新界涌浪	《考古》1997年6期	有
石铲	2	新石器（石峡文化）—夏商	广东南海鱿鱼岗	《考古》1997年6期	有
石铲		新石器（龙山文化）—商	河南偃师二里头	《考古》1961年2期	有
石铲	1	新石器（客省庄二期文化）—商早期	内蒙古准格尔旗大口	《考古》1979年4期	有
大石铲	7	新石器—商周	广东封开德庆	《考古》1983年9期	有
石铲		新石器—商周	河北承德地区古文化遗址	《考古》1962年12期	有
石铲	1	新石器—商周	江西丰县太平岗	《考古》1983年12期	有
石铲	2	新石器—青铜时代	辽宁本溪庙后山	《考古》1985年6期	有
石铲	2	新石器—东周	江西波阳王家咀	《考古》1962年4期	有
石铲		夏（新砦期文化）	河南新密新砦	《考古》2009年2期	有
石铲	1	夏（二里头文化）	河南方城八里桥	《考古》1999年12期	有

石铲		夏（二里头文化）	河南临汝煤山	《考古》1975年5期　有
石铲	2	夏（二里头文化）	河南洛阳矬李	《考古》1978年1期
石铲	1	夏（二里头文化）	河南洛阳东杨村	《考古》1983年2期　有
石铲	1	夏（二里头文化）	河南武陟大司马	《考古》1994年4期
石铲	3	夏（二里头文化）	河南西平上坡	《考古》2004年4期　有
石铲		夏（二里头文化）	河南新密新砦大型建筑基址	《考古》2009年2期　有
石铲		夏（二里头文化）	河南偃师二里头	《考古》1965年5期　有
石铲		夏（二里头文化）	河南偃师二里头	《考古》1992年4期　有
石铲		夏（二里头文化）	河南偃师灰嘴村	《考古》2010年2期　有
石铲		夏（二里头文化）	河南驻马店杨庄	《考古》1995年10期　有
石铲	2	夏（二里头文化）	山西夏县辕村	《考古》2009年11期　有
石铲	3	夏（二里头文化）	山西翼城感军	《考古》1980年3期　有
石铲	1	夏（二里头文化）	山西永济东马铺头	《考古》1980年3期
石铲		夏（二里头文化）	山西垣曲古城南关	《考古》2005年11期
石铲		夏	山西夏县东下冯	《考古》1980年2期　有
石铲		夏	山西忻州游邀	《考古》1989年4期　有
石铲		夏早期	河南巩义花地嘴	《考古》2005年6期
石铲	26	青铜时代	广东南海西樵山佛子庙	《考古》1999年7期　有
石铲		青铜时代（夏家店下层文化）	辽宁敖汉旗大甸子	《考古》1975年2期
石铲		青铜时代（夏家店下层文化）	辽宁北票康家屯	《考古》2001年8期　有
石铲	7	青铜时代（夏家店下层文化）	辽宁建平喀喇沁	《考古》1983年11期
石铲	4	青铜时代（夏家店下层文化）	辽宁凌源城子山	《考古》1986年6期　有
石铲	1	青铜时代（夏家店下层文化）	内蒙古敖汉旗七家	《考古》1963年10期
石铲	1	青铜时代（夏家店下层文化）	内蒙古敖汉旗小西沟	《考古》1963年10期
石铲		青铜时代（夏家店下层文化）	内蒙古赤峰二道井子	《考古》2010年8期　有
石铲	5	青铜时代（夏家店下层文化）	内蒙古赤峰康家湾	《考古》2008年11期　有
石铲		青铜时代（夏家店下层文化）	内蒙古赤峰三座店	《考古》2007年7期　有
石铲		青铜时代（夏家店下层文化）	内蒙古赤峰上机房营子	《考古》2008年1期
石铲		青铜时代（夏家店下层文化）	内蒙古赤峰药王庙	《考古》1961年2期　有

文化）

石铲		青铜时代（夏家店下层 文化）	内蒙古喀喇沁旗大山前	《考古》1998年9期	
石铲		夏商	内蒙古准格尔青草塔	《考古》1990年1期	
石铲	2	夏商	山西襄汾大柴	《考古》1987年7期	有
石铲	26	先商	河北邯郸北羊台	《考古》2001年2期	有
石铲		先商	河北邢台葛家庄	《考古》2005年2期	有
穿孔石铲		先商	河南杞县鹿台岗	《考古》1994年8期	
石铲	2	商早期	河南郑州岔河	《考古》2005年6期	有
石铲	1	商早期	陕西洛南龙头梁	《考古》1983年1期	有
石铲	1	商	福建漳州虎林山	《考古》2003年12期	有
石铲		商	河北磁县高家庄	《考古》1959年7期	
石铲	4	商	河北藁城台西村	《考古》1973年1期	有
石铲	2	商	河北藁城台西村	《考古》1973年5期	有
石铲		商	河北邯郸龟台	《考古》1959年10期	
石铲		商	河北邯郸涧沟	《考古》1959年10期	
石铲	5	商	河北灵寿北宅村	《考古》1966年2期	
石铲	3	商	河北滦南东庄店	《考古》1983年9期	有
石铲	2	商	河北唐山古冶	《考古》1984年9期	有
石铲	1	商	河北邢台东先贤村	《考古》1959年2期	
石铲		商	河北邢台东先贤村	《考古》1959年10期	
石铲		商	河北邢台东先贤村	《考古》2003年11期	有
石铲		商	河北邢台葛家庄	《考古》2000年11期	有
石铲		商	河北邢台葛家庄	《考古》2005年2期	有
石铲	2	商	河北正定曹村	《考古》2007年11期	有
石铲	1	商	河南安阳大正集老磨岗	《考古》1965年7期	有
石铲		商	河南安阳后岗	《考古》1993年10期	有
石铲		商	河南安阳苗圃北地	《考古》1989年2期	有
穿孔石铲		商	河南安阳孝民屯	《考古》2007年1期	有
石铲		商	河南安阳殷墟	《考古》1961年2期	
石铲	3	商	河南辉县丰城村	《考古》1989年3期	有
石铲		商	河南洛阳东乾沟	《考古》1959年10期	
石铲	4	商	河南孟县涧溪	《考古》1961年1期	有
石铲		商	河南南阳十里庙	《考古》1959年7期	
石铲		商	河南杞县鹿台岗	《考古》1994年8期	
石铲	2	商	河南渑池鹿寺	《考古》1964年9期	有
石铲		商	河南新郑望京楼	《考古》1981年6期	
石铲	15	商	河南偃师灰嘴村	《考古》1961年2期	有
石铲	1	商	河南偃师商城	《考古》1984年6期	有

石铲	1	商		河南偃师尸乡沟	《考古》1985年4期	有
石铲		商		河南郑州岔河	《考古》1988年5期	有
石铲		商		河南郑州电力学校	《考古》1986年4期	
石铲	1	商		河南郑州铭功路东	《考古》2002年9期	有
石铲		商		河南郑州商城宫殿区	《考古》2000年2期	有
石铲	1	商		河南郑州上街	《考古》1960年6期	有
石铲	7	商		河南郑州上街	《考古》1966年1期	
石铲		商		湖北巴东雷家坪	《考古》2005年8期	有
石铲	5	商		湖北秭归茅坪长府沱	《考古》2004年5期	有
石铲	1	商		江西清江筑卫城	《考古》1982年2期	有
石铲	1	商		山东济南西郊田家庄	《考古》1981年1期	
石铲	1	商		山东济宁老窑沟	《考古》1983年6期	有
石铲	1	商		山东济宁南赵庄	《考古》1993年11期	有
石铲	1	商		山东梁山青堌堆	《考古》1962年1期	
石铲	1	商		山东阳信李屋	《考古》2010年3期	
石铲	10	青铜时代（距今3500年）		吉林长春腰红嘴子	《考古》2003年8期	有
石铲	2	青铜时代（寺洼文化）		甘肃卓尼纳浪大族坪	《考古》1994年7期	有
石铲	14	青铜时代（寺洼文化）		甘肃卓尼芭儿	《考古》1994年1期	有
石铲	1	商中期		湖南辰溪潭湾	《考古》1980年1期	有
石铲	2	商晚期		河北容城上坡	《考古》1999年7期	有
石铲		商晚期		山东青州苏埠屯	《考古》1996年5期	
石铲	1	商周		河北邢台东先贤村	《考古》2002年3期	有
石铲	3	商周		江西赣州竹园下	《考古》2000年12期	有
石铲	2	商周		山东茌平南城庄	《考古》1985年4期	有
石铲	2	商周		浙江衢州茶叶山	《考古》1987年1期	有
石铲	1	西周		安徽安庆张四墩	《考古》2004年1期	有
石铲	3	西周		安徽六安堰墩	《考古》2002年2期	有
石铲		西周		北京昌平龙母庄	《考古》1959年3期	
石铲		西周		吉林东丰得胜大山头	《考古》1987年6期	有
石铲	1	西周		江西进贤寨子峡	《考古》1986年2期	
石铲		西周		陕西长安沣西客省庄	《考古》1959年10期	
石铲		西周		陕西长安沣西张家坡	《考古》1959年10期	
石铲	1	西周		陕西扶风柿坡	《考古》1996年7期	有
石铲		西周		陕西扶风齐家村	《考古》1980年1期	
石铲	1	西周		陕西武功黄家河	《考古》1988年7期	有
石铲	1	西周		陕西西安张家坡	《考古》1994年10期	有
石铲		青铜时代（辛店文化）		甘肃临夏姬家川	《考古》1962年2期	
石铲		青铜时代（辛店文化）		甘肃永靖张家咀	《考古》1959年4期	

石铲	1	西周—春秋	辽宁本溪新城子	《考古》2010年9期	有
石铲	1	东周	河北易县燕下都	《考古》1987年5期	有
石铲		东周	吉林东丰龙头山	《考古》1988年7期	有
石铲	3	东周	吉林汪清金城	《考古》1986年2期	有
石铲		东周	内蒙古宁城南山根	《考古》1959年6期	
石铲	3	东周	山东青岛崂山东古镇村	《考古》1959年3期	有
石铲	1	春秋	甘肃礼县大堡子山	《考古》2007年7期	
石铲	1	春秋	湖北随县泰山庙	《考古》1959年11期	有
石铲		春秋	山东长清仙人台	《考古》1998年9期	有
石铲		战国	河北磁县界段营	《考古》1974年6期	
石铲	1	战国	吉林汪清水北	《考古》2005年1期	有
石铲	2	战国	山西侯马牛村	《考古》1988年10期	有
石铲		战国	陕西长安沣西客省庄	《考古》1959年10期	
石铲		战国—秦	内蒙古赤峰三眼井	《考古》1983年1期	
石铲	1	战国—汉	内蒙古敖汉旗喇嘛沟	《考古》1963年10期	
石铲	1	战国—汉	内蒙古敖汉旗南窑	《考古》1963年10期	
木铲	1	新石器（青莲岗文化）	江苏常州圩墩	《考古》1978年4期	
木铲		新石器（河姆渡文化）	浙江余姚鲻山	《考古》2001年10期	有
木铲	2	西周—春秋	湖北阳新港下村	《考古》1988年1期	有
木铲	多件	东周	湖北大冶铜绿山	《考古》1974年4期	有
木铲		春秋	湖北大冶铜绿山	《考古》1981年1期	
木铲		汉	安徽铜陵采矿遗址	《考古》1993年6期	有
木铲		汉	安徽铜陵凤凰山	《考古》1993年6期	有
骨铲形器		新石器（兴隆洼文化）	内蒙古林西井沟子西梁	《考古》2006年2期	有
骨铲	2	新石器（昂昂溪文化）	黑龙江安达青肯泡	《考古》1962年2期	
骨铲	2	新石器（距今8000年）	广西邕宁顶蛳山	《考古》1998年11期	有
骨铲		新石器（磁山文化）	河北武安磁山	《考古》1977年6期	有
骨铲		新石器（仰韶文化）	甘肃崇信张咀	《考古》1995年1期	
骨铲		新石器（仰韶文化）	河南鹿邑武庄	《考古》2002年3期	有
骨铲	1	新石器（仰韶文化）	河南郑州大河村	《考古》1995年6期	有
骨铲		新石器（仰韶文化）	湖北郧县大寺	《考古》1961年10期	
骨铲		新石器（仰韶文化）	陕西宝鸡	《考古》1960年2期	
骨铲	数量多	新石器（仰韶文化）	陕西宝鸡北首岭	《考古》1979年2期	有
骨铲		新石器（仰韶文化）	陕西宝鸡金陵河西岸	《考古》1959年5期	
骨铲		新石器（仰韶文化）	陕西邠县下孟村	《考古》1960年1期	
骨铲		新石器（仰韶文化）	陕西长安鄠县	《考古》1962年6期	
骨铲		新石器（仰韶文化）	陕西华县柳子镇	《考古》1959年2期	
骨铲	1	新石器（仰韶文化）	陕西临潼姜寨	《考古》1973年3期	有

骨铲		新石器（仰韶文化）	陕西临潼姜寨	《考古》1975年5期	
骨铲	1	新石器（仰韶文化）	陕西渭南史家	《考古》1978年1期	有
骨铲	1	新石器（仰韶文化）	陕西西安半坡	《考古》1973年3期	
骨铲	1	新石器（仰韶文化晚期）	河北平山中贾壁	《考古》1993年4期	
骨铲	1	新石器（大汶口文化）	山东济宁玉皇顶	《考古》2005年4期	有
骨铲		新石器（大汶口文化）	山东滕州西公桥	《考古》2000年10期	有
骨铲	1	新石器（距今6000年）	广西邕宁顶蛳山	《考古》1998年11期	有
骨铲		新石器（后岗一期文化）	内蒙古乌兰察布石虎山	《考古》1998年12期	有
骨铲	2	新石器（良渚文化）	江苏吴江梅堰	《考古》1963年6期	有
骨铲	1	新石器（距今5175±130年）	吉林白城靶山	《考古》1988年12期	有
骨铲		新石器（龙山文化）	河北蔚县筛子绫罗	《考古》1981年2期	有
骨铲	1	新石器（龙山文化）	河南洛阳矬李	《考古》1978年1期	
骨铲		新石器（龙山文化）	河南濮阳程庄	《考古》1995年12期	有
骨铲	1	新石器（龙山文化）	河南商丘坞墙	《考古》1983年2期	有
骨铲		新石器（龙山文化）	河南汤阴白营	《考古》1980年3期	有
骨铲	1	新石器（龙山文化）	辽宁北票丰下	《考古》1976年3期	有
骨铲	2	新石器（龙山文化）	山东海阳司马台	《考古》1985年12期	有
骨铲	1	新石器（龙山文化）	山东平度东岳石村	《考古》1962年10期	有
骨铲	3	新石器（龙山文化）	山西芮城南礼教村	《考古》1964年6期	有
骨铲		新石器（龙山文化）	山西忻州游邀	《考古》1989年4期	有
骨铲		新石器（龙山文化）	山西垣曲龙王崖	《考古》1986年2期	有
骨铲		新石器（龙山文化）	陕西华阴横阵	《考古》1960年9期	
骨铲	1	新石器（龙山文化）	陕西商洛东	《考古》2009年12期	有
骨铲		新石器（龙山文化早期）	山西襄汾陶寺	《考古》1980年1期	有
骨铲		新石器（齐家文化）	甘肃临夏大何庄	《考古》1960年3期	
骨铲		新石器（齐家文化）	甘肃卓尼纳浪寺坪	《考古》1994年7期	
骨铲		新石器	内蒙古包头阿善	《考古》1984年2期	
骨铲	1	新石器	内蒙古赤峰东山咀	《考古》1983年5期	有
骨铲		新石器	陕西西安半坡	《考古通讯》1956年2期	
骨铲		新石器	云南昆明滇池东岸	《考古》1959年4期	有
骨铲		新石器（龙山文化）—商	河南偃师二里头	《考古》1961年2期	有
骨铲		夏（二里头文化）	河南偃师二里头	《考古》1965年5期	有
骨铲		夏	山西夏县东下冯	《考古》1980年2期	有

骨铲		青铜时代（距今3800年）	广西那坡感驮岩	《考古》2003年10期 有
骨铲	1	青铜时代（距今3800年）	云南剑川海门口	《考古》2009年8期 有
骨铲		夏商	河北宣化李大人庄	《考古》1990年5期 有
骨铲	1	夏商	山西襄汾大柴	《考古》1987年7期 有
骨铲		商	河北邢台葛家庄	《考古》2005年2期 有
骨铲	1	商	河南安阳后岗	《考古》1993年10期 有
骨铲	2	商	河南安阳洹北花园庄	《考古》1998年10期 有
骨铲		商	河南安阳殷墟	《考古》1961年2期
骨铲		商	河南洛阳东乾沟	《考古》1959年10期
骨铲		商	河南偃师二里头	《考古》1974年4期 有
骨铲		商	河南郑州上街	《考古》1960年6期
骨铲	1	商	河南郑州上街	《考古》1966年1期 有
骨铲	15	青铜时代（寺洼文化）	甘肃卓尼芭儿	《考古》1994年1期 有
骨铲		商晚期	河南荥阳关帝庙	《考古》2008年7期 有
骨铲	1	商周	山东济阳邝塚	《考古》1990年6期 有
骨铲		西周	河南洛阳北窑	《考古》1983年5期
骨铲	1	西周	辽宁阜新平项山石城址	《考古》1992年5期 有
骨铲	7	西周	陕西邠县下孟村	《考古》1960年1期 有
骨铲		西周	陕西长安沣东白家庄北	《考古》1963年8期
骨铲	2	西周	陕西长安沣西新旺村	《考古》1992年11期 有
骨铲		西周	陕西长安沣西张家坡	《考古》1959年10期
骨铲	5	西周	陕西长安沣西张家坡	《考古》1964年9期 有
骨铲		西周	陕西长安鄠县	《考古》1962年6期
骨铲	1	西周	陕西长安普渡村	《考古》1986年3期
骨铲	2	西周	陕西扶风云塘村	《考古》2002年9期 有
骨铲	1	西周	陕西武功柴家咀	《考古》1996年7期 有
骨铲	1	西周	陕西西安张家坡	《考古》1994年10期 有
骨铲		青铜时代（辛店文化）	甘肃临夏姬家川	《考古》1962年2期
骨铲	22	青铜时代（辛店文化）	甘肃永靖莲花台黑头咀	《考古》1980年4期 有
骨铲	30	青铜时代（辛店文化）	甘肃永靖莲花台瓦渣咀	《考古》1980年4期 有
骨铲		青铜时代（辛店文化）	甘肃永靖张家咀	《考古》1959年4期 有
骨铲	1	春秋	海南东方荣村	《考古》2003年4期
骨铲		战国—汉	河南洛阳东乾沟	《考古》1959年10期
骨铲	1	汉	贵州安顺龙泉寺	《考古》2004年6期 有
骨铲	1	汉	黑龙江海林东兴	《考古》1996年10期 有
骨铲	1	汉	黑龙江海林渡口	《考古》1997年7期 有
骨铲	2	渤海国时期	黑龙江东宁小地营	《考古》2003年3期 有

蚌铲	2	新石器（距今8000年）	广西邕宁顶蛳山	《考古》1998年11期 有
蚌铲	2	新石器（北辛文化）	山东邹平苑城	《考古》1989年6期
蚌铲	2	新石器（距今6900年）	安徽濉溪石山子	《考古》1992年3期　有
蚌铲		新石器（后岗一期文化）	内蒙古乌兰察布石虎山	《考古》1998年12期 有
蚌铲		新石器（仰韶－龙山）	河南洛阳王湾二期	《考古》1961年4期
蚌铲	1	新石器（距今5000年）	福建东山大帽山	《考古》2003年12期
蚌铲	9	新石器（昙石山文化）	福建闽侯县石山	《考古》1983年12期 有
蚌铲		新石器（龙山文化）	河南汤阴白营	《考古》1980年3期　有
蚌铲		新石器（龙山文化）	山东茌平教场铺	《考古》2005年1期
蚌铲		新石器（龙山文化）	山东邹平丁公村	《考古》1993年4期
蚌铲		夏（二里头文化）	河南偃师二里头	《考古》1965年5期　有
蚌铲	5	商	河南孟县涧溪	《考古》1961年1期　有
蚌铲		商	河南偃师二里头	《考古》1974年4期　有
蚌铲		商	江苏徐州花家寺	《考古》1960年3期
蚌铲	2	商	山东阳信李屋	《考古》2010年3期
蚌铲		商晚期	河南荥阳关帝庙	《考古》2008年7期
蚌铲		西周	山东高青陈庄	《考古》2010年8期
蚌铲		西周	陕西长安沣西张家坡	《考古》1959年10期
蚌铲	1	战国	广西那坡感驮岩	《考古》2003年10期 有
蚌铲		战国－汉	河南洛阳东乾沟	《考古》1959年10期
玉铲形器	1	新石器（大汶口文化）	山东昌乐盖家庄	《考古》1987年7期　有
玉铲		新石器（大汶口文化）	山东兖州王因	《考古》1979年1期
玉铲	6	新石器（大汶口文化）	山东章丘焦家	《考古》1998年6期　有
玉铲	1	新石器（龙山文化）	河南孟津小潘沟	《考古》1978年4期
玉铲	1	新石器（龙山文化）	河南禹州瓦店	《考古》2000年2期　有
玉铲	2	新石器（龙山文化）	山东日照两城镇	《考古》1986年8期　有
玉铲	1	夏（二里头文化）	河南洛阳矬李	《考古》1978年1期　有
玉铲	1	夏（二里头文化）	河南西平上坡	《考古》2004年4期　有
玉铲		夏（二里头文化）	河南偃师二里头	《考古》1976年4期　有
玉铲		夏早期	河南巩义花地嘴	《考古》2005年6期
玉铲	1	商	湖北孝感	《考古》1988年4期　有
玉铲	1	商	陕西绥德沟口村	《考古》1988年10期
陶铲		新石器（后岗一期文化）	内蒙古乌兰察布石虎山	《考古》1998年12期
陶铲		新石器（距今5400年）	内蒙古清水河白泥窑子	《考古》1988年2期　有
陶铲		新石器（龙山文化晚期）	内蒙古清水河白泥窑子	《考古》1988年2期　有
陶铲		新石器	内蒙古包头阿善	《考古》1984年2期

陶铲	1	新石器	内蒙古包头莎木佳	《考古》1986年6期	有
陶铲		新石器	内蒙古清水河白泥窑子	《考古》1988年2期	
陶铲		东周	河南信阳长台关	《考古通讯》1958年11期	
陶铲形器	10	战国	河南新郑新禹公路	《考古》1994年5期	有
陶铲	1	战国	山东济宁张山	《考古》1996年4期	有
陶铲	1	战国	山东淄博淄河店	《考古》2000年10期	有
陶铲	2	隋唐	河南洛阳隋唐东都皇城	《考古》2005年10期	有
陶铲	1	唐	福建惠安上村	《考古》2004年4期	有
铜铲		商	河南安阳郭家庄M160	《考古》1991年5期	
铜铲	1	商	河南安阳郭家庄M5	《考古》2008年8期	有
铜铲		商	河南安阳花园庄	《考古》2004年1期	有
铜铲		商	河南安阳梅园庄	《考古》1998年10期	有
铜铲	1	商	河南安阳殷墟1713号墓	《考古》1986年8期	有
铜铲	1	商晚期	山东青州苏埠屯	《考古》1996年5期	有
铜铲	2	商周	云南剑川海门口	《考古》1995年9期	有
铜铲		商－战国	江西清江营盘里	《考古》1962年4期	
铜铲	3	西周	河南鹿邑太清宫	《考古》2000年9期	
铜铲	1	西周	陕西宝鸡竹园沟1号墓	《考古》1978年5期	有
铜铲	1	西周－战国	浙江玉环三合潭	《考古》1996年5期	有
铜铲	1	东周	浙江乐清白石	《考古》1992年9期	
铜铲	1	东周	浙江上虞银山	《考古》1993年3期	有
铜铲形器		东周	浙江绍兴西施山	《考古》1979年5期	有
铜铲	2	春秋	河南淅川下寺	《考古》1981年2期	有
铜铲	1	春秋	湖南衡阳赤石	《考古》1998年6期	有
铜铲	1	春秋	江苏六合程桥2号墓	《考古》1974年2期	有
铜铲	2	春秋	江苏邳州九女墩3号	《考古》2002年5期	
铜铲	1	春秋	山西侯马上马村	《考古》1963年5期	有
铜铲形器	1	战国	广东四会鸟旦山	《考古》1975年2期	有
铜铲		战国	河北易县燕下都	《考古》1962年1期	有
铜铲	1	战国	江西清江	《考古》1962年7期	有
铜铲	1	战国	山东阳信西北村	《考古》1990年3期	有
铜铲		秦汉	湖北宜城楚皇城	《考古》1980年2期	
铜铲	2	汉	云南祥云大波那村	《考古》1964年7期	
铜铲	1	西汉	上海金山戚家墩	《考古》1973年1期	有
铜铲		西汉	云南江川李家山	《考古》2001年12期	有
铜铲	1	东汉	陕西勉县老道寺	《考古》1985年5期	有
铜铲	1	唐	河南三门峡勘测设计院基	《考古》2007年5期	有

铁铲	5	春秋	河北邯郸赵王陵	《考古》1982年6期	有
铁铲		战国	河北邯郸赵王陵	《考古》1982年6期	有
铁铲		战国	河北易县燕下都	《考古》1962年1期	有
铁铲	1	战国	河北易县燕下都	《考古》1965年11期	
铁铲	1	战国	河南新郑仓城	《考古》1962年3期	
铁铲	12	战国	湖南长沙、衡阳	《考古通讯》1956年1期	
铁铲		战国	湖南常德德山	《考古》1959年4期	
铁铲	1	战国	湖南常德德山	《考古》1959年12期	
铁铲		战国	湖南常德德山	《考古》1963年9期	
铁铲	6	战国	辽宁敖汉旗老虎山	《考古》1976年5期	有
铁铲	3	战国	辽宁铁岭邱台	《考古》1996年2期	有
铁铲	1	战国	内蒙古敖汉旗四道湾子	《考古》1989年4期	有
铁铲	1	战国	山东临淄故城	《考古》1961年6期	有
铁铲	1	战国	天津南郊巨葛庄	《考古》1965年1期	有
铁铲		战国—秦	内蒙古赤峰三眼井	《考古》1983年1期	
铁铲		战国—汉	河北邯郸大北城	《考古》1980年2期	
铁铲		汉	北京清河朱房	《考古》1959年3期	
铁铲	1	汉	贵州清镇平坝	《考古》1961年4期	
铁铲		汉	海南西沙群岛甘泉岛	《考古》1992年9期	有
铁铲		汉	河北邯郸涧沟	《考古》1959年10期	
铁铲		汉	河南巩县铁生沟	《考古》1960年5期	
铁铲	7	汉	河南鹤壁鹿楼村	《考古》1963年10期	有
铁铲	1	汉	河南郑州岔河	《考古》1988年5期	有
铁铲	1	汉	湖北郧西老观庙	《考古》1999年7期	有
铁铲		汉	山东滕县薛城	《考古》1965年12期	有
铁铲	1	汉	山东微山微山岛	《考古》2009年10期	有
铁铲	1	汉	山西襄汾赵康	《考古》1978年2期	有
铁铲	1	汉	陕西泾水上游	《考古》1962年6期	
铁铲		西汉	北京北郊清河朱房	《考古》1959年3期	
铁铲		西汉	贵州赫章可乐	《考古》1992年3期	有
铁铲		西汉	贵州清镇珚珑坝	《考古》1992年3期	有
铁铲形器	1	西汉	河北大厂大坨头	《考古》1966年1期	
铁铲		西汉	河北满城陵山	《考古》1972年1期	
铁铲	2	西汉	湖南长沙北郊纸圆冲	《考古通讯》1957年5期	有
铁铲	2	西汉	江苏徐州凤凰山	《考古》2007年4期	有
铁铲	1	西汉	山西孝义	《考古》1960年7期	
铁铲		西汉	陕西宝鸡	《考古》1960年2期	

铁铲	1	西汉	陕西澄城坡头村	《考古》1982年1期	有
铁铲	3	西汉	陕西凤翔长青	《考古》2005年7期	有
铁铲	1	西汉	陕西汉长安城桂宫	《考古》1999年1期	有
铁铲		西汉	陕西西安长安城长乐宫	《考古》2005年9期	
铁铲		西汉	陕西西安南郊杜陵五号	《考古》1991年12期	
铁铲		西汉	陕西西安未央宫卢家口	《考古》1989年1期	有
铁铲	2	西汉	陕西西安未央宫西南角楼	《考古》1996年3期	有
铁铲	2	西汉	上海金山戚家墩	《考古》1973年1期	有
铁铲	5	西汉	四川成都北郊洪家包	《考古通讯》1957年2期	有
铁铲	1	新莽	江西修水古市	《考古》1965年6期	有
铁铲	1	东汉	贵州黔西甘棠	《考古》2006年8期	有
铁铲	1	东汉	河南长葛石固	《考古》1982年3期	有
铁铲		东汉	河南洛阳西郊	《考古通讯》1956年1期	
铁铲	1	东汉	河南偃师吴家湾	《考古》2010年9期	有
铁铲	1	东汉	湖南长沙小林子冲	《考古通讯》1958年12期	
铁铲	1	东汉	内蒙古巴林左旗南杨营子	《考古》1964年1期	
铁铲	2	东汉	山东乳山大浩口	《考古》1997年8期	有
铁铲	1	西晋	河南偃师首阳山	《考古》2010年2期	有
铁铲	2	北魏	河南洛阳汉魏故城	《考古》2003年7期	有
铁铲	1	高句丽（南北朝）	吉林辑安	《考古》1961年1期	有
铁铲		唐	辽宁朝阳	《考古》1973年6期	
铁铲	1	唐	陕西商州工行家属楼	《考古》1996年12期	
铁铲	1	渤海国时期	黑龙江东宁小地营	《考古》2003年3期	有
铁铲	1	宋	四川东山灌溉渠	《考古》1959年8期	有
铁铲	1	辽	辽宁朝阳刘承嗣族墓	《考古》1987年2期	有
铁铲	1	辽	辽宁建平张家营子	《考古》1960年2期	
铁铲	1	辽	辽宁锦州张扛村	《考古》1984年11期	有
铁铲	1	辽	辽宁康平后刘东屯	《考古》1986年10期	有
铁铲	1	辽	内蒙古敖汉旗沙子沟	《考古》1987年10期	有
铁铲	1	辽	内蒙古赤峰大窝铺	《考古》1959年1期	有
铁铲	2	宋元	江苏扬州毛纺织厂	《考古》1992年1期	有
铁手铲	1	辽金	北京通州东门外	《考古》1963年3期	有
铁铲	1	辽金	黑龙江哈尔滨东郊	《考古》1960年4期	有
铁铲	1	辽金	黑龙江宁安大牡丹屯	《考古》1961年10期	

铁铲		辽金	黑龙江肇东八里城	《考古》1960年2期	有
铁铲	1	金	河南新安赵峪村	《考古》1965年1期	有
铁铲	1	金	黑龙江克东古城	《考古》1987年2期	有
铁铲	1	金	吉林德惠后城子	《考古》1993年8期	有
铁铲形器	1	金	吉林辑安钟家村	《考古》1963年11期	有
铁铲	1	金元	辽宁绥中城后村	《考古》1960年2期	有
铁铲	3	元	北京元大都遗址	《考古》1990年7期	
牡蛎铲		新石器（昙石山文化）	福建闽侯昙石山	《考古》1983年12期	有
铲的痕迹		商	河南安阳小屯	《考古》1987年4期	
陶铲范		东周	山西侯马牛村	《考古》1962年2期	
铁铲范	1	战国	河南新郑仓城	《考古》1962年3期	有
铲范		汉	山东滕县薛城	《考古》1965年12期	有
陶铲范		西汉	山西夏县禹王城	《考古》1994年8期	有
铲范		东汉	山东滕县官桥车站旁	《考古》1960年7期	

耨

石耨	4	西周—战国	浙江玉环三合潭	《考古》1996年5期	有
铜耨	1	西周—战国	浙江玉环三合潭	《考古》1996年5期	有
铜耨		东周	浙江上虞银山	《考古》1993年3期	有

耧铧

铁耧铧		汉	北京清河朱房	《考古》1959年3期	
二脚铁耧铧		汉	河北平泉三十家子和北五十家子	《考古》1989年5期	
铁耧铧		西汉	北京北郊清河朱房	《考古》1959年3期	
铁耧铧	1	西夏	宁夏中卫四眼井	《考古》1994年8期	有
铁耧铧	1	金	河南新安赵峪村	《考古》1965年1期	有

马桶

木马桶	1	明	上海卢湾区肇家滨路	《考古》1961年8期	

运粪箕

竹箕		战国	湖北大冶铜绿山	《考古》1983年8期	有
陶畚箕	1	东汉	湖南郴州烟厂	《考古》1982年3期	有

石耘田器

石耘田器	2	新石器（良渚文化）	江苏苏州越城	《考古》1982年5期	有
石耘田器	1	新石器（良渚文化）	江苏吴江梅堰	《考古》1963年6期	有
石耘田器	1	新石器（良渚文化）	江苏张家港许庄	《考古》1990年5期	有
石耘田器	4	新石器（良渚文化）	上海金山亭林	《考古》2002年10期	有
石耘田器		新石器（良渚文化）	上海青浦寺前	《考古》2002年10期	有
石耘田器		新石器（良渚文化）	上海松江广富林	《考古》2002年10期	有

石耘田器		新石器（良渚文化）	浙江平湖庄桥坟	《考古》2005年7期	
石耘田器	1	新石器（良渚文化）	浙江余姚鲞架山	《考古》1997年1期	有
石耘田器	1	新石器	浙江乐清白石	《考古》1992年9期	有
石耘田器	3	新石器	浙江舟山孙家山	《考古》1983年1期	有

（二）灌溉工具

戽斗

陶水斗	1	东汉	北京怀柔城北	《考古》1962年5期	
陶水斗	2	东汉	河南偃师姚孝经墓	《考古》1992年3期	有
陶水斗		东汉	辽宁大连前牧城驿	《考古》1986年5期	有
陶水斗	1	东汉	辽宁大连沙岗子	《考古》1991年2期	有
陶水斗		东汉	辽宁沈阳伯官屯	《考古》1964年11期	有
陶水斗	1	西晋	河南辉县洪州	《考古》1990年4期	有
陶水斗	1	西晋	河南偃师杏园村	《考古》1985年8期	有
陶水斗	2	辽	山西大同卧虎湾	《考古》1960年10期	
陶水斗	1	辽	山西大同新添堡	《考古》1960年10期	有
水斗	2	金	山西大同站东小桥街	《考古》2004年9期	有

辘轳

木辘轳		宋元	河南鹤壁古煤矿遗址	《考古》1960年3期	
陶辘轳		汉	内蒙古乌兰布和	《考古》1973年2期	
铁辘轳	1	金元	山东茌平郜屯	《考古》1986年8期	有

水桶

木水桶		青铜时代（距今3000年）	新疆鄯善洋海	《考古》2004年5期	有
木水桶		春秋	湖北大冶铜绿山	《考古》1981年1期	
木水桶		汉	安徽铜陵凤凰山	《考古》1993年6期	
木水桶	2	西汉	安徽铜陵金牛洞	《考古》1989年10期	有
木水桶底	5	南宋	上海奉贤冯桥	《考古》1997年5期	
木水桶	1	明	江苏苏州太仓娄东	《考古》1987年3期	
漆木水桶		明	江苏无锡青山湾	《考古通讯》1955年2期	
木水桶	10	明	上海卢湾区肇家滨路	《考古》1961年8期	
陶水桶		西汉	福建建阳平山	《考古》1990年2期	有
陶水桶	2	西汉	湖南保靖粟家坨	《考古》1985年9期	有
陶水桶	2	西汉	湖南靖州团结村	《考古》1998年5期	有
陶水桶	4	西汉	湖南湘乡可心亭	《考古》1966年5期	
陶水桶	8	西汉	湖南溆浦大江口	《考古》1994年1期	有
陶水桶	8	东汉	甘肃武威磨咀子	《考古》1960年9期	
陶水桶	5	东汉	广西合浦丰门岭	《考古》1995年3期	有

陶水桶	1	东汉	河南巩县石家庄	《考古》1963年2期	有
陶水桶	1	东汉	湖南长沙北郊	《考古》1959年12期	
陶水桶		东汉	湖南长沙雨花亭	《考古通讯》1956年6期	
陶水桶	1	东汉	湖南常德芦山	《考古》2004年5期	有
陶水桶	1	东汉	湖南郴州烟厂	《考古》1982年3期	有
陶水桶	1	东汉	湖南衡阳新安	《考古》1994年3期	有
陶水桶		东汉	江西南昌青云谱	《考古》1960年10期	
陶水桶		东汉	山东济南青龙山	《考古》1989年11期	
陶水桶	1	东汉	山西太原西郊	《考古》1963年5期	有
陶水桶	1	东汉	浙江慈溪担山	《考古》1962年12期	
陶水桶		东汉	浙江嘉兴九里汇	《考古》1987年7期	有
陶水桶	1	三国（吴）	湖北鄂城	《考古》1982年3期	
陶水桶（提樑）	1	三国（吴）	江西南昌东湖和抚河	《考古》1983年10期	有
三彩水桶	1	唐	河南临汝纸坊乡	《考古》1988年2期	有
陶水桶	2	北宋	福建南平西芹	《考古》1991年8期	有
瓷水桶	1	三国	浙江武义陶器厂	《考古》1981年4期	有
瓷水桶	1	晋	江西清江	《考古》1962年4期	有
瓷水桶		西晋	浙江平阳横河村	《考古》1988年10期	有
瓷水桶	1	西晋	浙江嵊县苕苕山	《考古》1988年9期	有
瓷水桶		隋	河南安阳张盛墓	《考古》1959年10期	
瓷水桶	2	唐	河南安阳西郊梅园庄	《考古》1959年5期	有
瓷水桶		五代—北宋	浙江苍南繁枝	《考古》1993年8期	
铜水桶	1	西汉	广西贵县罗泊湾	《考古》1982年4期	
铜水桶	2	东汉	江西南昌青云谱	《考古》1960年10期	
石水桶	2	明	山东昌邑辛置二村	《考古》1989年11期	
铁水桶		金元	山东荏平郜屯	《考古》1986年8期	有

汲水罐

陶汲水罐		新石器（庙底沟二期文化）	山西侯马东呈王	《考古》1991年2期	有
陶汲水罐	2	西汉	安徽肥西金牛	《考古》1990年5期	有
水井用汲水罐		东汉	安徽寿县马家古堆	《考古》1966年3期	
陶汲水罐	1	东汉	河南郑州碧沙岗公园	《考古》1966年5期	有
水井用汲水罐	2	东汉	江西南昌市南郊丝网塘	《考古》1966年3期	有

汲水瓶

井用汲水瓶		汉	内蒙古乌兰布和	《考古》1973年2期	

陶汲水瓶		东汉	湖北宜昌前坪包金头	《考古》1990年9期	有

（三）收获工具

铚

石铚		商	河北邢台葛家庄	《考古》2005年2期	有
铜铚	1	东周	安徽涡阳盛双楼	《考古》2006年9期	有

刀

骨柄石刃刀		新石器（距今11000年）	北京门头沟东胡林	《考古》2006年7期	有
石刀	3	新石器（兴隆洼文化）	河北承德岔沟门	《考古》1992年6期	有
石刀	2	新石器（兴隆洼文化）	河北滦平药王庙梁	《考古》1998年2期	有
石刀	36	新石器（兴隆洼文化）	内蒙古敖汉旗兴隆沟	《考古》2000年9期	有
骨梗石刃刀	2	新石器（兴隆洼文化）	内蒙古敖汉旗兴隆洼	《考古》1997年1期	有
石刀	14	新石器（兴隆洼文化）	内蒙古敖汉旗兴隆洼	《考古》1997年1期	有
骨梗石刃刀		新石器（兴隆洼文化）	内蒙古林西白音长汗	《考古》1993年7期	有
石刀	5	新石器（裴李岗文化）	河南郏县水泉	《考古》1992年10期	有
石刀	1	新石器（裴李岗文化）	河南新郑裴李岗	《考古》1978年2期	有
石刀		新石器（裴李岗文化）	河南新郑裴李岗	《考古》1982年4期	
石刀	1	新石器（裴李岗文化）	河南新郑唐户	《考古》2008年5期	有
石刀	1	新石器（裴李岗文化）	河南新郑唐户	《考古》2010年5期	有
石刀	1	新石器（大地湾文化）	陕西临潼白家村	《考古》1984年11期	有
石刀	2	新石器（青莲岗文化）	江苏连云港二涧村	《考古》1962年3期	
石刀		新石器（青莲岗文化）	江苏泗洪南山头	《考古》1964年5期	
石刀	1	新石器（新乐文化）	吉林双阳东山头	《考古》1986年9期	
石刀		新石器（城背溪文化）	湖北秭归柳林溪	《考古》2000年8期	有
石刀	1	新石器（马家浜文化）	江苏金坛北渚荡	《考古》1985年8期	有
石刀	1	新石器（马家浜文化）	上海青浦崧泽	《考古》1992年3期	有
石刀	1	新石器（距今7000年）	辽宁宽甸臭梨隈子	《考古》1986年10期	有
石刀		新石器（河姆渡文化）	浙江宁波八字桥	《考古》1979年6期	有
石刀	1	新石器（仰韶文化）	甘肃崇信梁坡	《考古》1995年1期	有
石刀		新石器（仰韶文化）	甘肃崇信西台	《考古》1995年1期	
石刀		新石器（仰韶文化）	甘肃崇信张家山	《考古》1995年1期	
石刀		新石器（仰韶文化）	甘肃崇信张咀	《考古》1995年1期	
骨柄石刃刀		新石器（仰韶文化）	甘肃景泰张家台	《考古》1976年3期	
石刀		新石器（仰韶文化）	甘肃兰州门墩小坪和西柳沟大坪	《考古》1959年7期	
石刀		新石器（仰韶文化）	甘肃临洮临夏两县	《考古通讯》1958年9期	
石刀	2	新石器（仰韶文化）	甘肃临夏范家村	《考古》1961年5期	

石刀	1	新石器（仰韶文化）	甘肃宁县阳坬	《考古》1983年10期　有
骨体石刃刀	3	新石器（仰韶文化）	甘肃秦安大地湾	《考古》2003年6期　有
石刀	2	新石器（仰韶文化）	甘肃秦安大地湾	《考古》2003年6期　有
石刀		新石器（仰韶文化）	甘肃渭河上游	《考古通讯》1958年 7期
石刀		新石器（仰韶文化）	甘肃渭河支流	《考古》1959年7期
石刀	1	新石器（仰韶文化）	甘肃武威磨咀子	《考古》1959年11期
单孔石刀		新石器（仰韶文化）	甘肃西汉水流域	《考古》1959年3期
双孔石刀		新石器（仰韶文化）	甘肃西汉水流域	《考古》1959年3期
骨柄石刃刀		新石器（仰韶文化）	甘肃永昌鸳鸯池	《考古》1974年5期　有
石刀		新石器（仰韶文化）	甘肃永昌鸳鸯池	《考古》1974年5期　有
石刀	1	新石器（仰韶文化）	河南安阳鲍家堂	《考古》1965年7期　有
石刀	1	新石器（仰韶文化）	河南安阳大正集老磨岗	《考古》1965年7期　有
石刀	1	新石器（仰韶文化）	河南安阳后岗	《考古》1972年3期　有
石刀	2	新石器（仰韶文化）	河南安阳后岗	《考古》1982年6期　有
石刀	1	新石器（仰韶文化）	河南安阳后岗高楼庄	《考古》1972年5期　有
石刀	1	新石器（仰韶文化）	河南安阳孝民屯	《考古》2007年10期　有
石刀		新石器（仰韶文化）	河南登封石羊关	《考古》1978年1期　有
石刀		新石器（仰韶文化）	河南登封杨村	《考古》1995年6期
石刀		新石器（仰韶文化）	河南登封颍阳	《考古》1995年6期
石刀		新石器（仰韶文化）	河南登封袁村	《考古》1995年6期
石刀	1	新石器（仰韶文化）	河南巩县赵城村	《考古》1986年3期　有
石刀		新石器（仰韶文化）	河南黄河三门峡水库	《考古通讯》1956年 5期
石刀		新石器（仰韶文化）	河南浚县西北部	《考古通讯》1957年 1期
石刀	2	新石器（仰韶文化）	河南临汝大张村	《考古》1960年6期　有
石刀	1	新石器（仰韶文化）	河南临汝中山寨	《考古》1986年6期　有
石刀	5	新石器（仰韶文化）	河南临汝中山寨	《考古》1986年7期　有
石刀		新石器（仰韶文化）	河南灵宝北阳平	《考古》1999年12期　有
石刀	4	新石器（仰韶文化）	河南灵宝北阳平	《考古》2001年7期　有
石刀		新石器（仰韶文化）	河南灵宝南万村	《考古》1960年7期　有
石刀		新石器（仰韶文化）	河南灵宝乔营	《考古》1999年12期　有
石刀	3	新石器（仰韶文化）	河南灵宝西坡	《考古》2001年11期　有
石刀	1	新石器（仰韶文化）	河南洛阳矬李	《考古》1978年1期　有
石刀		新石器（仰韶文化）	河南洛阳涧滨	《考古》1960年10期　有
石刀		新石器（仰韶文化）	河南洛阳王湾一期	《考古》1961年4期
石刀		新石器（仰韶文化）	河南洛阳西郊	《考古通讯》1956年 1期

石刀		新石器（仰韶文化）	河南濮阳西水坡	《考古》1989年12期
石刀		新石器（仰韶文化）	河南汝阳上店	《考古》1961年1期
石刀		新石器（仰韶文化）	河南陕县庙底沟	《考古通讯》1957年4期
石刀		新石器（仰韶文化）	河南陕县七里铺村	《考古》1959年4期　有
石刀	4	新石器（仰韶文化）	河南渑池西河庵村	《考古》1965年10期　有
石刀	1	新石器（仰韶文化）	河南渑池西河南	《考古》1964年9期
石刀		新石器（仰韶文化）	河南淅川沟湾	《考古》2010年6期　有
石刀		新石器（仰韶文化）	河南新郑唐户	《考古》1984年3期
石刀		新石器（仰韶文化）	河南偃师灰嘴村	《考古》2010年4期　有
石刀		新石器（仰韶文化）	河南伊川古城村	《考古》1961年1期
石刀		新石器（仰韶文化）	河南伊河下游赵城村	《考古》1964年1期
石刀	2	新石器（仰韶文化）	河南伊阳古严庄	《考古通讯》1958年1期
石刀	12	新石器（仰韶文化）	河南伊阳上店	《考古通讯》1958年1期
石刀	1	新石器（仰韶文化）	河南禹县谷水河	《考古》1979年4期　有
石刀	1	新石器（仰韶文化）	河南郑州大河村	《考古》1995年6期　有
石刀		新石器（仰韶文化）	湖北均县朱家台	《考古》1961年10期
石刀		新石器（仰韶文化）	湖北郧县青龙泉	《考古》1961年10期
石刀		新石器（仰韶文化）	内蒙古包头西园	《考古》1990年4期　有
石刀		新石器（仰韶文化）	内蒙古凉城王墓山	《考古》1989年2期
石刀		新石器（仰韶文化）	内蒙古凉城王墓山	《考古》1997年4期　有
石刀		新石器（仰韶文化）	内蒙古清水河白泥窑子	《考古》1966年3期　有
石刀		新石器（仰韶文化）	内蒙古清水河白泥窑子	《考古》1988年2期
石刀		新石器（仰韶文化）	内蒙古商都风旋卜子	《考古》1992年12期　有
石刀		新石器（仰韶文化）	内蒙古商都狼窝沟	《考古》1992年12期　有
石刀		新石器（仰韶文化）	内蒙古商都西山	《考古》1992年12期
石刀		新石器（仰韶文化）	内蒙古乌兰察布风旋卜子	《考古》1996年2期　有
石刀		新石器（仰韶文化）	内蒙古乌兰察布狼窝沟	《考古》1996年2期　有
石刀		新石器（仰韶文化）	内蒙古中南部	《考古》1962年2期
石刀	4	新石器（仰韶文化）	内蒙古中南部岔河口	《考古》1965年10期　有
石刀		新石器（仰韶文化）	内蒙古中南部海生不浪东	《考古》1965年10期　有
石刀		新石器（仰韶文化）	山东平阴于家林	《考古》1959年6期　有
石刀		新石器（仰韶文化）	山西平陆葛赵村	《考古》1960年8期
石刀		新石器（仰韶文化）	山西祁县梁村	《考古通讯》1956年2期

石刀		新石器（仰韶文化）	山西芮城东庄村	《考古》1962年9期	
石刀		新石器（仰韶文化）	山西芮城西王村	《考古》1962年9期	
石刀	1	新石器（仰韶文化）	山西闻喜汀店	《考古》1961年5期	有
石刀		新石器（仰韶文化）	山西五台阳白	《考古》1997年4期	有
石刀	1	新石器（仰韶文化）	山西夏县辕村	《考古》2009年11期	有
石刀	3	新石器（仰韶文化）	山西垣曲小赵	《考古》1998年4期	有
石刀		新石器（仰韶文化）	陕西宝鸡	《考古》1960年2	
石刀		新石器（仰韶文化）	陕西宝鸡福临堡	《考古》1992年8期	有
石刀		新石器（仰韶文化）	陕西宝鸡高家村	《考古》1998年4期	
石刀	1	新石器（仰韶文化）	陕西邠县水铺	《考古》1991年11期	有
石刀		新石器（仰韶文化）	陕西邠县下孟村	《考古》1960年1期	
石刀		新石器（仰韶文化）	陕西浐灞两河沿岸	《考古》1961年11期	有
石刀		新石器（仰韶文化）	陕西长安鄠县	《考古》1962年6期	
石刀	3	新石器（仰韶文化）	陕西长安王曲北堡寨	《考古》1981年1期	有
石刀	1	新石器（仰韶文化）	陕西凤翔董家沟	《考古》1991年11期	有
石刀		新石器（仰韶文化）	陕西凤翔和兴平	《考古》1960年3期	
石刀		新石器（仰韶文化）	陕西华县柳子镇	《考古》1959年2期	
石刀		新石器（仰韶文化）	陕西华县柳子镇	《考古》1959年11期	
石刀		新石器（仰韶文化）	陕西华阴横阵	《考古》1960年9期	
石刀	3	新石器（仰韶文化）	陕西华阴南城子	《考古》1984年6期	有
石刀		新石器（仰韶文化）	陕西蓝田泄湖	《考古》1989年6期	有
石刀		新石器（仰韶文化）	陕西临潼姜寨	《考古》1975年5期	
石刀	2	新石器（仰韶文化）	陕西临潼康桥义和村	《考古》1965年9期	有
石刀	1	新石器（仰韶文化）	陕西眉县韩家沟	《考古》1991年11期	有
石刀	1	新石器（仰韶文化）	陕西眉县上第二坡	《考古》1991年11期	有
石刀		新石器（仰韶文化）	陕西渭水流域	《考古》1959年11期	
石刀		新石器（仰韶文化）	陕西武功游凤	《考古》1975年2期	
石刀	1	新石器（仰韶文化）	陕西咸阳尹家村	《考古》1991年11期	有
石刀	1	新石器（仰韶文化）	陕西兴平塔尔寺	《考古》1991年11期	有
石刀	1	新石器（仰韶文化）	陕西旬阳崔家河	《考古》1991年11期	有
石刀	1	新石器（赵宝沟文化）	河北迁西西寨	《考古》1993年1期	有
石刀	2	新石器（距今6800年）	吉林东丰西断梁山	《考古》1991年4期	有
石刀	1	新石器（距今6500年）	广西资源晓锦	《考古》2004年3期	有
石刀		新石器（仰韶文化中期）	陕西高陵杨官寨	《考古》2009年7期	
石刀	10	新石器（仰韶文化晚期）	河北平山中贾壁	《考古》1993年4期	有
石刀	1	新石器（仰韶文化晚期）	陕西商州庾原	《考古》1995年10期	有

石刀	1	新石器（大溪文化）	湖北云梦胡家岗	《考古》1987年2期	有
石刀	1	新石器（大溪文化）	湖北枝江关庙山	《考古》1983年1期	有
石刀		新石器（大溪文化）	湖南洪江高庙	《考古》2006年7期	
石刀	1	新石器（大溪文化）	湖南津市青龙咀	《考古》1990年1期	有
石刀	1	新石器（大汶口文化）	安徽淮北地区	《考古》1993年11期	有
石刀	3	新石器（大汶口文化）	安徽宿县古台寺	《考古》1993年12期	有
石刀	1	新石器（大汶口文化）	山东即墨北阡	《考古》1981年1期	有
石刀	1	新石器（大汶口文化）	山东济宁玉皇顶	《考古》2005年4期	有
石刀		新石器（大汶口文化）	山东临沂	《考古》1961年11期	有
石刀	1	新石器（大汶口文化）	山东栖霞古镇都	《考古》2008年2期	有
石刀	1	新石器（大汶口文化）	山东曲阜东魏庄	《考古》1965年12期	有
石刀	1	新石器（大汶口文化）	山东曲阜南兴埠	《考古》1984年12期	有
石刀	4	新石器（红山文化）	吉林奈曼旗大沁他拉	《考古》1979年3期	有
石刀	1	新石器（红山文化）	吉林镇赉聚宝山	《考古》1998年6期	有
石刀	3	新石器（红山文化）	辽宁康平赵家店馒头山	《考古》1992年1期	有
石刀		新石器（红山文化）	辽宁康平赵家店苇塘	《考古》1992年1期	
石刀	1	新石器（红山文化）	内蒙古巴林右旗查日斯台嘎查	《考古》2002年8期	有
石刀	2	新石器（红山文化）	内蒙古林西水泉	《考古》2005年11期	有
石刀	1	新石器（北阴阳营文化）	江苏镇江左湖	《考古》2000年4期	有
石刀	2	新石器（距今6000年）	福建平潭壳坵头	《考古》1991年7期	有
石刀	1	新石器（距今6000年）	广西资源晓锦	《考古》2004年3期	有
石刀	18	新石器（距今6000年）	内蒙古海拉尔团结	《考古》2001年5期	有
石刀	4	新石器（崧泽文化）	江苏沙洲凤凰山	《考古》1987年10期	有
石刀		新石器（崧泽文化）	上海松江姚家圈	《考古》2001年9期	
骨柄石刃刀		新石器（后岗一期文化）	内蒙古乌兰察布石虎山	《考古》1998年12期	
石刀		新石器（后岗一期文化）	内蒙古乌兰察布石虎山	《考古》1998年12期	有
石刀形器	1	新石器（距今5500年）	吉林长春腰红嘴子	《考古》2003年8期	有
石刀	1	新石器（薛家岗文化）	安徽安庆夫子城	《考古》2002年2期	有
石刀		新石器（距今5400年）	内蒙古清水河白泥窑子	《考古》1988年2期	有
石刀	43	新石器（距今5300年）	青海同德宗日	《考古》1998年5期	有
石刀		新石器（马家窑文化早期）	青海民和胡李家	《考古》2001年1期	有
石刀		新石器（马家窑文化）	甘肃武山傅家门	《考古》1995年4期	
石刀		新石器（马家窑文化）	青海化隆安达其哈	《考古》1991年4期	
石刀	2	新石器（马家窑文化）	青海民和坡古拉坡	《考古》1993年3期	有

石刀	2	新石器（马家窑文化）	青海民和崖家坪	《考古》1993年3期	有
石刀		新石器（马家窑文化）	青海民和阳洼坡	《考古》1984年1期	有
石刀	2	新石器（马家窑文化）	青海民和阴山	《考古》1993年3期	有
石刀		新石器（马家窑文化）	青海循化红土坡嘴子	《考古》1991年4期	
石刀	1	新石器（良渚文化）	安徽肥西古埂	《考古》1985年7期	有
石刀	3	新石器（良渚文化）	江苏常州武进寺墩	《考古》1984年2期	有
石刀	1	新石器（良渚文化）	江苏丹阳西沟居	《考古》1994年5期	有
石刀	3	新石器（良渚文化）	江苏昆山少卿山	《考古》2000年4期	有
石刀	18	新石器（良渚文化）	江苏吴江梅堰	《考古》1963年6期	有
双肩石刀	2	新石器（良渚文化）	上海奉贤江海	《考古》2002年11期	有
石刀	1	新石器（良渚文化）	上海金山亭林	《考古》2002年10期	有
石刀	1	新石器（良渚文化）	上海青浦金山汶	《考古》1989年7期	有
石刀		新石器（良渚文化）	上海青浦千步村	《考古》1963年3期	有
石刀		新石器（良渚文化）	上海青浦寺前	《考古》2002年10期	有
石刀	7	新石器（良渚文化）	上海松江广富林	《考古》1962年9期	有
石刀		新石器（良渚文化）	上海松江广富林	《考古》2008年8期	有
有孔石刀		新石器（良渚文化）	浙江平湖庄桥坟	《考古》2005年7期	
石刀	2	新石器（良渚文化）	浙江余姚鲞架山	《考古》1997年1期	有
斜柄石刀（破土器）	1	新石器（良渚文化）	浙江余姚鲞架山	《考古》1997年1期	有
骨柄石刃刀	5	新石器（距今5175±130年）	吉林白城靶山	《考古》1988年12期	有
石刀	1	新石器（距今5000年）	吉林东丰德胜果园后山	《考古》1994年6期	有
单孔石刀	21	新石器（距今5000年）	江西萍乡禁山下	《考古》2000年12期	有
石刀		新石器（距今5000年）	辽宁大连大潘家	《考古》1994年4期	有
石刀	41	新石器（距今5000年）	辽宁大连大潘家	《考古》1994年10期	有
石刀	3	新石器（距今5000年）	辽宁大连王家屯	《考古》1994年4期	有
石刀	5	新石器（距今5000年）	辽宁大连文家屯	《考古》1994年4期	有
石刀	7	新石器（距今5000年）	辽宁瓦房店三堂村	《考古》1992年2期	有
石刀		新石器（距今5000年）	内蒙古伊金霍洛旗朱开沟	《考古》1988年6期	有
骨柄石刃刀		新石器（距今5000年）	内蒙古扎鲁特南宝力皋吐	《考古》2008年7期	有
石刀		新石器（距今5000年）	内蒙古扎鲁特南宝力皋吐	《考古》2008年7期	有
石刀		新石器（距今5000年）	四川汉源麦坪	《考古》2008年7期	有
石刀	数量多	新石器（距今5000年）	云南大理海东银梭岛	《考古》2009年8期	有
石刀	16	新石器（距今5000年）	云南剑川海门口	《考古》2009年8期	有

石刀	2	新石器（屈家岭文化）	湖北安陆余家岗	《考古》1986年7期	有
石刀	1	新石器（屈家岭文化）	湖北洪湖圆山	《考古》1989年5期	有
石刀		新石器（屈家岭文化）	湖北石首走马岭	《考古》1998年4期	有
带孔石刀		新石器（屈家岭文化）	湖北郧县大寺	《考古》1961年10期	
石刀		新石器（屈家岭文化）	湖北郧县青龙泉	《考古》1961年10期	
石刀		新石器（屈家岭文化）	陕西西乡李家村	《考古》1961年7期	
石刀		新石器（卡若文化）	西藏拉萨曲贡村	《考古》1991年10期	有
石刀	3	新石器（昙石山文化）	福建闽侯昙石山	《考古》1961年12期	有
石刀	1	新石器（昙石山文化）	福建闽侯昙石山	《考古》1964年12期	有
石刀	4	新石器（昙石山文化）	福建闽侯溪头	《考古》1980年4期	有
石刀	1	新石器（昙石山文化）	浙江泰顺下湖墩	《考古》1993年7期	有
石刀		新石器（贝丘遗址）	广西南宁	《考古》1975年5期	有
石刀	1	新石器（贝丘遗址）	辽宁长海广鹿岛	《考古》1961年12期	有
石刀	1	新石器（贝丘遗址）	辽宁长海英杰村	《考古》1961年12期	
石刀	2	新石器（贝丘遗址）	辽宁大连长海大长山岛	《考古》1962年7期	有
石刀	2	新石器（贝丘遗址）	辽宁大连长海广鹿岛	《考古》1962年7期	有
石刀		新石器（贝丘遗址）	辽宁大连长海小长山岛	《考古》1962年7期	有
石刀	1	新石器（贝丘遗址）	辽宁旅大烈士山	《考古》1962年2期	有
骨柄石刃刀	4	新石器（小河沿文化）	内蒙古赤峰哈啦海沟	《考古》2010年2期	有
石刀		新石器（距今4930±180年）	甘肃镇原常山	《考古》1981年3期	有
石刀	1	新石器（庙底沟二期文化）	甘肃天水高寺头	《考古》1983年12期	有
石刀	1	新石器（庙底沟二期文化）	甘肃天水郑家磨	《考古》1983年12期	有
石刀	6	新石器（庙底沟二期文化）	河南孟县许村	《考古》1999年2期	有
石刀	5	新石器（庙底沟二期文化）	河南渑池仰韶村	《考古》1964年9期	
石刀	11	新石器（庙底沟二期文化）	河南新安西沃	《考古》1999年8期	有
石刀	14	新石器（庙底沟二期文化）	山西侯马东呈王	《考古》1991年2期	有
石刀		新石器（庙底沟二期文化）	山西襄汾陶寺	《考古》1986年9期	有
石刀		新石器（庙底沟二期文化）	山西垣曲龙王崖	《考古》1986年2期	有
石刀	1	新石器（庙底沟二期文化）	陕西扶风太子藏	《考古》1992年12期	有
石刀		新石器（庙底沟二期文	陕西武功浒西庄	《考古》1983年5期	

化）

石刀	1	新石器（马家窑文化半山型）	宁夏固原红圈子	《考古》1993年2期　有
石刀	2	新石器（龙山文化）	安徽淮北地区	《考古》1993年11期　有
石刀		新石器（龙山文化）	安徽萧县花家寺	《考古》1966年2期　有
石刀	6	新石器（龙山文化）	河北崇礼石嘴子	《考古》1992年2期　有
石刀		新石器（龙山文化）	河北邯郸涧沟	《考古》1959年10期
石刀	51	新石器（龙山文化）	河北邯郸涧沟	《考古》1961年4期
石刀	10	新石器（龙山文化）	河北怀来马站	《考古》1988年8期　有
石刀	3	新石器（龙山文化）	河北怀来彭大崖	《考古》1988年8期　有
石刀	9	新石器（龙山文化）	河北怀来小古城	《考古》1987年12期　有
石刀		新石器（龙山文化）	河北怀来珠窝园	《考古》1988年8期　有
石刀		新石器（龙山文化）	河北蔚县筛子绫罗	《考古》1981年2期　有
石刀		新石器（龙山文化）	河北永年台口村	《考古》1962年12期
石刀	1	新石器（龙山文化）	河北张家口蔚县南方城	《考古》1959年7期
石刀	2	新石器（龙山文化）	河北张家口蔚县庄窠村	《考古》1959年7期
单孔石刀	1	新石器（龙山文化）	河北张家口西南高家屯	《考古》1959年7期
石刀		新石器（龙山文化）	河南博爱西金城	《考古》2010年6期　有
石刀	1	新石器（龙山文化）	河南登封王城岗	《考古》2006年9期　有
石刀		新石器（龙山文化）	河南巩县水地河	《考古》1990年11期　有
石刀	6	新石器（龙山文化）	河南巩义里沟	《考古》1995年6期　有
石刀		新石器（龙山文化）	河南黄河三门峡水库	《考古通讯》1956年5期
石刀		新石器（龙山文化）	河南辉县孟庄	《考古》2000年3期　有
石刀	2	新石器（龙山文化）	河南焦作大司马	《考古》1996年11期　有
石刀	1	新石器（龙山文化）	河南焦作郇村	《考古》1996年11期　有
石刀		新石器（龙山文化）	河南浚县西北部	《考古通讯》1957年1期
石刀		新石器（龙山文化）	河南临汝柏树圪垯	《考古》1978年1期　有
石刀	1	新石器（龙山文化）	河南临汝柏树圪垯	《考古》1985年3期　有
石刀	5	新石器（龙山文化）	河南临汝大张村	《考古》1960年6期　有
石刀	2	新石器（龙山文化）	河南临汝煤山	《考古》1975年5期　有
石刀	2	新石器（龙山文化）	河南洛阳矬李	《考古》1978年1期
石刀	4	新石器（龙山文化）	河南洛阳东杨村	《考古》1983年2期　有
石刀		新石器（龙山文化）	河南洛阳王湾三期	《考古》1961年4期
石刀	5	新石器（龙山文化）	河南孟津小潘沟	《考古》1978年4期　有
石刀	3	新石器（龙山文化）	河南孟县许村	《考古》1999年2期　有
石刀		新石器（龙山文化）	河南密县新砦	《考古》1981年5期　有
石刀	2	新石器（龙山文化）	河南淇县王庄	《考古》1999年5期　有

石刀		新石器（龙山文化）	河南杞县鹿台岗	《考古》1994年8期	
石刀	9	新石器（龙山文化）	河南汝州李楼	《考古》1998年3期	有
石刀		新石器（龙山文化）	河南陕县庙底沟	《考古通讯》1957年4期	
石刀	4	新石器（龙山文化）	河南陕县七里铺村	《考古》1959年4期	有
石刀	1	新石器（龙山文化）	河南渑池不召寨	《考古》1964年9期	
石刀		新石器（龙山文化）	河南汤阴白营	《考古》1980年3期	有
石刀	1	新石器（龙山文化）	河南卫辉倪湾	《考古》2007年5期	有
石刀		新石器（龙山文化）	河南新密新砦	《考古》2009年2期	有
石刀	3	新石器（龙山文化）	河南新乡刘庄营	《考古》1966年3期	有
石刀	2	新石器（龙山文化）	河南信阳南山咀	《考古》1990年5期	有
石刀		新石器（龙山文化）	河南偃师二里头	《考古》1982年5期	有
石刀	2	新石器（龙山文化）	河南偃师高崖西台地	《考古》1964年11期	有
石刀		新石器（龙山文化）	河南偃师酒流沟	《考古》1964年11期	有
石刀	3	新石器（龙山文化）	河南伊川马回营	《考古》1983年11期	有
石刀	2	新石器（龙山文化）	河南伊阳城东村	《考古通讯》1958年1期	
石刀		新石器（龙山文化）	河南荥阳河王村	《考古》1961年2期	有
石刀		新石器（龙山文化）	河南永城王油坊	《考古》1978年1期	有
石刀	1	新石器（龙山文化）	河南禹县冀寨	《考古》1991年2期	
石刀	6	新石器（龙山文化）	河南禹州瓦店	《考古》2000年2期	有
石刀		新石器（龙山文化）	河南驻马店杨庄	《考古》1995年10期	有
石刀	2	新石器（龙山文化）	湖北洪湖乌林矶	《考古》1987年5期	有
石刀	1	新石器（龙山文化）	湖北荆门	《考古》1992年6期	
石刀	1	新石器（龙山文化）	湖北宜都石板巷子	《考古》1985年11期	有
带孔石刀		新石器（龙山文化）	湖北郧县大寺	《考古》1961年10期	
石刀		新石器（龙山文化）	湖北郧县青龙泉	《考古》1961年10期	
石刀		新石器（龙山文化）	江苏赣榆下庙墩	《考古》1962年3期	有
石刀	1	新石器（龙山文化）	江苏连云港二涧村	《考古》1962年3期	
石刀	1	新石器（龙山文化）	江苏铜山丘湾	《考古》1973年2期	
石刀	1	新石器（龙山文化）	江苏徐州花家寺	《考古》1960年3期	
石刀	17	新石器（龙山文化）	辽宁北票丰下	《考古》1976年3期	有
石刀		新石器（龙山文化）	内蒙古凉城板城西山	《考古》1989年2期	有
石刀		新石器（龙山文化）	内蒙古清水河白泥窑子	《考古》1966年3期	有
石刀		新石器（龙山文化）	内蒙古清水河柳青	《考古》1992年7期	有
石刀		新石器（龙山文化）	内蒙古中南部黄河河谷	《考古》1965年10期	有
石刀		新石器（龙山文化）	内蒙古准格尔西麻青	《考古》1992年7期	有
石刀		新石器（龙山文化）	内蒙古准格尔寨子上	《考古》1992年7期	有
穿孔石刀		新石器（龙山文化）	宁夏隆德页河子	《考古》1990年4期	有

石刀	9	新石器（龙山文化）	山东安丘峒峪村	《考古》1963年10期	有
石刀	5	新石器（龙山文化）	山东昌乐秦家淳于村	《考古》1987年7期	有
石刀		新石器（龙山文化）	山东昌乐邹家庄	《考古》1987年5期	
石刀	1	新石器（龙山文化）	山东茌平南陈庄	《考古》1985年4期	有
石刀	1	新石器（龙山文化）	山东费县防故城遗址	《考古》2005年10期	有
石刀	3	新石器（龙山文化）	山东费县崮子	《考古》1986年11期	有
石刀		新石器（龙山文化）	山东费县西西蒋	《考古》1986年11期	有
单孔石刀	1	新石器（龙山文化）	山东广饶营子	《考古》1985年9期	有
双刃石刀	4	新石器（龙山文化）	山东广饶营子	《考古》1985年9期	有
石刀	2	新石器（龙山文化）	山东海阳司马台	《考古》1985年12期	有
石刀	4	新石器（龙山文化）	山东即墨北阁	《考古通讯》1958年4期	有
石刀		新石器（龙山文化）	山东即墨徐家沟	《考古》1981年1期	有
石刀	1	新石器（龙山文化）	山东即墨张戈庄三里村	《考古》1989年8期	
石刀		新石器（龙山文化）	山东济阳邝塚	《考古》1990年6期	
石刀	3	新石器（龙山文化）	山东莒南化家村	《考古》1989年5期	有
石刀	1	新石器（龙山文化）	山东梁山青堌堆	《考古》1962年1期	有
石刀		新石器（龙山文化）	山东临沂店子	《考古》1992年10期	
石刀		新石器（龙山文化）	山东临沂东王庄	《考古》1992年10期	
石刀		新石器（龙山文化）	山东临沂后盛庄	《考古》1992年10期	
石刀		新石器（龙山文化）	山东临沂涧头	《考古》1992年10期	
石刀	1	新石器（龙山文化）	山东临沂毛官庄	《考古》1961年11期	
石刀		新石器（龙山文化）	山东临沂毛官庄	《考古》1992年10期	
石刀		新石器（龙山文化）	山东临沂土城子	《考古》1961年11期	
石刀		新石器（龙山文化）	山东临沂周家庄	《考古》1992年10期	
石刀	2	新石器（龙山文化）	山东蓬莱紫荆山	《考古》1973年1期	有
石刀	7	新石器（龙山文化）	山东平度东岳石村	《考古》1962年10期	有
石刀		新石器（龙山文化）	山东齐河郝庄	《考古》1996年4期	有
石刀	2	新石器（龙山文化）	山东青岛城阳	《考古》1964年11期	有
石刀	2	新石器（龙山文化）	山东青岛市郊赵村	《考古》1965年9期	有
石刀	1	新石器（龙山文化）	山东日照大桃园	《考古》1986年8期	有
石刀	2	新石器（龙山文化）	山东日照东海峪	《考古》1986年8期	有
石刀	1	新石器（龙山文化）	山东日照冯家沟	《考古》1986年8期	有
石刀	1	新石器（龙山文化）	山东日照凤凰城	《考古》1986年8期	有
石刀	3	新石器（龙山文化）	山东日照两城镇	《考古》1986年8期	有
石刀		新石器（龙山文化）	山东日照两城镇	《考古》1997年4期	有
石刀	1	新石器（龙山文化）	山东日照苏家村	《考古》1986年8期	有
石刀	3	新石器（龙山文化）	山东日照西林子头	《考古》1986年8期	有
石刀	3	新石器（龙山文化）	山东日照尧王城	《考古》1986年8期	有

石刀	1	新石器（龙山文化）	山东乳山泮家庄	《考古》1990年12期	有
双孔石刀		新石器（龙山文化）	山东寿光张家村	《考古》1989年9期	
石刀	1	新石器（龙山文化）	山东泗水尹家城	《考古》1965年1期	有
石刀		新石器（龙山文化）	山东滕县	《考古》1980年1期	
石刀	3	新石器（龙山文化）	山东潍坊范家庄	《考古》1989年9期	有
石刀		新石器（龙山文化）	山东潍坊姚官庄	《考古》1963年7期	
石刀	6	新石器（龙山文化）	山东潍县狮子行	《考古》1984年8期	有
石刀	3	新石器（龙山文化）	山东五莲丹士村	《考古通讯》1958年4期	有
双孔石刀		新石器（龙山文化）	山东阳谷景阳岗	《考古》1997年5期	有
石刀	5	新石器（龙山文化）	山东沂水凤台	《考古》1991年6期	
石刀	1	新石器（龙山文化）	山东沂水抬头	《考古》1991年6期	有
石刀	8	新石器（龙山文化）	山东沂水小沂河北岸	《考古》2002年1期	有
石刀	5	新石器（龙山文化）	山东沂水杨庄	《考古》1993年11期	有
石刀	1	新石器（龙山文化）	山东禹城郝庄	《考古》1996年4期	有
石刀	1	新石器（龙山文化）	山东禹城邢寨汪	《考古》1983年11期	
石刀		新石器（龙山文化）	山东禹城周尹	《考古》1996年4期	有
石刀		新石器（龙山文化）	山东枣庄二疏城	《考古》1984年4期	有
石刀		新石器（龙山文化）	山东枣庄晒米城	《考古》1984年4期	有
石刀	2	新石器（龙山文化）	山东邹平	《考古》1989年6期	有
石刀		新石器（龙山文化）	山西长治小常乡小神村	《考古》1988年7期	有
石刀		新石器（龙山文化）	山西定襄西社	《考古》1987年11期	有
石刀		新石器（龙山文化）	山西汾阳峪道河	《考古》1983年11期	有
石刀	3	新石器（龙山文化）	山西平陆盘南村	《考古》1960年8期	
石刀		新石器（龙山文化）	山西平陆西侯	《考古》1990年3期	
石刀		新石器（龙山文化）	山西芮城	《考古》1962年9期	
石刀	12	新石器（龙山文化）	山西芮城南礼教村	《考古》1964年6期	有
石刀		新石器（龙山文化）	山西五台阳白	《考古》1997年4期	有
石刀		新石器（龙山文化）	山西襄汾丁村新石器时代遗址	《考古》1991年10期	有
石刀		新石器（龙山文化）	山西襄汾陶寺	《考古》1983年1期	有
石刀		新石器（龙山文化）	山西忻州游邀	《考古》1989年4期	有
石刀	9	新石器（龙山文化）	山西垣曲龙王崖	《考古》1986年2期	有
石刀	2	新石器（龙山文化）	陕西浐灞两河沿岸	《考古》1961年11期	有
石刀		新石器（龙山文化）	陕西凤翔和兴平双庵	《考古》1960年3期	
石刀		新石器（龙山文化）	陕西华县柳子镇	《考古》1959年11期	
石刀	1	新石器（龙山文化）	陕西临潼姜寨	《考古》1975年5期	
石刀	8	新石器（龙山文化）	陕西商洛东	《考古》2009年12期	有
石刀	7	新石器（龙山文化）	陕西神木石峁	《考古》1977年3期	有

石刀		新石器（龙山文化）	陕西渭水流域	《考古》1959年11期	
石刀	2	新石器（龙山文化）	陕西子长栾家坪	《考古》1991年9期	有
石刀	1	新石器（龙山文化）	四川绵阳边堆山	《考古》1990年4期	有
石刀		新石器（龙山文化早期）	山西襄汾陶寺	《考古》1980年1期	有
石刀	1	新石器（龙山文化晚期）	湖北罗田庙山岗	《考古》1994年9期	有
石刀		新石器（龙山文化晚期）	内蒙古清水河白泥窑子	《考古》1988年2期	有
石刀		新石器（龙山文化晚期）	山西襄汾陶寺	《考古》1980年1期	有
石刀	1	新石器（距今4810±145年）	江西清江筑卫城	《考古》1982年2期	有
石刀		新石器（距今4700年）	广西那坡感驮岩	《考古》2003年10期	有
石刀	1	新石器（距今4700年）	四川巫山魏家梁子	《考古》1996年8期	有
石刀		新石器（石家河文化早期）	湖北秭归庙坪	《考古》1999年1期	有
石刀	2	新石器（距今4585±160年）	广西钦州独料	《考古》1982年1期	有
石刀	4	新石器（宝墩文化）	四川崇州双河	《考古》2002年11期	有
石刀	1	新石器（宝墩文化）	四川新津宝墩	《考古》1998年1期	有
石刀		新石器（距今4500年）	辽宁大连石灰窑	《考古》1994年4期	有
石刀	38	新石器（距今4500年）	辽宁岫岩北沟西山	《考古》1992年5期	有
石刀		新石器（距今4500年）	内蒙古伊金霍洛旗朱开沟	《考古》1988年6期	有
石刀		新石器（龙山文化陶寺型）	山西曲沃方城	《考古》1988年4期	有
石刀		新石器（龙山文化陶寺型）	山西襄汾丁村曲舌头	《考古》2002年4期	有
石刀		新石器（龙山文化陶寺型）	山西襄汾陶寺	《考古》1986年9期	有
石刀	2	新石器（龙山文化陶寺型）	山西襄汾陶寺	《考古》2003年3期	有
石刀	2	新石器（龙山文化陶寺型）	山西襄汾陶寺	《考古》2004年7期	有
石刀		新石器（龙山文化陶寺型）	山西襄汾陶寺	《考古》2007年4期	
石刀		新石器（凤鼻头文化）	台湾高雄凤鼻头	《考古》1979年3期	
石刀	8	新石器（距今4400年）	辽宁东沟石佛山	《考古》1990年8期	有
石刀		新石器（马家窑文化马	甘肃临夏马家湾	《考古》1961年11期	

		厂型)			
石刀		新石器（客省庄二期文化）	陕西长安沣西客省庄	《考古》1959年10期 有
石刀		新石器（客省庄二期文化）	陕西长安鄠县	《考古》1962年6期
石刀		新石器（客省庄二期文化）	陕西扶风案板	《考古》1987年10期 有
石刀		新石器（客省庄二期文化）	陕西蓝田泄湖	《考古》1989年6期 有
石刀	3	新石器（齐家文化）	甘肃积石山新庄坪	《考古》1996年11期 有
石刀	2	新石器（齐家文化）	甘肃兰州	《考古》1959年7期
石刀		新石器（齐家文化）	甘肃临潭磨沟	《考古》2009年7期
石刀		新石器（齐家文化）	甘肃临夏大何庄	《考古》1960年3期
双孔石刀		新石器（齐家文化）	甘肃临夏姬家川	《考古》1962年2期
石刀		新石器（齐家文化）	甘肃临夏秦魏家	《考古》1960年3期
石刀		新石器（齐家文化）	甘肃渭河上游	《考古通讯》1958年7期
石刀		新石器（齐家文化）	甘肃渭河支流	《考古》1959年7期
石刀		新石器（齐家文化）	甘肃西汉水流域	《考古》1959年3期
石刀	1	新石器（齐家文化）	甘肃张家川上川	《考古》1991年12期 有
石刀	1	新石器（齐家文化）	甘肃卓尼纳浪石坡	《考古》1994年7期 有
石刀		新石器（齐家文化）	甘肃卓尼纳浪寺坪	《考古》1994年7期
石刀	1	新石器（齐家文化）	宁夏固原海家湾	《考古》1973年5期
石刀	5	新石器（齐家文化）	宁夏西吉兴隆镇	《考古》1964年5期 有
石刀	1	新石器（齐家文化）	青海大通黄家寨	《考古》1994年3期 有
双孔石刀	4	新石器（齐家文化）	青海互助总寨	《考古》1986年4期 有
石刀	2	新石器（齐家文化）	青海民和罗巴垣	《考古》1993年3期 有
钻孔石刀	1	新石器（齐家文化）	青海平安东村	《考古》1990年9期 有
石刀	1	新石器（距今4200年）	香港马湾岛东湾仔北	《考古》1999年6期 有
石刀	8	新石器（距今4150±100年）	甘肃永靖马家湾	《考古》1975年2期 有
石刀	3	新石器（距今4000年）	江西清江筑卫城	《考古》1982年2期 有
石刀	2	新石器（距今4000年）	辽宁大连新金乔东1号	《考古》1983年2期 有
石刀	3	新石器（距今4000年）	青海民和喇家	《考古》2002年12期 有
石刀	3	新石器（距今4000年）	云南云县曼干遗址	《考古》2004年8期 有
石刀	1	新石器（距今4000年）	重庆巴县干溪沟	《考古》1992年12期 有
石刀	1	新石器（距今4000年）	重庆涪陵东场口	《考古》1992年12期 有
石刀	15	新石器（距今4000年）	重庆江津王爷庙	《考古》1992年12期 有
穿孔石刀		新石器（岳石文化）	河南杞县鹿台岗	《考古》1994年8期

双孔石刀		新石器（岳石文化）	河南夏邑清凉山	《考古》1997年11期 有
石刀	7	新石器（岳石文化）	山东安丘老峒峪	《考古》1992年9期 有
石刀		新石器（岳石文化）	山东海阳司马台	《考古》1983年3期 有
双孔石刀	4	新石器（岳石文化）	山东桓台史家	《考古》1997年11期 有
石刀		新石器（岳石文化）	山东泗水尹家城	《考古》1985年7期
石刀	2	新石器（岳石文化）	山东沂源姑子坪	《考古》2003年1期 有
石刀		新石器（岳石文化）	山东禹城周尹	《考古》1996年4期 有
石刀	17	新石器（距今3600年）	广东曲江马蹄坪	《考古》1964年7期 有
石刀	87	新石器（距今3600年）	广东曲江鲶鱼转	《考古》1964年7期 有
石刀	3	新石器（距今3200年）	吉林珲春迎花南山	《考古》1993年8期 有
石刀	4	新石器（距今3000年）	西藏贡嘎昌果沟	《考古》1999年4期 有
石刀	1	新石器（西团山文化）	吉林德惠大青嘴	《考古》1986年9期 有
石刀	2	新石器（西团山文化）	吉林九台石砬山	《考古》1991年4期 有
石刀	2	新石器（西团山文化）	吉林省吉林市泡子沿前山	《考古》1985年6期 有
石刀	4	新石器（西团山文化）	吉林舒兰珠山	《考古》1985年4期 有
石刀	2	新石器（西团山文化）	吉林双阳五家子	《考古》1986年9期 有
石刀		新石器（西团山文化）	吉林永吉学古东山	《考古》1981年6期 有
石刀	1	新石器（距今2400年）	云南澜沧	《考古》1993年9期 有
石刀	12	新石器（距今2400年）	云南思茅	《考古》1993年9期 有
石刀		新石器（距今2100±85年）	黑龙江东宁大城子	《考古》1979年1期 有
石刀	3	新石器	安徽青阳中平	《考古》1997年11期 有
石刀		新石器	安徽商城古城子	《考古通讯》1955年1期
五孔石刀		新石器	安徽望江枫岭墩	《考古》1988年6期 有
三孔石刀	1	新石器	安徽芜湖蒋公山	《考古》1959年9期 有
石刀		新石器	安徽五河濠城	《考古》1959年7期 有
石刀	3	新石器	福建崇安	《考古》1959年11期
石刀	1	新石器	福建东山坑北	《考古》1965年1期 有
石刀	16	新石器	福建福清东张	《考古》1965年2期 有
石刀		新石器	福建光泽官屯	《考古通讯》1955年6期 有
石刀	34	新石器	福建建瓯和建阳	《考古》1961年4期 有
石刀		新石器	福建闽江上游	《考古》1959年11期
石刀		新石器	福建莆田仙游、南安	《考古通讯》1958年1期
石刀	25	新石器	福建武平	《考古》1961年4期 有
石刀	1	新石器	福建仙游	《考古》1961年5期

石刀		新石器	甘肃安西兔葫芦	《考古》1987年1期　有
石刀		新石器	甘肃兰州西瓜坡岘	《考古》1960年9期　有
石刀	1	新石器	甘肃临洮临夏两县	《考古通讯》1958年9期
石刀	3	新石器	甘肃秦安杨家沟口	《考古通讯》1958年　有5期
石刀	1	新石器	广东宝安蚌地山	《考古通讯》1957年　有6期
石刀	27	新石器	广东北部山地区	《考古》1961年11期　有
石刀	1	新石器	广东潮阳葫芦山	《考古通讯》1956年　有4期
石刀	18	新石器	广东东部地区	《考古》1961年12期　有
石刀	7	新石器	广东南路地区	《考古》1961年11期　有
石刀		新石器	广东新丰	《考古》1960年7期
石刀	5	新石器	广东紫金在光顶	《考古》1964年5期　有
石刀		新石器	河北承德馒头山	《考古》1959年7期
石刀		新石器	河北承德平泉	《考古》1959年7期
石刀		新石器	河南登封告成八方间	《考古》1959年11期
石刀		新石器	河南登封石羊关	《考古》1959年11期
石刀	1	新石器	河南邓县房山	《考古》1984年1期　有
石刀		新石器	河南辉县丰城村	《考古通讯》1957年5期
石刀		新石器	河南鲁山邱公城	《考古》1962年11期　有
石刀	1	新石器	河南洛阳笃忠村	《考古通讯》1956年3期
石刀		新石器	河南洛阳高平砦	《考古通讯》1956年3期
石刀		新石器	河南洛阳南岗村	《考古通讯》1956年3期
石刀		新石器	河南漯河澧河	《考古通讯》1957年3期
石刀	1	新石器	河南泌阳板桥荆树坟	《考古》1965年9期　有
石刀	13	新石器	河南泌阳板桥三所楼	《考古》1965年9期　有
石刀	2	新石器	河南上蔡县黄泥庄	《考古通讯》1956年5期
石刀	2	新石器	河南唐河茅草寺	《考古》1965年1期　有
石刀	1	新石器	河南唐河寨茨岗	《考古》1963年12期
石刀		新石器	河南淅川	《考古通讯》1958年3期
石刀	11	新石器	河南偃师汤泉沟	《考古》1962年11期　有

石刀	1	新石器	黑龙江拉林河右岸彭家窝棚	《考古》1964年12期	
石刀	1	新石器	黑龙江牡丹江中下游敖东	《考古》1960年4期	
石刀	14	新石器	黑龙江宁安大牡丹屯	《考古》1961年10期	
石刀	52	新石器	黑龙江宁安东康	《考古》1975年3期	有
石刀	3	新石器	黑龙江宁安东昇	《考古》1977年3期	有
石刀	3	新石器	黑龙江宁安牛场	《考古》1960年4期	有
石刀	5	新石器	湖北红安金盆	《考古》1960年4期	
石刀	1	新石器	湖北黄陂杨家湾	《考古通讯》1958年1期	
石刀	11	新石器	湖北蕲春易家山	《考古》1960年5期	有
石刀	2	新石器	湖南安仁安坪司	《考古》1960年6期	
石刀	3	新石器	湖南安仁南坪何古山	《考古》1960年6期	有
石刀		新石器	湖南安仁太平山	《考古》1993年11期	
石刀		新石器	湖南安仁蜈蚣形	《考古》1993年11期	
石刀		新石器	湖南安仁鸭公脑	《考古》1993年11期	
石刀	1	新石器	湖南桃江灰山港	《考古通讯》1957年6期	
石刀	1	新石器	湖南新宁白面寨	《考古》1991年10期	有
石刀		新石器	吉林长春红石磂子	《考古通讯》1957年1期	
石刀		新石器	吉林长春台山子	《考古通讯》1957年1期	
石刀		新石器	吉林长春萧家堡子	《考古通讯》1957年1期	
双孔石刀		新石器	吉林第六区两半山	《考古通讯》1955年4期	
四孔石刀		新石器	吉林第六区两半山	《考古通讯》1955年4期	
石刀	5	新石器	吉林集安大朱仙沟	《考古》1977年6期	有
石刀	1	新石器	吉林辑安长岗	《考古》1965年1期	
石刀	1	新石器	吉林辑安沟门南台村	《考古》1965年1期	有
石刀	1	新石器	吉林蛟河小南沟	《考古》1964年2期	有
石刀	11	新石器	吉林省吉林市东郊两半山	《考古》1964年1期	有
石刀		新石器	吉林省吉林市近郊	《考古通讯》1956年4期	
石刀	2	新石器	吉林通化江口	《考古》1960年7期	
石刀		新石器	吉林通化江沿村	《考古通讯》1956年	

				6期
石刀	4	新石器	吉林汪清天桥岭	《考古通讯》1956年 6期
石刀	4	新石器	吉林汪清西崴子嘎呀河	《考古通讯》1958年 5期
石刀		新石器	吉林西团山	《考古通讯》1955年 有 2期
石刀	1	新石器	吉林西团山子	《考古》1960年4期
石刀		新石器	吉林永吉西官山	《考古》1960年7期
石刀	1	新石器	吉林镇赉马场北山	《考古》1996年3期 有
石刀		新石器	江苏常州圩墩	《考古》1974年2期
石刀		新石器	江苏丹徒葛村	《考古通讯》1957年 5期
石刀		新石器	江苏丹徒癞龟墩	《考古通讯》1956年 6期
石刀	10	新石器	江苏昆山陈墓镇	《考古》1959年9期 有
石刀		新石器	江苏昆山荣庄	《考古》1960年6期 有
石刀		新石器	江苏南京安怀村柴山	《考古通讯》1957年 有 5期
石刀		新石器	江苏南京锁金村	《考古通讯》1956年 4期
石刀	1	新石器	江苏苏州金鸡墩	《考古》1961年3期 有
石刀	1	新石器	江苏无锡许巷村	《考古》1961年8期 有
石刀	1	新石器	江苏吴县虎山	《考古》1961年3期 有
石刀		新石器	江苏吴县华山	《考古》1961年3期 有
石刀	1	新石器	江苏吴兴邱城	《考古》1959年9期
石刀	1	新石器	江西南昌市青云谱砖瓦窑	《考古》1961年10期
石刀	11	新石器	江西南昌县莲塘春新山	《考古》1963年1期 有
石刀	3	新石器	江西南昌县莲塘上山西	《考古》1963年1期
石刀	1	新石器	江西清江马家寨	《考古》1959年12期
石刀	7	新石器	江西清江筑卫城	《考古》1976年6期 有
石刀	4	新石器	江西万年	《考古》1960年10期
石刀	1	新石器	江西万年送嫁山	《考古》1963年12期
石刀	9	新石器	江西修水跑马岭	《考古》1962年7期 有
石刀	57	新石器	江西修水山背	《考古》1962年7期 有
石刀	7	新石器	辽宁朝阳烧户营子村西山	《考古通讯》1956年 6期
石刀		新石器	辽宁大连大台山	《考古》1959年11期
石刀	1	新石器	辽宁东沟后洼洞	《考古》1984年1期 有

石刀		新石器	辽宁东沟老石山	《考古》1984年1期	有
石刀		新石器	辽宁东沟小甸子	《考古》1984年1期	
石刀	2	新石器	辽宁东沟兴隆	《考古》1984年1期	有
石刀	1	新石器	辽宁东沟徐卜	《考古》1984年1期	
石刀		新石器	辽宁桓仁	《考古》1960年1期	
石刀	3	新石器	辽宁旅大金县	《考古》1960年2期	
石刀		新石器	辽宁旅大王官寨	《考古》1959年11期	
石刀		新石器	辽宁沈阳新民高台山	《考古》1982年2期	
石刀		新石器	辽宁沈阳郑家洼子	《考古》1989年10期	有
石刀		新石器	内蒙古包头阿善	《考古》1984年2期	
石刀		新石器	内蒙古包头纳太	《考古》1986年6期	有
石刀		新石器	内蒙古包头西园	《考古》1986年6期	有
石刀		新石器	内蒙古赤峰东山咀	《考古》1983年5期	有
石刀	1	新石器	内蒙古呼和浩特东郊二十家子	《考古》1963年1期	
石刀		新石器	内蒙古林西	《考古通讯》1957年2期	
石刀		新石器	内蒙古清水河白泥窑子	《考古》1988年2期	有
石刀	27	新石器	内蒙古托克托海生不浪	《考古》1978年6期	
石刀		新石器	内蒙古托克托章盖营子	《考古》1978年6期	
石刀	2	新石器	内蒙古伊克昭盟达拉特旗瓦窑	《考古》1963年1期	
石刀	1	新石器	内蒙古昭乌达盟石羊石虎山	《考古》1963年10期	
石刀		新石器	青海乐都柳湾	《考古》1976年6期	有
石刀		新石器	青海民和阳山	《考古》1984年5期	有
石刀	8	新石器	山东长岛大口	《考古》1985年12期	有
石刀		新石器	山东胶县三里河	《考古》1977年4期	
石刀	1	新石器	山东临沂前城子	《考古》1992年10期	有
石刀		新石器	山东临沂小庄	《考古》1992年10期	
石刀		新石器	山东临沂张家黑墩	《考古》1992年10期	
石刀	1	新石器	山东曲阜西夏侯村	《考古》1965年12期	有
石刀		新石器	山东日照两城镇	《考古》1960年9期	有
石刀		新石器	山东日照县东海峪	《考古》1976年6期	有
石刀	6	新石器	山东泗水尹家城	《考古》1980年1期	有
穿孔石刀	2	新石器	山西襄汾北高村	《考古》1959年2期	
石刀	1	新石器	陕西安康岚皋肖家坝	《考古》1960年3期	有
石刀	1	新石器	陕西安康王家碥	《考古》1983年6期	有
石刀	2	新石器	陕西安康张家坝	《考古》1983年6期	有

石刀		新石器	陕西汉中八里坪	《考古》1962年6期	
石刀		新石器	陕西西安半坡	《考古通讯》1956年2期	
石刀	1	新石器	上海闵行马桥俞塘	《考古》1960年3期	有
石刀	1	新石器	上海青浦淀山湖	《考古》1959年6期	有
石刀	1	新石器	上海青浦松泽	《考古》1961年9期	
石刀	3	新石器	上海松江汤庙村	《考古》1963年1期	有
石刀	4	新石器	上海松江汤庙村	《考古》1985年7期	有
石刀	11	新石器	四川广元张家坡	《考古》1991年9期	有
石刀	1	新石器	四川乐山陈黄村	《考古》1988年1期	有
石刀	1	新石器	四川茂汶	《考古》1959年9期	有
石刀	1	新石器	四川普格瓦打洛	《考古》1983年6期	有
石刀	4	新石器	四川西昌横栏山	《考古》1998年2期	有
石刀	2	新石器	四川西昌市郊	《考古》1983年6期	有
石刀	2	新石器	四川喜德四合村	《考古》1979年1期	有
石刀	7	新石器	四川盐源轿顶山	《考古》1984年9期	有
石刀		新石器	四川忠县	《考古通讯》1958年5期	
石刀	2	新石器	西藏林芝居木	《考古》1975年5期	有
石刀	1	新石器	西藏林芝云星	《考古》1975年5期	有
石刀	11	新石器	新疆疏附阿克塔拉	《考古》1977年2期	有
石刀	1	新石器	新疆疏附得沃勒克	《考古》1977年2期	
石刀	3	新石器	新疆疏附温古洛克	《考古》1977年2期	有
石刀	5	新石器	云南保山二台坡	《考古》1992年9期	有
石刀	1	新石器	云南剑川	《考古》1959年9期	
石刀		新石器	云南剑川海门口	《考古通讯》1958年6期	
石刀		新石器	云南景洪曼蚌囡	《考古》1965年11期	
石刀		新石器	云南昆明滇池	《考古》1961年1期	
半月形石刀		新石器	云南龙陵豆地坪	《考古》1992年4期	有
石刀	4	新石器	云南龙陵马鞍山	《考古》1991年6期	有
石刀		新石器	云南龙陵马鞍山	《考古》1992年4期	有
石刀		新石器	云南龙陵烧炭田坡	《考古》1992年4期	有
石刀	10	新石器	云南禄劝营盘山	《考古》1993年3期	有
石刀	1	新石器	云南麻栗坡小洞洞	《考古》1983年12期	有
穿孔石刀	1	新石器	云南宣威尖角洞	《考古》1986年1期	有
石刀	7	新石器	浙江崇德蔡家坟	《考古通讯》1957年4期	有
有孔石刀	2	新石器	浙江杭县上泗区东湖村	《考古通讯》1957年	有

				1期	
石刀	4	新石器	浙江乐清白石	《考古》1992年9期	有
石刀	4	新石器	浙江寿昌杨树岗	《考古通讯》1958年 7期	
石刀	2	新石器	浙江舟山孙家山	《考古》1983年1期	有
石刀		新石器早期	河南舞阳贾湖	《考古》2009年8期	
石刀	4	新石器中期	广西横县江口	《考古》2000年1期	有
石刀	9	新石器中晚期	安徽黄山蒋家山	《考古》1995年2期	有
石刀	1	新石器中晚期	云南个旧倘甸	《考古》1996年5期	有
石刀	1	新石器晚期	福建南安狮子山	《考古》1961年4期	
石刀	2	新石器晚期	湖南宁乡横市	《考古》1959年12期	
石刀	6	新石器晚期	江西临川	《考古》1964年4期	有
石刀	59	新石器晚期	江西清江营盘里	《考古》1962年4期	有
石刀	2	新石器晚期	辽宁宽甸大台子	《考古》1986年10期	有
双孔石刀	1	新石器晚期	辽宁宽甸夹芯子	《考古》1986年10期	有
石刀	2	新石器晚期	辽宁宽甸石格地	《考古》1986年10期	
双孔石刀	2	新石器晚期	辽宁宽甸下金坑	《考古》1986年10期	有
石刀		新石器晚期	内蒙古包头西园	《考古》1990年4期	有
石刀	9	新石器晚期	山西太原义井村	《考古》1961年4期	
石刀		新石器晚期	香港新界涌浪	《考古》1997年6期	有
石刀	3	新石器晚期	云南禄丰杉老棵	《考古》1991年3期	
石刀		新石器晚期	云南麻栗坡小河洞	《考古》1983年12期	有
石刀		新石器（龙山文化）－ 商	河南偃师二里头	《考古》1961年2期	有
石刀	36	新石器（客省庄二期文 化）－商早期	内蒙古准格尔旗大口	《考古》1979年4期	有
石刀	12	新石器（西团山文化） －战国	吉林永吉星星哨水库	《考古》1978年3期	有
石刀		新石器－商	广东三水银洲	《考古》2000年6期	有
穿孔石刀		新石器－商周	河北承德地区	《考古》1962年12期	有
石刀		新石器－商周	河北承德地区	《考古》1962年12期	有
石刀	8	新石器－商周	江西丰县太平岗	《考古》1983年12期	有
石刀	20	新石器－青铜时代	辽宁本溪庙后山	《考古》1985年6期	有
石刀	1	夏（二里头文化）	河南方城八里桥	《考古》1999年12期	有
石刀	1	夏（二里头文化）	河南临汝煤山	《考古》1975年5期	有
石刀	1	夏（二里头文化）	河南洛阳东杨村	《考古》1983年2期	有
石刀		夏（二里头文化）	河南密县新砦	《考古》1981年5期	有
石刀	4	夏（二里头文化）	河南西平上坡	《考古》2004年4期	有
石刀		夏（二里头文化）	河南新密新砦遗址东城	《考古》2009年2期	有

墙

石刀		夏（二里头文化）	河南偃师二里头	《考古》1965年5期	有
石刀	1	夏（二里头文化）	河南郑州岔河	《考古》2005年6期	有
石刀	数量多	夏（二里头文化）	河南驻马店杨庄	《考古》1995年10期	
石刀	1	夏（二里头文化）	山西夏县辕村	《考古》2009年11期	有
石刀		夏（二里头文化）	山西翼城感军	《考古》1980年3期	有
石刀	1	夏（二里头文化）	山西永济东马铺头	《考古》1980年3期	
石刀		夏（二里头文化）	山西垣曲古城南关	《考古》2005年11期	
石刀		夏	甘肃民乐东灰山	《考古》1995年12期	有
石刀		夏	山西夏县东下冯	《考古》1980年2期	有
石刀		夏早期	河南巩义花地嘴	《考古》2005年6期	
石刀	1	青铜时代	吉林海龙大湾桦树	《考古》1994年6期	有
石刀	3	青铜时代	吉林辽源龙首山	《考古》1997年2期	有
石刀	4	青铜时代	辽宁丹东振安区小娘娘城山	《考古》1986年10期	有
石刀	5	青铜时代	辽宁桓仁狍圈沟	《考古》1992年6期	有
石刀	3	青铜时代	辽宁瓦房店三堂村	《考古》1992年2期	有
石刀	6	青铜时代	香港南丫岛沙埔新村	《考古》2007年6期	有
带柄石刀	1	青铜时代（马桥文化）	上海奉贤江海	《考古》2002年11期	有
石刀		青铜时代（马桥文化）	上海青浦崧泽	《考古》1992年3期	
石刀		青铜时代（马桥文化）	浙江嘉兴雀幕桥	《考古》1986年9期	
石刀	2	青铜时代（距今4000年）	辽宁大连大嘴子	《考古》1996年2期	有
石刀	12	青铜时代（距今4000年）	辽宁大连小黑石砬子	《考古》1994年4期	有
石刀	2	青铜时代（夏家店下层文化）	河北大厂大坨头	《考古》1966年1期	有
石刀		青铜时代（夏家店下层文化）	辽宁敖汉旗大甸子	《考古》1975年2期	
石刀		青铜时代（夏家店下层文化）	辽宁北票康家屯	《考古》2001年8期	有
石刀	2	青铜时代（夏家店下层文化）	辽宁建平喀喇沁	《考古》1983年11期	有
石刀	2	青铜时代（夏家店下层文化）	辽宁凌源城子山	《考古》1986年6期	有
石刀		青铜时代（夏家店下层文化）	辽宁彰武	《考古》1991年8期	
石刀	1	青铜时代（夏家店下层文化）	内蒙古敖汉旗城子山	《考古》1963年10期	

石刀	1	青铜时代（夏家店下层文化）	内蒙古敖汉旗七家	《考古》1963年10期	
石刀	2	青铜时代（夏家店下层文化）	内蒙古敖汉旗石羊石虎山	《考古》1963年10期	
石刀		青铜时代（夏家店下层文化）	内蒙古赤峰半支箭河中游	《考古》1998年9期	有
石刀	5	青铜时代（夏家店下层文化）	内蒙古赤峰康家湾	《考古》2008年11期	有
石刀		青铜时代（夏家店下层文化）	内蒙古赤峰三座店	《考古》2007年7期	有
石刀		青铜时代（夏家店下层文化）	内蒙古赤峰上机房营子	《考古》2008年1期	
石刀		青铜时代（夏家店下层文化）	内蒙古赤峰药王庙	《考古》1961年2期	有
石刀		青铜时代（夏家店下层文化）	内蒙古喀喇沁旗大山前	《考古》1998年9期	
石刀	4	青铜时代（湖熟文化）	江苏金坛新浮	《考古》2008年10期	有
石刀	18	青铜时代（湖熟文化）	江苏南京西善桥	《考古》1962年3期	
石刀	2	青铜时代（湖熟文化）	江苏镇江左湖	《考古》2000年4期	有
石刀		青铜时代（广富林文化）	上海松江广富林	《考古》2002年10期	有
石刀		青铜时代（广富林文化）	上海松江广富林	《考古》2008年8期	有
石刀	1	青铜时代（距今3800年）	辽宁大连大嘴子	《考古》1996年2期	有
石刀	69	青铜时代（距今3800年）	云南剑川海门口	《考古》2009年8期	有
石刀		夏商	湖南浏阳樟树塘	《考古》1994年11期	有
石刀	13	夏商	江西萍乡禁山下	《考古》2000年12期	有
石刀		夏商	内蒙古准格尔青草塔	《考古》1990年1期	
石刀	3	夏商	山西襄汾大柴	《考古》1987年7期	有
石刀	5	先商	河北邯郸北羊台	《考古》2001年2期	有
石刀	5	先商	河北容城上坡	《考古》1999年7期	有
石刀		商早期	河南伊川白元	《考古》1961年1期	
石刀		商早期	河南伊川南砦	《考古》1961年1期	
石刀	2	商早期	陕西洛南龙头梁	《考古》1983年1期	有
石刀	2	商	北京房山刘李店	《考古》1963年3期	
石刀	1	商	广东深圳向南村	《考古》1997年6期	
石刀	4	商	河北藁城台西村	《考古》1973年1期	有
石刀	2	商	河北藁城台西村	《考古》1973年5期	有

石刀		商	河北邯郸涧沟	《考古》1959年10期	
石刀	30	商	河北邯郸涧沟	《考古》1961年4期	
石刀	2	商	河北灵寿北宅村	《考古》1966年2期	有
石刀	5	商	河北滦南东庄店	《考古》1983年9期	有
石刀		商	河北曲阳白家湾	《考古通讯》1955年1期	
石刀	3	商	河北唐山古冶	《考古》1984年9期	有
石刀		商	河北邢台东先贤村	《考古》1959年2期	
石刀		商	河北邢台东先贤村	《考古》1959年10期	
石刀		商	河北邢台东先贤村	《考古》2003年11期	有
穿孔石刀		商	河北邢台葛家庄	《考古》2000年11期	有
石刀		商	河北邢台葛家庄	《考古》2005年2期	有
石刀	1	商	河北正定曹村	《考古》2007年11期	有
石刀	2	商	河南安阳高楼庄	《考古》1963年4期	有
石刀	2	商	河南安阳后岗	《考古》1993年10期	有
石刀	6	商	河南安阳洹北花园庄	《考古》1998年10期	有
石刀	5	商	河南安阳小屯东北地	《考古》1989年10期	有
石刀		商	河南安阳殷墟	《考古》1961年2期	
石刀	3	商	河南辉县丰城村	《考古》1989年3期	有
石刀		商	河南洛阳东乾沟	《考古》1959年10期	
石刀	1	商	河南洛阳涧滨	《考古》1960年10期	
石刀		商	河南洛阳西郊	《考古通讯》1956年1期	
石刀	6	商	河南孟县涧溪	《考古》1961年1期	有
石刀		商	河南南阳十里庙	《考古》1959年7期	
石刀	1	商	河南渑池鹿寺	《考古》1964年9期	有
石刀		商	河南偃师二里头	《考古》1974年4期	有
石刀	2	商	河南偃师灰嘴村	《考古》1961年2期	有
石刀	1	商	河南偃师商城IV区	《考古》1999年2期	有
石刀	4	商	河南郑州铭功路东	《考古》2002年9期	有
石刀		商	河南郑州商城宫殿区	《考古》2000年2期	有
石刀		商	河南郑州上街	《考古》1960年6期	
石刀	21	商	河南郑州上街	《考古》1966年1期	有
石刀	1	商	湖北巴东雷家坪	《考古》1999年1期	有
石刀		商	湖北巴东雷家坪	《考古》2005年8期	有
石刀		商	湖南宜章后背山	《考古》1993年11期	
石刀		商	湖南宜章松树山	《考古》1993年11期	
石刀		商	湖南岳阳铜鼓山	《考古》2006年7期	
石刀	4	商	江苏句容城头山	《考古》1985年4期	有

石刀		商	江苏铜山丘湾	《考古》1973年2期　有
石刀	1	商	江苏盐城龙冈	《考古》2001年9期　有
石刀	1	商	江西清江筑卫城	《考古》1982年2期　有
石刀	7	商	辽宁法库湾柳	《考古》1989年12期　有
石刀	2	商	山东济南大辛庄	《考古》1973年5期　有
石刀		商	山东济宁张山洼	《考古》2007年9期　有
石刀	2	商	山东平阴朱家桥	《考古》1961年2期　有
石刀	1	商	山东乳山寨山	《考古》2000年5期　有
石刀		商	山东阳信李屋	《考古》2010年3期　有
石刀		商	山西夏县东下冯	《考古》1980年2期　有
石刀	1	商	山西盂县北村	《考古》1991年9期　有
石刀	1	商	陕西洛南焦村	《考古》1983年1期
石刀		商	陕西绥德薛家渠	《考古》1988年6期　有
石刀	1	商	上海青浦崧泽	《考古》1992年3期
石刀	2	商	天津蓟县围坊	《考古》1983年10期　有
石刀	9	青铜时代（距今3600年）	辽宁大连大嘴子	《考古》1996年2期　有
石刀	7	青铜时代（距今3500年）	吉林长春腰红嘴子	《考古》2003年8期　有
石刀		青铜时代（距今3500年）	云南大理海东银梭岛	《考古》2009年8期　有
石刀	4	青铜时代（昙石山文化上层）	浙江泰顺牛角岙	《考古》1993年7期
石刀	3	青铜时代（昙石山文化上层）	浙江泰顺狮子岗	《考古》1993年7期　有
石刀		青铜时代（寺洼文化）	甘肃卓尼纳浪大坂子	《考古》1994年7期
石刀	17	青铜时代（寺洼文化）	甘肃卓尼芭儿	《考古》1994年1期　有
石刀	7	商晚期	河北容城上坡	《考古》1999年7期　有
石刀		商晚期	辽宁康平镇郊	《考古》1981年2期
石刀	1	商周	广东普宁牛伯公山	《考古》1998年7期　有
石刀	8	商周	贵州毕节青场瓦窑	《考古》1987年4期　有
石刀		商周	河北曲阳冯家岸	《考古通讯》1955年1期　有
石刀	4	商周	河北邢台东先贤村	《考古》2002年3期
石刀		商周	湖南安仁牛头崖	《考古》1993年11期
石刀		商周	湖南安仁云全山	《考古》1993年11期
石刀		商周	湖南安仁珠子坳	《考古》1993年11期
石刀		商周	湖南汝城百园	《考古》1993年11期
石刀	2	商周	江苏丹阳王家山	《考古》1985年5期　有

石刀	2	商周	江苏吴县	《考古》1990年10期	有
石刀	1	商周	江西赣州竹园下	《考古》2000年12期	有
石刀	2	商周	江西湖口下石钟山	《考古》1987年12期	
有孔石刀	1	商周	江西铅山曹家墩	《考古》1983年2期	
石刀		商周	内蒙古克什克腾旗龙头山	《考古》1991年8期	有
石刀		商周	山东青岛市郊云头崮	《考古》1965年9期	有
石刀	2	商周	四川西昌坝河堡子	《考古》1978年2期	有
石刀（镰）	81	商周	云南剑川海门口	《考古》1995年9期	有
石刀	5	商周	浙江衢州茶叶山	《考古》1987年1期	有
石刀	1	商周	浙江衢州乌柱山	《考古》1987年1期	有
石刀	4	商周	浙江衢州柘川	《考古》1987年1期	有
石刀	2	商周	浙江泰顺柴林岗	《考古》1993年7期	有
石刀	1	商周	浙江泰顺宫头垟	《考古》1993年7期	
石刀	1	商周（距今3300年）	贵州威宁鸡公山	《考古》2006年8期	有
穿孔石刀		商周（距今3300年）	贵州威宁吴家大坪	《考古》2006年8期	有
石刀	6	青铜时代（距今3300年）	云南鲁甸野石山	《考古》2009年8期	有
石刀		青铜时代（距今3200年）	云南大理海东银梭岛	《考古》2009年8期	有
石刀	3	西周	安徽安庆张四墩	《考古》2004年1期	有
石刀	13	西周	安徽六安堰墩	《考古》2002年2期	有
石刀	4	西周	安徽宁国官山	《考古》2000年11期	有
石刀	1	西周	北京房山董家林	《考古》1963年3期	
石刀		西周	河南安阳大寒村南岗	《考古》1965年7期	有
石刀		西周	河南洛阳北窑	《考古》1983年5期	
石刀		西周	湖南桂阳石下山	《考古》1993年11期	有
石刀	1	西周	吉林东丰把蒿砬子	《考古》1987年6期	有
石刀	1	西周	吉林东丰宝山龙头山	《考古》1987年6期	有
石刀	2	西周	吉林东丰大阳西山头	《考古》1987年6期	有
石刀		西周	吉林省吉林市	《考古》1985年4期	有
石刀	1	西周	江苏新沂三里墩	《考古》1960年7期	
石刀	1	西周	江西进贤寨子峡	《考古》1986年2期	有
石刀	8	西周	江西南昌青山湖	《考古》1985年8期	有
石刀	15	西周	江西萍乡禁山下	《考古》2000年12期	有
石刀	1	西周	山东寿光大荒北央	《考古》2005年12期	有
石刀	9	西周	陕西邠县下孟村	《考古》1960年1期	
石刀		西周	陕西浐灞两河沿岸	《考古》1961年11期	
石刀		西周	陕西长安沣东白家庄北	《考古》1963年8期	

石刀		西周	陕西长安沣东洛水村西	《考古》1963年8期
石刀		西周	陕西长安沣西客省庄	《考古》1959年10期
石刀		西周	陕西长安沣西张家坡	《考古》1959年10期
石刀	1	西周	陕西长安沣西张家坡	《考古》1964年9期　有
石刀	1	西周	陕西长安沣西张家坡	《考古》1987年1期　有
石刀		西周	陕西长安鄠县	《考古》1962年6期　有
石刀		西周	陕西长安鄠县马王村	《考古》1962年6期　有
石刀	1	西周	陕西长安普渡村	《考古》1986年3期
石刀		西周	陕西凤翔和兴平	《考古》1960年3期　有
石刀	11	西周	陕西扶风柿坡	《考古》1996年7期　有
石刀		西周	陕西扶风齐家村	《考古》1980年1期　有
石刀	2	西周	陕西扶风云塘村	《考古》2002年9期　有
石刀	2	西周	陕西泾水上游	《考古》1962年6期
石刀		西周	陕西渭水流域	《考古》1959年11期
石刀	1	西周	陕西武功柴家咀	《考古》1996年7期　有
石刀	1	西周	陕西武功黄家河	《考古》1988年7期　有
石刀	49	青铜时代（距今3100年）	云南剑川海门口	《考古》2009年8期　有
石刀		青铜时代（辛店文化）	甘肃临夏姬家川	《考古》1962年2期
石刀	34	青铜时代（辛店文化）	甘肃永靖莲花台黑头咀	《考古》1980年4期　有
石刀	61	青铜时代（辛店文化）	甘肃永靖莲花台瓦渣咀	《考古》1980年4期　有
石刀	25	青铜时代（辛店文化）	甘肃永靖张家咀	《考古》1959年4期
石刀		青铜时代（辛店文化）	黄河上游乱米咀遗址	《考古》1965年7期
石刀		青铜时代（辛店文化）	黄河上游上庄遗址	《考古》1965年7期
石刀		青铜时代（辛店文化）	青海民和簸箕掌	《考古》1993年3期　有
石刀	1	周	安徽含山大城墩	《考古》1989年2期　有
石刀		周	甘肃渭河上游	《考古通讯》1958年7期
石刀		周	甘肃西汉水流域	《考古》1959年3期
石刀	1	周	河北徐水解村	《考古》1965年10期　有
石刀		周	湖北红安金盆	《考古》1960年4期
石刀	5	周	湖南长沙东郊	《考古》1965年3期
双孔石刀	1	周	辽宁西丰诚信	《考古》1995年2期　有
石刀	2	周	山西平陆盘南村	《考古》1960年8期
石刀	1	周	陕西长安王曲藏驾庄	《考古》1981年1期
石刀	1	周	陕西扶风和岐山	《考古》1963年12期
石刀	2	青铜时代（距今3000年）	吉林长春北红嘴子	《考古》2003年8期　有
石刀	4	青铜时代（距今3000	辽宁大连大砣子	《考古》1994年4期　有

		年）			
石刀	1	青铜时代（距今3000年）	辽宁盖县伙家窝堡	《考古》1993年9期	有
石刀	1	青铜时代（距今3000年）	辽宁瓦房店八岔沟	《考古》1997年12期	有
石刀	1	青铜时代（距今3000年）	辽宁瓦房店茶山	《考古》1997年12期	有
石刀		青铜时代（距今3000年）	辽宁彰武	《考古》1991年8期	有
石刀	1	青铜时代（夏家店上层文化）	辽宁建平喀喇沁	《考古》1983年11期	
石刀	1	青铜时代（夏家店上层文化）	辽宁锦州山河营子	《考古》1986年10期	
石刀		青铜时代（夏家店上层文化）	内蒙古赤峰夏家店上层	《考古》1961年2期	
石刀	3	青铜时代（卡约文化）	青海民和上红庄台	《考古》1993年3期	有
石刀	1	西周—春秋	广东揭阳蜈蚣山	《考古》1988年5期	
石刀		西周—春秋	江苏丹阳墩头山	《考古》1993年8期	有
石刀	28	西周—春秋	香港大屿山白芒	《考古》1997年6期	有
石刀	2	西周—汉	吉林东丰大架山	《考古》1987年6期	有
石刀		青铜时代（距今2900年）	云南大理海东银梭岛	《考古》2009年8期	有
石刀	1	青铜时代（距今2800年）	吉林长白民主	《考古》1995年8期	有
石刀		青铜时代—东汉	吉林汪清新安闾	《考古》1961年8期	
石刀		东周	湖南嘉禾下江边	《考古》1993年11期	
石刀	19	东周	吉林通化万发拨子	《考古》2003年8期	有
石刀	12	东周	吉林汪清金城	《考古》1986年2期	有
石刀	3	东周	吉林延吉新光	《考古》1992年7期	有
石刀		东周	内蒙古宁城南山根	《考古》1959年6期	
石刀		东周	山东临淄后李	《考古》1992年11期	有
石刀	1	东周	山东青岛崂山东古镇村	《考古》1959年3期	
石刀	1	春秋	甘肃临台洞山	《考古》1976年1期	有
石刀	1	春秋	河南光山砖瓦厂	《考古》1989年1期	有
石刀		春秋	湖北宜昌上磨垴	《考古》2000年8期	有
石刀		春秋	吉林江北土城子	《考古通讯》1955年1期	有
石刀	2	春秋	吉林磐石小西山	《考古》1984年1期	有
石刀		春秋	辽宁沈阳郑家洼子	《考古》1989年10期	
石刀	1	春秋	山东沂源姑子坪	《考古》2003年1期	有

石刀		春秋	陕西韩城梁带村	《考古》2009年4期	有
石刀	2	战国	吉林珲春河西北山	《考古》1994年5期	有
石刀		战国	吉林省吉林市长蛇山	《考古》1980年2期	有
石刀	9	战国	吉林省吉林市猴石山	《考古》1980年2期	有
石刀	3	战国	吉林省吉林市泡子沿前山	《考古》1985年6期	
石刀	8	战国	吉林省吉林市骚达沟	《考古》1985年10期	有
石刀	1	战国	吉林汪清水北	《考古》2005年1期	有
石刀	3	战国	辽宁清原土口子门脸村	《考古》1989年2期	有
有孔石刀	1	战国	山东临淄故城	《考古》1961年6期	
石刀	2	战国	山西侯马牛村	《考古》1988年10期	
石刀		战国	陕西长安沣西客省庄	《考古》1959年10期	
石刀	1	战国	四川茂汶营盘山	《考古》1981年5期	有
石刀		战国—秦	内蒙古赤峰三眼井	《考古》1983年1期	
石刀		战国—汉	河南洛阳东乾沟	《考古》1959年10期	
石刀		战国—汉	辽宁法库叶茂台	《考古》1981年2期	
石刀	1	战国—汉	内蒙古敖汉旗横道子	《考古》1963年10期	
石刀	1	战国—汉	内蒙古敖汉旗南窑	《考古》1963年10期	
石刀	2	战国—西汉	辽宁抚顺莲花堡	《考古》1964年6期	有
石刀	1	秦	陕西咸阳秦都故城	《考古》1974年1期	
石刀		汉	黑龙江海林河口	《考古》1996年2期	
石刀	3	汉	黑龙江海林兴农	《考古》2005年3期	有
穿孔石刀	4	汉	黑龙江鸡西永台	《考古》1982年1期	有
石刀	1	汉	四川平武水牛家寨	《考古》2006年10期	有
石刀	1	东汉	新疆和静县察吾乎沟口M3	《考古》1990年10期	有
石刀	1	汉魏	黑龙江桦南小八浪	《考古》2002年7期	有
石刀		东汉—北朝	黑龙江海林河口	《考古》1996年2期	有
石刀		魏晋	黑龙江友谊凤林	《考古》2000年11期	有
石刀	3	魏晋	黑龙江友谊凤林古城址	《考古》2004年12期	有
石刀	1	渤海国时期	黑龙江东宁小地营	《考古》2003年3期	有
石刀		辽金	黑龙江海林渡口	《考古》1997年7期	有
木刀	1	青铜时代（距今3000年）	新疆哈密艾斯克霞尔	《考古》2002年6期	有
木刀	1	东周	新疆且末加瓦艾日克	《考古》1997年9期	有
木刀		春秋	江西靖安李洲坳	《考古》2008年7期	
骨刀	2	新石器（兴隆洼文化）	内蒙古敖汉旗兴隆洼	《考古》1997年1期	有
骨刀		新石器（兴隆洼文化）	内蒙古林西井沟子西梁	《考古》2006年2期	有
骨刀	1	新石器（昂昂溪文化）	吉林镇赉黄家围子	《考古》1988年2期	有

骨刀	1	新石器（大地湾文化）	陕西临潼白家村	《考古》1984年11期 有
骨刀	4	新石器（距今7000年）	吉林长岭腰井子	《考古》1992年8期 有
骨刀柄	2	新石器（仰韶文化）	甘肃景泰张家台	《考古》1976年3期
骨刀	1	新石器（仰韶文化）	河南郑州大河村	《考古》1995年6期 有
骨刀		新石器（仰韶文化）	陕西宝鸡	《考古》1960年2期
骨刀		新石器（仰韶文化）	陕西临潼姜寨	《考古》1975年5期
骨刀	1	新石器（仰韶文化）	陕西眉县上第二坡	《考古》1991年11期 有
骨刀	1	新石器（大汶口文化）	山东栖霞古镇都	《考古》2008年2期 有
骨刀	1	新石器（距今6140±175年）	吉林农安元宝沟	《考古》1989年12期 有
骨刀		新石器（红山文化）	内蒙古巴林右旗那斯台	《考古》1987年6期 有
骨刀	1	新石器（距今6000年）	内蒙古海拉尔团结	《考古》2001年5期 有
骨刀		新石器（后岗一期文化）	内蒙古乌兰察布石虎山	《考古》1998年12期 有
骨刀	20	新石器（距今5300年）	青海同德宗日	《考古》1998年5期 有
骨刀		新石器（马家窑文化早期）	青海民和胡李家	《考古》2001年1期 有
骨刀	9	新石器（良渚文化）	江苏吴江梅堰	《考古》1963年6期
骨刀	1	新石器（良渚文化）	浙江海盐龙潭港	《考古》2001年10期 有
骨刀	1	新石器（距今5175±130年）	吉林白城靶山	《考古》1988年12期 有
骨刀		新石器（距今5000年）	内蒙古扎鲁特南宝力皋吐	《考古》2008年7期
骨刀		新石器（卡若文化）	西藏拉萨曲贡村	《考古》1991年10期 有
骨刀	1	新石器（昙石山文化）	福建闽侯昙石山	《考古》1961年12期
骨刀		新石器（贝丘遗址）	广东潮安陈桥村	《考古》1961年11期 有
鳖甲刀		新石器（贝丘遗址）	广西南宁	《考古》1975年5期 有
骨刀		新石器（贝丘遗址）	广西南宁	《考古》1975年5期
骨刀	1	新石器（贝丘遗址）	辽宁长海小长山岛	《考古》1961年12期 有
骨刀		新石器（距今4930±180年）	甘肃镇原常山	《考古》1981年3期 有
骨刀		新石器（龙山文化）	河北邯郸涧沟	《考古》1959年10期
骨刀	2	新石器（龙山文化）	辽宁北票丰下	《考古》1976年3期 有
骨刀	1	新石器（龙山文化）	山东禹城邢寨汪	《考古》1983年11期 有
骨刀		新石器（龙山文化晚期）	山西襄汾陶寺	《考古》1980年1期 有
骨刀		新石器（距今4700年）	广西那坡感驮岩	《考古》2003年10期 有
骨刀		新石器（齐家文化）	甘肃渭河上游	《考古通讯》1958年7期
骨刀		新石器	甘肃临洮临夏两县	《考古通讯》1958年

				9期
骨刀	1	新石器	广西柳州鲤里嘴	《考古》1983年9期　有
骨刀	2	新石器	河北武安城二庄	《考古》1984年1期
骨刀		新石器	河南鲁山邱公城	《考古》1962年11期
骨刀	1	新石器	黑龙江宁安东昇	《考古》1977年3期
骨刀梗		新石器	黑龙江齐齐哈尔昂昂溪	《考古通讯》1957年 2期
骨刀	1	新石器	辽宁锦州山河营子	《考古》1986年10期　有
骨刀		新石器	内蒙古巴林左旗富河沟门	《考古》1964年1期
骨刀		新石器	内蒙古包头阿善	《考古》1984年2期
骨刀	2	新石器	内蒙古赤峰东山咀	《考古》1983年5期　有
骨刀		新石器	山东烟台邱家庄	《考古》1963年7期
骨刀		新石器	陕西西安半坡	《考古通讯》1955年　有 2期
骨刀		新石器晚期	内蒙古包头西园	《考古》1990年4期　有
骨刀	2	夏（二里头文化）	河南西平上坡	《考古》2004年4期　有
骨刀	1	青铜时代（夏家店下层文化）	辽宁凌源城子山	《考古》1986年6期　有
骨刀		青铜时代（夏家店下层文化）	天津蓟县张家园	《考古》1993年4期　有
骨刀	3	商	河北藁城台西村	《考古》1973年5期
骨刀		商	河北邯郸涧沟	《考古》1959年10期
骨刀		商	河北邯郸涧沟	《考古》1961年4期
骨刀	1	商	河北滦南东庄店	《考古》1983年9期　有
骨刀		商	河北邢台葛家庄	《考古》2000年11期　有
骨刀		商	河南安阳殷墟	《考古》1961年2期
骨刀		商	河南杞县鹿台岗	《考古》1994年8期
骨刀		商	河南郑州电力学校	《考古》1986年4期
骨刀	1	商	河南郑州上街	《考古》1966年1期　有
骨刀	1	商	湖南石门皂市	《考古》1962年3期　有
骨刀		商	山东济南大辛庄	《考古》1959年4期
骨刀		商晚期	河北容城上坡	《考古》1999年7期
骨刀	3	西周	北京房山董家林	《考古》1963年3期
骨刀	1	西周	黑龙江肇源白金宝	《考古》1980年4期　有
骨刀	10	西周	山东东营南河崖	《考古》2010年3期　有
骨刀	1	西周	陕西邠县下孟村	《考古》1960年1期
骨刀	1	青铜时代－东汉	吉林汪清新安间	《考古》1961年8期
骨刀	2	战国	河北易县燕下都	《考古》1965年11期　有

骨刀	1	东汉	广西合浦九只岭	《考古》2003年10期	
骨刀		东汉－北朝	黑龙江海林河口	《考古》1996年2期	有
角刀	2	青铜时代－东汉	吉林汪清新安闾	《考古》1961年8期	
牙刀	1	新石器（距今7000年）	吉林长岭腰井子	《考古》1992年8期	有
牙刀	1	新石器（龙山文化）	河南西平上坡	《考古》2004年4期	有
牙刀		新石器	黑龙江宁安东康	《考古》1975年3期	
獐牙刀	1	新石器	江苏常州圩墩	《考古》1974年2期	有
牙刀	2	商	安徽含山孙家岗	《考古》1977年3期	
牙刀		商周	黑龙江宁安莺歌岭	《考古》1981年6期	
牙刀	3	西周	黑龙江肇源白金宝	《考古》1980年4期	
蚌刀	1	新石器（昂昂溪文化）	吉林镇赉黄家围子	《考古》1988年2期	有
蚌刀	568	新石器（距今8000年）	广西南宁豹子头	《考古》2003年10期	有
蚌刀	46	新石器（距今8000年）	广西邕宁顶蛳山	《考古》1998年11期	有
蚌刀		新石器（大地湾文化）	陕西临潼白家村	《考古》1984年11期	有
蚌刀	1	新石器（距今7000年）	吉林长岭腰井子	《考古》1992年8期	有
蚌刀		新石器（仰韶文化）	河北蔚县三关	《考古》1981年2期	
蚌刀	1	新石器（仰韶文化）	河南安阳大正集老磨岗	《考古》1965年7期	有
蚌刀	1	新石器（仰韶文化）	河南临汝中山寨	《考古》1986年7期	有
蚌刀	2	新石器（仰韶文化）	河南武涉东石寺	《考古》1990年3期	
蚌刀		新石器（仰韶文化）	山西祁县梁村	《考古通讯》1956年2期	
蚌刀	1	新石器（仰韶文化）	山西闻喜汀店	《考古》1961年5期	
蚌刀	1	新石器（仰韶文化）	陕西邠县下孟村	《考古》1960年1期	
蚌刀	1	新石器（仰韶文化）	陕西浐灞两河沿岸	《考古》1961年11期	
蚌刀	1	新石器（仰韶文化）	陕西华县柳子镇	《考古》1959年2期	有
蚌刀	5	新石器（大汶口文化早期）	山东烟台白石村	《考古》1981年2期	有
蚌刀		新石器（大汶口文化）	安徽蒙城尉迟寺	《考古》1994年1期	有
蚌刀	3	新石器（大汶口文化）	山东广饶傅家	《考古》1985年9期	有
蚌刀		新石器（后岗一期文化）	内蒙古乌兰察布石虎山	《考古》1998年12期	
蚌刀		新石器（仰韶－龙山）	河南洛阳王湾二期	《考古》1961年4期	
蚌刀形器	2	新石器（距今5000年）	辽宁大连大潘家	《考古》1994年10期	有
蚌刀	10	新石器（昙石山文化）	福建闽侯昙石山	《考古》1983年12期	有
蚌刀		新石器（贝丘遗址）	广西南宁	《考古》1975年5期	
蚌刀		新石器（龙山文化）	安徽萧县花家寺	《考古》1966年2期	有
蚌刀		新石器（龙山文化）	河北邯郸涧沟	《考古》1959年10期	
蚌刀		新石器（龙山文化）	河北邯郸涧沟	《考古》1961年4期	有
蚌刀		新石器（龙山文化）	河北蔚县筛子绫罗	《考古》1981年2期	有

蚌刀	1	新石器（龙山文化）	河北永年台口村	《考古》1962年12期	
蚌刀		新石器（龙山文化）	河南安阳大寒村南岗	《考古》1965年7期	有
蚌刀	9	新石器（龙山文化）	河南安阳后岗	《考古》1982年6期	有
蚌刀	4	新石器（龙山文化）	河南安阳后岗高楼庄	《考古》1972年5期	有
蚌刀		新石器（龙山文化）	河南博爱西金城	《考古》2010年6期	有
蚌刀	1	新石器（龙山文化）	河南巩义里沟	《考古》1995年6期	有
蚌刀		新石器（龙山文化）	河南辉县孟庄	《考古》2000年3期	有
蚌刀	4	新石器（龙山文化）	河南洛阳东杨村	《考古》1983年2期	有
蚌刀	2	新石器（龙山文化）	河南孟津小潘沟	《考古》1978年4期	有
蚌刀	1	新石器（龙山文化）	河南孟县许村	《考古》1999年2期	有
蚌刀	2	新石器（龙山文化）	河南淇县王庄	《考古》1999年5期	有
蚌刀		新石器（龙山文化）	河南杞县鹿台岗	《考古》1994年8期	
蚌刀		新石器（龙山文化）	河南陕县庙底沟	《考古通讯》1957年4期	
蚌刀	6	新石器（龙山文化）	河南商丘坞墙	《考古》1983年2期	有
蚌刀		新石器（龙山文化）	河南睢县周龙岗	《考古》1981年5期	
蚌刀		新石器（龙山文化）	河南汤阴白营	《考古》1980年3期	有
蚌刀	7	新石器（龙山文化）	河南卫辉倪湾	《考古》2007年5期	有
蚌刀	9	新石器（龙山文化）	河南新乡刘庄营	《考古》1966年3期	
蚌刀		新石器（龙山文化）	河南偃师二里头	《考古》1982年5期	有
蚌刀		新石器（龙山文化）	河南荥阳河王村	《考古》1961年2期	有
蚌刀		新石器（龙山文化）	河南永城黑固堆	《考古》1981年5期	有
蚌刀		新石器（龙山文化）	河南永城王油坊	《考古》1978年1期	有
蚌刀	3	新石器（龙山文化）	河南禹州瓦店	《考古》2000年2期	有
蚌刀	4	新石器（龙山文化）	湖北洪湖乌林矶	《考古》1987年5期	有
蚌刀	3	新石器（龙山文化）	辽宁北票丰下	《考古》1976年3期	有
蚌刀	1	新石器（龙山文化）	山东安丘峒峪村	《考古》1963年10期	有
蚌刀		新石器（龙山文化）	山东茌平教场铺	《考古》2005年1期	
蚌刀		新石器（龙山文化）	山东茌平南陈庄	《考古》1985年4期	有
蚌刀	2	新石器（龙山文化）	山东梁山青堌堆	《考古》1962年1期	有
蚌刀	1	新石器（龙山文化）	山东泗水尹家城	《考古》1965年1期	有
蚌刀	1	新石器（龙山文化）	山东滕县岗上村	《考古》1963年7期	
蚌刀	1	新石器（龙山文化）	山东兖州龙湾店	《考古》2005年8期	有
蚌刀		新石器（龙山文化）	山东阳谷景阳岗	《考古》1997年5期	有
蚌刀	2	新石器（龙山文化）	山东禹城邢寨汪	《考古》1983年11期	有
蚌刀	1	新石器（龙山文化）	山东禹城姚高	《考古》1996年4期	有
蚌刀	1	新石器（龙山文化）	山东禹城周尹	《考古》1996年4期	有
蚌刀		新石器（龙山文化）	山东邹平丁公村	《考古》1993年4期	
蚌刀		新石器（龙山文化）	山西襄汾丁村	《考古》1991年10期	

蚌刀		新石器（龙山文化）	山西忻州游邀	《考古》1989年4期	有
蚌刀	1	新石器（龙山文化）	陕西沪灞两河沿岸	《考古》1961年11期	
蚌刀		新石器（龙山文化）	陕西华县柳子镇	《考古》1959年11期	
蚌刀		新石器（龙山文化）	陕西华阴横阵	《考古》1960年9期	
蚌刀		新石器（龙山文化早期）	河南汤阴白营	《考古》1980年3期	
蚌刀		新石器（龙山文化晚期）	山西襄汾陶寺	《考古》1980年1期	有
蚌刀	10	新石器（距今4200年）	香港马湾岛东湾仔北	《考古》1999年6期	有
蚌刀		新石器（岳石文化）	河南夏邑清凉山	《考古》1997年11期	有
蚌刀	1	新石器（岳石文化）	山东桓台史家	《考古》1997年11期	有
蚌刀		新石器（岳石文化）	山东泗水尹家城	《考古》1985年7期	
蚌刀		新石器	安徽灵璧蒋庙村	《考古通讯》1955年5期	
蚌刀		新石器	安徽五河濠城	《考古》1959年7期	
蚌刀	3	新石器	广西桂林甑皮岩	《考古》1976年3期	有
蚌刀	3	新石器	广西柳州鲤里嘴	《考古》1983年9期	有
蚌刀	1	新石器	广西邕宁顶蛳山	《考古》1997年10期	有
蚌刀	3	新石器	黑龙江宁安东康	《考古》1975年3期	有
蚌刀		新石器	黑龙江肇源望海屯	《考古》1961年10期	
蚌刀		新石器	江苏新沂三里墩	《考古通讯》1958年1期	
蚌刀		新石器	山东胶县三里河	《考古》1977年4期	
蚌刀	4	新石器	山东泗水尹家城	《考古》1980年1期	有
蚌刀	2	新石器	云南禄劝营盘山	《考古》1993年3期	有
蚌刀		新石器（龙山文化）—商	河南偃师二里头	《考古》1961年2期	有
蚌刀	1	夏（二里头文化）	河南洛阳东杨村	《考古》1983年2期	有
蚌刀		夏（二里头文化）	河南偃师二里头	《考古》1965年5期	有
蚌刀		夏（二里头文化）	河南偃师灰嘴村	《考古》2010年2期	
蚌刀		夏早期	河南巩义花地嘴	《考古》2005年6期	
蚌刀	1	青铜时代	黑龙江宾县老山头	《考古》1962年3期	
蚌刀	1	青铜时代（夏家店下层文化）	内蒙古赤峰康家湾	《考古》2008年11期	有
蚌刀		青铜时代（夏家店下层文化）	内蒙古赤峰药王庙	《考古》1961年2期	
蚌刀	17	青铜时代（湖熟文化）	江苏南京西善桥	《考古》1962年3期	有
蚌刀		先商	河南杞县鹿台岗	《考古》1994年8期	
蚌刀	1	商	河北沧县倪杨屯	《考古》1993年2期	有

蚌刀	1	商	河北磁县界段营	《考古》1974年6期	
蚌刀		商	河北邢台东先贤村	《考古》1959年2期	
蚌刀		商	河北邢台葛家庄	《考古》2005年2期	有
蚌刀	1	商	河南安阳后岗	《考古》1993年10期	有
蚌刀		商	河南安阳小屯东北地	《考古》1989年10期	
蚌刀		商	河南安阳殷墟	《考古》1961年2期	
蚌刀		商	河南洛阳东乾沟	《考古》1959年10期	
蚌刀		商	河南偃师尸乡沟	《考古》1985年4期	有
蚌刀		商	河南偃师夏后寺	《考古》1964年3期	
蚌刀	1	商	河南郑州岔河	《考古》1988年5期	
蚌刀	1	商	河南郑州商城外郭城	《考古》2004年3期	有
蚌刀	1	商	江苏句容城头山	《考古》1985年4期	有
蚌刀		商	江苏铜山丘湾	《考古》1973年2期	有
蚌刀		商	江苏徐州丘湾	《考古》1960年3期	
蚌刀	1	商	山东济宁张山洼	《考古》2007年9期	有
蚌刀		商	山东平阴朱家桥	《考古》1961年2期	
蚌刀		商	山东阳信李屋	《考古》2010年3期	
蚌刀	3	商周	河北邢台东先贤村	《考古》2002年3期	
蚌刀		商周	黑龙江宁安莺歌岭	《考古》1981年6期	
蚌刀	1	商周	山东青岛市郊云头崮	《考古》1965年9期	有
蚌刀		商周	山东寿光双王城	《考古》2010年3期	
蚌刀	1	西周	安徽六安堰墩	《考古》2002年2期	有
蚌刀	4	西周	北京房山董家林	《考古》1963年3期	
蚌刀		西周	河南安阳大寒村南岗	《考古》1965年7期	有
蚌刀		西周	河南安阳黄张村	《考古》2009年4期	有
蚌刀		西周	河南鹿邑太清宫	《考古》2000年9期	
蚌刀	42	西周	黑龙江肇源白金宝	《考古》1980年4期	有
蚌刀	1	西周	江苏东海庙墩	《考古》1986年12期	
蚌刀	3	西周	江苏新沂三里墩	《考古》1960年7期	
蚌刀		西周	陕西长安沣东白家庄北	《考古》1963年8期	
蚌刀		西周	陕西长安沣西张家坡	《考古》1959年10期	
蚌刀	18	西周	陕西长安沣西张家坡	《考古》1964年9期	有
蚌刀	1	西周	陕西长安沣西张家坡	《考古》1987年1期	有
蚌刀	1	西周	陕西扶风柿坡	《考古》1996年7期	有
蚌刀	1	西周	陕西渭水流域	《考古》1959年11期	
蚌刀		周	河南陕县七里铺村	《考古》1959年4期	有
蚌刀	1	周	山东费县崮子	《考古》1986年11期	
蚌刀		青铜时代（夏家店上层文化）	内蒙古赤峰夏家店上层	《考古》1961年2期	

蚌刀		东周	黑龙江泰来战斗村	《考古》1989年12期 有
蚌刀		东周	山西侯马牛村	《考古》1962年2期
蚌刀		春秋	河南安阳黄张村	《考古》2009年4期 有
蚌刀		春秋	山西芮城永乐宫	《考古》1960年8期
蚌刀	2	战国	河北沧县肖家楼	《考古》1973年1期 有
有孔蚌刀	1	战国	山东临淄故城	《考古》1961年6期
蚌刀	1	渤海国时期	吉林舒兰珠山	《考古》1985年4期 有
玉刀		新石器（大溪文化）	湖北松滋桂花树	《考古》1976年3期 有
玉刀	1	新石器（龙山文化）	山东临朐朱封村	《考古》1990年7期
玉刀	1	新石器（齐家文化）	青海民和喇家	《考古》2002年12期 有
玉刀	1	新石器（齐家文化）	青海民和喇家	《考古》2004年6期 有
玉刀		夏（二里头文化）	河南偃师二里头	《考古》1975年5期 有
玉刀		夏（二里头文化）	河南偃师二里头	《考古》1992年4期 有
玉刀	2	夏（二里头文化）	河南偃师四角楼	《考古》1978年4期 有
玉刀	1	商	河北藁城台西村	《考古》1973年5期 有
玉刀		商	河南安阳高楼庄	《考古》1963年4期
玉刀	2	商	河南安阳郭家庄	《考古》1988年10期 有
玉刀	2	商	河南安阳花园庄	《考古》2004年1期 有
玉刀	1	商	河南偃师二里头	《考古》1986年4期 有
玉刀		商	河南偃师商城	《考古》1984年10期 有
玉刀	1	商	河南偃师商城Ⅳ区	《考古》1999年2期 有
玉刀	1	西周	河南鹿邑太清宫	《考古》2000年9期
玉刀		西周	陕西凤翔和兴平	《考古》1960年3期
玉刀	1	西周	陕西铜川炭窠沟	《考古》1986年5期 有
玉刀	1	春秋	河南洛阳润阳广场	《考古》2010年12期 有
玉刀	1	战国	山西长治北郊分水岭	《考古》1964年3期 有
玉刀	1	东汉	辽宁锦州小凌河	《考古》1990年8期 有
玉刀		唐	陕西西安李静训墓	《考古》1959年9期
陶刀	1	新石器（仰韶文化）	甘肃崇信鲁家塬子	《考古》1995年1期 有
陶刀		新石器（仰韶文化）	甘肃临夏范家村	《考古》1961年5期
陶刀	2	新石器（仰韶文化）	甘肃宁县阳坬	《考古》1983年10期 有
陶刀	1	新石器（仰韶文化）	甘肃秦安大地湾	《考古》2003年6期 有
陶刀		新石器（仰韶文化）	甘肃渭河上游	《考古通讯》1958年7期
陶刀		新石器（仰韶文化）	甘肃渭河支流	《考古》1959年7期
陶刀		新石器（仰韶文化）	河北蔚县三关	《考古》1981年2期
陶刀		新石器（仰韶文化）	河南登封袁村	《考古》1995年6期
陶刀		新石器（仰韶文化）	河南灵宝南万村	《考古》1960年7期
陶刀		新石器（仰韶文化）	河南灵宝乔营	《考古》1999年12期 有

陶刀		新石器（仰韶文化）	河南洛阳王湾一期	《考古》1961年4期
陶刀	1	新石器（仰韶文化）	河南渑池西河庵村	《考古》1965年10期 有
陶刀		新石器（仰韶文化）	河南荥阳楚湾	《考古》1995年6期
陶刀		新石器（仰韶文化）	内蒙古包头西园	《考古》1990年4期 有
陶刀		新石器（仰韶文化）	内蒙古凉城王墓山	《考古》1997年4期 有
陶刀		新石器（仰韶文化）	内蒙古清水河白泥窑子	《考古》1966年3期 有
陶刀		新石器（仰韶文化）	内蒙古清水河白泥窑子	《考古》1988年2期
陶刀		新石器（仰韶文化）	内蒙古中南部海生不浪东	《考古》1965年10期 有
陶刀		新石器（仰韶文化）	宁夏隆德页河子	《考古》1990年4期 有
陶刀		新石器（仰韶文化）	山西祁县梁村	《考古通讯》1956年2期
陶刀	1	新石器（仰韶文化）	山西闻喜汀店	《考古》1961年5期 有
陶刀	2	新石器（仰韶文化）	山西夏县辕村	《考古》2009年11期 有
陶刀	1	新石器（仰韶文化）	山西垣曲小赵	《考古》1998年4期 有
陶刀		新石器（仰韶文化）	陕西宝鸡福临堡	《考古》1992年8期 有
陶刀		新石器（仰韶文化）	陕西邠县下孟村	《考古》1960年1期
陶刀		新石器（仰韶文化）	陕西浐灞两河沿岸	《考古》1961年11期 有
陶刀		新石器（仰韶文化）	陕西凤翔和兴平	《考古》1960年3期
陶刀		新石器（仰韶文化）	陕西华阴横阵	《考古》1960年9期
陶刀	3	新石器（仰韶文化）	陕西华阴南城子	《考古》1984年6期 有
陶刀		新石器（仰韶文化）	陕西蓝田泄湖	《考古》1989年6期 有
陶刀		新石器（仰韶文化）	陕西临潼姜寨	《考古》1975年5期
陶刀	1	新石器（仰韶文化）	陕西眉县清秋	《考古》1991年11期 有
陶刀	1	新石器（仰韶文化）	陕西眉县上第二坡	《考古》1991年11期 有
陶刀	2	新石器（仰韶文化）	陕西咸阳尹家村	《考古》1991年11期 有
陶刀		新石器（仰韶文化晚期）	河北平山中贾壁	《考古》1993年4期 有
陶刀	1	新石器（大汶口文化）	山东济宁玉皇顶	《考古》2005年4期 有
陶刀		新石器（后岗一期文化）	内蒙古乌兰察布石虎山	《考古》1998年12期 有
陶刀		新石器（距今5400年）	内蒙古清水河白泥窑子	《考古》1988年2期 有
陶刀		新石器（马家窑文化早期）	青海民和胡李家	《考古》2001年1期 有
陶刀		新石器（马家窑文化）	甘肃武山傅家门	《考古》1995年4期
陶刀	2	新石器（马家窑文化）	青海民和崖家坪	《考古》1993年3期 有
陶刀		新石器（马家窑文化）	青海民和阳洼坡	《考古》1984年1期 有
陶刀	1	新石器（马家窑文化）	青海民和阴山	《考古》1993年3期 有
陶刀		新石器（距今	甘肃镇原常山	《考古》1981年3期 有

4930±180年）

陶刀	2	新石器（庙底沟二期文化）	山西侯马东呈王	《考古》1991年2期	有
残陶刀	1	新石器（马家窑文化半山型）	甘肃兰州青岗岔	《考古》1961年7期	有
陶刀	2	新石器（马家窑文化半山型）	甘肃兰州青岗岔	《考古》1972年3期	有
陶刀	1	新石器（马家窑文化半山型）	青海平安张其寨	《考古》1990年9期	有
陶刀		新石器（龙山文化）	河北蔚县筛子绫罗	《考古》1981年2期	有
陶刀		新石器（龙山文化）	河南灵宝城东寨	《考古》1960年7期	
陶刀	2	新石器（龙山文化）	河南陕县七里铺村	《考古》1959年4期	有
陶刀		新石器（龙山文化）	内蒙古清水河白泥窑子	《考古》1966年3期	有
陶刀		新石器（龙山文化）	内蒙古中南部黄河河谷	《考古》1965年10期	有
陶刀		新石器（龙山文化）	山西汾阳峪道河	《考古》1983年11期	有
陶刀		新石器（龙山文化）	陕西华县柳子镇	《考古》1959年11期	
陶刀		新石器（龙山文化晚期）	内蒙古清水河白泥窑子	《考古》1988年2期	
陶刀	1	新石器（宝墩文化）	四川崇州双河	《考古》2002年11期	有
陶刀	1	新石器（距今4400年）	辽宁东沟石佛山	《考古》1990年8期	有
陶刀		新石器（客省庄二期文化）	陕西蓝田泄湖	《考古》1989年6期	有
陶刀		新石器（齐家文化）	甘肃临夏大何庄	《考古》1960年3期	
陶刀	1	新石器（齐家文化）	青海大通黄家寨	《考古》1994年3期	有
陶刀	1	新石器	福建崇安	《考古》1959年11期	
陶刀		新石器	甘肃兰州西瓜坡岘	《考古》1960年9期	
陶刀	1	新石器	江西南昌县莲塘上山西	《考古》1963年1期	有
陶刀	1	新石器	江西万年	《考古》1960年10期	
陶刀	1	新石器	江西万年猛山	《考古》1962年4期	有
陶刀	2	新石器	江西万年送嫁山	《考古》1963年12期	有
陶刀	1	新石器	辽宁东沟后洼	《考古》1984年1期	有
陶刀		新石器	内蒙古包头阿善	《考古》1984年2期	
陶刀		新石器	内蒙古包头黑麻板	《考古》1986年6期	有
陶刀		新石器	内蒙古清水河白泥窑子	《考古》1988年2期	
陶刀	9	新石器	内蒙古托克托海生不浪	《考古》1978年6期	有
陶刀	6	新石器	内蒙古托克托碱池	《考古》1978年6期	
陶刀		新石器	内蒙古托克托章盖营子	《考古》1978年6期	
釉陶刀	14	新石器晚期	江西临川	《考古》1964年4期	有
陶刀		新石器晚期	内蒙古包头西园	《考古》1990年4期	有

陶刀	22	新石器晚期	山西太原义井村	《考古》1961年4期	有
陶刀	2	新石器（客省庄二期文化）－商早期	内蒙古准格尔旗大口	《考古》1979年4期	
陶刀	1	夏商	山西襄汾大柴	《考古》1987年7期	有
陶刀		商	河南偃师二里头	《考古》1974年4期	有
马鞍形陶刀		商	江西抚州西郊造纸厂	《考古》1990年2期	
陶刀		西周	陕西凤翔和兴平	《考古》1960年3期	
陶刀	1	周	甘肃西汉水流域	《考古》1959年3期	
陶刀	1	东周	湖北襄樊彭岗	《考古》1997年8期	有
陶刀	1	战国	山东济宁张山	《考古》1996年4期	有
陶刀	1	战国	四川荥经曾家沟	《考古》1984年12期	有
陶刀	1	唐	福建惠安上村	《考古》2004年4期	有

镰

石镰形刀		新石器（距今10000年）	浙江浦江上山	《考古》2007年9期	有
石镰		新石器（后李文化）	山东章丘西河	《考古》2000年10期	有
石镰	3	新石器（裴李岗文化）	河南巩县下西坡	《考古》1986年3期	有
石镰	16	新石器（裴李岗文化）	河南郏县水泉	《考古》1992年10期	有
石镰	4	新石器（裴李岗文化）	河南临汝中山寨	《考古》1986年6期	有
石镰	2	新石器（裴李岗文化）	河南临汝中山寨	《考古》1986年7期	有
石镰	1	新石器（裴李岗文化）	河南陕县水泉	《考古》1979年6期	有
石镰	4	新石器（裴李岗文化）	河南新郑裴李岗	《考古》1978年2期	有
石镰	12	新石器（裴李岗文化）	河南新郑裴李岗	《考古》1982年4期	有
石镰	4	新石器（裴李岗文化）	河南新郑裴李岗渠西	《考古》1979年3期	有
石镰	6	新石器（裴李岗文化）	河南新郑沙窝李	《考古》1983年12期	有
石镰		新石器（裴李岗文化）	河南新郑唐户	《考古》1984年3期	
石镰	3	新石器（裴李岗文化）	河南新郑唐户	《考古》2008年5期	有
石镰	1	新石器（裴李岗文化）	河南新郑唐户	《考古》2010年5期	有
石镰	3	新石器（磁山文化）	河北容城上坡	《考古》1999年7期	有
石镰形两刃器	1	新石器（北辛文化）	山东邹平苑城	《考古》1989年6期	有
石镰	2	新石器（仰韶文化）	河南临汝中山寨	《考古》1986年7期	有
石镰	1	新石器（仰韶文化）	河南洛阳矬李	《考古》1978年1期	
石镰		新石器（仰韶文化）	河南淅川沟湾	《考古》2010年6期	有
石镰		新石器（仰韶文化）	山东平阴于家林	《考古》1959年6期	有
石镰	1	新石器（仰韶文化晚期）	河北平山中贾壁	《考古》1993年4期	
石镰	2	新石器（大汶口文化）	山东肥城北坦	《考古》2006年4期	
石镰		新石器（大汶口文化）	山东广饶西辛	《考古》1985年9期	有

石镰		新石器（大汶口文化）	山东临沂	《考古》1961年11期 有
石镰	1	新石器（大汶口文化）	山东曲阜南兴埠	《考古》1984年12期 有
石镰	1	新石器（大汶口文化）	山东滕县	《考古》1980年1期 有
石镰		新石器（大汶口文化）	山东滕州西公桥	《考古》2000年10期 有
石镰	1	新石器（大汶口文化）	山东章丘焦家	《考古》1998年6期 有
石镰形器	3	新石器（红山文化）	内蒙古巴林右旗那斯台	《考古》1987年6期 有
石镰	1	新石器（距今6000年）	内蒙古海拉尔团结	《考古》2001年5期 有
石镰	4	新石器（良渚文化）	江苏苏州越城	《考古》1982年5期 有
石镰	8	新石器（良渚文化）	江苏吴江梅堰	《考古》1963年6期
石镰	2	新石器（良渚文化）	上海奉贤江海	《考古》2002年11期 有
石镰	5	新石器（良渚文化）	上海金山亭林	《考古》2002年10期
石镰	1	新石器（良渚文化）	上海青浦金山汶	《考古》1989年7期 有
石镰	1	新石器（良渚文化）	上海松江广富林	《考古》1962年9期 有
石镰		新石器（良渚文化）	上海松江广富林	《考古》2002年10期
石镰		新石器（良渚文化）	上海松江广富林	《考古》2008年8期 有
石镰	1	新石器（良渚文化）	浙江建德久湖	《考古》2006年5期 有
石镰		新石器（良渚文化）	浙江平湖庄桥坟	《考古》2005年7期
石镰	1	新石器（良渚文化）	浙江余姚鲞架山	《考古》1997年1期 有
石镰		新石器（仰韶－龙山）	河南洛阳王湾二期	《考古》1961年4期
石镰	1	新石器（屈家岭文化）	湖北云梦斋神堡	《考古》1987年2期 有
石镰		新石器（卡若文化）	西藏拉萨曲贡村	《考古》1991年10期 有
石镰	1	新石器（昙石山文化）	福建闽侯昙石山	《考古》1983年12期 有
石镰	2	新石器（庙底沟二期文化）	河南孟县许村	《考古》1999年2期 有
石镰	1	新石器（庙底沟二期文化）	河南新安西沃	《考古》1999年8期 有
石镰	2	新石器（龙山文化）	河北永年台口村	《考古》1962年12期
石镰		新石器（龙山文化）	河北张家口蔚县庄窠村	《考古》1959年7期
石镰		新石器（龙山文化）	河南博爱西金城	《考古》2010年6期 有
石镰		新石器（龙山文化）	河南黄河三门峡水库	《考古通讯》1956年5期
石镰		新石器（龙山文化）	河南辉县孟庄	《考古》2000年3期 有
石镰	1	新石器（龙山文化）	河南获嘉三位营	《考古通讯》1957年2期
石镰		新石器（龙山文化）	河南浚县西北部	《考古通讯》1957年1期
石镰		新石器（龙山文化）	河南临汝柏树圪垯	《考古》1978年1期 有
石镰	2	新石器（龙山文化）	河南临汝柏树圪垯	《考古》1985年3期 有
石镰	1	新石器（龙山文化）	河南灵宝城东寨	《考古》1960年7期 有

石镰	2	新石器（龙山文化）	河南洛阳矬李	《考古》1978年1期	有
石镰	1	新石器（龙山文化）	河南洛阳东杨村	《考古》1983年2期	有
石镰		新石器（龙山文化）	河南洛阳王湾三期	《考古》1961年4期	
石镰	6	新石器（龙山文化）	河南孟津小潘沟	《考古》1978年4期	有
石镰	4	新石器（龙山文化）	河南孟县许村	《考古》1999年2期	有
石镰		新石器（龙山文化）	河南密县新砦	《考古》1981年5期	有
石镰	1	新石器（龙山文化）	河南汝州李楼	《考古》1998年3期	有
石镰		新石器（龙山文化）	河南汤阴白营	《考古》1980年3期	有
石镰	2	新石器（龙山文化）	河南武陟大司马	《考古》1994年4期	有
石镰		新石器（龙山文化）	河南新密新砦	《考古》2009年2期	有
石镰	1	新石器（龙山文化）	河南新乡刘庄营	《考古》1966年3期	
石镰		新石器（龙山文化）	河南荥阳河王村	《考古》1961年2期	有
石镰		新石器（龙山文化）	河南驻马店杨庄	《考古》1995年10期	有
石镰		新石器（龙山文化）	湖北大悟土城	《考古》1986年7期	有
石镰	1	新石器（龙山文化）	山东安丘峒峪村	《考古》1963年10期	有
石镰	1	新石器（龙山文化）	山东安丘胡峪村	《考古》1963年10期	有
石镰	1	新石器（龙山文化）	山东曹县莘冢集	《考古》1980年5期	有
石镰		新石器（龙山文化）	山东费县崮子	《考古》1986年11期	有
石镰	3	新石器（龙山文化）	山东广饶营子	《考古》1985年9期	有
石镰	10	新石器（龙山文化）	山东海阳司马台	《考古》1985年12期	有
石镰		新石器（龙山文化）	山东济宁义合	《考古》1983年6期	
石镰		新石器（龙山文化）	山东济阳邝塚	《考古》1990年6期	有
石镰	2	新石器（龙山文化）	山东莒县杭头	《考古》1988年12期	有
石镰	4	新石器（龙山文化）	山东临沂土城子	《考古》1961年11期	有
石镰	1	新石器（龙山文化）	山东临沂王家五湖	《考古》1992年10期	有
石镰	1	新石器（龙山文化）	山东临沂援驾墩	《考古》1961年11期	有
石镰	1	新石器（龙山文化）	山东临沂重沟	《考古》1961年11期	有
石镰	1	新石器（龙山文化）	山东青岛城阳	《考古》1964年11期	有
石镰	1	新石器（龙山文化）	山东日照冯家沟	《考古》1986年8期	有
石镰		新石器（龙山文化）	山东日照两城镇	《考古》1997年4期	有
石镰	1	新石器（龙山文化）	山东日照苏家村	《考古》1986年8期	有
石镰	4	新石器（龙山文化）	山东日照西林子头	《考古》1986年8期	有
石镰	13	新石器（龙山文化）	山东日照尧王城	《考古》1986年8期	有
石镰		新石器（龙山文化）	山东泗水尹家城	《考古》1965年1期	有
石镰	6	新石器（龙山文化）	山东泗水尹家城	《考古》2008年5期	有
石镰		新石器（龙山文化）	山东潍坊姚官庄	《考古》1963年7期	
石镰	2	新石器（龙山文化）	山东兖州龙湾店	《考古》2005年8期	有
石镰	2	新石器（龙山文化）	山东沂水凤台	《考古》1991年6期	有
石镰	2	新石器（龙山文化）	山东沂水小沂河北岸	《考古》2002年1期	有

石镰形器	3	新石器（龙山文化）	山东沂水杨庄	《考古》1993年11期	有
石镰	3	新石器（龙山文化）	山东禹城邢寨汪	《考古》1983年11期	有
石镰	2	新石器（龙山文化）	山东禹城姚高	《考古》1996年4期	有
石镰		新石器（龙山文化）	山东枣庄晒米城	《考古》1984年4期	有
石镰		新石器（龙山文化）	山东邹平	《考古》1989年6期	有
石镰		新石器（龙山文化）	山西芮城	《考古》1962年9期	
石镰	1	新石器（龙山文化）	山西芮城南礼教村	《考古》1964年6期	有
石镰		新石器（龙山文化）	山西五台阳白	《考古》1997年4期	有
石镰		新石器（龙山文化）	陕西华阴横阵	《考古》1960年9期	
石镰	2	新石器（龙山文化）	陕西神木石峁	《考古》1977年3期	有
石镰形器	1	新石器（龙山文化）	四川绵阳边堆山	《考古》1990年4期	有
石镰	1	新石器（石家河文化）	湖北汉川霍城	《考古》1993年8期	
石镰	3	新石器（距今4585±160年）	广西钦州独料	《考古》1982年1期	有
石镰		新石器（龙山文化陶寺型）	山西襄汾丁村曲舌头	《考古》2002年4期	有
石镰		新石器（凤鼻头文化）	台湾高雄凤鼻头	《考古》1979年3期	
石镰		新石器（客省庄二期文化）	陕西长安鄠县	《考古》1962年6期	
石镰	2	新石器（距今4200年）	湖北均县乱石滩	《考古》1986年7期	有
石镰	1	新石器（距今4000年）	重庆巴县白沙沱	《考古》1992年12期	
石镰	1	新石器（距今4000年）	重庆巴县团结河咀	《考古》1992年12期	
石镰	2	新石器（距今4000年）	重庆巴县新房后湾	《考古》1992年12期	
石镰	3	新石器（距今4000年）	重庆长寿杨家湾	《考古》1992年12期	
石镰	1	新石器（距今4000年）	重庆涪陵石沱河咀	《考古》1992年12期	
石镰	2	新石器（距今4000年）	重庆江北水文站	《考古》1992年12期	
石镰	2	新石器（距今4000年）	重庆江北唐草湾	《考古》1992年12期	
石镰	1	新石器（距今4000年）	重庆江北唐家沱	《考古》1992年12期	
石镰	2	新石器（距今4000年）	重庆江北赵家溪	《考古》1992年12期	
石镰	2	新石器（距今4000年）	重庆江津王爷庙	《考古》1992年12期	有
石镰	2	新石器（距今4000年）	重庆南岸鸡冠石	《考古》1992年12期	
石镰		新石器（岳石文化）	山东长清仙人台	《考古》1998年9期	有
石镰	1	新石器（岳石文化）	山东桓台史家	《考古》1997年11期	有
石镰		新石器（岳石文化）	山东泗水尹家城	《考古》1985年7期	
石镰		新石器（西团山文化）	吉林永吉学古东山	《考古》1981年6期	有
石镰		新石器（距今2100±85年）	黑龙江东宁大城子	《考古》1979年1期	有
石镰	1	新石器	安徽青阳中平	《考古》1997年11期	有
石镰		新石器	福建莆田仙游、南安	《考古通讯》1958年	

				1期	
石镰	1	新石器	河北玉田西蒙各庄	《考古》1990年8期	有
石镰		新石器	河南登封石羊关	《考古》1959年11期	
石镰	1	新石器	河南方城大张庄	《考古》1983年5期	有
石镰		新石器	河南洛阳大东店	《考古通讯》1956年 3期	
石镰	7	新石器	河南泌阳板桥三所楼	《考古》1965年9期	有
石镰		新石器	河南舞阳峨岗寺	《考古》1965年5期	有
石镰	12	新石器	黑龙江宁安东康	《考古》1975年3期	有
石镰	5	新石器	黑龙江宁安东昇	《考古》1977年3期	有
石镰	6	新石器	湖北红安金盆	《考古》1960年4期	
石镰		新石器	湖北枝江马家溪	《考古》1992年2期	有
石镰		新石器	吉林长春红石磖子	《考古通讯》1957年 1期	
石镰	1	新石器	吉林怀德神仙洞	《考古》1984年8期	
石镰		新石器	江苏昆山荣庄	《考古》1960年6期	
石镰		新石器	江苏南京安怀村柴山	《考古通讯》1957年 5期	有
石镰		新石器	江苏南京锁金村	《考古通讯》1956年 4期	
石镰	1	新石器	江苏苏州越城	《考古》1961年3期	有
石镰		新石器	江苏吴县高景山	《考古》1986年7期	
石镰	3	新石器	江西修水山背	《考古》1962年7期	有
石镰	1	新石器	辽宁朝阳烧户营子村西 山	《考古通讯》1956年 6期	
石镰		新石器	辽宁东沟黄土坎	《考古》1984年1期	有
石镰	2	新石器	辽宁旅大金县	《考古》1960年2期	
石镰		新石器	辽宁沈阳郑家洼子	《考古》1989年10期	有
石镰	1	新石器	山东临沂前城子	《考古》1992年10期	有
石镰	1	新石器	山东临沂晏驾墩	《考古》1992年10期	有
石镰	1	新石器	山东曲阜东魏庄	《考古》1963年7期	有
石镰		新石器	山东日照两城镇	《考古》1960年9期	有
石镰		新石器	山东日照县东海峪	《考古》1976年6期	有
石镰	3	新石器	山东泗水尹家城	《考古》1980年1期	有
石镰	5	新石器	山西襄汾北高村	《考古》1959年2期	
石镰	1	新石器	上海闵行马桥俞塘	《考古》1960年3期	有
石镰	3	新石器	上海青浦淀山湖	《考古》1959年6期	有
石镰	1	新石器	上海松江汤庙村	《考古》1985年7期	有
石镰		新石器	台湾台北圆山	《考古》1979年3期	

石镰	2	新石器	新疆和硕新塔那	《考古》1988年5期	有
石镰	6	新石器	新疆疏附阿克塔拉	《考古》1977年2期	有
石镰	1	新石器	新疆疏附温古洛克	《考古》1977年2期	
石镰		新石器早期	河南舞阳贾湖	《考古》2009年8期	
石镰	2	新石器中晚期	安徽黄山蒋家山	《考古》1995年2期	有
石镰	2	新石器晚期	湖南华容时家岗	《考古》1961年11期	
石镰	1	新石器晚期	辽宁宽甸石格地	《考古》1986年10期	
石镰		新石器（龙山文化）－商	河南偃师二里头	《考古》1961年2期	有
石镰	1	夏（二里头文化）	河南焦作小尚	《考古》1996年11期	有
石镰	1	夏（二里头文化）	河南武陟大司马	《考古》1994年4期	
石镰		夏（二里头文化）	河南新密新砦大型建筑基址	《考古》2009年2期	有
石镰		夏（二里头文化）	河南偃师二里头	《考古》1965年5期	有
石镰		夏（二里头文化）	河南偃师灰嘴村	《考古》2010年2期	有
石镰		夏（二里头文化）	河南驻马店杨庄	《考古》1995年10期	有
石镰	1	夏（二里头文化）	山西夏县辕村	《考古》2009年11期	有
石镰		夏（二里头文化）	山西垣曲古城南关	《考古》2005年11期	
石镰		夏	山西夏县东下冯	《考古》1980年2期	有
石镰		青铜时代（夏家店下层文化）	辽宁北票康家屯	《考古》2001年8期	有
石镰	5	青铜时代（湖熟文化）	江苏南京西善桥	《考古》1962年3期	
石镰		夏商	河北宣化李大人庄	《考古》1990年5期	有
石镰	13	先商	河北邯郸北羊台	《考古》2001年2期	有
石镰	10	先商	河北容城上坡	《考古》1999年7期	有
石镰		先商	河北邢台葛家庄	《考古》2005年2期	有
凹刃石镰		先商	河南杞县鹿台岗	《考古》1994年8期	
石镰	1	商早期	河南偃师高崖东台地	《考古》1964年11期	有
石镰形器	2	商早期	河南偃师高崖东台地	《考古》1964年11期	有
石镰		商早期	河南伊川白元	《考古》1961年1期	
石镰	1	商早期	河南郑州岔河	《考古》2005年6期	有
石镰	1	商	河北沧县倪杨屯	《考古》1993年2期	有
石镰		商	河北磁县高家庄	《考古》1959年7期	
石镰	1	商	河北磁县界段营	《考古》1974年6期	
石镰	2	商	河北藁城台西村	《考古》1973年1期	有
石镰	2	商	河北藁城台西村	《考古》1973年5期	
石镰		商	河北邯郸龟台	《考古》1959年10期	
石镰		商	河北邯郸涧沟	《考古》1959年10期	
石镰	2	商	河北灵寿北宅村	《考古》1966年2期	

石镰	3	商	河北滦南东庄店	《考古》1983年9期	有
石镰	7	商	河北唐山古冶	《考古》1984年9期	有
石镰	6	商	河北邢台东先贤村	《考古》1959年2期	
石镰		商	河北邢台东先贤村	《考古》1959年10期	
石镰		商	河北邢台东先贤村	《考古》2003年11期	有
石镰		商	河北邢台葛家庄	《考古》2000年11期	有
石镰		商	河北邢台葛家庄	《考古》2005年2期	有
石镰	3	商	河北正定曹村	《考古》2007年11期	有
石镰	1	商	河南安阳大司空村	《考古》1992年6期	有
石镰	1	商	河南安阳大正集老磨岗	《考古》1965年7期	有
石镰	5	商	河南安阳高楼庄	《考古》1963年4期	
石镰	3	商	河南安阳郭村西南台	《考古》1965年7期	
石镰	5	商	河南安阳洹北花园庄	《考古》1998年10期	
石镰	1	商	河南安阳榕树湾	《考古》2009年5期	有
石镰	1	商	河南安阳王裕口南地	《考古》2004年5期	有
石镰	2	商	河南安阳西郊薛家庄	《考古通讯》1958年8期	
石镰		商	河南安阳殷墟	《考古》1961年2期	
石镰		商	河南安阳殷墟	《考古》1983年2期	有
石镰	1	商	河南安阳殷墟三家庄东	《考古》1983年2期	有
石镰	1	商	河南辉县丰城村	《考古》1989年3期	有
石镰	1	商	河南罗山蟒张	《考古》1981年2期	
石镰		商	河南洛阳东乾沟	《考古》1959年10期	
石镰		商	河南洛阳西郊	《考古通讯》1956年1期	
石镰	22	商	河南孟县涧溪	《考古》1961年1期	有
石镰		商	河南南阳十里庙	《考古》1959年7期	
石镰		商	河南杞县鹿台岗	《考古》1994年8期	
石镰	4	商	河南渑池鹿寺	《考古》1964年9期	有
石镰		商	河南新安雨门	《考古通讯》1955年1期	
石镰		商	河南偃师二里头	《考古》1974年4期	有
石镰	4	商	河南偃师灰嘴村	《考古》1961年2期	有
石镰	3	商	河南偃师商城	《考古》1995年11期	有
石镰		商	河南偃师商城宫城北部	《考古》2000年7期	
石镰	数量多	商	河南偃师尸乡沟	《考古》1985年4期	有
石镰	1	商	河南偃师尸乡沟	《考古》1988年2期	有
石镰		商	河南偃师夏后寺	《考古》1964年3期	

石镰		商	河南郑州北二七路	《考古》1986年4期	
石镰	1	商	河南郑州岔河	《考古》1988年5期	有
石镰		商	河南郑州电力学校	《考古》1986年4期	
石镰	2	商	河南郑州经五路	《考古》1986年4期	有
石镰	3	商	河南郑州铭功路东	《考古》2002年9期	有
石镰		商	河南郑州商城宫殿区	《考古》2000年2期	有
石镰	1	商	河南郑州商城外郭城	《考古》2004年3期	有
石镰		商	河南郑州上街	《考古》1960年6期	
石镰	21	商	河南郑州上街	《考古》1966年1期	有
石镰		商	江苏铜山丘湾	《考古》1973年2期	有
石镰		商	江苏徐州花家寺	《考古》1960年3期	
石镰	1	商	江西清江筑卫城	《考古》1982年2期	有
石镰	2	商	辽宁法库湾柳	《考古》1989年12期	有
石镰	3	商	山东济南大辛庄	《考古》1959年4期	
石镰	3	商	山东济南大辛庄	《考古》1973年5期	有
石镰	1	商	山东济宁张山洼	《考古》2007年9期	有
石镰	3	商	山东梁山青堌堆	《考古》1962年1期	有
石镰	8	商	山东平阴朱家桥	《考古》1961年2期	有
石镰		商	山东阳信李屋	《考古》2010年3期	有
石镰	1	商	上海青浦金山坟	《考古》1989年7期	有
石镰	10	商晚期	河北容城上坡	《考古》1999年7期	有
石镰		商晚期	河南荥阳关帝庙	《考古》2008年7期	有
石镰	1	商周	福建浦城汉阳城	《考古》1993年2期	有
石镰	2	商周	河北邢台东先贤村	《考古》2002年3期	有
石镰	1	商周	江苏吴县	《考古》1990年10期	有
石镰	1	商周	山东茌平南陈庄	《考古》1985年4期	有
石镰	43	西周	安徽六安堰墩	《考古》2002年2期	有
石镰	1	西周	北京房山董家林	《考古》1963年3期	有
石镰		西周	河北磁县界段营	《考古》1974年6期	
石镰		西周	河南洛阳北窑	《考古》1983年5期	
石镰	2	西周	江西萍乡禁山下	《考古》2000年12期	有
石镰	3	西周	辽宁阜新平项山石城址	《考古》1992年5期	有
石镰		西周	山东长清仙人台	《考古》1998年9期	有
石镰		西周	山东滕县	《考古》1980年1期	
石镰	1	西周	陕西邠县下孟村	《考古》1960年1期	
石镰		西周	陕西长安沣西客省庄	《考古》1959年10期	
石镰		西周	陕西长安沣西张家坡	《考古》1959年10期	
石镰	1	西周	陕西长安沣西张家坡	《考古》1964年9期	有
石镰		西周	陕西长安鄠县	《考古》1962年6期	有

石镰		周	湖北红安金盆	《考古》1960年4期	
石镰		青铜时代（距今3000年）	辽宁彰武	《考古》1991年8期	有
石镰	4	青铜时代（距今3000年）	新疆民丰尼雅	《考古》1999年4期	有
石镰	2	东周	吉林延吉新光	《考古》1992年7期	有
石镰	1	东周	江西清江筑卫城	《考古》1976年6期	有
石镰	10	东周	山东青岛崂山东古镇村	《考古》1959年3期	
石镰	1	春秋	湖北随县泰山庙	《考古》1959年11期	有
石镰	1	春秋	山东沂源姑子坪	《考古》2003年1期	有
石镰刀		春秋	新疆库车	《考古》1959年2	
石镰	1	战国	吉林珲春河西北山	《考古》1994年5期	有
石镰		战国	陕西长安沣西客省庄	《考古》1959年10期	
石镰		西汉	新疆于田圆沙	《考古》1998年12期	
石镰		东汉	山东济南大觉寺	《考古》2004年8期	有
鹿角镰		新石器	山东胶县三里河	《考古》1977年4期	
蚌镰	1	新石器（裴李岗文化）	河南巩义瓦窑嘴	《考古》1999年11期	有
蚌齿镰		新石器（大地湾文化）	陕西临潼白家村	《考古》1984年11期	有
蚌镰	1	新石器（仰韶文化）	河南武涉东石寺	《考古》1990年3期	有
蚌镰	1	新石器（仰韶文化）	河南郑州大河村	《考古》1995年6期	有
蚌镰	1	新石器（距今6900年）	安徽濉溪石山子	《考古》1992年3期	有
蚌镰	3	新石器（大汶口文化）	山东广饶傅家	《考古》1985年9期	有
蚌镰	1	新石器（大汶口文化）	山东章丘董东	《考古》2002年7期	有
蚌镰	1	新石器（庙底沟二期文化）	河南新安西沃	《考古》1999年8期	有
蚌镰		新石器（龙山文化）	河北磁县讲武城	《考古》1959年7期	
蚌镰		新石器（龙山文化）	河北邢台葛家庄	《考古》2005年2期	有
蚌镰		新石器（龙山文化）	河北永年台口村	《考古》1962年12期	
蚌镰	1	新石器（龙山文化）	河南安阳后岗	《考古》1982年6期	有
蚌镰		新石器（龙山文化）	河南博爱西金城	《考古》2010年6期	有
蚌镰		新石器（龙山文化）	河南辉县孟庄	《考古》2000年3期	有
蚌镰	2	新石器（龙山文化）	河南洛阳矬李	《考古》1978年1期	
蚌镰		新石器（龙山文化）	河南濮阳程庄	《考古》1995年12期	有
蚌镰		新石器（龙山文化）	河南杞县鹿台岗	《考古》1994年8期	
蚌镰		新石器（龙山文化）	河南汤阴白营	《考古》1980年3期	有
蚌镰	1	新石器（龙山文化）	河南新乡鲁堡村	《考古》1959年9期	
蚌镰		新石器（龙山文化）	河南永城黑固堆	《考古》1981年5期	有
蚌镰		新石器（龙山文化）	河南永城王油坊	《考古》1978年1期	有
蚌镰		新石器（龙山文化）	湖北郧县大寺	《考古》1961年10期	

蚌镰	1	新石器（龙山文化）	江苏铜山丘湾	《考古》1973年2期	
蚌镰	1	新石器（龙山文化）	山东昌乐秦家淳于村	《考古》1987年7期	有
蚌镰		新石器（龙山文化）	山东茌平教场铺	《考古》2005年1期	
蚌镰	1	新石器（龙山文化）	山东茌平南陈庄	《考古》1985年4期	有
蚌镰	1	新石器（龙山文化）	山东费县崮子	《考古》1986年11期	有
蚌镰	1	新石器（龙山文化）	山东广饶营子	《考古》1985年9期	有
蚌镰	2	新石器（龙山文化）	山东梁山青堌堆	《考古》1962年1期	有
蚌镰		新石器（龙山文化）	山东青州博物馆西厅西墙基槽	《考古》2002年1期	
蚌镰		新石器（龙山文化）	山东阳谷景阳岗	《考古》1997年5期	有
蚌镰	1	新石器（龙山文化）	山东邹平	《考古》1989年6期	有
蚌镰		新石器（龙山文化）	山东邹平丁公村	《考古》1993年4期	
蚌镰		新石器（龙山文化）	陕西华阴横阵	《考古》1960年9期	
蚌镰		新石器（龙山文化早期）	河南汤阴白营	《考古》1980年3期	
蚌镰		新石器（岳石文化）	河南杞县鹿台岗	《考古》1994年8期	
蚌镰		新石器（岳石文化）	河南夏邑清凉山	《考古》1997年11期	有
蚌镰	1	新石器（岳石文化）	山东济宁程子崖	《考古》1999年7期	有
蚌镰	3	新石器	辽宁锦州山河营子	《考古》1986年10期	有
蚌镰		新石器	山东胶县三里河	《考古》1977年4期	
蚌镰	1	新石器	山东泗水尹家城	《考古》1980年1期	
蚌镰	1	夏（二里头文化）	河南洛阳矬李	《考古》1978年1期	
蚌镰	5	青铜时代（湖熟文化）	江苏南京西善桥	《考古》1962年3期	有
蚌镰		先商	河南杞县鹿台岗	《考古》1994年8期	
蚌镰	1	商早期	河南郑州岔河	《考古》2005年6期	有
蚌镰		商	河北邯郸涧沟	《考古》1959年10期	
蚌镰		商	河北邢台东先贤村	《考古》1959年2期	
蚌镰		商	河北邢台葛家庄	《考古》2005年2期	有
蚌镰	1	商	河北正定曹村	《考古》2007年11期	有
蚌镰	12	商	河南安阳高楼庄	《考古》1963年4期	
蚌镰	2	商	河南安阳洹北花园庄	《考古》1998年10期	有
蚌镰	1	商	河南安阳梅园庄南地	《考古》1991年2期	
蚌镰		商	河南安阳苗圃北地	《考古》1989年2期	有
蚌镰	5	商	河南安阳小屯东北地	《考古》1989年10期	有
蚌镰		商	河南安阳殷墟	《考古》1961年2期	
蚌镰		商	河南洛阳东乾沟	《考古》1959年10期	
蚌镰	11	商	河南孟县涧溪	《考古》1961年1期	
蚌镰		商	河南杞县鹿台岗	《考古》1994年8期	
蚌镰	1	商	河南渑池鹿寺	《考古》1964年9期	有

蚌镰		商	河南夏邑清凉山	《考古》1997年11期	有
蚌镰		商	河南郑州北二七路	《考古》1986年4期	
蚌镰		商	江苏铜山丘湾	《考古》1973年2期	有
蚌镰		商	江苏徐州丘湾	《考古》1960年3期	
蚌镰	1	商	山东济南大辛庄	《考古》1959年4期	
蚌镰	1	商	山东梁山青堌堆	《考古》1962年1期	
蚌镰		商	山东平阴朱家桥	《考古》1961年2期	有
蚌镰		商	山东阳信李屋	《考古》2010年3期	
蚌镰	1	商	山西盂县北村	《考古》1991年9期	有
蚌镰		商晚期	河南荥阳关帝庙	《考古》2008年7期	有
蚌镰		商周	山东寿光双王城	《考古》2010年3期	
蚌镰	3	西周	安徽六安堰墩	《考古》2002年2期	有
蚌镰		西周	河北邯郸龟台	《考古》1959年10期	
蚌镰		西周	河南安阳黄张村	《考古》2009年4期	有
蚌镰		西周	河南鹿邑太清宫	《考古》2000年9期	
蚌镰		西周	河南洛阳北窑	《考古》1983年5期	
蚌镰	2	西周	黑龙江肇源白金宝	《考古》1980年4期	有
蚌镰	10	西周	山东东营南河崖	《考古》2010年3期	有
蚌镰		西周	山东高青陈庄	《考古》2010年8期	
蚌镰	1	西周	陕西沪灞两河沿岸	《考古》1961年11期	有
蚌镰		西周	陕西长安沣西张家坡	《考古》1959年10期	
蚌镰	1	西周	陕西西安张家坡	《考古》1994年10期	
蚌镰	1	周	山东费县崮子	《考古》1986年11期	有
蚌镰		东周	山东临淄后李	《考古》1992年11期	有
蚌镰		东周	山东临淄后李	《考古》1994年2期	有
蚌镰		春秋	河南安阳黄张村	《考古》2009年4期	有
蚌镰		春秋	山东长清仙人台	《考古》1998年9期	有
蚌镰	1	战国	河北沧县肖家楼	《考古》1973年1期	
蚌镰	1	战国	河北易县燕下都	《考古》1965年11期	
蚌镰	21	战国	山西侯马牛村	《考古》1988年10期	有
玉镰	1	商	河南安阳郭家庄M5	《考古》2008年8期	有
陶镰	1	新石器（屈家岭文化）	湖北云梦好石桥	《考古》1987年2期	有
陶镰	1	新石器晚期	山西太原义井村	《考古》1961年4期	有
陶镰	1	商	山东微山堂台	《考古》1995年4期	
铜镰	1	商	安徽含山孙家岗	《考古》1977年3期	有
铜镰	1	商周	云南剑川海门口	《考古》1995年9期	有
铜镰	1	西周	陕西郿县下孟村	《考古》1960年1期	
铜镰	55	东周	安徽涡阳盛双楼	《考古》2006年9期	有
铜镰	1	东周	湖北江陵雨台山	《考古》1980年5期	有

铜镰	1	东周		上海金山戚家墩	《考古》1973年1期	有
铜爪镰	1	东周		云南昆明上马村	《考古》1984年3期	有
铜镰		东周		浙江绍兴西施山	《考古》1979年5期	
铜镰		春秋		江苏邳州九女墩	《考古》1999年11期	
铜镰		春秋		江苏邳州九女墩	《考古》2003年9期	
铜镰	4	春秋		江苏邳州九女墩3号	《考古》2002年5期	有
铜镰	1	战国		广东罗定背夫山	《考古》1986年3期	有
铜爪镰	1	战国		云南晋宁小平山	《考古》2009年8期	有
铜爪镰	1	汉		云南昆明呈贡石碑	《考古》1984年3期	有
铜镰		西汉		云南昆明滇池地区	《考古》1977年2期	
铜爪镰		西汉		云南昆明滇池地区	《考古》1977年2期	
铜锯齿镰		东周		浙江上虞银山	《考古》1993年3期	有
铜锯齿镰	2	春秋		安徽蚌埠双墩	《考古》2009年7期	
铜锯齿镰	1	春秋		江苏六合程桥2号墓	《考古》1974年2期	有
铜锯齿镰		战国		湖北阳新蔡家祠	《考古》1994年3期	有
铁镰		西周—春秋		新疆轮台群巴克	《考古》1991年8期	有
铁镰		东周		浙江绍兴西施山	《考古》1979年5期	有
铁镰		战国		河北易县燕下都	《考古》1962年1期	有
铁镰	2	战国		河北易县燕下都	《考古》1965年11期	
铁镰	5	战国		辽宁敖汉旗老虎山	《考古》1976年5期	有
铁镰	1	战国		辽宁旅大旅顺口区后牧城驿	《考古》1960年8期	有
铁镰	2	战国		辽宁铁岭邱台	《考古》1996年2期	有
铁镰	1	战国		山东临淄故城	《考古》1961年6期	有
铁镰		战国		山东临淄齐国故城	《考古》1959年6期	有
铁镰	1	战国		天津北仓	《考古》1982年2期	有
铁镰		战国—西汉		吉林梨树二龙湖	《考古》1988年6期	
铁镰	2	战国—西汉		辽宁抚顺莲花堡	《考古》1964年6期	有
铁镰	3	秦		四川大邑五龙乡	《考古》1987年7期	有
铁镰	6	汉		甘肃敦煌甜水井	《考古》1975年2期	有
铁镰	6	汉		河南鹤壁鹿楼村	《考古》1963年10期	有
铁镰		汉		山西襄汾	《考古》1978年2期	
铁镰	1	汉		山西襄汾赵康	《考古》1978年2期	有
铁镰		汉		陕西长安洪庆村	《考古》1959年12期	
铁镰	2	汉		四川郫县古城乡	《考古》2004年1期	
铁镰	1	汉		云南晋宁石寨山	《考古》1963年9期	
铁爪镰	16	汉		云南昆明呈贡石碑	《考古》1984年3期	有
铁镰	6	汉		浙江长兴杨湾村	《考古》1983年1期	有
铁镰		西汉		广东广州蛇头岗	《考古》1996年3期	有

铁镰		西汉	广东广州象岗南越王墓	《考古》1996年3期	有
铁镰		西汉	湖北荆沙瓦坟园	《考古》1995年11期	
铁镰	2	西汉	吉林永吉学古东山	《考古》1981年6期	有
铁镰		西汉	陕西宝鸡	《考古》1960年2期	
铁镰		西汉	陕西西安南郊杜陵五号	《考古》1991年12期	
铁镰		西汉	陕西西安三兆（杜陵）	《考古》1984年10期	有
铁镰	2	西汉	陕西西安未央宫西南角楼	《考古》1996年3期	有
铁镰	4	西汉	上海金山戚家墩	《考古》1973年1期	有
铁镰		西汉	四川西昌礼州	《考古》1980年5期	
铁镰	2	东汉	河南长葛石固	《考古》1982年3期	有
铁镰		东汉	河南陕县刘家渠	《考古通讯》1957年4期	
铁镰	1	东汉	河南偃师吴家湾	《考古》2010年9期	有
铁镰	1	东汉	辽宁锦州小凌河	《考古》1990年8期	有
铁镰	1	东汉	辽宁旅大营城子	《考古》1959年6期	
铁镰	6	东汉	山东乳山大浩口	《考古》1997年8期	有
铁镰	2	东汉	山东滕县柴胡店	《考古》1963年8期	
铁镰		东汉	陕西长安沣西张家坡	《考古》1959年10期	
铁镰	1	东汉	四川宝兴瓦西沟口	《考古》1982年4期	有
铁镰	3	东汉	四川成都牧马山灌溉渠	《考古》1959年8期	有
铁镰		东汉	四川彰明佛儿崖	《考古通讯》1955年6期	
铁镰	1	高句丽（公元3世纪）	吉林集安禹山	《考古》1983年4期	有
铁镰	1	十六国（成汉）	四川什邡虎头山	《考古》2007年10期	有
铁镰		北朝	河南洛阳王湾	《考古》1961年4期	有
铁镰		隋	河南陕县刘家渠	《考古通讯》1957年4期	
铁镰	1	唐	河南洛阳东都履道坊	《考古》1994年8期	有
铁镰刀		唐	河南洛阳涧西	《考古通讯》1956年4期	
铁镰		唐	河南洛阳涧西	《考古通讯》1957年3期	
铁镰	1	唐	河南洛阳龙门	《考古》2007年12期	有
铁镰		唐	河南禹县白沙	《考古通讯》1955年1期	有
铁镰	2	唐	湖北巴东罗坪	《考古》2001年9期	有
铁镰	1	唐	湖北谷城肖家营	《考古》2006年11期	有
铁镰	1	唐	陕西商州工行家属楼	《考古》1996年12期	

铁镰刀		唐	新疆民丰尼雅古城	《考古》1961年3期	
铁镰	1	唐	新疆民丰尼雅古城	《考古》1961年3期	有
铁镰	4	渤海国时期	黑龙江东宁小地营	《考古》2003年3期	有
铁镰		渤海国时期	吉林敦化牡丹江上游	《考古》1962年11期	
铁镰刀	8	宋	河南洛阳涧西	《考古通讯》1957年 3期	
铁镰		宋	河南洛阳龙门香山寺	《考古》1986年1期	
铁镰		辽	辽宁北镇东沟	《考古》1984年11期	
铁镰	2	辽	内蒙古巴林右旗罕山	《考古》1988年11期	有
铁镰		南宋	江苏扬州宋大城北门水门	《考古》2005年12期	
铁镰	5	宋元	江苏扬州毛纺织厂	《考古》1992年1期	有
铁钩镰	1	辽金	北京房山焦庄村	《考古》1963年3期	有
铁镰	5	辽金	北京房山焦庄村	《考古》1963年3期	有
铁镰	1	辽金	北京通州东门外	《考古》1963年3期	有
铁镰		辽金	河北隆化	《考古》1981年4期	
铁镰		辽金	黑龙江哈尔滨东郊	《考古》1960年4期	
铁手镰		辽金	黑龙江肇东八里城	《考古》1960年2期	有
铁镰		辽金	黑龙江肇东八里城	《考古》1960年2期	有
铁镰	1	辽金	吉林双辽电厂贮灰场	《考古》1995年4期	有
铁镰	1	西夏	内蒙古伊金霍洛旗牛其圪台	《考古》1987年12期	有
铁镰	1	金	河南新安赵峪村	《考古》1965年1期	有
铁镰	2	金	吉林德惠后城子	《考古》1993年8期	有
铁镰	1	金	吉林敦化敖东城	《考古》2006年9期	有
铁镰	9	金	吉林辑安钟家村	《考古》1963年11期	有
铁镰	2	金	吉林镇赉黄家围子	《考古》1988年2期	有
铁镰	6	金	辽宁新民前当铺	《考古》1960年2期	有
铁镰	2	金元	辽宁旅大金县于家洼	《考古》1966年2期	有
铁镰	12	金元	辽宁绥中城后村	《考古》1960年2期	有
铁镰	1	元	北京元大都遗址	《考古》1990年7期	
铁镰	1	元	河北承德西三家	《考古》1999年12期	有
铁芟刀	1	元	河北磁县南开河村	《考古》1978年6期	有
铁镰	4	元	河北磁县南开河村	《考古》1978年6期	有
双镰范	2	战国	河北兴隆	《考古通讯》1956年 1期	有

铲镰

铁铲镰	1	金	黑龙江双城车家城子	《考古》2003年2期	有

铡刀

铜铡刀	1	汉	云南祥云大波那村	《考古》1964年7期	
铁铡刀	1	东晋	山东牟平石门里	《考古》1994年2期	有
铁铡刀		辽	内蒙古科右前旗白辛屯	《考古》1965年7期	
铁铡刀	1	辽	内蒙古林西饶州古城	《考古》1980年6期	
铁铡刀	2	南宋	甘肃灵台野狐湾	《考古》1987年4期	有
铁铡刀	3	辽金	北京房山焦庄村	《考古》1963年3期	有
铁铡刀	1	辽金	北京怀柔上庄村	《考古》1963年3期	有
铁铡刀		辽金	河北隆化	《考古》1981年4期	
铁铡刀		辽金	黑龙江肇东八里城	《考古》1960年2期	有
铁铡刀		金	北京丰台大葆台	《考古》1980年5期	有
铁铡刀	1	金	河南新安赵峪村	《考古》1965年1期	有
铁铡刀	1	金	黑龙江双城车家城子	《考古》2003年2期	有
铁铡刀	1	金	辽宁新民前当铺	《考古》1960年2期	有
铁铡刀	3	金元	辽宁绥中城后村	《考古》1960年2期	
铁铡刀	5	元	北京元大都遗址	《考古》1990年7期	

锯

石锯	2	新石器	广东东部地区	《考古》1961年12期	有
石锯		青铜时代（距今3800年）	广西那坡感驮岩	《考古》2003年10期	有
骨锯		新石器（大地湾文化）	甘肃天水西山坪	《考古》1988年5期	有
骨锯	1	新石器（大地湾文化）	陕西临潼白家村	《考古》1984年11期	有
骨锯		新石器（仰韶文化）	陕西华县柳子镇	《考古》1959年2期	
骨锯	1	新石器（大汶口文化）	山东广饶傅家	《考古》2002年9期	有
蚌锯		新石器（仰韶文化）	河南偃师灰嘴村	《考古》2010年4期	有
蚌锯形器	1	新石器（距今6140±175年）	吉林农安元宝沟	《考古》1989年12期	有
蚌锯		新石器（龙山文化）	河北邯郸龟台	《考古》1959年10期	
蚌锯		新石器（龙山文化）	河北邯郸涧沟	《考古》1961年4期	有
蚌锯	1	新石器（龙山文化）	河南安阳后岗	《考古》1982年6期	有
蚌锯	1	新石器（龙山文化）	河南新乡鲁堡村	《考古》1959年9期	
蚌锯	1	新石器（龙山文化）	山东安丘胡峪村	《考古》1963年10期	有
蚌锯	2	新石器	安徽灵璧蒋庙村	《考古通讯》1955年5期	有
蚌锯		新石器	安徽五河濠城	《考古》1959年7期	
蚌锯	1	青铜时代（湖熟文化）	江苏南京西善桥	《考古》1962年3期	
蚌锯		商	河北邢台葛家庄	《考古》2000年11期	有
蚌锯	7	商	河南安阳高楼庄	《考古》1963年4期	

蚌锯	1	商	河南安阳西郊薛家庄	《考古通讯》1958年8期	
蚌锯	1	商	河南孟县涧溪	《考古》1961年1期	有
蚌锯		商	江苏徐州花家寺	《考古》1960年3期	
蚌锯		商	江苏徐州丘湾	《考古》1960年3期	
蚌锯		商	江苏徐州小洪山	《考古》1960年3期	
蚌锯		商	山东平阴朱家桥	《考古》1961年2期	
蚌锯	4	商周	河北邢台东先贤村	《考古》2002年3期	有
蚌锯	2	西周	江苏新沂三里墩	《考古》1960年7期	
蚌锯		周	河南陕县七里铺村	《考古》1959年4期	有
残蚌锯	1	周	山东曲阜东关	《考古》1965年6期	有
蚌锯		春秋	山西芮城永乐宫	《考古》1960年8期	
蚌锯	1	战国	山东临淄故城	《考古》1961年6期	
铜锯		商	河南安阳殷墟	《考古》1961年2期	
铜锯	1	东周	陕西凤翔八旗屯	《考古》1986年4期	有
铜锯	1	春秋	安徽蚌埠双墩	《考古》2009年7期	
铜锯	2	春秋	江苏邳州九女墩	《考古》2003年9期	有
铜锯	1	春秋	江苏邳州九女墩3号	《考古》2002年5期	有
铜锯	1	战国	安徽六安城西窑厂	《考古》1995年2期	有
铜锯	1	战国	广东广宁龙嘴岗	《考古》1998年7期	有
铜锯	1	战国	广东罗定背夫山	《考古》1986年3期	有
铜锯	1	战国	山东剡城二中校园	《考古》1996年3期	有
铜锯	1	战国	陕西咸阳故城长陵车站	《考古》1962年6期	
铜锯	1	战国	四川峨嵋柏香林	《考古》1986年11期	
铜锯	1	东汉	天津武清兰城	《考古》2001年9期	有
铁锯	1	战国	山东临淄故城	《考古》1961年6期	有
铁锯	1	汉	福建崇安城村汉城	《考古》1960年10期	
铁锯	3	汉	河南鹤壁鹿楼村	《考古》1963年10期	有
铁锯	1	西汉	四川涪陵黄溪	《考古》1984年4期	有
铁锯		西汉	云南江川李家山	《考古》2001年12期	
铁锯	1	东汉	河南长葛石固	《考古》1982年3期	有
铁锯	3	东汉	湖南长沙金塘坡	《考古》1979年5期	
铁锯	1	东晋	山东牟平石门里	《考古》1994年2期	有
铁锯		高句丽（公元5世纪）	吉林集安东大坡	《考古》1991年7期	有
铁锯		辽金	黑龙江肇东八里城	《考古》1960年2期	有
铁锯	1	西夏	内蒙古伊金霍洛旗牛其圪台	《考古》1987年12期	有
铁锯		金	黑龙江麒麟河边堡	《考古》1961年5期	
铁锯	1	金	吉林敦化敖东城	《考古》2006年9期	有

| 铁锯 | 1 | 金 | 吉林辑安钟家村 | 《考古》1963年11期 | 有 |

（四）脱粒加工工具

垛叉

| 铁垛叉 | | 辽金 | 黑龙江肇东八里城 | 《考古》1960年2期 | 有 |
| 铁垛叉 | 1 | 金元 | 辽宁绥中城后村 | 《考古》1960年2期 | 有 |

碌碡

| 石碌碡 | | 战国—汉 | 河北邯郸大北城 | 《考古》1980年2期 | |

木锨

| 木锨 | 1 | 魏晋 | 青海互助高寨 | 《考古》2002年12期 | 有 |
| 木锨 | | 唐 | 山东莱芜西温石 | 《考古》1989年2期 | 有 |

摄箕

陶箕	1	新石器	河南镇平赵湾	《考古》1962年1期	有
陶箕	1	战国	湖北枝江姚家港	《考古》1988年2期	有
陶箕	1	战国	山东淄博临淄	《考古》2008年11期	有
陶箕	2	三国（吴）	江苏南京甘家巷	《考古》1963年6期	有
陶箕		魏晋	江苏南京南郊中华门外	《考古》1963年6期	
铜箕	1	战国	山东淄博赵家徐姚	《考古》2005年1期	有
铜箕	1	西汉	湖南长沙汤家岭	《考古》1966年4期	有

簸箕

陶簸箕	1	隋	安徽亳县砖瓦窑场	《考古》1977年1期	有
陶簸箕	1	宋	山西太原小井峪	《考古》1963年5期	有
陶簸箕	1	辽	山西大同卧虎湾	《考古》1960年10期	
木簸箕		战国	河北兴隆西沟	《考古》1995年7期	
簸箕	1	金	山西大同站东小桥街	《考古》2004年9期	有

筛

陶筛	1	三国（吴）	江苏南京甘家巷	《考古》1963年6期	有
釉陶筛	1	西晋	江苏江宁索墅砖瓦厂	《考古》1987年7期	有
瓷筛	1	西晋	江苏南京狮子山	《考古》1987年7期	有

笸箩

| 陶笸箩 | 4 | 宋 | 山西太原小井峪 | 《考古》1963年5期 | 有 |

磨

石磨盘、棒		新石器（距今11000年）	北京门头沟东胡林	《考古》2006年7期	有
石磨盘、棒	1	新石器（距今10000多年）	河北徐水南庄头	《考古》1992年11期	有
石磨盘、棒		新石器（后李文化）	山东章丘西河	《考古》2000年10期	有
石磨盘、棒		新石器（兴隆洼文化）	内蒙古敖汉旗兴隆洼	《考古》1985年10期	有

石磨盘、棒	5	新石器（兴隆洼文化）	内蒙古敖汉旗兴隆洼	《考古》1997年1期 有
石磨盘、棒		新石器（兴隆洼文化）	内蒙古林西白音长汗	《考古》1993年7期 有
石磨盘、棒		新石器（兴隆洼文化）	内蒙古林西井沟子西梁	《考古》2006年2期 有
石磨盘、棒	3	新石器（裴李岗文化）	河南巩县下西坡	《考古》1986年3期 有
石磨盘、棒	29	新石器（裴李岗文化）	河南颊县水泉	《考古》1992年10期 有
石磨盘、棒	3	新石器（裴李岗文化）	河南新郑沙窝李	《考古》1983年12期 有
石磨盘、棒		新石器（裴李岗文化）	河南新郑唐户	《考古》1984年3期
石磨盘、棒	1	新石器（北辛文化）	山东济宁张山	《考古》1996年4期 有
石磨盘、棒		新石器（邱家庄文化）	山东烟台邱家庄	《考古》1997年5期 有
石磨盘、棒	1	新石器（仰韶文化）	河南安阳后岗	《考古》1982年6期 有
石磨盘、棒		新石器（仰韶文化）	河南濮阳西水坡	《考古》1989年12期
石磨盘、棒		新石器（仰韶文化）	内蒙古凉城王墓山	《考古》1997年4期
石磨盘、棒		新石器（仰韶文化）	内蒙古清水河白泥窑子	《考古》1988年2期
石磨盘、棒		新石器（仰韶文化）	内蒙古中南部	《考古》1962年2期 有
石磨盘、棒		新石器（仰韶文化）	陕西宝鸡金陵河西岸	《考古》1959年5期
石磨盘、棒	1	新石器（仰韶文化后岗类型）	河北三河刘白塔	《考古》1995年8期 有
石磨盘、棒	1	新石器（距今6140±175年）	吉林农安元宝沟	《考古》1989年12期 有
石磨盘、棒		新石器（红山文化）	内蒙古巴林右旗那斯台	《考古》1987年6期 有
石磨盘、棒		新石器（距今6000年）	山东长岛北庄	《考古》1987年5期
石磨盘、棒		新石器（后岗一期文化）	内蒙古乌兰察布石虎山	《考古》1998年12期 有
石磨盘、棒		新石器（距今5000年）	内蒙古扎鲁特南宝力皋吐	《考古》2008年7期 有
石磨盘、棒	1	新石器（龙山文化）	河北崇礼石嘴子	《考古》1992年2期 有
石磨盘、棒	1	新石器（龙山文化）	山东海阳蜊岔埠	《考古》1985年12期 有
石磨盘、棒		新石器（龙山文化）	山东临沭北沟头	《考古》1990年6期
石磨盘、棒		新石器（齐家文化）	甘肃临潭磨沟	《考古》2009年7期
石磨盘、棒	1	新石器（距今3200年）	吉林珲春迎花南山	《考古》1993年8期 有
石磨盘、棒		新石器	辽宁长海小珠山	《考古》2009年5期
石磨盘、棒		新石器	内蒙古巴林左旗富河沟门	《考古》1964年1期 有
石磨盘、棒		新石器	内蒙古清水河白泥窑子	《考古》1988年2期
石磨盘、棒		新石器	内蒙古托克托海生不浪	《考古》1978年6期
石磨盘、棒		新石器	宁夏陶乐察罕埂	《考古》1964年5期
石磨盘、棒		新石器	宁夏陶乐程家湾	《考古》1964年5期
石磨盘、棒		新石器	宁夏陶乐高仁	《考古》1964年5期
石磨盘、棒		新石器	宁夏中卫	《考古》1959年7期

石磨盘、棒		新石器	陕西宝鸡北首岭	《考古》1959年5期
石磨盘、棒		青铜时代（夏家店下层文化）	内蒙古赤峰康家湾	《考古》2008年11期
石磨盘、棒	1	商	湖北巴东雷家坪	《考古》1999年1期　有
石磨盘、棒	4	东周	吉林延吉新光	《考古》1992年7期　有
石磨盘、棒		汉	黑龙江海林河口	《考古》1996年2期　有
石磨盘、棒	3	汉魏	黑龙江桦南小八浪	《考古》2002年7期　有
石磨盘、棒		东汉—北朝	黑龙江海林河口	《考古》1996年2期　有
石磨盘、棒	3	魏晋	黑龙江双鸭山保安	《考古》2003年2期
石磨盘、棒		魏晋	黑龙江友谊凤林	《考古》2000年11期　有
石磨棒		新石器（后李文化）	山东临淄后李	《考古》1994年2期
石磨棒	4	新石器（兴隆洼文化）	河北承德岔沟门	《考古》1992年6期　有
石磨棒	2	新石器（兴隆洼文化）	河北滦平药王庙梁	《考古》1998年2期　有
石磨棒	16	新石器（兴隆洼文化）	内蒙古敖汉旗兴隆沟	《考古》2000年9期　有
石磨棒	2	新石器（距今8000年）	安徽宿县小山口	《考古》1993年12期
石磨棒	1	新石器（裴李岗文化）	河南巩义瓦窑嘴	《考古》1996年7期　有
石磨棒	3	新石器（裴李岗文化）	河南临汝中山寨	《考古》1986年6期　有
石磨棒		新石器（裴李岗文化）	河南密县莪沟	《考古》1979年3期
石磨棒	1	新石器（裴李岗文化）	河南密县马良沟	《考古》1981年3期　有
石磨棒	14	新石器（裴李岗文化）	河南陕县水泉	《考古》1979年6期　有
石磨棒	8	新石器（裴李岗文化）	河南新郑裴李岗	《考古》1978年2期　有
石磨棒		新石器（裴李岗文化）	河南新郑裴李岗	《考古》1982年4期　有
石磨棒	8	新石器（裴李岗文化）	河南新郑裴李岗渠西	《考古》1979年3期
石磨棒	3	新石器（裴李岗文化）	河南新郑唐户	《考古》2008年5期
石磨棒	7	新石器（裴李岗文化）	河南新郑唐户	《考古》2010年5期　有
石磨棒	1	新石器（裴李岗文化）	河南许昌县丁庄	《考古》1986年3期　有
石磨棒		新石器（大地湾文化）	陕西临潼白家村	《考古》1984年11期　有
石磨棒	11	新石器（磁山文化）	河北容城上坡	《考古》1999年7期　有
石磨棒	16	新石器（磁山文化）	河北武安磁山	《考古》1977年6期　有
石磨棒	1	新石器（磁山文化）	河北武安牛洼堡	《考古》1984年1期　有
石磨棒	14	新石器（新乐文化）	辽宁沈阳新乐	《考古》1990年11期　有
石磨棒		新石器（北辛文化）	山东济南绿竹园	《考古》1994年11期　有
石磨棒		新石器（北辛文化）	山东滕县	《考古》1980年1期
石磨棒	16	新石器（北辛文化）	山东汶上贾柏村	《考古》1993年6期　有
石磨棒	21	新石器（北辛文化）	山东邹平苑城	《考古》1989年6期
石磨棒		新石器（距今7130±120年）	河南淇县花窝	《考古》1981年3期　有
石磨棒	1	新石器（白石文化一期）	山东烟台白石村	《考古》1992年7期　有

石磨棒	7	新石器（距今7000年）	吉林长岭腰井子	《考古》1992年8期	有
石磨棒		新石器（邱家庄文化）	山东蓬莱大仲家	《考古》1997年5期	有
石磨棒		新石器（邱家庄文化）	山东荣成北兰格	《考古》1997年5期	有
石磨棒		新石器（邱家庄文化）	山东荣成东初	《考古》1997年5期	有
石磨棒		新石器（邱家庄文化）	山东威海义和	《考古》1997年5期	有
石磨棒		新石器（仰韶文化）	河北迁西西寨	《考古》1990年8期	有
石磨棒		新石器（仰韶文化）	河北曲阳董家马西	《考古》1994年4期	有
石磨棒		新石器（仰韶文化）	河北蔚县三关	《考古》1981年2期	
石磨棒	2	新石器（仰韶文化）	河南临汝中山寨	《考古》1986年7期	有
石磨棒		新石器（仰韶文化）	河南洛阳王湾一期	《考古》1961年4期	
石磨棒		新石器（仰韶文化）	内蒙古清水河白泥窑子	《考古》1966年3期	有
石磨棒		新石器（仰韶文化）	内蒙古商都朝天渠	《考古》1992年12期	有
石磨棒		新石器（仰韶文化）	内蒙古商都水泉梁	《考古》1992年12期	有
石磨棒		新石器（仰韶文化）	内蒙古乌兰察布朝天渠	《考古》1996年2期	有
石磨棒		新石器（仰韶文化）	内蒙古乌兰察布水泉梁	《考古》1996年2期	有
石磨棒	1	新石器（仰韶文化）	内蒙古中南部岔河口	《考古》1965年10期	
石磨棒		新石器（仰韶文化）	陕西宝鸡	《考古》1960年2期	
石磨棒	1	新石器（仰韶文化）	陕西宝鸡北首岭	《考古》1979年2期	
石磨棒		新石器（仰韶文化）	陕西长安王曲北堡寨	《考古》1981年1期	
石磨棒	18	新石器（赵宝沟文化）	河北迁西西寨	《考古》1993年1期	
石磨棒	1	新石器（赵宝沟文化）	内蒙古林西白音长汗	《考古》1993年7期	有
石磨棒	6	新石器（赵宝沟文化）	内蒙古林西水泉	《考古》2005年11期	有
石磨棒	4	新石器（距今6800年）	吉林东丰西断梁山	《考古》1991年4期	有
石磨棒	13	新石器（距今6700年）	内蒙古敖汉旗小山	《考古》1987年6期	有
石磨棒	1	新石器（大汶口文化）	山东临沂后黄土堰	《考古》1992年10期	有
石磨棒	27	新石器（大汶口文化）	山东栖霞古镇都	《考古》2008年2期	有
石磨棒	1	新石器（大汶口文化）	山东乳山北斜山	《考古》1990年12期	有
石磨棒	3	新石器（大汶口文化）	山东乳山翁家埠	《考古》1990年12期	有
石磨棒	1	新石器（大汶口文化）	山东乳山小疃	《考古》1990年12期	有
石磨棒		新石器（大汶口文化）	山东枣庄红土埠	《考古》1984年4期	有
石磨棒		新石器（红山文化）	河北承德白河口	《考古》1998年1期	有
石磨棒	15	新石器（红山文化）	吉林奈曼旗大沁他拉	《考古》1979年3期	有
石磨棒		新石器（红山文化）	辽宁康平赵家店白沙沟	《考古》1992年1期	
石磨棒		新石器（红山文化）	辽宁康下赵家店馒头山	《考古》1992年1期	有
石磨棒	1	新石器（红山文化）	辽宁彰武	《考古》1991年8期	
石磨棒	3	新石器（红山文化）	内蒙古巴林右旗查日斯台嘎查	《考古》2002年8期	有
石磨棒	5	新石器（红山文化）	内蒙古林西水泉	《考古》2005年11期	有
石磨棒	10	新石器（距今6000年）	辽宁东沟大岗	《考古》1986年4期	有

石磨棒	26	新石器（白石文化二期）	山东烟台白石村	《考古》1992年7期	有
石磨棒	3	新石器（距今5000年）	吉林东丰西断梁山	《考古》1991年4期	有
石磨棒	2	新石器（距今5000年）	辽宁瓦房店三堂村	《考古》1992年2期	有
石磨棒		新石器（贝丘遗址）	广西南宁	《考古》1975年5期	有
石磨棒		新石器（龙山文化）	河北蔚县筛子绫罗	《考古》1981年2期	
石磨棒		新石器（龙山文化）	河北张家口蔚县庄窠村	《考古》1959年7期	
石磨棒	1	新石器（龙山文化）	河南洛阳矬李	《考古》1978年1期	
石磨棒	3	新石器（龙山文化）	辽宁北票丰下	《考古》1976年3期	有
石磨棒	1	新石器（龙山文化）	山东安丘峒峪村	《考古》1963年10期	有
石磨棒		新石器（龙山文化）	山东费县崮子	《考古》1986年11期	有
石磨棒	1	新石器（龙山文化）	山东海阳大榆树	《考古》1985年12期	有
石磨棒	1	新石器（龙山文化）	山东海阳庙埠	《考古》1985年12期	有
石磨棒	1	新石器（龙山文化）	山东海阳司马台	《考古》1985年12期	有
石磨棒		新石器（龙山文化）	山西襄汾陶寺	《考古》1983年1期	有
石磨棒	1	新石器（距今4700年）	四川巫山魏家梁子	《考古》1996年8期	有
石磨棒	24	新石器（距今4585±160年）	广西钦州独料	《考古》1982年1期	有
石磨棒	26	新石器（距今4500年）	辽宁岫岩北沟西山	《考古》1992年5期	有
石磨棒	1	新石器（距今4400年）	辽宁东沟石佛山	《考古》1990年8期	有
石磨棒	2	新石器（齐家文化）	甘肃卓尼纳浪石坡	《考古》1994年7期	有
石磨棒	1	新石器（距今4000年）	江西清江筑卫城	《考古》1982年2期	
石磨棒	1	新石器（距今3000年）	西藏贡嘎昌果沟	《考古》1999年4期	
石磨棒	1	新石器	福建福清东张	《考古》1965年2期	
石磨棒		新石器	甘肃安西兔葫芦	《考古》1987年1期	有
石磨棒		新石器	甘肃兰州西瓜坡岘	《考古》1960年9期	
石磨棒	5	新石器	广东东部地区	《考古》1961年12期	有
石磨棒		新石器	河北迁西西寨	《考古》1990年8期	有
石磨棒	5	新石器	河北三河孟各庄	《考古》1983年5期	有
石磨棒	10	新石器	河北张家口尚义崩崩淖村	《考古》1959年7期	
残石磨棒	4	新石器	河北张家口尚义大苏计	《考古》1959年7期	
石磨棒	1	新石器	河南方城大张庄	《考古》1983年5期	有
石磨棒	12	新石器	黑龙江宁安大牡丹屯	《考古》1961年10期	
石磨棒	21	新石器	黑龙江宁安东康	《考古》1975年3期	
石磨棒		新石器	黑龙江宁安东昇	《考古》1977年3期	
石磨棒	4	新石器	黑龙江宁安上京龙泉府	《考古》1960年6期	
石磨棒		新石器	吉林长春张家店	《考古通讯》1957年1期	

石磨棒	2	新石器	吉林延吉柳庭洞	《考古》1983年10期	
石磨棒	2	新石器	辽宁东沟后洼	《考古》1984年1期	有
石磨棒		新石器	内蒙古包头阿善	《考古》1984年2期	有
石磨棒		新石器	内蒙古包头纳太	《考古》1986年6期	有
石磨棒		新石器	内蒙古克什克腾旗瓦盆窑村	《考古通讯》1955年5期	有
石磨棒		新石器	内蒙古林西	《考古通讯》1957年2期	
石磨棒		新石器	内蒙古林西樱桃沟	《考古通讯》1955年5期	有
石磨棒	2	新石器	内蒙古苏尼特右旗吉日嘎郎图	《考古》1982年1期	有
石磨棒		新石器	内蒙古托克托碱池	《考古》1978年6期	
石磨棒		新石器	内蒙古托克托章盖营子	《考古》1978年6期	
石磨棒	5	新石器	内蒙古伊克昭盟杭锦旗锡尼镇	《考古》1983年12期	有
石磨棒	2	新石器	宁夏青铜峡广武新田北	《考古》1962年4期	
石磨棒		新石器	山东莱阳泉水头	《考古》1983年3期	
石磨棒	1	新石器	四川喜德瓦木	《考古》1979年1期	有
石磨棒	1	新石器	天津北郊刘家码头	《考古》1976年4期	有
石磨棒	10	新石器	新疆东部石人子乡	《考古》1964年7期	有
石磨棒	2	新石器	云南景洪曼蚌囡	《考古》1965年11期	
石磨棒	5	新石器早期	山东章丘小荆山	《考古》1994年6期	有
石磨棒	1	新石器中期	广西横县江口	《考古》2000年1期	有
石磨棒	5	新石器晚期	河北承德白河南	《考古》1992年6期	有
石磨棒	2	新石器晚期	河北承德娘娘庙	《考古》1992年6期	
石磨棒	1	新石器晚期	辽宁宽甸夹芯子	《考古》1986年10期	有
石磨棒		新石器晚期	内蒙古包头西园	《考古》1990年4期	有
石磨棒	1	新石器（客省庄二期文化）－商早期	内蒙古准格尔旗大口	《考古》1979年4期	
石磨棒		新石器－商周	河北承德地区	《考古》1962年12期	有
石磨棒		夏	甘肃民乐东灰山	《考古》1995年12期	有
石磨棒	1	青铜时代	辽宁丹东振安区小娘娘城山	《考古》1986年10期	
石磨棒		青铜时代（夏家店下层文化）	内蒙古赤峰二道井子	《考古》2010年8期	
石磨棒		青铜时代（夏家店下层文化）	内蒙古赤峰三座店	《考古》2007年7期	有
石磨棒	1	商	河北藁城台西村	《考古》1973年1期	
石磨棒	1	商	辽宁法库湾柳	《考古》1989年12期	有

石磨棒	1	商	山东济南西郊田家庄	《考古》1981年1期	
石磨棒	3	青铜时代（距今3500年）	吉林长春腰红嘴子	《考古》2003年8期	有
石磨棒	4	青铜时代（距今3500年）	新疆和硕新塔那	《考古》1988年5期	有
石磨棒	1	青铜时代（寺洼文化）	甘肃卓尼纳浪大族坪	《考古》1994年7期	有
石磨棒	7	青铜时代（寺洼文化）	甘肃卓尼苞儿	《考古》1994年1期	有
石磨棒		商周	黑龙江宁安莺歌岭	《考古》1981年6期	有
石磨棒	3	周	河北徐水解村	《考古》1965年10期	有
石磨棒	1	青铜时代（夏家店上层文化）	辽宁锦州山河营子	《考古》1986年10期	
石磨棒		西周—战国	新疆木垒四道沟	《考古》1982年2期	
石磨棒		青铜时代—东汉	吉林汪清新安闾	《考古》1961年8期	
石磨棒	3	青铜时代—东汉	吉林汪清新华闾	《考古》1961年8期	
石磨棒	2	战国	吉林汪清水北	《考古》2005年1期	有
石磨棒		战国—汉	辽宁法库叶茂台	《考古》1981年2期	有
石磨棒	3	汉	黑龙江海林东兴	《考古》1996年10期	有
石磨棒	1	渤海国时期	黑龙江海林兴农	《考古》2005年3期	有
石磨棒	1	辽金	吉林双辽电厂贮灰场	《考古》1995年4期	有
石磨盘		新石器（距今10000年）	浙江浦江上山	《考古》2007年9期	有
石磨盘	1	新石器（兴隆洼文化）	河北滦平药王庙梁	《考古》1998年2期	有
石磨盘	6	新石器（兴隆洼文化）	内蒙古敖汉旗兴隆沟	《考古》2000年9期	有
石磨盘	1	新石器（昂昂溪文化）	吉林镇赉黄家围子	《考古》1988年2期	有
石磨盘	1	新石器（距今8000年）	安徽宿县小山口	《考古》1993年12期	有
石磨盘	1	新石器（裴李岗文化）	河南登封东岗岭	《考古》1979年3期	
石磨盘	1	新石器（裴李岗文化）	河南临汝中山寨	《考古》1986年7期	有
石磨盘	2	新石器（裴李岗文化）	河南密县城关东北角	《考古》1979年3期	有
石磨盘		新石器（裴李岗文化）	河南密县莪沟	《考古》1979年3期	
石磨盘	1	新石器（裴李岗文化）	河南密县马良沟	《考古》1981年3期	有
石磨盘	1	新石器（裴李岗文化）	河南密县青石河	《考古》1979年3期	有
石磨盘	18	新石器（裴李岗文化）	河南陕县水泉	《考古》1979年6期	有
石磨盘	40	新石器（裴李岗文化）	河南新郑裴李岗	《考古》1978年2期	有
石磨盘	9	新石器（裴李岗文化）	河南新郑裴李岗	《考古》1982年4期	有
石磨盘	8	新石器（裴李岗文化）	河南新郑裴李岗渠西	《考古》1979年3期	有
石磨盘	2	新石器（裴李岗文化）	河南新郑唐户	《考古》1979年3期	有
石磨盘	5	新石器（裴李岗文化）	河南新郑唐户	《考古》2008年5期	有
石磨盘	1	新石器（裴李岗文化）	河南新郑唐户	《考古》2010年5期	有
石磨盘	1	新石器（裴李岗文化）	河南新郑西土桥	《考古》1979年3期	

石磨盘	2	新石器（裴李岗文化）	河南中牟业王村	《考古》1979年3期	有
石磨盘	3	新石器（磁山文化）	河北容城上坡	《考古》1999年7期	有
石磨盘	11	新石器（磁山文化）	河北武安磁山	《考古》1977年6期	有
石磨盘	22	新石器（新乐文化）	辽宁沈阳新乐	《考古》1990年11期	有
石磨盘	7	新石器（北辛文化）	山东滕县	《考古》1980年1期	有
石磨盘	2	新石器（北辛文化）	山东汶上贾柏村	《考古》1993年6期	有
石磨盘	14	新石器（北辛文化）	山东邹平苑城	《考古》1989年6期	有
石磨盘	5	新石器（距今7000年）	吉林长岭腰井子	《考古》1992年8期	有
石磨盘		新石器（仰韶文化）	河北武安西万年	《考古》1984年1期	有
石磨盘		新石器（仰韶文化）	内蒙古包头西园	《考古》1990年4期	有
石磨盘		新石器（仰韶文化）	内蒙古清水河白泥窑子	《考古》1966年3期	有
石磨盘		新石器（仰韶文化）	陕西宝鸡	《考古》1960年2期	
石磨盘		新石器（仰韶文化）	陕西临潼姜寨	《考古》1975年5期	
石磨盘	2	新石器（仰韶文化）	陕西渭南史家	《考古》1978年1期	
石磨盘	9	新石器（赵宝沟文化）	内蒙古林西水泉	《考古》2005年11期	有
石磨盘	2	新石器（距今6800年）	吉林东丰西断梁山	《考古》1991年4期	有
石磨盘	5	新石器（距今6700年）	内蒙古敖汉旗小山	《考古》1987年6期	有
石磨盘		新石器（仰韶文化中期）	陕西高陵杨官寨	《考古》2009年7期	
石磨盘	1	新石器（仰韶文化晚期）	河北平山中贾壁	《考古》1993年4期	
石磨盘	3	新石器（大汶口文化）	山东栖霞古镇都	《考古》2008年2期	有
石磨盘	9	新石器（红山文化）	吉林奈曼旗大沁他拉	《考古》1979年3期	有
石磨盘		新石器（红山文化）	辽宁康平赵家店白沙沟	《考古》1992年1期	
石磨盘		新石器（红山文化）	辽宁康平赵家店苇塘	《考古》1992年1期	
石磨盘	5	新石器（红山文化）	辽宁凌源牛河梁	《考古》2001年8期	有
石磨盘	1	新石器（红山文化）	辽宁彰武	《考古》1991年8期	
石磨盘	1	新石器（红山文化）	内蒙古巴林右旗查日斯台嘎查	《考古》2002年8期	
石磨盘	2	新石器（红山文化）	内蒙古林西水泉	《考古》2005年11期	有
石磨盘	4	新石器（距今6000年）	辽宁东沟大岗	《考古》1986年4期	有
石磨盘	6	新石器（白石文化二期）	山东烟台白石村	《考古》1992年7期	有
石磨盘	1	新石器（距今5000年）	吉林东丰西断梁山	《考古》1991年4期	有
石磨盘	5	新石器（距今5000年）	辽宁大连大潘家	《考古》1994年10期	有
石磨盘	2	新石器（距今5000年）	辽宁瓦房店三堂村	《考古》1992年2期	有
石磨盘		新石器（屈家岭文化）	陕西西乡李家村	《考古》1961年7期	
石磨盘		新石器（卡若文化）	西藏拉萨曲贡村	《考古》1991年10期	有
石磨盘	1	新石器（贝丘遗址）	辽宁大连长海大长山岛	《考古》1962年7期	有

石磨盘		新石器（龙山文化）	河北蔚县筛子绫罗	《考古》1981年2期	
石磨盘		新石器（龙山文化）	河南巩县水地河	《考古》1990年11期	有
石磨盘		新石器（龙山文化）	河南汤阴白营	《考古》1980年3期	有
石磨盘	4	新石器（龙山文化）	辽宁北票丰下	《考古》1976年3期	
石磨盘	1	新石器（龙山文化）	山东海阳城子顶	《考古》1985年12期	
石磨盘	2	新石器（龙山文化）	山东海阳庙埠	《考古》1985年12期	有
石磨盘		新石器（龙山文化）	山西襄汾陶寺	《考古》1983年1期	有
石磨盘		新石器（龙山文化）	陕西临潼姜寨	《考古》1975年5期	
石磨盘	1	新石器（距今4700年）	四川巫山魏家梁子	《考古》1996年8期	有
石磨盘	2	新石器（距今4585±160年）	广西钦州独料	《考古》1982年1期	
石磨盘	29	新石器（距今4500年）	辽宁岫岩北沟西山	《考古》1992年5期	有
石磨盘		新石器（凤鼻头文化）	台湾高雄凤鼻头	《考古》1979年3期	
石磨盘	5	新石器（距今4400年）	辽宁东沟石佛山	《考古》1990年8期	有
石磨盘状器	8	新石器（齐家文化）	甘肃永靖张家咀	《考古》1959年4期	有
石磨盘	6	新石器（距今3600年）	广东曲江鲶鱼转	《考古》1964年7期	
石磨盘	5	新石器（距今3600年）	广东韶关走马冈	《考古》1964年7期	
石磨盘	1	新石器（距今3210±90年）	云南永仁菜园子	《考古》1985年11期	
石磨盘	1	新石器（西团山文化）	吉林省吉林市泡子沿前山	《考古》1985年6期	有
石磨盘	1	新石器（距今2100±85年）	黑龙江东宁大城子	《考古》1979年1期	
石磨盘		新石器	福建福清东张	《考古》1965年2期	
石磨盘		新石器	甘肃安西兔葫芦	《考古》1987年1期	有
石磨盘		新石器	甘肃兰州西瓜坡岖	《考古》1960年9期	
石磨盘	2	新石器	广东东部地区	《考古》1961年12期	有
石磨盘		新石器	广东新丰	《考古》1960年7期	
石磨盘	4	新石器	河北三河孟各庄	《考古》1983年5期	有
石磨盘	5	新石器	河北张家口尚义崩崩淖村	《考古》1959年7期	
石磨盘	1	新石器	黑龙江牡丹江中下游黑山	《考古》1960年4期	
石磨盘	4	新石器	黑龙江宁安大牡丹屯	《考古》1961年10期	
石磨盘	5	新石器	黑龙江宁安东康	《考古》1975年3期	
石磨盘		新石器	黑龙江宁安东昇	《考古》1977年3期	
石磨盘	1	新石器	黑龙江宁安牛场	《考古》1960年4期	有
石磨盘		新石器	吉林长春红石碏子	《考古通讯》1957年1期	

石磨盘	5	新石器	吉林长春郊区新立城	《考古》1960年4期	
石磨盘		新石器	吉林洮安双塔屯	《考古》1983年12期	有
石磨盘	1	新石器	吉林西团山子	《考古》1960年4期	
石磨盘	3	新石器	辽宁东沟后洼	《考古》1984年1期	有
石磨盘		新石器	内蒙古包头阿善	《考古》1984年2期	
石磨盘		新石器	内蒙古克什克腾旗大耗力村	《考古通讯》1955年5期	有
石磨盘		新石器	内蒙古克什克腾旗瓦盆窑村	《考古通讯》1955年5期	有
石磨盘		新石器	内蒙古林西	《考古通讯》1957年2期	
石磨盘	1	新石器	内蒙古苏尼特右旗吉日嘎郎图	《考古》1982年1期	有
石磨盘		新石器	山东莱阳泉水头	《考古》1983年3期	
石磨盘	5	新石器	新疆东部阿斯塔那	《考古》1964年7期	
石磨盘		新石器	新疆东部石人子乡	《考古》1964年7期	有
石磨盘	14	新石器	新疆疏附阿克塔拉	《考古》1977年2期	有
石磨盘	3	新石器	新疆疏附库鲁克塔拉	《考古》1977年2期	
石磨盘	5	新石器	新疆疏附温古洛克	《考古》1977年2期	有
石磨盘	2	新石器	新疆伊吾县卡尔桑	《考古》1964年7期	有
石磨盘	1	新石器	云南景洪曼蚌囡	《考古》1965年11期	有
石磨盘	1	新石器	云南龙陵马鞍山	《考古》1991年6期	有
石磨盘	6	新石器早期	山东章丘小荆山	《考古》1994年6期	有
石磨盘	1	新石器晚期	福建浦城石排下	《考古》1986年12期	
石磨盘	2	新石器晚期	河北承德白河南	《考古》1992年6期	
石磨盘	2	新石器晚期	河北承德娘娘庙	《考古》1992年6期	有
石磨盘	1	新石器晚期	辽宁宽甸夹芯子	《考古》1986年10期	
石磨盘	5	新石器晚期	浙江仙居下汤	《考古》1987年12期	有
石磨盘		夏	甘肃民乐东灰山	《考古》1995年12期	
石磨盘	1	青铜时代	吉林汪清水北	《考古》2005年1期	有
石磨盘		青铜时代（夏家店下层文化）	内蒙古赤峰二道井子	《考古》2010年8期	
石磨盘	1	商	辽宁法库湾柳	《考古》1989年12期	有
石磨盘	1	商	山东济南西郊田家庄	《考古》1981年1期	
石磨盘	1	青铜时代（距今3500年）	吉林长春腰红嘴子	《考古》2003年8期	
石磨盘	6	青铜时代（距今3500年）	新疆和硕新塔那	《考古》1988年5期	有
石磨盘	2	青铜时代（寺洼文化）	甘肃卓尼芭儿	《考古》1994年1期	有

石磨盘		商晚期	辽宁康平镇郊	《考古》1981年2期
石磨盘	16	商周	云南剑川海门口	《考古》1995年9期 有
石磨盘	6	青铜时代（辛店文化）	甘肃永靖莲花台瓦渣咀	《考古》1980年4期 有
石磨盘状器	67	青铜时代（辛店文化）	甘肃永靖张家咀	《考古》1959年4期
石磨盘	1	周	山东曲阜东关	《考古》1965年6期 有
石磨盘		青铜时代（距今3000年）	新疆民丰尼雅	《考古》1999年4期 有
石磨盘		青铜时代（卡约文化）	青海湟源莫布拉	《考古》1990年11期
石磨盘		西周—春秋	新疆轮台群巴克	《考古》1987年11期
石磨盘	8	西周—战国	新疆木垒四道沟	《考古》1982年2期
石磨盘		青铜时代—东汉	吉林汪清新安闾	《考古》1961年8期
石磨盘	5	东周	吉林汪清金城	《考古》1986年2期 有
石磨盘	1	春秋	吉林磐石小西山	《考古》1984年1期
石磨盘	3	战国	吉林省吉林市长蛇山	《考古》1980年2期
石磨盘	1	战国	吉林省吉林市泡子沿前山	《考古》1985年6期 有
石磨盘	1	战国	吉林汪清水北	《考古》2005年1期 有
石磨盘	2	战国	新疆察布查尔索墩布拉克	《考古》1999年8期
石磨盘	23	铁器时代（距今2500年）	新疆鄯善苏贝希	《考古》2002年6期 有
石磨盘	3	战国—秦汉	西藏阿里札达丁东	《考古》2007年11期 有
石磨盘		战国—汉	辽宁法库叶茂台	《考古》1981年2期
石磨盘	1	汉	黑龙江海林东兴	《考古》1996年10期 有
石磨盘	1	西汉	山东淄博临淄徐家村	《考古》2006年1期 有
石磨盘	量多	西汉	新疆巴里坤县东黑沟	《考古》2009年1期 有
石磨盘		西汉	新疆于田圆沙	《考古》1998年12期
石磨盘	3	魏晋	黑龙江友谊凤林古城址	《考古》2004年12期 有
石磨盘	2	北魏	山西大同轴承厂	《考古》1983年11期 有
石磨盘	2	渤海国时期	黑龙江海林兴农	《考古》2005年3期 有
石磨盘		辽	内蒙古库伦旗黑城子	《考古》1991年6期 有
石磨盘	1	金	吉林梨树偏脸古城	《考古》1963年11期 有
石磨盘	3	金	内蒙古哲里木盟霍林河	《考古》1984年2期 有
石磨	4	新石器（大汶口文化早期）	山东烟台白石村	《考古》1981年2期 有
石磨		商	河南安阳花园庄东地	《考古》2006年1期 有
石磨		西周—战国	新疆木垒四道沟	《考古》1982年2期
石磨		战国—汉	河北邯郸大北城	《考古》1980年2期
石磨		汉	甘肃天祝陈家治台子	《考古通讯》1955年

				1期
石磨		汉	山西襄汾	《考古》1978年2期
石磨	1	汉	山西襄汾赵康	《考古》1978年2期
石磨		西汉	安徽天长北冈	《考古》1979年4期
圆形石转磨		西汉	河北满城	《考古》1977年2期
石磨	2	西汉	河南内黄三杨庄	《考古》2004年7期
石磨	1	西汉	河南淇县土产公司	《考古》1983年10期 有
滑石磨	1	西汉	湖南长沙阿弥岭	《考古》1984年9期 有
石磨	1	西汉	江苏扬州江都	《考古通讯》1956年 有 1期
石磨	1	西汉	山东安丘探柳庄	《考古》1995年11期 有
石磨		西汉	陕西西安未央宫卢家口	《考古》1989年1期
石磨		西汉	陕西西安未央区桂宫三 号	《考古》2001年1期 有
石磨	1	西汉	天津军粮城务本三村	《考古》1993年2期 有
石磨	1	新莽	江苏邗江姚庄	《考古》2000年4期
石磨	1	东汉	河南洛阳北郊纱厂北路	《考古》1991年8期 有
石磨		东汉	河南洛阳西郊	《考古通讯》1956年 1期
石磨	1	东汉	湖北随县塔儿垮	《考古》1966年3期 有
石磨	2	东汉	湖南长沙金塘坡	《考古》1979年5期
石磨	1	东汉	江苏南京栖霞山	《考古》1959年1期
石磨	2	东汉	江苏扬州东风砖瓦厂	《考古》1980年5期 有
石磨	1	东汉	江苏仪征石碑村	《考古》1966年1期
石磨	1	六朝	江西九江赛城湖	《考古》1987年7期
石磨	1	东晋	山东牟平石门里	《考古》1994年2期 有
石磨	1	北魏	内蒙古固阳白灵淖	《考古》1984年2期 有
石磨		隋唐	陕西西安唐长安城太平 坊	《考古》2005年9期
石磨		唐	内蒙古察右中旗园山子	《考古》1962年11期
石磨	1	辽	辽宁新民巴图营子	《考古》1960年2期
石磨	1	南宋	上海奉贤冯桥	《考古》1997年5期 有
石磨		辽金	黑龙江肇东八里城	《考古》1960年2期 有
石磨		辽金	内蒙古科右前旗	《考古》1987年1期
石磨		辽金	内蒙古突泉周家屯	《考古》1987年1期
石磨	1	西夏	内蒙古伊金霍洛旗红庆 河	《考古》1987年12期 有
手摇石磨	1	金	黑龙江阿伦河古城	《考古》1961年5期
石磨	2	金	辽宁新民前当铺	《考古》1960年2期 有

残石磨		金元	辽宁绥中城后村	《考古》1960年2期	
石磨		元	北京西绦胡同	《考古》1973年5期	
石磨		元	江西湖田窑址H区	《考古》2000年12期	
石磨	1	明	山东昌邑辛置二村	《考古》1989年11期	
陶磨	1	汉	安徽亳县凤凰台1号墓	《考古》1974年3期	有
陶磨	21	汉	山东微山微山岛	《考古》2009年10期	有
陶磨	1	西汉	河南南阳陈棚村	《考古》2008年10期	有
陶磨	1	西汉	河南南阳辛店熊营	《考古》2008年2期	有
陶磨	1	西汉	河南禹州新峰	《考古》2010年9期	有
陶磨	1	西汉	湖北襄樊毛纺厂	《考古》1997年12期	有
陶磨	2	西汉	湖北枣阳沙河南岸	《考古》2001年6期	
陶磨	1	西汉	江苏铜山凤凰山	《考古》2004年5期	
陶磨	1	西汉	江苏铜山荆山	《考古》1992年12期	有
陶磨	2	西汉	江苏徐州大孤山	《考古》2009年4期	有
陶磨	1	西汉	江苏徐州凤凰山	《考古》2007年4期	有
陶磨	2	西汉	江苏徐州顾山	《考古》2005年12期	有
陶磨	1	西汉	江苏徐州后楼山	《考古》2006年4期	有
陶磨	2	西汉	江苏徐州九里山	《考古》1994年12期	
陶磨	1	西汉	江苏徐州九里山	《考古》2004年9期	
陶磨	1	西汉	江苏徐州米山	《考古》1996年4期	
陶磨	1	西汉	江苏徐州陶楼	《考古》1993年1期	有
陶磨	1	西汉	山东临沂银雀山	《考古》1975年6期	有
陶磨	1	西汉	山东微山独山	《考古》1995年8期	有
陶磨	4	西汉	山东微山微山岛	《考古》1998年3期	有
陶磨	2	新莽	湖北襄樊岘山	《考古》1996年5期	有
陶磨		东汉	安徽亳县	《考古》1974年3期	有
陶磨	1	东汉	安徽淮北李楼	《考古》2007年8期	有
陶磨	2	东汉	安徽寿县马家古堆	《考古》1966年3期	有
釉陶磨		东汉	北京顺义临河	《考古》1977年6期	
陶磨	1	东汉	河北平谷	《考古》1962年5期	有
陶磨	1	东汉	河北易县燕下都	《考古》1965年11期	有
陶磨	2	东汉	河南济源承留	《考古》1991年12期	有
陶磨	1	东汉	河南焦作白庄	《考古》1995年5期	有
陶磨	2	东汉	河南桐柏万岗	《考古》1964年8期	有
陶磨	1	东汉	河南舞阳塚张村	《考古通讯》1958年9期	有
陶磨	3	东汉	湖北谷城肖家营	《考古》2006年11期	有
陶磨	1	东汉	湖北老河口柴店岗	《考古》2001年7期	有
陶磨	1	东汉	湖北襄樊樊城	《考古》1993年5期	有

陶磨	1	东汉	湖北云梦痢痢墩	《考古》1984年7期	有
陶磨	2	东汉	江苏铜山班井	《考古》1997年5期	有
陶磨	1	东汉	江苏徐州十里铺	《考古》1966年2期	有
陶磨	1	东汉	山东济南青龙山	《考古》1989年11期	有
陶磨	2	东汉	山东滕县柴胡店	《考古》1963年8期	有
陶磨	2	东汉	山东微山夏镇王庄	《考古》1990年10期	有
陶磨	1	东汉	陕西韩城芝川	《考古》1961年8期	有
陶磨		东汉	天津武清兰城	《考古》2001年9期	
陶磨	1	汉—六朝	安徽合肥东郊三星街	《考古通讯》1957年1期	
陶磨	1	三国	湖北随县唐镇	《考古》1966年2期	有
陶磨	1	三国（魏）	河南洛阳涧西	《考古》1989年4期	
陶磨	1	三国（吴）	湖北鄂城	《考古》1982年3期	有
陶磨	1	三国（吴）	湖北鄂州塘角头	《考古》1996年11期	有
陶磨	1	三国（吴）	江苏南京甘家巷	《考古》1963年6期	有
陶磨	1	三国（吴）	江苏镇江	《考古》1984年6期	有
陶磨		魏晋	江苏南京南郊中华门外	《考古》1963年6期	
釉陶磨	1	六朝早期	湖北均县"双塚"	《考古》1965年12期	有
陶磨	1	西晋	安徽和县戚镇	《考古》1984年9期	
陶磨		西晋	河南洛阳西郊	《考古》1959年11期	
陶磨	3	西晋	河南卫辉大司马村	《考古》2010年10期	有
陶磨	1	西晋	河南偃师首阳山	《考古》2010年2期	有
陶磨	1	西晋	湖北新洲旧街	《考古》1995年4期	有
釉陶磨	1	西晋	江苏江宁索墅砖瓦厂	《考古》1987年7期	有
陶磨	1	西晋	山东苍山东高尧	《考古》1989年8期	有
陶磨	1	西晋	山西运城十里铺	《考古》1989年5期	有
陶磨	9	十六国（前秦）	陕西咸阳文林小区	《考古》2005年4期	有
陶磨	1	十六国（北燕）	辽宁朝阳大平房村	《考古》1985年10期	有
陶磨	1	北魏	河南偃师染华	《考古》1993年5期	有
陶磨	1	东魏	河北磁县东陈村	《考古》1977年6期	有
陶磨	1	东魏	河南安阳固岸	《考古》2008年5期	有
陶磨		北齐	山西太原圹坡	《考古》1959年1期	
陶磨坊	2	隋	安徽亳县砖瓦窑场	《考古》1977年1期	有
推磨陶俑	1	隋	安徽亳县砖瓦窑场	《考古》1977年1期	有
陶磨	1	隋	安徽亳县砖瓦窑场	《考古》1977年1期	有
陶磨	1	隋	安徽合肥市郊五里岗	《考古》1976年2期	
陶磨	2	隋	河北平山西岳	《考古》2001年2期	有
陶磨	1	隋	河南安阳安阳桥	《考古》1992年1期	
陶磨	1	隋	河南安阳梅元庄	《考古》1992年1期	

陶磨		隋	河南安阳张盛墓	《考古》1959年10期	有
陶磨	1	隋	河南安阳置度村	《考古》2010年4期	有
陶磨	1	隋	湖北武汉郊周家大湾	《考古通讯》1957年6期	有
陶磨	1	隋	湖北武汉武昌马房山	《考古》1994年11期	有
陶磨	1	唐	河北平山西岳	《考古》2001年2期	有
陶磨	1	唐	河南扶沟马村	《考古》1965年8期	
陶磨	1	唐	河南洛阳关林	《考古》2006年2期	有
陶磨	1	唐	河南偃师北窑	《考古》1992年11期	
陶磨	1	唐	河南偃师杏园村	《考古》1984年10期	有
陶磨	1	唐	河南偃师杏园村	《考古》1986年5期	有
三彩磨	1	唐	河南偃师杏园村	《考古》1996年12期	有
陶磨		唐	河南郑州上街	《考古》1960年1期	
陶磨	2	唐	河南郑州上街	《考古》1996年8期	有
陶磨	1	唐	河南郑州石佛乡孙庄	《考古通讯》1958年7期	
陶磨		唐	湖北武汉	《考古》1959年11期	
陶磨	1	唐	江苏邗江杨庙	《考古》1983年9期	有
陶磨	1	唐	山西长治北石槽	《考古》1962年2期	
陶磨		唐	山西长治北石槽	《考古》1965年9期	有
陶磨		唐	山西长治东郊	《考古通讯》1957年5期	有
陶磨		唐	陕西礼泉长乐公主墓	《考古》1989年1期	有
釉陶磨	1	唐	陕西礼泉张士贵墓	《考古》1978年3期	有
陶磨		唐	陕西西安李静训墓	《考古》1959年9期	
陶磨	2	唐	天津军粮城刘家台子	《考古》1963年3期	有
陶磨	2	明	河南陕县前塚王村	《考古》1961年2期	
陶磨盘		西汉	湖北襄樊毛纺厂	《考古》1997年12期	有
陶磨盘	1	西晋	河南偃师杏园村	《考古》1985年8期	有
陶磨盘	1	西晋	江苏南京柳塘	《考古》1992年8期	
陶磨棒	1	西晋	江苏南京柳塘	《考古》1992年8期	
黄釉磨	1	唐	河南洛阳关林	《考古》1972年3期	
瓷磨	1	三国（吴）	安徽马鞍山佳山	《考古》1986年5期	有
瓷磨	1	三国（吴）	湖北鄂城西山南麓	《考古》1978年3期	有
瓷磨	1	西晋	江苏南京狮子山	《考古》1987年7期	有
瓷磨	1	隋	河南安阳安阳桥	《考古》1992年1期	有
瓷磨	1	唐	湖南长沙咸嘉湖	《考古》1980年6期	
瓷磨		五代－北宋	浙江苍南繁枝	《考古》1993年8期	
瓷转磨		五代－北宋	浙江苍南灵溪	《考古》1993年8期	有

瓷砻磨		五代—北宋	浙江苍南藻溪	《考古》1993年8期	有
瓷磨	2	北宋	安徽望江黄土坡	《考古》1993年2期	有
泥磨	1	高昌（公元7世纪）	新疆吐鲁番巴达木	《考古》2006年12期	有

碾

石碾轮	1	新石器	上海松江汤庙村	《考古》1985年7期	
石碾轮	1	新石器中晚期	安徽黄山蒋家山	《考古》1995年2期	有
石药碾	1	唐	河北晋县北张里村	《考古》1985年2期	有
石茶碾		唐	陕西西安长安西明寺	《考古》1990年1期	有
石碾盘		宋	山东莱芜官厂	《考古》1989年2期	有
石碾	1	宋	重庆涂山瓷窑	《考古》1986年10期	
石碾		辽金	吉林扶余林家窝铺	《考古》1961年1期	
石碾轮	1	明	北京元大都遗址	《考古》1972年6期	
石碾	1	明	山东昌邑辛置二村	《考古》1989年11期	
陶碾	1	北魏	河南偃师杏园村	《考古》1991年9期	有
陶碾	1	隋	河南安阳安阳桥	《考古》1992年1期	
陶碾		隋	河南安阳张盛墓	《考古》1959年10期	有
陶药碾	1	唐	安徽巢湖庵门村	《考古》1988年6期	有
陶碾槽与碾轮	71	唐	湖南望城长沙窑	《考古》2003年5期	有
陶碾	1	唐	山西长治东郊	《考古通讯》1957年5期	有
陶碾	1	唐	山西长治王村	《考古》1965年8期	有
陶碾轮	1	唐	山西长治西城墙下	《考古》1964年8期	
陶碾	1	唐	天津军粮城刘家台子	《考古》1963年3期	有
陶碾轮	6	宋	湖南洪江倒水湾	《考古》2006年11期	有
陶碾	6	宋	湖南洪江倒水湾	《考古》2006年11期	有
瓷碾	1	隋	河南安阳安阳桥	《考古》1992年1期	有
瓷碾槽	1	五代	湖南长沙烈士公园	《考古》1965年9期	有
瓷碾		五代—北宋	浙江乐清铁场村	《考古》1993年8期	有
瓷碾槽		五代—北宋	浙江乐清镇安	《考古》1993年8期	有
铁碾	1	辽	山西大同新添堡	《考古》2005年8期	有
铁药碾		金	北京丰台大葆台	《考古》1980年5期	有
锡碾槽	1	明	湖北江陵八岭山	《考古》1995年8期	有

碓

石碓		新石器	云南剑川海门口	《考古通讯》1958年6期	
石碓	1	唐	江苏镇江花山湾	《考古》1999年3期	有
石碓	1	宋	陕西铜川黄堡	《考古》1959年12期	

陶碓		东汉	北京平谷	《考古》1962年5期	有
釉陶踏碓俑	1	东汉	北京顺义临河	《考古》1977年6期	
陶碓房	1	东汉	河北易县燕下都	《考古》1965年11期	有
陶碓房	1	东汉	河南济源承留	《考古》1991年12期	
陶碓	1	东汉	河南焦作白庄	《考古》1995年5期	有
陶碓房		东汉	河南陕县刘家渠	《考古通讯》1957年 4期	
陶碓	1	东汉	湖北襄樊樊城	《考古》1993年5期	有
陶碓	1	东汉	湖北宜都刘家屋场	《考古》1987年10期	有
陶碓	1	东汉	湖北云梦癞痢墩	《考古》1984年7期	有
陶碓	1	东汉	山东济南青龙山	《考古》1989年11期	有
陶碓房	1	东汉	四川绵阳朱家梁子	《考古》2003年9期	有
陶碓	1	三国（魏）	河南洛阳涧西	《考古》1989年4期	
陶碓	1	三国（吴）	湖北鄂城	《考古》1982年3期	有
釉陶碓	1	三国（吴）	湖北武汉武昌莲溪寺	《考古》1959年4期	有
陶碓	1	三国（吴）	江苏南京甘家巷	《考古》1963年6期	有
陶碓	1	三国（吴）	江苏南京尧化	《考古》1998年8期	
釉陶碓	1	六朝早期	湖北均县"双塚"	《考古》1965年12期	有
陶碓		西晋	河南洛阳西郊	《考古》1959年11期	
陶碓	3	西晋	河南卫辉大司马村	《考古》2010年10期	有
陶碓	1	西晋	河南偃师首阳山	《考古》2010年2期	有
陶碓	1	西晋	河南偃师杏园村	《考古》1985年8期	有
釉陶碓	1	西晋	江苏江宁索墅砖瓦厂	《考古》1987年7期	有
陶碓	1	西晋	江苏南京柳塘	《考古》1992年8期	
陶碓	1	西晋	山东苍山东高尧	《考古》1989年8期	有
陶碓	1	西晋	山西运城十里铺	《考古》1989年5期	有
陶碓	1	十六国	陕西咸阳头道塬	《考古》2005年6期	有
陶碓	6	十六国（前秦）	陕西咸阳文林小区	《考古》2005年4期	有
陶碓	1	十六国（北燕）	辽宁朝阳大平房村	《考古》1985年10期	有
陶碓	1	北魏	河南偃师染华	《考古》1993年5期	有
陶碓	1	东魏	河北磁县东陈村	《考古》1977年6期	有
陶碓	1	东魏	河南安阳固岸	《考古》2008年5期	有
陶碓	1	北齐	河北磁县高润墓	《考古》1979年3期	有
陶碓	1	北齐	河北磁县孟庄	《考古》1997年3期	有
陶碓		北齐	山西太原圹坡	《考古》1959年1期	
陶碓	1	隋	安徽合肥市郊五里岗	《考古》1976年2期	
陶碓	1	隋	河北平山西岳	《考古》2001年2期	有
陶碓	1	隋	河南安阳安阳桥	《考古》1992年1期	
陶碓	1	隋	河南安阳梅元庄	《考古》1992年1期	

陶碓		隋	河南安阳张盛墓	《考古》1959年10期	有
陶碓	1	隋	河南安阳置度村	《考古》2010年4期	有
陶碓		隋	陕西西安李静训墓	《考古》1959年9期	
陶碓	1	唐	河南扶沟马村	《考古》1965年8期	有
陶碓	1	唐	河南孟津大杨村	《考古》2007年4期	有
三彩碓	1	唐	河南新安磁涧	《考古》1987年9期	
陶碓	1	唐	河南偃师北窑	《考古》1992年11期	有
陶碓	1	唐	河南偃师杏园村	《考古》1984年10期	有
陶碓	1	唐	河南偃师杏园村	《考古》1986年5期	有
三彩碓	1	唐	河南偃师杏园村	《考古》1996年12期	有
三彩碓	1	唐	河南偃师瑶头	《考古》1986年11期	有
陶碓		唐	河南郑州上街	《考古》1960年1期	
陶碓	2	唐	河南郑州上街	《考古》1996年8期	有
陶碓		唐	湖北武汉	《考古》1959年11期	
陶碓		唐	湖南长沙黄土岭西坡间	《考古通讯》1958年3期	有
陶碓	1	唐	辽宁朝阳黄河路	《考古》2001年8期	有
陶碓	2	唐	山西长治北石槽	《考古》1962年2期	
陶碓		唐	山西长治王村	《考古》1965年8期	有
陶碓臼	1	唐	山西长治王村	《考古》1965年8期	有
釉陶碓	1	唐	陕西礼泉张士贵墓	《考古》1978年3期	有
陶碓		唐	天津军粮城刘家台子	《考古》1963年3期	
瓷碓	1	三国（吴）	安徽马鞍山佳山	《考古》1986年5期	有
瓷碓	1	三国（吴）	湖北鄂城西山南麓	《考古》1978年3期	有
瓷碓		三国（吴）	江苏南京栖霞山甘家巷	《考古》1976年5期	
瓷碓	1	隋	河南安阳安阳桥	《考古》1992年1期	有
瓷碓	1	唐	湖南长沙咸嘉湖	《考古》1980年6期	
瓷碓		五代—北宋	浙江苍南宣山	《考古》1993年8期	有
瓷碓		五代—北宋	浙江苍南藻溪	《考古》1993年8期	有
黄釉碓	1	唐	河南洛阳关林	《考古》1972年3期	
水碓遗址	7	南宋	江西高安华林造纸作坊	《考古》2010年8期	

舂米器具

陶舂米俑房屋	1	东汉	广东增城金兰寺	《考古》1966年1期	有
陶舂米模型		东汉	湖南长沙小林子冲	《考古》1959年11期	有
陶舂谷具		西晋	安徽和县戚镇	《考古》1984年9期	
陶舂米机	1	唐	山西长治东郊	《考古通讯》1957年5期	有

杵

石杵		新石器（彭头山文化）	湖南澧县彭头山	《考古》1989年10期
石杵		新石器（兴隆洼文化）	内蒙古林西井沟子西梁	《考古》2006年2期　有
石杵	1	新石器（裴李岗文化）	河南新郑唐户	《考古》2010年5期　有
石杵		新石器（李家村文化）	陕西西乡李家村	《考古》1962年6期
石杵	数量多	新石器（青莲岗文化）	江苏连云港二涧村	《考古》1962年3期
石杵		新石器（河姆渡文化）	浙江宁波八字桥	《考古》1979年6期　有
石杵状器		新石器（仰韶文化）	河北武安西万年	《考古》1984年1期　有
石杵	3	新石器（仰韶文化）	河南安阳后岗	《考古》1972年3期
石杵		新石器（仰韶文化）	河南灵宝北阳平	《考古》1999年12期　有
石杵	2	新石器（仰韶文化）	河南灵宝西坡	《考古》2001年11期　有
石杵		新石器（仰韶文化）	河南禹县谷水河	《考古》1978年1期　有
石杵		新石器（仰韶文化）	内蒙古凉城王墓山	《考古》1989年2期　有
石杵		新石器（仰韶文化）	内蒙古商都狼窝沟	《考古》1992年12期　有
石杵		新石器（仰韶文化）	内蒙古乌兰察布狼窝沟	《考古》1996年2期　有
石杵	1	新石器（仰韶文化）	陕西浐灞两河沿岸	《考古》1961年11期
石杵		新石器（仰韶文化）	陕西长安王曲北堡寨	《考古》1981年1期
石杵	1	新石器（仰韶文化）	陕西城固莲花池	《考古》1977年5期　有
石杵		新石器（仰韶文化）	陕西华阴横阵	《考古》1960年9期
石杵	2	新石器（仰韶文化）	陕西华阴南城子	《考古》1984年6期　有
石杵		新石器（仰韶文化）	陕西临潼姜寨	《考古》1973年3期
石杵		新石器（仰韶文化）	陕西临潼姜寨	《考古》1975年5期
石杵	2	新石器（距今6900年）	安徽濉溪石山子	《考古》1992年3期　有
石杵	3	新石器（赵宝沟文化）	内蒙古林西水泉	《考古》2005年11期　有
石杵		新石器（仰韶文化中期）	陕西高陵杨官寨	《考古》2009年7期
石杵	2	新石器（仰韶文化晚期）	河北平山中贾壁	《考古》1993年4期　有
石杵		新石器（大溪文化）	湖北枝江关庙山	《考古》1983年1期　有
石杵	1	新石器（大溪文化）	湖南津市青龙咀	《考古》1990年1期　有
石杵	1	新石器（大汶口文化）	山东费县翟家村	《考古》1986年11期　有
石杵	2	新石器（大汶口文化）	山东即墨北阡	《考古》1981年1期　有
石杵	1	新石器（大汶口文化）	山东即墨东寅堤村	《考古》1981年1期
石杵	2	新石器（大汶口文化）	山东即墨南阡	《考古》1981年1期
石杵	10	新石器（红山文化）	吉林奈曼旗大沁他拉	《考古》1979年3期　有
石杵	1	新石器（距今5000年）	辽宁大连大潘家	《考古》1994年10期　有
石杵		新石器（距今5000年）	辽宁大连王家屯	《考古》1994年4期
石杵	1	新石器（距今5000年）	辽宁瓦房店三堂村	《考古》1992年2期　有

石杵	2	新石器（距今5000年）	四川汶川姜维城	《考古》2006年11期	有
石杵	1	新石器（屈家岭文化）	湖北洪湖圆山	《考古》1989年5期	有
石杵	19	新石器（屈家岭文化）	湖北宜昌中堡岛	《考古》1996年9期	有
石杵		新石器（屈家岭文化）	陕西西乡李家村	《考古》1961年7期	
石杵		新石器（贝丘遗址）	广西南宁	《考古》1975年5期	有
石杵	1	新石器（龙山文化）	河北怀来马站	《考古》1988年8期	有
石杵		新石器（龙山文化）	河北武安东万年	《考古》1984年1期	有
石杵	3	新石器（龙山文化）	河北永年台口村	《考古》1962年12期	
石杵	3	新石器（龙山文化）	河南孟津小潘沟	《考古》1978年4期	有
石杵	4	新石器（龙山文化）	河南汝州李楼	《考古》1998年3期	有
石杵		新石器（龙山文化）	河南汤阴白营	《考古》1980年3期	有
石杵		新石器（龙山文化）	河南永城黑固堆	《考古》1981年5期	有
石杵		新石器（龙山文化）	河南禹县谷水河	《考古》1978年1期	
石杵	1	新石器（龙山文化）	河南禹州瓦店	《考古》2000年2期	有
石杵	1	新石器（龙山文化）	湖北洪湖乌林矶	《考古》1987年5期	有
石杵形器	1	新石器（龙山文化）	湖南津市范家咀	《考古》1990年1期	有
石杵	2	新石器（龙山文化）	辽宁北票丰下	《考古》1976年3期	有
石杵		新石器（龙山文化）	内蒙古清水河白泥窑子	《考古》1966年3期	有
石杵		新石器（龙山文化）	内蒙古清水河柳青	《考古》1992年7期	有
石杵		新石器（龙山文化）	内蒙古准格尔西麻青	《考古》1992年7期	有
石杵		新石器（龙山文化）	山东费县崮子	《考古》1986年11期	有
石杵		新石器（龙山文化）	山东费县西西蒋	《考古》1986年11期	有
石杵形器		新石器（龙山文化）	山东章丘西河	《考古》2000年10期	
石杵		新石器（龙山文化）	山西襄汾丁村	《考古》1991年10期	有
石杵		新石器（龙山文化）	陕西华阴横阵	《考古》1960年9期	
石杵		新石器（龙山文化早期）	河南汤阴白营	《考古》1980年3期	有
石杵		新石器（龙山文化晚期）	内蒙古清水河白泥窑子	《考古》1988年2期	
石杵	5	新石器（距今4600年）	重庆巫山锁龙	《考古》2006年3期	有
石杵	1	新石器（石家河文化）	湖南安乡划城岗	《考古》2001年4期	有
石杵	8	新石器（距今4585±160年）	广西钦州独料	《考古》1982年1期	有
石杵		新石器（龙山文化陶寺型）	山西襄汾丁村曲舌头	《考古》2002年4期	有
石杵	1	新石器（龙山文化陶寺型）	山西襄汾陶寺	《考古》2003年3期	有
石杵		新石器（马家窑文化马厂型）	甘肃临夏马家湾	《考古》1961年11期	

石杵	2	新石器（距今4150±100年）	甘肃永靖马家湾	《考古》1975年2期	有
石杵	1	新石器（距今4000年）	香港元朗下白泥	《考古》1999年6期	有
石杵	6	新石器（距今3600年）	广东曲江鲶鱼转	《考古》1964年7期	有
石杵	3	新石器（距今3600年）	广东韶关走马冈	《考古》1964年7期	
石杵	2	新石器	福建建瓯和建阳	《考古》1961年4期	有
石杵	7	新石器	福建武平	《考古》1961年4期	有
石杵	2	新石器	广东宝安蚌地山	《考古通讯》1957年6期	
石杵	3	新石器	广西桂林甑皮岩	《考古》1976年3期	有
石杵	3	新石器	河北张家口尚义崩崩淖村	《考古》1959年7期	
石杵		新石器	河南漯河澧河	《考古通讯》1957年3期	
石杵	1	新石器	河南泌阳板桥三所楼	《考古》1965年9期	有
石杵	2	新石器	河南镇平赵湾	《考古》1962年1期	
石杵	2	新石器	黑龙江宁安大牡丹屯	《考古》1961年10期	
石杵	1	新石器	黑龙江宁安东昇	《考古》1977年3期	
石杵	1	新石器	湖北红安金盆	《考古》1960年4期	
石杵		新石器	湖北荆州阴湘城	《考古》1997年5期	有
石杵		新石器	辽宁桓仁	《考古》1960年1期	
石杵		新石器	内蒙古包头阿善	《考古》1984年2期	
石杵	1	新石器	内蒙古包头黑麻板	《考古》1986年6期	
石杵	2	新石器	内蒙古克什克腾旗瓦盆窑村	《考古通讯》1955年5期	有
石杵		新石器	内蒙古清水河白泥窑子	《考古》1988年2期	
石杵	1	新石器	内蒙古苏尼特右旗吉日嘎郎图	《考古》1982年1期	有
石杵	1	新石器	陕西安康张家坝	《考古》1983年6期	有
石杵	1	新石器	四川广元张家坡	《考古》1991年9期	有
石杵		新石器	四川阆中蓝家坝	《考古》1983年6期	
石杵		新石器	四川南部涌泉坝	《考古》1983年6期	有
石杵		新石器	四川南充明家嘴	《考古》1983年6期	
石杵		新石器	四川忠县	《考古通讯》1958年5期	
石杵	4	新石器	新疆奇台半截沟	《考古》1981年6期	有
石杵	6	新石器	新疆疏附阿克塔拉	《考古》1977年2期	有
石杵	1	新石器	新疆疏附得沃勒克	《考古》1977年2期	
石杵	5	新石器	新疆疏附温古洛克	《考古》1977年2期	有

石杵	1	新石器	新疆伊吾县卡尔桑	《考古》1964年7期	有
石杵	1	新石器	云南禄劝营盘山	《考古》1993年3期	有
石杵	9	新石器中期	广西横县江口	《考古》2000年1期	有
石杵	1	新石器中晚期	安徽黄山蒋家山	《考古》1995年2期	有
石杵	1	新石器晚期	湖北宜昌白庙	《考古》1983年5期	有
石杵	2	新石器晚期	山西太原义井村	《考古》1961年4期	
石杵		新石器－商周	河北承德地区	《考古》1962年12期	有
石杵	1	夏（二里头文化）	河南方城八里桥	《考古》1999年12期	有
石杵	1	夏（二里头文化）	山西翼城感军	《考古》1980年3期	有
石杵	1	夏（二里头文化）	山西永济东马铺头	《考古》1980年3期	
石杵	1	青铜时代（夏家店下层文化）	辽宁建平喇喇沁	《考古》1983年11期	
石杵		青铜时代（夏家店下层文化）	内蒙古赤峰康家湾	《考古》2008年11期	有
石杵		青铜时代（夏家店下层文化）	内蒙古赤峰三座店	《考古》2007年7期	有
石杵	8	青铜时代（湖熟文化）	江苏南京西善桥	《考古》1962年3期	有
石杵	1	青铜时代（湖熟文化）	江苏镇江左湖	《考古》2000年4期	有
石杵		青铜时代（距今3800年）	广西那坡感驮岩	《考古》2003年10期	有
石杵	4	夏商	湖南浏阳樟树塘	《考古》1994年11期	
石杵	1	商	北京房山刘李店	《考古》1963年3期	
石杵	1	商	广东深圳向南村	《考古》1997年6期	有
石杵	1	商	河北藁城台西村	《考古》1973年5期	
石杵	1	商	河北灵寿北宅村	《考古》1966年2期	
石杵	1	商	河北邢台东先贤村	《考古》1959年2期	
石杵	1	商	河北邢台东先贤村	《考古》1959年10期	
石杵	2	商	河南安阳后岗	《考古》1993年10期	有
石杵		商	河南安阳殷墟	《考古》1961年2期	
绵羊头石杵		商	河南偃师二里头	《考古》1974年4期	有
石杵	1	商	河南郑州铭功路东	《考古》2002年9期	有
石杵		商	河南郑州商城宫殿区	《考古》2000年2期	有
石杵	1	商	湖北巴东雷家坪	《考古》1999年1期	有
石杵		商	湖北沙市周梁玉桥	《考古》2004年9期	有
石杵		商	江苏铜山丘湾	《考古》1973年2期	有
石杵	1	商	山东平阴朱家桥	《考古》1961年2期	有
石杵	1	青铜时代（寺洼文化）	甘肃卓尼芭儿	《考古》1994年1期	有
石杵		商周	北京房山丁家洼	《考古》1963年3期	
石杵	1	商周	贵州毕节青场瓦窑	《考古》1987年4期	有

石杵	1	商周	山东荏平南陈庄	《考古》1985年4期	有
石杵	3	西周	辽宁阜新平项山石城址	《考古》1992年5期	有
石杵		青铜时代（辛店文化）	甘肃临夏姬家川	《考古》1962年2期	
石杵	1	青铜时代（辛店文化）	甘肃永靖莲花台黑头咀	《考古》1980年4期	有
石杵	12	青铜时代（辛店文化）	甘肃永靖莲花台瓦渣咀	《考古》1980年4期	有
石杵	1	青铜时代（辛店文化）	甘肃永靖张家咀	《考古》1959年4期	有
石杵	2	周	广东清远飞水	《考古》1963年2期	
石杵		周	湖北红安金盆	《考古》1960年4期	
石杵		青铜时代（距今3000年）	辽宁大连大砣子	《考古》1994年4期	
石杵		青铜时代（夏家店上层文化）	内蒙古赤峰夏家店上层	《考古》1961年2期	
石杵	6	西周—战国	新疆木垒四道沟	《考古》1982年2期	有
石杵	1	东周	广东清远马头岗	《考古》1964年3期	有
石杵	3	春秋	四川会理雷家山	《考古》2010年4期	有
石杵		春秋	新疆库车	《考古》1959年2期	
石杵	2	战国	山西侯马牛村	《考古》1988年10期	
石杵	15	铁器时代（距今2500年）	新疆鄯善苏贝希	《考古》2002年6期	有
石杵		汉	黑龙江海林河口	《考古》1996年2期	
石杵	2	汉	四川平武水牛家寨	《考古》2006年10期	有
石杵	5	西汉	新疆巴里坤县东黑沟	《考古》2009年1期	有
石杵	1	五代	四川彭山宋琳墓	《考古通讯》1958年5期	
石杵	5	宋	陕西铜川黄堡	《考古》1959年12期	
石杵	2	北宋	山西太原小井峪	《考古》1963年5期	
石杵		辽	山西大同西南郊15号墓	《考古通讯》1958年6期	
石杵		辽金	黑龙江肇东八里城	《考古》1960年2期	有
石杵	1	辽金	吉林扶余傅康屯	《考古》1961年1期	
石杵	1	辽金	吉林双辽电厂贮灰场	《考古》1995年4期	有
石杵	3	金	吉林德惠后城子	《考古》1993年8期	有
石杵		元	北京西绦胡同	《考古》1973年5期	
石杵		元	北京新街口后桃园	《考古》1973年5期	
木杵		新石器	浙江湖州吴兴钱山漾	《考古》1980年4期	
木杵	1	商周	云南剑川海门口	《考古》1995年9期	有
木杵	1	辽	山西大同卧虎湾	《考古》1963年8期	
陶杵	1	新石器（青莲岗文化）	江苏常州圩墩	《考古》1978年4期	
陶杵	3	新石器（青莲岗文化）	江苏连云港二涧村	《考古》1962年3期	

陶杵	1	新石器（昙石山文化）	福建闽侯昙石山	《考古》1983年12期	
陶杵		新石器	河南漯河澧河	《考古通讯》1957年3期	
陶杵	1	新石器	江苏阜宁梨园	《考古》1964年1期	有
陶杵	11	新石器	江苏淮安青莲岗	《考古通讯》1958年10期	有
陶杵		新石器	江苏泗洪顺山集	《考古》1964年5期	有
陶杵	3	新石器	江苏新海连市大村	《考古》1961年6期	有
陶杵	1	新石器	山东兖州堌城村	《考古》1965年1期	
陶杵	1	商	安徽含山孙家岗	《考古》1977年3期	
陶杵米俑	1	东汉	河北任邱东关	《考古》1965年2期	
陶杵	1	东汉	河南南阳桑园路	《考古》2001年8期	有
陶杵	3	东汉	湖南郴州烟厂	《考古》1982年3期	有
陶杵	1	东汉	湖南衡阳南岳万福村	《考古》1992年5期	有
陶杵	1	西晋	江苏南京柳塘	《考古》1992年8期	
瓷杵	2	五代－北宋	浙江苍南灵溪	《考古》1993年8期	
瓷杵		五代－北宋	浙江苍南藻溪	《考古》1993年8期	有
瓷杵		南宋	重庆涂山锯木湾	《考古》1991年3期	有
铜杵	1	新莽	江苏邗江姚庄	《考古》2000年4期	有
铁杵	1	西汉	陕西咸阳北二道原	《考古》1982年3期	有
铁杵	1	宋	陕西铜川黄堡	《考古》1959年12期	
铁杵		金	黑龙江麒麟河边堡	《考古》1961年5期	
杵锤		北宋	广东潮州笔架山	《考古》1983年6期	有

臼

石臼		新石器（距今11000年）	北京门头沟东胡林	《考古》2006年7期	
石臼		新石器（兴隆洼文化）	内蒙古林西井沟子西梁	《考古》2006年2期	有
石臼	2	新石器（北辛文化）	山东济宁张山	《考古》1996年4期	有
石臼	1	新石器（距今6900年）	安徽濉溪石山子	《考古》1992年3期	有
石臼		新石器（大汶口文化）	山东滕州西公桥	《考古》2000年10期	有
石臼		新石器（龙山文化）	河北张家口涿鹿龙王塘	《考古》1959年7期	
石臼		新石器（龙山文化）	内蒙古中南部黄河河谷	《考古》1965年10期	有
石臼	1	新石器（龙山文化）	山东海阳庙埠	《考古》1985年12期	有
石臼	1	新石器（龙山文化）	陕西商洛东	《考古》2009年12期	有
石臼		新石器（岳石文化）	河南杞县鹿台岗	《考古》1994年8期	
石臼	1	新石器（距今3000年）	西藏贡嘎昌果沟	《考古》1999年4期	
石臼		新石器	河北承德馒头山	《考古》1959年7期	
石臼		新石器	河北承德平顶山	《考古》1959年7期	
石臼盘		新石器	吉林长春红石碏子	《考古通讯》1957年	

1期

石臼		新石器	内蒙古托克托海生不浪	《考古》1978年6期	
石臼	1	新石器	新疆奇台半截沟	《考古》1981年6期	有
石臼	1	新石器	云南禄劝营盘山	《考古》1993年3期	有
石臼	1	新石器（客省庄二期文化）－商早期	内蒙古准格尔旗大口	《考古》1979年4期	
石臼	1	新石器－青铜时代	辽宁本溪庙后山	《考古》1985年6期	
石臼		青铜时代（夏家店下层文化）	辽宁北票康家屯	《考古》2001年8期	有
石臼		青铜时代（夏家店下层文化）	内蒙古赤峰二道井子	《考古》2010年8期	有
石臼		青铜时代（夏家店下层文化）	内蒙古赤峰三座店	《考古》2007年7期	
石臼	1	商	河南安阳小屯东北地	《考古》1989年10期	有
石臼	1	青铜时代（距今3500年）	新疆和硕新塔那	《考古》1988年5期	有
石臼		青铜时代（辛店文化）	甘肃永靖张家咀	《考古》1959年4期	
石臼	1	青铜时代（距今3000年）	新疆哈密艾斯克霞尔	《考古》2002年6期	有
石臼		青铜时代（夏家店上层文化）	内蒙古赤峰夏家店上层	《考古》1961年2期	
石臼	1	青铜时代（卡约文化）	青海平安董家	《考古》1990年9期	有
石臼	1	西周－战国	新疆木垒四道沟	《考古》1982年2期	
石臼	1	战国－秦汉	河北怀来大古城	《考古》2001年11期	有
石臼		战国－汉	河北邯郸大北城	《考古》1980年2期	
石臼	1	汉	河南鹤壁鹿楼村	《考古》1963年10期	
石臼		汉	江苏扬州古运河	《考古通讯》1957年4期	
石臼	5	西汉	河南内黄二杨庄	《考古》2004年7期	
石臼	1	西汉	陕西西安六堡村	《考古》1991年1期	
石臼	2	西汉	陕西西安未央宫西南角楼	《考古》1996年3期	
石臼	1	东汉	河南洛阳北郊纱厂北路	《考古》1991年8期	有
石臼	1	东汉	湖北随县塔儿湾	《考古》1966年3期	有
石臼	1	东汉	江苏南京栖霞山	《考古》1959年1期	
石臼	1	东汉	江苏泰州新庄	《考古》1962年10期	有
石臼	1	高句丽	吉林辑安霸王朝山城	《考古》1962年11期	
石臼	1	三国（吴）	江西南昌明阳路中段	《考古》1980年3期	有
石臼	1	三国（吴）	浙江金华古方	《考古》1984年9期	有
石臼	1	六朝	江西九江赛城湖	《考古》1987年7期	

石臼	1	六朝	江西南昌徐家坊	《考古》1965年9期	有
石臼	1	高句丽（南北朝）	吉林辑安	《考古》1961年1期	
石臼	1	唐	海南琼山珠崖岭	《考古》2003年4期	
石臼	1	高昌（公元7世纪）	新疆吐鲁番木纳尔	《考古》2006年12期	有
石臼	4	高句丽（公元7世纪）	吉林辽源龙首山	《考古》1994年3期	有
石臼	1	高句丽（公元7世纪）	辽宁沈阳石台子拦水坝	《考古》2010年12期	有
石臼	1	渤海国时期	黑龙江海林兴农	《考古》2005年3期	有
石臼		唐宋	浙江宁波子城	《考古》2002年3期	有
石臼		宋	陕西铜川黄堡	《考古》1959年12期	
石臼		辽	内蒙古库伦旗黑城子	《考古》1991年6期	
石臼	1	辽	山西大同卧虎湾	《考古》1963年8期	
石臼		辽	山西大同西南郊15号墓	《考古通讯》1958年6期	
石臼		辽金	黑龙江肇东八里城	《考古》1960年2期	有
石臼	3	辽金	吉林扶余傅康屯	《考古》1961年1期	
石臼	1	辽金	吉林扶余林家窝铺	《考古》1961年1期	
石臼	1	辽金	内蒙古呼和浩特毛不浪	《考古》1962年11期	
石臼		辽金	内蒙古科右前旗	《考古》1987年1期	
石臼		辽金	内蒙古突泉于家屯	《考古》1987年1期	
石臼	2	金	黑龙江阿伦河古城	《考古》1961年5期	
石臼	2	金	黑龙江拉林河右岸半拉城子	《考古》1964年12期	
石臼	1	金	吉林德惠后城子	《考古》1993年8期	有
石臼		元	北京西绦胡同	《考古》1973年5期	
石臼		元	北京新街口后桃园	《考古》1973年5期	
木臼	1	西汉	广西贵县风流岭	《考古》1984年1期	
陶臼	1	新石器（马家浜文化）	江苏宜兴骆驼墩	《考古》2003年7期	
陶臼	1	新石器（崧泽文化）	上海青浦崧泽	《考古》1992年3期	有
陶臼	2	新石器（薛家岗文化）	湖北黄梅陆墩	《考古》1991年6期	有
陶臼		新石器	湖南临澧县太山庙	《考古》1989年10期	有
陶臼		商	河南安阳小屯	《考古》1987年4期	有
陶臼	1	西汉	山东临沂银雀山	《考古》1975年6期	有
陶臼	1	东汉	福建福州洪塘金鸡山	《考古》1992年10期	有
陶臼	2	东汉	河南偃师吴家湾	《考古》2010年9期	有
陶臼	3	东汉	湖南郴州烟厂	《考古》1982年3期	有
陶臼		东汉	重庆化龙桥	《考古通讯》1958年3期	有
陶臼	1	三国（吴）	湖北鄂州塘角头	《考古》1996年11期	有
陶臼	1	三国（吴）	江苏南京邓府山	《考古》1992年8期	

陶臼	2	三国（吴）	江苏南京尧化	《考古》1998年8期	有
陶臼	1	三国（吴）	江西南昌明阳路中段	《考古》1980年3期	有
陶臼	1	三国（吴）	江西南昌市郊	《考古》1978年3期	有
陶臼		魏晋	江苏南京南郊中华门外	《考古》1963年6期	
釉陶臼	2	西晋	江苏江宁索墅砖瓦厂	《考古》1987年7期	有
陶臼	2	西晋	江苏南京柳塘	《考古》1992年8期	
陶臼	2	隋	湖北武汉武昌马房山	《考古》1994年11期	有
陶臼	1	唐	河南郑州石佛乡孙庄	《考古通讯》1958年7期	
陶臼	2	唐	山西长治北石槽	《考古》1962年2期	
瓷臼	1	三国（吴）	湖北鄂城西山南麓	《考古》1978年3期	有
瓷臼		三国（吴）	江苏南京栖霞山甘家巷	《考古》1976年5期	
瓷臼	1	西晋	江苏南京狮子山	《考古》1987年7期	有
瓷臼		五代—北宋	浙江苍南灵溪	《考古》1993年8期	
瓷臼		五代—北宋	浙江苍南宣山	《考古》1993年8期	有
瓷臼		五代—北宋	浙江苍南藻溪	《考古》1993年8期	有
瓷臼		五代—北宋	浙江乐清铁场村	《考古》1993年8期	有
铜臼	1	西汉	湖南长沙阿弥岭	《考古》1984年9期	有
铁臼形器		西汉	江西南昌老福山	《考古》1965年6期	有
铁臼	1	西汉	陕西咸阳北二道原	《考古》1982年3期	有
铁臼	1	辽	山西大同新添堡	《考古》2005年8期	有
铁臼	1	南宋	甘肃灵台野狐湾	《考古》1987年4期	有
铁臼		西夏	内蒙古伊金霍洛旗布尔台格	《考古》1987年12期	有
铁臼	1	西夏	内蒙古伊金霍洛旗瓦尔吐沟	《考古》1987年12期	有
铁臼		金元	山东茌平郜屯	《考古》1986年8期	有
砖臼	1	东汉	青海民和东垣村	《考古》1986年9期	有

杵臼

石杵臼	1	新石器（距今6000年）	福建平潭壳坵头	《考古》1991年7期	有
石杵臼		新石器（龙山文化）	山西定襄西社	《考古》1987年11期	有
石杵臼		新石器	甘肃永靖张家咀	《考古》1959年4期	
石杵臼		夏（二里头文化）	河南偃师二里头	《考古》1965年5期	有
石杵臼		西周	陕西长安沣西客省庄	《考古》1959年10期	
石杵臼		西周	陕西长安鄠县马王村	《考古》1962年6期	有
石杵臼		战国	陕西长安沣西客省庄	《考古》1959年10期	
石杵臼		东汉	河南洛阳西郊	《考古通讯》1956年1期	
石杵臼		唐	陕西西安唐长安城西市	《考古》1961年5期	

石杵臼	1	辽	山西大同五法村	《考古》2007年8期	有
石杵臼		南宋	江苏武进县蒋塘村	《考古》1986年3期	有
石杵臼	1	金	吉林梨树偏脸古城	《考古》1963年11期	有
石杵臼	1	明	山东昌邑辛置二村	《考古》1989年11期	
陶杵臼（在陶房内）		新莽	四川成都石人坝	《考古》2000年1期	
陶杵臼	1	东汉	河南洛阳涧西七里河	《考古》1975年2期	
陶杵臼	1	唐	福建惠安上村	《考古》2004年4期	
陶杵臼	1	唐	河北沧县前营村	《考古》1991年5期	有
陶杵臼	2	明	河南陕县前塚王村	《考古》1961年2期	
铜杵臼	1	西汉	广西合浦望牛岭	《考古》1972年5期	有
铜药杵臼		西汉	河北获鹿高庄	《考古》1994年4期	
铜杵臼		西汉	湖南长沙东北郊	《考古》1959年12期	有
铜杵臼	1	西汉	四川西昌礼州	《考古》1980年5期	有
铁杵臼		西汉	四川成都杨子山	《考古通讯》1955年6期	有
铁杵臼	1	东汉	江苏仪征石碑村	《考古》1966年1期	有
铁杵臼	1	西夏	内蒙古伊金霍洛旗红庆河	《考古》1987年12期	有
杵臼	1	三国（吴）	江苏南京甘家巷	《考古》1963年6期	有

（五）储藏设施

仓

滑石仓		西汉	广东广州北郊横枝岗	《考古通讯》1955年4期	有
滑石仓	1	西汉	湖南长沙阿弥岭	《考古》1984年9期	有
石仓	5	明	山东昌邑辛置二村	《考古》1989年11期	
木仓	1	西汉	广东广州西村皇帝岗	《考古通讯》1957年4期	有
陶仓	3	春秋	陕西宝鸡茹家庄	《考古》1979年5期	有
陶仓	1	春秋	陕西武功赵家来	《考古》1996年12期	有
陶仓		战国	河北易县燕下都	《考古》1962年1期	有
陶仓		汉	北京	《考古》1959年3期	
陶仓		汉	河南鹤壁鹿楼村	《考古》1963年10期	
陶仓	11	汉	河南洛阳涧西	《考古通讯》1957年3期	
陶仓		汉	河南洛阳金谷园	《考古通讯》1958年1期	有
陶仓		汉	河南孟县古城村	《考古通讯》1958年3期	有

陶仓	11	汉	河南郑州二里岗	《考古》1963年11期	有
陶仓		汉	湖北枣阳	《考古》1959年11期	
陶仓房		汉	内蒙古乌兰布和	《考古》1973年2期	
陶仓	26	汉	山东微山微山岛	《考古》2009年10期	有
陶仓	43	汉	陕西长安洪庆村	《考古》1959年12期	有
陶仓		汉	陕西西安白家口	《考古通讯》1955年 2期	有
"小麦囷"陶仓	1	汉	陕西西安洪庆村	《考古》1963年4期	有
"白米囷"陶仓	1	汉	陕西西安洪庆村	《考古》1963年4期	有
"黍粟囷"陶仓	1	汉	陕西西安洪庆村	《考古》1963年4期	有
釉陶仓	5	汉	陕西西安环城马路墓	《考古通讯》1958年 7期	有
陶仓	2	汉	四川成都东乡青杠包九号墓	《考古通讯》1956年 1期	有
陶仓	1	汉	四川成都东乡青杠包三号墓	《考古通讯》1956年 1期	有
陶仓	2	汉	香港九龙李郑屋村	《考古》1997年6期	有
陶仓	1	西汉	安徽无为甘露村	《考古》2005年5期	有
陶仓	1	西汉	广东广州西村	《考古》1960年1期	
陶仓		西汉	广东乐昌对面山	《考古》2000年6期	有
陶仓	4	西汉	广西贵县北郊	《考古》1985年3期	有
陶仓	9	西汉	河南巩县叶岭村	《考古》1974年2期	
陶仓	10	西汉	河南洛阳老城西北郊	《考古》1964年8期	有
陶仓	7	西汉	河南洛阳食品购销站	《考古》1983年1期	有
陶仓	7	西汉	河南南阳陈棚村	《考古》2008年10期	有
陶仓	3	西汉	河南南阳辛店熊营	《考古》2008年2期	有
陶仓		西汉	河南陕县后川	《考古通讯》1958年 11期	
陶仓	2	西汉	河南陕县刘家渠	《考古通讯》1957年 4期	
陶仓	15	西汉	河南桐柏万岗	《考古》1964年8期	有
陶仓	16	西汉	河南新乡唐庄	《考古》1987年11期	有
陶仓	2	西汉	湖北丹江口金陂	《考古》2008年4期	有
陶仓		西汉	湖北江陵凤凰山168号墓	《考古》1976年1期	有
陶仓		西汉	湖北荆沙瓦坟园	《考古》1995年11期	有
陶仓	3	西汉	湖北老河口柴店岗	《考古》2001年7期	有
陶仓	1	西汉	湖北襄樊毛纺厂	《考古》1997年12期	有

陶仓	12	西汉	湖北宜昌前坪	《考古》1985年5期	有
陶仓	2	西汉	湖北枣阳沙河南岸	《考古》2001年6期	有
陶仓		西汉	湖南常德樟树山	《考古》1987年5期	有
陶仓	3	西汉	湖南湘乡可心亭	《考古》1966年5期	
陶仓		西汉	江苏邳县刘林	《考古》1965年11期	
陶仓	1	西汉	江苏铜山凤凰山	《考古》2004年5期	有
陶仓	2	西汉	江苏铜山荆山	《考古》1992年12期	有
陶仓	2	西汉	江苏铜山李屯	《考古》1995年3期	有
陶仓	2	西汉	江苏徐州大孤山	《考古》2009年4期	有
陶仓	2	西汉	江苏徐州凤凰山	《考古》2007年4期	有
陶仓	1	西汉	江苏徐州顾山	《考古》2005年12期	有
陶仓	2	西汉	江苏徐州后楼山	《考古》2006年4期	有
陶仓	1	西汉	江苏徐州九里山	《考古》1994年12期	
陶仓楼	2	西汉	江苏徐州九里山	《考古》1994年12期	有
陶仓	1	西汉	江苏徐州九里山	《考古》2004年9期	有
陶仓	2	西汉	江苏徐州米山	《考古》1996年4期	
陶仓	1	西汉	江苏徐州陶楼	《考古》1993年1期	有
陶仓		西汉	辽宁大连旅顺李家沟	《考古》1965年3期	
陶仓	4	西汉	山东平阴新屯	《考古》1988年11期	有
陶仓	2	西汉	山东滕州东小宫	《考古》2000年10期	有
陶仓	1	西汉	山东滕州官桥	《考古》1999年4期	有
陶仓	1	西汉	山东微山独山	《考古》1995年8期	有
陶仓	2	西汉	山东微山墓前	《考古》1995年11期	有
陶仓	5	西汉	山东微山微山岛	《考古》1998年3期	有
陶仓	3	西汉	山东阳谷吴楼	《考古》1999年11期	有
釉陶仓	2	西汉	陕西宝鸡谭家村	《考古》1987年12期	有
陶仓	1	西汉	陕西千阳	《考古》1975年3期	有
陶仓	7	西汉	陕西西安龙首村	《考古》2002年5期	有
陶仓		西汉	陕西兴平东门外	《考古》1978年1期	
陶仓	1	西汉	四川重庆临江支路	《考古》1986年3期	有
陶仓	6	新莽	湖北襄樊岘山	《考古》1996年5期	有
陶仓	4	新莽	四川成都石人坝	《考古》2000年1期	有
陶仓		东汉	安徽寿县马家古堆	《考古》1966年3期	
陶仓	10	东汉	北京昌平半截塔村	《考古》1963年3期	
陶仓	4	东汉	北京怀柔城北	《考古》1962年5期	有
陶仓	7	东汉	北京平谷	《考古》1962年5期	有
釉陶仓楼	1	东汉	北京顺义临河	《考古》1977年6期	有
陶仓	3	东汉	北京永定路	《考古》1963年3期	有
陶仓	15	东汉	甘肃武威磨咀子	《考古》1960年9期	

釉陶仓	1	东汉	甘肃武威磨咀子6号墓	《考古》1960年5期　有
陶仓	3	东汉	甘肃武威滕家庄	《考古》1960年6期
陶仓	2	东汉	广东博罗福田	《考古》1993年4期
陶仓	1	东汉	广东东山	《考古通讯》1956年　有 4期
陶仓	1	东汉	广东广州沙河顶	《考古》1986年12期　有
陶仓	1	东汉	广东广州西村皇帝岗42号墓	《考古通讯》1958年　有 8期
陶仓		东汉	广东乐昌对面山	《考古》2000年6期　有
陶仓	2	东汉	广东增城金兰寺	《考古》1966年1期　有
陶仓	1	东汉	广东肇庆康乐中路	《考古》2009年11期　有
陶仓	2	东汉	广西北海盘子岭	《考古》1998年11期　有
陶仓		东汉	广西贵港孔屋岭	《考古》2005年11期
陶仓	3	东汉	广西贵港马鞍岭	《考古》2002年3期　有
陶仓	1	东汉	广西合浦丰门岭	《考古》1995年3期　有
陶仓	3	东汉	广西合浦九只岭	《考古》2003年10期　有
陶仓	3	东汉	广西合浦母猪岭	《考古》1998年5期　有
陶仓	2	东汉	广西合浦七星岭	《考古》2004年4期　有
陶仓	2	东汉	贵州黔西甘棠	《考古》2006年8期　有
陶仓	1	东汉	河北石家庄北郊	《考古》1984年9期　有
陶仓	2	东汉	河北易县燕下都	《考古》1965年11期　有
陶仓	41	东汉	河南巩县石家庄	《考古》1963年2期　有
陶仓楼	1	东汉	河南济源承留	《考古》1991年12期　有
陶仓	5	东汉	河南济源桐花沟	《考古》2000年2期　有
陶仓楼	1	东汉	河南焦作白庄	《考古》1995年5期　有
陶仓	5	东汉	河南洛阳北郊纱厂北路	《考古》1991年8期　有
陶仓		东汉	河南洛阳涧西七里河	《考古》1975年2期　有
陶仓	1	东汉	河南洛阳民族路	《考古》1997年7期　有
陶仓	1	东汉	河南洛阳西郊	《考古通讯》1956年　有 1期
陶仓	2	东汉	河南南阳桑园路	《考古》2001年8期　有
陶仓	2	东汉	河南南阳市西关	《考古》1966年2期　有
陶仓		东汉	河南陕县刘家渠	《考古通讯》1957年　有 4期
陶仓		东汉	河南汤阴三区后营村	《考古通讯》1957年 6期
陶仓		东汉	河南汤阴阎家堂	《考古通讯》1957年 6期
陶仓	9	东汉	河南桐柏万岗	《考古》1964年8期　有

陶仓	3	东汉		河南卫辉大司马村	《考古》2008年11期 有
陶仓	1	东汉		河南新安古路沟	《考古》1966年3期 有
陶仓	2	东汉		河南新乡王门村	《考古》2003年4期 有
陶仓	10	东汉		河南偃师姚孝经墓	《考古》1992年3期 有
陶仓	4	东汉		河南郑州二里岗	《考古》1964年4期 有
陶仓	7	东汉		河南郑州南关外	《考古通讯》1958年 有 2期
陶仓	7	东汉		湖北谷城肖家营	《考古》2006年11期 有
陶仓	1	东汉		湖北随县古城岗	《考古》1966年3期 有
陶仓盖	5	东汉		湖北随县古城岗	《考古》1966年3期 有
陶仓	3	东汉		湖北随县唐镇	《考古》1966年2期 有
陶仓盖	3	东汉		湖北随县唐镇	《考古》1966年2期 有
陶仓	1	东汉		湖北武汉江夏区庙山	《考古》2006年5期 有
陶仓	1	东汉		湖北襄樊樊城	《考古》1993年5期 有
陶仓	2	东汉		湖北宜昌前坪	《考古》1985年5期 有
陶仓	4	东汉		湖北宜昌前坪包金头	《考古》1990年9期 有
陶仓	5	东汉		湖北宜都刘家屋场	《考古》1987年10期 有
陶仓	1	东汉		湖北宜都陆城	《考古》1988年8期 有
陶仓		东汉		湖南长沙	《考古》1959年11期 有
陶仓		东汉		湖南长沙北郊纸圆冲	《考古通讯》1957年 5期
绿釉陶仓	1	东汉		湖南长沙北门砚瓦池	《考古通讯》1957年 5期
陶仓		东汉		湖南长沙东郊	《考古》1963年12期
陶仓		东汉		湖南长沙东郊雷家嘴	《考古通讯》1958年 有 2期
绿釉陶仓		东汉		湖南长沙小林子冲	《考古通讯》1958年 有 12期
陶仓	6	东汉		湖南常德芦山	《考古》2004年5期 有
绿釉陶仓	1	东汉		湖南常德南坪	《考古》1980年4期 有
陶仓	1	东汉		湖南常德南坪	《考古》2006年3期 有
陶仓楼		东汉		湖南常德西郊	《考古》1959年11期 有
陶仓	1	东汉		湖南郴州烟厂	《考古》1982年3期 有
陶仓	1	东汉		湖南大庸大塔岗	《考古》1994年12期 有
陶仓	5	东汉		湖南衡阳茶山坳	《考古》1986年12期 有
陶仓	1	东汉		湖南衡阳凤凰山	《考古》1993年3期 有
陶仓	2	东汉		湖南衡阳荆田	《考古》1991年10期 有
陶仓	2	东汉		湖南衡阳兴隆村	《考古》2010年4期 有
陶仓		东汉		湖南耒阳耒花营	《考古通讯》1956年

				4期	
陶仓楼	1	东汉	江苏铜山班井	《考古》1997年5期	有
陶仓盖	1	东汉	江西赣县三溪	《考古》1996年12期	有
陶仓	1	东汉	江西南昌抚河东岸	《考古》1978年3期	有
陶仓	4	东汉	江西南昌青云谱	《考古》1960年10期	
陶仓	1	东汉	江西南昌市郊	《考古》1965年11期	有
陶仓	1	东汉	江西南昌市南郊丝网塘	《考古》1966年3期	有
陶仓	2	东汉	江西青江武陵	《考古》1976年5期	有
陶仓	3	东汉	辽宁大连董家沟	《考古》2002年6期	有
陶仓	6	东汉	辽宁大连前牧城驿	《考古》1986年5期	有
陶仓房	1	东汉	辽宁大连前牧城驿	《考古》1986年5期	有
陶仓	4	东汉	内蒙古磴口陶生井	《考古》1965年7期	有
陶仓盖	3	东汉	内蒙古磴口陶生井	《考古》1965年7期	
陶仓	1	东汉	宁夏固原北原	《考古》1994年4期	有
陶仓	1	东汉	宁夏固原北塬	《考古》2008年12期	有
陶仓	1	东汉	山东东平王陵山	《考古》1966年4期	有
陶仓	1	东汉	山东青州马家冢子	《考古》2007年6期	有
陶仓	1	东汉	山东泗水南陈	《考古》1995年5期	
陶仓	2	东汉	山东微山夏镇王庄	《考古》1990年10期	
陶仓	1	东汉	山东潍坊山后王	《考古》1989年9期	
陶仓	4	东汉	山西平陆枣园	《考古》1959年9期	有
陶仓		东汉	山西太原西郊	《考古》1963年5期	
陶仓		东汉	山西新绛龙香村	《考古》1987年10期	有
陶仓楼		东汉	山西新绛龙香村	《考古》1987年10期	有
陶仓房		东汉	陕西勉县老道寺	《考古》1985年5期	有
绿釉陶仓	1	东汉	陕西西安东郊十里铺	《考古通讯》1957年 4期	有
陶仓	2	东汉	陕西西安东郊十里铺	《考古通讯》1957年 4期	有
陶仓	6	东汉	四川成都北二环路	《考古》2001年5期	有
陶仓	1	东汉	四川成都新都互助村	《考古》2007年9期	有
陶仓		东汉	四川大邑马王坟	《考古》1980年3期	
陶仓		东汉	四川彰明常山村	《考古通讯》1955年 5期	
陶仓		东汉	四川彰明佛儿崖	《考古通讯》1955年 6期	
陶仓	1	东汉	云南呈贡七步场	《考古》1982年1期	有
陶仓	2	东汉	云南大理大展屯	《考古》1988年5期	有
陶仓楼		东汉	云南大理大展屯	《考古》1988年5期	有

小陶仓		东汉	云南大理大展屯	《考古》1988年5期	有
陶仓	1	东汉	云南昭通桂家院子	《考古》1960年5期	
陶仓	1	东汉	云南昭通桂家院子	《考古》1962年8期	有
陶仓	1	东汉	重庆奉节三峡拖板村	《考古》2004年1期	有
陶仓	2	东汉	重庆万州包上	《考古》2008年1期	有
陶仓	18	东汉	重庆巫山巫峡秀峰	《考古》2004年10期	有
陶仓	1	汉—西晋	福建闽侯荆溪庙后山	《考古》1959年6期	有
陶仓	2	东汉—六朝	湖南长沙南塘冲	《考古通讯》1958年 3期	有
陶仓	2	三国	湖北随县唐镇	《考古》1966年2期	有
陶仓	1	三国（魏）	河南偃师杏园村	《考古》1985年8期	有
陶仓	1	三国（吴）	安徽南陵麻桥	《考古》1984年11期	有
陶仓	2	三国（吴）	湖北鄂城	《考古》1982年3期	有
陶仓	7	三国（吴）	湖北鄂州塘角头	《考古》1996年11期	有
釉陶仓	5	三国（吴）	湖北武汉武昌莲溪寺	《考古》1959年4期	有
陶仓房		三国（吴）	江苏南京甘家巷	《考古》1963年6期	有
陶仓盖	1	三国（吴）	江苏南京尧化	《考古》1998年8期	有
陶仓	1	三国（吴）	江西南昌明阳路中段	《考古》1980年3期	有
陶仓	1	三国（吴）	江西南昌市郊	《考古》1978年3期	有
陶仓	1	三国（吴）	江西南昌小兰	《考古》1993年1期	有
陶仓	1	魏晋	河南新乡第五水厂	《考古》2007年10期	有
陶仓	3	魏晋	青海互助高寨	《考古》2002年12期	有
陶仓		六朝	福建福州南福铁路桐无口村	《考古通讯》1958年 1期	有
陶仓		晋	甘肃敦煌	《考古》1974年3期	有
陶仓	2	晋	甘肃敦煌新店台	《考古》1974年3期	有
陶仓	1	晋	云南姚安阳派水库	《考古通讯》1956年 3期	有
陶仓	8	西晋	安徽和县戚镇	《考古》1984年9期	有
陶仓	2	西晋	安徽青阳庙前	《考古》1992年11期	有
陶仓	1	西晋	河南辉县洪州	《考古》1990年4期	有
陶仓	1	西晋	河南偃师首阳山	《考古》2010年2期	有
陶仓房	1	西晋	河南偃师杏园村	《考古》1985年8期	有
陶仓	1	西晋	湖北黄梅松林咀	《考古》2004年8期	有
堆塑谷仓	1	西晋	江西瑞昌马头	《考古》1974年1期	有
陶仓	2	西晋	山东苍山东高尧	《考古》1989年8期	有
陶仓	1	东晋	江苏南京郭家山	《考古》2008年6期	有
陶仓	12	东晋	江苏镇江谏壁	《考古》1988年7期	有
陶仓	8	十六国（前秦）	陕西咸阳文林小区	《考古》2005年4期	有

陶仓	2	北朝	河北磁县湾漳	《考古》1990年7期	
陶仓		北朝	河南洛阳王湾	《考古》1961年4期	
陶仓	1	南朝	广西永福寿城	《考古》1983年7期	
陶仓	1	南朝	湖北武汉周家大湾	《考古》1965年4期	
陶仓	1	南朝	江苏南京富贵山	《考古》1998年8期	有
陶仓		南朝	江苏南京郊区	《考古》1983年4期	有
陶仓	1	南朝	江苏南京郊区板桥	《考古》1983年4期	有
陶仓	1	南朝	江苏南京栖霞东杨坊	《考古》2008年6期	有
陶仓		南朝	江苏南京童家山	《考古》1985年1期	有
陶仓	1	北魏	河南偃师染华	《考古》1993年5期	有
陶仓	2	北魏—隋	河北景县封皮	《考古通讯》1957年3期	有
陶仓	1	东魏	河北磁县东陈村	《考古》1977年6期	有
陶仓		东魏	河北赞皇南邢郭村	《考古》1977年6期	
陶仓	1	东魏	河南安阳固岸	《考古》2008年5期	有
陶仓	1	北齐	河北磁县高润墓	《考古》1979年3期	有
陶仓	1	北齐	河北磁县孟庄	《考古》1997年3期	有
陶仓	1	隋	安徽合肥市郊五里岗	《考古》1976年2期	有
陶仓	1	隋	河南安阳梅元庄	《考古》1992年1期	
陶仓	5	唐	河北磁县讲武城	《考古》1959年1期	
陶仓		唐	河南安阳大司空村	《考古通讯》1955年4期	有
陶仓	1	唐	山西长治西城墙下	《考古》1964年8期	有
釉陶仓	5	唐	陕西礼泉张士贵墓	《考古》1978年3期	有
陶仓	1	五代	福建福州洪塘金鸡山	《考古》1992年10期	有
陶仓	2	宋	福建连江南塘乡虎头山	《考古通讯》1958年5期	有
陶仓		宋	江西青江郑静阅	《考古通讯》1955年3期	
陶仓	1	北宋	福建建瓯边口	《考古》1997年4期	有
陶仓		北宋	湖南临湘陆城石桥沟	《考古》1988年1期	有
陶仓	1	南宋	福建南平大凤	《考古》1991年12期	有
陶仓	1	南宋	福建南平店口	《考古》1992年5期	有
陶仓	2	南宋	福建南平南山	《考古》2004年11期	有
陶仓	2	南宋	江西高安赤溪	《考古》1994年2期	
陶仓	5	元	河南三门峡上村岭	《考古》1985年11期	有
陶仓	2	元	江西高安汉家山	《考古》1989年6期	有
陶仓	2	元	江西高安坑口	《考古》1987年3期	有
陶仓	4	元	山东济宁张营	《考古》1994年9期	有

陶仓	1	明	湖南津市新洲	《考古》1994年7期	有
刷金陶仓	9	明	江西南昌永和门外	《考古》1984年10期	有
陶仓	4	明	四川成都东郊华阳桂溪	《考古通讯》1957年3期	
陶仓	1	明	四川成都凤凰山	《考古》1978年5期	
瓷仓	1	三国	浙江武义陶器厂	《考古》1981年4期	有
瓷谷仓	3	三国（吴）	安徽马鞍山佳山	《考古》1986年5期	有
瓷仓	3	三国（吴）	湖北鄂城西山南麓	《考古》1978年3期	有
瓷仓		三国（吴）	江苏溧阳	《考古》1962年8期	有
瓷仓	1	三国（吴）	浙江金华古方	《考古》1984年9期	有
瓷仓	1	晋	江西清江	《考古》1962年4期	有
瓷仓	1	西晋	江苏江宁张家山	《考古》1985年10期	有
瓷仓	2	西晋	浙江金华古方	《考古》1984年9期	有
瓷仓	1	西晋	浙江绍兴后家岭	《考古》1992年5期	
瓷仓	1	隋	河南安阳安阳桥	《考古》1992年1期	有
瓷仓	7	五代—北宋	浙江苍南宣山	《考古》1993年8期	有
瓷仓		宋	江西景德镇舒家庄	《考古》1977年2期	有
瓷仓	1	南宋	江西清江樟树	《考古》1965年11期	有
瓷仓	2	元	江西南昌市朱姑桥	《考古》1963年10期	有
瓷仓		元	江西南昌朱姑桥	《考古》1963年10期	有

粮仓

粮仓遗迹		唐	新疆焉耆唐王城	《考古》1959年2期	

粮窖

粮窖		新石器	黑龙江宁安大牡丹屯	《考古》1961年10期	
仓窖	3	隋	河南洛阳东北郊小李村西	《考古》2007年12期	
储粮洞		宋	河北邯郸峰峰矿区	《考古》1990年8期	有

困

陶困		汉	辽宁大连旅顺三涧区	《考古通讯》1957年3期	
陶困		汉	内蒙古乌兰布和	《考古》1973年2期	
陶困		西汉	广东乐昌对面山	《考古》2000年6期	有
陶困	1	东汉	广东东山	《考古通讯》1956年4期	有
陶困		东汉	广东乐昌对面山	《考古》2000年6期	有
陶困	1	东汉	湖南常德芦山	《考古》2004年5期	有
陶困	2	东汉	湖南郴州斋公岭	《考古》1985年8期	有
陶困	1	东汉	陕西勉县老道寺	《考古》1985年5期	有

陶囷	1	东汉	云南大理下关	《考古》1997年4期	有
陶囷		魏晋	江苏南京南郊中华门外	《考古》1963年6期	
陶囷		六朝	广西贵县北郊	《考古通讯》1957年6期	
圆囷	3	西汉	河南洛阳西郊	《考古通讯》1956年1期	有
圆囷	8	东汉	河南洛阳西郊	《考古通讯》1956年1期	有

囤

陶囤	5	东汉	湖北宜昌前坪包金头	《考古》1990年9期	有

廪

陶廪		东汉	湖南长沙	《考古》1959年11期	
绿釉陶廪		东汉	湖南长沙	《考古》1959年11期	
陶廪		东汉	湖南耒阳耒花营	《考古通讯》1956年4期	
陶廪	14	汉魏	湖南耒阳花石坳	《考古通讯》1956年2期	有

谷仓罐

陶谷仓罐	1	东汉	四川成都牧马山灌溉渠	《考古》1959年8期	有
陶谷仓罐	6	北宋	安徽舒城三里	《考古》2005年1期	有
瓷谷仓罐	2	三国（吴）	浙江嵊县大塘岭	《考古》1991年3期	有
瓷谷仓罐		西晋	浙江平阳横河村	《考古》1988年10期	有
瓷谷仓罐	1	宋	福建顺昌水泥厂	《考古》1991年2期	有

（六）量具（器）

升

商鞅方升		秦	陕西咸阳	《考古》1973年6期	有
升	1	新莽	江苏邗江姚庄	《考古》2000年4期	有

斗

木斗	1	东汉	甘肃武威磨咀子	《考古》1960年9期	

斛

铜斛		汉	甘肃天祝陈家治台子	《考古通讯》1955年1期	

秤

铁秤钩	2	汉	河南鹤壁鹿楼村	《考古》1963年10期	有

权

石权		汉	甘肃天祝陈家治台子	《考古通讯》1955年1期	

陶权	1	西汉	江苏徐州米山	《考古》1996年4期	有
瓷权		东周	浙江绍兴西施山	《考古》1979年5期	有
铜权		秦	陕西西安西郊阿房宫	《考古》1973年6期	有
铜权	3	西汉	山东济南腊山	《考古》2004年8期	有
大都路铜权	1	金元	河北宽城	《考古》1987年12期	有
铜权	1	金元	河北宽城	《考古》1987年12期	有
铜权	2	金元	山东茌平郝屯	《考古》1986年8期	有
铜权	1	元	安徽贵池港西村	《考古》1997年10期	有
铜权	1	元	安徽青阳	《考古》1988年6期	有
铜权	1	元	安徽舒城厥店	《考古》1988年6期	有
铜权	1	元	安徽舒城三沟	《考古》1988年6期	有
铜权	1	元	安徽望江	《考古》1994年8期	有
铜权	3	元	北京西绦胡同	《考古》1973年5期	有
铜权	1	元	福建泉州	《考古》1986年11期	
铜权	2	元	广东广州黄宝权捐献	《考古》1995年10期	有
铜权	1	元	广东广州轧延厂	《考古》1995年10期	有
铜权	8	元	河北承德	《考古》1994年10期	
铜权	1	元	河北承德谢营村	《考古》1995年3期	有
铜权	1	元	河北崇礼政府大院	《考古》1994年1期	有
铜权	1	元	河北磁县南开河村	《考古》1978年6期	有
铜权	1	元	河北临城寨沟村	《考古》1993年5期	有
皇甫铜权	2	元	河北围场	《考古》1998年7期	有
铜权	3	元	河北围场	《考古》1998年7期	有
铜权	7	元	河北盐山庆云镇	《考古》1992年1期	有
铜权	1	元	河南新乡水洞窑厂	《考古》1986年1期	有
铜权	1	元	河南新郑东徐村	《考古》1988年2期	有
铜权	1	元	湖南郴州先生公署综合楼	《考古》1996年12期	有
铜权	1	元	湖南城步南门村	《考古》1987年11期	有
铜权	1	元	湖南华容操军	《考古》1986年11期	有
铜权	1	元	湖南芷江	《考古》1990年5期	有
铜权	1	元	江苏赣榆城南乡	《考古》1997年9期	有
铜权	1	元	江苏灌云药苴	《考古》1995年3期	有
铜权	1	元	江苏灌云伊山	《考古》1995年3期	有
铜权	1	元	江西修水高庄	《考古》1965年5期	有
铜权	1	元	辽宁大连金县石河	《考古》1987年11期	有
铜权	1	元	辽宁大连旅顺韭菜房村	《考古》1987年11期	有
铜权	1	元	辽宁大连旅顺李家沟	《考古》1987年11期	有
铜权	1	元	辽宁大连新金栾家茔	《考古》1987年11期	有

铜权	1	元	辽宁阜新废品收购站	《考古》1990年2期	有
铜权	1	元	辽宁阜新塔营子	《考古》1990年2期	有
铜权	1	元	辽宁阜新于寺	《考古》1990年2期	有
铜权	1	元	辽宁瓦房店八里北沟	《考古》1987年11期	有
铜权	1	元	辽宁瓦房店郭店山咀	《考古》1987年11期	有
铜权	1	元	内蒙古宁城黑城古城	《考古》1982年2期	有
铜权	1	元	山东博兴窝孙村	《考古》1985年3期	有
铜权	1	元	山东利津	《考古》1996年12期	有
铜权	1	元	山东寿光田马	《考古》1996年12期	有
铜权	1	元	山东泰安大汶口	《考古》1987年7期	有
铜权	2	元	山东掖县	《考古》1991年4期	有
铜权	1	元	山东沂水	《考古》1985年2期	有
铜权	1	元	山东沂水城关	《考古》1984年3期	有
铜权	1	元	山东益都荷家湾	《考古》1988年3期	有
"刘家造"铜权	1	元	山东邹城建筑公司	《考古》1996年6期	有
铜权	1	元	山东邹城建筑公司	《考古》1996年6期	有
铁权		秦	辽宁敖汉旗老虎山	《考古》1976年5期	有
铁权	1	秦	内蒙古赤峰三眼井	《考古》1983年1期	有
铁权	1	汉	河南鹤壁鹿楼村	《考古》1963年10期	有
铁权	1	汉	内蒙古宁城黑城古城	《考古》1982年2期	有
铁权	2	汉	山东沂水黄埃头	《考古》1989年11期	
铁权	1	西汉	广西兴安秦城遗址	《考古》1998年11期	有
铁权	2	东汉	安徽固镇垓下	《考古》1993年1期	有
铁权	1	东汉	河南镇平尧庄	《考古》1982年3期	
铁权	1	东汉	四川成都牧马山灌溉渠	《考古》1959年8期	有
铁权	4	东汉	四川乐山大湾嘴	《考古》1991年1期	有
铁权		东汉	四川彭山高家沟	《考古》1991年5期	有
铁权	1	三国（魏）	江苏泗阳打鼓墩	《考古》1992年9期	有
铁权	1	东晋	河南洛阳凯旋路	《考古》1996年9期	有
铁权	1	东晋	四川什邡虎头山	《考古》2007年10期	有
铁权	1	辽	内蒙古林西饶州古城	《考古》1980年6期	有
铁权	2	南宋	甘肃灵台野狐湾	《考古》1987年4期	
铁权	1	宋元	江苏扬州毛纺织厂	《考古》1992年1期	有
铁权		辽金	黑龙江肇东八里城	《考古》1960年2期	有
铁权	1	元	河北承德	《考古》1994年10期	
铁权	4	元	河北磁县南开河村	《考古》1978年6期	有
铁权	1	元	江西修水高庄	《考古》1965年5期	有
铁权	1	元	辽宁瓦房店八里北沟	《考古》1987年11期	有

天平

竹天平衡杆	1	东周	湖北江陵雨台山	《考古》1980年5期	
铜天平		战国	湖北江陵九店	《考古》1995年7期	
天平横杆	2	战国	湖北江陵溪峨山	《考古》1984年6期	有
天平砝码	2	战国	湖南常德德山	《考古》1963年9期	
砝码	5	战国	湖北江陵溪峨山	《考古》1984年6期	有
砝码	1	金元	吉林珲春苗圃	《考古》1987年2期	有
铜砝码	14	东周	湖北江陵雨台山	《考古》1980年5期	
铜砝码	52	战国	湖北江陵九店	《考古》1995年7期	
铜砝码	4	战国	湖北江陵太晖观	《考古》1973年6期	有
铜砝码	6	战国	湖南长沙北郊纸圆冲	《考古通讯》1957年5期	有
铜砝码	2	战国	四川巴县冬笋坝	《考古通讯》1958年1期	有
铜砝码	5	秦	湖北荆州沙市肖家山	《考古》2005年9期	有
铜砝码	3	西汉	安徽舒城秦家桥	《考古》1996年10期	有
铜砝码	1	辽金	吉林双辽电厂贮灰场	《考古》1995年4期	有

量

"阳城"陶量	4	战国	河南登封告城	《考古》1980年6期	有
"廪"字陶量	1	战国	河南登封告城	《考古》1980年6期	有
陶量	2	战国	山东济南天桥	《考古》1997年8期	有
陶量	1	战国	山东临淄故城	《考古》1996年4期	
陶量	1	战国	山东临淄故城阚家寨	《考古》1996年4期	
陶量		汉	河南洛阳涧西	《考古通讯》1957年3期	
陶量		东汉	河南洛阳涧西七里河	《考古》1975年2期	有
铜量		战国	安徽寿县朱家集	《考古通讯》1955年2期	
铜量	2	战国	山东临淄故城	《考古》1996年4期	
铜量	2	战国	山东淄博临淄刘家庄	《考古》1996年4期	
铜量（铜斗）	1	汉	河南淮阳	《考古》1982年3期	有
铜量	1	东汉	江苏仪征石碑村	《考古》1966年1期	有

其他量具

| 铜撮（量器） | | 汉 | 陕西淳化西坡村 | 《考古》1985年11期 | 有 |
| 铜圭（量 | | 汉 | 陕西淳化西坡村 | 《考古》1985年11期 | 有 |

器）

| 铜撮 | 1 | 东汉 | 甘肃武威磨咀子 | 《考古》1960年9期 | |

（七）运输工具

扁担

| 扁担 | | 宋元 | 河南鹤壁古煤矿遗址 | 《考古》1960年3期 | |
| 铁扁担钩 | 2 | 辽金 | 北京房山焦庄村 | 《考古》1963年3期 | 有 |

箩筐

| 箩筐 | 1 | 明 | 山东昌邑辛置二村 | 《考古》1989年11期 | |

竹筐

竹筐		新石器	浙江湖州吴兴钱山漾	《考古》1980年4期	
竹筐		东周	河南信阳长台关	《考古通讯》1958年11期	
竹筐		春秋	湖北大冶铜绿山	《考古》1981年1期	有
竹筐		战国	湖北江陵九店	《考古》1995年7期	
残竹筐	1	西汉	安徽铜陵金牛洞	《考古》1989年10期	
竹筐	1	东汉	广东广州西村皇帝岗42号墓	《考古通讯》1958年8期	有
竹筐	1	晋一唐	安徽南陵寺冲岭	《考古》2002年2期	

篮

竹篮		西周	湖北蕲春毛家嘴	《考古》1962年1期	
竹篮		东周	湖北大冶铜绿山	《考古》1974年4期	
竹篮		东周	湖北江陵雨台山	《考古》1980年5期	
竹篮		战国	湖北大冶铜绿山	《考古》1983年8期	有
竹篮		战国	四川荥经曾家沟	《考古》1984年12期	
瓷篮		三国（吴）	江苏溧阳	《考古》1962年8期	有
瓷篮	1	西晋	江苏南京狮子山	《考古》1987年7期	有

牛车

木牛车	1	东汉	青海平安古城	《考古》2002年12期	有
木牛车	1	东汉	青海西宁南雄	《考古》1964年5期	有
陶牛车		六朝	湖北武汉	《考古》1959年11期	
陶牛车		六朝	江苏南京蔡家塘	《考古》1963年6期	
陶牛车	1	六朝	江苏南京中华门外	《考古》1959年5期	有
陶牛车	1	晋	河南郑州旧城南门外	《考古通讯》1957年1期	有
陶牛车		晋	江苏南京	《考古》1959年5期	
陶牛车	2	西晋	安徽青阳庙前	《考古》1992年11期	有
陶牛车	2	西晋	北京西郊景王坟	《考古》1964年4期	

陶牛车	2	西晋	广东广州沙河顶	《考古》1985年9期	有
陶牛车		西晋	河南洛阳西郊	《考古》1959年11期	有
陶牛车	2	西晋	河南卫辉大司马村	《考古》2010年10期	有
陶牛车	1	西晋	河南偃师首阳山	《考古》2010年2期	有
陶牛车	1	西晋	河南偃师杏园村	《考古》1985年8期	有
陶牛车	1	西晋	湖北新洲旧街	《考古》1995年4期	有
陶牛车		西晋	江苏南京中华门外	《考古》1961年6期	
陶牛车	1	西晋	山西长治故县村	《考古》1988年2期	有
陶牛车	1	十六国	陕西咸阳头道塬	《考古》2005年6期	有
陶牛车	8	十六国（前秦）	陕西咸阳文林小区	《考古》2005年4期	有
陶牛车	2	北朝	陕西西安草厂坡	《考古》1959年6期	有
陶牛车	1	南朝	江苏南京花神庙	《考古》1998年8期	有
陶牛车	1	南朝	江苏南京郊区板桥	《考古》1983年4期	
陶牛车	1	南朝	江苏南京栖霞东杨坊	《考古》2008年6期	有
陶牛车		南朝	江苏南京砂石山	《考古通讯》1956年4期	
陶牛车		南朝	江苏南京童家山	《考古》1985年1期	有
陶牛车	1	北魏	河南洛阳盘龙冢村	《考古》1973年4期	有
陶牛车	1	北魏	河南偃师联体砖厂M2	《考古》1993年5期	有
陶牛车	1	北魏	河南偃师杏园村	《考古》1991年9期	有
陶牛车	1	东魏	河南安阳固岸	《考古》2008年5期	有
陶牛车		北齐	山西太原圹坡	《考古》1959年1期	
陶牛车	2	隋	河南安阳安阳桥	《考古》1992年1期	
陶牛车轮	3	隋	河南安阳梅元庄	《考古》1992年1期	
陶牛车	1	隋	河南安阳张盛墓	《考古》1959年10期	
陶牛车		唐	河南偃师杏园村	《考古》1986年5期	有
陶牛车	3	唐	河南郑州上街	《考古》1960年1期	
陶牛车	1	唐	河南郑州上街	《考古》1996年8期	有
陶牛车	1	唐	辽宁朝阳黄河路	《考古》2001年8期	有
陶牛车	2	唐	山西长治北石槽	《考古》1962年2期	
陶牛车		唐	山西长治北石槽	《考古》1965年9期	有
陶牛车	1	唐	山西长治西城墙下	《考古》1964年8期	
陶牛车		唐	山西太原南郊金胜村	《考古》1960年1期	有
瓷牛车	1	三国（吴）	安徽马鞍山佳山	《考古》1986年5期	有
瓷牛车	1	三国（吴）	湖北鄂城西山南麓	《考古》1978年3期	
瓷牛车	1	唐	河南三门峡	《考古通讯》1958年11期	

车

| 木车 | | 东周 | 河南信阳长台关 | 《考古通讯》1958年 | |

				11期
木车轮		战国	湖南常德德山	《考古》1959年4期
木车轮	4	战国	湖南常德德山	《考古》1963年9期
木车	1	西汉	广东广州三元里马鹏冈	《考古》1962年10期
木车	1	西汉	广东广州西村皇帝岗	《考古通讯》1957年4期
木车		西汉	湖北荆沙瓦坟园	《考古》1995年11期
木车	9	东汉	甘肃武威磨咀子	《考古》1960年9期
木车	1	东汉	甘肃武威磨咀子6号墓	《考古》1960年5期
木车遗迹		唐	陕西富平吕村	《考古》1977年5期
木车	1	明	湖北江陵八岭山	《考古》1995年8期　有
陶车	1	西汉	山东长清双乳山	《考古》1997年3期
陶车	1	东汉	广东广州沙河顶	《考古》1986年12期
陶车辕	1	西晋	河南辉县洪州	《考古》1990年4期　有
陶车		北朝	河北磁县湾漳	《考古》1990年7期　有
陶车轮	1	南朝	湖北武汉何家大湾	《考古》1965年4期　有
陶车	1	北魏	河南偃师染华	《考古》1993年5期　有
陶车	1	隋	安徽合肥市郊五里岗	《考古》1976年2期
陶车		唐	河南安阳大司空村	《考古通讯》1955年4期　有
陶车	1	唐	河南偃师杏园村	《考古》1984年10期　有
陶车	1	唐	河南郑州石佛乡孙庄	《考古通讯》1958年7期
陶车	1	唐	山西长治王村	《考古》1965年8期　有
陶车轮	1	唐	天津军粮城刘家台子	《考古》1963年3期　有
瓷车	1	唐	湖南长沙咸嘉湖	《考古》1980年6期
铜车		西周	北京房山琉璃河	《考古》1974年5期　有
铜车	1	西汉	江苏涟水三里墩	《考古》1973年2期　有

船

木船		新石器（河姆渡文化）	浙江余姚鲻山	《考古》2001年10期　有
木船		东周	湖北大冶铜绿山	《考古》1974年4期
木船		汉	江苏武进万绥	《考古》1982年4期
木船	1	西汉	广东广州黄花岗	《考古通讯》1958年4期　有
木船	1	西汉	广东广州西村	《考古》1960年1期
木船	1	西汉	广东广州西村皇帝岗	《考古通讯》1957年4期　有
木船	1	西汉	湖北江陵凤凰山168号墓	《考古》1977年2期
木船	1	西汉	湖北江陵凤凰山8号墓	《考古》1977年2期

木船		唐	河南永城侯岭	《考古》2001年3期	
木船	1	唐	江苏如皋马河	《考古》1977年2期	
木船	6	元	河北磁县南开河村	《考古》1978年6期	有
木船		明	浙江象山后七埠村	《考古》1998年3期	有
木船	1	清	广东广州番禺大洲	《考古》1983年9期	
独木舟	4	唐	浙江温州西山猫儿岭	《考古》1990年12期	有
船		宋元	江苏扬州毛纺织厂	《考古》1992年1期	

木桨

| 木桨 | | 新石器（河姆渡文化） | 浙江余姚鲻山 | 《考古》2001年10期 | 有 |

二、畜禽养殖工具及设施

（一）马具及设施

马鞍

马鞍	2	高句丽（公元3世纪）	吉林集安禹山	《考古》1983年4期	有
木马鞍		辽	内蒙古通辽吐尔基山	《考古》2004年7期	
陶马鞍	1	东汉	贵州黔西甘棠	《考古》2006年8期	有
陶马鞍	1	东汉	四川绵阳朱家梁子	《考古》2003年9期	
铜马鞍		青铜时代（距今3000年）	新疆鄯善洋海	《考古》2004年5期	
铜马鞍桥	4	高句丽（公元4世纪）	吉林集安万宝汀78号墓	《考古》1977年2期	有
铁马鞍	1	金	黑龙江克东古城	《考古》1987年2期	有

马镫

铜马镫	2	汉	江苏盐城三羊墩	《考古》1964年8期	有
铜马镫		西汉	湖南长沙汤家岭	《考古》1966年4期	有
铜马镫	1	西汉	山西朔县赵十八庄	《考古》1988年5期	有
铜马镫	1	西汉	陕西咸阳马泉	《考古》1979年2期	有
铜马镫	1	东汉	云南昭通桂家院子	《考古》1960年5期	
铜马镫	1	东汉	云南昭通桂家院子	《考古》1962年8期	
铜马镫	1	晋	河南安阳孝民屯	《考古》1983年6期	
铜马镫	4	高句丽（公元4世纪）	吉林集安万宝汀78号墓	《考古》1977年2期	有
铜马镫	8	唐	陕西富平吕村	《考古》1977年5期	
铜马镫	1	辽	黑龙江泰来	《考古》1960年4期	有
铜马镫		辽	辽宁阜西汪四营子	《考古通讯》1955年1期	
铜马镫		辽	内蒙古通辽吐尔基山	《考古》2004年7期	
铜马镫	1	元	湖南祁阳唐家岭村	《考古》1997年9期	有
铜马镫	1	明	江西新建黄源村	《考古》1962年4期	
铁马镫		战国—汉	河北邯郸大北城	《考古》1980年2期	

铁马镫	2	东汉	山东青州马家冢子	《考古》2007年6期　有
铁马镫	2	东汉	山东乳山大浩口	《考古》1997年8期　有
铁马镫	1	高句丽	辽宁抚顺高尔山古城	《考古》1964年12期 有
铁马镫	1	高句丽（公元5世纪）	吉林集安禹山下41号墓	《考古》1977年2期　有
铁马镫	1	辽	河北承德道北沟	《考古》1990年12期 有
铁马镫	1	辽	河北丰宁小皮匠沟	《考古》1993年10期 有
铁马镫	1	辽	河北迁安上芦村	《考古》1973年5期
铁马镫	1	辽	黑龙江泰来后窝堡屯	《考古》1962年3期　有
铁马镫	1	辽	吉林双辽高力戈	《考古》1986年2期　有
铁马镫	1	辽	辽宁阜新白玉都	《考古》1985年10期
铁马镫	1	辽	辽宁阜新七家子	《考古》1995年11期
铁马镫	3	辽	辽宁建平张家营子	《考古》1960年2期　有
铁马镫	2	辽	辽宁锦西西孤山	《考古》1960年2期
铁马镫	2	辽	辽宁康平后刘东屯	《考古》1986年10期
铁马镫	1	辽	辽宁康平后刘东屯	《考古》1988年9期　有
铁马镫	6	辽	内蒙古敖汉旗沙子沟	《考古》1987年10期 有
铁马镫		辽	内蒙古通辽吐尔基山	《考古》2004年7期
铁马镫		南宋	甘肃灵台野狐湾	《考古》1987年4期　有
铁马镫	1	辽金	黑龙江哈尔滨东郊	《考古》1960年4期
铁马镫		辽金	黑龙江肇东八里城	《考古》1960年2期　有
铁马镫		辽金	吉林扶余傅康屯	《考古》1961年1期
铁马镫		辽金	吉林扶余五家站	《考古》1961年1期
铁马镫	1	辽金	吉林梨树偏脸古城	《考古通讯》1958年 有 3期
铁马镫		辽金	内蒙古突泉新立屯	《考古》1987年1期
铁马镫		辽金	内蒙古突泉周家屯	《考古》1987年1期
铁马镫		金	北京丰台大葆台	《考古》1980年5期
铁马镫	1	金	河南新安赵峪村	《考古》1965年1期　有
铁马镫	1	金	黑龙江克东古城	《考古》1987年2期　有
铁马镫	1	金	吉林德惠后城子	《考古》1993年8期　有
铁马镫	1	金	吉林辑安钟家村	《考古》1963年11期 有
铁马镫	1	金	吉林梨树偏脸古城	《考古》1963年11期 有
铁马镫	2	金	吉林镇赉黄家围子	《考古》1988年2期　有
铁马镫	3	金	辽宁新民前当铺	《考古》1960年2期　有
铁马镫	1	金	内蒙古呼和浩特大青山	《考古》1959年9期
铁马镫	2	金元	辽宁旅大金县于家沱	《考古》1966年2期　有
铁马镫	2	元	北京良乡南街	《考古》1972年6期
铁马镫	1	元	北京元大都遗址	《考古》1990年7期
铁马镫	2	元	河北承德西三家	《考古》1999年12期 有

鎏金马镫	2	高句丽（公元5世纪）	吉林集安七星山96号墓	《考古》1979年1期	有

马镳

骨马镳	1	商周	河北邢台东先贤村	《考古》2002年3期	有
骨马镳	2	西周	宁夏固原孙家庄林场	《考古》1983年11期	
骨马镳		青铜时代（距今3000年）	新疆于田流水	《考古》2006年7期	
骨马镳		西周—春秋	新疆轮台群巴克	《考古》1991年8期	有
骨马镳	1	东周	辽宁喀左南洞沟	《考古》1977年6期	
骨马镳	1	东周	内蒙古凉城小双古城	《考古》2009年3期	有
骨马镳	6	东周	宁夏固原彭堡	《考古》1990年5期	有
骨马镳	10	战国	安徽六安城西窑厂	《考古》1995年2期	有
骨马镳	2	战国	河北怀来北辛堡	《考古》1966年5期	
骨马镳	2	战国	河北邢台南大汪村	《考古》1959年7期	
骨马镳	5	战国	河南洛阳凯旋路北侧	《考古》1980年6期	
骨马镳	2	战国—汉	内蒙古准格尔旗玉隆太村	《考古》1977年2期	有
骨马镳	1	西汉	河南永城铁角山	《考古》2004年12期	有
骨马镳	3	西汉	陕西西安龙首村	《考古》2002年5期	有
骨马镳	2	东汉	山东济南青龙山	《考古》1989年11期	有
角马镳		西周	陕西长安沣西张家坡	《考古》1962年1期	
角马镳	3	西周—春秋	吉林双辽后太平	《考古》2009年5期	有
角马镳	14	春秋	江苏邳州九女墩3号	《考古》2002年5期	
铜马镳	4	商	河南安阳郭家庄	《考古》1988年10期	有
铜马镳	4	商	河南安阳郭庄	《考古》1991年10期	有
铜马镳	8	商	河南安阳梅园庄	《考古》1998年10期	有
铜马镳	42	商	河南安阳武官村北地	《考古》1987年12期	有
铜马镳	4	商	河南安阳孝民屯	《考古》1972年4期	有
铜马镳		商	河南安阳殷墟	《考古》1977年1期	有
铜马镳	4	商	河南安阳殷墟西区	《考古》1984年6期	有
铜马镳	16	商晚期	山东青州苏埠屯	《考古》1996年5期	有
铜马镳	8	西周	北京昌平白浮	《考古》1976年4期	有
铜马镳	4	西周	河北元氏西张村	《考古》1979年1期	有
铜马镳	7	西周	河南鹿邑太清宫	《考古》2000年9期	
铜马镳	2	西周	河南洛阳东郊焦枝铁路旁	《考古》1995年9期	有
铜马镳	8	西周	河南洛阳中州路北侧	《考古》1988年1期	有
铜马镳	1	西周	河南商水朱集村	《考古》1989年4期	
铜马镳	8	西周	宁夏固原孙家庄林场	《考古》1983年11期	有
铜马镳	3	西周	山东莒县西大庄	《考古》1999年7期	有

铜马镳	1	西周	山东临淄齐国故城	《考古》1988年1期	有
铜马镳	10	西周	山西芮城柴村	《考古》1989年10期	有
铜马镳	6	西周	陕西长安沣西	《考古》1981年1期	
铜马镳	3	西周	陕西长安沣西大原村	《考古》1986年11期	
铜马镳	2	西周	陕西长安沣西大原村	《考古》2004年9期	有
铜马镳	4	西周	陕西长安沣西张家坡	《考古》1962年1期	
铜马镳	2	西周	陕西长安沣西张家坡	《考古》1984年9期	
铜马镳	4	西周	陕西长安沣西张家坡	《考古》1987年1期	有
铜马镳	16	西周	陕西长安沣西张家坡	《考古》1989年6期	有
铜马镳	4	西周	陕西长安普渡村	《考古》1988年9期	有
铜马镳	8	西周	陕西岐山贺家村	《考古》1976年1期	有
铜马镳		青铜时代（距今3000年）	新疆于田流水	《考古》2006年7期	
铜马镳	18	东周	安徽亳县曹家岗	《考古》1961年6期	有
铜马镳	16	东周	河南洛阳润阳广场	《考古》2009年12期	有
铜马镳	4	东周	宁夏西吉陈阳川村	《考古》1992年6期	有
铜马镳	4	东周	陕西宝鸡姜城堡	《考古》1979年6期	
铜马镳	4	春秋	河南固始万营山	《考古》1992年3期	有
铜马镳	4	春秋	河南洛阳郊区	《考古》1981年1期	
铜马镳	4	春秋	河南桐柏新庄	《考古》1983年8期	有
铜马镳	4	春秋	湖北麻城李家湾	《考古》2000年5期	有
铜马镳	3	春秋	湖北宜城母牛山	《考古》2008年9期	有
铜马镳		春秋	湖北枣阳茶庵	《考古》1975年4期	有
铜马镳	8	春秋	江苏丹徒磨盘墩	《考古》1985年11期	有
铜马镳	2	春秋	山东黄县归城	《考古》1991年10期	有
铜马镳	3	春秋	山东蓬莱柳格庄	《考古》1990年9期	
铜马镳	5	春秋	山东阳谷景阳岗村	《考古》1988年1期	有
铜马镳	2	春秋	山东淄博磁村	《考古》1991年6期	有
铜马镳	4	战国	安徽六安城西窑厂	《考古》1995年2期	有
铜马镳		战国	湖北枣阳九连墩	《考古》2003年7期	
铜马镳	2	战国	辽宁凌源三官甸	《考古》1985年2期	有
铜马镳	5	战国	宁夏彭阳交岔觅麻村	《考古》1999年12期	有
铜马镳	1	战国	山东蓬莱柳格庄	《考古》1990年9期	
铜马镳	1	战国	山东蓬莱站马张家村	《考古》2004年12期	有
铜马镳	16	战国	山东栖霞杏家庄	《考古》1992年1期	
铜马镳	1	战国	山西长治北郊分水岭	《考古》1964年3期	有
铜马镳	1	东周—西汉	新疆哈密寒气沟	《考古》1997年9期	有
铜马镳	2	汉	江苏盐城三羊墩	《考古》1964年8期	
铜马镳		汉	辽宁大连旅顺三涧区	《考古通讯》1957年	

3期

铜马镳	5	西汉	安徽六安松墩	《考古》1991年1期	有
铜马镳		西汉	广东广州西村	《考古》1960年1期	
铜马镳	2	西汉	广西贵县风流岭	《考古》1984年1期	有
铜马镳		西汉	河北阳原北关	《考古》1990年4期	
铜马镳	1	西汉	河南禹州新峰	《考古》2010年9期	有
铜马镳	1	西汉	山东阳谷吴楼	《考古》1999年11期	有
铜马镳	1	西汉	山西朔县平朔煤矿	《考古》1988年5期	有
铜马镳	3	西汉	山西襄汾吴兴庄	《考古》1989年11期	
铜马镳	2	西汉	四川重庆临江支路	《考古》1986年3期	有
铜马镳	5	东汉	河南济源承留	《考古》1991年12期	有
铜马镳	2	东汉	河南洛阳光华路	《考古》1997年8期	有
铜马镳	1	东汉	四川凉山西昌	《考古》1990年5期	有
铜马镳	1	东汉	重庆万州包上	《考古》2008年1期	有
铜马镳	1	晋	河南安阳孝民屯	《考古》1983年6期	有
铁马镳		战国－西汉	吉林梨树二龙湖	《考古》1988年6期	有
铁马镳	2	西汉	江苏铜山龟山M2	《考古》1997年2期	有
铁马镳		西汉	陕西西安三兆（杜陵）	《考古》1984年10期	
铁马镳	1	西汉	陕西西安未央宫西南角楼	《考古》1996年3期	
铁马镳	4	东汉	山东济南大觉寺	《考古》2004年8期	有
铁马镳	20	东汉	山西孝义	《考古》1960年7期	
铁马镳	1	金	吉林德惠后城子	《考古》1993年8期	有
银马镳		西汉	广东广州西村	《考古》1960年1期	

马衔

骨马衔	5	东汉	内蒙古扎赉诺尔	《考古》1961年12期	有
陶马衔	1	东周	安徽亳县曹家岗	《考古》1961年6期	
铜马衔	1	商	河南安阳后岗	《考古》1993年10期	有
铜马衔	2	商	河南安阳殷墟西区	《考古》1984年6期	有
铜马衔	6	商晚期	山东青州苏埠屯	《考古》1996年5期	有
铜马衔	6	西周	北京昌平白浮	《考古》1976年4期	有
铜马衔	3	西周	河北元氏西张村	《考古》1979年1期	
铜马衔	1	西周	河南洛阳东郊焦枝铁路旁	《考古》1995年9期	有
铜马衔	1	西周	河南商水朱集村	《考古》1989年4期	有
铜马衔	2	西周	宁夏固原孙家庄林场	《考古》1983年11期	有
铜马衔	2	西周	山东临淄齐国故城	《考古》1988年1期	有
铜马衔	5	西周	山西芮城柴村	《考古》1989年10期	有
铜马衔	3	西周	陕西长安沣西	《考古》1981年1期	

铜马衔	1	西周	陕西长安沣西大原村	《考古》2004年9期	有
铜马衔		西周	陕西长安沣西张家坡	《考古》1989年6期	
铜马衔	4	西周	陕西岐山贺家村	《考古》1976年1期	有
铜马衔		青铜时代（距今3000年）	新疆鄯善洋海	《考古》2004年5期	
铜马衔		青铜时代（距今3000年）	新疆于田流水	《考古》2006年7期	有
铜马衔	2	西周—春秋	湖北随县贯庄	《考古》1982年2期	
铜马衔	3	西周—春秋	内蒙古宁城南山根102号墓	《考古》1981年4期	有
铜马衔		东周	安徽亳县曹家岗	《考古》1961年6期	有
铜马衔	2	东周	河北邢台葛家庄	《考古》2001年2期	有
铜马衔	7	东周	河南洛阳润阳广场	《考古》2009年12期	有
铜马衔		东周	湖北江陵雨台山	《考古》1980年5期	
铜马衔	2	东周	辽宁喀左南洞沟	《考古》1977年6期	有
铜马衔	4	东周	宁夏固原彭堡	《考古》1990年5期	有
铜马衔	2	东周	宁夏彭阳刘塬米塬村	《考古》1999年12期	有
铜马衔	2	东周	陕西宝鸡姜城堡	《考古》1979年6期	
铜马衔	2	东周	陕西宝鸡阳平秦家沟	《考古》1965年7期	有
铜马衔	8	春秋	安徽蚌埠双墩	《考古》2009年7期	
铜马衔	2	春秋	安徽蒙城狼山村	《考古》1995年1期	
铜马衔	2	春秋	甘肃灵台景家庄	《考古》1981年4期	有
铜马衔	2	春秋	河南固始万营山	《考古》1992年3期	有
铜马衔	4	春秋	河南洛阳郊区	《考古》1981年1期	
铜马衔	2	春秋	河南洛阳润阳广场	《考古》2010年12期	有
铜马衔	4	春秋	河南桐柏新庄	《考古》1983年8期	有
铜马衔	1	春秋	湖北麻城李家湾	《考古》2000年5期	有
铜马衔	2	春秋	湖北宜城母牛山	《考古》2008年9期	有
铜马衔		春秋	湖北枣阳茶庵	《考古》1975年4期	有
铜马衔	6	春秋	江苏丹徒磨盘墩	《考古》1985年11期	有
铜马衔	1	春秋	江苏六合程桥2号墓	《考古》1974年2期	有
铜马衔		春秋	江苏邳州九女墩	《考古》2003年9期	
铜马衔	22	春秋	江苏邳州九女墩3号	《考古》2002年5期	有
铜马衔	1	春秋	山东黄县归城	《考古》1991年10期	有
铜马衔	4	春秋	山东莒县大沈刘庄村	《考古》1999年1期	有
铜马衔	2	春秋	山东临朐湾头河	《考古》1999年2期	有
铜马衔	3	春秋	山东蓬莱柳格庄	《考古》1990年9期	有
铜马衔	5	春秋	山东阳谷景阳岗村	《考古》1988年1期	有
铜马衔	6	春秋	山东淄博磁村	《考古》1991年6期	有

铜马衔	15	春秋	山西侯马上马村	《考古》1963年5期	有
铜马衔		春秋	山西临猗程村	《考古》1991年11期	有
铜马衔	10	战国	安徽淮南蔡家岗	《考古》1963年4期	有
铜马衔	14	战国	安徽六安城西窑厂	《考古》1995年2期	有
铜马衔	2	战国	北京通县中赵甫	《考古》1985年8期	有
铜马衔	32	战国	河北邯郸百家村	《考古》1962年12期	有
铜马衔	2	战国	河北怀来北辛堡	《考古》1966年5期	有
铜马衔		战国	河北邢台南大汪村	《考古》1959年7期	
铜马衔		战国	河南洛阳西郊	《考古》1959年12期	
铜马衔	4	战国	河南洛阳中州路	《考古》1974年3期	有
铜马衔	8	战国	河南淅川徐家岭	《考古》2008年5期	有
铜马衔	2	战国	湖北丹江口吉家院	《考古》2000年8期	有
铜马衔	8	战国	湖北汉阳县熊家岭	《考古》1988年12期	有
铜马衔	2	战国	湖北江陵溪峨山	《考古》1984年6期	有
铜马衔	4	战国	湖北襄樊蔡坡	《考古》2005年11期	有
铜马衔	2	战国	湖北宜城楚皇城	《考古》1980年2期	有
铜马衔		战国	湖北枣阳九连墩	《考古》2003年7期	
铜马衔	4	战国	湖北枝江姚家港	《考古》1988年2期	有
铜马衔	2	战国	辽宁凌源三官甸	《考古》1985年2期	有
铜马衔	2	战国	宁夏彭阳嵝岘白岔村	《考古》1999年12期	有
铜马衔	2	战国	宁夏中宁倪丁村	《考古》1987年9期	有
铜马衔	1	战国	山东蓬莱站马张家村	《考古》2004年12期	有
铜马衔	10	战国	山东栖霞杏家庄	《考古》1992年1期	
铜马衔	2	战国	山东栖霞杨家圈村	《考古》1963年8期	
铜马衔	2	战国	山东滕州北辛村	《考古》2004年3期	有
铜马衔	1	战国	山东潍坊	《考古》1993年9期	有
铜马衔	2	战国	山东烟台金沟寨	《考古》2003年3期	有
铜马衔	2	战国	山东淄博赵家徐姚	《考古》2005年1期	有
铜马衔	26	战国	山西长治北郊分水岭	《考古》1964年3期	有
铜马衔		汉	辽宁大连旅顺三涧区	《考古通讯》1957年3期	
铜马衔	1	西汉	甘肃灵台陈家山	《考古》1979年2期	
铜马衔		西汉	广东广州西村	《考古》1960年1期	
铜马衔	1	西汉	广西贵县风流岭	《考古》1984年1期	有
铜马衔		西汉	河北阳原北关	《考古》1990年4期	
铜马衔	5	西汉	河南永城铁角山	《考古》2004年12期	有
铜马衔	1	西汉	河南禹州新峰	《考古》2010年9期	有
铜马衔		西汉	辽宁大连旅顺李家沟	《考古》1965年3期	
铜马衔	3	西汉	山东威海蒿泊大天东村	《考古》1998年2期	

铜马衔	1	西汉	山东阳谷吴楼	《考古》1999年11期	有
铜马衔	1	西汉	山西朔县平朔煤矿	《考古》1988年5期	有
铜马衔	1	西汉	山西襄汾吴兴庄	《考古》1989年11期	
铜马衔		西汉	陕西西安三兆（杜陵）	《考古》1984年10期	
铜马衔	2	西汉	四川成都北郊洪家包	《考古通讯》1957年 2期	有
铜马衔	2	西汉	四川重庆临江支路	《考古》1986年3期	有
铜马衔		东汉	甘肃武威磨咀子	《考古》1960年9期	
铜马衔	1	东汉	河南济源承留	《考古》1991年12期	有
铜马衔		东汉	山西平陆枣园	《考古》1959年9期	
铜马衔	1	东汉	四川凉山西昌	《考古》1990年5期	有
铜马衔	1	东汉	四川西昌杨家山	《考古》2007年5期	有
铜马衔	2	高句丽（公元4世纪）	吉林集安万宝汀78号墓	《考古》1977年2期	有
铜马衔		辽	辽宁阜西汪四营子	《考古通讯》1955年 1期	
铁马衔	5	春秋	江苏六合程桥	《考古》1965年3期	有
铁马衔	1	战国—汉	内蒙古准格尔旗玉隆太村	《考古》1977年2期	有
铁马衔	1	汉	甘肃敦煌甜水井	《考古》1975年2期	
铁马衔		汉	山西襄汾	《考古》1978年2期	
铁马衔	3	西汉	安徽六安松墩	《考古》1991年1期	有
铁马衔	2	西汉	江苏铜山龟山M2	《考古》1997年2期	有
铁马衔	1	西汉	山东济南腊山	《考古》2004年8期	有
铁马衔	1	西汉	山东微山微山岛	《考古》1998年3期	有
铁马衔	1	东汉	内蒙古额右旗拉布达林	《考古》1990年10期	有
铁马衔	5	东汉	内蒙古扎赉诺尔	《考古》1961年12期	有
铁马衔	11	东汉	山西孝义	《考古》1960年7期	有
铁马衔	1	南北朝	辽宁桓仁高力	《考古》1960年1期	
铁马衔	1	南北朝—隋唐	黑龙江萝北团结	《考古》1989年8期	有
铁马衔	1	渤海国时期	吉林永吉查里巴村	《考古》1990年6期	有
铁马衔	1	辽	河北承德道北沟	《考古》1990年12期	有
铁马衔	1	辽	河北丰宁小皮匠沟	《考古》1993年10期	有
铁马衔	3	辽	辽宁阜新七家子	《考古》1995年11期	
铁马衔		辽	辽宁康平后刘东屯	《考古》1986年10期	有
铁马衔	1	辽	内蒙古敖汉旗大横沟	《考古》1987年10期	有
铁马衔	3	辽	内蒙古敖汉旗沙子沟	《考古》1987年10期	有
铁马衔	1	辽	内蒙古扎鲁特旗浩特花	《考古》2003年1期	有
铁马衔	1	南宋	甘肃灵台野狐湾	《考古》1987年4期	有
铁马衔	1	辽金	北京房山焦庄村	《考古》1963年3期	有

铁马衔		辽金	黑龙江肇东八里城	《考古》1960年2期	有
铁马衔		金	吉林德惠后城子	《考古》1993年8期	有
铁马衔	1	金	吉林辑安钟家村	《考古》1963年11期	有
铁马衔	2	金	吉林镇赉黄家围子	《考古》1988年2期	有
铁马衔	1	金	辽宁新民前当铺	《考古》1960年2期	有
银马衔		西汉	广东广州西村	《考古》1960年1期	
鎏金马衔	1	高句丽（公元5世纪）	吉林集安七星山96号墓	《考古》1979年1期	有

衔镳

铜马衔镳	8	春秋	山东长清仙人台	《考古》1998年9期	有
铜马衔镳	14	春秋	陕西韩城梁带村	《考古》2009年4期	有
铜马衔镳	1	汉	湖北郧西老观庙	《考古》1999年7期	有
铜马衔镳	6	西汉	广西合浦望牛岭	《考古》1972年5期	有
铜马衔镳		西汉	河南洛阳老城西北郊	《考古》1964年8期	
铜马衔镳		西汉	辽宁抚顺刘尔屯	《考古》1983年11期	有
铜马衔镳	5	西汉	陕西咸阳马泉	《考古》1979年2期	
铜马衔镳	1	西汉	四川成都凤凰山	《考古》1959年8期	
铜马衔镳		东汉	北京顺义临河	《考古》1977年6期	
铜马衔镳	1	东汉	山东济宁越河北路	《考古》1994年2期	有
铜马衔镳	4	三国（魏）	河南偃师杏园村	《考古》1985年8期	有
铁马衔镳	1	晋	辽宁本溪	《考古》1984年8期	有
铁马衔镳	1	辽	黑龙江泰来	《考古》1960年4期	
铁马衔镳	1	辽	辽宁法库前山	《考古》1983年7期	
铁马衔镳	3	辽	辽宁建平张家营子	《考古》1960年2期	
铅马衔镳		东汉	山东东平王陵山	《考古》1966年4期	
铅马衔镳		东汉	云南昭通桂家院子	《考古》1962年8期	

马铃

铜铃	5	新石器（齐家文化）	青海大通黄家寨	《考古》1994年3期	有
铜铃	1	夏（二里头文化）	河南偃师二里头	《考古》1984年1期	有
铜铃		夏（二里头文化）	河南偃师二里头	《考古》1992年4期	有
铜铃	1	夏（二里头文化）	河南偃师二里头九区	《考古》1985年12期	
铜铃	1	青铜时代（距今3800年）	云南剑川海门口	《考古》2009年8期	有
铜铃	1	商	福建漳州虎林山	《考古》2003年12期	有
铜铃	3	商	河南安阳大司空村	《考古》1988年10期	有
铜铃	4	商	河南安阳范家庄东北地	《考古》2009年9期	有
铜铃	1	商	河南安阳高楼庄	《考古》1994年5期	有
铜铃	1	商	河南安阳郭家庄	《考古》1998年10期	有
铜铃	3	商	河南安阳郭家庄M5	《考古》2008年8期	有

铜铃	5	商	河南安阳郭庄	《考古》1991年10期	
铜铃		商	河南安阳后岗	《考古》1972年3期	
铜铃	2	商	河南安阳后岗	《考古》1993年10期	有
铜铃		商	河南安阳花园庄	《考古》2004年1期	
铜铃	7	商	河南安阳刘家庄北地	《考古》2005年1期	有
铜铃	21	商	河南安阳梅园庄南地	《考古》1991年2期	有
铜铃	5	商	河南安阳苗圃北地	《考古》1986年2期	
铜铃		商	河南安阳苗圃北地	《考古》1989年2期	有
铜铃	1	商	河南安阳榕树湾	《考古》2009年5期	有
铜铃	1	商	河南安阳王裕口南地	《考古》2004年5期	有
铜铃	4	商	河南安阳武官村北地	《考古》1987年12期	有
铜铃	2	商	河南安阳西郊薛家庄	《考古通讯》1958年8期	有
铜铃	2	商	河南安阳小屯西地	《考古》2009年9期	有
铜铃	16	商	河南安阳孝民屯东南地	《考古》2009年9期	有
铜铃	3	商	河南安阳薛家庄	《考古》1986年12期	有
铜铃		商	河南安阳殷墟	《考古》1961年2期	
铜铃		商	河南安阳殷墟	《考古》1977年1期	有
铜铃	2	商	河南安阳殷墟1713号墓	《考古》1986年8期	有
铜铃	9	商	河南罗山蟒张	《考古》1981年2期	
铜铃	1	商	河南偃师二里头	《考古》1986年4期	有
铜铃	1	商	山东滕州级索镇	《考古》1994年1期	
铜铃	1	商	山西柳林高红	《考古》1981年3期	有
铜铃	2	商	山西屯留上村	《考古》1991年2期	有
铜铃		青铜时代（寺洼文化）	甘肃庄浪徐家碾	《考古》1982年6期	有
铜铃	6	商晚期	山东青州苏埠屯	《考古》1996年5期	有
铜铃		商周	河南安阳大司空村	《考古通讯》1958年10期	
铜铃	1	西周	甘肃灵台郑家洼	《考古》1981年6期	
铜铃	1	西周	河北元氏西张村	《考古》1979年1期	
铜铃	15	西周	河南鹿邑太清宫	《考古》2000年9期	
铜铃	2	西周	河南洛阳中州路北侧	《考古》1988年1期	有
铜铃	4	西周	宁夏中卫狼窝子坑	《考古》1989年11期	有
铜铃	1	西周	山西芮城柴村	《考古》1989年10期	有
铜铃		西周	陕西宝鸡竹园沟1号墓	《考古》1978年5期	有
铜铃	2	西周	陕西长安沣西	《考古》1981年1期	
铜铃	1	西周	陕西长安沣西大原村	《考古》1986年11期	
铜铃	1	西周	陕西长安沣西马王镇	《考古》1994年11期	有
铜铃		西周	陕西长安沣西张家坡	《考古》1990年6期	

M170

铜铃	3	青铜时代（卡约文化）	青海化隆上半主洼	《考古》1998年1期	有
铜铃	1	青铜时代（卡约文化）	青海平安东村砖瓦厂	《考古》1990年9期	有
铜铃	8	西周—春秋	福建南安大盈	《考古》1977年3期	有
铜铃	1	西周—春秋	山东烟台上夼村	《考古》1983年4期	有
铜铃	3	东周	安徽涡阳盛双楼	《考古》2006年9期	有
铜铃	6	东周	甘肃庆阳宁县袁家村	《考古》1988年5期	有
铜铃	1	东周	甘肃正宁后庄村	《考古》1988年5期	有
铜铃	8	东周	河南洛阳老城西部	《考古》1989年9期	有
铜铃	19	东周	河南洛阳中州路	《考古》1987年8期	有
铜铃		东周	黑龙江泰来平洋砖厂	《考古》1989年12期	有
铜铃		东周	黑龙江泰来战斗村	《考古》1989年12期	有
铜铃	2	东周	湖北松滋大岩嘴	《考古》1966年3期	有
铜铃	16	东周	湖北襄樊彭岗	《考古》1997年8期	有
铜铃	2	东周	内蒙古凉城小双古城	《考古》2009年3期	有
铜铃	6	东周	内蒙古凉城忻州窑子	《考古》2009年3期	有
铜铃	3	东周	宁夏固原吕坪村	《考古》1992年5期	有
铜铃	18	东周	宁夏固原彭堡	《考古》1990年5期	有
铜铃	3	东周	宁夏彭阳刘塬米塬村	《考古》1999年12期	有
铜铃	1	东周	宁夏彭阳张街	《考古》2002年8期	有
铜铃	11	东周	山东栖霞金山	《考古》1996年4期	有
铜铃	2	东周	山西长治小山头	《考古》1985年4期	有
铜铃	3	东周	陕西宝鸡福临堡	《考古》1963年10期	有
铜铃	8	东周	陕西宝鸡姜城堡	《考古》1979年6期	有
铜铃	7	东周	陕西宝鸡阳平秦家沟	《考古》1965年7期	有
铜铃	1	东周	云南昆明上马村	《考古》1984年3期	有
铜铃	3	春秋	甘肃灵台景家庄	《考古》1981年4期	有
铜铃	3	春秋	河北邯郸赵王陵	《考古》1982年6期	有
铜铃	16	春秋	河南洛阳润阳广场	《考古》2010年12期	有
铜铃	31	春秋	湖北江陵九店	《考古》1995年7期	
铜铃	5	春秋	湖北襄阳团山	《考古》1991年9期	有
铜铃		春秋	湖北枣阳茶庵	《考古》1975年4期	有
铜铃	2	春秋	陕西宝鸡南阳村	《考古》2001年7期	有
铜铃	31	春秋	陕西韩城梁带村	《考古》2009年4期	有
铜铃	1	春秋	四川喜德拉克	《考古》1987年3期	有
铜铃	5	战国	安徽淮南蔡家岗	《考古》1963年4期	有
铜铃	2	战国	甘肃庆阳城北五里坡	《考古》1988年9期	有
铜铃	2	战国	甘肃庄浪石嘴村	《考古》2005年5期	有
铜铃	54	战国	河北邯郸百家村	《考古》1962年12期	有

铜铃	11	战国	河北怀来北辛堡	《考古》1966年5期	有
铜铃	52	战国	河北临城中羊泉	《考古》1990年8期	有
铜铃	1	战国	河南洛阳定鼎路	《考古》1997年11期	有
铜铃	3	战国	河南洛阳汉屯路北	《考古》1991年6期	
铜铃	1	战国	河南洛阳凯旋路北侧	《考古》1980年6期	有
铜铃	3	战国	河南洛阳西郊	《考古》1959年12期	
铜铃	10	战国	河南新郑新禹公路	《考古》1994年5期	有
铜铃	6	战国	黑龙江齐齐哈尔大道三家子	《考古》1988年12期	有
铜铃		战国	湖北江陵拍马山	《考古》1973年3期	有
铜铃	1	战国	湖南常德德山	《考古》1959年12期	
铜铃	13	战国	湖南常德德山	《考古》1963年9期	
铜铃	6	战国	湖南株州市郊	《考古》1959年12期	
铜铃	4	战国	辽宁锦西乌金塘	《考古》1960年5期	
铜铃	1	战国	辽宁旅大旅顺口区后牧城驿	《考古》1960年8期	有
铜铃	2	战国	宁夏中宁倪丁村	《考古》1987年9期	有
铜铃	3	战国	山东蓬莱站马张家村	《考古》2004年12期	有
铜铃	12	战国	山东泰安康家河村	《考古》1988年1期	
铜铃	14	战国	山东淄博临淄国家村	《考古》2010年11期	有
铜铃	22	战国	山西长治北郊分水岭	《考古》1964年3期	有
铜铃	2	战国	四川荥经同心村	《考古》1988年1期	有
铜铃		战国—汉	四川甘孜	《考古通讯》1958年1期	有
铜铃	2	战国—西汉	四川西昌坝河堡子	《考古》1976年5期	有
铜铃	4	战国—西汉	云南祥云检村	《考古》1984年12期	有
铜铃	28	秦	陕西咸阳长陵车站	《考古》1974年1期	有
铜铃	1	秦汉	河南邓县房山	《考古》1984年1期	
铜铃	12	汉	北京昌平白浮村	《考古》1963年3期	
铜铃	38	汉	河南巩县寨沟	《考古》1974年2期	
铜铃	1	汉	内蒙古宁城黑城古城	《考古》1982年2期	有
铜铃	1	汉	山东微山微山岛	《考古》2009年10期	有
铜铃	1	汉	四川宜宾翠屏村	《考古通讯》1957年3期	
铜铃	2	汉	云南晋宁石寨山	《考古》1963年9期	有
铜铃		汉	云南祥云大波那村	《考古》1964年7期	
铜铃	1	汉	云南祥云大波那村	《考古》1964年12期	
铜铃	1	汉	重庆云阳李家坝	《考古》2004年6期	有
铜铃	2	西汉	广东广州东罗岗	《考古》1962年8期	

铜铃		西汉	河北石家庄北郊小沿村	《考古》1980年1期	有
铜铃	8	西汉	湖北襄樊岘山	《考古》1996年5期	有
铜铃	9	西汉	江苏徐州后楼山	《考古》2006年4期	有
铜铃	3	西汉	宁夏同心王团乡倒墩子村	《考古》1987年1期	有
铜铃	1	西汉	山东济宁玉皇顶	《考古》2006年6期	有
铜铃	2	西汉	山东阳谷吴楼	《考古》1999年11期	有
铜铃	2	西汉	山西潞城潞河村	《考古》1990年11期	有
铜铃	1	西汉	山西襄汾吴兴庄	《考古》1989年11期	
铜铃	1	西汉	陕西西安龙首村	《考古》2002年5期	有
铜铃	10	西汉	上海青浦福泉山	《考古》1988年8期	有
铜铃	3	西汉	四川凉山喜德拉克	《考古》1978年2期	有
铜铃	4	西汉	四川西昌河西	《考古》1978年2期	有
铜铃	1	新莽	江苏邗江姚庄	《考古》2000年4期	有
铜铃	1	东汉	河南舞阳塚张村	《考古通讯》1958年9期	
铜铃	6	东汉	湖南湘乡罗家坟山	《考古》1965年12期	有
铜铃	2	东汉	内蒙古巴尔虎旗完工	《考古》1965年6期	有
铜铃	6	东汉	内蒙古巴林左旗南杨营子	《考古》1964年1期	有
铜铃	1	东汉	内蒙古科左中旗六家子	《考古》1989年5期	有
铜铃	2	东汉	山东青州马家冢子	《考古》2007年6期	有
铜铃	1	东汉	重庆奉节三峡拖板村	《考古》2004年1期	有
铜铃	2	汉魏	黑龙江讷河库勒浅	《考古》2006年5期	有
铜铃	2	高句丽（公元3世纪）	吉林集安禹山	《考古》1983年4期	有
铜铃		魏晋	黑龙江友谊凤林	《考古》2000年11期	有
铜铃	1	西晋	北京西郊景王坟	《考古》1964年4期	
铜铃	1	东晋	山东牟平石门里	《考古》1994年2期	有
铜铃	1	十六国（前秦）	陕西咸阳文林小区	《考古》2005年4期	有
铜铃	2	南朝	江苏南京童家山	《考古》1985年1期	有
铜铃	3	北魏	河北定县东北	《考古》1966年5期	
铜铃		唐	河南三门峡	《考古通讯》1958年11期	
铜铃	2	唐	陕西西安李静训墓	《考古》1959年9期	
铜铃	1	唐	陕西西安唐长安城明德门	《考古》1974年1期	
铜铃		宋	河南洛阳涧河两岸	《考古》1959年9期	
铜铃		北宋	贵州清镇平坝	《考古》1961年4期	
铜铃	4	辽	河北承德道北沟	《考古》1990年12期	有

铜铃	8	辽	河北丰宁小皮匠沟	《考古》1993年10期
铜铃	5	辽	河北宣化邓家台	《考古》1994年8期　有
铜铃	7	辽	辽宁阜新白玉都	《考古》1985年10期
铜铃	5	辽	辽宁阜新七家子	《考古》1995年11期
铜铃	17	辽	辽宁建平张家营子	《考古》1960年2期
铜铃	2	辽	辽宁锦州张扛村	《考古》1984年11期　有
铜铃	18	辽	辽宁康平后刘东屯	《考古》1986年10期
铜铃	5	辽	内蒙古敖汉旗大横沟	《考古》1987年10期　有
铜铃	13	辽	内蒙古敖汉旗沙子沟	《考古》1987年10期　有
铜铃	1	金	黑龙江双城车家城子	《考古》2003年2期　有
铜铃	1	金	吉林梨树偏脸古城	《考古》1963年11期　有
铜铃	1	元	北京良乡南街	《考古》1972年6期

马厩

| 陶马厩 | | 唐 | 山西长治王村 | 《考古》1965年8期　有 |

马槽

| 木马槽 | | 西汉 | 湖北荆沙瓦坟园 | 《考古》1995年11期 |

（二）养牛设施

牛圈

| 陶牛圈（5头1牛） | | 东汉 | 广东广州沙河顶 | 《考古》1986年12期　有 |

牛厩

| 瓷牛厩 | 1 | 西晋 | 江苏吴县狮子山 | 《考古》1983年8期 |

（三）养羊设施

羊圈

陶羊圈		东汉	河南陕县刘家渠	《考古通讯》1957年4期
陶羊圈	1	三国（吴）	江苏南京尧化	《考古》1998年8期　有
瓷羊圈	1	三国（吴）	安徽马鞍山佳山	《考古》1986年5期　有
瓷羊圈	1	西晋	江苏南京迈皋桥	《考古》1966年4期
瓷羊圈	1	西晋	江西瑞昌马头	《考古》1974年1期　有

羊舍

| 釉陶羊舍 | | 三国（吴） | 湖北武汉武昌莲溪寺 | 《考古》1959年4期　有 |

（四）养猪设施

猪圈

| 养猪圈 | | 辽金 | 辽宁锦西大卧铺 | 《考古》1960年2期　有 |
| 陶猪圈 | | 汉 | 安徽寿县牛尾岗 | 《考古》1959年7期 |

陶猪圈（含溷）	3	汉	广西合浦母猪岭	《考古》2007年2期	有
陶猪圈		汉	河南洛阳涧西	《考古通讯》1957年3期	
陶猪圈		汉	河南孟县古城村	《考古通讯》1958年3期	
陶猪圈		汉	湖南长沙黄泥坑	《考古通讯》1956年6期	
陶猪圈		汉	江苏铜山	《考古通讯》1956年3期	
陶猪圈	23	汉	山东微山微山岛	《考古》2009年10期	有
陶猪圈	3	西汉	广西贵县北郊	《考古》1985年3期	有
陶猪圈	1	西汉	河南南阳辛店熊营	《考古》2008年2期	有
陶猪圈	1	西汉	河南新乡北站	《考古》2006年3期	有
陶猪圈		西汉	湖北荆沙瓦坟园	《考古》1995年11期	
陶猪圈	1	西汉	湖北襄樊毛纺厂	《考古》1997年12期	有
陶猪圈	1	西汉	湖北枣阳沙河南岸	《考古》2001年6期	有
陶猪圈		西汉	江苏邳县刘林	《考古》1965年11期	
陶猪圈	2	西汉	江苏铜山凤凰山	《考古》2004年5期	有
陶猪圈	2	西汉	江苏铜山荆山	《考古》1992年12期	有
陶猪圈	1	西汉	江苏铜山李屯	《考古》1995年3期	有
陶猪圈	2	西汉	江苏徐州大孤山	《考古》2009年4期	有
陶猪圈	1	西汉	江苏徐州九里山	《考古》1994年12期	有
陶猪圈（成猪2仔猪6）	1	西汉	江苏徐州陶楼	《考古》1993年1期	有
陶猪圈	1	西汉	山东滕州东小宫	《考古》2000年10期	有
陶猪圈	1	西汉	山东滕州官桥	《考古》1999年4期	有
陶猪圈	1	西汉	山东微山独山	《考古》1995年8期	有
陶猪圈	3	西汉	山东微山墓前	《考古》1995年11期	有
陶猪圈	4	西汉	山东微山微山岛	《考古》1998年3期	有
陶猪圈	3	新莽	湖北襄樊岘山	《考古》1996年5期	有
陶猪圈厕	1	东汉	安徽淮北李楼	《考古》2007年8期	有
陶猪圈	1	东汉	北京怀柔城北	《考古》1962年5期	有
陶猪圈	2	东汉	北京平谷	《考古》1962年5期	有
陶猪圈	1	东汉	北京顺义临河	《考古》1977年6期	有
陶猪圈	2	东汉	广东韶关市郊	《考古》1961年8期	有
陶猪圈	1	东汉	广西贵港孔屋岭	《考古》2005年11期	有
陶猪圈	1	东汉	广西贵县汶井岭	《考古通讯》1958年2期	有

陶猪圈	1	东汉	河北任邱东关	《考古》1965年2期	有
陶猪圈	1	东汉	河北石家庄北郊	《考古》1984年9期	有
陶猪圈		东汉	河北石家庄赵陵铺镇	《考古》1959年7期	
陶猪圈	1	东汉	河北易县燕下都	《考古》1965年11期	有
陶猪圈	2	东汉	河南巩县石家庄	《考古》1963年2期	
陶猪圈	1	东汉	河南焦作白庄	《考古》1995年5期	有
陶猪圈	1	东汉	河南洛阳民族路	《考古》1997年7期	有
陶猪圈		东汉	河南洛阳西工萧街东	《考古》1959年6期	
陶猪圈		东汉	河南南阳市西关	《考古》1966年2期	
陶猪圈		东汉	河南陕县刘家渠	《考古通讯》1957年4期	
陶猪圈		东汉	河南汤阴三区后营村	《考古通讯》1957年6期	
陶猪圈	2	东汉	河南桐柏万岗	《考古》1964年8期	有
陶猪圈	2	东汉	河南偃师吴家湾	《考古》2010年9期	有
陶猪圈		东汉	河南偃师杏园村	《考古》1985年1期	有
陶猪圈	2	东汉	河南偃师姚孝经墓	《考古》1992年3期	有
陶猪圈	1	东汉	河南郑州碧沙岗公园	《考古》1966年5期	有
陶猪圈	1	东汉	河南郑州二里岗	《考古》1964年4期	有
陶猪圈	1	东汉	河南郑州南关外	《考古通讯》1958年2期	有
陶猪圈	3	东汉	湖北谷城肖家营	《考古》2006年11期	有
陶猪圈	2	东汉	湖北老河口柴店岗	《考古》2001年7期	有
陶猪圈	1	东汉	湖北襄樊樊城	《考古》1993年5期	有
陶猪圈	1	东汉	湖北宜都刘家屋场	《考古》1987年10期	有
绿釉陶猪圈		东汉	湖南长沙	《考古》1959年11期	
陶猪圈		东汉	湖南长沙	《考古》1959年11期	有
陶猪圈		东汉	湖南长沙北郊	《考古》1959年12期	
陶猪圈		东汉	湖南长沙北郊纸圆冲	《考古通讯》1957年5期	
陶猪圈		东汉	湖南长沙东郊	《考古》1963年12期	
绿釉猪圈		东汉	湖南长沙小林子冲	《考古通讯》1958年12期	有
陶猪圈	1	东汉	湖南常德芦山	《考古》2004年5期	有
绿釉陶猪圈	1	东汉	湖南常德南坪	《考古》1980年4期	有
陶猪圈	1	东汉	湖南郴州烟厂	《考古》1982年3期	有
陶猪圈	2	东汉	湖南大庸大塔岗	《考古》1994年12期	
陶猪圈	1	东汉	湖南大庸四亩塘	《考古》1994年12期	
陶猪圈	3	东汉	湖南衡阳茶山坳	《考古》1986年12期	有

陶猪圈	1	东汉	湖南衡阳凤凰山	《考古》1993年3期	有
陶猪圈		东汉	湖南耒阳耒花营	《考古通讯》1956年4期	有
陶猪圈		东汉	湖南零陵造纸厂	《考古》1964年9期	
陶猪圈	1	东汉	江苏铜山班井	《考古》1997年5期	有
陶猪圈		东汉	江苏铜山洪楼	《考古通讯》1957年4期	
陶猪圈	3	东汉	江苏新沂龙泉	《考古》1979年2期	
陶猪圈	1	东汉	江苏徐州十里铺	《考古》1966年2期	有
陶猪圈	2	东汉	山东东平王陵山	《考古》1966年4期	有
陶猪圈	1	东汉	山东济南大觉寺	《考古》2004年8期	有
陶猪圈	1	东汉	山东济南青龙山	《考古》1989年11期	有
陶猪圈	1	东汉	山东济宁越河北路	《考古》1994年2期	有
陶猪圈	1	东汉	山东青州马家冢子	《考古》2007年6期	有
陶猪圈	1	东汉	山东泗水南陈	《考古》1995年5期	有
陶猪圈	4	东汉	山东滕县柴胡店	《考古》1963年8期	有
陶猪圈		东汉	陕西勉县老道寺	《考古》1985年5期	有
陶猪圈	1	东汉	重庆奉节三峡三塘崖	《考古》2004年1期	有
陶猪圈	13	汉魏	湖南耒阳花石坳	《考古通讯》1956年2期	有
陶猪圈	1	汉—六朝	安徽合肥东郊三星街	《考古通讯》1957年1期	有
陶猪圈		东汉—六朝	湖南长沙南塘冲	《考古通讯》1958年3期	有
陶猪圈	1	三国	湖北随县唐镇	《考古》1966年2期	有
陶猪圈	1	三国（魏）	河南洛阳涧西	《考古》1989年4期	有
陶猪圈	1	三国（魏）	河南偃师杏园村	《考古》1985年8期	有
陶猪圈	1	三国（吴）	湖北鄂城	《考古》1982年3期	有
陶猪圈	1	三国（吴）	江苏南京甘家巷	《考古》1963年6期	有
陶猪圈	1	三国（吴）	江西南昌东湖和抚河	《考古》1983年10期	有
陶猪圈		魏晋	江苏南京南郊中华门外	《考古》1963年6期	
釉陶猪圈	1	六朝早期	湖北均县"双塚"	《考古》1965年12期	有
陶猪圈		六朝	广西贵县北郊	《考古通讯》1957年6期	
陶猪圈	1	西晋	安徽和县戚镇	《考古》1984年9期	有
陶猪圈	2	西晋	安徽青阳庙前	《考古》1992年11期	有
陶猪圈		西晋	河南洛阳西郊	《考古》1959年11期	
陶猪圈	1	西晋	河南偃师首阳山	《考古》2010年2期	有
釉陶猪圈	1	西晋	江苏江宁索墅砖瓦厂	《考古》1987年7期	有

陶猪圈	1	宋	四川金堂	《考古通讯》1957年6期	
瓷猪圈	1	三国	浙江武义陶器厂	《考古》1981年4期	有
瓷猪圈	1	三国（吴）	浙江嵊县大塘岭	《考古》1991年3期	有
瓷猪圈	1	六朝	江苏南京高家山	《考古》1963年2期	有
瓷猪圈	1	西晋	江苏江宁张家山	《考古》1985年10期	有
瓷猪圈	1	西晋	江苏句容孙西村	《考古》1976年6期	
瓷猪圈	1	西晋	江苏南京迈皋桥	《考古》1966年4期	有
瓷猪圈	1	西晋	江苏南京狮子山	《考古》1987年7期	有
瓷猪圈	1	西晋	江苏吴县狮子山	《考古》1983年8期	
瓷猪圈	4	西晋	江西瑞昌马头	《考古》1974年1期	有
瓷猪圈	1	西晋	浙江金华古方	《考古》1984年9期	有
瓷猪圈		西晋	浙江平阳横河村	《考古》1988年10期	有
瓷猪圈	1	西晋	浙江嵊县苕苕山	《考古》1988年9期	有
瓷猪圈	1	南朝	江苏常州田舍村	《考古》1994年12期	

猪栏

陶猪栏院落		东汉	广东南雄田村龙口山	《考古》1985年11期	
瓷猪栏	2	西晋	江苏吴县狮子山	《考古》1983年8期	

猪舍

陶猪舍	1	西汉	浙江龙游东华山	《考古》1993年4期	有
陶猪舍（在陶屋内）	1	东汉	广东肇庆康乐中路	《考古》2009年11期	有
瓷猪舍	1	西晋	浙江常山何家	《考古》1984年2期	有

猪槽

陶猪槽	1	东汉	湖北随县塔儿湾	《考古》1966年3期	有
陶猪槽	1	东汉	山东青州马家冢子	《考古》2007年6期	有
陶猪槽	1	东汉	四川达县曹家梁	《考古》1995年1期	有

（五）养狗设施

狗圈

陶狗圈	1	三国（吴）	江西南昌市郊	《考古》1978年3期	有
瓷狗圈	1	三国	浙江武义陶器厂	《考古》1981年4期	有
瓷狗圈	1	西晋	福建蒲城吕处坞	《考古》1988年10期	有
瓷狗圈	1	西晋	江苏仪征三茅	《考古》1965年4期	
瓷狗圈	1	西晋	江西瑞昌马头	《考古》1974年1期	有
瓷狗圈	1	西晋	浙江常山何家	《考古》1984年2期	有
瓷狗圈	1	西晋	浙江金华古方	《考古》1984年9期	有
瓷狗圈		西晋	浙江平阳横河村	《考古》1988年10期	有
瓷狗圈	1	西晋	浙江嵊县苕苕山	《考古》1988年9期	有

狗窝

釉陶狗窝	1	西晋	江苏江宁索墅砖瓦厂	《考古》1987年7期	有
瓷狗窝	1	六朝	江苏南京高家山	《考古》1963年2期	有
瓷狗窝	1	西晋	江苏江宁张家山	《考古》1985年10期	有
瓷狗窝	1	西晋	江苏句容孙西村	《考古》1976年6期	有
瓷狗窝	1	西晋	江苏南京狮子山	《考古》1987年7期	有
瓷狗窝	3	西晋	江苏吴县狮子山	《考古》1983年8期	

（六）养鸡设施

鸡笼

陶鸡笼		东汉	湖南耒阳耒花营	《考古通讯》1956年4期	
瓷鸡笼	1	三国（吴）	安徽马鞍山佳山	《考古》1986年5期	有
瓷鸡笼		三国（吴）	江苏溧阳	《考古》1962年8期	有
瓷鸡笼	1	六朝	江苏南京高家山	《考古》1963年2期	有
瓷鸡笼	1	晋	江西清江	《考古》1962年4期	有
瓷鸡笼	1	西晋	江苏江宁张家山	《考古》1985年10期	有
瓷鸡笼	1	西晋	江苏南京迈皋桥	《考古》1966年4期	有
瓷鸡笼	5	西晋	江苏吴县狮子山	《考古》1983年8期	有
瓷鸡笼	1	西晋	江苏仪征三茅	《考古》1965年4期	有
瓷鸡笼	1	西晋	浙江金华古方	《考古》1984年9期	有
瓷鸡笼	1	西晋	浙江绍兴后家岭	《考古》1992年5期	有
瓷鸡笼	1	西晋	浙江嵊县苕苕山	《考古》1988年9期	

鸡圈

陶鸡圈	1	东汉	贵州黔西甘棠	《考古》2006年8期	有
陶鸡圈		东汉	陕西勉县老道寺	《考古》1985年5期	有
陶鸡圈	1	西晋	江苏南京柳塘	《考古》1992年8期	
陶鸡圈	1	南北朝	四川成都牧马山灌溉渠	《考古》1959年8期	
陶鸡圈	1	宋	四川金堂	《考古通讯》1957年6期	
瓷鸡圈	1	西晋	江西瑞昌马头	《考古》1974年1期	有

鸡舍

陶鸡舍	1	东汉	湖南常德芦山	《考古》2004年5期	
釉陶鸡舍		三国（吴）	湖北武汉武昌莲溪寺	《考古》1959年4期	有
陶鸡舍		魏晋	江苏南京南郊中华门外	《考古》1963年6期	
釉陶鸡舍	1	西晋	江苏江宁索墅砖瓦厂	《考古》1987年7期	有
陶鸡舍	1	南朝	广西永福寿城	《考古》1983年7期	
瓷鸡舍	1	三国	浙江武义陶器厂	《考古》1981年4期	有
瓷鸡舍	1	三国（吴）	湖北鄂城西山南麓	《考古》1978年3期	

瓷鸡舍	1	三国（吴）	浙江嵊县大塘岭	《考古》1991年3期	
瓷鸡舍	1	西晋	江苏南京狮子山	《考古》1987年7期	有
瓷鸡舍		西晋	浙江平阳横河村	《考古》1988年10期	有

鸡坿

陶鸡坿		东汉	湖南长沙	《考古》1959年11期	
陶鸡坿	1	东汉	湖南常德南坪	《考古》1980年4期	有
陶鸡坿	1	东汉	湖南郴州烟厂	《考古》1982年3期	有
陶鸡坿	1	东汉	湖南郴州斋公岭	《考古》1985年8期	有
陶鸡坿	4	东汉	湖南大庸大塔岗	《考古》1994年12期	有
陶鸡坿	1	东汉	湖南衡阳凤凰山	《考古》1993年3期	有
陶鸡坿	4	东汉	湖南衡阳荆田	《考古》1991年10期	有
陶鸡坿	1	东汉	湖南衡阳兴隆村	《考古》2010年4期	有
陶鸡坿	10	汉魏	湖南耒阳花石坳	《考古通讯》1956年2期	有
陶鸡坿	1	西晋	湖北新洲旧街	《考古》1995年4期	有

鸡房

| 陶鸡房 | 1 | 三国（吴） | 江苏南京邓府山 | 《考古》1992年8期 | |

（七）养鸭设施

鸭笼

| 瓷鸭笼 | 1 | 三国（吴） | 安徽马鞍山佳山 | 《考古》1986年5期 | 有 |

鸭圈

| 陶鸭圈 | 1 | 西晋 | 江西瑞昌马头 | 《考古》1974年1期 | 有 |

鸭舍

釉陶鸭舍		三国（吴）	湖北武汉武昌莲溪寺	《考古》1959年4期	有
陶鸭舍	1	西晋	安徽和县戚镇	《考古》1984年9期	有
瓷鸭舍	1	三国（吴）	湖北鄂城西山南麓	《考古》1978年3期	有

（八）养鹅设施

鹅笼

| 瓷鹅笼 | 1 | 三国（吴） | 安徽马鞍山佳山 | 《考古》1986年5期 | 有 |

鹅圈

| 瓷鹅圈 | 1 | 西晋 | 江西瑞昌马头 | 《考古》1974年1期 | 有 |

（九）其他畜禽器具

禽舍

陶禽舍	1	东汉	陕西韩城芝川	《考古》1961年8期	有
陶禽舍	1	三国（吴）	湖北鄂州塘角头	《考古》1996年11期	有
陶禽舍	1	三国（吴）	江苏南京甘家巷	《考古》1963年6期	有

陶禽舍	3	三国（吴）	江苏镇江	《考古》1984年6期	有
陶家禽寮	1	东汉	湖南衡阳茶山坳	《考古》1986年12期	有
瓷鸟槽		宋	重庆涂山瓷窑	《考古》1986年10期	

畜槽

陶畜槽	1	东汉	河北石家庄北郊	《考古》1984年9期	有

畜圈

陶畜圈		汉	广西合浦望牛岭	《考古》1972年5期	有
陶畜圈（在陶屋内）	1	东汉	广西合浦九只岭	《考古》2003年10期	
陶畜圈		东汉	湖北武汉葛店	《考古》1986年1期	
陶畜圈	1	东汉	湖南衡阳荆田	《考古》1991年10期	有
陶畜圈	2	东汉	湖南衡阳新安	《考古》1994年3期	有
陶畜圈	1	东汉	湖南衡阳兴隆村	《考古》2010年4期	有
陶畜圈		东汉	陕西勉县老道寺	《考古》1985年5期	有
陶畜圈	1	三国（吴）	湖北鄂州塘角头	《考古》1996年11期	有
陶畜圈	1	西晋	湖北黄梅松林咀	《考古》2004年8期	有
陶畜圈	1	西晋	湖北新洲旧街	《考古》1995年4期	
陶畜圈	2	西晋	山东苍山东高尧	《考古》1989年8期	有
瓷畜圈厕	1	三国（吴）	安徽马鞍山佳山	《考古》1986年5期	有
瓷畜圈		三国（吴）	江苏溧阳	《考古》1962年8期	有
瓷畜圈	1	晋	江西清江	《考古》1962年4期	有

畜舍

陶畜舍	1	新石器（龙山文化）	山东潍县狮子行	《考古》1984年8期	有

其他畜禽器具

陶加工饲养屠宰放牧屋	5	东汉	广东佛山市郊澜石	《考古》1964年9期	有
陶牲畜饲养屋	1	东汉	广东增城金兰寺	《考古》1966年1期	有
牲禽寮	1	三国（吴）	江西南昌明阳路中段	《考古》1980年3期	有
铜勺（畜）		唐	新疆民丰尼雅古城	《考古》1961年3期	有
大木篦（刷牛羊毛）	1	唐	新疆民丰尼雅古城	《考古》1961年3期	有
搅拌杆（马奶）	1	唐	新疆民丰尼雅古城	《考古》1961年3期	有
木瓢（畜）		唐	新疆民丰尼雅古城	《考古》1961年3期	有
木勺		唐	新疆民丰尼雅古城	《考古》1961年3期	有
木刷（刷牛羊毛）	2	唐	新疆民丰尼雅古城	《考古》1961年3期	有

木桶（畜）		唐	新疆民丰尼雅古城	《考古》1961年3期　有
木榴头（制毡靴用）	2	唐	新疆民丰尼雅古城	《考古》1961年3期　有
木桶	3	宋	浙江绍兴缪家桥	《考古》1964年11期
石槽		元	北京西绦胡同	《考古》1973年5期
木桶（畜）	15	明	山西太原七府坟	《考古》1961年2期

三、渔猎狩猎工具

（一）渔猎工具

鱼叉

骨鱼叉形器	1	新石器（兴隆洼文化）	内蒙古敖汉旗兴隆洼	《考古》1997年1期　有
骨鱼叉		新石器（仰韶文化）	陕西宝鸡北首岭	《考古》1979年2期　有
骨鱼叉	1	新石器（仰韶文化）	陕西临潼姜寨	《考古》1973年3期　有
骨鱼叉		新石器（仰韶文化）	陕西临潼姜寨	《考古》1975年5期
骨鱼叉	2	新石器（仰韶文化）	陕西西安半坡	《考古》1973年3期　有
骨鱼叉	1	新石器（距今5300年）	青海同德宗日	《考古》1998年5期　有
骨鱼叉		新石器（马家窑文化）	青海民和阳洼坡	《考古》1984年1期　有
骨鱼叉		新石器（屈家岭文化）	湖北郧县青龙泉	《考古》1961年10期
骨鱼叉	1	新石器（龙山文化）	河南偃师高崖西台地	《考古》1964年11期　有
骨鱼叉		新石器	青海互助张卡山	《考古》1959年4期
骨鱼叉		新石器	台湾台北圆山	《考古》1979年3期
骨鱼叉		新石器（龙山文化）—商	河南偃师二里头	《考古》1961年2期　有
骨鱼叉		夏（二里头文化）	河南偃师二里头	《考古》1965年5期　有
骨鱼叉	1	青铜时代（辛店文化）	甘肃永靖莲花台瓦渣咀	《考古》1980年4期　有
骨鱼叉	1	西汉	新疆巴里坤县东黑沟	《考古》2009年1期　有
角鱼叉	9	新石器（良渚文化）	江苏吴江梅堰	《考古》1963年6期　有
铁鱼叉		辽金	黑龙江肇东八里城	《考古》1960年2期　有
铁鱼叉	1	金	辽宁新民前当铺	《考古》1960年2期　有

鱼卡

骨鱼卡	12	新石器（距今5000年）	辽宁大连大潘家	《考古》1994年10期　有
骨鱼卡	1	新石器（距今5000年）	辽宁瓦房店三堂村	《考古》1992年2期　有
骨鱼卡	5	青铜时代	辽宁瓦房店三堂村	《考古》1992年2期　有
骨鱼卡	1	青铜时代（距今4000年）	辽宁大连大嘴子	《考古》1996年2期　有
骨鱼卡	2	青铜时代（距今3800年）	辽宁大连大嘴子	《考古》1996年2期　有
骨鱼卡	1	青铜时代（距今3600	辽宁大连大嘴子	《考古》1996年2期　有

年）

鱼镖

骨梗石刃鱼镖		新石器（兴隆洼文化）	内蒙古敖汉旗兴隆洼	《考古》1985年10期	有
骨梗石刃鱼镖	3	新石器（兴隆洼文化）	内蒙古敖汉旗兴隆洼	《考古》1997年1期	有
石鱼镖	6	新石器（良渚文化）	江苏昆山少卿山	《考古》2000年4期	有
骨鱼镖		新石器（距今11000年）	北京门头沟东胡林	《考古》2006年7期	
骨鱼镖		新石器（兴隆洼文化）	内蒙古敖汉旗兴隆洼	《考古》1985年10期	有
骨鱼镖	1	新石器（昂昂溪文化）	吉林镇赉黄家围子	《考古》1988年2期	有
骨鱼镖		新石器（磁山文化）	河北武安磁山	《考古》1977年6期	有
骨鱼镖	5	新石器（距今7000年）	吉林长岭腰井子	《考古》1992年8期	有
骨鱼镖	1	新石器（仰韶文化）	甘肃秦安大地湾	《考古》2003年6期	有
骨鱼镖		新石器（崧泽文化）	上海松江姚家圈	《考古》2001年9期	
骨鱼镖		新石器（马家窑文化早期）	青海民和胡李家	《考古》2001年1期	有
骨鱼镖	10	新石器（良渚文化）	江苏吴江梅堰	《考古》1963年6期	有
骨鱼镖	51	新石器（距今5175±130年）	吉林白城靶山	《考古》1988年12期	有
骨鱼镖	1	新石器（距今5000年）	辽宁大连大潘家	《考古》1994年10期	有
骨鱼镖	2	新石器（距今5000年）	辽宁瓦房店三堂村	《考古》1992年2期	有
骨鱼镖		新石器（距今5000年）	内蒙古扎鲁特南宝力皋吐	《考古》2008年7期	有
骨鱼镖	1	新石器（龙山文化）	河南孟津小潘沟	《考古》1978年4期	有
骨鱼镖		新石器（龙山文化）	河南杞县鹿台岗	《考古》1994年8期	
骨鱼镖		新石器（龙山文化）	河南汤阴白营	《考古》1980年3期	有
骨鱼镖		新石器（龙山文化）	河南永城王油坊	《考古》1978年1期	有
骨鱼镖	1	新石器（龙山文化）	山东曹县莘冢集	《考古》1980年5期	有
骨鱼镖	2	新石器（龙山文化）	山东梁山青堌堆	《考古》1962年1期	有
骨鱼镖	1	新石器（龙山文化）	山东平度东岳石村	《考古》1962年10期	有
骨鱼镖		新石器（龙山文化）	山东邹平丁公村	《考古》1993年4期	有
骨鱼镖	1	新石器（西团山文化）	吉林省吉林市泡子沿前山	《考古》1985年6期	有
骨鱼镖	1	新石器	广西桂林甑皮岩	《考古》1976年3期	有
骨鱼镖		新石器	黑龙江齐齐哈尔昂昂溪	《考古通讯》1957年2期	有
骨鱼镖		新石器	内蒙古巴林左旗富河沟门	《考古》1964年1期	

骨鱼镖	1	新石器	山东泗水尹家城	《考古》1980年1期	有
骨鱼镖	1	新石器早期	山东章丘小荆山	《考古》1994年6期	有
骨鱼镖	2	夏（二里头文化）	河南西平上坡	《考古》2004年4期	有
骨鱼镖	2	西周	黑龙江肇源白金宝	《考古》1980年4期	有
骨鱼镖	3	春秋	海南东方荣村	《考古》2003年4期	
骨鱼镖		战国	吉林省吉林市泡子沿前山	《考古》1985年6期	有
骨鱼镖	3	汉	吉林大安后宝石村	《考古》1997年2期	有
鹿角鱼镖	1	新石器（龙山文化）	山东临沂援驾墩	《考古》1961年11期	有
铜鱼镖	1	西周—战国	浙江玉环三合潭	《考古》1996年5期	有
铁鱼镖	14	宋	广东顺德柠檬基	《考古》1980年1期	有

鱼钩

骨鱼钩	1	新石器（距今8000年）	广西邕宁顶蛳山	《考古》1998年11期	有
骨鱼钩		新石器（仰韶文化）	河南临汝大张村	《考古》1960年6期	有
骨鱼钩	1	新石器（大汶口文化）	山东章丘焦家	《考古》1998年6期	有
骨鱼钩		新石器（距今6000年）	山东长岛北庄	《考古》1987年5期	
骨鱼钩		新石器（后岗一期文化）	内蒙古乌兰察布石虎山	《考古》1998年12期	有
骨鱼钩	3	新石器（距今5300年）	青海同德宗日	《考古》1998年5期	有
骨鱼钩	2	新石器（距今5000年）	福建东山大帽山	《考古》2003年12期	有
骨鱼钩		新石器（贝丘遗址）	广西南宁	《考古》1975年5期	有
骨鱼钩	2	新石器（贝丘遗址）	辽宁长海英杰村	《考古》1961年12期	
骨鱼钩	1	新石器（贝丘遗址）	辽宁大连长海小长山岛	《考古》1962年7期	有
骨鱼钩		新石器（龙山文化）	河北邯郸涧沟	《考古》1959年10期	
骨鱼钩	1	新石器（龙山文化）	河南禹州瓦店	《考古》2000年2期	有
骨鱼钩	1	新石器（龙山文化）	湖北洪湖乌林矶	《考古》1987年5期	有
骨鱼钩	1	新石器（龙山文化）	山东潍县狮子行	《考古》1984年8期	有
骨鱼钩		新石器（客省庄二期文化）	陕西长安沣西客省庄	《考古》1959年10期	有
骨鱼钩	2	新石器	广西灵山翠壁峰	《考古》1993年12期	有
骨鱼钩	1	新石器	黑龙江宁安大牡丹屯	《考古》1961年10期	
骨鱼钩	1	新石器	黑龙江宁安东昇	《考古》1977年3期	有
骨鱼钩	1	新石器	黑龙江宁安牛场	《考古》1960年4期	
骨鱼钩		新石器	内蒙古巴林左旗富河沟门	《考古》1964年1期	
骨鱼钩		新石器	内蒙古包头阿善	《考古》1984年2期	有
骨鱼钩		新石器	陕西西安半坡	《考古通讯》1955年2期	有
骨鱼钩		新石器	陕西西安半坡	《考古通讯》1956年	有

2期

骨鱼钩	1	新石器中期	广西横县江口	《考古》2000年1期	有
骨鱼钩		新石器晚期	广西田阳台地	《考古》1986年7期	
骨鱼钩		夏（二里头文化）	河南偃师二里头	《考古》1965年5期	有
骨鱼钩	1	青铜时代－东汉	吉林汪清新安闾	《考古》1961年8期	
角鱼钩	1	新石器	黑龙江宁安东康	《考古》1975年3期	
角鱼钩	2	渤海国时期	黑龙江东宁小地营	《考古》2003年3期	有
蚌鱼钩		新石器（贝丘遗址）	广西南宁	《考古》1975年5期	
蚌鱼钩		商	河南偃师二里头	《考古》1974年4期	有
蚌鱼钩		商	江苏铜山丘湾	《考古》1973年2期	有
陶鱼钩	1	新石器晚期	江西清江营盘里	《考古》1962年4期	有
铜鱼钩		夏（二里头文化）	河南偃师二里头	《考古》1965年5期	有
铜鱼钩		商	河南安阳殷墟	《考古》1961年2期	
铜鱼钩		商	河南偃师二里头	《考古》1974年4期	有
铜鱼钩	1	商	河南偃师尸乡沟	《考古》1985年4期	有
铜鱼钩	1	商	湖北江陵梅槐桥	《考古》1990年9期	有
铜鱼钩		商	江苏铜山丘湾	《考古》1973年2期	有
铜鱼钩	1	商周	云南剑川海门口	《考古》1995年9期	
铜鱼钩	1	商－战国	江西清江营盘里	《考古》1962年4期	
铜鱼钩		青铜时代（距今3200年）	云南大理海东银梭岛	《考古》2009年8期	有
铜鱼钩		西周	山东烟台上夼村	《考古》1983年4期	
铜鱼钩	2	周	安徽含山大城墩	《考古》1989年2期	有
铜鱼钩	1	西周－春秋	山东烟台上夼村	《考古》1983年4期	有
铜鱼钩	1	西周－战国	浙江玉环三合潭	《考古》1996年5期	有
铜鱼钩	1	东周	安徽涡阳盛双楼	《考古》2006年9期	有
铜鱼钩		东周	香港屯门扫管笏	《考古》2010年7期	
铜鱼钩	1	战国	河北临城中羊泉	《考古》1990年8期	有
铜鱼钩		战国	湖北江陵九店	《考古》1995年7期	
铜鱼钩	1	汉	重庆云阳李家坝	《考古》2004年6期	有
铁鱼钩	1	战国－西汉	辽宁抚顺莲花堡	《考古》1964年6期	有
铁鱼钩	1	东汉	广东徐闻红坎村	《考古》1977年4期	有
铁鱼钩	1	高句丽（公元3世纪）	辽宁桓仁高丽墓子	《考古》1998年3期	有
铁鱼钩		魏晋	黑龙江友谊凤林	《考古》2000年11期	有
铁鱼钩	1	魏晋	黑龙江友谊凤林古城址	《考古》2004年12期	有
铁鱼钩		高句丽（公元7世纪）	辽宁沈阳石台子拦水坝	《考古》2010年12期	有

网梭

骨网梭		新石器（磁山文化）	河北武安磁山	《考古》1977年6期	有
骨网梭	1	新石器（仰韶文化）	河南临汝中山寨	《考古》1986年7期	

骨网梭	1	新石器（距今5000年）	辽宁大连大潘家	《考古》1994年10期	有
骨网梭	2	新石器	山东济宁琵琶山	《考古》1960年6期	
骨网梭		新石器—商	广东三水银洲	《考古》2000年6期	有
骨网梭	2	青铜时代	辽宁瓦房店三堂村	《考古》1992年2期	有
骨网梭	2	商	河北唐山古冶	《考古》1984年9期	有
骨网梭形器	1	春秋	海南东方荣村	《考古》2003年4期	有
骨网梭		东汉—北朝	黑龙江海林河口	《考古》1996年2期	有
石网梭形器	2	新石器（距今4200年）	湖北均县乱石滩	《考古》1986年7期	有
织梭	1	三国（吴）	安徽南陵麻桥	《考古》1984年11期	有

网坠

石网坠	1	新石器（兴隆洼文化）	河北滦平药王庙梁	《考古》1998年2期	有
石网坠	3	新石器（昂昂溪文化）	黑龙江齐齐哈尔昂昂溪	《考古》1974年2期	有
石网坠		新石器（裴李岗文化）	河南新郑唐户	《考古》2008年5期	有
石网坠		新石器（李家村文化）	陕西西乡李家村	《考古》1962年6期	
石网坠		新石器（距今7800年）	甘肃天水西山坪	《考古》1988年6期	有
石网坠	1	新石器（青莲岗文化）	江苏常州圩墩	《考古》1978年4期	有
石网坠	23	新石器（新乐文化）	辽宁沈阳新乐	《考古》1990年11期	有
石网坠	2	新石器（皂市下层文化）	湖南石门皂市	《考古》1986年1期	有
石网坠	1	新石器（白石文化一期）	山东烟台白石村	《考古》1992年7期	有
石网坠	1	新石器（仰韶文化）	甘肃宁县阳坬	《考古》1983年10期	有
石网坠		新石器（仰韶文化）	甘肃渭河上游	《考古通讯》1958年7期	
石网坠	1	新石器（仰韶文化）	河南临汝中山寨	《考古》1986年7期	有
石网坠		新石器（仰韶文化）	河南淅川沟湾	《考古》2010年6期	有
石网坠		新石器（仰韶文化）	湖北郧县大寺	《考古》1961年10期	
石网坠		新石器（仰韶文化）	湖北郧县青龙泉	《考古》1961年10期	
石网坠		新石器（仰韶文化）	内蒙古商都风旋卜子	《考古》1992年12期	有
石网坠		新石器（仰韶文化）	内蒙古商都水泉梁	《考古》1992年12期	有
石网坠		新石器（仰韶文化）	内蒙古乌兰察布风旋卜子	《考古》1996年2期	有
石网坠		新石器（仰韶文化）	内蒙古乌兰察布水泉梁	《考古》1996年2期	有
石网坠	1	新石器（仰韶文化）	山西垣曲小赵	《考古》1998年4期	有
石网坠		新石器（仰韶文化）	陕西邠县下孟村	《考古》1960年1期	
石网坠		新石器（仰韶文化）	陕西浐灞两河沿岸	《考古》1961年11期	有
石网坠		新石器（仰韶文化）	陕西长安王曲北堡寨	《考古》1981年1期	
石网坠		新石器（仰韶文化）	陕西凤翔和兴平	《考古》1960年3期	
石网坠	1	新石器（仰韶文化）	陕西扶风芦家	《考古》1991年11期	有

石网坠		新石器（仰韶文化）	陕西蓝田泄湖	《考古》1989年6期	有
石网坠	1	新石器（仰韶文化）	陕西临潼康桥义和村	《考古》1965年9期	有
石网坠		新石器（仰韶文化）	陕西渭水流域	《考古》1959年11期	
石网坠		新石器（仰韶文化）	陕西武功游凤	《考古》1975年2期	
石网坠	1	新石器（仰韶文化晚期）	陕西商州庾原	《考古》1995年10期	有
石网坠		新石器（大溪文化）	湖北枝江红岩子山	《考古》1992年2期	有
石网坠	1	新石器（大溪文化）	湖南津市青龙咀	《考古》1990年1期	有
石网坠	1	新石器（大溪文化）	湖南湘潭堆子岭	《考古》2000年1期	有
石网坠		新石器（大汶口文化）	安徽宿县古台寺	《考古》1993年12期	有
石网坠	43	新石器（大汶口文化）	山东章丘焦家	《考古》1998年6期	有
石网坠	1	新石器（距今6140±175年）	吉林农安元宝沟	《考古》1989年12期	有
石网坠		新石器（红山文化）	河北承德白河口	《考古》1998年1期	有
石网坠	1	新石器（红山文化）	吉林奈曼旗大沁他拉	《考古》1979年3期	有
石网坠	1	新石器（红山文化）	内蒙古哲里木盟科左中旗新艾力	《考古》1965年5期	有
石网坠	1	新石器（距今6000年）	辽宁东沟大岗	《考古》1986年4期	有
石网坠		新石器（距今6000年）	山东长岛北庄	《考古》1987年5期	
石网坠	3	新石器（白石文化二期）	山东烟台白石村	《考古》1992年7期	有
石网坠		新石器（马家窑文化）	甘肃武山傅家门	《考古》1995年4期	
石网坠	1	新石器（良渚文化）	江苏吴江梅堰	《考古》1963年6期	
石网坠	1	新石器（良渚文化）	浙江余姚鲞架山	《考古》1997年1期	有
石网坠	4	新石器（距今5000年）	辽宁大连大潘家	《考古》1994年10期	有
石网坠	2	新石器（距今5000年）	辽宁大连王家屯	《考古》1994年4期	有
石网坠	2	新石器（距今5000年）	辽宁大连文家屯	《考古》1994年4期	有
石网坠	2	新石器（距今5000年）	辽宁瓦房店三堂村	《考古》1992年2期	有
石网坠		新石器（距今5000年）	四川汉源麦坪	《考古》2008年7期	有
石网坠	量多	新石器（距今5000年）	云南大理海东银梭岛	《考古》2009年8期	
石网坠		新石器（屈家岭文化）	陕西西乡李家村	《考古》1961年7期	
石网坠		新石器（贝丘遗址）	广西南宁	《考古》1975年5期	有
石网坠	2	新石器（贝丘遗址）	辽宁长海英杰村	《考古》1961年12期	
石网坠	2	新石器（贝丘遗址）	辽宁大连长海大长山岛	《考古》1962年7期	有
石网坠	3	新石器（贝丘遗址）	辽宁大连长海广鹿岛	《考古》1962年7期	有
石网坠	3	新石器（贝丘遗址）	辽宁大连长海小长山岛	《考古》1962年7期	有
石网坠	2	新石器（龙山文化）	湖北洪湖乌林矶	《考古》1987年5期	有
石网坠		新石器（龙山文化）	湖北郧县大寺	《考古》1961年10期	
石网坠		新石器（龙山文化）	湖南临澧	《考古》1988年3期	有

石网坠	2	新石器（龙山文化）	辽宁旅顺老铁山	《考古》1978年2期	
石网坠	1	新石器（龙山文化）	山东费县崮子	《考古》1986年11期	有
石网坠	1	新石器（龙山文化）	山东海阳蜊岔埠	《考古》1985年12期	有
石网坠	1	新石器（龙山文化）	山东海阳司马台	《考古》1985年12期	有
石网坠	30	新石器（龙山文化）	山东临沂营子村	《考古》1961年11期	有
石网坠	1	新石器（龙山文化）	山东青岛城阳	《考古》1964年11期	有
石网坠	9	新石器（距今4585±160年）	广西钦州独料	《考古》1982年1期	
石网坠	2	新石器（距今4500年）	辽宁岫岩北沟西山	《考古》1992年5期	有
石网坠		新石器（凤鼻头文化）	台湾高雄凤鼻头	《考古》1979年3期	
石网坠	3	新石器（距今4400年）	辽宁东沟石佛山	《考古》1990年8期	有
石网坠	1	新石器（距今4200年）	香港马湾岛东湾仔北	《考古》1999年6期	有
石网坠	9	新石器（距今4000年）	广东珠海拱北	《考古》1985年8期	有
石网坠	17	新石器（距今4000年）	香港元朗下白泥	《考古》1999年6期	有
石网坠	50	新石器（距今4000年）	重庆巴县干溪沟	《考古》1992年12期	有
石网坠	6	新石器（距今4000年）	重庆巴县新房后湾	《考古》1992年12期	
石网坠	33	新石器（距今4000年）	重庆长寿杨家湾	《考古》1992年12期	
石网坠	1	新石器（距今4000年）	重庆涪陵安河咀	《考古》1992年12期	有
石网坠	20	新石器（距今4000年）	重庆涪陵东场口	《考古》1992年12期	有
石网坠	3	新石器（距今4000年）	重庆涪陵石沱河咀	《考古》1992年12期	
石网坠	8	新石器（距今4000年）	重庆江北朝阳村	《考古》1992年12期	
石网坠	20	新石器（距今4000年）	重庆江北朝阳河	《考古》1992年12期	
石网坠	2	新石器（距今4000年）	重庆江北水文站	《考古》1992年12期	
石网坠	1	新石器（距今4000年）	重庆江北文家湾	《考古》1992年12期	有
石网坠	9	新石器（距今4000年）	重庆江北羊坝滩	《考古》1992年12期	有
石网坠	7	新石器（距今4000年）	重庆江津王爷庙	《考古》1992年12期	有
石网坠	1	新石器（距今4000年）	重庆江南岸大沙溪	《考古》1992年12期	
石网坠		新石器（岳石文化）	山东泗水尹家城	《考古》1985年7期	
石网坠	2	新石器（距今3600年）	广东曲江马蹄坪	《考古》1964年7期	
石网坠	1	新石器（距今3600年）	广东曲江鲶鱼转	《考古》1964年7期	
石网坠	9	新石器（距今3600年）	广东韶关走马冈	《考古》1964年7期	有
石网坠	2	新石器（西团山文化）	吉林省吉林市泡子沿前山	《考古》1985年6期	有
石网坠	量多	新石器（西团山文化）	吉林舒兰珠山	《考古》1985年4期	有
石网坠	1	新石器（西团山文化）	吉林双阳五家子	《考古》1986年9期	有
石网坠		新石器（距今2100±85年）	黑龙江东宁大城子	《考古》1979年1期	
石网坠	1	新石器	安徽青阳中平	《考古》1997年11期	有
石网坠	7	新石器	福建崇安	《考古》1959年11期	

石网坠	2	新石器	福建福清东张	《考古》1965年2期	
石网坠	3	新石器	福建建瓯和建阳	《考古》1961年4期	有
石网坠	1	新石器	福建邵武红岭	《考古通讯》1957年3期	有
石网坠	2	新石器	福建武平	《考古》1961年4期	有
石网坠		新石器	甘肃安西兔葫芦	《考古》1987年1期	有
石网坠	13	新石器	广东北部山地区	《考古》1961年11期	有
石网坠	1	新石器	广东潮阳葫芦山	《考古通讯》1956年4期	有
石网坠	15	新石器	广东东部地区	《考古》1961年12期	有
石网坠	4	新石器	广东新丰	《考古》1960年7期	有
石网坠	12	新石器	广西柳州曾家村	《考古》1983年7期	有
石网坠		新石器	河北承德白河南	《考古》1959年7期	
石网坠		新石器	河北承德上板城	《考古》1959年7期	
石网坠		新石器	河北迁安白蟒山	《考古》1990年8期	有
石网坠		新石器	河北迁安杨家坡	《考古》1990年8期	有
石网坠		新石器	黑龙江海浪河下游发河	《考古》1965年1期	
石网坠	7	新石器	黑龙江海浪河下游龙头山	《考古》1965年1期	
石网坠		新石器	黑龙江林口窟窿别屯	《考古》1960年4期	有
石网坠		新石器	黑龙江牡丹江中下游三灵屯	《考古》1960年4期	
石网坠	12	新石器	黑龙江宁安大牡丹屯	《考古》1961年10期	
石网坠	7	新石器	黑龙江宁安东康	《考古》1975年3期	
石网坠		新石器	黑龙江宁安东昇	《考古》1977年3期	
石网坠		新石器	黑龙江宁安牛场	《考古》1960年4期	
石网坠		新石器	黑龙江宁安莺歌岭	《考古》1981年6期	有
石网坠		新石器	黑龙江齐齐哈尔昂昂溪	《考古通讯》1957年2期	
石网坠	1	新石器	湖北蕲春易家山	《考古》1960年5期	有
石网坠		新石器	湖北枝江马家溪	《考古》1992年2期	有
石网坠	1	新石器	吉林辑安沟门南台村	《考古》1965年1期	有
石网坠	2	新石器	吉林蛟河山头屯	《考古》1964年2期	有
石网坠	2	新石器	吉林蛟河小南沟	《考古》1964年2期	有
石网坠		新石器	吉林靖宇榆树川	《考古通讯》1958年9期	有
石网坠	2	新石器	吉林省吉林市东郊两半山	《考古》1964年1期	
石网坠		新石器	吉林通化江口	《考古》1960年7期	

石网坠	3	新石器	江西修水跑马岭	《考古》1962年7期	有
石网坠	2	新石器	江西修水山背	《考古》1962年7期	有
石网坠		新石器	辽宁长海小珠山	《考古》2009年5期	
石网坠		新石器	辽宁大连大台山	《考古》1959年11期	
石网坠	2	新石器	辽宁东沟后洼	《考古》1984年1期	有
石网坠	1	新石器	辽宁东沟徐卜	《考古》1984年1期	有
石网坠		新石器	辽宁桓仁	《考古》1960年1期	
石网坠	1	新石器	内蒙古托克托海生不浪	《考古》1978年6期	有
石网坠	1	新石器	内蒙古伊克昭盟杭锦旗锡尼镇	《考古》1983年12期	有
石网坠	1	新石器	山东临沂前城子	《考古》1992年10期	有
石网坠	1	新石器	山东曲阜西夏侯村	《考古》1965年12期	有
石网坠	1	新石器	陕西安康岚皋好汉坡	《考古》1960年3期	有
石网坠	2	新石器	陕西安康岚皋冉家坝	《考古》1960年3期	
石网坠	1	新石器	陕西安康岚皋肖家坝	《考古》1960年3期	有
石网坠	1	新石器	陕西洛南焦村	《考古》1983年1期	有
石网坠	1	新石器	四川西昌横栏山	《考古》1998年2期	有
石网坠	2	新石器	四川盐源轿顶山	《考古》1984年9期	有
石网坠		新石器	台湾台北大坌坑	《考古》1979年3期	
石网坠	3	新石器	西藏林芝居木	《考古》1975年5期	有
石网坠	1	新石器	西藏林芝云星	《考古》1975年5期	有
石网坠	5	新石器	云南景洪曼蚌囡	《考古》1965年11期	有
石网坠	1	新石器	云南景洪曼景兰和曼听	《考古》1965年11期	有
石网坠		新石器	云南景洪曼运	《考古》1965年11期	
石网坠	2	新石器	云南龙陵大花石	《考古》1991年6期	有
石网坠		新石器	云南龙陵大花石	《考古》1992年4期	
石网坠	4	新石器	云南龙陵马鞍山	《考古》1991年6期	有
石网坠		新石器	云南龙陵马鞍山	《考古》1992年4期	
石网坠		新石器	云南龙陵烧炭田坡	《考古》1992年4期	有
石网坠	35	新石器	云南孟连老鹰山	《考古》1963年10期	有
石网坠	2	新石器	云南云县忙怀	《考古》1977年3期	有
石网坠	1	新石器	浙江建德安仁后山	《考古通讯》1957年1期	
石网坠	1	新石器	浙江乐清白石	《考古》1992年9期	有
石网坠	2	新石器	浙江寿昌杨树岗	《考古通讯》1958年7期	
石网坠	3	新石器中晚期	安徽黄山蒋家山	《考古》1995年2期	有
石网坠	9	新石器晚期	河北承德白河南	《考古》1992年6期	有
石网坠	2	新石器晚期	江西清江营盘里	《考古》1962年4期	有

石网坠	1	新石器晚期	辽宁宽甸老地沟	《考古》1986年10期	有
石网坠	4	新石器晚期	香港大屿山白芒	《考古》1997年6期	
石网坠		新石器晚期	香港新界涌浪	《考古》1997年6期	有
石网坠	1	新石器晚期	浙江仙居下汤	《考古》1987年12期	有
石网坠	9	新石器（西团山文化）一战国	吉林永吉星星哨水库	《考古》1978年3期	有
石网坠	10	新石器－东周	江西波阳王家咀	《考古》1962年4期	
石网坠		夏	湖北秭归柳林溪	《考古》2000年8期	有
石网坠		夏早期	河南巩义花地嘴	《考古》2005年6期	
石网坠	1	青铜时代	辽宁瓦房店三堂村	《考古》1992年2期	有
石网坠	1	青铜时代（距今4000年）	辽宁大连大嘴子	《考古》1996年2期	有
石网坠		青铜时代（距今4000年）	辽宁大连小黑石砣子	《考古》1994年4期	有
石网坠	1	青铜时代（夏家店下层文化）	内蒙古敖汉旗城子山	《考古》1963年10期	
石网坠		夏商	广东珠海淇澳岛东澳湾	《考古》1990年9期	有
石网坠	1	夏商	四川奉节新浦	《考古》1999年1期	有
石网坠	2	商	广东深圳向南村	《考古》1997年6期	有
石网坠		商	广东珠海淇澳岛沙丘	《考古》1990年6期	
石网坠	3	商	河北卢龙东阚各庄	《考古》1985年11期	有
石网坠	1	商	河北滦南东庄店	《考古》1983年9期	有
石网坠	1	商	河北唐山古冶	《考古》1984年9期	有
石网坠	1	商	山东平阴朱家桥	《考古》1961年2期	
石网坠		青铜时代（距今3500年）	云南大理海东银梭岛	《考古》2009年8期	有
石网坠	1	商周	福建浦城汉阳城	《考古》1993年2期	有
石网坠	45	商周	贵州毕节青场瓦窑	《考古》1987年4期	有
石网坠	3	商周	浙江衢州茶叶山	《考古》1987年1期	有
石网坠	1	商周	浙江衢州乌柱山	《考古》1987年1期	有
石网坠	1	青铜时代（距今3300年）	云南鲁甸野石山	《考古》2009年8期	有
石网坠	量多	青铜时代（距今3200年）	云南大理海东银梭岛	《考古》2009年8期	有
石网坠	1	西周	湖北蒲圻赤壁山	《考古》1995年2期	有
石网坠		青铜时代（辛店文化）	甘肃临夏姬家川	《考古》1962年2期	
石网坠	1	周	湖北巴东雷家坪	《考古》1999年1期	有
石网坠	1	青铜时代（距今3000年）	辽宁瓦房店八岔沟	《考古》1997年12期	有
石网坠	2	青铜时代（距今3000	辽宁瓦房店茶山	《考古》1997年12期	有

		年）			
石网坠	2	西周－春秋	香港大屿山白芒	《考古》1997年6期	
石网坠	量多	青铜时代（距今2900年）	云南大理海东银梭岛	《考古》2009年8期	有
石网坠	1	青铜时代（距今2800年）	吉林长白民主	《考古》1995年8期	有
石网坠	3	青铜时代－东汉	吉林汪清新华闾	《考古》1961年8期	
石网坠	2	东周	吉林通化万发拨子	《考古》2003年8期	有
石网坠	2	东周	山东青岛崂山东古镇村	《考古》1959年3期	
石网坠	13	战国	吉林省吉林市长蛇山	《考古》1980年2期	有
石网坠	3	战国	吉林省吉林市猴石山	《考古》1980年2期	有
石网坠	1	战国	吉林省吉林市泡子沿前山	《考古》1985年6期	有
石网坠		战国	吉林省吉林市骚达沟	《考古》1985年10期	有
石网坠	3	战国－西汉	辽宁抚顺莲花堡	《考古》1964年6期	有
石网坠	5	汉	黑龙江海林东兴	《考古》1996年10期	有
石网坠		汉	云南晋宁石寨山	《考古》1959年9期	
石网坠	16	渤海国时期	黑龙江东宁小地营	《考古》2003年3期	有
骨网坠	2	新石器（大汶口文化）	山东章丘焦家	《考古》1998年6期	有
骨网坠		新石器（龙山文化）	河南永城王油坊	《考古》1978年1期	有
骨网坠		新石器（岳石文化）	河南夏邑清凉山	《考古》1997年11期	有
蚌网坠	23	新石器（距今8000年）	广西南宁豹子头	《考古》2003年10期	有
蚌网坠		新石器（贝丘遗址）	广西南宁	《考古》1975年5期	有
蚌网坠		新石器（龙山文化）	河南陕县庙底沟	《考古通讯》1957年4期	
蚌网坠		夏（二里头文化）	河南偃师灰嘴村	《考古》2010年2期	
玉网坠	1	新石器（距今7000年）	辽宁宽甸臭梨隈子	《考古》1986年10期	有
陶网坠	5	新石器（青莲岗文化）	江苏常州圩墩	《考古》1978年4期	有
陶网坠		新石器（青莲岗文化）	江苏泗洪孙大庄	《考古》1964年5期	有
陶网坠	4	新石器（马家浜文化）	江苏高淳薛城	《考古》2000年5期	有
陶网坠		新石器（仰韶文化）	山西芮城东庄村	《考古》1962年9期	
陶网坠		新石器（仰韶文化）	山西芮城西王村	《考古》1962年9期	
陶网坠		新石器（仰韶文化）	陕西凤翔和兴平	《考古》1960年3期	
陶网坠	3	新石器（仰韶文化）	陕西华阴南城子	《考古》1984年6期	有
陶网坠	1	新石器（大汶口文化）	安徽肥西古埂	《考古》1985年7期	有
陶网坠	2	新石器（大汶口文化）	安徽淮北地区	《考古》1993年11期	有
陶网坠	2	新石器（大汶口文化）	山东栖霞古镇都	《考古》2008年2期	有
陶网坠	2	新石器（大汶口文化）	山东郯城风渡口	《考古》1995年8期	有
陶网坠	16	新石器（北阴阳营文	江苏高淳薛城	《考古》2000年5期	有

化）

陶网坠		新石器（距今6000年）	湖北枣阳雕龙碑	《考古》1992年7期	有
陶网坠	1	新石器（白石文化二期）	山东烟台白石村	《考古》1992年7期	有
陶网坠		新石器（崧泽文化）	上海青浦寺前	《考古》2002年10期	有
陶网坠	11	新石器（崧泽文化）	上海青浦崧泽	《考古》1992年3期	有
陶网坠		新石器（崧泽文化）	上海松江姚家圈	《考古》2001年9期	
陶网坠	3	新石器（薛家岗文化）	安徽望江汪家山	《考古》1992年10期	有
陶网坠	35	新石器（良渚文化）	江苏吴江梅堰	《考古》1963年6期	
陶网坠		新石器（良渚文化）	上海青浦寺前	《考古》2002年10期	有
陶网坠	1	新石器（良渚文化）	上海松江广富林	《考古》1962年9期	有
陶网坠		新石器（仰韶—龙山）	河南洛阳王湾二期	《考古》1961年4期	
陶网坠	1	新石器（屈家岭文化）	湖北洪湖圆山	《考古》1989年5期	有
陶网坠		新石器（屈家岭文化）	湖北孝感港边程	《考古》1994年9期	有
陶网坠	1	新石器（屈家岭文化）	湖北云梦好石桥	《考古》1987年2期	有
陶网坠		新石器（卡若文化）	西藏拉萨曲贡村	《考古》1991年10期	有
陶网坠	11	新石器（昙石山文化）	福建闽侯昙石山	《考古》1961年12期	
陶网坠		新石器（昙石山文化）	福建闽侯昙石山	《考古》1964年12期	
陶网坠	3	新石器（昙石山文化）	福建闽侯昙石山	《考古》1983年12期	有
陶网坠	5	新石器（昙石山文化）	福建闽侯溪头	《考古》1980年4期	
陶网坠	1	新石器（庙底沟二期文化）	河南孟县许村	《考古》1999年2期	有
陶网坠	2	新石器（龙山文化）	安徽淮北地区	《考古》1993年11期	有
陶网坠		新石器（龙山文化）	河北邯郸龟台	《考古》1959年10期	
陶网坠		新石器（龙山文化）	河南夏邑清凉山	《考古》1997年11期	有
陶网坠	1	新石器（龙山文化）	河南新乡刘庄营	《考古》1966年3期	
陶网坠		新石器（龙山文化）	河南永城黑固堆	《考古》1981年5期	有
陶网坠		新石器（龙山文化）	河南永城王油坊	《考古》1978年1期	有
陶网坠		新石器（龙山文化）	山东曹县莘冢集	《考古》1980年5期	有
陶网坠		新石器（龙山文化）	山东荏平南陈庄	《考古》1985年4期	有
陶网坠	2	新石器（龙山文化）	山东费县崮子	《考古》1986年11期	有
陶网坠		新石器（龙山文化）	山东梁山青堌堆	《考古》1962年1期	
陶网坠	4	新石器（龙山文化）	山东临沂土城子	《考古》1961年11期	有
陶网坠	24	新石器（龙山文化）	山东平度东岳石村	《考古》1962年10期	有
陶网坠	1	新石器（龙山文化）	山东乳山小管村	《考古》1990年12期	有
陶网坠		新石器（龙山文化）	山东潍坊姚官庄	《考古》1963年7期	
陶网坠	1	新石器（龙山文化）	山东兖州龙湾店	《考古》2005年8期	有
陶网坠	1	新石器（龙山文化）	山西定襄西社	《考古》1987年11期	有
陶网坠	1	新石器（宝墩文化）	四川新津宝墩	《考古》1998年1期	有

陶网坠	43	新石器（距今4500年）	辽宁岫岩北沟西山	《考古》1992年5期	有
陶网坠	11	新石器（距今4400年）	辽宁东沟石佛山	《考古》1990年8期	有
陶网坠		新石器（岳石文化）	河南夏邑清凉山	《考古》1997年11期	有
陶网坠	1	新石器（西团山文化）	吉林九台石砬山	《考古》1991年4期	有
陶网坠	3	新石器（西团山文化）	吉林省吉林市泡子沿前山	《考古》1985年6期	有
陶网坠		新石器（西团山文化）	吉林永吉学古东山	《考古》1981年6期	有
陶网坠	2	新石器（距今2100±85年）	黑龙江东宁大城子	《考古》1979年1期	
陶网坠		新石器	福建福清东张	《考古》1965年2期	
陶网坠	7	新石器	福建闽侯庄边山	《考古》1961年1期	有
陶网坠	3	新石器	广东潮安梅林湖西岸	《考古》1965年2期	
陶网坠	1	新石器	海南西沙群岛甘泉岛	《考古》1992年9期	有
陶网坠		新石器	河南漯河澧河	《考古通讯》1957年3期	
陶网坠	2	新石器	河南唐河茅草寺	《考古》1965年1期	有
陶网坠	1	新石器	河南偃师汤泉沟	《考古》1962年11期	有
陶网坠		新石器	黑龙江林口东兴屯	《考古》1960年4期	
陶网坠		新石器	黑龙江林口窟窿别屯	《考古》1960年4期	有
陶网坠	1	新石器	黑龙江牡丹江中下游敖东	《考古》1960年4期	
陶网坠		新石器	黑龙江宁安大牡丹屯	《考古》1961年10期	
陶网坠	142	新石器	黑龙江宁安东康	《考古》1975年3期	
陶网坠	3	新石器	黑龙江宁安东昇	《考古》1977年3期	
陶网坠		新石器	黑龙江宁安牛场	《考古》1960年4期	有
陶网坠	1	新石器	黑龙江肇源望海屯	《考古》1961年10期	
陶网坠		新石器	湖北长阳清江香炉石	《考古》1988年6期	有
陶网坠	1	新石器	湖北长阳桅杆坪	《考古》1988年6期	有
陶网坠	1	新石器	湖北黄冈寨山	《考古》1995年10期	有
陶网坠	1	新石器	湖北黄冈寨上	《考古》1995年10期	有
陶网坠	13	新石器	湖北蕲春易家山	《考古通讯》1956年3期	有
陶网坠	13	新石器	湖北蕲春易家山	《考古》1960年5期	有
陶网坠		新石器	吉林扶余南坨子	《考古》1961年1期	
陶网坠	1	新石器	吉林辑安长岗	《考古》1965年1期	有
陶网坠	15	新石器	吉林省吉林市东郊两半山	《考古》1964年1期	有
陶网坠		新石器	吉林省吉林市近郊	《考古通讯》1956年4期	

陶网坠		新石器	吉林通化江沿村	《考古通讯》1956年 有6期
陶网坠		新石器	吉林永吉西官山	《考古》1960年7期
陶网坠	1	新石器	江苏淮安青莲岗	《考古通讯》1958年10期
陶网坠	1	新石器	江苏苏州越城	《考古》1961年3期 有
陶网坠	1	新石器	江苏武进寺墩	《考古》1981年3期 有
陶网坠	1	新石器	江西南昌县莲塘春新山	《考古》1963年1期
陶网坠	2	新石器	江西清江筑卫城	《考古》1976年6期 有
陶网坠		新石器	辽宁东沟大顶子山	《考古》1984年1期 有
陶网坠	1	新石器	辽宁东沟蝲蛄坨子	《考古》1984年1期 有
陶网坠		新石器	辽宁东沟石灰窑	《考古》1984年1期 有
陶网坠		新石器	辽宁东沟西泉眼	《考古》1984年1期 有
陶网坠	1	新石器	辽宁东沟徐卜	《考古》1984年1期 有
陶网坠		新石器	辽宁桓仁	《考古》1960年1期
陶网坠	2	新石器	辽宁锦州山河营子	《考古》1986年10期
陶网坠	6	新石器	辽宁沈阳肇工街	《考古》1989年10期 有
陶网坠	8	新石器	辽宁沈阳郑家洼子	《考古》1989年10期 有
陶网坠	5	新石器	上海松江汤庙村	《考古》1985年7期 有
陶网坠	1	新石器	四川忠县	《考古》1959年8期
陶网坠		新石器	云南剑川海门口	《考古通讯》1958年6期
陶网坠	1	新石器	云南景洪曼蚌囡	《考古》1965年11期 有
陶网坠		新石器	云南昆明滇池东岸	《考古》1959年4期 有
陶网坠		新石器	云南孟连老鹰山	《考古》1963年10期 有
陶网坠	1	新石器	浙江崇德蔡家坟	《考古通讯》1957年4期
陶网坠	32	新石器	浙江乐清白石	《考古》1992年9期
陶网坠	2	新石器晚期	福建南安狮子山	《考古》1961年4期 有
陶网坠	161	新石器晚期	江西清江营盘里	《考古》1962年4期 有
陶网坠	1	新石器晚期	辽宁宽甸刘家街	《考古》1986年10期 有
陶网坠		新石器（龙山文化）－商	河南偃师二里头	《考古》1961年2期 有
陶网坠		新石器－东周	湖北宜城楚皇城	《考古》1980年2期
陶网坠		夏（二里头文化）	河南临汝煤山	《考古》1975年5期
陶网坠		夏（二里头文化）	河南偃师二里头	《考古》1965年5期
陶网坠	数量多	青铜时代	黑龙江宾县老山头	《考古》1962年3期
陶网坠	4	青铜时代	吉林辽源龙首山	《考古》1997年2期 有

陶网坠	1	青铜时代	吉林洮安双塔屯	《考古》1983年12期	有
陶网坠	8	青铜时代	辽宁丹东振安区小娘娘城山	《考古》1986年10期	有
陶网坠	1	青铜时代	辽宁宽甸通江村	《考古》1986年10期	有
陶网坠	1	青铜时代	四川忠县瓒井沟	《考古》1962年8期	
陶网坠	1	青铜时代	香港南丫岛沙埔新村	《考古》2007年6期	
陶网坠		青铜时代（距今4000年）	辽宁大连大嘴子	《考古》1996年2期	有
陶网坠	1	青铜时代（夏家店下层文化）	河北大厂大坨头	《考古》1966年1期	
陶网坠		青铜时代（夏家店下层文化）	辽宁北票康家屯	《考古》2001年8期	有
陶网坠		青铜时代（湖熟文化）	江苏南京西善桥	《考古》1962年3期	有
陶网坠		青铜时代（湖熟文化）	江苏仪六地区护国庵	《考古》1962年3期	
陶网坠		青铜时代（广富林文化）	上海松江广富林	《考古》2002年10期	有
陶网坠		青铜时代（广富林文化）	上海松江广富林	《考古》2008年8期	有
陶网坠	2	商	广东深圳向南村	《考古》1997年6期	
陶网坠	1	商	河北沧县倪杨屯	《考古》1993年2期	有
陶网坠	1	商	河北卢龙东阚各庄	《考古》1985年11期	有
陶网坠	6	商	河北滦南东庄店	《考古》1983年9期	有
陶网坠		商	河北唐山古冶	《考古》1984年9期	有
陶网坠		商	河北邢台葛家庄	《考古》2005年2期	有
陶网坠		商	河南安阳后岗高楼庄	《考古》1972年5期	
陶网坠		商	河南安阳西郊薛家庄	《考古通讯》1958年8期	有
陶网坠		商	河南安阳殷墟	《考古》1961年2期	
陶网坠	1	商	河南孟县涧溪	《考古》1961年1期	
陶网坠		商	河南夏邑清凉山	《考古》1997年11期	有
陶网坠		商	河南偃师二里头	《考古》1974年4期	有
陶网坠	1	商	河南偃师商城	《考古》1995年11期	有
陶网坠		商	河南郑州电力学校	《考古》1986年4期	
陶网坠	1	商	河南郑州商城外郭城	《考古》2004年3期	有
陶网坠	2	商	湖北江陵梅槐桥	《考古》1990年9期	
陶网坠		商	江苏铜山丘湾	《考古》1973年2期	有
陶网坠	1	商	江苏盐城龙冈	《考古》2001年9期	有
陶网坠	3	商	江西清江筑卫城	《考古》1982年2期	有
陶网坠	2	商	山东济南大辛庄	《考古》1959年4期	

陶网坠		商	山东梁山青堌堆	《考古》1962年1期	
陶网坠	11	商	山东平阴朱家桥	《考古》1961年2期	
陶网坠	1	商	上海青浦金山坟	《考古》1989年7期	有
陶网坠	2	商	四川石棉宰羊溪	《考古》1982年2期	有
陶网坠	量多	商	天津蓟县围坊	《考古》1983年10期	有
陶网坠	3	青铜时代（距今3600年）	辽宁大连大嘴子	《考古》1996年2期	有
陶网坠	1	青铜时代（距今3500年）	吉林长春腰红嘴子	《考古》2003年8期	有
陶网坠		青铜时代（距今3500年）	云南大理海东银梭岛	《考古》2009年8期	有
陶网坠		商晚期	河南荥阳关帝庙	《考古》2008年7期	有
陶网坠		商周	北京房山丁家洼	《考古》1963年3期	
陶网坠	4	商周	福建尤溪米斗山	《考古》1993年7期	有
陶网坠		商周	黑龙江宁安莺歌岭	《考古》1981年6期	有
陶网坠		商周	湖北黄冈霸城山	《考古》1995年10期	有
陶网坠		商周	湖北黄梅荷叶山	《考古》1994年6期	有
陶网坠		商周	湖北黄梅乌龟山	《考古》1994年6期	有
陶网坠		商周	湖南安仁麻沙州	《考古》1993年11期	
陶网坠	2	商周	湖南保靖喜鹊溪	《考古》1993年10期	
陶网坠	1	商周	江苏吴县	《考古》1990年10期	有
陶网坠	37	商周	江西湖口下石钟山	《考古》1987年12期	有
陶网坠	1	商周	四川西昌坝河堡子	《考古》1978年2期	有
陶网坠	228	商周	云南剑川海门口	《考古》1995年9期	有
陶网坠	量多	商周	重庆云阳李家坝	《考古》2004年6期	有
陶网坠		青铜时代（距今3200年）	云南大理海东银梭岛	《考古》2009年8期	有
陶网坠	3	西周	安徽安庆张四墩	《考古》2004年1期	有
陶网坠	1	西周	安徽六安堰墩	《考古》2002年2期	有
陶网坠	1	西周	安徽宁国官山	《考古》2000年11期	有
陶网坠	29	西周	湖北蒲圻赤壁山	《考古》1995年2期	有
陶网坠	1	西周	江苏新沂三里墩	《考古》1960年7期	
陶网坠	1	西周	江西进贤寨子峡	《考古》1986年2期	有
陶网坠	5	西周	江西南昌青山湖	《考古》1985年8期	有
陶网坠	1	西周	江西萍乡禁山下	《考古》2000年12期	有
陶网坠	1	西周	陕西长安沣西张家坡	《考古》1987年1期	有
陶网坠	1	西周	四川彭州青龙村	《考古》2007年8期	有
陶网坠	550	西周	浙江东阳六石	《考古》1986年9期	有
陶网坠	33	青铜时代（距今3100	云南剑川海门口	《考古》2009年8期	有

		年）		
陶网坠	5	周	湖北红安金盆	《考古》1960年4期
陶网坠		周	湖南长沙东郊	《考古》1965年3期
陶网坠	2	青铜时代（夏家店上层文化）	辽宁锦州山河营子	《考古》1986年10期
陶网坠		青铜时代（夏家店上层文化）	内蒙古赤峰夏家店上层	《考古》1961年2期
陶网坠		西周—春秋	吉林双辽后太平	《考古》2009年5期
陶网坠	3	西周—春秋	江苏丹阳墩头山	《考古》1993年8期　有
陶网坠	2	西周—春秋	江苏苏州越城	《考古》1982年5期　有
陶网坠	5	西周—战国	浙江玉环三合潭	《考古》1996年5期　有
陶网坠		青铜时代（距今2900年）	云南大理海东银梭岛	《考古》2009年8期　有
陶网坠	3	青铜时代（距今2875±130年）	辽宁铁岭邱台	《考古》1996年2期　有
陶网坠	4	青铜时代—东汉	吉林汪清新安闾	《考古》1961年8期
陶网坠	1	东周	吉林通化万发拨子	《考古》2003年8期　有
陶网坠	1	东周	江西清江筑卫城	《考古》1976年6期　有
陶网坠	3	东周	上海金山戚家墩	《考古》1973年1期　有
陶网坠	量多	东周	重庆云阳李家坝	《考古》2004年6期　有
陶网坠	3	春秋	广东博罗梅花墩	《考古》1998年7期　有
陶网坠	1	春秋	河南信阳小胡庄	《考古》1964年5期
陶网坠	2	春秋	湖北安陆江家竹林	《考古》1993年6期　有
陶网坠		春秋	湖北随县城北关	《考古》1959年11期
陶网坠		战国	渤海湾西岸	《考古》1965年2期
陶网坠	2	战国	吉林长白干沟子	《考古》2003年8期　有
陶网坠		战国	吉林扶余北长岗子	《考古》1979年2期
陶网坠	96	战国	吉林省吉林市长蛇山	《考古》1980年2期
陶网坠	5	战国	吉林省吉林市猴石山	《考古》1980年2期　有
陶网坠	7	战国	吉林省吉林市泡子沿前山	《考古》1985年6期　有
陶网坠	22	战国	天津北仓	《考古》1982年2期　有
陶网坠	1	战国	天津南郊巨葛庄	《考古》1965年1期　有
陶网坠	1	战国—汉	辽宁开原李家台	《考古》1981年2期　有
陶网坠	1	战国—汉	辽宁西丰肇兴村	《考古》1981年2期　有
陶网坠	16	汉	黑龙江海林东兴	《考古》1996年10期　有
陶网坠	1	汉	黑龙江海林渡口	《考古》1997年7期　有
陶网坠		汉	黑龙江海林河口	《考古》1996年2期
陶网坠	1	汉	湖北郧西老观庙	《考古》1999年7期

陶网坠		汉	江苏射阳湖射阳镇	《考古》1964年1期
陶网坠		汉	江苏盐城麻瓦坟	《考古》1964年1期
陶网坠	1	西汉	广西兴安秦城遗址	《考古》1998年11期 有
陶网坠	1	西汉	上海金山戚家墩	《考古》1973年1期 有
陶网坠	1	西汉	新疆巴里坤县东黑沟	《考古》2009年1期 有
陶网坠	1	东汉	天津武清兰城	《考古》2001年9期 有
陶网坠		东汉－北朝	黑龙江海林河口	《考古》1996年2期 有
陶网坠	9	魏晋	黑龙江双鸭山保安	《考古》2003年2期 有
陶网坠		魏晋	黑龙江友谊凤林	《考古》2000年11期 有
陶网坠	2	魏晋	黑龙江友谊凤林古城址	《考古》2004年12期 有
陶网坠	10	六朝	江西九江赛城湖	《考古》1987年7期
陶网坠	2	唐	海南琼山珠崖岭	《考古》2003年4期 有
陶网坠	1	高句丽（公元7世纪）	辽宁沈阳石台子拦水坝	《考古》2010年12期 有
陶网坠	92	渤海国时期	黑龙江海林兴农	《考古》2005年3期 有
陶网坠	11	辽金	黑龙江海林渡口	《考古》1997年7期 有
陶网坠	1	辽金	吉林双辽电厂贮灰场	《考古》1995年4期 有
陶网坠		辽金	辽宁岫岩长兴	《考古》1999年6期 有
陶网坠	2	辽元	天津宝坻哈喇庄	《考古》2005年5期 有
瓷网坠		唐	广东新会官冲窑	《考古》1963年4期
铜网坠		东周	湖南永兴新村	《考古》1993年11期
铜网坠	1	元	河北磁县南开河村	《考古》1978年6期 有
铁网坠	1	元	河北磁县南开河村	《考古》1978年6期 有

渔网

骨勾织器		新石器（距今5175±130年）	吉林白城靶山	《考古》1988年12期 有
钩网器		新石器	黑龙江宁安东康	《考古》1975年3期 有

（二）狩猎工具

弓

木弓	1	春秋－西汉	新疆鄯善苏巴什	《考古》1988年6期 有
木弓	5	战国	湖北江陵溪峨山	《考古》1984年6期
木弓		战国	湖北枝江姚家港	《考古》1988年2期 有
木弓	2	战国	湖南常德德山	《考古》1963年9期
木弓形器	1	战国	江苏苏州长桥新塘	《考古》1994年6期 有
木弓	4	战国	山东栖霞杏家庄	《考古》1992年1期 有
木弓	1	东汉	内蒙古扎赉诺尔	《考古》1961年12期 有
小木弓		唐	新疆民丰尼雅古城	《考古》1961年3期 有
竹弓	1	春秋	安徽青阳龙岗	《考古》1998年2期 有
竹弓	1	春秋	河南光山宝相寺	《考古》1984年4期 有

竹弓	1	战国	湖北鄂城鄂钢53号墓	《考古》1978年4期	
竹弓		战国	湖北江陵拍马山	《考古》1973年3期	
竹弓		战国	湖北枝江姚家港	《考古》1988年2期	
竹弓	1	战国	湖南长沙紫檀铺	《考古通讯》1957年1期	

弓弦

| 弓弦 | | 唐 | 新疆民丰尼雅古城 | 《考古》1961年3期 | 有 |

弓囊

桦树皮弓囊	2	战国	吉林大安渔场	《考古》1975年6期	
桦树皮弓袋	1	东汉	内蒙古额右旗拉布达林	《考古》1990年10期	
桦树皮弓囊	1	东汉	内蒙古扎赉诺尔	《考古》1961年12期	有
弓箭		铁器时代（距今2500年）	新疆鄯善苏贝希	《考古》2002年6期	有

弩

石弩	2	东汉	河南安阳西高穴村	《考古》2010年8期	
石弩	2	东晋	江苏南京郭家山	《考古》2008年6期	有
石弩		东晋	江苏南京老虎山	《考古》1959年6期	有
木弩		战国	湖北枣阳九连墩	《考古》2003年7期	

标枪

骨标枪	1	新石器（龙山文化）	山东滕县岗上村	《考古》1963年7期	有
骨标枪	1	西周	陕西邠县下孟村	《考古》1960年1期	
鹿角枪	6	新石器	黑龙江宁安大牡丹屯	《考古》1961年10期	
石枪头	21	新石器（昂昂溪文化）	黑龙江齐齐哈尔昂昂溪	《考古》1974年2期	有
石枪头	1	新石器（红山文化）	吉林镇赉聚宝山	《考古》1998年6期	有
石枪头	1	新石器（昙石山文化）	福建闽侯昙石山	《考古》1961年12期	
石枪头		新石器（龙山文化）	河南洛阳王湾三期	《考古》1961年4期	
石枪头		新石器	福建莆田仙游、南安	《考古通讯》1958年1期	
石枪头	6	新石器	福建武平	《考古》1961年4期	有
石枪头	1	新石器	内蒙古伊克昭盟杭锦旗锡尼镇	《考古》1983年12期	有
石枪头	1	春秋	吉林磐石小西山	《考古》1984年1期	有
骨枪头	2	青铜时代	黑龙江宾县老山头	《考古》1962年3期	

箭头

石箭头	1	新石器（仰韶文化）	陕西临潼姜寨	《考古》1973年3期	有
石箭头	1	新石器（大汶口文化）	山东曲阜南兴埠	《考古》1984年12期	有
石箭头	1	新石器（龙山文化）	江苏连云港二涧村	《考古》1962年3期	
石箭头		新石器（龙山文化）	山东昌乐邹家庄	《考古》1987年5期	

石箭头	1	新石器（龙山文化）	山东蓬莱紫荆山	《考古》1973年1期	有
石箭头		新石器（龙山文化）	山东潍坊姚官庄	《考古》1963年7期	
石箭头		新石器	福建莆田仙游、南安	《考古通讯》1958年1期	
石箭头		新石器	福建仙游走马山	《考古通讯》1957年3期	
石箭头		新石器	河南鲁山邱公城	《考古》1962年11期	有
石箭头		新石器	黑龙江宁安牛场	《考古》1960年4期	有
石箭头	1	新石器	吉林汪清天桥岭	《考古通讯》1956年6期	
石箭头		新石器	江苏南京安怀村柴山	《考古通讯》1957年5期	有
石箭头		新石器	台湾台北大坌坑	《考古》1979年3期	
石箭头	1	青铜时代（昙石山文化上层）	浙江泰顺狮子岗	《考古》1993年7期	有
骨箭头		新石器（仰韶文化）	河南濮阳西水坡	《考古》1989年12期	
骨箭头	2	新石器（仰韶文化）	河南郑州大河村	《考古》1973年6期	有
骨箭头		新石器（仰韶文化）	河南郑州西郊	《考古通讯》1958年2期	有
骨箭头		新石器（仰韶文化）	陕西长安鄠县	《考古》1962年6期	
骨箭头	7	新石器（仰韶文化）	陕西临潼姜寨	《考古》1973年3期	有
骨箭头		新石器（仰韶文化）	陕西临潼姜寨	《考古》1975年5期	
骨箭头	1	新石器（龙山文化）	江苏连云港二涧村	《考古》1962年3期	
骨箭头		新石器（龙山文化）	山东昌乐邹家庄	《考古》1987年5期	
骨箭头		新石器	河南鲁山邱公城	《考古》1962年11期	
骨箭头		新石器	台湾台北圆山	《考古》1979年3期	
骨箭头	4	新石器晚期	山西太原义井村	《考古》1961年4期	有
骨箭头	1	西周	陕西泾水上游	《考古》1962年6期	
蚌箭头	1	新石器（仰韶文化）	河南新乡洛丝潭	《考古》1985年2期	有

箭

残箭杆（狩猎）	1	唐	新疆民丰尼雅古城	《考古》1961年3期	有
桦树皮箭囊	2	战国	吉林大安渔场	《考古》1975年6期	有
桦树皮箭囊	1	东汉	内蒙古额右旗拉布达林	《考古》1990年10期	
桦树皮箭囊	4	金	吉林镇赉黄家围子	《考古》1988年2期	有
木箭	15	东周	新疆且末加瓦艾日克	《考古》1997年9期	有
木箭	1	春秋—西汉	新疆鄯善苏巴什	《考古》1988年6期	有

匕

石匕	1	新石器（屈家岭文化）	湖北洪湖圆山	《考古》1989年5期	有

石匕形器	1	新石器（距今4000年）	重庆江津王爷庙	《考古》1992年12期
石匕	1	魏晋	黑龙江友谊凤林古城址	《考古》2004年12期 有
木匕	1	青铜时代（距今3000年）	新疆哈密艾斯克霞尔	《考古》2002年6期 有
木匕	2	战国	江苏苏州长桥新塘	《考古》1994年6期 有
骨匕		新石器（裴李岗文化）	河南郏县水泉	《考古》1992年10期
骨匕		新石器（磁山文化）	河北武安磁山	《考古》1977年6期 有
骨匕	1	新石器（青莲岗文化）	江苏常州圩墩	《考古》1978年4期
骨匕		新石器（北辛文化）	山东临淄后李	《考古》1992年11期 有
骨匕	1	新石器（北辛文化）	山东邹平苑城	《考古》1989年6期 有
骨匕	1	新石器（距今7000年）	吉林长岭腰井子	《考古》1992年8期 有
骨匕		新石器（仰韶文化）	甘肃宁县阳坁	《考古》1983年10期 有
骨匕		新石器（仰韶文化）	河北安新梁庄	《考古》1990年6期
骨匕	1	新石器（仰韶文化）	河南安阳后岗	《考古》1972年3期
骨匕	1	新石器（仰韶文化）	河南安阳孝民屯	《考古》2007年10期 有
骨匕	1	新石器（仰韶文化）	河南灵宝北阳平	《考古》2001年7期
骨匕		新石器（仰韶文化）	河南灵宝南万村	《考古》1960年7期
骨匕	4	新石器（仰韶文化）	河南灵宝西坡	《考古》2008年1期 有
骨匕		新石器（仰韶文化）	河南洛阳王湾一期	《考古》1961年4期
骨匕	1	新石器（仰韶文化）	河南郑州西郊	《考古通讯》1958年2期
骨匕		新石器（仰韶文化）	陕西宝鸡福临堡	《考古》1992年8期 有
骨匕		新石器（仰韶文化）	陕西华县柳子镇	《考古》1959年2期 有
骨匕	7	新石器（仰韶文化）	陕西临潼姜寨	《考古》1973年3期 有
骨匕		新石器（仰韶文化）	陕西临潼姜寨	《考古》1975年5期
骨匕		新石器（大溪文化）	湖南洪江高庙	《考古》2006年7期
骨匕	1	新石器（大汶口文化）	山东济宁玉皇顶	《考古》2005年4期 有
骨匕	2	新石器（大汶口文化）	山东曲阜东魏庄	《考古》1965年12期 有
骨匕	3	新石器（大汶口文化）	山东乳山翁家埠	《考古》1990年12期
骨匕		新石器（大汶口文化）	山东滕州西公桥	《考古》2000年10期 有
骨匕	1	新石器（大汶口文化）	山东滕州西康留	《考古》1995年3期 有
骨匕		新石器（大汶口文化）	山东兖州王因	《考古》1979年1期
骨匕	1	新石器（大汶口文化）	山东章丘焦家	《考古》1998年6期 有
骨匕	8	新石器（距今6000年）	福建平潭壳垅头	《考古》1991年7期 有
骨匕		新石器（距今6000年）	湖北枣阳雕龙碑	《考古》1992年7期
骨匕		新石器（白石文化二期）	山东烟台白石村	《考古》1992年7期
骨匕		新石器（后岗一期文化）	内蒙古乌兰察布石虎山	《考古》1998年12期 有

骨匕		新石器（马家窑文化早期）	青海民和胡李家	《考古》2001年1期	有
骨匕	21	新石器（良渚文化）	江苏吴江梅堰	《考古》1963年6期	有
骨匕	4	新石器（距今5175±130年）	吉林白城靶山	《考古》1988年12期	有
骨匕		新石器（仰韶—龙山）	河南洛阳王湾二期	《考古》1961年4期	
骨匕	1	新石器（距今5000年）	福建东山大帽山	《考古》2003年12期	有
骨匕		新石器（距今5000年）	内蒙古扎鲁特南宝力皋吐	《考古》2008年7期	
骨匕		新石器（贝丘遗址）	广西南宁	《考古》1975年5期	
骨匕	1	新石器（庙底沟二期文化）	河南新安西沃	《考古》1999年8期	有
骨匕	2	新石器（庙底沟二期文化）	山西侯马东呈王	《考古》1991年2期	有
骨匕		新石器（龙山文化）	安徽蒙城尉迟寺	《考古》1994年1期	有
骨匕	1	新石器（龙山文化）	安徽宿县小山口	《考古》1993年12期	有
骨匕		新石器（龙山文化）	河北邯郸涧沟	《考古》1959年10期	
骨匕	5	新石器（龙山文化）	河北邯郸涧沟	《考古》1961年4期	有
骨匕	1	新石器（龙山文化）	河北永年台口村	《考古》1962年12期	
骨匕	1	新石器（龙山文化）	河南焦作大司马	《考古》1996年11期	有
骨匕		新石器（龙山文化）	河南临汝大张村	《考古》1960年6期	
骨匕	2	新石器（龙山文化）	河南洛阳东杨村	《考古》1983年2期	有
骨匕		新石器（龙山文化）	河南洛阳王湾三期	《考古》1961年4期	
骨匕		新石器（龙山文化）	河南汤阴白营	《考古》1980年3期	有
骨匕		新石器（龙山文化）	河南偃师二里头	《考古》1982年5期	有
骨匕		新石器（龙山文化）	河南永城王油坊	《考古》1978年1期	有
骨匕	1	新石器（龙山文化）	山东海阳司马台	《考古》1985年12期	有
骨匕	1	新石器（龙山文化）	山东临朐朱封村	《考古》1990年7期	
骨匕	12	新石器（龙山文化）	山东平度东岳石村	《考古》1962年10期	有
骨匕	1	新石器（龙山文化）	山东禹城邢寨汪	《考古》1983年11期	
骨匕		新石器（龙山文化）	山西襄汾陶寺	《考古》1983年1期	有
骨匕	4	新石器（龙山文化陶寺型）	山西襄汾陶寺	《考古》2003年3期	有
骨匕		新石器（客省庄二期文化）	陕西长安沣西客省庄	《考古》1959年10期	有
骨匕		新石器（客省庄二期文化）	陕西扶风案板	《考古》1987年10期	有
骨匕		新石器（齐家文化）	甘肃临潭磨沟	《考古》2009年7期	
骨匕		新石器（齐家文化）	甘肃临夏大何庄	《考古》1960年3期	
骨匕		新石器（齐家文化）	甘肃临夏秦魏家	《考古》1960年3期	

骨匕		新石器（齐家文化）	甘肃临夏秦魏家	《考古》1964年6期	
骨匕	1	新石器（齐家文化）	青海大通黄家寨	《考古》1994年3期	有
骨匕	1	新石器（距今4000年）	青海民和喇家	《考古》2002年12期	有
骨匕	1	新石器（岳石文化）	山东沂源姑子坪	《考古》2003年1期	有
骨匕	2	新石器	安徽灵璧蒋庙村	《考古通讯》1955年 5期	有
骨匕	2	新石器	河南唐河茅草寺	《考古》1965年1期	有
骨匕	1	新石器	河南偃师汤泉沟	《考古》1962年11期	有
骨匕	1	新石器	黑龙江宁安大牡丹屯	《考古》1961年10期	
骨匕		新石器	黑龙江齐齐哈尔昂昂溪	《考古通讯》1957年 2期	
骨匕	2	新石器	辽宁锦州山河营子	《考古》1986年10期	
骨匕		新石器	内蒙古巴林左旗富河沟门	《考古》1964年1期	
骨匕		新石器	内蒙古清水河白泥窑子	《考古》1988年2期	
骨匕		新石器	山东莱阳石羊	《考古》1963年7期	
骨匕		新石器	山东烟台邱家庄	《考古》1963年7期	有
骨匕		新石器	陕西西安半坡	《考古通讯》1955年 2期	有
骨匕	2	新石器	新疆伊吾县卡尔桑	《考古》1964年7期	有
骨匕		新石器（龙山文化）－商	河南偃师二里头	《考古》1961年2期	有
骨匕	4	新石器（客省庄二期文化）－商早期	内蒙古准格尔旗大口	《考古》1979年4期	有
骨匕		夏（新砦期文化）	河南新密新砦	《考古》2009年2期	有
骨匕	1	夏（二里头文化）	河南西平上坡	《考古》2004年4期	有
骨匕		夏（二里头文化）	河南偃师二里头	《考古》1975年5期	
骨匕	3	夏（二里头文化）	山西夏县辕村	《考古》2009年11期	有
骨匕		夏（二里头文化）	山西垣曲古城南关	《考古》2005年11期	
骨匕		夏	甘肃民乐东灰山	《考古》1995年12期	
骨匕		夏	山西夏县东下冯	《考古》1980年2期	有
骨匕	2	青铜时代	辽宁瓦房店三堂村	《考古》1992年2期	有
骨匕		青铜时代（距今4000年）	辽宁大连小黑石礁子	《考古》1994年4期	有
骨匕	1	青铜时代（夏家店下层文化）	辽宁建平喀喇沁	《考古》1983年11期	有
骨匕		青铜时代（夏家店下层文化）	内蒙古赤峰二道井子	《考古》2010年8期	
骨匕	3	青铜时代（夏家店下层文化）	内蒙古赤峰康家湾	《考古》2008年11期	有

骨匕		青铜时代（夏家店下层文化）	内蒙古赤峰药王庙	《考古》1961年2期	
骨匕	2	青铜时代（夏家店下层文化）	天津蓟县张家园	《考古》1984年8期	有
骨匕	3	青铜时代（湖熟文化）	江苏南京西善桥	《考古》1962年3期	
骨匕	1	夏商	山西襄汾大柴	《考古》1987年7期	有
骨匕	10	先商	河北邯郸北羊台	《考古》2001年2期	有
骨匕		先商	河北邢台葛家庄	《考古》2005年2期	有
骨匕	1	商	河北磁县界段营	《考古》1974年6期	
骨匕		商	河北邯郸涧沟	《考古》1959年10期	
骨匕		商	河北邯郸涧沟	《考古》1961年4期	
骨匕	2	商	河北灵寿北宅村	《考古》1966年2期	有
骨匕		商	河北邢台东先贤村	《考古》2003年11期	有
骨匕		商	河北邢台葛家庄	《考古》2000年11期	有
骨匕		商	河北邢台葛家庄	《考古》2005年2期	有
骨匕	1	商	河北正定曹村	《考古》2007年11期	有
骨匕		商	河南安阳花园庄东地	《考古》1993年6期	
骨匕	18	商	河南安阳小屯东北地	《考古》1989年10期	有
骨匕		商	河南安阳殷墟	《考古》1961年2期	
骨匕		商	河南洛阳东乾沟	《考古》1959年10期	
骨匕	1	商	河南偃师商城IV区	《考古》1999年2期	有
骨匕		商	河南偃师尸乡沟	《考古》1985年4期	有
骨匕	2	商	河南偃师尸乡沟	《考古》1988年2期	有
骨匕		商	河南郑州北二七路	《考古》1986年4期	
骨匕		商	河南郑州铭功路东	《考古》2002年9期	
骨匕	1	商	河南郑州商城外郭城	《考古》2004年3期	有
骨匕		商	河南郑州上街	《考古》1960年6期	
骨匕	3	商	河南郑州上街	《考古》1966年1期	有
骨匕	1	商	山东济宁张山洼	《考古》2007年9期	有
骨匕		商	山西夏县东下冯	《考古》1980年2期	有
骨匕	2	商	天津蓟县围坊	《考古》1983年10期	有
骨匕	2	商（二里岗文化）	山西垣曲古城南关	《考古》2005年11期	
骨匕	2	青铜时代（寺洼文化）	甘肃卓尼苞儿	《考古》1994年1期	有
骨匕		商晚期	河南荥阳关帝庙	《考古》2008年7期	
骨匕	2	商周	河北邢台东先贤村	《考古》2002年3期	有
骨匕		商周	黑龙江宁安莺歌岭	《考古》1981年6期	
骨匕	1	商周	江西湖口下石钟山	《考古》1987年12期	
骨匕	1	商周	山东茌平南陈庄	《考古》1985年4期	有
骨匕	4	西周	安徽六安堰墩	《考古》2002年2期	有

骨匕	2	西周		河南鹿邑太清宫	《考古》2000年9期	
骨匕	1	西周		黑龙江肇源白金宝	《考古》1980年4期	
骨匕	1	西周		辽宁建平水泉城子	《考古》1983年8期	有
骨匕		西周		山东长清仙人台	《考古》1998年9期	有
骨匕		西周		陕西长安沣西张家坡	《考古》1959年10期	
骨匕	1	西周		陕西扶风柿坡	《考古》1996年7期	有
骨匕	1	西周		陕西扶风庄李村	《考古》2008年12期	有
骨匕	4	青铜时代（辛店文化）		甘肃永靖莲花台黑头咀	《考古》1980年4期	有
骨匕	11	青铜时代（辛店文化）		甘肃永靖莲花台瓦渣咀	《考古》1980年4期	有
骨匕	1	青铜时代（卡约文化）		青海平安马家庄	《考古》1990年9期	有
骨匕	1	西周—春秋		吉林双辽后太平	《考古》2009年5期	有
骨匕	1	青铜时代—东汉		吉林汪清新安闾	《考古》1961年8期	
骨匕		东周		黑龙江泰来平洋砖厂	《考古》1989年12期	
骨匕		东周		吉林通化万发拨子	《考古》2003年8期	
骨匕	3	东周		内蒙古和林格尔新店子	《考古》2009年3期	有
骨匕	2	东周		宁夏固原彭堡	《考古》1990年5期	有
骨匕		东周		山东临淄后李	《考古》1992年11期	有
骨匕	11	春秋		海南东方荣村	《考古》2003年4期	有
骨匕		春秋		河北邯郸赵王陵	《考古》1982年6期	
骨匕	2	战国		河北易县燕下都	《考古》1965年11期	有
骨匕		东汉		新疆和静县察吾乎沟口 M3	《考古》1990年10期	有
骨匕		魏晋		黑龙江友谊凤林	《考古》2000年11期	
骨匕	1	北齐		河北石家庄赵陵铺镇	《考古》1959年7期	
骨匕	2	渤海国时期		黑龙江海林兴农	《考古》2005年3期	有
骨匕	1	辽		内蒙古扎鲁特旗浩特花	《考古》2003年1期	有
角匕	1	新石器（大汶口文化）		山东章丘焦家	《考古》1998年6期	有
蚌匕		新石器（贝丘遗址）		广西南宁	《考古》1975年5期	有
蚌匕		新石器（龙山文化）		河北邯郸涧沟	《考古》1959年10期	
蚌匕	1	新石器（龙山文化）		河南洛阳东杨村	《考古》1983年2期	
蚌匕	1	新石器（龙山文化）		河南禹州瓦店	《考古》2000年2期	有
蚌匕	1	新石器早期		山东章丘小荆山	《考古》1994年6期	有
蚌匕		东周		黑龙江泰来平洋砖厂	《考古》1989年12期	有
蚌匕	1	战国		吉林大安东山头	《考古》1961年8期	
玉匕		新石器（距今8000年）		河北易县北福地	《考古》2005年7期	
玉匕	2	新石器（距今4800年）		黑龙江饶河小南山	《考古》1996年2期	有
陶匕		新石器（仰韶文化）		河北安新留村	《考古》1990年6期	
牙匕		新石器（河姆渡文化）		浙江余姚鲻山	《考古》2001年10期	有
牙匕		新石器（良渚文化）		浙江平湖庄桥坟	《考古》2005年7期	

镞

石镞	1	新石器（兴隆洼文化）	河北滦平药王庙梁	《考古》1998年2期	有
石镞	150	新石器（昂昂溪文化）	黑龙江齐齐哈尔昂昂溪	《考古》1974年2期	有
石镞	4	新石器（昂昂溪文化）	吉林镇赉黄家围子	《考古》1988年2期	有
石镞	2	新石器（新乐文化）	吉林德惠大青嘴	《考古》1986年9期	有
石镞	1	新石器（新乐文化）	吉林九台偏脸城	《考古》1986年9期	有
石镞	41	新石器（新乐文化）	辽宁沈阳新乐	《考古》1990年11期	有
石镞	16	新石器（距今7000年）	吉林长岭腰井子	《考古》1992年8期	有
石镞	2	新石器（距今7000年）	辽宁宽甸臭梨隈子	《考古》1986年10期	有
石镞	1	新石器（仰韶文化）	河南安阳后岗	《考古》1982年6期	
石镞	1	新石器（仰韶文化）	河南安阳后岗高楼庄	《考古》1972年5期	有
石镞	4	新石器（仰韶文化）	河南灵宝北阳平	《考古》2001年7期	有
石镞		新石器（仰韶文化）	河南灵宝南万村	《考古》1960年7期	有
石镞		新石器（仰韶文化）	河南洛阳王湾一期	《考古》1961年4期	
石镞	2	新石器（仰韶文化）	河南陕县七里铺村	《考古》1959年4期	有
石镞		新石器（仰韶文化）	河南淅川沟湾	《考古》2010年6期	有
石镞		新石器（仰韶文化）	河南新郑唐户	《考古》1984年3期	
石镞	1	新石器（仰韶文化）	河南信阳南山咀	《考古》1990年5期	有
石镞	1	新石器（仰韶文化）	湖北均县乱石滩	《考古》1986年7期	有
石镞		新石器（仰韶文化）	湖北均县朱家台	《考古》1961年10期	
石镞		新石器（仰韶文化）	湖北郧县大寺	《考古》1961年10期	
石镞		新石器（仰韶文化）	湖北郧县青龙泉	《考古》1961年10期	
石镞		新石器（仰韶文化）	内蒙古凉城王墓山	《考古》1997年4期	有
石镞		新石器（仰韶文化）	内蒙古清水河白泥窑子	《考古》1988年2期	
石镞		新石器（仰韶文化）	内蒙古商都朝天渠	《考古》1992年12期	有
石镞		新石器（仰韶文化）	内蒙古商都东沟子	《考古》1992年12期	
石镞		新石器（仰韶文化）	内蒙古商都风旋卜子	《考古》1992年12期	
石镞		新石器（仰韶文化）	内蒙古商都公鸡山	《考古》1992年12期	
石镞		新石器（仰韶文化）	内蒙古商都灰菜沟	《考古》1992年12期	
石镞		新石器（仰韶文化）	内蒙古商都狼窝沟	《考古》1992年12期	
石镞		新石器（仰韶文化）	内蒙古商都水泉梁	《考古》1992年12期	有
石镞		新石器（仰韶文化）	内蒙古商都水泉梁南梁	《考古》1992年12期	
石镞		新石器（仰韶文化）	内蒙古商都水泉梁西梁	《考古》1992年12期	
石镞		新石器（仰韶文化）	内蒙古商都西山	《考古》1992年12期	
石镞		新石器（仰韶文化）	内蒙古商都新围子	《考古》1992年12期	
石镞		新石器（仰韶文化）	内蒙古乌兰察布朝天渠	《考古》1996年2期	有
石镞		新石器（仰韶文化）	内蒙古乌兰察布风旋卜子	《考古》1996年2期	有
石镞		新石器（仰韶文化）	内蒙古乌兰察布狼窝沟	《考古》1996年2期	有

石镞		新石器（仰韶文化）	内蒙古乌兰察布沙坡地	《考古》1996年2期　有
石镞		新石器（仰韶文化）	内蒙古乌兰察布水泉梁	《考古》1996年2期　有
石镞		新石器（仰韶文化）	山西平陆葛赵村	《考古》1960年8期
石镞		新石器（仰韶文化）	山西芮城东庄村	《考古》1962年9期
石镞		新石器（仰韶文化）	山西芮城西王村	《考古》1962年9期
石镞	1	新石器（仰韶文化）	山西闻喜汀店	《考古》1961年5期
石镞		新石器（仰韶文化）	山西五台阳白	《考古》1997年4期　有
石镞		新石器（仰韶文化）	陕西华县柳子镇	《考古》1959年11期
石镞	5	新石器（仰韶文化）	陕西华阴南城子	《考古》1984年6期　有
石镞		新石器（仰韶文化）	陕西临潼姜寨	《考古》1973年3期　有
石镞	量多	新石器（距今6800年）	吉林东丰西断梁山	《考古》1991年4期　有
石镞	3	新石器（距今6500年）	广西资源晓锦	《考古》2004年3期　有
石镞	24	新石器（仰韶文化晚期）	河北平山中贾壁	《考古》1993年4期　有
石镞	2	新石器（大溪文化）	湖南津市青龙咀	《考古》1990年1期　有
石镞	2	新石器（大溪文化）	湖南湘潭堆子岭	《考古》2000年1期　有
石镞	1	新石器（大汶口文化）	安徽淮北地区	《考古》1993年11期　有
石镞		新石器（大汶口文化）	山东临沂	《考古》1961年11期　有
石镞	12	新石器（大汶口文化）	山东临沂大范庄	《考古》1975年1期　有
石镞	1	新石器（大汶口文化）	山东临沂王家三岗	《考古》1988年8期　有
石镞		新石器（大汶口文化）	山东蓬莱紫荆山	《考古》1973年1期
石镞	8	新石器（大汶口文化）	山东栖霞古镇都	《考古》2008年2期　有
石镞		新石器（大汶口文化）	山东曲阜南兴埠	《考古》1984年12期　有
石镞		新石器（大汶口文化）	山东滕州西公桥	《考古》2000年10期　有
石镞	1	新石器（大汶口文化）	山东滕州西康留	《考古》1995年3期　有
石镞		新石器（大汶口文化）	山东枣庄建新	《考古》1995年1期　有
石镞	9	新石器（距今6140±175年）	吉林农安元宝沟	《考古》1989年12期　有
石镞	23	新石器（红山文化）	吉林奈曼旗大沁他拉	《考古》1979年3期
石镞	1	新石器（红山文化）	辽宁康平赵家店白沙沟	《考古》1992年1期　有
石镞	2	新石器（红山文化）	辽宁康平赵家店馒头山	《考古》1992年1期　有
石镞		新石器（红山文化）	辽宁康平赵家店苇塘	《考古》1992年1期　有
石镞	4	新石器（红山文化）	辽宁凌源牛河梁	《考古》2001年8期　有
石镞	1	新石器（红山文化）	内蒙古巴林右旗查日斯台嘎查	《考古》2002年8期　有
石镞		新石器（红山文化）	内蒙古巴林右旗那斯台	《考古》1987年6期　有
石镞	5	新石器（红山文化）	内蒙古林西水泉	《考古》2005年11期　有
石镞	2	新石器（红山文化）	内蒙古哲里木盟科左中旗新艾力	《考古》1965年5期　有

石镞	5	新石器（距今6000年）	广西资源晓锦	《考古》2004年3期	有
石镞	1	新石器（距今6000年）	辽宁东沟大岗	《考古》1986年4期	有
石镞	46	新石器（距今6000年）	内蒙古海拉尔团结	《考古》2001年5期	有
石镞	1	新石器（崧泽文化）	江苏沙洲蔡墩	《考古》1987年10期	有
石镞	1	新石器（崧泽文化）	江苏沙洲徐湾	《考古》1987年10期	有
石镞		新石器（崧泽文化）	上海松江姚家圈	《考古》2001年9期	
石镞	5	新石器（距今5500年）	吉林长春北红嘴子	《考古》2003年8期	有
石镞	3	新石器（距今5500年）	吉林长春腰红嘴子	《考古》2003年8期	有
石镞	3	新石器（薛家岗文化）	安徽望江汪家山	《考古》1992年10期	有
石镞	2	新石器（薛家岗文化）	湖北黄梅钓鱼嘴	《考古》1994年6期	有
石镞		新石器（薛家岗文化）	湖北黄梅金城寨	《考古》1994年6期	有
石镞	3	新石器（薛家岗文化）	湖北黄梅陆墩	《考古》1991年6期	有
石镞	1	新石器（良渚文化）	安徽肥西古埂	《考古》1985年7期	有
石镞	18	新石器（良渚文化）	江苏常州武进寺墩	《考古》1984年2期	有
石镞	1	新石器（良渚文化）	江苏丹阳王家山	《考古》1985年5期	有
石镞	2	新石器（良渚文化）	江苏昆山少卿山	《考古》2000年4期	有
石镞	21	新石器（良渚文化）	江苏吴江梅堰	《考古》1963年6期	
石镞	14	新石器（良渚文化）	上海奉贤江海	《考古》2002年11期	有
石镞	5	新石器（良渚文化）	上海金山亭林	《考古》2002年10期	有
石镞	1	新石器（良渚文化）	上海青浦金山汶	《考古》1989年7期	有
石镞		新石器（良渚文化）	上海青浦寺前	《考古》2002年10期	有
石镞	10	新石器（良渚文化）	上海松江广富林	《考古》1962年9期	有
石镞		新石器（良渚文化）	上海松江广富林	《考古》2008年8期	有
石镞	1	新石器（良渚文化）	浙江定海唐家墩	《考古》1983年1期	有
石镞	11	新石器（良渚文化）	浙江建德久湖	《考古》2006年5期	有
石镞		新石器（良渚文化）	浙江平湖庄桥坟	《考古》2005年7期	
石镞	22	新石器（距今5175±130年）	吉林白城靶山	《考古》1988年12期	有
石镞	2	新石器（距今5000年）	福建东山大帽山	《考古》2003年12期	有
石镞	4	新石器（距今5000年）	吉林东丰德胜果园后山	《考古》1994年6期	有
石镞	10	新石器（距今5000年）	吉林东丰西断梁山	《考古》1988年7期	有
石镞	10	新石器（距今5000年）	吉林东丰西断梁山	《考古》1991年4期	有
石镞	44	新石器（距今5000年）	江西萍乡禁山下	《考古》2000年12期	有
石镞	131	新石器（距今5000年）	辽宁大连大潘家	《考古》1994年10期	有
石镞		新石器（距今5000年）	辽宁大连文家屯	《考古》1994年4期	有
石镞	32	新石器（距今5000年）	辽宁瓦房店三堂村	《考古》1992年2期	有
石镞		新石器（距今5000年）	内蒙古扎鲁特南宝力皋吐	《考古》2008年7期	有
石镞		新石器（距今5000年）	四川汉源麦坪	《考古》2008年7期	有

石镞	量多	新石器（距今5000年）	云南大理海东银梭岛	《考古》2009年8期	有
石镞	16	新石器（距今5000年）	云南剑川海门口	《考古》2009年8期	有
石镞	1	新石器（屈家岭文化）	湖北洪湖圆山	《考古》1989年5期	有
石镞		新石器（屈家岭文化）	湖北京山屈家岭	《考古通讯》1956年3期	
石镞	2	新石器（屈家岭文化）	湖北荆州阴湘城	《考古》1998年1期	有
石镞	1	新石器（屈家岭文化）	湖北石首走马岭	《考古》1998年4期	有
石镞	1	新石器（屈家岭文化）	湖北云梦斋神堡	《考古》1987年2期	有
石镞		新石器（屈家岭文化）	湖北郧县大寺	《考古》1961年10期	
石镞		新石器（屈家岭文化）	湖北郧县青龙泉	《考古》1961年10期	
石镞	2	新石器（屈家岭文化晚期）	湖北大悟北门岗	《考古》1990年11期	有
石镞	59	新石器（昙石山文化）	福建闽侯昙石山	《考古》1961年12期	有
石镞		新石器（昙石山文化）	福建闽侯昙石山	《考古》1964年12期	
石镞	5	新石器（昙石山文化）	福建闽侯昙石山	《考古》1983年12期	有
石镞	2	新石器（昙石山文化）	福建闽侯溪头	《考古》1980年4期	有
石镞	1	新石器（昙石山文化）	浙江洞头岛九亩风门村	《考古》1991年9期	有
石镞	1	新石器（贝丘遗址）	广东南海灶岗	《考古》1984年3期	
石镞	1	新石器（贝丘遗址）	辽宁大连长海大长山岛	《考古》1962年7期	有
石镞	4	新石器（贝丘遗址）	辽宁大连长海广鹿岛	《考古》1962年7期	有
石镞	2	新石器（贝丘遗址）	辽宁大连长海小长山岛	《考古》1962年7期	有
石镞	1	新石器（贝丘遗址）	辽宁大连长海獐子岛	《考古》1962年7期	有
石镞	1	新石器（庙底沟二期文化）	河南渑池仰韶村	《考古》1964年9期	
石镞	3	新石器（庙底沟二期文化）	河南新安西沃	《考古》1999年8期	有
石镞		新石器（庙底沟二期文化）	山西垣曲龙王崖	《考古》1986年2期	有
石镞	2	新石器（龙山文化）	安徽宿县小山口	《考古》1993年12期	有
石镞		新石器（龙山文化）	河北邯郸涧沟	《考古》1959年10期	
石镞	41	新石器（龙山文化）	河北邯郸涧沟	《考古》1961年4期	有
石镞		新石器（龙山文化）	河北蔚县筛子绫罗	《考古》1981年2期	有
石镞	4	新石器（龙山文化）	河北永年台口村	《考古》1962年12期	
石镞		新石器（龙山文化）	河北张家口蔚县庄窠村	《考古》1959年7期	
石镞	1	新石器（龙山文化）	河南安阳后岗	《考古》1982年6期	有
石镞		新石器（龙山文化）	河南博爱西金城	《考古》2010年6期	有
石镞		新石器（龙山文化）	河南辉县孟庄	《考古》2000年3期	有
石镞		新石器（龙山文化）	河南临汝大张村	《考古》1960年6期	
石镞	1	新石器（龙山文化）	河南灵宝城东寨	《考古》1960年7期	

石镞	2	新石器（龙山文化）	河南洛阳矬李	《考古》1978年1期	
石镞	11	新石器（龙山文化）	河南洛阳东杨村	《考古》1983年2期	有
石镞		新石器（龙山文化）	河南洛阳王湾三期	《考古》1961年4期	
石镞	13	新石器（龙山文化）	河南孟津小潘沟	《考古》1978年4期	有
石镞		新石器（龙山文化）	河南密县新砦	《考古》1981年5期	有
石镞		新石器（龙山文化）	河南杞县鹿台岗	《考古》1994年8期	
石镞		新石器（龙山文化）	河南陕县庙底沟	《考古通讯》1957年4期	
石镞		新石器（龙山文化）	河南睢县周龙岗	《考古》1981年5期	有
石镞		新石器（龙山文化）	河南汤阴白营	《考古》1980年3期	有
石镞	1	新石器（龙山文化）	河南武陟大司马	《考古》1994年4期	有
石镞		新石器（龙山文化）	河南新密新砦	《考古》2009年2期	有
石镞	2	新石器（龙山文化）	河南伊川马回营	《考古》1983年11期	有
石镞		新石器（龙山文化）	河南永城王油坊	《考古》1978年1期	有
石镞	1	新石器（龙山文化）	河南禹县冀寨	《考古》1991年2期	
石镞	10	新石器（龙山文化）	河南禹州瓦店	《考古》2000年2期	有
石镞	3	新石器（龙山文化）	河南中牟业王村	《考古》1979年3期	
石镞	1	新石器（龙山文化）	河南驻马店党楼	《考古》1996年5期	有
石镞		新石器（龙山文化）	河南驻马店杨庄	《考古》1995年10期	有
石镞	6	新石器（龙山文化）	湖北大悟土城	《考古》1986年7期	有
石镞	7	新石器（龙山文化）	湖北洪湖乌林矶	《考古》1987年5期	有
石镞	1	新石器（龙山文化）	湖北荆门	《考古》1992年6期	
石镞	3	新石器（龙山文化）	湖北孝感徐家坟	《考古》2001年3期	有
石镞		新石器（龙山文化）	湖北郧县青龙泉	《考古》1961年10期	
石镞		新石器（龙山文化）	湖南临澧	《考古》1988年3期	有
石镞	2	新石器（龙山文化）	江苏铜山丘湾	《考古》1973年2期	
石镞	5	新石器（龙山文化）	辽宁北票丰下	《考古》1976年3期	有
石镞		新石器（龙山文化）	内蒙古凉城板城西山	《考古》1989年2期	有
石镞		新石器（龙山文化）	内蒙古清水河白泥窑子	《考古》1966年3期	有
石镞	1	新石器（龙山文化）	山东安丘峒峪村	《考古》1963年10期	有
石镞	2	新石器（龙山文化）	山东安丘胡峪村	《考古》1963年10期	有
石镞	1	新石器（龙山文化）	山东昌乐秦家淳于村	《考古》1987年7期	有
石镞		新石器（龙山文化）	山东茌平南陈庄	《考古》1985年4期	有
石镞	1	新石器（龙山文化）	山东费县防故城遗址	《考古》2005年10期	有
石镞	1	新石器（龙山文化）	山东海阳城子顶	《考古》1985年12期	有
石镞	1	新石器（龙山文化）	山东海阳司马台	《考古》1985年12期	有
石镞	4	新石器（龙山文化）	山东即墨北阁	《考古通讯》1958年4期	有
石镞	1	新石器（龙山文化）	山东即墨石原	《考古》1981年1期	有

石镞		新石器（龙山文化）	山东即墨徐家沟	《考古》1981年1期	有
石镞	1	新石器（龙山文化）	山东济宁义合	《考古》1983年6期	有
石镞	4	新石器（龙山文化）	山东莒南化家村	《考古》1989年5期	有
石镞	1	新石器（龙山文化）	山东莒县杭头	《考古》1988年12期	有
石镞	2	新石器（龙山文化）	山东莱阳丁家店	《考古》1963年7期	有
石镞	19	新石器（龙山文化）	山东临朐朱封村	《考古》1990年7期	
石镞	1	新石器（龙山文化）	山东临沭北沟头	《考古》1990年6期	有
石镞		新石器（龙山文化）	山东临沂店子	《考古》1992年10期	
石镞		新石器（龙山文化）	山东临沂东南白塔	《考古》1992年10期	
石镞		新石器（龙山文化）	山东临沂泉沂庄	《考古》1992年10期	
石镞	10	新石器（龙山文化）	山东临沂土城子	《考古》1961年11期	有
石镞	1	新石器（龙山文化）	山东临沂援驾墩	《考古》1961年11期	
石镞	3	新石器（龙山文化）	山东临沂朱保	《考古》1992年10期	有
石镞	1	新石器（龙山文化）	山东平度东岳石村	《考古》1962年10期	有
石镞	1	新石器（龙山文化）	山东青岛市郊赵村	《考古》1965年9期	有
石镞	2	新石器（龙山文化）	山东日照东海峪	《考古》1986年8期	有
石镞	3	新石器（龙山文化）	山东日照冯家沟	《考古》1986年8期	有
石镞	12	新石器（龙山文化）	山东日照两城镇	《考古》1986年8期	有
石镞		新石器（龙山文化）	山东日照两城镇	《考古》1997年4期	
石镞	1	新石器（龙山文化）	山东日照苏家村	《考古》1986年8期	有
石镞	1	新石器（龙山文化）	山东日照西林子头	《考古》1986年8期	
石镞	4	新石器（龙山文化）	山东日照尧王城	《考古》1986年8期	有
石镞	1	新石器（龙山文化）	山东乳山泮家庄	《考古》1990年12期	有
石镞	2	新石器（龙山文化）	山东乳山小管村	《考古》1990年12期	有
石镞	2	新石器（龙山文化）	山东滕县岗上村	《考古》1963年7期	有
石镞	5	新石器（龙山文化）	山东潍县狮子行	《考古》1984年8期	有
石镞		新石器（龙山文化）	山东五莲丹士村	《考古通讯》1958年4期	有
石镞	2	新石器（龙山文化）	山东兖州龙湾店	《考古》2005年8期	有
石镞		新石器（龙山文化）	山东阳谷景阳岗	《考古》1997年5期	有
石镞	3	新石器（龙山文化）	山东沂水凤台	《考古》1991年6期	有
石镞	1	新石器（龙山文化）	山东沂水抬头	《考古》1991年6期	
石镞	17	新石器（龙山文化）	山东沂水小沂河北岸	《考古》2002年1期	有
石镞	1	新石器（龙山文化）	山东沂水杨庄	《考古》1993年11期	有
石镞	2	新石器（龙山文化）	山东禹城邢寨汪	《考古》1983年11期	有
石镞	1	新石器（龙山文化）	山东禹城姚高	《考古》1996年4期	有
石镞	2	新石器（龙山文化）	山东禹城周尹	《考古》1996年4期	有
石镞		新石器（龙山文化）	山东章丘西河	《考古》2000年10期	有
石镞		新石器（龙山文化）	山西芮城	《考古》1962年9期	

石镞	2	新石器（龙山文化）	山西芮城南礼教村	《考古》1964年6期	有
石镞		新石器（龙山文化）	山西五台阳白	《考古》1997年4期	有
石镞		新石器（龙山文化）	山西襄汾丁村	《考古》1991年10期	有
石镞		新石器（龙山文化）	山西襄汾陶寺	《考古》1983年1期	有
石镞		新石器（龙山文化）	山西忻州游邀	《考古》1989年4期	有
石镞	23	新石器（龙山文化）	山西垣曲龙王崖	《考古》1986年2期	有
石镞		新石器（龙山文化）	陕西凤翔和兴平双庵	《考古》1960年3期	有
石镞		新石器（龙山文化）	陕西华县柳子镇	《考古》1959年11期	
石镞		新石器（龙山文化）	陕西华阴横阵	《考古》1960年9期	
石镞形器	1	新石器（龙山文化）	四川绵阳边堆山	《考古》1990年4期	有
石镞		新石器（龙山文化）	天津宝坻牛道口	《考古》1991年7期	有
石镞		新石器（龙山文化早期）	山西襄汾陶寺	《考古》1980年1期	有
石镞	1	新石器（龙山文化晚期）	湖北宜昌下岸	《考古》1999年1期	有
石镞		新石器（龙山文化晚期）	山西襄汾陶寺	《考古》1980年1期	有
石镞	6	新石器（距今4810±145年）	江西清江筑卫城	《考古》1982年2期	有
石镞	39	新石器（距今4800年）	黑龙江饶河小南山	《考古》1996年2期	有
石镞		新石器（距今4700年）	广西那坡感驮岩	《考古》2003年10期	有
石镞	6	新石器（距今4700年）	四川巫山魏家梁子	《考古》1996年8期	有
石镞	6	新石器（距今4600年）	重庆巫山锁龙	《考古》2006年3期	有
石镞	1	新石器（石家河文化）	湖北大悟沈家城	《考古》1990年11期	有
石镞		新石器（石家河文化）	湖北石首走马岭	《考古》1998年4期	有
石镞		新石器（石家河文化）	湖南安乡划城岗	《考古》2001年4期	有
石镞	6	新石器（距今4585±160年）	广西钦州独料	《考古》1982年1期	有
石镞	1	新石器（宝墩文化）	四川新津宝墩	《考古》1998年1期	有
石镞	144	新石器（距今4500年）	辽宁岫岩北沟西山	《考古》1992年5期	有
石镞		新石器（龙山文化陶寺型）	山西曲沃方城	《考古》1988年4期	有
石镞		新石器（龙山文化陶寺型）	山西襄汾丁村曲舌头	《考古》2002年4期	有
石镞	3	新石器（龙山文化陶寺型）	山西襄汾陶寺	《考古》2003年3期	有
石镞	2	新石器（龙山文化陶寺型）	山西襄汾陶寺	《考古》2004年7期	有
石镞	11	新石器（距今4400年）	辽宁东沟石佛山	《考古》1990年8期	有
石镞		新石器（客省庄二期文	陕西长安沣西客省庄	《考古》1959年10期	

化）

石镞		新石器（客省庄二期文化）	陕西扶风案板	《考古》1987年10期 有
石镞	1	新石器（距今4200年）	香港马湾岛东湾仔北	《考古》1999年6期　有
石镞		新石器（青龙泉三期文化）	湖北宜昌县白庙	《考古》1986年1期
石镞	1	新石器（距今4000年）	福建漳州大帽山	《考古》1995年9期 有
石镞	12	新石器（距今4000年）	广西资源晓锦	《考古》2004年3期 有
石镞	23	新石器（距今4000年）	江西清江筑卫城	《考古》1982年2期 有
石镞	23	新石器（距今4000年）	辽宁大连新金乔东1号	《考古》1983年2期 有
石镞	1	新石器（距今4000年）	重庆江津王爷庙	《考古》1992年12期 有
石镞		新石器（岳石文化）	山东泗水尹家城	《考古》1985年7期
石镞	1	新石器（岳石文化）	山东沂源姑子坪	《考古》2003年1期 有
石镞	12	新石器（距今3600年）	广东曲江马蹄坪	《考古》1964年7期 有
石镞	45	新石器（距今3600年）	广东曲江鲶鱼转	《考古》1964年7期 有
石镞	25	新石器（距今3600年）	广东韶关走马冈	《考古》1964年7期
石镞	36	新石器（距今3200年）	吉林珲春迎花南山	《考古》1993年8期 有
石镞	22	新石器（距今3000年）	辽宁大连新金乔东1号	《考古》1983年2期 有
石镞	1	新石器（西团山文化）	吉林省吉林市泡子沿前山	《考古》1985年6期 有
石镞	4	新石器（西团山文化）	吉林双阳五家子	《考古》1986年9期 有
石镞	2	新石器	安徽青阳中平	《考古》1997年11期 有
石镞		新石器	安徽望江戴家墩	《考古》1988年6期 有
石镞		新石器	安徽望江麻冲	《考古》1988年6期 有
石镞		新石器	安徽望江七星墩	《考古》1988年6期 有
石镞		新石器	安徽望江双墩	《考古》1988年6期
石镞	3	新石器	福建东山坑北	《考古》1965年1期
石镞	189	新石器	福建福清东张	《考古》1965年2期 有
石镞		新石器	福建光泽官屯	《考古通讯》1955年 有 6期
石镞	138	新石器	福建建瓯和建阳	《考古》1961年4期 有
石镞	13	新石器	福建闽侯庄边山	《考古》1961年1期 有
石镞		新石器	福建闽江上游	《考古》1959年11期
石镞	1	新石器	福建闽清永泰阪东	《考古》1965年2期 有
石镞	1	新石器	福建闽清永泰长庆	《考古》1965年2期 有
石镞	2	新石器	福建南安	《考古》1961年5期
石镞	1	新石器	福建邵武北石岐山	《考古通讯》1957年 3期
石镞	1	新石器	福建邵武册前	《考古通讯》1957年

				3期
石镞	1	新石器	福建邵武红岭	《考古通讯》1957年 有 3期
石镞	1	新石器	福建邵武桥头湾	《考古通讯》1957年 3期
石镞	190	新石器	福建武平	《考古》1961年4期 有
石镞	2	新石器	福建漳浦下宫石路采集	《考古》1959年6期
石镞	1	新石器	甘肃秦安杨家沟口	《考古通讯》1958年 有 5期
石镞	23	新石器	广东宝安蚌地山	《考古通讯》1957年 有 6期
石镞	1	新石器	广东宝安黄策捕鱼山	《考古通讯》1957年 6期
石镞	68	新石器	广东北部山地区	《考古》1961年11期 有
石镞	8	新石器	广东潮阳葫芦山	《考古通讯》1956年 有 4期
石镞		新石器	广东从化猪牯岭	《考古》1961年8期
石镞	334	新石器	广东东部地区	《考古》1961年12期 有
石镞	19	新石器	广东梅县大埔县	《考古》1965年4期 有
石镞		新石器	广东新丰	《考古》1960年7期 有
石镞	9	新石器	广东紫金在光顶	《考古》1964年5期 有
石镞	1	新石器	广西灵山翠壁峰	《考古》1993年12期 有
石镞	1	新石器	广西灵山元屋岭	《考古》1993年12期 有
石镞		新石器	河北承德白河南	《考古》1959年7期
石镞	2	新石器	河北三河孟各庄	《考古》1983年5期 有
石镞	1	新石器	河南邓县房山	《考古》1984年1期 有
石镞		新石器	河南漯河澧河	《考古通讯》1957年 3期
石镞	4	新石器	河南泌阳板桥荆树坟	《考古》1965年9期 有
石镞	12	新石器	河南泌阳板桥三所楼	《考古》1965年9期 有
石镞	1	新石器	河南上蔡县黄泥庄	《考古通讯》1956年 5期
石镞	3	新石器	河南舞阳峨岗寺	《考古》1965年5期 有
石镞		新石器	河南舞阳寺圪垱	《考古》1965年5期
石镞	2	新石器	黑龙江海浪河下游龙头山	《考古》1965年1期 有
石镞	2	新石器	黑龙江拉林河右岸南土	《考古》1964年12期
石镞	1	新石器	黑龙江牡丹江中下游莺哥岭	《考古》1960年4期
石镞	2	新石器	黑龙江嫩江下游官地村	《考古》1960年4期

石镞	9	新石器	黑龙江宁安大牡丹屯	《考古》1961年10期	
石镞	154	新石器	黑龙江宁安东康	《考古》1975年3期	有
石镞	1	新石器	黑龙江宁安东昇	《考古》1977年3期	
石镞		新石器	黑龙江齐齐哈尔昂昂溪	《考古通讯》1957年2期	
石镞	18	新石器	黑龙江饶河小南山	《考古》1972年2期	
石镞	2	新石器	湖北红安金盆	《考古》1960年4期	
石镞	1	新石器	湖北黄陂杨家湾	《考古通讯》1958年1期	
石镞	2	新石器	湖北黄冈笼子山	《考古》1995年10期	有
石镞	8	新石器	湖北蕲春易家山	《考古通讯》1956年3期	有
石镞	38	新石器	湖北蕲春易家山	《考古》1960年5期	有
石镞	22	新石器	湖南安仁南坪何古山	《考古》1960年6期	有
石镞		新石器	湖南安仁太平山	《考古》1993年11期	
石镞		新石器	湖南安仁细肖古	《考古》1993年11期	有
石箭镞		新石器	湖南长沙烟墩冲	《考古通讯》1956年5期	有
石镞	1	新石器	湖南浏阳樟树潭	《考古》1965年7期	有
石镞	2	新石器	湖南新宁白面寨	《考古》1991年10期	有
石镞	5	新石器	湖南益阳鹿角山	《考古》1965年10期	有
石镞		新石器	湖南资兴唐家岭	《考古》1993年11期	
石镞		新石器	吉林长春黑咀子山	《考古通讯》1957年1期	
石镞		新石器	吉林长春红石磡子	《考古通讯》1957年1期	
石镞		新石器	吉林长春台山子	《考古通讯》1957年1期	
石镞		新石器	吉林长春萧家堡子	《考古通讯》1957年1期	
石镞	17	新石器	吉林大安长新南山	《考古》1984年8期	有
石镞	10	新石器	吉林大安大架山	《考古》1984年8期	有
石镞	11	新石器	吉林大安后商家	《考古》1984年8期	有
石镞	5	新石器	吉林大安刘贵坟山	《考古》1984年8期	有
石镞	5	新石器	吉林大安马场南山	《考古》1984年8期	有
石镞	3	新石器	吉林大安仁喜山	《考古》1984年8期	有
石镞		新石器	吉林第六区两半山	《考古通讯》1955年4期	
石镞	1	新石器	吉林辑安长岗	《考古》1965年1期	有
石镞	8	新石器	吉林蛟河小南沟	《考古》1964年2期	有

石镞		新石器	吉林靖宇肖家营屯	《考古通讯》1958年 有9期
石镞	1	新石器	吉林科右中旗贝子府	《考古》1977年3期 有
石镞	25	新石器	吉林省吉林市东郊两半山	《考古》1964年1期 有
石镞		新石器	吉林省吉林市近郊	《考古通讯》1956年4期
石镞	2	新石器	吉林通化江口	《考古》1960年7期
石镞	6	新石器	吉林汪清西崴子嘎呀河	《考古通讯》1958年5期
石镞	5	新石器	吉林西团山子	《考古》1960年4期
石镞	1	新石器	吉林延吉柳庭洞	《考古》1983年10期 有
石镞		新石器	吉林永吉西官山	《考古》1960年7期 有
石镞		新石器	江苏丹徒葛村	《考古通讯》1957年 有5期
石镞		新石器	江苏丹徒癞龟墩	《考古通讯》1956年6期
石镞	2	新石器	江苏丹徒文昌阁	《考古通讯》1957年5期
石镞	2	新石器	江苏句容城头山	《考古》1985年4期 有
石镞	1	新石器	江苏昆山陈墓镇	《考古》1959年9期 有
石镞	2	新石器	江苏无锡许巷村	《考古》1961年8期 有
石镞	4	新石器	江苏武进寺墩	《考古》1981年3期 有
石镞	1	新石器	江苏新海连市大村	《考古》1961年6期 有
石镞	4	新石器	江西定南夏冈	《考古通讯》1955年4期
石镞	7	新石器	江西南昌市青云谱车站	《考古》1961年10期
石镞	2	新石器	江西南昌市青云谱砖瓦窑	《考古》1961年10期
石镞	36	新石器	江西南昌县莲塘春新山	《考古》1963年1期 有
石镞	6	新石器	江西南昌县莲塘上山西	《考古》1963年1期
石镞	2	新石器	江西南昌县莲塘象尾山	《考古》1963年1期
石镞	2	新石器	江西清江临江	《考古通讯》1957年 有4期
石镞	1	新石器	江西清江马家寨	《考古》1959年12期
石镞	42	新石器	江西清江筑卫城	《考古》1976年6期 有
石镞	2	新石器	江西万年	《考古》1960年10期
石镞	2	新石器	江西万年猛山	《考古》1962年4期
石镞	1	新石器	江西万年送嫁山	《考古》1963年12期
石镞	24	新石器	江西修水跑马岭	《考古》1962年7期 有

石镞	163	新石器	江西修水山背	《考古》1962年7期	有
石镞		新石器	辽宁长海小珠山	《考古》2009年5期	
石镞	2	新石器	辽宁东沟后洼	《考古》1984年1期	有
石镞	1	新石器	辽宁东沟石固山	《考古》1984年1期	
石镞		新石器	辽宁东沟双山子	《考古》1984年1期	有
石镞	1	新石器	辽宁东沟蚊子山	《考古》1984年1期	有
石镞	2	新石器	辽宁东沟柞木山	《考古》1984年1期	有
石镞		新石器	辽宁桓仁	《考古》1960年1期	
石镞		新石器	辽宁康平赵家店茨榆坨子	《考古》1992年1期	有
石镞	1	新石器	辽宁新民偏堡沙岗	《考古通讯》1958年1期	有
石镞		新石器	辽宁义县亮甲山	《考古》1964年6期	有
石镞		新石器	内蒙古巴林左旗富河沟门	《考古》1964年1期	有
石镞		新石器	内蒙古包头阿善	《考古》1984年2期	
石镞		新石器	内蒙古包头纳太	《考古》1986年6期	有
石镞		新石器	内蒙古包头西沙塔	《考古》1986年6期	有
石镞		新石器	内蒙古东乌珠沁旗霍尔赤根河	《考古》1960年6期	有
石镞		新石器	内蒙古海拉尔西沙岗	《考古通讯》1956年3期	
石镞	9	新石器	内蒙古苏尼特右旗吉日嘎郎图	《考古》1982年1期	有
石镞	1	新石器	内蒙古伊克昭盟达拉特旗瓦窑	《考古》1963年1期	有
石镞	1	新石器	内蒙古伊克昭盟杭锦旗锡尼镇	《考古》1983年12期	有
石镞	1	新石器	内蒙古昭乌达盟石羊石虎山	《考古》1963年10期	
石镞	1	新石器	宁夏陶乐察罕埂	《考古》1964年5期	有
石镞	1	新石器	宁夏陶乐高仁	《考古》1964年5期	有
石镟		新石器	青海乐都柳湾	《考古》1976年6期	有
石镞	3	新石器	山东安丘老峒峪	《考古》1992年9期	有
石镞	2	新石器	山东长岛大口	《考古》1985年12期	
石镞	1	新石器	山东济宁琵琶山	《考古》1960年6期	
石镞		新石器	山东胶县三里河	《考古》1977年4期	
石镞	1	新石器	山东莱阳杨家圈	《考古》1963年7期	有
石镞	4	新石器	山东临沂前城子	《考古》1992年10期	有
石镞	1	新石器	山东临沂晏驾墩	《考古》1992年10期	有

石镞	1	新石器	山东曲阜店北头	《考古》1965年12期	
石镞		新石器	山东日照两城镇	《考古》1960年9期	有
石镞		新石器	山东日照县东海峪	《考古》1976年6期	有
石镞	4	新石器	山东泗水尹家城	《考古》1980年1期	有
石镞		新石器	山西左云	《考古》1959年2期	
石镞	2	新石器	陕西安康柏树岭	《考古》1983年6期	
石镞	1	新石器	陕西安康柳家河	《考古》1983年6期	有
石镞	1	新石器	陕西汉中何家湾	《考古》1962年6期	有
石镞	1	新石器	陕西洛南焦村	《考古》1983年1期	有
石镞		新石器	陕西西安半坡	《考古通讯》1955年2期	有
石镞	2	新石器	上海青浦淀山湖	《考古》1959年6期	有
石镞	4	新石器	上海松江汤庙村	《考古》1963年1期	有
石镞	1	新石器	上海松江汤庙村	《考古》1985年7期	有
石镞		新石器	四川广汉中兴横梁子	《考古通讯》1958年8期	
石镞	1	新石器	四川广元张家坡	《考古》1991年9期	有
石镞	1	新石器	四川普格瓦打洛	《考古》1983年6期	有
石镞	1	新石器	四川西昌横栏山	《考古》1998年2期	有
石镞	3	新石器	四川西昌市郊	《考古》1983年6期	有
石镞	1	新石器	四川喜德四合村	《考古》1979年1期	有
石镞	7	新石器	四川盐源轿顶山	《考古》1984年9期	有
石镞	1	新石器	天津蓟县围坊	《考古》1983年10期	有
凹底石镞	1	新石器	新疆东部木垒河	《考古》1964年7期	有
石镞	1	新石器	新疆东部木垒河	《考古》1964年7期	有
石镞	1	新石器	新疆疏附阿克塔拉	《考古》1977年2期	有
石箭镞		新石器	云南剑川海门口	《考古通讯》1958年6期	
石镞	1	新石器	云南龙陵马鞍山	《考古》1991年6期	有
石镞		新石器	云南龙陵马鞍山	《考古》1992年4期	有
石镞		新石器	云南龙陵烧炭田坡	《考古》1992年4期	有
石镞	1	新石器	云南西盟	《考古》1993年9期	有
石镞	3	新石器	浙江崇德蔡家坟	《考古通讯》1957年4期	有
石镞	15	新石器	浙江寿昌杨树岗	《考古通讯》1958年7期	
石镞		新石器	浙江温州	《考古通讯》1956年6期	有
石镞	6	新石器	浙江舟山孙家山	《考古》1983年1期	有

石镞	1	新石器早期	广西灵山三海岩	《考古》1993年12期	有
石镞	6	新石器中晚期	安徽黄山蒋家山	《考古》1995年2期	有
石镞	5	新石器晚期	安徽安庆张四墩	《考古》2004年1期	有
石镞	35	新石器晚期	广东和平卢屋嘴	《考古》1991年3期	有
石镞		新石器晚期	广东和平社径山	《考古》1991年3期	有
石镞	1	新石器晚期	广东连平黄潭寺	《考古》1992年2期	有
石镞	11	新石器晚期	广东西江两岸	《考古》1965年9期	有
石镞	1	新石器晚期	河北承德白河南	《考古》1992年6期	有
石镞	1	新石器晚期	湖北宜昌白庙	《考古》1983年5期	有
石镞	3	新石器晚期	湖南华容时家岗	《考古》1961年11期	有
石镞	17	新石器晚期	江西临川	《考古》1964年4期	有
石镞	257	新石器晚期	江西清江营盘里	《考古》1962年4期	有
石镞		新石器晚期	江西瑞昌良田寺	《考古》1987年1期	有
石镞	1	新石器晚期	辽宁宽甸老地沟	《考古》1986年10期	有
石镞		新石器晚期	内蒙古包头西园	《考古》1990年4期	有
石镞		新石器晚期	香港新界涌浪	《考古》1997年6期	有
石镞	35	新石器晚期	浙江仙居下汤	《考古》1987年12期	有
石镞	6	新石器（石峡文化）－夏商	广东南海鱿鱼岗	《考古》1997年6期	有
石镞		新石器（龙山文化）－商	河南偃师二里头	《考古》1961年2期	有
石镞	6	新石器（西团山文化）－战国	吉林永吉星星哨水库	《考古》1978年3期	有
石镞		新石器－商	广东三水银洲	《考古》2000年6期	有
石镞	8	新石器－商周	江西丰县太平岗	《考古》1983年12期	有
石镞	1	新石器－青铜时代	辽宁本溪庙后山	《考古》1985年6期	有
石镞	27	新石器－东周	江西波阳王家咀	《考古》1962年4期	
石镞	4	夏（二里头文化）	河南洛阳东杨村	《考古》1983年2期	有
石镞		夏（二里头文化）	河南新密新砦大型建筑基址	《考古》2009年2期	有
石镞		夏（二里头文化）	河南偃师二里头	《考古》1965年5期	有
石镞		夏（二里头文化）	河南偃师二里头2号宫	《考古》1983年3期	有
石镞	量多	夏（二里头文化）	河南驻马店杨庄	《考古》1995年10期	有
石镞	1	夏（二里头文化）	山西夏县辕村	《考古》2009年11期	有
石镞	1	夏（二里头文化）	山西翼城感军	《考古》1980年3期	有
石镞	1	夏（二里头文化）	山西永济东马铺头	《考古》1980年3期	
石镞		夏（二里头文化）	山西垣曲古城南关	《考古》2005年11期	
石镞		夏	山西夏县东下冯	《考古》1980年2期	有
石镞		夏早期	河南巩义花地嘴	《考古》2005年6期	

石镞	22	青铜时代	广东连平黄潭寺	《考古》1992年2期	有
石镞	3	青铜时代	黑龙江宾县老山头	《考古》1962年3期	有
石镞	1	青铜时代	黑龙江讷河库勒浅	《考古》2006年5期	有
石镞		青铜时代	吉林乾安大布苏泡	《考古》1984年5期	有
石镞	2	青铜时代	辽宁丹东振安区小娘娘城山	《考古》1986年10期	有
石镞	2	青铜时代	辽宁丹东振安区镇东山	《考古》1986年10期	有
石镞	12	青铜时代	辽宁桓仁狍圈沟	《考古》1992年6期	有
石镞	24	青铜时代	辽宁瓦房店三堂村	《考古》1992年2期	有
石镞	15	青铜时代（马桥文化）	上海奉贤江海	《考古》2002年11期	有
石镞		青铜时代（马桥文化）	上海青浦崧泽	《考古》1992年3期	
石镞		青铜时代（距今4000年）	辽宁大连大嘴子	《考古》1996年2期	有
石镞		青铜时代（距今4000年）	辽宁大连小黑石砣子	《考古》1994年4期	有
石镞	1	青铜时代（夏家店下层文化）	河北大厂大坨头	《考古》1966年1期	有
石镞		青铜时代（夏家店下层文化）	辽宁北票康家屯	《考古》2001年8期	有
石镞	9	青铜时代（夏家店下层文化）	内蒙古赤峰康家湾	《考古》2008年11期	有
石镞	3	青铜时代（湖熟文化）	江苏金坛新浮	《考古》2008年10期	有
石镞	40	青铜时代（湖熟文化）	江苏南京西善桥	《考古》1962年3期	
石镞		青铜时代（广富林文化）	上海松江广富林	《考古》2002年10期	有
石镞		青铜时代（广富林文化）	上海松江广富林	《考古》2008年8期	有
石镞		青铜时代（距今3800年）	广西那坡感驮岩	《考古》2003年10期	有
石镞	76	青铜时代（距今3800年）	云南剑川海门口	《考古》2009年8期	有
石镞		夏商	广东珠海淇澳岛东澳湾	《考古》1990年9期	有
石镞		夏商	湖南浏阳樟树塘	《考古》1994年11期	
石镞	27	夏商	江西萍乡禁山下	《考古》2000年12期	有
石镞	2	先商	河北邯郸北羊台	《考古》2001年2期	有
石镞		商早期	河南伊川白元	《考古》1961年1期	
石镞	1	商	安徽含山大城墩	《考古》1989年2期	有
石镞	2	商	福建光泽马岭	《考古》1985年12期	
石镞	1	商	福建漳州虎林山	《考古》2003年12期	有
石镞	1	商	广东揭西虎尾崇	《考古》1999年7期	有

石镞	13	商		广东深圳向南村	《考古》1997年6期	有
石镞		商		广东深圳盐田黄竹园	《考古》2008年10期	有
石镞		商		河北邯郸涧沟	《考古》1959年10期	
石镞	4	商		河北邯郸涧沟	《考古》1961年4期	
石镞		商		河南安阳殷墟	《考古》1961年2期	
石镞	2	商		河南辉县丰城村	《考古》1989年3期	有
石镞		商		河南洛阳东乾沟	《考古》1959年10期	
石镞	1	商		河南渑池鹿寺	《考古》1964年9期	有
石镞		商		河南夏邑清凉山	《考古》1997年11期	有
石镞		商		河南偃师二里头	《考古》1974年4期	有
石镞		商		河南郑州上街	《考古》1966年1期	有
石镞	1	商		湖北宜昌下岸	《考古》1999年1期	有
石镞		商		湖南安仁牛形山	《考古》1993年11期	
石镞		商		湖南安仁潭里江	《考古》1993年11期	
石镞		商		湖南汝城牛岭头	《考古》1993年11期	
石镞		商		湖南永兴玛瑙江	《考古》1993年11期	
石镞	2	商		江苏句容城头山	《考古》1985年4期	有
石镞		商		江苏铜山丘湾	《考古》1973年2期	
石镞		商		江苏徐州丘湾	《考古》1960年3期	有
石镞	31	商		江西清江筑卫城	《考古》1982年2期	有
石镞	1	商		山东济宁张山洼	《考古》2007年9期	有
石镞	2	商		上海青浦金山坟	《考古》1989年7期	有
石镞	2	商		上海青浦崧泽	《考古》1992年3期	
石镞	2	青铜时代（距今3600年）		辽宁大连大嘴子	《考古》1996年2期	有
石镞	3	青铜时代（距今3500年）		吉林长春腰红嘴子	《考古》2003年8期	有
石镞		青铜时代（距今3500年）		云南大理海东银梭岛	《考古》2009年8期	有
石镞	1	青铜时代（昙石山文化上层）		浙江泰顺龙珠山	《考古》1993年7期	
石镞	1	青铜时代（昙石山文化上层）		浙江泰顺山头垟	《考古》1993年7期	
石镞	1	商周		安徽郎溪欧墩	《考古》1989年3期	有
石镞	1	商周		福建平潭岛湖东山	《考古》1995年7期	有
石镞	2	商周		福建浦城汉阳城	《考古》1993年2期	有
石镞	1	商周		福建浦城金鸡山	《考古》1993年2期	有
石镞	3	商周		福建尤溪虎路仑	《考古》1993年7期	有
石镞	2	商周		福建尤溪黄土山	《考古》1993年7期	有

石镞	1	商周	福建尤溪水尾墩	《考古》1993年7期	有
石镞	1	商周	广东普宁牛伯公山	《考古》1998年7期	有
石镞		商周	黑龙江宁安莺歌岭	《考古》1981年6期	有
石镞		商周	湖南安仁庵寺山	《考古》1993年11期	
石镞		商周	湖南安仁罗古坳	《考古》1993年11期	
石镞		商周	湖南安仁庙老山	《考古》1993年11期	
石镞		商周	湖南安仁牛头崖	《考古》1993年11期	
石镞		商周	湖南安仁牛形岭	《考古》1993年11期	
石镞		商周	湖南安仁云仝山	《考古》1993年11期	
石镞		商周	湖南安仁珠子坳	《考古》1993年11期	
石镞		商周	湖南桂东大禾址	《考古》1993年11期	
石镞		商周	湖南望城高砂脊	《考古》2001年4期	有
石镞		商周	湖南宜章称砣岭	《考古》1993年11期	有
石镞		商周	湖南资兴郴侯山	《考古》1993年11期	
石镞	2	商周	江苏丹阳王家山	《考古》1985年5期	有
石镞	6	商周	江西赣州竹园下	《考古》2000年12期	有
石镞	1	商周	江西湖口下石钟山	《考古》1987年12期	
石镞	2	商周	江西铅山曹家墩	《考古》1983年2期	
石镞	1	商周	山东青岛市郊云头崮	《考古》1965年9期	有
石镞	1	商周	天津宝坻牛道口	《考古》1991年7期	有
石镞	2	商周	天津蓟县围坊	《考古》1983年10期	有
石镞	78	商周	云南剑川海门口	《考古》1995年9期	有
石镞	13	商周	浙江衢州茶叶山	《考古》1987年1期	有
石镞	7	商周	浙江衢州黄甲山	《考古》1987年1期	有
石镞	6	商周	浙江衢州乌柱山	《考古》1987年1期	有
石镞	8	商周	浙江衢州柘川	《考古》1987年1期	有
石镞		商周（距今3300年）	贵州威宁鸡公山	《考古》2006年8期	
石镞		商周（距今3300年）	贵州威宁吴家大坪	《考古》2006年8期	有
石镞	1	商—春秋	福建建阳山林仔	《考古》2002年3期	有
石镞	13	青铜时代（距今3300年）	云南鲁甸野石山	《考古》2009年8期	有
石镞	2	青铜时代（距今3200年）	辽宁大连王宝山	《考古》1996年3期	有
石镞		青铜时代（距今3200年）	云南大理海东银梭岛	《考古》2009年8期	有
石镞	18	西周	安徽安庆张四墩	《考古》2004年1期	有
石镞	2	西周	安徽六安堰墩	《考古》2002年2期	有
石镞	1	西周	黑龙江肇源白金宝	《考古》1980年4期	有
石镞	1	西周	湖北黄冈螺蛳山	《考古》1962年7期	

石镞	1	西周	湖北蒲圻赤壁山	《考古》1995年2期	
石镞		西周	湖南安仁铁钉寨	《考古》1993年11期	
石镞		西周	湖南安仁崖老山	《考古》1993年11期	
石镞		西周	湖南嘉禾水溪岭	《考古》1993年11期	
石镞		西周	湖南永兴茸婆偃	《考古》1993年11期	
石镞		西周	湖南永兴羊角山	《考古》1993年11期	
石镞		西周	湖南资兴碑记岭	《考古》1993年11期	
石镞	1	西周	吉林东丰大阳西山头	《考古》1987年6期	有
石镞	1	西周	江苏金坛薛埠上水	《考古》2008年2期	有
石镞	1	西周	江苏新沂三里墩	《考古》1960年7期	
石镞	9	西周	江西进贤寨子峡	《考古》1986年2期	有
石镞	12	西周	江西南昌青山湖	《考古》1985年8期	有
石镞	24	西周	江西萍乡禁山下	《考古》2000年12期	有
石镞	1	西周	陕西浐灞两河沿岸	《考古》1961年11期	
石镞		西周	陕西长安沣西客省庄	《考古》1959年10期	
石镞	1	西周	四川西昌经久大洋堆	《考古》2004年10期	有
石镞		西周	天津蓟县张家园	《考古》1993年4期	
石镞	43	青铜时代（距今3100年）	云南剑川海门口	《考古》2009年8期	有
石镞	1	周	福建光泽杨山	《考古》1985年12期	
石镞		周	甘肃渭河上游	《考古通讯》1958年7期	
石镞	1	周	河北徐水解村	《考古》1965年10期	有
石镞		周	湖北红安金盆	《考古》1960年4期	
石镞	3	周	湖南长沙东郊	《考古》1965年3期	
石镞	16	周	辽宁西丰诚信	《考古》1995年2期	有
石镞	6	青铜时代（距今3000年）	吉林长春北红嘴子	《考古》2003年8期	有
石镞	12	青铜时代（距今3000年）	辽宁盖县伙家窝堡	《考古》1993年9期	有
石镞		青铜时代（距今3000年）	辽宁彰武	《考古》1991年8期	有
石镞	2	青铜时代（夏家店上层文化）	辽宁锦州山河营子	《考古》1986年10期	有
石镞	1	西周—春秋	广东揭阳蜈蚣山	《考古》1988年5期	有
石镞	5	西周—春秋	吉林双辽后太平	《考古》2009年5期	有
石镞	1	西周—春秋	江苏丹阳墩头山	《考古》1993年8期	有
石镞	1	西周—春秋	江苏苏州越城	《考古》1982年5期	
石镞	4	西周—春秋	云南德钦纳古	《考古》1983年3期	有

石镞	4	西周－战国	浙江玉环三合潭	《考古》1996年5期	有
石镞		青铜时代（距今2900年）	云南大理海东银梭岛	《考古》2009年8期	有
石镞	11	青铜时代（距今2875±130年）	辽宁铁岭邱台	《考古》1996年2期	有
石镞	量多	青铜时代（距今2800年）	吉林长白民主	《考古》1995年8期	有
石镞		青铜时代－东汉	吉林汪清新华闾	《考古》1961年8期	
石镞	3	东周	黑龙江讷河二克浅	《考古》2003年2期	有
石镞		东周	黑龙江泰来平洋砖厂	《考古》1989年12期	有
石镞		东周	黑龙江泰来战斗村	《考古》1989年12期	有
石镞		东周	湖南安仁街背坳	《考古》1993年11期	
石镞		东周	湖南永兴新村	《考古》1993年11期	
石镞	84	东周	吉林通化万发拨子	《考古》2003年8期	有
石镞	258	东周	吉林汪清金城	《考古》1986年2期	有
石镞		东周	吉林延吉新光	《考古》1992年7期	有
石镞		东周	江西清江筑卫城	《考古》1976年6期	有
石镞	1	东周	辽宁清原门脸	《考古》1981年2期	有
石镞		东周	山东枣庄	《考古》1984年4期	有
石镞	1	东周	四川会理粪箕湾	《考古》2004年10期	有
石镞		东周	香港屯门扫管笏	《考古》2010年7期	有
石镞	1	春秋	湖北随县泰山庙	《考古》1959年11期	有
石镞	12	春秋	吉林磐石小西山	《考古》1984年1期	有
石镞		春秋	辽宁沈阳郑家洼子	《考古》1989年10期	
石镞	13	春秋	四川会理雷家山	《考古》2010年4期	有
石镞	2	战国	黑龙江齐齐哈尔大道三家子	《考古》1988年12期	有
石镞	19	战国	吉林珲春河西北山	《考古》1994年5期	有
石镞	157	战国	吉林省吉林市长蛇山	《考古》1980年2期	有
石镞	4	战国	吉林省吉林市猴石山	《考古》1980年2期	有
石镞	2	战国	吉林省吉林市泡子沿前山	《考古》1985年6期	有
石镞	12	战国	吉林省吉林市骚达沟	《考古》1985年10期	有
石镞	9	战国	吉林汪清水北	《考古》2005年1期	有
石镞	2	战国	辽宁长海上马石	《考古》1982年6期	有
石镞	1	战国	山东栖霞大丁家村	《考古》1995年11期	有
石镞		战国	陕西长安沣西客省庄	《考古》1959年10期	
石镞	1	战国－秦汉	西藏阿里札达丁东	《考古》2007年11期	有
石镞	1	战国－汉	辽宁法库叶茂台	《考古》1981年2期	有

石镞	1	战国—西汉	黑龙江宾县庆华	《考古》1988年7期	有
石镞	5	秦汉	西藏札达皮央东嘎	《考古》2001年6期	有
石镞	12	汉	黑龙江庆安莲花泡	《考古》1993年4期	有
石镞	1	汉	四川凉山昭觉好谷村	《考古》2009年4期	有
石镞	3	汉	浙江余姚上林湖	《考古通讯》1958年9期	
石镞	1	西汉	广东广州磨刀坑永泰	《考古》1961年5期	有
石镞	1	西汉	广西兴安秦城遗址	《考古》1998年11期	有
石镞	9	西汉	四川凉山喜德拉克	《考古》1978年2期	有
石镞	23	东汉	内蒙古巴尔虎旗完工	《考古》1965年6期	有
石镞	1	东汉	内蒙古额右旗拉布达林	《考古》1990年10期	有
石镞	1	汉魏	黑龙江桦南小八浪	《考古》2002年7期	有
石镞	2	汉魏	黑龙江讷河二克浅	《考古》2003年2期	有
石镞		东汉—北朝	黑龙江海林河口	《考古》1996年2期	有
石镞		渤海国时期	吉林敦化牡丹江上游	《考古》1962年11期	
石镞	1	渤海国时期	吉林舒兰珠山	《考古》1985年4期	有
石镞	1	辽金	黑龙江海林渡口	《考古》1997年7期	有
木镞		西周—春秋	新疆轮台群巴克	《考古》1991年8期	有
木镞	2	战国	云南宁蒗大兴	《考古》1983年3期	有
骨镞		新石器（兴隆洼文化）	内蒙古林西白音长汗	《考古》1993年7期	有
骨镞	2	新石器（昂昂溪文化）	黑龙江安达青肯泡	《考古》1962年2期	有
骨镞	6	新石器（距今8000年）	广西南宁豹子头	《考古》2003年10期	有
骨镞	20	新石器（距今8000年）	广西邕宁顶蛳山	《考古》1998年11期	有
骨镞	1	新石器（裴李岗文化）	河南巩义瓦窑嘴	《考古》1996年7期	有
骨镞		新石器（裴李岗文化）	河南郏县水泉	《考古》1992年10期	
骨镞		新石器（裴李岗文化）	河南新郑裴李岗	《考古》1982年4期	
骨镞	1	新石器（裴李岗文化）	河南新郑裴李岗渠东	《考古》1979年3期	
骨镞	2	新石器（大地湾文化）	陕西临潼白家村	《考古》1984年11期	有
骨镞		新石器（磁山文化）	河北武安磁山	《考古》1977年6期	有
骨镞	4	新石器（青莲岗文化）	江苏常州圩墩	《考古》1978年4期	有
骨镞		新石器（北辛文化）	山东汶上贾柏村	《考古》1993年6期	
骨镞		新石器（距今7130±120年）	河南淇县花窝	《考古》1981年3期	有
骨镞	2	新石器（马家浜文化）	江苏东台开庄	《考古》2005年4期	有
骨镞	8	新石器（马家浜文化）	浙江嘉兴马家浜	《考古》1961年7期	
骨镞	45	新石器（白石文化一期）	山东烟台白石村	《考古》1992年7期	有
骨镞	3	新石器（距今7000年）	吉林长岭腰井子	《考古》1992年8期	有
骨镞	13	新石器（仰韶文化）	甘肃秦安大地湾	《考古》2003年6期	有

骨镞		新石器（仰韶文化）	甘肃渭河上游	《考古通讯》1958年7期	
骨镞		新石器（仰韶文化）	河北安新梁庄	《考古》1990年6期	
骨镞	1	新石器（仰韶文化）	河南安阳大正集老磨岗	《考古》1965年7期	有
骨镞		新石器（仰韶文化）	河南临汝大张村	《考古》1960年6期	
骨镞		新石器（仰韶文化）	河南灵宝南万村	《考古》1960年7期	有
骨镞		新石器（仰韶文化）	河南灵宝乔营	《考古》1999年12期	有
骨镞	4	新石器（仰韶文化）	河南灵宝西坡	《考古》2001年11期	有
骨镞		新石器（仰韶文化）	河南鹿邑武庄	《考古》2002年3期	有
骨镞		新石器（仰韶文化）	河南洛阳王湾一期	《考古》1961年4期	
骨镞		新石器（仰韶文化）	河南陕县庙底沟	《考古通讯》1957年4期	
骨镞		新石器（仰韶文化）	河南渑池西河庵村	《考古》1965年10期	
骨镞		新石器（仰韶文化）	河南淅川沟湾	《考古》2010年6期	有
骨镞	1	新石器（仰韶文化）	河南偃师二里头	《考古》1985年3期	
骨镞		新石器（仰韶文化）	河南偃师灰嘴村	《考古》2010年4期	有
骨镞	1	新石器（仰韶文化）	河南禹县谷水河	《考古》1979年4期	有
骨镞	1	新石器（仰韶文化）	河南郑州大河村	《考古》1995年6期	有
骨镞		新石器（仰韶文化）	湖北均县朱家台	《考古》1961年10期	
骨镞		新石器（仰韶文化）	湖北郧县大寺	《考古》1961年10期	
骨镞		新石器（仰韶文化）	湖北郧县青龙泉	《考古》1961年10期	
骨镞		新石器（仰韶文化）	内蒙古凉城王墓山	《考古》1997年4期	
骨镞		新石器（仰韶文化）	宁夏隆德页河子	《考古》1990年4期	有
骨镞		新石器（仰韶文化）	山东平阴于家林	《考古》1959年6期	有
骨镞	16	新石器（仰韶文化）	山西祁县梁村	《考古通讯》1956年2期	
骨镞	2	新石器（仰韶文化）	山西夏县辕村	《考古》2009年11期	有
骨镞		新石器（仰韶文化）	陕西宝鸡北首岭	《考古》1979年2期	有
骨镞		新石器（仰韶文化）	陕西宝鸡福临堡	《考古》1992年8期	有
骨镞	1	新石器（仰韶文化）	陕西浐灞两河沿岸	《考古》1961年11期	
骨镞		新石器（仰韶文化）	陕西华阴横阵	《考古》1960年9期	
骨镞	1	新石器（仰韶文化）	陕西华阴南城子	《考古》1984年6期	
骨镞		新石器（仰韶文化）	陕西蓝田泄湖	《考古》1989年6期	有
骨镞	2	新石器（仰韶文化）	陕西西安半坡	《考古》1973年3期	有
骨镞	1	新石器（仰韶文化晚期）	河北平山中贾壁	《考古》1993年4期	
骨镞		新石器（大汶口文化）	安徽蒙城尉迟寺	《考古》1994年1期	有
骨镞	1	新石器（大汶口文化）	安徽宿县古台寺	《考古》1993年12期	有
骨镞		新石器（大汶口文化）	山东临沂	《考古》1961年11期	有

骨镞	8	新石器（大汶口文化）	山东临沂大范庄	《考古》1975年1期	有
骨镞	1	新石器（大汶口文化）	山东栖霞古镇都	《考古》2008年2期	有
骨镞	2	新石器（大汶口文化）	山东寿光后胡营	《考古》2005年9期	有
骨镞		新石器（大汶口文化）	山东滕州西公桥	《考古》2000年10期	有
骨镞	3	新石器（大汶口文化）	山东滕州西康留	《考古》1995年3期	有
骨镞	2	新石器（大汶口文化）	山东章丘焦家	《考古》1998年6期	有
骨镞	1	新石器（距今6140±175年）	吉林农安元宝沟	《考古》1989年12期	有
骨镞	3	新石器（红山文化）	吉林奈曼旗大沁他拉	《考古》1979年3期	有
骨镞		新石器（红山文化）	内蒙古巴林右旗那斯台	《考古》1987年6期	有
骨镞	13	新石器（北阴阳营文化）	江苏高淳薛城	《考古》2000年5期	有
骨镞	4	新石器（距今6000年）	福建平潭壳坵头	《考古》1991年7期	有
骨镞	2	新石器（距今6000年）	广西邕宁顶蛳山	《考古》1998年11期	有
骨镞		新石器（距今6000年）	湖北枣阳雕龙碑	《考古》1992年7期	有
骨镞	4	新石器（距今6000年）	湖北枣阳雕龙碑	《考古》2000年3期	有
骨镞		新石器（距今6000年）	山东长岛北庄	《考古》1987年5期	
骨镞	30	新石器（白石文化二期）	山东烟台白石村	《考古》1992年7期	有
骨镞	1	新石器（崧泽文化）	上海青浦金山汶	《考古》1989年7期	有
骨镞		新石器（后岗一期文化）	内蒙古乌兰察布石虎山	《考古》1998年12期	有
骨镞	12	新石器（距今5300年）	青海同德宗日	《考古》1998年5期	有
骨镞		新石器（马家窑文化早期）	青海民和胡李家	《考古》2001年1期	有
骨镞		新石器（马家窑文化）	甘肃武山傅家门	《考古》1995年4期	
骨镞		新石器（马家窑文化）	青海循化红土坡嘴子	《考古》1991年4期	
骨镞	251	新石器（良渚文化）	江苏吴江梅堰	《考古》1963年6期	有
骨镞	1	新石器（良渚文化）	上海奉贤江海	《考古》2002年11期	有
骨镞	4	新石器（良渚文化）	上海金山亭林	《考古》2002年10期	有
骨镞		新石器（良渚文化）	上海松江广富林	《考古》2002年10期	有
骨镞	57	新石器（良渚文化）	浙江海盐龙潭港	《考古》2001年10期	有
骨镞		新石器（良渚文化）	浙江平湖庄桥坟	《考古》2005年7期	
骨镞		新石器（仰韶－龙山）	河南洛阳王湾二期	《考古》1961年4期	
骨镞	1	新石器（距今5000年）	福建东山大帽山	《考古》2003年12期	有
骨镞	7	新石器（距今5000年）	辽宁瓦房店三堂村	《考古》1992年2期	有
骨镞		新石器（屈家岭文化）	湖北郧县大寺	《考古》1961年10期	
骨镞		新石器（屈家岭文化）	湖北郧县青龙泉	《考古》1961年10期	
骨镞		新石器（卡若文化）	西藏拉萨曲贡村	《考古》1991年10期	有

骨镞	10	新石器（昙石山文化）	福建闽侯昙石山	《考古》1961年12期	
骨镞		新石器（昙石山文化）	福建闽侯昙石山	《考古》1964年12期	
骨镞	1	新石器（昙石山文化）	福建闽侯昙石山	《考古》1983年12期	有
骨镞		新石器（贝丘遗址）	广东潮安陈桥村	《考古》1961年11期	有
骨镞	5	新石器（贝丘遗址）	广东南海灶岗	《考古》1984年3期	有
骨镞		新石器（贝丘遗址）	广西南宁	《考古》1975年5期	有
骨镞	3	新石器（庙底沟二期文化）	河南孟县许村	《考古》1999年2期	有
骨镞	5	新石器（庙底沟二期文化）	河南新安西沃	《考古》1999年8期	有
骨镞	2	新石器（庙底沟二期文化）	山西侯马东呈王	《考古》1991年2期	有
骨镞		新石器（庙底沟二期文化）	山西垣曲龙王崖	《考古》1986年2期	有
骨镞	2	新石器（龙山文化）	安徽宿县小山口	《考古》1993年12期	有
骨镞		新石器（龙山文化）	河北邯郸涧沟	《考古》1959年10期	
骨镞	27	新石器（龙山文化）	河北邯郸涧沟	《考古》1961年4期	
骨镞	1	新石器（龙山文化）	河北涞水北封村	《考古》1992年10期	
骨镞		新石器（龙山文化）	河北蔚县筛子绫罗	《考古》1981年2期	有
骨镞		新石器（龙山文化）	河北邢台葛家庄	《考古》2005年2期	有
骨镞	7	新石器（龙山文化）	河北永年台口村	《考古》1962年12期	
骨镞	2	新石器（龙山文化）	河南安阳后岗	《考古》1982年6期	有
骨镞	1	新石器（龙山文化）	河南安阳后岗高楼庄	《考古》1972年5期	有
骨镞	1	新石器（龙山文化）	河南登封王城岗	《考古》2006年9期	有
骨镞		新石器（龙山文化）	河南辉县孟庄	《考古》2000年3期	有
骨镞		新石器（龙山文化）	河南临汝大张村	《考古》1960年6期	
骨镞	4	新石器（龙山文化）	河南洛阳矬李	《考古》1978年1期	
骨镞	7	新石器（龙山文化）	河南洛阳东杨村	《考古》1983年2期	有
骨镞	15	新石器（龙山文化）	河南孟津小潘沟	《考古》1978年4期	有
骨镞		新石器（龙山文化）	河南密县新砦	《考古》1981年5期	
骨镞	3	新石器（龙山文化）	河南淇县王庄	《考古》1999年5期	有
骨镞		新石器（龙山文化）	河南杞县鹿台岗	《考古》1994年8期	
骨镞	2	新石器（龙山文化）	河南陕县七里铺村	《考古》1959年4期	有
骨镞	3	新石器（龙山文化）	河南商丘坞墙	《考古》1983年2期	有
骨镞		新石器（龙山文化）	河南睢县周龙岗	《考古》1981年5期	有
骨镞	3	新石器（龙山文化）	河南卫辉倪湾	《考古》2007年5期	有
骨镞	2	新石器（龙山文化）	河南西平上坡	《考古》2004年4期	有
骨镞		新石器（龙山文化）	河南夏邑清凉山	《考古》1997年11期	有
骨镞	5	新石器（龙山文化）	河南新乡刘庄营	《考古》1966年3期	有

骨镞		新石器（龙山文化）	河南偃师二里头	《考古》1982年5期　有
骨镞	1	新石器（龙山文化）	河南伊川马回营	《考古》1983年11期　有
骨镞		新石器（龙山文化）	河南永城黑固堆	《考古》1981年5期　有
骨镞	2	新石器（龙山文化）	河南禹县董庄	《考古》1991年2期　有
骨镞	6	新石器（龙山文化）	河南禹州瓦店	《考古》2000年2期　有
骨镞	8	新石器（龙山文化）	湖北洪湖乌林矶	《考古》1987年5期　有
骨镞		新石器（龙山文化）	湖北均县乱石滩	《考古》1961年10期
骨镞		新石器（龙山文化）	湖北郧县大寺	《考古》1961年10期
骨镞		新石器（龙山文化）	湖北郧县青龙泉	《考古》1961年10期
骨镞	3	新石器（龙山文化）	江苏铜山丘湾	《考古》1973年2期
骨镞	13	新石器（龙山文化）	辽宁北票丰下	《考古》1976年3期　有
骨镞		新石器（龙山文化）	宁夏隆德页河子	《考古》1990年4期　有
骨镞	3	新石器（龙山文化）	山东曹县莘冢集	《考古》1980年5期　有
骨镞		新石器（龙山文化）	山东茌平教场铺	《考古》2005年1期
骨镞		新石器（龙山文化）	山东茌平南陈庄	《考古》1985年4期　有
骨镞	5	新石器（龙山文化）	山东费县崮子	《考古》1986年11期　有
骨镞	4	新石器（龙山文化）	山东海阳司马台	《考古》1985年12期　有
骨镞	3	新石器（龙山文化）	山东梁山青堌堆	《考古》1962年1期　有
骨镞	7	新石器（龙山文化）	山东临朐朱封村	《考古》1990年7期
骨镞	1	新石器（龙山文化）	山东临沂土城子	《考古》1961年11期　有
骨镞	1	新石器（龙山文化）	山东临沂援驾墩	《考古》1961年11期
骨镞	1	新石器（龙山文化）	山东青岛城阳	《考古》1964年11期　有
骨镞	1	新石器（龙山文化）	山东日照两城镇	《考古》1986年8期　有
骨镞	2	新石器（龙山文化）	山东泗水尹家城	《考古》1965年1期　有
骨镞	1	新石器（龙山文化）	山东滕县岗上村	《考古》1963年7期　有
骨镞	5	新石器（龙山文化）	山东潍县狮子行	《考古》1984年8期　有
骨镞	6	新石器（龙山文化）	山东兖州龙湾店	《考古》2005年8期　有
骨镞		新石器（龙山文化）	山东阳谷景阳岗	《考古》1997年5期　有
骨镞	1	新石器（龙山文化）	山东禹城曹庙	《考古》1996年4期　有
骨镞	10	新石器（龙山文化）	山东禹城邢寨汪	《考古》1983年11期　有
骨镞	2	新石器（龙山文化）	山东禹城姚高	《考古》1996年4期　有
骨镞		新石器（龙山文化）	山东枣庄晒米城	《考古》1984年4期　有
骨镞		新石器（龙山文化）	山西芮城	《考古》1962年9期
骨镞	1	新石器（龙山文化）	山西芮城南礼教村	《考古》1964年6期　有
骨镞		新石器（龙山文化）	山西五台阳白	《考古》1997年4期　有
骨镞		新石器（龙山文化）	山西襄汾丁村	《考古》1991年10期
骨镞		新石器（龙山文化）	山西忻州游邀	《考古》1989年4期　有
骨镞	8	新石器（龙山文化）	山西垣曲龙王崖	《考古》1986年2期　有
骨镞	1	新石器（龙山文化）	陕西长安王曲南堡寨	《考古》1981年1期　有

骨镞		新石器（龙山文化）	陕西华县柳子镇	《考古》1959年11期	
骨镞		新石器（龙山文化）	陕西华阴横阵	《考古》1960年9期	
骨镞	3	新石器（龙山文化）	陕西临潼姜寨	《考古》1975年5期	
骨镞		新石器（龙山文化）	陕西神木石峁	《考古》1977年3期	
骨镞	1	新石器（龙山文化）	陕西子长栾家坪	《考古》1991年9期	有
骨镞		新石器（龙山文化早期）	河南汤阴白营	《考古》1980年3期	
骨镞		新石器（龙山文化早期）	山西襄汾陶寺	《考古》1980年1期	有
骨镞		新石器（龙山文化晚期）	山西襄汾陶寺	《考古》1980年1期	有
骨镞		新石器（龙山文化陶寺型）	山西曲沃方城	《考古》1988年4期	有
骨镞		新石器（龙山文化陶寺型）	山西襄汾丁村曲舌头	《考古》2002年4期	有
骨镞	5	新石器（龙山文化陶寺型）	山西襄汾陶寺	《考古》2003年3期	有
骨镞		新石器（龙山文化陶寺型）	山西襄汾陶寺	《考古》2003年9期	
骨镞		新石器（客省庄二期文化）	陕西长安沣西客省庄	《考古》1959年10期	有
骨镞		新石器（客省庄二期文化）	陕西长安鄠县	《考古》1962年6期	
骨镞		新石器（客省庄二期文化）	陕西扶风案板	《考古》1987年10期	有
骨镞		新石器（齐家文化）	甘肃临夏秦魏家	《考古》1960年3期	
骨镞	8	新石器（齐家文化）	青海大通黄家寨	《考古》1994年3期	有
骨镞	12	新石器（齐家文化）	青海互助总寨	《考古》1986年4期	有
骨镞	2	新石器（距今4200年）	湖北均县乱石滩	《考古》1986年7期	有
骨镞		新石器（岳石文化）	河南杞县鹿台岗	《考古》1994年8期	
骨镞	1	新石器（西团山文化）	吉林舒兰珠山	《考古》1985年4期	
骨镞	1	新石器	福建闽侯庄边山	《考古》1961年1期	
骨镞		新石器	甘肃兰州西瓜坡岘	《考古》1960年9期	
骨镞		新石器	甘肃临洮临夏两县	《考古通讯》1958年9期	
骨镞	2	新石器	广东东部地区	《考古》1961年12期	有
骨镞	1	新石器	广东阳春独石仔	《考古》1982年5期	有
骨镞	2	新石器	广西桂林甑皮岩	《考古》1976年3期	有
骨镞	13	新石器	河北三河孟各庄	《考古》1983年5期	有
骨镞	30	新石器	河南唐河茅草寺	《考古》1965年1期	

骨镞	8	新石器	河南镇平赵湾	《考古》1962年1期	有
骨镞	1	新石器	黑龙江宁安大牡丹屯	《考古》1961年10期	
骨镞	17	新石器	黑龙江宁安东康	《考古》1975年3期	有
骨镞	2	新石器	湖北蕲春易家山	《考古》1960年5期	
骨镞	2	新石器	江苏常州圩墩	《考古》1974年2期	有
骨镞		新石器	江苏丹徒葛村	《考古通讯》1957年5期	有
骨镞		新石器	江苏丹徒癞龟墩	《考古通讯》1956年6期	
骨镞	1	新石器	江苏新海连市大村	《考古》1961年6期	有
骨镞		新石器	江苏新沂三里墩	《考古通讯》1958年1期	有
骨镞		新石器	辽宁长海小珠山	《考古》2009年5期	
骨镞	4	新石器	辽宁锦州山河营子	《考古》1986年10期	有
骨镞		新石器	内蒙古巴林左旗富河沟门	《考古》1964年1期	
骨镞	3	新石器	内蒙古赤峰东八家石城	《考古通讯》1957年6期	
骨镞	1	新石器	内蒙古赤峰东山咀	《考古》1983年5期	有
骨镞	5	新石器	山东济宁琵琶山	《考古》1960年6期	
骨镞		新石器	山东胶县三里河	《考古》1977年4期	
骨镞	3	新石器	山东日照两城镇	《考古》1960年9期	有
骨镞	12	新石器	山东泗水尹家城	《考古》1980年1期	有
骨镞		新石器	陕西西安半坡	《考古通讯》1955年2期	有
骨镞		新石器	陕西西安半坡	《考古通讯》1956年2期	有
骨镞	3	新石器	四川普格瓦打洛	《考古》1983年6期	
骨镞	1	新石器	新疆疏附得沃勒克	《考古》1977年2期	有
骨镞		新石器	浙江湖州长生庵	《考古通讯》1958年8期	
骨镞		新石器晚期	山西太原义井村	《考古》1961年4期	
骨镞	9	新石器（石峡文化）－夏商	广东南海鱿鱼岗	《考古》1997年6期	有
骨镞		新石器（龙山文化）－商	河南偃师二里头	《考古》1961年2期	有
骨镞	4	新石器（客省庄二期文化）－商早期	内蒙古准格尔旗大口	《考古》1979年4期	有
骨镞		新石器－商	广东三水银洲	《考古》2000年6期	有
骨镞		新石器－商周	河北承德地区	《考古》1962年12期	有

骨镞		夏（新砦期文化）	河南新密新砦	《考古》2009年2期	有
骨镞	1	夏（二里头文化）	河南临汝煤山	《考古》1975年5期	有
骨镞	3	夏（二里头文化）	河南洛阳东杨村	《考古》1983年2期	有
骨镞		夏（二里头文化）	河南密县新砦	《考古》1981年5期	有
骨镞	2	夏（二里头文化）	河南西平上坡	《考古》2004年4期	有
骨镞		夏（二里头文化）	河南新密新砦大型建筑基址	《考古》2009年2期	有
骨镞		夏（二里头文化）	河南偃师二里头	《考古》1965年5期	有
骨镞		夏（二里头文化）	河南偃师二里头	《考古》1975年5期	有
骨镞		夏（二里头文化）	河南偃师二里头九区	《考古》1985年12期	
骨镞	3	夏（二里头文化）	山西夏县辕村	《考古》2009年11期	有
骨镞	1	夏（二里头文化）	山西翼城感军	《考古》1980年3期	有
骨镞		夏（二里头文化）	山西垣曲古城南关	《考古》2005年11期	
骨镞		夏	山西夏县东下冯	《考古》1980年2期	有
骨镞		夏	山西忻州游邀	《考古》1989年4期	有
骨镞		夏早期	河南巩义花地嘴	《考古》2005年6期	
骨镞	2	青铜时代	黑龙江宾县老山头	《考古》1962年3期	有
骨镞		青铜时代	吉林乾安大布苏泡	《考古》1984年5期	有
骨镞	1	青铜时代	辽宁瓦房店三堂村	《考古》1992年2期	有
骨镞		青铜时代（夏家店下层文化）	辽宁北票康家屯	《考古》2001年8期	有
骨镞		青铜时代（夏家店下层文化）	内蒙古赤峰二道井子	《考古》2010年8期	有
骨镞	4	青铜时代（夏家店下层文化）	内蒙古赤峰康家湾	《考古》2008年11期	有
骨镞		青铜时代（夏家店下层文化）	内蒙古赤峰药王庙	《考古》1961年2期	
骨镞	1	青铜时代（夏家店下层文化）	天津蓟县张家园	《考古》1984年8期	有
骨镞	3	青铜时代（湖熟文化）	江苏南京西善桥	《考古》1962年3期	
骨镞		青铜时代（距今3800年）	广西那坡感驮岩	《考古》2003年10期	有
骨镞	1	青铜时代（距今3800年）	云南剑川海门口	《考古》2009年8期	有
骨镞	1	夏商	山西襄汾大柴	《考古》1987年7期	有
骨镞	10	先商	河北邯郸北羊台	《考古》2001年2期	有
骨镞	1	商早期	河南偃师高崖东台地	《考古》1964年11期	有
骨镞	1	商早期	河南郑州岔河	《考古》2005年6期	有
骨镞	2	商	安徽含山孙家岗	《考古》1977年3期	
骨镞	1	商	北京房山刘李店	《考古》1963年3期	有

骨镞	1	商	广东深圳向南村	《考古》1997年6期	有
骨镞	3	商	河北磁县界段营	《考古》1974年6期	
骨镞	2	商	河北藁城台西村	《考古》1973年1期	有
骨镞	1	商	河北藁城台西村	《考古》1973年5期	
骨镞		商	河北邯郸涧沟	《考古》1959年10期	
骨镞	3	商	河北卢龙东阚各庄	《考古》1985年11期	有
骨镞	4	商	河北唐山古冶	《考古》1984年9期	有
骨镞		商	河北邢台东先贤村	《考古》2003年11期	有
骨镞		商	河北邢台葛家庄	《考古》2000年11期	有
骨镞		商	河北邢台葛家庄	《考古》2005年2期	有
骨镞	5	商	河南安阳大司空村	《考古》1992年6期	
骨镞	1	商	河南安阳范家庄东北地	《考古》2009年9期	有
骨镞	5	商	河南安阳高楼庄	《考古》1963年4期	
骨镞		商	河南安阳后岗	《考古》1972年3期	
骨镞	1	商	河南安阳后岗	《考古》1993年10期	有
骨镞		商	河南安阳花园庄东地	《考古》1993年6期	
骨镞	8	商	河南安阳洹北花园庄	《考古》1998年10期	有
骨镞	8	商	河南安阳梅园庄南地	《考古》1991年2期	有
骨镞	1	商	河南安阳苗圃北地	《考古》1986年2期	有
骨镞		商	河南安阳苗圃北地	《考古》1989年2期	有
骨镞	1	商	河南安阳西郊薛家庄	《考古通讯》1958年8期	有
骨镞	4	商	河南安阳小屯东北地	《考古》1989年10期	有
骨镞	3	商	河南安阳孝民屯东南地	《考古》2009年9期	有
骨镞		商	河南安阳殷墟	《考古》1983年2期	有
骨镞	2	商	河南安阳殷墟大型建筑基址	《考古》2001年5期	有
骨镞	3	商	河南安阳殷墟妇好墓	《考古》1976年4期	有
骨镞	6	商	河南安阳殷墟三家庄东	《考古》1983年2期	有
骨镞	2	商	河南辉县丰城村	《考古》1989年3期	有
骨镞		商	河南洛阳东乾沟	《考古》1959年10期	
骨镞	5	商	河南孟县涧溪	《考古》1961年1期	
骨镞		商	河南杞县鹿台岗	《考古》1994年8期	
骨镞	2	商	河南渑池鹿寺	《考古》1964年9期	有
骨镞		商	河南夏邑清凉山	《考古》1997年11期	有
骨镞		商	河南偃师二里头	《考古》1974年4期	有
骨镞	4	商	河南偃师商城	《考古》1995年11期	有
骨镞	1	商	河南偃师商城IV区	《考古》1999年2期	有
骨镞		商	河南偃师商城宫城北部	《考古》2000年7期	有

骨镞	5	商		河南偃师尸乡沟	《考古》1985年4期 有
骨镞	13	商		河南偃师尸乡沟	《考古》1988年2期 有
骨镞		商		河南郑州北二七路	《考古》1986年4期
骨镞		商		河南郑州电力学校	《考古》1986年4期
骨镞	4	商		河南郑州经五路	《考古》1986年4期 有
骨镞		商		河南郑州南关外	《考古通讯》1955年 有 3期
骨镞		商		河南郑州商城宫殿区	《考古》2000年2期 有
骨镞	2	商		河南郑州上街	《考古》1966年1期 有
骨镞	1	商		湖北巴东雷家坪	《考古》2005年8期 有
骨镞		商		江苏铜山丘湾	《考古》1973年2期 有
骨镞		商		江苏徐州丘湾	《考古》1960年3期 有
骨镞	5	商		山东济南大辛庄	《考古》1959年4期
骨镞	10	商		山东济南大辛庄	《考古》1973年5期 有
骨镞	5	商		山东平阴朱家桥	《考古》1961年2期 有
骨镞		商		山东阳信李屋	《考古》2010年3期
骨镞		商		陕西洛南焦村	《考古》1983年1期 有
骨镞	1	商		天津蓟县围坊	《考古》1983年10期 有
骨镞	1	商周		河北邢台东先贤村	《考古》2002年3期 有
骨镞		商周		河南安阳大司空村	《考古通讯》1958年 有 10期
骨镞	5	商周		江西湖口下石钟山	《考古》1987年12期
骨镞	2	商周		内蒙古宁城小榆树林子	《考古》1965年12期 有
骨镞	2	商周		山东荏平南陈庄	《考古》1985年4期 有
骨镞		商周		山东济阳邝塚	《考古》1990年6期
骨镞	1	商周		山东青岛市郊云头崮	《考古》1965年9期 有
骨镞	3	商周		云南剑川海门口	《考古》1995年9期 有
骨镞	4	西周		安徽六安堰墩	《考古》2002年2期 有
骨镞	3	西周		北京房山董家林	《考古》1963年3期
骨镞		西周		河南鹿邑太清宫	《考古》2000年9期
骨镞		西周		河南洛阳北窑	《考古》1983年5期
骨镞	3	西周		黑龙江肇源白金宝	《考古》1980年4期 有
骨镞	2	西周		湖北孝感	《考古》1988年4期 有
骨镞	4	西周		辽宁阜新平项山石城址	《考古》1992年5期 有
骨镞	9	西周		辽宁建平水泉城子	《考古》1983年8期 有
骨镞	5	西周		宁夏中卫狼窝子坑	《考古》1989年11期 有
骨镞	1	西周		陕西邠县下孟村	《考古》1960年1期
骨镞	1	西周		陕西浐灞两河沿岸	《考古》1961年11期
骨镞		西周		陕西长安沣东白家庄北	《考古》1963年8期

骨镞	2	西周	陕西长安沣西客省庄	《考古》1987年8期	有
骨镞		西周	陕西长安沣西新旺村	《考古》1992年11期	有
骨镞		西周	陕西长安沣西张家坡	《考古》1959年10期	
骨镞	15	西周	陕西长安沣西张家坡	《考古》1964年9期	有
骨镞	2	西周	陕西长安沣西张家坡	《考古》1986年3期	有
骨镞		西周	陕西长安鄠县	《考古》1962年6期	
骨镞	1	西周	陕西长安鄠县马王村	《考古》1962年6期	有
骨镞	2	西周	陕西长安普渡村	《考古》1986年3期	有
骨镞	1	西周	陕西扶风柿坡	《考古》1996年7期	有
骨镞		西周	陕西扶风齐家村	《考古》1980年1期	
骨镞	5	西周	陕西扶风云塘村	《考古》2002年9期	有
骨镞	1	西周	陕西岐山贺家村	《考古》1976年1期	有
骨镞	4	青铜时代（距今3100年）	云南剑川海门口	《考古》2009年8期	有
骨镞		青铜时代（辛店文化）	甘肃临夏姬家川	《考古》1962年2期	
骨镞	2	青铜时代（辛店文化）	甘肃永靖莲花台黑头咀	《考古》1980年4期	有
骨镞	9	青铜时代（辛店文化）	甘肃永靖莲花台瓦渣咀	《考古》1980年4期	有
骨镞	1	周	湖北红安金盆	《考古》1960年4期	
骨镞	7	周	陕西扶风和岐山	《考古》1963年12期	有
骨镞		青铜时代（距今3000年）	新疆于田流水	《考古》2006年7期	
骨镞	6	青铜时代（夏家店上层文化）	辽宁锦州山河营子	《考古》1986年10期	有
骨镞		青铜时代（夏家店上层文化）	内蒙古敖汉旗周家地	《考古》1984年5期	有
骨镞		青铜时代（夏家店上层文化）	内蒙古赤峰夏家店上层	《考古》1961年2期	
骨镞	1	青铜时代（卡约文化）	青海化隆半主洼	《考古》1996年8期	有
骨镞	6	青铜时代（卡约文化）	青海化隆上半主洼	《考古》1998年1期	有
骨镞	20	西周—春秋	辽宁建平大拉罕沟	《考古》1983年8期	有
骨镞	3	西周—春秋	内蒙古宁城南山根102号墓	《考古》1981年4期	有
骨镞		西周—战国	新疆木垒四道沟	《考古》1982年2期	有
骨镞	4	东周	贵州威宁红营盘	《考古》2007年2期	有
骨镞	30	东周	黑龙江讷河二克浅	《考古》2003年2期	有
骨镞		东周	黑龙江泰来平洋砖厂	《考古》1989年12期	
骨镞		东周	黑龙江泰来战斗村	《考古》1989年12期	有
骨镞	210	东周	吉林通化万发拨子	《考古》2003年8期	有
骨镞	7	东周	内蒙古和林格尔新店子	《考古》2009年3期	有

骨镞	7	东周		内蒙古凉城小双古城	《考古》2009年3期	有
骨镞	9	东周		内蒙古凉城忻州窑子	《考古》2009年3期	有
骨镞	20	东周		陕西宝鸡姜城堡	《考古》1979年6期	
骨镞	3	东周		新疆且末加瓦艾日克	《考古》1997年9期	有
骨镞	7	春秋		海南东方荣村	《考古》2003年4期	有
骨镞		春秋		山东长清仙人台	《考古》1998年9期	有
骨镞	2	战国		黑龙江齐齐哈尔大道三家子	《考古》1988年12期	有
骨镞	1	战国		吉林大安东山头	《考古》1961年8期	
骨镞	27	战国		吉林大安渔场	《考古》1975年6期	有
骨镞	16	战国		宁夏中宁倪丁村	《考古》1987年9期	有
骨镞	2	战国		新疆乌鲁木齐柴窝堡林场	《考古》2003年3期	有
骨镞	1	战国—秦汉		河北怀来大古城	《考古》2001年11期	有
骨镞		战国—汉		内蒙古兴和刘家村	《考古》1994年5期	
骨镞	3	战国—西汉		黑龙江宾县庆华	《考古》1988年7期	有
骨镞	1	战国—西汉		辽宁昌图翟家村	《考古》1989年4期	
骨镞		秦		陕西凤翔南固城	《考古》1960年3期	
骨镞	1	汉		黑龙江海林兴农	《考古》2005年3期	有
骨镞	5	汉		吉林大安后宝石村	《考古》1997年2期	有
骨镞	10	西汉		吉林农安邢家店北山	《考古》1989年4期	有
骨镞	1	西汉		新疆巴里坤县东黑沟	《考古》2009年1期	有
骨镞	26	东汉		内蒙古巴尔虎旗完工	《考古》1965年6期	有
骨镞	11	东汉		内蒙古巴林左旗南杨营子	《考古》1964年1期	有
骨镞	10	东汉		内蒙古额右旗拉布达林	《考古》1990年10期	有
骨镞	59	东汉		内蒙古扎赉诺尔	《考古》1961年12期	有
骨镞	1	汉魏		黑龙江桦南小八浪	《考古》2002年7期	有
骨镞	1	汉魏		黑龙江讷河二克浅	《考古》2003年2期	有
骨镞	6	汉魏		黑龙江讷河库勒浅	《考古》2006年5期	有
骨镞		魏晋		黑龙江友谊凤林	《考古》2000年11期	有
骨镞		魏晋		黑龙江友谊凤林古城址	《考古》2004年12期	有
骨镞	1	渤海国时期		黑龙江海林兴农	《考古》2005年3期	有
骨镞	1	金		黑龙江克东古城	《考古》1987年2期	有
角镞		新石器（客省庄二期文化）		陕西扶风案板	《考古》1987年10期	有
角镞	1	新石器		黑龙江宁安东昇	《考古》1977年3期	
角镞		商		河南安阳殷墟	《考古》1961年2期	
角镞	94	西周—春秋		吉林双辽后太平	《考古》2009年5期	有

牙镞	量多	新石器（良渚文化）	浙江海盐龙潭港	《考古》2001年10期	有
牙镞	1	新石器（距今5000年）	辽宁大连大潘家	《考古》1994年10期	有
牙镞		商周	黑龙江宁安莺歌岭	《考古》1981年6期	有
蚌镞		新石器（大汶口文化）	安徽蒙城尉迟寺	《考古》1994年1期	有
蚌镞	1	新石器（大汶口文化）	山东广饶傅家	《考古》2002年9期	有
蚌镞	1	新石器（良渚文化）	江苏吴江梅堰	《考古》1963年6期	
蚌镞	1	新石器（距今5000年）	辽宁大连大潘家	《考古》1994年10期	有
蚌镞		新石器（庙底沟二期文化）	山西垣曲龙王崖	《考古》1986年2期	有
蚌镞		新石器（龙山文化）	安徽萧县花家寺	《考古》1966年2期	有
蚌镞		新石器（龙山文化）	河北邯郸涧沟	《考古》1959年10期	
蚌镞	1	新石器（龙山文化）	河北邯郸涧沟	《考古》1961年4期	
蚌镞	1	新石器（龙山文化）	河北永年台口村	《考古》1962年12期	
蚌镞		新石器（龙山文化）	河南杞县鹿台岗	《考古》1994年8期	
蚌镞		新石器（龙山文化）	河南汤阴白营	《考古》1980年3期	有
蚌镞		新石器（龙山文化）	河南偃师二里头	《考古》1982年5期	有
蚌镞		新石器（龙山文化）	河南永城王油坊	《考古》1978年1期	有
蚌镞	1	新石器（龙山文化）	河南禹州瓦店	《考古》2000年2期	有
蚌镞	1	新石器（龙山文化）	河南中牟业王村	《考古》1979年3期	
蚌镞	1	新石器（龙山文化）	江苏铜山丘湾	《考古》1973年2期	
蚌镞	1	新石器（龙山文化）	山东安丘峒峪村	《考古》1963年10期	有
蚌镞	3	新石器（龙山文化）	山东梁山青堌堆	《考古》1962年1期	有
蚌镞	1	新石器（龙山文化）	山东泗水尹家城	《考古》1965年1期	有
蚌镞		新石器（龙山文化）	山西襄汾陶寺	《考古》1983年1期	有
蚌镞	2	新石器（龙山文化）	山西垣曲龙王崖	《考古》1986年2期	有
蚌镞	2	新石器	山东泗水尹家城	《考古》1980年1期	有
蚌镞		新石器（龙山文化）—商	河南偃师二里头	《考古》1961年2期	有
蚌镞	1	夏（二里头文化）	河南临汝煤山	《考古》1975年5期	有
蚌镞		夏（二里头文化）	河南偃师二里头	《考古》1965年5期	有
蚌镞		夏（二里头文化）	河南偃师二里头	《考古》1975年5期	有
蚌镞	1	夏（二里头文化）	山西永济东马铺头	《考古》1980年3期	
蚌镞		夏早期	河南巩义花地嘴	《考古》2005年6期	
蚌镞	1	先商	河北邯郸北羊台	《考古》2001年2期	有
蚌镞		先商	河南杞县鹿台岗	《考古》1994年8期	
蚌镞		商	河南安阳西郊薛家庄	《考古通讯》1958年8期	
蚌镞		商	河南安阳殷墟	《考古》1961年2期	
蚌镞	1	商	河南偃师商城	《考古》1984年6期	有

蚌镞	1	商	河南偃师商城	《考古》1995年11期	有
蚌镞		商	河南偃师尸乡沟	《考古》1985年4期	有
蚌镞	1	商	河南偃师尸乡沟	《考古》1988年2期	有
蚌镞		商	河南郑州电力学校	《考古》1986年4期	
蚌镞	5	商	河南郑州经五路	《考古》1986年4期	有
蚌镞		商	江苏铜山丘湾	《考古》1973年2期	有
蚌镞	1	商	山东梁山青堌堆	《考古》1962年1期	有
蚌镞		商	山东阳信李屋	《考古》2010年3期	
蚌镞	1	西周	黑龙江肇源白金宝	《考古》1980年4期	
蚌镞	2	西周	陕西长安沣西张家坡	《考古》1986年3期	
玉镞	1	新石器（距今7000年）	吉林长岭腰井子	《考古》1992年8期	有
玉镞	1	新石器（昙石山文化）	福建闽侯昙石山	《考古》1961年12期	
玉镞	1	新石器	陕西岚皋肖家坝	《考古》1983年6期	有
玉镞	1	新石器	浙江定海唐家墩	《考古》1984年1期	有
玉镞		夏（二里头文化）	河南偃师二里头2号宫	《考古》1983年3期	有
玉镞		商	河南安阳殷墟	《考古》1983年2期	
玉镞	1	商	河南安阳殷墟三家庄东	《考古》1983年2期	有
玉镞		商	河南偃师二里头	《考古》1974年4期	有
玉镞	18	商	河南偃师尸乡沟	《考古》1985年4期	有
玉镞		春秋	河南光山宝相寺	《考古》1984年4期	有
陶镞	1	新石器（仰韶文化）	河南灵宝西坡	《考古》2001年11期	有
陶镞	2	新石器（大汶口文化）	山东肥城北坦	《考古》2006年4期	有
陶镞	4	新石器	山东日照两城镇	《考古》1960年9期	有
陶镞		东汉	山东青州马家冢子	《考古》2007年6期	有
陶镞范		东周	山西侯马牛村	《考古》1962年2期	

石核

石核		新石器（距今11000年）	北京门头沟东胡林	《考古》2006年7期	
石核	36	新石器（距今10000年）	广西邕宁顶蛳山	《考古》1998年11期	有
石核		新石器（距今10000年）	浙江浦江上山	《考古》2007年9期	有
石核	3	新石器（彭头山文化）	湖南澧县李家岗	《考古》1989年10期	有
石核	4	新石器（兴隆洼文化）	河北滦平药王庙梁	《考古》1998年2期	有
石核	2	新石器（昂昂溪文化）	黑龙江安达青肯泡	《考古》1962年2期	
石核	42	新石器（昂昂溪文化）	黑龙江齐齐哈尔昂昂溪	《考古》1974年2期	有
石核	2	新石器（昂昂溪文化）	吉林镇赉黄家围子	《考古》1988年2期	
石核	1	新石器（裴李岗文化）	河南新郑唐户	《考古》2010年5期	有
石核	1	新石器（距今7000年）	吉林长岭腰井子	《考古》1992年8期	有

石核		新石器（河姆渡文化）	浙江余姚鲻山	《考古》2001年10期 有
石核		新石器（仰韶文化）	内蒙古商都朝天渠	《考古》1992年12期 有
石核		新石器（仰韶文化）	内蒙古商都风旋卜子	《考古》1992年12期
石核		新石器（仰韶文化）	内蒙古商都狼窝沟	《考古》1992年12期 有
石核		新石器（仰韶文化）	内蒙古商都新围子	《考古》1992年12期
石核		新石器（仰韶文化）	内蒙古乌兰察布朝天渠	《考古》1996年2期 有
石核		新石器（仰韶文化）	内蒙古乌兰察布风旋卜子	《考古》1996年2期
石核		新石器（仰韶文化）	内蒙古乌兰察布狼窝沟	《考古》1996年2期 有
石核		新石器（距今6870±85年）	内蒙古敖汉旗赵宝沟	《考古》1988年1期 有
石核	10	新石器（距今6700年）	内蒙古敖汉旗小山	《考古》1987年6期
石核	15	新石器（红山文化）	吉林奈曼旗大沁他拉	《考古》1979年3期
石核	14	新石器（红山文化）	辽宁凌源牛河梁	《考古》2001年8期
石核		新石器（马家窑文化早期）	青海民和胡李家	《考古》2001年1期 有
石核	7	新石器（距今5175±130年）	吉林白城靶山	《考古》1988年12期 有
石核	2	新石器（距今5000年）	四川汶川姜维城	《考古》2006年11期 有
石核		新石器（距今5000年）	云南大理海东银梭岛	《考古》2009年8期 有
石核	1	新石器（屈家岭文化）	湖北安陆余家岗	《考古》1986年7期 有
石核	1	新石器（贝丘遗址）	广东南海灶岗	《考古》1984年3期
石核	1	新石器（龙山文化）	河北涞水北封村	《考古》1992年10期 有
石核		新石器（龙山文化）	河南巩县水地河	《考古》1990年11期 有
石核	1	新石器（龙山文化）	湖北巴东雷家坪	《考古》2005年8期 有
石核	6	新石器（龙山文化）	山西洪洞侯村	《考古》1986年5期
石核	1	新石器（距今4600年）	重庆巫山锁龙	《考古》2006年3期 有
石核	4	新石器（宝墩文化）	四川崇州双河	《考古》2002年11期 有
石核		新石器（距今4000年）	辽宁大连新金乔东1号	《考古》1983年2期
石核	10	新石器（距今4000年）	香港元朗下白泥	《考古》1999年6期 有
石核	39	新石器（距今4000年）	云南云县曼干遗址	《考古》2004年8期 有
石核	11	新石器（距今3000年）	西藏贡嘎昌果沟	《考古》1999年4期
石核	50	新石器	广东阳春独石仔	《考古》1982年5期 有
石核	1	新石器	广西桂平长冲根	《考古》1987年11期
石核	2	新石器	广西桂平大塘城	《考古》1997年10期 有
石核	10	新石器	广西柳州鲤里嘴	《考古》1983年9期 有
石核	2	新石器	广西象州南沙湾	《考古》1997年10期 有
石核	2	新石器	广西象州山猪笼	《考古》1997年10期 有
石核	2	新石器	河北三河孟各庄	《考古》1983年5期 有

石核	1	新石器	黑龙江海浪河下游龙头山	《考古》1965年1期	有
石核	1	新石器	黑龙江拉林河右岸南土	《考古》1964年12期	
石核		新石器	黑龙江齐齐哈尔昂昂溪	《考古通讯》1957年2期	
石核		新石器	吉林长春杨家沟	《考古通讯》1957年1期	
石核	2	新石器	吉林大安长新南山	《考古》1984年8期	有
石核	1	新石器	吉林大安马场南山	《考古》1984年8期	有
石核	2	新石器	吉林大安民众	《考古》1984年8期	有
石核	2	新石器	吉林镇赉马场北山	《考古》1996年3期	有
石核	4	新石器	辽宁锦州山河营子	《考古》1986年10期	
石核	2	新石器	辽宁新民偏堡沙岗	《考古通讯》1958年1期	有
石核		新石器	内蒙古巴林左旗富河沟门	《考古》1964年1期	有
石核	1	新石器	内蒙古包头韩庆坝	《考古通讯》1956年4期	
石核		新石器	内蒙古包头西沙塔	《考古》1986年6期	有
石核		新石器	内蒙古海拉尔西沙岗	《考古通讯》1956年3期	
石核	15	新石器	内蒙古苏尼特右旗吉日嘎郎图	《考古》1982年1期	有
石核	1	新石器	内蒙古伊克昭盟达拉特旗瓦窑	《考古》1963年1期	
石核	3	新石器	内蒙古伊克昭盟杭锦旗锡尼镇	《考古》1983年12期	有
石核		新石器	宁夏陶乐察罕埠	《考古》1964年5期	有
石核	5	新石器	宁夏陶乐程家湾	《考古》1964年5期	有
石核		新石器	宁夏陶乐高仁	《考古》1964年5期	有
石核	1	新石器	新疆东部木垒河	《考古》1964年7期	
石核	8	新石器	云南龙陵船口坝	《考古》1991年6期	有
石核	7	新石器	云南龙陵大花石	《考古》1991年6期	
石核		新石器	云南龙陵大花石	《考古》1992年4期	
石核	1	新石器	云南龙陵大窝坑	《考古》1991年6期	
石核	36	新石器早期	广东封开黄岩洞	《考古》1983年1期	有
石核		新石器晚期	广西百色革新桥	《考古》2003年12期	
石核	2	新石器晚期	广西临桂螺蛳岩	《考古》1997年10期	有
石核	24	新石器（西团山文化）—战国	吉林永吉星星哨水库	《考古》1978年3期	

石核	3	青铜时代	广东南海西樵山佛子庙	《考古》1999年7期	有
石核		商	湖南岳阳铜鼓山	《考古》2006年7期	
石核	2	青铜时代（距今3500年）	广东普宁池尾后山	《考古》1998年7期	有
石核	2	青铜时代（夏家店上层文化）	辽宁锦州山河营子	《考古》1986年10期	
石核	2	西周—战国	新疆木垒四道沟	《考古》1982年2期	
石核		东周	黑龙江讷河二克浅	《考古》2003年2期	
石核	1	战国—汉	辽宁法库叶茂台	《考古》1981年2期	有
石核	1	东汉	天津武清兰城	《考古》2001年9期	有

矛

石矛		新石器（裴李岗文化）	河南新郑裴李岗	《考古》1982年4期	
石矛	1	新石器（距今7000年）	吉林长岭腰井子	《考古》1992年8期	有
石矛	1	新石器（仰韶文化）	甘肃宁县阳圻	《考古》1983年10期	有
石矛	1	新石器（仰韶文化）	河南郑州大河村	《考古》1995年6期	有
石矛		新石器（仰韶文化）	内蒙古凉城王墓山	《考古》1997年4期	
石矛	2	新石器（距今6500年）	广西资源晓锦	《考古》2004年3期	有
石矛	1	新石器（大汶口文化）	山东栖霞古镇都	《考古》2008年2期	有
石矛	1	新石器（红山文化）	吉林奈曼旗大沁他拉	《考古》1979年3期	有
石矛	2	新石器（距今6000年）	广西资源晓锦	《考古》2004年3期	有
石矛		新石器（距今6000年）	湖北枣阳雕龙碑	《考古》1992年7期	
石矛	4	新石器（良渚文化）	江苏吴江梅堰	《考古》1963年6期	
石矛	4	新石器（良渚文化）	上海松江广富林	《考古》1962年9期	有
石矛		新石器（距今5000年）	内蒙古扎鲁特南宝力皋吐	《考古》2008年7期	
石矛	1	新石器（昙石山文化）	福建闽侯昙石山	《考古》1983年12期	有
石矛	2	新石器（贝丘遗址）	广东南海灶岗	《考古》1984年3期	
石矛		新石器（贝丘遗址）	广西南宁	《考古》1975年5期	有
石矛	1	新石器（距今4900年）	四川新津宝墩	《考古》1997年1期	有
石矛	1	新石器（庙底沟二期文化）	河南新安西沃	《考古》1999年8期	有
石矛		新石器（龙山文化）	河北蔚县筛子绫罗	《考古》1981年2期	有
石矛	2	新石器（龙山文化）	河南洛阳东杨村	《考古》1983年2期	有
石矛		新石器（龙山文化）	河南洛阳王湾三期	《考古》1961年4期	
石矛	4	新石器（龙山文化）	河南孟津小潘沟	《考古》1978年4期	有
石矛	1	新石器（龙山文化）	河南渑池不召寨	《考古》1964年9期	
石矛	2	新石器（龙山文化）	辽宁旅顺老铁山	《考古》1978年2期	
石矛	1	新石器（龙山文化）	山东安丘胡峪村	《考古》1963年10期	有
石矛		新石器（龙山文化）	山东茌平南陈庄	《考古》1985年4期	有

石矛	1	新石器（龙山文化）	山东费县崮子	《考古》1986年11期	有
石矛		新石器（龙山文化）	山东临沂常旺	《考古》1992年10期	
石矛		新石器（龙山文化）	山东临沂西山东	《考古》1992年10期	
石矛	1	新石器（龙山文化）	山东日照尧王城	《考古》1986年8期	有
石矛	1	新石器（龙山文化）	山东五莲丹士村	《考古通讯》1958年4期	有
石矛	1	新石器（龙山文化）	山东沂南罗圈峪	《考古》1998年3期	有
石矛	7	新石器（龙山文化）	山东沂水小沂河北岸	《考古》2002年1期	有
石矛	1	新石器（龙山文化）	山东沂水杨庄	《考古》1993年11期	有
石矛		新石器（龙山文化）	山西五台阳白	《考古》1997年4期	有
石矛	3	新石器（距今4600年）	重庆巫山锁龙	《考古》2006年3期	有
石矛	2	新石器（距今4585±160年）	广西钦州独料	《考古》1982年1期	
石矛	1	新石器（宝墩文化）	四川崇州双河	《考古》2002年11期	有
石矛		新石器（距今4500年）	内蒙古伊金霍洛旗朱开沟	《考古》1988年6期	有
石矛		新石器（凤鼻头文化）	台湾高雄凤鼻头	《考古》1979年3期	
石矛	4	新石器（距今4400年）	辽宁东沟石佛山	《考古》1990年8期	有
石矛		新石器（客省庄二期文化）	陕西长安沣西客省庄	《考古》1959年10期	有
石矛		新石器（客省庄二期文化）	陕西扶风案板	《考古》1987年10期	有
石矛		新石器（齐家文化）	甘肃武山傅家门	《考古》1995年4期	
石矛	1	新石器（距今4200年）	香港马湾岛东湾仔北	《考古》1999年6期	有
石矛	1	新石器（距今4000年）	青海民和喇家	《考古》2002年12期	有
石矛	1	新石器（距今4000年）	重庆巴县团结河咀	《考古》1992年12期	
石矛	1	新石器（距今4000年）	重庆涪陵石沱河咀	《考古》1992年12期	
石矛	1	新石器（距今4000年）	重庆江北朝阳村	《考古》1992年12期	
石矛	2	新石器（距今4000年）	重庆江津王爷庙	《考古》1992年12期	有
石矛	14	新石器（距今3600年）	广东曲江鲶鱼转	《考古》1964年7期	有
石矛	10	新石器（距今3200年）	吉林珲春迎花南山	《考古》1993年8期	有
石矛	1	新石器（距今2400年）	云南澜沧	《考古》1993年9期	有
石矛	1	新石器	福建崇安	《考古》1959年11期	
石矛	25	新石器	福建福清东张	《考古》1965年2期	有
石矛	4	新石器	福建建瓯和建阳	《考古》1961年4期	有
石矛	35	新石器	广东东部地区	《考古》1961年12期	有
石矛	6	新石器	广东梅县大埔县	《考古》1965年4期	有
双肩石矛	1	新石器	广东南海西樵山佛子庙	《考古》1999年7期	有
石矛	1	新石器	广西桂林甑皮岩	《考古》1976年3期	有

石矛	1	新石器	黑龙江海浪河下游龙头山	《考古》1965年1期	
石矛	3	新石器	黑龙江宁安大牡丹屯	《考古》1961年10期	
石矛	3	新石器	黑龙江宁安东康	《考古》1975年3期	有
石矛	1	新石器	黑龙江宁安东昇	《考古》1977年3期	
石矛	7	新石器	黑龙江饶河小南山	《考古》1972年2期	有
石矛		新石器	湖南安仁蜈蚣形	《考古》1993年11期	
石矛		新石器	湖南临澧县太山庙	《考古》1989年10期	有
石矛	1	新石器	湖南浏阳樟树潭	《考古》1965年7期	有
石矛头		新石器	吉林长春红石磠子	《考古通讯》1957年1期	有
石矛		新石器	吉林长春张家店	《考古通讯》1957年1期	有
石矛	1	新石器	吉林蛟河小南沟	《考古》1964年2期	有
石矛	1	新石器	吉林省吉林市东郊两半山	《考古》1964年1期	有
石矛		新石器	吉林通化江沿村	《考古通讯》1956年6期	有
石矛	10	新石器	吉林汪清天桥岭	《考古通讯》1956年6期	
石矛	2	新石器	吉林西团山子	《考古》1960年4期	
石矛	1	新石器	吉林延吉柳庭洞	《考古》1983年10期	
石矛		新石器	吉林永吉西官山	《考古》1960年7期	
石矛		新石器	江苏丹徒葛村	《考古通讯》1957年5期	有
石矛	1	新石器	江苏阜宁梨园	《考古》1964年1期	有
石矛头		新石器	江苏南京安怀村柴山	《考古通讯》1957年5期	有
石矛	1	新石器	江苏吴县虎山	《考古》1961年3期	有
石矛	2	新石器	江西南昌市青云谱车站	《考古》1961年10期	
石矛	9	新石器	江西南昌县莲塘春新山	《考古》1963年1期	
石矛	1	新石器	江西南昌县莲塘象尾山	《考古》1963年1期	
石矛	1	新石器	江西清江马家寨	《考古》1959年12期	
石矛	1	新石器	江西修水山背	《考古》1962年7期	
石矛		新石器	辽宁东沟老石山	《考古》1984年1期	有
石矛	1	新石器	辽宁东沟徐卜	《考古》1984年1期	有
石矛		新石器	辽宁桓仁	《考古》1960年1期	
石矛		新石器	辽宁义县亮甲山	《考古》1964年6期	有
石矛头	1	新石器	内蒙古伊克昭盟杭锦旗	《考古》1983年12期	有

锡尼镇

石矛	1	新石器	山东安丘老峒峪	《考古》1992年9期	有
石矛	1	新石器	山东曲阜东魏庄	《考古》1963年7期	有
石矛	1	新石器	陕西旬阳李家那	《考古》1983年6期	有
石矛	2	新石器	上海青浦淀山湖	《考古》1959年6期	有
石矛		新石器	云南龙陵马鞍山	《考古》1992年4期	有
石矛	1	新石器	云南西双版纳勐腊	《考古》1963年6期	有
石矛		新石器	浙江温州	《考古通讯》1956年6期	有
石矛	1	新石器中期	广西横县江口	《考古》2000年1期	有
石矛	7	新石器晚期	江西临川	《考古》1964年4期	有
石矛	47	新石器晚期	江西清江营盘里	《考古》1962年4期	有
石矛		新石器晚期	香港新界涌浪	《考古》1997年6期	有
石矛	1	新石器（石峡文化）－夏商	广东南海鱿鱼岗	《考古》1997年6期	有
石矛	3	新石器（西团山文化）－战国	吉林永吉星星哨水库	《考古》1978年3期	有
石矛		新石器－商周	广东封开德庆	《考古》1983年9期	
石矛	1	新石器－商周	江西丰县太平岗	《考古》1983年12期	有
石矛	8	新石器－东周	江西波阳王家咀	《考古》1962年4期	有
石矛		夏（二里头文化）	河南偃师二里头	《考古》1965年5期	有
石矛		夏（二里头文化）	河南驻马店杨庄	《考古》1995年10期	
石矛		夏	湖北秭归柳林溪	《考古》2000年8期	有
石矛形器	1	青铜时代	辽宁瓦房店三堂村	《考古》1992年2期	有
石矛	2	青铜时代	四川忠县㽍井沟	《考古》1962年8期	有
石矛		青铜时代（距今4000年）	辽宁大连小黑石砣子	《考古》1994年4期	有
石矛	1	青铜时代（夏家店下层文化）	内蒙古敖汉旗七家	《考古》1963年10期	
石矛		青铜时代（距今3800年）	广西那坡感驮岩	《考古》2003年10期	有
石矛		夏商	广东珠海淇澳岛东澳湾	《考古》1990年9期	有
石矛	7	夏商	湖南浏阳樟树塘	《考古》1994年11期	有
石矛	8	商	福建漳州虎林山	《考古》2003年12期	有
石矛	1	商	广东揭西虎尾崈	《考古》1999年7期	有
石矛		商	湖南宜章松树山	《考古》1993年11期	
石矛	1	商	天津蓟县围坊	《考古》1983年10期	有
石矛	1	商	浙江苍南柯岭脚村	《考古》1992年6期	有
石矛	1	青铜时代（距今3600	辽宁大连大嘴子	《考古》1996年2期	有

		年）			
石矛	2	青铜时代（距今3500年）	吉林长春腰红嘴子	《考古》2003年8期	有
石矛	1	青铜时代（昙石山文化上层）	浙江泰顺牛角岙	《考古》1993年7期	
石矛	2	商周	广东普宁牛伯公山	《考古》1998年7期	有
石矛		商周	黑龙江宁安莺歌岭	《考古》1981年6期	有
石矛		商周	湖南安仁花猫档	《考古》1993年11期	
石矛		商周	湖南安仁老君观	《考古》1993年11期	
石矛	3	商周	江西赣州竹园下	《考古》2000年12期	有
石矛	1	商周	天津蓟县围坊	《考古》1983年10期	有
石矛	3	商周	浙江衢州茶叶山	《考古》1987年1期	有
石矛	2	西周	广东平远寨顶上山	《考古》1991年2期	有
石矛		西周	湖南永兴羊角山	《考古》1993年11期	
石矛		西周	湖南资兴碑记岭	《考古》1993年11期	
石矛	3	西周	江西南昌青山湖	《考古》1985年8期	
石矛	1	青铜时代（距今3000年）	辽宁普兰店孙屯村	《考古》2006年2期	有
石矛		青铜时代－东汉	吉林汪清新华闾	《考古》1961年8期	
石矛		东周	湖南安仁牛米嘴上	《考古》1993年11期	
石矛	36	东周	吉林汪清金城	《考古》1986年2期	有
石矛	2	东周	吉林延吉新光	《考古》1992年7期	有
石矛		东周	山东枣庄	《考古》1984年4期	有
石矛	1	东周	四川芦山石家沟	《考古》1991年10期	有
石矛		东周	浙江绍兴义桥	《考古》1965年5期	有
石矛	1	战国	广东始兴白石坪山	《考古》1996年9期	有
石矛	2	战国	吉林珲春河西北山	《考古》1994年5期	有
石矛	5	战国	吉林省吉林市长蛇山	《考古》1980年2期	有
石矛	4	战国	吉林汪清水北	《考古》2005年1期	有
石矛	1	战国－汉	辽宁法库叶茂台	《考古》1981年2期	有
滑石矛	1	西汉	湖南长沙砂子塘	《考古》1965年3期	有
石矛	1	辽金	黑龙江海林渡口	《考古》1997年7期	有
木矛		战国	湖南常德德山	《考古》1959年4期	
骨矛	4	新石器（距今8000年）	广西南宁豹子头	《考古》2003年10期	有
骨矛	4	新石器（距今8000年）	广西邕宁顶蛳山	《考古》1998年11期	有
骨矛		新石器（大地湾文化）	陕西临潼白家村	《考古》1984年11期	有
骨矛	2	新石器（青莲岗文化）	江苏常州圩墩	《考古》1978年4期	有
骨矛	3	新石器（距今7000年）	吉林长岭腰井子	《考古》1992年8期	有
骨矛		新石器（仰韶文化）	陕西宝鸡	《考古》1960年2期	

骨矛		新石器（仰韶文化）	陕西临潼姜寨	《考古》1975年5期	
骨矛	1	新石器（距今6000年）	广西邕宁顶蛳山	《考古》1998年11期	有
骨矛	1	新石器（白石文化二期）	山东烟台白石村	《考古》1992年7期	有
骨矛	1	新石器（距今5000年）	辽宁大连大潘家	《考古》1994年10期	有
骨矛	1	新石器（距今5000年）	辽宁瓦房店三堂村	《考古》1992年2期	有
骨矛	2	新石器（贝丘遗址）	广东南海灶岗	《考古》1984年3期	
骨矛		新石器（龙山文化）	安徽蒙城尉迟寺	《考古》1994年1期	有
骨矛		新石器（龙山文化）	河南汤阴白营	《考古》1980年3期	有
骨矛		新石器（龙山文化）	山东昌乐邹家庄	《考古》1987年5期	
骨矛	1	新石器（龙山文化）	山东海阳司马台	《考古》1985年12期	有
骨矛		新石器（距今4700年）	广西那坡感驮岩	《考古》2003年10期	有
骨矛	1	新石器	河南舞阳峨岗寺	《考古》1965年5期	
骨矛	4	新石器	黑龙江宁安大牡丹屯	《考古》1961年10期	
骨矛		新石器	内蒙古包头阿善	《考古》1984年2期	
骨矛	2	新石器	内蒙古赤峰东山咀	《考古》1983年5期	有
骨矛		新石器	山东胶县三里河	《考古》1977年4期	
骨矛		新石器	陕西临潼白家村	《考古》1983年3期	有
骨矛		夏（二里头文化）	河南洛阳矬李	《考古》1978年1期	有
骨矛	1	夏（二里头文化）	河南洛阳东杨村	《考古》1983年2期	有
骨矛	2	西周	黑龙江肇源白金宝	《考古》1980年4期	有
骨矛	1	西周	江苏新沂三里墩	《考古》1960年7期	有
骨矛	1	汉	黑龙江海林渡口	《考古》1997年7期	有
骨矛		东汉－北朝	黑龙江海林河口	《考古》1996年2期	有
角矛	2	新石器（距今6140±175年）	吉林农安元宝沟	《考古》1989年12期	有
蚌矛		新石器（龙山文化）	河南临汝大张村	《考古》1960年6期	有
蚌矛头		新石器（龙山文化）	河南汤阴白营	《考古》1980年3期	有
玉矛	1	新石器（距今4800年）	黑龙江饶河小南山	《考古》1996年2期	有
铜柄玉矛	1	商	河南安阳大司空村南地	《考古》1989年7期	有
玉矛		商	河南安阳高楼庄	《考古》1963年4期	
玉矛头	1	商	河南安阳苗圃北地	《考古》1986年2期	有
玉矛	1	商	河南安阳小屯西地	《考古》2009年9期	有
玉矛	1	商	河南安阳殷墟三家庄东	《考古》1983年2期	有
玉矛	2	商	四川广汉三星堆仁胜村	《考古》2004年10期	有
玉矛		商－西周	四川成都金沙遗址	《考古》2002年7期	

弹丸

石弹丸	3	新石器（裴李岗文化）	河南巩县下西坡	《考古》1986年3期	
石弹丸	2	新石器（裴李岗文化）	河南新郑裴李岗	《考古》1978年2期	

石弹丸	1	新石器（仰韶文化）	河南安阳后岗	《考古》1982年6期	有
石弹丸		新石器（仰韶文化）	河南巩县水地河	《考古》1990年11期	
石弹丸		新石器（仰韶文化）	河南巩义塌坡	《考古》1997年11期	有
石弹丸	1	新石器（仰韶文化）	河南临汝中山寨	《考古》1986年7期	有
石弹丸		新石器（仰韶文化）	河南濮阳西水坡	《考古》1989年12期	
石弹丸		新石器（仰韶文化）	河南陕县庙底沟	《考古通讯》1957年4期	
石弹丸		新石器（仰韶文化）	内蒙古清水河白泥窑子	《考古》1988年2期	
石弹丸	1	新石器（仰韶文化）	陕西华阴南城子	《考古》1984年6期	有
石弹丸		新石器（大溪文化）	湖南安乡汤家岗	《考古》1982年4期	
石弹丸	2	新石器（大汶口文化早期）	山东烟台白石村	《考古》1981年2期	
石弹丸	6	新石器（大汶口文化）	山东栖霞古镇都	《考古》2008年2期	有
石弹丸		新石器（马家窑文化）	青海民和阳洼坡	《考古》1984年1期	有
石弹丸	1	新石器（龙山文化）	河南孟津小潘沟	《考古》1978年4期	
石弹丸		新石器（龙山文化）	河南汤阴白营	《考古》1980年3期	
石弹丸	5	新石器（距今4585±160年）	广西钦州独料	《考古》1982年1期	有
石弹丸		新石器（距今2100±85年）	黑龙江东宁大城子	《考古》1979年1期	
石弹丸	1	先商	河北邯郸北羊台	《考古》2001年2期	有
石弹丸	2	商	四川广汉三星堆仁胜村	《考古》2004年10期	
陶弹丸	1	新石器（裴李岗文化）	河南新郑唐户	《考古》2008年5期	有
陶弹丸		新石器（磁山文化）	河北武安磁山	《考古》1977年6期	
陶弹丸	7	新石器（青莲岗文化）	江苏常州圩墩	《考古》1978年4期	
陶弹丸	8	新石器（仰韶文化）	甘肃秦安大地湾	《考古》2003年6期	有
陶弹丸	1	新石器（仰韶文化）	河南灵宝西坡	《考古》2001年11期	有
陶弹丸	4	新石器（仰韶文化）	河南信阳南山咀	《考古》1990年5期	有
陶弹丸	8	新石器（仰韶文化）	河南郑州西郊	《考古通讯》1958年2期	
陶弹丸	4	新石器（大溪文化）	湖南安乡汤家岗	《考古》1982年4期	
陶弹丸	5	新石器（大汶口文化）	安徽肥西古埂	《考古》1985年7期	
陶弹丸	1	新石器（崧泽文化）	江苏沙洲徐湾	《考古》1987年10期	有
陶弹丸	4	新石器（良渚文化）	安徽肥西古埂	《考古》1985年7期	
陶弹丸		新石器（庙底沟二期文化）	山西侯马东呈王	《考古》1991年2期	
陶弹丸		新石器（龙山文化）	河南禹县谷水河	《考古》1978年1期	
陶弹丸	1	新石器（龙山文化）	山东日照尧王城	《考古》1986年8期	
陶弹丸	1	新石器	江苏淮安青莲岗	《考古通讯》1958年	

10期

陶弹丸	1	新石器	云南麻栗坡小洞洞	《考古》1983年12期	
陶弹丸	1	新石器早期	山东章丘小荆山	《考古》1994年6期	有
陶弹丸	1	商	河南安阳梅园庄南地	《考古》1991年2期	
陶弹丸	1	青铜时代（寺洼文化）	甘肃卓尼芭儿	《考古》1994年1期	有
陶弹丸	3	西周	黑龙江肇源白金宝	《考古》1980年4期	
陶弹丸	1	西周	陕西长安沣西客省庄	《考古》1987年8期	有
陶弹丸	1	西周	陕西西安张家坡	《考古》1994年10	
陶弹丸	4	西周—春秋	香港大屿山白芒	《考古》1997年6期	有
陶弹丸		西周—战国	新疆木垒四道沟	《考古》1982年2期	
陶弹丸	20	春秋	河北邯郸赵王陵	《考古》1982年6期	有
陶弹丸	2	西汉	陕西西安六堡村汉长安城	《考古》1994年11期	
陶弹丸		西汉	陕西西安未央宫柯家寨	《考古》1993年11期	
陶弹丸	2	金	内蒙古哲里木盟霍林河	《考古》1984年2期	有

石球

石球		新石器（距今10000年）	浙江浦江上山	《考古》2007年9期	有
石球	1	新石器（兴隆洼文化）	河北承德岔沟门	《考古》1992年6期	
石球	1	新石器（兴隆洼文化）	河北滦平药王庙梁	《考古》1998年2期	有
石球	9	新石器（兴隆洼文化）	内蒙古敖汉旗兴隆沟	《考古》2000年9期	有
石球	1	新石器（昂昂溪文化）	吉林镇赉黄家围子	《考古》1988年2期	有
石球		新石器（裴李岗文化）	河南巩县下西坡	《考古》1986年3期	有
石球	4	新石器（裴李岗文化）	河南郏县水泉	《考古》1992年10期	有
石球		新石器（磁山文化）	河北武安牛洼堡	《考古》1984年1期	有
石球		新石器（磁山文化）	河北武安西万年	《考古》1984年1期	
石球		新石器（北辛文化）	山东济南西河	《考古》1994年11期	有
石球	3	新石器（马家浜文化）	江苏金坛北渚荡	《考古》1985年8期	
石球	4	新石器（白石文化一期）	山东烟台白石村	《考古》1992年7期	
石球	1	新石器（邱家庄文化）	山东荣成乔家	《考古》1997年5期	
石球	3	新石器（仰韶文化）	甘肃秦安大地湾	《考古》2003年6期	有
石球		新石器（仰韶文化）	甘肃天水樊家城	《考古》1992年11期	
石球	2	新石器（仰韶文化）	河北磁县界段营	《考古》1974年6期	
石球	13	新石器（仰韶文化）	河南安阳大正集老磨岗	《考古》1965年7期	有
石球		新石器（仰韶文化）	河南登封颍阳	《考古》1995年6期	
石球	1	新石器（仰韶文化）	河南巩县赵城村	《考古》1986年3期	有
石球	1	新石器（仰韶文化）	河南巩义里沟	《考古》1995年6期	有
石球		新石器（仰韶文化）	河南焦作隃城寨	《考古》1996年11期	

石球	2	新石器（仰韶文化）	河南灵宝北阳平	《考古》2001年7期	有
石球		新石器（仰韶文化）	河南灵宝南万村	《考古》1960年7期	
石球	2	新石器（仰韶文化）	河南灵宝西坡	《考古》2001年11期	有
石球	2	新石器（仰韶文化）	河南武涉东石寺	《考古》1990年3期	有
石球		新石器（仰韶文化）	河南偃师灰嘴村	《考古》2010年4期	有
石球	6	新石器（仰韶文化）	河南郑州大河村	《考古》1995年6期	有
石球		新石器（仰韶文化）	内蒙古凉城王墓山	《考古》1997年4期	
石球	2	新石器（仰韶文化）	山西垣曲小赵	《考古》1998年4期	有
石球		新石器（仰韶文化）	陕西宝鸡金陵河西岸	《考古》1959年5期	
石球		新石器（仰韶文化）	陕西邠县下孟村	《考古》1960年1期	
石球		新石器（仰韶文化）	陕西长安鄠县	《考古》1962年6期	
石球		新石器（仰韶文化）	陕西华阴横阵	《考古》1960年9期	
石球		新石器（仰韶文化）	陕西蓝田泄湖	《考古》1989年6期	有
石球	15	新石器（仰韶文化）	陕西临潼姜寨	《考古》1973年3期	有
石球		新石器（仰韶文化）	陕西临潼姜寨	《考古》1975年5期	
石球		新石器（仰韶文化）	陕西渭水流域	《考古》1959年11期	
石球		新石器（仰韶文化）	陕西武功游凤	《考古》1975年2期	
石球	2	新石器（距今6800年）	吉林东丰西断梁山	《考古》1991年4期	有
石球		新石器（仰韶文化中期）	陕西高陵杨官寨	《考古》2009年7期	
石球	6	新石器（仰韶文化晚期）	河北平山中贾壁	《考古》1993年4期	
石球	1	新石器（大汶口文化）	山东肥城北坦	《考古》2006年4期	
石球	13	新石器（大汶口文化）	山东栖霞古镇都	《考古》2008年2期	有
石球	3	新石器（大汶口文化）	山东乳山翁家埠	《考古》1990年12期	有
石球	3	新石器（大汶口文化）	山东章丘焦家	《考古》1998年6期	有
石球	4	新石器（距今6140±175年）	吉林农安元宝沟	《考古》1989年12期	有
石球		新石器（红山文化）	辽宁康平赵家店白沙沟	《考古》1992年1期	
石球		新石器（红山文化）	辽宁凌源牛河梁	《考古》2001年8期	
石球	21	新石器（距今6000年）	福建平潭壳坵头	《考古》1991年7期	有
石球	1	新石器（距今6000年）	湖北枣阳雕龙碑	《考古》2000年3期	有
石球	2	新石器（距今6000年）	辽宁东沟大岗	《考古》1986年4期	有
石球	2	新石器（白石文化二期）	山东烟台白石村	《考古》1992年7期	有
石球		新石器（后岗一期文化）	内蒙古乌兰察布石虎山	《考古》1998年12期	
石球	1	新石器（薛家岗文化）	安徽安庆夫子城	《考古》2002年2期	有
石球		新石器（距今5400年）	内蒙古清水河白泥窑子	《考古》1988年2期	

石球	2	新石器（距今5300年）	青海同德宗日	《考古》1998年5期	有
石球		新石器（马家窑文化早期）	青海民和胡李家	《考古》2001年1期	有
石球		新石器（马家窑文化）	甘肃武山傅家门	《考古》1995年4期	
石球	1	新石器（马家窑文化）	青海民和崖家坪	《考古》1993年3期	有
石球	2	新石器（距今5000年）	福建东山大帽山	《考古》2003年12期	有
石球	1	新石器（距今5000年）	吉林东丰西断梁山	《考古》1988年7期	有
石球	2	新石器（距今5000年）	吉林东丰西断梁山	《考古》1991年4期	有
石球		新石器（距今5000年）	辽宁大连王家屯	《考古》1994年4期	有
石球	3	新石器（距今5000年）	辽宁大连文家屯	《考古》1994年4期	有
石球	3	新石器（距今5000年）	四川汶川姜维城	《考古》2006年11期	有
石球	30	新石器（屈家岭文化）	湖北宜昌中堡岛	《考古》1996年9期	有
石球		新石器（屈家岭文化）	陕西西乡李家村	《考古》1961年7期	
石球		新石器（龙山文化）	河北永年台口村	《考古》1962年12期	
石球	5	新石器（龙山文化）	河南汝州李楼	《考古》1998年3期	有
石球	7	新石器（龙山文化）	辽宁北票丰下	《考古》1976年3期	
石球		新石器（龙山文化）	内蒙古清水河白泥窑子	《考古》1966年3期	
石球		新石器（龙山文化）	内蒙古清水河柳青	《考古》1992年7期	有
石球		新石器（龙山文化）	内蒙古中南部黄河河谷	《考古》1965年10期	有
石球	8	新石器（龙山文化）	山东海阳城子顶	《考古》1985年12期	
石球	1	新石器（龙山文化）	山东海阳大榆树	《考古》1985年12期	
石球	1	新石器（龙山文化）	山东海阳蜊岔埠	《考古》1985年12期	有
石球	3	新石器（龙山文化）	山东海阳庙埠	《考古》1985年12期	有
石球	3	新石器（龙山文化）	山东海阳司马台	《考古》1985年12期	有
石球	1	新石器（龙山文化）	山东日照两城镇	《考古》1986年8期	
石球	2	新石器（龙山文化）	山东乳山泮家庄	《考古》1990年12期	有
石球	5	新石器（龙山文化）	山东乳山小管村	《考古》1990年12期	有
石球	2	新石器（龙山文化）	山东沂水抬头	《考古》1991年6期	
石球	2	新石器（龙山文化）	山东沂水杨庄	《考古》1993年11期	有
石球	5	新石器（龙山文化）	山西定襄西社	《考古》1987年11期	有
石球		新石器（龙山文化）	陕西华阴横阵	《考古》1960年9期	
石球		新石器（龙山文化晚期）	内蒙古清水河白泥窑子	《考古》1988年2期	
石球	16	新石器（距今4700年）	四川巫山魏家梁子	《考古》1996年8期	有
石球	18	新石器（距今4600年）	重庆巫山锁龙	《考古》2006年3期	有
石球	4	新石器（距今4500年）	辽宁岫岩北沟西山	《考古》1992年5期	有
石球		新石器（龙山文化陶寺型）	山西襄汾陶寺	《考古》1986年9期	有
石球	1	新石器（距今4400年）	辽宁东沟石佛山	《考古》1990年8期	有

石球		新石器（齐家文化）	甘肃临潭磨沟	《考古》2009年7期
石球	1	新石器（距今4000年）	福建漳州大帽山	《考古》1995年9期　有
石球	3	新石器（距今4000年）	广东珠海拱北	《考古》1985年8期
石球	5	新石器（距今4000年）	云南云县曼干遗址	《考古》2004年8期　有
石球	2	新石器（距今4000年）	重庆巴县干溪沟	《考古》1992年12期　有
石球	2	新石器（距今4000年）	重庆江津王爷庙	《考古》1992年12期　有
石球		新石器（岳石文化）	山东沂源姑子坪	《考古》2003年1期
石球	10	新石器（距今3000年）	西藏贡嘎昌果沟	《考古》1999年4期　有
石球	1	新石器（西团山文化）	吉林舒兰珠山	《考古》1985年4期
石球	19	新石器	福建福清东张	《考古》1965年2期
石球		新石器	福建仙游	《考古》1961年5期
石球		新石器	河南淅川	《考古通讯》1958年3期
石球	2	新石器	黑龙江宁安大牡丹屯	《考古》1961年10期
石球	1	新石器	黑龙江宁安牛场	《考古》1960年4期
石球		新石器	湖南临澧县太山庙	《考古》1989年10期　有
石球	3	新石器	湖南新宁白面寨	《考古》1991年10期　有
石球	1	新石器	吉林省吉林市东郊两半山	《考古》1964年1期
石球		新石器	吉林永吉西官山	《考古》1960年7期
石球	1	新石器	江西修水跑马岭	《考古》1962年7期
石球	1	新石器	江西修水山背	《考古》1962年7期
石球	1	新石器	辽宁东沟后洼	《考古》1984年1期　有
石球		新石器	辽宁旅大王官寨	《考古》1959年11期
石球		新石器	内蒙古包头阿善	《考古》1984年2期
石球		新石器	内蒙古清水河白泥窑子	《考古》1988年2期
石球		新石器	青海民和阳山	《考古》1984年5期　有
石球	1	新石器	山东安丘老峒峪	《考古》1992年9期　有
石球		新石器	陕西西安半坡	《考古通讯》1955年2期　有
石球		新石器	四川南充淄佛寺	《考古》1983年6期
石球	7	新石器	新疆东部阿斯塔那	《考古》1964年7期　有
石球		新石器	新疆和硕新塔那	《考古》1988年5期
石球	1	新石器	新疆奇台半截沟	《考古》1981年6期
石球	1	新石器	新疆疏附阿克塔拉	《考古》1977年2期
石球	1	新石器	新疆疏附温古洛克	《考古》1977年2期
石球	1	新石器早期	山东章丘小荆山	《考古》1994年6期　有
石球	10	新石器中期	广西横县江口	《考古》2000年1期　有
石球	5	新石器中晚期	云南个旧倘甸	《考古》1996年5期　有

石球	1	新石器晚期	福建浦城石排下	《考古》1986年12期	
石球	2	新石器晚期	河北承德白河南	《考古》1992年6期	有
石球	5	新石器晚期	河北承德化子沟	《考古》1992年6期	
石球		新石器晚期	香港新界涌浪	《考古》1997年6期	有
石球	9	新石器晚期	浙江仙居下汤	《考古》1987年12期	有
石球	1	夏（二里头文化）	河南洛阳东杨村	《考古》1983年2期	有
石球		夏	甘肃民乐东灰山	《考古》1995年12期	
石球		夏	湖北秭归柳林溪	《考古》2000年8期	有
石球	286	青铜时代	广东南海西樵山佛子庙	《考古》1999年7期	有
石球	1	青铜时代	黑龙江宾县老山头	《考古》1962年3期	有
石球		青铜时代	吉林辽源龙首山	《考古》1997年2期	有
石球		青铜时代（距今4000年）	辽宁大连大嘴子	《考古》1996年2期	有
石球		青铜时代（距今4000年）	辽宁大连小黑石砣子	《考古》1994年4期	有
石球	3	青铜时代（夏家店下层文化）	内蒙古赤峰康家湾	《考古》2008年11期	有
石球	1	青铜时代（湖熟文化）	江苏镇江左湖	《考古》2000年4期	有
石球		夏商	广东珠海淇澳岛东澳湾	《考古》1990年9期	有
石球	5	夏商	江西萍乡禁山下	《考古》2000年12期	有
石球	1	夏商	四川奉节新浦	《考古》1999年1期	有
石球	1	先商	河北邯郸北羊台	《考古》2001年2期	有
石球	1	商	广东深圳向南村	《考古》1997年6期	
石球	8	商	湖北秭归茅坪长府沱	《考古》2004年5期	
石球		商	湖南嘉禾圆岭	《考古》1993年11期	
石球		商	湖南宜章廖家岭	《考古》1993年11期	
石球	2	青铜时代（距今3600年）	辽宁大连大嘴子	《考古》1996年2期	有
石球	7	青铜时代（距今3500年）	吉林长春腰红嘴子	《考古》2003年8期	有
石球	4	青铜时代（距今3500年）	新疆和硕新塔那	《考古》1988年5期	
石球	1	商周	河北邢台东先贤村	《考古》2002年3期	有
石球		商周	湖南安仁庵寺山	《考古》1993年11期	
石球		商周	湖南安仁花猫档	《考古》1993年11期	
石球		商周	湖南安仁罗古坳	《考古》1993年11期	
石球	2	商周	云南剑川海门口	《考古》1995年9期	有
石球	2	西周	辽宁阜新平项山石城址	《考古》1992年5期	有
石球	1	西周	山东莒县西大庄	《考古》1999年7期	有

石球		西周	陕西长安沣东白家庄北	《考古》1963年8期	
石球	1	西周	陕西长安沣西大原村	《考古》2004年9期	有
石球		西周	陕西长安鄠县	《考古》1962年6期	
石球		西周	天津蓟县张家园	《考古》1993年4期	
石球	1	青铜时代（辛店文化）	甘肃永靖莲花台瓦渣咀	《考古》1980年4期	有
石球	1	周	湖北巴东雷家坪	《考古》1999年1期	有
石球		青铜时代（距今3000年）	辽宁大连大砣子	《考古》1994年4期	有
石球	1	青铜时代（距今3000年）	辽宁瓦房店药王庙	《考古》1997年12期	有
石球		青铜时代（距今3000年）	新疆民丰尼雅	《考古》1999年4期	
石球	23	西周－战国	新疆木垒四道沟	《考古》1982年2期	
石球	1	青铜时代（距今2875±130年）	辽宁铁岭邱台	《考古》1996年2期	有
石球	2	东周	吉林延吉新光	《考古》1992年7期	有
石球		春秋	江苏邳州九女墩	《考古》1999年11期	
石球	1	春秋	山东沂源姑子坪	《考古》2003年1期	有
石球	1	春秋	四川会理雷家山	《考古》2010年4期	有
石球	1	战国	吉林辽源高古村	《考古》1993年6期	有
石球	1	战国	吉林省吉林市骚达沟	《考古》1985年10期	有
石球	1	战国	辽宁旅大旅顺口区后牧城驿	《考古》1960年8期	
石球	1	战国－秦汉	河北怀来大古城	《考古》2001年11期	
石球	4	战国－秦汉	西藏阿里札达丁东	《考古》2007年11期	有
石球	1	汉	黑龙江海林兴农	《考古》2005年3期	有
石球	3	汉	云南晋宁石寨山	《考古》1959年9期	
石球	1	西汉	安徽铜陵金牛洞	《考古》1989年10期	
石球		西汉	新疆巴里坤县东黑沟	《考古》2009年1期	有
石球	17	东汉	内蒙古扎赉诺尔	《考古》1961年12期	
石球	8	魏晋	黑龙江双鸭山保安	《考古》2003年2期	有
石球	1	晋－唐	安徽南陵破头山	《考古》2002年2期	有
石球	2	渤海国时期	黑龙江东宁小地营	《考古》2003年3期	有
石球	1	辽金	吉林双辽电厂贮灰场	《考古》1995年4期	有
石球	1	辽元	天津宝坻哈喇庄	《考古》2005年5期	有
石球	5	元	山东济宁张营	《考古》1994年9期	有

陶球

陶球		新石器（仰韶文化）	河南灵宝南万村	《考古》1960年7期	
陶球	1	新石器（仰韶文化）	河南灵宝西坡	《考古》2001年11期	有

陶球	4	新石器（仰韶文化）	河南荥阳楚湾	《考古》1995年6期	有
陶球	3	新石器（仰韶文化）	河南郑州大河村	《考古》1973年6期	有
陶球	4	新石器（仰韶文化）	河南郑州大河村	《考古》1995年6期	有
陶球		新石器（仰韶文化）	陕西浐灞两河沿岸	《考古》1961年11期	
陶球		新石器（仰韶文化）	陕西凤翔和兴平	《考古》1960年3期	
陶球		新石器（仰韶文化）	陕西临潼姜寨	《考古》1975年5期	
陶球		新石器（仰韶文化中期）	陕西高陵杨官寨	《考古》2009年7期	
陶球	1	新石器（大溪文化）	湖北京山油子岭	《考古》1994年10期	有
陶球		新石器（大溪文化）	湖北荆州阴湘城	《考古》1997年5期	有
陶球	4	新石器（大溪文化）	湖北荆州阴湘城	《考古》1998年1期	有
陶球		新石器（大溪文化）	湖北松滋桂花树	《考古》1976年3期	有
陶球	1	新石器（大溪文化）	湖南湘潭堆子岭	《考古》2000年1期	有
陶球	3	新石器（大汶口文化）	山东栖霞古镇都	《考古》2008年2期	有
陶球	4	新石器（大汶口文化）	山东章丘焦家	《考古》1998年6期	有
陶球		新石器（距今6000年）	湖北枣阳雕龙碑	《考古》1992年7期	有
陶球	5	新石器（薛家岗文化）	安徽安庆夫子城	《考古》2002年2期	有
陶球		新石器（薛家岗文化）	湖北黄梅钓鱼嘴	《考古》1994年6期	有
陶球		新石器（马家窑文化早期）	青海民和胡李家	《考古》2001年1期	有
陶球		新石器（马家窑文化）	甘肃武山傅家门	《考古》1995年4期	
陶球	3	新石器（良渚文化）	江苏吴江梅堰	《考古》1963年6期	
陶球	1	新石器（良渚文化早期）	江苏阜宁东园	《考古》2004年6期	有
陶球		新石器（屈家岭文化）	湖北孝感台子湖	《考古》1994年9期	有
陶球	5	新石器（屈家岭文化）	湖北云梦斋神堡	《考古》1987年2期	有
陶球		新石器（屈家岭文化晚期）	湖北大悟北门岗	《考古》1990年11期	有
陶球	1	新石器（庙底沟二期文化）	河南新安西沃	《考古》1999年8期	
陶球	3	新石器（庙底沟二期文化）	山西侯马东呈王	《考古》1991年2期	有
陶球	1	新石器（龙山文化）	河南辉县丰城村	《考古》1989年3期	有
陶球		新石器（龙山文化）	河南禹县董庄	《考古》1991年2期	
陶球	2	新石器（龙山文化）	湖北蕲春坳上湾	《考古》1992年7期	有
陶球		新石器（龙山文化）	湖北松滋桂花树	《考古》1976年3期	
陶球		新石器（龙山文化）	山东日照两城镇	《考古》1997年4期	
陶球	3	新石器（龙山文化）	山东沂水小沂河北岸	《考古》2002年1期	有
陶球	2	新石器（龙山文化晚期）	湖北罗田庙山岗	《考古》1994年9期	有

期）

陶球		新石器（石家河文化）	湖北荆州阴湘城	《考古》1997年5期　有
陶球	2	新石器	安徽潜山天宁寨	《考古》1987年11期　有
陶球		新石器	湖北长阳外村里	《考古》1988年6期　有
陶球	1	新石器	湖北黄冈螺蛳山	《考古》1962年7期
陶球	19	新石器	湖北蕲春易家山	《考古》1960年5期　有
陶球	1	新石器	江西修水跑马岭	《考古》1962年7期　有
陶球	1	新石器晚期	安徽安庆张四墩	《考古》2004年1期　有
陶球	1	新石器晚期	福建南安狮子山	《考古》1961年4期
陶球	1	夏（二里头文化）	山西夏县辕村	《考古》2009年11期　有
陶球	1	商	上海青浦金山坟	《考古》1989年7期　有
陶球		商晚期	河南荥阳关帝庙	《考古》2008年7期　有
陶球		秦	陕西咸阳秦都故城	《考古》1974年1期
陶球	9	西汉	江苏徐州米山	《考古》1996年4期

其他狩猎工具

捕鼠夹子		唐	新疆民丰尼雅古城	《考古》1961年3期　有

四、纺织工具

纺轮

石纺轮	1	新石器（兴隆洼文化）	河北滦平药王庙梁	《考古》1998年2期　有
石纺轮	8	新石器（青莲岗文化）	江苏常州圩墩	《考古》1978年4期
石纺轮	1	新石器（马家浜文化）	上海青浦崧泽	《考古》1992年3期　有
石纺轮	1	新石器（仰韶文化）	甘肃临夏范家村	《考古》1961年5期
石纺轮		新石器（仰韶文化）	甘肃渭河上游	《考古通讯》1958年7期
石纺轮		新石器（仰韶文化）	甘肃渭河支流	《考古》1959年7期
石纺轮		新石器（仰韶文化）	甘肃西汉水流域	《考古》1959年3期
石纺轮		新石器（仰韶文化）	河北蔚县三关	《考古》1981年2期
石纺轮		新石器（仰韶文化）	河南灵宝南万村	《考古》1960年7期
石纺轮		新石器（仰韶文化）	河南灵宝西坡	《考古》2008年1期
石纺轮	1	新石器（仰韶文化）	河南渑池西河庵村	《考古》1965年10期　有
石纺轮		新石器（仰韶文化）	河南淅川沟湾	《考古》2010年6期　有
石纺轮	5	新石器（仰韶文化）	河南郑州大河村	《考古》1995年6期　有
石纺轮	9	新石器（仰韶文化）	河南郑州西郊	《考古通讯》1958年2期
石纺轮		新石器（仰韶文化）	湖北均县朱家台	《考古》1961年10期
石纺轮		新石器（仰韶文化）	湖北郧县青龙泉	《考古》1961年10期
石纺轮		新石器（仰韶文化）	内蒙古包头西园	《考古》1990年4期　有

石纺轮		新石器（仰韶文化）	内蒙古凉城王墓山	《考古》1997年4期	
石纺轮		新石器（仰韶文化）	宁夏隆德页河子	《考古》1990年4期	有
石纺轮		新石器（仰韶文化）	陕西邠县下孟村	《考古》1960年1期	
石纺轮		新石器（仰韶文化）	陕西华阴横阵	《考古》1960年9期	
石纺轮		新石器（仰韶文化）	陕西渭水流域	《考古》1959年11期	
石纺轮	1	新石器（仰韶文化晚期）	河北平山中贾壁	《考古》1993年4期	
石纺轮	3	新石器（大汶口文化）	山东肥城北坦	《考古》2006年4期	
石纺轮	1	新石器（大汶口文化）	山东即墨南阡	《考古》1981年1期	有
石纺轮		新石器（大汶口文化）	山东济宁玉皇顶	《考古》1983年6期	有
石纺轮	1	新石器（大汶口文化）	山东济宁玉皇顶	《考古》2005年4期	有
石纺轮	1	新石器（大汶口文化）	山东莒县杭头	《考古》1988年12期	有
石纺轮	1	新石器（大汶口文化）	山东曲阜南兴埠	《考古》1984年12期	有
石纺轮	1	新石器（大汶口文化）	山东泗水尹家城	《考古》1987年4期	有
石纺轮		新石器（大汶口文化）	山东滕县	《考古》1980年1期	
石纺轮		新石器（大汶口文化）	山东滕州西公桥	《考古》2000年10期	有
石纺轮	1	新石器（大汶口文化）	山东滕州西康留	《考古》1995年3期	有
石纺轮		新石器（大汶口文化）	山东兖州王因	《考古》1979年1期	
石纺轮	2	新石器（大汶口文化）	山东章丘董东	《考古》2002年7期	有
石纺轮	13	新石器（大汶口文化）	山东章丘焦家	《考古》1998年6期	有
石纺轮	2	新石器（红山文化）	内蒙古巴林右旗那斯台	《考古》1987年6期	有
石纺轮	6	新石器（北阴阳营文化）	江苏高淳薛城	《考古》2000年5期	有
石纺轮		新石器（距今6000年）	湖北枣阳雕龙碑	《考古》1992年7期	有
石纺轮		新石器（崧泽文化）	江苏武进潘家塘	《考古》1979年5期	
石纺轮		新石器（崧泽文化）	上海青浦寺前	《考古》2002年10期	有
石纺轮		新石器（距今5400年）	内蒙古清水河白泥窑子	《考古》1988年2期	
石纺轮	1	新石器（距今5300年）	青海同德宗日	《考古》1998年5期	有
石纺轮		新石器（马家窑文化）	甘肃武山傅家门	《考古》1995年4期	
石纺轮	7	新石器（良渚文化）	江苏吴江梅堰	《考古》1963年6期	
石纺轮	7	新石器（距今5000年）	辽宁大连大潘家	《考古》1994年10期	有
石纺轮		新石器（距今5000年）	辽宁大连王家屯	《考古》1994年4期	有
石纺轮		新石器（距今5000年）	四川汉源麦坪	《考古》2008年7期	有
石纺轮	7	新石器（小河沿文化）	内蒙古赤峰哈啦海沟	《考古》2010年2期	有
石纺轮		新石器（距今4930±180年）	甘肃镇原常山	《考古》1981年3期	
石纺轮	1	新石器（庙底沟二期文化）	河南孟县许村	《考古》1999年2期	有
石纺轮	3	新石器（庙底沟二期文化）	河南新安西沃	《考古》1999年8期	有

化）

石纺轮	7	新石器（庙底沟二期文化）	山西侯马东呈王	《考古》1991年2期	有
石纺轮		新石器（庙底沟二期文化）	山西襄汾陶寺	《考古》1986年9期	有
石纺轮	1	新石器（马家窑文化半山型）	甘肃兰州青岗岔	《考古》1972年3期	有
石纺轮	1	新石器（马家窑文化半山型）	宁夏固原红圈子	《考古》1993年2期	有
石纺轮	1	新石器（龙山文化）	安徽宿县小山口	《考古》1993年12期	有
石纺轮	1	新石器（龙山文化）	河北崇礼石嘴子	《考古》1992年2期	
石纺轮		新石器（龙山文化）	河北邯郸涧沟	《考古》1959年10期	
石纺轮	11	新石器（龙山文化）	河北邯郸涧沟	《考古》1961年4期	
石纺轮		新石器（龙山文化）	河北蔚县筛子绫罗	《考古》1981年2期	
石纺轮	2	新石器（龙山文化）	河北永年台口村	《考古》1962年12期	
石纺轮		新石器（龙山文化）	河北张家口涿鹿龙王塘	《考古》1959年7期	
石纺轮		新石器（龙山文化）	河南临汝大张村	《考古》1960年6期	
石纺轮	1	新石器（龙山文化）	河南灵宝城东寨	《考古》1960年7期	
石纺轮		新石器（龙山文化）	河南洛阳王湾三期	《考古》1961年4期	
石纺轮	1	新石器（龙山文化）	河南孟津小潘沟	《考古》1978年4期	
石纺轮	1	新石器（龙山文化）	河南渑池杨河	《考古》1964年9期	
石纺轮		新石器（龙山文化）	河南汤阴白营	《考古》1980年3期	
石纺轮	1	新石器（龙山文化）	河南卫辉倪湾	《考古》2007年5期	有
石纺轮	1	新石器（龙山文化）	河南新乡刘庄营	《考古》1966年3期	
石纺轮	1	新石器（龙山文化）	河南新乡洛丝潭	《考古》1985年2期	有
石纺轮		新石器（龙山文化）	河南荥阳河王村	《考古》1961年2期	有
石纺轮		新石器（龙山文化）	湖北郧县青龙泉	《考古》1961年10期	
石纺轮	1	新石器（龙山文化）	辽宁旅顺老铁山	《考古》1978年2期	
石纺轮		新石器（龙山文化）	内蒙古清水河柳青	《考古》1992年7期	有
石纺轮	1	新石器（龙山文化）	山东安丘峒峪村	《考古》1963年10期	有
石纺轮		新石器（龙山文化）	山东昌乐邹家庄	《考古》1987年5期	
石纺轮	1	新石器（龙山文化）	山东海阳司马台	《考古》1985年12期	有
石纺轮	1	新石器（龙山文化）	山东莒南化家村	《考古》1989年5期	有
石纺轮	2	新石器（龙山文化）	山东蓬莱紫荆山	《考古》1973年1期	有
石纺轮	1	新石器（龙山文化）	山东平度东岳石村	《考古》1962年10期	有
石纺轮	2	新石器（龙山文化）	山东日照东海峪	《考古》1986年8期	有
石纺轮		新石器（龙山文化）	山东阳谷景阳岗	《考古》1997年5期	有
石纺轮	1	新石器（龙山文化）	山东沂水凤台	《考古》1991年6期	有
石纺轮	3	新石器（龙山文化）	山东沂水小沂河北岸	《考古》2002年1期	有

石纺轮	1	新石器（龙山文化）	山西芮城南礼教村	《考古》1964年6期	有
石纺轮		新石器（龙山文化）	山西五台阳白	《考古》1997年4期	有
石纺轮		新石器（龙山文化）	山西垣曲龙王崖	《考古》1986年2期	有
石纺轮		新石器（龙山文化）	陕西凤翔和兴平双庵	《考古》1960年3期	
石纺轮		新石器（龙山文化）	陕西渭水流域	《考古》1959年11期	
石纺轮		新石器（龙山文化晚期）	山西襄汾陶寺	《考古》1980年1期	有
石纺轮		新石器（龙山文化陶寺型）	山西襄汾丁村曲舌头	《考古》2002年4期	有
石纺轮	1	新石器（龙山文化陶寺型）	山西襄汾陶寺	《考古》2003年3期	有
石纺轮		新石器（客省庄二期文化）	陕西长安沣西客省庄	《考古》1959年10期	
石纺轮	1	新石器（客省庄二期文化）	陕西榆林白兴庄	《考古》1994年2期	
石纺轮		新石器（齐家文化）	甘肃临夏大何庄	《考古》1960年3期	
石纺轮		新石器（齐家文化）	甘肃临夏秦魏家	《考古》1960年3期	
石纺轮		新石器（齐家文化）	甘肃渭河上游	《考古通讯》1958年7期	
石纺轮		新石器（齐家文化）	甘肃渭河支流	《考古》1959年7期	
石纺轮		新石器（齐家文化）	甘肃西汉水流域	《考古》1959年3期	
石纺轮	2	新石器（齐家文化）	青海大通黄家寨	《考古》1994年3期	有
石纺轮	1	新石器（齐家文化）	青海互助总寨	《考古》1986年4期	有
石纺轮	1	新石器（距今4150±100年）	甘肃永靖马家湾	《考古》1975年2期	有
石纺轮		新石器（岳石文化）	河南夏邑清凉山	《考古》1997年11期	有
石纺轮	3	新石器（距今3600年）	广东曲江鲶鱼转	《考古》1964年7期	
石纺轮	2	新石器（距今3600年）	广东韶关走马冈	《考古》1964年7期	有
石纺轮	1	新石器（西团山文化）	吉林双阳五家子	《考古》1986年9期	有
石纺轮		新石器	北京昌平宝山	《考古》1959年3期	
石纺轮	1	新石器	福建东山坑北	《考古》1965年1期	
石纺轮	2	新石器	福建福清东张	《考古》1965年2期	有
石纺轮		新石器	甘肃兰州西瓜坡呱	《考古》1960年9期	
石纺轮	22	新石器	广东东部地区	《考古》1961年12期	有
石纺轮	1	新石器	广东梅县大埔县	《考古》1965年4期	有
石纺轮		新石器	海南黎族区	《考古通讯》1956年2期	
石纺轮	4	新石器	河北阳原姜家梁	《考古》2001年2期	有
石纺轮		新石器	河南鲁山邱公城	《考古》1962年11期	
石纺轮		新石器	河南舞阳峨岗寺	《考古》1965年5期	

石纺轮	3	新石器	黑龙江宁安东康	《考古》1975年3期	
石纺轮		新石器	湖北长阳外村里	《考古》1988年6期	有
石纺轮	2	新石器	湖北红安金盆	《考古》1960年4期	
石纺轮		新石器	吉林长春红石磡子	《考古通讯》1957年 1期	有
石纺轮	1	新石器	吉林珲春凉水泉子	《考古》1959年6期	
石纺轮	7	新石器	江苏常州圩墩	《考古》1974年2期	有
石纺轮	1	新石器	江苏句容城头山	《考古》1985年4期	有
石纺轮	1	新石器	江苏昆山陈墓镇	《考古》1959年9期	有
石纺轮		新石器	辽宁桓仁	《考古》1960年1期	
石纺轮		新石器	内蒙古包头阿善	《考古》1984年2期	
石纺轮		新石器	内蒙古托克托章盖营子	《考古》1978年6期	
石纺轮	3	新石器	内蒙古伊克昭盟达拉特旗瓦窑	《考古》1963年1期	
石纺轮	1	新石器	内蒙古昭乌达盟石羊石虎山	《考古》1963年10期	
石纺轮		新石器	青海民和阳山	《考古》1984年5期	有
石纺轮	1	新石器	山东安丘老峒峪	《考古》1992年9期	有
石纺轮	1	新石器	山东济宁琵琶山	《考古》1960年6期	有
石纺轮		新石器	山东胶县三里河	《考古》1977年4期	
石纺轮	1	新石器	山东曲阜尼山	《考古》1963年7期	有
石纺轮	2	新石器	山东曲阜尼山	《考古》1965年12期	有
石纺轮	15	新石器	陕西西安丰镐五楼	《考古通讯》1955年 1期	
石纺轮		新石器	四川南部涌泉坝	《考古》1983年6期	有
石纺轮	1	新石器	西藏墨脱卡布村	《考古》1978年2期	有
石纺轮	4	新石器	新疆疏附阿克塔拉	《考古》1977年2期	有
石纺轮		新石器	云南剑川海门口	《考古通讯》1958年 6期	
石纺轮	3	新石器	云南龙陵马鞍山	《考古》1991年6期	有
石纺轮		新石器	云南龙陵马鞍山	《考古》1992年4期	有
石纺轮	1	新石器	云南龙陵怒江北岸	《考古》1991年6期	
石纺轮		新石器	云南禄丰黑井	《考古》1983年7期	
石纺轮	7	新石器	云南禄劝营盘山	《考古》1993年3期	有
石纺轮	1	新石器	浙江舟山白泉	《考古》1983年1期	有
石纺轮		新石器	浙江舟山孙家山	《考古》1983年1期	有
石纺轮	1	新石器晚期	福建南安狮子山	《考古》1961年4期	
石纺轮	1	新石器晚期	广东揭阳蜈蚣山	《考古》1988年5期	有
石纺轮		新石器晚期	内蒙古包头西园	《考古》1990年4期	有

石纺轮	6	新石器晚期	山西太原义井村	《考古》1961年4期	
石纺轮		新石器晚期	云南禄丰背阴洼	《考古》1991年3期	
石纺轮	1	新石器（客省庄二期文化）－商早期	内蒙古准格尔旗大口	《考古》1979年4期	
石纺轮	1	新石器（西团山文化）－战国	吉林永吉星星哨水库	《考古》1978年3期	
石纺轮	29	新石器－青铜时代	辽宁本溪庙后山	《考古》1985年6期	有
石纺轮		夏	湖北秭归柳林溪	《考古》2000年8期	有
石纺轮		夏	山西忻州游邀	《考古》1989年4期	有
石纺轮	1	青铜时代	辽宁丹东振安区老温山	《考古》1986年10期	有
石纺轮	2	青铜时代	辽宁桓仁狍圈沟	《考古》1992年6期	有
石纺轮		青铜时代（距今4000年）	辽宁大连小黑石砣子	《考古》1994年4期	有
石纺轮	1	青铜时代（湖熟文化）	江苏南京西善桥	《考古》1962年3期	有
石纺轮	2	商早期	河南偃师高崖东台地	《考古》1964年11期	有
石纺轮	2	商早期	陕西洛南龙头梁	《考古》1983年1期	有
石纺轮		商	河北邯郸涧沟	《考古》1959年10期	
石纺轮	1	商	河北邯郸涧沟	《考古》1961年4期	
石纺轮	1	商	河南安阳后岗	《考古》1993年10期	有
石纺轮	1	商	河南安阳花园庄东地	《考古》2006年1期	有
石纺轮		商	河南安阳殷墟	《考古》1961年2期	
石纺轮		商	河南洛阳东乾沟	《考古》1959年10期	
石纺轮		商	河南偃师商城宫城北部	《考古》2000年7期	有
石纺轮	1	商	河南偃师尸乡沟	《考古》1988年2期	有
石纺轮	5	商	江苏句容城头山	《考古》1985年4期	有
石纺轮		商	江苏铜山丘湾	《考古》1973年2期	
石纺轮	1	商	山东平阴朱家桥	《考古》1961年2期	
石纺轮	1	商	天津蓟县围坊	《考古》1983年10期	有
石纺轮	1	青铜时代（距今3500年）	新疆和硕新塔那	《考古》1988年5期	有
石纺轮		商晚期	辽宁康平镇郊	《考古》1981年2期	
石纺轮		商周	内蒙古宁城小榆树林子	《考古》1965年12期	
石纺轮	1	商周	山东昌乐谢家埠	《考古》2005年5期	有
石纺轮	1	商周	山东禹城姚高	《考古》1996年4期	有
石纺轮	4	商周	云南剑川海门口	《考古》1995年9期	有
石纺轮	4	青铜时代（距今3300年）	云南鲁甸野石山	《考古》2009年8期	有
石纺轮	1	西周	安徽六安堰墩	《考古》2002年2期	有
石纺轮		西周	北京昌平龙母庄	《考古》1959年3期	

石纺轮	1	西周		湖北蒲圻赤壁山	《考古》1995年2期	有
石纺轮	1	西周		吉林东丰宝山龙头山	《考古》1987年6期	有
石纺轮	1	西周		吉林东丰大阳西山头	《考古》1987年6期	有
石纺轮		西周		江西南昌青山湖	《考古》1985年8期	
石纺轮	1	西周		辽宁阜新平项山石城址	《考古》1992年5期	有
石纺轮		西周		陕西长安沣西客省庄	《考古》1959年10期	
石纺轮	1	西周		陕西长安沣西张家坡	《考古》1964年9期	有
石纺轮		青铜时代（辛店文化）		甘肃临夏姬家川	《考古》1962年2期	
石纺轮	2	青铜时代（辛店文化）		甘肃永靖莲花台黑头咀	《考古》1980年4期	有
石纺轮	5	青铜时代（辛店文化）		甘肃永靖莲花台瓦渣咀	《考古》1980年4期	有
石纺轮		青铜时代（辛店文化）		甘肃永靖张家咀	《考古》1959年4期	
石纺轮		青铜时代（辛店文化）		黄河上游乱米咀遗址	《考古》1965年7期	
石纺轮	2	周		河北徐水解村	《考古》1965年10期	有
石纺轮	1	青铜时代（距今3000年）		辽宁大连土龙子	《考古》2008年9期	有
石纺轮		青铜时代（距今3000年）		新疆民丰尼雅	《考古》1999年4期	有
石纺轮	2	青铜时代（卡约文化）		青海化隆半主洼	《考古》1996年8期	有
石纺轮	3	青铜时代（卡约文化）		青海化隆上半主洼	《考古》1998年1期	有
石纺轮		青铜时代（卡约文化）		青海湟源莫布拉	《考古》1990年11期	有
石纺轮	2	青铜时代（卡约文化）		青海湟源山梁	《考古》1986年10期	有
石纺轮	1	西周—春秋		辽宁本溪新城子	《考古》2010年9期	有
石纺轮		西周—春秋		新疆和静县察吾乎沟口	《考古》1990年6期	有
石纺轮	2	西周—战国		辽宁抚顺大伙房水库	《考古》1989年2期	有
石纺轮	3	西周—战国		新疆木垒四道沟	《考古》1982年2期	
石纺轮	1	青铜时代（距今2875±130年）		辽宁铁岭邱台	《考古》1996年2期	有
石纺轮	1	青铜时代—东汉		吉林汪清新华闾	《考古》1961年8期	
石纺轮	1	东周		宁夏固原彭堡	《考古》1990年5期	有
石纺轮	1	春秋		甘肃临台洞山	《考古》1976年1期	
石纺轮	1	春秋		吉林磐石小西山	《考古》1984年1期	有
石纺轮	1	春秋		山东沂水时密山	《考古》1991年8期	有
石纺轮	1	春秋		山西侯马上马村	《考古》1959年7期	
石纺轮		春秋		新疆库车	《考古》1959年2期	
石纺轮	2	战国		河北易县燕下都	《考古》1965年11期	有
石纺轮	3	战国		吉林长白干沟子	《考古》2003年8期	有
石纺轮	1	战国		山东淄博临淄国家村	《考古》2010年11期	有
石纺轮		战国		陕西长安沣西客省庄	《考古》1959年10期	
石纺轮	3	战国		陕西咸阳故城长陵车站	《考古》1962年6期	

石纺轮	1	铁器时代（距今2500年）	新疆鄯善苏贝希	《考古》2002年6期	有
石纺轮	1	西汉	新疆巴里坤县东黑沟	《考古》2009年1期	有
石纺轮	1	西汉	新疆吐鲁番艾丁湖	《考古》1982年4期	有
石纺轮		西汉	新疆于田圆沙	《考古》1998年12期	
石纺轮		东汉	湖南长沙东郊雷家嘴	《考古通讯》1958年2期	
石纺轮	1	渤海国时期	辽宁沈阳石台子	《考古》2001年3期	有
石纺轮		辽金	辽宁岫岩长兴	《考古》1999年6期	有
石纺轮	1	西夏	宁夏贺兰拜寺沟北寺	《考古》2002年8期	
木纺轮		西周—春秋	新疆和静县察吾乎沟口	《考古》1990年6期	有
木纺轮		西周—春秋	新疆轮台群巴克	《考古》1987年11期	
木纺轮		西周—春秋	新疆轮台群巴克	《考古》1991年8期	
木纺轮	2	东周	新疆且末加瓦艾日克	《考古》1997年9期	有
木纺轮		西汉	新疆于田圆沙	《考古》1998年12期	
木纺轮	1	东汉	新疆且末加瓦艾日克	《考古》1997年9期	有
木纺轮	6	东汉—魏晋	新疆尉犁县营盘里	《考古》2002年6期	有
木纺轮	数十	唐	新疆民丰尼雅古城	《考古》1961年3期	
骨纺轮		新石器（仰韶文化）	河南洛阳王湾一期	《考古》1961年4期	
骨纺轮	1	新石器（大汶口文化）	山东寿光后胡营	《考古》2005年9期	有
骨纺轮	1	新石器（齐家文化）	青海大通黄家寨	《考古》1994年3期	有
骨纺轮	3	新石器	黑龙江宁安东康	《考古》1975年3期	有
骨纺轮		新石器	青海互助张卡山	《考古》1959年4期	
骨纺轮		夏	甘肃民乐东灰山	《考古》1995年12期	
骨纺轮	10	商	广东深圳向南村	《考古》1997年6期	有
骨纺轮	2	西周	辽宁建平烧锅营子	《考古》1983年8期	有
骨纺轮	2	青铜时代（距今3000年）	新疆哈密艾斯克霞尔	《考古》2002年6期	有
骨纺轮		青铜时代（夏家店上层文化）	内蒙古敖汉旗周家地	《考古》1984年5期	有
骨纺轮	3	青铜时代（卡约文化）	青海化隆半主洼	《考古》1996年8期	有
骨纺轮	5	西周—春秋	吉林双辽后太平	《考古》2009年5期	有
骨纺轮	3	西周—春秋	新疆拜城县克孜尔吐尔	《考古》2002年6期	有
骨纺轮		西周—春秋	新疆和静县察吾乎沟口	《考古》1990年6期	有
骨纺轮		西周—春秋	新疆轮台群巴克	《考古》1991年8期	有
骨纺轮	2	西周—战国	新疆木垒四道沟	《考古》1982年2期	
骨纺轮		东周	黑龙江泰来平洋砖厂	《考古》1989年12期	
骨纺轮	2	战国	吉林珲春河西北山	《考古》1994年5期	有
骨纺轮	2	战国—西汉	黑龙江宾县庆华	《考古》1988年7期	有

骨纺轮		汉	黑龙江海林河口	《考古》1996年2期	有
骨纺轮		西汉	新疆于田圆沙	《考古》1998年12期	
骨纺轮	3	东汉	内蒙古巴林左旗南杨营子	《考古》1964年1期	有
骨纺轮	1	魏晋	黑龙江双鸭山保安	《考古》2003年2期	有
骨纺轮		魏晋	黑龙江友谊凤林	《考古》2000年11期	有
骨纺轮	1	渤海国时期	黑龙江东宁小地营	《考古》2003年3期	有
角纺轮		西周－春秋	吉林双辽后太平	《考古》2009年5期	有
蚌纺轮		新石器（后岗一期文化）	内蒙古乌兰察布石虎山	《考古》1998年12期	
蚌纺轮		新石器（龙山文化）	河南辉县丰城村	《考古》1989年3期	有
蚌纺轮	1	商	河南安阳花园庄东地	《考古》2006年1期	有
玉纺轮	3	新石器（良渚文化）	浙江海盐龙潭港	《考古》2001年10期	有
玉纺轮	1	新石器（齐家文化）	青海民和喇家	《考古》2004年6期	有
玉纺轮		西汉	云南江川李家山	《考古》2001年12期	
陶纺轮	1	新石器（裴李岗文化）	河南巩县下西坡	《考古》1986年3期	
陶纺轮	3	新石器（裴李岗文化）	河南郏县水泉	《考古》1992年10期	
陶纺轮		新石器（裴李岗文化）	河南新郑裴李岗	《考古》1982年4期	有
陶纺轮	1	新石器（裴李岗文化）	河南新郑唐户	《考古》2008年5期	有
陶纺轮	1	新石器（裴李岗文化）	河南新郑唐户	《考古》2010年5期	有
陶纺轮	4	新石器（磁山文化）	河北武安磁山	《考古》1977年6期	
陶纺轮	28	新石器（青莲岗文化）	江苏常州圩墩	《考古》1978年4期	
陶纺轮	2	新石器（青莲岗文化）	江苏连云港二涧村	《考古》1962年3期	
陶纺轮	4	新石器（马家浜文化）	江苏高淳薛城	《考古》2000年5期	有
陶纺轮	3	新石器（马家浜文化）	江苏金坛北渚荡	《考古》1985年8期	有
陶纺轮	1	新石器（马家浜文化）	浙江嘉兴马家浜	《考古》1961年7期	
陶纺轮		新石器（汤家岗文化）	湖南安乡汤家岗	《考古》1982年4期	有
陶纺轮		新石器（距今7000年）	吉林长岭腰井子	《考古》1992年8期	有
陶纺轮		新石器（邱家庄文化）	山东蓬莱大仲家	《考古》1997年5期	
陶纺轮		新石器（邱家庄文化）	山东荣成北兰格	《考古》1997年5期	
陶纺轮		新石器（邱家庄文化）	山东荣成河口	《考古》1997年5期	
陶纺轮		新石器（邱家庄文化）	山东威海义和	《考古》1997年5期	有
陶纺轮		新石器（邱家庄文化）	山东烟台蛤堆顶	《考古》1997年5期	有
陶纺轮		新石器（邱家庄文化）	山东烟台邱家庄	《考古》1997年5期	
陶纺轮	1	新石器（仰韶文化）	甘肃崇信梁坡	《考古》1995年1期	有
陶纺轮	1	新石器（仰韶文化）	甘肃崇信鲁家塬子	《考古》1995年1期	有
陶纺轮		新石器（仰韶文化）	甘肃崇信水么	《考古》1995年1期	
陶纺轮	2	新石器（仰韶文化）	甘肃宁县阳坬	《考古》1983年10期	有
陶纺轮		新石器（仰韶文化）	甘肃秦安寺嘴坪	《考古》1992年11期	

陶纺轮		新石器（仰韶文化）	甘肃渭河上游	《考古通讯》1958年7期	
陶纺轮		新石器（仰韶文化）	甘肃渭河支流	《考古》1959年7期	
陶纺轮		新石器（仰韶文化）	河北蔚县三关	《考古》1981年2期	
陶纺轮	2	新石器（仰韶文化）	河南巩义里沟	《考古》1995年6期	有
陶纺轮		新石器（仰韶文化）	河南临汝大张村	《考古》1960年6期	
陶纺轮	4	新石器（仰韶文化）	河南临汝中山寨	《考古》1986年6期	有
陶纺轮	9	新石器（仰韶文化）	河南临汝中山寨	《考古》1986年7期	有
陶纺轮		新石器（仰韶文化）	河南灵宝北阳平	《考古》1999年12期	有
陶纺轮	1	新石器（仰韶文化）	河南灵宝北阳平	《考古》2001年7期	有
陶纺轮		新石器（仰韶文化）	河南灵宝南万村	《考古》1960年7期	
陶纺轮	2	新石器（仰韶文化）	河南灵宝西坡	《考古》2001年11期	有
陶纺轮	6	新石器（仰韶文化）	河南鹿邑武庄	《考古》2002年3期	有
陶纺轮	2	新石器（仰韶文化）	河南陕县七里铺村	《考古》1959年4期	有
陶纺轮		新石器（仰韶文化）	河南淅川沟湾	《考古》2010年6期	有
陶纺轮	2	新石器（仰韶文化）	河南新郑唐户	《考古》1984年3期	有
陶纺轮		新石器（仰韶文化）	河南偃师灰嘴村	《考古》2010年4期	有
陶纺轮	1	新石器（仰韶文化）	河南荥阳楚湾	《考古》1995年6期	有
陶纺轮	18	新石器（仰韶文化）	河南禹县谷水河	《考古》1979年4期	
陶纺轮	3	新石器（仰韶文化）	河南郑州大河村	《考古》1973年6期	有
陶纺轮	4	新石器（仰韶文化）	河南郑州大河村	《考古》1995年6期	有
陶纺轮	5	新石器（仰韶文化）	河南郑州西郊	《考古通讯》1958年2期	
陶纺轮		新石器（仰韶文化）	湖北均县乱石滩	《考古》1961年10期	
陶纺轮		新石器（仰韶文化）	湖北均县朱家台	《考古》1961年10期	
陶纺轮		新石器（仰韶文化）	湖北郧县青龙泉	《考古》1961年10期	
陶纺轮		新石器（仰韶文化）	内蒙古包头西园	《考古》1990年4期	有
陶纺轮		新石器（仰韶文化）	内蒙古凉城王墓山	《考古》1997年4期	
陶纺轮		新石器（仰韶文化）	内蒙古清水河白泥窑子	《考古》1988年2期	
陶纺轮		新石器（仰韶文化）	内蒙古商都朝天渠	《考古》1992年12期	有
陶纺轮		新石器（仰韶文化）	内蒙古乌兰察布朝天渠	《考古》1996年2期	有
陶纺轮	1	新石器（仰韶文化）	内蒙古中南部	《考古》1962年2期	
陶纺轮		新石器（仰韶文化）	内蒙古中南部海生不浪东	《考古》1965年10期	
陶纺轮	1	新石器（仰韶文化）	山东平阴于家林	《考古》1959年6期	
陶纺轮		新石器（仰韶文化）	山西祁县梁村	《考古通讯》1956年2期	
陶纺轮		新石器（仰韶文化）	山西芮城东庄村	《考古》1962年9期	
陶纺轮		新石器（仰韶文化）	山西芮城西王村	《考古》1962年9期	

陶纺轮	1	新石器（仰韶文化）	山西闻喜刘家庄	《考古》1990年3期	
陶纺轮		新石器（仰韶文化）	山西闻喜汀店	《考古》1961年5期	
陶纺轮		新石器（仰韶文化）	陕西宝鸡	《考古》1960年2期	
陶纺轮		新石器（仰韶文化）	陕西宝鸡福临堡	《考古》1992年8期	有
陶纺轮		新石器（仰韶文化）	陕西邠县下孟村	《考古》1960年1期	
陶纺轮		新石器（仰韶文化）	陕西浐灞两河沿岸	《考古》1961年11期	
陶纺轮	3	新石器（仰韶文化）	陕西长安王曲北堡寨	《考古》1981年1期	有
陶纺轮	4	新石器（仰韶文化）	陕西城固莲花池	《考古》1977年5期	有
陶纺轮		新石器（仰韶文化）	陕西凤翔和兴平	《考古》1960年3期	
陶纺轮		新石器（仰韶文化）	陕西华县柳子镇	《考古》1959年2期	有
陶纺轮		新石器（仰韶文化）	陕西华县柳子镇	《考古》1959年11期	
陶纺轮		新石器（仰韶文化）	陕西华阴横阵	《考古》1960年9期	
陶纺轮	4	新石器（仰韶文化）	陕西华阴南城子	《考古》1984年6期	有
陶纺轮	1	新石器（仰韶文化）	陕西泾水上游	《考古》1962年6期	
陶纺轮		新石器（仰韶文化）	陕西蓝田泄湖	《考古》1989年6期	有
陶纺轮		新石器（仰韶文化）	陕西临潼姜寨	《考古》1975年5期	
陶纺轮	1	新石器（仰韶文化）	陕西武功游凤	《考古》1983年5期	有
陶纺轮	2	新石器（仰韶文化）	陕西咸阳尹家村	《考古》1991年11期	有
陶纺轮	1	新石器（仰韶文化）	陕西旬阳崔家河	《考古》1991年11期	有
陶纺轮	2	新石器（距今6800年）	吉林东丰西断梁山	《考古》1991年4期	有
陶纺轮		新石器（仰韶文化中期）	陕西高陵杨官寨	《考古》2009年7期	
陶纺轮		新石器（仰韶文化晚期）	河北平山中贾壁	《考古》1993年4期	有
陶纺轮	2	新石器（大溪文化）	湖北江陵毛家山	《考古》1977年3期	
陶纺轮	1	新石器（大溪文化）	湖北荆门	《考古》1992年6期	有
陶纺轮	3	新石器（大溪文化）	湖北荆州阴湘城	《考古》1998年1期	有
陶纺轮		新石器（大溪文化）	湖北松滋桂化树	《考古》1976年3期	
陶纺轮	1	新石器（大溪文化）	湖北云梦胡家岗	《考古》1987年2期	有
陶纺轮		新石器（大溪文化）	湖北枝江关庙山	《考古》1981年4期	
陶纺轮		新石器（大溪文化）	湖南安乡划城岗	《考古》2001年4期	有
陶纺轮	7	新石器（大溪文化）	湖南安乡汤家岗	《考古》1982年4期	
陶纺轮		新石器（大溪文化）	湖南洪江高庙	《考古》2006年7期	
陶纺轮	8	新石器（大溪文化）	湖南津市青龙咀	《考古》1990年1期	有
陶纺轮	5	新石器（大溪文化）	湖南湘潭堆子岭	《考古》2000年1期	有
陶纺轮	5	新石器（大汶口文化早期）	山东烟台白石村	《考古》1981年2期	有
陶纺轮		新石器（大汶口文化）	安徽含山大城墩	《考古》1989年2期	
陶纺轮	3	新石器（大汶口文化）	安徽淮北地区	《考古》1993年11期	有

陶纺轮		新石器（大汶口文化）	安徽蒙城尉迟寺	《考古》1994年1期	有
陶纺轮	3	新石器（大汶口文化）	山东肥城北坦	《考古》2006年4期	有
陶纺轮	1	新石器（大汶口文化）	山东广饶傅家	《考古》1985年9期	有
陶纺轮	2	新石器（大汶口文化）	山东广饶西辛	《考古》1985年9期	有
陶纺轮	4	新石器（大汶口文化）	山东即墨东寅堤村	《考古》1981年1期	有
陶纺轮	2	新石器（大汶口文化）	山东济宁玉皇顶	《考古》2005年4期	有
陶纺轮	1	新石器（大汶口文化）	山东临沂中洽沟	《考古》1992年10期	有
陶纺轮	2	新石器（大汶口文化）	山东蓬莱紫荆山	《考古》1973年1期	
陶纺轮	14	新石器（大汶口文化）	山东栖霞古镇都	《考古》2008年2期	有
陶纺轮	1	新石器（大汶口文化）	山东曲阜东魏庄	《考古》1965年12期	有
陶纺轮	1	新石器（大汶口文化）	山东曲阜南兴埠	《考古》1984年12期	有
陶纺轮	1	新石器（大汶口文化）	山东乳山北斜山	《考古》1990年12期	有
陶纺轮	1	新石器（大汶口文化）	山东乳山翁家埠	《考古》1990年12期	
陶纺轮	1	新石器（大汶口文化）	山东乳山小疃	《考古》1990年12期	
陶纺轮	1	新石器（大汶口文化）	山东寿光后胡营	《考古》2005年9期	有
陶纺轮	量多	新石器（大汶口文化）	山东滕州西公桥	《考古》2000年10期	有
陶纺轮	6	新石器（大汶口文化）	山东滕州西康留	《考古》1995年3期	有
陶纺轮		新石器（大汶口文化）	山东兖州王因	《考古》1979年1期	
陶纺轮		新石器（大汶口文化）	山东枣庄红土埠	《考古》1984年4期	有
陶纺轮	3	新石器（大汶口文化）	山东章丘焦家	《考古》1998年6期	有
陶纺轮	1	新石器（距今6140±175年）	吉林农安元宝沟	《考古》1989年12期	有
陶纺轮	3	新石器（红山文化）	吉林奈曼旗大沁他拉	《考古》1979年3期	
陶纺轮	1	新石器（红山文化）	辽宁康平赵家店白沙沟	《考古》1992年1期	有
陶纺轮		新石器（红山文化）	辽宁康平赵家店馒头山	《考古》1992年1期	有
陶纺轮	11	新石器（红山文化）	内蒙古巴林右旗那斯台	《考古》1987年6期	有
陶纺轮	32	新石器（北阴阳营文化）	江苏高淳薛城	《考古》2000年5期	有
陶纺轮	2	新石器（北阴阳营文化）	江苏镇江左湖	《考古》2000年4期	有
陶纺轮		新石器（距今6000年）	广西资源晓锦	《考古》2004年3期	有
陶纺轮		新石器（距今6000年）	湖北枣阳雕龙碑	《考古》1992年7期	
陶纺轮	20	新石器（距今6000年）	湖北枣阳雕龙碑	《考古》2000年3期	有
陶纺轮	6	新石器（距今6000年）	辽宁东沟大岗	《考古》1986年4期	有
陶纺轮		新石器（崧泽文化）	江苏武进潘家塘	《考古》1979年5期	
陶纺轮		新石器（崧泽文化）	江苏张家港东山村	《考古》2010年8期	
陶纺轮	1	新石器（崧泽文化）	江苏张家港许庄	《考古》1990年5期	有
陶纺轮		新石器（崧泽文化）	上海松江姚家圈	《考古》2001年9期	
陶纺轮	11	新石器（薛家岗文化）	安徽安庆夫子城	《考古》2002年2期	有

陶纺轮	2	新石器（薛家岗文化）	安徽望江汪家山	《考古》1992年10期 有
陶纺轮	8	新石器（薛家岗文化）	湖北黄梅陆墩	《考古》1991年6期　有
陶纺轮		新石器（马家窑文化早期）	青海民和胡李家	《考古》2001年1期　有
陶纺轮	1	新石器（马家窑文化）	甘肃天水清水塬	《考古》1983年12期 有
陶纺轮		新石器（马家窑文化）	甘肃武山傅家门	《考古》1995年4期
陶纺轮	2	新石器（马家窑文化）	青海民和拱巴垣	《考古》1993年3期　有
陶纺轮	1	新石器（马家窑文化）	青海民和坡古拉坡	《考古》1993年3期　有
陶纺轮		新石器（马家窑文化）	青海民和阳洼坡	《考古》1984年1期　有
陶纺轮	2	新石器（良渚文化）	安徽肥西古埂	《考古》1985年7期　有
陶纺轮	3	新石器（良渚文化）	江苏丹阳王家山	《考古》1985年5期　有
陶纺轮	4	新石器（良渚文化）	江苏昆山少卿山	《考古》2000年4期　有
陶纺轮	3	新石器（良渚文化）	江苏苏州越城	《考古》1982年5期　有
陶纺轮	17	新石器（良渚文化）	江苏吴江梅堰	《考古》1963年6期
陶纺轮	1	新石器（良渚文化）	江苏张家港许庄	《考古》1990年5期　有
陶纺轮	1	新石器（良渚文化）	上海奉贤江海	《考古》2002年11期 有
陶纺轮	4	新石器（良渚文化）	上海金山亭林	《考古》2002年10期 有
陶纺轮		新石器（良渚文化）	上海青浦寺前	《考古》2002年10期 有
陶纺轮	1	新石器（良渚文化）	上海松江广富林	《考古》1962年9期　有
陶纺轮	1	新石器（良渚文化）	浙江定海唐家墩	《考古》1983年1期　有
陶纺轮		新石器（良渚文化）	浙江海盐龙潭港	《考古》2001年10期 有
陶纺轮	1	新石器（良渚文化）	浙江建德久湖	《考古》2006年5期　有
陶纺轮		新石器（良渚文化）	浙江平湖庄桥坟	《考古》2005年7期
陶纺轮	3	新石器（良渚文化早期）	江苏阜宁东园	《考古》2004年6期　有
陶纺轮	6	新石器（距今5000年）	福建东山大帽山	《考古》2003年12期 有
陶纺轮	1	新石器（距今5000年）	吉林东丰德胜果园后山	《考古》1994年6期　有
陶纺轮	3	新石器（距今5000年）	吉林东丰西断梁山	《考古》1991年4期　有
陶纺轮	1	新石器（距今5000年）	吉林东丰影壁山二道岭	《考古》1994年6期　有
陶纺轮	18	新石器（距今5000年）	江西萍乡禁山下	《考古》2000年12期 有
陶纺轮	59	新石器（距今5000年）	辽宁大连大潘家	《考古》1994年10期 有
陶纺轮	3	新石器（距今5000年）	辽宁大连文家屯	《考古》1994年4期　有
陶纺轮	9	新石器（距今5000年）	辽宁瓦房店三堂村	《考古》1992年2期　有
陶纺轮	1	新石器（距今5000年）	四川汶川姜维城	《考古》2006年11期 有
陶纺轮	6	新石器（距今5000年）	云南剑川海门口	《考古》2009年8期　有
陶纺轮	2	新石器（屈家岭文化）	河南驻马店党楼	《考古》1996年5期　有
陶纺轮	3	新石器（屈家岭文化）	湖北安陆胡家山	《考古》1986年7期　有
陶纺轮	1	新石器（屈家岭文化）	湖北广水窝窝墩	《考古》1995年2期　有
陶纺轮		新石器（屈家岭文化）	湖北京山屈家岭	《考古通讯》1956年

3期

陶纺轮	3	新石器（屈家岭文化）	湖北京山油子岭	《考古》1994年10期	有
陶纺轮	量多	新石器（屈家岭文化）	湖北荆州阴湘城	《考古》1998年1期	有
陶纺轮		新石器（屈家岭文化）	湖北石首走马岭	《考古》1998年4期	有
陶纺轮		新石器（屈家岭文化）	湖北孝感台子湖	《考古》1994年9期	有
陶纺轮		新石器（屈家岭文化）	湖北宜昌中堡岛	《考古》1996年9期	有
陶纺轮	5	新石器（屈家岭文化）	湖北云梦好石桥	《考古》1987年2期	有
陶纺轮	8	新石器（屈家岭文化）	湖北云梦斋神堡	《考古》1987年2期	有
陶纺轮		新石器（屈家岭文化）	湖北郧县青龙泉	《考古》1961年10期	
陶纺轮		新石器（屈家岭文化）	湖北枝江关庙山	《考古》1981年4期	有
陶纺轮		新石器（屈家岭文化）	湖北枝江关庙山	《考古》1983年1期	
陶纺轮	6	新石器（屈家岭文化）	湖南安乡划城岗	《考古》2001年4期	有
陶纺轮	1	新石器（屈家岭文化晚期）	湖北安陆王古溜	《考古》1990年11期	有
陶纺轮		新石器（屈家岭文化晚期）	湖北大悟北门岗	《考古》1990年11期	有
陶纺轮		新石器（卡若文化）	西藏拉萨曲贡村	《考古》1991年10期	有
陶纺轮	59	新石器（昙石山文化）	福建闽侯昙石山	《考古》1961年12期	
陶纺轮		新石器（昙石山文化）	福建闽侯昙石山	《考古》1964年12期	有
陶纺轮	10	新石器（昙石山文化）	福建闽侯昙石山	《考古》1983年12期	有
陶纺轮	5	新石器（昙石山文化）	福建闽侯溪头	《考古》1980年4期	有
陶纺轮		新石器（贝丘遗址）	广东南海灶岗	《考古》1984年3期	有
陶纺轮	1	新石器（贝丘遗址）	辽宁大连长海大长山岛	《考古》1962年7期	有
陶纺轮	1	新石器（贝丘遗址）	辽宁大连长海广鹿岛	《考古》1962年7期	有
陶纺轮		新石器（距今4930±180年）	甘肃镇原常山	《考古》1981年3期	有
陶纺轮	2	新石器（距今4900年）	四川新津宝墩	《考古》1997年1期	有
陶纺轮	1	新石器（庙底沟二期文化）	甘肃天水高寺头	《考古》1983年12期	有
陶纺轮	1	新石器（庙底沟二期文化）	河南孟县许村	《考古》1999年2期	有
陶纺轮	6	新石器（庙底沟二期文化）	河南新安西沃	《考古》1999年8期	有
陶纺轮	2	新石器（庙底沟二期文化）	山西侯马东呈王	《考古》1991年2期	有
陶纺轮	1	新石器（庙底沟二期文化）	陕西兴平田福村	《考古》1992年12期	有
陶纺轮	3	新石器（马家窑文化半山型）	宁夏固原红圈子	《考古》1993年2期	有
陶纺轮		新石器（龙山文化）	安徽蒙城尉迟寺	《考古》1994年1期	有

陶纺轮	1	新石器（龙山文化）	安徽萧县花家寺	《考古》1966年2期	
陶纺轮		新石器（龙山文化）	河北邯郸龟台	《考古》1959年10期	
陶纺轮		新石器（龙山文化）	河北邯郸涧沟	《考古》1959年10期	
陶纺轮		新石器（龙山文化）	河北邯郸涧沟	《考古》1961年4期	
陶纺轮		新石器（龙山文化）	河北涞水北封村	《考古》1992年10期	
陶纺轮	1	新石器（龙山文化）	河南安阳后岗	《考古》1982年6期	有
陶纺轮	1	新石器（龙山文化）	河南登封王城岗	《考古》2006年9期	有
陶纺轮		新石器（龙山文化）	河南辉县孟庄	《考古》2000年3期	
陶纺轮		新石器（龙山文化）	河南临汝大张村	《考古》1960年6期	
陶纺轮		新石器（龙山文化）	河南灵宝城东寨	《考古》1960年7期	
陶纺轮		新石器（龙山文化）	河南洛宁方村	《考古》1961年1期	
陶纺轮		新石器（龙山文化）	河南洛阳东杨村	《考古》1983年2期	有
陶纺轮	数量多	新石器（龙山文化）	河南孟津小潘沟	《考古》1978年4期	
陶纺轮	3	新石器（龙山文化）	河南孟县许村	《考古》1999年2期	有
陶纺轮		新石器（龙山文化）	河南密县新砦	《考古》1981年5期	有
陶纺轮	6	新石器（龙山文化）	河南陕县七里铺村	《考古》1959年4期	有
陶纺轮	1	新石器（龙山文化）	河南商丘坞墙	《考古》1983年2期	有
陶纺轮	1	新石器（龙山文化）	河南渑池笃忠	《考古》1964年9期	
陶纺轮	1	新石器（龙山文化）	河南渑池杨河	《考古》1964年9期	
陶纺轮	1	新石器（龙山文化）	河南卫辉倪湾	《考古》2007年5期	有
陶纺轮		新石器（龙山文化）	河南武陟大司马	《考古》1994年4期	有
陶纺轮		新石器（龙山文化）	河南夏邑清凉山	《考古》1997年11期	有
陶纺轮		新石器（龙山文化）	河南新密新砦	《考古》2009年2期	有
陶纺轮	1	新石器（龙山文化）	河南新乡刘庄营	《考古》1966年3期	有
陶纺轮	1	新石器（龙山文化）	河南新乡鲁堡村	《考古》1959年9期	
陶纺轮	1	新石器（龙山文化）	河南新乡洛丝潭	《考古》1985年2期	有
陶纺轮		新石器（龙山文化）	河南偃师二里头	《考古》1982年5期	有
陶纺轮	2	新石器（龙山文化）	河南偃师高崖西台地	《考古》1964年11期	有
陶纺轮	2	新石器（龙山文化）	河南荥阳河王村	《考古》1961年2期	有
陶纺轮		新石器（龙山文化）	河南永城王油坊	《考古》1978年1期	有
陶纺轮	2	新石器（龙山文化）	河南禹县董庄	《考古》1991年2期	有
陶纺轮		新石器（龙山文化）	河南禹县谷水河	《考古》1978年1	
陶纺轮	9	新石器（龙山文化）	河南禹州瓦店	《考古》2000年2期	有
陶纺轮		新石器（龙山文化）	河南驻马店杨庄	《考古》1995年10期	
陶纺轮		新石器（龙山文化）	湖北巴东雷家坪	《考古》2005年8期	有
陶纺轮	25	新石器（龙山文化）	湖北大悟土城	《考古》1986年7期	有
陶纺轮	1	新石器（龙山文化）	湖北汉川蔰湖	《考古》1990年11期	有
陶纺轮	7	新石器（龙山文化）	湖北洪湖乌林矶	《考古》1987年5期	有

陶纺轮		新石器（龙山文化）	湖北均县乱石滩	《考古》1961年10期	
陶纺轮		新石器（龙山文化）	湖北松滋桂花树	《考古》1976年3期	
陶纺轮		新石器（龙山文化）	湖北孝感顺水寨	《考古》1994年9期	有
陶纺轮	2	新石器（龙山文化）	湖北孝感徐家坟	《考古》2001年3期	有
陶纺轮	28	新石器（龙山文化）	湖北宜都石板巷子	《考古》1985年11期	有
陶纺轮		新石器（龙山文化）	湖南新晃百洲滩	《考古》1992年3期	有
陶纺轮		新石器（龙山文化）	江苏泗洪弥陀寺	《考古》1964年5期	
陶纺轮	1	新石器（龙山文化）	江苏铜山丘湾	《考古》1973年2期	
陶纺轮	14	新石器（龙山文化）	辽宁北票丰下	《考古》1976年3期	
陶纺轮	2	新石器（龙山文化）	辽宁旅顺老铁山	《考古》1978年2期	
陶纺轮		新石器（龙山文化）	内蒙古中南部黄河河谷	《考古》1965年10期	有
陶纺轮		新石器（龙山文化）	宁夏隆德页河子	《考古》1990年4期	有
陶纺轮	1	新石器（龙山文化）	山东安丘峒峪村	《考古》1963年10期	有
陶纺轮	3	新石器（龙山文化）	山东安丘胡峪村	《考古》1963年10期	
陶纺轮	2	新石器（龙山文化）	山东安丘老峒峪	《考古》1992年9期	有
陶纺轮	2	新石器（龙山文化）	山东曹县莘冢集	《考古》1980年5期	有
陶纺轮	2	新石器（龙山文化）	山东昌乐秦家淳于村	《考古》1987年7期	有
陶纺轮	1	新石器（龙山文化）	山东茌平南陈庄	《考古》1985年4期	有
陶纺轮	3	新石器（龙山文化）	山东费县防故城遗址	《考古》2005年10期	有
陶纺轮		新石器（龙山文化）	山东费县崮子	《考古》1986年11期	有
陶纺轮	1	新石器（龙山文化）	山东广饶钟家	《考古》1985年9期	有
陶纺轮	1	新石器（龙山文化）	山东海阳城子顶	《考古》1985年12期	有
陶纺轮	1	新石器（龙山文化）	山东海阳蝲岔埠	《考古》1985年12期	有
陶纺轮	1	新石器（龙山文化）	山东海阳羊角园	《考古》1985年12期	有
陶纺轮	1	新石器（龙山文化）	山东即墨丁戈庄	《考古》1989年8期	
陶纺轮	1	新石器（龙山文化）	山东即墨姜家马坪村	《考古》1989年8期	
陶纺轮	1	新石器（龙山文化）	山东即墨张戈庄三里村	《考古》1989年8期	
陶纺轮	5	新石器（龙山文化）	山东莒南化家村	《考古》1989年5期	有
陶纺轮	2	新石器（龙山文化）	山东莒县杭头	《考古》1988年12期	
陶纺轮	1	新石器（龙山文化）	山东莱阳丁家店	《考古》1963年7期	有
陶纺轮		新石器（龙山文化）	山东梁山青堌堆	《考古》1962年1期	
陶纺轮	5	新石器（龙山文化）	山东临沭北沟头	《考古》1990年6期	有
陶纺轮		新石器（龙山文化）	山东临沂毛官庄	《考古》1992年10期	
陶纺轮	2	新石器（龙山文化）	山东临沂土城子	《考古》1961年11期	
陶纺轮		新石器（龙山文化）	山东临沂晏驾墩	《考古》1992年10期	有
陶纺轮	2	新石器（龙山文化）	山东平度东岳石村	《考古》1962年10期	有
陶纺轮	1	新石器（龙山文化）	山东青岛城阳	《考古》1964年11期	有
陶纺轮	2	新石器（龙山文化）	山东日照两城镇	《考古》1986年8期	有
陶纺轮		新石器（龙山文化）	山东日照两城镇	《考古》1997年4期	有

陶纺轮	2	新石器（龙山文化）	山东日照尧王城	《考古》1986年8期	有
陶纺轮	1	新石器（龙山文化）	山东泗水尹家城	《考古》1965年1期	有
陶纺轮	1	新石器（龙山文化）	山东郯城停庙	《考古》1995年8期	有
陶纺轮	3	新石器（龙山文化）	山东滕县岗上村	《考古》1963年7期	
陶纺轮		新石器（龙山文化）	山东潍坊范家庄	《考古》1989年9期	
陶纺轮		新石器（龙山文化）	山东潍坊姚官庄	《考古》1963年7期	
陶纺轮	5	新石器（龙山文化）	山东潍县狮子行	《考古》1984年8期	有
陶纺轮	2	新石器（龙山文化）	山东兖州龙湾店	《考古》2005年8期	有
陶纺轮		新石器（龙山文化）	山东阳谷景阳岗	《考古》1997年5期	有
陶纺轮	2	新石器（龙山文化）	山东沂水抬头	《考古》1991年6期	有
陶纺轮	11	新石器（龙山文化）	山东沂水小沂河北岸	《考古》2002年1期	有
陶纺轮	1	新石器（龙山文化）	山东禹城蒋芦	《考古》1996年4期	有
陶纺轮	7	新石器（龙山文化）	山东禹城邢寨汪	《考古》1983年11期	
陶纺轮		新石器（龙山文化）	山东章丘西河	《考古》2000年10期	有
陶纺轮		新石器（龙山文化）	山东邹平	《考古》1989年6期	有
陶纺轮	1	新石器（龙山文化）	山西平陆盘南村	《考古》1960年8期	
陶纺轮		新石器（龙山文化）	山西芮城	《考古》1962年9期	
陶纺轮		新石器（龙山文化）	山西襄汾丁村	《考古》1991年10期	
陶纺轮		新石器（龙山文化）	山西垣曲古城东关	《考古》1985年10期	有
陶纺轮	2	新石器（龙山文化）	山西垣曲龙王崖	《考古》1986年2期	有
陶纺轮		新石器（龙山文化）	陕西华县柳子镇	《考古》1959年11期	
陶纺轮	33	新石器（龙山文化晚期）	湖北罗田庙山岗	《考古》1994年9期	有
陶纺轮	1	新石器（龙山文化晚期）	湖北宜昌下岸	《考古》1999年1期	有
陶纺轮		新石器（龙山文化晚期）	内蒙古清水河白泥窑子	《考古》1988年2期	有
陶纺轮		新石器（龙山文化晚期）	山西襄汾陶寺	《考古》1980年1期	有
陶纺轮	4	新石器（距今4810±145年）	江西清江筑卫城	《考古》1982年2期	有
陶纺轮		新石器（距今4700年）	广西那坡感驮岩	《考古》2003年10期	有
陶纺轮	3	新石器（距今4700年）	四川巫山魏家梁子	《考古》1996年8期	有
陶纺轮	10	新石器（距今4600年）	重庆巫山锁龙	《考古》2006年3期	有
陶纺轮	1	新石器（石家河文化）	湖北大悟沈家城	《考古》1990年11期	有
陶纺轮		新石器（石家河文化）	湖北荆州阴湘城	《考古》1997年5期	有
陶纺轮		新石器（石家河文化）	湖北荆州阴湘城	《考古》1998年1期	有
陶纺轮		新石器（石家河文化）	湖北石首走马岭	《考古》1998年4期	有
陶纺轮		新石器（石家河文化）	湖北随州黄土岗	《考古》2008年11期	

陶纺轮		新石器（石家河文化）	湖北枝江杨家山子	《考古》1992年2期	有
陶纺轮		新石器（石家河文化）	湖南安乡划城岗	《考古》2001年4期	有
陶纺轮		新石器（石家河文化早期）	湖北秭归庙坪	《考古》1999年1期	有
陶纺轮	4	新石器（宝墩文化）	四川崇州双河	《考古》2002年11期	有
陶纺轮	4	新石器（宝墩文化）	四川新津宝墩	《考古》1998年1期	有
陶纺轮	50	新石器（距今4500年）	辽宁岫岩北沟西山	《考古》1992年5期	有
陶纺轮		新石器（龙山文化陶寺型）	山西曲沃方城	《考古》1988年4期	有
陶纺轮		新石器（龙山文化陶寺型）	山西襄汾丁村曲舌头	《考古》2002年4期	有
陶纺轮	24	新石器（距今4400年）	辽宁东沟石佛山	《考古》1990年8期	有
陶纺轮		新石器（客省庄二期文化）	陕西扶风案板	《考古》1987年10期	有
陶纺轮		新石器（客省庄二期文化）	陕西蓝田泄湖	《考古》1989年6期	有
陶纺轮	2	新石器（客省庄二期文化）	陕西岐山北祈家	《考古》1992年12期	有
陶纺轮		新石器（齐家文化）	甘肃临夏大何庄	《考古》1960年3期	
陶纺轮		新石器（齐家文化）	甘肃西汉水流域	《考古》1959年3期	
陶纺轮	1	新石器（齐家文化）	宁夏固原店河村	《考古》1987年8期	有
陶纺轮	3	新石器（齐家文化）	青海互助总寨	《考古》1986年4期	有
陶纺轮	17	新石器（距今4200年）	湖北均县乱石滩	《考古》1986年7期	有
陶纺轮	2	新石器（距今4200年）	香港马湾岛东湾仔北	《考古》1999年6期	有
陶纺轮	1	新石器（距今4150±100年）	甘肃永靖马家湾	《考古》1975年2期	有
陶纺轮		新石器（距今4000年）	广西资源晓锦	《考古》2004年3期	有
陶纺轮	10	新石器（距今4000年）	江西清江筑卫城	《考古》1982年2期	有
陶纺轮	3	新石器（距今4000年）	辽宁大连新金乔东1号	《考古》1983年2期	有
陶纺轮	1	新石器（距今4000年）	青海民和喇家	《考古》2002年12期	有
陶纺轮	1	新石器（距今4000年）	重庆江津王爷庙	《考古》1992年12期	有
陶纺轮		新石器（岳石文化）	河南夏邑清凉山	《考古》1997年11期	有
陶纺轮	1	新石器（岳石文化）	山东济宁程子崖	《考古》1999年7期	有
陶纺轮	1	新石器（岳石文化）	山东章丘马彭北	《考古》1995年4期	有
陶纺轮	5	新石器（距今3600年）	广东曲江鲶鱼转	《考古》1964年7期	
陶纺轮	7	新石器（距今3600年）	广东韶关走马冈	《考古》1964年7期	有
陶纺轮	2	新石器（距今3210±90年）	云南永仁菜园子	《考古》1985年11期	有
陶纺轮	1	新石器（距今3200年）	吉林珲春迎花南山	《考古》1993年8期	有
陶纺轮	2	新石器（距今3000年）	辽宁大连新金乔东1号	《考古》1983年2期	有

陶纺轮	6	新石器（西团山文化）	吉林九台石砬山	《考古》1991年4期	有
陶纺轮	7	新石器（西团山文化）	吉林省吉林市泡子沿前山	《考古》1985年6期	有
陶纺轮	数量多	新石器（距今2100±85年）	黑龙江东宁大城子	《考古》1979年1期	
陶纺轮	4	新石器	安徽潜山天宁寨	《考古》1987年11期	有
陶纺轮		新石器	安徽青阳中平	《考古》1997年11期	有
陶纺轮		新石器	安徽五河濠城	《考古》1959年7期	
陶纺轮	1	新石器	福建崇安	《考古》1959年11期	
陶纺轮	6	新石器	福建东山坑北	《考古》1965年1期	有
陶纺轮	334	新石器	福建福清东张	《考古》1965年2期	
陶纺轮	1	新石器	福建福州南福铁路杜武村	《考古通讯》1958年1期	
陶纺轮	5	新石器	福建建瓯和建阳	《考古》1961年4期	有
陶纺轮		新石器	福建晋江流域柯厝山	《考古》1961年4期	
陶纺轮	28	新石器	福建闽侯庄边山	《考古》1961年1期	有
陶纺轮	2	新石器	福建南安	《考古》1961年5期	
陶纺轮	42	新石器	福建武平	《考古》1961年4期	有
陶纺轮	1	新石器	福建仙游	《考古》1961年5期	
陶纺轮		新石器	福建永春	《考古》1961年5期	
陶纺轮	1	新石器	福建漳浦下宫石路采集	《考古》1959年6期	
陶纺轮	1	新石器	福建漳浦下宫石路墓葬	《考古》1959年6期	
陶纺轮		新石器	甘肃安西兔葫芦	《考古》1987年1期	有
陶纺轮	4	新石器	广东宝安蚌地山	《考古通讯》1957年6期	有
陶纺轮	4	新石器	广东北部山地区	《考古》1961年11期	有
陶纺轮	1	新石器	广东潮阳葫芦山	《考古通讯》1956年4期	有
陶纺轮		新石器	广东从化猪牯岭	《考古》1961年8期	
陶纺轮	56	新石器	广东东部地区	《考古》1961年12期	有
陶纺轮	11	新石器	广东揭阳左宣恭山	《考古》1961年12期	有
陶纺轮	2	新石器	广东梅县大埔县	《考古》1965年4期	有
陶纺轮	1	新石器	广东南海西樵山佛子庙	《考古》1999年7期	有
陶纺轮	2	新石器	广东新丰	《考古》1960年7期	
陶纺轮	7	新石器	广东紫金在光顶	《考古》1964年5期	有
陶纺轮	6	新石器	广西灵山元屋岭	《考古》1993年12期	有
陶纺轮	2	新石器	广西平南石脚山	《考古》1997年10期	有
陶纺轮	6	新石器	河北阳原姜家梁	《考古》2001年2期	有
陶纺轮	1	新石器	河南登封石羊关	《考古》1959年11期	

陶纺轮	1	新石器	河南淮滨肖营	《考古》1981年1期	
陶纺轮		新石器	河南鲁山邱公城	《考古》1962年11期	
陶纺轮		新石器	河南漯河澧河	《考古通讯》1957年3期	
陶纺轮	25	新石器	河南泌阳板桥荆树坟	《考古》1965年9期	有
陶纺轮	11	新石器	河南泌阳板桥三所楼	《考古》1965年9期	有
陶纺轮	31	新石器	河南唐河茅草寺	《考古》1965年1期	有
陶纺轮	87	新石器	河南唐河寨茨岗	《考古》1963年12期	有
陶纺轮		新石器	河南舞阳峨岗寺	《考古》1965年5期	
陶纺轮		新石器	河南淅川	《考古通讯》1958年3期	
陶纺轮	4	新石器	河南偃师汤泉沟	《考古》1962年11期	有
陶纺轮		新石器	河南镇平赵湾	《考古》1962年1期	
陶纺轮		新石器	黑龙江牡丹江中下游马莲河	《考古》1960年4期	
陶纺轮	1	新石器	黑龙江牡丹江中下游莺哥岭	《考古》1960年4期	
陶纺轮	4	新石器	黑龙江宁安大牡丹屯	《考古》1961年10期	
陶纺轮	4	新石器	黑龙江宁安东康	《考古》1975年3期	
陶纺轮	5	新石器	黑龙江宁安东昇	《考古》1977年3期	
陶纺轮	10	新石器	黑龙江宁安牛场	《考古》1960年4期	有
陶纺轮		新石器	黑龙江宁安莺歌岭	《考古》1981年6期	有
陶纺轮		新石器	黑龙江肇源望海屯	《考古》1961年10期	
陶纺轮	2	新石器	湖北广水榨屋山	《考古》1995年2期	有
陶纺轮	2	新石器	湖北红安金盆	《考古》1960年4期	
陶纺轮	3	新石器	湖北黄冈螺蛳山	《考古》1962年7期	
陶纺轮	159	新石器	湖北京山朱家咀	《考古》1964年5期	有
陶纺轮	2	新石器	湖北麻城杨家墩	《考古通讯》1958年5期	
陶纺轮	5	新石器	湖北蕲春易家山	《考古通讯》1956年3期	有
陶纺轮	98	新石器	湖北蕲春易家山	《考古》1960年5期	有
陶纺轮		新石器	湖北枝江施家坡	《考古》1992年2期	有
陶纺轮	1	新石器	湖南安仁安坪司	《考古》1960年6期	有
陶纺轮	8	新石器	湖南安仁南坪何古山	《考古》1960年6期	有
陶纺轮		新石器	湖南安仁细肖古	《考古》1993年11期	有
陶纺轮	17	新石器	湖南临澧县太山庙	《考古》1989年10期	有
陶纺轮		新石器	湖南沅江漉湖石君山	《考古》1984年9期	有
陶纺轮		新石器	吉林长春黑咀子山	《考古通讯》1957年	

				1期
陶纺轮		新石器	吉林长春红石磊子	《考古通讯》1957年 1期
陶纺轮		新石器	吉林长春石碑内岭	《考古通讯》1957年 1期
陶纺轮	1	新石器	吉林大安仁喜山	《考古》1984年8期　有
陶纺轮		新石器	吉林第六区两半山	《考古通讯》1955年 4期
陶纺轮		新石器	吉林扶余南坨子	《考古》1961年1期
陶纺轮	1	新石器	吉林辑安沟门南台村	《考古》1965年1期　有
陶纺轮	5	新石器	吉林省吉林市东郊两半山	《考古》1964年1期　有
陶纺轮		新石器	吉林省吉林市近郊	《考古通讯》1956年 4期
陶纺轮	9	新石器	吉林洮安双塔屯	《考古》1983年12期
陶纺轮		新石器	吉林通化江沿村	《考古通讯》1956年　有 6期
陶纺轮		新石器	吉林通化王八脖子村	《考古通讯》1956年　有 6期
陶纺轮		新石器	吉林西团山	《考古通讯》1955年　有 2期
陶纺轮	1	新石器	吉林延吉柳庭洞	《考古》1983年10期
陶纺轮		新石器	吉林永吉西官山	《考古》1960年7期
陶纺轮	2	新石器	江苏常州圩墩	《考古》1974年2期
陶纺轮		新石器	江苏丹徒葛村	《考古通讯》1957年 5期
陶纺轮		新石器	江苏丹徒华山	《考古通讯》1957年 2期
陶纺轮		新石器	江苏丹徒癞龟墩	《考古通讯》1956年 6期
陶纺轮	1	新石器	江苏淮安青莲岗	《考古通讯》1958年 10期
陶纺轮		新石器	江苏南京锁金村	《考古通讯》1956年 4期
陶纺轮	1	新石器	江苏武进寺墩	《考古》1981年3期　有
陶纺轮	2	新石器	江苏新海连市大村	《考古》1961年6期　有
陶纺轮		新石器	江苏新沂三里墩	《考古通讯》1958年 1期
陶纺轮	3	新石器	江西南昌市青云谱砖瓦窑	《考古》1961年10期

陶纺轮	2	新石器	江西南昌县莲塘春新山	《考古》1963年1期	
陶纺轮	23	新石器	江西清江筑卫城	《考古》1976年6期	
陶纺轮	1	新石器	江西万年猛山	《考古》1962年4期	
陶纺轮	26	新石器	江西修水跑马岭	《考古》1962年7期	
陶纺轮	11	新石器	江西修水山背	《考古》1962年7期	有
陶纺轮		新石器	辽宁长海小珠山	《考古》2009年5期	
陶纺轮	2	新石器	辽宁东沟后洼	《考古》1984年1期	有
陶纺轮		新石器	辽宁东沟石灰窑	《考古》1984年1期	有
陶纺轮		新石器	辽宁东沟西泉眼	《考古》1984年1期	有
陶纺轮	3	新石器	辽宁锦州山河营子	《考古》1986年10期	
陶纺轮		新石器	辽宁康平赵家店茨榆坨子	《考古》1992年1期	
陶纺轮	9	新石器	辽宁沈阳新民高台山	《考古》1982年2期	有
陶纺轮	2	新石器	辽宁沈阳肇工街	《考古》1989年10期	有
陶纺轮	2	新石器	辽宁沈阳郑家洼子	《考古》1989年10期	有
陶纺轮		新石器	内蒙古巴林左旗富河沟门	《考古》1964年1期	有
陶纺轮		新石器	内蒙古包头阿善	《考古》1984年2期	
陶纺轮	12	新石器	内蒙古赤峰东山咀	《考古》1983年5期	
陶纺轮	1	新石器	内蒙古呼和浩特东郊二十家子	《考古》1963年1期	
陶纺轮		新石器	内蒙古托克托海生不浪	《考古》1978年6期	
陶纺轮		新石器	宁夏陶乐察罕埂	《考古》1964年5期	
彩陶纺轮		新石器	青海乐都柳湾	《考古》1976年6期	有
陶纺轮		新石器	青海乐都柳湾	《考古》1976年6期	有
陶纺轮		新石器	青海民和阳山	《考古》1984年5期	有
陶纺轮	4	新石器	山东长岛大口	《考古》1985年12期	
陶纺轮		新石器	山东莱阳泉水头	《考古》1983年3期	有
陶纺轮		新石器	山东临沂呼家墩	《考古》1992年10期	
陶纺轮	1	新石器	山东栖霞下渔稼沟	《考古》1966年3期	有
陶纺轮		新石器	山东日照两城镇	《考古》1960年9期	有
陶纺轮	11	新石器	山东泗水尹家城	《考古》1980年1期	有
陶纺轮		新石器	山东烟台邱家庄	《考古》1963年7期	
陶纺轮	1	新石器	山东兖州堌城村	《考古》1965年1期	
陶纺轮	1	新石器	上海松江汤庙村	《考古》1963年1期	
陶纺轮	2	新石器	上海松江汤庙村	《考古》1985年7期	有
陶纺轮	3	新石器	四川普格瓦打洛	《考古》1983年6期	
陶纺轮		新石器	四川巫山大昌坝	《考古》1959年8期	
陶纺轮	14	新石器	四川西昌市郊	《考古》1983年6期	有

陶纺轮		新石器	云南昆明滇池东岸	《考古》1959年4期	有
陶纺轮	1	新石器	云南龙陵船口坝	《考古》1991年6期	有
陶纺轮	1	新石器	云南孟连老鹰山	《考古》1963年10期	
陶纺轮	1	新石器	云南宣威尖角洞	《考古》1986年1期	有
陶纺轮	2	新石器	浙江崇德蔡家坟	《考古通讯》1957年4期	有
陶纺轮	1	新石器	浙江乐清白石	《考古》1992年9期	
陶纺轮	1	新石器	浙江舟山白泉	《考古》1983年1期	
陶纺轮	2	新石器早期	广西灵山龙武山	《考古》1993年12期	有
陶纺轮	4	新石器中晚期	安徽黄山蒋家山	《考古》1995年2期	有
陶纺轮	1	新石器中晚期	云南个旧倘甸	《考古》1996年5期	有
陶纺轮	6	新石器晚期	福建南安狮子山	《考古》1961年4期	有
陶纺轮		新石器晚期	福建云霄尖子山	《考古》1990年6期	有
陶纺轮	2	新石器晚期	福建漳州腊洲山	《考古》1995年9期	
陶纺轮		新石器晚期	广东连平黄潭寺	《考古》1992年2期	
陶纺轮	1	新石器晚期	广东西江两岸	《考古》1965年9期	有
陶纺轮	1	新石器晚期	湖北宜昌白庙	《考古》1983年5期	有
陶纺轮	1	新石器晚期	江西临川	《考古》1964年4期	有
釉陶纺轮	2	新石器晚期	江西临川	《考古》1964年4期	有
陶纺轮	92	新石器晚期	江西清江营盘里	《考古》1962年4期	有
陶纺轮		新石器晚期	内蒙古包头西园	《考古》1990年4期	有
陶纺轮	2	新石器晚期	山西太原义井村	《考古》1961年4期	
陶纺轮		新石器晚期	香港新界涌浪	《考古》1997年6期	有
陶纺轮	16	新石器晚期	浙江仙居下汤	《考古》1987年12期	有
陶纺轮	66	新石器（石峡文化）—夏商	广东南海鱿鱼岗	《考古》1997年6期	有
陶纺轮		新石器（龙山文化）—商	河南偃师二里头	《考古》1961年2期	有
陶纺轮	11	新石器（客省庄二期文化）—商早期	内蒙古准格尔旗大口	《考古》1979年4期	
陶纺轮	8	新石器（西团山文化）—战国	吉林永吉星星哨水库	《考古》1978年3期	
陶纺轮	1	新石器—商	广东东莞圆洲	《考古》2000年6期	有
陶纺轮		新石器—商	广东三水银洲	《考古》2000年6期	有
陶纺轮		新石器—商周	河北承德地区	《考古》1962年12期	有
陶纺轮	1	新石器—商周	江西丰县太平岗	《考古》1983年12期	有
陶纺轮	18	新石器—青铜时代	辽宁本溪庙后山	《考古》1985年6期	有
陶纺轮		新石器—东周	湖北宜城楚皇城	《考古》1980年2期	
陶纺轮		夏（二里头文化）	河南临汝煤山	《考古》1975年5期	

陶纺轮	3	夏（二里头文化）	河南洛阳东杨村	《考古》1983年2期	有
陶纺轮		夏（二里头文化）	河南密县新砦	《考古》1981年5期	有
陶纺轮	6	夏（二里头文化）	河南西平上坡	《考古》2004年4期	有
陶纺轮		夏（二里头文化）	河南新密新砦大型建筑基址	《考古》2009年2期	有
陶纺轮		夏（二里头文化）	河南偃师二里头	《考古》1965年5期	有
陶纺轮		夏（二里头文化）	河南偃师二里头	《考古》1975年5期	有
陶纺轮		夏（二里头文化）	河南驻马店杨庄	《考古》1995年10期	有
陶纺轮	1	夏（二里头文化）	山西夏县辕村	《考古》2009年11期	有
陶纺轮	4	夏（二里头文化）	山西翼城感军	《考古》1980年3期	有
陶纺轮		夏（二里头文化）	山西永济东马铺头	《考古》1980年3期	
陶纺轮	1	夏	安徽含山大城墩	《考古》1989年2期	有
陶纺轮		夏	甘肃民乐东灰山	《考古》1995年12期	有
陶纺轮		夏	湖北秭归柳林溪	《考古》2000年8期	有
陶纺轮	4	青铜时代	广东连平黄潭寺	《考古》1992年2期	有
陶纺轮	1	青铜时代	黑龙江宾县老山头	《考古》1962年3期	
陶纺轮	1	青铜时代	吉林东丰德胜石大望	《考古》1994年6期	有
陶纺轮	3	青铜时代	吉林海龙大湾桦树	《考古》1994年6期	有
陶纺轮	6	青铜时代	吉林辽源龙首山	《考古》1997年2期	有
陶纺轮	1	青铜时代	辽宁丹东振安区小娘娘城山	《考古》1986年10期	
陶纺轮		青铜时代	辽宁桓仁狍圈沟	《考古》1992年6期	有
陶纺轮	17	青铜时代	辽宁瓦房店三堂村	《考古》1992年2期	有
陶纺轮	1	青铜时代	四川忠县㽏井沟	《考古》1962年8期	
陶纺轮	9	青铜时代	云南个旧石榴坎	《考古》1992年2期	有
陶纺轮	2	青铜时代（夏家店下层文化）	河北大厂大坨头	《考古》1966年1期	
陶纺轮		青铜时代（夏家店下层文化）	辽宁北票康家屯	《考古》2001年8期	有
陶纺轮	1	青铜时代（夏家店下层文化）	辽宁建平喀喇沁	《考古》1983年11期	
陶纺轮	量多	青铜时代（夏家店下层文化）	内蒙古赤峰二道井子	《考古》2010年8期	有
陶纺轮	6	青铜时代（夏家店下层文化）	内蒙古赤峰康家湾	《考古》2008年11期	有
陶纺轮		青铜时代（夏家店下层文化）	内蒙古赤峰上机房营子	《考古》2008年1期	
陶纺轮		青铜时代（夏家店下层文化）	内蒙古赤峰药王庙	《考古》1961年2期	
陶纺轮		青铜时代（夏家店下层文化）	天津蓟县张家园	《考古》1984年8期	有

		文化）		
陶纺轮		青铜时代（夏家店下层文化）	天津蓟县张家园	《考古》1993年4期　有
陶纺轮		青铜时代（湖熟文化）	江苏南京西善桥	《考古》1962年3期　有
陶纺轮	4	青铜时代（湖熟文化）	江苏镇江左湖	《考古》2000年4期　有
陶纺轮		青铜时代（广富林文化）	上海松江广富林	《考古》2002年10期　有
陶纺轮		青铜时代（广富林文化）	上海松江广富林	《考古》2008年8期　有
陶纺轮		青铜时代（距今3800年）	广西那坡感驮岩	《考古》2003年10期　有
陶纺轮	35	青铜时代（距今3800年）	云南剑川海门口	《考古》2009年8期　有
陶纺轮		夏商	广东东莞村头	《考古》1991年3期　有
陶纺轮		夏商	广东东莞龙眼岗	《考古》1991年3期　有
陶纺轮		夏商	广东珠海淇澳岛东澳湾	《考古》1990年9期　有
陶纺轮		夏商	河北宣化李大人庄	《考古》1990年5期　有
陶纺轮		夏商	湖北江陵荆南寺	《考古》1989年8期
陶纺轮		夏商	湖南浏阳樟树塘	《考古》1994年11期　有
陶纺轮	7	夏商	江西萍乡禁山下	《考古》2000年12期　有
陶纺轮	1	夏商	山西襄汾大柴	《考古》1987年7期　有
陶纺轮	2	夏商	四川奉节新浦	《考古》1999年1期　有
陶纺轮	11	先商	河北邯郸北羊台	《考古》2001年2期　有
陶纺轮		先商	河北邢台葛家庄	《考古》2005年2期　有
陶纺轮	2	商早期	河南郑州岔河	《考古》2005年6期　有
陶纺轮	2	商	安徽含山大城墩	《考古》1989年2期·有
陶纺轮	1	商	安徽含山孙家岗	《考古》1977年3期
陶纺轮		商	北京房山刘李店	《考古》1963年3期
陶纺轮	1	商	福建光泽马岭	《考古》1985年12期
陶纺轮	1	商	福建光泽香炉山	《考古》1985年12期　有
陶纺轮	1	商	福建漳州虎林山	《考古》2003年12期　有
陶纺轮	1	商	广东揭阳柚柑山	《考古》1988年5期　有
陶纺轮	19	商	广东深圳向南村	《考古》1997年6期　有
陶纺轮		商	广东深圳盐田黄竹园	《考古》2008年10期　有
陶纺轮	4	商	广东五华仰天狮山	《考古》1998年7期　有
陶纺轮		商	河北藁城台西村	《考古》1973年5期
陶纺轮		商	河北涞水北封村	《考古》1992年10期
陶纺轮	13	商	河北卢龙东阚各庄	《考古》1985年11期　有
陶纺轮		商	河北滦南东庄店	《考古》1983年9期　有

陶纺轮	数量多	商	河北唐山古冶	《考古》1984年9期	有
陶纺轮	2	商	河北邢台东先贤村	《考古》1959年2期	
陶纺轮		商	河北邢台东先贤村	《考古》2003年11期	有
陶纺轮		商	河北邢台葛家庄	《考古》2000年11期	
陶纺轮		商	河北邢台葛家庄	《考古》2005年2期	有
陶纺轮	3	商	河北正定曹村	《考古》2007年11期	有
陶纺轮	21	商	河南安阳高楼庄	《考古》1963年4期	有
陶纺轮	1	商	河南安阳郭村西南台	《考古》1965年7期	有
陶纺轮		商	河南安阳后岗高楼庄	《考古》1972年5期	
陶纺轮	1	商	河南安阳花园庄东地	《考古》2006年1期	有
陶纺轮	1	商	河南安阳洹北花园庄	《考古》1998年10期	有
陶纺轮	5	商	河南安阳孝民屯东南地	《考古》2009年9期	有
陶纺轮		商	河南安阳殷墟	《考古》1961年2期	
陶纺轮		商	河南安阳殷墟	《考古》1983年2期	
陶纺轮	1	商	河南安阳殷墟三家庄东	《考古》1983年2期	有
陶纺轮		商	河南洛阳涧滨	《考古》1960年10期	
陶纺轮	30	商	河南孟县涧溪	《考古》1961年1期	
陶纺轮		商	河南南阳十里庙	《考古》1959年7期	
陶纺轮	1	商	河南渑池鹿寺	《考古》1964年9期	有
陶纺轮		商	河南夏邑清凉山	《考古》1997年11期	有
陶纺轮		商	河南偃师二里头	《考古》1974年4期	有
陶纺轮	2	商	河南偃师商城	《考古》1984年6期	有
陶纺轮	4	商	河南偃师商城	《考古》1995年11期	有
陶纺轮	1	商	河南偃师商城Ⅳ区	《考古》1999年2期	有
陶纺轮		商	河南偃师商城宫城北部	《考古》2000年7期	有
陶纺轮	1	商	河南郑州北二七路	《考古》1986年4期	
陶纺轮		商	河南郑州电力学校	《考古》1986年4期	
陶纺轮	3	商	河南郑州经五路	《考古》1986年4期	有
陶纺轮	3	商	河南郑州铭功路东	《考古》2002年9期	有
陶纺轮	1	商	河南郑州商城外郭城	《考古》2004年3期	有
陶纺轮		商	河南郑州上街	《考古》1960年6期	
陶纺轮	5	商	河南郑州上街	《考古》1966年1期	有
陶纺轮		商	湖北沙市周梁玉桥	《考古》2004年9期	有
陶纺轮	2	商	湖北宜昌下岸	《考古》1999年1期	有
陶纺轮	5	商	湖北秭归茅坪长府沱	《考古》2004年5期	有
陶纺轮		商	湖南宜章廖家岭	《考古》1993年11期	
陶纺轮	2	商	湖南岳阳费家河	《考古》1985年1期	有
陶纺轮		商	江苏铜山丘湾	《考古》1973年2期	

陶纺轮		商	江苏徐州丘湾	《考古》1960年3期	
陶纺轮		商	江西抚州西郊造纸厂	《考古》1990年2期	
陶纺轮	23	商	辽宁法库湾柳	《考古》1989年12期	有
陶纺轮	3	商	山东济南大辛庄	《考古》1959年4期	
陶纺轮	3	商	山东济南大辛庄	《考古》1973年5期	
陶纺轮	1	商	山东济宁张山洼	《考古》2007年9期	有
陶纺轮		商	山东梁山青堌堆	《考古》1962年1期	
陶纺轮	15	商	山东平阴朱家桥	《考古》1961年2期	
陶纺轮		商	山东邹平	《考古》1989年6期	有
陶纺轮	1	商	上海青浦金山坟	《考古》1989年7期	有
陶纺轮	5	商	天津蓟县围坊	《考古》1983年10期	有
陶纺轮	3	青铜时代（距今3500年）	吉林长春腰红嘴子	《考古》2003年8期	有
陶纺轮		青铜时代（距今3500年）	云南大理海东银梭岛	《考古》2009年8期	有
陶纺轮	1	青铜时代（寺洼文化）	甘肃西和栏桥村	《考古》1987年8期	有
陶纺轮		青铜时代（寺洼文化）	甘肃卓尼芭儿	《考古》1994年1期	有
陶纺轮	10	商晚期	河北容城上坡	《考古》1999年7期	有
陶纺轮		商晚期	河南荥阳关帝庙	《考古》2008年7期	有
陶纺轮		商晚期	辽宁康平镇郊	《考古》1981年2期	有
陶纺轮	2	商周	安徽郎溪欧墩	《考古》1989年3期	有
陶纺轮	1	商周	福建浦城金鸡山	《考古》1993年2期	有
陶纺轮	7	商周	广东普宁牛伯公山	《考古》1998年7期	有
陶纺轮	16	商周	贵州毕节青场瓦窑	《考古》1987年4期	有
陶纺轮	6	商周	河北邢台东先贤村	《考古》2002年3期	有
陶纺轮		商周	湖北黄梅黄城寨	《考古》1994年6期	有
陶纺轮		商周	湖北黄梅意生寺	《考古》1994年6期	有
陶纺轮		商周	湖南安仁老君观	《考古》1993年11期	
陶纺轮		商周	湖南桂东圆下山	《考古》1993年11期	
陶纺轮		商周	湖南宜章称砣岭	《考古》1993年11期	有
陶纺轮	2	商周	江西赣州竹园下	《考古》2000年12期	有
陶纺轮	2	商周	江西湖口下石钟山	《考古》1987年12期	有
陶纺轮	3	商周	山东青岛市郊云头崮	《考古》1965年9期	有
陶纺轮	2	商周	山东日照两城镇	《考古》1997年4期	有
陶纺轮	2	商周	山东禹城姚高	《考古》1996年4期	有
陶纺轮	1	商周	四川西昌坝河堡子	《考古》1978年2期	有
陶纺轮	11	商周	四川新凡水观音	《考古》1959年8期	
陶纺轮	2	商周	天津宝坻牛道口	《考古》1991年7期	有
陶纺轮	13	商周	天津蓟县围坊	《考古》1983年10期	有

陶纺轮	16	商周		云南剑川海门口	《考古》1995年9期	有
陶纺轮		商周		浙江海盐立峰	《考古》1981年1期	
陶纺轮	121	青铜时代（距今3300年）		云南鲁甸野石山	《考古》2009年8期	有
陶纺轮		青铜时代（距今3200年）		云南大理海东银梭岛	《考古》2009年8期	有
陶纺轮	2	西周		安徽安庆张四墩	《考古》2004年1期	有
陶纺轮	1	西周		安徽繁昌平铺	《考古》1990年2期	有
陶纺轮	22	西周		安徽六安堰墩	《考古》2002年2期	有
陶纺轮		西周		北京房山董家林	《考古》1963年3期	
陶纺轮	1	西周		广东揭西赤岭埔	《考古》1999年7期	
陶纺轮	1	西周		河北磁县界段营	《考古》1974年6期	
陶纺轮		西周		河南洛阳北窑	《考古》1983年5期	
陶纺轮	10	西周		黑龙江肇源白金宝	《考古》1980年4期	有
陶纺轮	3	西周		湖北黄冈笼子山	《考古》1995年10期	有
陶纺轮	1	西周		湖北黄冈榨山	《考古》1995年10期	有
陶纺轮	17	西周		湖北罗田庙山岗	《考古》1994年9期	有
陶纺轮	17	西周		湖北蒲圻赤壁山	《考古》1995年2期	有
陶纺轮		西周		湖北蕲春毛家嘴	《考古》1962年1期	
陶纺轮	1	西周		江苏句容城头山	《考古》1985年4期	有
陶纺轮	1	西周		江苏句容浮山果园	《考古》1977年5期	
陶纺轮	4	西周		江苏句容浮山果园	《考古》1979年2期	有
陶纺轮	1	西周		江苏溧水岗沿山	《考古》1985年8期	
陶纺轮	1	西周		江苏新沂三里墩	《考古》1960年7期	
陶纺轮	1	西周		江西进贤寨子峡	《考古》1986年2期	
陶纺轮		西周		江西南昌青山湖	《考古》1985年8期	有
陶纺轮	12	西周		江西萍乡禁山下	《考古》2000年12期	有
陶纺轮	1	西周		辽宁朝阳魏营子	《考古》1977年5期	
陶纺轮	27	西周		辽宁阜新平项山石城址	《考古》1992年5期	有
陶纺轮		西周		山东长清仙人台	《考古》1998年9期	有
陶纺轮	1	西周		山东莒县西大庄	《考古》1999年7期	有
陶纺轮	1	西周		山东寿光大荒北央	《考古》2005年12期	有
陶纺轮	12	西周		陕西邠县下孟村	《考古》1960年1期	
陶纺轮		西周		陕西长安沣东洛水村西	《考古》1963年8期	
陶纺轮		西周		陕西长安沣西张家坡	《考古》1959年10期	
陶纺轮	34	西周		陕西长安沣西张家坡	《考古》1964年9期	有
陶纺轮	2	西周		陕西长安沣西张家坡	《考古》1987年1期	有
陶纺轮	4	西周		陕西长安普渡村	《考古》1986年3期	有
陶纺轮		西周		陕西凤翔和兴平	《考古》1960年3期	有

陶纺轮	8	西周		陕西扶风柿坡	《考古》1996年7期	有
陶纺轮	1	西周		四川彭州青龙村	《考古》2007年8期	有
陶纺轮		西周		天津蓟县张家园	《考古》1993年4期	有
陶纺轮	1	西周		云南中甸克乡村	《考古》2005年4期	有
陶纺轮	2	西周		浙江义乌平畴	《考古》1985年7期	
陶纺轮	37	青铜时代（距今3100年）		云南剑川海门口	《考古》2009年8期	有
陶纺轮	3	青铜时代（辛店文化）		甘肃临夏姬家川	《考古》1962年2期	
陶纺轮	11	青铜时代（辛店文化）		甘肃永靖莲花台瓦渣咀	《考古》1980年4期	有
陶纺轮	3	周		安徽含山大城墩	《考古》1989年2期	有
陶纺轮	2	周		河南陕县七里铺村	《考古》1959年4期	有
陶纺轮	10	周		湖北红安金盆	《考古》1960年4期	
陶纺轮		周		湖南长沙东郊	《考古》1965年3期	
陶纺轮	1	周		山东曲阜东关	《考古》1965年6期	有
陶纺轮		周		山东泗水和兖州	《考古》1965年1期	
陶纺轮		青铜时代（距今3000年）		辽宁大连大砣子	《考古》1994年4期	有
陶纺轮	2	青铜时代（距今3000年）		辽宁瓦房店茶山	《考古》1997年12期	有
陶纺轮		青铜时代（距今3000年）		辽宁彰武	《考古》1991年8期	
陶纺轮	9	青铜时代（夏家店上层文化）		辽宁锦州山河营子	《考古》1986年10期	有
陶纺轮		青铜时代（夏家店上层文化）		内蒙古敖汉旗周家地	《考古》1984年5期	有
陶纺轮		青铜时代（夏家店上层文化）		内蒙古赤峰上机房营子	《考古》2008年1期	
陶纺轮		青铜时代（夏家店上层文化）		内蒙古赤峰夏家店上层	《考古》1961年2期	
陶纺轮		青铜时代（卡约文化）		青海化隆烈士陵园	《考古》1991年4期	
陶纺轮	1	青铜时代（卡约文化）		青海化隆上半主洼	《考古》1998年1期	有
陶纺轮	2	青铜时代（卡约文化）		青海湟源花鼻梁	《考古》1986年10期	
陶纺轮	5	西周—春秋		广东揭阳蜈蚣山	《考古》1988年5期	有
陶纺轮	5	西周—春秋		吉林双辽后太平	《考古》2009年5期	有
陶纺轮	3	西周—春秋		江苏常熟虞山西岭	《考古》2001年9期	有
陶纺轮	1	西周—春秋		江苏丹阳墩头山	《考古》1993年8期	有
陶纺轮	1	西周—春秋		江苏苏州越城	《考古》1982年5期	
陶纺轮	2	西周—春秋		新疆拜城县克孜尔吐尔	《考古》2002年6期	有
陶纺轮		西周—春秋		新疆和静县察吾乎沟口	《考古》1990年6期	有
陶纺轮		西周—春秋		新疆轮台群巴克	《考古》1987年11期	

陶纺轮		西周—春秋	新疆轮台群巴克	《考古》1991年8期 有
陶纺轮		西周—战国	新疆木垒四道沟	《考古》1982年2期
陶纺轮	2	西周—战国	浙江玉环三合潭	《考古》1996年5期 有
陶纺轮		青铜时代（距今2900年）	云南大理海东银梭岛	《考古》2009年8期 有
陶纺轮	36	青铜时代（距今2875±130年）	辽宁铁岭邱台	《考古》1996年2期 有
陶纺轮	3	青铜时代—东汉	吉林汪清新安闾	《考古》1961年8期
陶纺轮	2	青铜时代—东汉	吉林汪清新华闾	《考古》1961年8期
陶纺轮	1	东周	广东五华屋背岭	《考古》1996年7期 有
陶纺轮	11	东周	河北易县燕下都	《考古》1987年5期 有
陶纺轮		东周	黑龙江泰来平洋砖厂	《考古》1989年12期 有
陶纺轮	1	东周	湖北英山锥子铺	《考古》1963年12期 有
陶纺轮		东周	湖南宜章狗平山	《考古》1993年11期
陶纺轮	20	东周	吉林通化万发拨子	《考古》2003年8期 有
陶纺轮	1	东周	江西清江筑卫城	《考古》1976年6期 有
陶纺轮		东周	山东临淄后李	《考古》1994年2期 有
陶纺轮	1	东周	山东栖霞泊子	《考古》2006年5期 有
陶纺轮	1	东周	山东青岛崂山东古镇村	《考古》1959年3期
陶纺轮		东周	山东滕县薛城	《考古》1965年12期 有
陶纺轮		东周	山东枣庄沙沟	《考古》1984年4期 有
陶纺轮		东周	山西侯马牛村	《考古》1962年2期
陶纺轮	2	东周	陕西丹凤秦商邑	《考古》2006年3期 有
陶纺轮	10	东周	四川会理粪箕湾	《考古》2004年10期 有
陶纺轮	3	东周	云南昆明上马村	《考古》1984年3期 有
陶纺轮	量多	东周	重庆云阳李家坝	《考古》2004年6期 有
陶纺轮	4	春秋	广东博罗梅花墩	《考古》1998年7期 有
陶纺轮		春秋	广东深圳盐田黄竹园	《考古》2008年10期 有
陶纺轮		春秋	河南安阳黄张村	《考古》2009年4期 有
陶纺轮		春秋	湖北巴东雷家坪	《考古》2005年8期 有
陶纺轮		春秋	湖北随县城北关	《考古》1959年11期
陶纺轮		春秋	湖北宜昌上磨垴	《考古》2000年8期 有
陶纺轮	1	春秋	湖北郧县乔家院	《考古》2008年4期
陶纺轮	3	春秋	湖南衡阳赤石	《考古》1998年6期 有
陶纺轮	2	春秋	湖南衡阳苗圃	《考古》1984年10期 有
陶纺轮		春秋	江苏邳州九女墩	《考古》1999年11期
陶纺轮		春秋	江苏邳州九女墩3号	《考古》2002年5期 有
陶纺轮		春秋	江西靖安李洲坳	《考古》2008年7期
陶纺轮	2	春秋	江西瑞昌檀树咀	《考古》2000年12期 有

陶纺轮	1	春秋	辽宁辽阳接官厅	《考古》1983年1期	
陶纺轮		春秋	辽宁沈阳郑家洼子	《考古》1989年10期	
陶纺轮		春秋	山东长清仙人台	《考古》1998年9期	有
陶纺轮	3	春秋	山东沂源姑子坪	《考古》2003年1期	有
陶纺轮	20	春秋	四川会理雷家山	《考古》2010年4期	有
陶纺轮		战国	渤海湾西岸	《考古》1965年2期	
陶纺轮	1	战国	广东揭阳中厦村	《考古》1992年3期	
陶纺轮	4	战国	广东增城西瓜岭	《考古》1964年3期	有
陶纺轮	1	战国	河北沧县肖家楼	《考古》1973年1期	
陶纺轮	11	战国	河北易县燕下都	《考古》1965年11期	有
陶纺轮	3	战国	河南濮阳高城	《考古》2008年3期	有
陶纺轮	1	战国	河南新郑烟厂	《考古》1964年7期	
陶纺轮	2	战国	湖南常德德山	《考古》1959年12期	
陶纺轮	1	战国	湖南溆浦大江口	《考古》1994年1期	有
陶纺轮	1	战国	吉林长白干沟子	《考古》2003年8期	有
陶纺轮		战国	吉林扶余北长岗子	《考古》1979年2期	有
陶纺轮	65	战国	吉林省吉林市长蛇山	《考古》1980年2期	有
陶纺轮	15	战国	吉林省吉林市猴石山	《考古》1980年2期	有
陶纺轮	5	战国	吉林省吉林市泡子沿前山	《考古》1985年6期	有
陶纺轮	11	战国	吉林省吉林市骚达沟	《考古》1985年10期	有
陶纺轮	1	战国	吉林汪清水北	《考古》2005年1期	有
陶纺轮	1	战国	江西清江牛头山	《考古》1977年5期	有
陶纺轮	2	战国	辽宁敖汉旗老虎山	《考古》1976年5期	有
陶纺轮	30	战国	辽宁旅大旅顺口区后牧城驿	《考古》1960年8期	
陶纺轮	1	战国	山东济宁张山	《考古》1996年4期	有
陶纺轮	1	战国	山东济宁张山洼	《考古》2007年9期	有
陶纺轮	7	战国	山东临淄故城农场T101	《考古》1961年6期	
陶纺轮	1	战国	山东章丘马彭北	《考古》1995年4期	有
陶纺轮	1	战国	山东淄博临淄国家村	《考古》2010年11期	有
陶纺轮	1	战国	山西盂县北村	《考古》1991年9期	有
陶纺轮	29	战国	陕西咸阳故城长陵车站	《考古》1962年6期	
陶纺轮	2	战国	上海青浦重固青庄	《考古》1988年8期	有
陶纺轮	4	战国	四川成都青羊宫	《考古》1959年8期	有
陶纺轮	3	战国	四川茂汶营盘山	《考古》1981年5期	有
陶纺轮	1	战国	四川彭州龙泉村	《考古》2007年4期	有
陶纺轮	2	战国	四川石棉永和	《考古》1996年11期	有
陶纺轮	3	战国	天津北仓	《考古》1982年2期	有

陶纺轮	1	战国	新疆察布查尔索墩布拉克	《考古》1999年8期	有
陶纺轮	1	战国	云南宁蒗大兴	《考古》1983年3期	有
陶纺轮	1	战国	浙江绍兴第213号墓	《考古通讯》1958年12期	
陶纺轮		扶余族时期	吉林农安田家坨子	《考古》1979年2期	
陶纺轮		东周—汉	河北容城南阳	《考古》1993年3期	
陶纺轮		战国—汉	河北邯郸大北城	《考古》1980年2期	
陶纺轮	2	战国—汉	辽宁法库叶茂台	《考古》1981年2期	
陶纺轮	8	战国—西汉	黑龙江宾县庆华	《考古》1988年7期	有
陶纺轮		战国—西汉	吉林梨树二龙湖	《考古》1988年6期	有
陶纺轮	7	战国—西汉	辽宁抚顺莲花堡	《考古》1964年6期	有
陶纺轮		战国—西汉	四川巴县冬笋坝	《考古通讯》1958年1期	有
陶纺轮	1	战国—西汉	云南德钦石底	《考古》1983年3期	
陶纺轮		秦	陕西凤翔南固城	《考古》1960年3期	
陶纺轮		秦	陕西咸阳秦都故城	《考古》1974年1期	
陶纺轮		秦汉	山东临沭北沟头	《考古》1990年6期	
陶纺轮	1	秦汉	山西盂县北村	《考古》1991年9期	有
陶纺轮	20	汉	福建崇安城村汉城	《考古》1960年10期	
陶纺轮	2	汉	甘肃敦煌甜水井	《考古》1975年2期	有
陶纺轮	3	汉	黑龙江海林东兴	《考古》1996年10期	有
陶纺轮	1	汉	黑龙江海林渡口	《考古》1997年7期	有
陶纺轮		汉	黑龙江海林河口	《考古》1996年2期	
陶纺轮	10	汉	湖南茶陵濂溪	《考古》1996年6期	有
陶纺轮		汉	江苏盐城麻瓦坟	《考古》1964年1期	
陶纺轮	1	汉	四川平武水牛家寨	《考古》2006年10期	有
陶纺轮	2	汉	云南安宁太极山	《考古》1965年9期	有
陶纺轮	2	汉	云南大理鹿鹅山	《考古》1966年4期	
陶纺轮	5	汉	云南晋宁石寨山	《考古》1959年9期	
陶纺轮	3	汉	云南晋宁石寨山	《考古》1963年9期	
陶纺轮	25	汉	云南昆明呈贡石碑	《考古》1984年3期	
陶纺轮	5	西汉	福建武夷山城村	《考古》2003年12期	有
陶纺轮	1	西汉	广东广州三元里马鹏冈	《考古》1962年10期	
陶纺轮	10	西汉	广东广州西村	《考古》1960年1期	
陶纺轮	1	西汉	广东始兴刨花板厂	《考古》2000年5期	
陶纺轮	18	西汉	广西贵县北郊	《考古》1985年3期	有
陶纺轮	7	西汉	广西贵县罗泊湾	《考古》1982年4期	
陶纺轮	3	西汉	广西贺县金钟村	《考古》1986年3期	

陶纺轮	3	西汉	广西兴安秦城遗址	《考古》1998年11期	有
陶纺轮	6	西汉	河南禹州新峰	《考古》2010年9期	有
陶纺轮	1	西汉	湖南衡阳凤凰山	《考古》1993年3期	有
陶纺轮	5	西汉	湖南湘乡可心亭	《考古》1966年5期	
陶纺轮	1	西汉	湖南永州鹞子岭	《考古》2001年4期	有
陶纺轮	2	西汉	吉林农安邢家店北山	《考古》1989年4期	有
陶纺轮	2	西汉	吉林永吉学古东山	《考古》1981年6期	
陶纺轮		西汉	江苏徐州汉代采石遗址	《考古》2010年11期	有
陶纺轮	2	西汉	江西高安碧落山	《考古》2006年7期	有
陶纺轮	1	西汉	陕西西安汉长安城长乐宫	《考古》2006年10期	
陶纺轮	3	西汉	陕西西安汉长安城桂宫2号建筑	《考古》2000年1期	
陶纺轮	1	西汉	陕西西安汉长安城西北角	《考古》2006年10期	
陶纺轮	1	西汉	陕西西安未央宫西南角楼	《考古》1996年3期	有
陶纺轮		西汉	陕西西安未央区桂宫三号	《考古》2001年1期	有
陶纺轮	5	西汉	上海青浦福泉山	《考古》1988年8期	有
陶纺轮	1	西汉	四川成都天回山	《考古》1959年8期	
陶纺轮	3	西汉	四川凉山喜德拉克	《考古》1978年2期	有
陶纺轮	1	西汉	四川郫县古城乡	《考古》2004年1期	有
陶纺轮	2	西汉	四川西昌河西	《考古》1978年2期	有
陶纺轮	2	西汉	四川西昌礼州	《考古》1980年5期	有
陶纺轮	1	西汉	新疆吐鲁番艾丁湖	《考古》1982年4期	有
陶纺轮	1	西汉	浙江龙游东华山	《考古》1993年4期	有
陶纺轮	11	西汉	浙江温岭塘山	《考古》2007年11期	有
陶纺轮	2	西汉	重庆万州包上	《考古》2008年1期	有
陶纺轮		新莽	湖南长沙北郊白沙	《考古通讯》1956年3期	
陶纺轮	1	新莽	湖南郴州五里堆	《考古》1987年4期	
陶纺轮	2	东汉	广东始兴禾场岭	《考古》1991年1期	
陶纺轮	4	东汉	广西合浦九只岭	《考古》2003年10期	有
陶纺轮	2	东汉	广西柳州九头山	《考古》1985年9期	有
陶纺轮	7	东汉	广西钟山张屋	《考古》1998年11期	
陶纺轮		东汉	湖南长沙北门砚瓦池	《考古通讯》1957年5期	有
陶纺轮	1	东汉	湖南衡阳茶山坳	《考古》1986年12期	有

陶纺轮		东汉	江苏高邮邵家沟	《考古》1960年10期	
陶纺轮	1	东汉	江苏泰州新庄	《考古》1962年10期	
陶纺轮	1	东汉	辽宁锦州小凌河	《考古》1990年8期	有
陶纺轮	1	东汉	四川成都牧马山灌溉渠	《考古》1959年8期	有
陶纺轮	5	东汉	四川成都新都互助村	《考古》2007年9期	有
陶纺轮	1	东汉	四川凉山西昌	《考古》1990年5期	有
陶纺轮	8	东汉	天津武清兰城	《考古》2001年9期	有
陶纺轮		东汉	新疆和静县察吾乎沟口M3	《考古》1990年10期	有
陶纺轮	6	东汉	浙江淳安	《考古》1959年9期	
陶纺轮	3	东汉	浙江宁波马岭山	《考古》2008年3期	有
釉陶纺轮	1	东汉	浙江宁波马岭山	《考古》2008年3期	有
陶纺轮	9	汉魏	黑龙江桦南小八浪	《考古》2002年7期	有
陶纺轮	1	汉—西晋	福建闽侯荆溪庙后山	《考古》1959年6期	
陶纺轮	1	东汉—三国（吴）	湖北鄂州吴王城	《考古》1997年12期	有
陶纺轮		东汉—北朝	黑龙江海林河口	《考古》1996年2期	有
陶纺轮	1	三国	贵州清镇平坝	《考古》1961年4期	
陶纺轮	1	三国（吴）	湖北鄂州塘角头	《考古》1996年11期	有
陶纺轮	1	高句丽（公元3世纪）	吉林集安禹山	《考古》1983年4期	
陶纺轮	6	魏晋	黑龙江双鸭山保安	《考古》2003年2期	有
陶纺轮	量多	魏晋	黑龙江友谊凤林	《考古》2000年11期	有
陶纺轮	5	魏晋	黑龙江友谊凤林古城址	《考古》2004年12期	有
陶纺轮	10	六朝	江西九江赛城湖	《考古》1987年7期	
陶纺轮	1	六朝	四川昭化宝轮	《考古通讯》1958年7期	
陶纺轮	1	六朝	浙江淳安	《考古》1959年9期	
陶纺轮	1	六朝	重庆云阳乔家院子	《考古》2006年5期	有
陶纺轮	1	晋	广东和平丰道龙子山	《考古》2000年6期	有
陶纺轮	1	西晋	福建蒲城吕处坞	《考古》1988年10期	
陶纺轮	1	东晋	广东揭阳平林村	《考古》1984年10期	
陶纺轮	1	东晋	浙江嵊县剡山	《考古》1988年9期	
陶纺轮	1	东晋—南朝	江西赣县上高村	《考古》1990年5期	有
陶纺轮	2	十六国（成汉）	四川什邡虎头山	《考古》2007年10期	
陶纺轮	1	南朝	广西恭城大湾地	《考古》1996年8期	
陶纺轮	1	南朝	广西恭城新街长茶地	《考古》1979年2期	
陶纺轮	1	南朝	江苏句容陈家村	《考古》1966年3期	有
陶纺轮	2	高句丽（南北朝）	吉林辑安	《考古》1961年1期	
陶纺轮		隋唐	河南洛阳隋唐东都皇城	《考古》1981年4期	
陶纺轮	6	隋唐	河南洛阳隋唐东都皇城	《考古》2005年10期	有

陶纺轮	2	唐	海南琼山珠崖岭	《考古》2003年4期	有
陶纺轮	1	唐	湖南长沙北郊烈士陵园	《考古通讯》1956年6期	有
陶纺轮	2	唐	江西黎川	《考古》1964年5期	
陶纺轮	1	唐	浙江淳安	《考古》1959年9期	
陶纺轮	1	高昌（公元7世纪）	新疆吐鲁番巴达木	《考古》2006年12期	有
陶纺轮	1	高句丽（公元7世纪）	吉林辽源龙首山	《考古》1994年3期	
陶纺轮	8	高句丽（公元7世纪）	辽宁沈阳石台子拦水坝	《考古》2010年12期	有
陶纺轮	2	渤海国时期	黑龙江东宁小地营	《考古》2003年3期	有
陶纺轮	2	渤海国时期	黑龙江海林渡口	《考古》1997年7期	有
陶纺轮	8	渤海国时期	黑龙江海林兴农	《考古》2005年3期	有
陶纺轮		渤海国时期	辽宁沈阳石台子	《考古》2001年3期	有
陶纺轮	1	宋	河南洛阳隋唐东都重光北门	《考古》2007年11期	有
陶纺轮	1	北宋	湖北黄陂铁门坎	《考古》1995年11期	
陶纺轮	4	辽	广西南县石脚山	《考古》2003年1期	有
陶纺轮	1	辽金	吉林双辽电厂贮灰场	《考古》1995年4期	有
陶纺轮	6	辽金	辽宁岫岩长兴	《考古》1999年6期	有
陶纺轮		辽金	内蒙古科右前旗	《考古》1987年1期	
陶纺轮	4	辽元	天津宝坻哈喇庄	《考古》2005年5期	有
陶纺轮	1	金	河南新安赵峪村	《考古》1965年1期	有
陶纺轮		金	黑龙江克东古城	《考古》1987年2期	有
陶纺轮	11	金	内蒙古哲里木盟霍林河	《考古》1984年2期	
瓷纺轮		唐	广东新会官冲窑	《考古》1963年4期	
瓷纺轮	量多	唐	湖南望城长沙窑	《考古》2003年5期	
瓷纺轮	5	西夏	宁夏灵武回民巷	《考古》2002年8期	有
铜纺轮		西周—春秋	新疆轮台群巴克	《考古》1991年8期	有
纺轮	3	新石器（西团山文化）	吉林舒兰珠山	《考古》1985年4期	有
铁纺轮	1	六朝	四川昭化宝轮	《考古通讯》1958年7期	

锥

石锥	1	新石器（裴李岗文化）	河南新郑唐户	《考古》2008年5期	有
石锥	2	新石器（仰韶文化）	河南安阳大正集老磨岗	《考古》1965年7期	有
石锥形器	1	新石器（仰韶文化）	河南渑池西河南	《考古》1964年9期	有
石锥	1	新石器（仰韶文化）	陕西凤翔董家沟	《考古》1991年11期	有
石锥		新石器（仰韶文化）	陕西华县柳子镇	《考古》1959年11期	
石锥	2	新石器（仰韶文化）	陕西临潼康桥义和村	《考古》1965年9期	有
石锥	1	新石器（仰韶文化晚期）	陕西商州庚原	《考古》1995年10期	有

石锥	3	新石器（大溪文化）	湖南湘潭堆子岭	《考古》2000年1期	有
石锥	1	新石器（大汶口文化）	山东肥城北坦	《考古》2006年4期	有
石锥	1	新石器（红山文化）	吉林奈曼旗大沁他拉	《考古》1979年3期	有
石锥形器	3	新石器（红山文化）	辽宁凌源城子山	《考古》1986年6期	有
石锥	1	新石器（距今6000年）	内蒙古海拉尔团结	《考古》2001年5期	有
石锥		新石器（崧泽文化）	江苏张家港东山村	《考古》2010年8期	
石锥形器		新石器（良渚文化）	上海青浦寺前	《考古》2002年10期	有
石锥	5	新石器（距今5175±130年）	吉林白城靶山	《考古》1988年12期	
石锥	1	新石器（距今5000年）	辽宁大连大潘家	《考古》1994年10期	有
石锥	1	新石器（距今5000年）	辽宁瓦房店三堂村	《考古》1992年2期	有
石锥	58	新石器（距今5000年）	云南剑川海门口	《考古》2009年8期	有
石锥		新石器（小河沿文化）	内蒙古赤峰哈啦海沟	《考古》2010年2期	
石锥形器	1	新石器（龙山文化）	湖北宜都石板巷子	《考古》1985年11期	有
石锥		新石器（龙山文化）	山东潍坊姚官庄	《考古》1963年7期	
石锥	1	新石器（龙山文化）	陕西临潼李家沟	《考古》1996年12期	有
石锥	1	新石器（龙山文化晚期）	湖北罗田庙山岗	《考古》1994年9期	有
石锥	1	新石器（距今4800年）	黑龙江饶河小南山	《考古》1996年2期	有
石锥		新石器（客省庄二期文化）	陕西长安沣西客省庄	《考古》1959年10期	
石锥	1	新石器（距今4000年）	江西清江筑卫城	《考古》1982年2期	
石锥	5	新石器（距今3600年）	广东曲江鲶鱼转	《考古》1964年7期	有
石锥	1	新石器	广东东部地区	《考古》1961年12期	有
石锥	1	新石器	河南泌阳板桥三所楼	《考古》1965年9期	有
石锥		新石器	内蒙古巴林左旗富河沟门	《考古》1964年1期	
石锥	1	新石器	山东济宁琵琶山	《考古》1960年6期	有
石锥	1	新石器	四川茂汶	《考古》1959年9期	
石锥	5	新石器	新疆东部阿斯塔那	《考古》1964年7期	有
石锥		新石器	云南昆明滇池东岸	《考古》1959年4期	
石锥形器	1	新石器早期	山东章丘小荆山	《考古》1994年6期	有
石锥	6	新石器晚期	江西清江营盘里	《考古》1962年4期	有
石锥	1	青铜时代	辽宁丹东振安区小娘娘城山	《考古》1986年10期	
石锥形器	1	青铜时代（夏家店下层文化）	河北大厂大坨头	《考古》1966年1期	有
石锥	193	青铜时代（距今3800年）	云南剑川海门口	《考古》2009年8期	有

石锥	1	商	安徽含山孙家岗	《考古》1977年3期	有
石锥	1	商	河南安阳殷墟妇好墓	《考古》1976年4期	有
石锥形器	1	商	湖南保靖瓦场	《考古》1993年10期	有
石锥	1	青铜时代（距今3500年）	新疆和硕新塔那	《考古》1988年5期	有
石锥	57	商周	云南剑川海门口	《考古》1995年9期	有
石锥	1	西周	安徽安庆张四墩	《考古》2004年1期	有
石锥		西周	陕西长安沣西客省庄	《考古》1959年10期	
石锥	72	青铜时代（距今3100年）	云南剑川海门口	《考古》2009年8期	有
石锥		西周—春秋	新疆和静县察吾乎沟口	《考古》1990年6期	有
石锥		西周—春秋	新疆轮台群巴克	《考古》1987年11期	有
石锥		西周—春秋	新疆轮台群巴克	《考古》1991年8期	有
石锥	3	东周	四川会理粪箕湾	《考古》2004年10期	有
石锥		战国	陕西长安沣西客省庄	《考古》1959年10期	
石锥		战国	四川广元元宝梁	《考古》1997年5期	有
石锥	1	战国	新疆察布查尔索墩布拉克	《考古》1999年8期	有
木锥	1	东周	新疆且末加瓦艾日克	《考古》1997年9期	有
木锥	2	东汉	新疆且末加瓦艾日克	《考古》1997年9期	有
木锥	19	唐	新疆民丰尼雅古城	《考古》1961年3期	有
骨锥		新石器（距今11000年）	北京门头沟东胡林	《考古》2006年7期	
骨锥	1	新石器（距今10000多年）	河北徐水南庄头	《考古》1992年11期	有
骨锥		新石器（后李文化）	山东章丘西河	《考古》2000年10期	有
骨锥		新石器（兴隆洼文化）	内蒙古敖汉旗兴隆洼	《考古》1985年10期	有
骨锥	9	新石器（兴隆洼文化）	内蒙古敖汉旗兴隆洼	《考古》1997年1期	有
骨锥		新石器（兴隆洼文化）	内蒙古林西白音长汗	《考古》1993年7期	有
骨锥		新石器（兴隆洼文化）	内蒙古林西井沟子西梁	《考古》2006年2期	有
骨锥	1	新石器（昂昂溪文化）	吉林镇赉黄家围子	《考古》1988年2期	有
骨锥	57	新石器（距今8000年）	广西南宁豹子头	《考古》2003年10期	有
骨锥	20	新石器（距今8000年）	广西邕宁顶蛳山	《考古》1998年11期	有
骨锥	1	新石器（裴李岗文化）	河南巩义瓦窑嘴	《考古》1996年7期	有
骨锥		新石器（裴李岗文化）	河南郏县水泉	《考古》1992年10期	
骨锥		新石器（裴李岗文化）	河南新郑裴李岗	《考古》1982年4期	
骨锥	1	新石器（裴李岗文化）	河南新郑裴李岗渠东	《考古》1979年3期	
骨锥		新石器（大地湾文化）	甘肃天水西山坪	《考古》1988年5期	有
骨锥		新石器（大地湾文化）	陕西临潼白家村	《考古》1984年11期	有

骨锥		新石器（老官台文化）	陕西宝鸡高家村	《考古》1998年4期	有
骨锥	2	新石器（磁山文化）	河北容城上坡	《考古》1999年7期	有
骨锥		新石器（磁山文化）	河北武安磁山	《考古》1977年6期	有
骨锥		新石器（距今7800年）	甘肃天水西山坪	《考古》1988年6期	有
骨锥	3	新石器（青莲岗文化）	江苏常州圩墩	《考古》1978年4期	
骨锥	1	新石器（新乐文化）	吉林德惠大青嘴	《考古》1986年9期	有
骨锥		新石器（北辛文化）	山东汶上贾柏村	《考古》1993年6期	
骨锥		新石器（城背溪文化）	湖北秭归柳林溪	《考古》2000年8期	有
骨锥	11	新石器（马家浜文化）	浙江嘉兴马家浜	《考古》1961年7期	
骨锥	42	新石器（白石文化一期）	山东烟台白石村	《考古》1992年7期	有
骨锥	34	新石器（距今7000年）	吉林长岭腰井子	《考古》1992年8期	有
骨锥	1	新石器（邱家庄文化）	山东荣成河口	《考古》1997年5期	
骨锥	1	新石器（邱家庄文化）	山东烟台邱家庄	《考古》1997年5期	有
骨锥		新石器（河姆渡文化）	浙江余姚鲻山	《考古》2001年10期	有
骨锥	1	新石器（仰韶文化）	甘肃崇信梁坡	《考古》1995年1期	有
骨锥		新石器（仰韶文化）	甘肃崇信水么	《考古》1995年1期	
骨锥	2	新石器（仰韶文化）	甘肃景泰张家台	《考古》1976年3期	
骨锥		新石器（仰韶文化）	甘肃临洮临夏两县	《考古通讯》1958年9期	
骨锥	4	新石器（仰韶文化）	甘肃临夏范家村	《考古》1961年5期	
骨锥	1	新石器（仰韶文化）	甘肃宁县阳圿	《考古》1983年10期	
骨锥	24	新石器（仰韶文化）	甘肃秦安大地湾	《考古》2003年6期	有
骨锥		新石器（仰韶文化）	甘肃永昌鸳鸯池	《考古》1974年5期	有
骨锥	7	新石器（仰韶文化）	河北磁县界段营	《考古》1974年6期	
骨锥		新石器（仰韶文化）	河北蔚县三关	《考古》1981年2期	
骨锥	1	新石器（仰韶文化）	河北武安西万年	《考古》1984年1期	有
骨锥	5	新石器（仰韶文化）	河南安阳大正集老磨岗	《考古》1965年7期	有
骨锥	2	新石器（仰韶文化）	河南安阳后岗	《考古》1972年3期	
骨锥	4	新石器（仰韶文化）	河南安阳后岗	《考古》1982年6期	有
骨锥	2	新石器（仰韶文化）	河南安阳后岗高楼庄	《考古》1972年5期	有
骨锥		新石器（仰韶文化）	河南临汝大张村	《考古》1960年6期	
骨锥	1	新石器（仰韶文化）	河南临汝中山寨	《考古》1986年7期	
骨锥		新石器（仰韶文化）	河南灵宝南万村	《考古》1960年7期	
骨锥	2	新石器（仰韶文化）	河南灵宝西坡	《考古》2008年1期	有
骨锥		新石器（仰韶文化）	河南鹿邑武庄	《考古》2002年3期	有
骨锥		新石器（仰韶文化）	河南洛阳王湾一期	《考古》1961年4期	
骨锥		新石器（仰韶文化）	河南濮阳西水坡	《考古》1989年12期	
骨锥		新石器（仰韶文化）	河南陕县庙底沟	《考古通讯》1957年	

				4期	
骨锥	2	新石器（仰韶文化）	河南陕县七里铺村	《考古》1959年4期	有
骨锥	1	新石器（仰韶文化）	河南武涉东石寺	《考古》1990年3期	
骨锥		新石器（仰韶文化）	河南淅川沟湾	《考古》2010年6期	有
骨锥	1	新石器（仰韶文化）	河南新乡洛丝潭	《考古》1985年2期	有
骨锥		新石器（仰韶文化）	河南偃师灰嘴村	《考古》2010年4期	
骨锥	1	新石器（仰韶文化）	河南郑州大河村	《考古》1995年6期	有
骨锥		新石器（仰韶文化）	湖北郧县大寺	《考古》1961年10期	
骨锥		新石器（仰韶文化）	内蒙古包头西园	《考古》1990年4期	有
骨锥		新石器（仰韶文化）	内蒙古凉城王墓山	《考古》1997年4期	有
骨锥		新石器（仰韶文化）	宁夏隆德页河子	《考古》1990年4期	有
骨锥	1	新石器（仰韶文化）	山西平陆葛赵村	《考古》1960年8期	
骨锥	4	新石器（仰韶文化）	山西祁县梁村	《考古通讯》1956年2期	
骨锥		新石器（仰韶文化）	陕西宝鸡	《考古》1960年2期	
骨锥		新石器（仰韶文化）	陕西宝鸡北首岭	《考古》1979年2期	
骨锥		新石器（仰韶文化）	陕西宝鸡福临堡	《考古》1992年8期	有
骨锥		新石器（仰韶文化）	陕西宝鸡高家村	《考古》1998年4期	
骨锥		新石器（仰韶文化）	陕西宝鸡金陵河西岸	《考古》1959年5期	
骨锥		新石器（仰韶文化）	陕西邠县下孟村	《考古》1960年1期	
骨锥		新石器（仰韶文化）	陕西长安鄠县	《考古》1962年6期	
骨锥		新石器（仰韶文化）	陕西凤翔和兴平	《考古》1960年3期	
骨锥		新石器（仰韶文化）	陕西华县柳子镇	《考古》1959年2期	
骨锥		新石器（仰韶文化）	陕西华阴横阵	《考古》1960年9期	
骨锥	7	新石器（仰韶文化）	陕西华阴南城子	《考古》1984年6期	有
骨锥		新石器（仰韶文化）	陕西蓝田泄湖	《考古》1989年6期	有
骨锥	23	新石器（仰韶文化）	陕西临潼姜寨	《考古》1973年3期	
骨锥		新石器（仰韶文化）	陕西临潼姜寨	《考古》1975年5期	
骨锥	2	新石器（仰韶文化）	陕西渭南史家	《考古》1978年1期	有
骨锥		新石器（距今6870±85年）	内蒙古敖汉旗赵宝沟	《考古》1988年1期	有
骨锥		新石器（仰韶文化中期）	陕西高陵杨官寨	《考古》2009年7期	
骨锥	23	新石器（仰韶文化晚期）	河北平山中贾壁	《考古》1993年4期	有
骨锥	1	新石器（仰韶文化晚期）	陕西商州庚原	《考古》1995年10期	有
骨锥		新石器（大溪文化）	湖南洪江高庙	《考古》2006年7期	
骨锥	2	新石器（大汶口文化早	山东烟台白石村	《考古》1981年2期	有

期）

骨锥	1	新石器（大汶口文化）	山东苍山小郭村	《考古》1989年12期	
骨锥	1	新石器（大汶口文化）	山东广饶傅家	《考古》1985年9期	有
骨锥	1	新石器（大汶口文化）	山东广饶傅家	《考古》2002年9期	有
骨锥	2	新石器（大汶口文化）	山东即墨东寅堤村	《考古》1981年1期	有
骨锥	2	新石器（大汶口文化）	山东济宁玉皇顶	《考古》2005年4期	有
骨锥	1	新石器（大汶口文化）	山东临沂王家三岗	《考古》1988年8期	有
骨锥	1	新石器（大汶口文化）	山东临沂中洽沟	《考古》1992年10期	有
骨锥	12	新石器（大汶口文化）	山东栖霞古镇都	《考古》2008年2期	有
骨锥	3	新石器（大汶口文化）	山东曲阜东魏庄	《考古》1965年12期	有
骨锥	1	新石器（大汶口文化）	山东曲阜南兴埠	《考古》1984年12期	有
骨锥	2	新石器（大汶口文化）	山东乳山翁家埠	《考古》1990年12期	
骨锥	1	新石器（大汶口文化）	山东寿光后胡营	《考古》2005年9期	有
骨锥	2	新石器（大汶口文化）	山东泗水尹家城	《考古》1987年4期	有
骨锥	1	新石器（大汶口文化）	山东滕州西康留	《考古》1995年3期	有
骨锥		新石器（大汶口文化）	山东兖州王因	《考古》1979年1期	
骨锥		新石器（大汶口文化）	山东枣庄红土埠	《考古》1984年4期	有
骨锥	1	新石器（大汶口文化）	山东章丘焦家	《考古》1998年6期	有
骨锥	10	新石器（距今6140±175年）	吉林农安元宝沟	《考古》1989年12期	有
骨锥	4	新石器（红山文化）	吉林奈曼旗大沁他拉	《考古》1979年3期	有
骨锥	1	新石器（红山文化）	吉林镇赉聚宝山	《考古》1998年6期	有
骨锥	1	新石器（红山文化）	辽宁凌源牛河梁	《考古》2001年8期	有
骨锥		新石器（红山文化）	内蒙古巴林右旗那斯台	《考古》1987年6期	有
骨锥	1	新石器（北阴阳营文化）	江苏高淳薛城	《考古》2000年5期	有
骨锥	6	新石器（距今6000年）	福建平潭壳坵头	《考古》1991年7期	有
骨锥		新石器（距今6000年）	湖北枣阳雕龙碑	《考古》1992年7期	有
骨锥		新石器（距今6000年）	山东长岛北庄	《考古》1987年5期	
骨锥	51	新石器（白石文化二期）	山东烟台白石村	《考古》1992年7期	有
骨锥		新石器（崧泽文化）	上海青浦寺前	《考古》2002年10期	有
骨锥		新石器（崧泽文化）	上海松江姚家圈	《考古》2001年9期	
骨锥		新石器（后岗一期文化）	内蒙古乌兰察布石虎山	《考古》1998年12期	有
骨锥		新石器（距今5400年）	内蒙古清水河白泥窑子	《考古》1988年2期	
骨锥	62	新石器（距今5300年）	青海同德宗日	《考古》1998年5期	有
骨锥		新石器（马家窑文化早期）	青海民和胡李家	《考古》2001年1期	有

骨锥	1	新石器（马家窑文化）	甘肃兰州曹家咀	《考古》1973年3期	
骨锥		新石器（马家窑文化）	甘肃武山傅家门	《考古》1995年4期	
骨锥		新石器（马家窑文化）	青海民和阳洼坡	《考古》1984年1期	有
骨锥	105	新石器（良渚文化）	江苏吴江梅堰	《考古》1963年6期	
骨锥		新石器（良渚文化）	上海松江广富林	《考古》2008年8期	有
骨锥		新石器（良渚文化）	浙江平湖庄桥坟	《考古》2005年7期	
骨锥	24	新石器（距今5175±130年）	吉林白城靶山	《考古》1988年12期	有
骨锥	4	新石器（距今5000年）	福建东山大帽山	《考古》2003年12期	有
骨锥	51	新石器（距今5000年）	辽宁大连大潘家	《考古》1994年10期	有
骨锥	1	新石器（距今5000年）	辽宁大连文家屯	《考古》1994年4期	有
骨锥	14	新石器（距今5000年）	辽宁瓦房店三堂村	《考古》1992年2期	有
骨锥		新石器（距今5000年）	内蒙古扎鲁特南宝力皋吐	《考古》2008年7期	有
骨锥	4	新石器（距今5000年）	四川汶川姜维城	《考古》2006年11期	有
骨锥		新石器（屈家岭文化）	湖北京山屈家岭	《考古通讯》1956年3期	
骨锥	2	新石器（屈家岭文化）	湖北宜昌中堡岛	《考古》1996年9期	有
骨锥		新石器（卡若文化）	西藏拉萨曲贡村	《考古》1991年10期	有
骨锥	1	新石器（昙石山文化）	福建闽侯昙石山	《考古》1961年12期	
骨锥		新石器（昙石山文化）	福建闽侯昙石山	《考古》1964年12期	
骨锥	2	新石器（昙石山文化）	福建闽侯昙石山	《考古》1983年12期	有
骨锥		新石器（贝丘遗址）	广东潮安陈桥村	《考古》1961年11期	有
骨锥		新石器（贝丘遗址）	广西南宁	《考古》1975年5期	有
骨锥	1	新石器（庙底沟二期文化）	河南孟县许村	《考古》1999年2期	有
骨锥	1	新石器（庙底沟二期文化）	河南渑池仰韶村	《考古》1964年9期	
骨锥	1	新石器（庙底沟二期文化）	河南新安西沃	《考古》1999年8期	有
骨锥	3	新石器（庙底沟二期文化）	山西侯马东呈王	《考古》1991年2期	有
骨锥		新石器（庙底沟二期文化）	山西襄汾陶寺	《考古》1986年9期	有
骨锥		新石器（庙底沟二期文化）	山西垣曲龙王崖	《考古》1986年2期	有
骨锥	1	新石器（庙底沟二期文化）	陕西扶风太子藏	《考古》1992年12期	有
骨锥	1	新石器（马家窑文化半山型）	甘肃兰州青岗岔	《考古》1972年3期	有

骨锥		新石器（龙山文化）	安徽蒙城尉迟寺	《考古》1994年1期	有
骨锥	5	新石器（龙山文化）	安徽宿县小山口	《考古》1993年12期	有
骨锥	1	新石器（龙山文化）	河北崇礼石嘴子	《考古》1992年2期	有
骨锥		新石器（龙山文化）	河北邯郸涧沟	《考古》1959年10期	
骨锥	92	新石器（龙山文化）	河北邯郸涧沟	《考古》1961年4期	有
骨锥		新石器（龙山文化）	河北蔚县筛子绫罗	《考古》1981年2期	有
骨锥	1	新石器（龙山文化）	河北邢台柴庄	《考古》1964年6期	
骨锥		新石器（龙山文化）	河北永年台口村	《考古》1962年12期	
骨锥		新石器（龙山文化）	河南安阳大寒村南岗	《考古》1965年7期	有
骨锥	4	新石器（龙山文化）	河南安阳后岗	《考古》1982年6期	有
骨锥	1	新石器（龙山文化）	河南安阳后岗高楼庄	《考古》1972年5期	有
骨锥		新石器（龙山文化）	河南博爱西金城	《考古》2010年6期	有
骨锥	1	新石器（龙山文化）	河南登封王城岗	《考古》2006年9期	有
骨锥	1	新石器（龙山文化）	河南巩义里沟	《考古》1995年6期	有
骨锥		新石器（龙山文化）	河南辉县丰城村	《考古》1989年3期	有
骨锥		新石器（龙山文化）	河南辉县孟庄	《考古》2000年3期	有
骨锥		新石器（龙山文化）	河南临汝大张村	《考古》1960年6期	
骨锥	1	新石器（龙山文化）	河南洛阳矬李	《考古》1978年1期	有
骨锥	1	新石器（龙山文化）	河南洛阳东杨村	《考古》1983年2期	有
骨锥		新石器（龙山文化）	河南洛阳王湾三期	《考古》1961年4期	
骨锥	4	新石器（龙山文化）	河南孟津小潘沟	《考古》1978年4期	有
骨锥		新石器（龙山文化）	河南密县新砦	《考古》1981年5期	有
骨锥		新石器（龙山文化）	河南濮阳程庄	《考古》1995年12期	有
骨锥		新石器（龙山文化）	河南杞县鹿台岗	《考古》1994年8期	
骨锥		新石器（龙山文化）	河南陕县庙底沟	《考古通讯》1957年 4期	
骨锥	1	新石器（龙山文化）	河南陕县七里铺村	《考古》1959年4期	有
骨锥	1	新石器（龙山文化）	河南商丘坞墙	《考古》1983年2期	有
骨锥	1	新石器（龙山文化）	河南渑池不召寨	《考古》1964年9期	
骨锥	1	新石器（龙山文化）	河南渑池杨河	《考古》1964年9期	
骨锥		新石器（龙山文化）	河南汤阴白营	《考古》1980年3期	
骨锥	4	新石器（龙山文化）	河南卫辉倪湾	《考古》2007年5期	有
骨锥	1	新石器（龙山文化）	河南西平上坡	《考古》2004年4期	有
骨锥	3	新石器（龙山文化）	河南新乡刘庄营	《考古》1966年3期	有
骨锥		新石器（龙山文化）	河南偃师二里头	《考古》1982年5期	有
骨锥	1	新石器（龙山文化）	河南伊川马回营	《考古》1983年11期	有
骨锥		新石器（龙山文化）	河南永城黑固堆	《考古》1981年5期	有
骨锥		新石器（龙山文化）	河南永城王油坊	《考古》1978年1期	有
骨锥	7	新石器（龙山文化）	河南禹州瓦店	《考古》2000年2期	有

骨锥		新石器（龙山文化）	湖北郧县大寺	《考古》1961年10期	
骨锥	15	新石器（龙山文化）	辽宁北票丰下	《考古》1976年3期	
骨锥		新石器（龙山文化）	宁夏隆德页河子	《考古》1990年4期	
骨锥	1	新石器（龙山文化）	山东安丘峒峪村	《考古》1963年10期	有
骨锥	1	新石器（龙山文化）	山东安丘胡峪村	《考古》1963年10期	有
骨锥	3	新石器（龙山文化）	山东曹县莘家集	《考古》1980年5期	有
骨锥	1	新石器（龙山文化）	山东昌乐秦家淳于村	《考古》1987年7期	有
骨锥		新石器（龙山文化）	山东昌乐邹家庄	《考古》1987年5期	
骨锥		新石器（龙山文化）	山东荏平教场铺	《考古》2005年1期	
骨锥		新石器（龙山文化）	山东荏平南陈庄	《考古》1985年4期	有
骨锥	4	新石器（龙山文化）	山东费县崮子	《考古》1986年11期	有
骨锥	3	新石器（龙山文化）	山东广饶营子	《考古》1985年9期	有
骨锥	4	新石器（龙山文化）	山东海阳司马台	《考古》1985年12期	有
骨锥	1	新石器（龙山文化）	山东梁山青堌堆	《考古》1962年1期	有
骨锥	1	新石器（龙山文化）	山东临沂毛官庄	《考古》1961年11期	
骨锥	1	新石器（龙山文化）	山东临沂土城子	《考古》1961年11期	
骨锥	8	新石器（龙山文化）	山东平度东岳石村	《考古》1962年10期	有
骨锥		新石器（龙山文化）	山东日照两城镇	《考古》1997年4期	有
骨锥	1	新石器（龙山文化）	山东泗水尹家城	《考古》1965年1期	有
骨锥		新石器（龙山文化）	山东阳谷景阳岗	《考古》1997年5期	有
骨锥	10	新石器（龙山文化）	山东禹城邢寨汪	《考古》1983年11期	有
骨锥	4	新石器（龙山文化）	山西芮城南礼教村	《考古》1964年6期	有
骨锥		新石器（龙山文化）	山西五台阳白	《考古》1997年4期	有
骨锥		新石器（龙山文化）	山西襄汾丁村	《考古》1991年10期	
骨锥		新石器（龙山文化）	山西忻州游邀	《考古》1989年4期	有
骨锥	2	新石器（龙山文化）	山西垣曲龙王崖	《考古》1986年2期	有
骨锥		新石器（龙山文化）	陕西华县柳子镇	《考古》1959年11期	
骨锥		新石器（龙山文化）	陕西华阴横阵	《考古》1960年9期	
骨锥	1	新石器（龙山文化）	陕西临潼姜寨	《考古》1975年5期	
骨锥	1	新石器（龙山文化）	陕西商洛东	《考古》2009年12期	有
骨锥		新石器（龙山文化早期）	河南汤阴白营	《考古》1980年3期	有
骨锥		新石器（龙山文化晚期）	内蒙古清水河白泥窑子	《考古》1988年2期	有
骨锥		新石器（距今4700年）	广西那坡感驮岩	《考古》2003年10期	有
骨锥	1	新石器（距今4700年）	四川巫山魏家梁子	《考古》1996年8期	有
骨锥	3	新石器（距今4600年）	重庆巫山锁龙	《考古》2006年3期	有
骨锥		新石器（龙山文化陶寺型）	山西曲沃方城	《考古》1988年4期	有

骨锥		新石器（龙山文化陶寺型）	山西襄汾丁村曲舌头	《考古》2002年4期	有
骨锥	3	新石器（龙山文化陶寺型）	山西襄汾陶寺	《考古》2003年3期	有
骨锥		新石器（凤鼻头文化）	台湾高雄凤鼻头	《考古》1979年3期	
骨锥		新石器（马家窑文化马厂型）	甘肃临夏马家湾	《考古》1961年11期	
骨锥		新石器（客省庄二期文化）	陕西长安沣西客省庄	《考古》1959年10期	有
骨锥		新石器（客省庄二期文化）	陕西长安鄠县	《考古》1962年6期	
骨锥		新石器（客省庄二期文化）	陕西扶风案板	《考古》1987年10期	有
骨锥		新石器（齐家文化）	甘肃临潭磨沟	《考古》2009年7期	
骨锥		新石器（齐家文化）	甘肃临夏大何庄	《考古》1960年3期	
骨锥	1	新石器（齐家文化）	甘肃岷县杏林	《考古》1985年11期	有
骨锥	2	新石器（齐家文化）	青海大通黄家寨	《考古》1994年3期	有
骨锥	1	新石器（齐家文化）	青海互助总寨	《考古》1986年4期	有
骨锥	1	新石器（齐家文化）	青海民和罗巴垣	《考古》1993年3期	有
骨锥		新石器（齐家文化）	青海循化量麻水库	《考古》1991年4期	有
骨锥	2	新石器（距今4200年）	湖北均县乱石滩	《考古》1986年7期	有
骨锥	1	新石器（距今4150±100年）	甘肃永靖马家湾	《考古》1975年2期	有
骨锥	2	新石器（距今4000年）	青海民和喇家	《考古》2002年12期	有
骨锥		新石器（岳石文化）	河南夏邑清凉山	《考古》1997年11期	有
骨锥	3	新石器（岳石文化）	山东沂源姑子坪	《考古》2003年1期	有
骨锥		新石器	安徽五河濠城	《考古》1959年7期	
骨锥	2	新石器	福建闽侯庄边山	《考古》1961年1期	
骨锥		新石器	甘肃兰州西瓜坡岘	《考古》1960年9期	
骨锥	3	新石器	广东阳春独石仔	《考古》1982年5期	有
骨锥	6	新石器	广西桂林甑皮岩	《考古》1976年3期	有
骨锥	15	新石器	广西柳州鲤里嘴	《考古》1983年9期	有
骨锥		新石器	河南鲁山邱公城	《考古》1962年11期	
骨锥		新石器	河南漯河澧河	《考古通讯》1957年3期	
骨锥	2	新石器	河南唐河寨茨岗	《考古》1963年12期	
骨锥	4	新石器	河南镇平赵湾	《考古》1962年1期	
骨锥	1	新石器	黑龙江嫩江下游官地村	《考古》1960年4期	有
骨锥	5	新石器	黑龙江宁安大牡丹屯	《考古》1961年10期	
骨锥	25	新石器	黑龙江宁安东康	《考古》1975年3期	有

骨锥	6	新石器	黑龙江宁安东昇	《考古》1977年3期　有
骨锥	4	新石器	黑龙江宁安牛场	《考古》1960年4期
骨锥		新石器	黑龙江齐齐哈尔昂昂溪	《考古通讯》1957年2期
骨锥	2	新石器	湖北蕲春易家山	《考古》1960年5期
骨锥	1	新石器	湖北秭归柳林溪	《考古》1961年5期
骨锥	1	新石器	湖南新宁白面寨	《考古》1991年10期　有
骨锥	2	新石器	吉林大安仁喜山	《考古》1984年8期　有
骨锥	1	新石器	吉林省吉林市东郊两半山	《考古》1964年1期　有
骨锥	6	新石器	吉林汪清天桥岭	《考古通讯》1956年6期
骨锥	4	新石器	江苏常州圩墩	《考古》1974年2期
骨锥		新石器	江苏赣榆青墩庙	《考古》1962年3期
骨锥	2	新石器	江苏新海连市大村	《考古》1961年6期　有
骨锥		新石器	辽宁长海小珠山	《考古》2009年5期
骨锥	3	新石器	辽宁锦州山河营子	《考古》1986年10期
骨锥		新石器	内蒙古巴林左旗富河沟门	《考古》1964年1期　有
骨锥		新石器	内蒙古包头阿善	《考古》1984年2期
骨锥	6	新石器	内蒙古赤峰东山咀	《考古》1983年5期　有
骨锥		新石器	青海乐都柳湾	《考古》1976年6期　有
骨锥		新石器	青海民和阳山	《考古》1984年5期　有
骨锥	2	新石器	山东长岛大口	《考古》1985年12期
骨锥	8	新石器	山东济宁琵琶山	《考古》1960年6期　有
骨锥		新石器	山东胶县三里河	《考古》1977年4期
骨锥	3	新石器	山东曲阜尼山	《考古》1965年12期　有
骨锥	1	新石器	山东日照两城镇	《考古》1960年9期　有
骨锥	12	新石器	山东泗水尹家城	《考古》1980年1期　有
骨锥	1	新石器	陕西洛南焦村	《考古》1983年1期　有
骨锥		新石器	陕西西安半坡	《考古通讯》1955年2期　有
骨锥		新石器	陕西西安半坡	《考古通讯》1956年2期　有
骨锥		新石器	台湾台北圆山	《考古》1979年3期
骨锥	1	新石器	新疆伊吾县卡尔桑	《考古》1964年7期
骨锥	2	新石器	云南景洪曼运	《考古》1965年11期
骨锥		新石器	云南昆明滇池东岸	《考古》1959年4期　有
骨锥	1	新石器	浙江湖州长生庵	《考古通讯》1958年

8期

骨锥	1	新石器中期	广西横县江口	《考古》2000年1期	有
骨锥		新石器晚期	内蒙古包头西园	《考古》1990年4期	有
骨锥	1	新石器晚期	山西太原义井村	《考古》1961年4期	
骨锥	1	新石器（石峡文化）—夏商	广东南海鱿鱼岗	《考古》1997年6期	有
骨锥		新石器（龙山文化）—商	河南偃师二里头	《考古》1961年2期	有
骨锥	16	新石器（客省庄二期文化）—商早期	内蒙古准格尔旗大口	《考古》1979年4期	有
骨锥	1	新石器—青铜时代	辽宁本溪庙后山	《考古》1985年6期	
骨锥		夏（新砦期文化）	河南新密新砦	《考古》2009年2期	有
骨锥	2	夏（二里头文化）	河南临汝煤山	《考古》1975年5期	
骨锥		夏（二里头文化）	河南洛阳东马沟	《考古》1978年1期	
骨锥		夏（二里头文化）	河南密县新砦	《考古》1981年5期	有
骨锥	3	夏（二里头文化）	河南西平上坡	《考古》2004年4期	有
骨锥		夏（二里头文化）	河南新密新砦大型建筑基址	《考古》2009年2期	有
骨锥		夏（二里头文化）	河南偃师二里头	《考古》1965年5期	有
骨锥		夏（二里头文化）	河南偃师二里头	《考古》1975年5期	有
骨锥	1	夏（二里头文化）	河南偃师灰嘴村	《考古》2010年2期	有
骨锥	4	夏（二里头文化）	山西夏县辕村	《考古》2009年11期	有
骨锥	1	夏（二里头文化）	山西永济东马铺头	《考古》1980年3	
骨锥		夏（二里头文化）	山西垣曲古城南关	《考古》2005年11期	
骨锥		夏	甘肃民乐东灰山	《考古》1995年12期	有
骨锥		夏	山西忻州游邀	《考古》1989年4期	有
骨锥		夏早期	河南巩义花地嘴	《考古》2005年6期	
骨锥	1	青铜时代	黑龙江宾县老山头	《考古》1962年3期	有
鱼骨锥	1	青铜时代	黑龙江宾县老山头	《考古》1962年3期	有
骨锥	13	青铜时代	辽宁瓦房店三堂村	《考古》1992年2期	有
骨锥	1	青铜时代	四川忠县瓮井沟	《考古》1962年8期	
骨锥	1	青铜时代（距今4000年）	辽宁大连大嘴子	《考古》1996年2期	有
骨锥	2	青铜时代（距今4000年）	辽宁大连小黑石砣子	《考古》1994年4期	有
骨锥	2	青铜时代（夏家店下层文化）	辽宁阜新平项山石城址	《考古》1992年5期	有
骨锥	1	青铜时代（夏家店下层文化）	辽宁凌源城子山	《考古》1986年6期	有
骨锥	9	青铜时代（夏家店下层	内蒙古赤峰康家湾	《考古》2008年11期	有

		文化）		
骨锥		青铜时代（夏家店下层文化）	内蒙古赤峰三座店	《考古》2007年7期
骨锥		青铜时代（夏家店下层文化）	内蒙古赤峰上机房营子	《考古》2008年1期
骨锥		青铜时代（夏家店下层文化）	内蒙古赤峰药王庙	《考古》1961年2期
骨锥	1	青铜时代（夏家店下层文化）	天津蓟县张家园	《考古》1984年8期　有
骨锥		青铜时代（夏家店下层文化）	天津蓟县张家园	《考古》1993年4期　有
骨锥	14	青铜时代（湖熟文化）	江苏南京西善桥	《考古》1962年3期　有
骨锥		青铜时代（广富林文化）	上海松江广富林	《考古》2002年10期　有
骨锥		青铜时代（距今3800年）	广西那坡感驮岩	《考古》2003年10期　有
骨锥	40	青铜时代（距今3800年）	云南剑川海门口	《考古》2009年8期　有
骨锥		夏商	河北宣化李大人庄	《考古》1990年5期　有
骨锥	4	夏商	山西襄汾大柴	《考古》1987年7期　有
骨锥	18	先商	河北邯郸北羊台	《考古》2001年2期　有
骨锥		先商	河北邢台葛家庄	《考古》2005年2期　有
骨锥	4	商早期	河南偃师高崖东台地	《考古》1964年11期　有
骨锥	1	商	安徽含山孙家岗	《考古》1977年3期
骨锥	1	商	北京房山刘李店	《考古》1963年3期
骨锥		商	河北磁县高家庄	《考古》1959年7期
骨锥	1	商	河北磁县界段营	《考古》1974年6期
骨锥		商	河北邯郸涧沟	《考古》1959年10期
骨锥		商	河北邯郸涧沟	《考古》1961年4期
骨锥	3	商	河北灵寿北宅村	《考古》1966年2期
骨锥	3	商	河北卢龙东阚各庄	《考古》1985年11期　有
骨锥	5	商	河北唐山古冶	《考古》1984年9期
骨锥		商	河北邢台东先贤村	《考古》1959年2期
骨锥		商	河北邢台东先贤村	《考古》2003年11期　有
骨锥		商	河北邢台葛家庄	《考古》2005年2期　有
骨锥	24	商	河南安阳高楼庄	《考古》1963年4期　有
骨锥	1	商	河南安阳郭村西南台	《考古》1965年7期　有
骨锥	4	商	河南安阳后岗	《考古》1993年10期　有
骨锥	5	商	河南安阳洹北花园庄	《考古》1998年10期　有
骨锥	2	商	河南安阳西郊薛家庄	《考古通讯》1958年

				8期	
骨锥	7	商	河南安阳小屯东北地	《考古》1989年10期	有
骨锥	16	商	河南安阳小屯西地	《考古》2009年9期	有
骨锥		商	河南安阳孝民屯	《考古》2007年1期	
骨锥	5	商	河南安阳孝民屯东南地	《考古》2009年9期	有
骨锥		商	河南安阳殷墟	《考古》1961年2期	
骨锥		商	河南洛阳东乾沟	《考古》1959年10期	
骨锥	13	商	河南孟县涧溪	《考古》1961年1期	
骨锥	2	商	河南渑池鹿寺	《考古》1964年9期	有
骨锥		商	河南夏邑清凉山	《考古》1997年11期	有
骨锥		商	河南偃师二里头	《考古》1974年4期	有
骨锥	1	商	河南偃师商城	《考古》1984年6期	有
骨锥	1	商	河南偃师尸乡沟	《考古》1988年2期	有
骨锥	1	商	河南郑州经五路	《考古》1986年4期	有
骨锥	3	商	河南郑州铭功路东	《考古》2002年9期	有
骨锥	1	商	河南郑州上街	《考古》1960年6期	
骨锥	2	商	河南郑州上街	《考古》1966年1期	有
骨锥	1	商	湖北江陵梅槐桥	《考古》1990年9期	有
骨锥		商	湖北孝感凤凰墩	《考古》1994年9期	
骨锥	1	商	湖南石门皂市	《考古》1962年3期	有
骨锥	1	商	江苏句容城头山	《考古》1985年4期	有
骨锥		商	江苏徐州丘湾	《考古》1960年3期	
骨锥	5	商	山东济南大辛庄	《考古》1959年4期	
骨锥	1	商	山东济宁玉皇顶	《考古》2005年4期	有
骨锥	2	商	山东济宁张山洼	《考古》2007年9期	有
骨锥		商	山东平阴朱家桥	《考古》1961年2期	有
骨锥	1	商	陕西洛南焦村	《考古》1983年1期	有
骨锥	3	商	天津蓟县围坊	《考古》1983年10期	有
骨锥	10	青铜时代（寺洼文化）	甘肃卓尼芭儿	《考古》1994年1期	有
骨锥		商晚期	河北容城上坡	《考古》1999年7期	
骨锥		商周	河北曲阳冯家岸	《考古通讯》1955年1期	有
骨锥	13	商周	河北邢台东先贤村	《考古》2002年3期	有
骨锥		商周	黑龙江宁安莺歌岭	《考古》1981年6期	有
骨锥	4	商周	江西湖口下石钟山	《考古》1987年12期	
骨锥		商周	内蒙古克什克腾旗龙头山	《考古》1991年8期	有
骨锥		商周	内蒙古宁城小榆树林子	《考古》1965年12期	
骨锥	3	商周	山东茌平南陈庄	《考古》1985年4期	有

骨锥		商周	山东济阳邝塚	《考古》1990年6期	
骨锥	2	商周	山东青岛市郊云头崮	《考古》1965年9期	有
骨锥	1	商周（距今3300年）	贵州威宁吴家大坪	《考古》2006年8期	有
骨锥	2	西周	安徽六安堰墩	《考古》2002年2期	有
骨锥	4	西周	北京房山董家林	《考古》1963年3期	
骨锥形器		西周	河南洛阳北窑	《考古》1983年5期	有
骨锥	19	西周	黑龙江肇源白金宝	《考古》1980年4期	有
骨锥	1	西周	湖北蒲圻赤壁山	《考古》1995年2期	有
骨锥		西周	湖北蕲春毛家嘴	《考古》1962年1期	
骨锥	10	西周	江苏东海庙墩	《考古》1986年12期	
骨锥	3	西周	江苏新沂三里墩	《考古》1960年7期	
骨锥	3	西周	辽宁阜新平项山石城址	《考古》1992年5期	有
骨锥		西周	山东长清仙人台	《考古》1998年9期	有
骨锥	5	西周	山东东营南河崖	《考古》2010年3期	有
骨锥		西周	山东高青陈庄	《考古》2010年8期	
骨锥	1	西周	山东寿光大荒北央	《考古》2005年12期	
骨锥	4	西周	陕西邠县下孟村	《考古》1960年1期	
骨锥		西周	陕西浐灞两河沿岸	《考古》1961年11期	
骨锥		西周	陕西长安沣东白家庄北	《考古》1963年8期	
骨锥		西周	陕西长安沣西张家坡	《考古》1959年10期	
骨锥	14	西周	陕西长安沣西张家坡	《考古》1964年9期	有
骨锥		西周	陕西凤翔和兴平	《考古》1960年3期	
骨锥	8	西周	陕西扶风柿坡	《考古》1996年7期	有
骨锥	1	西周	陕西扶风云塘村	《考古》2002年9期	有
骨锥	2	西周	陕西泾水上游	《考古》1962年6期	
骨锥	1	西周	陕西武功柴家咀	《考古》1996年7期	有
骨锥	3	西周	陕西西安张家坡	《考古》1994年10期	有
骨锥		西周	天津蓟县张家园	《考古》1993年4期	
骨锥	23	青铜时代（距今3100年）	云南剑川海门口	《考古》2009年8期	有
骨锥		青铜时代（辛店文化）	甘肃临夏姬家川	《考古》1962年2期	
骨锥	6	青铜时代（辛店文化）	甘肃永靖莲花台黑头咀	《考古》1980年4期	有
骨锥	26	青铜时代（辛店文化）	甘肃永靖莲花台瓦渣咀	《考古》1980年4期	有
骨锥	1	周	甘肃西汉水流域	《考古》1959年3期	
骨锥	4	青铜时代（夏家店上层文化）	辽宁建平喀喇沁	《考古》1983年11期	有
骨锥	2	青铜时代（夏家店上层文化）	辽宁锦州山河营子	《考古》1986年10期	
骨锥		青铜时代（夏家店上层	内蒙古赤峰夏家店上层	《考古》1961年2期	

文化）

骨锥	3	青铜时代（卡约文化）	青海化隆上半主洼	《考古》1998年1期	有
骨锥		青铜时代（卡约文化）	青海湟源莫布拉	《考古》1990年11期	
骨锥	1	青铜时代（卡约文化）	青海民和上红庄台	《考古》1993年3期	有
骨锥		西周—春秋	吉林双辽后太平	《考古》2009年5期	
骨锥	1	西周—春秋	新疆拜城县克孜尔吐尔	《考古》2002年6期	有
骨锥		西周—春秋	新疆和静县察吾乎沟口	《考古》1990年6期	有
骨锥		西周—春秋	新疆轮台群巴克	《考古》1991年8期	有
骨锥		西周—战国	新疆木垒四道沟	《考古》1982年2期	
骨锥	4	青铜时代（距今2875±130年）	辽宁铁岭邱台	《考古》1996年2期	有
骨锥	3	青铜时代—东汉	吉林汪清新安闾	《考古》1961年8期	
骨锥	1	东周	河北易县燕下都	《考古》1987年5期	有
骨锥		东周	黑龙江泰来平洋砖厂	《考古》1989年12期	有
骨锥		东周	黑龙江泰来战斗村	《考古》1989年12期	有
骨锥	7	东周	吉林通化万发拨子	《考古》2003年8期	有
骨锥	6	东周	吉林汪清金城	《考古》1986年2期	有
骨锥	1	东周	辽宁清原门脸	《考古》1981年2期	
骨锥		东周	山东临淄后李	《考古》1992年11期	有
骨锥	2	东周	山东青岛崂山东古镇村	《考古》1959年3期	
骨锥	44	春秋	海南东方荣村	《考古》2003年4期	
骨锥		春秋	河南安阳黄张村	《考古》2009年4期	有
骨锥		春秋	山东长清仙人台	《考古》1998年9期	有
骨锥	4	战国	河北邯郸百家村	《考古》1962年12期	
骨锥	2	战国	吉林大安东山头	《考古》1961年8期	
骨锥	2	战国	吉林珲春河西北山	《考古》1994年5期	有
骨锥	4	战国	山西侯马牛村	《考古》1988年10期	
骨锥	2	战国	四川成都青羊宫	《考古》1959年8期	
骨锥	1	战国	四川茂汶营盘山	《考古》1981年5期	有
骨锥	2	战国	四川石棉永和	《考古》1996年11期	有
骨锥		东周—汉	河北容城南阳	《考古》1993年3期	
骨锥	4	战国—秦	四川甘孜吉里龙	《考古》1986年1期	有
骨锥		战国—汉	四川甘孜	《考古通讯》1958年1期	有
骨锥	6	战国—西汉	黑龙江宾县庆华	《考古》1988年7期	有
骨锥	1	秦汉	西藏札达皮央东嘎	《考古》2001年6期	有
骨锥	1	汉	黑龙江海林东兴	《考古》1996年10期	有
骨锥	4	汉	黑龙江海林渡口	《考古》1997年7期	有
骨锥		汉	黑龙江海林河口	《考古》1996年2期	有

骨锥	5	西汉	四川宝兴瓦西沟口	《考古》1982年4期	
骨锥	1	西汉	四川凉山喜德拉克	《考古》1978年2期	有
骨锥		西汉	新疆巴里坤县东黑沟	《考古》2009年1期	有
骨锥	5	东汉	内蒙古扎赉诺尔	《考古》1961年12期	有
骨锥形器	1	东汉	天津武清兰城	《考古》2001年9期	有
骨锥	3	汉魏	黑龙江桦南小八浪	《考古》2002年7期	有
骨锥	4	汉魏	黑龙江讷河二克浅	《考古》2003年2期	有
骨锥		东汉-北朝	黑龙江海林河口	《考古》1996年2期	有
骨锥		魏晋	黑龙江友谊凤林	《考古》2000年11期	有
骨锥	1	唐	陕西西安唐长安城西市	《考古》1961年5期	
骨锥	2	高句丽（公元7世纪）	辽宁沈阳石台子拦水坝	《考古》2010年12期	有
骨锥	2	渤海国时期	黑龙江海林兴农	《考古》2005年3期	有
骨锥		辽金	内蒙古科右前旗	《考古》1987年1期	
骨锥	1	金	内蒙古哲里木盟霍林河	《考古》1984年2期	
角锥	1	新石器（距今10000多年）	河北徐水南庄头	《考古》1992年11期	有
角锥		新石器（兴隆洼文化）	内蒙古林西井沟子西梁	《考古》2006年2期	有
角锥	1	新石器（距今8000年）	安徽宿县小山口	《考古》1993年12期	有
角锥	1	新石器（大地湾文化）	陕西临潼白家村	《考古》1984年11期	有
角锥	2	新石器（北辛文化）	山东济宁张山	《考古》1996年4期	有
角锥		新石器（北辛文化）	山东汶上贾柏村	《考古》1993年6期	
角锥	2	新石器（北辛文化）	山东邹平苑城	《考古》1989年6期	有
角锥	1	新石器（马家浜文化）	上海青浦崧泽	《考古》1992年3期	
角锥	7	新石器（仰韶文化）	甘肃秦安大地湾	《考古》2003年6期	有
角锥	1	新石器（仰韶文化）	河北磁县界段营	《考古》1974年6期	有
角锥	1	新石器（仰韶文化）	河北张家口蔚县下水磨村	《考古》1959年7期	
角锥	1	新石器（仰韶文化）	河南灵宝北阳平	《考古》2001年7期	
鹿角锥	1	新石器（仰韶文化）	山西垣曲小赵	《考古》1998年4期	有
角锥		新石器（仰韶文化）	陕西凤翔和兴平	《考古》1960年3期	
角锥	1	新石器（仰韶文化晚期）	河北平山中贾壁	《考古》1993年4期	有
角锥	1	新石器（大汶口文化）	安徽宿县古台寺	《考古》1993年12期	有
鹿角锥	1	新石器（大汶口文化）	山东济宁玉皇顶	《考古》2005年4期	有
角锥	1	新石器（大汶口文化）	山东章丘焦家	《考古》1998年6期	有
角锥	2	新石器（距今6140±175年）	吉林农安元宝沟	《考古》1989年12期	有
角锥	2	新石器（红山文化）	内蒙古巴林右旗那斯台	《考古》1987年6期	有
角锥		新石器（后岗一期文	内蒙古乌兰察布石虎山	《考古》1998年12期	有

		化）		
角锥		新石器（距今5400年）	内蒙古清水河白泥窑子	《考古》1988年2期
角锥	98	新石器（良渚文化）	江苏吴江梅堰	《考古》1963年6期 有
角锥	1	新石器（距今5000年）	辽宁大连大潘家	《考古》1994年10期 有
角锥	1	新石器（距今5000年）	辽宁瓦房店三堂村	《考古》1992年2期 有
鹿角锥	4	新石器（贝丘遗址）	辽宁大连长海大长山岛	《考古》1962年7期 有
角锥	1	新石器（龙山文化）	安徽宿县小山口	《考古》1993年12期 有
角锥		新石器（龙山文化）	河南濮阳程庄	《考古》1995年12期 有
角锥		新石器（龙山文化）	河南汤阴白营	《考古》1980年3期
角锥	1	新石器（龙山文化）	河南新乡洛丝潭	《考古》1985年2期 有
角锥		新石器（龙山文化）	河南永城黑固堆	《考古》1981年5期
角锥	2	新石器（龙山文化）	山东安丘峒峪村	《考古》1963年10期 有
角锥	3	新石器（龙山文化）	山东安丘胡峪村	《考古》1963年10期 有
角锥	2	新石器（龙山文化）	山东茌平南陈庄	《考古》1985年4期 有
鹿角锥		新石器（龙山文化）	山东梁山青堌堆	《考古》1962年1期 有
角锥	4	新石器（龙山文化）	山东潍县狮子行	《考古》1984年8期 有
角锥		新石器（客省庄二期文化）	陕西扶风案板	《考古》1987年10期 有
角锥		新石器	安徽灵璧蒋庙村	《考古通讯》1955年5期
角锥	7	新石器	黑龙江宁安东康	《考古》1975年3期
角锥	3	新石器	黑龙江宁安东昇	《考古》1977年3期 有
角锥	1	新石器	江苏常州圩墩	《考古》1974年2期 有
鹿角锥		新石器	江苏新沂三里墩	《考古通讯》1958年1期
角锥		新石器	内蒙古包头阿善	《考古》1984年2期
角锥		新石器	内蒙古清水河白泥窑子	《考古》1988年2期
角锥	1	新石器	山东莱阳于家店	《考古》1963年7期 有
角锥		新石器	山东泗水尹家城	《考古》1980年1期
角锥		新石器	云南剑川海门口	《考古通讯》1958年6期
角锥	1	新石器早期	山东章丘小荆山	《考古》1994年6期 有
角锥	1	新石器（石峡文化）—夏商	广东南海鱿鱼岗	《考古》1997年6期 有
角锥		新石器—商周	河北承德地区	《考古》1962年12期 有
角锥	1	青铜时代	辽宁瓦房店三堂村	《考古》1992年2期 有
角锥	1	青铜时代（夏家店下层文化）	内蒙古赤峰康家湾	《考古》2008年11期 有
角锥	1	先商	河北邯郸北羊台	《考古》2001年2期 有

角锥	2	商	广东深圳向南村	《考古》1997年6期	有
角锥	1	商	河北灵寿北宅村	《考古》1966年2期	
角锥	2	商	河北卢龙东阚各庄	《考古》1985年11期	有
角锥	2	商	河北唐山古冶	《考古》1984年9期	
角锥		商	河南安阳殷墟	《考古》1961年2期	
角锥	1	商	河南孟县涧溪	《考古》1961年1期	
角锥		商	河南偃师商城宫城北部	《考古》2000年7期	有
角锥		商	湖北沙市周梁玉桥	《考古》2004年9期	有
角锥		商	江苏铜山丘湾	《考古》1973年2期	
角锥		商	江苏徐州丘湾	《考古》1960年3期	
角锥		商	山东平阴朱家桥	《考古》1961年2期	
角锥		商晚期	河南荥阳关帝庙	《考古》2008年7期	有
角锥		商周	河北曲阳冯家岸	《考古通讯》1955年1期	有
角锥	1	商周	山东青岛市郊云头崮	《考古》1965年9期	
角锥	1	西周	北京房山董家林	《考古》1963年3期	
角锥	1	西周	江苏新沂三里墩	《考古》1960年7期	
角锥		青铜时代（辛店文化）	甘肃永靖莲花台瓦渣咀	《考古》1980年4期	
角锥	1	青铜时代（距今2800年）	吉林长白民主	《考古》1995年8期	有
角锥	3	春秋	海南东方荣村	《考古》2003年4期	有
鹿角锥		战国	山东临淄故城农场T101	《考古》1961年6期	
角锥	1	汉魏	黑龙江桦南小八浪	《考古》2002年7期	有
角锥		东汉—北朝	黑龙江海林河口	《考古》1996年2期	有
角锥	5	渤海国时期	黑龙江海林兴农	《考古》2005年3期	有
牙锥	2	新石器（距今8000年）	广西南宁豹子头	《考古》2003年10期	有
牙锥		新石器（仰韶文化）	河北安新梁庄	《考古》1990年6期	
牙锥	1	新石器（大汶口文化）	山东济宁玉皇顶	《考古》2005年4期	有
牙锥	19	新石器（距今5000年）	辽宁大连大潘家	《考古》1994年10期	有
牙锥		商周	黑龙江宁安莺歌岭	《考古》1981年6期	
牙锥	1	汉	黑龙江海林兴农	《考古》2005年3期	有
蚌锥	1	新石器（距今6140±175年）	吉林农安元宝沟	《考古》1989年12期	有
蚌锥	1	新石器（龙山文化）	河北邯郸涧沟	《考古》1961年4期	
蚌锥		新石器（龙山文化）	河北永年台口村	《考古》1962年12期	
蚌锥		新石器（龙山文化）	河南永城王油坊	《考古》1978年1期	有
蚌锥		新石器（龙山文化）	山东阳谷景阳岗	《考古》1997年5期	有
蚌锥		商	河南郑州电力学校	《考古》1986年4期	
玉锥形器	16	新石器（良渚文化）	上海金山亭林	《考古》2002年10期	有

玉锥形器	1	新石器（良渚文化）	上海青浦金山汶	《考古》1989年7期	有
玉锥		新石器（良渚文化）	上海青浦寺前	《考古》2002年10期	有
玉锥形器		新石器（良渚文化）	上海松江广富林	《考古》2002年10期	有
玉锥形器	15	新石器（良渚文化）	浙江海盐龙潭港	《考古》2001年10期	有
玉锥	2	新石器（良渚文化）	浙江建德久湖	《考古》2006年5期	有
玉锥		新石器（良渚文化）	浙江平湖庄桥坟	《考古》2005年7期	
玉锥	3	商	四川广汉三星堆仁胜村	《考古》2004年10期	有
陶锥	2	新石器（仰韶文化）	陕西华阴南城子	《考古》1984年6期	有
陶锥形器		新石器（龙山文化）	山东青岛石院	《考古》1964年11期	有
陶锥	1	新石器	湖北蕲春易家山	《考古》1960年5期	有
铜锥	1	新石器（齐家文化）	甘肃临夏秦魏家	《考古》1960年3期	
骨柄铜锥	2	新石器（齐家文化）	青海互助总寨	《考古》1986年4期	有
铜锥	1	新石器	新疆伊吾县卡尔桑	《考古》1964年7期	
铜锥		夏（二里头文化）	河南偃师二里头	《考古》1965年5期	有
铜锥		夏	甘肃民乐东灰山	《考古》1995年12期	
铜锥	1	青铜时代	黑龙江讷河库勒浅	《考古》2006年5期	
铜锥	1	青铜时代（距今3800年）	云南剑川海门口	《考古》2009年8期	有
铜锥		商	河南安阳花园庄	《考古》2004年1期	
铜锥	1	商	河南安阳小屯西地	《考古》2009年9期	有
铜锥		商	河南安阳殷墟	《考古》1961年2期	
铜锥	1	商	河南罗山蟒张	《考古》1981年2期	有
铜锥		商	河南偃师二里头	《考古》1974年4期	有
铜锥	2	商	河南偃师尸乡沟	《考古》1985年4期	有
铜锥	2	商	河南郑州经五路	《考古》1986年4期	有
铜锥	1	青铜时代（距今3500年）	新疆和硕新塔那	《考古》1988年5期	
铜锥		商周	内蒙古克什克腾旗龙头山	《考古》1991年8期	有
铜锥	6	商周	云南剑川海门口	《考古》1995年9期	有
铜锥	1	青铜时代（距今3300年）	云南鲁甸野石山	《考古》2009年8期	有
铜锥		青铜时代（距今3200年）	云南大理海东银梭岛	《考古》2009年8期	有
铜锥	1	西周	安徽六安堰墩	《考古》2002年2期	有
铜锥	1	西周	辽宁建平烧锅营子	《考古》1983年8期	有
铜锥	1	西周	辽宁建平水泉城子	《考古》1983年8期	有
铜锥	5	西周	宁夏中卫狼窝子坑	《考古》1989年11期	有
铜锥		西周	陕西长安沣东白家庄北	《考古》1963年8期	

铜锥		西周	陕西长安沣西张家坡	《考古》1959年10期	
铜锥	1	西周	陕西长安沣西张家坡	《考古》1964年9期	有
铜锥	1	西周	陕西扶风柿坡	《考古》1996年7期	有
铜锥		西周	陕西扶风齐家村	《考古》1980年1期	
铜锥	1	青铜时代（距今3100年）	云南剑川海门口	《考古》2009年8期	有
铜锥	2	青铜时代（辛店文化）	甘肃永靖莲花台瓦渣咀	《考古》1980年4期	有
铜锥	1	青铜时代（辛店文化）	青海民和籫箕掌	《考古》1993年3期	有
铜锥	1	青铜时代（距今3000年）	新疆哈密艾斯克霞尔	《考古》2002年6期	有
铜锥		青铜时代（夏家店上层文化）	内蒙古敖汉旗周家地	《考古》1984年5期	有
铜锥		青铜时代（夏家店上层文化）	内蒙古赤峰夏家店上层	《考古》1961年2期	
铜锥	1	青铜时代（卡约文化）	青海化隆上半主洼	《考古》1998年1期	有
铜锥	1	西周—春秋	北京延庆西拨子	《考古》1979年3期	有
铜锥	4	西周—春秋	吉林双辽后太平	《考古》2009年5期	有
铜锥	1	西周—春秋	内蒙古宁城南山根102号墓	《考古》1981年4期	有
铜锥	1	东周	甘肃镇原庙渠村	《考古》1988年5期	有
铜锥	1	东周	河北易县燕下都	《考古》1987年5期	有
铜锥	2	东周	黑龙江讷河二克浅	《考古》2003年2期	有
铜锥		东周	黑龙江泰来平洋砖厂	《考古》1989年12期	有
铜锥	2	东周	内蒙古和林格尔新店子	《考古》2009年3期	有
铜锥	1	东周	内蒙古凉城小双古城	《考古》2009年3期	有
铜锥	1	春秋	河南光山宝相寺	《考古》1984年4期	有
铜锥	1	春秋	河南信阳平西村	《考古》1989年1期	有
铜锥		春秋	江苏邳州九女墩	《考古》1999年11期	
铜锥	1	春秋	山西侯马上马村	《考古》1963年5期	有
铜锥	1	战国	辽宁旅大旅顺口区后牧城驿	《考古》1960年8期	有
铜锥	1	战国	宁夏彭阳交岔苋麻村	《考古》1999年12期	有
铜锥	1	战国	宁夏中宁倪丁村	《考古》1987年9期	
铜锥		战国	陕西长安沣西客省庄	《考古》1959年10期	
铜锥	1	战国	四川石棉永和	《考古》1996年11期	有
铜锥	1	东周—西汉	新疆哈密寒气沟	《考古》1997年9期	有
铜锥	1	战国—秦汉	四川巴塘雅江	《考古》1981年3期	
铜锥	1	战国—西汉	云南祥云检村	《考古》1984年12期	有
铜锥形器	1	西汉	陕西西安龙首村	《考古》2002年5期	有

铜锥	4	西汉	新疆巴里坤县东黑沟	《考古》2009年1期	有
铜锥	1	魏晋	青海互助高寨	《考古》2002年12期	有
铁锥		西周—春秋	新疆轮台群巴克	《考古》1991年8期	有
铁锥	1	东周	河北易县燕下都	《考古》1987年5期	有
铁锥	17	战国	河北易县燕下都	《考古》1965年11期	有
铁锥	1	战国	湖北江陵太晖观	《考古》1973年6期	
铁锥		战国	新疆察布查尔索墩布拉克	《考古》1999年8期	有
铁锥	1	战国	云南晋宁小平山	《考古》2009年8期	有
铁锥	1	铁器时代（距今2500年）	新疆鄯善苏贝希	《考古》2002年6期	
铁锥形器	3	战国—西汉	辽宁抚顺莲花堡	《考古》1964年6期	有
铁锥	1	战国—西汉	新疆吉木萨尔大龙口	《考古》1997年9期	有
铁锥	5	汉	福建崇安城村汉城	《考古》1960年10期	有
铁锥形器	1	汉	甘肃敦煌甜水井	《考古》1975年2期	有
铁锥	1	西汉	北京怀柔城北	《考古》1962年5期	
铁锥	1	西汉	吉林永吉学古东山	《考古》1981年6期	有
铁锥	1	东汉	江西赣县三溪	《考古》1996年12期	有
铁锥		东汉	四川彰明佛儿崖	《考古通讯》1955年6期	
铁锥	1	汉魏	黑龙江桦南小八浪	《考古》2002年7期	有
铁锥		东汉—北朝	黑龙江海林河口	《考古》1996年2期	有
铁锥	1	三国	江苏镇江铁瓮城	《考古》2010年5期	有
铁锥	3	魏晋	黑龙江友谊凤林古城址	《考古》2004年12期	有
铁锥状器		南朝	江西大余宝珠山	《考古》1987年4期	有
铁锥	1	渤海国时期	辽宁沈阳石台子	《考古》2001年3期	有
铁锥	1	辽	黑龙江泰来	《考古》1960年4期	
铁锥	2	辽	辽宁鞍山羊耳峪	《考古》1993年3期	有
铁锥		辽	内蒙古巴林右旗罕山	《考古》1988年11期	有
穿孔铁锥	2	宋元	江苏扬州毛纺织厂	《考古》1992年1期	有

针

石针	50	新石器	吉林汪清西崴子嘎呀河	《考古通讯》1958年5期	
石针	26	商周	云南剑川海门口	《考古》1995年9期	有
骨针		新石器（后李文化）	山东章丘西河	《考古》2000年10期	
骨针	1	新石器（兴隆洼文化）	内蒙古敖汉旗兴隆洼	《考古》1997年1期	有
骨针	1	新石器（昂昂溪文化）	黑龙江安达青肯泡	《考古》1962年2期	有
骨针	6	新石器（距今8000年）	广西南宁豹子头	《考古》2003年10期	有
骨针	5	新石器（距今8000年）	广西邕宁顶蛳山	《考古》1998年11期	有

骨针		新石器（裴李岗文化）	河南郏县水泉	《考古》1992年10期	
骨针	1	新石器（裴李岗文化）	河南临汝中山寨	《考古》1986年7期	有
骨针		新石器（裴李岗文化）	河南新郑裴李岗	《考古》1982年4期	有
骨针		新石器（大地湾文化）	甘肃天水西山坪	《考古》1988年5期	有
骨针		新石器（大地湾文化）	陕西临潼白家村	《考古》1984年11期	有
骨针		新石器（老官台文化）	陕西宝鸡高家村	《考古》1998年4期	有
骨针		新石器（磁山文化）	河北武安磁山	《考古》1977年6期	有
骨针		新石器（距今7800年）	甘肃天水西山坪	《考古》1988年6期	有
骨针	2	新石器（青莲岗文化）	江苏常州圩墩	《考古》1978年4期	有
骨针	9	新石器（青莲岗文化）	江苏连云港二涧村	《考古》1962年3期	
骨针		新石器（北辛文化）	山东汶上贾柏村	《考古》1993年6期	
骨针		新石器（距今7130±120年）	河南淇县花窝	《考古》1981年3期	有
骨针	5	新石器（马家浜文化）	浙江嘉兴马家浜	《考古》1961年7期	
骨针	25	新石器（白石文化一期）	山东烟台白石村	《考古》1992年7期	有
骨针	1	新石器（邱家庄文化）	山东蓬莱南王绪	《考古》1997年5期	有
骨针		新石器（河姆渡文化）	浙江余姚鲻山	《考古》2001年10期	
骨针	1	新石器（仰韶文化）	甘肃景泰张家台	《考古》1976年3期	
骨针	1	新石器（仰韶文化）	甘肃临夏范家村	《考古》1961年5期	
骨针	4	新石器（仰韶文化）	甘肃秦安大地湾	《考古》2003年6期	有
骨针		新石器（仰韶文化）	甘肃永昌鸳鸯池	《考古》1974年5期	有
骨针		新石器（仰韶文化）	河北安新梁庄	《考古》1990年6期	
骨针	3	新石器（仰韶文化）	河北磁县界段营	《考古》1974年6期	
骨针	4	新石器（仰韶文化）	河南安阳大正集老磨岗	《考古》1965年7期	有
骨针	4	新石器（仰韶文化）	河南安阳后岗	《考古》1972年3期	
骨针	8	新石器（仰韶文化）	河南安阳后岗	《考古》1982年6期	有
骨针	1	新石器（仰韶文化）	河南安阳孝民屯	《考古》2007年10期	有
骨针		新石器（仰韶文化）	河南临汝大张村	《考古》1960年6期	
骨针		新石器（仰韶文化）	河南灵宝南万村	《考古》1960年7期	
骨针		新石器（仰韶文化）	河南洛阳王湾一期	《考古》1961年4期	
骨针		新石器（仰韶文化）	河南濮阳西水坡	《考古》1989年12期	
骨针		新石器（仰韶文化）	河南陕县庙底沟	《考古通讯》1957年4期	
骨针		新石器（仰韶文化）	河南渑池西河庵村	《考古》1965年10期	
骨针		新石器（仰韶文化）	河南偃师灰嘴村	《考古》2010年4期	有
骨针	1	新石器（仰韶文化）	河南郑州大河村	《考古》1995年6期	有
骨针	1	新石器（仰韶文化）	河南郑州西郊	《考古通讯》1958年2期	

骨针		新石器（仰韶文化）	内蒙古包头西园	《考古》1990年4期　有
骨针		新石器（仰韶文化）	山西祁县梁村	《考古通讯》1956年2期
骨针		新石器（仰韶文化）	陕西宝鸡	《考古》1960年2期
骨针		新石器（仰韶文化）	陕西宝鸡北首岭	《考古》1979年2期
骨针		新石器（仰韶文化）	陕西宝鸡高家村	《考古》1998年4期
骨针		新石器（仰韶文化）	陕西宝鸡金陵河西岸	《考古》1959年5期
骨针		新石器（仰韶文化）	陕西邠县下孟村	《考古》1960年1期
骨针		新石器（仰韶文化）	陕西华县柳子镇	《考古》1959年2期　有
骨针		新石器（仰韶文化）	陕西华阴横阵	《考古》1960年9期
骨针		新石器（仰韶文化）	陕西蓝田泄湖	《考古》1989年6期　有
骨针		新石器（仰韶文化）	陕西临潼姜寨	《考古》1975年5期
骨针	1	新石器（仰韶文化）	陕西渭南史家	《考古》1978年1期　有
骨针	1	新石器（仰韶文化）	陕西西安半坡	《考古》1973年3期
骨针	1	新石器（距今6900年）	安徽濉溪石山子	《考古》1992年3期　有
骨针	3	新石器（仰韶文化晚期）	河北平山中贾壁	《考古》1993年4期　有
骨针		新石器（大溪文化）	湖南洪江高庙	《考古》2006年7期
骨针	2	新石器（大汶口文化）	山东栖霞古镇都	《考古》2008年2期　有
骨针	1	新石器（大汶口文化）	山东乳山翁家埠	《考古》1990年12期
骨针	1	新石器（大汶口文化）	山东寿光后胡营	《考古》2005年9期　有
骨针	2	新石器（大汶口文化）	山东滕州西康留	《考古》1995年3期　有
骨针		新石器（大汶口文化）	山东兖州王因	《考古》1979年1期
骨针	3	新石器（大汶口文化）	山东章丘焦家	《考古》1998年6期　有
骨针	1	新石器（距今6140±175年）	吉林农安元宝沟	《考古》1989年12期　有
骨针	1	新石器（距今6000年）	广西邕宁顶蛳山	《考古》1998年11期　有
骨钩针	2	新石器（白石文化二期）	山东烟台白石村	《考古》1992年7期　有
骨针	17	新石器（白石文化二期）	山东烟台白石村	《考古》1992年7期　有
骨针		新石器（后岗一期文化）	内蒙古乌兰察布石虎山	《考古》1998年12期　有
骨针	87	新石器（距今5300年）	青海同德宗日	《考古》1998年5期　有
骨针		新石器（马家窑文化早期）	青海民和胡李家	《考古》2001年1期　有
骨针		新石器（马家窑文化）	青海民和阳洼坡	《考古》1984年1期　有
骨针	56	新石器（良渚文化）	江苏吴江梅堰	《考古》1963年6期　有
骨针		新石器（仰韶－龙山）	河南洛阳王湾二期	《考古》1961年4期

骨针	27	新石器（距今5000年）	辽宁大连大潘家	《考古》1994年10期	有
骨针		新石器（屈家岭文化）	湖北京山屈家岭	《考古通讯》1956年 3期	
骨针		新石器（屈家岭文化）	湖北郧县大寺	《考古》1961年10期	
骨针		新石器（卡若文化）	西藏拉萨曲贡村	《考古》1991年10期	有
骨针		新石器（昙石山文化）	福建闽侯昙石山	《考古》1964年12期	有
骨针	1	新石器（贝丘遗址）	广东南海灶岗	《考古》1984年3期	有
骨针		新石器（贝丘遗址）	广西南宁	《考古》1975年5期	
骨针	1	新石器（贝丘遗址）	辽宁长海小长山岛	《考古》1961年12期	有
骨针	1	新石器（贝丘遗址）	辽宁大连长海小长山岛	《考古》1962年7期	有
骨针	2	新石器（庙底沟二期文化）	河南新安西沃	《考古》1999年8期	有
骨针	2	新石器（庙底沟二期文化）	山西侯马东呈王	《考古》1991年2期	有
骨针		新石器（龙山文化）	安徽蒙城尉迟寺	《考古》1994年1期	有
骨针	1	新石器（龙山文化）	安徽宿县小山口	《考古》1993年12期	有
骨针		新石器（龙山文化）	河北邯郸涧沟	《考古》1959年10期	
骨针	66	新石器（龙山文化）	河北邯郸涧沟	《考古》1961年4期	有
骨针		新石器（龙山文化）	河北蔚县筛子绫罗	《考古》1981年2期	有
骨针	1	新石器（龙山文化）	河南洛阳矬李	《考古》1978年1期	
骨针	1	新石器（龙山文化）	河南洛阳东杨村	《考古》1983年2期	有
骨针		新石器（龙山文化）	河南洛阳王湾三期	《考古》1961年4期	
骨针		新石器（龙山文化）	河南汤阴白营	《考古》1980年3期	有
骨针	1	新石器（龙山文化）	河南新乡刘庄营	《考古》1966年3期	
骨针		新石器（龙山文化）	河南偃师二里头	《考古》1982年5期	有
骨针		新石器（龙山文化）	河南永城王油坊	《考古》1978年1期	有
骨针	1	新石器（龙山文化）	湖北洪湖乌林矶	《考古》1987年5期	有
骨针	16	新石器（龙山文化）	辽宁北票丰下	《考古》1976年3期	有
骨针		新石器（龙山文化）	宁夏隆德页河子	《考古》1990年4期	
骨针	1	新石器（龙山文化）	山东安丘胡峪村	《考古》1963年10期	有
骨针		新石器（龙山文化）	山东昌乐邹家庄	《考古》1987年5期	
骨针	4	新石器（龙山文化）	山东费县崮子	《考古》1986年11期	有
骨针	4	新石器（龙山文化）	山东海阳司马台	《考古》1985年12期	有
骨针		新石器（龙山文化）	山东梁山青堌堆	《考古》1962年1期	有
骨针	8	新石器（龙山文化）	山东平度东岳石村	《考古》1962年10期	有
骨针		新石器（龙山文化）	山东日照两城镇	《考古》1997年4期	有
骨针		新石器（龙山文化）	山东阳谷景阳岗	《考古》1997年5期	有
骨针	1	新石器（龙山文化）	山东禹城邢寨汪	《考古》1983年11期	有
骨针		新石器（龙山文化）	山西五台阳白	《考古》1997年4期	有

骨针		新石器（龙山文化）	山西襄汾丁村	《考古》1991年10期	
骨针		新石器（龙山文化）	山西垣曲龙王崖	《考古》1986年2期	有
骨针		新石器（龙山文化）	陕西华阴横阵	《考古》1960年9期	
骨针		新石器（龙山文化）	陕西临潼姜寨	《考古》1975年5期	
骨针		新石器（龙山文化早期）	河南汤阴白营	《考古》1980年3期	有
骨针		新石器（龙山文化早期）	山西襄汾陶寺	《考古》1980年1期	有
骨针		新石器（龙山文化晚期）	山西襄汾陶寺	《考古》1980年1期	有
骨针		新石器（龙山文化陶寺型）	山西曲沃方城	《考古》1988年4期	有
骨针		新石器（龙山文化陶寺型）	山西襄汾丁村曲舌头	《考古》2002年4期	有
骨针		新石器（凤鼻头文化）	台湾高雄凤鼻头	《考古》1979年3期	
骨针		新石器（齐家文化）	甘肃临潭磨沟	《考古》2009年7期	
骨针		新石器（齐家文化）	甘肃临夏大何庄	《考古》1960年3期	
骨针		新石器（齐家文化）	甘肃临夏秦魏家	《考古》1960年3期	
骨针		新石器（齐家文化）	甘肃临夏秦魏家	《考古》1964年6期	
骨针	2	新石器（齐家文化）	甘肃岷县杏林	《考古》1985年11期	有
骨针	4	新石器（齐家文化）	青海互助总寨	《考古》1986年4期	有
骨针		新石器（岳石文化）	山东泗水尹家城	《考古》1985年7期	
骨针	1	新石器（岳石文化）	山东沂源姑子坪	《考古》2003年1期	
骨针		新石器	安徽五河濠城	《考古》1959年7期	
骨针		新石器	甘肃兰州西瓜坡岘	《考古》1960年9期	
骨针	3	新石器	广西桂林甑皮岩	《考古》1976年3期	有
骨针	1	新石器	广西灵山翠壁峰	《考古》1993年12期	有
骨针	4	新石器	广西柳州鲤里嘴	《考古》1983年9期	有
骨针		新石器	河北曲阳钓鱼台	《考古通讯》1955年1期	
骨针		新石器	河南鲁山邱公城	《考古》1962年11期	
骨针		新石器	河南漯河澧河	《考古通讯》1957年3期	
骨针	2	新石器	河南唐河茅草寺	《考古》1965年1期	有
骨针	15	新石器	黑龙江宁安大牡丹屯	《考古》1961年10期	
骨针	15	新石器	黑龙江宁安东康	《考古》1975年3期	有
骨针	1	新石器	黑龙江宁安牛场	《考古》1960年4期	
骨针		新石器	黑龙江宁安莺歌岭	《考古》1981年6期	有
骨针		新石器	黑龙江齐齐哈尔昂昂溪	《考古通讯》1957年	

				2期
骨针	1	新石器	湖北蕲春易家山	《考古》1960年5期
骨针	2	新石器	江苏常州圩墩	《考古》1974年2期
骨针		新石器	江苏丹徒华山	《考古通讯》1957年2期
骨针		新石器	江苏丹徒癞龟墩	《考古通讯》1956年6期
骨针		新石器	辽宁长海小珠山	《考古》2009年5期
骨针	2	新石器	辽宁锦州山河营子	《考古》1986年10期　有
骨针		新石器	内蒙古巴林左旗富河沟门	《考古》1964年1期
骨针		新石器	内蒙古包头阿善	《考古》1984年2期
骨针		新石器	青海乐都柳湾	《考古》1976年6期　有
骨针	4	新石器	山东济宁琵琶山	《考古》1960年6期
骨针		新石器	陕西西安半坡	《考古通讯》1955年　有 2期
骨针		新石器	陕西西安半坡	《考古通讯》1956年　有 2期
骨针		新石器	台湾台北圆山	《考古》1979年3期
骨针	2	新石器	浙江湖州长生庵	《考古通讯》1958年8期
骨针	1	新石器早期	广西灵山三海岩	《考古》1993年12期　有
骨针		新石器晚期	广西田阳台地	《考古》1986年7期
骨针		新石器晚期	内蒙古包头西园	《考古》1990年4期　有
骨针	1	新石器晚期	山西太原义井村	《考古》1961年4期
骨针	5	新石器晚期	香港新界涌浪	《考古》1997年6期　有
骨针		新石器（龙山文化）－商	河南偃师二里头	《考古》1961年2期　有
骨针	11	新石器（客省庄二期文化）－商早期	内蒙古准格尔旗大口	《考古》1979年4期
骨针		夏（二里头文化）	河南偃师二里头	《考古》1965年5期　有
骨针		夏（二里头文化）	河南偃师二里头	《考古》1992年4期
骨针		夏（二里头文化）	河南偃师灰嘴村	《考古》2010年2期
骨针	4	夏（二里头文化）	山西夏县辕村	《考古》2009年11期　有
骨针	2	夏（二里头文化）	山西永济东马铺头	《考古》1980年3期
骨针		夏	甘肃民乐东灰山	《考古》1995年12期
骨针		夏	山西夏县东下冯	《考古》1980年2期　有
骨针		青铜时代（距今4000年）	辽宁大连大嘴子	《考古》1996年2期　有
骨针		青铜时代（夏家店下层	辽宁北票康家屯	《考古》2001年8期　有

		文化）			
骨针		青铜时代（夏家店下层文化）	内蒙古赤峰二道井子	《考古》2010年8期	有
骨针	7	青铜时代（夏家店下层文化）	内蒙古赤峰康家湾	《考古》2008年11期	有
骨针		青铜时代（夏家店下层文化）	内蒙古赤峰药王庙	《考古》1961年2期	
骨针	3	青铜时代（湖熟文化）	江苏南京西善桥	《考古》1962年3期	有
骨针	1	青铜时代（距今3800年）	辽宁大连大嘴子	《考古》1996年2期	有
骨针	1	夏商	山西襄汾大柴	《考古》1987年7期	有
骨针	2	先商	河北邯郸北羊台	《考古》2001年2期	有
骨针		商	河北邯郸涧沟	《考古》1959年10期	
骨针		商	河北邯郸涧沟	《考古》1961年4期	
骨针	1	商	河北灵寿北宅村	《考古》1966年2期	
骨针	1	商	河北滦南东庄店	《考古》1983年9期	有
骨针		商	河南安阳殷墟	《考古》1961年2期	
骨针		商	河南洛阳东乾沟	《考古》1959年10期	
骨针		商	河南孟县涧溪	《考古》1961年1期	
骨针		商	河南偃师二里头	《考古》1974年4期	
骨针		商	湖北孝感凤凰墩	《考古》1994年9期	
骨针		商	江苏铜山丘湾	《考古》1973年2期	有
骨针	2	商	山东济南大辛庄	《考古》1959年4期	
骨针	1	商	天津蓟县围坊	《考古》1983年10期	有
骨针	1	青铜时代（寺洼文化）	甘肃卓尼芭儿	《考古》1994年1期	有
骨针		商周	河南安阳大司空村	《考古通讯》1958年10期	有
骨针		商周	黑龙江宁安莺歌岭	《考古》1981年6期	有
骨针	3	商周	江西湖口下石钟山	《考古》1987年12期	
骨针	2	商周	内蒙古宁城小榆树林子	《考古》1965年12期	有
骨针	1	商周	山东茌平南陈庄	《考古》1985年4期	有
骨针	14	商周	云南剑川海门口	《考古》1995年9期	有
骨针	1	西周	北京房山董家林	《考古》1963年3期	
骨针		西周	河南鹿邑太清宫	《考古》2000年9期	
骨针	6	西周	黑龙江肇源白金宝	《考古》1980年4期	
骨针	1	西周	湖北黄冈螺蛳山	《考古》1962年7期	
骨针	1	西周	江苏新沂三里墩	《考古》1960年7期	
骨针	5	西周	宁夏中卫狼窝子坑	《考古》1989年11期	有
骨针	2	西周	陕西长安沣西新旺村	《考古》1992年11期	有

骨针		西周	陕西长安沣西张家坡	《考古》1959年10期	
骨针	1	西周	陕西长安沣西张家坡	《考古》1964年9期	有
骨针		西周	陕西扶风齐家村	《考古》1980年1期	
骨针		青铜时代（辛店文化）	甘肃临夏姬家川	《考古》1962年2期	
骨针	39	青铜时代（辛店文化）	甘肃永靖莲花台黑头咀	《考古》1980年4期	有
骨针	52	青铜时代（辛店文化）	甘肃永靖莲花台瓦渣咀	《考古》1980年4期	有
骨针		周	河南南阳十里庙	《考古》1959年7期	
骨针	2	青铜时代（距今3000年）	新疆哈密艾斯克霞尔	《考古》2002年6期	有
骨针		青铜时代（夏家店上层文化）	内蒙古敖汉旗周家地	《考古》1984年5期	有
骨针		青铜时代（夏家店上层文化）	内蒙古赤峰夏家店上层	《考古》1961年2期	
骨针	3	青铜时代（卡约文化）	青海化隆上半主洼	《考古》1998年1期	有
骨针	1	青铜时代（卡约文化）	青海湟源花鼻梁	《考古》1986年10期	
骨针		西周—春秋	吉林双辽后太平	《考古》2009年5期	有
骨针	3	西周—战国	新疆木垒四道沟	《考古》1982年2期	
骨针	1	青铜时代（距今2875±130年）	辽宁铁岭邱台	《考古》1996年2期	有
骨针	7	青铜时代—东汉	吉林汪清新安闾	《考古》1961年8期	
骨针	10	东周	内蒙古和林格尔新店子	《考古》2009年3期	有
骨针	3	东周	宁夏彭阳张街	《考古》2002年8期	
骨针	1	春秋	海南东方荣村	《考古》2003年4期	有
骨针		春秋	新疆库车	《考古》1959年2期	
骨针	10	战国	山东临淄故城农场T101	《考古》1961年6期	
骨针		战国	山东烟台金沟寨	《考古》2003年3期	有
骨针	4	战国—秦	四川甘孜吉里龙	《考古》1986年1期	有
骨针	1	东汉	江苏泰州新庄	《考古》1962年10期	
角针	1	新石器（马家窑文化早期）	青海民和胡李家	《考古》2001年1期	有
角针	2	新石器	安徽灵璧蒋庙村	《考古通讯》1955年5期	有
角针		新石器	云南剑川海门口	《考古通讯》1958年6期	
牙针	1	商周	云南剑川海门口	《考古》1995年9期	有
玉针	1	新石器（良渚文化）	江苏苏州越城	《考古》1982年5期	

其他纺织工具

骨机刀		新石器（河姆渡文化）	浙江余姚鲻山	《考古》2001年10期	有
角纺锤		新石器	云南剑川海门口	《考古通讯》1958年	

6期

绕线棒		东周	湖北江陵雨台山	《考古》1980年5期	
打纬刀		春秋	江西靖安李洲坳	《考古》2008年7期	
刮纱刀		春秋	江西靖安李洲坳	《考古》2008年7期	
绕线框		春秋	江西靖安李洲坳	《考古》2008年7期	
竹管		春秋	江西靖安李洲坳	《考古》2008年7期	
竹签		春秋	江西靖安李洲坳	《考古》2008年7期	
竹勺		春秋	江西靖安李洲坳	《考古》2008年7期	
竹质绕线筒		春秋	江西靖安李洲坳	《考古》2008年7期	
绕线棒		战国	湖北江陵九店	《考古》1995年7期	
木绕线板	1	战国	江苏苏州长桥新塘	《考古》1994年6期	有
木梭	1	战国	江苏苏州长桥新塘	《考古》1994年6期	有
木纺锤	1	战国	云南宁蒗大兴	《考古》1983年3期	有
陶纺锤	4	汉	福建崇安城村汉城	《考古》1960年10期	
漆纺绽	1	西汉	湖南永州鹞子岭	《考古》2001年4期	有
纺线木锭	1	东汉	甘肃武威磨咀子	《考古》1960年9期	有
纺锭	1	三国（吴）	安徽南陵麻桥	《考古》1984年11期	有
木线板	4	三国（吴）	安徽南陵麻桥	《考古》1984年11期	有
木纺线杆		唐	新疆民丰尼雅古城	《考古》1961年3期	
纺织条筐		宋元	河南鹤壁古煤矿遗址	《考古》1960年3期	有
织机木刮刀	1	西夏	甘肃武威张义小西沟岘	《考古》1974年3期	
残刺绣器	4	元	江苏苏州吴门桥南	《考古》1965年6期	有

第二篇　作物及其他植物

一、农作物

（一）粮食作物及相关食品

粮食

炭化粮食	成堆	新石器（客省庄二期文化）	陕西武功赵家来	《考古》1983年7期
粮食痕迹		西周	江苏句容浮山果园	《考古》1979年2期
粮食		隋	安徽合肥市郊五里岗	《考古》1976年2期
粮食（麸皮）		北宋	河南巩县石家庄	《考古》1963年2期
谷物	4千克	新石器（仰韶文化）	甘肃天水樊家城	《考古》1992年11期
炭化谷物		新石器（仰韶文化）	山西闻喜冯家庄	《考古》1990年3期
谷物痕迹		新石器（马家窑文化马厂型）	甘肃临夏马家湾	《考古》1961年11期
谷物灰		新石器	甘肃临夏马家湾	《考古》1961年11期
炭化谷物		青铜时代（夏家店下层文化）	内蒙古赤峰二道井子	《考古》2010年8期
谷物		商	河南安阳小屯	《考古》1987年4期
谷物	3厘米厚	战国	山东泰安康家河村	《考古》1988年1期
炭化谷物		西汉	山东蓬莱大迟家	《考古》2006年3期
谷物		西汉	山东章丘洛庄	《考古》2004年8期
炭化谷物		西汉	陕西凤翔长青	《考古》2005年7期
炭化谷物		西汉	新疆巴里坤县东黑沟	《考古》2009年1期
炭化谷糠		西汉	新疆巴里坤县东黑沟	《考古》2009年1期
谷壳		东汉	山东无棣车镇村	《考古》1992年9期
谷物		魏晋	黑龙江友谊凤林	《考古》2000年11期
谷壳		晋	甘肃敦煌新店台	《考古》1974年3期
谷秸		高昌	新疆吐鲁番阿斯塔那	《考古》1992年2期

粟

粟粒		新石器（裴李岗文化）	河南新郑沙窝李	《考古》1983年12期
粟粒	成堆	新石器（磁山文化）	河北武安牛洼堡	《考古》1984年1期　有
粟秸		新石器（仰韶文化）	甘肃天水樊家城	《考古》1992年11期
粟叶		新石器（仰韶文化）	甘肃天水樊家城	《考古》1992年11期

粟粒痕迹		新石器（仰韶文化）	河南洛阳王湾一期	《考古》1961年4期	
粟粒痕迹		新石器（仰韶文化）	陕西宝鸡北首岭	《考古》1979年2期	
粟粒		新石器（仰韶文化）	陕西邠县下孟村	《考古》1962年6期	
粟粒		新石器（距今5000年）	甘肃民乐东灰山	《考古》1995年12期	
炭化粟粒		新石器（距今5000年）	云南剑川海门口	《考古》2009年7期	
粟粒		新石器（龙山文化）	河南新密新砦	《考古》2007年3期	
粟粒堆		新石器（龙山文化）	辽宁北票丰下	《考古》1976年3期	
粟粒		新石器（龙山文化）	山东日照两城镇	《考古》2004年9期	有
炭化粟粒		新石器（龙山文化陶寺型）	山西襄汾陶寺	《考古》2006年5期	有
粟粒		新石器（凤鼻头文化）	台湾中南部牛稠子	《考古》1979年3期	
粟粒		新石器（距今3500年）	西藏贡嘎昌果沟	《考古》2001年3期	有
粟粒		新石器	甘肃永靖马家湾	《考古》1976年6期	
粟粒		新石器	黑龙江宁安东康	《考古》1975年3期	
粟粒		新石器	青海乐都柳湾	《考古》1976年6期	有
粟粒	1立方米	新石器	山东胶县三里河	《考古》1977年4期	
粟粒		新石器	陕西华县泉护村	《考古》1959年2期	
炭化鸭掌粟粒		青铜时代（距今3800年）	广西那坡感驮岩	《考古》2003年10期	
炭化粟粒		青铜时代（距今3800年）	云南剑川海门口	《考古》2009年7期	
粟粒		青铜时代（距今3600年）	辽宁大连大嘴子	《考古》1996年2期	
粟粒		先周	陕西宝鸡周原齐家村	《考古》2010年10期	
粟粒	量多	青铜时代（距今3100年）	云南剑川海门口	《考古》2009年8期	
粟粒		汉	内蒙古乌兰布和	《考古》1973年2期	
粟粒		西汉	河南洛阳老城西北郊	《考古》1964年8期	
粟粒		西汉	湖南长沙马王堆1号墓	《考古》1977年2期	
粟粒		西汉	江苏连云港海州	《考古》1977年2期	
粟粒		西汉	江苏徐州奎山	《考古》1974年2期	
粟粒	小堆	西汉	山东荏平南陈庄	《考古》1985年4期	
粟粒		西汉	山东诸城杨家庄子	《考古》1987年9期	
粟粒		西汉	山西孝义	《考古》1960年7期	
粟粒	半仓	西汉	陕西宝鸡谭家村	《考古》1987年12期	
粟粒	大量	西汉	陕西西安东郊任家坡	《考古》1976年2期	
粟粒	量多	西汉	陕西西安龙首村	《考古》2002年5期	
粟粒	满瓮	西汉	陕西咸阳马泉	《考古》1979年2期	

粟粒		西汉	四川成都凤凰山	《考古》1959年8期
粟粒		西汉	新疆于田圆沙	《考古》1998年12期
粟粒		东汉	青海平安古城	《考古》2002年12期
粟粒		东汉	山西平陆枣园	《考古》1959年9期
粟粒		三国（魏）	河南洛阳16工区	《考古通讯》1958年7期
金粟粒		晋	甘肃敦煌新店台	《考古》1974年3期 有
粟粒		晋	甘肃敦煌新店台	《考古》1974年3期
粟粒		唐	河北磁县讲武城	《考古》1959年1期
粟粒		唐	新疆民丰尼雅古城	《考古》1961年3期
粟粒		唐	新疆焉耆唐王城	《考古》1959年2期
粟粒		南宋	山西稷山五女坟	《考古通讯》1958年7期
粟糠印痕		新石器（北辛文化）	山东济宁张山	《考古》1996年4期
粟壳		新石器（仰韶文化）	陕西华县柳子镇	《考古》1959年2期
粟壳		新石器（仰韶文化后岗类型）	河北三河刘白塔	《考古》1995年8期 有
粟壳		新石器（龙山文化）	山东栖霞杨家圈村	《考古》2007年12期
粟壳		新石器（齐家文化）	甘肃临夏大何庄	《考古》1960年3期
粟壳		新石器	云南剑川海门口	《考古通讯》1958年6期
粟壳		西周	山东栖霞吕家埠	《考古》1988年9期
粟壳		青铜时代（距今3000年）	新疆哈密艾斯克霞尔	《考古》2002年6期
粟糠		西周—春秋	新疆轮台群巴克	《考古》1987年11期
粟壳		西汉	山东海阳开发区工业园	《考古》2007年12期
粟壳		东汉	天津武清兰城	《考古》2001年9期
粟壳		北朝	新疆轮台拉依苏	《考古》1959年2期
粟壳		高昌（公元7世纪）	新疆吐鲁番巴达木	《考古》2006年12期
粟壳		金	吉林德惠揽头窝堡	《考古》2003年8期
小米		新石器（裴李岗文化）	河南郏县水泉	《考古》1992年10期
小米		新石器（大汶口文化）	山东广饶傅家	《考古》1985年9期
炭化小米		新石器（马家窑文化早期）	青海民和胡李家	《考古》2001年1期
小米	棺底1层	战国	四川荥经曾家沟	《考古》1984年12期
小米		铁器时代（距今2500年）	新疆鄯善苏贝希	《考古》2002年6期
小米	成块	东汉	湖南衡阳新安	《考古》1994年3期
小米		明	甘肃兰州上西园	《考古》1960年3期

稻

炭化籼稻		青铜时代（距今3800年）	广西那坡感驮岩	《考古》2003年10期
籼稻谷		商周	云南剑川海门口	《考古》1995年9期
籼稻谷		元明	云南宜良孙家山	《考古》1993年11期
粳稻		新石器（距今10000年）	浙江浦江上山	《考古》2007年9期 有
炭化粳稻米		新石器（距今6000年）	广西资源晓锦	《考古》2004年3期
水稻植物蛋白石（粳稻）		新石器（良渚文化）	江苏昆山少卿山	《考古》2000年4期
炭化粳稻米		新石器（屈家岭文化）	湖北云梦好石桥	《考古》1987年2期
粳稻米		新石器（龙山文化）	山东滕州庄里西	《考古》1999年7期
炭化粳稻米		新石器（距今4000年）	广西资源晓锦	《考古》2004年3期
粳稻谷		商周	云南剑川海门口	《考古》1995年9期
粳稻		西周	湖北蕲春毛家嘴	《考古》1962年1期
粳稻谷		元明	云南宜良孙家山	《考古》1993年11期
炭化稻谷		新石器（河姆渡文化）	浙江宁波八字桥	《考古》1979年6期
水稻叶		新石器（河姆渡文化）	浙江余姚鲻山	《考古》2001年10期
稻谷遗迹		新石器（仰韶文化）	陕西华县柳子镇	《考古》1959年2期
炭化稻谷		新石器（大溪文化）	湖南澧县城头山	《考古》1996年8期 有
稻谷		新石器（崧泽文化）	江苏吴县	《考古》1990年10期
炭化稻		新石器（距今5000年）	云南剑川海门口	《考古》2009年7期
水稻		新石器（龙山文化）	河南新密新砦	《考古》2007年3期
水稻植物硅酸体		新石器（龙山文化）	山东临淄田旺	《考古》1999年2期
稻谷		新石器（龙山文化）	山东栖霞杨家圈村	《考古》2007年12期
稻谷		新石器（龙山文化）	山东日照两城镇	《考古》2004年9期 有
炭化稻谷		新石器（龙山文化陶寺型）	山西襄汾陶寺	《考古》2006年5期 有
稻粒		新石器	安徽固镇濠城镇	《考古》1959年7期
稻粒		新石器	安徽五河濠城	《考古》1959年7期
稻谷	2堆	新石器	浙江湖州吴兴钱山漾	《考古》1980年4期
炭化稻		新石器早期	河南舞阳贾湖	《考古》2009年8期 有
炭化稻		青铜时代（距今3800年）	云南剑川海门口	《考古》2009年7期
稻谷	量多	商	河南偃师商城五室祭祀遗址	《考古》2002年7期
炭化稻谷	量多	商周（距今3300年）	贵州威宁鸡公山	《考古》2006年8期

炭化稻谷	量多	商周（距今3300年）	贵州威宁吴家大坪	《考古》2006年8期	
稻谷	量多	青铜时代（距今3100年）	云南剑川海门口	《考古》2009年8期	
稻谷		春秋	江西靖安李洲坳	《考古》2008年7期	
稻谷		西汉	湖南长沙马王堆1号墓	《考古》1977年2期	
稻谷		西汉	江苏徐州奎山	《考古》1974年2期	
稻谷		西汉	四川成都凤凰山	《考古》1959年8期	
稻谷	量多	西汉	四川成都凤凰山	《考古》1991年5期	
稻谷遗迹	3	东汉	安徽寿县马家古堆	《考古》1966年3期	有
稻谷堆		宋	广东佛山鼓颡岗	《考古》1964年10期	有
褐色稻谷		宋	江西丰城梅岭檀城	《考古》1989年6期	
稻谷		北宋	福建顺昌九龙山	《考古》1979年6期	
稻谷		元	江西南昌市朱姑桥	《考古》1989年6期	
稻谷		元	江西南昌县富山雄洒村	《考古》1989年6期	
稻谷遗迹		明清	重庆云阳李家坝	《考古》2001年11期	
稻米	量多	新石器（马家浜文化）	江苏宜兴骆驼墩	《考古》2003年7期	
炭化稻米		新石器（马家浜文化）	江苏张家港东山村	《考古》2010年8期	
炭化稻米		新石器（良渚文化）	浙江平湖庄桥坟	《考古》2005年7期	
炭化稻米		新石器（屈家岭文化）	湖南澧县城头山	《考古》1996年8期	有
稻米		青铜时代（距今3600年）	辽宁大连大嘴子	《考古》1996年2期	
稻壳		新石器（马家浜文化）	江苏宜兴骆驼墩	《考古》2003年7期	
稻壳		新石器（大溪文化）	湖北江陵毛家山	《考古》1977年3期	
稻壳		新石器（大溪文化）	湖北荆门	《考古》1992年6期	
稻壳		新石器（大溪文化）	湖北云梦胡家岗	《考古》1987年2期	
稻壳		新石器（大溪文化）	湖北枝江关庙山	《考古》1983年1期	
稻壳		新石器（大溪文化）	湖南临澧	《考古》1988年3期	
稻壳、叶（硅酸体）		新石器（大汶口文化）	安徽蒙城尉迟寺	《考古》1995年1期	
稻壳		新石器（距今6000年）	湖北枣阳雕龙碑	《考古》2000年3期	
稻壳痕迹		新石器（良渚文化）	江苏昆山少卿山	《考古》2000年4期	
稻壳		新石器（屈家岭文化）	湖北云梦好石桥	《考古》1987年2期	
稻壳		新石器（屈家岭文化）	湖北郧县青龙泉	《考古》1961年10期	
稻壳		新石器（龙山文化）	湖南临澧	《考古》1988年3期	
稻壳		新石器（龙山文化晚期）	湖北罗田庙山岗	《考古》1994年9期	
稻壳痕迹		新石器（石家河文化早期）	湖北秭归庙坪	《考古》1999年1期	
稻壳痕迹		新石器（凤鼻头文化）	台湾中部营埔	《考古》1979年3期	

稻壳印痕	新石器	河南舞阳贾湖	《考古》1996年12期
稻壳	新石器	江西修水跑马岭	《考古》1962年7期
稻壳遗迹	新石器	陕西华县泉护村	《考古》1959年2期
稻壳印痕	新石器	云南晋宁石寨山	《考古》1959年4期
稻壳	新石器	云南昆明滇池	《考古》1961年1期
稻壳痕迹	新石器	云南昆明滇池东岸	《考古》1959年4期 有
稻壳	新石器晚期	福建南安狮子山	《考古》1961年4期
炭化稻壳	新石器晚期	浙江仙居下汤	《考古》1987年12期
稻壳痕迹	战国—西汉	四川西昌坝河堡子	《考古》1976年5期
稻壳	汉	江苏盐城三羊墩	《考古》1964年8期
稻壳	西汉	广西贵县风流岭	《考古》1984年1期
稻壳	西汉	山东海阳开发区工业园	《考古》2007年12期
稻壳痕迹	东汉	湖北宜都陆城	《考古》1988年10期
稻秆	新石器（距今10000年）	浙江浦江上山	《考古》2007年9期 有
稻草屑	新石器（马家浜文化）	江苏吴县	《考古》1990年10期
稻草	新石器（大溪文化）	湖北江陵毛家山	《考古》1977年3期
稻秆	新石器（大溪文化）	湖北云梦胡家岗	《考古》1987年2期
稻草	新石器（大溪文化）	湖北枝江关庙山	《考古》1983年1期
稻秆痕迹	新石器（良渚文化）	江苏昆山少卿山	《考古》2000年4期
稻秆	新石器（龙山文化）	山东栖霞杨家圈村	《考古》2007年12期
稻秆	新石器（龙山文化晚期）	湖北罗田庙山岗	《考古》1994年9期
稻秆痕迹	新石器	福建福清东张	《考古》1965年2期
稻秆	新石器	江西修水跑马岭	《考古》1962年7期
稻秆	新石器晚期	福建南安狮子山	《考古》1961年4期
炭化稻秆	新石器晚期	浙江仙居下汤	《考古》1987年12期
稻秆	春秋	江苏邳州九女墩	《考古》2003年9期
稻秆	唐	江西南昌市北郊	《考古》1977年6期
稻草	元	重庆江北区洗布塘	《考古》1986年9期
稻穗	新石器	云南剑川海门口	《考古通讯》1958年6期
稻穗	新石器	云南昆明滇池	《考古》1961年1期
稻叶	新石器（距今10000年）	浙江浦江上山	《考古》2007年9期 有
稻叶	新石器（屈家岭文化）	湖北郧县青龙泉	《考古》1961年10期
稻叶	新石器（龙山文化）	山东栖霞杨家圈村	《考古》2007年12期

麦

| 炭化麦 | 青铜时代（距今3800 | 云南剑川海门口 | 《考古》2009年7期 |

	年）		
麦		青铜时代（距今3100年）	云南剑川海门口	《考古》2009年8期
麦		西汉	新疆于田圆沙	《考古》1998年12期
麦粒		西汉	山东荏平南陈庄	《考古》1985年4期
麦粒		高昌	新疆吐鲁番阿斯塔那	《考古》1992年2期
麦穗		新石器	云南剑川海门口	《考古通讯》1958年6期
麦穗		新石器	云南昆明滇池	《考古》1961年1期
麦穗		唐	新疆民丰尼雅古城	《考古》1961年3期
麦穗		高昌	新疆吐鲁番阿斯塔那	《考古》1992年2期
麦秸	量多	商	河南安阳孝民屯	《考古》2007年1期
麦秸		西周—春秋	新疆轮台群巴克	《考古》1987年11期
麦秸		西汉	山西夏县禹王城	《考古》1994年8期
麦秸		西汉	陕西西安南郊杜陵六号	《考古》1991年12期
麦秸		东汉	青海平安古城	《考古》2002年12期
麦麸		西汉	山东荏平南陈庄	《考古》1985年4期
麦糠		西汉	山西夏县禹王城	《考古》1994年8期
麦糠		西汉	陕西西安南郊杜陵六号	《考古》1991年12期

小麦

小麦粒	量多	新石器（距今5000年）	甘肃民乐东灰山	《考古》1995年12期
小麦		新石器（龙山文化）	河南新密新砦	《考古》2007年3期
小麦粒		新石器（龙山文化）	山东日照两城镇	《考古》2004年9期　有
小麦		新石器（距今3500年）	西藏贡嘎昌果沟	《考古》2001年3期　有
小麦		商	河南偃师商城五室祭祀遗址	《考古》2002年7期
炭化小麦		西周	安徽亳县钓鱼台	《考古》1963年11期
小麦穗		西周—春秋	新疆轮台群巴克	《考古》1987年11期　有
小麦		汉	内蒙古乌兰布和	《考古》1973年2期
小麦		西汉	湖南长沙马王堆1号墓	《考古》1977年2期
小麦		唐	新疆焉耆唐王城	《考古》1959年2期　有
小麦		明	甘肃兰州上西园	《考古》1960年3期
饺子		高昌	新疆吐鲁番阿斯塔那	《考古》1992年2期
面饼	6	青铜时代（距今3000年）	新疆哈密艾斯克霞尔	《考古》2002年6期
炭化面食花卷		新石器（马家窑文化早期）	青海民和胡李家	《考古》2001年1期
面团		夏（二里头文化）	河南驻马店杨庄	《考古》1995年10期
面粉		唐	新疆焉耆唐王城	《考古》1959年2期　有

大麦

大麦		新石器（距今5000年）	甘肃民乐东灰山	《考古》1995年12期	
炭化大麦		新石器（龙山文化陶寺型）	山西襄汾陶寺	《考古》2006年5期	有
大麦		西汉	湖南长沙马王堆1号墓	《考古》1977年2期	

黍

黍		新石器（距今6000年）	山东长岛北庄	《考古》1987年5期	
黍		新石器（龙山文化）	河南新密新砦	《考古》2007年3期	
黍粒		新石器（龙山文化）	山东日照两城镇	《考古》2004年9期	有
黍米		新石器（龙山文化）	山东滕州庄里西	《考古》1999年7期	
炭化黍		新石器（龙山文化陶寺型）	山西襄汾陶寺	《考古》2006年5期	有
黍		新石器	黑龙江宁安东康	《考古》1975年3期	
炭化黍		青铜时代（夏家店下层文化）	内蒙古赤峰二道井子	《考古》2010年8期	
黍		汉	内蒙古乌兰布和	《考古》1973年2期	
黍		西汉	湖南长沙马王堆1号墓	《考古》1977年2期	
黍		西汉	江苏连云港海州	《考古》1977年2期	
黍		西汉	江苏连云港海州小礁山	《考古》1974年3期	
黍壳		西汉	山东临沂银雀山	《考古》1999年5期	
黍		南宋	山西稷山五女坟	《考古通讯》1958年7期	

穈

穈		新石器（马家窑文化半山型）	甘肃兰州青岗岔	《考古》1972年3期	
穈	满瓮	西汉	陕西咸阳马泉	《考古》1979年2期	
穈		东汉	甘肃武威磨咀子	《考古》1960年9期	
穈		唐	陕西西安西郊中堡村	《考古》1960年3期	
穈		高昌	新疆吐鲁番阿斯塔那	《考古》1992年2期	

稷

稷	新石器（马家窑文化）	甘肃临夏东乡林家	《考古》1984年7期	有
稷	新石器（距今5000年）	甘肃民乐东灰山	《考古》1995年12期	
稷堆	新石器（龙山文化）	辽宁北票丰下	《考古》1976年3期	
炭化稷	新石器	内蒙古赤峰东山咀	《考古》1983年5期	
稷	战国	河南洛阳涧西	《考古通讯》1957年3期	
稷	西汉	江苏连云港海州	《考古》1977年2期	
稷	西汉	江苏连云港海州霍贺墓	《考古》1978年2期	有

稷		西汉	江苏连云港海州小礁山	《考古》1974年3期	
稷		西汉	山东临沂金雀山	《考古》1978年2期	
稷		西汉	山东诸城杨家庄子	《考古》1987年9期	

黑麦

| 黑麦 | | 新石器（距今5000年） | 甘肃民乐东灰山 | 《考古》1995年12期 | |

青稞

青稞秆		新石器（距今3500年）	西藏贡嘎昌果沟	《考古》2001年3期	有
青稞粒		新石器（距今3500年）	西藏贡嘎昌果沟	《考古》2001年3期	有
青稞		战国—秦汉	西藏阿里札达丁东	《考古》2007年11期	有
青稞	满瓮	西汉	陕西咸阳马泉	《考古》1979年2期	

高粱

高粱		新石器（距今5000年）	甘肃民乐东灰山	《考古》1995年12期	
高粱		新石器（龙山文化）	山东滕州庄里西	《考古》1999年7期	
高粱		青铜时代（距今3600年）	辽宁大连大嘴子	《考古》1996年2期	
高粱秆、叶		西周	江苏新沂三里墩	《考古》1960年7期	
高粱		汉	内蒙古乌兰布和	《考古》1973年2期	
高粱碎屑		西汉	河南洛阳老城西北郊	《考古》1964年8期	
高粱	满瓮	西汉	陕西咸阳马泉	《考古》1979年2期	
高粱		唐	新疆萨尔墩古城	《考古》1959年2期	
高粱		唐	新疆焉耆唐王城	《考古》1959年2期	

荞麦

| 荞麦 | 满瓮 | 西汉 | 陕西咸阳马泉 | 《考古》1979年2期 | |
| 荞麦 | | 东汉 | 甘肃武威磨咀子 | 《考古》1960年9期 | |

裸燕麦

| 裸燕麦 | | 新石器（距今3500年） | 西藏贡嘎昌果沟 | 《考古》2001年3期 | 有 |

（二）豆类及油料植物

豆类

炭化豆科种子		新石器（龙山文化陶寺型）	山西襄汾陶寺	《考古》2006年5期	有
豆类		新石器	黑龙江宁安大牡丹屯	《考古》1961年10期	
蚕豆		新石器	浙江湖州吴兴钱山漾	《考古》1980年4期	
赤豆		西汉	湖南长沙马王堆1号墓	《考古》1977年2期	
豆类		东汉	甘肃武威磨咀子	《考古》1960年9期	

大豆

| 炭化大豆 | | 东周 | 吉林永吉大海猛 | 《考古》1987年4期 | 有 |
| 大豆 | | 西汉 | 湖南长沙马王堆1号墓 | 《考古》1977年2期 | |

野大豆

野大豆		新石器（龙山文化）	山东日照两城镇	《考古》2004年9期	有
野大豆		新石器（龙山文化）	山东滕州庄里西	《考古》1999年7期	
炭化野大豆		新石器（龙山文化陶寺型）	山西襄汾陶寺	《考古》2006年5期	有
野大豆		新石器早期	河南舞阳贾湖	《考古》2009年8期	有

黑豆

黑豆		高昌	新疆吐鲁番阿斯塔那	《考古》1992年2期	

豌豆

豌豆		新石器（距今3500年）	西藏贡嘎昌果沟	《考古》2001年3期	有

芝麻

芝麻		新石器	浙江湖州吴兴钱山漾	《考古》1980年4期	

胡麻

胡麻		唐	新疆焉耆唐王城	《考古》1959年2期	

大麻

大麻		新石器（马家窑文化）	甘肃临夏东乡林家	《考古》1984年7期	有
大麻		西汉	湖南长沙马王堆1号墓	《考古》1977年2期	

花生

花生种子	4	新石器	江西修水跑马岭	《考古》1962年7期	有
花生		新石器	浙江湖州吴兴钱山漾	《考古》1980年4期	

二、蔬菜

（一）叶茎根类

菜籽

菜籽	西汉	广西贵县罗泊湾	《考古》1982年4期

芥菜

芥菜	西汉	湖南长沙马王堆1号墓	《考古》1977年2期

萝卜

陶萝卜	东汉	甘肃泾川水泉寺	《考古》1983年9期

（二）果菜类

瓜

瓜子		新石器（马家浜文化）	江苏张家港东山村	《考古》2010年8期
瓜子		春秋	江西靖安李洲坳	《考古》2008年7期
瓜子	数粒	战国	浙江绍兴凤凰山	《考古》1976年6期
瓜子		西汉	广西贵县罗泊湾	《考古》1982年4期

陶瓜		东汉	四川绵阳河边崖墓	《考古》1988年3期　有
葫芦				
葫芦		新石器（河姆渡文化）	浙江余姚河姆渡	《考古》1977年2期
葫芦		新石器（河姆渡文化）	浙江余姚鲻山	《考古》2001年10期
葫芦籽		新石器（崧泽文化）	上海青浦金山汶	《考古》1989年7期
葫芦		新石器（良渚文化）	浙江平湖庄桥坟	《考古》2005年7期
葫芦籽		新石器	浙江杭州半山车站南水田畈	《考古》1987年3期
葫芦竽		战国	湖南长沙茅亭子	《考古》2003年4期　有
小葫芦	1	战国	湖南长沙茅亭子	《考古》2003年4期　有
葫芦瓢	2	战国－秦汉	湖北云梦睡虎地	《考古》1981年1期
葫芦		西汉	江苏连云港海州	《考古》1977年2期
葫芦		西汉	江苏连云港海州小礁山	《考古》1974年3期
葫芦		高昌	新疆吐鲁番阿斯塔那	《考古》1992年2期
瓠				
瓠	1	战国	四川荥经曾家沟	《考古》1984年12期
甜瓜				
甜瓜子		新石器	浙江湖州吴兴钱山漾	《考古》1980年4期
甜瓜子	150	先周	陕西宝鸡周原齐家村	《考古》2010年10期　有
甜瓜子		东汉	江苏高邮邵家沟	《考古》1960年10期
甜瓜子		东汉	山西孝义	《考古》1960年7期
甜瓜子		宋	上海青浦金山汶	《考古》1989年7期
西瓜				
西瓜子		东汉	江苏高邮邵家沟	《考古》1960年10期
西瓜子		东汉	山西孝义	《考古》1960年7期
西瓜	1	晋	江西南昌东湖区永外正街	《考古》1974年6期

（三）辛香类

大蒜

陶蒜头		东汉	甘肃泾川水泉寺	《考古》1983年9期

花椒

花椒	量多	春秋	江西靖安李洲坳	《考古》2008年7期
花椒	半箱	战国	湖北江陵太晖观50号墓	《考古》1977年1期
花椒		西汉	广西贵县罗泊湾	《考古》1982年4期
花椒		西汉	湖南长沙马王堆3号墓	《考古》1989年9期

生姜

生姜		西汉	湖南长沙马王堆1号墓	《考古》1977年2期

生姜		西汉	湖南长沙马王堆3号墓	《考古》1989年9期
芫荽				
芫荽籽		宋	上海青浦金山汶	《考古》1989年7期

三、果树

（一）热带水果

橄榄

炭化橄榄核		新石器（距今4585±160年）	广西钦州独料	《考古》1982年1期
橄榄核		新石器晚期	广西百色革新桥	《考古》2003年12期
橄榄核	1	西汉	广东广州西村皇帝岗	《考古通讯》1957年4期
橄榄核	12	西汉	广西贵县风流岭	《考古》1984年1期
橄榄核		西汉	广西贵县罗泊湾	《考古》1982年4期
橄榄核		东汉	广东广州西村皇帝岗42号墓	《考古通讯》1958年8期
橄榄叶		东汉	广东广州西村皇帝岗42号墓	《考古通讯》1958年8期
橄榄核	1	北宋	福建厦门海沧上瑶村	《考古》1989年3期
橄榄核	6	清	广东广州番禺大洲	《考古》1983年9期

荔枝

荔枝核	15	清	广东广州番禺大洲	《考古》1983年9期

龙眼

龙眼核	1	清	广东广州番禺大洲	《考古》1983年9期

（二）非热带水果

板栗

野板栗		青铜时代（距今3800年）	云南剑川海门口	《考古》2009年7期	
板栗		汉	江苏苏州北郊	《考古》1993年3期	
板栗		西汉	江苏连云港海州网疃庄	《考古》1975年3期	有
板栗		西汉	江苏连云港海州小礁山	《考古》1974年3期	
板栗		东汉	江苏扬州东风砖瓦厂	《考古》1980年5期	有
栗粒		东汉	云南昭通桂家院子	《考古》1960年5期	

粗榧

粗榧核		东汉	江苏盱眙东阳	《考古》1979年5期

核桃

核桃壳		新石器（裴李岗文化）	河南新郑裴李岗	《考古》1982年4期

核桃壳		新石器（裴李岗文化）	河南新郑沙窝李	《考古》1983年12期
山核桃果核	1	新石器	江西修水跑马岭	《考古》1962年7期
炭化山核桃		新石器早期	河南舞阳贾湖	《考古》2009年8期
核桃		东汉	江苏高邮邵家沟	《考古》1960年10期
核桃		唐	陕西西安李静训墓	《考古》1959年9期

胡桃

胡桃	新石器（距今8000年）	河北易县北福地	《考古》2005年7期
胡桃	新石器（磁山文化）	河北武安西万年	《考古》1984年1期

梨

梨核	新石器（良渚文化）	浙江平湖庄桥坟	《考古》2005年7期
梨核	战国	湖北阳新县半壁山一号战国墓	《考古》1994年6期
梨	西汉	湖南长沙马王堆1号墓	《考古》1977年2期
小梨	东汉	甘肃武威磨咀子	《考古》1960年9期

李

李核		新石器（龙山文化）	山东滕州庄里西	《考古》1999年7期	
李核	10	先周	陕西宝鸡周原齐家村	《考古》2010年10期	有
李核		西汉	广西贵县罗泊湾	《考古》1982年2期	
李核		西汉	广西贵县罗泊湾	《考古》1982年4期	
李核		西汉	四川成都凤凰山	《考古》1959年8期	
李核		东汉	江苏盱眙东阳	《考古》1979年5期	

梅

梅核	1	新石器（马家浜文化）	上海青浦崧泽	《考古》1992年3期	有
梅核	8	新石器（良渚文化）	江苏吴江梅堰	《考古》1963年6期	
梅核		战国	四川荥经曾家沟	《考古》1984年12期	
梅核		西汉	广东广州西村皇帝岗	《考古通讯》1957年4期	有
梅核	4	西汉	广西贵县风流岭	《考古》1984年1期	
梅核		西汉	湖南长沙马王堆1号墓	《考古》1977年2期	
梅核		东汉	广东广州西村皇帝岗42号墓	《考古通讯》1958年8期	
梅核		东汉	江苏盱眙东阳	《考古》1979年5期	

葡萄

葡萄	新石器（龙山文化）	山东滕州庄里西	《考古》1999年7期	
炭化葡萄种子	新石器早期	河南舞阳贾湖	《考古》2009年8期	有
葡萄	东汉－魏晋	新疆尉犁县营盘里	《考古》2002年6期	

人参果

| 人参果茎 | | 新石器（距今3500年） | 西藏贡嘎昌果沟 | 《考古》2001年3期　有 |

山楂

| 炭化山楂籽 | | 新石器（新乐文化） | 辽宁沈阳新乐 | 《考古》1990年11期 |

酸枣

酸枣核		新石器（裴李岗文化）	河南新郑裴李岗	《考古》1982年4期
酸枣核		新石器（河姆渡文化）	浙江余姚河姆渡	《考古》1977年2期
酸枣核		新石器（良渚文化）	浙江平湖庄桥坟	《考古》2005年7期
酸枣核		新石器（龙山文化）	山东滕州庄里西	《考古》1999年7期
酸枣核		新石器	浙江湖州吴兴钱山漾	《考古》1980年4期
酸枣核		西汉	广东广州西村皇帝岗	《考古通讯》1957年　有 4期

桃

桃核		新石器（距今4585±160年）	广西钦州独料	《考古》1982年1期
桃核		新石器	浙江湖州吴兴钱山漾	《考古》1980年4期
桃核		青铜时代（距今3800年）	云南剑川海门口	《考古》2009年7期
桃核		商	河北藁城	《考古》1977年2期
桃核		春秋	江西靖安李洲坳	《考古》2008年7期
桃核	1	战国	山东临淄故城农场T101	《考古》1961年6期
桃核		东汉	湖北鄂城西山南麓	《考古》1978年5期
桃核		东汉—魏晋	新疆尉犁县营盘里	《考古》2002年6期
桃核	5	唐	河南永城侯岭	《考古》2001年3期
玉桃	1	北宋	江西临川莫源李村	《考古》1988年4期　有
陶桃	3	辽	河北怀安张家屯	《考古》1991年1期　有
桃核	1	清	广东广州番禺大洲	《考古》1983年9期

无花果

| 无花果 | | 战国 | 四川荥经曾家沟 | 《考古》1984年12期 |

杏

杏核	500	先周	陕西宝鸡周原齐家村	《考古》2010年10期　有
杏核		西汉	江苏连云港海州	《考古》1977年2期
杏核		西汉	江苏连云港海州小礁山	《考古》1974年3期

杨梅

杨梅核		西汉	广东广州象岗南越王墓	《考古》1983年12期
青杨梅		西汉	广西贵县罗泊湾	《考古》1982年4期
杨梅核		西汉	湖南长沙马王堆1号墓	《考古》1977年2期

杨梅核		晋	江西南昌东湖区永外正街	《考古》1974年6期	

樱桃

樱桃		东汉	江苏盱眙东阳	《考古》1979年5期	

郁李

郁李仁		商	河北藁城	《考古》1977年2期	

枣

枣核		新石器（裴李岗文化）	河南新郑沙窝李	《考古》1983年12期	
枣核		战国	湖北阳新县半壁山一号战国墓	《考古》1994年6期	
枣核		西汉	广东广州象岗南越王墓	《考古》1983年12期	
枣核		西汉	湖南长沙马王堆1号墓	《考古》1977年2期	
枣核		西汉	江苏连云港海州	《考古》1977年2期	
枣核		西汉	江苏连云港海州网疃庄	《考古》1975年3期	有
枣核		西汉	江苏连云港海州小礁山	《考古》1974年3期	
枣核		东汉	甘肃武威磨咀子	《考古》1960年9期	
枣核		东汉	江苏扬州东风砖瓦厂	《考古》1980年5期	有
红枣核		高昌	新疆吐鲁番阿斯塔那	《考古》1992年2期	

榛

炭化榛壳		新石器（新乐文化）	辽宁沈阳新乐	《考古》1990年11期	
榛核		东汉	江苏盱眙东阳	《考古》1979年5期	

四、蚕桑、纤维植物及其产品

（一）蚕桑

桑

桑树皮纸	2	唐宋	江苏镇江甘露寺铁塔	《考古》1961年6期	
枯桑叶		东汉	新疆和田民丰尼雅	《考古》1985年2期	

蚕

金箔蚕蛹	6	西汉	新疆吐鲁番艾丁湖	《考古》1982年4期	有
蚕茧	1	东汉	新疆和田民丰尼雅	《考古》1985年2期	
蚕茧	3	唐	新疆巴楚县脱库孜沙来	《考古》1985年2期	有
蚕丝绢片		新石器	浙江湖州吴兴钱山漾	《考古》1980年4期	
蚕丝		春秋	江西靖安李洲坳	《考古》2008年7期	
蚕丝		唐	新疆巴楚县脱库孜沙来	《考古》1985年2期	有
石蚕		隋	河南陕县刘家渠	《考古通讯》1957年4期	
玉蚕	1	新石器（红山文化）	辽宁凌源牛河梁	《考古》2001年8期	有

玉蚕	4	新石器（红山文化）	内蒙古巴林右旗那斯台	《考古》1987年6期	有
玉蚕	1	西周	北京房山琉璃河	《考古》1974年5期	
玉蚕	1	东周	陕西宝鸡福临堡	《考古》1963年10期	有
玉蚕纹饰	1	春秋	河南光山宝相寺	《考古》1984年4期	有
玉蚕形饰	2	春秋	河南光山宝相寺	《考古》1984年4期	有
玉蚕	1	春秋	河南光山宝相寺	《考古》1984年4期	有
玉蚕	3	春秋	河南洛阳润阳广场	《考古》2010年12期	有
玉蚕	2	春秋	山西侯马上马村	《考古》1963年5期	有
玉蚕	2	战国	山东济南千佛山	《考古》1991年9期	有

丝织物

丝绸残片		西汉	湖南保靖粟家坨	《考古》1985年9期	
青丝		东汉	甘肃武威磨咀子6号墓	《考古》1960年5期	
丝绸残片		东汉	内蒙古巴尔虎旗完工	《考古》1965年6期	
丝绸绞编履	1	东汉—魏晋	新疆尉犁县营盘里	《考古》2002年6期	
丝绸带		唐	陕西西安李静训墓	《考古》1959年9期	
丝绸裙		高昌	新疆吐鲁番阿斯塔那	《考古》1992年2期	
丝绸袜		高昌	新疆吐鲁番阿斯塔那	《考古》1992年2期	
丝绸残片		唐宋	青海乌兰大南湾	《考古》2002年12期	
丝带编结缠痕		宋	广东佛山鼓颡岗	《考古》1964年10期	
外绸内绢彩绣		辽	内蒙古翁牛特旗解放营子	《考古》1979年4期	
丝带编结痕迹		南宋	江苏南京市郊龙潭	《考古》1963年6期	
淡黄素薄绸布	3	元	江苏苏州吴门桥南	《考古》1965年6期	
黄绸粉朴	1	元	江苏苏州吴门桥南	《考古》1965年6期	有
黄绸套袜		元	江苏苏州吴门桥南	《考古》1965年6期	
黄色素绸布	2	元	江苏苏州吴门桥南	《考古》1965年6期	
黄绸棺帷	2	元	重庆江北区洗布塘	《考古》1986年9期	有
丝绸残片	3	明	江苏苏州太仓娄东	《考古》1987年3期	
丝绸道服	1	明	江西广丰横山	《考古》1965年6期	有
丝绸官袍	6	明	江西广丰横山	《考古》1965年6期	有
丝绸绫质便服	5	明	江西广丰横山	《考古》1965年6期	有
丝绸缎衣服	6	明	江西南城株良	《考古》1965年6期	有
丝绸织软巾		明	上海市松江	《考古》1963年11期	
丝绸面夹被盖	2	明	四川新都城郊	《考古通讯》1957年2期	

丝绸面棉蔽膝	2	明	四川新都城郊	《考古通讯》1957年 有 2期
丝绸面夹膝裤	3	明	四川新都城郊	《考古通讯》1957年 有 2期
短衫交领绸上衣	1	明	四川新都城郊	《考古通讯》1957年 2期
丝绸面夹裤	2	明	四川新都城郊	《考古通讯》1957年 有 2期
丝绸棉裙	5	明	四川新都城郊	《考古通讯》1957年 有 2期
丝绸料	4	明	四川新都城郊	《考古通讯》1957年 2期
青绸枕头	2	明	四川新都城郊	《考古通讯》1957年 有 2期
短衫交领夹绸上衣	5	明	四川新都城郊	《考古通讯》1957年 2期
短袖对襟纯绸料上衣	1	明	四川新都城郊	《考古通讯》1957年 2期
帛条缠结		战国	湖北江陵太晖观50号墓	《考古》1977年1期
刺绣		春秋	江西靖安李洲坳	《考古》2008年7期
刺绣残片		西汉	河北满城陵山	《考古》1972年1期
贴绣裢裢绣品		南宋	江苏武进县蒋塘村	《考古》1986年3期　有
缎绫丝绸裙	6	元	江苏苏州吴门桥南	《考古》1965年6期　有
缎绫丝绸袄	4	元	江苏苏州吴门桥南	《考古》1965年6期　有
缎底彩绘幡画	1	元	重庆江北区洗布塘	《考古》1986年9期　有
缎料		元	重庆江北区洗布塘	《考古》1986年9期　有
缎面鞋	2	明	江西广丰横山	《考古》1965年6期　有
缎衾		明	上海市松江	《考古》1963年11期
缎裙	3	明	上海市松江	《考古》1963年11期
缎制衣服	5	明	上海市松江	《考古》1963年11期
缎质铭旌		明	上海市松江	《考古》1963年11期
缎面棉被	1	明	四川新都城郊	《考古通讯》1957年 2期
织锦		春秋	江西靖安李洲坳	《考古》2008年7期
锦织品		战国	湖北江陵九店	《考古》1995年7期
织锦残片		西汉	河北满城陵山	《考古》1972年1期
锦面草盒	2	东汉	甘肃武威磨咀子	《考古》1960年9期
锦块		东汉	新疆和田民丰尼雅	《考古》1985年2期

织锦	1	东汉	新疆且末加瓦艾日克	《考古》1997年9期	
蓝地兽纹锦		北朝	新疆吐鲁番	《考古》1972年2期	有
贵字孔雀纹锦		隋	新疆吐鲁番	《考古》1972年2期	有
牛羊颈拴锦绸服饰		唐	新疆民丰尼雅古城	《考古》1961年3期	有
方格兽纹锦		唐	新疆吐鲁番	《考古》1972年2期	有
联珠对鸭纹锦		唐	新疆吐鲁番	《考古》1972年2期	有
联珠骑士纹锦		唐	新疆吐鲁番	《考古》1972年2期	有
联珠猪头纹锦		唐	新疆吐鲁番	《考古》1972年2期	有
锦覆面（丝绸）	2	高昌（公元7世纪）	新疆吐鲁番巴达木	《考古》2006年12期	有
织锦残片		唐宋	江苏镇江甘露寺铁塔	《考古》1961年6期	
五色斜纹锦		辽	内蒙古翁牛特旗解放营子	《考古》1979年4期	有
锦缎被褥	5	元	江苏苏州吴门桥南	《考古》1965年6期	
紫酱织锦鞋	1	元	江苏苏州吴门桥南	《考古》1965年6期	有
织锦袋	1	元	江苏苏州吴门桥南	《考古》1965年6期	有
长方形织锦	2	元	山东嘉祥石林	《考古》1983年9期	有
织锦	165	明	北京明定陵	《考古》1959年7期	
绢残片		西周—春秋	安徽舒城凤凰嘴	《考古》1964年10期	
丝绢物	5	东周	湖北江陵雨台山	《考古》1980年5期	
绢	4	春秋	河南光山宝相寺	《考古》1984年4期	有
紫色绣绢	2	春秋	河南光山宝相寺	《考古》1984年4期	有
绢		春秋	江西靖安李洲坳	《考古》2008年7期	
绢痕迹		战国	河北怀来北辛堡	《考古》1966年5期	
绢绣品	4	战国	湖北江陵九店	《考古》1995年7期	有
绢织品		战国	湖北江陵九店	《考古》1995年7期	
残绢片		西汉	广东广州三元里马鹏冈	《考古》1962年10期	
绢丝织品残片		西汉	河北满城陵山	《考古》1972年1期	
绢编织物		西汉	河南洛阳老城西北郊	《考古》1964年8期	
绢袋		西汉	湖南长沙马王堆3号墓	《考古》1989年9期	
绢帛物残痕		东汉	湖北房县向阳	《考古》1978年5期	
丝绢残品		东汉	江苏扬州七里甸	《考古》1962年8期	
绢类丝织品		东汉	山东东平王陵山	《考古》1966年4期	
棕色绢		东汉	新疆和静县察吾乎沟口	《考古》1990年10期	

M3

绢片		东汉	新疆和田民丰尼雅	《考古》1985年2期	
绢夹襦	4	东汉—魏晋	新疆尉犁县营盘里	《考古》2002年6期	
绢枕	1	东汉—魏晋	新疆尉犁县营盘里	《考古》2002年6期	
红色绞缬绢		东晋	新疆吐鲁番	《考古》1985年2期	
鸟龙纹绢绣	1	十六国	新疆吐鲁番阿斯塔那	《考古》2006年12期	
红色绞缬绢		北朝	新疆于田屋于来克	《考古》1985年2期	有
绞缬菱花纹绢		唐	新疆吐鲁番	《考古》1972年2期	有
素绢纸鞋	1	唐	新疆吐鲁番阿斯塔那 M360	《考古》1991年1期	有
绢衣		高昌	新疆吐鲁番阿斯塔那	《考古》1992年2期	
蓝绢布枕	3	高昌（公元7世纪）	新疆吐鲁番巴达木	《考古》2006年12期	有
绢片	2	辽	辽宁锦西西孤山	《考古》1960年2期	
白地素面绢		辽	内蒙古翁牛特旗解放营子	《考古》1979年4期	
素绢		南宋	江苏武进县蒋塘村	《考古》1986年3期	
印花绢		南宋	江苏武进县蒋塘村	《考古》1986年3期	有
绢绸结玉环	2	元	江苏苏州吴门桥南	《考古》1965年6期	有
细绢		元	山东嘉祥石林	《考古》1983年9期	
绢裙	1	明	江西玉山嘉湖山	《考古》1973年5期	
绢褶服	6	明	江西玉山嘉湖山	《考古》1973年5期	
绢丝绦残片		明	云南大理苍山	《考古》1966年4期	
松纹绫		南宋	江苏武进县蒋塘村	《考古》1986年3期	有
梅竹纹绫		南宋	江苏武进县蒋塘村	《考古》1986年3期	有
米字纹绫		南宋	江苏武进县蒋塘村	《考古》1986年3期	有
绫质袍	2	元	江苏苏州吴门桥南	《考古》1965年6期	有
赤黄斜纹绫铭旌	1	元	重庆江北区洗布塘	《考古》1986年9期	有
罗	68	唐宋	江苏镇江甘露寺铁塔	《考古》1961年6期	
花罗		南宋	江苏武进县蒋塘村	《考古》1986年3期	
素罗		南宋	江苏武进县蒋塘村	《考古》1986年3期	
贴罗丝辫绣花边		南宋	江苏武进县蒋塘村	《考古》1986年3期	
印金罗		南宋	江苏武进县蒋塘村	《考古》1986年3期	
绮织物遗迹		东汉	安徽寿县马家古堆	《考古》1966年3期	
方孔纱		春秋	江西靖安李洲坳	《考古》2008年7期	
纱织品		战国	湖北江陵九店	《考古》1995年7期	
纱罗残片		西汉	河北满城陵山	《考古》1972年1期	

漆纱	1	西汉	山东诸城杨家庄子	《考古》1987年9期	
纱帽	1	东汉	江苏盱眙东阳	《考古》1979年5期	
纱囊	1	东汉	江苏盱眙东阳	《考古》1979年5期	
棕色纱		东汉	新疆和静县察吾乎沟口M3	《考古》1990年10期	
绿地狩猎纹纱		唐	新疆吐鲁番	《考古》1972年2期	有
树下鸳鸯纹蜡缬纱		唐	新疆吐鲁番	《考古》1972年2期	有
彩绣花树纱		辽	内蒙古翁牛特旗解放营子	《考古》1979年4期	有
花纱帕饰	2	辽	内蒙古翁牛特旗解放营子	《考古》1979年4期	有
绉纱		南宋	江苏武进县蒋塘村	《考古》1986年3期	
丝绵		东汉	甘肃武威磨咀子6号墓	《考古》1960年5期	
折绵䌷绵裤	1	明	江西玉山嘉湖山	《考古》1973年5期	
丝线		新石器	浙江湖州吴兴钱山漾	《考古》1980年4期	
丝线		商	河南罗山天湖	《考古》1986年9期	有
残丝线		东汉	内蒙古巴尔虎旗完工	《考古》1965年6期	有
丝帛		新石器	浙江湖州吴兴钱山漾	《考古》1980年4期	
丝织品		新石器	浙江湖州吴兴钱山漾	《考古》1980年4期	
丝织品		商	河南安阳郭家庄M5	《考古》2008年8期	
丝织带		春秋	江西靖安李洲坳	《考古》2008年7期	
丝织品		春秋	山东海阳嘴子前村	《考古》1996年9期	
红色和紫色丝织品		战国	北京怀柔城北	《考古》1962年5期	
丝织物残痕		战国	湖北鄂城鄂钢53号墓	《考古》1978年4期	
丝织品残片		战国	湖北江陵太晖观50号墓	《考古》1977年1期	
长条丝织品		战国	湖北江陵溪峨山	《考古》1984年6期	
丝织品残片		战国	湖北阳新县半壁山一号战国墓	《考古》1994年6期	
丝织物		战国	湖北枣阳九连墩	《考古》2003年7期	
丝织物		战国	山东淄博南韩村	《考古》1988年5期	
丝织品残迹		西汉	北京怀柔城北	《考古》1962年5期	
丝织品痕迹		西汉	湖北襄阳擂鼓台1号墓	《考古》1982年2期	
丝织香袋		西汉	湖南长沙马王堆3号墓	《考古》1989年9期	
丝织香囊		西汉	湖南长沙马王堆3号墓	《考古》1989年9期	
丝织品		西汉	江苏连云港海州小礁山	《考古》1974年3期	
丝织品		西汉	山东微山墓前	《考古》1995年11期	

丝织物残痕		西汉	上海金山戚家墩	《考古》1973年1期
丝织带		西汉	重庆巫山巫峡秀峰	《考古》2004年10期　有
丝织物	1	距今2000年	西藏浪卡子查加沟	《考古》2001年6期
丝织品残片		新莽	湖南零陵李家园	《考古》1964年9期
丝麻织物残痕		东汉	安徽寿县马家古堆	《考古》1966年3期
丝麻铭旌	3	东汉	甘肃武威磨咀子	《考古》1960年9期
丝织品		东汉	甘肃武威磨咀子	《考古》1960年9期
丝麻织铭旌		东汉	甘肃武威磨咀子6号墓	《考古》1960年5期
丝麻带痕		东汉	湖南长沙金塘坡	《考古》1979年5期
丝织物		东汉	辽宁大连前牧城驿	《考古》1986年5期　有
丝织片		东汉	内蒙古扎赉诺尔	《考古》1961年12期　有
丝织品残片		东汉	山东梁山柏木山	《考古》1964年9期
丝织物		东汉	新疆且末加瓦艾日克	《考古》1997年9期
丝织物痕迹		晋	甘肃敦煌新店台	《考古》1974年3期
丝织包	1	十六国	新疆吐鲁番阿斯塔那	《考古》2006年12期　有
丝织物残片		高句丽（公元5世纪）	吉林集安禹山下41号墓	《考古》1977年2期
丝织品残片		高句丽（公元5世纪）	吉林辑安麻线沟1号墓	《考古》1964年10期
丝棉混合织物		北朝	新疆吐鲁番阿斯特那309墓	《考古》1985年2期　有
丝织物痕迹		东魏	河北赞皇南邢郭村	《考古》1977年6期
丝织物	1	唐	山西长治城西南	《考古》1961年5期
丝棉混织布片		唐	新疆巴楚县脱库孜沙来	《考古》1985年2期　有
丝织包袱	50	唐宋	江苏镇江甘露寺铁塔	《考古》1961年6期
丝织品		唐宋	江苏镇江甘露寺铁塔	《考古》1961年6期
丝织物		北宋	山西太原小井峪	《考古》1963年5期
丝织品		辽	内蒙古通辽吐尔基山	《考古》2004年7期
丝织物残片		金	内蒙古巴林左旗王家湾	《考古》1999年4期
残丝织品	2	元	江苏苏州吴门桥南	《考古》1965年6期　有
绫、罗、绢丝织品残片	60	元	辽宁喀左大城子	《考古》1964年5期　有
丝织被褥	9	元	重庆江北区洗布塘	《考古》1986年9期　有
丝织衣物	9	元	重庆江北区洗布塘	《考古》1986年9期　有
绌绵袜	1	明	江西玉山嘉湖山	《考古》1973年5期

（二）麻

麻

麻		春秋	江西靖安李洲坳	《考古》2008年7期

苎麻

苎麻布		西周—春秋	安徽舒城凤凰嘴	《考古》1964年10期	
苎麻布		东周	江苏六合和仁	《考古》1977年5期	
苎麻布		明	江西玉山嘉湖山	《考古》1973年5期	

苘麻

炭化苘麻		新石器早期	河南舞阳贾湖	《考古》2009年8期	

麻织品

麻鞋	2	东周	湖北江陵雨台山	《考古》1980年5期	
麻鞋底	2	春秋	河南光山宝相寺	《考古》1984年4期	有
麻鞋		战国	湖北江陵九店	《考古》1995年7期	
残麻鞋底	1	战国	湖南常德德山	《考古》1963年9期	
麻鞋	1	西汉	山东临沂银雀山	《考古》1999年5期	
麻鞋	9	东汉	甘肃武威磨咀子	《考古》1960年9期	
麻鞋	2	唐	江西南昌市北郊	《考古》1977年6期	
麻鞋		高昌	新疆吐鲁番阿斯塔那	《考古》1992年2期	
麻绳		新石器（良渚文化）	浙江平湖庄桥坟	《考古》2005年7期	
麻绳		新石器	浙江湖州吴兴钱山漾	《考古》1980年4期	
绳（或麻或草）		东周	湖北大冶铜绿山	《考古》1974年4期	
麻绳	1	东周	湖北江陵雨台山	《考古》1980年5期	
麻绳		战国	湖北鄂城鄂钢53号墓	《考古》1978年4期	
麻绳		汉	江苏苏州北郊	《考古》1993年3期	
麻绳		西汉	广西贵县北郊	《考古》1985年3期	
麻绳		西汉	江苏连云港海州小礁山	《考古》1974年3期	
麻绳痕迹		西汉	陕西西安龙首村	《考古》2002年5期	
麻绳		高昌	新疆吐鲁番阿斯塔那	《考古》1992年2期	
麻缆绳		清	广东广州番禺大洲	《考古》1983年9期	
麻布		新石器（仰韶文化）	河南灵宝西坡	《考古》2007年2期	
麻布		新石器（仰韶文化）	陕西华县柳子镇	《考古》1959年2期	
麻布残迹		新石器（龙山文化）	辽宁北票丰下	《考古》1976年3期	有
麻布		新石器	浙江湖州吴兴钱山漾	《考古》1980年4期	
麻布		商	河南安阳殷墟	《考古》1961年2期	
麻布痕迹		西周	辽宁建平水泉城子	《考古》1983年8期	
麻布痕迹		周	安徽屯溪西郊奕棋	《考古》1990年3期	
麻布		青铜时代（夏家店上层文化）	内蒙古敖汉旗周家地	《考古》1984年5期	有
麻布痕迹		西周—春秋	辽宁建平大拉罕沟	《考古》1983年8期	有
麻布痕迹		东周	陕西宝鸡福临堡	《考古》1963年10期	有

麻布片		战国	安徽六安城西窑厂	《考古》1995年2期
麻布片	1	战国	山东济南千佛山	《考古》1991年9期
麻布痕迹		战国－秦汉	四川巴塘雅江	《考古》1981年3期
麻布		汉	江苏连云港海州网疃庄	《考古》1963年5期
麻布		西汉	湖北襄阳擂鼓台1号墓	《考古》1982年2期
麻布		西汉	江苏徐州翠屏山	《考古》2008年9期
麻布		西汉	山东微山墓前	《考古》1995年11期
麻布遗迹		东汉	安徽寿县马家古堆	《考古》1966年3期
麻布		东汉	内蒙古巴尔虎旗完工	《考古》1965年6期
麻布残片		高句丽（公元5世纪）	吉林集安禹山下41号墓	《考古》1977年2期
麻布		唐	陕西西安李静训墓	《考古》1959年9期
麻布		高昌	新疆吐鲁番阿斯塔那	《考古》1992年2期
麻布		高昌（公元7世纪）	新疆吐鲁番巴达木	《考古》2006年12期
麻布		宋	江苏南京中华门外丁家山	《考古》1963年6期
麻布		金	内蒙古巴林左旗王家湾	《考古》1999年4期
麻布		元	山东嘉祥石林	《考古》1983年9期 有
麻衣		战国	湖北江陵九店	《考古》1995年7期
青苎绵袄	1	明	江西玉山嘉湖山	《考古》1973年5期
麻线		战国	河北怀来北辛堡	《考古》1966年5期
麻丝		高昌	新疆吐鲁番阿斯塔那	《考古》1992年2期
麻类编织物		新石器（龙山文化）	山西襄汾陶寺	《考古》1983年1期
麻织物		春秋	湖北麻城李家湾	《考古》2000年5期
麻筋		春秋	山东蓬莱柳格庄	《考古》1990年9期
麻织品		战国	北京怀柔城北	《考古》1962年5期
麻类织物残片		战国	湖北江陵太晖观50号墓	《考古》1977年1期
麻织品残片		战国	湖北阳新县半壁山一号战国墓	《考古》1994年6期
剑鞘麻织物		战国	山东淄博南韩村	《考古》1988年5期
麻织品		战国－秦汉	湖北云梦睡虎地	《考古》1981年1期
麻织物		东汉	新疆且末加瓦艾日克	《考古》1997年9期
麻布袋	1	十六国	新疆吐鲁番阿斯塔那	《考古》2006年12期 有
麻织品		元明	云南宜良孙家山	《考古》1993年11期
短衫交领麻上衣	1	明	四川新都城郊	《考古通讯》1957年2期

（三）棉

棉

| 棉花 | | 元 | 山东嘉祥石林 | 《考古》1983年9期 |

棉织物

棉布		高昌	新疆吐鲁番阿斯塔那	《考古》1992年2期	
棉布		明	上海市松江	《考古》1963年11期	
棉短衣		东汉	青海平安古城	《考古》2002年12期	
棉布袍	1	东汉—魏晋	新疆尉犁县营盘里	《考古》2002年6期	
棉布衬衣	1	元	山东嘉祥石林	《考古》1983年9期	有
白绵棉袄	1	明	江西玉山嘉湖山	《考古》1973年5期	
棉衣	2	明	四川新都城郊	《考古通讯》1957年 2期	有
布棉裙	2	明	四川新都城郊	《考古通讯》1957年 2期	有
棉布裤	3	东汉—魏晋	新疆尉犁县营盘里	《考古》2002年6期	
短棉被		东汉	青海平安古城	《考古》2002年12期	
红素苎棉被	1	明	江西玉山嘉湖山	《考古》1973年5期	
布面棉被	3	明	四川新都城郊	《考古通讯》1957年 2期	

其他棉织品

棉织物		青铜时代（距今3000 年）	新疆鄯善洋海	《考古》2004年5期	
棉织物		东汉	新疆且末加瓦艾日克	《考古》1997年9期	
棉织品		元明	云南宜良孙家山	《考古》1993年11期	

（四）竹

竹帘

竹帘		东周	湖北江陵雨台山	《考古》1980年5期	
细篾竹帘		战国	湖北江陵太晖观50号墓	《考古》1977年1期	
竹帘	1	战国	湖北江陵溪峨山	《考古》1984年6期	

竹席

竹席		新石器	浙江湖州吴兴钱山漾	《考古》1980年4期	
竹席		商	河南偃师商城五室祭祀 遗址	《考古》2002年7期	
竹席		西周	湖北蕲春毛家嘴	《考古》1962年1期	
竹席	1	东周	湖北松滋大岩嘴	《考古》1966年3期	
竹席残片		春秋	河南光山宝相寺	《考古》1984年4期	有
竹席		春秋	河南新郑郑韩故城	《考古》2000年2期	
竹席		春秋	江西靖安李洲坳	《考古》2008年7期	
竹席残片		战国	安徽六安城西窑厂	《考古》1995年2期	有
竹席	1	战国	湖北鄂城鄂钢53号墓	《考古》1978年4期	
竹席		战国	湖北江陵九店	《考古》1995年7期	

竹席		战国	湖北江陵拍马山	《考古》1973年3期	
竹席		战国	湖北江陵拍马山	《考古》1983年8期	有
竹席		战国	湖北江陵太晖观	《考古》1973年6期	
竹席		战国	湖北江陵望山	《考古》1983年8期	有
竹席		战国	湖北江陵溪峨山	《考古》1984年6期	
竹席		战国	湖北枝江姚家港	《考古》1988年2期	
竹席		战国	湖南长沙黄泥坑	《考古通讯》1956年6期	
竹席		战国	湖南长沙茅亭子	《考古》2003年4期	
花纹竹席		战国	湖南常德德山	《考古》1963年9期	
竹席		汉	江苏盐城三羊墩	《考古》1964年8期	有
竹席残片		西汉	广东广州三元里马鹏冈	《考古》1962年10期	
竹席痕迹		西汉	广西贵县罗泊湾	《考古》1982年4期	
竹席		西汉	河南杞县许村岗	《考古》2000年1期	
竹席		东汉	江苏高邮邵家沟	《考古》1960年10期	
编织竹席		东晋	江苏江宁下坊村	《考古》1998年8期	
竹席		唐	河南永城侯岭	《考古》2001年3期	

竹笥

竹笥	1	新莽	江苏邗江姚庄	《考古》2000年4期	
竹笥	33	东周	湖北江陵雨台山	《考古》1980年5期	
竹笥		春秋	江西靖安李洲坳	《考古》2008年7期	
竹笥		战国	湖北江陵九店	《考古》1995年7期	
竹笥	2	战国	湖北江陵太晖观50号墓	《考古》1977年1期	
小竹笥		战国	湖北江陵望山	《考古》1983年8期	有
竹笥		战国	湖北阳新县半壁山一号战国墓	《考古》1994年6期	
竹笥	1	战国	湖北枝江姚家港	《考古》1988年2期	
竹笥		战国	四川荥经曾家沟	《考古》1984年12期	有
竹笥	1	战国－秦汉	湖北云梦睡虎地	《考古》1981年1期	
竹笥		西汉	湖北荆沙瓦坟园	《考古》1995年11期	
竹笥		西汉	湖南长沙马王堆3号墓	《考古》1989年9期	
竹笥残片		西汉	江苏连云港海州网疃庄	《考古》1975年3期	
竹笥	3	西汉	江苏连云港海州小礁山	《考古》1974年3期	
竹笥	3	西汉	山东临沂银雀山	《考古》1999年5期	
竹笥	5	西汉	四川成都凤凰山	《考古》1991年5期	

竹篓

小竹篓	1	商	河南安阳郭家庄M160	《考古》1991年5期	
竹篓		春秋	湖北大冶铜绿山	《考古》1981年1期	

竹网篓	战国	湖北当阳赵家塝	《考古》1983年8期	
竹篓	战国	湖北江陵九店	《考古》1995年7期	
竹篓	战国	湖南长沙广济桥	《考古》1983年8期	有
竹篓残物	秦	湖南长沙左家塘	《考古》1959年9期	

竹绳

| 竹绳 | 战国 | 四川荥经曾家沟 | 《考古》1984年12期 | |

其他竹制品

竹编物	新石器（马家浜文化）	浙江嘉兴马家浜	《考古》1961年7期	
竹编织物	春秋	江苏邳州九女墩	《考古》2003年9期	
竹编织物痕迹	战国	广东罗定背夫山	《考古》1986年3期	有
竹编	战国	浙江绍兴凤凰山	《考古》1976年6期	
竹编残片	秦汉	西藏札达皮央东嘎	《考古》2001年6期	有
竹编盛器	西汉	河南洛阳老城西北郊	《考古》1964年8期	
竹编织物痕迹	西汉	山东诸城杨家庄子	《考古》1987年9期	

（五）草编织物

苇编织物

苇席	商	河南安阳郭家庄M5	《考古》2008年8期	
苇席	青铜时代（距今3000年）	新疆哈密艾斯克霞尔	《考古》2002年6期	
苇席	春秋	山东海阳嘴子前村	《考古》1996年9期	
苇席	春秋	陕西宝鸡南阳村	《考古》2001年7期	
苇席	战国	河北兴隆西沟	《考古》1995年7期	
苇蓆	战国	河南信阳长台关	《考古》1983年8期	有
苇席	战国	湖北江陵太晖观50号墓	《考古》1977年1期	
苇席	西汉	山东蓬莱大迟家	《考古》2006年3期	
苇席	西汉	新疆吐鲁番交河故城沟西	《考古》1997年9期	
苇席	东汉	甘肃武威磨咀子6号墓	《考古》1960年5期	
苇席	东汉	内蒙古额右旗拉布达林	《考古》1990年10期	
苇席	十六国	甘肃高台骆驼城M5	《考古》2003年6期	
苇席	高昌	新疆吐鲁番阿斯塔那	《考古》1992年2期	
苇席	高昌（公元7世纪）	新疆吐鲁番巴达木	《考古》2006年12期	
苇席	宋	浙江绍兴缪家桥	《考古》1964年11期	
苇编织墙	新石器（良渚文化）	江苏昆山少卿山	《考古》2000年4期	
芦苇编织物	新石器（良渚文化）	浙江平湖庄桥坟	《考古》2005年7期	
苇苫	西周—春秋	新疆托克逊县喀格恰克	《考古》1987年7期	

苇绳		西周—春秋	新疆托克逊县喀格恰克	《考古》1987年7期
苇编织物		春秋	江苏邳州九女墩	《考古》2003年9期
苇编品		东汉	辽宁大连前牧城驿	《考古》1986年5期　有
芦苇束	1	十六国	新疆吐鲁番阿斯塔那	《考古》2006年12期 有

藤编织物

藤鞭滇草	1	西汉	山东诸城杨家庄子	《考古》1987年9期
藤筒	4	西汉	四川成都凤凰山	《考古》1991年5期
藤草编寿簟	1	明	江西南城株良	《考古》1965年6期

草编织物

草席		商	河南安阳苗圃北地	《考古》1989年2期　有
草席		商周	山东邹平丁公村	《考古》1992年6期
草席		西周—春秋	新疆和静县察吾乎沟口	《考古》1990年6期
草席		西周—春秋	新疆轮台群巴克	《考古》1987年11期
草席		春秋	山东蓬莱柳格庄	《考古》1990年9期
残草席		西汉	广西贵县风流岭	《考古》1984年1期
草编席		东汉	甘肃武威磨咀子	《考古》1960年9期
草席		东汉	广东广州西村皇帝岗42号墓	《考古通讯》1958年8期
蒲草编席		东汉	江苏扬州七里甸	《考古》1962年8期
草席		东汉	新疆且末加瓦艾日克	《考古》1997年9期
草席痕迹		晋	甘肃敦煌新店台	《考古》1974年3期
草席残片		唐	陕西西安李静训墓	《考古》1959年9期
草绳		新石器（仰韶文化）	甘肃武威磨咀子	《考古》1959年11期
草绳		春秋	湖北大冶铜绿山	《考古》1981年1期
草绳		铁器时代（距今2500年）	新疆鄯善苏贝希	《考古》2002年6期
草绳		东汉	甘肃武威磨咀子6号墓	《考古》1960年5期
蒲草绳		高昌	新疆吐鲁番阿斯塔那	《考古》1992年2期
草垫		新石器（仰韶文化）	甘肃永昌鸳鸯池	《考古》1974年5期
红彩草编	3	新石器（龙山文化陶寺型）	山西襄汾陶寺	《考古》2003年9期
红彩草编篮	1	新石器（龙山文化陶寺型）	山西襄汾陶寺	《考古》2003年9期
草编箩筐		商	河南偃师商城五室祭祀遗址	《考古》2002年7期
蒲草垫	1	西汉	山东诸城杨家庄子	《考古》1987年9期
草袋	2	东汉	甘肃武威磨咀子	《考古》1960年9期
草编盒		东汉	甘肃武威磨咀子	《考古》1960年9期
草垫		东汉	甘肃武威磨咀子6号墓	《考古》1960年5期

蒲草编织物		东汉	江苏高邮邵家沟	《考古》1960年10期	
草鞋底		东汉	江苏高邮邵家沟	《考古》1960年10期	
草编器		东汉－魏晋	新疆尉犁县营盘里	《考古》2002年6期	
草藤编菱纹鞋		辽	内蒙古翁牛特旗解放营子	《考古》1979年4期	有

（六）其他纤维织物

柳编器

柳编器	1	青铜时代（距今3000年）	新疆哈密艾斯克霞尔	《考古》2002年6期	有
柳条纺织盘	1	东汉－魏晋	新疆尉犁县营盘里	《考古》2002年6期	
柳条筐		唐	河南永城侯岭	《考古》2001年3期	

棕绳

棕绳	1	西汉	四川成都凤凰山	《考古》1991年5期	
棕绳	1	唐	湖南郴州	《考古》1987年2期	

（七）不明质地织物

编织物残迹		东周	陕西宝鸡阳平秦家沟	《考古》1965年7期	
绣枕		西汉	湖南长沙马王堆3号墓	《考古》1989年9期	
纺织物遗迹		东汉	安徽寿县马家古堆	《考古》1966年3期	有
布袜	1	东汉	甘肃武威磨咀子	《考古》1960年9期	
布帽	1	东汉	甘肃武威磨咀子	《考古》1960年9期	
布袋	1	东汉	甘肃武威磨咀子	《考古》1960年9期	
纺织布		东汉	湖北宜都陆城	《考古》1988年10期	
纺织品	1	东汉	山东烟台毓璜顶山	《考古》1985年8期	
蝴蝶形银香囊	1	元	安徽六安花石咀	《考古》1986年10期	有
衣带	1	元	江苏苏州吴门桥南	《考古》1965年6期	
白布裙	1	明	上海卢湾区肇家滨路	《考古》1961年8期	
白布衫	2	明	上海卢湾区肇家滨路	《考古》1961年8期	
短衫交领夹布上衣	1	明	四川新都城郊	《考古通讯》1957年2期	
短袖对襟纯布料上衣	3	明	四川新都城郊	《考古通讯》1957年2期	
短衫交领布上衣	5	明	四川新都城郊	《考古通讯》1957年2期	
布面夹裤	1	明	四川新都城郊	《考古通讯》1957年2期	有
布面夹被盖	1	明	四川新都城郊	《考古通讯》1957年2期	

| 白布袜 | 2 | 明 | 四川新都城郊 | 《考古通讯》1957年2期 |
| 方头巾 | 3 | 明 | 四川新都城郊 | 《考古通讯》1957年2期 |

五、其他植物

（一）食用类

藕

炭化藕		新石器早期	河南舞阳贾湖	《考古》2009年8期　有
藕		西汉	湖南长沙马王堆1号墓	《考古》1977年2期
陶莲		东汉	四川绵阳河边崖墓	《考古》1988年3期　有
金蟹玉莲饰	2	明	上海浦东陆氏墓	《考古》1985年6期　有
莲蓬印痕		唐	陕西西安大明宫太液池	《考古》2005年12期　有
荷叶印痕		唐	陕西西安大明宫太液池	《考古》2005年12期　有

菱角

圆菱角		新石器（马家浜文化）	浙江嘉兴马家浜	《考古》1961年7期
菱角		新石器（河姆渡文化）	浙江余姚河姆渡	《考古》1977年2期
炭化菱角		新石器早期	河南舞阳贾湖	《考古》2009年8期　有
菱角	30	东汉－三国（吴）	湖北鄂州吴王城	《考古》1997年12期

薏苡

薏苡		新石器（良渚文化）	浙江平湖庄桥坟	《考古》2005年7期
薏苡米		西汉	河南洛阳老城西北郊	《考古》1964年8期
薏苡米		晋	甘肃敦煌新店台	《考古》1974年3期

（二）用材类

胡桃楸

| 胡桃楸壳 | | 新石器（兴隆洼文化） | 内蒙古敖汉旗兴隆洼 | 《考古》1985年10期 |
| 胡桃楸果实 | 2 | 新石器（距今6700年） | 内蒙古敖汉旗小山 | 《考古》1987年6期 |

麻栎

| 麻栎果实 | | 新石器（河姆渡文化） | 浙江余姚河姆渡 | 《考古》1977年2期 |
| 麻栎果实 | | 新石器（河姆渡文化） | 浙江余姚鲻山 | 《考古》2001年10期 |

楝树

| 楝树果实 | | 新石器（崧泽文化） | 上海松江姚家圈 | 《考古》2001年9期 |

松

| 松子 | | 元明 | 云南宜良孙家山 | 《考古》1993年11期 |

橡子

| 炭化橡子仁 | | 新石器（新乐文化） | 辽宁沈阳新乐 | 《考古》1990年11期 |

橡子果	新石器（河姆渡文化）	浙江余姚鲻山	《考古》2001年10期
橡子	新石器（距今5000年）	辽宁大连大潘家	《考古》1994年10期
炭化橡子	新石器早期	河南舞阳贾湖	《考古》2009年8期　有

（三）药用类

苍耳

| 炭化苍耳 | 新石器（龙山文化陶寺型） | 山西襄汾陶寺 | 《考古》2006年5期　有 |

冬葵

| 冬葵 | 西汉 | 湖南长沙马王堆1号墓 | 《考古》1977年2期 |

栝楼

| 栝楼（葫芦科植物） | 新石器（良渚文化） | 上海松江广富林 | 《考古》2002年10期 |

广木香

| 广木香 | 西晋 | 湖北汉川严家山 | 《考古》1989年9期 |

桂皮

| 桂皮 | 西汉 | 湖南长沙马王堆3号墓 | 《考古》1989年9期 |

佩兰

| 佩兰（药草） | 西汉 | 湖南长沙马王堆3号墓 | 《考古》1989年9期 |

藁本

| 藁本 | 西汉 | 湖南长沙马王堆3号墓 | 《考古》1989年9期 |

（四）其他

芙蓉

| 芙蓉籽 | 东汉 | 甘肃武威磨咀子 | 《考古》1960年9期 |

稗

稗穗	新石器	云南剑川海门口	《考古通讯》1958年6期
炭化稗	青铜时代（距今3800年）	云南剑川海门口	《考古》2009年7期
稗	商周	云南剑川海门口	《考古》1995年9期　有
稗	青铜时代（距今3100年）	云南剑川海门口	《考古》2009年8期

植物种子

植物种子	新石器（北辛文化）	山东汶上贾柏村	《考古》1993年6期
植物种子	新石器（马家浜文化）	浙江嘉兴马家浜	《考古》1961年7期
植物种子	新石器（仰韶文化）	河南濮阳西水坡	《考古》1989年12期

植物种子（桃）	1	商	河南偃师商城	《考古》1984年6期　有
炭化植物种子		汉魏	黑龙江桦南小八浪	《考古》2002年7期
金植物种子		晋	甘肃敦煌新店台	《考古》1974年3期　有

果核

炭化果核		新石器（裴李岗文化）	河南郏县水泉	《考古》1992年10期
植物果核		新石器（马家浜文化）	江苏张家港东山村	《考古》2010年8期
炭化果核		新石器（距今6000年）	广西资源晓锦	《考古》2004年3期
植物果实		新石器（良渚文化）	上海青浦寺前	《考古》2002年10期
植物果核	1	新石器（距今4600年）	重庆巫山锁龙	《考古》2006年3期
圆形果核		新石器（距今4585±160年）	广西钦州独料	《考古》1982年1期
炭化果核		新石器（距今4000年）	广西资源晓锦	《考古》2004年3期
果核		夏（二里头文化）	河南驻马店杨庄	《考古》1995年10期
果核		西汉	四川成都凤凰山	《考古》1991年5期
果核		元明	云南宜良孙家山	《考古》1993年11期

第三篇 畜禽及其他动物

一、畜禽

（一）马

马皮

马皮	唐	新疆民丰尼雅古城	《考古》1961年3期

马骨

马骨	新石器（距今7000年）	吉林长岭腰井子	《考古》1992年8期
马骨	新石器（距今6000年）	福建平潭壳坵头	《考古》1991年7期
马骨	新石器（马家窑文化早期）	青海民和胡李家	《考古》2001年1期
马骨	新石器（卡若文化）	西藏拉萨曲贡村	《考古》1991年10期
马骨	新石器（龙山文化）	河南汤阴白营	《考古》1980年3期
马骨	新石器（距今4150±100年）	甘肃永靖马家湾	《考古》1975年2期
马骨	新石器	黑龙江林口乌斯浑大屯	《考古》1960年4期
马骨	新石器	黑龙江肇源望海屯	《考古》1961年10期
马骨	新石器	四川忠县	《考古》1959年8期
马骨	新石器	云南宣威尖角洞	《考古》1986年1期
马骨	新石器	浙江崇德罗家谷	《考古通讯》1957年4期
马骨	新石器晚期	广西临桂螺蛳岩	《考古》1997年10期
马骨	商	河北藁城台西村	《考古》1973年1期
马骨	商	河北邯郸涧沟	《考古》1959年10期
马骨	商	河南安阳刘家庄北地	《考古》2009年7期
马骨	商	河南安阳梅园庄	《考古》1998年10期 有
马骨	商	河南安阳武官村北地	《考古》1987年12期
马骨	商	河南安阳孝民屯	《考古》1972年4期
马骨	商	河南安阳殷墟	《考古》1977年1期 有
马骨	商	河南安阳殷墟西区	《考古》1984年6期
马骨	商	山东济南大辛庄	《考古》1959年4期
马骨	西周	北京琉璃河车马坑	《考古》1984年5期 有
马骨	西周	河南洛阳中州路北侧	《考古》1988年1期
马骨	西周	山东高青陈庄	《考古》2010年8期
马骨	西周	陕西长安沣西张家坡	《考古》1959年10期
马骨	西周	陕西长安沣西张家坡	《考古》1986年3期

马骨		西周	陕西长安普渡村	《考古》1986年3期	
马骨		西周	陕西长安普渡村	《考古》1988年9期	
马骨		西周	陕西扶风法门寺镇西北	《考古》2004年1期	
马骨		西周	陕西武功黄家河	《考古》1988年7期	有
马骨		西周	天津蓟县张家园	《考古》1993年4期	
马骨		青铜时代（距今3000年）	新疆于田流水	《考古》2006年7期	
马骨		青铜时代（夏家店上层文化）	内蒙古敖汉旗周家地	《考古》1984年5期	
马骨		青铜时代（卡约文化）	青海湟源花鼻梁	《考古》1986年10期	
马骨		西周—战国	新疆木垒四道沟	《考古》1982年2期	
马骨		东周	安徽亳县曹家岗	《考古》1961年6期	
马骨		东周	甘肃庆阳宁县袁家村	《考古》1988年5期	
马骨		东周	黑龙江泰来平洋砖厂	《考古》1989年12期	
马骨		东周	内蒙古和林格尔新店子	《考古》2009年3期	
马骨		东周	内蒙古凉城小双古城	《考古》2009年3期	
马蹄骨	12	东周	宁夏固原吕坪村	《考古》1992年5期	
马骨		春秋	河北邯郸赵王陵	《考古》1982年6期	有
马骨		春秋	河南新郑郑韩故城	《考古》2000年2期	
马骨		春秋	江苏邳州九女墩	《考古》1999年11期	
马骨		春秋	山东黄县归城	《考古》1991年10期	
马骨		春秋	山东蓬莱柳格庄	《考古》1990年9期	
马骨		春秋	山西侯马呈王路	《考古》1987年12期	
马骨		战国	河北邯郸百家村	《考古》1962年12期	
马骨		战国	河北怀来北辛堡	《考古》1966年5期	
马骨		战国	河南洛阳唐宫路车马坑	《考古》2007年12期	有
马骨	2	战国	河南新郑新禹公路	《考古》1994年5期	
马骨		战国	湖北丹江口吉家院	《考古》2000年8期	
马骨		战国	湖北枣阳九连墩	《考古》2003年7期	
马骨		战国	山西侯马牛村	《考古》1988年10期	
马骨		战国	陕西长安沣西客省庄	《考古》1959年10期	
马骨		战国—秦	四川甘孜吉里龙	《考古》1986年1期	
马骨		战国—汉	内蒙古兴和刘家村	《考古》1994年5期	
马骨		秦汉	西藏札达皮央东嘎	《考古》2001年6期	
马骨		汉	河南鹤壁鹿楼村	《考古》1963年10期	有
马骨		西汉	山东长清双乳山	《考古》1997年3期	
马骨		西汉	山东章丘洛庄	《考古》2004年8期	
马骨		西汉	陕西西安东郊任家坡	《考古》1976年2期	
马骨		西汉	陕西西安汉长安城西北	《考古》2006年10期	

角

马骨		西汉	新疆巴里坤县东黑沟	《考古》2009年1期　有
马骨		西汉	新疆吐鲁番交河故城沟西	《考古》1997年9期
马骨		西汉	新疆于田圆沙	《考古》1998年12期
马骨		东汉	内蒙古巴林左旗南杨营子	《考古》1964年1期
马骨		东汉	内蒙古额右旗拉布达林	《考古》1990年10期
马骨		东汉	内蒙古扎赉诺尔	《考古》1961年12期
马骨		东汉	新疆和静县察吾乎沟口M3	《考古》1990年10期
马骨		汉魏	黑龙江桦南小八浪	《考古》2002年7期
马骨		高句丽（公元5世纪）	吉林集安七星山96号墓	《考古》1979年1期
马骨		唐	新疆民丰尼雅古城	《考古》1961年3期
马骨		唐宋	青海乌兰大南湾	《考古》2002年12期
马骨		辽金	吉林双辽电厂贮灰场	《考古》1995年4期
马骨		金	北京丰台大葆台	《考古》1980年5期
马骨		金	吉林敦化敖东城	《考古》2006年9期
马骨		金	内蒙古哲里木盟霍林河	《考古》1984年2期
殉马骨		新石器（齐家文化）	青海大通黄家寨	《考古》1994年3期
殉马骨	2	商	河南安阳殷墟	《考古》1977年1期　有
殉马骨		西周	北京房山琉璃河	《考古》1974年5期
殉马骨	4	战国	河南洛阳中州路	《考古》1974年3期
殉马骨	69	战国	山东淄博淄河店	《考古》2000年10期　有
马头骨		商	河南安阳郭家庄M5	《考古》2008年8期
马头骨		青铜时代（夏家店上层文化）	内蒙古敖汉旗周家地	《考古》1984年5期
马头骨		西周—春秋	新疆和静县察吾乎沟口	《考古》1990年6期
马头骨		东周	内蒙古凉城忻州窑子	《考古》2009年3期
马头骨	11	东周	宁夏固原吕坪村	《考古》1992年5期
马头骨		东周	宁夏固原彭堡	《考古》1990年5期
马头骨		东周	宁夏彭阳张街	《考古》2002年8期
马头骨	3	东周	宁夏西吉陈阳川村	《考古》1992年6期
马头骨	2	春秋	山东黄县归城	《考古》1991年10期
马头骨		东周—西汉	新疆哈密寒气沟	《考古》1997年9期
马头骨		西汉	新疆吐鲁番交河故城沟西	《考古》1997年9期
马头骨		东汉	内蒙古巴尔虎旗完工	《考古》1965年6期
马头骨		东汉	内蒙古额右旗拉布达林	《考古》1990年10期

马头骨		东汉	新疆和静县察吾乎沟口M3	《考古》1990年10期
马头骨	1	晋	河南安阳孝民屯	《考古》1983年6期　有

马牙

马牙		新石器	浙江湖州长生庵	《考古通讯》1958年8期
马牙	1	新石器	浙江乐清白石	《考古》1992年9期
马牙		青铜时代	江苏江宁元山镇	《考古》1959年6期
马牙		西周—春秋	吉林双辽后太平	《考古》2009年5期
马牙		战国	吉林省吉林市泡子沿前山	《考古》1985年6期　有
马牙		战国	山西盂县北村	《考古》1991年9期
马牙		汉魏	黑龙江桦南小八浪	《考古》2002年7期
马牙		高句丽（公元7世纪）	吉林辽源龙首山	《考古》1994年3期
马牙		辽	辽宁法库前山	《考古》1983年7期

马

滑石马		南朝	广西恭城新街长茶地	《考古》1979年2期
石马	1	南朝	江苏南京花神庙	《考古》1998年8期　有
石马	2	五代	广东广州石马村	《考古》1964年6期
石马		宋	河南巩县宋陵	《考古》1964年11期　有
石马	1	南宋	福建福州新店猫头山	《考古》1987年9期　有
石马	2	明	安徽凤阳泗州城北明祖陵	《考古》1963年8期　有
木马	4	西汉	广东广州三元里马鹏冈	《考古》1962年10期
木马		西汉	湖北荆沙瓦坟园	《考古》1995年11期
木马	10	西汉	湖北襄阳擂鼓台1号墓	《考古》1982年2期　有
木马	1	西汉	四川成都凤凰山	《考古》1959年4期
木马	1	西汉	四川成都凤凰山	《考古》1959年8期　有
木马	9	东汉	甘肃武威磨咀子	《考古》1960年9期　有
木马	2	东汉	甘肃武威磨咀子6号墓	《考古》1960年5期　有
木马	1	东汉	青海西宁南雄	《考古》1964年5期　有
木马身	3	魏晋	青海互助高寨	《考古》2002年12期　有
木马头	2	魏晋	青海互助高寨	《考古》2002年12期　有
木马		十六国	甘肃高台骆驼城M4	《考古》2003年6期　有
残木马	1	唐	陕西富平吕村	《考古》1977年5期
木马	1	唐	陕西西安李静训墓	《考古》1959年9期
木马		五代	江苏常州半月岛	《考古》1993年9期　有
木马	1	明	湖北江陵八岭山	《考古》1995年8期　有
玉马	1	春秋	山东滕县庄里西村	《考古》1984年4期

玉奔马		西汉	陕西咸阳汉昭帝陵东北	《考古》1973年3期	有
玉马	1	六朝	江苏南京红毛山	《考古通讯》1958年9期	有
玉马	11	清	北京圆明园含经堂遗址	《考古》2004年2期	有
小陶马	1	新石器（龙山文化）	湖北宜都石板巷子	《考古》1985年11期	有
陶马		周—汉	河南舞阳北舞渡镇	《考古通讯》1958年2期	
陶马		东周	山东邹县纪王城	《考古》1965年12期	
陶马	1	战国	广东增城西瓜岭	《考古》1964年3期	有
陶马		战国	吉林扶余北长岗子	《考古》1979年2期	
陶马	1	战国	山东平度东岳石村	《考古》1962年10期	
陶马	7	战国	山东淄博赵家徐姚	《考古》2005年1期	有
陶马		战国	山东淄博淄河店	《考古》2000年10期	
陶马头	1	战国	陕西咸阳故城长陵车站	《考古》1962年6期	
陶马	8	战国—西汉	黑龙江宾县庆华	《考古》1988年7期	有
釉陶马	1	汉	河南洛阳涧西	《考古通讯》1957年3期	
陶马	3	汉	吉林大安后宝石村	《考古》1997年2期	有
陶马	1	汉	陕西西安六堡村	《考古通讯》1956年5期	
骑马陶俑	4	西汉	广东广州三元里马鹏冈	《考古》1962年10期	
陶马	8	西汉	河北易县燕下都	《考古》1965年11期	
陶马	2	西汉	河南新乡北站	《考古》2006年3期	有
陶马	10	西汉	江苏铜山龟山M2	《考古》1997年2期	有
骑马陶俑	4	西汉	江苏铜山李屯	《考古》1995年3期	有
骑马陶俑	5	西汉	江苏徐州凤凰山	《考古》2007年4期	有
陶马	7	西汉	江苏徐州凤凰山	《考古》2007年4期	有
陶马头	1	西汉	山东济宁陆桥	《考古》2008年6期	有
陶马		西汉	山东章丘洛庄	《考古》2004年8期	
陶马	2	西汉	陕西西安六堡村	《考古》1991年1期	有
陶马	2	西汉	陕西西安六堡村汉长安城	《考古》1994年11期	有
骑马陶俑	1	西汉	陕西西安六堡村汉长安城	《考古》1994年11期	
陶马头	2	西汉	四川成都东乡4号墓	《考古通讯》1956年1期	有
陶马		西汉	浙江龙游东华山	《考古》1993年4期	
骑马陶俑	1	东汉	北京顺义临河	《考古》1977年6期	有
陶马	1	东汉	广东佛山市郊澜石	《考古》1964年9期	有

陶马头	1	东汉	贵州黔西甘棠	《考古》2006年8期	有
陶马	1	东汉	河南南阳市西关	《考古》1966年2期	有
陶马	1	东汉	湖北当阳郑家大坡	《考古》1999年1期	有
陶马	1	东汉	湖北宜都刘家屋场	《考古》1987年10期	有
陶马头	4	东汉	江苏徐州茅村	《考古》1980年4期	
陶马	2	东汉	陕西淳化铁王	《考古》1983年9期	有
陶马	3	东汉	四川达县曹家梁	《考古》1995年1期	
陶马		东汉	四川大邑马王坟	《考古》1980年3期	
陶马	1	东汉	四川涪陵黄溪	《考古》1984年12期	
陶马	1	东汉	四川乐山大湾嘴	《考古》1991年1期	有
陶马	1	东汉	四川凉山西昌	《考古》1990年5期	
陶马	1	东汉	四川新津堡子山	《考古通讯》1958年8期	
陶鞍马	1	东汉	云南大理下关	《考古》1997年4期	有
陶马	1	东汉	重庆化龙桥	《考古通讯》1958年3期	有
陶马足	2	东汉	重庆万州包上	《考古》2008年1期	有
陶马	1	三国（吴）	江苏南京甘家巷	《考古》1963年6期	有
陶马		六朝	湖北武汉	《考古》1959年11期	
陶马		六朝	江苏南京	《考古》1959年5期	
釉陶骑马塑塔式罐	1	六朝	江苏南京高家山	《考古》1963年2期	有
陶马	2	六朝	江苏南京中华门外	《考古》1959年5期	有
陶马	2	六朝	四川绵阳西山	《考古》1990年11期	
陶马	1	晋	河南郑州旧城南门外	《考古通讯》1957年1期	有
陶马		晋	江苏南京	《考古》1959年5期	
陶马	1	西晋	安徽和县戚镇	《考古》1984年9期	
骑马陶俑	1	西晋	安徽青阳庙前	《考古》1992年11期	有
陶马	1	西晋	北京西郊景王坟	《考古》1964年4期	有
骑马陶俑	2	西晋	广东广州沙河顶	《考古》1985年9期	有
陶马		西晋	河南洛阳西郊	《考古》1959年11期	有
陶马	1	西晋	河南偃师首阳山	《考古》2010年2期	有
陶马	1	西晋	河南偃师杏园村	《考古》1985年8期	有
陶马		西晋	江苏南京中华门外	《考古》1961年6期	
陶鞍马	1	西晋	山西长治故县村	《考古》1988年2期	有
陶马	1	西晋	云南大理荷花寺	《考古》1989年8期	有
陶鞍马	1	十六国	辽宁锦州前山	《考古》1998年1期	有
陶马	1	十六国	陕西咸阳头道塬	《考古》2005年6期	有

陶马	9	十六国（前秦）	陕西咸阳文林小区	《考古》2005年4期	有
陶马	20	北朝	河北磁县湾漳	《考古》1990年7期	
骑马陶俑		北朝	河北磁县湾漳	《考古》1990年7期	
陶马		北朝	山东济南东八里洼	《考古》1989年4期	有
骑马陶俑	18	北朝	陕西西安草厂坡	《考古》1959年6期	有
陶马	1	南朝	湖北武汉何家大湾	《考古》1965年4期	有
陶马	1	南朝	江苏南京富贵山	《考古》1998年8期	有
陶马	1	南朝	江苏南京郊区板桥	《考古》1983年4期	有
陶马	1	南朝	江苏南京郊区仙鹤门	《考古》1983年4期	有
陶马	1	南朝	江苏南京栖霞东杨坊	《考古》2008年6期	有
陶马	1	北魏	河北曲阳嘉峪村	《考古》1972年5期	有
骑马陶俑	10	北魏	河南洛阳盘龙冢村	《考古》1973年4期	有
陶马	1	北魏	河南洛阳盘龙冢村	《考古》1973年4期	有
骑马陶俑	12	北魏	河南偃师联体砖厂M2	《考古》1993年5期	有
陶马	2	北魏	河南偃师联体砖厂M2	《考古》1993年5期	有
陶马		北魏	河南偃师南蔡庄	《考古》1991年9期	有
陶马	2	北魏	河南偃师染华	《考古》1993年5期	有
陶马	2	北魏	河南偃师杏园村	《考古》1991年9期	有
陶马	18	北魏—隋	河北景县封皮	《考古通讯》1957年3期	有
骑马陶俑	2	东魏	河北磁县东陈村	《考古》1977年6期	有
陶马	3	东魏	河北磁县东陈村	《考古》1977年6期	有
骑马陶俑	11	东魏	河北赞皇南邢郭村	《考古》1977年6期	有
驮物陶马	1	东魏	河北赞皇南邢郭村	《考古》1977年6期	
骑马陶俑	29	北齐	河北磁县高润墓	《考古》1979年3期	有
陶马	4	北齐	河北磁县高润墓	《考古》1979年3期	有
陶驮马	1	北齐	河北磁县孟庄	《考古》1997年3期	有
陶马	1	北齐	河北磁县孟庄	《考古》1997年3期	有
陶马	1	北齐	河南安阳洪河屯	《考古》1972年1期	
骑马陶俑	1	北齐	河南安阳洪河屯	《考古》1972年1期	
陶马		北齐	山西太原圹坡	《考古》1959年1期	
骑马陶俑	2	隋	安徽亳县砖瓦窑场	《考古》1977年1期	有
陶鞍马	1	隋	安徽亳县砖瓦窑场	《考古》1977年1期	有
陶马	1	隋	安徽合肥市郊五里岗	《考古》1976年2期	有
骑马陶俑	3	隋	河北平山西岳	《考古》2001年2期	有
陶马	2	隋	河北平山西岳	《考古》2001年2期	有
骑马陶俑	3	隋	河南安阳梅元庄	《考古》1992年1期	有
陶马	2	隋	河南安阳梅元庄	《考古》1992年1期	有
陶马	1	隋	河南安阳置度村	《考古》2010年4期	有

陶马	1	隋	湖北武汉郊周家大湾	《考古通讯》1957年 有 6期
陶马	1	隋	湖北武汉武昌马房山	《考古》1994年11期 有
陶马	1	隋	湖北武汉岳家嘴	《考古》1983年9期 有
陶马	1	隋	江苏铜山茅村	《考古》1983年2期 有
骑马陶俑	24	隋	江苏铜山茅村	《考古》1983年2期 有
陶马		隋	陕西西安李静训墓	《考古》1959年9期 有
陶马		唐	甘肃敦煌佛爷庙	《考古通讯》1955年 3期
骑马陶俑		唐	甘肃敦煌老爷庙	《考古通讯》1955年 有 2期
陶马		唐	甘肃敦煌老爷庙	《考古通讯》1955年 有 2期
骑马陶俑	1	唐	河北平山西岳	《考古》2001年2期 有
陶马	1	唐	河北平山西岳	《考古》2001年2期 有
三彩马	2	唐	河南临汝纸坊乡	《考古》1988年2期 有
陶马	2	唐	河南洛阳东郊十里铺	《考古》2007年9期
三彩马	2	唐	河南洛阳关林	《考古》1972年3期 有
陶马	2	唐	河南洛阳关林	《考古》2006年2期 有
陶马		唐	河南洛阳涧西	《考古通讯》1956年 4期
陶马	2	唐	河南洛阳涧西	《考古通讯》1957年 3期
三彩马	3	唐	河南洛阳涧西谷水	《考古》1983年5期 有
骑马陶俑	11	唐	河南孟津大杨村	《考古》2007年4期 有
陶马	2	唐	河南孟津大杨村	《考古》2007年4期 有
骑马陶俑	18	唐	河南孟县店上	《考古》1988年9期 有
骑马陶俑	2	唐	河南温县徐沟村	《考古》1964年6期 有
陶马	1	唐	河南温县徐沟村	《考古》1964年6期 有
三彩马	2	唐	河南新安磁涧	《考古》1987年9期
陶马	7	唐	河南偃师北窑	《考古》1992年11期 有
骑马陶俑	4	唐	河南偃师杏园村	《考古》1984年10期 有
陶马	2	唐	河南偃师杏园村	《考古》1984年10期
三彩马	2	唐	河南偃师杏园村	《考古》1986年5期 有
陶马	2	唐	河南偃师杏园村	《考古》1986年5期 有
骑马陶俑	4	唐	河南偃师杏园村	《考古》1986年5期 有
陶马	2	唐	河南偃师杏园村	《考古》1996年12期 有
三彩马	2	唐	河南偃师瑶头	《考古》1986年11期 有
三彩马	2	唐	河南伊川白元村	《考古》1985年5期 有

陶马	3	唐	河南郑州上街	《考古》1960年1期	
陶马	2	唐	河南郑州上街	《考古》1996年8期	有
陶马	4	唐	河南郑州石佛乡孙庄	《考古通讯》1958年 7期	有
骑马陶俑		唐	湖北武汉	《考古》1959年11期	有
三彩马		唐	湖北武汉	《考古》1959年11期	
陶马		唐	湖北武汉	《考古》1959年11期	有
陶马头	1	唐	湖南长沙北郊烈士陵园	《考古通讯》1956年 6期	有
陶马		唐	湖南长沙黄土岭西坡间	《考古通讯》1958年 3期	有
陶马	2	唐	湖南长沙牛角塘	《考古》1964年12期	有
陶马	2	唐	江苏高邮车逻北福庄	《考古通讯》1958年 5期	有
骑马陶俑	1	唐	江苏邗江杨庙	《考古》1983年9期	有
陶马	6	唐	江苏邗江杨庙	《考古》1983年9期	有
骑马陶俑	5	唐	江苏徐州花马庄	《考古》1997年3期	有
陶马头	1	唐	江苏镇江	《考古》1985年2期	有
骑马陶俑	7	唐	辽宁朝阳黄河路	《考古》2001年8期	有
陶马	2	唐	辽宁朝阳黄河路	《考古》2001年8期	有
骑马陶俑	6	唐	山西长治北石槽	《考古》1962年2期	有
陶马	8	唐	山西长治北石槽	《考古》1962年2期	有
骑马陶俑	8	唐	山西长治北石槽	《考古》1965年9期	有
陶马	7	唐	山西长治东郊	《考古通讯》1957年 5期	有
陶马	1	唐	山西长治王村	《考古》1965年8期	有
骑马陶俑	1	唐	山西长治西城墙下	《考古》1964年8期	有
陶驮鞍马	1	唐	山西长治西城墙下	《考古》1964年8期	
陶马	2	唐	山西太原南郊金胜村	《考古》1960年1期	有
陶马	3	唐	山西太原西郊	《考古》1963年5期	
陶马	2	唐	陕西宝鸡谭家村	《考古》1991年5期	有
陶马		唐	陕西长安郭家滩	《考古通讯》1955年 2期	有
骑马陶俑	101	唐	陕西富平吕村	《考古》1977年5期	有
骑马陶俑	8	唐	陕西礼泉西周村阿史那忠墓	《考古》1977年2期	有
骑马陶俑	18	唐	陕西礼泉张士贵墓	《考古》1978年3期	有
陶马	8	唐	陕西礼泉张士贵墓	《考古》1978年3期	有
骑马陶俑	24	唐	陕西西安东郊	《考古》1960年1期	

陶马	20	唐	陕西西安东郊	《考古》1960年1期	有
陶马		唐	陕西西安独孤思敬及杨氏墓	《考古通讯》1958年1期	有
陶马	3	唐	陕西西安郭家滩	《考古通讯》1956年6期	有
骑马陶俑	23	唐	陕西西安郊区鲜于庭海墓	《考古通讯》1958年1期	
陶马	16	唐	陕西西安郊区鲜于庭海墓	《考古通讯》1958年1期	
陶马	3	唐	陕西西安西郊中堡村	《考古》1960年3期	有
骑马陶俑	106	唐	陕西咸阳唐苏君	《考古》1963年9期	有
陶马		唐	天津军粮城刘家台子	《考古》1963年3期	
三彩马	2	唐	浙江衢州寺后村	《考古》1985年5期	有
陶马	10	渤海国时期	黑龙江东宁小地营	《考古》2003年3期	有
三彩马	1	渤海国时期	吉林和龙龙海	《考古》2009年6期	有
三彩骑马俑	1	唐宋	河南密县西关	《考古》1995年6期	有
陶马	1	元	四川成都西郊和平乡府河九里桥	《考古通讯》1958年3期	有
骑马陶俑	18	明	河北阜城廖纪墓	《考古》1965年2期	有
陶鞍马	2	明	河北阜城廖纪墓	《考古》1965年2期	有
陶马	2	明	河南陕县前塚王村	《考古》1961年2期	
骑马陶俑	3	明	河南陕县前塚王村	《考古》1961年2期	
釉陶马	2	明	江苏南京沐睿墓	《考古》1999年10期	有
陶马	4	明	四川成都东郊华阳桂溪	《考古通讯》1957年3期	有
陶马	9	明	四川成都凤凰山	《考古》1978年5期	
骑马陶俑	12	明	云南大理苍山	《考古》1966年4期	有
陶马		明	云南大理凤仪大丰乐	《考古》2001年12期	有
瓷马	1	三国（吴）	湖北鄂城西山南麓	《考古》1978年3期	
瓷马	2	西晋	江西瑞昌马头	《考古》1974年1期	有
骑马瓷俑	1	南朝	广西永福寿城	《考古》1983年7期	有
骑马瓷俑	2	唐	河北曲阳涧磁村	《考古》1965年8期	有
瓷马	1	唐	河南安阳西郊梅园庄	《考古》1959年5期	有
瓷马		唐	河南洛阳东都履道坊	《考古》1994年8期	
骑马瓷俑		唐	河南洛阳东都履道坊	《考古》1994年8期	
骑马瓷俑	1	唐	河南三门峡	《考古通讯》1958年11期	
瓷马	3	唐	湖南长沙咸嘉湖	《考古》1980年6期	有
瓷马头	19	唐	陕西礼泉张士贵墓	《考古》1978年3期	

骑马瓷俑	37	唐	陕西礼泉张士贵墓	《考古》1978年3期	有
瓷马		宋	重庆涂山瓷窑	《考古》1986年10期	
瓷马		辽	内蒙古赤峰缸瓦窑村	《考古》1973年4期	
骑马瓷俑	2	辽	内蒙古林西饶州古城	《考古》1980年6期	
瓷马		宋金	江苏萧县后孤堆	《考古》1962年3期	
铜马		战国	湖北枣阳九连墩	《考古》2003年7期	有
铜马	2	战国	云南祥云大波那村	《考古》1965年9期	
铜立马	2	战国—汉	内蒙古准格尔旗玉隆太村	《考古》1977年2期	有
骑马铜俑	1	汉	陕西长安洪庆村	《考古》1959年12期	有
铜马	2	汉	云南祥云大波那村	《考古》1964年7期	
铜马	2	汉	云南祥云大波那村	《考古》1964年12期	有
铜马	1	西汉	广西贵县风流岭	《考古》1984年1期	有
铜马	2	西汉	江苏涟水三里墩	《考古》1973年2期	有
铜马	1	东汉	贵州安顺跑马地	《考古》2004年6期	有
铜马	1	东汉	贵州兴仁交乐	《考古》2004年3期	
小铜马	2	东汉	河南偃师寇店	《考古》1992年9期	有
骑马铜俑	1	东汉	陕西西安西北大学	《考古》2007年5期	有
铜马	1	东汉	云南大理下关	《考古》1997年4期	
铜卧马	1	宋	山东嘉祥钓鱼山朱街村	《考古》1986年9期	有
铜马	1	明	四川东山灌溉渠	《考古》1959年8期	
泥塑马	3	高昌（公元7世纪）	新疆吐鲁番巴达木	《考古》2006年12期	有
泥塑马	1	高昌（公元7世纪）	新疆吐鲁番木纳尔	《考古》2006年12期	有
骑马泥塑俑	4	高昌（公元7世纪）	新疆吐鲁番木纳尔	《考古》2006年12期	有

（二）牛

牛骨

牛骨		新石器（兴隆洼文化）	内蒙古林西井沟子西梁	《考古》2006年2期	
牛骨		新石器（昂昂溪文化）	黑龙江安达青肯泡	《考古》1962年2期	
牛骨		新石器（昂昂溪文化）	吉林镇赉黄家围子	《考古》1988年2期	
牛骨		新石器（裴李岗文化）	河南新郑裴李岗	《考古》1982年4期	
牛骨	17	新石器（磁山文化）	河北武安磁山	《考古》1977年6期	
牛骨		新石器（青莲岗文化）	江苏连云港二涧村	《考古》1962年3期	
牛骨		新石器（马家浜文化）	江苏宜兴骆驼墩	《考古》2003年7期	
牛骨		新石器（距今7000年）	吉林长岭腰井子	《考古》1992年8期	
牛骨		新石器（河姆渡文化）	浙江宁波八字桥	《考古》1979年6期	
牛骨		新石器（仰韶文化）	河南洛阳涧滨	《考古》1960年10期	
牛骨		新石器（仰韶文化）	陕西宝鸡北首岭	《考古》1979年2期	
牛骨		新石器（距今6900年）	安徽濉溪石山子	《考古》1992年3期	

牛骨	新石器（红山文化）	吉林奈曼旗大沁他拉	《考古》1979年3期
黄牛骨	新石器（后岗一期文化）	内蒙古乌兰察布石虎山	《考古》1998年12期
牛骨	新石器（良渚文化）	江苏吴江梅堰	《考古》1963年6期
牛骨	新石器（卡若文化）	西藏拉萨曲贡村	《考古》1991年10期
牛骨	新石器（贝丘遗址）	广东潮安陈桥村	《考古》1961年11期
牛骨	新石器（贝丘遗址）	广东潮安石尾山	《考古》1961年11期
牛骨	新石器（贝丘遗址）	广东南海灶岗	《考古》1984年3期
牛骨	新石器（贝丘遗址）	广西桂平牛骨坑	《考古》1987年11期
牛骨	新石器（贝丘遗址）	广西南宁	《考古》1975年5期
牛骨	新石器（龙山文化）	河北邯郸龟台	《考古》1959年10期
牛骨	新石器（龙山文化）	河北邯郸涧沟	《考古》1959年10期
牛骨	新石器（龙山文化）	河南汤阴白营	《考古》1980年3期
牛骨	新石器（龙山文化）	江苏赣榆下庙墩	《考古》1962年3期
牛骨	新石器（龙山文化）	辽宁北票丰下	《考古》1976年3期
牛骨	新石器（龙山文化）	山西芮城南礼教村	《考古》1964年6期
牛骨	新石器（龙山文化早期）	河南汤阴白营	《考古》1980年3期
牛骨	新石器（齐家文化）	甘肃临夏大何庄	《考古》1960年3期
牛骨	新石器（齐家文化）	甘肃卓尼纳浪寺坪	《考古》1994年7期
牛骨	新石器（距今4150±100年）	甘肃永靖马家湾	《考古》1975年2期
牛骨	新石器（西团山文化）	吉林省吉林市泡子沿前山	《考古》1985年6期 有
牛骨	新石器	甘肃兰州西瓜坡岾	《考古》1960年9期
牛骨	新石器	广东东部地区	《考古》1961年12期
牛骨	新石器	广西桂林甑皮岩	《考古》1976年3期
牛骨	新石器	广西柳州鲤里嘴	《考古》1983年9期
牛骨	新石器	广西武鸣蜡烛山	《考古》1997年10期
牛骨	新石器	广西象州南沙湾	《考古》1997年10期
牛骨	新石器	广西象州山猪笼	《考古》1997年10期
牛骨	新石器	广西邕宁顶蛳山	《考古》1997年10期
牛骨	新石器	黑龙江齐齐哈尔昂昂溪	《考古通讯》1957年2期
牛骨	新石器	黑龙江肇源望海屯	《考古》1961年10期
小黄牛骨	新石器	江苏赣榆青墩庙	《考古》1962年3期
牛骨	新石器	江苏赣榆青墩庙	《考古》1962年3期
牛骨	新石器	江苏新沂三里墩	《考古通讯》1958年1期

牛骨	新石器	内蒙古赤峰东山咀	《考古》1983年5期
牛骨	新石器	云南宣威尖角洞	《考古》1986年1期
牛骨	新石器	浙江崇德罗家谷	《考古通讯》1957年4期
牛骨	新石器晚期	广西百色革新桥	《考古》2003年12期
牛骨	新石器（客省庄二期文化）－商早期	内蒙古准格尔旗大口	《考古》1979年4期
牛骨	新石器－商	广东东莞圆洲	《考古》2000年6期
牛骨	夏（二里头文化）	山西夏县辕村	《考古》2009年11期
牛骨	青铜时代	黑龙江宾县老山头	《考古》1962年3期
牛骨	青铜时代（夏家店下层文化）	天津蓟县张家园	《考古》1984年8期
牛骨	青铜时代（距今3800年）	云南剑川海门口	《考古》2009年7期
牛骨	夏商	湖北江陵荆南寺	《考古》1989年8期
牛骨	先商	河北容城上坡	《考古》1999年7期
牛骨	商	河北藁城台西村	《考古》1973年1期
牛骨	商	河北邯郸涧沟	《考古》1959年10期
牛骨	商	河北邢台葛家庄	《考古》2005年2期
牛骨	1 商	河南安阳范家庄东北地	《考古》2009年9期
牛腿骨	商	河南安阳高楼庄	《考古》1963年4期
牛骨	商	河南安阳郭家庄M160	《考古》1991年5期
牛骨	商	河南安阳郭家庄M5	《考古》2008年8期
牛骨	商	河南安阳郭庄	《考古》1991年10期
牛骨	商	河南安阳后岗	《考古》1993年10期
黄牛骨	商	河南安阳洹北	《考古》2010年1期
黄牛骨	商	河南安阳洹北花园庄	《考古》1998年10期 有
牛骨	商	河南安阳洹北商城	《考古》2003年5期
黄牛骨	商	河南安阳刘家庄北地	《考古》2009年7期
牛骨	商	河南安阳梅园庄西	《考古》1992年2期
牛骨	商	河南安阳武官村北地	《考古》1987年12期
牛骨	商	河南安阳小屯	《考古》1987年4期
牛骨	商	河南安阳小屯东北地	《考古》1989年10期
牛胛骨	106 商	河南安阳小屯南地	《考古》1975年1期
牛骨	商	河南安阳殷墟1713号墓	《考古》1986年8期
牛骨	商	河南洛阳东乾沟	《考古》1959年10期
牛骨	商	河南洛阳涧滨	《考古》1960年10期
牛骨	商	河南偃师商城IV区	《考古》1999年2期
黄牛骨	商	河南偃师商城五室祭祀	《考古》2002年7期

			遗址	
牛骨		商	河南郑州二里岗	《考古通讯》1955年3期
牛骨		商	河南郑州经五路	《考古》1986年4期　有
牛骨		商	河南郑州上街	《考古》1960年6期
牛骨		商	河南郑州上街	《考古》1966年1期
牛骨		商	湖北江陵梅槐桥	《考古》1990年9期
牛骨		商	山东济南大辛庄	《考古》1959年4期
牛骨		商	山东济南大辛庄	《考古》1973年5期
牛骨		商	山东阳信李屋	《考古》2010年3期
牛骨		商	天津蓟县围坊	《考古》1983年10期
牛骨	量多	青铜时代（寺洼文化）	甘肃卓尼芭儿	《考古》1994年1期
牛骨		商晚期	河南荥阳关帝庙	《考古》2008年7期
牛骨		商周	河北曲阳冯家岸	《考古通讯》1955年1期
牛骨		商周	江西湖口下石钟山	《考古》1987年12期
牛骨		商周	山东寿光双王城	《考古》2010年3期
牛骨		商周	天津蓟县围坊	《考古》1983年10期
牛骨		西周	北京房山琉璃河	《考古》1974年5期
牛骨		西周	江苏东海庙墩	《考古》1986年12期
牛骨		西周	江苏新沂三里墩	《考古》1960年7期
牛骨		西周	山东寿光大荒北央	《考古》2005年12期
牛骨		西周	陕西长安沣东白家庄北	《考古》1963年8期
牛骨		西周	陕西长安沣西张家坡	《考古》1959年10期
牛腿骨		西周	陕西长安沣西张家坡	《考古》1962年1期
牛骨		西周	陕西长安沣西张家坡	《考古》1986年3期
牛骨		西周	陕西长安沣西张家坡	《考古》1987年1期
牜骨		西周	陕西长安普渡村	《考古》1986年3期
牛骨		西周	陕西渭水流域	《考古》1959年11期
牛骨		周	湖北红安金盆	《考古》1960年4期
牛骨		周	陕西岐山和扶风	《考古》1960年8期
牛骨		青铜时代（卡约文化）	青海湟源花鼻梁	《考古》1986年10期
牛骨		西周—春秋	湖北阳新港下村	《考古》1988年1期
牛骨		西周—春秋	吉林双辽后太平	《考古》2009年5期
牛骨		西周—春秋	山东临沂中洽沟	《考古》1987年8期
牛骨		西周—战国	新疆木垒四道沟	《考古》1982年2期
牛骨		东周	黑龙江泰来平洋砖厂	《考古》1989年12期
牛骨		东周	内蒙古和林格尔新店子	《考古》2009年3期
牛骨		春秋	山西侯马呈王路	《考古》1987年12期

牛骨		战国	河北怀来北辛堡	《考古》1966年5期
牛骨		战国	山西侯马牛村	《考古》1988年10期
牛骨		战国	陕西长安沣西客省庄	《考古》1959年10期
牛骨		战国	新疆察布查尔索墩布拉克	《考古》1999年8期
牛骨		汉	河南鹤壁鹿楼村	《考古》1963年10期
牛骨		西汉	广东广州象岗南越王墓	《考古》1983年12期
牛骨		西汉	河北邢台南郊北陈村	《考古》1980年5期
黄牛骨		西汉	湖南长沙马王堆1号墓	《考古》1977年2期
牛骨		西汉	江苏徐州翠屏山	《考古》2008年9期 有
牛骨	1	西汉	江苏徐州凤凰山	《考古》2007年4期
牛骨	量多	西汉	山东长清双乳山	《考古》1997年3期
牛骨		西汉	山西孝义	《考古》1960年7期
牛骨		西汉	陕西西安汉长安城西北角	《考古》2006年10期
牛骨		西汉	陕西西安南郊杜陵五号	《考古》1991年12期
牛骨		西汉	四川成都凤凰山	《考古》1959年8期 有
牛骨		西汉	新疆巴里坤县东黑沟	《考古》2009年1期 有
牛骨	量多	西汉	新疆于田圆沙	《考古》1998年12期
牛骨		东汉	江苏高邮邵家沟	《考古》1960年10期
牛腿骨		东汉	江苏高邮邵家沟	《考古》1960年10期
牛骨		东汉	内蒙古巴林左旗南杨营子	《考古》1964年1期
牛骨		东汉	内蒙古额右旗拉布达林	《考古》1990年10期
牛骨		东汉	内蒙古扎赉诺尔	《考古》1961年12期
牛骨		东汉	云南昭通桂家院子	《考古》1960年5期
牛骨		汉—六朝	云南澄江学山	《考古》2010年10期
牛骨		魏晋	黑龙江友谊凤林古城址	《考古》2004年12期
牛骨		晋	河南安阳孝民屯	《考古》1983年6期
牛骨	1	十六国（北燕）	辽宁朝阳八宝村	《考古》1985年10期
牛骨		唐	山东昌乐谢家埠	《考古》2005年5期
牛骨		唐	新疆民丰尼雅古城	《考古》1961年3期
牛骨		唐宋	青海乌兰大南湾	《考古》2002年12期
牛骨		辽	辽宁法库前山	《考古》1983年7期
牛骨		辽	内蒙古巴林右旗罕山	《考古》1988年11期
牛骨		辽金	吉林扶余大沙坨子	《考古》1961年1期
牛骨		辽金	吉林双辽电厂贮灰场	《考古》1995年4期
牛骨		金	吉林敦化敖东城	《考古》2006年9期
牛骨		金	内蒙古哲里木盟霍林河	《考古》1984年2期

水牛头骨		新石器（马家浜文化）	浙江嘉兴马家浜	《考古》1961年7期
水牛头骨		新石器（良渚文化）	江苏吴江梅堰	《考古》1963年6期
牛头骨	1	商周	山东邹平丁公村	《考古》1992年6期
牛头骨		西周	北京房山琉璃河	《考古》1974年5期
牛头骨		青铜时代（夏家店上层文化）	内蒙古敖汉旗周家地	《考古》1984年5期
牛头骨		东周	内蒙古凉城小双古城	《考古》2009年3期
牛头骨		东周	内蒙古凉城忻州窑子	《考古》2009年3期
牛头骨	4	东周	宁夏固原吕坪村	《考古》1992年5期
牛头骨		东周	宁夏固原彭堡	《考古》1990年5期
牛头骨		东周	宁夏彭阳张街	《考古》2002年8期
牛头骨	4	东周	宁夏西吉陈阳川村	《考古》1992年6期
牛头骨		东汉	内蒙古巴尔虎旗完工	《考古》1965年6期
牛头骨		东汉	内蒙古额右旗拉布林达	《考古》1990年10期
殉牛骨		新石器（齐家文化）	青海大通黄家寨	《考古》1994年3期
殉牛骨		西汉	宁夏同心王团乡倒墩子村	《考古》1987年1期
水牛骨		新石器（青莲岗文化）	江苏常州圩墩	《考古》1978年4期
水牛骨		新石器（皂市下层文化）	湖南石门皂市	《考古》1986年1期
水牛骨		新石器（马家浜文化）	上海青浦崧泽	《考古》1992年3期
水牛骨		新石器（崧泽文化）	上海青浦崧泽	《考古》1992年3期
水牛骨		新石器（崧泽文化）	上海松江姚家圈	《考古》2001年9期
水牛骨	量多	新石器（后岗一期文化）	内蒙古乌兰察布石虎山	《考古》1998年12期
水牛骨		新石器（龙山文化）	河北邯郸涧沟	《考古》1961年4期
水牛骨		新石器	广东阳春独石仔	《考古》1982年5期
水牛骨		新石器	上海闵行马桥俞塘	《考古》1960年3期
水牛骨		新石器中期	广西横县江口	《考古》2000年1期
水牛骨		商	安徽含山孙家岗	《考古》1977年3期
水牛骨		商	河南安阳洹北花园庄	《考古》1998年10期
水牛骨		商	河南偃师商城五室祭祀遗址	《考古》2002年7期
水牛骨		商周	云南剑川海门口	《考古》1995年9期

牛角

牛角		新石器（贝丘遗址）	广西南宁	《考古》1975年5期
牛角		新石器（齐家文化）	甘肃临潭磨沟	《考古》2009年7期
牛角	2	夏（二里头文化）	河南方城八里桥	《考古》1999年12期 有
牛角		商	河北邢台东先贤村	《考古》1959年2期

牛角		商	河南郑州经五路	《考古》1986年4期	有
水牛角		商	山东济南大辛庄	《考古》1959年4期	
牛角		西周	山东高青陈庄	《考古》2010年8期	

牛牙

水牛牙	36	新石器（距今10000年）	浙江乐清白石	《考古》1992年9期	
水牛牙		新石器（皂市下层文化）	湖南石门皂市	《考古》1986年1期	
牛牙		新石器	广西象州山猪笼	《考古》1997年10期	
牛牙		商周	贵州毕节青场瓦窑	《考古》1987年4期	

牛

石牛头	1	商	河南安阳殷墟妇好墓	《考古》1976年4期	有
滑石牛		南朝	广西恭城新街长茶地	《考古》1979年2期	
滑石牛		南朝	江苏南京栖霞山甘家巷	《考古》1976年5期	有
木牛	1	西汉	四川成都凤凰山	《考古》1959年8期	有
素漆牛	1	西汉	四川成都凤凰山	《考古》1991年5期	
木牛	9	东汉	甘肃武威磨咀子	《考古》1960年9期	有
木牛	2	东汉	甘肃武威磨咀子6号墓	《考古》1960年5期	
木牛	1	十六国	新疆吐鲁番阿斯塔那	《考古》2006年12期	有
玉牛		商	河南安阳郭家庄M160	《考古》1991年5期	
玉牛	1	商	河南安阳小屯	《考古》1987年4期	有
玉牛	1	商	河南安阳孝民屯东南地	《考古》2009年9期	有
玉牛头		商	河南罗山蟒张	《考古》1981年2期	
玉牛首		西周	河南鹿邑太清宫	《考古》2000年9期	
玉牛		西周	陕西长安沣西张家坡	《考古》1986年1期	有
玉牛	1	唐	河南偃师杏园村	《考古》1984年10期	
陶牛头		西周	陕西长安沣东白家庄北	《考古》1963年8期	
陶牛头	1	东周	广东五华屋背岭	《考古》1996年7期	有
陶牛		春秋	广东博罗梅花墩	《考古》1998年7期	有
陶牛		汉	河南孟县古城村	《考古通讯》1958年3期	
陶牛	1	汉	陕西西安六堡村	《考古通讯》1956年5期	
陶牛	1	西汉	陕西西安六堡村汉长安城	《考古》1994年11期	
陶牛	46	西汉	陕西咸阳安陵陪葬坑	《考古》1981年5期	有
陶牛	1	东汉	广东东山	《考古通讯》1956年4期	有
陶牛	3	东汉	广东佛山市郊澜石	《考古》1964年9期	有

陶牛	1	东汉	广东广州沙河顶	《考古》1986年12期	有
陶牛	1	东汉	广西贵港孔屋岭	《考古》2005年11期	有
陶牛	1	东汉	贵州兴仁交乐	《考古》2004年3期	有
陶牛	1	东汉	湖南大庸四亩塘	《考古》1994年12期	有
陶牛	1	东汉	江苏徐州茅村	《考古》1980年4期	
陶牛	1	东汉	宁夏固原北塬	《考古》2008年12期	有
陶牛	1	东汉	山东青州马家冢子	《考古》2007年6期	有
陶牛	1	东汉	陕西勉县老道寺	《考古》1985年5期	有
陶牛		东汉	四川简阳洛带	《考古通讯》1957年4期	
陶水牛	2	东汉	四川凉山西昌	《考古》1990年5期	有
陶牛	1	东汉	四川西昌杨家山	《考古》2007年5期	有
陶牛	2	东汉	云南大理下关	《考古》1997年4期	有
陶牛	1	三国（吴）	江苏南京尧化	《考古》1998年8期	
陶牛		六朝	湖北武汉	《考古》1959年11期	
陶牛		六朝	江苏南京	《考古》1959年5期	
陶牛	1	六朝	江苏南京中华门外	《考古》1959年5期	有
陶牛	4	六朝	四川绵阳西山	《考古》1990年11期	
陶牛	1	晋	河南郑州旧城南门外	《考古通讯》1957年1期	有
陶牛		晋	江苏南京	《考古》1959年5期	
陶牛		西晋	安徽和县戚镇	《考古》1984年9期	
陶牛	2	西晋	北京西郊景王坟	《考古》1964年4期	有
陶牛	1	西晋	河南辉县洪州	《考古》1990年4期	有
陶牛	2	西晋	河南卫辉大司马村	《考古》2010年10期	有
陶牛	1	西晋	河南偃师首阳山	《考古》2010年2期	有
陶牛	2	西晋	河南偃师杏园村	《考古》1985年8期	有
陶牛	3	西晋	湖北黄梅松林咀	《考古》2004年8期	有
陶牛	1	西晋	湖北新洲旧街	《考古》1995年4期	有
陶牛	1	西晋	山西长治故县村	《考古》1988年2期	有
陶牛	2	北朝	河北磁县湾漳	《考古》1990年7期	
陶牛	1	南朝	湖北武汉何家大湾	《考古》1965年4期	有
陶牛		南朝	江苏南京砂石山	《考古通讯》1956年4期	
陶牛	1	北魏	河北曲阳嘉峪村	《考古》1972年5期	有
陶牛	1	北魏	河南洛阳盘龙冢村	《考古》1973年4期	有
陶牛		北魏	河南偃师南蔡庄	《考古》1991年9期	有
陶牛	1	北魏	河南偃师染华	《考古》1993年5期	有
陶牛		北魏	山西安邑李诜墓	《考古》1959年5期	

陶牛	2	北魏—隋	河北景县封皮	《考古通讯》1957年 有3期
陶牛	1	东魏	河北磁县东陈村	《考古》1977年6期 有
陶牛	3	东魏	河北赞皇南邢郭村	《考古》1977年6期 有
陶牛	1	东魏	河南安阳固岸	《考古》2008年5期 有
陶牛	1	北齐	河北磁县高润墓	《考古》1979年3期 有
陶牛	1	北齐	河北磁县孟庄	《考古》1997年3期 有
陶牛	1	北齐	河南安阳洪河屯	《考古》1972年1期 有
陶牛		北齐	山西太原圹坡	《考古》1959年1期
陶牛	1	隋	安徽亳县砖瓦窑场	《考古》1977年1期 有
陶母牛	1	隋	安徽合肥市郊五里岗	《考古》1976年2期
陶牛犊	1	隋	安徽合肥市郊五里岗	《考古》1976年2期
陶牛	1	隋	河北平山西岳	《考古》2001年2期 有
陶牛	1	隋	河南安阳置度村	《考古》2010年4期 有
陶牛	1	隋	湖北武汉郊周家大湾	《考古通讯》1957年 有6期
陶牛	2	隋	湖北武汉武昌马房山	《考古》1994年11期 有
陶牛	1	隋	湖北武汉岳家嘴	《考古》1983年9期 有
陶牛	1	隋	江苏铜山茅村	《考古》1983年2期 有
陶牛		隋	陕西西安李静训墓	《考古》1959年9期 有
陶牛	1	唐	河南偃师杏园村	《考古》1984年10期 有
陶牛		唐	河南偃师杏园村	《考古》1986年5期 有
陶牛	1	唐	河南郑州上街	《考古》1996年8期 有
陶牛	1	唐	湖南长沙牛角塘	《考古》1964年12期 有
陶牛	1	唐	江苏徐州花马庄	《考古》1997年3期 有
陶牛	3	唐	辽宁朝阳黄河路	《考古》2001年8期 有
陶牛	2	唐	山西长治北石槽	《考古》1962年2期
陶卧牛	1	唐	山西长治北石槽	《考古》1965年9期 有
陶卧牛	2	唐	山西长治东郊	《考古通讯》1957年 有5期
陶牛	1	唐	山西太原南郊金胜村	《考古》1960年1期
陶牛	1	唐	陕西礼泉张士贵墓	《考古》1978年3期 有
陶牛	14	唐	陕西西安东郊	《考古》1960年1期
陶牛	2	唐	陕西西安郭家滩	《考古通讯》1956年 有6期
陶牛	11	唐	陕西西安郊区鲜于庭海墓	《考古通讯》1958年1期
陶牛	1	唐	陕西西安西郊中堡村	《考古》1960年3期 有
陶牛	1	金	山西孝义新义东街路北	《考古》2001年4期 有

卧牛陶豆	1	元	山东济宁张营	《考古》1994年9期	有
陶牛		明	云南大理凤仪大丰乐	《考古》2001年12期	有
瓷牛		商周	江西湖口下石钟山	《考古》1987年12期	有
瓷牛		春秋	广东博罗梅花墩	《考古》1998年7期	有
瓷黄牛	1	三国（吴）	安徽马鞍山佳山	《考古》1986年5期	有
瓷牛	1	三国（吴）	湖北鄂城西山南麓	《考古》1978年3期	
瓷牛	2	西晋	江西瑞昌马头	《考古》1974年1期	有
瓷牛	1	唐	湖南长沙咸嘉湖	《考古》1980年6期	
瓷牛头	1	唐	陕西礼泉张士贵墓	《考古》1978年3期	
瓷牛		宋	重庆涂山瓷窑	《考古》1986年10期	
瓷牛		辽	内蒙古赤峰缸瓦窑村	《考古》1973年4期	
瓷牛头	1	辽	内蒙古林西饶州古城	《考古》1980年6期	
瓷牛		宋金	江苏萧县后孤堆	《考古》1962年3期	
瓷水牛		宋金	江苏萧县后孤堆	《考古》1962年3期	
瓷龟骑牛俑		元	江西吉安吉州窑	《考古》1991年10期	
瓷牛		明	广东惠阳白马山	《考古》1962年8期	
铜牛尊	1	东周	山东临淄齐国故城	《考古》1985年4期	有
铜牛	1	战国	广西柳州飞机场	《考古》1984年9期	有
铜牛首形器耳	1	战国	江西清江牛头山	《考古》1977年5期	有
铜卧牛	1	战国	陕西咸阳故城长陵车站	《考古》1962年6期	
铜牛	4	战国	云南祥云大波那村	《考古》1965年9期	
铜水牛	4	汉	云南祥云大波那村	《考古》1964年7期	
铜牛	4	汉	云南祥云大波那村	《考古》1964年12期	有
铜牛	1	西汉	湖南长沙容园	《考古通讯》1958年5期	有
铜水牛		西汉	云南晋宁石寨山	《考古》1961年9期	有
铜牛	4	东汉	河南偃师寇店	《考古》1992年9期	有
铜牛残像	1	明	北京元大都遗址	《考古》1972年6期	
铁牛		唐	河南三门峡	《考古》2007年5期	有
铁牛	1	唐	河南三门峡勘测设计院基	《考古》2007年5期	有
铁牛	1	唐	河南偃师杏园村	《考古》1984年10期	
铁牛	1	唐	河南偃师杏园村	《考古》1996年12期	有
铁牛	4	宋	江西波阳东湖	《考古》1977年4期	
铁牛		宋	上海嘉定	《考古》1962年8期	有
铁牛	8	宋	上海西郊朱行乡	《考古》1959年2期	
铁牛	8	北宋	安徽无为赫店	《考古》2005年3期	有
铁牛	1	南宋	福建福州新店猫头山	《考古》1987年9期	

铁牛	2	南宋	上海青浦福泉山	《考古》1986年2期	有
铁牛		金	山西绛县裴家堡	《考古通讯》1955年4期	
泥牛	1	高昌（公元7世纪）	新疆吐鲁番巴达木	《考古》2006年12期	有
金箔牛	1	西汉	河北阳原北关	《考古》1990年4期	有
牛筋		唐	新疆民丰尼雅古城	《考古》1961年3期	

（三）羊

羊骨

羊骨		新石器（昂昂溪文化）	黑龙江安达青肯泡	《考古》1962年2期	
羊骨		新石器（裴李岗文化）	河南新郑裴李岗渠东	《考古》1979年3期	
羊骨	8	新石器（磁山文化）	河北武安磁山	《考古》1977年6期	
羊骨		新石器（距今7130±120年）	河南淇县花窝	《考古》1981年3期	
羊骨		新石器（皂市下层文化）	湖南石门皂市	《考古》1986年1期	
羊骨		新石器（仰韶文化）	河北安新留村	《考古》1990年6期	
羊骨		新石器（大汶口文化）	山东蓬莱紫荆山	《考古》1973年1期	
羊骨		新石器（马家窑文化早期）	青海民和胡李家	《考古》2001年1期	
羊骨		新石器（卡若文化）	西藏拉萨曲贡村	《考古》1991年10期	
羊骨		新石器（贝丘遗址）	广西南宁	《考古》1975年5期	
山羊骨		新石器（龙山文化）	安徽萧县花家寺	《考古》1966年2期	
羊骨		新石器（龙山文化）	河北邯郸涧沟	《考古》1959年10期	
羊骨		新石器（龙山文化）	河南汤阴白营	《考古》1980年3期	
羊肩胛骨		新石器（龙山文化）	河南禹州瓦店	《考古》2000年2期	有
羊骨		新石器（龙山文化）	湖北郧县青龙泉	《考古》1961年10期	
羊骨		新石器（龙山文化）	辽宁北票丰下	《考古》1976年3期	
羊骨		新石器（龙山文化）	山东阳谷景阳岗	《考古》1997年5期	
羊骨		新石器（龙山文化早期）	河南汤阴白营	《考古》1980年3期	
羊骨		新石器（齐家文化）	甘肃临潭磨沟	《考古》2009年7期	
羊骨		新石器（齐家文化）	甘肃临夏大何庄	《考古》1960年3期	
羊骨		新石器（齐家文化）	甘肃卓尼纳浪寺坪	《考古》1994年7期	
羊骨		新石器（距今4000年）	福建漳州大帽山	《考古》1995年9期	
羊骨		新石器（西团山文化）	吉林省吉林市泡子沿前山	《考古》1985年6期	有
羊骨		新石器	甘肃兰州西瓜坡岘	《考古》1960年9期	
羊骨		新石器	广东翁源青塘	《考古》1961年11期	
羊骨		新石器	广西桂林甑皮岩	《考古》1976年3期	

羊骨		新石器	河南镇平赵湾	《考古》1962年1期
羊骨		新石器	黑龙江宁安牛场	《考古》1960年4期
羊骨		新石器	内蒙古赤峰东山咀	《考古》1983年5期
羊骨		新石器	云南宣威尖角洞	《考古》1986年1期
羊骨		新石器（客省庄二期文化）－商早期	内蒙古准格尔旗大口	《考古》1979年4期
羊骨		夏（二里头文化）	河南偃师二里头九区	《考古》1985年12期
羊骨		夏（二里头文化）	山西夏县辕村	《考古》2009年11期
羊骨		青铜时代	黑龙江宾县老山头	《考古》1962年3期
羊骨		夏商	湖北江陵荆南寺	《考古》1989年8期
羊骨		商	河北邯郸涧沟	《考古》1959年10期
羊骨	1	商	河南安阳范家庄东北地	《考古》2009年9期
羊骨		商	河南安阳高楼庄	《考古》1963年4期
羊骨	1	商	河南安阳郭家庄	《考古》1986年8期
羊骨		商	河南安阳郭家庄M160	《考古》1991年5期
羊骨		商	河南安阳郭庄	《考古》1991年10期
绵羊骨		商	河南安阳洹北	《考古》2010年1期
绵羊骨		商	河南安阳洹北花园庄	《考古》1998年10期 有
羊骨		商	河南安阳武官村北地	《考古》1987年12期
羊骨		商	河南安阳小屯	《考古》1987年4期
羊骨		商	河南安阳孝民屯东南地	《考古》2009年9期
羊骨		商	河南安阳殷墟1713号墓	《考古》1986年8期
羊骨		商	河南洛阳东乾沟	《考古》1959年10期
羊骨		商	河南偃师商城五室祭祀遗址	《考古》2002年7期
羊骨		商	河南郑州二里岗	《考古通讯》1955年3期
羊骨		商	河南郑州上街	《考古》1966年1期
羊骨		商	湖北江陵梅槐桥	《考古》1990年9期
羊骨		商	山东济南大辛庄	《考古》1959年4期
羊骨		商（二里岗文化）	山西夏县辕村	《考古》2009年11期
羊骨		青铜时代（寺洼文化）	甘肃西和栏桥村	《考古》1987年8期
羊骨		青铜时代（寺洼文化）	甘肃卓尼芭儿	《考古》1994年1期
羊骨		商周	河北曲阳冯家岸	《考古通讯》1955年1期
羊骨		商周	江西湖口下石钟山	《考古》1987年12期
羊骨		商周	山东寿光双王城	《考古》2010年3期
羊骨		西周	陕西长安沣西大原村	《考古》1986年11期
羊腿骨		西周	陕西长安沣西张家坡	《考古》1962年1期

羊骨	西周	陕西长安沣西张家坡	《考古》1987年1期
羊骨	西周	陕西长安普渡村	《考古》1986年3期
羊骨	周	湖北红安金盆	《考古》1960年4期
羊骨	周	陕西岐山和扶风	《考古》1960年8期
羊骨	青铜时代（距今3000年）	新疆哈密艾斯克霞尔	《考古》2002年6期
羊骨	青铜时代（距今3000年）	新疆于田流水	《考古》2006年7期
羊骨	青铜时代（卡约文化）	青海湟源花鼻梁	《考古》1986年10期
羊骨	西周—春秋	山东临沂中洽沟	《考古》1987年8期
羊骨	西周—春秋	新疆拜城县克孜尔吐尔	《考古》2002年6期　有
羊骨	西周—春秋	新疆轮台群巴克	《考古》1987年11期
羊骨	西周—春秋	新疆轮台群巴克	《考古》1991年8期
羊骨	西周—战国	新疆木垒四道沟	《考古》1982年2期
羊骨	东周	黑龙江泰来平洋砖厂	《考古》1989年12期
羊骨	东周	内蒙古和林格尔新店子	《考古》2009年3期
羊骨	春秋	山西侯马呈王路	《考古》1987年12期
羊骨	春秋	山西芮城永乐宫	《考古》1960年8期
羊骨	战国	河北怀来北辛堡	《考古》1966年5期
羊骨	战国	辽宁喀左大城子	《考古》1985年1期
羊骨	战国	山西侯马牛村	《考古》1988年10期
羊骨	战国	新疆察布查尔索墩布拉克	《考古》1999年8期
羊骨	战国	新疆且末加瓦艾日克	《考古》1997年9期
羊骨	战国	新疆乌鲁木齐柴窝堡林场	《考古》2003年3期
羊骨	铁器时代（距今2500年）	新疆鄯善苏贝希	《考古》2002年6期
羊骨	东周—西汉	新疆哈密寒气沟	《考古》1997年9期
羊骨	战国—秦汉	西藏阿里札达丁东	《考古》2007年11期　有
羊骨	战国—汉	内蒙古兴和刘家村	《考古》1994年5期
羊骨	战国—西汉	新疆吉木萨尔大龙口	《考古》1997年9期
羊骨	秦汉	西藏札达皮央东嘎	《考古》2001年6期
绵羊骨	西汉	湖南长沙马王堆1号墓	《考古》1977年2期
羊骨　　量多	西汉	山东长清双乳山	《考古》1997年3期
羊骨	西汉	山东章丘洛庄	《考古》2004年8期
羊骨	西汉	陕西西安东郊任家坡	《考古》1976年2期
羊骨	西汉	陕西西安汉长安城西北角	《考古》2006年10期

羊骨		西汉	陕西西安南郊杜陵五号	《考古》1991年12期
羊骨		西汉	新疆巴里坤县东黑沟	《考古》2009年1期　有
羊骨	量多	西汉	新疆于田圆沙	《考古》1998年12期
羊骨		西汉	云南姚安黄牛山	《考古》1984年7期
羊骨	5	东汉	内蒙古巴林左旗南杨营子	《考古》1964年1期
羊骨		东汉	内蒙古额右旗拉布林达	《考古》1990年10期
羊骨		东汉	内蒙古扎赉诺尔	《考古》1961年12期
羊骨		东汉	宁夏固原北塬	《考古》2008年12期
羊骨		东汉	青海平安古城	《考古》2002年12期
羊骨	1	东汉	山西平陆枣园	《考古》1959年9期
羊骨		东汉	新疆和静县察吾乎沟口M3	《考古》1990年10期
羊骨		东汉	新疆且末加瓦艾日克	《考古》1997年9期
羊骨		东汉	云南昭通桂家院子	《考古》1960年5期
羊骨		东汉—魏晋	新疆尉犁县营盘里	《考古》2002年6期
羊骨		十六国（后燕）	辽宁朝阳姚金沟	《考古》1982年3期
羊骨		唐	新疆民丰尼雅古城	《考古》1961年3期
羊肋骨		高昌	新疆吐鲁番阿斯塔那	《考古》1992年2期
羊骨		唐宋	青海乌兰大南湾	《考古》2002年12期
羊骨		辽	内蒙古昭乌达盟巴林左旗双井沟	《考古》1963年10期
羊骨		辽金	吉林双辽电厂贮灰场	《考古》1995年4期
羊骨		金	内蒙古哲里木盟霍林河	《考古》1984年2期
殉羊骨		新石器（齐家文化）	青海大通黄家寨	《考古》1994年3期
殉羊骨	1	商	河南安阳榕树湾	《考古》2009年5期
殉羊骨		西汉	宁夏同心王团乡倒墩子村	《考古》1987年1期
羊头骨		东周	内蒙古凉城小双古城	《考古》2009年3期
羊头骨		东周	内蒙古凉城忻州窑子	《考古》2009年3期
羊头骨	20	东周	宁夏固原吕坪村	《考古》1992年5期
羊头骨		东周	宁夏固原彭堡	《考古》1990年5期
羊头骨		东周	宁夏彭阳张街	《考古》2002年8期
羊头骨	8	东周	宁夏西吉陈阳川村	《考古》1992年6期
羊头骨	1	东汉	河南洛阳涧西七里河	《考古》1975年2期
羊头骨		东汉	新疆和静县察吾乎沟口M3	《考古》1990年10期

羊角

羊角		新石器（贝丘遗址）	广西南宁	《考古》1975年5期

羊角		新石器	河南漯河澧河	《考古通讯》1957年3期	
羊角		新石器	山东济宁琵琶山	《考古》1960年6期	
羊角		西汉	陕西西安六堡村汉长安城	《考古》1994年11期	

羊牙

羊牙		新石器（龙山文化）	山东蓬莱紫荆山	《考古》1973年1期	
羊牙		商	湖北江陵梅槐桥	《考古》1990年9期	
羊牙	1	商	湖北秭归茅坪长府沱	《考古》2004年5期	
羊牙		西周—春秋	吉林双辽后太平	《考古》2009年5期	
羊牙		战国	吉林扶余北长岗子	《考古》1979年2期	

羊毛

羊毛		东汉—魏晋	新疆尉犁县营盘里	《考古》2002年6期	
羊毛		唐	新疆民丰尼雅古城	《考古》1961年3期	

羊皮

羊皮	3	青铜时代（距今3000年）	新疆哈密艾斯克霞尔	《考古》2002年6期	
羊皮		唐	新疆民丰尼雅古城	《考古》1961年3期	

羊

绿松石羊	1	西汉	湖南长沙汤家岭	《考古》1966年4期	有
石羊	2	东汉	江苏徐州茅村	《考古》1980年4期	有
石羊	2	东汉	山东临沭东盘	《考古》1986年1期	有
石羊	1	西晋	山东滕州夏楼	《考古》1999年12期	有
石羊	2	唐	广东韶关罗原洞	《考古》1964年7期	有
滑石羊	1	唐	河南偃师杏园村	《考古》1996年12期	有
石羊		宋	福建闽侯	《考古》1959年11期	
石羊		宋	河南巩县宋陵	《考古》1964年11期	有
石羊		北宋	陕西蓝田五里头家庙	《考古》2010年8期	
石羊	2	辽金	吉林九台上河湾	《考古》1961年3期	有
石羊		元	河北曲阳邸珍墓	《考古通讯》1955年1期	
石羊	2	元	内蒙古察右前旗土城子	《考古》1962年11期	
木羊	70	西汉	陕西咸阳马泉	《考古》1979年2期	
木羊	10	东汉	甘肃武威磨咀子	《考古》1960年9期	有
木羊	4	东汉	甘肃武威磨咀子6号墓	《考古》1960年5期	
玉羊		西周	陕西长安沣西张家坡	《考古》1986年1期	有
玉羊	1	唐	河南偃师杏园村	《考古》1984年10期	
陶羊头	2	新石器（裴李岗文化）	河南新郑裴李岗渠东	《考古》1979年3期	有

陶羊		新石器	湖北天门石家河	《考古通讯》1956年3期
陶羊头		夏（二里头文化）	河南偃师二里头	《考古》1965年5期　有
陶绵羊头		青铜时代（距今3000年）	新疆鄯善洋海	《考古》2004年5期
陶羊		春秋	广东博罗梅花墩	《考古》1998年7期　有
陶羊	1	西汉	山东阳谷吴楼	《考古》1999年11期　有
陶羊	2	西汉	陕西西安六堡村汉长安城	《考古》1994年11期　有
陶羊	125	西汉	陕西咸阳安陵陪葬坑	《考古》1981年5期　有
陶羊	1	东汉	广东东山	《考古通讯》1956年4期　有
陶羊	3	东汉	广东佛山市郊澜石	《考古》1964年9期　有
陶羊	2	东汉	广东广州沙河顶	《考古》1986年12期　有
陶羊头		东汉	河南巩县石家庄	《考古》1963年2期
陶羊		东汉	四川成都新都互助村	《考古》2007年9期　有
陶羊		三国（吴）	湖北鄂城	《考古》1982年3期　有
陶羊	3	三国（吴）	湖北鄂州塘角头	《考古》1996年11期　有
陶羊	1	三国（吴）	江苏南京邓府山	《考古》1992年8期
陶羊	1	三国（吴）	江苏南京甘家巷	《考古》1963年6期　有
陶羊	2	三国（吴）	江苏南京尧化	《考古》1998年8期　有
陶羊	4	六朝	四川绵阳西山	《考古》1990年11期
陶羊		西晋	安徽和县戚镇	《考古》1984年9期
陶羊	1	西晋	河南偃师杏园村	《考古》1985年8期　有
陶羊	1	西晋	湖北新洲旧街	《考古》1995年4期　有
陶羊	12	北朝	河北磁县湾漳	《考古》1990年7期
陶羊	2	南朝	广西永福寿城	《考古》1983年7期
陶羊	1	南朝	江苏南京郊区板桥	《考古》1983年4期　有
陶羊	2	北魏	河北曲阳嘉峪村	《考古》1972年5期　有
陶羊		北魏	河南偃师南蔡庄	《考古》1991年9期　有
陶羊	1	北魏	河南偃师染华	《考古》1993年5期　有
陶羊		北魏	山西安邑李洗墓	《考古》1959年5期
陶羊	1	东魏	河北磁县东陈村	《考古》1977年6期　有
陶公羊	1	东魏	河南安阳固岸	《考古》2008年5期　有
陶母羊	1	东魏	河南安阳固岸	《考古》2008年5期　有
陶卧羊	2	北齐	河北磁县高润墓	《考古》1979年3期　有
陶羊	1	北齐	河北磁县孟庄	《考古》1997年3期　有
陶卧羊	1	隋	安徽亳县砖瓦窑场	《考古》1977年1期　有
陶公绵羊	1	隋	安徽合肥市郊五里岗	《考古》1976年2期

陶母子绵羊	1	隋	安徽合肥市郊五里岗	《考古》1976年2期	有
陶羊	3	隋	河北平山西岳	《考古》2001年2期	有
陶羊	2	隋	河南安阳安阳桥	《考古》1992年1期	
陶羊	2	隋	河南安阳梅元庄	《考古》1992年1期	
陶羊		隋	河南安阳张盛墓	《考古》1959年10期	
陶羊	1	隋	江苏铜山茅村	《考古》1983年2期	有
陶羊	2	唐	河南洛阳关林	《考古》2006年2期	有
陶羊		唐	河南洛阳涧西	《考古通讯》1956年4期	
陶羊	1	唐	河南洛阳龙门	《考古》2007年12期	有
陶羊	2	唐	河南孟津大杨村	《考古》2007年4期	有
陶羊	1	唐	河南孟县店上	《考古》1988年9期	有
陶羊	2	唐	河南温县徐沟村	《考古》1964年6期	有
陶羊	4	唐	河南偃师北窑	《考古》1992年11期	有
陶羊	1	唐	河南偃师杏园村	《考古》1984年10期	有
陶羊	1	唐	河南偃师杏园村	《考古》1986年5期	有
三彩羊	1	唐	河南偃师瑶头	《考古》1986年11期	有
陶羊		唐	河南郑州上街	《考古》1960年1期	
陶羊	2	唐	河南郑州上街	《考古》1996年8期	有
陶羊	2	唐	河南郑州石佛乡孙庄	《考古通讯》1958年7期	有
陶羊		唐	湖北武汉	《考古》1959年11期	
陶羊		唐	湖南长沙黄土岭西坡间	《考古通讯》1958年3期	有
陶羊	1	唐	江苏徐州花马庄	《考古》1997年3期	有
陶羊	2	唐	辽宁朝阳黄河路	《考古》2001年8期	有
陶羊		唐	山西长治北石槽	《考古》1962年2期	
陶羊		唐	山西长治北石槽	《考古》1965年9期	有
陶羊	1	唐	陕西礼泉张士贵墓	《考古》1978年3期	
陶羊	3	唐	陕西西安东郊	《考古》1960年1期	
陶卧羊	1	唐	陕西西安东郊韩森寨	《考古通讯》1957年5期	有
陶羊	2	唐	陕西西安郊区鲜于庭海墓	《考古通讯》1958年1期	
陶羊		唐	陕西西安李静训墓	《考古》1959年9期	
陶羊	5	唐	陕西西安西郊中堡村	《考古》1960年3期	有
陶羊		唐	天津军粮城刘家台子	《考古》1963年3期	
抱羊头陶俑	1	宋	江西彭泽曹家垅	《考古》1962年10期	有
陶羊	1	明	河南陕县前塚王村	《考古》1961年2期	

陶羊	4	明	四川成都东郊华阳桂溪	《考古通讯》1957年 有
				3期
陶羊		明	云南大理凤仪大丰乐	《考古》2001年12期 有
黄釉羊	1	唐	河南洛阳关林	《考古》1972年3期 有
黄斑白釉羊	2	唐	河南洛阳涧西谷水	《考古》1983年5期 有
瓷羊	3	三国（吴）	安徽马鞍山佳山	《考古》1986年5期 有
瓷羊		三国（吴）	江苏南京栖霞山甘家巷	《考古》1976年5期
瓷羊形烛台	1	晋	江苏镇江晋陵罗城	《考古》1986年5期 有
瓷羊	1	西晋	江苏南京迈皋桥	《考古》1966年4期 有
瓷羊	1	东晋	浙江金华古方	《考古》1984年9期 有
瓷羊	1	南朝	福建闽侯关口桥	《考古》1965年8期 有
瓷羊	1	唐	河南安阳西郊梅园庄	《考古》1959年5期 有
瓷羊	1	唐	河南三门峡	《考古通讯》1958年
				11期
瓷羊	2	唐	湖南长沙咸嘉湖	《考古》1980年6期
瓷羊		五代—北宋	浙江乐清镇安	《考古》1993年8期
瓷羊	1	辽	辽宁朝阳刘承嗣族墓	《考古》1987年2期 有
瓷羊		辽	内蒙古赤峰缸瓦窑村	《考古》1973年4期
瓷羊	4	金	山西浑源界庄窑	《考古》1985年10期 有
铜羊头饰	1	西周	辽宁朝阳魏营子	《考古》1977年5期 有
羊头饰铜罍		西周	四川彭县竹瓦街	《考古》1981年6期 有
铜羊	2	战国	云南祥云大波那村	《考古》1965年9期
铜盘角羊饰	1	战国—汉	内蒙古准格尔旗玉隆太	《考古》1977年2期 有
			村	
铜羊	2	汉	云南祥云大波那村	《考古》1964年7期
铜羊	2	汉	云南祥云大波那村	《考古》1964年12期 有
铜羊	4	西汉	河北邢台南郊北陈村	《考古》1980年5期 有
羊猪狗鹿等		东汉	河南洛阳涧西七里河	《考古》1975年2期 有
动物铜灯座				
铜羊	1	东汉	河南偃师寇店	《考古》1992年9期 有
羊形铜饰牌		东汉	内蒙古扎赉诺尔	《考古》1961年12期 有
羊骨		青铜时代（卡约文化）	青海湟源莫布拉	《考古》1990年11期 有
羊形金饰	7	战国	内蒙古阿鲁柴登	《考古》1980年4期 有
铁羊		唐	山西太原华塔村	《考古通讯》1955年
				4期

（四）猪

猪骨

| 猪骨 | | 新石器（距今11000 | 北京门头沟东胡林 | 《考古》2006年7期 |
| | | 年） | | |

猪骨		新石器（距今10000多年）	河北徐水南庄头	《考古》1992年11期
猪骨		新石器（兴隆洼文化）	内蒙古敖汉旗兴隆洼	《考古》1985年10期
猪骨		新石器（兴隆洼文化）	内蒙古敖汉旗兴隆洼	《考古》1997年1期
猪骨		新石器（兴隆洼文化）	内蒙古林西井沟子西梁	《考古》2006年2期
猪骨		新石器（裴李岗文化）	河南郏县水泉	《考古》1992年10期
猪下腭骨	多	新石器（裴李岗文化）	河南临汝中山寨	《考古》1986年7期
猪骨		新石器（裴李岗文化）	河南新郑裴李岗	《考古》1978年2期
猪骨		新石器（裴李岗文化）	河南新郑裴李岗	《考古》1982年4期
猪骨		新石器（裴李岗文化）	河南新郑裴李岗渠东	《考古》1979年3期
猪骨		新石器（裴李岗文化）	河南新郑沙窝李	《考古》1983年12期
猪骨	11	新石器（磁山文化）	河北武安磁山	《考古》1977年6期
猪骨		新石器（青莲岗文化）	江苏连云港二涧村	《考古》1962年3期
猪骨	3	新石器（北辛文化）	山东汶上贾柏村	《考古》1993年6期
猪骨		新石器（北辛文化）	山东邹平苑城	《考古》1989年6期 有
猪骨		新石器（距今7130±120年）	河南淇县花窝	《考古》1981年3期
猪骨		新石器（皂市下层文化）	湖南石门皂市	《考古》1986年1期
猪骨		新石器（马家浜文化）	江苏东台开庄	《考古》2005年4期
猪骨		新石器（马家浜文化）	江苏高淳薛城	《考古》2000年5期
猪骨		新石器（马家浜文化）	江苏宜兴骆驼墩	《考古》2003年7期
猪骨		新石器（马家浜文化）	上海青浦崧泽	《考古》1992年3期
猪骨		新石器（河姆渡文化）	浙江宁波八字桥	《考古》1979年6期
猪骨		新石器（河姆渡文化）	浙江余姚鲻山	《考古》2001年10期
猪骨		新石器（仰韶文化）	甘肃宁县阳坬	《考古》1983年10期 有
猪骨		新石器（仰韶文化）	甘肃秦安大地湾	《考古》2003年6期
猪骨	占95%	新石器（仰韶文化）	河南灵宝北阳平	《考古》2001年7期
猪骨	量多	新石器（仰韶文化）	河南灵宝西坡	《考古》2001年11期
猪骨		新石器（仰韶文化）	河南洛阳涧滨	《考古》1960年10期
猪骨		新石器（仰韶文化）	河南陕县庙底沟	《考古通讯》1957年4期
猪骨		新石器（仰韶文化）	河南偃师二里头	《考古》1985年3期
猪骨		新石器（仰韶文化）	河南偃师灰嘴村	《考古》2010年4期 有
猪骨		新石器（仰韶文化）	河南郑州大河村	《考古》1995年6期
猪骨		新石器（仰韶文化）	湖北均县朱家台	《考古》1961年10期
猪骨		新石器（仰韶文化）	湖北郧县青龙泉	《考古》1961年10期
猪骨	量多	新石器（仰韶文化）	内蒙古凉城王墓山	《考古》1997年4期

猪骨		新石器（仰韶文化）	山西夏县辕村	《考古》2009年11期
猪骨		新石器（仰韶文化）	陕西宝鸡北首岭	《考古》1979年2期
猪骨		新石器（仰韶文化）	陕西华县柳子镇	《考古》1959年11期
猪骨		新石器（仰韶文化）	陕西临潼姜寨	《考古》1973年3期
猪骨		新石器（距今6900年）	安徽濉溪石山子	《考古》1992年3期
猪骨	19	新石器（大汶口文化）	山东莒县杭头	《考古》1988年12期
猪骨		新石器（大汶口文化）	山东蓬莱紫荆山	《考古》1973年1期
猪骨		新石器（大汶口文化）	山东曲阜南兴埠	《考古》1984年12期
猪骨		新石器（距今6140±175年）	吉林农安元宝沟	《考古》1989年12期
猪骨		新石器（红山文化）	吉林奈曼旗大沁他拉	《考古》1979年3期
猪骨		新石器（距今6000年）	湖北枣阳雕龙碑	《考古》1992年7期　有
猪骨		新石器（距今6000年）	山东长岛北庄	《考古》1987年5期
猪骨		新石器（崧泽文化）	上海青浦崧泽	《考古》1992年3期
猪骨	量多	新石器（崧泽文化）	上海松江姚家圈	《考古》2001年9
猪骨	量多	新石器（后岗一期文化）	内蒙古乌兰察布石虎山	《考古》1998年12期
猪下颚骨		新石器（薛家岗文化）	湖北黄梅陆墩	《考古》1991年6期
猪骨		新石器（马家窑文化早期）	青海民和胡李家	《考古》2001年1期
猪骨		新石器（良渚文化）	上海奉贤江海	《考古》2002年11期
猪骨		新石器（良渚文化）	上海松江广富林	《考古》2008年8期
猪骨		新石器（良渚文化）	浙江定海唐家墩	《考古》1983年1期
猪骨		新石器（良渚文化）	浙江平湖庄桥坟	《考古》2005年7期
猪骨	量多	新石器（距今5000年）	辽宁大连大潘家	《考古》1994年10期
猪骨		新石器（距今5000年）	辽宁瓦房店三堂村	《考古》1992年2期
猪骨		新石器（距今5000年）	云南剑川海门口	《考古》2009年7期
猪骨		新石器（屈家岭文化）	湖北郧县青龙泉	《考古》1961年10期
猪骨		新石器（贝丘遗址）	广东潮安陈桥村	《考古》1961年11期
猪骨		新石器（贝丘遗址）	广东海南灶岗	《考古》1984年3期
猪骨		新石器（贝丘遗址）	广西南宁	《考古》1975年5期
猪骨		新石器（贝丘遗址）	辽宁旅大烈上山	《考古》1962年2期
猪骨		新石器（龙山文化）	安徽萧县花家寺	《考古》1966年2期
猪骨		新石器（龙山文化）	河北邯郸龟台	《考古》1959年10期
猪骨		新石器（龙山文化）	河北邯郸涧沟	《考古》1959年10期
猪骨		新石器（龙山文化）	河北邯郸涧沟	《考古》1961年4期
猪骨		新石器（龙山文化）	河南巩县水地河	《考古》1990年11期
猪骨		新石器（龙山文化）	河南濮阳程庄	《考古》1995年12期
猪骨		新石器（龙山文化）	河南汤阴白营	《考古》1980年3期

猪骨		新石器（龙山文化）	河南偃师二里头	《考古》1982年5期
猪骨		新石器（龙山文化）	湖北均县乱石滩	《考古》1961年10期
猪骨		新石器（龙山文化）	湖北郧县青龙泉	《考古》1961年10期
猪骨		新石器（龙山文化）	江苏铜山丘湾	《考古》1973年2期
猪骨		新石器（龙山文化）	辽宁北票丰下	《考古》1976年3期
猪骨		新石器（龙山文化）	山东滕县岗上村	《考古》1963年7期
猪骨		新石器（龙山文化）	山东潍坊姚官庄	《考古》1963年7期
猪骨		新石器（龙山文化）	山东潍县狮子行	《考古》1984年8期
猪骨		新石器（龙山文化）	山西芮城南礼教村	《考古》1964年6期
猪骨		新石器（龙山文化）	山西襄汾陶寺	《考古》1983年1期
猪骨		新石器（龙山文化早期）	河南汤阴白营	《考古》1980年3期
猪骨		新石器（距今4700年）	四川巫山魏家梁子	《考古》1996年8期
猪骨		新石器（石家河文化早期）	湖北秭归庙坪	《考古》1999年1期
猪骨		新石器（龙山文化陶寺型）	山西襄汾陶寺	《考古》2003年9期
猪骨		新石器（齐家文化）	甘肃临潭磨沟	《考古》2009年7期
猪骨		新石器（齐家文化）	甘肃临夏大何庄	《考古》1960年3期
猪骨		新石器（齐家文化）	甘肃临夏秦魏家	《考古》1960年3期
猪骨	35	新石器（齐家文化）	甘肃临夏秦魏家	《考古》1964年6期
猪骨	1	新石器（齐家文化）	青海民和喇家	《考古》2004年6期 有
猪骨		新石器（距今4200年）	湖北均县乱石滩	《考古》1986年7期
猪骨		新石器（距今4150±100年）	甘肃永靖马家湾	《考古》1975年2期
猪骨		新石器（距今4000年）	福建漳州大帽山	《考古》1995年9期
猪骨		新石器	甘肃兰州西瓜坡岘	《考古》1960年9期
猪骨		新石器	广东东部地区	《考古》1961年12期
猪骨		新石器	广西桂林甑皮岩	《考古》1976年3期
猪骨		新石器	广西柳州鲤里嘴	《考古》1983年9期
猪骨		新石器	广西武鸣蜡烛山	《考古》1997年10期
猪骨		新石器	广西象州南沙湾	《考古》1997年10期
猪骨	10	新石器	河南淮滨肖营	《考古》1981年1期
猪骨		新石器	河南镇平赵湾	《考古》1962年1期
猪骨		新石器	黑龙江宁安牛场	《考古》1960年4期
猪骨		新石器	黑龙江齐齐哈尔昂昂溪	《考古通讯》1957年2期
猪骨		新石器	黑龙江肇源望海屯	《考古》1961年10期
猪骨		新石器	湖北蕲春易家山	《考古》1960年5期

猪骨		新石器	江苏常州圩墩	《考古》1974年2期	
猪骨		新石器	江苏赣榆青墩庙	《考古》1962年3期	
猪骨		新石器	内蒙古赤峰东山咀	《考古》1983年5期	
猪骨		新石器	山东长岛大口	《考古》1985年12期	
猪骨		新石器	上海青浦淀山湖	《考古》1959年6期	有
猪骨		新石器	四川巫山大昌坝	《考古》1959年8期	
猪骨		新石器	四川忠县	《考古》1959年8期	
猪骨		新石器早期	广东封开黄岩洞	《考古》1983年1期	
猪骨		新石器晚期	广西百色革新桥	《考古》2003年12期	
猪骨		新石器晚期	广西临桂螺蛳岩	《考古》1997年10期	
猪骨		新石器－商	广东东莞圆洲	《考古》2000年6期	
猪骨		新石器（客省庄二期文化）－商早期	内蒙古准格尔旗大口	《考古》1979年4期	
猪骨		新石器（西团山文化）－战国	吉林永吉星星哨水库	《考古》1978年3期	
猪骨		新石器－青铜时代	辽宁本溪庙后山	《考古》1985年6期	
猪骨		夏（二里头文化）	河南新密新砦大型建筑基址	《考古》2009年2期	有
猪骨		夏（二里头文化）	河南偃师二里头九区	《考古》1985年12期	
猪骨		夏（二里头文化）	山西夏县辕村	《考古》2009年11期	
猪骨		青铜时代	黑龙江宾县老山头	《考古》1962年3期	
猪骨		青铜时代（距今4000年）	辽宁大连大嘴子	《考古》1996年2期	有
猪骨		青铜时代（夏家店下层文化）	天津蓟县张家园	《考古》1984年8期	
猪骨		青铜时代（距今3800年）	云南剑川海门口	《考古》2009年7期	
猪骨		夏商	湖北江陵荆南寺	《考古》1989年8期	
猪骨		商早期	河南郑州岔河	《考古》2005年6期	
猪骨		商	河北藁城台西村	《考古》1973年1期	
猪骨		商	河北邯郸涧沟	《考古》1959年10期	
猪骨		商	河南安阳高楼庄	《考古》1963年4期	
猪骨		商	河南安阳郭家庄	《考古》1988年10期	
猪骨		商	河南安阳洹北	《考古》2010年1期	
猪骨	量多	商	河南安阳洹北花园庄	《考古》1998年10期	有
猪骨		商	河南安阳刘家庄北地	《考古》2009年7期	
猪骨		商	河南安阳武官村北地	《考古》1987年12期	
猪骨		商	河南安阳孝民屯东南地	《考古》2009年9期	
猪骨		商	河南洛阳涧滨	《考古》1960年10期	

猪骨		商	河南偃师商城五室祭祀遗址	《考古》2002年7期
猪骨		商	河南郑州上街	《考古》1960年6期
猪骨		商	河南郑州上街	《考古》1966年1期
猪骨		商	辽宁法库湾柳	《考古》1989年12期
猪骨		商	山东济南大辛庄	《考古》1959年4期
猪骨		商	山东阳信李屋	《考古》2010年3期
猪骨		商	天津蓟县围坊	《考古》1983年10期
猪骨		商（二里岗文化）	山西夏县辕村	《考古》2009年11期
猪骨	1	商（二里岗文化）	山西垣曲古城南关	《考古》2005年11期
猪骨		青铜时代（距今3600年）	辽宁大连大嘴子	《考古》1996年2期
猪骨		商晚期	河南荥阳关帝庙	《考古》2008年7期
猪骨		商周	河北曲阳冯家岸	《考古通讯》1955年1期
猪骨		商周	江西湖口下石钟山	《考古》1987年12期
猪骨		商周	山东寿光双王城	《考古》2010年3期
猪骨		商周	天津蓟县围坊	《考古》1983年10期
猪骨		商周	云南剑川海门口	《考古》1995年9期
猪骨		西周	江苏东海庙墩	《考古》1986年12期
猪骨		西周	江苏邳海西滩子	《考古》1964年1期
猪骨		西周	江苏新沂三里墩	《考古》1960年7期
猪骨		西周	山东栖霞吕家埠	《考古》1988年9期
猪骨		西周	陕西长安沣西张家坡	《考古》1987年1期
猪骨		西周	陕西长安普渡村	《考古》1986年3期
猪骨		周	湖北红安金盆	《考古》1960年4期
猪骨		西周－春秋	山东临沂中洽沟	《考古》1987年8期
猪骨		青铜时代（距今2875±130年）	辽宁铁岭邱台	《考古》1996年2期 有
猪骨		东周	黑龙江泰来平洋砖厂	《考古》1989年12期
猪骨		东周	吉林通化万发拨子	《考古》2003年8期
猪骨		东周	江苏苏州新庄	《考古》1987年4期
猪骨		春秋	河南巩县石家庄	《考古》1963年2期
猪骨		春秋	辽宁辽阳接官厅	《考古》1983年1期
猪下颌骨		战国	吉林省吉林市骚达沟	《考古》1985年10期 有
猪骨		战国	山西侯马牛村	《考古》1988年10期
猪骨		汉	黑龙江海林东兴	《考古》1996年10期
猪骨		西汉	广东广州象岗南越王墓	《考古》1983年12期
猪骨		西汉	广西贵县罗泊湾	《考古》1982年4期

猪骨		西汉	河北邢台南郊北陈村	《考古》1980年5期	
猪骨		西汉	江苏徐州汉代采石遗址	《考古》2010年11期	
猪骨		西汉	山东章丘洛庄	《考古》2004年8期	
猪骨		西汉	陕西西安东郊任家坡	《考古》1976年2期	
猪骨		西汉	陕西西安汉长安城西北角	《考古》2006年10期	
猪骨		西汉	陕西西安南郊杜陵五号	《考古》1991年12期	
猪骨		西汉	新疆于田圆沙	《考古》1998年12期	
猪骨		东汉	云南昭通桂家院子	《考古》1960年5期	
猪骨		汉魏	黑龙江桦南小八浪	《考古》2002年7期	有
猪骨		汉—六朝	云南澄江学山	《考古》2010年10期	
猪骨		三国（魏）	河南洛阳16工区	《考古通讯》1958年7期	
猪骨		十六国（后燕）	辽宁朝阳姚金沟	《考古》1982年3期	
猪骨		唐宋	河南密县西关	《考古》1995年6期	
幼猪骨		宋	山东沂水故城	《考古》1985年2期	
猪骨		辽金	吉林双辽电厂贮灰场	《考古》1995年4期	
猪骨		金	吉林敦化敖东城	《考古》2006年9期	
猪骨		金	内蒙古哲里木盟霍林河	《考古》1984年2期	
殉猪骨	1	商	河南安阳殷墟	《考古》1977年1期	有
猪头骨	2	新石器（仰韶文化）	山西垣曲小赵	《考古》1998年4期	
猪头骨	10	新石器（龙山文化陶寺型）	山西襄汾陶寺	《考古》2003年9期	
猪头骨		东周	内蒙古凉城忻州窑子	《考古》2009年3期	
猪头骨		西汉	山东临沂银雀山	《考古》1999年5期	
猪头骨		汉魏	黑龙江讷河库勒浅	《考古》2006年5期	有
猪头骨	1	明	甘肃兰州上西园	《考古》1960年3期	

猪牙

猪牙		新石器（距今10000多年）	河北徐水南庄头	《考古》1992年11期	
猪牙		新石器（后李文化）	山东章丘西河	《考古》2000年10期	
猪牙		新石器（裴李岗文化）	河南巩义瓦窑嘴	《考古》1999年11期	
猪牙		新石器（皂市下层文化）	湖南石门皂市	《考古》1986年1期	
猪牙		新石器（仰韶文化）	陕西华县柳子镇	《考古》1959年2期	有
猪牙		新石器（大溪文化）	湖北江陵毛家山	《考古》1977年3期	有
猪牙	4	新石器（大汶口文化）	山东栖霞古镇都	《考古》2008年2期	有
猪牙		新石器（大汶口文化）	山东枣庄建新	《考古》1995年1期	
猪牙		新石器（北阴阳营文	江苏高淳薛城	《考古》2000年5期	

化)

猪牙		新石器（良渚文化）	上海松江广富林	《考古》2002年10期	
猪牙	14	新石器（龙山文化）	湖北洪湖乌林矶	《考古》1987年5期	
猪牙		新石器（龙山文化）	山东蓬莱紫荆山	《考古》1973年1期	
猪牙		新石器（石家河文化早期）	湖北秭归庙坪	《考古》1999年1期	
猪牙		新石器	广西武鸣蜡烛山	《考古》1997年10期	
猪牙	2	新石器	黑龙江宁安牛场	《考古》1960年4期	
猪牙		新石器	湖北京山朱家咀	《考古》1964年5期	
猪牙		新石器	江苏昆山荣庄	《考古》1960年6期	
猪牙		新石器	江苏新沂三里墩	《考古通讯》1958年1期	
猪牙		新石器	山东烟台邱家庄	《考古》1963年7期	
猪牙		新石器	上海闵行马桥俞塘	《考古》1960年3期	
猪牙		青铜时代	江苏江宁元山镇	《考古》1959年6期	
猪牙	1	商	河南安阳后岗	《考古》1993年10期	有
猪牙		商	湖北江陵梅槐桥	《考古》1990年9期	
猪牙		商	湖北沙市周梁玉桥	《考古》2004年9期	
猪牙	1	商	湖北秭归茅坪长府沱	《考古》2004年5期	
猪牙		西周	天津蓟县张家园	《考古》1993年4期	
猪牙		战国	吉林扶余北长岗子	《考古》1979年2期	
猪牙		西汉	河北邢台南郊北陈村	《考古》1980年5期	
猪牙		汉魏	黑龙江桦南小八浪	《考古》2002年7期	

猪

石猪		新石器（红山文化）	内蒙古巴林右旗那斯台	《考古》1987年6期	有
石猪		西汉	湖南长沙北郊纸圆冲	《考古通讯》1957年5期	
石猪	4	西汉	湖南长沙南门外	《考古通讯》1957年4期	有
滑石猪		西汉	湖南长沙砂子塘	《考古》1965年3期	有
石猪	5	东汉	河南洛阳光华路	《考古》1997年8期	有
石猪	1	东汉	河南偃师吴家湾	《考古》2010年9期	有
滑石猪	2	东汉	湖南常德南坪	《考古》2006年3期	有
石猪	7	东汉	江苏泰州新庄	《考古》1962年10期	有
石猪	3	东汉	江苏徐州十里铺	《考古》1966年2期	有
滑石猪	6	东汉	山东济南大觉寺	《考古》2004年8期	有
石猪		东汉	山东滕县柴胡店	《考古》1963年8期	有
石猪	1	东汉	陕西绥德老坟梁	《考古》1986年1期	有
石猪	1	东汉	四川峨眉山双福同尖村	《考古》1994年6期	有

石猪	1	东汉－北魏	河南洛阳汉魏故城	《考古》1992年1期	有
石猪	1	三国（魏）	河南偃师杏园村	《考古》1985年8期	有
滑石猪	12	三国（吴）	湖北鄂州塘角头	《考古》1996年11期	有
石猪	2	三国（吴）	湖北鄂州塘角头	《考古》1996年11期	有
滑石猪	1	三国（吴）	湖南常德郭家铺	《考古》1992年7期	有
滑石猪	1	三国（吴）	江西南昌小兰	《考古》1993年1期	
石猪	1	六朝	广东广州近郊	《考古通讯》1956年3期	有
滑石猪	5	六朝	广东韶关河西	《考古》1965年5期	
石猪		六朝	湖南长沙北郊纸圆冲	《考古通讯》1957年5期	
滑石猪	2	六朝	湖南长沙雨花亭	《考古通讯》1956年6期	
石猪		六朝	江苏南京	《考古》1959年5期	
石猪	2	六朝	江苏南京北郊合班	《考古》1959年4期	
滑石猪		六朝	江苏南京蔡家塘	《考古》1963年6期	
石猪	8	六朝	江苏南京中华门外	《考古》1959年5期	
石猪	2	晋	广东广州西北郊桂花冈	《考古通讯》1955年6期	
滑石猪	5	晋	广东广州下塘狮带岗	《考古》1996年1期	有
滑石猪	9	晋	湖北枝江姚家巷	《考古》1983年6期	有
石猪		晋	江苏南京老虎山	《考古》1959年6期	
石猪	4	晋	江西南昌东湖区永外正街	《考古》1974年6期	有
石猪	1	晋	江西南昌南郊绳金塔	《考古》1981年6期	
石猪	2	晋	江西南昌西湖区老福山	《考古》1974年6期	有
石猪	1	晋	江西清江洋湖	《考古》1965年3期	
滑石猪	2	西晋	广东广州沙河顶	《考古》1985年9期	有
滑石猪	1	西晋	湖北鄂城火车站	《考古》1991年7期	
石猪	1	西晋	江西新干塔下岭	《考古》1983年12期	
滑石猪	2	东晋	安徽马鞍山南佳山麓	《考古》1980年6期	有
石猪	3	东晋	广东高要	《考古》1961年9期	
滑石猪		东晋	广东曲江	《考古》1959年9期	
石猪	6	东晋	湖南长沙南郊	《考古》1965年5期	有
滑石猪	2	东晋	湖南长沙新港	《考古》2003年5期	有
石猪	4	东晋	江苏南京郭家山	《考古》2008年6期	有
滑石猪	2	东晋	江苏南京郊区吕家山	《考古》1983年4期	有
滑石猪	2	东晋	江苏南京郊区娘娘山	《考古》1983年4期	有
滑石猪	4	东晋	江苏南京郊区五塘村	《考古》1983年4期	有

石猪	11	东晋	江苏南京老虎山	《考古》1959年6期	有
滑石猪	2	东晋	江苏南京首蓿园	《考古通讯》1958年4期	有
滑石猪	2	东晋	江苏南京石子岗	《考古》2005年2期	有
滑石猪	1	东晋	江苏南京西善桥	《考古通讯》1958年4期	
滑石猪	4	东晋	江苏南京小营村	《考古》1991年6期	有
滑石猪	4	东晋	江苏南京雨花台姚家山	《考古》2008年6期	有
滑石猪	3	东晋	江苏镇江谏壁	《考古》1988年7期	
滑石猪	2	东晋	江苏镇江阳彭山	《考古》1963年2期	
滑石猪	2	东晋	江苏镇江砖瓦厂	《考古》1964年5期	
滑石猪	1	东晋	江西抚州	《考古》1966年1期	
石猪	2	东晋	江西南昌湾里	《考古》1986年9期	有
滑石猪	4	东晋	浙江奉化余家坝	《考古》2003年2期	有
滑石猪	1	东晋	浙江金华古方	《考古》1984年9期	
石猪	2	东晋	浙江嵊县剡山	《考古》1988年9期	有
滑石猪	2	南朝	广东揭阳赤岭口	《考古》1984年10期	有
滑石猪	1	南朝	广东罗定鹤咀山	《考古》1994年3期	有
滑石猪	12	南朝	广东曲江南华寺	《考古》1983年7期	有
石猪		南朝	广东韶关市郊	《考古》1961年8期	
滑石猪	2	南朝	广东始兴赤土岭	《考古》1990年2期	有
滑石猪		南朝	广东始兴缫丝厂	《考古》1996年6期	有
滑石猪	2	南朝	广东英德浛洸	《考古》1963年9期	
滑石猪	2	南朝	广西恭城大湾地	《考古》1996年8期	
滑石猪		南朝	广西恭城新街长茶地	《考古》1979年2期	
滑石猪	3	南朝	广西桂林东郊横塘农场	《考古》1988年5期	有
滑石猪	3	南朝	广西融安安宁	《考古》1984年7期	有
滑石猪	1	南朝	广西融安黄家	《考古》1983年9期	
石猪	1	南朝	湖北武汉周家大湾	《考古》1965年4期	
石猪		南朝	湖南长沙南郊	《考古》1965年5期	
滑石猪	2	南朝	江苏邗江包家	《考古》1984年3期	
滑石猪	3	南朝	江苏江宁东善桥	《考古》1978年2期	有
滑石猪	1	南朝	江苏南京北郊涂家村	《考古》1963年6期	有
滑石猪	1	南朝	江苏南京富贵山	《考古》1998年8期	有
石猪	1	南朝	江苏南京花神庙	《考古》1998年8期	有
石猪	2	南朝	江苏南京江宁胡村	《考古》2008年6期	有
滑石猪	2	南朝	江苏南京栖霞东杨坊	《考古》2008年6期	有
滑石猪		南朝	江苏南京栖霞山甘家巷	《考古》1976年5期	有
滑石猪	2	南朝	江苏南京太平门外	《考古》1976年1期	有

滑石猪	3	南朝	江苏南京童家山	《考古》1985年1期	有
石猪	2	南朝	江西南昌市郊	《考古》1962年4期	有
石猪	1	南朝	江西清江	《考古》1962年4期	有
石猪	2	南朝	江西清江洋湖	《考古》1965年3期	
滑石猪	1	南朝	浙江金华古方	《考古》1984年9期	
滑石猪	1	南朝（宋）	江苏南京马群街	《考古》1985年11期	有
滑石猪	2	南朝（宋）	浙江瑞安芦蒲	《考古》1960年10期	
滑石猪	2	南朝（齐）	广西桂林尧山	《考古》1964年6期	有
滑石猪	2	东魏	河北赞皇南邢郭村	《考古》1977年6期	有
石猪		隋	河南陕县刘家渠	《考古通讯》1957年4期	
滑石猪	12	隋唐	广东英德浛洸	《考古》1963年9期	
滑石猪	3	唐	广东英德浛洸	《考古》1963年9期	
石猪		唐	河南三门峡	《考古通讯》1958年11期	
石猪	1	唐	河南偃师杏园村	《考古》1986年5期	有
石猪	2	唐	湖南长沙黄泥坑	《考古通讯》1956年6期	有
滑石猪	1	唐	江苏徐州花马庄	《考古》1997年3期	有
滑石猪	1	唐	江苏镇江	《考古》1985年2期	
木猪	1	西汉	广东广州西村皇帝岗	《考古通讯》1957年4期	
木猪	8	西汉	四川成都凤凰山	《考古》1959年4期	
木猪	7	西汉	四川成都凤凰山	《考古》1959年8期	有
玉猪头		新石器（红山文化）	辽宁凌源城子山	《考古》1986年6期	有
玉猪		新石器（距今5300年）	安徽含山凌家滩	《考古》2008年3期	
玉猪		汉	安徽亳县	《考古》1974年3期	有
玉猪	1	汉	安徽亳县凤凰台1号墓	《考古》1974年3期	有
玉猪	3	汉	河北唐山陡河水库	《考古通讯》1958年3期	有
玉猪	2	汉	江苏连云港海州网疃庄	《考古》1963年5期	有
玉猪		汉	江苏睢宁九女墩	《考古通讯》1955年2期	有
玉猪	1	西汉	山西太原尖草坪	《考古》1985年6期	有
玉猪	4	新莽	江苏邗江姚庄	《考古》2000年4期	
玉猪	2	东汉	广西合浦丰门岭	《考古》1995年3期	有
玉猪		东汉	河南偃师杏园村	《考古》1985年1期	有
玉猪	1	东汉	山东东平王陵山	《考古》1966年4期	
玉猪	3	东汉	山东青州马家冢子	《考古》2007年6期	有

玉猪	2	六朝	广东广州近郊	《考古通讯》1956年 有 3期
玉猪	2	西晋	河南偃师首阳山	《考古》2010年2期 有
玉猪		西晋	江苏南京中华门外	《考古》1961年6期
玉猪	1	东晋	江苏南京北郊郭家山	《考古》1989年7期 有
玉猪	1	南朝	江苏南京花神庙	《考古》1998年8期 有
玉猪	1	唐	广东韶关罗原洞	《考古》1964年7期 有
玉猪	2	唐	河南偃师杏园村	《考古》1986年5期 有
玉猪	1	唐	河南偃师杏园村	《考古》1996年12期 有
陶猪		新石器（后李文化）	山东章丘西河	《考古》2000年10期 有
陶猪头	2	新石器（裴李岗文化）	河南新郑裴李岗渠东	《考古》1979年3期 有
陶猪头	1	新石器（新乐文化）	辽宁沈阳新乐	《考古》1990年11期
陶猪	1	新石器（仰韶文化）	河南鹿邑武庄	《考古》2002年3期 有
陶猪	2	新石器（大汶口文化）	山东章丘焦家	《考古》1998年6期 有
陶猪	1	新石器（龙山文化）	河南永城王油坊	《考古》1978年1期 有
陶猪	1	新石器	黑龙江牡丹江中下游莺哥岭	《考古》1960年4期
陶猪鬶		新石器	山东胶县三里河	《考古》1977年4期
陶猪	1	新石器	山东曲阜尼山	《考古》1963年7期 有
陶猪	1	商	河南安阳孝民屯	《考古》2007年1期 有
陶猪	13	商周	黑龙江宁安莺歌岭	《考古》1981年6期 有
陶猪		周—汉	河南舞阳北舞渡镇	《考古通讯》1958年 2期
陶猪		战国	吉林扶余北长岗子	《考古》1979年2期
陶猪	1	战国	山东泰安康家河村	《考古》1988年1期
陶猪	1	战国	四川彭州龙泉村	《考古》2007年4期 有
陶猪	1	战国—西汉	黑龙江宾县庆华	《考古》1988年7期 有
陶猪		汉	陕西长安洪庆村	《考古》1959年12期
陶猪	1	汉	四川宜宾翠屏村	《考古通讯》1957年 有 3期
陶猪		西汉	湖北荆沙瓦坟园	《考古》1995年11期
陶猪	1	西汉	湖北襄樊毛纺厂	《考古》1997年12期 有
陶猪	1	西汉	湖北枣阳沙河南岸	《考古》2001年6期 有
陶猪		西汉	湖南长沙马王堆1号墓	《考古》1977年2期
陶猪	2	西汉	江苏铜山凤凰山	《考古》2004年5期 有
陶猪	1	西汉	江苏徐州米山	《考古》1996年4期 有
陶猪	1	西汉	山东滕州东小宫	《考古》2000年10期 有
陶猪	1	西汉	山东滕州官桥	《考古》1999年4期 有
陶猪	1	西汉	山东微山独山	《考古》1995年8期 有

陶猪		西汉	山东微山墓前	《考古》1995年11期	有
陶猪	4	西汉	山东微山微山岛	《考古》1998年3期	有
陶猪	1	西汉	山东阳谷吴楼	《考古》1999年11期	有
陶猪	1	西汉	陕西西安六堡村	《考古》1991年1期	有
陶猪	23	西汉	陕西咸阳安陵陪葬坑	《考古》1981年5期	有
陶猪	2	西汉	浙江安吉上马山	《考古》1996年7期	有
陶猪		西汉	浙江龙游东华山	《考古》1993年4期	
陶猪		新莽	湖北襄樊岘山	《考古》1996年5期	有
陶猪	1	新莽	四川绵阳涪城	《考古》2003年1期	
陶猪	1	东汉	北京怀柔城北	《考古》1962年5期	
釉陶猪	2	东汉	北京顺义临河	《考古》1977年6期	
陶猪	1	东汉	广东佛山市郊澜石	《考古》1964年9期	有
陶猪	1	东汉	广东广州沙河顶	《考古》1986年12期	有
陶猪	2	东汉	广东肇庆康乐中路	《考古》2009年11期	有
陶猪	2	东汉	广西贵港孔屋岭	《考古》2005年11期	有
陶猪	3	东汉	河北平谷	《考古》1962年5期	
陶猪	2	东汉	河南巩县石家庄	《考古》1963年2期	
陶猪		东汉	河南洛阳西工萧街东	《考古》1959年6期	
陶猪	1	东汉	河南南阳桑园路	《考古》2001年8期	有
陶猪	1	东汉	河南偃师吴家湾	《考古》2010年9期	有
陶猪	1	东汉	河南郑州碧沙岗公园	《考古》1966年5期	
陶猪	1	东汉	湖北当阳郑家大坡	《考古》1999年1期	有
陶猪	2	东汉	湖北谷城肖家营	《考古》2006年11期	有
陶猪	1	东汉	湖北老河口柴店岗	《考古》2001年7期	有
陶猪	1	东汉	湖北随县塔儿塆	《考古》1966年3期	有
陶猪	1	东汉	湖北襄樊樊城	《考古》1993年5期	有
陶猪	1	东汉	湖北宜昌前坪包金头	《考古》1990年9期	有
陶猪	1	东汉	湖北宜都刘家屋场	《考古》1987年10期	有
陶猪	1	东汉	湖北云梦癫痫墩	《考古》1984年7期	有
陶猪		东汉	湖南长沙北郊纸圆冲	《考古通讯》1957年5期	
陶猪	2	东汉	湖南郴州烟厂	《考古》1982年3期	有
陶猪	1	东汉	湖南大庸大塔岗	《考古》1994年12期	有
陶猪	2	东汉	湖南大庸四亩塘	《考古》1994年12期	有
陶猪	1	东汉	湖南衡阳凤凰山	《考古》1993年3期	有
陶猪	1	东汉	江苏徐州茅村	《考古》1980年4期	有
陶猪	1	东汉	江苏徐州十里铺	《考古》1966年2期	有
陶猪		东汉	江西南昌市郊星光	《考古》1965年11期	
陶猪	1	东汉	山东东平王陵山	《考古》1966年4期	

陶猪	1	东汉	山东济南闵子骞祠堂	《考古》2004年8期	有
陶猪	2	东汉	山东济南青龙山	《考古》1989年11期	
陶猪	1	东汉	山东济宁越河北路	《考古》1994年2期	有
陶猪	2	东汉	山东青州马家冢子	《考古》2007年6期	有
陶猪		东汉	山东滕县柴胡店	《考古》1963年8期	有
陶猪	1	东汉	陕西勉县老道寺	《考古》1985年5期	有
陶猪	1	东汉	陕西西安西北大学	《考古》2007年5期	有
陶猪	2	东汉	四川成都北二环路	《考古》2001年5期	有
陶猪	2	东汉	四川成都牧马山灌溉渠	《考古》1959年8期	有
陶猪	1	东汉	四川达县曹家梁	《考古》1995年1期	有
陶猪	1	东汉	四川涪陵黄溪	《考古》1984年12期	有
陶猪		东汉	四川简阳洛带	《考古通讯》1957年4期	
陶猪	1	东汉	四川简阳夜月洞	《考古》1992年4期	
陶猪	2	东汉	四川凉山西昌	《考古》1990年5期	有
陶猪	1	东汉	四川绵阳河边崖墓	《考古》1988年3期	有
陶猪	1	东汉	四川绵阳朱家梁子	《考古》2003年9期	
陶猪		东汉	四川三台永安电厂	《考古》1976年6期	
陶猪		东汉	四川彰明佛儿崖	《考古通讯》1955年6期	有
陶猪	1	东汉	重庆奉节三峡三塘崖	《考古》2004年1期	有
陶猪	1	东汉	重庆万州包上	《考古》2008年1期	有
釉陶猪	1	东汉	重庆万州包上	《考古》2008年1期	有
陶猪	2	东汉－六朝	湖南长沙南塘冲	《考古通讯》1958年3期	有
陶猪	1	三国	湖北随县唐镇	《考古》1966年2期	有
陶猪	3	三国（吴）	湖北鄂城	《考古》1982年3期	有
陶猪	3	三国（吴）	湖北鄂州塘角头	《考古》1996年11期	有
陶猪	1	三国（吴）	湖南常德郭家铺	《考古》1992年7期	有
陶猪	1	三国（吴）	江苏南京邓府山	《考古》1992年8期	
陶猪	1	三国（吴）	江苏南京甘家巷	《考古》1963年6期	有
陶猪	1	三国（吴）	江苏镇江	《考古》1984年6期	有
陶猪		魏晋	黑龙江友谊凤林	《考古》2000年11期	有
釉陶猪	1	六朝早期	湖北均县"双塚"	《考古》1965年12期	有
陶猪	3	六朝	湖南长沙容园	《考古通讯》1958年5期	
陶猪	1	晋	河南郑州旧城南门外	《考古通讯》1957年1期	有
陶猪	1	西晋	河南偃师首阳山	《考古》2010年2期	有

陶猪	2	西晋	河南偃师杏园村	《考古》1985年8期	有
陶猪	1	西晋	湖北鄂城火车站	《考古》1991年7期	
陶猪	2	西晋	湖北黄梅松林咀	《考古》2004年8期	有
陶猪	1	西晋	湖北新洲旧街	《考古》1995年4期	有
釉陶猪	1	西晋	江苏江宁索墅砖瓦厂	《考古》1987年7期	有
陶猪		西晋	江苏南京迈皋桥	《考古》1966年4期	有
陶猪	1	西晋	山西运城十里铺	《考古》1989年5期	有
陶猪	3	东晋	江西南昌八一大道皇殿	《考古》1984年4期	有
陶猪	1	东晋—北宋	湖北巴东汪家河	《考古》2006年1期	有
陶猪	2	十六国	陕西咸阳头道塬	《考古》2005年6期	有
陶猪	1	十六国（成汉）	四川什邡虎头山	《考古》2007年10期	有
陶猪	8	十六国（前秦）	陕西咸阳文林小区	《考古》2005年4期	有
陶猪	4	北朝	河北磁县湾漳	《考古》1990年7期	
陶猪	3	北朝	陕西西安草厂坡	《考古》1959年6期	有
陶猪	1	南朝	广西永福寿城	《考古》1983年7期	
陶猪	1	北魏	河北曲阳嘉峪村	《考古》1972年5期	有
陶猪	2	北魏	河南洛阳盘龙冢村	《考古》1973年4期	有
陶猪		北魏	河南偃师南蔡庄	《考古》1991年9期	有
陶猪	2	北魏	河南偃师染华	《考古》1993年5期	有
陶猪		北魏	山西安邑李诜墓	《考古》1959年5期	
陶猪	2	东魏	河北磁县东陈村	《考古》1977年6期	有
陶猪		东魏	河北赞皇南邢郭村	《考古》1977年6期	有
陶公猪	1	东魏	河南安阳固岸	《考古》2008年5期	有
陶母猪	1	东魏	河南安阳固岸	《考古》2008年5期	有
陶猪	2	北齐	河北磁县高润墓	《考古》1979年3期	有
陶猪	1	北齐	河北磁县孟庄	《考古》1997年3期	有
陶母猪	1	北齐	河南安阳洪河屯	《考古》1972年1期	
陶猪	1	北齐	河南安阳洪河屯	《考古》1972年1期	
陶猪仔	5	北齐	河南安阳洪河屯	《考古》1972年1期	
陶猪		北齐	山西太原圹坡	《考古》1959年1期	
陶公猪	1	隋	安徽合肥市郊五里岗	《考古》1976年2期	
陶猪	5	隋	河北平山西岳	《考古》2001年2期	有
陶猪	2	隋	河南安阳安阳桥	《考古》1992年1期	
陶公猪	1	隋	河南安阳梅元庄	《考古》1992年1期	
陶母猪	1	隋	河南安阳梅元庄	《考古》1992年1期	
陶猪（6个子猪）		隋	河南安阳张盛墓	《考古》1959年10期	有
陶猪		隋	江苏徐州茅村	《考古》1998年9期	
陶猪		隋	陕西西安李静训墓	《考古》1959年9期	有

陶猪	1	唐		河南临汝纸坊乡	《考古》1988年2期	
绿釉猪	1	唐		河南洛阳关林	《考古》1972年3期	
陶猪		唐		河南洛阳关林	《考古》1980年4期	
陶猪	1	唐		河南洛阳关林	《考古》2006年2期 有
陶猪		唐		河南洛阳涧西	《考古通讯》1957年 3期
黑釉陶猪	1	唐		河南洛阳涧西谷水	《考古》1983年5期 有
黄釉猪	1	唐		河南洛阳涧西谷水	《考古》1983年5期 有
陶猪	2	唐		河南温县徐沟村	《考古》1964年6期 有
三彩猪	1	唐		河南新安磁涧	《考古》1987年9期
陶猪	2	唐		河南偃师北窑	《考古》1992年11期 有
陶猪	1	唐		河南偃师杏园村	《考古》1984年10期 有
陶猪	1	唐		河南偃师杏园村	《考古》1986年5期 有
三彩猪	1	唐		河南偃师瑶头	《考古》1986年11期 有
陶猪	2	唐		河南郑州上街	《考古》1996年8期 有
陶猪	2	唐		河南郑州石佛乡孙庄	《考古通讯》1958年 有 7期
陶猪		唐		湖北武汉	《考古》1959年11期
陶猪		唐		湖南长沙黄土岭西坡间	《考古通讯》1958年 有 3期
陶猪	1	唐		江苏徐州花马庄	《考古》1997年3期 有
陶猪	2	唐		辽宁朝阳黄河路	《考古》2001年8期 有
陶猪		唐		山西长治北石槽	《考古》1962年2期
陶猪		唐		山西长治北石槽	《考古》1965年9期 有
陶卧猪	1	唐		山西长治东郊	《考古通讯》1957年 有 5期
陶猪	2	唐		山西太原南郊金胜村	《考古》1960年1期
陶子母猪	1	唐		陕西礼泉西周村阿史那 忠墓	《考古》1977年2期
陶猪	1	唐		陕西礼泉西周村阿史那 忠墓	《考古》1977年2期
陶猪	2	唐		陕西西安东郊	《考古》1960年1期
陶猪	1	唐		陕西西安郊区鲜于庭海 墓	《考古通讯》1958年 1期
陶猪	7	唐		陕西西安西郊中堡村	《考古》1960年3期 有
陶猪		唐		天津军粮城刘家台子	《考古》1963年3期
抱猪头陶俑	1	宋		江西彭泽曹家垅	《考古》1962年10期 有
陶猪	1	明		河南陕县前塚王村	《考古》1961年2期
陶猪		明		云南大理凤仪大丰乐	《考古》2001年12期 有

瓷猪	1	三国（吴）	安徽马鞍山佳山	《考古》1986年5期	有
瓷猪		三国（吴）	江苏南京栖霞山甘家巷	《考古》1976年5期	
瓷猪		西晋	江苏句容孙西村	《考古》1976年6期	
瓷猪	1	西晋	江苏南京迈皋桥	《考古》1966年4期	有
瓷猪	1	西晋	江苏南京狮子山	《考古》1987年7期	有
瓷猪		西晋	浙江金华古方	《考古》1984年9期	有
瓷猪	2	唐	湖南长沙咸嘉湖	《考古》1980年6期	
瓷猪	6	唐	陕西礼泉张士贵墓	《考古》1978年3期	有
铜猪	2	战国	云南祥云大波那村	《考古》1965年9期	
铜猪	2	汉	云南祥云大波那村	《考古》1964年7期	
铜猪	2	汉	云南祥云大波那村	《考古》1964年12期	有
铁猪		唐	河南三门峡	《考古》2007年5期	有
铁猪	2	唐	河南三门峡勘测设计院基	《考古》2007年5期	有
铁猪	1	唐	河南偃师杏园村	《考古》1984年10期	
铁猪	1	唐	河南偃师杏园村	《考古》1996年12期	有
铁猪		唐	山西太原华塔村	《考古通讯》1955年4期	
猪鬃		唐	新疆民丰尼雅古城	《考古》1961年3期	

（五）狗

狗骨

狗骨		新石器（距今10000多年）	河北徐水南庄头	《考古》1992年11期	
狗骨		新石器（裴李岗文化）	河南新郑裴李岗	《考古》1982年4期	
狗骨	9	新石器（磁山文化）	河北武安磁山	《考古》1977年6期	
狗骨		新石器（磁山文化）	河北武安西万年	《考古》1984年1期	
狗骨		新石器（马家浜文化）	江苏东台开庄	《考古》2005年4期	
狗骨		新石器（马家浜文化）	江苏高淳薛城	《考古》2000年5期	
狗骨		新石器（马家浜文化）	江苏宜兴骆驼墩	《考古》2003年7期	
狗骨		新石器（距今7000年）	吉林长岭腰井子	《考古》1992年8期	
狗骨		新石器（仰韶文化）	甘肃秦安大地湾	《考古》2003年6期	
狗骨		新石器（仰韶文化）	河南陕县庙底沟	《考古通讯》1957年4期	
狗骨		新石器（仰韶文化）	湖北郧县青龙泉	《考古》1961年10期	
狗骨		新石器（仰韶文化）	山西夏县辕村	《考古》2009年11期	
狗骨		新石器（仰韶文化）	陕西宝鸡北首岭	《考古》1979年2期	
狗骨		新石器（仰韶文化）	陕西临潼姜寨	《考古》1973年3期	
狗骨		新石器（红山文化）	辽宁凌源牛河梁	《考古》2001年8期	
狗骨		新石器（距今6000年）	湖北枣阳雕龙碑	《考古》1992年7期	

狗骨		新石器（后岗一期文化）	内蒙古乌兰察布石虎山	《考古》1998年12期
狗骨		新石器（良渚文化）	江苏吴江梅堰	《考古》1963年6期
狗骨		新石器（良渚文化）	浙江平湖庄桥坟	《考古》2005年7期
狗骨		新石器（距今5000年）	辽宁大连大潘家	《考古》1994年10期
狗骨		新石器（屈家岭文化）	湖北郧县青龙泉	《考古》1961年10期
狗骨		新石器（龙山文化）	河北邯郸涧沟	《考古》1959年10期
狗骨		新石器（龙山文化）	河北邯郸涧沟	《考古》1961年4期
狗骨		新石器（龙山文化）	河南汤阴白营	《考古》1980年3期
狗骨		新石器（龙山文化）	湖北均县乱石滩	《考古》1961年10期
狗骨		新石器（龙山文化）	湖北郧县青龙泉	《考古》1961年10期
狗骨		新石器（龙山文化）	江苏泗洪龟墩	《考古》1964年5期
狗骨		新石器（龙山文化）	山东阳谷景阳岗	《考古》1997年5期
狗骨		新石器（龙山文化）	山西芮城南礼教村	《考古》1964年6期
狗骨		新石器（龙山文化陶寺型）	山西襄汾陶寺	《考古》1986年9期
狗骨		新石器（齐家文化）	甘肃临潭磨沟	《考古》2009年7期
狗骨		新石器（距今4200年）	湖北均县乱石滩	《考古》1986年7期
狗骨		新石器（距今4150±100年）	甘肃永靖马家湾	《考古》1975年2期
狗骨		新石器	甘肃兰州西瓜坡呱	《考古》1960年9期
狗骨		新石器	广东东部地区	《考古》1961年12期
狗骨		新石器	河南镇平赵湾	《考古》1962年1期
狗骨		新石器	黑龙江林口乌斯浑大屯	《考古》1960年4期
狗骨	7	新石器	黑龙江宁安大牡丹屯	《考古》1961年10期
狗骨		新石器	黑龙江齐齐哈尔昂昂溪	《考古通讯》1957年2期
狗骨		新石器	湖北蕲春易家山	《考古》1960年5期
狗骨		新石器	湖北宜昌李家河	《考古通讯》1957年3期
狗骨		新石器	江苏常州圩墩	《考古》1974年2期
狗骨		新石器	江苏邳海大墩子	《考古》1964年1期
狗骨		新石器	内蒙古赤峰东山咀	《考古》1983年5期
狗骨		新石器	内蒙古伊克昭盟达拉特旗瓦窑	《考古》1963年1期
狗骨		新石器	山东长岛大口	《考古》1985年12期
狗骨		新石器	云南龙陵船口坝	《考古》1992年4期
狗骨		夏（二里头文化）	山西夏县辕村	《考古》2009年11期
狗骨		商	河北邯郸涧沟	《考古》1959年10期

狗骨		商	河南安阳大司空村南地	《考古》1989年7期
狗骨	1	商	河南安阳郭家庄	《考古》1986年8期
狗骨		商	河南安阳郭家庄	《考古》1988年10期
狗骨		商	河南安阳郭家庄M160	《考古》1991年5期
狗骨		商	河南安阳郭庄	《考古》1991年10期
狗骨		商	河南安阳后岗	《考古》1993年10期
狗骨		商	河南安阳洹北花园庄	《考古》1998年10期 有
狗骨		商	河南安阳洹北商城	《考古》2003年5期
狗骨		商	河南安阳梅园庄西	《考古》1992年2期
狗骨		商	河南安阳武宫村北地	《考古》1987年12期
狗骨		商	河南安阳小屯东北地	《考古》1989年10期
狗骨		商	河南安阳孝民屯东南地	《考古》2009年9期
狗骨		商	河南安阳薛家庄	《考古》1986年12期
狗骨		商	河南安阳殷墟1713号墓	《考古》1986年8期
狗骨		商	河南罗山蟒张	《考古》1981年2期
狗骨		商	河南偃师商城五室祭祀遗址	《考古》2002年7期
狗骨		商	河南偃师尸乡沟	《考古》1988年2期
狗骨		商	河南郑州北二七路	《考古》1986年4期
狗骨		商	河南郑州人民公园	《考古通讯》1955年3期
狗骨		商	河南郑州上街	《考古》1960年6期
狗骨		商	湖北江陵梅槐桥	《考古》1990年9期
狗骨		商	湖南石门皂市	《考古》1962年3期
狗骨		商	山东济南大辛庄	《考古》1959年4期
狗骨		商	天津蓟县围坊	《考古》1983年10期
狗骨		商（二里岗文化）	山西夏县辕村	《考古》2009年11期
狗骨		商（二里岗文化）	山西垣曲古城南关	《考古》2005年11期
狗骨		商周	江西湖口下石钟山	《考古》1987年12期
狗骨		商周	山东寿光双王城	《考古》2010年3期
狗骨		商周	山东邹平丁公村	《考古》1992年6期
狗骨		商周	云南剑川海门口	《考古》1995年9期
狗骨		西周	北京琉璃河	《考古》1984年5期
狗骨		西周	甘肃庆阳韩家滩庙嘴	《考古》1985年9期
狗骨		西周	河南洛阳北瑶	《考古》1972年2期
狗骨		西周	山东寿光大荒北央	《考古》2005年12期
狗骨		西周	陕西长安沣西大原村	《考古》1986年11期
狗骨		西周	陕西长安普渡村	《考古》1986年3期
狗骨		西周	陕西扶风庄李村	《考古》2008年12期

狗骨		周	陕西扶风上康村2号墓	《考古》1960年8期
狗骨		周	陕西岐山和扶风	《考古》1960年8期
狗骨		青铜时代（卡约文化）	青海湟源花鼻梁	《考古》1986年10期
狗骨		西周—春秋	湖北阳新港下村	《考古》1988年1期
狗骨		西周—春秋	吉林双辽后太平	《考古》2009年5期
狗骨		东周	黑龙江泰来平洋砖厂	《考古》1989年12期
狗骨		东周	吉林通化万发拨子	《考古》2003年8期
狗骨		东周	陕西宝鸡福临堡	《考古》1963年10期
狗骨	1	东周	陕西宝鸡阳平秦家沟	《考古》1965年7期
狗骨		春秋	山西侯马呈王路	《考古》1987年12期
狗骨		战国	河北邯郸百家村	《考古》1962年12期
狗骨	1	战国	河南新郑新禹公路	《考古》1994年5期
狗骨		战国	湖北江陵拍马山	《考古》1973年3期
狗骨		战国—秦	四川甘孜吉里龙	《考古》1986年1期
狗骨		秦	河北易县燕下都	《考古》1965年11期
狗骨		汉	黑龙江海林东兴	《考古》1996年10期
狗骨		汉	云南晋宁石寨山	《考古》1959年9期
狗骨		西汉	安徽铜陵金牛洞	《考古》1989年10期 有
狗骨	1	西汉	河北石家庄北郊小沿村	《考古》1980年1期
狗骨		西汉	江苏徐州奎山	《考古》1974年2期
狗骨		西汉	青海民和胡李家	《考古》2004年3期
狗骨		西汉	山东平阴新屯	《考古》1988年11期
狗骨		西汉	山东阳谷吴楼	《考古》1999年11期
狗骨		西汉	陕西西安东郊任家坡	《考古》1976年2期
狗骨		西汉	陕西西安南郊杜陵五号	《考古》1991年12期
狗下颌骨	1	西汉	四川成都北郊洪家包	《考古通讯》1957年3期
狗骨		西汉	新疆于田圆沙	《考古》1998年12期
狗骨		东汉	江苏高邮邵家沟	《考古》1960年10期
狗骨		东汉	内蒙古巴林左旗南杨营子	《考古》1964年1期 有
狗骨		汉—六朝	云南澄江学山	《考古》2010年10期
狗骨		魏晋	黑龙江友谊凤林古城址	《考古》2004年12期
狗骨	1	辽	辽宁法库前山	《考古》1983年7期
狗骨		辽金	吉林双辽电厂贮灰场	《考古》1995年4期
狗骨		金	吉林敦化敖东城	《考古》2006年9期
狗骨	1	清	广东广州番禺大洲	《考古》1983年9期
殉狗骨		新石器（齐家文化）	青海大通黄家寨	《考古》1994年3期
殉狗骨		商	河南安阳大司空村	《考古》1988年10期

殉狗骨	3	商	河南安阳范家庄东北地	《考古》2009年9期	
殉狗骨	1	商	河南安阳高楼庄	《考古》1994年5期	
殉狗骨		商	河南安阳郭家庄	《考古》1998年10期	
殉狗骨	15	商	河南安阳花园庄	《考古》2004年1期	有
殉狗骨		商	河南安阳苗圃北地	《考古》1989年2期	
殉狗骨	1	商	河南安阳榕树湾	《考古》2009年5期	
殉狗骨		商	河南安阳市殷墟郭家庄东南五号商代墓	《考古》2008年8期	
殉狗骨		商	河南安阳王裕口南地	《考古》2004年5期	
殉狗骨	6	商	河南安阳小屯西地	《考古》2009年9期	
殉狗骨		商	河南安阳孝民屯	《考古》2007年1期	
殉狗骨	10	商	河南安阳殷墟	《考古》1977年1期	有
殉狗骨		商	山东惠民麻店	《考古》1974年3期	
殉狗骨		商	山东阳信李屋	《考古》2010年3期	
殉狗骨		西周	北京房山琉璃河	《考古》1974年5期	
殉狗骨		西周	山东高青陈庄	《考古》2010年8期	
殉狗骨	1	西周	山东滕州前掌大村	《考古》2000年7期	
殉狗骨	1	西周	陕西长安沣西张家坡	《考古》1986年3期	
殉狗骨		西周	陕西长安沣西张家坡	《考古》1987年1期	
殉狗骨	1	西周—春秋	山东临沂中洽沟	《考古》1987年8期	
殉狗骨	1	春秋	甘肃礼县大堡子山	《考古》2007年7期	
殉狗骨		春秋	湖北江陵九店	《考古》1995年7期	
殉狗骨	1	春秋	陕西宝鸡南阳村	《考古》2001年7期	
殉狗骨	1	战国	河南洛阳中州路	《考古》1974年3期	
殉狗骨		东汉	甘肃泾川水泉寺	《考古》1983年9期	
殉狗骨	1	唐	山东昌乐谢家埠	《考古》2005年5期	
狗头骨		新石器（马家窑文化早期）	青海民和胡李家	《考古》2001年1期	
狗头骨		西周	北京房山琉璃河	《考古》1974年5期	
狗头骨		青铜时代（夏家店上层文化）	内蒙古敖汉旗周家地	《考古》1984年5期	
狗头骨		东周	内蒙古凉城忻州窑子	《考古》2009年3期	
狗头骨	1	晋	河南安阳孝民屯	《考古》1983年6期	
狗牙		新石器（仰韶文化）	湖北均县乱石滩	《考古》1986年7期	
狗牙		新石器	福建福清东张	《考古》1965年2期	
狗牙		新石器	广西平南石脚山	《考古》1997年10期	
狗牙	1	新石器	浙江乐清白石	《考古》1992年9期	
狗牙		青铜时代（夏家店下层文化）	天津蓟县张家园	《考古》1984年8期	

狗牙		战国	吉林扶余北长岗子	《考古》1979年2期	
狗牙		战国	四川成都青羊宫	《考古》1959年8期	

狗

石狗	1	东汉	四川峨眉山双福同尖村	《考古》1994年6期	有
石狗	1	北宋	广东紫金林田	《考古》1984年6期	有
石狗	2	南宋	福建福州新店猫头山	《考古》1987年9期	
木狗	5	东汉	甘肃武威磨咀子	《考古》1960年9期	有
木狗	2	东汉	广东广州西村皇帝岗42号墓	《考古通讯》1958年8期	有
陶狗头	1	新石器（新乐文化）	辽宁沈阳新乐	《考古》1990年11期	
陶狗		新石器（河姆渡文化）	浙江宁波八字桥	《考古》1979年6期	
陶狗头	1	新石器（大溪文化）	湖南安乡汤家岗	《考古》1982年4期	有
陶狗	1	新石器（大汶口文化）	山东章丘焦家	《考古》1998年6期	有
陶狗	1	新石器（龙山文化）	河南伊川马回营	《考古》1983年11期	有
陶狗		新石器（龙山文化）	山西五台阳白	《考古》1997年4期	有
陶狗		新石器	湖北天门石家河	《考古通讯》1956年3期	
陶狗	4	商周	黑龙江宁安莺歌岭	《考古》1981年6期	有
陶狗		春秋	广东博罗梅花墩	《考古》1998年7期	有
陶狗		汉	安徽亳县凤凰台1号墓	《考古》1974年3期	
陶狗		汉	北京	《考古》1959年3期	
陶狗	2	汉	河南洛阳涧西	《考古通讯》1957年3期	
陶狗	1	汉	河南南阳安居新村	《考古》2005年8期	
陶狗		汉	湖北枣阳	《考古》1959年11期	
陶狗		汉	山东章丘普集	《考古通讯》1955年6期	
陶狗		汉	陕西长安洪庆村	《考古》1959年12期	
陶狗	2	汉	四川宜宾翠屏村	《考古通讯》1957年3期	有
陶狗	1	西汉	河南南阳辛店熊营	《考古》2008年2期	有
陶狗		西汉	湖北荆沙瓦坟园	《考古》1995年11期	
陶狗	1	西汉	湖北枣阳沙河南岸	《考古》2001年6期	
陶狗		西汉	湖南长沙马王堆1号墓	《考古》1977年2期	
陶狗	1	西汉	山东临沂银雀山	《考古》1975年6期	有
陶狗	1	西汉	山东阳谷吴楼	《考古》1999年11期	有
陶狗头	3	西汉	四川成都东乡4号墓	《考古通讯》1956年1期	有
陶狗	2	西汉	浙江安吉上马山	《考古》1996年7期	有

陶狗		西汉	浙江龙游东华山	《考古》1993年4期	
陶狗	6	新莽	湖北襄樊岘山	《考古》1996年5期	有
陶狗	1	东汉	北京怀柔城北	《考古》1962年5期	有
陶狗	3	东汉	北京平谷	《考古》1962年5期	有
釉陶狗	4	东汉	北京顺义临河	《考古》1977年6期	
陶狗	2	东汉	广东佛山市郊澜石	《考古》1964年9期	有
陶狗	2	东汉	广东广州沙河顶	《考古》1986年12期	有
陶狗	3	东汉	广西贵港孔屋岭	《考古》2005年11期	有
陶狗	1	东汉	河北任邱东关	《考古》1965年2期	有
陶狗	1	东汉	河北易县燕下都	《考古》1965年11期	有
陶狗	3	东汉	河南巩县石家庄	《考古》1963年2期	有
陶狗	1	东汉	河南济源承留	《考古》1991年12期	
陶狗	1	东汉	河南焦作白庄	《考古》1995年5期	有
陶狗		东汉	河南洛阳西工萧街东	《考古》1959年6期	
陶狗	1	东汉	河南南阳桑园路	《考古》2001年8期	有
陶狗	2	东汉	河南南阳市西关	《考古》1966年2期	有
陶狗		东汉	河南陕县刘家渠	《考古通讯》1957年4期	
陶狗	2	东汉	河南桐柏万岗	《考古》1964年8期	有
陶狗	1	东汉	河南卫辉大司马村	《考古》2008年11期	有
陶狗	1	东汉	河南舞阳塚张村	《考古通讯》1958年9期	有
陶狗	1	东汉	河南新乡王门村	《考古》2003年4期	有
陶狗	2	东汉	河南偃师吴家湾	《考古》2010年9期	有
陶狗	1	东汉	河南偃师杏园村	《考古》1985年1期	有
陶狗	1	东汉	河南偃师姚孝经墓	《考古》1992年3期	有
陶狗	1	东汉	河南郑州碧沙岗公园	《考古》1966年5期	有
陶狗	1	东汉	湖北当阳郑家大坡	《考古》1999年1期	有
陶狗	3	东汉	湖北谷城肖家营	《考古》2006年11期	有
陶狗	1	东汉	湖北老河口柴店岗	《考古》2001年7期	有
陶狗	1	东汉	湖北随县古城岗	《考古》1966年3期	有
陶狗	2	东汉	湖北随县塔儿塆	《考古》1966年3期	有
陶狗	1	东汉	湖北宜都刘家屋场	《考古》1987年10期	有
陶狗	1	东汉	湖北云梦痢痢墩	《考古》1984年7期	有
陶狗		东汉	湖南长沙砂子塘	《考古》1965年3期	有
陶狗	1	东汉	湖南常德芦山	《考古》2004年5期	有
陶狗	1	东汉	湖南大庸大塔岗	《考古》1994年12期	有
陶狗	1	东汉	湖南大庸四亩塘	《考古》1994年12期	有
釉陶狗	1	东汉	江苏泰州新庄	《考古》1962年10期	有

陶狗	2	东汉	江苏徐州茅村	《考古》1980年4期	有
陶狗	1	东汉	江苏徐州十里铺	《考古》1966年2期	有
陶狗	1	东汉	宁夏固原北塬	《考古》2008年12期	有
陶狗	4	东汉	山东东平王陵山	《考古》1966年4期	有
陶狗	1	东汉	山东济南大觉寺	《考古》2004年8期	有
陶狗	1	东汉	山东济南闵子骞祠堂	《考古》2004年8期	有
陶狗	1	东汉	山东济南青龙山	《考古》1989年11期	
陶狗	1	东汉	山东济宁越河北路	《考古》1994年2期	有
陶狗	3	东汉	山东青州马家冢子	《考古》2007年6期	有
陶狗	1	东汉	山东泰安旧县村	《考古》1988年4期	有
陶狗	1	东汉	山东滕县柴胡店	《考古》1963年8期	有
陶狗	1	东汉	山东淄博张庄	《考古》1986年8期	有
陶狗	1	东汉	山西太原西郊	《考古》1963年5期	有
陶狗	4	东汉	陕西勉县老道寺	《考古》1985年5期	有
陶狗	1	东汉	陕西西安西北大学	《考古》2007年5期	有
陶狗	2	东汉	四川成都北二环路	《考古》2001年5期	有
陶狗	8	东汉	四川成都牧马山灌溉渠	《考古》1959年8期	有
陶狗	1	东汉	四川成都天回山	《考古》1959年8期	
陶狗	3	东汉	四川成都新都互助村	《考古》2007年9期	有
陶狗	1	东汉	四川成都新都凉水村	《考古》2007年9期	有
陶狗	3	东汉	四川达县曹家梁	《考古》1995年1期	
陶狗		东汉	四川大邑马王坟	《考古》1980年3期	
陶狗	1	东汉	四川涪陵黄溪	《考古》1984年12期	
陶狗	1	东汉	四川金堂焦山	《考古》1959年8期	
陶狗	3	东汉	四川乐山大湾嘴	《考古》1991年1期	有
陶狗	2	东汉	四川凉山西昌	《考古》1990年5期	有
陶狗	1	东汉	四川绵阳河边崖墓	《考古》1988年3期	有
陶狗	1	东汉	四川绵阳朱家梁子	《考古》2003年9期	
陶狗	1	东汉	四川彭山高家沟	《考古》1991年5期	
陶狗	1	东汉	四川郫县古城乡	《考古》2004年1期	有
陶狗	1	东汉	四川三台灵兴	《考古》1992年9期	
陶狗	1	东汉	四川三台永安电厂	《考古》1976年6期	有
陶狗	1	东汉	四川遂宁船山	《考古》1994年8期	
陶狗	2	东汉	四川新津堡子山	《考古通讯》1958年8期	
陶狗	1	东汉	四川荥经牛头山	《考古》2000年11期	有
陶狗		东汉	四川彰明常山村	《考古通讯》1955年5期	有
陶狗		东汉	四川彰明佛儿崖	《考古通讯》1955年	

				6期	
陶狗	1	东汉	云南大理下关	《考古》1997年4期	有
陶狗	1	东汉	重庆奉节三峡三塘崖	《考古》2004年1期	有
陶狗	1	东汉	重庆化龙桥	《考古通讯》1958年 3期	有
陶狗	1	东汉	重庆万州包上	《考古》2008年1期	有
陶狗		汉一六朝	辽宁大连旅顺对壮沟	《考古通讯》1956年 3期	
陶狗		东汉一六朝	湖南长沙南塘冲	《考古通讯》1958年 3期	有
陶狗	1	三国	湖北随县唐镇	《考古》1966年2期	有
陶狗	1	三国（魏）	河南洛阳涧西	《考古》1989年4期	有
陶狗	4	三国（吴）	湖北鄂城	《考古》1982年3期	有
陶狗	3	三国（吴）	湖北鄂州塘角头	《考古》1996年11期	有
陶狗	2	三国（吴）	江苏南京邓府山	《考古》1992年8期	有
陶狗	1	三国（吴）	江苏镇江	《考古》1984年6期	有
陶狗	1	三国（吴）	江西南昌市郊	《考古》1978年3期	有
陶狗	1	魏晋	贵州赤水复兴马鞍山	《考古》2005年9期	有
陶狗	3	魏晋	黑龙江友谊凤林古城址	《考古》2004年12期	有
陶狗		魏晋	江苏南京南郊中华门外	《考古》1963年6期	
陶狗		六朝	福建福州南福铁路桐无口村	《考古通讯》1958年 1期	
陶狗	2	六朝	四川绵阳西山	《考古》1990年11期	
陶狗		晋	河南洛阳涧西	《考古通讯》1957年 3期	
陶狗	1	晋	河南郑州旧城南门外	《考古通讯》1957年 1期	有
陶狗	1	西晋	安徽和县戚镇	《考古》1984年9期	
陶狗	1	西晋	河南辉县洪州	《考古》1990年4期	有
陶狗		西晋	河南洛阳西郊	《考古》1959年11期	
陶狗	3	西晋	河南卫辉大司马村	《考古》2010年10期	有
陶狗	1	西晋	河南偃师首阳山	《考古》2010年2期	有
陶狗	1	西晋	河南偃师杏园村	《考古》1985年8期	
陶狗	1	西晋	湖北新洲旧街	《考古》1995年4期	有
釉陶狗	1	西晋	江苏江宁索墅砖瓦厂	《考古》1987年7期	有
陶狗	1	西晋	山西运城十里铺	《考古》1989年5期	有
陶狗	3	十六国	陕西咸阳头道塬	《考古》2005年6期	有
陶狗	1	十六国（成汉）	四川什邡虎头山	《考古》2007年10期	有
陶狗	9	十六国（前秦）	陕西咸阳文林小区	《考古》2005年4期	有

陶狗	4	北朝	河北磁县湾漳	《考古》1990年7期	
陶狗	2	南北朝	四川成都牧马山灌溉渠	《考古》1959年8期	
陶狗	1	北魏	河北曲阳嘉峪村	《考古》1972年5期	有
陶狗		北魏	河南偃师南蔡庄	《考古》1991年9期	有
陶狗	2	北魏	河南偃师染华	《考古》1993年5期	有
陶狗	1	北魏	河南偃师杏园村	《考古》1991年9期	有
陶狗		北魏	山西安邑李诜墓	《考古》1959年5期	
陶狗	1	北魏—隋	河北景县封皮	《考古通讯》1957年3期	
陶狗	2	东魏	河北磁县东陈村	《考古》1977年6期	有
陶公狗	1	东魏	河南安阳固岸	《考古》2008年5期	有
陶母狗	1	东魏	河南安阳固岸	《考古》2008年5期	有
陶狗	2	北齐	河北磁县高润墓	《考古》1979年3期	有
陶狗	1	北齐	河北磁县孟庄	《考古》1997年3期	有
陶狗		北齐	山西太原圹坡	《考古》1959年1期	
陶狗	5	隋	河北平山西岳	《考古》2001年2期	有
陶狗	2	隋	河南安阳安阳桥	《考古》1992年1期	
陶狗	4	隋	河南安阳北丰	《考古》1973年4期	有
陶狗	1	隋	河南安阳梅元庄	《考古》1992年1期	
陶狗		隋	河南安阳张盛墓	《考古》1959年10期	
陶狗	4	隋	河南安阳置度村	《考古》2010年4期	有
陶狗	1	隋	湖北武汉郊周家大湾	《考古通讯》1957年6期	有
陶狗	1	隋	江苏铜山茅村	《考古》1983年2期	有
陶狗		隋	江苏徐州茅村	《考古》1998年9期	
陶狗	1	唐	福建漳浦刘坂	《考古》1959年11期	
陶狗	1	唐	河北平山西岳	《考古》2001年2期	有
陶狗	1	唐	河南临汝纸坊乡	《考古》1988年2期	
陶狗		唐	河南洛阳关林	《考古》1980年4期	
陶狗	2	唐	河南洛阳关林	《考古》2006年2期	有
陶狗		唐	河南洛阳涧西	《考古通讯》1956年4期	
陶狗	1	唐	河南洛阳龙门	《考古》2007年12期	有
陶狗	2	唐	河南孟津大杨村	《考古》2007年4期	有
釉陶狗	1	唐	河南温县徐沟村	《考古》1964年6期	有
三彩狗	2	唐	河南新安磁涧	《考古》1987年9期	
陶狗	5	唐	河南偃师北窑	《考古》1992年11期	有
陶狗	1	唐	河南偃师杏园村	《考古》1984年10期	有
陶狗	3	唐	河南偃师杏园村	《考古》1986年5期	有

三彩狗	1	唐	河南偃师杏园村	《考古》1996年12期	有
三彩狗	2	唐	河南偃师瑶头	《考古》1986年11期	有
陶狗		唐	河南郑州上街	《考古》1960年1期	
陶狗	1	唐	河南郑州上街	《考古》1996年8期	
陶狗头	1	唐	湖南长沙北郊烈士陵园	《考古通讯》1956年6期	有
陶狗		唐	湖南长沙黄土岭西坡间	《考古通讯》1958年3期	有
陶狗头	1	唐	湖南郴州	《考古》1987年2期	有
陶狗	1	唐	江苏徐州花马庄	《考古》1997年3期	有
三彩狗	1	唐	辽宁朝阳	《考古》1973年6期	有
陶狗	2	唐	辽宁朝阳黄河路	《考古》2001年8期	有
陶狗		唐	山西长治北石槽	《考古》1965年9期	有
陶卧狗	1	唐	山西长治东郊	《考古通讯》1957年5期	有
陶狗	1	唐	山西长治西城墙下	《考古》1964年8期	
陶狗	1	唐	山西太原南郊金胜村	《考古》1960年1期	
陶狗	1	唐	陕西礼泉西周村阿史那忠墓	《考古》1977年2期	
陶狗	2	唐	陕西礼泉张士贵墓	《考古》1978年3期	有
陶狗	3	唐	陕西西安东郊	《考古》1960年1期	
陶狗		唐	陕西西安李静训墓	《考古》1959年9期	
陶狗	3	唐	陕西西安西郊中堡村	《考古》1960年3期	有
陶狗	1	五代	四川彭山宋琳墓	《考古通讯》1958年5期	有
陶狗	4	宋	四川东山灌溉渠	《考古》1959年8期	
陶狗	1	宋	四川广汉雒城	《考古》1990年2期	有
陶狗	1	宋	四川三台涪江	《考古》1973年6期	
陶雌狗	1	北宋	福建南平西芹	《考古》1991年8期	
陶公狗	1	北宋	福建南平西芹	《考古》1991年8期	
陶狗	1	北宋	四川成都化成小区	《考古》2005年10期	有
陶狗	1	南宋	江西高安赤溪	《考古》1994年2期	有
陶狗	1	南宋	四川成都二仙桥	《考古》2004年5期	有
陶狗	5	南宋	四川成都金鱼村	《考古》1997年10期	有
陶狗	1	元	江西高安汉家山	《考古》1989年6期	有
陶狗	2	元	江西高安坑口	《考古》1987年3期	有
陶狗	1	元	四川成都西郊和平乡府河九里桥	《考古通讯》1958年3期	
陶狗	1	元	四川华阳保和	《考古通讯》1957年	有

				5期	
陶狗		明	江西宜春官园	《考古》1995年1期	有
陶狗	1	明	江西宜春李家村	《考古》1995年1期	
陶狗		明	云南大理凤仪大丰乐	《考古》2001年12期	有
绿釉狗		东汉	湖南长沙小林子冲	《考古通讯》1958年 12期	有
黄釉狗	1	唐	河南洛阳关林	《考古》1972年3期	
黄釉狗	3	唐	河南洛阳涧西谷水	《考古》1983年5期	有
瓷狗	1	三国（吴）	湖北鄂城西山南麓	《考古》1978年3期	
瓷狗	1	西晋	江苏句容孙西村	《考古》1976年6期	有
瓷狗	1	西晋	江苏南京狮子山	《考古》1987年7期	有
瓷狗	3	唐	安徽萧县白土窑	《考古》1963年12期	有
瓷狗	1	唐	河北曲阳涧磁村	《考古》1965年8期	有
瓷狗	1	唐	河南安阳西郊梅园庄	《考古》1959年5期	有
瓷狗		唐	河南洛阳东都履道坊	《考古》1994年8期	
瓷狗	1	唐	河南三门峡	《考古通讯》1958年 11期	
瓷狗	1	唐	湖南长沙咸嘉湖	《考古》1980年6期	
瓷狗		五代－北宋	浙江乐清铁场村	《考古》1993年8期	
瓷狗		五代－北宋	浙江乐清镇安	《考古》1993年8期	
瓷狗		宋	河南洛阳涧河两岸	《考古》1959年9期	
瓷狗	1	宋	江西德兴香屯	《考古》1990年8期	
瓷狗		宋	重庆涂山瓷窑	《考古》1986年10期	
瓷狗	1	北宋	福建顺昌	《考古》1987年3期	
瓷狗	2	北宋	广东潮州笔架山	《考古》1983年6期	有
瓷狗	2	北宋	江西临川莫源李村	《考古》1988年4期	有
瓷狗		北宋	江西南丰白舍窑	《考古》1985年3期	有
瓷狗	1	北宋	江西南丰桑田	《考古》1988年4期	有
瓷狗	1	南宋	福建南平店口	《考古》1992年5期	
瓷狗		元	江西湖田窑址H区	《考古》2000年12期	有
瓷狗	1	明	广西合浦上窑	《考古》1986年12期	
铜狗	2	战国	云南祥云大波那村	《考古》1965年9期	
铜狗	2	汉	云南祥云大波那村	《考古》1964年7期	
铜狗	2	汉	云南祥云大波那村	《考古》1964年12期	有
琥珀狗		汉	贵州清镇平坝	《考古》1961年4期	
金箔狗	1	西汉	河北阳原北关	《考古》1990年4期	有
竹狗	1	唐	江西南昌市北郊	《考古》1977年6期	
铅狗	1	清	云南呈贡王家营	《考古》1965年4期	有

（六）骆驼

骆驼骨

| 骆驼骨 | 量多 | 西汉 | 新疆于田圆沙 | 《考古》1998年12期 | |

骆驼

小陶骆驼	1	新石器（龙山文化）	湖北宜都石板巷子	《考古》1985年11期	有
陶骆驼	5	北朝	河北磁县湾漳	《考古》1990年7期	有
陶骆驼	1	北魏	河北曲阳嘉峪村	《考古》1972年5期	有
陶骆驼	1	北魏	河南洛阳盘龙冢村	《考古》1973年4期	有
陶骆驼	1	北魏	河南偃师联体砖厂M2	《考古》1993年5期	有
陶骆驼	1	北魏	河南偃师染华	《考古》1993年5期	有
陶骆驼	1	北魏	河南偃师杏园村	《考古》1991年9期	有
陶骆驼	2	北魏—隋	河北景县封皮	《考古通讯》1957年3期	
陶骆驼	1	东魏	河北赞皇南邢郭村	《考古》1977年6期	
陶骆驼	1	北齐	河北磁县高润墓	《考古》1979年3期	有
陶骆驼	1	北齐	河北磁县孟庄	《考古》1997年3期	有
陶骆驼		北齐	山西太原圹坡	《考古》1959年1期	
陶载物骆驼	1	隋	安徽亳县砖瓦窑场	《考古》1977年1期	有
陶骆驼	1	隋	安徽合肥市郊五里岗	《考古》1976年2期	有
陶骆驼	1	隋	河北平山西岳	《考古》2001年2期	有
陶骆驼	1	隋	河南安阳安阳桥	《考古》1992年1期	
陶骆驼	1	隋	河南安阳北丰	《考古》1973年4期	
陶骆驼	1	隋	河南安阳梅元庄	《考古》1992年1期	
陶骆驼	1	隋	江苏铜山茅村	《考古》1983年2期	有
陶骆驼		唐	甘肃敦煌佛爷庙	《考古通讯》1955年3期	
陶骆驼	1	唐	河北平山西岳	《考古》2001年2期	有
陶骆驼	1	唐	河南扶沟马村	《考古》1965年8期	
三彩骆驼	1	唐	河南临汝纸坊乡	《考古》1988年2期	有
陶骆驼	1	唐	河南洛阳东郊十里铺	《考古》2007年9期	
三彩骆驼	2	唐	河南洛阳关林	《考古》1972年3期	有
陶骆驼	3	唐	河南洛阳关林	《考古》2006年2期	有
陶骆驼		唐	河南洛阳涧西	《考古通讯》1956年4期	
陶骆驼	2	唐	河南洛阳涧西	《考古通讯》1957年3期	
三彩骆驼	2	唐	河南洛阳涧西谷水	《考古》1983年5期	有
陶骆驼	2	唐	河南洛阳龙门	《考古》2007年12期	有

陶骆驼	1	唐	河南孟津大杨村	《考古》2007年4期	有
陶骆驼	1	唐	河南温县徐沟村	《考古》1964年6期	有
三彩骆驼	2	唐	河南新安磁涧	《考古》1987年9期	
陶骆驼	4	唐	河南偃师北窑	《考古》1992年11期	有
陶骆驼	2	唐	河南偃师杏园村	《考古》1984年10期	有
陶骆驼	2	唐	河南偃师杏园村	《考古》1986年5期	有
陶骆驼	2	唐	河南偃师杏园村	《考古》1996年12期	有
三彩骆驼	2	唐	河南偃师瑶头	《考古》1986年11期	有
三彩骆驼	2	唐	河南伊川白元村	《考古》1985年5期	有
陶骆驼	2	唐	河南郑州上街	《考古》1960年1期	
陶骆驼	2	唐	河南郑州上街	《考古》1996年8期	有
陶骆驼	1	唐	河南郑州石佛乡孙庄	《考古通讯》1958年7期	有
陶骆驼		唐	湖北武汉	《考古》1959年11期	
三彩骆驼		唐	湖北武汉	《考古》1959年11期	
陶骆驼	2	唐	江苏邗江杨庙	《考古》1983年9期	有
陶骆驼	1	唐	江苏徐州花马庄	《考古》1997年3期	有
陶骆驼头	1	唐	江苏镇江	《考古》1985年2期	有
骑骆驼陶俑	1	唐	辽宁朝阳黄河路	《考古》2001年8期	有
陶骆驼	2	唐	辽宁朝阳黄河路	《考古》2001年8期	有
陶骆驼	4	唐	山西长治北石槽	《考古》1962年2期	有
骑骆驼陶俑	1	唐	山西长治北石槽	《考古》1965年9期	有
陶骆驼	2	唐	山西长治北石槽	《考古》1965年9期	有
陶驮布骆驼	1	唐	山西长治北石槽	《考古》1965年9期	有
陶骆驼	1	唐	山西长治东郊	《考古通讯》1957年5期	有
骑骆驼陶俑	1	唐	山西长治王村	《考古》1965年8期	有
陶骆驼	1	唐	陕西宝鸡谭家村	《考古》1991年5期	有
陶骆驼		唐	陕西长安郭家滩	《考古通讯》1955年2期	有
陶骆驼	20	唐	陕西西安东郊	《考古》1960年1期	
陶骆驼	4	唐	陕西西安独孤思敬及杨氏墓	《考古通讯》1958年1期	有
骑骆驼陶俑	1	唐	陕西西安郊区	《考古通讯》1958年1期	有
陶骆驼	12	唐	陕西西安郊区鲜于庭海墓	《考古通讯》1958年1期	有
陶骆驼	4	唐	陕西西安西郊中堡村	《考古》1960年3期	有
陶骆驼		唐	天津军粮城刘家台子	《考古》1963年3期	

陶骆驼		唐	新疆民丰尼雅古城	《考古》1961年3期	
三彩骆驼	2	唐	浙江衢州寺后村	《考古》1985年5期	有
瓷骆驼	2	唐	湖南长沙咸嘉湖	《考古》1980年6期	有
瓷骆驼	5	唐	陕西礼泉张士贵墓	《考古》1978年3期	
瓷骆驼		西夏	宁夏灵武磁窑堡	《考古》1987年10期	有
泥塑骆驼	1	高昌（公元7世纪）	新疆吐鲁番木纳尔	《考古》2006年12期	有

（七）鸡

鸡骨

鸡骨		新石器（距今10000多年）	河北徐水南庄头	《考古》1992年11期
鸡骨		新石器（仰韶文化）	甘肃秦安大地湾	《考古》2003年6期
鸡骨		新石器（仰韶文化）	河南灵宝北阳坪	《考古》2001年7期
鸡骨		新石器（仰韶文化）	山西夏县辕村	《考古》2009年11期
鸡骨		新石器（距今6900年）	安徽濉溪石山子	《考古》1992年3期
鸡骨		新石器	甘肃兰州西瓜坡呱	《考古》1960年9期
鸡骨		新石器－青铜时代	辽宁本溪庙后山	《考古》1985年6期 有
鸡骨		商	河南安阳后岗	《考古》1993年10期
鸡骨		商	河南安阳洹北花园庄	《考古》1998年10期 有
鸡骨		商	河南安阳榕树湾	《考古》2009年5期
鸡骨		商	河南安阳小屯东北地	《考古》1989年10期
鸡骨		商	河南安阳殷墟孝民屯东南地	《考古》2009年9期
鸡骨		西周	山东栖霞吕家埠	《考古》1988年9期
鸡骨		西周	陕西长安沣西张家坡	《考古》1987年1期
鸡骨		西周	陕西长安普渡村	《考古》1986年3期
鸡骨		周	湖北红安金盆	《考古》1960年4期
鸡骨		春秋	河南巩县石家庄	《考古》1963年2期
鸡骨		战国	湖北枝江姚家港	《考古》1988年2期
鸡骨	2	战国－秦汉	四川巴塘雅江	《考古》1981年3期
鸡骨		汉	云南晋宁石寨山	《考古》1959年9期
鸡骨		西汉	河北磁县讲武城	《考古》1959年1期
鸡骨		西汉	江苏徐州翠屏山	《考古》2008年9期 有
鸡骨	1	西汉	江苏徐州凤凰山	《考古》2007年4期
鸡骨		西汉	江苏徐州奎山	《考古》1974年2期
鸡骨		西汉	青海民和胡李家	《考古》2004年3期
鸡骨		西汉	山东苍山小北山	《考古》1992年6期
鸡骨	量多	西汉	山东长清双乳山	《考古》1997年3期
鸡骨		西汉	山东临沂银雀山	《考古》1999年5期

鸡骨		西汉	山东蓬莱大迟家	《考古》2006年3期	
鸡骨		西汉	山东微山独山	《考古》1995年8期	
鸡骨		西汉	山东阳谷吴楼	《考古》1999年11期	
鸡骨		西汉	陕西西安东郊任家坡	《考古》1976年2期	
鸡骨		西汉	四川成都凤凰山	《考古》1959年8期	
鸡骨		西汉	云南姚安黄牛山	《考古》1984年7期	
殉鸡骨		东汉	甘肃泾川水泉寺	《考古》1983年9期	
鸡骨		东汉	河北磁县讲武城	《考古》1959年1期	
鸡骨		东汉	辽宁锦州小凌河	《考古》1990年8期	
鸡骨		东汉	宁夏固原北塬	《考古》2008年12期	
鸡骨		东汉	青海平安古城	《考古》2002年12期	
鸡骨		东汉	云南昭通桂家院子	《考古》1960年5期	
鸡骨		唐	新疆民丰尼雅古城	《考古》1961年3期	

鸡

石鸡	1	东汉	四川峨眉山双福同尖村	《考古》1994年6期	有
石鸡	1	北宋	广东紫金林田	《考古》1984年6期	有
石鸡	1	北宋	江西吉安泮圹村	《考古》1989年10期	有
石鸡	1	金	吉林梨树偏脸古城	《考古》1963年11期	有
木鸡	18	东汉	甘肃武威磨咀子	《考古》1960年9期	有
木鸡	2	东汉	广东广州西村皇帝岗42号墓	《考古通讯》1958年8期	
陶鸡	1	新石器（龙山文化）	河南伊川马回营	《考古》1983年11期	有
陶鸡		新石器（龙山文化早期）	山西襄汾陶寺	《考古》1980年1期	有
陶鸡	2	新石器晚期	江西清江营盘里	《考古》1962年4期	有
陶鸡		周—汉	河南舞阳北舞渡镇	《考古通讯》1958年2期	
陶鸡		春秋	广东博罗梅花墩	《考古》1998年7期	有
陶鸡	1	战国	广东增城西瓜岭	《考古》1964年3期	有
陶鸡		战国	吉林扶余北长岗子	《考古》1979年2期	
陶鸡		汉	安徽亳县	《考古》1974年3期	有
陶鸡	2	汉	安徽亳县凤凰台1号墓	《考古》1974年3期	有
陶鸡		汉	北京	《考古》1959年3期	
釉陶鸡	1	汉	河北郸城竹凯店	《考古》1965年5期	
陶鸡		汉	湖北枣阳	《考古》1959年11期	
陶鸡		汉	陕西长安洪庆村	《考古》1959年12期	
陶鸡	4	汉	四川宜宾翠屏村	《考古通讯》1957年3期	有
陶鸡	2	西汉	河南南阳辛店熊营	《考古》2008年2期	有

陶鸡		西汉	湖北荆沙瓦坟园	《考古》1995年11期
陶鸡	1	西汉	湖北宜昌前坪	《考古》1985年5期
陶鸡		西汉	湖北枣阳沙河南岸	《考古》2001年6期
陶鸡		西汉	湖南长沙马王堆1号墓	《考古》1977年2期
陶鸡		西汉	山东章丘洛庄	《考古》2004年8期
陶鸡	1	西汉	四川成都东乡4号墓	《考古通讯》1956年　有1期
陶鸡	2	西汉	浙江安吉上马山	《考古》1996年7期　有
陶鸡	6	新莽	湖北襄樊岘山	《考古》1996年5期　有
陶鸡	1	东汉	安徽淮北李楼	《考古》2007年8期　有
陶鸡	3	东汉	北京平谷	《考古》1962年5期　有
釉陶母鸡	4	东汉	北京顺义临河	《考古》1977年6期
陶鸡	1	东汉	广东东山	《考古通讯》1956年　有4期
陶鸡	3	东汉	广东佛山市郊澜石	《考古》1964年9期　有
陶鸡	1	东汉	广东广州沙河顶	《考古》1986年12期
陶母鸡	1	东汉	贵州黔西甘棠	《考古》2006年8期　有
陶鸡		东汉	河北石家庄赵陵铺镇	《考古》1959年7期
陶鸡	5	东汉	河南巩县石家庄	《考古》1963年2期
陶鸡	4	东汉	河南济源承留	《考古》1991年12期
陶鸡		东汉	河南洛阳西工萧街东	《考古》1959年6期
陶鸡	3	东汉	河南南阳桑园路	《考古》2001年8期　有
陶鸡	2	东汉	河南南阳市西关	《考古》1966年2期　有
陶鸡		东汉	河南陕县刘家渠	《考古通讯》1957年　4期
陶鸡	4	东汉	河南桐柏万岗	《考古》1964年8期　有
陶鸡	2	东汉	河南舞阳塚张村	《考古通讯》1958年　有9期
陶鸡	1	东汉	河南新安古路沟	《考古》1966年3期　有
陶鸡	1	东汉	河南新乡王门村	《考古》2003年4期　有
陶鸡	1	东汉	河南偃师吴家湾	《考古》2010年9期　有
陶鸡	1	东汉	河南偃师杏园村	《考古》1985年1期　有
陶鸡	2	东汉	河南偃师姚孝经墓	《考古》1992年3期　有
陶鸡	1	东汉	河南郑州碧沙岗公园	《考古》1966年5期　有
陶鸡	6	东汉	湖北谷城肖家营	《考古》2006年11期　有
陶鸡	2	东汉	湖北老河口北郊变电站	《考古》1996年3期
陶鸡	1	东汉	湖北武汉葛店	《考古》1986年1期
陶鸡	1	东汉	湖北宜都刘家屋场	《考古》1987年10期　有
陶鸡		东汉	湖南长沙雨花亭	《考古通讯》1956年

				6期	
陶鸡	4	东汉	湖南郴州烟厂	《考古》1982年3期	有
陶鸡	2	东汉	湖南大庸四亩塘	《考古》1994年12期	有
陶公鸡	1	东汉	湖南衡阳凤凰山	《考古》1993年3期	
陶母鸡	1	东汉	湖南衡阳凤凰山	《考古》1993年3期	
陶鸡	2	东汉	湖南衡阳荆田	《考古》1991年10期	
陶鸡	2	东汉	湖南衡阳兴隆村	《考古》2010年4期	有
陶鸡		东汉	江苏高邮邵家沟	《考古》1960年10期	有
陶鸡		东汉	江苏铜山洪楼	《考古通讯》1957年4期	
陶鸡	1	东汉	江苏徐州十里铺	《考古》1966年2期	有
陶鸡	2	东汉	宁夏固原北塬	《考古》2008年12期	有
陶鸡	1	东汉	山东济南大觉寺	《考古》2004年8期	有
陶鸡	4	东汉	山东济南闵子骞祠堂	《考古》2004年8期	有
陶鸡	2	东汉	山东济南青龙山	《考古》1989年11期	
陶鸡	3	东汉	山东济宁越河北路	《考古》1994年2期	有
陶鸡	3	东汉	山东青州马家冢子	《考古》2007年6期	有
陶鸡	2	东汉	山东泰安旧县村	《考古》1988年4期	有
陶鸡		东汉	山东滕县柴胡店	《考古》1963年8期	有
陶鸡	1	东汉	山西太原西郊	《考古》1963年5期	有
陶鸡	7	东汉	陕西勉县老道寺	《考古》1985年5期	有
陶子母鸡	2	东汉	四川成都北二环路	《考古》2001年5期	有
陶鸡	18	东汉	四川成都牧马山灌溉渠	《考古》1959年8期	有
陶鸡	2	东汉	四川成都天回山	《考古》1959年8期	
陶鸡	2	东汉	四川成都新都互助村	《考古》2007年9期	有
陶子母鸡	2	东汉	四川成都新都凉水村	《考古》2007年9期	有
陶鸡	4	东汉	四川达县曹家梁	《考古》1995年1期	
陶子母鸡	1	东汉	四川达县曹家梁	《考古》1995年1期	
陶鸡		东汉	四川大邑马王坟	《考古》1980年3期	
陶子母鸡	1	东汉	四川涪陵黄溪	《考古》1984年12期	有
陶鸡		东汉	四川简阳洛带	《考古通讯》1957年4期	
陶鸡	1	东汉	四川简阳夜月洞	《考古》1992年4期	
陶子母鸡	1	东汉	四川简阳夜月洞	《考古》1992年4期	
陶鸡	1	东汉	四川金堂焦山	《考古》1959年8期	
陶鸡	7	东汉	四川乐山大湾嘴	《考古》1991年1期	有
陶子母鸡	6	东汉	四川乐山大湾嘴	《考古》1991年1期	有
陶鸡	2	东汉	四川凉山西昌	《考古》1990年5期	有
陶子母鸡	1	东汉	四川绵阳河边崖墓	《考古》1988年3期	有

陶鸡	6	东汉	四川绵阳河边崖墓	《考古》1988年3期	有
陶鸡	2	东汉	四川绵阳朱家梁子	《考古》2003年9期	有
陶鸡	2	东汉	四川彭山高家沟	《考古》1991年5期	
陶鸡		东汉	四川郫县新胜	《考古》1979年6期	
陶鸡	1	东汉	四川三台灵兴	《考古》1992年9期	
陶鸡	1	东汉	四川三台永安电厂	《考古》1976年6期	
陶鸡	2	东汉	四川遂宁船山	《考古》1994年8期	
陶鸡	2	东汉	四川西昌杨家山	《考古》2007年5期	有
陶鸡	5	东汉	四川新津堡子山	《考古通讯》1958年8期	
陶鸡	3	东汉	四川荥经牛头山	《考古》2000年11期	有
陶鸡		东汉	四川彰明常山村	《考古通讯》1955年5期	有
陶鸡		东汉	四川彰明佛儿崖	《考古通讯》1955年6期	有
陶母子鸡	1	东汉	云南呈贡归化	《考古》1966年3期	有
陶公鸡	1	东汉	云南呈贡归化	《考古》1966年3期	有
陶鸡	2	东汉	云南呈贡七步场	《考古》1982年1期	有
陶鸡	2	东汉	云南大理大展屯	《考古》1988年5期	有
陶鸡	2	东汉	云南大理下关	《考古》1997年4期	有
陶公鸡	1	东汉	重庆奉节三峡三塘崖	《考古》2004年1期	有
陶母鸡	1	东汉	重庆奉节三峡三塘崖	《考古》2004年1期	有
陶鸡	3	东汉	重庆化龙桥	《考古通讯》1958年3期	
陶鸡	2	东汉—六朝	湖南长沙南塘冲	《考古通讯》1958年3期	有
陶鸡	1	三国	湖北随县唐镇	《考古》1966年2期	有
陶鸡	1	三国（魏）	河南洛阳涧西	《考古》1989年4期	有
陶鸡	1	三国（魏）	河南偃师杏园村	《考古》1985年8期	有
陶鸡		三国（蜀）	四川凉山西昌	《考古》1990年5期	
陶鸡	4	三国（吴）	湖北鄂城	《考古》1982年3期	有
陶鸡	2	三国（吴）	湖北鄂州塘角头	《考古》1990年11期	有
陶鸡	1	三国（吴）	湖南常德郭家铺	《考古》1992年7期	有
陶鸡	2	三国（吴）	江苏南京邓府山	《考古》1992年8期	
陶鸡	2	三国（吴）	江苏南京尧化	《考古》1998年8期	
陶鸡	2	三国（吴）	江苏镇江	《考古》1984年6期	有
陶鸡	2	魏晋	贵州赤水复兴马鞍山	《考古》2005年9期	有
陶鸡	1	六朝	湖北谷城肖家营	《考古》2006年11期	有
陶鸡	4	六朝	四川绵阳西山	《考古》1990年11期	

陶鸡	1	晋	河南洛阳涧西	《考古通讯》1957年3期	
陶鸡	1	晋	河南郑州旧城南门外	《考古通讯》1957年1期	有
陶鸡	2	西晋	北京西郊景王坟	《考古》1964年4期	有
陶鸡		西晋	河南洛阳西郊	《考古》1959年11期	
陶鸡	3	西晋	河南卫辉大司马村	《考古》2010年10期	有
陶鸡	2	西晋	河南偃师首阳山	《考古》2010年2期	有
陶鸡	2	西晋	河南偃师杏园村	《考古》1985年8期	
釉陶鸡	2	西晋	江苏江宁索墅砖瓦厂	《考古》1987年7期	有
陶鸡	1	西晋	山西运城十里铺	《考古》1989年5期	有
陶鸡	3	十六国	陕西咸阳头道塬	《考古》2005年6期	有
陶鸡	4	十六国（前秦）	陕西咸阳文林小区	《考古》2005年4期	有
陶鸡	3	北朝	河北磁县湾漳	《考古》1990年7期	
陶鸡	5	北朝	陕西西安草厂坡	《考古》1959年6期	有
陶鸡	2	南朝	广西永福寿城	《考古》1983年7期	
陶鸡	2	南朝	江苏南京郊区板桥	《考古》1983年4期	有
陶鸡	2	南北朝	四川成都牧马山灌溉渠	《考古》1959年8期	
陶鸡	1	北魏	河北曲阳嘉峪村	《考古》1972年5期	有
陶鸡		北魏	河南偃师南蔡庄	《考古》1991年9期	有
陶鸡	1	北魏	河南偃师染华	《考古》1993年5期	有
陶鸡	1	北魏	河南偃师杏园村	《考古》1991年9期	有
陶鸡		北魏	山西安邑李诜墓	《考古》1959年5期	
陶鸡	2	北魏—隋	河北景县封皮	《考古通讯》1957年3期	有
陶鸡	2	东魏	河北磁县东陈村	《考古》1977年6期	有
陶公鸡	1	东魏	河南安阳固岸	《考古》2008年5期	有
陶鸡	2	北齐	河北磁县孟庄	《考古》1997年3期	有
陶鸡	1	北齐	河南安阳洪河屯	《考古》1972年1期	
陶鸡		北齐	山西太原圹坡	《考古》1959年1期	
陶公鸡	1	隋	安徽合肥市郊五里岗	《考古》1976年2期	
陶鸡	2	隋	河北平山西岳	《考古》2001年2期	有
陶母鸡	1	隋	河南安阳安阳桥	《考古》1992年1期	
陶公鸡	1	隋	河南安阳梅元庄	《考古》1992年1期	
陶母鸡	1	隋	河南安阳梅元庄	《考古》1992年1期	
陶鸡		隋	河南安阳张盛墓	《考古》1959年10期	
陶鸡	2	隋	河南安阳置度村	《考古》2010年4期	有
陶鸡	2	隋	湖北武汉郊周家大湾	《考古通讯》1957年6期	有

陶鸡	3	隋	江苏铜山茅村	《考古》1983年2期	有
陶鸡	1	隋	江苏徐州茅村	《考古》1998年9期	有
陶鸡		隋	陕西西安李静训墓	《考古》1959年9期	有
陶鸡	1	唐	福建漳浦刘坂	《考古》1959年11期	
陶鸡	1	唐	河南临汝纸坊乡	《考古》1988年2期	
陶鸡		唐	河南洛阳关林	《考古》1980年4期	
陶鸡	2	唐	河南洛阳关林	《考古》2006年2期	有
陶鸡		唐	河南洛阳涧西	《考古通讯》1956年4期	
陶鸡		唐	河南洛阳涧西	《考古通讯》1957年3期	
三彩鸡	1	唐	河南洛阳涧西谷水	《考古》1983年5期	有
陶鸡	2	唐	河南孟津大杨村	《考古》2007年4期	有
陶鸡	2	唐	河南偃师杏园村	《考古》1984年10期	有
陶鸡	2	唐	河南偃师杏园村	《考古》1986年5期	有
三彩鸡	2	唐	河南偃师瑶头	《考古》1986年11期	有
陶鸡		唐	河南郑州上街	《考古》1960年1期	
陶鸡	2	唐	河南郑州石佛乡孙庄	《考古通讯》1958年7期	有
陶鸡		唐	湖北武汉	《考古》1959年11期	
陶鸡	1	唐	江苏徐州花马庄	《考古》1997年3期	有
陶鸡		唐	山西长治北石槽	《考古》1962年2期	
陶鸡		唐	山西长治北石槽	《考古》1965年9期	有
陶鸡	1	唐	山西长治东郊	《考古通讯》1957年5期	有
陶鸡		唐	山西太原西郊	《考古》1963年5期	
陶鸡	1	唐	陕西礼泉西周村阿史那忠墓	《考古》1977年2期	
陶鸡	1	唐	陕西礼泉张士贵墓	《考古》1978年3期	
陶鸡	4	唐	陕西西安东郊	《考古》1960年1期	
陶鸡	2	唐	陕西西安郊区鲜于庭海墓	《考古通讯》1958年1期	
陶鸡		唐	天津军粮城刘家台子	《考古》1963年3期	有
陶鸡	4	宋	四川东山灌溉渠	《考古》1959年8期	
陶鸡	1	宋	四川广汉雒城	《考古》1990年2期	有
陶鸡	1	宋	四川三台涪江	《考古》1973年6期	
釉陶公鸡	1	北宋	福建南平西芹	《考古》1991年8期	
釉陶母鸡	1	北宋	福建南平西芹	《考古》1991年8期	
陶鸡	1	北宋	四川成都北二环路	《考古》2001年5期	有

陶鸡	1	南宋	江西高安赤溪	《考古》1994年2期	有
陶鸡	4	南宋	四川成都金鱼村	《考古》1997年10期	有
陶鸡	2	元	江西高安坑口	《考古》1987年3期	有
陶鸡	1	元	四川成都西郊和平乡府河九里桥	《考古通讯》1958年3期	有
陶鸡	1	元	四川华阳保和	《考古通讯》1957年5期	有
陶鸡		明	江西宜春官园	《考古》1995年1期	有
陶鸡	1	明	江西宜春李家村	《考古》1995年1期	有
陶鸡		明	云南大理凤仪大丰乐	《考古》2001年12期	有
绿釉鸡		东汉	湖南长沙小林子冲	《考古通讯》1958年12期	有
黄釉鸡	1	唐	河南洛阳关林	《考古》1972年3期	
瓷鸡	3	三国（吴）	安徽马鞍山佳山	《考古》1986年5期	有
瓷鸡	1	三国（吴）	湖北鄂城西山南麓	《考古》1978年3期	
瓷鸡		三国（吴）	江苏南京栖霞山甘家巷	《考古》1976年5期	
瓷鸡	3	西晋	江苏南京迈皋桥	《考古》1966年4期	有
瓷鸡	2	西晋	江苏南京狮子山	《考古》1987年7期	有
瓷鸡		西晋	浙江金华古方	《考古》1984年9期	有
瓷鸡	1	唐	河北曲阳涧磁村	《考古》1965年8期	有
瓷鸡		五代—北宋	浙江乐清铁场村	《考古》1993年8期	
瓷鸡		五代—北宋	浙江乐清镇安	《考古》1993年8期	
瓷鸡	2	宋	江西德兴香屯	《考古》1990年8期	
瓷鸡	2	北宋	江西临川莫源李村	《考古》1988年4期	有
瓷鸡	1	北宋	江西南丰桑田	《考古》1988年4期	有
瓷鸡		宋金	江苏萧县后孤堆	《考古》1962年3期	
铜鸡	3	战国	云南祥云大波那村	《考古》1965年9期	
铜鸡	3	汉	云南祥云大波那村	《考古》1964年12期	有
铜鸡	2	东汉	四川凉山西昌	《考古》1990年5期	有
铜鸡尊	2	东汉	云南昭通白泥井	《考古》1965年2期	有
铜鸡	1	金	吉林梨树偏脸古城	《考古》1963年11期	有
铅鸡	1	清	云南呈贡王家营	《考古》1965年4期	有

鸡蛋

鸡蛋		西周	江苏句容浮山果园	《考古》1979年2期	有
鸡蛋壳	4	西汉	江苏徐州翠屏山	《考古》2008年9期	
鸡蛋壳	1	西汉	江苏徐州凤凰山	《考古》2007年4期	
鸡蛋	1箱	西汉	山东章丘洛庄	《考古》2004年8期	
鸡蛋	1	东汉	宁夏固原北原	《考古》1994年4期	
鸡蛋壳	1	东汉	山东无棣车镇村	《考古》1992年9期	

| 鸡蛋 | 1 | 东汉 | 四川成都牧马山灌溉渠 | 《考古》1959年8期 | |

（八）鸭

鸭骨

| 鸭骨 | | 西汉 | 陕西西安南郊杜陵五号 | 《考古》1991年12期 | |

鸭

石鸭	1	商	河南安阳殷墟妇好墓	《考古》1976年4期	有
木鸭	1	十六国	新疆吐鲁番阿斯塔那	《考古》2006年12期	有
木鸭	4	高昌	新疆吐鲁番阿斯塔那	《考古》1992年2期	有
木鸭	21	高昌（公元7世纪）	新疆吐鲁番巴达木	《考古》2006年12期	有
木鸭	2	高昌（公元7世纪）	新疆吐鲁番木纳尔	《考古》2006年12期	有
玉鸭	2	商	河南安阳郭家庄	《考古》1988年10期	有
陶鸭	1	新石器	福建武平岩石门丘山	《考古》1961年4期	
陶鸭		新石器	湖北天门石家河	《考古通讯》1956年3期	
陶鸭尊	2	战国	河北邯郸百家村	《考古》1962年12期	有
陶鸭	4	战国	山东泰安康家河村	《考古》1988年1期	
陶鸭	9	战国	山东淄博赵家徐姚	《考古》2005年1期	有
陶鸭		汉	安徽亳县	《考古》1974年3期	
陶鸭		汉	北京	《考古》1959年3期	
陶鸭		汉	湖北枣阳	《考古》1959年11期	
陶鸭		汉	四川宜宾翠屏村	《考古通讯》1957年3期	
陶鸭	2	西汉	河南南阳辛店熊营	《考古》2008年2期	有
陶鸭	4	西汉	湖北襄樊毛纺厂	《考古》1997年12期	有
陶鸭	5	西汉	湖北枣阳沙河南岸	《考古》2001年6期	有
陶鸭	2	西汉	山东阳谷吴楼	《考古》1999年11期	有
陶鸭	1	西汉	山西孝义	《考古》1960年7期	
陶鸭	3	新莽	湖北襄樊岘山	《考古》1996年5期	有
陶鸭	1	新莽	四川绵阳涪城	《考古》2003年1期	
陶鸭	3	东汉	安徽淮北李楼	《考古》2007年8期	有
釉陶鸭	2	东汉	北京顺义临河	《考古》1977年6期	
陶鸭	1	东汉	广东东山	《考古通讯》1956年4期	有
陶鸭	4	东汉	广东佛山市郊澜石	《考古》1964年9期	有
陶鸭	3	东汉	广东广州沙河顶	《考古》1986年12期	有
陶鸭	1	东汉	广西贵港孔屋岭	《考古》2005年11期	有
陶鸭		东汉	河北石家庄赵陵铺镇	《考古》1959年7期	
陶鸭	4	东汉	河南济源承留	《考古》1991年12期	

陶鸭	2	东汉		河南南阳市西关	《考古》1966年2期	有
陶鸭		东汉		河南陕县刘家渠	《考古通讯》1957年4期	
陶鸭	4	东汉		河南桐柏万岗	《考古》1964年8期	有
陶鸭	2	东汉		河南偃师吴家湾	《考古》2010年9期	有
陶鸭	1	东汉		湖北武汉葛店	《考古》1986年1期	有
陶鸭	4	东汉		湖北云梦痢痢墩	《考古》1984年7期	有
陶鸭	1	东汉		湖南大庸四亩塘	《考古》1994年12期	有
釉陶鸭	2	东汉		江苏泰州新庄	《考古》1962年10期	有
陶鸭		东汉		江苏铜山洪楼	《考古通讯》1957年4期	
陶鸭	2	东汉		江苏徐州十里铺	《考古》1966年2期	有
陶鸭	1	东汉		山东济南大觉寺	《考古》2004年8期	有
陶鸭	2	东汉		山东济南闵子骞祠堂	《考古》2004年8期	有
陶鸭	2	东汉		山东济南青龙山	《考古》1989年11期	
陶鸭	4	东汉		山东青州马家冢子	《考古》2007年6期	有
陶鸭	2	东汉		山东泰安旧县村	《考古》1988年4期	有
陶鸭	5	东汉		四川成都牧马山灌溉渠	《考古》1959年8期	有
陶鸭	1	东汉		四川成都新都凉水村	《考古》2007年9期	有
陶鸭	1	东汉		四川金堂焦山	《考古》1959年8期	
陶鸭	2	东汉		四川乐山大湾嘴	《考古》1991年1期	有
陶鸭	2	东汉		四川凉山西昌	《考古》1990年5期	有
陶鸭	1	东汉		四川绵阳河边崖墓	《考古》1988年3期	有
陶鸭		东汉		四川郫县新胜	《考古》1979年6期	
陶鸭		东汉		四川彰明常山村	《考古通讯》1955年5期	有
陶鸭	2	东汉		云南呈贡七步场	《考古》1982年1期	有
陶鸭	2	东汉		云南大理下关	《考古》1997年4期	有
陶鸭	1	东汉—六朝		湖南长沙南塘冲	《考古通讯》1958年3期	有
陶鸭	4	三国（吴）		湖北鄂城	《考古》1982年3期	有
陶鸭	4	三国（吴）		湖北鄂州塘角头	《考古》1996年11期	有
陶鸭	2	三国（吴）		江苏南京邓府山	《考古》1992年8期	有
陶鸭	1	三国（吴）		江苏南京甘家巷	《考古》1963年6期	有
陶鸭	4	三国（吴）		江苏南京尧化	《考古》1998年8期	
陶鸭	3	三国（吴）		江苏镇江	《考古》1984年6期	有
釉陶鸭		六朝早期		湖北均县"双塚"	《考古》1965年12期	有
陶鸭	5	西晋		安徽和县戚镇	《考古》1984年9期	有
陶鸭	1	西晋		河南偃师首阳山	《考古》2010年2期	有

陶鸭	2	西晋	湖北新洲旧街	《考古》1995年4期　有
陶鸭	1	南朝	广西永福寿城	《考古》1983年7期
陶鸭	1	南朝	湖北武汉何家大湾	《考古》1965年4期
陶鸭		隋	河南安阳张盛墓	《考古》1959年10期
陶鸭	1	唐	福建漳浦刘坂	《考古》1959年11期
黄釉鸭	2	唐	河南洛阳关林	《考古》1972年3期
陶鸭	2	唐	河南洛阳关林	《考古》2006年2期　有
陶鸭		唐	河南洛阳涧西	《考古通讯》1956年4期
陶鸭		唐	河南洛阳涧西	《考古通讯》1957年3期
三彩鸭	2	唐	河南洛阳涧西谷水	《考古》1983年5期　有
陶鸭	2	唐	河南洛阳龙门	《考古》2007年12期　有
陶鸭	2	唐	河南孟津大杨村	《考古》2007年4期　有
陶鸭	3	唐	河南偃师北窑	《考古》1992年11期　有
陶鸭	2	唐	河南偃师杏园村	《考古》1984年10期　有
陶鸭	2	唐	河南偃师杏园村	《考古》1986年5期　有
三彩鸭	4	唐	河南偃师杏园村	《考古》1996年12期　有
陶鸭		唐	湖北武汉	《考古》1959年11期
陶鸭	1	唐	山西长治北石槽	《考古》1962年2期
陶鸭	1	唐	山西太原南郊金胜村	《考古》1960年1期
陶鸭	5	唐	陕西礼泉张士贵墓	《考古》1978年3期　有
陶鸭	16	唐	陕西西安东郊	《考古》1960年1期
陶鸭	1	唐	陕西西安西郊中堡村	《考古》1960年3期　有
陶鸭	1	南宋	福建福州新店猫头山	《考古》1987年9期
瓷鸭	3	三国（吴）	安徽马鞍山佳山	《考古》1986年5期　有
瓷鸭	2	三国（吴）	湖北鄂城西山南麓	《考古》1978年3期
瓷鸭		三国（吴）	江苏南京栖霞山甘家巷	《考古》1976年5期
瓷鸭	1	唐	湖南长沙咸嘉湖	《考古》1980年6期
瓷鸭	1	北宋	安徽望江黄土坡	《考古》1993年2期　有
瓷鸭		宋金	江苏萧县后孤堆	《考古》1962年3期
铜鸭形饰	1	西周—春秋	河北平泉东南沟	《考古》1977年1期　有
铜鸭	1	东汉	云南大理下关	《考古》1997年4期

鸭蛋

鸭蛋		西周	江苏句容浮山果园	《考古》1979年2期

（九）鹅

鹅骨

鹅骨		西汉	陕西西安东郊任家坡	《考古》1976年2期

| 鹅骨 | | 西汉 | 陕西西安南郊杜陵五号 | 《考古》1991年12期 | |

鹅

玉鹅		商	河南安阳花园庄	《考古》2004年1期	
陶鹅	3	新石器（距今5000年）	吉林东丰西断梁山	《考古》1991年4期	有
陶鹅		新石器	湖北天门石家河	《考古通讯》1956年3期	
陶鹅	2	西汉	山东阳谷吴楼	《考古》1999年11期	有
陶鹅		新莽	湖北襄樊岘山	《考古》1996年5期	有
陶鹅		东汉	河南陕县刘家渠	《考古通讯》1957年4期	
陶鹅	2	东汉	河南桐柏万岗	《考古》1964年8期	有
陶鹅	1	东汉	河南舞阳塚张村	《考古通讯》1958年9期	
陶鹅	1	东汉	江西赣县三溪	《考古》1996年12期	有
陶鹅	1	东汉	山东济南大觉寺	《考古》2004年8期	有
陶鹅	3	东汉	山东济南闵子骞祠堂	《考古》2004年8期	有
陶鹅	1	东汉	山东济南青龙山	《考古》1989年11期	有
陶鹅	2	东汉	四川凉山西昌	《考古》1990年5期	有
陶鹅	2	三国（吴）	江苏南京甘家巷	《考古》1963年6期	有
陶鹅	7	六朝	四川绵阳西山	《考古》1990年11期	
陶鹅		隋	河南安阳张盛墓	《考古》1959年10期	有
陶鹅		隋	陕西西安李静训墓	《考古》1959年9期	有
陶鹅	2	唐	河南孟津大杨村	《考古》2007年4期	有
瓷鹅	3	三国（吴）	安徽马鞍山佳山	《考古》1986年5期	有
瓷鹅	1	唐	湖南长沙咸嘉湖	《考古》1980年6期	

二、其他动物

（一）昆虫

蝉

石蝉	1	汉	江苏盐城三羊墩	《考古》1964年8期	有
石蝉	4	汉	山东微山微山岛	《考古》2009年10期	有
石蝉	1	西汉	上海金山戚家墩	《考古》1973年1期	有
石蝉	2	西汉	上海青浦福泉山	《考古》1988年8期	有
石蝉	2	东汉	江苏扬州东风砖瓦厂	《考古》1980年5期	
石蝉	5	东汉—北魏	河南洛阳汉魏故城	《考古》1992年1期	有
玉蝉	1	商	河南安阳郭家庄	《考古》1988年10期	有
玉蝉		商	河南安阳郭家庄M160	《考古》1991年5期	
玉蝉		商	河南安阳后岗	《考古》1972年3期	

玉蝉	1	商	河南安阳殷墟	《考古》1977年1期	有
玉蝉	1	商	河南安阳殷墟妇好墓	《考古》1976年4期	有
玉蝉	1	西周	北京昌平白浮	《考古》1976年4期	有
玉蝉		西周	北京琉璃河	《考古》1984年5期	有
玉蝉	2	西周	山东滕州前掌大村	《考古》2000年7期	有
玉蝉		东周	湖南衡山霞流市	《考古》1979年6期	有
玉蝉	1	春秋	甘肃礼县大堡子山	《考古》2007年7期	
玉蝉	1	战国	四川石棉永和	《考古》1996年11期	有
玉蝉	1	汉	黑龙江友谊凤林古城址	《考古》2004年12期	有
玉蝉	6	汉	山东微山微山岛	《考古》2009年10期	有
玉蝉	1	汉	四川成都东乡青杠包	《考古通讯》1956年1期	
玉蝉		西汉	河南禹州新峰	《考古》2010年9期	有
玉蝉		西汉	江苏铜山荆山	《考古》1992年12期	有
玉蝉	2	西汉	江苏徐州米山	《考古》1996年4期	有
玉蝉	1	西汉	江西南昌老福山	《考古》1965年6期	有
玉蝉	3	西汉	山东枣庄临山	《考古》2003年11期	有
玉蝉		西汉	山东诸城杨家庄子	《考古》1987年9期	
玉蝉	1	西汉	山西朔县平朔煤矿	《考古》1988年5期	有
玉蝉		西汉	陕西黄龙梁家山砖厂	《考古》1989年3期	
玉蝉	1	新莽	江苏邗江姚庄	《考古》2000年4期	有
玉蝉	1	东汉	广西合浦丰门岭	《考古》1995年3期	
玉蝉	2	东汉	江苏盱眙东阳	《考古》1979年5期	有
玉蝉	1	东汉	江苏扬州东风砖瓦厂	《考古》1980年5期	
玉蝉	1	东汉	宁夏固原北塬	《考古》2008年12期	有
玉蝉		东汉	山东济南大觉寺	《考古》2004年8期	有
玉蝉		东汉	山东滕县柴胡店	《考古》1963年8期	
玉蝉	1	东汉	山东枣庄桥上	《考古》2004年6期	有
玉蝉	1	唐	河南偃师杏园村	《考古》1986年5期	有
玉蝉		明	江西南城株良	《考古》1965年6期	有
玉蝉	1	明	上海浦东陆氏墓	《考古》1985年6期	
琥珀蝉		东晋—南朝	贵州平坝马场	《考古》1973年6期	有
铜蝉		汉	云南祥云大波那村	《考古》1964年7期	
金蝉镂雕	1	晋	甘肃敦煌新店台	《考古》1974年3期	有

蝶

金蝴蝶	2	明	江苏南京太平门外岗子村	《考古》1983年6期	有
金镶玉蝶饰	4	明	上海浦东陆氏墓	《考古》1985年6期	有

蝈蝈

| 玉蝈蝈 | | 新石器（红山文化） | 辽宁凌源牛河梁 | 《考古》2001年8期　有 |

（二）软体动物类

蚌壳

蚌壳		新石器（距今11000年）	北京门头沟东胡林	《考古》2006年7期
蚌壳		新石器（距今10000多年）	河北徐水南庄头	《考古》1992年11期
蚌壳		新石器（兴隆洼文化）	内蒙古林西井沟子西梁	《考古》2006年2期
蚌壳		新石器（昂昂溪文化）	吉林镇赉黄家围子	《考古》1988年2期
蚌壳		新石器（距今8000年）	广西南宁豹子头	《考古》2003年10期
蚌壳		新石器（裴李岗文化）	河南巩义瓦窑嘴	《考古》1999年11期
蚌壳		新石器（大地湾文化）	甘肃天水西山坪	《考古》1988年5期
蚌壳		新石器（北辛文化）	山东邹平苑城	《考古》1989年6期
蚌壳		新石器（马家浜文化）	江苏高淳薛城	《考古》2000年5期
蚌壳		新石器（马家浜文化）	浙江嘉兴马家浜	《考古》1961年7期
蚌壳		新石器（白石文化一期）	山东烟台白石村	《考古》1992年7期
蚌壳		新石器（距今7000年）	吉林长岭腰井子	《考古》1992年8期
蚌壳	9	新石器（仰韶文化）	甘肃张家川堡山	《考古》1991年12期
蚌壳		新石器（仰韶文化）	河北正定城北	《考古通讯》1957年1期
蚌壳		新石器（仰韶文化）	河南濮阳西水坡	《考古》1989年12期
蚌壳		新石器（仰韶文化）	陕西宝鸡北首岭	《考古》1979年2期
蚌壳		新石器（仰韶文化）	陕西凤翔和兴平	《考古》1960年3期
蚌壳		新石器（仰韶文化）	陕西临潼姜寨	《考古》1973年3期
蚌壳		新石器（距今6900年）	安徽濉溪石山子	《考古》1992年3期
蚌壳		新石器（大汶口文化）	山东蓬莱紫荆山	《考古》1973年1期
蚌壳		新石器（大汶口文化）	山东滕州西公桥	《考古》2000年10期
蚌壳		新石器（大汶口文化）	山东兖州王因	《考古》1979年1期
蚌壳		新石器（距今6140±175年）	吉林农安元宝沟	《考古》1989年12期
蚌壳		新石器（红山文化）	内蒙古巴林右旗那斯台	《考古》1987年6期
蚌壳		新石器（白石文化二期）	山东烟台白石村	《考古》1992年7期
蚌壳		新石器（崧泽文化）	上海松江姚家圈	《考古》2001年9期
蚌壳		新石器（良渚文化）	江苏吴江梅堰	《考古》1963年6期
蚌壳		新石器（良渚文化）	浙江平湖庄桥坟	《考古》2005年7期
蚌壳	12	新石器（距今	吉林白城靶山	《考古》1988年12期

5175±130年）

蚌壳		新石器（距今5000年）	辽宁瓦房店三堂村	《考古》1992年2期
蚌壳		新石器（屈家岭文化）	湖北郧县大寺	《考古》1961年10期
蚌壳		新石器（昙石山文化）	福建闽侯昙石山	《考古》1961年12期
蚌壳		新石器（昙石山文化）	福建闽侯溪头	《考古》1980年4期
蚌壳		新石器（贝丘遗址）	广东潮安陈桥村	《考古》1961年11期
蚌壳		新石器（贝丘遗址）	广西南宁	《考古》1975年5期
蚌壳		新石器（贝丘遗址）	广西平果	《考古》1986年7期
蚌壳		新石器（龙山文化）	安徽萧县花家寺	《考古》1966年2期
蚌壳		新石器（龙山文化）	河北邯郸龟台	《考古》1959年10期
蚌壳		新石器（龙山文化）	河北邯郸涧沟	《考古》1959年10期
蚌壳		新石器（龙山文化）	河南博爱西金城	《考古》2010年6期
蚌壳		新石器（龙山文化）	河南浚县西北部	《考古通讯》1957年1期
蚌壳		新石器（龙山文化）	河南商丘坞墙	《考古》1983年2期
蚌壳		新石器（龙山文化）	河南汤阴白营	《考古》1980年3期
蚌壳		新石器（龙山文化）	河南新乡鲁堡村	《考古》1959年9期
蚌壳		新石器（龙山文化）	河南偃师二里头	《考古》1982年5期
蚌壳		新石器（龙山文化）	河南永城王油坊	《考古》1978年1期
蚌壳		新石器（龙山文化）	湖北郧县大寺	《考古》1961年10期
蚌壳		新石器（龙山文化）	江苏赣榆下庙墩	《考古》1962年3期
蚌壳		新石器（龙山文化）	江苏连云港二涧村	《考古》1962年3期
蚌壳		新石器（龙山文化）	江苏泗洪弥陀寺	《考古》1964年5期
蚌壳		新石器（龙山文化）	江苏铜山丘湾	《考古》1973年2期
蚌壳		新石器（龙山文化）	山东临沭北沟头	《考古》1990年6期
蚌壳		新石器（龙山文化）	陕西华阴横阵	《考古》1960年9期
蚌壳		新石器（龙山文化）	陕西临潼李家沟	《考古》1996年12期
蚌壳		新石器（龙山文化早期）	河南汤阴白营	《考古》1980年3期
蚌壳		新石器（距今4700年）	四川巫山魏家梁子	《考古》1996年8期
蚌壳		新石器（岳石文化）	山东泗水尹家城	《考古》1985年7期
蚌壳		新石器	安徽五河濠城	《考古》1959年7期
蚌壳		新石器	广东阳春独石仔	《考古》1982年5期
蚌壳		新石器	广西桂林甑皮岩	《考古》1976年3期
蚌壳		新石器	广西柳州鲤里嘴	《考古》1983年9期
蚌壳		新石器	河南禹县阎砦	《考古》1959年11期
蚌壳		新石器	河南镇平赵湾	《考古》1962年1期
蚌壳	24	新石器	黑龙江宁安大牡丹屯	《考古》1961年10期
蚌壳		新石器	黑龙江宁安牛场	《考古》1960年4期

蚌壳		新石器	江苏常州圩墩	《考古》1974年2期	
蚌壳		新石器	辽宁长海小珠山	《考古》2009年5期	
蚌壳		新石器	青海乐都柳湾	《考古》1976年6期	
蚌壳		新石器	山东烟台邱家庄	《考古》1963年7期	
蚌壳		新石器	山东兖州堌城村	《考古》1965年1期	
蚌壳		新石器	四川巫山大昌坝	《考古》1959年8期	
蚌壳		新石器	四川忠县	《考古》1959年8期	
蚌壳		新石器中期	广西横县江口	《考古》2000年1期	
蚌壳		新石器晚期	广西德保岜考岩	《考古》1986年7期	
蚌壳		青铜时代	辽宁瓦房店三堂村	《考古》1992年2期	
蚌壳		青铜时代（湖熟文化）	江苏南京西善桥	《考古》1962年3期	
蚌壳		青铜时代（湖熟文化）	江苏仪六地区羊角山	《考古》1962年3期	
蚌壳		商早期	河南郑州岔河	《考古》2005年6期	有
蚌壳		商	河北藁城台西村	《考古》1973年1期	
蚌壳	1	商	河北邢台东先贤村	《考古》1959年2期	
蚌壳	1	商	河南安阳大司空村	《考古》1992年6期	
蚌壳		商	河南安阳洹北	《考古》2010年1期	
蚌壳		商	河南安阳洹北花园庄	《考古》1998年10期	
蚌壳		商	河南安阳小屯东北地	《考古》1989年10期	
蚌壳	2	商	河南安阳小屯西地	《考古》2009年9期	有
蚌壳		商	河南偃师尸乡沟	《考古》1988年2期	有
蚌壳		商	湖北沙市周梁玉桥	《考古》2004年9期	
蚌壳		商	江苏徐州花家寺	《考古》1960年3期	
蚌壳		商	山东济南大辛庄	《考古》1973年5期	
蚌壳	1	商	山东济南西郊田家庄	《考古》1981年1期	
蚌壳		商	山东平阴朱家桥	《考古》1961年2期	
蚌壳		商	山东阳信李屋	《考古》2010年3期	
蚌壳		商周	贵州仁怀云仙洞	《考古》1998年9期	
蚌壳		商周	江西湖口下石钟山	《考古》1987年12期	
蚌壳		商周	山东青岛市郊云头崮	《考古》1965年9期	
蚌壳		商周	山东邹平丁公村	《考古》1992年6期	
蚌壳		西周	湖北黄冈螺蛳山	《考古》1962年7期	
蚌壳		西周	江苏东海庙墩	《考古》1986年12期	
蚌壳	5	西周	江苏金坛鳌墩	《考古》1978年3期	
蚌壳	1	西周	江苏句容浮山果园	《考古》1979年2期	
蚌壳		西周	江苏邳海河西墩	《考古》1964年1期	
蚌壳		西周	江苏邳海西滩子	《考古》1964年1期	
蚌壳		西周	江苏新沂三里墩	《考古》1960年7期	
蚌壳	515	西周	宁夏固原孙家庄林场	《考古》1983年11期	

蚌壳		西周	陕西长安沣西大原村	《考古》1986年11期
蚌壳		西周	陕西长安普渡村	《考古》1988年9期
蚌壳		西周	天津蓟县张家园	《考古》1993年4期
蚌壳		周	河南陕县七里铺村	《考古》1959年4期　有
蚌壳		周	山东泗水和兖州	《考古》1965年1期
蚌壳		青铜时代（夏家店上层文化）	内蒙古敖汉旗周家地	《考古》1984年5期
蚌壳	1	春秋	河北邯郸赵王陵	《考古》1982年6期　有
蚌壳		春秋	河南巩县石家庄	《考古》1963年2期
蚌壳		春秋	山东长清仙人台	《考古》1998年9期
蚌壳	7	战国	河北邯郸百家村	《考古》1962年12期
蚌壳	96	战国	河北邢台南大汪村	《考古》1959年7期
蚌壳	1	战国	湖北钟祥冢十包	《考古》1999年2期
蚌壳		战国	吉林大安东山头	《考古》1961年8期
蚌壳	8	战国	吉林大安渔场	《考古》1975年6期　有
蚌壳		战国	山东临淄故城农场T101	《考古》1961年6期
蚌壳		战国	天津北仓	《考古》1982年2期
蚌壳	1	西汉	河南巩县石家庄	《考古》1963年2期
蚌壳	2	东汉	广西合浦九只岭	《考古》2003年10期
蚌壳		东汉	山东梁山柏木山	《考古》1964年9期
蚌壳	3	东汉	云南大关岔河	《考古》1965年3期
蚌壳		晋	河南洛阳涧西	《考古通讯》1957年3期
蚌壳		东晋	江苏南京老虎山	《考古》1959年6期
蚌壳	1	北齐	河北石家庄赵陵铺镇	《考古》1959年7期
蚌壳		唐	陕西西安唐长安城大明宫	《考古》2003年11期
蚌壳	1	渤海国时期	黑龙江东宁小地营	《考古》2003年3期　有
蚌壳	1	五代	江苏扬州五台山	《考古》1964年10期

海蚌壳

海蚌壳		新石器（仰韶文化）	河南郑州大河村	《考古》1973年6期
海蚌壳		商	河南安阳梅园庄南地	《考古》1991年2期
海蚌壳		青铜时代－东汉	吉林汪清新安闾	《考古》1961年8期
海蚌壳	2	唐	河南偃师杏园村	《考古》1996年12期
海蚌壳	1	唐	河南郑州上街	《考古》1960年1期

河蚌壳

河蚌壳		新石器（仰韶文化）	湖北郧县大寺	《考古》1961年10期
河蚌壳		新石器（龙山文化）	河南濮阳程庄	《考古》1995年12期

河蚌壳		新石器	广东翁源青塘	《考古》1961年11期
河蚌壳		新石器	广西桂林甑皮岩	《考古》1976年3期
河蚌壳		新石器	湖南辰溪溪口	《考古》1980年1期
河蚌壳	74	战国	山东阳信西北村	《考古》1990年3期
河蚌壳		汉魏	黑龙江桦南小八浪	《考古》2002年7期

丽蚌壳

丽蚌壳	新石器（马家浜文化）	江苏高淳薛城	《考古》2000年5期
丽蚌壳	新石器	广西象州南沙湾	《考古》1997年10期
丽蚌壳	新石器	广西邕宁顶蛳山	《考古》1997年10期
丽蚌壳	西周	江苏洪泽湖地区	《考古》1964年5期
多瘤丽蚌壳	西周	山东寿光大荒北央	《考古》2005年12期
麻蚌壳	商	江苏徐州丘湾	《考古》1960年3期

无齿蚌壳

无齿蚌壳	西周	山东寿光大荒北央	《考古》2005年12期

楔蚌壳

楔蚌壳	新石器（裴李岗文化）	河南临汝中山寨	《考古》1986年7期 有
楔蚌壳	新石器（仰韶文化）	河南临汝中山寨	《考古》1986年7期

猪耳蚌壳

猪耳蚌壳	商	江苏徐州丘湾	《考古》1960年3期

鲍鱼壳

鲍鱼壳	新石器（贝丘遗址）	辽宁长海小长山岛	《考古》1961年12期
鲍鱼壳	东汉	广西合浦九只岭	《考古》2003年10期

贝壳

贝壳		新石器（北辛文化）	山东临淄后李	《考古》1992年11期
贝类		新石器（马家浜文化）	江苏宜兴骆驼墩	《考古》2003年7期
贝壳		新石器（白石文化一期）	山东烟台白石村	《考古》1992年7期
海贝	1	新石器（仰韶文化）	陕西临潼龙崖	《考古》1984年1期
贝壳		新石器（距今6000年）	福建平潭壳垅头	《考古》1991年7期
贝壳		新石器（距今6000年）	山东长岛北庄	《考古》1987年5期
贝壳		新石器（白石文化二期）	山东烟台白石村	《考古》1992年7期
海贝	92	新石器（距今5300年）	青海同德宗日	《考古》1998年5期
贝壳		新石器（良渚文化）	浙江定海唐家墩	《考古》1983年1期
贝壳	占98%	新石器（距今5000年）	福建东山大帽山	《考古》2003年12期
贝壳		新石器（距今5000年）	辽宁大连大潘家	《考古》1994年10期

贝壳		新石器（昙石山文化）	福建闽侯昙石山	《考古》1964年12期	
贝壳		新石器（贝丘遗址）	福建东山大帽山	《考古》1988年2期	
贝壳		新石器（贝丘遗址）	辽宁长海小长山岛	《考古》1961年12期	
海贝	1	新石器（龙山文化）	湖北洪湖乌林矶	《考古》1987年5期	
贝壳		新石器（龙山文化）	山东即墨丰城河东	《考古》1989年8期	
海贝	8	新石器（齐家文化）	青海大通黄家寨	《考古》1994年3期	有
海贝	5	新石器（齐家文化）	青海互助总寨	《考古》1986年4期	
贝壳		新石器（距今4000年）	福建漳州大帽山	《考古》1995年9期	
贝壳		新石器	福建晋江流域贝丘遗址	《考古》1961年4期	
贝壳		新石器	黑龙江牡丹江中下游莺哥岭	《考古》1960年4期	
贝壳		新石器	黑龙江嫩江下游官地村	《考古》1960年4期	
贝壳		新石器	黑龙江嫩江下游乌拉尔基	《考古》1960年4期	
贝壳		新石器	黑龙江嫩江下游西南低根村	《考古》1960年4期	
贝壳	7	新石器	云南景洪曼运	《考古》1965年11期	
贝壳	20	新石器	云南禄劝营盘山	《考古》1993年3期	有
贝壳		新石器晚期	福建漳州腊洲山	《考古》1995年9期	
贝壳		新石器晚期	广东东莞蚝岗	《考古》1998年6期	
贝壳	7	夏（二里头文化）	河南偃师二里头	《考古》1992年4期	
贝壳		夏	甘肃民乐东灰山	《考古》1995年12期	
贝壳	1	商	河南安阳范家庄东北地	《考古》2009年9期	有
贝壳	3	商	河南安阳高楼庄	《考古》1963年4期	
贝壳	1	商	河南安阳郭家庄	《考古》1988年10期	
贝壳	8	商	河南安阳郭家庄	《考古》1998年10期	有
贝壳		商	河南安阳后岗	《考古》1972年3期	
贝壳	53	商	河南安阳花园庄东地	《考古》2006年1期	有
贝壳	73	商	河南安阳刘家庄北地	《考古》2005年1期	有
贝壳	127	商	河南安阳梅园庄南地	《考古》1991年2期	有
贝壳		商	河南安阳梅园庄西	《考古》1992年2期	
海贝	6	商	河南安阳苗圃北地	《考古》1986年2期	
海贝		商	河南安阳苗圃北地	《考古》1989年2期	有
贝壳	20	商	河南安阳王裕口南地	《考古》2004年5期	
贝壳	2	商	河南安阳西郊薛家庄	《考古通讯》1958年8期	
海贝	2	商	河南安阳小屯西地	《考古》2009年9期	有
贝壳	5	商	河南安阳孝民屯	《考古》2007年1期	
贝壳	1	商	河南安阳薛家庄	《考古》1986年12期	

贝壳	4	商	河南安阳殷墟	《考古》1977年1期	有
海贝	128	商	河南偃师二里头	《考古》1986年4期	
大扇贝	1	商	河南偃师二里头	《考古》1986年4期	
贝壳		商	山东阳信李屋	《考古》2010年3期	
海贝	3	商	山西柳林高红	《考古》1981年3期	
贝壳		青铜时代（距今3600年）	辽宁大连大嘴子	《考古》1996年2期	
贝壳		商周	河南安阳大司空村	《考古通讯》1958年10期	有
海贝	2	西周	甘肃临台洞山	《考古》1976年1期	
海贝	2	西周	甘肃临台西岭	《考古》1976年1期	
海贝	18	西周	甘肃临台姚家河	《考古》1976年1期	
贝壳	52	西周	甘肃灵台郑家洼	《考古》1981年6期	
贝壳	37	西周	甘肃庆阳韩家滩庙嘴	《考古》1985年9期	
贝壳	123	西周	河南安阳刘家庄北地	《考古》2005年1期	有
贝壳	5	西周	江苏东海庙墩	《考古》1986年12期	
贝壳	195	西周	宁夏固原孙家庄林场	《考古》1983年1期	
贝壳		西周	山东高青陈庄	《考古》2010年8期	
贝壳	12	西周	山西芮城柴村	《考古》1989年10期	
贝壳	55	西周	陕西长安沣西	《考古》1981年1期	
贝壳	300	西周	陕西长安沣西大原村	《考古》1986年11期	
贝壳		西周	陕西长安沣西大原村	《考古》2004年9期	有
贝壳		西周	陕西长安沣西马王镇	《考古》1994年11期	
贝壳	14	西周	陕西长安沣西张家坡	《考古》1964年9期	有
贝壳		西周	陕西长安沣西张家坡	《考古》1986年3期	
贝壳		西周	陕西长安普渡村	《考古》1988年9期	
贝壳	100	西周	陕西扶风庄李村	《考古》2008年12期	有
贝壳	3	西周	陕西铜川炭窠沟	《考古》1986年5期	
贝壳	37	西周	陕西武功黄家河	《考古》1988年7期	有
海贝	7	西周	云南中甸克乡村	《考古》2005年4期	有
海贝	1	青铜时代（辛店文化）	甘肃永靖莲花台瓦渣咀	《考古》1980年4期	有
贝壳	26	周	陕西扶风上康村2号墓	《考古》1960年8期	
贝壳	60	周	陕西岐山和扶风	《考古》1960年8期	
海贝	1	青铜时代（距今3000年）	新疆哈密艾斯克霞尔	《考古》2002年6期	有
贝壳	10	西周—春秋	河北平泉东南沟	《考古》1977年1期	
海贝	1	西周—春秋	云南德钦纳古	《考古》1983年3期	
贝壳	4	东周	安徽涡阳盛双楼	《考古》2006年9期	有
海贝		东周	黑龙江泰来平洋砖厂	《考古》1989年12期	

海贝		东周	黑龙江泰来战斗村	《考古》1989年12期	
贝壳	21	东周	山西长治小山头	《考古》1985年4期	有
海贝	3	东周	陕西宝鸡阳平秦家沟	《考古》1965年7期	有
海贝	466	春秋	河南洛阳郊区	《考古》1981年1期	
贝壳	5	春秋	湖北郧县乔家院	《考古》2008年4期	
海贝	178	春秋	江苏丹徒磨盘墩	《考古》1985年11期	有
海贝	量多	春秋	江苏邳州九女墩3号	《考古》2002年5期	
海贝	800	春秋	山东长清仙人台	《考古》1998年9期	
贝壳	1700	春秋	山东阳谷景阳岗村	《考古》1988年1期	有
海贝	8	春秋	山西侯马上马村	《考古》1963年5期	
贝壳		战国	渤海湾西岸	《考古》1965年2期	
贝壳	138	战国	河北怀来北辛堡	《考古》1966年5期	
海贝	70	战国	河南洛阳凯旋路北侧	《考古》1980年6期	
海贝	352	战国	山西长治北郊分水岭	《考古》1964年3期	有
贝壳	4	秦	河北易县燕下都	《考古》1965年11期	
贝壳	2	西汉	江苏徐州凤凰山	《考古》2007年4期	
海贝	51	西汉	宁夏同心王团乡倒墩子村	《考古》1987年1期	有
贝壳	3	西汉	山东济宁玉皇顶	《考古》2006年6期	有
海贝	8	西汉	陕西西安汉长安城西北角	《考古》2006年10期	
贝壳		东汉	辽宁锦州小凌河	《考古》1990年8期	
贝壳	106	东汉	内蒙古巴尔虎旗完工	《考古》1965年6期	有
贝壳	1	东汉	内蒙古扎赉诺尔	《考古》1961年12期	
贝壳		东汉	山东梁山柏木山	《考古》1964年9期	
贝壳	2	东汉	云南大关岔河	《考古》1965年3期	
海贝	2	十六国	新疆吐鲁番阿斯塔那	《考古》2006年12期	有
贝壳	8	北魏	河北定县东北	《考古》1966年5期	有
贝壳	2	高昌	新疆吐鲁番阿斯塔那	《考古》1992年2期	
贝壳	8	高句丽晚期	辽宁抚顺施家	《考古》2007年10期	有
贝壳		金	黑龙江兰西双榆树屯	《考古》1962年1期	
海贝	5	元明	云南宜良孙家山	《考古》1993年11期	

蛏壳

| 海蛏壳 | | 新石器（贝丘遗址） | 广东潮安陈桥村 | 《考古》1961年11期 | |
| 海蛏壳 | | 新石器（贝丘遗址） | 广东潮安梅林湖 | 《考古》1961年11期 | |

蛤蜊壳

| 蛤蜊壳 | | 新石器（邱家庄文化） | 山东蓬莱大仲家 | 《考古》1997年5期 | |
| 蛤蜊壳 | | 新石器（邱家庄文化） | 山东蓬莱南王绪 | 《考古》1997年5期 | |

蛤蜊壳		新石器（邱家庄文化）	山东荣成北兰格	《考古》1997年5期	
蛤蜊壳		新石器（邱家庄文化）	山东威海义和	《考古》1997年5期	
蛤蜊壳		新石器（邱家庄文化）	山东烟台蛤堆顶	《考古》1997年5期	
蛤蜊壳		新石器（邱家庄文化）	山东烟台蛎碴堌	《考古》1997年5期	
蛤蜊壳		新石器（仰韶文化）	陕西宝鸡	《考古》1960年2期	
蛤蜊壳		新石器（大汶口文化）	山东蓬莱紫荆山	《考古》1973年1期	
蛤蜊壳		新石器（良渚文化）	江苏吴江梅堰	《考古》1963年6期	
蛤蜊壳		新石器（良渚文化）	上海奉贤江海	《考古》2002年11期	
蛤蜊壳		新石器（距今5000年）	辽宁瓦房店三堂村	《考古》1992年2期	
蛤蜊壳		新石器（昙石山文化）	福建闽侯昙石山	《考古》1964年12期	
蛤蜊壳		新石器（昙石山文化）	福建闽侯溪头	《考古》1980年4期	
蛤蜊壳		新石器（贝丘遗址）	辽宁长海小长山岛	《考古》1961年12期	
蛤蜊壳		新石器（贝丘遗址）	辽宁旅大烈士山	《考古》1962年2期	
蛤蜊壳		新石器（贝丘遗址）	辽宁旅大小磨盘山	《考古》1962年2期	
蛤蜊壳		新石器（龙山文化）	河北邯郸涧沟	《考古》1959年10期	
蛤蜊壳		新石器（龙山文化）	河南新乡鲁堡村	《考古》1959年9期	
蛤蜊壳		新石器（龙山文化）	江苏连云港二涧村	《考古》1962年3期	
蛤蜊壳		新石器（龙山文化）	山东平度东岳石村	《考古》1962年10期	
蛤蜊壳		新石器	福建闽侯庄边山	《考古》1961年1期	
蛤蜊壳		新石器	福建南安	《考古》1961年5期	
蛤蜊壳		新石器	辽宁长海小珠山	《考古》2009年5期	
蛤蜊壳		新石器	山东胶县三里河	《考古》1977年4期	
蛤蜊壳	1	新石器	浙江乐清白石	《考古》1992年9期	
蛤蜊壳		夏商	山西襄汾大柴	《考古》1987年7期	有
蛤蜊壳		商	河南安阳后岗	《考古》1972年3期	
蛤蜊壳	27	商	河南安阳刘家庄北地	《考古》2005年1期	有
蛤蜊壳	4	商	河南安阳梅园庄南地	《考古》1991年2期	
蛤蜊壳		商	河南安阳苗圃北地	《考古》1989年2期	
蛤蜊壳	2	商	河南安阳王裕口南地	《考古》2004年5期	
蛤蜊壳	19	商	河南安阳孝民屯东南地	《考古》2009年9期	
蛤蜊壳		商	河南偃师商城	《考古》1984年10期	
蛤蜊壳		青铜时代（距今3600年）	辽宁大连大嘴子	《考古》1996年2期	
蛤蜊壳	2	西周	甘肃临台洞山	《考古》1976年1期	
蛤蜊壳	24	西周	甘肃临台姚家河	《考古》1976年1期	
蛤蜊壳	1	西周	甘肃庆阳韩家滩庙嘴	《考古》1985年9期	
蛤蜊壳	9	西周	河南安阳刘家庄北地	《考古》2005年1期	有
蛤蜊壳	2	西周	陕西长安沣西	《考古》1981年1期	
蛤蜊壳		西周	陕西长安沣西大原村	《考古》1986年11期	

蛤蜊壳		西周		陕西长安沣西大原村	《考古》2004年9期	有
蛤蜊壳		西周		陕西长安沣西马王镇	《考古》1994年11期	
蛤蜊壳	81	西周		陕西长安沣西张家坡	《考古》1964年9期	有
蛤蜊壳	3	西周		陕西长安沣西张家坡	《考古》1984年9期	
蛤蜊壳	25	西周		陕西长安沣西张家坡	《考古》1986年3期	
蛤蜊壳	3	西周		陕西长安沣西张家坡	《考古》1987年1期	有
蛤蜊壳		西周		陕西长安沣西张家坡	《考古》1989年6期	有
蛤蜊壳		西周		陕西长安普渡村	《考古》1986年3期	
蛤蜊壳		西周		陕西长安普渡村	《考古》1988年9期	
蛤蜊壳		西周		陕西扶风法门寺镇西北	《考古》2004年1期	
蛤蜊壳	20	西周		陕西武功黄家河	《考古》1988年7期	有
蛤蜊壳		西周		天津蓟县张家园	《考古》1993年4期	
蛤蜊壳		周		陕西扶风和岐山	《考古》1963年12期	
蛤蜊壳	2	周		陕西岐山礼家村2号	《考古》1960年8期	
蛤蜊壳	4	东周		安徽亳县曹家岗	《考古》1961年6期	
蛤蜊壳	8	战国		山东淄博临淄国家村	《考古》2010年11期	有
蛤蜊壳		唐		陕西西安唐长安城西市	《考古》1961年5期	

魁蛤壳

魁蛤壳	新石器（贝丘遗址）	广东潮安陈桥村	《考古》1961年11期
魁蛤壳	新石器（贝丘遗址）	广东潮安梅林湖	《考古》1961年11期
魁蛤壳	新石器（贝丘遗址）	广东潮安石尾山	《考古》1961年11期

青蛤壳

青蛤壳	商	山东阳信李屋	《考古》2010年3期

文蛤壳

文蛤壳	新石器（贝丘遗址）	广东潮安陈桥村	《考古》1961年11期
文蛤壳	新石器（贝丘遗址）	广东潮安梅林湖	《考古》1961年11期
文蛤壳	新石器（贝丘遗址）	广东潮安石尾山	《考古》1961年11期
文蛤壳	新石器—商	广东东莞圆洲	《考古》2000年6期
文蛤壳	商	山东阳信李屋	《考古》2010年3期
文蛤壳	商周	山东寿光双王城	《考古》2010年3期
文蛤壳	西周	山东寿光大荒北央	《考古》2005年12期

海胆壳

海胆壳	新石器（距今5000年）	辽宁大连大潘家	《考古》1994年10期

毛蚶壳

毛蚶壳	新石器（距今6000年）	福建平潭壳坵头	《考古》1991年7期
毛蚶壳	新石器	辽宁长海小珠山	《考古》2009年5期
毛蚶壳	商	山东阳信李屋	《考古》2010年3期

毛蚶壳		青铜时代（距今3600年）	辽宁大连大嘴子	《考古》1996年2期	
毛蚶壳		商周	山东寿光双王城	《考古》2010年3期	
毛蚶壳		西周	山东寿光大荒北央	《考古》2005年12期	
毛蚶壳	100	西周	陕西扶风庄李村	《考古》2008年12期	有
毛蚶壳	12	春秋	河南洛阳润阳广场	《考古》2010年12期	有

泥蚶壳

泥蚶壳		新石器（邱家庄文化）	山东荣成河口	《考古》1997年5期	
泥蚶壳		新石器（邱家庄文化）	山东荣成乔家	《考古》1997年5期	

螺

螺壳		新石器（距今11000年）	北京门头沟东胡林	《考古》2006年7期	
螺壳		新石器（距今10000多年）	河北徐水南庄头	《考古》1992年11期	
螺壳		新石器（距今8000年）	广西南宁豹子头	《考古》2003年10期	
螺壳		新石器（裴李岗文化）	河南巩义瓦窑嘴	《考古》1999年11期	
螺壳		新石器（马家浜文化）	江苏高淳薛城	《考古》2000年5期	
螺壳		新石器（马家浜文化）	江苏宜兴骆驼墩	《考古》2003年7期	
螺壳		新石器（邱家庄文化）	山东蓬莱大仲家	《考古》1997年5期	
螺壳		新石器（仰韶文化）	湖北郧县大寺	《考古》1961年10期	
螺壳		新石器（仰韶文化）	陕西华县柳子镇	《考古》1959年11期	
螺壳		新石器（仰韶文化）	陕西临潼姜寨	《考古》1973年3期	
螺壳		新石器（仰韶文化）	陕西西安半坡	《考古》1973年3期	
螺壳		新石器（距今6900年）	安徽濉溪石山子	《考古》1992年3期	
螺壳		新石器（大汶口文化）	山东兖州王因	《考古》1979年1期	
螺壳		新石器（距今5000年）	辽宁大连大潘家	《考古》1994年10期	
螺壳		新石器（距今5000年）	辽宁瓦房店三堂村	《考古》1992年2期	
螺壳		新石器（贝丘遗址）	广西平果	《考古》1986年7期	
螺壳		新石器（龙山文化）	河南商丘坞墙	《考古》1983年2期	
螺壳		新石器（龙山文化）	河南汤阴白营	《考古》1980年3期	
螺壳	2000	新石器（龙山文化）	河南偃师高崖西台地	《考古》1964年11期	
螺壳		新石器（龙山文化）	河南永城王油坊	《考古》1978年1期	
螺壳		新石器（龙山文化）	河南禹州瓦店	《考古》2000年2期	
螺壳		新石器（龙山文化）	湖南沪溪浦市二中	《考古》1980年1期	
螺壳		新石器（龙山文化）	江苏铜山丘湾	《考古》1973年2期	
螺壳		新石器（龙山文化早期）	河南汤阴白营	《考古》1980年3期	
螺壳		新石器（距今4700年）	广西那坡感驮岩	《考古》2003年10期	
螺壳		新石器（岳石文化）	山东泗水尹家城	《考古》1985年7期	

螺壳		新石器	安徽灵璧蒋庙村	《考古通讯》1955年5期
螺壳		新石器	安徽五河濠城	《考古》1959年7期
螺壳		新石器	广西柳州鲤里嘴	《考古》1983年9期
螺壳		新石器	广西平南石脚山	《考古》1997年10期
螺壳		新石器	广西象州南沙湾	《考古》1997年10期
螺壳		新石器	广西象州山猪笼	《考古》1997年10期
螺壳		新石器	广西邕宁顶蛳山	《考古》1997年10期
螺壳		新石器	河南禹县阎砦	《考古》1959年11期
螺壳		新石器	湖南辰溪溪口	《考古》1980年1期
螺壳		新石器	湖南沅陵小龙溪口	《考古》1980年1期
螺壳		新石器	江苏常州圩墩	《考古》1974年2期
螺壳		新石器	江苏赣榆青墩庙	《考古》1962年3期
螺壳		新石器	辽宁长海小珠山	《考古》2009年5期
螺壳		新石器	山东长岛大口	《考古》1985年12期
螺壳		新石器	云南昆明滇池东岸	《考古》1959年4期　有
螺壳		新石器	云南禄劝营盘山	《考古》1993年3期
螺壳		新石器早期	广东封开黄岩洞	《考古》1983年1期
螺壳		新石器中期	广西横县江口	《考古》2000年1期
螺壳		新石器晚期	广西临桂螺蛳岩	《考古》1997年10期
螺壳		青铜时代（湖熟文化）	江苏南京西善桥	《考古》1962年3期
螺壳		青铜时代（湖熟文化）	江苏仪六地区羊角山	《考古》1962年3期
螺壳		青铜时代（距今3800年）	广西那坡感驮岩	《考古》2003年10期
螺壳	1	商	河南安阳梅园庄南地	《考古》1991年2期
螺壳		商	江苏徐州丘湾	《考古》1960年3期
螺壳		商	山东阳信李屋	《考古》2010年3期
螺壳		青铜时代（距今3600年）	辽宁大连大嘴子	《考古》1996年2期
螺壳		西周	江苏东海庙墩	《考古》1986年12期
螺壳		西周	江苏洪泽湖地区	《考古》1964年5期
螺壳		西周	江苏新沂三里墩	《考古》1960年7期
螺壳		周	陕西扶风和岐山	《考古》1963年12期
螺壳		春秋	江西靖安李洲坳	《考古》2008年7期
螺壳		汉	云南晋宁石寨山	《考古》1959年9期
螺壳		唐	陕西西安唐长安城大明宫	《考古》2003年11期
陶螺	1	东汉	四川大邑马王坟	《考古》1980年3期
陶螺	1	东汉	四川绵阳朱家梁子	《考古》2003年9期　有

玉螺

玉螺		新石器（贝丘遗址）	辽宁旅大烈士山	《考古》1962年2期	
玉螺		商	河南安阳殷墟	《考古》1961年2期	
玉螺	1	商	河南安阳殷墟妇好墓	《考古》1976年4期	有

榧螺壳

榧螺壳	10	新石器（裴李岗文化）	河南临汝中山寨	《考古》1986年7期	有
榧螺壳		新石器（仰韶文化）	河南临汝中山寨	《考古》1986年7期	
榧螺壳		新石器（仰韶文化）	陕西宝鸡北首岭	《考古》1979年2期	

海螺壳

海螺壳		新石器（红山文化）	内蒙古巴林右旗那斯台	《考古》1987年6期	
海螺壳		新石器（距今6000年）	福建平潭壳坵头	《考古》1991年7期	
海螺壳		新石器（贝丘遗址）	广东潮安梅林湖	《考古》1961年11期	
海螺壳		新石器（贝丘遗址）	辽宁长海小长山岛	《考古》1961年12期	
海螺壳		新石器	山东胶县三里河	《考古》1977年4	
海螺壳	1	商	河南安阳高楼庄	《考古》1994年5期	有
海螺壳	1	商	河南安阳郭家庄	《考古》1988年10期	有
海螺壳		商周	山东青岛市郊云头崮	《考古》1965年9期	
海螺壳		青铜时代－东汉	吉林汪清新安闾	《考古》1961年8期	
海螺壳	2	东汉	内蒙古巴尔虎旗完工	《考古》1965年6期	

旱螺壳

旱螺壳		辽	广西南县石脚山	《考古》2003年1期	有

蝾螺壳

蝾螺壳		新石器（贝丘遗址）	辽宁旅大小磨盘山	《考古》1962年2期	

滩栖螺壳

滩栖螺壳		西周	山东寿光大荒北央	《考古》2005年12期	

乌螺壳

乌螺壳		新石器（贝丘遗址）	广东潮安海角山	《考古》1961年11期	
乌螺壳		新石器（贝丘遗址）	广东潮安梅林湖	《考古》1961年11期	

田螺壳

田螺壳		新石器（磁山文化）	河北武安西万年	《考古》1984年1期	
田螺壳		新石器（贝丘遗址）	广东潮安海角山	《考古》1961年11期	
田螺壳		新石器（贝丘遗址）	广西南宁	《考古》1975年5期	
田螺壳		新石器（龙山文化）	安徽萧县花家寺	《考古》1966年2期	
田螺壳		新石器（龙山文化）	河南博爱西金城	《考古》2010年6期	
田螺壳		新石器	广东翁源青塘	《考古》1961年11期	
田螺壳		新石器	广东阳春独石仔	《考古》1982年5期	
田螺壳		新石器	广西桂林甑皮岩	《考古》1976年3期	

田螺壳	新石器	云南宣威尖角洞	《考古》1986年1期
田螺壳	夏（二里头文化）	河南焦作禹寺	《考古》1996年11期
田螺壳	商周	江西湖口下石钟山	《考古》1987年12期
田螺壳	商周	山东寿光双王城	《考古》2010年3期

牡蛎壳

牡蛎壳	新石器（邱家庄文化）	山东蓬莱大仲家	《考古》1997年5期
牡蛎壳	新石器（邱家庄文化）	山东蓬莱南王绪	《考古》1997年5期
牡蛎壳	新石器（邱家庄文化）	山东荣成北兰格	《考古》1997年5期
牡蛎壳	新石器（大汶口文化）	山东即墨南阡	《考古》1981年1期
牡蛎壳	新石器（距今6000年）	福建平潭壳丘头	《考古》1991年7期
牡蛎壳	新石器（距今5000年）	辽宁大连大潘家	《考古》1994年10期
牡蛎壳	新石器（距今5000年）	辽宁瓦房店三堂村	《考古》1992年2期
牡蛎壳	新石器（贝丘遗址）	广东潮安陈桥村	《考古》1961年11期
牡蛎壳	新石器（贝丘遗址）	广东潮安海角山	《考古》1961年11期
牡蛎壳	新石器（贝丘遗址）	广东潮安梅林湖	《考古》1961年11期
牡蛎壳	新石器（贝丘遗址）	广东潮安石尾山	《考古》1961年11期
长牡蛎壳	新石器（贝丘遗址）	辽宁旅大烈士山	《考古》1962年2期
牡蛎壳	新石器	福建南安	《考古》1961年5期
牡蛎壳	新石器	辽宁长海小珠山	《考古》2009年5期
牡蛎壳	新石器	山东长岛大口	《考古》1985年12期
牡蛎壳	新石器—商	广东东莞圆洲	《考古》2000年6期
牡蛎壳	青铜时代（距今3600年）	辽宁大连大嘴子	《考古》1996年2期
牡蛎壳	西周	江苏东海庙墩	《考古》1986年12期
牡蛎壳	西汉	湖南长沙马王堆3号墓	《考古》1989年9期
牡蛎壳	西汉	山东蓬莱大迟家	《考古》2006年3期

珊瑚

红珊瑚残段　1	新石器	内蒙古伊克昭盟杭锦旗锡尼镇	《考古》1983年12期

蜗牛壳

蜗牛壳	新石器（距今11000年）	北京门头沟东胡林	《考古》2006年7期
蜗牛壳	新石器（贝丘遗址）	福建东山大帽山	《考古》1988年2期
大蜗牛壳	新石器	广西柳州鲤里嘴	《考古》1983年9期
蜗牛壳	周	陕西扶风和岐山	《考古》1963年12期

蚬壳

篮蚬壳	新石器（马家浜文化）	江苏高淳薛城	《考古》2000年5期
蚬壳	新石器（邱家庄文化）	山东烟台邱家庄	《考古》1997年5期

蚬壳		新石器（贝丘遗址）	广东潮安陈桥村	《考古》1961年11期
蚬壳		新石器（贝丘遗址）	广东潮安海角山	《考古》1961年11期
蚬壳		新石器－商	广东东莞圆洲	《考古》2000年6期
蚬壳	1	西汉	广东广州西村皇帝岗	《考古通讯》1957年 有4期

螃蟹壳

螃蟹壳		新石器（距今5000年）	辽宁大连大潘家	《考古》1994年10期
螃蟹壳		新石器	广西柳州鲤里嘴	《考古》1983年9期
螃蟹壳		商	山东阳信李屋	《考古》2010年3期
螃蟹壳		西汉	江苏徐州翠屏山	《考古》2008年9期
小螯蟹壳		东汉	山东无棣车镇村	《考古》1992年9期

珍珠

珍珠	6	春秋	湖北郧县乔家院	《考古》2008年4期
珍珠	3	春秋	山西侯马上马村	《考古》1963年5期
珍珠	7	秦	河北易县燕下都	《考古》1965年11期
珍珠	2	西汉	江苏徐州凤凰山	《考古》2007年4期
珍珠	2	西汉	辽宁新金后元台	《考古》1980年5期
珍珠	160	北魏	河北定县东北	《考古》1966年5期 有

（三）鱼类

鱼

鱼骨		新石器（昂昂溪文化）	黑龙江安达青肯泡	《考古》1962年2期
鱼骨		新石器（昂昂溪文化）	吉林镇赉黄家围子	《考古》1988年2期
鱼骨		新石器（裴李岗文化）	河南巩义瓦窑嘴	《考古》1999年11期
鱼骨		新石器（北辛文化）	山东汶上贾柏村	《考古》1993年6期
鱼骨		新石器（距今7130±120年）	河南淇县花窝	《考古》1981年3期
鱼骨		新石器（城背溪文化）	湖北秭归柳林溪	《考古》2000年8期
鱼骨		新石器（马家浜文化）	浙江嘉兴马家浜	《考古》1961年7期
鱼骨		新石器（仰韶文化）	河北安新梁庄	《考古》1990年6期
鱼骨		新石器（仰韶文化）	河北安新留村	《考古》1990年6期
鱼骨		新石器（仰韶文化）	河北正定城北	《考古通讯》1957年1期
鱼骨		新石器（仰韶文化）	河南安阳后岗	《考古》1982年6期
鱼骨		新石器（仰韶文化）	河南郑州大河村	《考古》1995年6期
鱼骨		新石器（仰韶文化）	陕西临潼姜寨	《考古》1973年3期
鱼骨		新石器（距今6900年）	安徽濉溪石山子	《考古》1992年3期
鱼骨		新石器（大汶口文化）	山东广饶傅家	《考古》1985年9期
鱼骨		新石器（大汶口文化）	山东蓬莱紫荆山	《考古》1973年1期

鱼骨		新石器（大汶口文化）	山东兖州王因	《考古》1979年1期
鱼骨		新石器（红山文化）	吉林奈曼旗大沁他拉	《考古》1979年3期
鱼骨		新石器（后岗一期文化）	内蒙古乌兰察布石虎山	《考古》1998年12期
鱼骨		新石器（薛家岗文化）	湖北黄梅陆墩	《考古》1991年6期
鱼骨		新石器（良渚文化）	江苏吴江梅堰	《考古》1963年6期
鱼骨		新石器（良渚文化）	浙江平湖庄桥坟	《考古》2005年7期
鱼骨		新石器（距今5000年）	福建东山大帽山	《考古》2003年12期
鱼骨		新石器（距今5000年）	辽宁大连大潘家	《考古》1994年10期
鱼骨		新石器（卡若文化）	西藏拉萨曲贡村	《考古》1991年10期
鱼骨		新石器（贝丘遗址）	福建东山大帽山	《考古》1988年2期
鱼骨		新石器（贝丘遗址）	广东潮安陈桥村	《考古》1961年11期
鱼骨		新石器（贝丘遗址）	广东潮安梅林湖	《考古》1961年11期
鱼骨		新石器（贝丘遗址）	广东南海灶岗	《考古》1984年3期
鱼骨		新石器（贝丘遗址）	广西南宁	《考古》1975年5期
鱼骨		新石器（贝丘遗址）	辽宁旅大烈士山	《考古》1962年2期
鱼骨	1	新石器（龙山文化）	江苏赣榆下庙墩	《考古》1962年3期
鱼骨		新石器（龙山文化）	山东即墨丁戈庄	《考古》1989年8期
鱼骨		新石器（龙山文化）	山东即墨丰城河东	《考古》1989年8期
鱼骨		新石器（龙山文化）	山东平度东岳石村	《考古》1962年10期
鱼骨		新石器（龙山文化）	陕西华阴横阵	《考古》1960年9期
鱼骨		新石器（距今4700年）	四川巫山魏家梁子	《考古》1996年8期
鱼骨	占70%	新石器（石家河文化早期）	湖北秭归庙坪	《考古》1999年1期
鱼骨		新石器（距今4000年）	福建漳州大帽山	《考古》1995年9期
鱼骨		新石器（岳石文化）	山东泗水尹家城	《考古》1985年7期
鱼骨		新石器	安徽灵璧蒋庙村	《考古通讯》1955年5期
鱼骨		新石器	广东翁源青塘	《考古》1961年11期
鱼骨		新石器	广西桂林甑皮岩	《考古》1976年3期
鱼骨		新石器	黑龙江嫩江下游官地村	《考古》1960年4期
鱼骨		新石器	黑龙江嫩江下游乌拉尔基	《考古》1960年4期
鱼骨		新石器	黑龙江嫩江下游西南低根村	《考古》1960年4期
鱼骨	26	新石器	黑龙江宁安大牡丹屯	《考古》1961年10期
鱼骨		新石器	黑龙江宁安牛场	《考古》1960年4期
鱼骨		新石器	黑龙江齐齐哈尔昂昂溪	《考古通讯》1957年2期

鱼骨		新石器	黑龙江肇源望海屯	《考古》1961年10期
鱼骨		新石器	湖北秭归鲢鱼山	《考古》1961年5期
鱼骨		新石器	江苏常州圩墩	《考古》1974年2期
鱼骨		新石器	江苏丹徒癞龟墩	《考古通讯》1956年 6期
鱼骨		新石器	四川巫山火爆溪	《考古》1959年8期
鱼骨		新石器	四川忠县	《考古》1959年8期
鱼骨		新石器早期	广东封开黄岩洞	《考古》1983年1期
鱼骨		新石器晚期	广东东莞蚝岗	《考古》1998年6期
鱼骨		新石器－商	广东东莞圆洲	《考古》2000年6期
鱼骨		新石器－商	广东三水银洲	《考古》2000年6期
鱼骨		青铜时代	黑龙江宾县老山头	《考古》1962年3期
鱼骨		青铜时代	四川忠县㽏井沟	《考古》1962年8期 有
鱼骨		夏商	湖北江陵荆南寺	《考古》1989年8期
鱼骨		商	安徽含山孙家岗	《考古》1977年3期
鱼骨		商	河南偃师商城五室祭祀 遗址	《考古》2002年7期
鱼骨		商	湖北江陵梅槐桥	《考古》1990年9期
鱼骨		商	湖北沙市周梁玉桥	《考古》2004年9期
鱼骨		商	湖北秭归茅坪长府沱	《考古》2004年5期
鱼骨		商	湖南石门皂市	《考古》1962年3期
鱼骨		商	山东阳信李屋	《考古》2010年3期
鱼骨		商	天津蓟县围坊	《考古》1983年10期
鱼骨		商周	江西湖口下石钟山	《考古》1987年12期
鱼骨		西周	湖北黄冈螺蛳山	《考古》1962年7期
鱼骨		西周	江苏句容浮山果园	《考古》1979年2期
鱼骨		西周	江苏新沂三里墩	《考古》1960年7期
鱼骨		西周	陕西长安普渡村	《考古》1986年3期
鱼骨		西周	陕西扶风庄李村	《考古》2008年12期
鱼骨		西周	天津蓟县张家园	《考古》1993年4期
鱼骨		周	湖北红安金盆	《考古》1960年4期
鱼骨		东周	黑龙江泰来平洋砖厂	《考古》1989年12期
鱼骨		战国	吉林大安东山头	《考古》1961年8期
鱼骨		战国	吉林扶余北长岗子	《考古》1979年2期
鱼骨		西汉	江苏徐州翠屏山	《考古》2008年9期 有
鱼骨		西汉	江苏徐州奎山	《考古》1974年2期
鱼骨		西汉	山东苍山小北山	《考古》1992年6期
鱼骨	量多	西汉	山东长清双乳山	《考古》1997年3期
鱼骨		西汉	山东微山独山	《考古》1995年8期

鱼骨		西汉	山东章丘洛庄	《考古》2004年8期
鱼骨		西汉	新疆于田圆沙	《考古》1998年12期
鱼骨		东汉	内蒙古扎赉诺尔	《考古》1961年12期
鱼骨		魏晋	黑龙江友谊凤林古城址	《考古》2004年12期
鱼牙		新石器	浙江湖州长生庵	《考古通讯》1958年8期
石鱼	1	商	河南安阳大司空村	《考古》1992年6期　有
石鱼		西周	陕西长安沣西大原村	《考古》1986年11期
石鱼		西周	陕西西安张家坡	《考古》1994年10期　有
石鱼	1	南宋	福建福州新店猫头山	《考古》1987年9期
骨鱼	1	春秋	湖北郧县乔家院	《考古》2008年4期　有
贝雕鱼	1	新石器（龙山文化）	山东海阳司马台	《考古》1985年12期　有
蚌鱼		商	河南安阳高楼庄	《考古》1994年5期　有
蚌鱼	1	商	河南安阳后岗	《考古》1993年10期　有
蚌鱼	30	商	河南安阳薛家庄	《考古》1986年12期　有
蚌鱼		商	河南郑州人民公园	《考古通讯》1955年3期
蚌鱼		西周	北京琉璃河1193墓	《考古》1990年1期
蚌鱼		西周	河南鹿邑太清宫	《考古》2000年9期
蚌鱼		西周	陕西长安沣西马王镇	《考古》1994年11期
蚌鱼	120	西周	陕西长安沣西张家坡	《考古》1964年9期　有
蚌鱼	2	西周	陕西长安沣西张家坡	《考古》1986年3期
蚌鱼		西周	陕西长安沣西张家坡	《考古》1987年1期　有
蚌鱼		西周	陕西长安沣西张家坡	《考古》1989年6期
蚌鱼		西周	陕西西安张家坡	《考古》1994年10期　有
蚌鱼		周	陕西扶风和岐山	《考古》1963年12期　有
蚌鱼	106	周	陕西岐山和扶风	《考古》1960年8期　有
蚌鱼	118	东周	河北邢台葛家庄	《考古》2001年2期　有
玉鱼		新石器（红山文化）	内蒙古巴林右旗那斯台	《考古》1987年6期　有
玉鱼	1	商	河南安阳范家庄东北地	《考古》2009年9期　有
玉鱼		商	河南安阳郭家庄M160	《考古》1991年5期
玉鱼		商	河南安阳后岗	《考古》1972年3期
玉鱼	2	商	河南安阳梅园庄南地	《考古》1991年2期　有
玉鱼	1	商	河南安阳苗圃北地	《考古》1986年2期　有
玉鱼	6	商	河南安阳小屯	《考古》1987年4期　有
玉鱼	8	商	河南安阳孝民屯东南地	《考古》2009年9期　有
玉鱼		商	河南安阳殷墟	《考古》1961年2期
玉鱼	1	商	河南安阳殷墟	《考古》1977年1期　有
玉鱼	2	商	河南辉县褚丘	《考古》1965年5期

玉鱼	3	西周	北京昌平白浮	《考古》1976年4期	有
玉鱼	5	西周	北京房山琉璃河	《考古》1974年5期	有
玉鱼		西周	北京琉璃河	《考古》1984年5期	有
玉鱼	2	西周	河北元氏西张村	《考古》1979年1期	
玉鱼	2	西周	河南鹿邑太清宫	《考古》2000年9期	
玉鱼	2	西周	河南洛阳东郊	《考古》1959年4期	有
玉鱼	2	西周	山东滕州前掌大村	《考古》2000年7期	有
玉鱼	2	西周	陕西宝鸡竹园沟1号墓	《考古》1978年5期	有
玉鱼	4	西周	陕西长安沣西	《考古》1981年1期	
玉鱼		西周	陕西长安沣西大原村	《考古》1986年11期	
玉鱼	6	西周	陕西长安沣西张家坡	《考古》1987年1期	有
玉鱼	2	西周	陕西长安沣西张家坡	《考古》1989年6期	有
玉鱼	60	西周	陕西长安沣西张家坡 M170	《考古》1990年6期	
玉鱼	4	周	陕西扶风和岐山	《考古》1963年12期	有
玉鱼	1	东周	陕西宝鸡福临堡	《考古》1963年10期	有
玉鱼	3	东周	陕西宝鸡阳平秦家沟	《考古》1965年7期	有
玉鱼	4	春秋	河南光山宝相寺	《考古》1984年4期	有
玉鱼	8	春秋	河南洛阳润阳广场	《考古》2010年12期	有
玉鱼	2	春秋	湖北郧县肖家河	《考古》1998年4期	有
玉鱼	1	春秋	山东滕县庄里西村	《考古》1984年4期	
玉鱼	2	春秋	山西侯马上马村	《考古》1963年5期	有
玉鱼	1	战国	山东济南千佛山	《考古》1991年9期	有
白玉鱼形饰	2	明	上海浦东陆氏墓	《考古》1985年6期	有
金镶玉鱼	2	明	上海浦东陆氏墓	《考古》1985年6期	有
陶鱼		新石器	湖北天门石家河	《考古通讯》1956年3期	
陶鱼		夏（二里头文化）	河南偃师二里头	《考古》1975年5期	有
陶鱼	3	战国	山东章丘孟白	《考古》1999年11期	有
陶鱼	2	战国	陕西咸阳故城长陵车站	《考古》1962年6期	有
陶鱼		东汉	河南巩县石家庄	《考古》1963年2期	
陶鱼	2	东汉	陕西韩城芝川	《考古》1961年8期	有
陶庖鱼俑	1	东汉	云南呈贡归化	《考古》1966年3期	有
双鱼壶	1	唐	辽宁昭盟喀喇沁旗楼子店	《考古》1977年5期	有
陶鱼	1	宋	江西彭泽曹家垅	《考古》1962年10期	有
陶鱼	1	南宋	福建福州新店猫头山	《考古》1987年9期	
瓷鱼	1	宋	江西德兴香屯	《考古》1990年8期	
瓷鱼	1	北宋	安徽望江黄土坡	《考古》1993年2期	有

铜鱼	1	商	河南孟县涧溪	《考古》1961年1期	有
铜鱼	5	西周	北京房山琉璃河	《考古》1974年5期	有
铜鱼		西周	陕西长安沣西大原村	《考古》1986年11期	
铜鱼	18	西周	陕西长安沣西大原村	《考古》2004年9期	有
铜鱼	1	西周	陕西扶风法门寺镇西北	《考古》2004年1期	
铜鱼		周	陕西扶风上康村2号墓	《考古》1960年8期	
铜鱼	11	东周	陕西宝鸡姜城堡	《考古》1979年6期	
铜鱼	45	春秋	陕西韩城梁带村	《考古》2009年4期	有
铜鱼	1	东汉	山东寿光吕家村	《考古》1984年1期	有
铜鱼	2	辽	河北丰宁哈拉海沟	《考古》1989年11期	有
铜双鱼	1	辽	辽宁朝阳刘承嗣族墓	《考古》1987年2期	有
铜鱼	1	金	吉林梨树偏脸古城	《考古》1963年11期	有
鱼鳞		新石器	黑龙江嫩江下游官地村	《考古》1960年4期	
鱼鳞		新石器	黑龙江嫩江下游乌拉尔基	《考古》1960年4期	
鱼鳞		新石器	黑龙江嫩江下游西南低根村	《考古》1960年4期	
鱼卵		西汉	江苏徐州翠屏山	《考古》2008年9期	有
金鱼形饰		东晋	湖南长沙南郊	《考古》1965年5期	有
竹鱼	1	唐	江西南昌市北郊	《考古》1977年6期	有

鲌鱼

鲌鱼骨	新石器（距今6140±175年）	吉林农安元宝沟	《考古》1989年12期

草鱼

草鱼骨	新石器（距今6140±175年）	吉林农安元宝沟	《考古》1989年12期
草鱼骨	新石器	湖北宜昌李家河	《考古通讯》1957年3期
草鱼骨	商	山东阳信李屋	《考古》2010年3期

鲀鱼

红鳍东方鲀鱼骨	新石器（白石文化一期）	山东烟台白石村	《考古》1992年7期

鳜鱼

鳜鱼骨	新石器（距今6140±175年）	吉林农安元宝沟	《考古》1989年12期

鲷鱼

黑鲷鱼骨	新石器（白石文化一期）	山东烟台白石村	《考古》1992年7期

鲷鱼骨		新石器（白石文化一期）	山东烟台白石村	《考古》1992年7期	

黄桑鱼

黄桑鱼骨		新石器（崧泽文化）	上海松江姚家圈	《考古》2001年9期	
黄桑鱼骨		新石器中期	广西横县江口	《考古》2000年1期	

鲫鱼

鲫鱼骨		西汉	陕西西安汉长安城西北角	《考古》2006年10期	

鲤鱼

鲤鱼骨		新石器（青莲岗文化）	江苏常州圩墩	《考古》1978年4期	
鲤鱼骨		新石器（马家浜文化）	江苏高淳薛城	《考古》2000年5期	
鲤鱼骨		新石器（马家浜文化）	江苏宜兴骆驼墩	《考古》2003年7期	
鲤鱼骨		新石器（距今6140±175年）	吉林农安元宝沟	《考古》1989年12期	
鲤鱼骨		新石器（崧泽文化）	上海松江姚家圈	《考古》2001年9期	
鲤鱼骨		新石器中期	广西横县江口	《考古》2000年1期	
鲤鱼骨		商	山东阳信李屋	《考古》2010年3期	
鲤鱼骨		西汉	陕西西安汉长安城西北角	《考古》2006年10期	
陶鲤鱼	1	东汉	四川大邑马王坟	《考古》1980年3期	
陶鲤鱼	1	东汉	四川绵阳朱家梁子	《考古》2003年9期	有
鲤鱼形瓷壶	3	北宋	广东潮州笔架山	《考古》1983年6期	有

鲢鱼

陶鲢鱼	1	东汉	四川绵阳朱家梁子	《考古》2003年9期	

鲈鱼

鲈鱼骨		新石器（白石文化一期）	山东烟台白石村	《考古》1992年7期	

马口鱼

马口鱼骨		新石器（距今6140±175年）	吉林农安元宝沟	《考古》1989年12期	

鲇鱼

鲇鱼骨		新石器（崧泽文化）	上海松江姚家圈	《考古》2001年9期	

青鱼

青鱼骨		新石器（马家浜文化）	江苏高淳薛城	《考古》2000年5期	
青鱼骨		新石器（距今6140±175年）	吉林农安元宝沟	《考古》1989年12期	
青鱼骨		新石器	湖北宜昌李家河	《考古通讯》1957年	

			3期	
青鱼骨		新石器中期	广西横县江口	《考古》2000年1期
青鱼骨		商	山东阳信李屋	《考古》2010年3期

鲨鱼

鲨鱼骨		新石器（河姆渡文化）	浙江余姚鲻山	《考古》2001年10期
鲨鱼牙	1	新石器	浙江乐清白石	《考古》1992年9期

乌鳢

乌鳢骨		新石器（马家浜文化）	江苏高淳薛城	《考古》2000年5期

鲟鱼

鲟鱼骨		新石器	湖北宜昌李家河	《考古通讯》1957年3期
鲟鱼骨		商	河南安阳小屯东北地	《考古》1989年10期
鲟鱼骨	47	商	河南孟县涧溪	《考古》1961年1期

黄鳝

黄鳝骨		新石器（距今6140±175年）	吉林农安元宝沟	《考古》1989年12期

泥鳅

陶泥鳅	1	东汉	四川绵阳朱家梁子	《考古》2003年9期

（四）两栖、爬行类

蛙

石蛙	1	商	河南安阳殷墟	《考古》1977年1期	有
骨蛙	2	商	河南安阳郭家庄M5	《考古》2008年8期	有
陶蛙	3	东汉	陕西韩城芝川	《考古》1961年8期	有
瓷蛙		宋金	江苏萧县后孤堆	《考古》1962年3期	

蟾蜍

陶蟾蜍		夏（二里头文化）	河南偃师二里头	《考古》1965年5期	有
陶蟾蜍	2	东汉	四川成都新都互助村	《考古》2007年9期	有
陶蟾蜍	1	东汉	四川涪陵黄溪	《考古》1984年12期	
铜蟾蜍	3	汉	云南祥云大波那村	《考古》1964年12期	有
石蟾蜍	1	东汉	四川峨眉山双福同尖村	《考古》1994年6期	有

大鲵

鲵鱼形铜带钩		西汉	贵州威宁梨园M19	《考古》2000年3期	有

鳖

鳖骨		新石器（距今10000多年）	河北徐水南庄头	《考古》1992年11期
鳖骨		新石器（马家浜文化）	江苏高淳薛城	《考古》2000年5期

中华鳖骨	新石器（河姆渡文化）	浙江余姚鲻山	《考古》2001年10期
鳖骨	新石器（距今6140±175年）	吉林农安元宝沟	《考古》1989年12期
鳖骨	新石器（后岗一期文化）	内蒙古乌兰察布石虎山	《考古》1998年12期
鳖骨	新石器（贝丘遗址）	广东潮安梅林湖	《考古》1961年11期
鳖骨	新石器（贝丘遗址）	广西南宁	《考古》1975年5期
鳖骨	新石器（龙山文化）	河北邯郸涧沟	《考古》1961年4期
鳖骨	新石器（龙山文化）	河南商丘坞墙	《考古》1983年2期
鳖骨	新石器	广东翁源青塘	《考古》1961年11期
鳖骨	新石器	黑龙江肇源望海屯	《考古》1961年10期
鳖骨	新石器中期	广西横县江口	《考古》2000年1期
鳖骨	新石器－商	广东东莞圆洲	《考古》2000年6期
鳖骨	夏商	湖北江陵荆南寺	《考古》1989年8期
鳖骨	商	安徽含山孙家岗	《考古》1977年3期
鳖骨	商	山东阳信李屋	《考古》2010年3期
鳖骨	商周	江西湖口下石钟山	《考古》1987年12期
鳖骨	西周	江苏新沂三里墩	《考古》1960年7期
鳖骨	西汉	陕西西安汉长安城西北角	《考古》2006年10期
鳖骨	西汉	陕西西安南郊杜陵五号	《考古》1991年12期
鳖甲	新石器（仰韶文化）	河北安新梁庄	《考古》1990年6期
鳖甲	新石器（仰韶文化）	河北安新留村	《考古》1990年6期
鳖甲	新石器（大汶口文化）	山东兖州王因	《考古》1979年1期
鳖甲	新石器（贝丘遗址）	广东潮安陈桥村	《考古》1961年11期
鳖甲	新石器（贝丘遗址）	广西桂平牛骨坑	《考古》1987年11期
鳖甲	新石器（龙山文化）	河北邯郸涧沟	《考古》1959年10期
鳖甲	新石器	广西柳州鲤里嘴	《考古》1983年9期
鳖甲	商	河北邯郸涧沟	《考古》1959年10期
石鳖 1	商	河南安阳殷墟妇好墓	《考古》1976年4期 有
玉鳖 1	商	河南安阳殷墟妇好墓	《考古》1976年4期 有
陶鳖	东汉	河南巩县石家庄	《考古》1963年2期
陶鳖 1	东汉	陕西韩城芝川	《考古》1961年8期 有
瓷鳖 1	北宋	江西南丰桑田	《考古》1988年4期 有

龟

龟骨	新石器（青莲岗文化）	江苏常州圩墩	《考古》1978年4期
龟骨	新石器（皂市下层文化）	湖南石门皂市	《考古》1986年1期
海龟	新石器（距今6000年）	福建平潭壳坵头	《考古》1991年7期

龟骨		新石器（崧泽文化）	上海松江姚家圈	《考古》2001年9期
龟骨		新石器（良渚文化）	江苏吴江梅堰	《考古》1963年6期
龟骨		新石器（贝丘遗址）	广东潮安陈桥村	《考古》1961年11期
龟骨		新石器（贝丘遗址）	广东潮安梅林湖	《考古》1961年11期
龟骨		新石器（龙山文化）	河南永城黑固堆	《考古》1981年5期
龟骨		新石器	广西桂林甑皮岩	《考古》1976年3期
龟骨	3	新石器	黑龙江宁安大牡丹屯	《考古》1961年10期
龟骨		新石器	黑龙江宁安牛场	《考古》1960年4期
龟板		新石器	江苏新沂三里墩	《考古通讯》1958年1期
麻龟板	1	新石器	浙江崇德罗家谷	《考古通讯》1957年4期
龟板		青铜时代（湖熟文化）	江苏南京西善桥	《考古》1962年3期
龟骨		商	河南郑州二里岗	《考古通讯》1955年3期
龟骨		商	山东阳信李屋	《考古》2010年3期
龟骨		商周	江西湖口下石钟山	《考古》1987年12期
龟骨		西周	江苏新沂三里墩	《考古》1960年7期
龟骨		春秋	湖北宜昌上磨垴	《考古》2000年8期
龟骨	1	战国	四川成都青羊宫	《考古》1959年8期
龟骨		东汉	江苏高邮邵家沟	《考古》1960年10期
龟甲		新石器（距今8000年）	广西南宁豹子头	《考古》2003年10期
龟甲		新石器（青莲岗文化）	江苏泗洪东山头	《考古》1964年5期
龟甲		新石器（马家浜文化）	浙江嘉兴马家浜	《考古》1961年7期
龟甲		新石器（大汶口文化）	山东兖州王因	《考古》1979年1期
龟甲		新石器（昙石山文化）	福建闽侯昙石山	《考古》1961年12期
龟甲		新石器（昙石山文化）	福建闽侯昙石山	《考古》1964年12期
龟壳		新石器（贝丘遗址）	广东潮安陈桥村	《考古》1961年11期
龟甲		新石器（龙山文化）	安徽萧县花家寺	《考古》1966年2期
龟甲		新石器（龙山文化）	河北邯郸涧沟	《考古》1959年10期
龟甲	10	新石器（龙山文化）	河北邯郸涧沟	《考古》1961年4期　有
龟甲	1	新石器（龙山文化）	河南荥阳河王村	《考古》1961年2期
龟甲	1	新石器（龙山文化）	江苏赣榆下庙墩	《考古》1962年3期
龟甲		新石器（距今4200年）	湖北均县乱石滩	《考古》1986年7期
龟甲		新石器	安徽灵璧蒋庙村	《考古通讯》1955年5期
龟甲		新石器	广西柳州鲤里嘴	《考古》1983年9期
龟甲		新石器	江苏赣榆青墩庙	《考古》1962年3期
龟甲		新石器	江苏昆山荣庄	《考古》1960年6期

龟甲		新石器	浙江湖州长生庵	《考古通讯》1958年8期
龟甲		新石器晚期	广西德保岜考岩	《考古》1986年7期
龟甲		西周	北京琉璃河1193墓	《考古》1990年1期
龟甲		西周	湖北黄冈螺蛳山	《考古》1962年7期
龟甲		西周	陕西长安沣西张家坡M170	《考古》1990年6期
龟甲		西周	陕西长安鄠县马王村	《考古》1962年6期
石龟		商—西周	四川成都金沙遗址	《考古》2002年7期
石龟		宋	福建闽侯	《考古》1959年11期
玉龟		新石器（距今5300年）	安徽含山凌家滩	《考古》2008年3期　有
玉龟	1	商	河南安阳殷墟妇好墓	《考古》1976年4期　有
玉龟	1	战国	山东济南千佛山	《考古》1991年9期　有
陶龟		新石器	湖北天门石家河	《考古通讯》1956年3期
陶龟		夏（二里头文化）	河南偃师二里头	《考古》1965年5期　有
陶龟		商	河南偃师商城宫城北部	《考古》2000年7期　有
陶龟	1	商	河南偃师尸乡沟	《考古》1988年2期
陶龟	2	汉	河南洛阳涧西	《考古通讯》1957年3期
陶龟	1	汉	四川宜宾翠屏村	《考古通讯》1957年3期
陶龟	1	晋	河南洛阳涧西	《考古通讯》1957年3期
陶龟	1	北魏—隋	河北景县封皮	《考古通讯》1957年3期　有
陶龟		五代	福建闽侯	《考古》1959年11期
陶龟	1	五代	福建泉州	《考古通讯》1958年1期　有
瓷龟	1	唐	河北曲阳涧磁村	《考古》1965年8期　有
瓷龟	1	北宋	安徽望江黄土坡	《考古》1993年2期　有
瓷龟	1	北宋	江西南丰桑田	《考古》1988年4期　有
铜龟	1	辽	北京西便门外	《考古》1963年3期　有
泥龟	3	西汉	上海青浦福泉山	《考古》1988年8期　有
木龟	1	明	湖北江陵八岭山	《考古》1995年8期　有

鼋

鼋骨		新石器（青莲岗文化）	江苏常州圩墩	《考古》1978年4期
鼋骨		新石器（马家浜文化）	江苏高淳薛城	《考古》2000年5期
鼋骨		新石器（马家浜文化）	江苏宜兴骆驼墩	《考古》2003年7期

鼋骨		新石器（河姆渡文化）	浙江余姚鲻山	《考古》2001年10期	
鼋骨		新石器（良渚文化）	江苏吴江梅堰	《考古》1963年6期	
鼋甲	2	夏（二里头文化）	河南偃师二里头	《考古》1992年4期	
斑鼋骨		商	河南安阳洹北	《考古》2010年1期	有

蛇

石蛇		商—西周	四川成都金沙遗址	《考古》2002年7期	
石蛇		宋	福建闽侯	《考古》1959年11期	
陶蛇	1	西晋	云南大理喜洲	《考古》1995年3期	有
陶蛇		明	云南大理凤仪大丰乐	《考古》2001年12期	有
瓷蛇	2	北宋	安徽望江黄土坡	《考古》1993年2期	有

（五）鸟类

鸟

鸟骨		新石器（昂昂溪文化）	黑龙江安达青肯泡	《考古》1962年2期	
鸟骨		新石器（裴李岗文化）	河南巩义瓦窑嘴	《考古》1999年11期	
鸟骨		新石器（仰韶文化）	河南灵宝北阳坪	《考古》2001年7期	
鸟骨		新石器（仰韶文化）	山西夏县辕村	《考古》2009年11期	
禽骨		新石器（红山文化）	辽宁凌源牛河梁	《考古》2001年8期	
鸟骨		新石器（崧泽文化）	上海松江姚家圈	《考古》2001年9期	
鸟骨		新石器（后岗一期文化）	内蒙古乌兰察布石虎山	《考古》1998年12期	
鸟骨		新石器（距今5000年）	辽宁大连大潘家	《考古》1994年10期	
鸟骨		新石器（距今5000年）	云南剑川海门口	《考古》2009年7期	
鸟骨		新石器（贝丘遗址）	辽宁旅大烈士山	《考古》1962年2期	
鸟骨		新石器	广东翁源青塘	《考古》1961年11期	
鸟骨		新石器	黑龙江嫩江下游官地村	《考古》1960年4期	
鸟骨		新石器	黑龙江嫩江下游乌拉尔基	《考古》1960年4期	
鸟骨		新石器	黑龙江嫩江下游西南低根村	《考古》1960年4期	
鸟骨	2	新石器	黑龙江宁安大牡丹屯	《考古》1961年10期	
鸟骨		新石器	黑龙江齐齐哈尔昂昂溪	《考古通讯》1957年2期	
鸟骨		新石器	黑龙江肇源望海屯	《考古》1961年10期	
鸟骨		新石器	云南龙陵船口坝	《考古》1992年4期	
翠鸟骨		商	河南安阳小屯东北地	《考古》1989年10期	
殉鸟骨	5	商	河南安阳殷墟	《考古》1977年1期	有
鸟骨		商	山东阳信李屋	《考古》2010年3期	
鸟骨		青铜时代（寺洼文化）	甘肃卓尼芭儿	《考古》1994年1期	

鸟骨		商周	江西湖口下石钟山	《考古》1987年12期	
鸟骨		东周	黑龙江泰来平洋砖厂	《考古》1989年12期	
鸟骨		西汉	新疆于田圆沙	《考古》1998年12期	
石鸟	2	商	河南安阳薛家庄	《考古》1986年12期	有
滑石鸟	2	西汉	湖南长沙砂子塘	《考古》1965年3期	有
石鸟	1	西汉	陕西西安汉长安城桂宫4号	《考古》2002年1期	有
石鸟		宋	福建闽侯	《考古》1959年11期	
玉鸟	1	新石器（红山文化）	辽宁凌源城子山	《考古》1986年6期	有
玉鸟		新石器（红山文化）	内蒙古巴林右旗那斯台	《考古》1987年6期	有
玉鸟	1	新石器（龙山文化）	河南禹州瓦店	《考古》2000年2期	有
玉鸟	1	商	河南安阳范家庄东北地	《考古》2009年9期	有
玉鸟	2	商	河南安阳郭家庄	《考古》1988年10期	有
玉鸟	4	商	河南安阳孝民屯东南地	《考古》2009年9期	有
玉鸟		商	河南安阳殷墟	《考古》1961年2期	
玉鸟	2	商	河南安阳殷墟三家庄东	《考古》1983年2期	有
玉鸟	2	西周	北京房山琉璃河	《考古》1974年5期	有
玉鸟		西周	北京琉璃河	《考古》1984年5期	有
玉鸟	4	西周	河南鹿邑太清宫	《考古》2000年9期	
玉鸟	2	西周	山东滕州前掌大村	《考古》2000年7期	有
玉鸟	3	西周	陕西长安沣西	《考古》1981年1期	
玉鸟		西周	陕西长安沣西张家坡	《考古》1986年1期	有
玉鸟	1	秦	河北易县燕下都	《考古》1965年11期	有
玉鸟	3	金	北京房山金陵遗址	《考古》2004年2期	有
小陶鸟		新石器（龙山文化）	湖北均县乱石滩	《考古》1961年10期	
陶鸟	1	新石器（龙山文化）	湖南津市打鼓台	《考古》1990年1期	
陶鸟		新石器（龙山文化）	山西五台阳白	《考古》1997年4期	有
陶鸟		新石器（石家河文化）	湖南安乡划城岗	《考古》2001年4期	
陶鸟	2	新石器（距今4200年）	湖北均县乱石滩	《考古》1986年7期	有
陶鸟	2	新石器	湖北蕲春易家山	《考古》1960年5期	有
陶鸟		新石器	湖北天门石家河	《考古通讯》1956年3期	
陶鸟		商	河南偃师二里头	《考古》1974年4期	有
陶鸟	2	商	河南偃师尸乡沟	《考古》1988年2期	有
陶鸟	1	商周	天津蓟县围坊	《考古》1983年10期	有
陶鸟头	1	西周	黑龙江肇源白金宝	《考古》1980年4期	有
陶鸟		东周	山东邹县纪王城	《考古》1965年12期	有
陶鸟		春秋	广东博罗梅花墩	《考古》1998年7期	有
陶鸟	1	战国	湖北江陵太晖观	《考古》1973年6期	有

陶鸟	1	战国	山东泰安康家河村	《考古》1988年1期	
陶鸟	4	战国	山东淄博淄河店	《考古》2000年10期	有
陶鸟		西汉	山东章丘洛庄	《考古》2004年8期	
陶鸟	3	西汉	陕西西安六堡村	《考古》1991年1期	有
陶鸟	1	东汉	贵州习水范家嘴村	《考古》2002年7期	有
陶鸟头	1	东汉	河南济源承留	《考古》1991年12期	
陶鸟	1	东汉	湖北宜都陆城	《考古》1988年8期	有
陶鸟	1	东汉	陕西韩城芝川	《考古》1961年8期	有
陶鸟	1	东汉	四川成都新都互助村	《考古》2007年9期	有
陶鸟	2	三国（吴）	湖北鄂城	《考古》1982年3期	
陶鸟	6	三国（吴）	湖北鄂州塘角头	《考古》1996年11期	有
陶鸟	4	五代	广东广州石马村	《考古》1964年6期	
瓷鸟	1	北宋	福建顺昌	《考古》1987年3期	
瓷鸟	1	北宋	江西南丰桑田	《考古》1988年4期	有
铜鸟		青铜时代（卡约文化）	青海湟源巴燕峡	《考古》1986年10期	有
铜鸟	2	东汉	四川乐山大湾嘴	《考古》1991年1期	有
铜鸟	1	东汉	四川西昌杨家山	《考古》2007年5期	有
铜飞鸟		唐	河南三门峡	《考古通讯》1958年11期	
蚌鸟	2	西周	陕西长安沣西张家坡	《考古》1986年3期	
鸟形金饰	12	战国	内蒙古阿鲁柴登	《考古》1980年4期	有
金鸟	1	东汉	湖北宜都陆城	《考古》1988年10期	有

鸥鹗

| 陶鸥鹗 | | 东汉 | 山西侯马牛村 | 《考古》1959年5期 | 有 |
| 陶鸥鹗 | 2 | 辽金 | 吉林扶余林家窝铺 | 《考古》1961年1期 | |

鸱鸮

| 陶鸱 | 1 | 东汉 | 河南偃师吴家湾 | 《考古》2010年9期 | 有 |
| 陶雄鸱 | 1 | 隋 | 安徽合肥市郊五里岗 | 《考古》1976年2期 | |

鸽

陶鸽		汉	河南洛阳涧西	《考古通讯》1957年3期	
陶鸽	1	东汉	河南巩县石家庄	《考古》1963年2期	有
陶鸽	1	东汉	河南济源桐花沟	《考古》2000年2期	有
陶鸽	1	东汉	陕西勉县老道寺	《考古》1985年5期	有
陶鸽	2	东汉	四川乐山大湾嘴	《考古》1991年1期	有
陶鸽		魏晋	江苏南京南郊中华门外	《考古》1963年6期	有
陶鸽	2	唐	河南洛阳关林	《考古》2006年2期	有
瓷鸽	1	唐	湖南长沙咸嘉湖	《考古》1980年6期	

鹤

鹤骨		新石器（距今10000多年）	河北徐水南庄头	《考古》1992年11期
丹顶鹤骨		商	河南安阳小屯东北地	《考古》1989年10期
鹤骨		西汉	陕西西安东郊任家坡	《考古》1976年2期
陶鹤		隋	河南安阳张盛墓	《考古》1959年10期
玉鹤	1	清	北京圆明园含经堂遗址	《考古》2004年2期 有

麻雀

三彩麻雀	1	唐	江苏扬州史可法西路	《考古》1990年4期 有

鸵鸟

鸵鸟蛋壳	2	新石器	宁夏陶乐高仁	《考古》1964年5期 有

鸮

玉鸮	2	新石器（红山文化）	内蒙古巴林右旗那斯台	《考古》1987年6期 有
陶鸮	5	东汉	河南新乡北站	《考古》2006年3期 有

雁

漆绘木雁	2	战国	江苏淮安运河村	《考古》2009年10期 有
金箔雁	2	西汉	河北阳原北关	《考古》1990年4期 有

燕

玉燕	1	商	河南安阳小屯	《考古》1987年4期 有

鹦鹉

玉鹦鹉		商	河南安阳花园庄	《考古》2004年1期

鹰

玉鹰		新石器（崧泽文化晚期）	安徽含山凌家滩	《考古》1999年11期 有
鹰骨		商	河南安阳小屯东北地	《考古》1989年10期

鸳鸯

玉鸳鸯	1	春秋	河南光山宝相寺	《考古》1984年4期 有
陶鸳鸯	1	西汉	山东苍山小北山	《考古》1992年6期 有
瓷鸳鸯	1	清	北京圆明园含经堂遗址	《考古》2004年2期 有

雉

雉蛋	1	新石器（仰韶文化）	河南郑州大河村	《考古》1995年6期
陶雉	2	唐	陕西西安西郊中堡村	《考古》1960年3期 有

（六）哺乳动物类

兽

兽骨		新石器（仰韶文化）	河北正定城北	《考古通讯》1957年1期

兽骨		新石器（仰韶文化）	河南安阳后岗	《考古》1982年6期
兽骨		新石器（仰韶文化）	河南浚县西北部	《考古通讯》1957年1期
兽骨		新石器（大汶口文化）	山东即墨东寅堤村	《考古》1981年1期
兽骨	3	新石器（距今5175±130年）	吉林白城靶山	《考古》1988年12期
兽骨		新石器（昙石山文化）	福建闽侯溪头	《考古》1980年4期
兽骨		新石器（龙山文化）	河南浚县西北部	《考古通讯》1957年1期
兽骨		新石器（龙山文化）	河南商丘坞墙	《考古》1983年2期
兽骨		新石器（龙山文化）	河南永城王油坊	《考古》1978年1期
兽骨	1	新石器（龙山文化）	湖北洪湖乌林矶	《考古》1987年5期
兽骨		新石器（龙山文化）	湖南沪溪浦市二中	《考古》1980年1期
兽骨		新石器（龙山文化）	山东即墨丰城河东	《考古》1989年8期
兽骨		新石器（龙山文化）	山东即墨张戈庄三里村	《考古》1989年8期
兽骨		新石器（龙山文化）	山东临沭北沟头	《考古》1990年6期
兽骨		新石器	湖南辰溪溪口	《考古》1980年1期
兽骨		新石器	湖南沅陵小龙溪口	《考古》1980年1期
兽骨		青铜时代	云南昆明西山区王家墩	《考古》1983年5期
兽骨		商	河南新郑望京楼	《考古》1981年6期
兽骨		青铜时代（卡约文化）	青海湟源莫布拉	《考古》1990年11期
兽骨		战国	山西盂县北村	《考古》1991年9期
兽骨		东汉	湖北鄂城西山南麓	《考古》1978年5期
家畜骨		新石器（马家窑文化马厂型）	甘肃临夏马家湾	《考古》1961年11期
兽牙		新石器（贝丘遗址）	福建东山大帽山	《考古》1988年2期
兽牙	1	新石器	河南淮滨肖营	《考古》1981年1期
兽角器	1	新石器（齐家义化）	青海平安东村	《考古》1990年9期　有

豹

豹骨		新石器（后岗一期文化）	内蒙古乌兰察布石虎山	《考古》1998年12期
豹骨		新石器（龙山文化）	河北邯郸涧沟	《考古》1959年10期
豹骨		新石器（距今4700年）	广西那坡感驮岩	《考古》2003年10期
豹骨		新石器	广东阳春独石仔	《考古》1982年5期

蝙蝠

蝙蝠骨		新石器	广东阳春独石仔	《考古》1982年5期

穿山甲

瓷穿山甲	1	三国（吴）	安徽马鞍山佳山	《考古》1986年5期　有

陶穿山甲	2	三国（吴）	湖北鄂州塘角头	《考古》1996年11期	有

刺猬

刺猬形金饰	10	战国	内蒙古阿鲁柴登	《考古》1980年4期	有

猴

猴骨		新石器（大地湾文化）	甘肃天水西山坪	《考古》1988年5期	
猴骨		新石器（贝丘遗址）	广西南宁	《考古》1975年5期	
猴骨		新石器	广东阳春独石仔	《考古》1982年5期	
猴骨		新石器	广西桂林甑皮岩	《考古》1976年3期	
猴骨		新石器	广西柳州鲤里嘴	《考古》1983年9期	
猴骨		商	河南安阳武官村北地	《考古》1987年12期	
陶猴	1	西汉	山东阳谷吴楼	《考古》1999年11期	有
陶猴	1	东汉	河南新安古路沟	《考古》1966年3期	有
陶猴		明	云南大理凤仪大丰乐	《考古》2001年12期	有
瓷猴	1	唐	河北曲阳涧磁村	《考古》1965年8期	有
瓷猴	2	唐	河南三门峡	《考古通讯》1958年11期	
瓷猴		元	江西吉安吉州窑	《考古》1991年10期	

猕猴

猕猴骨		新石器（距今4700年）	广西那坡感驮岩	《考古》2003年10期	
猕猴骨		新石器中期	广西横县江口	《考古》2000年1期	

狐狸

狐狸骨		新石器（昂昂溪文化）	黑龙江安达青肯泡	《考古》1962年2期	
狐狸骨		新石器（马家浜文化）	浙江嘉兴马家浜	《考古》1961年7期	
狐狸骨		新石器（距今7000年）	吉林长岭腰井子	《考古》1992年8期	
狐狸骨		新石器（仰韶文化）	陕西宝鸡北首岭	《考古》1979年2期	
狐狸骨		新石器（距今6140±175年）	吉林农安元宝沟	《考古》1989年12期	
狐狸骨		新石器（后岗一期文化）	内蒙古乌兰察布石虎山	《考古》1998年12期	
狐狸骨		新石器（贝丘遗址）	广西南宁	《考古》1975年5期	
狐狸骨		新石器	黑龙江齐齐哈尔昂昂溪	《考古通讯》1957年2期	
狐狸骨		商	河南安阳武官村北地	《考古》1987年12期	
金箔狐	3	西汉	河北阳原北关	《考古》1990年4期	有

河狸

河狸骨		商	安徽含山孙家岗	《考古》1977年3期	
河狸骨		商	河南安阳武官村北地	《考古》1987年12期	

虎

虎骨		新石器（贝丘遗址）	广西南宁	《考古》1975年5期	
石虎	1	商	河南安阳梅园庄南地	《考古》1991年2期	有
石虎	2	商	河南安阳王裕口南地	《考古》2004年5期	有
石虎	1	商	河南安阳殷墟妇好墓	《考古》1976年4期	有
石虎		商—西周	四川成都金沙遗址	《考古》2002年7期	
黑石虎	1	南朝	广东英德浛洸	《考古》1963年9期	
石虎		宋	河南巩县宋陵	《考古》1964年11期	有
石虎	1	北宋	广东紫金林田	《考古》1984年6期	有
石虎		北宋	陕西蓝田五里头家庙	《考古》2010年8期	
木虎	1	东汉	甘肃武威磨咀子6号墓	《考古》1960年5期	有
玉虎	1	商	河南安阳小屯西地	《考古》2009年9期	有
玉虎	2	商	河南安阳孝民屯东南地	《考古》2009年9期	有
玉虎		西周	北京琉璃河	《考古》1984年5期	有
玉虎	34	春秋	河南光山宝相寺	《考古》1984年4期	有
陶卧虎	1	东汉	湖北宜都刘家屋场	《考古》1987年10期	有
陶虎	1	五代	福建泉州	《考古通讯》1958年1期	有
陶虎	2	明	四川成都东郊华阳桂溪	《考古通讯》1957年3期	有
陶虎		明	云南大理凤仪大丰乐	《考古》2001年12期	有
瓷虎	1	北宋	江西南丰桑田	《考古》1988年4期	有
虎形金饰	21	战国	内蒙古阿鲁柴登	《考古》1980年4期	有
金箔虎	4	西汉	河北阳原北关	《考古》1990年4期	有
蚌虎	1	商	河南安阳小屯东北地	《考古》1989年10期	有

獾

獾骨		新石器（距今11000年）	北京门头沟东胡林	《考古》2006年7期	
獾骨		新石器（距今7000年）	吉林长岭腰井子	《考古》1992年8期	
獾骨		新石器（仰韶文化）	陕西宝鸡北首岭	《考古》1979年2期	
獾骨		新石器（仰韶文化）	陕西临潼姜寨	《考古》1973年3期	
獾骨		新石器（距今6900年）	安徽濉溪石山子	《考古》1992年3期	
狗獾骨		新石器（距今6140±175年）	吉林农安元宝沟	《考古》1989年12期	
狗獾骨		新石器（后岗一期文化）	内蒙古乌兰察布石虎山	《考古》1998年12期	
獾骨		新石器（贝丘遗址）	广西南宁	《考古》1975年5期	
獾骨		新石器（龙山文化）	河北邯郸涧沟	《考古》1959年10期	
獾骨		新石器（龙山文化）	河南濮阳程庄	《考古》1995年12期	

獾骨		新石器（龙山文化）	山西芮城南礼教村	《考古》1964年6期
獾骨		新石器	广东阳春独石仔	《考古》1982年5期
獾骨		新石器	广西桂林甑皮岩	《考古》1976年3期
獾骨		新石器	黑龙江宁安牛场	《考古》1960年4期
獾骨		新石器中期	广西横县江口	《考古》2000年1期
獾骨		商	河北邯郸涧沟	《考古》1959年10期

鲸

须鲸骨		新石器（距今6000年）	福建平潭壳坵头	《考古》1991年7期

狼

狼骨		新石器（距今10000多年）	河北徐水南庄头	《考古》1992年11期
狼骨		新石器（距今7000年）	吉林长岭腰井子	《考古》1992年8期
狼骨		新石器（距今6140±175年）	吉林农安元宝沟	《考古》1989年12期
狼骨		新石器	黑龙江嫩江下游官地村	《考古》1960年4期
狼骨		新石器	黑龙江齐齐哈尔昂昂溪	《考古通讯》1957年2期
狼骨		新石器	黑龙江肇源望海屯	《考古》1961年10期
狼骨		青铜时代	黑龙江宾县老山头	《考古》1962年3期

鹿

鹿骨		新石器（距今11000年）	北京门头沟东胡林	《考古》2006年7期
鹿骨		新石器（距今10000多年）	河北徐水南庄头	《考古》1992年11期
鹿骨		新石器（兴隆洼文化）	内蒙古敖汉旗兴隆洼	《考古》1985年10期
鹿骨		新石器（裴李岗文化）	河南郏县水泉	《考古》1992年10期
鹿下颚骨	2	新石器（裴李岗文化）	河南临汝中山寨	《考古》1986年7期
鹿骨		新石器（裴李岗文化）	河南新郑裴李岗	《考古》1982年4期
鹿骨		新石器（大地湾文化）	甘肃天水西山坪	《考古》1988年5期
鹿骨	8	新石器（磁山文化）	河北武安磁山	《考古》1977年6期
鹿骨		新石器（北辛文化）	山东邹平苑城	《考古》1989年6期
鹿骨		新石器（马家浜文化）	上海青浦崧泽	《考古》1992年3期
鹿骨		新石器（马家浜文化）	浙江嘉兴马家浜	《考古》1961年7期
鹿骨		新石器（仰韶文化）	甘肃秦安大地湾	《考古》2003年6期
鹿骨		新石器（仰韶文化）	河南灵宝西坡	《考古》2001年11期
鹿骨		新石器（仰韶文化）	河南洛阳涧滨	《考古》1960年10期
鹿骨		新石器（仰韶文化）	河南陕县庙底沟	《考古通讯》1957年4期
鹿骨		新石器（仰韶文化）	湖北均县朱家台	《考古》1961年10期

鹿骨	新石器（仰韶文化）	湖北郧县青龙泉	《考古》1961年10期
鹿骨	新石器（仰韶文化）	陕西临潼姜寨	《考古》1973年3期
鹿骨	新石器（距今6900年）	安徽濉溪石山子	《考古》1992年3期
鹿骨	新石器（大汶口文化）	山东蓬莱紫荆山	《考古》1973年1期
鹿骨	新石器（大汶口文化）	山东兖州王因	《考古》1979年1期
鹿骨	新石器（距今6140±175年）	吉林农安元宝沟	《考古》1989年12期
鹿骨	新石器（红山文化）	辽宁凌源牛河梁	《考古》2001年8期
鹿骨	新石器（距今6000年）	福建平潭壳坵头	《考古》1991年7期
鹿骨	新石器（距今6000年）	山东长岛北庄	《考古》1987年5期
鹿骨	新石器（崧泽文化）	上海青浦崧泽	《考古》1992年3期
鹿骨	新石器（后岗一期文化）	内蒙古乌兰察布石虎山	《考古》1998年12期
鹿骨	新石器（马家窑文化早期）	青海民和胡李家	《考古》2001年1期
鹿骨	新石器（距今5000年）	辽宁大连大潘家	《考古》1994年10期
鹿骨	新石器（距今5000年）	辽宁瓦房店三堂村	《考古》1992年2期
鹿骨	新石器（距今5000年）	云南剑川海门口	《考古》2009年7期
鹿骨	新石器（屈家岭文化）	湖北郧县青龙泉	《考古》1961年10期
鹿骨	新石器（卡若文化）	西藏拉萨曲贡村	《考古》1991年10期
鹿骨	新石器（贝丘遗址）	广东潮安陈桥村	《考古》1961年11期
鹿骨	新石器（贝丘遗址）	广东南海灶岗	《考古》1984年3期
鹿骨	新石器（贝丘遗址）	广西南宁	《考古》1975年5期
鹿骨	新石器（贝丘遗址）	辽宁旅大烈士山	《考古》1962年2期
鹿骨	新石器（贝丘遗址）	辽宁旅大小磨盘山	《考古》1962年2期
鹿骨	新石器（龙山文化）	河北邯郸龟台	《考古》1959年10期
鹿骨	新石器（龙山文化）	河北邯郸涧沟	《考古》1959年10期
鹿骨	新石器（龙山义化）	河北邯郸涧沟	《考古》1961年4期
鹿骨	新石器（龙山文化）	河南濮阳程庄	《考古》1995年12期
鹿骨	新石器（龙山文化）	河南汤阴白营	《考古》1980年3期
鹿骨	新石器（龙山文化）	河南新乡鲁堡村	《考古》1959年9期
鹿骨	新石器（龙山文化）	湖北均县乱石滩	《考古》1961年10期
鹿骨	新石器（龙山文化）	湖北郧县青龙泉	《考古》1961年10期
鹿骨	新石器（龙山文化）	山东费县崮子	《考古》1986年11期
鹿骨	新石器（龙山文化）	山西芮城南礼教村	《考古》1964年6期
鹿骨	新石器（龙山文化早期）	河南汤阴白营	《考古》1980年3期
鹿骨	新石器（距今4700年）	四川巫山魏家梁子	《考古》1996年8期
鹿骨	新石器（齐家文化）	甘肃卓尼纳浪寺坪	《考古》1994年7期

鹿骨		新石器（距今4000年）	福建漳州大帽山	《考古》1995年9期
鹿骨		新石器	甘肃兰州西瓜坡岨	《考古》1960年9期
鹿骨		新石器	广东翁源青塘	《考古》1961年11期
鹿骨		新石器	广东阳春独石仔	《考古》1982年5期
鹿骨		新石器	广西桂林甑皮岩	《考古》1976年3期
鹿骨		新石器	广西柳州鲤里嘴	《考古》1983年9期
鹿骨		新石器	广西武鸣蜡烛山	《考古》1997年10期
鹿骨		新石器	广西象州南沙湾	《考古》1997年10期
鹿骨		新石器	广西象州山猪笼	《考古》1997年10期
鹿骨		新石器	广西邕宁顶蛳山	《考古》1997年10期
鹿骨		新石器	黑龙江林口乌斯浑大屯	《考古》1960年4期
鹿骨	4	新石器	黑龙江宁安大牡丹屯	《考古》1961年10期
鹿骨		新石器	黑龙江宁安牛场	《考古》1960年4期
鹿骨		新石器	黑龙江齐齐哈尔昂昂溪	《考古通讯》1957年2期
鹿骨		新石器	黑龙江肇源望海屯	《考古》1961年10期
鹿骨		新石器	湖北宜昌李家河	《考古通讯》1957年3期
鹿骨		新石器	江苏赣榆青墩庙	《考古》1962年3期
鹿骨		新石器	上海闵行马桥俞塘	《考古》1960年3期
鹿骨		新石器	四川忠县	《考古》1959年8期
鹿骨		新石器	云南宣威尖角洞	《考古》1986年1期
鹿骨		新石器	浙江崇德罗家谷	《考古通讯》1957年4期
鹿骨		新石器早期	广东封开黄岩洞	《考古》1983年1期
鹿骨		新石器中期	广西横县江口	《考古》2000年1期
鹿骨		新石器晚期	广西百色革新桥	《考古》2003年12期
鹿骨		新石器晚期	广西德保岜考岩	《考古》1986年7期
鹿骨		新石器晚期	广西临桂螺蛳岩	《考古》1997年10期
鹿骨		新石器晚期	广西隆林岩洞坡	《考古》1986年7期
鹿骨		新石器（客省庄二期文化）－商早期	内蒙古准格尔旗大口	《考古》1979年4期
鹿骨		新石器－商	广东东莞圆洲	《考古》2000年6期
鹿骨		新石器－商	广东三水银洲	《考古》2000年6期
鹿骨		新石器－青铜时代	辽宁本溪庙后山	《考古》1985年6期
鹿骨		夏（二里头文化）	河南偃师二里头	《考古》1965年5期
鹿骨		青铜时代	黑龙江宾县老山头	《考古》1962年3期
鹿骨		青铜时代（夏家店下层文化）	天津蓟县张家园	《考古》1984年8期

鹿骨		青铜时代（湖熟文化）	江苏仪六地区羊角山	《考古》1962年3期
鹿骨		青铜时代（距今3800年）	云南剑川海门口	《考古》2009年7期
鹿骨		夏商	湖北江陵荆南寺	《考古》1989年8期
鹿骨		商	安徽含山孙家岗	《考古》1977年3期
鹿骨		商	河北邯郸涧沟	《考古》1959年10期
鹿骨		商	河南安阳高楼庄	《考古》1963年4期
鹿骨		商	河南安阳小屯东北地	《考古》1989年10期
鹿骨		商	河南郑州上街	《考古》1960年6期
鹿骨		商	湖北沙市周梁玉桥	《考古》2004年9期
鹿骨		商	天津蓟县围坊	《考古》1983年10期
赤鹿骨		青铜时代（寺洼文化）	甘肃卓尼芭儿	《考古》1994年1期
鹿骨		商周	河北曲阳冯家岸	《考古通讯》1955年1期
鹿骨		商周	天津蓟县围坊	《考古》1983年10期
鹿骨		商周	云南剑川海门口	《考古》1995年9期
鹿骨		西周	江苏新沂三里墩	《考古》1960年7期
鹿骨		西周	陕西长安沣西大原村	《考古》2004年9期
鹿骨		西周	陕西长安沣西张家坡	《考古》1987年1期
鹿骨		周	湖北红安金盆	《考古》1960年4期
鹿骨		西周—春秋	湖北阳新港下村	《考古》1988年1期
鹿骨		东周	黑龙江泰来平洋砖厂	《考古》1989年12期
鹿骨		春秋	湖北宜昌上磨垴	《考古》2000年8期
鹿骨		战国	陕西咸阳故城长陵车站	《考古》1962年6期
鹿骨		战国	四川成都青羊宫	《考古》1959年8期
鹿骨		西汉	山东长清双乳山	《考古》1997年3期
鹿骨		西汉	新疆于田圆沙	《考古》1998年12期
鹿骨		魏晋	黑龙江友谊凤林古城址	《考古》2004年12期
鹿骨		唐	新疆民丰尼雅古城	《考古》1961年3期
赤鹿骨		金	吉林敦化敖东城	《考古》2006年9期
殉鹿骨		东汉	山东烟台毓璜顶山	《考古》1985年8期
鹿牙		新石器（新乐文化）	辽宁沈阳新乐	《考古》1990年11期
鹿牙		新石器（皂市下层文化）	湖南石门皂市	《考古》1986年1期
鹿牙		新石器	广西平南石脚山	《考古》1997年10期
鹿牙	1	新石器	湖北长阳水嘴	《考古》1988年6期
鹿牙		新石器	江苏新沂三里墩	《考古通讯》1958年1期
鹿角	1	新石器（裴李岗文化）	河南巩义瓦窑嘴	《考古》1999年11期

鹿角	1	新石器（裴李岗文化）	河南临汝中山寨	《考古》1986年7期
鹿角		新石器（裴李岗文化）	河南新郑裴李岗	《考古》1978年2期
鹿角		新石器（青莲岗文化）	江苏连云港二涧村	《考古》1962年3期
鹿角		新石器（青莲岗文化）	江苏泗洪东山头	《考古》1964年5期
鹿角		新石器（河姆渡文化）	浙江宁波八字桥	《考古》1979年6期
鹿角		新石器（仰韶文化）	河南浚县西北部	《考古通讯》1957年1期
鹿角		新石器（仰韶文化）	河南濮阳西水坡	《考古》1989年12期
鹿角		新石器（仰韶文化）	河南郑州大河村	《考古》1973年6期
鹿角		新石器（仰韶文化）	湖北均县朱家台	《考古》1961年10期
鹿角	1	新石器（仰韶文化）	山西闻喜汀店	《考古》1961年5期
鹿角		新石器（仰韶文化）	陕西凤翔和兴平	《考古》1960年3期
鹿角		新石器（仰韶文化）	陕西临潼姜寨	《考古》1973年3期
鹿角		新石器（仰韶文化）	陕西临潼姜寨	《考古》1975年5期
鹿角		新石器（大汶口文化）	山东即墨东寅堤村	《考古》1981年1期
鹿角		新石器（大汶口文化）	山东枣庄建新	《考古》1995年1期
鹿角		新石器（红山文化）	辽宁凌源牛河梁	《考古》2001年8期
鹿角		新石器（良渚文化）	江苏吴江梅堰	《考古》1963年6期
鹿角		新石器（良渚文化）	上海松江广富林	《考古》2002年10期
鹿角		新石器（良渚文化）	浙江平湖庄桥坟	《考古》2005年7期
鹿角		新石器（昙石山文化）	福建闽侯昙石山	《考古》1961年12期
鹿角		新石器（昙石山文化）	福建闽侯溪头	《考古》1980年4期
鹿角		新石器（贝丘遗址）	广西南宁	《考古》1975年5期
鹿角		新石器（贝丘遗址）	辽宁长海广鹿岛	《考古》1961年12期
鹿角		新石器（贝丘遗址）	辽宁大连长海大长山岛	《考古》1962年7期
鹿角		新石器（贝丘遗址）	辽宁旅大小磨盘山	《考古》1962年2期
鹿角		新石器（龙山文化）	安徽萧县花家寺	《考古》1966年2期
鹿角		新石器（龙山文化）	河南巩县水地河	《考古》1990年11期
鹿角		新石器（龙山文化）	河南灵宝城东寨	《考古》1960年7期
鹿角		新石器（龙山文化）	河南商丘坞墙	《考古》1983年2期
鹿角		新石器（龙山文化）	河南汤阴白营	《考古》1980年3期
鹿角	40	新石器（龙山文化）	湖北洪湖乌林矶	《考古》1987年5期
鹿角	1	新石器（龙山文化）	江苏赣榆下庙墩	《考古》1962年3期
鹿角		新石器（龙山文化）	江苏泗洪龟墩	《考古》1964年5期
鹿角		新石器（龙山文化）	山东即墨张戈庄三里村	《考古》1989年8期
鹿角		新石器（龙山文化）	山东临沭北沟头	《考古》1990年6期
鹿角		新石器（龙山文化）	山东蓬莱紫荆山	《考古》1973年1期
鹿角		新石器（龙山文化）	山东平度东岳石村	《考古》1962年10期
鹿角		新石器（距今4200年）	湖北均县乱石滩	《考古》1986年7期

鹿角		新石器	安徽灵璧蒋庙村	《考古通讯》1955年5期
鹿角		新石器	安徽五河濠城	《考古》1959年7期
鹿角		新石器	甘肃兰州西瓜坡岘	《考古》1960年9期
鹿角		新石器	河北曲阳钓鱼台	《考古通讯》1955年1期
鹿角		新石器	河南漯河澧河	《考古通讯》1957年3期
鹿角	2	新石器	河南上蔡县黄泥庄	《考古通讯》1956年5期
鹿角		新石器	河南镇平赵湾	《考古》1962年1期
鹿角		新石器	黑龙江嫩江下游官地村	《考古》1960年4期
鹿角	1	新石器	湖北长阳桅杆坪	《考古》1988年6期
鹿角		新石器	江苏常州圩墩	《考古》1974年2期
鹿角		新石器	江苏丹徒癞龟墩	《考古通讯》1956年6期
鹿角		新石器	江苏昆山荣庄	《考古》1960年6期
鹿角		新石器	山东济宁琵琶山	《考古》1960年6期
鹿角		新石器	山东烟台邱家庄	《考古》1963年7期
鹿角	1	新石器	陕西汉中八里坪	《考古》1962年6期
鹿角	1	新石器	陕西汉中河东店	《考古》1962年6期
鹿角		新石器	四川巫山大昌坝	《考古》1959年8期
鹿角		新石器	四川忠县	《考古》1959年8期
鹿角		新石器	浙江崇德罗家谷	《考古通讯》1957年4期
鹿角	2	新石器	浙江乐清白石	《考古》1992年9期
鹿角		新石器晚期	广西田阳台地	《考古》1986年7期
鹿角		夏（二里头文化）	河南焦作禹寺	《考古》1996年11期
鹿角		夏（二里头文化）	河南偃师二里头	《考古》1965年5期
鹿角	1	青铜时代	黑龙江宾县老山头	《考古》1962年3期
鹿角		青铜时代	江苏江宁元山镇	《考古》1959年6期
鹿角		青铜时代	云南昆明西山区王家墩	《考古》1983年5期
鹿角		青铜时代（夏家店下层文化）	天津蓟县张家园	《考古》1984年8期
鹿角		青铜时代（湖熟文化）	江苏仪六地区葫芦山	《考古》1962年3期
鹿角		商早期	河南郑州岔河	《考古》2005年6期
鹿角		商	河北藁城台西村	《考古》1973年1期
鹿角		商	河北邢台东先贤村	《考古》1959年2期
鹿角		商	河南安阳高楼庄	《考古》1963年4期

鹿角	1	商	河南安阳洹北花园庄	《考古》1998年10期 有
鹿角		商	河南南阳十里庙	《考古》1959年7期
鹿角	1	商	河南偃师二里头	《考古》1986年4期
鹿角		商	河南郑州上街	《考古》1966年1期
鹿角		商	江苏徐州花家寺	《考古》1960年3期
鹿角		商	江苏徐州丘湾	《考古》1960年3期
鹿角		商	山东济南大辛庄	《考古》1959年4期
鹿角	1	商	山东济南西郊田家庄	《考古》1981年1期
鹿角		青铜时代（距今3600年）	辽宁大连大嘴子	《考古》1996年2期
鹿角		商－西周	四川成都金沙遗址	《考古》2002年7期
鹿角		商周	山东青岛市郊云头崮	《考古》1965年9期
鹿角	3	西周	河北元氏西张村	《考古》1979年1期
鹿角		西周	江苏东海庙墩	《考古》1986年12期
鹿角		西周	江苏洪泽湖地区	《考古》1964年5期
鹿角		西周	江苏邳海河西墩	《考古》1964年1期
鹿角		西周	江苏邳海西滩子	《考古》1964年1期
鹿角		西周	山东邹县七家峪	《考古》1965年11期
鹿角		西周	陕西长安沣东白家庄北	《考古》1963年8期
鹿角	1	西周	陕西长安沣西大原村	《考古》2004年9期 有
鹿角		西周	天津蓟县张家园	《考古》1993年4期
鹿角		青铜时代－东汉	吉林汪清新安闾	《考古》1961年8期
鹿角	2	东周	安徽亳县曹家岗	《考古》1961年6期
鹿角		东周	河南信阳长台关	《考古通讯》1958年11期
鹿角	量多	春秋	湖北宜昌上磨垴	《考古》2000年8期
鹿角		战国	湖北枝江姚家港	《考古》1988年2期
鹿角	5	战国	湖北钟祥冢十包	《考古》1999年2期 有
鹿角		战国	天津北仓	《考古》1982年2期
鹿角		秦	陕西凤翔南固城	《考古》1960年3期
鹿角	1	西汉	河北阳原北关	《考古》1990年4期
鹿角	1	西汉	陕西西安六堡村汉长安城	《考古》1994年11期
鹿角	2	东汉	内蒙古扎赉诺尔	《考古》1961年12期
鹿角		魏晋	黑龙江友谊凤林古城址	《考古》2004年12期
鹿角	1	渤海国时期	黑龙江海林兴农	《考古》2005年3期 有
鹿角	1	辽	广西南县石脚山	《考古》2003年1期 有
鹿角	2	辽	辽宁朝阳刘承嗣族墓	《考古》1987年2期 有
玉鹿	1	西周	河南鹿邑太清宫	《考古》2000年9期

陶鹿		春秋	广东博罗梅花墩	《考古》1998年7期	有
陶鹿	3	战国	山东泰安康家河村	《考古》1988年1期	
陶母子鹿	1	隋	安徽合肥市郊五里岗	《考古》1976年2期	有
釉陶鹿	2	明	江苏南京沐睿墓	《考古》1999年10期	有
瓷鹿	1	北宋	江西南丰桑田	《考古》1988年4期	有
铜鹿	2	东周	甘肃庆阳冯堡	《考古》1988年5期	有
铜鹿	1	东周	甘肃庆阳宁县袁家村	《考古》1988年5期	有
铜鹿	6	东周	甘肃镇原吴家沟圈	《考古》1988年5期	有
铜鹿	1	东周	甘肃正宁后庄村	《考古》1988年5期	有
铜卧鹿	8	战国	甘肃庄浪石嘴村	《考古》2005年5期	有
铜卧鹿	5	战国—汉	内蒙古准格尔旗玉隆太村	《考古》1977年2期	有
铜鹿		西汉	河南陕县后川	《考古通讯》1958年11期	
铜鹿	1	西汉	江苏涟水三里墩	《考古》1973年2期	有
铜鹿	4	东汉	河南偃师寇店	《考古》1992年9期	有
木鹿		东周	湖北江陵雨台山	《考古》1980年5期	
金箔鹿	4	西汉	河北阳原北关	《考古》1990年4期	有

斑鹿

斑鹿骨	新石器（仰韶文化）	陕西宝鸡北首岭	《考古》1979年2期
斑鹿骨	商	山东阳信李屋	《考古》2010年3期
斑鹿骨	青铜时代（寺洼文化）	甘肃卓尼芭儿	《考古》1994年1期

麂

麂骨	新石器（距今10000多年）	河北徐水南庄头	《考古》1992年11期
麂骨	新石器（裴李岗文化）	河南郏县水泉	《考古》1992年10期
麂骨	新石器（皂市下层文化）	湖南石门皂市	《考古》1986年1期
麂骨	新石器（距今7000年）	吉林长岭腰井子	《考古》1992年8期
麂骨	新石器（河姆渡文化）	浙江余姚鲻山	《考古》2001年10期
麂骨	新石器（距今6140±175年）	吉林农安元宝沟	《考古》1989年12期
麂骨	新石器（良渚文化）	上海奉贤江海	《考古》2002年11期
麂骨	新石器（贝丘遗址）	广西南宁	《考古》1975年5期
麂角	新石器（贝丘遗址）	广西南宁	《考古》1975年5期
麂骨	新石器（距今4700年）	广西那坡感驮岩	《考古》2003年10期
麂骨	新石器	广西桂林甑皮岩	《考古》1976年3期
麂骨	新石器	广西象州山猪笼	《考古》1997年10期
麂骨	新石器	云南宣威尖角洞	《考古》1986年1期

麂骨		新石器早期	广东封开黄岩洞	《考古》1983年1期
麂骨		新石器中期	广西横县江口	《考古》2000年1期
麂骨		商	天津蓟县围坊	《考古》1983年10期
麂骨		商周	天津蓟县围坊	《考古》1983年10期
麂骨		东周	江苏苏州新庄	《考古》1987年4期

马鹿

马鹿骨	量多	新石器（兴隆洼文化）	内蒙古林西井沟子西梁	《考古》2006年2期
马鹿骨		新石器（距今7000年）	吉林长岭腰井子	《考古》1992年8期
马鹿骨		新石器（仰韶文化）	山西夏县辕村	《考古》2009年11期
马鹿骨		夏（二里头文化）	山西夏县辕村	《考古》2009年11期
马鹿骨		西周	陕西长安普渡村	《考古》1986年3期

梅花鹿

梅花鹿骨	新石器（青莲岗文化）	江苏常州圩墩	《考古》1978年4期
梅花鹿骨	新石器（皂市下层文化）	湖南石门皂市	《考古》1986年1期
梅花鹿骨	新石器（马家浜文化）	江苏宜兴骆驼墩	《考古》2003年7期
梅花鹿骨	新石器（河姆渡文化）	浙江余姚鲻山	《考古》2001年10期
梅花鹿骨	新石器（仰韶文化）	山西夏县辕村	《考古》2009年11期
梅花鹿骨	新石器（崧泽文化）	上海松江姚家圈	《考古》2001年9期
梅花鹿骨	新石器（良渚文化）	上海奉贤江海	《考古》2002年11期
梅花鹿骨	新石器（龙山文化）	河北邯郸涧沟	《考古》1961年4期
梅花鹿骨	夏（二里头文化）	山西夏县辕村	《考古》2009年11期
梅花鹿骨	青铜时代（寺洼文化）	甘肃卓尼芭儿	《考古》1994年1期

麋鹿

麋鹿骨	新石器（青莲岗文化）	江苏常州圩墩	《考古》1978年4期
麋鹿骨	新石器（马家浜文化）	江苏东台开庄	《考古》2005年4期
麋鹿骨	新石器（马家浜文化）	江苏宜兴骆驼墩	《考古》2003年7期
麋鹿骨	新石器（河姆渡文化）	浙江余姚鲻山	《考古》2001年10期
麋鹿骨	新石器（崧泽文化）	上海松江姚家圈	《考古》2001年9期
麋鹿骨	新石器（良渚文化）	上海奉贤江海	《考古》2002年11期
麋鹿角	新石器	天津宝坻北里自沽	《考古》1976年4期
麋鹿骨	商	山东阳信李屋	《考古》2010年3期
麋鹿骨	商周	山东寿光双王城	《考古》2010年3期

麝

麝骨	新石器（距今10000多年）	河北徐水南庄头	《考古》1992年11期
麝骨	新石器（马家浜文化）	浙江嘉兴马家浜	《考古》1961年7期
麝骨	新石器（仰韶文化）	陕西宝鸡北首岭	《考古》1979年2期

麝骨		新石器（距今6900年）	安徽濉溪石山子	《考古》1992年3期
麝骨		新石器（距今6140±175年）	吉林农安元宝沟	《考古》1989年12期
麝骨		西周	陕西长安普渡村	《考古》1986年3期
麝骨		魏晋	黑龙江友谊凤林古城址	《考古》2004年12期

水鹿

水鹿骨		新石器（距今4700年）	广西那坡感驮岩	《考古》2003年10期
水鹿骨		青铜时代（距今3800年）	广西那坡感驮岩	《考古》2003年10期
水鹿骨		商周	江西湖口下石钟山	《考古》1987年12期

麋

麋骨		新石器（青莲岗文化）	江苏常州圩墩	《考古》1978年4期
麋牙		新石器（大溪文化）	湖北江陵毛家山	《考古》1977年3期　有
麋骨		新石器（贝丘遗址）	广西南宁	《考古》1975年5期

驴

驴骨		西汉	新疆于田圆沙	《考古》1998年12期
驴骨		金	吉林敦化敖东城	《考古》2006年9期
陶驴	1	北魏	河北曲阳嘉峪村	《考古》1972年5期　有
陶驴	1	北魏	河南洛阳盘龙冢村	《考古》1973年4期
陶驴	1	北齐	河北磁县高润墓	《考古》1979年3期　有

猫

猫骨		新石器	广东阳春独石仔	《考古》1982年5期
猫骨		商	山东阳信李屋	《考古》2010年3期
猫骨		魏晋	黑龙江友谊凤林古城址	《考古》2004年12期
瓷猫	1	唐	河南安阳西郊梅园庄	《考古》1959年5期　有

豹猫

| 豹猫骨 | | 新石器（距今4700年） | 广西那坡感驮岩 | 《考古》2003年10期 |

斑猫

| 斑猫骨 | | 西汉 | 陕西西安汉长安城西北角 | 《考古》2006年10期 |

貉

貉骨		新石器（兴隆洼文化）	内蒙古林西井沟子西梁	《考古》2006年2期
貉骨		新石器（青莲岗文化）	江苏常州圩墩	《考古》1978年4期
貉骨		新石器（河姆渡文化）	浙江余姚鲻山	《考古》2001年10期
貉骨		新石器（仰韶文化）	陕西宝鸡北首岭	《考古》1979年2期
貉骨		新石器（后岗一期文化）	内蒙古乌兰察布石虎山	《考古》1998年12期

貉骨		商	山东阳信李屋	《考古》2010年3期

狍

狍骨		新石器（仰韶文化）	陕西宝鸡北首岭	《考古》1979年2期
狍骨		新石器（兴隆洼文化）	内蒙古敖汉旗兴隆洼	《考古》1985年10期
狍骨		新石器（兴隆洼文化）	内蒙古林西井沟子西梁	《考古》2006年2期
狍骨		新石器（昂昂溪文化）	黑龙江安达青肯泡	《考古》1962年2期
狍骨		新石器（昂昂溪文化）	吉林镇赉黄家围子	《考古》1988年2期
狍骨		新石器（仰韶文化）	山西夏县辕村	《考古》2009年11期
狍骨	2	新石器	黑龙江宁安大牡丹屯	《考古》1961年10期
狍骨		新石器	黑龙江宁安牛场	《考古》1960年4期
狍骨		新石器	黑龙江肇源望海屯	《考古》1961年10期
狍骨		夏（二里头文化）	山西夏县辕村	《考古》2009年11期
狍骨		青铜时代	黑龙江宾县老山头	《考古》1962年3期
狍骨		商（二里岗文化）	山西夏县辕村	《考古》2009年11期
狍骨		西周	陕西长安普渡村	《考古》1986年3期
狍骨		汉魏	黑龙江桦南小八浪	《考古》2002年7期
狍骨		魏晋	黑龙江友谊凤林古城址	《考古》2004年12期
狍骨		辽金	吉林双辽电厂贮灰场	《考古》1995年4期
狍骨		金	吉林敦化敖东城	《考古》2006年9期

犀牛

犀牛骨		新石器（良渚文化）	上海奉贤江海	《考古》2002年11期
犀牛骨		新石器（贝丘遗址）	广西南宁	《考古》1975年5期
犀牛骨		新石器	广东阳春独石仔	《考古》1982年5期
犀牛骨		新石器	广西柳州鲤里嘴	《考古》1983年9期
犀牛骨		商	河南安阳洹北花园庄	《考古》1998年10期
犀牛牙	1	新石器	湖北长阳水嘴	《考古》1988年6期
陶犀牛角	15	西汉	广东广州三元里马鹏冈	《考古》1962年10期
陶犀牛		南朝	江苏南京砂石山	《考古通讯》1956年 有 4期
陶犀牛		南朝	江苏南京四板村	《考古》1959年3期
陶犀牛		南朝	江苏南京童家山	《考古》1985年1期 有
铁犀牛	1	唐	北京丰台卢沟桥北	《考古》1989年2期
铁犀牛	1	唐	北京海淀上庄	《考古》1989年2期

牦牛

牦牛骨		战国－秦汉	西藏阿里札达丁东	《考古》2007年11期 有

野牛

野牛骨		新石器（距今 6140±175年）	吉林农安元宝沟	《考古》1989年12期

狮

碳精狮	1	六朝	四川绵阳西山	《考古》1990年11期	
石狮	3	北齐	河北磁县高润墓	《考古》1979年3期	有
石子母狮	2	唐	辽宁朝阳	《考古》1973年6期	有
石狮头	2	唐	陕西西安唐长安城西市	《考古》1961年5期	
石狮	2	渤海国前期	吉林敦化六顶山	《考古》1961年6期	有
石狮		宋	河南巩县宋陵	《考古》1964年11期	有
石狮	2	宋	河南沁阳葛村	《考古》1964年7期	有
石狮	2	北宋	山东聊城体育场东南	《考古》1987年2期	有
石狮	1	辽元	天津宝坻哈喇庄	《考古》2005年5期	有
石狮	2	元	内蒙古察右前旗土城子	《考古》1962年11期	
石狮	16	明	安徽凤阳泗州城北明祖陵	《考古》1963年8期	有
三彩狮	1	唐	河南温县大吴村	《考古》1964年4期	有
三彩狮	1	唐	江苏扬州史可法西路	《考古》1990年4期	有
陶狮	1	唐	辽宁朝阳黄河路	《考古》2001年8期	有
陶狮	2	明	四川成都东郊华阳桂溪	《考古通讯》1957年3期	有
瓷狮	1	西晋	江苏仪征三茅	《考古》1965年4期	有
瓷狮	1	隋	河南陕县刘家渠	《考古通讯》1957年4期	
瓷狮	1	唐	河北曲阳涧磁村	《考古》1965年8期	有
瓷狮		唐	河南洛阳东都履道坊	《考古》1994年8期	
瓷狮	1	唐	河南三门峡	《考古通讯》1958年11期	
琥珀狮		汉	贵州清镇平坝	《考古》1961年4期	
金狮	1	东汉	湖北宜都陆城	《考古》1988年10期	有

鼠

鼠骨		新石器（昂昂溪文化）	黑龙江安达青肯泡	《考古》1962年2期	
鼠骨	3	新石器（裴李岗文化）	河南巩义瓦窑嘴	《考古》1999年11期	有
鼠骨		新石器（皂市下层文化）	湖南石门皂市	《考古》1986年1期	
鼠骨		新石器（仰韶文化）	河南灵宝北阳坪	《考古》2001年7期	
鼠骨		新石器（仰韶文化）	山西夏县辕村	《考古》2009年11期	
田鼠骨		新石器（仰韶文化）	陕西宝鸡北首岭	《考古》1979年2期	
鼠骨		新石器（距今6140±175年）	吉林农安元宝沟	《考古》1989年12期	
鼠骨		新石器（红山文化）	辽宁凌源牛河梁	《考古》2001年8期	
鼠骨		新石器（后岗一期文	内蒙古乌兰察布石虎山	《考古》1998年12期	

化）

鼠骨		新石器	广东阳春独石仔	《考古》1982年5期	
鼠骨		新石器	广西柳州鲤里嘴	《考古》1983年9期	
鼠骨		夏（二里头文化）	山西夏县辕村	《考古》2009年11期	
鼠骨		东周	黑龙江泰来平洋砖厂	《考古》1989年12期	
鼠骨		西汉	陕西西安汉长安城西北角	《考古》2006年10期	
鼠骨		西汉	新疆于田圆沙	《考古》1998年12期	
陶鼠		春秋	广东博罗梅花墩	《考古》1998年7期	有
陶鼠		明	云南大理凤仪大丰乐	《考古》2001年12期	有
瓷鼠	1	北宋	江西南丰桑田	《考古》1988年4期	有
金箔鼠	1	西汉	河北阳原北关	《考古》1990年4期	有

竹鼠

竹鼠骨	新石器（仰韶文化）	陕西宝鸡北首岭	《考古》1979年2期
竹鼠骨	新石器（贝丘遗址）	广西南宁	《考古》1975年5期
竹鼠骨	新石器（距今4700年）	广西那坡感驮岩	《考古》2003年10期
竹鼠骨	青铜时代（距今3800年）	广西那坡感驮岩	《考古》2003年10期
竹鼠骨	商	山东阳信李屋	《考古》2010年3期

松鼠

陶松鼠	汉	河南孟县古城村	《考古通讯》1958年3期

鼢鼠

鼢鼠骨	新石器（距今7000年）	吉林长岭腰井子	《考古》1992年8期

苍鼠

苍鼠骨	商	山东阳信李屋	《考古》2010年3期

水獭

水獭骨	新石器	广东阳春独石仔	《考古》1982年5期

兔

兔骨		新石器（兴隆洼文化）	内蒙古林西井沟子西梁	《考古》2006年2期	
兔骨		新石器（距今7000年）	吉林长岭腰井子	《考古》1992年8期	
兔骨		新石器（仰韶文化）	河南灵宝北阳坪	《考古》2001年7期	
兔骨		新石器（仰韶文化）	山西夏县辕村	《考古》2009年11期	
兔骨		新石器（红山文化）	吉林奈曼旗大沁他拉	《考古》1979年3期	
兔骨		新石器（龙山文化）	河南汤阴白营	《考古》1980年3期	
兔骨		新石器（西团山文化）	吉林省吉林市泡子沿前山	《考古》1985年6期	有
兔骨	1	新石器	黑龙江宁安大牡丹屯	《考古》1961年10期	

兔骨		夏（二里头文化）	山西夏县辕村	《考古》2009年11期	
兔骨		商	山东阳信李屋	《考古》2010年3期	
兔骨		东周	黑龙江泰来平洋砖厂	《考古》1989年12期	
兔骨		西汉	陕西西安汉长安城西北角	《考古》2006年10期	
兔骨		西汉	新疆于田圆沙	《考古》1998年12期	
玉兔	1	商	河南安阳梅园庄南地	《考古》1991年2期	有
玉兔		商	河南罗山蟒张	《考古》1981年2期	
玉兔		商周	河南安阳大司空村	《考古通讯》1958年10期	有
玉兔	1	西周	河南鹿邑太清宫	《考古》2000年9期	
玉兔		西周	陕西长安沣西张家坡	《考古》1986年1期	有
陶兔	1	唐	江苏徐州花马庄	《考古》1997年3期	有
陶兔		明	云南大理凤仪大丰乐	《考古》2001年12期	有
瓷兔	1	唐	河北曲阳涧磁村	《考古》1965年8期	有
瓷兔	1	唐	河南三门峡	《考古通讯》1958年11期	

野兔

| 野兔骨 | | 新石器（后岗一期文化） | 内蒙古乌兰察布石虎山 | 《考古》1998年12期 | |

象

象骨		新石器（贝丘遗址）	广西南宁	《考古》1975年5期	
象骨	1	新石器（龙山文化）	湖北洪湖乌林矶	《考古》1987年5期	
象骨		商	河南安阳武官村北地	《考古》1987年12期	
亚洲象臼牙		新石器	广西桂林甑皮岩	《考古》1976年3期	
象牙	1	新石器	浙江乐清白石	《考古》1992年9期	
瓷象		清	北京圆明园含经堂遗址	《考古》2004年2期	有
玉象		商	河南罗山蟒张	《考古》1981年2期	
金箔象	2	西汉	河北阳原北关	《考古》1990年4期	有
铜象	4	东汉	河南偃师寇店	《考古》1992年9期	有
木象	1	十六国	新疆吐鲁番阿斯塔那	《考古》2006年12期	有

熊

熊骨		新石器（仰韶文化）	河南灵宝北阳坪	《考古》2001年7期	
熊骨		新石器	广东阳春独石仔	《考古》1982年5期	
熊骨		新石器	广西柳州鲤里嘴	《考古》1983年9期	
熊骨		新石器中期	广西横县江口	《考古》2000年1期	
熊牙		新石器晚期	广西德保岜考岩	《考古》1986年7期	
陶熊	1	商周	黑龙江宁安莺歌岭	《考古》1981年6期	有

陶熊	1	东汉		陕西淳化铁王	《考古》1983年9期 有
棕熊					
棕熊骨		新石器（后岗一期文化）		内蒙古乌兰察布石虎山	《考古》1998年12期
黄羊					
黄羊骨		新石器		黑龙江齐齐哈尔昂昂溪	《考古通讯》1957年2期
黄羊骨		新石器		黑龙江肇源望海屯	《考古》1961年10期
羚羊					
羚羊骨		新石器（后岗一期文化）		内蒙古乌兰察布石虎山	《考古》1998年12期
羚羊骨		新石器（贝丘遗址）		福建东山大帽山	《考古》1988年2期
羚羊骨		魏晋		黑龙江友谊凤林古城址	《考古》2004年12期
铜羚羊	2	战国—汉		内蒙古准格尔旗玉隆太村	《考古》1977年2期 有
岩羊					
岩羊角		西周		陕西长安沣西张家坡	《考古》1986年3期
岩羊骨		西周		陕西长安普渡村	《考古》1986年3期
獐					
獐骨		新石器（昂昂溪文化）		黑龙江安达青肯泡	《考古》1962年2期
獐骨		新石器（马家浜文化）		江苏高淳薛城	《考古》2000年5期
獐骨		新石器（马家浜文化）		上海青浦崧泽	《考古》1992年3期
獐骨		新石器（距今6900年）		安徽濉溪石山子	《考古》1992年3期
獐骨		新石器（崧泽文化）		上海松江姚家圈	《考古》2001年9期
獐骨		新石器（距今5000年）		辽宁瓦房店三堂村	《考古》1992年2期
獐骨		新石器（距今4700年）		广西那坡感驮岩	《考古》2003年10期
獐骨		商		安徽含山孙家岗	《考古》1977年3期
獐骨		商		山东阳信李屋	《考古》2010年3期
獐骨		商周		江西湖口下石钟山	《考古》1987年12期
獐骨		西周		陕西长安普渡村	《考古》1986年3期
獐骨		东周		江苏苏州新庄	《考古》1987年4期
獐牙	10	新石器（大汶口文化）		山东临沂大范庄	《考古》1975年1期
獐牙	2	新石器（大汶口文化）		山东泗水尹家城	《考古》1987年4期 有
獐牙		青铜时代（距今3600年）		辽宁大连大嘴子	《考古》1996年2期
獐牙		战国		四川成都青羊宫	《考古》1959年8期
豪猪					
豪猪骨		新石器（皂市下层文化		湖南石门皂市	《考古》1986年1期

化）

豪猪骨		新石器（龙山文化）	河北邯郸涧沟	《考古》1959年10期
豪猪骨		新石器（距今4700年）	广西那坡感驮岩	《考古》2003年10期
豪猪骨		新石器	广西桂林甑皮岩	《考古》1976年3期
豪猪骨		新石器	广西柳州鲤里嘴	《考古》1983年9期
豪猪骨		新石器早期	广东封开黄岩洞	《考古》1983年1期
豪猪骨		新石器中期	广西横县江口	《考古》2000年1期
豪猪骨		青铜时代（距今3800年）	广西那坡感驮岩	《考古》2003年10期
豪猪骨		商	湖南石门皂市	《考古》1962年3期

野猪

野猪骨		新石器（青莲岗文化）	江苏常州圩墩	《考古》1978年4期
野猪骨		新石器（马家浜文化）	浙江嘉兴马家浜	《考古》1961年7期
野猪骨		新石器（河姆渡文化）	浙江余姚鲻山	《考古》2001年10期
野猪骨		新石器（距今6000年）	福建平潭壳坵头	《考古》1991年7期
野猪骨		新石器（良渚文化）	江苏吴江梅堰	《考古》1963年6期
野猪骨		新石器（龙山文化）	安徽萧县花家寺	《考古》1966年2期
野猪骨		新石器（距今4700年）	广西那坡感驮岩	《考古》2003年10期
野猪骨		新石器	广东翁源青塘	《考古》1961年11期
野猪骨		新石器	广东阳春独石仔	《考古》1982年5期
野猪骨		新石器	浙江崇德罗家谷	《考古通讯》1957年4期
野猪骨		新石器早期	广东封开黄岩洞	《考古》1983年1期
野猪骨		新石器中期	广西横县江口	《考古》2000年1期
野猪骨		青铜时代（距今3800年）	广西那坡感驮岩	《考古》2003年10期
野猪骨		商	安徽含山孙家岗	《考古》1977年3期
野猪骨		商周	云南剑川海门口	《考古》1995年9期
野猪骨		西周	陕西长安普渡村	《考古》1986年3期
野猪骨		汉	黑龙江海林东兴	《考古》1996年10期
野猪牙		新石器（新乐文化）	辽宁沈阳新乐	《考古》1990年11期
野猪牙		新石器（大溪文化）	湖南洪江高庙	《考古》2006年7期
野猪牙	1	新石器（距今6000年）	内蒙古海拉尔市团结遗址	《考古》2001年5期
野猪牙		新石器（良渚文化）	浙江平湖庄桥坟	《考古》2005年7期
野猪牙		新石器（距今5000年）	辽宁大连大潘家	《考古》1994年10期
野猪牙	2	新石器（昙石山文化）	福建闽侯昙石山	《考古》1961年12期
野猪牙	1	新石器（龙山文化）	湖北洪湖乌林矶	《考古》1987年5期
野猪牙	1	新石器	吉林珲春凉水泉子	《考古》1959年6期

野猪牙	3	新石器	吉林汪清天桥岭	《考古通讯》1956年6期	
野猪牙		青铜时代（距今3600年）	辽宁大连大嘴子	《考古》1996年2期	
野猪牙		商－西周	四川成都金沙遗址	《考古》2002年7期	
野猪牙		西周	河南鹿邑太清宫	《考古》2000年9期	
野猪牙		战国	四川成都青羊宫	《考古》1959年8期	
野猪牙	4	战国－秦	四川甘孜吉里龙	《考古》1986年1期	
野猪牙		魏晋	黑龙江友谊凤林古城址	《考古》2004年12期	
野猪头		南北朝－隋唐	黑龙江萝北团结	《考古》1989年8期	

三、动物制品

（一）皮制品

皮带

皮带		青铜时代（夏家店上层文化）	内蒙古敖汉旗周家地	《考古》1984年5期	有
皮带	1	春秋－西汉	新疆鄯善苏巴什	《考古》1988年6期	
皮带		战国	湖北江陵九店	《考古》1995年7期	
残皮带		东汉	内蒙古巴尔虎旗完工	《考古》1965年6期	
皮条残件		西夏	甘肃武威张义小西沟岘	《考古》1974年3期	

皮革

皮革制品	2	东周	新疆托克逊县英亚依拉克	《考古》1985年5期	有
皮革制品		春秋	山东海阳嘴子前村	《考古》1996年9期	
皮革残片	1	汉	新疆鄯善苏巴什	《考古》1984年1期	
皮革		东汉	内蒙古巴尔虎旗完工	《考古》1965年6期	

皮囊

牛皮囊	5	青铜时代（距今3000年）	新疆哈密艾斯克霞尔	《考古》2002年6期	有
皮囊	1	西汉	宁夏同心王团乡倒墩子村	《考古》1987年1期	

皮鞋

皮靴	24	青铜时代（距今3000年）	新疆哈密艾斯克霞尔	《考古》2002年6期	有
皮靴		青铜时代（距今3000年）	新疆鄯善洋海	《考古》2004年5期	
皮鞋		高昌（公元7世纪）	新疆吐鲁番巴达木	《考古》2006年12期	
生牛皮鞋		西夏	甘肃武威张义小西沟岘	《考古》1974年3期	

皮衣

皮革衣物		西周	陕西扶风法门寺镇西北	《考古》2004年1期
皮衣	3	青铜时代（距今3000年）	新疆哈密艾斯克霞尔	《考古》2002年6期　有
羊皮衾	1	青铜时代（距今3000年）	新疆哈密艾斯克霞尔	《考古》2002年6期
皮衣	1	春秋－西汉	新疆鄯善苏巴什	《考古》1988年6期
皮衣		铁器时代（距今2500年）	新疆鄯善苏贝希	《考古》2002年6期

其他皮制品

牛皮刀鞘	1	青铜时代（距今3000年）	新疆哈密艾斯克霞尔	《考古》2002年6期　有
牛皮护腕	1	青铜时代（距今3000年）	新疆哈密艾斯克霞尔	《考古》2002年6期　有
皮袜	4	青铜时代（距今3000年）	新疆哈密艾斯克霞尔	《考古》2002年6期　有
羊皮帽		青铜时代（距今3000年）	新疆鄯善洋海	《考古》2004年5期
刀鞘（皮革）		青铜时代（夏家店上层文化）	内蒙古敖汉旗周家地	《考古》1984年5期
蔽膝（皮革）		青铜时代（夏家店上层文化）	内蒙古敖汉旗周家地	《考古》1984年5期　有
皮套		战国	湖北江陵九店	《考古》1995年7期
皮袋		铁器时代（距今2500年）	新疆鄯善苏贝希	《考古》2002年6期
皮护胸	1	铁器时代（距今2500年）	新疆鄯善苏贝希	《考古》2002年6期　有
皮马鞍辔	1	铁器时代（距今2500年）	新疆鄯善苏贝希	《考古》2002年6期
皮枕		铁器时代（距今2500年）	新疆鄯善苏贝希	《考古》2002年6期
皮袋	3	汉	新疆鄯善苏巴什	《考古》1984年1期　有
羊皮褥	1	汉	新疆鄯善苏巴仟	《考古》1984年1期
皮套	1	十六国（北燕）	辽宁朝阳八宝村	《考古》1985年10期
皮毛		唐	新疆民丰尼雅古城	《考古》1961年3期　有

（二）毛制品

毛布

毛布	1	东周	新疆托克逊县英亚依拉克	《考古》1985年5期　有

毛布		汉	新疆鄯善苏巴什	《考古》1984年1期

毛带

毛编织带	6	青铜时代（距今3000年）	新疆哈密艾斯克霞尔	《考古》2002年6期
毛织带		汉	新疆鄯善苏巴什	《考古》1984年1期

毛裤

毛布裤	1	青铜时代（距今3000年）	新疆哈密艾斯克霞尔	《考古》2002年6期

毛帽

毛布帽	5	青铜时代（距今3000年）	新疆哈密艾斯克霞尔	《考古》2002年6期
毛帽	2	春秋－西汉	新疆鄯善苏巴什	《考古》1988年6期 有

毛绳

毛绳		西周－春秋	新疆托克逊县喀格恰克	《考古》1987年7期
细毛绳	2	东周	新疆托克逊县英亚依拉克	《考古》1985年5期 有
牛羊毛制绳头		唐	新疆民丰尼雅古城	《考古》1961年3期

毛毯

毛毯	1	春秋－西汉	新疆鄯善苏巴什	《考古》1988年6期 有
毛毯		东汉－魏晋	新疆尉犁县营盘里	《考古》2002年6期

毛衣

毛布长袍	4	青铜时代（距今3000年）	新疆哈密艾斯克霞尔	《考古》2002年6期
毛纺织衣		铁器时代（距今2500年）	新疆鄯善苏贝希	《考古》2002年6期

毛毡

毛毡帽	1	青铜时代（距今3000年）	新疆哈密艾斯克霞尔	《考古》2002年6期
毛毡袜	2	青铜时代（距今3000年）	新疆哈密艾斯克霞尔	《考古》2002年6期
毛毡缛	1	青铜时代（距今3000年）	新疆哈密艾斯克霞尔	《考古》2002年6期
毛毡片	5	青铜时代（距今3000年）	新疆哈密艾斯克霞尔	《考古》2002年6期
毛毡	1	春秋－西汉	新疆鄯善苏巴什	《考古》1988年6期
毛毡		汉	新疆鄯善苏巴什	《考古》1984年1期
残毡垫片	1	西汉	山东诸城杨家庄子	《考古》1987年9期

毛毡块		东汉	内蒙古扎赉诺尔	《考古》1961年12期
毛毡	1	宋	湖北均县乱石滩	《考古》1990年8期
毡片		西夏	甘肃武威张义小西沟岘	《考古》1974年3期

罽

方格条带纹罽	1	春秋－西汉	新疆鄯善苏巴什	《考古》1988年6期	有

其他毛制品

毛织物	青铜时代（距今3000年）	新疆鄯善洋海	《考古》2004年5期	
毛织品	西周－春秋	新疆和静县察吾乎沟口	《考古》1990年6期	有
毛织品	西周－春秋	新疆轮台群巴克	《考古》1987年11期	
毛织物	西周－春秋	新疆轮台群巴克	《考古》1991年8期	有
绿色细毛布 1	春秋－西汉	新疆鄯善苏巴什	《考古》1988年6期	有
毛织物残片	铁器时代（距今2500年）	新疆鄯善苏贝希	《考古》2002年6期	
毛织物	东汉	新疆且末加瓦艾日克	《考古》1997年9期	
毛织物痕迹	晋	甘肃敦煌新店台	《考古》1974年3期	

第四篇　农田水利

一、农田设施

（一）农田遗迹

农田水井群	汉	北京	《考古》1959年3期
水田遗迹	唐	重庆云阳李家坝	《考古》2001年11期
田埂遗迹	唐	重庆云阳李家坝	《考古》2001年11期
水田遗迹	明清	重庆云阳李家坝	《考古》2001年11期

（二）水田模型

陶水田模型	1	西汉	四川西昌礼州	《考古》1980年5期	有
陶水田模型		东汉	广东佛山市郊澜石	《考古》1964年9期	有
陶水田模型	2	东汉	贵州黔西甘棠	《考古》2006年8期	有
陶水田模型		东汉	山西新绛龙香村	《考古》1987年10期	有
陶池塘水田模型	1	东汉	陕西勉县老道寺	《考古》1985年5期	有
陶水田模型	1	东汉	陕西勉县老道寺	《考古》1985年5期	有
陶水田池塘模型		东汉	四川成都牧马山灌溉渠	《考古》1959年8期	有
陶水田模型	1	东汉	四川成都新都互助村	《考古》2007年9期	有
石田塘模型	1	东汉	四川峨眉山双福同尖村	《考古》1994年6期	有
陶水田模型	2	东汉	四川凉山西昌	《考古》1990年5期	有
陶水田模型	2	东汉	四川绵阳朱家梁子	《考古》2003年9期	有
石质水田模型		东汉	四川郫县新胜	《考古》1979年6期	有
陶水田模型	1	东汉	四川新津堡子山	《考古通讯》1958年8期	
陶水田模型	1	东汉	云南呈贡七步场	《考古》1982年1期	有
陶农田模型	1	东汉	云南大理大展屯	《考古》1988年5期	有
陶池田模型	1	东汉	四川成都牧马山灌溉渠	《考古》1959年8期	有

二、水利设施

（一）水塘模型

陶水塘模型	1	西汉	四川西昌礼州	《考古》1980年5期	有
陶池塘模型	2	东汉	陕西勉县老道寺	《考古》1985年5期	有
陶水塘模型	1	东汉	四川成都新都互助村	《考古》2007年9期	有

陶水塘模型	1	东汉	四川达县曹家梁	《考古》1995年1期	有
陶水塘模型	1	东汉	四川简阳夜月洞	《考古》1992年4期	有
陶水塘模型	2	东汉	四川凉山西昌	《考古》1990年5期	有
陶池塘模型	1	东汉	四川绵阳河边崖墓	《考古》1988年3期	有
陶水塘模型	1	东汉	四川西昌杨家山	《考古》2007年5期	有
陶水塘模型	1	东汉	四川新津堡子山	《考古通讯》1958年8期	有
陶池塘模型	1	东汉	云南呈贡七步场	《考古》1982年1期	有
陶池塘模型	1	东汉	云南大理下关	《考古》1997年4期	有

（二）水井

水井遗址

水井遗迹	1	东周	河南安阳后岗高楼庄	《考古》1972年5期	
竖井遗迹		东周	湖北大冶铜绿山	《考古》1974年4期	有
水井遗迹	3	东周	山东栖霞泊子	《考古》2006年5期	有
水井遗迹	3	春秋	山西芮城永乐宫	《考古》1960年8期	
古井遗迹	2	西汉	上海金山戚家墩	《考古》1973年1期	
水井遗迹	1	唐	山东栖霞泊子	《考古》2006年5期	有
水井遗迹	9	唐	陕西西安唐长安兴庆宫	《考古》1959年10期	
水井遗迹	2	宋	浙江绍兴缪家桥	《考古》1964年11期	

水井

水井	1	新石器（裴李岗文化）	河南新郑唐户	《考古》2010年5期	有
水井	1	新石器（北辛文化）	山东济宁张山	《考古》1996年4期	有
水井	1	新石器（北辛文化）	山东济宁张山洼	《考古》2007年9期	有
水井	2	新石器（马家浜文化）	上海青浦崧泽	《考古》1992年3期	
水井		新石器（仰韶文化中期）	陕西高陵杨官寨	《考古》2009年7期	
水井		新石器（大汶口文化）	山东广饶傅家	《考古》2002年9期	
水井		新石器（大汶口文化）	山东滕州西公桥	《考古》2000年10期	
水井	1	新石器（崧泽文化）	上海青浦金山汶	《考古》1989年7期	
水井	4	新石器（崧泽文化）	上海松江汤庙村	《考古》1985年7期	
水井		新石器（良渚文化）	上海青浦寺前	《考古》2002年10期	有
水井	2	新石器（良渚文化）	上海松江广富林	《考古》2008年8期	有
水井	2	新石器（龙山文化）	河北邯郸涧沟	《考古》1959年10期	
水井	3	新石器（龙山文化）	河南博爱西金城	《考古》2010年6期	
水井	4	新石器（龙山文化）	河南辉县孟庄	《考古》2000年3期	有
水井	1	新石器（龙山文化）	河南洛阳矬李	《考古》1978年1期	有
水井		新石器（龙山文化早期）	河南汤阴白营	《考古》1980年3期	有

水井		新石器	浙江嘉兴双桥	《考古通讯》1955年5期
水井	2	夏（二里头文化）	河南偃师二里头	《考古》1965年5期　有
水井	1	夏（二里头文化）	河南偃师二里头	《考古》1983年3期
水井	2	夏（二里头文化）	河南偃师灰嘴村	《考古》2010年2期
水井	4	夏（二里头文化）	河南驻马店杨庄	《考古》1995年10期　有
水井	2	夏	山西夏县东下冯	《考古》1980年2期
水井	1	青铜时代（广富林文化）	上海松江广富林	《考古》2008年8期　有
水井		商	河南安阳洹北	《考古》2010年1期
水井	30	商	河南安阳刘家庄北地	《考古》2009年7期
水井		商	河南偃师商城Ⅳ区	《考古》1999年2期
水井	1	商	河南偃师尸乡沟	《考古》1985年4期
水井	2	商	河南偃师尸乡沟	《考古》1988年2期
水井		商	河南郑州电力学校	《考古》1986年4期
水井	1	商	山东济宁玉皇顶	《考古》2005年4期　有
水井		商	山西夏县东下冯	《考古》1980年2期
水井	3	商	上海青浦金山坟	《考古》1989年7期
水井	32	商晚期	河南荥阳关帝庙	《考古》2008年7期　有
水井	3	商周	山东邹平丁公村	《考古》1992年6期
水井		西周	山东高青陈庄	《考古》2010年8期
水井		西周	陕西长安沣西张家坡	《考古》1959年10期
水井		西周	陕西长安鄠县大原村	《考古》1962年6期
水井	1	周	河南南阳十里庙	《考古》1959年7期
水井	1	东周	河南洛阳王湾	《考古》1961年4期
水井	13	东周	湖北郧县辽瓦店子	《考古》2008年4期
水井	1	东周	江苏溧水陈村	《考古》1987年11期
水井	3	东周	江苏苏州新庄	《考古》1987年4期
水井	3	东周	山东临淄后李	《考古》1992年11期　有
水井		东周	山东临淄后李	《考古》1994年2期
水井	1	战国	河北易县燕下都	《考古》1965年11期　有
水井		战国	河南临汝中山寨	《考古》1986年7期
水井	1	战国	山东济宁张山	《考古》1996年4期　有
水井		战国	陕西凤翔杨家湾	《考古》1962年9期
水井	70	战国	陕西咸阳故城长陵车站	《考古》1962年6期
水井		秦汉	陕西凤翔南固城	《考古》1960年3期
水井	1	汉	河南辉县齐庄东北	《考古通讯》1957年2期
水井	7	汉	江苏苏州北郊	《考古》1993年3期　有

水井		汉	江苏武进万绥	《考古》1982年4期
水井		汉	陕西凤翔南古城村	《考古》1962年9期
水井	1	西汉	河南洛阳西郊	《考古通讯》1956年 有1期
水井	1	西汉	湖北蕲春枫树林	《考古》2003年7期 有
水井	1	西汉	陕西汉长安城桂宫	《考古》1999年1期
水井	2	西汉	陕西西安未央宫柯家寨	《考古》1993年11期
水井		西汉	陕西西安未央宫西南角楼	《考古》1996年3期 有
水井	1	东汉	河南洛阳西郊	《考古通讯》1956年 有1期
水井	1	东汉	湖北鄂城西山南麓	《考古》1978年5期
水井	3	东汉—三国（吴）	湖北鄂州吴王城	《考古》1997年12期 有
水井	23	东汉—明	江苏盐城建军中路	《考古》2001年11期 有
水井	9	六朝	江西九江赛城湖	《考古》1987年7期
水井	1	南朝	湖南衡阳司前街	《考古》1980年1期
水井	1	隋唐	陕西西安唐长安城太平坊	《考古》2005年9期 有
水井	6	唐	湖南郴州	《考古》1987年2期 有
水井	1	唐	湖南衡阳司前街	《考古》1980年1期
水井	2	唐	江苏扬州史可法西路	《考古》1990年4期
水井		唐	江苏扬州文化宫	《考古》1994年5期 有
水井	4	唐	陕西西安长安西明寺	《考古》1990年1期 有
水井		唐	陕西西安大明宫太液池	《考古》2004年9期
水井	1	唐宋	河南洛阳凯旋路东段	《考古》1978年3期
水井	1	五代	湖南衡阳司前街	《考古》1980年1期
水井	3	宋	福建福鼎太姥山	《考古》2003年12期 有
水井	2	宋	广东肇庆康乐中路	《考古》2009年11期
水井		宋	河北邯郸峰峰矿区	《考古》1990年8期 有
水井	1	北宋	福建厦门海沧上瑶村	《考古》1989年3期
水井		辽	辽宁阜新清河门	《考古》1962年4期 有
水井	3	南宋	上海青浦崧泽	《考古》1992年3期
水井		金	北京丰台大葆台	《考古》1980年5期 有
水井	3	金	内蒙古哲里木盟霍林河	《考古》1984年2期 有
水井	2	元	江西湖田窑址H区	《考古》2000年12期
水井		元	江西进贤李渡	《考古》2003年7期
水井	1	元明	湖南衡阳司前街	《考古》1980年1期
水井	1	明	广东肇庆康乐中路	《考古》2009年11期
滑石井	1	西汉	湖南长沙阿弥岭	《考古》1984年9期 有

石井栏	1	东汉	山东安丘部城遗址	《考古》1999年10期	有
石井圈	1	南朝	江苏常州田舍村	《考古》1994年12期	有
石井台	1	明	山东昌邑辛置二村	《考古》1989年11期	
陶井	5	东周	河北易县燕下都	《考古》1987年5期	有
陶井	36	战国	北京西郊白云观	《考古》1963年3期	有
陶井		汉	安徽合肥建华窑厂	《考古》1959年3期	
陶井		汉	安徽寿县牛尾岗	《考古》1959年7期	
陶井		汉	北京	《考古》1959年3期	
陶井	115	汉	北京西郊白云观	《考古》1963年3期	有
陶井		汉	北京宣武蔡公庄	《考古》1959年3期	
陶井		汉	广东广州	《考古》1960年1期	有
陶井	3	汉	广西合浦母猪岭	《考古》2007年2期	有
陶井		汉	贵州清镇平坝	《考古》1961年4期	
陶井		汉	河南洛阳涧西	《考古通讯》1957年3期	
陶井	2	汉	河南孟县古城村	《考古通讯》1958年3期	有
陶井		汉	湖北枣阳	《考古》1959年11期	
陶井		汉	江苏扬州古运河	《考古通讯》1957年4期	
陶井		汉	辽宁辽阳唐户屯	《考古通讯》1955年4期	有
陶井		汉	内蒙古乌兰布和	《考古》1973年2期	
陶井	1	汉	山东莒县杭头	《考古》1988年12期	
陶井	19	汉	山东微山微山岛	《考古》2009年10期	有
陶井		汉	山东章丘普集	《考古通讯》1955年6期	
陶井	1	汉	山西长治申川村	《考古》1989年3期	有
陶井	1	汉	四川成都东乡谭家石桥	《考古通讯》1956年1期	有
陶井	3	汉	四川郫县古城乡	《考古》2004年1期	有
陶井	2	汉	香港九龙李郑屋村	《考古》1997年6期	有
陶井	1	西汉	安徽肥西金牛	《考古》1990年5期	有
陶井	1	西汉	甘肃临夏大何庄	《考古》1961年3期	有
陶井	3	西汉	广东广州北郊横枝岗	《考古》2003年5期	有
陶井	1	西汉	广东广州西村	《考古》1960年1期	
陶井	3	西汉	广西贵县北郊	《考古》1985年3期	有
陶井	1	西汉	河南南阳陈棚村	《考古》2008年10期	有
陶井	1	西汉	河南南阳辛店熊营	《考古》2008年2期	有

陶井		西汉	湖北荆沙瓦坟园	《考古》1995年11期 有
陶井	2	西汉	湖北蕲春陈家大地	《考古》1999年5期　有
陶井	4	西汉	湖北襄樊毛纺厂	《考古》1997年12期 有
陶井	2	西汉	湖北枣阳沙河南岸	《考古》2001年6期　有
陶井	2	西汉	湖南保靖粟家坨	《考古》1985年9期　有
陶井	1	西汉	湖南衡阳凤凰山	《考古》1993年3期　有
陶井	3	西汉	湖南靖州团结村	《考古》1998年5期　有
陶井	1	西汉	湖南湘乡可心亭	《考古》1959年12期
陶井	3	西汉	湖南湘乡可心亭	《考古》1966年5期　有
陶井	8	西汉	湖南溆浦大江口	《考古》1994年1期　有
陶井	5	西汉	湖南溆浦茅坪坳	《考古》1999年8期　有
陶井	1	西汉	江苏铜山凤凰山	《考古》2004年5期　有
陶井	2	西汉	江苏铜山荆山	《考古》1992年12期 有
陶井	1	西汉	江苏铜山李屯	《考古》1995年3期　有
陶井	2	西汉	江苏徐州大孤山	《考古》2009年4期　有
陶井	1	西汉	江苏徐州凤凰山	《考古》2007年4期　有
陶井	2	西汉	江苏徐州顾山	《考古》2005年12期 有
陶井	1	西汉	江苏徐州后楼山	《考古》2006年4期　有
陶井	1	西汉	江苏徐州九里山	《考古》2004年9期　有
陶井	3	西汉	江苏徐州米山	《考古》1996年4期　有
陶井	1	西汉	江苏徐州陶楼	《考古》1993年1期　有
陶井		西汉	辽宁大连旅顺李家沟	《考古》1965年3期
陶井	1	西汉	山东临沂银雀山	《考古》1975年6期　有
陶井	1	西汉	山东平阴新屯	《考古》1988年11期 有
陶井	1	西汉	山东微山独山	《考古》1995年8期　有
陶井	2	西汉	山东微山墓前	《考古》1995年11期 有
陶井	5	西汉	山东微山微山岛	《考古》1998年3期　有
陶井	1	西汉	山东阳谷吴楼	《考古》1999年11期 有
陶井	1	西汉	山西侯马虒祁	《考古》2002年4期　有
陶井		西汉	四川成都北郊大湾村	《考古通讯》1956年6期
陶井		西汉	四川成都北郊洪家包	《考古通讯》1957年2期 有
陶井	1	西汉	四川成都北郊洪家包	《考古通讯》1957年3期
陶井	10	西汉	四川成都东北郊	《考古通讯》1958年2期 有
陶井		西汉	四川成都凤凰山	《考古》1959年4期
陶井	1	西汉	四川成都凤凰山	《考古》1959年8期　有

陶井	2	西汉	四川成都凤凰山	《考古》1991年5期	
陶井	5	西汉	四川西昌礼州	《考古》1980年5期	有
陶井	2	西汉	四川重庆临江支路	《考古》1986年3期	有
陶井	2	西汉	浙江安吉上马山	《考古》1996年7期	有
陶井	1	西汉	浙江湖州方家山	《考古》2002年1期	有
陶井	2	西汉	浙江龙游东华山	《考古》1993年4期	有
陶井	3	新莽	湖北襄樊岘山	《考古》1996年5期	有
陶井	1	新莽	江苏扬州西郊	《考古》1986年11期	有
陶井	1	新莽	四川绵阳涪城	《考古》2003年1期	有
陶井	1	东汉	安徽定远谷堆王	《考古》1985年5期	有
陶井	1	东汉	安徽淮北李楼	《考古》2007年8期	有
陶井		东汉	安徽淮南下陈	《考古》1989年1期	有
陶井	2	东汉	安徽寿县马家古堆	《考古》1966年3期	有
陶井	1	东汉	北京昌平半截塔村	《考古》1963年3期	
陶井	1	东汉	北京怀柔城北	《考古》1962年5期	有
陶井	2	东汉	北京顺义临河	《考古》1977年6期	
陶井	1	东汉	甘肃天水贾家寺	《考古》1991年1期	有
陶井	12	东汉	甘肃武威磨咀子	《考古》1960年9期	
陶井	3	东汉	甘肃武威滕家庄	《考古》1960年6期	
陶井	1	东汉	广东博罗福田	《考古》1993年4期	有
陶井	1	东汉	广东德庆大辽山	《考古》1981年4期	有
陶井	1	东汉	广东东山	《考古通讯》1956年4期	有
陶井	1	东汉	广东佛山市郊澜石	《考古》1964年9期	有
陶井	1	东汉	广东广州沙河顶	《考古》1986年12期	有
陶井	1	东汉	广东南雄田村龙口山	《考古》1985年11期	有
陶井		东汉	广东韶关市郊	《考古》1961年8期	
陶井	2	东汉	广东增城金兰寺	《考古》1966年1期	有
陶井	1	东汉	广东肇庆康乐中路	《考古》2009年11期	有
陶井	5	东汉	广西北海盘子岭	《考古》1998年11期	有
陶井	1	东汉	广西贵港孔屋岭	《考古》2005年11期	有
陶井盖		东汉	广西贵港孔屋岭	《考古》2005年11期	有
陶井	2	东汉	广西贵港马鞍岭	《考古》2002年3期	有
陶井	1	东汉	广西贵县汶井岭	《考古通讯》1958年2期	有
陶井	1	东汉	广西合浦丰门岭	《考古》1995年3期	
陶井	3	东汉	广西合浦九只岭	《考古》2003年10期	有
陶井	2	东汉	广西合浦母猪岭	《考古》1998年5期	有
陶井	2	东汉	广西合浦七星岭	《考古》2004年4期	有

陶井	2	东汉	广西柳州九头山	《考古》1985年9期	有
陶井	1	东汉	贵州赫章可乐	《考古》1966年1期	有
陶井	2	东汉	贵州黔西甘棠	《考古》2006年8期	有
陶井		东汉	河北磁县讲武城	《考古》1959年1期	
陶井	1	东汉	河北平谷	《考古》1962年5期	有
陶井	2	东汉	河北任邱东关	《考古》1965年2期	有
陶井		东汉	河北石家庄	《考古》1982年3期	有
陶井	1	东汉	河北石家庄北郊	《考古》1984年9期	有
陶井		东汉	河北石家庄赵陵铺镇	《考古》1959年7期	
陶井亭	1	东汉	河北易县燕下都	《考古》1965年11期	有
陶井	1	东汉	河南安阳西高穴村	《考古》2010年8期	有
陶井	5	东汉	河南巩县石家庄	《考古》1963年2期	有
陶井	1	东汉	河南济源承留	《考古》1991年12期	有
陶井	1	东汉	河南济源桐花沟	《考古》2000年2期	有
陶井	1	东汉	河南洛阳北郊纱厂北路	《考古》1991年8期	有
陶井		东汉	河南洛阳涧西七里河	《考古》1975年2期	
陶井	1	东汉	河南南阳桑园路	《考古》2001年8期	有
陶井		东汉	河南南阳市西关	《考古》1966年2期	
陶井		东汉	河南陕县刘家渠	《考古通讯》1957年4期	
陶井		东汉	河南汤阴阎家堂	《考古通讯》1957年6期	
陶井	1	东汉	河南桐柏万岗	《考古》1964年8期	有
陶井	1	东汉	河南舞阳塚张村	《考古通讯》1958年9期	
陶井	2	东汉	河南新乡王门村	《考古》2003年4期	有
陶井	2	东汉	河南偃师姚孝经墓	《考古》1992年3期	有
陶井	1	东汉	河南郑州碧沙岗公园	《考古》1966年5期	有
陶井	1	东汉	河南郑州二里岗	《考古》1964年4期	有
陶井	1	东汉	河南郑州南关外	《考古通讯》1958年2期	有
陶井	1	东汉	湖北当阳郑家大坡	《考古》1999年1期	有
陶井	1	东汉	湖北房县向阳	《考古》1978年5期	有
陶井		东汉	湖北谷城肖家营	《考古》2006年11期	
陶井	3	东汉	湖北老河口柴店岗	《考古》2001年7期	有
陶井		东汉	湖北随县古城岗	《考古》1966年3期	有
陶井	1	东汉	湖北随县塔儿湾	《考古》1966年3期	
陶井	1	东汉	湖北随县唐镇	《考古》1966年2期	有
陶井	1	东汉	湖北武汉葛店	《考古》1986年1期	有

陶井	2	东汉	湖北宜昌前坪	《考古》1985年5期	有
陶井	5	东汉	湖北宜昌前坪包金头	《考古》1990年9期	有
陶井	3	东汉	湖北宜都刘家屋场	《考古》1987年10期	有
陶井	1	东汉	湖北云梦癞痢墩	《考古》1984年7期	有
陶井		东汉	湖南长沙	《考古》1959年11期	有
陶井	1	东汉	湖南长沙北郊	《考古》1959年12期	
陶井		东汉	湖南长沙东郊	《考古》1963年12期	
绿釉陶井		东汉	湖南长沙小林子冲	《考古通讯》1958年12期	有
陶井		东汉	湖南长沙雨花亭	《考古通讯》1956年6期	
陶井	1	东汉	湖南常德芦山	《考古》2004年5期	有
绿釉陶井	1	东汉	湖南常德南坪	《考古》1980年4期	
陶井	1	东汉	湖南郴州马家坪	《考古》1961年9期	
陶井	1	东汉	湖南郴州烟厂	《考古》1982年3期	有
陶井	1	东汉	湖南郴州斋公岭	《考古》1985年8期	有
陶井	4	东汉	湖南大庸大塔岗	《考古》1994年12期	有
陶井	1	东汉	湖南大庸落凤坪	《考古》1994年12期	有
陶井	1	东汉	湖南大庸四亩塘	《考古》1994年12期	有
陶井	3	东汉	湖南衡阳茶山坳	《考古》1986年12期	有
陶井	1	东汉	湖南衡阳凤凰山	《考古》1993年3期	有
陶井	2	东汉	湖南衡阳荆田	《考古》1991年10期	有
陶井	2	东汉	湖南衡阳新安	《考古》1994年3期	有
陶井	2	东汉	湖南衡阳兴隆村	《考古》2010年4期	有
陶井		东汉	湖南零陵造纸厂	《考古》1964年9期	有
陶井		东汉	江苏高邮邵家沟	《考古》1960年10期	有
陶井	2	东汉	江苏南京栖霞山	《考古》1959年1期	有
陶井		东汉	江苏铜山洪楼	《考古通讯》1957年4期	
陶井	1	东汉	江苏新沂瓦窑	《考古》1985年7期	有
陶井	1	东汉	江苏徐州黄山	《考古》1964年10期	有
陶井	2	东汉	江苏徐州十里铺	《考古》1966年2期	有
陶井	1	东汉	江西南昌抚河东岸	《考古》1978年3期	有
陶井	6	东汉	江西南昌青云谱	《考古》1960年10期	
陶井		东汉	江西南昌市郊塘山	《考古》1981年5期	
陶井		东汉	江西南昌市郊星光	《考古》1965年11期	有
陶井	2	东汉	江西南昌市南郊丝网塘	《考古》1966年3期	有
陶井	2	东汉	江西青江武陵	《考古》1976年5期	有
陶井	1	东汉	辽宁大连董家沟	《考古》2002年6期	有

陶井	2	东汉	辽宁大连前牧城驿	《考古》1986年5期	有
陶井	2	东汉	辽宁大连沙岗子	《考古》1991年2期	有
陶井	2	东汉	辽宁旅大营城子	《考古》1959年6期	
陶井		东汉	辽宁沈阳伯官屯	《考古》1964年11期	
陶井	1	东汉	内蒙古磴口陶生井	《考古》1965年7期	
陶井	1	东汉	宁夏固原北塬	《考古》2008年12期	有
陶井	1	东汉	山东济南大觉寺	《考古》2004年8期	有
陶井	1	东汉	山东济南闵子骞祠堂	《考古》2004年8期	有
陶井	1	东汉	山东济南青龙山	《考古》1989年11期	有
陶井	1	东汉	山东济宁越河北路	《考古》1994年2期	有
陶井	3	东汉	山东青州马家冢子	《考古》2007年6期	有
陶井	2	东汉	山东滕县柴胡店	《考古》1963年8期	有
陶井	1	东汉	山东微山夏镇王庄	《考古》1990年10期	有
陶井	1	东汉	山东潍坊山后王	《考古》1989年9期	
陶井		东汉	山西侯马牛村	《考古》1959年5期	有
陶井	7	东汉	山西太原西郊	《考古》1963年5期	有
陶井	3	东汉	山西孝义	《考古》1960年7期	
陶井	1	东汉	陕西韩城芝川	《考古》1961年8期	有
陶井	3	东汉	陕西勉县老道寺	《考古》1985年5期	有
陶井	1	东汉	陕西西安西北大学	《考古》2007年5期	有
陶井	1	东汉	四川成都北二环路	《考古》2001年5期	有
陶井	7	东汉	四川成都牧马山灌溉渠	《考古》1959年8期	有
陶井		东汉	四川简阳洛带	《考古通讯》1957年4期	
陶井	1	东汉	四川乐山大湾嘴	《考古》1991年1期	有
陶井	1	东汉	四川凉山西昌	《考古》1990年5期	有
陶井	1	东汉	四川绵阳河边崖墓	《考古》1988年3期	有
陶井	1	东汉	四川西昌杨家山	《考古》2007年5期	有
陶井	2	东汉	四川新津堡子山	《考古通讯》1958年8期	
陶井	1	东汉	天津蓟县邦均	《考古》1985年6期	有
陶井	1	东汉	云南大理下关	《考古》1997年4期	有
陶井		东汉	云南昭通白泥井	《考古》1965年2期	
陶井	1	东汉	云南昭通象鼻岭	《考古》1981年3期	有
陶井	1	东汉	浙江慈溪担山	《考古》1962年12期	
陶井		东汉	浙江嘉兴九里汇	《考古》1987年7期	有
陶井	1	东汉	重庆奉节三峡三塘崖	《考古》2004年1期	有
陶井		汉魏	辽宁辽阳棒台子2号墓	《考古》1960年1期	有
陶井		汉魏	辽宁辽阳南雪梅村	《考古》1960年1期	

陶井	1	汉—六朝	安徽合肥东郊三星街	《考古通讯》1957年 有1期
陶井		汉—六朝	辽宁大连旅顺对壮沟	《考古通讯》1956年 3期
陶井	1	汉晋	江苏徐州贾汪镇	《考古》1960年3期
陶井	1	东汉—六朝	浙江绍兴	《考古通讯》1958年 有12期
陶井	1	东汉—魏晋	辽宁瓦房店马圈子	《考古》1993年1期 有
陶井	1	三国（魏）	河南洛阳涧西	《考古》1989年4期 有
陶井	3	三国（吴）	湖北鄂城	《考古》1982年3期 有
陶井	1	三国（吴）	湖北鄂州塘角头	《考古》1996年11期 有
釉陶井		三国（吴）	湖北武汉武昌莲溪寺	《考古》1959年4期 有
陶井	1	三国（吴）	江西南昌东湖和抚河	《考古》1983年10期 有
陶井	1	三国（吴）	江西南昌明阳路中段	《考古》1980年3期 有
陶井	1	三国（吴）	江西南昌市郊	《考古》1978年3期 有
陶井	1	三国（吴）	江西南昌小兰	《考古》1993年1期 有
陶井		魏晋	江苏南京南郊中华门外	《考古》1963年6期
陶井	3	魏晋	青海互助高寨	《考古》2002年12期 有
釉陶井	1	六朝早期	湖北均县"双塚"	《考古》1965年12期 有
陶井		六朝	广西贵县北郊	《考古通讯》1957年 6期
陶井	1	六朝	湖北房县向阳	《考古》1978年5期 有
陶井	1	六朝	江苏南京红毛山	《考古通讯》1958年 9期
陶井	1	六朝	江西南昌徐家坊	《考古》1965年9期 有
陶井		晋	河南洛阳涧西	《考古通讯》1957年 3期
陶井	1	西晋	北京西郊景王坟	《考古》1964年4期 有
陶井		西晋	河南洛阳西郊	《考古》1959年11期
陶井	3	西晋	河南卫辉大司马村	《考古》2010年10期 有
陶井	1	西晋	河南偃师首阳山	《考古》2010年2期 有
陶井	1	西晋	河南偃师杏园村	《考古》1985年8期 有
陶井	1	西晋	湖北黄梅松林咀	《考古》2004年8期 有
陶井	1	西晋	湖北新洲旧街	《考古》1995年4期 有
釉陶井	1	西晋	江苏江宁索墅砖瓦厂	《考古》1987年7期 有
陶井	2	西晋	山东苍山东高尧	《考古》1989年8期 有
陶井	1	西晋	山西运城十里铺	《考古》1989年5期 有
陶井	1	十六国	陕西咸阳头道塬	《考古》2005年6期 有
陶井	7	十六国（前秦）	陕西咸阳文林小区	《考古》2005年4期 有

陶井	1	十六国（北燕）	辽宁朝阳大平房村	《考古》1985年10期	有
陶井	2	北朝	河北磁县湾漳	《考古》1990年7期	
陶井	1	北朝	陕西西安草厂坡	《考古》1959年6期	有
陶井	2	南朝	江苏南京花神庙	《考古》1998年8期	有
陶井	1	南朝	江苏南京栖霞东杨坊	《考古》2008年6期	有
陶井		南朝	江苏南京童家山	《考古》1985年1期	有
陶井	1	北魏	河南偃师染华	《考古》1993年5期	有
陶井	1	北魏	河南偃师杏园村	《考古》1991年9期	有
陶井	1	东魏	河北磁县东陈村	《考古》1977年6期	有
陶井	1	东魏	河南安阳固岸	《考古》2008年5期	有
陶井	1	北齐	河北磁县高润墓	《考古》1979年3期	有
陶井	1	北齐	河北磁县孟庄	《考古》1997年3期	有
陶井		北齐	山西太原圹坡	《考古》1959年1期	
陶井	1	隋	安徽亳县砖瓦窑场	《考古》1977年1期	有
陶井	1	隋	安徽合肥市郊五里岗	《考古》1976年2期	
陶井	2	隋	河北平山西岳	《考古》2001年2期	有
陶井		隋	河南安阳张盛墓	《考古》1959年10期	
黄釉井梁	1	唐	河南洛阳关林	《考古》1972年3期	
陶井	1	唐	河南洛阳龙门	《考古》2007年12期	有
三彩井	1	唐	河南新安磁涧	《考古》1987年9期	
陶井	1	唐	河南偃师北窑	《考古》1992年11期	
三彩井	1	唐	河南偃师杏园村	《考古》1996年12期	有
三彩井栏	1	唐	河南偃师瑶头	《考古》1986年11期	有
陶井		唐	河南郑州上街	《考古》1960年1期	
陶井		唐	湖北武汉	《考古》1959年11期	
陶井架		唐	湖南长沙黄土岭西坡间	《考古通讯》1958年3期	有
陶井	1	唐	江苏徐州花马庄	《考古》1997年3期	有
陶井	1	唐	辽宁朝阳黄河路	《考古》2001年8期	有
陶井	2	唐	山西长治北石槽	《考古》1962年2期	
陶井	1	唐	山西长治北石槽	《考古》1965年9期	有
陶井	1	唐	山西长治东郊	《考古通讯》1957年5期	有
陶井	2	唐	陕西长安安定坊	《考古》1989年4期	有
陶井		唐	陕西西安李静训墓	《考古》1959年9期	有
陶井栏		汉	河南孟县古城村	《考古通讯》1958年3期	
陶井栏		汉	湖南长沙黄泥坑	《考古通讯》1956年6期	

陶井栏		东汉	河南巩县石家庄	《考古》1963年2期	
陶井栏		东汉	湖南耒阳耒花营	《考古通讯》1956年4期	
陶井栏	1	东汉	江苏高淳固城	《考古》1989年5期	有
陶井栏		东汉—六朝	湖南长沙南塘冲	《考古通讯》1958年3期	
陶井栏	1	南朝	湖北武汉何家大湾	《考古》1965年4期	有
陶井栏		东魏	河北赞皇南邢郭村	《考古》1977年6期	
陶井栏	1	隋	河南安阳安阳桥	《考古》1992年1期	
陶井栏	1	隋	河南安阳梅元庄	《考古》1992年1期	
陶井栏	1	唐	河南偃师杏园村	《考古》1984年10期	有
陶井栏	1	唐	河南偃师杏园村	《考古》1986年5期	有
陶井栏	1	唐	河南郑州上街	《考古》1996年8期	有
陶井圈		西周	辽宁朝阳魏营子	《考古》1977年5期	
陶井圈	1	东周	河北易县燕下都	《考古》1987年5期	有
陶井圈	1	东周	山东栖霞泊子	《考古》2006年5期	有
陶井圈		战国	河北易县燕下都	《考古》1962年1期	有
陶井圈	1	战国	河北易县燕下都	《考古》1965年11期	有
陶井圈	5	战国—汉	河北邯郸大北城	《考古》1980年2期	
陶井圈		秦	陕西咸阳长陵车站	《考古通讯》1955年3期	
陶井圈	1	秦	陕西志丹永宁	《考古》1992年10期	
陶井圈	1	汉	湖北荆门子陵岗	《考古》1993年11期	
陶井圈		汉	湖北宜城楚皇城	《考古》1965年8期	
陶井圈		汉	江苏阜宁乔罗	《考古》1964年1期	
陶井圈		汉	江苏邳海炮车南后街	《考古》1964年1期	
陶井圈		汉	江苏射阳湖射阳镇	《考古》1964年1期	
陶井圈		汉	江苏盐城麻瓦坟	《考古》1964年1期	
陶井圈		汉	陕西长安安定坊	《考古》1989年4期	
陶井圈	9	西汉	上海金山戚家墩	《考古》1973年1期	
陶井圈		东汉	河南镇平尧庄	《考古》1982年3期	
陶井圈		东汉	江苏高邮邵家沟	《考古》1960年10期	
陶井圈	1	东汉	山东济南大觉寺	《考古》2004年8期	有
陶井圈	1	西晋	江苏南京柳塘	《考古》1992年8期	
陶井圈	2	唐	河南洛阳关林	《考古》2007年12期	
瓷井	1	三国	浙江武义陶器厂	《考古》1981年4期	有
瓷井	2	三国（吴）	浙江嵊县大塘岭	《考古》1991年3期	有
瓷井	1	西晋	江西瑞昌马头	《考古》1974年1期	有
瓷井		西晋	浙江平阳横河村	《考古》1988年10期	有

瓷井	1	西晋	浙江嵊县苔苔山	《考古》1988年9期	有
瓷井圈	1	唐	湖南长沙咸嘉湖	《考古》1980年6期	
砖井	2	汉	河南西华	《考古通讯》1957年4期	有
砖井		南北朝—隋	安徽肥西胡湾	《考古》1991年11期	有
砖井	1	南宋	上海奉贤冯桥	《考古》1997年5期	有
木井	1	西汉	广东广州西村皇帝岗	《考古通讯》1957年4期	有
铜井	1	西汉	广西合浦望牛岭	《考古》1972年5期	有
铜井	1	西汉	湖北蕲春陈家大地	《考古》1999年5期	有
铜井		东汉	甘肃天水街亭	《考古》1986年3期	有

（三）水渠

郑国渠首拦河坝		战国	陕西泾阳	《考古》2006年4期
水渠遗迹	6	汉	陕西西安昆明池遗址	《考古》2006年10期
水渠		西汉	新疆于田喀拉墩	《考古》1998年12期　有
水渠		隋唐	河南洛阳定鼎路	《考古》1997年11期
水渠		唐	河南洛阳唐宫路北	《考古》1999年12期

（四）其他水利设施

石鱼石刻（水文记	唐	四川涪陵	《考古》1977年2期

第五篇　农业图像

一、农事图

（一）农作模型

耕作模型

持箕锸陶俑		西汉	四川成都天回山	《考古》1959年8期
持锸陶俑		东汉	四川大邑马王坟	《考古》1980年3期
石持锸俑	1	东汉	四川峨眉山双福同尖村	《考古》1994年6期　有
持锄箕陶俑		东汉	四川涪陵黄溪	《考古》1984年12期　有
持锸陶俑	2	东汉	四川凉山西昌	《考古》1990年5期　有
持铲陶俑	1	东汉	四川三台灵兴	《考古》1992年9期
持铲箕陶俑		东汉	四川新津堡子山	《考古通讯》1958年8期
持锄陶俑		东汉	四川新津堡子山	《考古通讯》1958年8期
陶犁田模型		西晋	广东连县	《考古》1977年2期
陶耙田模型		西晋	广东连县	《考古》1977年2期
持铲陶俑		隋	河南安阳张盛墓	《考古》1959年10期　有

收获模型

持镰陶俑		东汉	四川大邑马王坟	《考古》1980年3期
持铡刀陶俑	3	东汉	四川绵阳河边崖墓	《考古》1988年3期　有

脱粒加工模型

陶舂米院落		东汉	广东南雄田村龙口山	《考古》1985年11期
粮食加工陶屋		东汉	广西贵港孔屋岭	《考古》2005年11期　有
持箕陶俑	5	东汉	四川成都牧马山灌溉渠	《考古》1959年8期　有
执箕陶俑	1	东汉	四川成都新都互助村	《考古》2007年9期　有
持箕陶俑	1	东汉	四川绵阳河边崖墓	《考古》1988年3期　有
执箕帚陶俑		东汉	四川新津堡子山	《考古通讯》1958年8期
持箕陶俑	1	北魏	河南偃师染华	《考古》1993年5期　有
持簸箕陶俑	1	东魏	河南安阳固岸	《考古》2008年5期　有
执箕陶俑	1	隋	安徽亳县砖瓦窑场	《考古》1977年1期　有
持箕陶俑		隋	河南安阳张盛墓	《考古》1959年10期
持箕陶俑		唐	湖北武汉	《考古》1959年11期　有
持箕陶俑	1	唐	山西长治西城墙下	《考古》1964年8期

| 持箕陶俑 | 唐 | 陕西西安李静训墓 | 《考古》1959年9期 | |
| 持簸箕陶俑 | 宋 | 四川三台涪江 | 《考古》1973年6期 | 有 |

（二）农作图

耕地图

执耜图画像石	西汉	山东微山夏镇青山村	《考古》2006年2期	有
牛犁农耕图画像石	东汉	江苏泗洪重岗	《考古》1986年7期	有
牛耕图画像石	东汉	山东金乡香城堌堆	《考古》1996年6期	有
牛耕图壁画	东汉	山西平陆枣园	《考古》1959年9期	有
二牛犁地图画像砖 2	魏晋	甘肃高台骆驼城M2	《考古》2003年6期	
耕牛挽犁图壁画	十六国（北燕）	辽宁朝阳北庙村	《考古》1985年10期	有
牛耕图壁画	唐	陕西三原李寿墓	《考古》1977年2期	
大舜耕田图画像石	辽	辽宁鞍山羊耳峪	《考古》1993年3期	有
犁图石刻 3	辽	辽宁朝阳石匠山	《考古》2004年11期	有

播种图

| 播种图铜鼓 | 汉 | 云南晋宁石寨山 | 《考古》1963年6期 | |
| 拾马粪图画像石 | 东汉 | 陕西米脂官庄 | 《考古》1987年11期 | 有 |

耧播图

| 耧播图壁画 | 东汉 | 山西平陆枣园 | 《考古》1959年9期 | 有 |
| 牛驾耧播图壁画 | 唐 | 陕西三原李寿墓 | 《考古》1977年2期 | |

中耕图

| 荷锄牵牛铜鼓 | 汉 | 云南晋宁石寨山 | 《考古》1963年6期 | 有 |
| 农夫锄地图 | 宋 | 福建顺昌水泥厂工地古墓 | 《考古》1991年2期 | |

收获图

弋射收获图画像砖	东汉	四川成都昭觉寺	《考古》1984年1期	有
桐林收获图画像砖	东汉	四川彭县义和	《考古》1983年10期	有
采莲图壁画	东汉	四川郫县新胜	《考古》1979年6期	有

脱粒图

扬场图画像砖	魏晋	甘肃高台骆驼城M2	《考古》2003年6期	

加工图

粮食加工图画像石	东汉	江苏泗洪重岗	《考古》1986年7期	有
杵臼作业图画像石	东汉	山东嘉祥程村	《考古》1997年12期	有
杵臼作业图画像石	东汉	山东沂南双凤庄	《考古》1998年4期	有
磨物图壁画	高句丽（南北朝）	吉林辑安洞沟4号墓	《考古》1964年2期	有
舂米图砖雕	宋	山西长治故漳村	《考古》2006年9期	有
推磨图砖雕	宋	山西长治故漳村	《考古》2006年9期	有
磨房图砖雕	宋	山西沁水孔壁村	《考古》1989年4期	有
推磨碾米图砖雕	北宋	山西长治五马村	《考古》1994年9期	有
舂碓米图壁画	辽金	辽宁锦西大卧铺	《考古》1960年2期	有
舂米图砖雕	金	甘肃静宁张家湾	《考古》1985年9期	有
推磨图砖雕	金	甘肃静宁张家湾	《考古》1985年9期	有
磨碚杵臼图壁画	金	山西绛县裴家堡	《考古通讯》1955年4期	有

入仓图

上仓图铜鼓	汉	云南晋宁石寨山	《考古》1963年6期	
献粮图铜贮贝器	汉	云南晋宁石寨山	《考古》1981年2期	
犬守粮仓图壁画	东汉	四川郫县新胜	《考古》1979年6期	有
仓图砖雕 3	十六国	陕西咸阳头道塬	《考古》2005年6期	有
仓廪图壁画	高句丽（公元5世纪）	吉林辑安麻线沟1号墓	《考古》1964年10期	有
五谷仓图壁画	元	福建将乐光明	《考古》1995年1期	有

运输图

马骆驼驴商队图壁画 2	北周	陕西西安大明宫井上村	《考古》2004年7期	有
担筐出行图壁画	元明	山西文水北峪口村	《考古》1961年3期	有

纺织图

纺织图画像	汉	江苏铜山洪楼	《考古》1972年2期	有

石

织机图画像石	汉	山东肥城孝堂山	《考古》1972年2期	
织机图画像石	汉	山东嘉祥武梁祠	《考古》1972年2期	
织机图画像石	汉	山东滕县宏道院	《考古》1972年2期	
纺织送食场面铜贮贝器	西汉	云南江川李家山	《考古》2001年12期	有
家庭纺织铜贮贝盖	西汉	云南晋宁石寨山	《考古》1961年9期	
挽纱图砖雕	宋	山西沁水孔壁村	《考古》1989年4期	有

其他农作图

李冰像	东汉	四川灌县都江堰	《考古》1977年2期	

（三）桑织图

采桑图

采桑图铜雕	战国	河南辉县琉璃阁	《考古》1972年2期	

其他桑织图

蚕桑纹铜尊	东周	湖南衡山霞流市	《考古》1979年6期	有

二、畜牧图

（一）饲养放牧图

养马图

马图岩画	2	新石器—辽	内蒙古赤峰阴河中下游	《考古》2004年12期	有
骑马图岩画		汉	贵州开阳平寨清水河	《考古》1989年6期	有
喂马图画像石		东汉	陕西米脂官庄	《考古》1987年11期	有
马图画像砖	2	魏晋	甘肃高台骆驼城M2	《考古》2003年6期	
马图砖雕	2	十六国	陕西咸阳头道塬	《考古》2005年6期	有
马厩图壁画		高句丽（公元5世纪）	吉林辑安通沟12号墓	《考古》1964年2期	有
牵马图砖雕		北魏	山西曲沃秦村	《考古》1959年1期	
骑马出行图砖雕	6	北宋	山西长治五马村	《考古》1994年9期	有
马图壁画	3	辽	内蒙古扎鲁特旗浩特花	《考古》2003年1期	有
马图石刻	8	金	辽宁朝阳石匠山	《考古》2004年11期	有

养牛图

斗牛图画像石		汉	河南舞阳潘园村	《考古》1993年5期	有

牛雀扶桑图画像石		汉	河南舞阳姚庄M2	《考古》1993年5期　有
斗牛图画像石		三国	山东滕州造纸厂	《考古》2002年10期　有
水牛图画像石		三国（魏）	江苏泗阳打鼓墩	《考古》1992年9期　有
备牛图壁画		十六国（北燕）	辽宁朝阳大平房村	《考古》1985年10期　有
卧牛图石刻		唐	陕西西安唐长安城	《考古》1963年11期　有
牧牛图砖雕		宋	山西沁水孔壁村	《考古》1989年4期　有
卧牛图画像砖		宋	陕西旬阳右圣宫	《考古》1987年3期　有
牛图石刻	1	辽金	辽宁朝阳石匠山	《考古》2004年11期　有

养羊图

骑羊图画像石		汉	山东邹县下黄陆屯	《考古》1985年11期　有
绵羊图石刻		东汉	江苏徐州山泉	《考古》1981年2期　有
羊图画像砖		魏晋	甘肃高台骆驼城M2	《考古》2003年6期
羊图砖雕		北魏	山西曲沃秦村	《考古》1959年1期
羊图砖雕		宋	山西沁水孔壁村	《考古》1989年4期　有

养猪图

母猪喂9只小猪陶塑		隋	安徽合肥市郊五里岗	《考古》1976年2期　有

养狗图

狗图砖雕	2	十六国	陕西咸阳头道塬	《考古》2005年6期　有
母狗喂6只小狗陶塑		隋	安徽合肥市郊五里岗	《考古》1976年2期

养鸡图

鸡图壁画		西晋	辽宁辽阳北郊三道壕村	《考古》1990年4期
鸡图砖雕	6	十六国	陕西咸阳头道塬	《考古》2005年6期　有
母鸡孵8只小鸡陶塑		隋	安徽合肥市郊五里岗	《考古》1976年2期

养骆驼图

牧驼图画像砖		魏晋	甘肃高台骆驼城M2	《考古》2003年6期
牵驼图壁画		唐	陕西富平吕村	《考古》1977年5期　有

养鹿图

鹿图岩画	5	新石器—辽	内蒙古赤峰阴河中下游	《考古》2004年12期　有
鹿图石刻	2	辽	辽宁朝阳石匠山	《考古》2004年11期　有

多动物图

山羊马狗鹿野猪骆驼等动物图		青铜时代（距今3000年）	新疆鄯善洋海	《考古》2004年5期　有
羊马狗牛图岩画		距今3000－1400年	西藏日土塔康巴	《考古》2001年6期　有
牛羊狗鹿动物图岩画	5	战国—秦汉	甘肃嘉峪关红柳沟	《考古》1990年4期　有
牛马羊等动物图岩画	2	战国—秦汉	甘肃嘉峪关磨子沟	《考古》1990年4期　有
马羊狗牛动物图岩画	4	战国—秦汉	甘肃嘉峪关四道鼓心沟	《考古》1990年4期　有
牛马羊狗鹿围猎图岩画		战国—秦汉	甘肃嘉峪关四道鼓心沟	《考古》1990年4期　有
牛狗鸟等动物图岩画		汉	贵州开阳平寨清水河	《考古》1989年6期　有
虎鹿图画像砖		汉	河南郑州二里岗	《考古》1963年11期　有
鹿马兔鹰等图		汉	江苏连云港海州网疃庄	《考古》1963年5期
牛羊猪狗图画像石		汉	山东邹县下黄陆屯	《考古》1985年11期　有
鹿马水鸟等动物图壁画		汉	云南祥云大波那村	《考古》1964年12期　有
猪羊鸡等连支灯		东汉	河南济源承留	《考古》1991年12期　有
猪狗羊鹿等动物多枝灯		东汉	河南济源桐花沟	《考古》2000年2期　有
牛马鸡狗花草图		东汉	湖南长沙陈家大山	《考古》1959年4期
羊头马图画像石		东汉	山东东阿邓庙	《考古》2007年3期　有
鹿羊草原图画像石		东汉	陕西绥德延家岔	《考古》1983年3期　有
羊鹿兔野猪猎场		东汉	陕西绥德延家岔	《考古》1983年3期　有
羊鹿野猪百兽图画像石		东汉	陕西绥德延家岔	《考古》1983年3期　有
羊狗鹅等动物图画像石		东汉	陕西绥德延家窑	《考古》1990年2期　有
鹿马羊野牛	3	吐蕃前期	西藏纳木错扎西岛北	《考古》1994年7期　有

野猪图岩画

鹿猪马和捕鸟图岩画		吐蕃前期	西藏纳木错扎西岛北	《考古》1994年7期	有
马狗羊牦牛骆驼图岩画	4	吐蕃前期	西藏纳木错扎西岛北	《考古》1994年7期	有
骆驼鹿马狩猎图岩画		吐蕃前期	西藏纳木错扎西岛西	《考古》1994年7期	有
牛羊马鹿图岩画		吐蕃	西藏纳木错扎西岛北	《考古》1994年7期	有
驼马出行图壁画		北宋	河北涿鹿酒厂	《考古》1987年3期	有
放牧牛羊图壁画	2	辽	内蒙古扎鲁特旗浩特花	《考古》2003年1期	有
牧马羊图壁画		辽	山西大同五法村	《考古》2007年8期	有
瓷画·鸡马狗等瓷瓶	2	南宋	江西清江槎市	《考古》1965年11期	有
鸡狗龟等瓷瓶	2	南宋	江西清江樟树	《考古》1965年11期	有

其他动物图

喂养动物图岩画		距今3000－1400年	西藏日土塔康巴	《考古》2001年6期	有
五头鸟图石刻		北魏	河南巩县寺湾村	《考古》1977年4期	有
牦牛图岩画	2	吐蕃前期	西藏纳木错扎西岛西	《考古》1994年7期	有
禽图石刻	3	辽金	辽宁朝阳石匠山	《考古》2004年11期	有
虎图石刻	7	金	辽宁朝阳石匠山	《考古》2004年11期	有

放牧图

放牧图岩画	2	距今3000－1400年	西藏日土塔康巴	《考古》2001年6期	有
放牧图画像石		东汉	陕西绥德延家窑	《考古》1990年2期	有
放牧图画像砖		魏晋	甘肃高台骆驼城M2	《考古》2003年6期	
游牧图岩画	12	唐宋	四川宜宾麻塘坝	《考古》1981年5期	有

（二）畜力运输图

牛车图

牛车图		汉	贵州赫章老街	《考古》1964年8期	有
牛车图画像砖		魏晋	甘肃高台骆驼城M2	《考古》2003年6期	

牛车出行图画像砖		南朝	江苏南京花神大道东	《考古》2008年6期	有
牛车图画像砖		南北朝	河南邓县	《考古》1959年5期	
牛车出行图壁画		北齐	河北磁县高润墓	《考古》1979年3期	
牛车图壁画		唐	山西太原南郊金胜村	《考古》1959年9期	有
牛车图画像石		辽	辽宁鞍山羊耳峪	《考古》1993年3期	有

驼车图

驼车图壁画		辽	辽宁鞍山汪家峪	《考古》1981年3期	有
驼车图壁画（狗马）		辽	山西大同卧虎湾	《考古》1963年8期	有

（三）狩猎图

捕牛图

射牛图岩画		战国－秦汉	甘肃嘉峪关四道鼓心沟	《考古》1990年4期	有

捕猪图

二虎扑猪图		汉	云南祥云大波那村	《考古》1964年7期	

捕鹿图

骑牦牛射鹿图岩画	2	吐蕃	西藏纳木错扎西岛北	《考古》1994年7期	有

狩猎图

狩猎图岩画	3	距今3000－1400年	西藏日土塔康巴	《考古》2001年6期	有
射鹿射牛图岩画		战国－秦汉	甘肃嘉峪关四道鼓心沟	《考古》1990年4期	有
射猎图画像砖		汉	河南郑州二里岗	《考古》1963年11期	有
猎虎图画像砖		汉	河南郑州二里岗	《考古》1963年11期	有
骑射图画像砖		汉	河南郑州二里岗	《考古》1963年11期	有
狩猎图画像石		汉	山东微山微山岛	《考古》1989年8期	有
狩猎图画像石	1	汉	山东微山微山岛	《考古》2009年10期	有
狩猎图画像石		西汉	山东微山夏镇青山村	《考古》2006年2期	有
狩猎图画像石		东汉	江苏铜山岗子	《考古》1964年10期	有

射猎图画像砖	东汉	四川彭县	《考古》1987年6期 有
投石击鸟图画像砖	东汉	四川彭县义和	《考古》1983年10期 有
骑射图壁画	高句丽（公元3－4世纪）	吉林集安洞沟	《考古》1983年4期 有
驰猎图壁画	高句丽（公元5世纪）	吉林辑安麻线沟1号墓	《考古》1964年10期 有
狩猎图壁画	高句丽（公元5世纪）	吉林辑安通沟12号墓	《考古》1964年2期 有
狩猎图壁画	北周	陕西西安大明宫井上村	《考古》2004年7期 有
骑马射羊图 3 岩画	吐蕃	西藏纳木错扎西岛北	《考古》1994年7期 有

三、渔猎图

（一）养鱼图

鱼纹陶盆	新石器（仰韶文化）	陕西临潼姜寨	《考古》1973年3期 有
四只游鱼图陶盆	西汉	河北满城陵山	《考古》1972年1期
鱼图画像石	西汉	山东微山两城乡	《考古》2006年2期 有
双鱼纹盘	东汉	江苏丹阳宗头山	《考古》1978年3期 有
鱼图画像石 3	东汉	山东东阿邓庙	《考古》2007年3期 有
三鱼图石刻	北魏	河南巩县寺湾村	《考古》1977年4期 有
双鱼图	唐	辽宁昭盟喀喇沁旗楼子店	《考古》1977年5期 有
鱼图石刻 1	辽金	辽宁朝阳石匠山	《考古》2004年11期 有

（二）捕鱼图

应龙食鱼图画像石	汉	河南舞阳潘园村	《考古》1993年5期 有
鹤啄鱼图画像石	汉	山东邹城卧虎山	《考古》1999年6期 有
鹤啄鱼图盘	西汉	山东平阴新屯	《考古》1988年11期 有
捕鱼图画像石	西汉	山东滕州东小宫	《考古》2000年10期 有
三鸟啄鱼图画像石	西汉	山东微山微山岛	《考古》1998年3期 有
车行舟鱼图画像砖	东汉	河南新野北安乐寨村	《考古》1965年1期 有
角抵叉鱼图画像石	东汉	江苏泗洪重岗	《考古》1986年7期 有
田猎渔猎图	东汉	江苏泗洪重岗	《考古》1986年7期 有

画像石

鸟叼鱼图画像石	东汉	江苏新沂瓦窑	《考古》1985年7期	有
捕鱼图画像石	东汉	山东东阿邓庙	《考古》2007年3期	有
水鸟叼鱼图画像石	东汉	山东济南大觉寺	《考古》2004年8期	有
叼鱼持锸图画像石	东汉	山东沂南双凤庄	《考古》1998年4期	有
鹭鸶叼鱼图画像石	东汉	陕西绥德延家岔	《考古》1983年3期	有
采莲渔猎图画像砖	东汉	四川彭县	《考古》1987年6期	有
放筏钓鱼图画像砖	东汉	四川彭县义和	《考古》1983年10期	有
水鸟啄鱼射鹿图壁画	西晋	辽宁辽阳北郊三道壕村	《考古》1990年4期	有
狩猎捕鱼图画像石	南朝（宋）	山东苍山城前村	《考古》1975年2期	有
渔猎图岩画	唐宋	四川宜宾麻塘坝	《考古》1981年5期	有
垂钓二鲤图壁画	辽金	辽宁锦西大卧铺	《考古》1960年2期	有

（三）龟图

鹤龟图画像砖	汉	河南郑州二里岗	《考古》1963年11期	有
龟鸭游水图	三国（吴）	浙江嵊县大塘岭	《考古》1991年3期	

（四）水禽图

雌凫护4只小凫陶塑	隋	安徽合肥市郊五里岗	《考古》1976年2期	有
荷花水禽图壁画	辽	内蒙古巴林左旗滴水壶	《考古》1999年8期	有

四、昆虫图

（一）蝉图

蝉纹弓形铜器	商周	陕西铜川红土	《考古》1982年1期	有
捕蝉图连支灯	东汉	河南济源承留	《考古》1991年12期	有

（二）蝴蝶图

蜻蜓蝴蝶图 铜镜	金	河北崇礼水晶屯	《考古》1994年11期 有
蝴蝶图 4	明	安徽滁州南小庄	《考古》1996年11期 有

（三）其他昆虫图

昆虫游鱼图	东汉	广东德庆大辽山	《考古》1981年4期 有
蜜蜂蜻蜓鱼 图铜镜	北宋	江苏常州红梅新村	《考古》1997年11期 有

五、农村生活图

（一）食品加工图

庖厨图

庖厨图画像 石	汉	山东微山微山岛	《考古》1989年8期 有
仓廪庖厨图 画像石	西汉	山东微山夏镇青山村	《考古》2006年2期 有
牵牛羊鱼图 陶灶	东汉	河南巩县石家庄	《考古》1963年2期 有
庖厨图画像 石	东汉	江苏泗洪重岗	《考古》1986年7期 有
辘轳饮马庖 厨图画像石	东汉	山东平邑东埠阴村	《考古》1990年9期 有
庖厨图画像 砖	东汉	四川彭县	《考古》1987年6期 有
庖厨图画像 砖	东汉	四川彭县义和	《考古》1983年10期 有
庖厨图壁画	东汉	四川郫县新胜	《考古》1979年6期 有
庖厨图画像 石	三国	山东滕州造纸厂	《考古》2002年10期 有
庖厨舂米图 仓罐	西晋	安徽青阳庙前	《考古》1992年11期 有
庖厨图壁画	十六国（北燕）	辽宁朝阳大平房村	《考古》1985年10期 有
筛面庖厨图 砖雕	北宋	山西长治五马村	《考古》1994年9期 有
和面揉面图 壁画	辽	北京南郊赵德钧墓	《考古》1962年5期 有
鸡鱼庖厨图 壁画	辽	北京西郊百万庄	《考古》1963年3期
膳房执事图	辽	内蒙古巴林左旗滴水壶	《考古》1999年8期 有

壁画

庖厨图壁画	2	辽	内蒙古扎鲁特旗浩特花	《考古》2003年1期	有
饮食图壁画		金	山西绛县裴家堡	《考古通讯》1955年 4期	有
水桶汲水庖厨图壁画		元	福建将乐光明	《考古》1995年1期	有

汲水图

井图砖雕	1	十六国	陕西咸阳头道塬	《考古》2005年6期	有
妇女汲水图壁画		十六国（北燕）	辽宁朝阳北庙村	《考古》1985年10期	有
汲水图砖雕		宋	山西长治故漳村	《考古》2006年9期	有
辘轳汲水图砖雕		宋	山西沁水孔壁村	《考古》1989年4期	有
辘轳提水图砖雕		北宋	山西长治五马村	《考古》1994年9期	有
辘轳汲水图壁画		金	山西绛县裴家堡	《考古通讯》1955年 4期	有

（二）宴饮图

宴饮图

宴饮仓储图画像石		汉	山东	《考古》1985年11期	有
宴享图画像石		东汉	山东沂南大汪家庄	《考古》1998年4期	有
宴饮图壁画		汉魏	辽宁辽阳棒台子2号墓	《考古》1960年1期	有
宴饮图壁画		北周	陕西西安大明宫井上村	《考古》2004年7期	有
宴饮图壁画		北宋	河北涿鹿酒厂	《考古》1987年3期	有
宴饮图壁画（黄牛）		辽	山西大同卧虎湾	《考古》1963年8期	有
宴饮图壁画（马）		辽	山西大同卧虎湾	《考古》1963年8期	有
备膳图壁画		金	辽宁朝阳旧城南	《考古》1962年4期	有
备餐图壁画		元明	山西文水北峪口村	《考古》1961年3期	有

酒事图

酒肆图画像砖		东汉	四川彭县	《考古》1987年6期	有
羊尊酒肆图画像砖		东汉	四川彭县	《考古》1987年6期	有
酒肆图画像砖		东汉	四川彭县义和	《考古》1983年10期	有

散乐侍酒图	金	山西大同站东小桥街	《考古》2004年9期 有
壁画			

（四）其他农村生活图

骑兽（马羊 等）娱乐图 透雕	东汉	河北易县燕下都	《考古》1965年11期 有
伯乐相马图 画像石	东汉	山东金乡香城堌堆	《考古》1996年6期 有
送糜养老图 画像石	东汉	四川成都土桥	《考古》1979年6期 有
注粟养老图 画像砖	东汉	四川德阳蒋家坪	《考古》1979年6期 有
注粟养老图 画像砖	东汉	四川彭县太平	《考古》1979年6期 有
市集交易图 画像砖	东汉	四川彭县义和	《考古》1983年10期 有
牛郎织女图 壁画	东汉	四川郫县新胜	《考古》1979年6期
执斧砍柴图　2 壁画	唐	山西太原南郊金胜村	《考古》1959年9期 有
货郎图砖雕	宋	山西沁水孔壁村	《考古》1989年4期 有
相迎献食图 壁画	辽	辽宁法库叶茂台西山	《考古》1989年4期 有
采樵图砖雕	金	甘肃静宁张家湾	《考古》1985年9期 有

第六篇　文书印章

一、卜骨卜甲

（一）卜骨

卜骨

卜骨		新石器（龙山文化）	河北邯郸涧沟	《考古》1959年10期	
卜骨	1	新石器（龙山文化）	河北永年台口村	《考古》1962年12期	
卜骨		新石器（龙山文化）	山东禹城邢寨汪	《考古》1983年11期	
卜骨		新石器（龙山文化）	山西忻州游邀	《考古》1989年4期	
卜骨		新石器（齐家文化）	甘肃临夏秦魏家	《考古》1960年3期	
卜骨	4	新石器	辽宁锦州山河营子	《考古》1986年10期	
卜骨	2	新石器	内蒙古赤峰东山咀	《考古》1983年5期	
卜骨	2	新石器	山东泗水尹家城	《考古》1980年1期	有
卜骨		夏（新砦期文化）	河南新密新砦	《考古》2009年2期	有
卜骨		夏	山西忻州游邀	《考古》1989年4期	
卜骨	3	青铜时代	四川忠县㽏井沟	《考古》1962年8期	
卜骨		青铜时代（夏家店下层文化）	辽宁北票康家屯	《考古》2001年8期	有
卜骨		青铜时代（夏家店下层文化）	内蒙古赤峰二道井子	《考古》2010年8期	有
卜骨		青铜时代（夏家店下层文化）	内蒙古赤峰三座店	《考古》2007年7期	
卜骨		青铜时代（夏家店下层文化）	内蒙古喀喇沁旗大山前	《考古》1998年9期	有
卜骨	1	夏商	山西襄汾大柴	《考古》1987年7期	有
卜骨		先商	河南杞县鹿台岗	《考古》1994年8期	
卜骨	2	商	安徽含山大城墩	《考古》1989年2期	
卜骨		商	河北邯郸涧沟	《考古》1959年10期	
卜骨		商	河北邢台东先贤村	《考古》2003年11期	有
刻字残卜骨	1	商	河南安阳后岗	《考古》1972年3期	有
卜骨		商	河南安阳后岗	《考古》1993年10期	有
卜骨	25	商	河南安阳花园庄东地	《考古》1993年6期	
卜骨	35	商	河南安阳花园庄南地	《考古》1993年6期	
卜骨		商	河南安阳洹北商城	《考古》2003年5期	有
卜骨	1	商	河南安阳梅园庄西	《考古》1992年2期	有
卜骨		商	河南安阳西郊薛家庄	《考古通讯》1958年	

8期

卜骨	2279	商		河南安阳小屯南地	《考古》1975年1期	
刻辞卜骨	4761	商		河南安阳小屯南地	《考古》1975年1期	
刻辞卜甲	60	商		河南安阳小屯南地	《考古》1975年1期	
卜骨	648	商		河南安阳殷墟	《考古》1961年2期	
卜骨		商		河南偃师商城	《考古》1984年10期	
卜骨		商		河南郑州上街	《考古》1960年6期	
卜骨		商		山东平阴朱家桥	《考古》1961年2期	
卜骨		商		山东枣庄沃洛	《考古》1984年4期	有
卜骨	1	商周		河北邢台东先贤村	《考古》2002年3期	有
卜骨	2	商周		内蒙古宁城小榆树林子	《考古》1965年12期	有
卜骨	3	商周		云南剑川海门口	《考古》1995年9期	有
卜骨		西周		湖北蕲春毛家嘴	《考古》1962年1期	
卜骨	1	西周		江苏新沂三里墩	《考古》1960年7期	有
卜骨		西周		山东高青陈庄	《考古》2010年8期	
卜骨		西周		山东滕县	《考古》1980年1期	
卜骨	1	西周		陕西长安沣西客省庄	《考古》1987年8期	有
卜骨		西周		陕西长安鄠县马王村	《考古》1962年6期	
卜骨	1	西周		陕西凤翔和兴平	《考古》1960年3期	
卜骨		战国		陕西凤翔杨家湾	《考古》1962年9期	
卜骨		魏晋		黑龙江友谊凤林	《考古》2000年11期	

卜骨（牛）

卜骨（牛）		新石器（马家窑文化）	甘肃武山傅家门	《考古》1995年4期	有
卜骨（牛）	1	新石器（龙山文化）	河南孟津小潘沟	《考古》1978年4期	有
卜骨（牛）		新石器（龙山文化）	河南新密新砦	《考古》2009年2期	有
卜骨（牛）		新石器（龙山文化）	河南新乡刘庄营	《考古》1966年3期	
卜骨（牛）	1	新石器（龙山文化）	河南禹州瓦店	《考古》2000年2期	有
卜骨（牛）	1	新石器（龙山文化）	山东曹县莘冢集	《考古》1980年5期	有
卜骨（牛）		新石器（龙山文化）	山西五台阳白	《考古》1997年4期	有
卜骨（牛）		新石器（龙山文化）—商	河南偃师二里头	《考古》1961年2期	有
卜骨（牛）		夏（二里头文化）	河南密县新砦	《考古》1981年5期	有
卜骨（牛）		夏（二里头文化）	山西垣曲古城南关	《考古》2005年11期	
卜骨（牛）		先商	河北邯郸北羊台	《考古》2001年2期	有
卜骨（牛）	1	商	安徽含山孙家岗	《考古》1977年3期	有
卜骨（牛）	1	商	河北沧县倪杨屯	《考古》1993年2期	有
卜骨（牛）	11	商	河北藁城台西村	《考古》1973年5期	有
卜骨（牛）	2	商	河北邢台东先贤村	《考古》1959年2期	
卜骨（牛）		商	河北邢台葛家庄	《考古》2000年11期	有

卜骨（牛）		商	河北邢台葛家庄	《考古》2005年2期	有
卜骨（牛）	3	商	河北正定曹村	《考古》2007年11期	有
卜骨（牛）		商	河南安阳高楼庄	《考古》1963年4期	有
卜骨（牛）	2	商	河南安阳郭村西南台	《考古》1965年7期	有
卜骨（牛）	1	商	河南安阳花园庄东地	《考古》2006年1期	有
卜骨（牛）		商	河南安阳洹北花园庄	《考古》1998年10期	有
卜骨（牛）	4	商	河南孟县涧溪	《考古》1961年1期	
卜骨（牛）	2	商	河南商丘坞墙	《考古》1983年2期	有
卜骨（牛）		商	河南渑池鹿寺	《考古》1964年9期	有
卜骨（牛）		商	河南偃师商城	《考古》1995年11期	有
卜骨（牛）	2	商	河南偃师商城IV区	《考古》1999年2期	有
卜骨（牛）	3	商	河南郑州铭功路东	《考古》2002年9期	有
卜骨（牛）	4	商	河南郑州商城外郭城	《考古》2004年3期	有
卜骨（牛）		商	河南郑州上街	《考古》1966年1期	有
卜骨（牛）		商	江苏铜山丘湾	《考古》1973年2期	有
卜骨（牛）		商	山东济南大辛庄	《考古》1973年5期	
卜骨（牛）	2	商	山东济宁张山洼	《考古》2007年9期	有
卜骨（牛）	3	商	山东济阳刘台子	《考古》1989年6期	有
卜骨（牛）	2	商	山东梁山青堌堆	《考古》1962年1期	
卜骨（牛）	4	商	山东阳信李屋	《考古》2010年3期	
卜骨（牛）		商（二里岗文化）	山西垣曲古城南关	《考古》2005年11期	
卜骨（牛）	1	青铜时代（寺洼文化）	甘肃卓尼苞儿	《考古》1994年1期	有
卜骨（牛）		商晚期	河南荥阳关帝庙	《考古》2008年7期	
卜骨（牛）		西周	河南洛阳北窑	《考古》1983年5期	
卜骨（牛）	9	西周	陕西邠县下孟村	《考古》1960年1期	
卜骨（牛）	13	西周	陕西长安沣西张家坡	《考古》1964年9期	有
卜骨（牛）	1	唐宋	青海乌兰大南湾	《考古》2002年12期	有

卜骨（羊）

卜骨（羊）		新石器（马家窑文化）	甘肃武山傅家门	《考古》1995年4期	有
卜骨（羊）	1	新石器（龙山文化）	河南西平上坡	《考古》2004年4期	有
卜骨（羊）		新石器（龙山文化）	河南新密新砦	《考古》2009年2期	有
卜骨（羊）		新石器（龙山文化）	河南新乡刘庄营	《考古》1966年3期	
卜骨（羊）	5	新石器（龙山文化）	河南禹州瓦店	《考古》2000年2期	有
卜骨（羊）	9	新石器（齐家文化）	甘肃临夏大何庄	《考古》1960年3期	
卜骨（羊）	2	新石器（岳石文化）	山东桓台史家	《考古》1997年11期	有
卜骨（羊）		新石器	内蒙古巴林左旗富河沟门	《考古》1964年1期	有
卜骨（羊）		新石器（龙山文化）—	河南偃师二里头	《考古》1961年2期	有

商

卜骨（羊）	1	夏（二里头文化）	河南方城八里桥	《考古》1999年12期	有
卜骨（羊）		夏（二里头文化）	河南临汝煤山	《考古》1975年5期	
卜骨（羊）		夏（二里头文化）	河南密县新砦	《考古》1981年5期	有
卜骨（羊）	1	夏（二里头文化）	山西翼城感军	《考古》1980年3期	有
卜骨（羊）	1	夏（二里头文化）	山西永济东马铺头	《考古》1980年3期	
卜骨（羊）		夏（二里头文化）	山西垣曲古城南关	《考古》2005年11期	
卜骨（羊）		夏	甘肃民乐东灰山	《考古》1995年12期	有
卜骨（羊）		夏	山西夏县东下冯	《考古》1980年2期	
卜骨（羊）		商	河南安阳洹北花园庄	《考古》1998年10期	有
卜骨（羊）		商	河南渑池鹿寺	《考古》1964年9期	有
卜骨（羊）	6	商	河南偃师二里头	《考古》1974年4期	
卜骨（羊）	1	商	河南偃师商城	《考古》1984年6期	有
卜骨（羊）		商	河南偃师商城	《考古》1995年11期	有
卜骨（羊）		商	山东济南大辛庄	《考古》1973年5期	
卜骨（羊）		商（二里岗文化）	山西垣曲古城南关	《考古》2005年11期	
卜骨（羊）	7	青铜时代（寺洼文化）	甘肃卓尼芭儿	《考古》1994年1期	有
卜骨（羊）	1	青铜时代－东汉	吉林汪清新安闾	《考古》1961年8期	

卜骨（猪）

卜骨（猪）		新石器（马家窑文化）	甘肃武山傅家门	《考古》1995年4期	有
卜骨（猪）		新石器（龙山文化晚期）	山西襄汾陶寺	《考古》1980年1期	有
卜骨（猪）	4	新石器（龙山文化陶寺型）	山西襄汾陶寺	《考古》2003年3期	有
卜骨（猪）		新石器（龙山文化）－商	河南偃师二里头	《考古》1961年2期	有
卜骨（猪）		夏（二里头文化）	山西垣曲古城南关	《考古》2005年11期	
卜骨（猪）		夏	山西夏县东下冯	《考古》1980年2期	
卜骨（猪）		青铜时代（夏家店下层文化）	内蒙古赤峰药王庙	《考古》1961年2期	有
卜骨（猪）		先商	河北邯郸北羊台	《考古》2001年2期	有
卜骨（猪）		商	河南郑州上街	《考古》1966年1期	有
卜骨（猪）		商（二里岗文化）	山西垣曲古城南关	《考古》2005年11期	
卜骨（猪）		青铜时代（夏家店上层文化）	内蒙古赤峰夏家店上层	《考古》1961年2期	
卜骨（猪）	1	汉	黑龙江海林东兴	《考古》1996年10期	有

卜骨（鹿）

卜骨（鹿）		新石器	内蒙古巴林左旗富河沟门	《考古》1964年1期	有

卜骨（鹿）		夏（二里头文化）	河南临汝煤山	《考古》1975年5期	
卜骨（鹿）		夏（二里头文化）	河南密县新砦	《考古》1981年5期	有
卜骨（鹿）	11	商	山东阳信李屋	《考古》2010年3期	
卜骨（鹿）	1	魏晋	黑龙江友谊凤林古城址	《考古》2004年12期	

（二）卜甲

卜甲

卜甲		新石器（龙山文化）	山东禹城邢寨汪	《考古》1983年11期	
卜甲	3	青铜时代（湖熟文化）	江苏南京西善桥	《考古》1962年3期	有
卜甲		商	河北邯郸涧沟	《考古》1959年10期	
卜甲	1	商	河北邢台东先贤村	《考古》2003年11期	有
卜甲	22	商	河南安阳花园庄南地	《考古》1993年6期	
卜甲	1	商	河南安阳洹北花园庄	《考古》1998年10期	
卜甲	50	商	河南安阳小屯南地	《考古》1975年1期	
卜甲	2	商	河南郑州铭功路东	《考古》2002年9期	有
卜甲		商	山东济南大辛庄	《考古》1973年5期	
卜甲	5	商	山东阳信李屋	《考古》2010年3期	
卜甲	2	商周	山东济阳邝塚	《考古》1990年6期	有
卜甲		西周	湖北蕲春毛家嘴	《考古》1962年1期	
卜甲		西周	山东高青陈庄	《考古》2010年8期	有
卜甲	2	西周	陕西西安张家坡	《考古》1994年10期	有
卜甲		东周	山西侯马牛村	《考古》1962年2期	

卜甲（龟）

卜甲（龟）		青铜时代（湖熟文化）	江苏仪六地区葫芦山	《考古》1962年3期	
卜甲（龟）		夏商	湖北江陵荆南寺	《考古》1989年8期	有
卜甲（龟）	2	商	河北藁城台西村	《考古》1973年5期	
卜甲（龟）		商	河北邢台葛家庄	《考古》2005年2期	有
卜甲（龟）		商	河南安阳高楼庄	《考古》1963年4期	有
卜甲（龟）		商	河南安阳后岗	《考古》1993年10期	有
卜甲（龟）	1558	商	河南安阳花园庄东地	《考古》1993年6期	
卜甲（龟）	1	商	河南安阳王裕口南地	《考古》2004年5期	有
卜甲（龟）	3	商	河南孟县涧溪	《考古》1961年1期	
卜甲（龟）		商	湖北江陵梅槐桥	《考古》1990年9期	有
卜甲（龟）		商	湖北沙市周梁玉桥	《考古》2004年9期	有
卜甲（龟）		商	江苏铜山丘湾	《考古》1973年2期	
卜甲（龟）	2	商	山东济宁张山洼	《考古》2007年9期	有
卜甲（龟）		商晚期	河南荥阳关帝庙	《考古》2008年7期	有
卜甲（龟）		西周	河南洛阳北窑	《考古》1983年5期	
卜甲（龟）	4	西周	陕西长安沣西张家坡	《考古》1964年9期	有

| 卜甲（龟） | 2 | 西周 | 陕西长安沣西张家坡 | 《考古》1986年3期 |
| 卜甲（龟） | 1 | 春秋 | 山东沂源姑子坪 | 《考古》2003年1期 |

二、文书票证

（一）作物文书（汉文）

粟文书

| 高昌义和三年（公元616年）举粟麦券 | | 高昌 | 新疆吐鲁番阿斯塔那 | 《考古》1992年2期 |

粮食文书

| 江淮营田提举司钱粮碑 | | 元 | 江苏扬州旧城北城根 | 《考古》1987年7期　有 |

油料文书

| 书信为油麻事 | | 高昌 | 新疆吐鲁番阿斯塔那 | 《考古》1992年2期 |

（二）土地文书（汉文）

买地券

买地券		汉	河北望都	《考古》1959年4期　有
买地券（合金）	1	三国（吴）	安徽南陵麻桥	《考古》1984年11期有
买地券（拓片）		南朝	湖北武汉何家大湾	《考古》1965年4期　有
买地券	1	五代	四川彭山宋琳墓	《考古通讯》1958年　有5期
买地券	2	宋	福建连江南塘乡虎头山	《考古通讯》1958年　有5期
买地券	1	宋	四川东山灌溉渠	《考古》1959年8期
买地券	2	南宋	四川成都二仙桥	《考古》2004年5期　有
买地券	8	南宋	四川成都金鱼村	《考古》1997年10期有
买地券		金	山西孝义新义东街路北	《考古》2001年4期　有
买地券	1	元	江西抚州黄泥岗	《考古》1964年7期
买地券	2	元	江西南昌市朱姑桥	《考古》1963年10期
买地券	1	明	江西广丰横山	《考古》1965年6期
买地券	1	明	上海卢湾区肇家滨路	《考古》1961年8期
买地券	1	明	四川成都梁家巷	《考古》1959年8期
买地券（拓片）	1	清	云南呈贡王家营	《考古》1965年4期　有

买地券砖

买地券砖	1	东汉	江苏南京中华门外龙桃杖墓	《考古》2009年1期	
买地券砖	2	三国（吴）	江苏南京北郊郭家山东吴纪年墓	《考古》1998年8期	有
买地券砖	1	西晋	江苏镇江	《考古》1984年6期	有
买地券砖	1	唐	江西赣州	《考古》1964年5期	
买地券砖		宋	江西分宜	《考古》1987年3期	
买地券砖		宋	江西余干	《考古》1987年3期	
买地券砖	1	南宋	福建南平店口	《考古》1992年5期	
买地券砖	1	南宋	江西瑞昌金凤村	《考古》1991年1期	
买地券砖	2	南宋	江西永修义坪	《考古》1965年11期	有
买地券砖	1	元	河北蔚县	《考古》1983年3期	
买地券砖		元	江西南昌市	《考古》1987年3期	
买地券砖	1	元	山西襄汾丁村1号墓	《考古》1988年12期	
买地券砖	1	元	山西襄汾解村	《考古》1988年12期	
买地券砖	1	明	甘肃兰州上西园	《考古》1960年3期	
买地券砖	1	明	江苏南京北郊柴山之西麓	《考古通讯》1957年1期	有
买地券砖		明	江西南昌市	《考古》1987年3期	
买地券砖		明	江西新建	《考古》1987年3期	
买地券砖		明	江西玉山	《考古》1987年3期	

买地券石

买地券石	2	南朝	广东始兴都圹村	《考古》1989年6期	有
滑石买地券	1	南朝	广西融安黄家	《考古》1983年9期	有
买地券石	1	南朝（齐）	广西桂林尧山	《考古》1964年6期	有
买地券石		唐	江西弋阳	《考古》1987年3期	
买地券石	2	宋	湖北英山孔家坊大犀基宋墓	《考古》1993年1期	
买地券石	1	宋	湖北英山三门河郭家坞宋墓	《考古》1993年1期	
买地券石		宋	江西德兴	《考古》1987年3期	
买地券石		宋	江西丰城	《考古》1987年3期	
买地券石		宋	江西吉水	《考古》1987年3期	
买地券石		宋	江西进贤	《考古》1987年3期	
买地券石		宋	江西景德镇	《考古》1987年3期	
买地券石	1	宋	江西九江汤桥	《考古》1984年8期	
买地券石		宋	江西南昌县	《考古》1987年3期	
买地券石		宋	江西南城	《考古》1987年3期	

买地券石		宋	江西彭泽	《考古》1987年3期	
买地券石	3	宋	江西清江	《考古》1987年3期	
买地券石	6	宋	江西瑞昌光辉村	《考古》1992年4期	
买地券石		宋	江西武宁	《考古》1987年3期	
买地券石		宋	江西新淦	《考古》1987年3期	
买地券石		宋	江西宜黄	《考古》1987年3期	
买地券石拓片		宋	山西太原小井峪	《考古》1963年5期	
买地券石	1	宋	四川广汉雒城	《考古》1990年2期	
买地券石	2	北宋	江西吉安泮圹村	《考古》1989年10期	有
买地券石	1	北宋	江西九江蔡桥村	《考古》1991年10期	有
买地券石	1	北宋	江西九江天波村	《考古》1991年10期	
买地券石	1	北宋	江西临川莫源李村	《考古》1988年4期	
买地券石	1	北宋	江西南丰桑田	《考古》1988年4期	
买地券石	1	北宋	四川成都化成小区	《考古》2005年10期	有
买地券石	2	北宋	四川洪雅红星	《考古》1982年1期	有
买地券石	2	南宋	江西清江槎市	《考古》1965年11期	有
买地券石	1	南宋	江西瑞昌金凤村	《考古》1991年1期	
买地券石	1	南宋	江西瑞昌李洋湖	《考古》1986年11期	
买地券石	1	元	福建南平三官堂	《考古》1996年6期	有
买地券石		元	江西抚州	《考古》1987年3期	
买地券石	2	元	江西南昌市	《考古》1987年3期	
买地券石		元	江西永丰	《考古》1987年3期	
买地券石		明	江苏无锡青山湾	《考古通讯》1955年2期	
买地券石		明	江西广丰	《考古》1987年3期	
买地券石		明	四川成都东郊华阳桂溪	《考古通讯》1957年3期	
买地券石（残）		明	云南大理苍山	《考古》1966年4期	

买地券瓦

买地券瓦	1	宋	云南腾冲来凤山	《考古》2006年3期	有

木质买地券

木质买地券		唐	江西南昌市	《考古》1987年3期	
木质买地券	1	唐	江西南昌市北郊	《考古》1977年6期	有
木质买地券	1	北宋	江苏无锡锡惠桥	《考古》1986年12期	有
木质买地券	2	明	江苏苏州太仓娄东乡东郊镇	《考古》1987年3期	
木质买地券	1	明	上海浦东陆氏墓	《考古》1985年6期	

| 木质买地券 | 2 | 明 | 上海市松江 | 《考古》1963年11期 |

陶质买地券

陶质买地券		宋	江西青江郑静阅	《考古通讯》1955年3期
陶质买地券	1	南宋	江西高安赤溪	《考古》1994年2期　有
陶质买地券		金	山西绛县裴家堡	《考古通讯》1955年4期
陶质买地券	1	元	河南三门峡上村岭	《考古》1985年11期
陶质买地券	1	明	安徽滁州南小庄	《考古》1996年11期　有
陶质买地券	1	明	河北遵化阎家沟	《考古》1997年4期　有

铁质买地券

铁质买地券		西晋	江苏南京中华门外	《考古》1961年6期
铁质买地券	2	隋	河南安阳安阳桥	《考古》1992年1期
铁质买地券	1	隋	河南安阳置度村	《考古》2010年4期
铁质买地券	1	唐	河南偃师杏园村	《考古》1996年12期
铁质买地券	2	北宋	安徽无为赫店	《考古》2005年3期　有
铁质买地券	2	北宋	河南巩县石家庄	《考古》1963年2期
铁质买地券	1	南宋	福建南平大凤	《考古》1991年12期　有
铁质买地券	1	南宋	福建南平南山	《考古》2004年11期　有
铁质买地券	1	南宋	上海青浦福泉山	《考古》1986年2期　有

铅质买地券

铅质买地券	2	三国（吴）	湖北武汉	《考古》1965年10期　有
铅质买地券	1	三国（吴）	江苏南京栖霞山甘家巷	《考古》1976年5期　有
铅质买地券	1	晋	湖北均县乱石滩	《考古》1990年8期　有
铅质买地券	1	西晋	江苏南京柳塘	《考古》1992年8期

租地文书

| 青石地契 | 1 | 北宋 | 江西南城李营 | 《考古》1965年11期　有 |
| 地契文陶板 | 1 | 元 | 江西高安汉家山 | 《考古》1989年6期　有 |

（三）畜牧文书（汉文）

贞观十七年牒为官牛领料事		唐	新疆吐鲁番阿斯塔那古墓群360号墓	《考古》1991年1期
《牛定相辞》（地子）文书		唐	新疆吐鲁番阿斯塔那哈拉和卓古墓群	《考古》1978年3期　有
户主牛账		高昌	新疆吐鲁番阿斯塔那古墓群	《考古》1992年2期

（四）林业文书

| 高昌延昌三十八年参军张显租葡萄园券 | 高昌 | 新疆吐鲁番阿斯塔那古墓群 | 《考古》1992年2期 |

附　录

中国朝代历史年表

夏

约公元前 21 世纪—公元前 16 世纪

中国历史上的第一个朝代，系传说中禹的儿子启所建立，奴隶制国家，建都安邑（今山西省夏县北），即夏后氏。共历十三代，十六王。

商

约公元前 16 世纪—公元前 11 世纪

公元前 16 世纪商汤灭夏所建。经几次迁都，盘庚时迁殷（今河南省安阳县小屯），因亦称殷。传至纣，为周武王所灭。共传十七代，三十一王。

周

西周

约公元前 11 世纪—公元前 771 年

公元前 11 世纪周武王灭商后建立，建都镐京（今陕西西安市南）。

东周

春秋

公元前 770—公元前 476 年

历史上称平王东迁以前为西周，以后为东周。东周又分为春秋、战国两个时期。公元前 256 年为秦所灭，共历三十四王，八百多年。

战国

公元前 475—公元前 221 年

秦

公元前 221—公元前 206 年

中国历史上第一个专制主义中央集权的封建王朝。公元前 221 年，秦王嬴政灭六国，统一中国，自称始皇帝。建都陕西咸阳东。秦始皇曾推行一系列巩固统一、加强中央集权的政策措施。但赋税繁重，刑政苛暴。秦朝历二世，十五年。

汉

西汉：约公元前 206—公元 8 年

新莽：8—23 年

我国历史上强大的封建王朝。前 206 年，刘邦灭秦，称帝，国号汉，建都陕西西安，史称西汉或前汉。25 年，皇族刘秀重建汉朝，建都洛阳，史称东汉或后汉。汉代共历二十四帝，四百零六年。

东汉：25—220 年

三国

魏：220—265 年，曹丕称帝，国号魏，建都洛阳。共历五帝，四十六年。

蜀：221—263 年，刘备在成都称帝，国号汉，史称蜀或蜀汉。共历二帝，四十三年。

吴：222—280 年，孙权在江苏南京称帝，也称吴王。史称孙吴或东吴。共历四帝，五十九年。

晋

西晋：265—317 年

265 年，司马炎代魏称帝，国号晋，建都洛阳，史称西晋。太康元年（280 年）灭吴，统一全国。316 年被匈奴所灭，共历四帝，五十二年。西晋之后，317 年，司马睿在南京重建政权，史称东晋，共历十一帝，一百零四年。

东晋：317—420 年

南北朝

南朝：从 420 年刘裕代晋到 589 年陈亡。经历宋、齐、梁、陈四代。

宋：420—479 年

齐：479—502 年

梁：502—557 年

陈：557—589 年

北朝

北魏：386—534 年

北朝从 439 年北魏统一北方到 534 年分裂为东、西魏，后北齐代东魏，北周代西魏，北周又灭北齐，共历一百七十年。事件：祖冲之创大明历。

东魏：534—550 年

西魏：535—556 年

北齐：550—577 年

北周：557—581 年

隋朝

581—618 年

581 年，杨坚代北周称帝，国号隋，建都陕西西安。于 590 年灭陈，统一全国。共历二帝，三十八年。事件：发明雕板印刷术；修成大运河；创立科举制度。

唐朝

618—907 年

618 年，李渊在关中称帝，国号唐，建都陕西西安，共历二十帝，二百九十年。

五代十国

五代

后梁：907—923。907 年朱晃（又名朱温，全忠）灭唐建梁。

后唐：923—936。923 年李存勖建后唐。

后晋：936—947。936 年石敬唐建后晋。

后汉：947—956。947 刘暠建后汉。

后周：956—960。956 年郭威建后周，960 年被赵匡胤取代。

十国

902—979 年。南方并存十国。

宋朝

北宋：960—1127 年

960 年，赵匡胤代后周称帝，国号宋，建都开封，史称北宋。1126 年，金兵攻入开封，北宋亡。事件：发明指南针，并用于航海；发明火药，用于战争；毕升发明活字印刷术；司马光撰成《资治通鉴》；沈括撰成《梦溪笔谈》；发明珠算。

辽 907—1125 年，金 1115　1234 年，西夏

南宋：1127—1279 年

1127 年，赵构在河南商丘称帝，后迁至浙江杭州，史称南宋。共历十八帝，三百二十年。

元朝

1271—1368 年

1206 年，蒙古族领袖成吉思汗建立蒙古汗国。1271 年，忽必烈定国号为元，1279 年定都北京。疆域东南到海，西到新疆，西南到西藏、云南，北到西伯利亚，东北到鄂霍次克海。历十五帝，一百六十三年。

明朝

1368—1644 年

1368 年，朱元璋称帝，国号明，建都南京，1421 年迁都北京。疆域东北抵日本海，西至河套西喇木伦河，北至新疆哈密，西南至西藏、云南，东南到海。1644 年，李自成攻入北京，明亡。共历十六帝，二百七十七年。

清朝

1644—1911 年

1616 年，女真贵族努尔哈赤建立后金政权。1636 年，皇太极即皇帝位，改国号为清。1644 年，世礼入关，定都北京。逐步统一中国。1911 年，辛亥革命推翻清王朝，结束了两千多年的封建君主制度。共历十一帝，二百七十六年。